D1673455

JUS PUBLICUM

Beiträge zum Öffentlichen Recht

Band 141

Christoph Möllers

Gewaltengliederung

Legitimation und Dogmatik im nationalen und
internationalen Rechtsvergleich

Mohr Siebeck

Christoph Möllers, geboren 1969 in Bochum; Studium der Rechtswissenschaften in Tübingen, München, Chicago; 1999 Promotion in München; 2004 Habilitation in Heidelberg; 2004 bis 2005 Professor für öffentliches Recht an der Westfälischen Wilhelms-Universität Münster; seit 2005 Inhaber des Lehrstuhls für öffentliches Recht, insbes. Staatsrecht an der Georg-August-Universität Göttingen.

Ausgeschieden von
Landtagsbibliothek
Magdeburg
am ......22.4.25......

Landtag von Sachsen-Anhalt
Bibliothek
07.0461
Magdeburg

ISBN 3-16-148670-6
ISSN 0941-0503 (Jus Publicum)

Die Deutsche Bibliothek verzeichnet diese Publikation in der Deutschen Nationalbibliographie; detaillierte bibliographische Daten sind im Internet über *http://dnb.ddb.de* abrufbar.

© 2005 Mohr Siebeck Tübingen.

Das Werk einschließlich aller seiner Teile ist urheberrechtlich geschützt. Jede Verwertung außerhalb der engen Grenzen des Urheberrechtsgesetzes ist ohne Zustimmung des Verlags unzulässig und strafbar. Das gilt insbesondere für Vervielfältigungen, Übersetzungen, Mikroverfilmungen und die Einspeicherung und Verarbeitung in elektronischen Systemen.

Das Buch wurde von Gulde-Druck in Tübingen aus der Garamond-Antiqua belichtet, auf alterungsbeständiges Werkdruckpapier gedruckt und von der Buchbinderei Spinner in Ottersweier gebunden.

Die Gewaltenteilung hat keineswegs den Zweck, den Staat ohnmächtig zu machen, um den Bürgern ein größeres Maß an Freiheit zu sichern – wo Ohnmacht herrscht, gibt es für Montesquieu keine politische Freiheit –, wiewohl man in Europa, wo nachgerade jedermann der Meinung war, daß Zentralisierung der Macht mehr Macht erzeugt, ihn zumeist so mißverstanden hat.

Hannah Arendt, Über die Revolution (1965)

Vorwort

Was Gewaltenteilung bedeutet, scheint allgemein bekannt. Im Verfassungsrecht wie in der politischen Theorie ist der Begriff nach wie vor geläufig, doch bleibt seine systematische Untersuchung die Ausnahme – versteht er sich von selbst? Bei näherem Hinsehen ist dies nicht der Fall. Dies zeigt seine häufig vieldeutige, mitunter gar widersprüchliche Verwendung in Wissenschaft und Rechtsprechung. Dem sucht die vorliegende Untersuchung eine systematische Konzeption entgegenzusetzen, die die Bedeutungsvielfalt des Begriffs aufhebt und in einen rechtsdogmatischen und rechtsvergleichenden Rahmen setzt. Dazu bedarf allerdings der Klärung, wozu überhaupt eine Rechtsordnung gewaltengegliedert sein soll. Der Verweis auf das positive Recht, reicht nicht hin, um diese Frage zu beantworten. Das hier entwickelte Konzept antwortet legitimationstheoretisch: Rechtsordnungen, die individuelle Freiheit und demokratische Selbstbestimmung gleichberechtigt zur Geltung bringen, bedürfen zur Koordination beider Anforderungen eines übergreifenden Organisationsprinzips dreigegliederter Herrschaft, einer legitimen Gewaltengliederung.

Der vorliegende Text wurde im Wintersemester 2003/2004 als Habilitationsschrift von der Juristischen Fakultät der Ruprecht-Karls-Universität angenommen. Er entstand zwischen Anfang 2001 und Ende 2003 im Heidelberger Institut für deutsches und europäisches Verwaltungsrecht in permanenter Ermutigung und Kritik durch Herrn Prof. Dr. Dr. h.c. Eberhard Schmidt-Aßmann. Ihm sei für intensive Diskussionen, zahllose Anregungen und eine bereichernde Zeit in Heidelberg sehr herzlich gedankt. Herrn Prof. Dr. Rüdiger Wolfrum, Direktor des Max-Planck-Instituts für ausländisches öffentliches Recht und Völkerrecht, danke ich für große Diskussionsbereitschaft und ein anregendes Zweitgutachten. Als Emile-Noël Fellow an der NYU School of Law hatte ich mit Unterstützung des DAAD im Sommer 2002 Gelegenheit, die Arbeit voranzutreiben. Die DFG förderte die Publikation mit einer Sachbeihilfe.

Dank gebührt schließlich denjenigen, die sich mit dem Text im Ganzen, in Teilen oder in Vorstufen auf die eine oder andere Weise auseinandergesetzt haben: Olga Arnst, Hauke Brunkhorst, Jürgen Habermas, Julia Hübner, Oliver Lepsius, Isabelle Ley, Gerhard Möllers, Henning Rieckhoff, Hans Christian Röhl, Dietmar von der Pfordten, Christian Waldhoff und Joseph Weiler.

Berlin, Neujahr 2005   Christoph Möllers

Inhaltsübersicht

Inhaltsverzeichnis

Abkürzungen

Anm.	Anmerkung
AöR	Archiv des öffentlichen Rechts
APA	Administrative Procedure Act
ARSP	Archiv für Rechts- und Sozialphilosophie
Art.	Artikel
AVR	Archiv für Völkerrecht
BayVBl	Bayerische Verwaltungsblätter
BerDGV	Berichte der Deutschen Gesellschaft für Völkerrecht
BK	Bonner Kommentar zum Grundgesetz
BVerfG	Bundesverfassungsgericht
BVerwG	Bundesverwaltungsgericht
DÖV	Die Öffentliche Verwaltung
DSU	Dispute Settlement Understanding
DVBl.	Deutsches Verwaltungsblatt
EG	Erinnerungsgabe
EGV	Vertrag über die Europäische Gemeinschaft
EPIL	Encyclopaedia of Public International Law
EUV	Vertrag über die Europäische Union
EuGH	Gerichtshof der Europäischen Gemeinschaften
EuGRZ	Europäische Grundrechte Zeitschrift
EuR	Europarecht
FAO	Food and Agriculture Organization
Fed.	The Federalist Papers
FS	Festschrift
GATT	General Agreement on Tariffs and Trade
GG	Grundgesetz
GS	Gedächtnisschrift
HZ	Historische Zeitschrift
ICJ	International Court of Justice
ILO	International Labour Organisation
JbStVW	Jahrbuch für Staats- und Verwaltungswissenschaften
J.o.	Journal of
JöR	Jahrbuch des öffentlichen Rechts
JuS	Juristische Schulung
JZ	Juristenzeitung

KZfSS   Kölner Zeitschrift für Soziologie und Sozialpsychologie

L. Rev.   Law Review

NJW   Neue Juristische Wochenschrift
NVwZ   Neue Zeitschrift für Verwaltungsrecht

PVS   Politische Vierteljahresschrift

RJ   Rechtshistorisches Journal
RV   Reichsverfassung

SDÜ   Schengener Durchführungsübereinkommen
StWStP   Staatswissenschaften und Staatspraxis

ThürVbl.   Thüringer Verwaltungsblätter

U.o.   University of
UPU   Universal Postal Union
U.S.   United States Reporter
U.S.C.   United States Code
U.S. const.   Constitution of the United States of America

VerwArch.   Verwaltungsarchiv
VVDStRL   Veröffentlichungen der Vereinigung der Deutschen Staatsrechtslehrer

WHO   World Health Organization
WRV   Weimarer Reichsverfassung
WTO   World Trade Organization
WVK   Wiener Vertragskonvention

ZaöRV   Zeitschrift für ausländisches öffentliches Recht und Völkerrecht
ZfP   Zeitschrift für Politik
ZfRSoz   Zeitschrift für Rechtssoziologie
ZParlR   Zeitschrift für Parlamentsrecht
ZöR   Zeitschrift für Öffentliches Recht
ZRP   Zeitschrift für Rechtspolitik

Einleitung

1. Fragestellung: Gewaltengliederung in Dogmatik und Rechtsvergleich

Art. 20 Abs. 2 S. 2 GG erhebt eine politische Idee, die älter ist als Verfassungsstaat und Menschenrechte[1], zur Norm des deutschen Verfassungsrechts: die Gewaltenteilung. Seit der amerikanischen Verfassung von 1787 und Art. 16 der Menschenrechtsdeklaration von 1789[2] ist diese Idee zugleich Element aller demokratischen Verfassungsordnungen westlicher Prägung. Jenseits der verfassungsstaatlichen Ebene verwendet Art. 7 Abs. 1 EGV für die Organisation der Europäischen Gemeinschaft eine schwächere Formulierung für eine in der Sache ähnliche Regelung[3].

Aus der Idee der Gewaltenteilung ziehen das Grundgesetz ebenso wie andere Rechtsordnungen einen gewichtigen Teil ihres politischen Legitimitätsanspruchs. Doch bleibt die inhaltliche Bestimmung dieser Idee ungewiß. Je intensiver sie der konkreten juristischen Problemlösung dienen soll, desto umstrittener ist ihr Gehalt. Soll sich der Zusammenhang zwischen ideellem Anspruch und Rechtsgeltung aber aufrechterhalten lassen, so ist die eigenständige normative Bedeutung von Art. 20 Abs. 2 S. 2 GG zu klären. Sollen die politischen Gemeinsamkeiten demokratischer Verfassungsstaaten[4] juristisch greifbar sein, so ist der rechtsvergleichende Wert der Gewaltenteilungsidee zu erarbeiten.

Dies provoziert zwei Fragen: Läßt sich das Prinzip der Gewaltenteilung für das Grundgesetz systematisch entwickeln und auf die Lösung konkreter Rechtsprobleme hin zuspitzen? Läßt sich über die Vielfalt verfassungsrechtlicher Ausgestaltungen hinweg die Idee der Gewaltengliederung als wirkliche juristische Gemeinsamkeit entfalten und zum Baustein eines Rechtsvergleichs machen, der auch

---

[1] *Aristoteles*, polit. 1298 a-b. Zur dortigen Praxis: *Mogens Herman Hansen*, Initiative und Entscheidung: Überlegungen über die Gewaltenteilung im Athen des 4. Jahrhunderts, 1983. Zur modernen Vorgeschichte *Hans Fenske*, Art. Gewaltenteilung, in: O. Brunner/W. Conze/R. Koselleck (Hrsg.), Geschichtliche Grundbegriffe, Bd. 3, 1982, Sp. 923 (925ff.).

[2] Art. 16 der Déclaration des Droits de l'homme von 1789: »*Toute societé dans laquelle la garantie des droits n'est pas assurée, ni la séparation des pouvoirs déterminée, n'a point de constitution*«.

[3] Zur Figur des institutionellen Gleichgewichts soweit nur: *Rudolf Streinz*, in: Streinz, EUV/EGV, 2003, Art. 7, Rdnr. 3, 14, 20f.

[4] Zu den wesentlichen Gemeinsamkeiten innerhalb der Regelungsvielfalt *Paul Kirchhof*, Die Staatenvielfalt – Ein Wesensgehalt Europas, FS Schambeck, 1994, 947; *Ann Marie Slaughter*, International Law in a World of Liberal States, European J.o. International L. 6 (1995), 503.

übernationale Rechtsordnungen einbezieht? Auf diese beiden Fragen versucht
die vorliegende Untersuchung Antworten zu geben. Dabei wird sie die nationalen Rechtsordnungen der Vereinigten Staaten und Deutschlands, das Recht der
EU und das Recht zweier internationaler Organisationen, der International Labour Organization (ILO) und der World Trade Organization (WTO), zur
Grundlage nehmen. Lösungen können, so die zu entwickelnde Vermutung, in einem einheitlichen verfassungstheoretischen Rahmen entwickelt werden. Ein in
den Rechtsordnungen verankertes Modell *selbstbestimmter Gewaltengliederung*
kann als Basis der Beantwortung beider Fragen dienen.

2. Zur dogmatischen Fragestellung: Verfassungstheorie als systematische Grundlage

Für die Auslegung von Art. 20 Abs. 2 S. 2 GG ist anerkannt, daß seine nähere Bestimmung den Blick auf andere Normen des Grundgesetzes gebietet[5]. Vorschriften wie Art. 19 Abs. 4 oder Art. 97 Abs. 1 GG konkretisieren die grundgesetzliche
Gewaltengliederung. Dieser Umstand könnte die Annahme rechtfertigen, daß
sich das Prinzip in den ihm zuzuordnenden Einzelbestimmungen des Grundgesetzes abschließend verwirklicht und ihm kein eigener konkreter normativer Gehalt zukäme. Eine solche summative Deutung wird für die Rechtsstaatlichkeit[6],
abgeschwächt auch für das Demokratieprinzip[7] vertreten. Sie findet auch für die
Gewaltengliederung eine Vielzahl von Anhängern[8]. Zwar hat sich ein Verständnis von Gewaltenteilung als Funktionenordnung, die bestimmte staatliche Gewalten oder Funktionen bestimmten Organen zuweist, weitgehend durchgesetzt[9]. Selten gehen die daraus gezogenen Schlüsse aber über eine Bestandsauf-

---

[5] Zum methodischen Problem übersichtlich: *Thomas Kuhl*, Der Kernbereich der Exekutive,
1993, 100ff.
[6] *Philip Kunig*, Das Rechtsstaatsprinzip 1986. Kritisch: *Eberhard Schmidt-Aßmann*, Der
Rechtsstaat, in: J. Isensee/P. Kirchhof (Hrsg.), Handbuch des Staatsrechts, Bd. I, 1. Aufl. 1987,
§ 24, Rdnr. 7, 10.
[7] Zur Kritik *Matthias Jestaedt*, Demokratieprinzip und Kondominialverwaltung, 1993, 149f.
[8] Sehr zurückhaltend zum Regelungsgehalt *Fritz Ossenbühl*, Aktuelle Probleme der Gewaltenteilung, DÖV 1980, 545 (545); *Walter Leisner*, Die quantitative Gewaltenteilung, DÖV 1969,
405 (407f.); *Norbert Achterberg*, Probleme der Funktionenordnung, 1970, 189ff. Zu Gründen
für diese Erfolgosigkeit, die eine Wiederbelebung aber wohl nicht ausschließen: *Rupert Stettner*,
Not und Chance der grundgesetzlichen Gewaltenteilung, JöR 35 n. F. (1986), 57 (60ff.). Eine Typisierung, die zwischen eigenständiger Normativität und bereits anderweitig geregelten Gehalten allerdings nicht unterscheidet, bei *Ulrich Fastenrath*, Gewaltenteilung – Ein Überblick, JuS
1986, 194.
[9] Grundlegend *Richard Thoma*, Die Funktionen der Staatsgewalt, in: G. Anschütz/R. Thoma
(Hrsg.), Handbuch des Deutschen Staatsrechts, Bd. I, 1931, 108 (124ff.); *Otto Küster*, Das Gewaltenproblem im modernen Staat, AöR 75 (1949), 397 (401ff.). Ausgearbeitet bei *Rainer Pitschas*, Verwaltungsverantwortung und Verwaltungsverfahren, 1990, 536ff. Dazu auch *Thomas
von Danwitz*, Der Grundsatz funktionsgerechter Organstruktur, Der Staat 35 (1996), 329
(334ff.); *Klaus Stern*, Das Staatsrecht der Bundesrepublik Deutschland, Bd. 2 1980, 521ff. Histo-

nahme des Grundgesetzes und der Rechtsprechung des Bundesverfassungsgerichts hinaus. Das Prinzip regrediert zu einem Kürzel für das Organisationsrecht des Grundgesetzes im Ganzen[10]. Systematische Entwürfe sind dagegen auffallend selten und beschränken sich fast immer auf Teilaspekte[11] oder wahren bei der Entfaltung normativer Konsequenzen große Zurückhaltung[12]. Zudem wurde der Versuch, Funktionen materiell zu definieren aufgegeben, bevor mit ihm ernsthaft begonnen wurde[13]. Ein im Vordringen begriffenes Verständnis versteht Gewaltengliederung nicht allein als Teil der rechtsstaatlichen Machtkontrolle[14], sondern auch der demokratischen Herrschaftsermöglichung[15]. Diese Ergänzung

---

risch *Norbert Achterberg*, Probleme der Funktionenordnung, 1970, 10f.; *Hans D. Jarass*, Politik und Bürokratie als Elemente der Gewaltenteilung, 1975, 13f. Vgl. auch *Georg Jellinek*, Allgemeine Staatslehre, 3. Aufl. 1912, 596.

[10] *Hans Detlev Horn*, Gewaltenteilige Demokratie, demokratische Gewaltenteilung, AöR 127 (2002), 427 (455ff.); *ders.*, Über den Grundsatz der Gewaltenteilung in Deutschland und Europa, JöR 49 (2001), 287 (296ff.). Beispiele für neuere Untersuchungen, die die Norm als Summe von Einzelbestimmungen darstellen: *Andreas v. Arnauld*, Gewaltenteilung jenseits der Gewaltentrennung. Das gewaltenteilige System in der Bundesrepublik Deutschland, ZfParlR, 2001, 678; *Rolf Wank*, Gewaltenteilung, Jura 1991, 622 (624ff.); *Wolf Reinhard Wrege*, Das System der Gewaltenteilung im Grundgesetz, Jura 1996, 436.

[11] Dem Zugang dieser Arbeit am nächsten kommen die Überlegungen bei *Werner Heun*, Staatsleitung und Staatshaushalt, 1989, 85ff. Weiterführende Überlegungen, die aber stets von der Perspektive auf eine bestimmte der drei Gewalten geprägt sind: *Jarass*, Politik und Bürokratie, 4ff.; *Andreas Voßkuhle*, Rechtsschutz gegen den Richter, 1993, 69ff.

[12] Namentlich bei *Gerhard Zimmer*, Kompetenz – Funktion – Legitimation, 1979, 324ff. wird die Bedeutung des sonstigen positiven Rechts herausgearbeitet. Gleichfalls zurückhaltend und vornehmlich dogmengeschichtlich: *Achterberg*, Probleme der Funktionenordnung.

[13] Typisch *Kuhl*, Kernbereich der Exekutive, 130ff. m.w.N.

[14] In diesem Sinn: *Katharina Sobota*, Das Prinzip Rechtsstaat, 1997, 70ff. m.w.N. Relativierend zum Zusammenhang *Philip Kunig*, Das Rechtsstaatsprinzip, 1986, 153ff. Vgl. auch BVerfGE 22, 44 (54); 34, 52 (59f.).

[15] Diese Verknüpfung wurde zunächst seltener gesehen, so aber *Ulrich Scheuner*, Verantwortung und Kontrolle in der demokratischen Verfassungsordnung, in: Staatstheorie und Staatsrecht, 1978, 293 (307f.); *Konrad Hesse*, Grundzüge des Verfassungsrechts der Bundesrepublik Deutschland, 20. Aufl. 1995, Rdnr. 499; *Hans Detlev Horn*, Die grundrechtsunmittelbare Verwaltung, 1999, 260ff.; *Peter Lerche*, Gewaltenteilung – deutsche Sicht, in: J. Isensee (Hrsg.), Gewaltenteilung heute, 2000, 75 (78); *Eberhard Schmidt-Aßmann*, Das allgemeine Verwaltungsrecht als Ordnungsidee, 2. Aufl. 2004, 179ff.; *Helmuth Schulze-Fielitz*, in: Dreier, Grundgesetz, Art. 20 (Rechtsstaat), Rdnr. 62; *Heun*, Staatsleitung und Staatshaushalt, 97f.; *Ernst-Wolfgang Böckenförde*, Demokratie als Verfassungsprinzip, in: J. Isensee/P. Kirchhof (Hrsg.), Handbuch des Staatsrechts Bd. I, 1. Aufl. 1987, § 22, Rdnr. 87; *Udo Di Fabio*, Gewaltenteilung, in: J. Isensee/P. Kirchhof (Hrsg.), Handbuch des Staatsrechts, Bd. II, 3. Aufl. 2004, § 27, Rdnr. 9f. Dagegen *Michael Reinhardt*, Konsistente Jurisdiktion, 1997, 48f. Vgl. auch BVerfGE 56, 54 (81). Ein wenig eindeutiger Bezug auf die Demokratie, wiewohl in diesem Zusammenhang oft zitiert, findet sich in BVerfGE 68, 1 (86f.). Dort wird der demokratische Aspekt in der Entscheidung aber stets nur in einem relativierenden Zusammenhang verwendet. In der Feststellung: »Die Demokratie, die das Grundgesetz verfaßt hat, ist eine *rechtsstaatliche* Demokratie, und das bedeutet im Verhältnis der Staatsorgane zueinander vor allem eine *gewaltenteilende* Demokratie.« (Hervorhebungen, dort) setzt das Gericht Gewaltenteilung und Rechtsstaatlichkeit sogar ausdrücklich und im Gegensatz zur Demokratie gleich.

könnte einen ersten, wissenschaftlich aber noch nicht ausgeführten Ausgangspunkt für eine Überwindung eines summativen Verständnisses bieten. Ist aber eine solche Überwindung überhaupt notwendig oder erweist sich die dargestellte
Zurückhaltung für das Grundgesetz nicht vielmehr als ausreichend?

Praktisch relevante Einwände gegen ein summatives Verständnis der Gewaltengliederung ergeben sich aus einem Blick in die verfassungsgerichtliche Praxis:
In der Rechtsprechung des Bundesverfassungsgerichts spielt das Gewaltenteilungsprinzip seit jeher eine selbständige[16], aber auch sehr vielfältige Rolle[17]. So
leitet das Gericht aus der Gewaltenteilung die Figur des Kernbereichs her, die
übergreifend ebenso zur Bestimmung der judikativen Gewalt[18] wie zur Grenzziehung zwischen Parlament und Exekutive, letzteres wiederum für so unterschiedliche Probleme wie die Rechte von und gegenüber einem parlamentarischen Untersuchungsausschuß[19], die Bestimmung der Grenzen einer gesetzlichen Delegation[20] und die Beteiligung des Bundestages an Akten der auswärtigen
Gewalt[21], verwendet wird. Auch die Vielfalt, mit der das Bundesverfassungsgericht den Gedanken der Gewaltenteilung in anderen Zusammenhängen heran-
zieht[22], um, zum Beispiel, eine Pflicht zur Konkretisierung eines gesetzlichen Ge-
nehmigungstatbestandes herzuleiten[23], eine Personalunion zwischen Verwaltung
und Gerichtsbarkeit aufzuheben[24] oder die Grenzen der Gesetzesauslegung
durch ein Fachgericht zu bestimmen[25], kann nicht einfach mit einem summativen
Verständnis erklärt werden. In allen Beispielen haben sich die Hinweise auf die
Gewaltenteilung zu weitgehend von anderen einschlägigen Normen des Grundgesetzes verselbständigt. Praktisch weniger bedeutsam, aber systematisch aufschlußreich spricht auch der Konkretisierungsbedarf, der sich aus Art. 79 Abs. 3
GG ergibt, gegen ein summatives Verständnis. Nicht jede Norm des Grundgesetzes, die die Gliederung des Art. 20 Abs. 2 S. 2 GG weiter ausgestaltet, ist vor einer
Verfassungsänderung geschützt[26]. Ein ministeriales Weisungsrecht gegenüber

---

[16] So auch *Di Fabio*, Gewaltenteilung, Rdnr. 4.

[17] Für die ältere Rechtsprechung: *Burkhard Sinemus*, Der Grundsatz der Gewaltenteilung in
der Rechtsprechung des Bundesverfassungsgerichts, 1985, 100ff.; *Dietrich Rauschning*, Das parlamentarische Regierungssystem des Grundgesetzes in der Rechtsprechung des Bundesverfassungsgerichts, in: FS BVerfG, Bd. 2, 1976, 214 (225ff.).

[18] Seit BVerfGE 22, 49 (77f.), neuestens BVerfGE 103, 111 (137).

[19] BVerfGE 67, 100 (139).

[20] BVerfGE 34, 52 (59).

[21] BVerfGE 68, 1 (86).

[22] Der seltene Versuch, Entscheidungen zu bezeichnen, in denen das Bundesverfassungsgericht einen konkreten entscheidungserheblichen und unmittelbaren Zugriff nimmt, bei *Michael
Sachs*, in: Sachs, Grundgesetz, 3. Aufl. 2003, Art. 20, Rdnr. 93 in Anm. 308.

[23] BVerfGE 52, 1 (41).

[24] BVerfGE 10, 200 (216ff.).

[25] BVerfGE 9, 89 (102); 96, 375 (394).

[26] Kritisch zur Tendenz des Bundesverfassungsgerichts, durch seine Entscheidungen auch die
verfassunggebende Gewalt zu binden: *Matthias Jestaedt*, Verfassungsgerichtspositivismus, FS
Isensee, 2002, 183 (194ff.).

den Gerichten stellte die Identität der grundgesetzlichen Ordnung in anderer Weise in Frage als die Direktwahl des Bundeskanzlers. Trotzdem wird die Figur des Kernbereichs einheitlich sowohl zum Verständnis des einfachen als auch des änderungsfesten Gehalts von Art. 20 Abs. 2 S. 2 GG verwendet[27].

Versteht man Dogmatik als eine rechtsnormübergreifende Systematisierung des Rechtsstoffs, die sich von Einzelformulierungen des Verfassung- oder Gesetzgebers unabhängig macht[28], so verweist die Argumentationspraxis des Gerichts auf die Notwendigkeit einer Dogmatisierung des Prinzips. Denn die Figur des Kernbereichs bildet ebenso wie die anderweitige Verwendung der Gewaltenteilung eine begriffliche Klammer, die sich jedenfalls nicht aus einer induktiven Normenschau des Grundgesetzes ergibt. Auch wenn einschlägige Vorschriften des Grundgesetzes für das Verständnis der Gewaltengliederung von großer und im Einzelfall entscheidender Bedeutung sind, bleibt eine systematische Herleitung und Begründung seiner übergreifenden Bedeutung notwendig. Die Reduzierung des Grundsatzes auf einen Sammelbegriff erweist sich als systematisch unbefriedigend.

Zu einer solchen Systematisierung bietet sich eine normativ verankerte verfassungstheoretische Grundlegung an. Die Vorstellung, der grundgesetzlichen Ordnung der Gewalten sei nur mit der Auslegung des Verfassungstextes beizukommen, wird weder der durchaus widerspruchsreichen Geschichte der Gewaltenteilungsidee gerecht, auf die das Grundgesetz ja ausdrücklich Bezug nimmt[29], noch wirkt sie praktisch aussichtsreich. Für das juristische Verständnis eines Organisationsgrundsatzes können klassische Auslegungsregeln nur der Ausgangspunkt sein. Die Aufgabe einer Dogmatik des Prinzips besteht dann in der Explizitmachung eines Modells, das in der Entscheidungspraxis bereits implizit Verwendung findet[30], sowie in der normativen Verankerung eines solchen Modells im Grundgesetz und seiner Erprobung an vom Grundgesetz aufgeworfenen Rechtsfragen. Für das Gewaltenteilungsprinzip, in das nicht selten implizit verfassungstheoretische Bedeutungen hineinprojiziert werden, ist eine explizite verfassungstheoretische Grundlegung zu entwickeln.

---

[27] Die gesamte Gewaltenteilung auf Art. 79 Abs. 3 GG unter ausdrücklicher Erwähnung des Kernbereichs abbildend: *Horst Dreier*, Dreier, Grundgesetz, Art. 79 III, Rdnr. 41. Ähnlich *Karl-Peter Sommermann*, in: v. Mangoldt-Klein/Starck, Das Bonner Grundgesetz, 4. Aufl., Art. 20, Rdnr. 205.

[28] Diese Bestimmung von Rechtsdogmatik bei *Winfried Brohm*, Die Dogmatik des Verwaltungsrechts vor den Gegenwartsaufgaben der Verwaltung, VVDStRL 30 (1972), 245 (248f.).

[29] Eingehend *Volker Otto*, Das Staatsverständnis des Parlamentarischen Rates, 1971, 92ff. Knappe Andeutung nur bei von *Klaus-Berto v. Doemming/Rudolf Werner Füsslein/Werner Matz*, Entstehungsgeschichte der Artikel des Grundgesetzes, JöR n.F. 1 (1951), 200. Ähnlich *Kuhl*, Kernbereich der Exekutive, 125f.

[30] *Peter Lerche*, Stil und Methode der verfassungsrechtlichen Entscheidungspraxis, FS BVerfG, Bd. 1 2001, 333 (343).

Ein solches Modell ist von der rechtstheoretischen Unterscheidung zwischen Regeln und Prinzipien[31], die auch für die drei Gewalten des Grundgesetzes Anwendung gefunden hat[32], deutlich abzugrenzen. Eine im Grundgesetz verankerte verfassungstheoretische Fundierung der Bedeutung von Art. 20 Abs. 2 S. 2 GG wird kein der Prinzipientheorie entsprechendes Optimierungskonzept hervorbringen[33]. Denn die Systematisierung von Organisationsnormen muß Veränderungsmöglichkeiten innerhalb und durch die Staatsorganisation miteinbeziehen. Deswegen kann aus ihr keine beste Lösung im Sinne einer optimalen Organisation oder eines optimalen Verfahrens hergeleitet werden[34]. Zudem sind aus einer Systematik der Gewaltengliederung hergeleitete Vorgaben kaum zur Abwägung mit materiellen Prinzipien geeignet[35], die Verfahrens- und Organisationsprobleme gerade ausklammern. Die bekannten Schwierigkeiten, die eine materiell argumentierende Prinzipientheorie mit Verfahrenskategorien hat, schlagen sich hier nieder[36]. Das Prinzip des Art. 20 Abs. 2 S. 2 GG ist kein »Prinzip« im Sinne der rechtstheoretischen Prinzipienlehre. Angemessener ist sein Verständnis als eine sekundäre[37] prozedurale Norm[38], die nicht in aller Eindeutigkeit auf der Unterscheidung zwischen rechtmäßig und rechtswidrig aufbaut: »Will man verfahrensmäßig argumentieren, will man das Verfahren als neues Medium erschließen, so muß man auch bereit sein, Denkgewohnheiten zu ändern und von dem präzisionsverkörpernden »aut-aut« wenigstens stellenweise Abschied zu nehmen.«[39] Diese Feststellung läßt sich auf Organisationsfragen erstrecken[40] und ist für die

[31] Grundlegend: *Ronald Dworkin*, Taking Rights Seriously, 1977. Daran anschließend *Robert Alexy*, Theorie der Grundrechte, 1986.
[32] So in Anschluß an Robert Alexy: *Karl-Eberhard Hain*, Die Grundsätze des Grundgesetzes, 1999, 353f.
[33] Nachweise und Kritik zur Optimierungsvorstellung bei *Peter Lerche*, Die Verfassung als Quelle von Optimierungsgeboten?, FS Stern, 1997, 197 (204ff.). Speziell für die Gewaltengliederung: *Lerche*, Gewaltenteilung – deutsche Sicht, 83ff.
[34] Zur Idee der einen richtigen Lösung als Bestandteil der Prinzipienlehre hier nur *Jan-Reinhard Siekmann*, Regelmodelle und Prinzipienmodelle des Rechtssystems, 1990, 145ff.
[35] Kritik an der Gleichsetzung von Verfassungsprinzipien mit deren Abwägungsgeeignetheit bei *Franz Reimer*, Verfassungsprinzipien, 2001, 174ff.
[36] Zur Kritik mit Blick auf die Rolle des Gesetzgebers *Matthias Jestaedt*, Grundrechtsentfaltung im Gesetz, 1999, 206ff.
[37] *H. L. A. Hart*, The Concept of Law, 1961, 77ff.
[38] Zum damit erfaßten Zusammenhang von Organisation und Verfahren: *Susanne Baer*, Vermutungen zu Kernbereichen der Regierung und Befugnissen des Parlaments, Der Staat 40 (2001), 525 (541, in Anm. 81 m.w.N.).
[39] *Eberhard Schmidt-Aßmann*, Der Verfahrensgedanke in der Dogmatik des öffentlichen Rechts, in: P. Lerche/W. Schmitt Glaeser/E. Schmidt-Aßmann (Hrsg.), Verfahren als staats- und verwaltungsrechtliche Kategorie, 1984, 1 (15).
[40] *Hans-Heinrich Trute*, Funktionen der Organisation und ihre Abbildung im Recht, in: E. Schmidt-Aßmann/W. Hoffmann-Riem (Hrsg.), Verwaltungsorganisationsrecht als Steuerungsressource, 1997, 249.

Entwicklung eines verfassungstheoretischen Beschreibungsrahmens der Gewaltenteilung im Blick zu halten[41].

3. Zur rechtsvergleichenden Fragestellung: Verfassungstheorie als tertium comparationis

Auch mit Blick auf die zweite, die rechtsvergleichende Fragestellung der Untersuchung ist der Verzicht auf einen systematischen Zugang zur Gewaltengliederung unbefriedigend. Denn ihre Reduktion auf Einzelbestimmungen des Grundgesetzes beschränkt die Möglichkeiten einer rechtsvergleichenden Annäherung. Alle westlichen Rechtsordnungen bekennen sich zur Gewaltenteilung[42], gestalten diese aber auf unterschiedliche Weise aus. Beim Vergleich von Einzelbestimmungen geraten die Unterschiede in der Ausgestaltung in den Blick. Eine systematische Entfaltung eröffnet die Perspektive zu einem gleichfalls systematisch angeleiteten Rechtsvergleich, der mit der Dogmatik des grundgesetzlichen Prinzips verknüpft werden soll. Doch wie ist dies methodisch überzeugend möglich?

In der Literatur zum öffentlichen Recht wird die Notwendigkeit rechtsvergleichender Untersuchungen immer dringlicher wahrgenommen[43]. Diese Bedeutungszunahme entspringt der wachsenden Einbindung des Nationalstaats in überstaatliche Regelungszusammenhänge, denn die Selbstgenügsamkeit nationaler Rechtsordnungen und ihrer wissenschaftlichen Durchdringung hängt nicht zuletzt von der institutionellen Unabhängigkeit des Staats als Rechtsquelle ab[44]. Wenn in geschlossenen nationalen Rechtsordnungen viele Modellannahmen implizit bleiben können, weil Alternativen nicht vorgedacht sind, dokumentiert der Rechtsvergleich Änderungsmöglichkeiten, ein »es geht auch anders«, und zwingt dazu, Voraussetzungen des jeweiligen Rechtsdenkens ausdrücklich zu machen und zu rechtfertigen[45]. Doch ist mit der Einsicht in diesen Nutzen noch kein spezifisch rechtswissenschaftliches Erkenntnisinteresse bedient. Dies zeigt sich deutlich an den unterschiedlichen Wegen, rechtsvergleichende Erkenntnisse zur

---

[41] Vgl. in diesem Sinn prozedural argumentierend: BVerfGE 111, 307 (323 ff.) mit Blick auf die nach Gewalten abgestufte Bindungswirkung der EMRK im deutschen Recht.

[42] Eingehende Traditionsvergleiche bei *Hansjörg Seiler*, Gewaltenteilung, 1994, 13 ff. Für die hier relevanten Referenzrechtsordnungen auch *Peter Unruh*, Der Verfassungsbegriff des Grundgesetzes, 2002, 176 ff.

[43] Aus der neueren Literatur: *Christian Starck*, Rechtsvergleichung im öffentlichen Recht, JZ 1997, 1021; *Karl-Peter Sommermann*, Die Bedeutung der Rechtsvergleichung für die Fortentwicklung des Staats- und Verwaltungsrechts in Europa, DÖV 1999, 1017.

[44] Zu diesem Problem umfassend: *Georgios Trantas*, Die Anwendung der Rechtsvergleichung bei der Untersuchung des öffentlichen Rechts, 1998, 63 ff. Vgl. auch die übersichtliche Typisierung rechtsvergleichender Zugänge bei *Günter Frankenberg*, Autorität und Integration, 2003, 324.

[45] Die wachsende Bedeutung zeigt sich auch in langsam Bedeutung gewinnenden rechtsvergleichenden Überlegungen innerhalb nationaler verfassungsgerichtlicher Entscheidungen: BVerfGE 95, 335 (363 f.). Printz v. United States, 521 U.S. 898, 976 f. (Breyer, J., Diss.) (1997).

Rechtsdogmatik ins Verhältnis zu setzen. Die in der rechtsvergleichenden Methodendiskussion erörterten Alternativen bewegen sich zwischen zwei Polen[46]: Auf der einen Seite steht die reine Beschreibung einer anderen Rechtsordnung, die keinerlei Aufschlüsse mit Blick auf die eigene Rechtsordnung ergeben soll[47]. Auf der anderen Seite steht die Möglichkeit, Rechtsvergleich als »fünfte« Auslegungsmethode zu nutzen[48]. Beide Zugänge provozieren Einwände: Die bloße Beschreibung ausländischer Rechtsordnungen verzichtet auf eine spezifische Stärke der Rechtswissenschaft, die durch ihren Entscheidungsbezug einen methodischen Hebel besitzt, Recht zu analysieren und die praktischen Konsequenzen eines Rechtssatzes darzustellen[49]. Umgekehrt übernimmt die Verwendung rechtsvergleichender Erkenntnisse für die Auslegung ungeprüft Wertungen aus anderen Rechtsordnungen, stellt die Rechts- und Gesetzesbindung, die grundsätzlich keine Verpflichtung auf ausländisches Recht ermöglicht[50], in Frage und verzichtet auf das Anliegen des Rechtsvergleichs, Problemlösungen anderer Rechtsordnungen in einem gemeinsamen Rahmen zu *bewerten*. Beiden Einwände kann man jedoch auch eine positive Wendung geben: Ein deskriptiver Rechtsvergleich respektiert die Andersartigkeit ausländischer Rechtsordnungen. Ein anwendender Rechtsvergleich nimmt ausländische Rechtsordnungen als bedeutsam für die eigene wahr.

Für eine Synthese der Stärken bei Vermeidung ihrer methodischen Schwächen weist die funktionale Rechtsvergleichung den Weg[51]. Ihrem Grundgedanken zufolge müssen für eine fruchtbare Rechtsvergleichung rechtsordnungsübergreifende äquivalente Strukturprobleme entdeckt werden, deren Lösung zwischen verschiedenen Rechtsordnungen vergleichbar sind, auch um die eigene Rechtsordnung kritisch zu überprüfen. Der Grundgedanke der funktionalen Rechtsvergleichung nimmt den Begriff des Vergleichs methodisch ernst, der neben der Einbeziehung von zumindest zwei Rechtsordnungen eben auch die Definition eines

---

[46] Über mangelndes Methodenbewußtsein in der öffentlichen Rechtsvergleichung klagt bereits *Rudolf Bernhardt*, Eigenheiten und Ziele der Rechtsvergleichung im Öffentlichen Recht, ZaöRV 24 (1964), 431 (431). Dem zustimmend *Christian Waldhoff*, Verfassungsrechtliche Vorgaben für die Steuergesetzgebung im Vergleich Deutschland – Schweiz, 1997, 12.

[47] Als Möglichkeit diskutiert bei *Starck*, JZ 1997, 1023f.

[48] *Peter Häberle*, Grundrechtsgeltung und Grundrechtsinterpretation im Verfassungsstaat – Zugleich zur Rechtsvergleichung als »fünfter« Auslegungsmethode, JZ 1989, 913 (915f.). Für die Anwendung bei der Auslegung differenzierend *Thomas Groß*, Die Autonomie der Wissenschaft im europäischen Rechtsvergleich, 1992, 29f.

[49] *Christoph Möllers*, Theorie, Praxis und Interdisziplinarität in der Verwaltungsrechtswissenschaft, VerwArch. 93 (2002), 21 (47f.).

[50] *Jörg Manfred Mössner*, Rechtsvergleichung und Verfassungsrechtsprechung, AöR 99 (1974), 193 (203). Als wichtigstes Gegenbeispiel sei auf Art. 39 Abs. 1 a) u. b) Verfassung der Republik Südafrika verwiesen, die die Gerichte bei der Auslegung von Grundrechten auf internationales und ausländisches Recht verweist.

[51] Grundlegend zum folgenden: *Konrad Zweigert/Hein Kötz*, Einführung in die Rechtsvergleichung, 3. Aufl. 1996, 33ff.

tertium comparationis gebietet, anhand dessen erst verglichen werden kann[52]. Aber wie ist ein tertium comparationis zu entwickeln, das sich nicht nur am Methodenkanon einer der zu vergleichenden Rechtsordnungen orientieren darf?

Im Prinzip sind für die Entwicklung rechtsvergleichender Maßstäbe zwei methodische Ausgangspunkte denkbar: Ein *induktives* Vorgehen orientiert sich maßgeblich an strukturähnlichen Fall- oder Normgestaltungen. Gerade der Bezug auf Sachverhalte bietet die Möglichkeit, die Vergleichstechnik eng an konkrete Probleme zu binden. Dieser Zugang findet in der neueren amerikanischen Literatur namentlich im Erscheinen von Casebooks zum Verfassungsvergleich Eingang[53]. Es ist auf dem Feld des Zivilrechts auch aus deutschen Beiträgen bekannt[54]. Freilich gelten die wissenschaftstheoretischen Einwände, die sich gegen induktive Verfahren im Allgemeinen einwenden lassen[55], auch für die Rechtsvergleichung: Wenn man auf einen vorgeschalteten theoretischen Begriffsrahmen verzichtet, dann bleiben Strukturähnlichkeit und Vergleichbarkeit an eine nur intuitive Plausibilität gebunden. Daß zwei Rechtsinstitute die gleiche Funktion in verschiedenen Rechtsordnungen einnehmen, kann ohne theoretische Explikation dieser Funktion innerhalb beider Rechtsordnungen nur unterstellt werden. Das bedeutet nicht, daß ein induktives Vorgehen nicht aufschlußreich wäre. Doch liefert es selbst keine Kriterien dafür, was als aufschlußreich gelten kann und was nicht. Zu diesem grundsätzlichen Einwand gesellen sich Anfragen, die speziell mit einem Rechtsvergleich im öffentlichen Recht in Deutschland zu tun haben. Nicht zufällig stammen viele Beispiele eines induktiv vorgehenden Rechtsvergleichs einerseits aus Common Law-Rechtsordnungen, andererseits aus dem Privatrecht. Beide stehen einem induktiven Vorgehen besonders nahe: Für das Zivilrecht sind elementare Fallkonstellationen mit bestimmten Interessenkonflikten in einer erstaunlichen historischen Kontinuität bekannt[56]. Nicht zuletzt wegen des Einflusses des Common Law auf das öffentliche Recht der Ver-

---

[52] *Trantas*, Anwendung der Rechtsvergleichung, 54ff. zu Problemen des Organisationsrechts, ebda., 57. Für ein Anwendungsbeispiel *Hermann Pünder*, Exekutive Normsetzung in den Vereinigten Staaten von Amerika und der Bundesrepublik Deutschland, 1995.

[53] *Vicki C. Jackson/Mark V. Tushnet*, Comparative Constitutional Law, 2000. Zur dortigen Methode des Vergleichs: *Mark V. Tushnet*, The Possibilities of Comparative Constitutional Law, Yale L.J. 108 (1999), 1225. Fernerhin *Norman Dorsen/Michael Rosenfeld/Andras Sajo/Susanne Baer*, Casebook Comparative Constitutionalism, 2003.

[54] *Christian v. Bar*, Gemeineuropäisches Deliktsrecht, 2 Bde., 1996, 1999; *Peter Schlechtriem*, Restitution und Bereicherungsrecht in Europa, 2 Bde., 2000–2001.

[55] Grundsätzlich *Hans Albert*, Traktat über kritische Vernunft, 2.Aufl. 1969, 26ff. Für die Rechtswissenschaften *Maximilian Herberger/Dieter Simon*, Wissenschaftstheorie für Juristen, 1980, 344ff.

[56] Dies zeigt sich an der nie ganz zurückgedrängten und im Zuge der Europäisierung wieder stärker werdenden Bedeutung des Römischen Rechts. Vgl. nur *Reinhard Zimmermann*, The Law of Obligations, 1990. Ganz ähnlich gilt dies für den offeneren Umgang mit der ökonomischen Analyse des Rechts im Zivilrecht. Zur unterschiedlichen Anwendbarkeit der ökonomischen Analyse im Zivilrecht und im öffentlichen Recht: *Martin Morlok*, Vom Reiz und vom Nutzen, von den Schwierigkeiten und den Gefahren der Ökonomischen Theorie für das Öffentliche

einigten Staaten[57] ist dort gleichfalls eine induktive, an Sachverhaltselementen orientierte Methode des Vergleichs methodisch näherliegend. Doch was bedeutet dies für die hier zu entwickelnde Untersuchungsperspektive? Der methodische Zugang zur funktionalen Rechtsvergleichung kann sich nicht als ein neutrales Medium darstellen, das sich äquidistant zwischen den zu vergleichenden Rechtsordnungen bewegt. Vielmehr findet sich auch die Rechtsvergleichung ganz unvermeidlich in einem bestimmten Vorverständniszusammenhang[58]. Sie arbeitet notwendig *asymmetrisch*[59]. Das bedeutet nicht, daß man andere Rechtsordnungen durch Rechtsvergleichung in der Sache verkennt, sondern nur, daß die eigene Perspektive auf eine bestimmte Rechtsordnung nicht einfach hinwegdefiniert werden kann.

Wendet ein an Fällen und Sachverhaltsdistinktionen orientiertes Casebook zu Verfassungsvergleich eine induktive Common-Law-Methodik an, so bietet sich für die vorliegende Fragestellung umgekehrt ein systematisch *deduktiver* Ausgangspunkt an. Dafür spricht zum einen die deutsche Tradition der Systembildung auch im öffentlichen Recht. Dafür spricht zum zweiten die Theoriebedürftigkeit des öffentlichen Rechts insgesamt, das anders als das Privatrecht ohne archetypische elementare Rechtsbeziehungen arbeiten muß, und stattdessen immer einen Blick auf historische und politische Kontexte zu werfen hat. Dies gebietet es, anstatt von einzelnen Strukturproblemen von einer den verglichenen Rechtsordnungen *gemeinsamen verfassungstheoretischen Basis* auszugehen, die den Vergleich verschiedener Ordnungen der Gewaltengliederung strukturiert und die Annahme von Gemeinsamkeiten und Unterschieden rechtfertigt. Verfassungstheorie muß also die Aufgabe eines *tertium comparationis* für einen funktionalen Rechtsvergleich erfüllen. Diese bedarf eines einheitlichen Begriffsrahmens, der abstrakt genug ist, um verschiedene Rechtsordnungen zu analysieren, und angemessen konkret, um ihre Unterschiede nicht einfach begrifflich zu überspielen. Sie bedarf zudem einer normativen Verankerung in den zu vergleichenden Rechtsordnungen. Schließlich wird auch ein deduktiver Rechtsvergleich nicht auf ein *induktives* Element verzichten können. Ein normatives Modell für einen Vergleich muß sich in der Untersuchung der Rechtsordnung bewähren, an dieser messen und korrigieren lassen, sowie umgekehrt für diese Vorgaben entwickeln.

Recht, in: C. Engel/M. Morlok (Hrsg.), Öffentliches Recht als Gegenstand ökonomischer Forschung, 1998, 1.

[57] Solche Differenzen zu den Vereinigten Staaten werden besonders hervorgehoben bei *Oliver Lepsius*, Verwaltungsrecht unter dem Common Law, 1997.

[58] Dazu nach wie vor *Josef Esser*, Vorverständnis und Methodenwahl in der Rechtsfindung, 1970. *Stanley E. Fish*, Is There a Text in this Class?, 1977, 303ff. Für den juristischen Gebrauch: *Stanley E. Fish*, Working on the Chain Gang: Interpretation in Law and Literature, in: Doing What Comes Naturally, 1989, 87 (in Auseinandersetzung mit Dworkin).

[59] So *Christian Waldhoff*, Unveröffentlichter Diskussionsbeitrag, Assistierendentagung, Zürich 1999.

Dieses der Rechtsvergleichung nicht neue Problem findet sich auch in der wissenschaftlichen Behandlung innerstaatlichen Rechts: Die Suche nach Gebieten des Besonderen Verwaltungsrechts als Referenzrechtsordnungen zur Konstruktion eines Allgemeinen Verwaltungsrechts stellt eine Form des Binnenrechtsvergleichs dar[60]. Auch hier bedarf eine induktive vergleichende Bestandsaufnahme verschiedener Gebiete des Verwaltungsrechts eines übergreifenden normativen Rahmens. Anders als im rechtsordnungsübergreifenden Vergleich stehen normativ abgesicherte Maßstäbe jedoch bereits zur Verfügung, namentlich das Rechtsstaats- und das Demokratieprinzip des Grundgesetzes[61]. Das Fehlen solcher Maßstäbe zwischen verschiedenen Rechtsordnungen muß durch die Entwicklung eines verfassungstheoretischen Vergleichrahmens aufgefangen werden.

4. Legitimationstheorie als gemeinsame Grundlage für Dogmatik und Rechtsvergleich

Die eingangs formulierte Frage nach der juristischen Bedeutung der politischen Idee der Gewaltenteilung war in zwei Richtungen hin zu entwickeln: zu einer rechtsdogmatischen Fragestellung mit Blick auf die Bedeutung von Art. 20 Abs. 2 S. 2 GG und zu einer rechtsvergleichenden Fragestellung. Für beide Komplexe bot sich eine normativ abgestützte verfassungstheoretische Grundlegung als Mittel systematischer Problementfaltung an. Wie aber muß ein solcher rechtsordnungsübergreifender Vergleichsrahmen beschaffen sein?

Zunehmende Beachtung findet in der wissenschaftlichen Literatur und in der Rechtsprechung die Untersuchung von rechtsordnungseigenen Legitimationsstrukturen. Ein verfassungstheoretisches Legitimationsmodell wird auch im folgenden als gemeinsame methodische Grundlage der rechtsdogmatischen und der rechtsvergleichenden Untersuchung dienen[62]: Legitimationsstrukturen sind durch die Rechtsordnung selbst konstituierte Formen der Rechtfertigung ausgeübter Hoheitsgewalt. Legitimation ist von anderen Rechtfertigungsproblemen wie der faktischen Akzeptanz[63] einer Rechtsordnung oder ihrer Übereinstimmung mit Maßstäben der praktischen Philosophie[64] zu unterscheiden, wenn auch nicht immer zu trennen: Unter Legitimationsstrukturen sind im Fortgang diejenigen Elemente einer Rechtsordnung zu verstehen, die an die Willensbildung von Rechtssubjekten anknüpfen, um das Handeln eines Hoheitsträgers zu rechtfertigen[65]. Legitimation entsteht also durch die Verknüpfung von rechtlichen Tatbe-

---

[60] Vergleichend in der Sache, wenn auch ohne Verwendung des Begriffs: *Schmidt-Aßmann*, Verwaltungsrecht als Ordnungsidee, 8 ff.

[61] *Schmidt-Aßmann*, Allgemeines Verwaltungsrecht, 43 ff.

[62] Für die politischen Wissenschaften: *Peter Graf Kielmansegg*, Legitimität als analytische Kategorie, PVS 12 (1971), 367.

[63] *Max Weber*, Wirtschaft und Gesellschaft, 5. Aufl. 1972, 16 f.

[64] *Dietmar v. d. Pfordten*, Rechtsethik, 2000, 55 ff.

ständen mit einer rechtsexternen Willensbildung. Ohne externe Willensbildung
fehlt es der Rechtsordnung an Legitimation. Ohne eine diese formalisierende
Rechtsordnung aber bleibt die Willensbildung normativ irrelevant[66]. Dieser Begriff der Legitimation, dies ist klarzustellen, ist ein verfassungstheoretischer, kein
verfassungsdogmatischer. Er nimmt den Sprachgebrauch des deutschen Verfassungsrechts, das den Begriff fast ausschließlich mit Blick auf die Entfaltung des
Demokratieprinzips, Art. 20 Abs. 2 S. 1 GG verwendet[67], auf und erweitert ihn:
Einbezogen wird zusätzlich die individuelle Selbstbestimmung, denn auch der
Schutz, die Ausgestaltung und die Durchsetzung von individueller Selbstbestimmung tragen zur Rechtfertigung des Hoheitsträgers bei. Weil individuelle Selbstbestimmung nicht ohne Rechtsordnung ausgeübt wird, sondern durch diese ermöglicht ist, ist auch der Bezug auf individuelle Selbstbestimmung Teil des hier
verwendeten Legitimationsbegriffs. Eine Verfassungsordnung bezieht ihre Legitimation auch aus der Anerkennung und dem sanktionsbewährten Schutz individueller Akte der Freiheitswahrnehmung[68].

Rechtswissenschaftliche Legitimationstheorien nehmen eine Scharnierfunk-
tion zwischen den durch das positive Recht angeordneten Legitimationsstrukturen und ihrer theoretischen Rekonstruktion wahr. Die verfassungsrechtliche Anordnung einer demokratischen Staatsorganisation oder des Schutzes individueller Freiheit erfordern juristische Konkretisierung[69]. Zugleich implementieren
diese Normen jedoch ein Stück Theorie, ein »Theorie-Element« in die Rechtsordnung[70], das systematischer Rückfrage bedarf, etwa wenn es um die Unterscheidung zwischen einem partizipativen und einem repräsentativen Demokra-

---

[65] Zum Begriff der Legitimation in Abgrenzung zu Legitimität für das Grundgesetz: *Ernst
Thomas Emde*, Die demokratische Legitimation der funktionalen Selbstverwaltung, 1991, 29 ff.;
Walter Schmidt, Organisierte Einwirkungen auf die Verwaltung, VVDStRL 33 (1975), 183 (211);
Eberhard Schmidt-Aßmann, Verwaltungslegitimation als Rechtsbegriff, AöR 116 (1991), 329
(330 in Anm. 1); *Horst Dreier*, in: Dreier, Grundgesetz, Art. 20 (Demokratie), Rdnr. 104; *Böckenförde*, Demokratie als Verfassungsprinzip, Rdnr. 11 ff.
[66] *Hans Kelsen*, Allgemeine Staatslehre, 1925, 267 f.
[67] Zustimmend zu dieser Unterscheidung als juristischer Kategorie: *Winfried Brohm*, Sachverständige Beratung des Staates, in J. Isensee/P. Kirchhof (Hrsg.), Handbuch des Staatsrechts
Bd. II, 1987, § 36, Rdnr. 36; *Horst Dreier*, Hierarchische Verwaltung im demokratischen Staat,
1991, 313; *Hesse*, Grundzüge des Verfassungsrechts, Rdnr. 11. Ein einheitlicher Begriff von Legitimation, wie er im folgenden verwendet werden wird, bei *Josef Isensee*, Grundrechte und Demokratie, Die polare Legitimation im grundrechtlichen Gemeinwesen, Der Staat 20 (1981), 161.
[68] Für das deutsche Verfassungsrecht die Übersicht bei *Axel Enderlein*, Der Begriff der Freiheit als Tatbestandsmerkmal der Grundrechte, 1995, 96 ff. m. w. N. Verfassungstheoretisch: *Jürgen Habermas*, Faktizität und Geltung, 1992, 109 ff.
[69] Als Schleusenbegriff werden solche Zusammmenhänge bezeichnet bei *Ernst-Wolfgang Böckenförde*, Entstehung und Wandel des Rechtsstaatsbegriffs (1969), in: Recht, Staat, Freiheit,
1991, 143 (143).
[70] *Friedrich Müller*, Arbeitsmethoden des Verfassungsrechts, in: Enzyklopädie der Geisteswissenschaftlichen Arbeitsmethoden, 11. Lieferung, Methoden der Rechtswissenschaft Teil I,
1972, 123 (172 f.).

tieverständnis, um die Bestimmung des demokratischen Legitimationssubjekts (Volk) oder um die Abgrenzung zwischen einem positiven und einem negativen Freiheitsverständnis geht[71].

Die Vermutung, daß die Untersuchung von Legitimationsstrukturen rechtswissenschaftlich ergiebig ist, kann sich zunächst auf einen Blick auf die neuere Literatur und Rechtsprechung stützen: Besonders dominant sind legitimationstheoretische Fragestellungen im Europarecht. Hier zeigt sich deutlich, daß die Entfaltung legitimationstheoretischer Probleme nicht einfach an Nachbardisziplinen abgegeben werden kann, sondern von den Rechtswissenschaften verarbeitet werden muß, um die Entscheidungsstrukturen der EU systematisch zu rekonstruieren[72]. Ähnliche Diskussionszusammenhänge entstehen mit Blick auf die Entscheidungsstruktur internationaler Organisationen[73]. Grundlagen und Rechtfertigung dieser Rechtsordnungen sind ungewiß – namentlich, wenn sie mit nationalstaatlichen Rechtsordnungen in Konflikt geraten. Je ungeklärter die Grundlagen einer Rechtsordnung sind, desto praktisch bedeutender werden aber legitimationstheoretische Fragen[74].

Doch auch in nationalen Rechtsordnungen sind legitimationstheoretische Überlegungen von Bedeutung. Das deutsche Verfassungsrecht bemüht sich zwar traditionell um eine starke rechtsdogmatische Umhegung allgemeiner Probleme demokratischer Legitimation und grundrechtlicher Freiheit. Dies hat auch kaum zu überschätzende Vorteile: Eine dogmatische Einbindung der Legitimationsstrukturen kann die juristische Entscheidungspraxis von komplexen, schwer konkretisierbaren und häufig umstrittenen Fragen entlasten[75]. Doch völlig im-

---

[71] Für die Vereinigten Staaten beispielsweise *Ronald Dworkin*, Taking Rights Seriously, 1977. Historischer Überblick über das Gesamtkonzept bei *Akhil Reed Amar*, The Bill of Rights as a Constitution, Yale L.J. 100 (1991), 1131. Ein konziser Überblick über Probleme: *Paul Brest*, The Fundamental Rights Controversy: The Essential Contradictions of Normative Constitutional Scholarship, Yale L.J. 90 (1981), 1063. Vgl. auch *Winfried Brugger*, Grundrechte und Verfassungsgerichtsbarkeit in den Vereinigten Staaten von Amerika, 1987, 415ff. Für Deutschland: *Alexy*, Theorie der Grundrechte; *Ernst-Wolfgang Böckenförde*, Grundrechtstheorie und Grundrechtsinterpretation, in: Staat, Verfassung, Demokratie, 1991, 115 (119ff.). Kritisch zur Theoriebildung gerade mit Blick auf die Bedeutung des demokratischen Gesetzes für die Grundrechtsinterpretation: *Jestaedt*, Grundrechtsentfaltung im Gesetz, 72ff.

[72] Hier nur: *Ulrich Haltern*, Gestalt und Finalität, in: A. v. Bogdandy (Hrsg.), Europäisches Verfassungsrecht, 2003, 803 (805ff.); *Marcel Kaufmann*, Europäische Integration und Demokratieprinzip, 1997, 103ff.; *Gertrude Lübbe-Wolff*, Europäisches und nationales Verfassungsrecht, VVDStRL 60 (2001), 246; *Deirdre Curtin*, Postnational Democracy, 1997. Zur Rechtsprechung des EuGH: *Federico Mancini/D. T. Keeling*, Democracy and the European Court of Justice, Modern L. Rev. 57 (1994), 175.

[73] Hier nur für die WTO: *Armin von Bogdandy*, Law and Politics in the WTO – Strategies to Cope with a Deficient Relationship, Max-Planck Yearbook o. United Nations Law, 5 (2001), 609 (618ff.); *Markus Krajewski*, Verfassungsperspektiven und Legitimation des Rechts der WTO, 2001; *Hartmut Bauer*, Internationalisierung des Wirtschaftsrechts: Herausforderung für die Demokratie, in: H. Bauer u.a. (Hrsg.), Umwelt, Wirtschaft und Recht, 2002, 69 (73ff.).

[74] Zu diesem Phänomen *Christoph Möllers*, Globalisierte Jurisprudenz, ARSP-Beiheft 79 (2001), 41 (49ff.).

munisieren läßt sich Dogmatik gegenüber der Theorie auch im deutschen Recht nicht. Deswegen setzt Kritik an ihr häufig an legitimationstheoretischen Grundlagen an[76]. Zugleich hat auch die Rechtsprechung des Bundesverfassungsgerichts in jüngerer Zeit auf demokratietheoretische Überlegungen zurückgegriffen[77]. Dies ist kaum verwunderlich: In einer Verfassung, die Demokratie und individuelle Freiheit zur Norm erhebt, steht das positive Recht mit einem Bein in Problemen der Verfassungstheorie. Im amerikanischen Verfassungsrecht ist der Zusammenhang zwischen Legitimationstheorie und Rechtsproblemen noch direkter. Große Teile der Debatte kreisen um legitimationstheoretische Fragestellungen, namentlich um das Problem der Legitimation der Gerichtsbarkeit[78]. Weil das amerikanische Recht nicht auf die Entwicklung einer begriffsbasierten normübergreifenden Systematik, also einer Dogmatik, abzielt[79], sondern auf die optimale Lösung von einzelnen Rechtsproblemen[80], schlagen legitimationstheoretische Überlegungen deutlicher auf die richterliche Begründung und die wissenschaftliche Analyse von Entscheidungen durch[81]. Legitimationsfragen spielen schließlich auch in neueren vergleichenden Untersuchungen eine Rolle, und zwar sowohl im klassischen Rechtsvergleich zwischen nationalen Rechtsordnungen[82]

---

[75] Zu dieser Entlastungsfunktion von Rechtsdogmatik *Niklas Luhmann*, Rechtssystem und Rechtsdogmatik, 1974. Zur Kritik an einer damit zusammenhängenden Verabsolutierung der Trennung von rechtlichen und nichtrechtlichen Gesichtspunkten: *Michel van de Kerchove/ François Ost*, Le système juridique entre ordre et desordre, 1988, 154ff. Vgl. auch die Feststellung bei *Brohm*, VVDStRL 30 (1972), 247, daß die Entlastungsleistung nicht zu einem Reflexionsverbot führen dürfe.

[76] Exemplarisch für eine theoretische Kritik mit dogmatischen Konsequenzen auf dem Gebiet des Art. 20 Abs. 2 S. 1 GG: *Emde*, Demokratische Legitimation der funktionalen Selbstverwaltung, 382ff.; *Veith Mehde*, Demokratieprinzip und neues Steuerungsmodell, 2000, 446ff.

[77] BVerfGE 83, 37 (49ff.); 89, 155 (186); 107, 59 (91ff.).

[78] Für viele *Alexander Bickel*, The Least Dangerous Branch, 1962, 16ff.; *Christopher L. Eisgruber*, Constitutional Self-Goverment, 2001, 46ff.; *John H. Ely*, Democracy and Distrust, 1981, 73ff.; *Cass R. Sunstein*, The Partial Constitution, 1993, 93ff. In der Tradition der Critical Legal Studies: *Mark V. Tushnet*, Red, White and Blue. A Critical Analysis of Constitutional Law, 1998.

[79] Im amerikanischen Recht wäre noch am ehesten an einen *structural approach* zu denken: *Charles L. Black Jr.*, Structure and Relationship in Constitutional Law (1969), 1989, 32ff. Ähnlichkeiten mit der deutschen systematischen Auslegung (*Friedrich Carl von Savigny*, System des heutigen Römischen Rechts, Erster Band, 1840, 214) sind aufgewiesen bei *Winfried Brugger*, Konkretisierung des Rechts und Auslegung der Gesetze, AöR 119 (1994), 1 (24f.).

[80] Vgl. die repräsentative Kritik an *doctrinalism* bei *Walter F. Murphy/James E. Flemming/Sotirios A. Barber*, American Constitutional Interpretation, 2. Aufl. 1995, 393ff.

[81] Beispielhaft für sich auf Grundsätzliches beziehende Begründungen in wichtigen Entscheidungen: Youngstown Sheet & Tube Co. v. Sawyer 343 U.S. 579, 635 (1952) (Jackson, J., conc.); Lujan v. Defenders of Wildlife, 504 U.S. 555, 576 (1992); Clinton v. New York, 524 U.S. 417 (Kennedy, J., conc.) (1998).

[82] *P. Paul Craig*, Public Law and Democracy in the United Kingdom and the United States of America, 1990; *Susan Rose-Ackerman*, Umweltrecht und -politik in den Vereinigten Staaten und der Bundesrepublik Deutschland, 1995, 234ff. Für einen nicht im engeren Sinne legitimationsbezogenen, aber doch verfassungstheoretisch fundierten Vergleich: *Ralph Alexander Lorz*, Interorganrespekt im Verfassungsrecht, 2001, 80ff.

als auch in Vergleichen zwischen übernationalen Rechtsordnungen[83] oder im Institutionenvergleich zwischen gesetzgeberischer und richterlicher Intervention[84].

In der vorliegenden Untersuchung wird eine normativ verankerte Legitimationstheorie als Grundlage eines Modells *selbstbestimmter Gewaltengliederung* dienen, die als dogmatisches Gerüst und als rechtsvergleichendes tertium comparationis Antworten auf die oben formulierten Fragestellungen liefern kann. Wie dies geschehen soll, ist nunmehr genauer zu betrachten.

5. Gewaltengliederung in Selbstbestimmung – eine einführende Skizze

Die vorgenommene Bestimmung des Legitimationsbegriffs und die Feststellung seiner wachsenden Bedeutung löst die damit verbundenen methodischen Probleme noch nicht. Ein verfassungstheoretisches Legitimationsmodell, das Antworten auf die eingangs formulierten Fragestellungen geben soll, muß vielmehr den folgenden Anforderungen gerecht werden:

Es muß sich zum ersten aus *normativen Gemeinsamkeiten* in den zu vergleichenden Rechtsordnungen entwickeln lassen.

Es muß zum zweiten eine *systematische Basis* für ein vergleichendes Verständnis der *Gewaltengliederung* liefern, das sich,

zum dritten, auch für *Rechtsprobleme* in verschiedenen Rechtsordnungen *konkretisieren* läßt.

Ein solches verfassungstheoretisches Modell *selbstbestimmter Gewaltengliederung* ist in der folgenden Untersuchung zu entwickeln. Es soll zum besseren Verständnis der Gesamtdarstellung nunmehr einleitend in Thesenform vorgestellt werden: Die im folgenden zu vergleichenden Rechtsordnungen erkennen *individuelle* und *demokratische Selbstbestimmung* als zentrale Elemente der Rechtfertigung ihrer Hoheitsgewalt normativ an[85]. Dieses doppelte Selbstbestimmungserfordernis ist ein *notwendiges* Element jeder Form von hoheitlicher Herrschaftsausübung. Demokratische und individuelle Selbstbestimmung bedingen sich jedoch einerseits, andererseits können sie miteinander kollidieren[86]. Eine allgemeine normative Vorrangregel für den Primat demokratischer oder individueller Selbstbestimmung kennen die Rechtsordnungen nicht. Zwar basiert auch die demokratische Selbstbestimmung auf der Anerkennung individueller Freiheit, doch bedeutet dies nicht, daß sich individuelle Selbstbestimmung stets gegenüber

---

[83] *Stefan Langer*, Grundlagen einer internationalen Wirtschaftsverfassung, 1995.

[84] *Neil K. Komesar*, Imperfect Alternatives, 1994, angewendet auf die Rechtsprechung des EuGH zur Warenverkehrsfreiheit bei *Miguel Poiares Maduro*, We the Court, 1999.

[85] Wesentlich für diesen Gedanken, wenn auch terminologisch abweichend: *Habermas*, Faktizität und Geltung, 208 ff.

[86] Vgl. für eine rein verfassungstheoretische Lösung dieses Problems, die aber für eine verfassungsrechtliche Anwendung zu abstrakt bleibt: *Oliver Gerstenberg*, Bürgerrechte und Demokratie, 1997, 27 ff.

demokratischen Beschränkungen durchsetzen würde. Zur Lösung von Kollisionen wird statt allgemeiner materieller Vorrangregeln eine gewaltengegliederte
Organisation des Hoheitsträgers eingerichtet.

Ein traditionelles Verständnis deutete die Gewaltenteilung als ein Mittel zur
Bändigung hoheitlicher Macht[87]. Später trat eine Sicht in den Vordergrund, die eine gewalten- und damit arbeitsgeteilte Organisation als ein Instrument zu Effektuierung des Hoheitsträgers nutzen wollte[88]. Beide Zugänge sind bis in die Gegenwart präsent. Hinter ihnen steht ein unterschiedliches Verständnis des Verhältnisses von Freiheit und hoheitlicher Herrschaft. Der schon vordemokratisch
entwickelte Gedanke der Machtmäßigung unterstreicht den Primat individueller
Freiheit und versteht hoheitliche Herrschaftsausübung potentiell als deren Bedrohung. Der im Gefolge der Demokratisierung Bedeutung gewinnende Gedanke der Machteffektuierung vertraut dagegen der freiheitssichernden Wirkung demokratischer Herrschaft, nicht zuletzt gegenüber Freiheitsverkürzungen, die
zwischen Individuen stattfinden können. Die Verfassungsrevolutionen des 18.
Jahrhunderts in den Vereinigten Staaten und Frankreich erhoben den Gedanken
der Gewaltenteilung zu einem Ideal, warfen aber zugleich die Frage auf, warum
Ordnungen, die sich nur auf *eine* Legitimationsquelle, das Volk, zurückführen
lassen, einer Dreiteilung bedürften[89]. Der vorliegende Untersuchungsrahmen
versucht diesen Widerspruch aufzuheben[90]: Mit der Einrichtung dreier Gewalten
organisieren moderne Staaten ebenso wie andere Hoheitsträger den permanenten
Widerspruch zwischen individueller und kollektiver Selbstbestimmung. Damit
lassen demokratische Verfassungsordnungen auch die Frage nach einem materiellen Freiheitsverständnis offen. Sie erkennen beide Formen der Freiheit, die *Freiheit vor* hoheitlicher Herrschaft und die *Freiheit durch* hoheitliche Herrschaft an,
und überlassen die konkrete Bewältigung einem ausdifferenzierten Verfahrens-
und Organisationsgefüge.

Hieraus folgt, daß Rechtsordnungen eine Organmehrheit ausbilden müssen,
die beide Formen der Selbstbestimmung auch im Konflikt zur Geltung kommen

---

[87] So die klassischen Theorien bei *John Locke*, Two Treatises of Government, 1698 II, 143;
Charles de Montesquieu, De l'ésprit des lois, 1748, XI, 6 (ed. Forsthoff, 215); *John Jay/Alexander
Hamilton/James Madison*, The Federalist Papers (1787), Nr. 47 (Madison); *Immanuel Kant*,
Über den Gemeinspruch: Das mag in der Theorie richtig sein, taugt aber nicht für die Praxis
(1793), 1992, B 26.

[88] Aus der deutschen Literatur *Hesse*, Grundzüge des Verfassungsrechts, Rdnr. 482; *Walter
Krebs*, Kontrolle in staatlichen Entscheidungsprozessen, 1984, 11 in Anm. 49, 49f. Aus der amerikanischen Literatur *Jessica Korn*, The Power of Separation 1996, 15 m.w.N.

[89] Deutlich wird dies vor allem bei der Bestimmung der Aufgabe der richterlichen Gewalt in
der Französischen Revolution: *Marcel Gauchet*, La Révolution des pouvoirs, 1995, 53ff. Charakteristischerweise wird das Problem in Deutschland unter dem Stichwort der Einheit der
Staatsgewalt diskutiert. Dazu *Bernhard Schlink*, Die Amtshilfe, 1982, 62ff.

[90] Zu Elementen dieser Aufhebung in der deutschen Diskussion oben, S. 2ff.

läßt[91]. Individuelle und kollektive Selbstbestimmung verhalten sich aber in unterschiedlicher Weise zur Rechtsordnung:

Individuelle Willensbildung kann vom Recht im Prinzip vorausgesetzt werden. Sie kommt mit der Rechtsordnung erst in Berührung, wenn ihre Verwirklichung konkret gestört ist. Organe, die diese Willensbildung schützen, beziehen sich damit auf ein vergangenes, individualisiertes Ereignis. Sie haben auf Akte individueller Selbstbestimmung zu *reagieren*, berufen sich deswegen nicht auf einen eigenen institutionellen Willen, sondern entscheiden nach Maßstäben des Rechts, retrospektiv und in einem sachlich engführenden exklusiven Verfahren mit ebensolcher Entscheidungsreichweite.

Kollektive Selbstbestimmung, die den Anspruch hat demokratisch zu sein, muß bestimmten Regeln genügen und wird von der Rechtsordnung erst erzeugt. Dazu bedarf es Verfahren, die die gleichberechtigte und freie Beteiligung aller Mitglieder des Legitimationssubjekts ermöglichen. Entsprechende Organe müssen in inklusiven Verfahren eine eigene, also durch Recht möglichst wenig vorgeprägte Willensbildung mit möglichst großer Entscheidungsreichweite entwickeln. Die in Rechtsform entstandenen Entscheidungen sind in der Regel zukunftsorientiert, weil im demokratischen Verfahren der Abschluß der Willensbildung durch Entscheidung und die Rechtsform anders als bei der individuellen Willensbildung zusammenfallen. Schließlich bedarf eine ausdifferenzierte Gewaltengliederung bestimmter Vermittlungsorgane, die die Verknüpfung zwischen individueller und demokratischer Willensbildung leisten können.

Mit der Entfaltung dieses hier nur umrissenen Modells wird eine normativ verankerte rechtswissenschaftliche Theorie der Legitimation hoheitlichen Handelns durch Selbstbestimmung zur Grundlage für eine legitimationsbezogene Bestimmung der drei überlieferten Gewalten – Rechtsetzung, Rechtsanwendung und Rechtsprechung – und ihrer Beziehungen zueinander. Dabei greift sie mit den drei Kriterien der Reichweite[92], der Zeitorientierung[93] und dem Grad der Verrechtlichung[94] von Entscheidungsvorbereitung und Entscheidung auf Kategorien zurück, die in der Erörterung der Gewaltenteilung in demokratischen Ver-

---

[91] Deswegen geht es in erster Linie nicht um Gewalten*teilung*, sondern um Gewalten*unterscheidung*. Dieser Ausdruck bei *Carl Schmitt*, Verfassungslehre, 1927, 186.

[92] Für viele: *Hasso Hofmann*, Das Postulat der Allgemeinheit des Gesetzes, in: C. Starck (Hrsg.), Die Allgemeinheit des Gesetzes, 1987, 9.

[93] *Gerhart Husserl*, Recht und Zeit, 1955, 54ff.; *Hasso Hofmann*, Das Recht des Rechts, das Recht der Herrschaft und die Einheit der Verfassung, 1998, 43f.; *Paul Kirchhof*, Verwalten und Zeit – Über gegenwartsbezogenes, rechtzeitiges und zeitgerechtes Verwalten (1975), in: Stetige Verfassung und politische Erneuerung, 1995, 73 (75f.): »Zeitschema der Gewaltenteilung«; *Günther Dürig*, Zeit und Rechtsgleichheit, in: FS Tübinger Juristenfakultät, 1977, 21 (37ff.). Deutlich wird der Zusammenhang auch in der nach Gewalten abgestuften Wirkung des Rückwirkungsverbots: *Hartmut Maurer*, Kontinuitätsgewähr und Vertrauensschutz, in: J. Isensee/P. Kirchhof (Hrsg.), Handbuch des Staatsrechts, Bd. III, 1988, § 60, Rdnr. 10, 65, 100.

[94] Ähnlich *Heun*, Staatshaushalt und Staatsleitung, 101.

fassungsordnungen seit langem eine wichtige, aber nur topische und nicht systematisch verfugte Rolle gespielt haben.

6. Erkenntnisgewinne auf positiv-rechtlicher und rechtsvergleichender Ebene

Mit der Vorstellung des Modells der selbstbestimmten Gewaltengliederung ist noch nichts über seine Anwendbarkeit für die aufgeworfenen Fragestellungen gesagt. Wie sich das Modell rechtsdogmatisch und rechtsvergleichend verwenden läßt, ist deswegen nun anhand der argumentativen Schrittfolge, der sich die Untersuchung bedienen wird, zu verdeutlichen und durch drei Beispiele zu veranschaulichen:

In einem ersten Schritt sind die Vorgaben des verfassungstheoretischen Modells für ein bestimmtes Rechtsproblem zu entfalten. Das Modell basiert, wie gezeigt, auf einer den zu vergleichenden Rechtsordnungen gemeinsamen normativen Grundlage, ist damit aber noch nicht Teil ihres positiven Rechts, sondern vielmehr eine rechts*wissenschaftliche* Modellierung ihrer Legitimationsgrundlagen. Das verfassungstheoretische Modell stellt zunächst die Vergleichbarkeit von Rechtsproblemen zwischen verschiedenen Rechtsordnungen her. Im ersten Schritt ist also im Sinne einer theoretisch ergänzten funktionalen Rechtsvergleichung das den Rechtsordnungen gemeinsame Strukturproblem näher zu bestimmen und die normativen Vorgaben aus dem Modell zur Lösung dieses Problems zu entwickeln.

In einem zweiten Schritt werden diese Vorgaben auf die Rechtslage in den Rechtsordnungen angewendet. Diese Anwendung ermöglicht es, die Vorgaben mit den spezifischen rechtlichen, aber auch den rechtlich relevanten außerrechtlichen Kontexten des Problems anzureichern. Die verfassungstheoretischen Kriterien werden konkretisiert. Bei der Anwendung tritt die oben entwickelte *induktive* Komponente des Rechtsvergleichs hervor. Der Rechtsvergleich dient auch der praktischen Überprüfung der theoretisch entwickelten Vorgaben auf ihre Brauchbarkeit.

In einem dritten Schritt sind Schlüsse aus der Anwendung zu ziehen. Solche Ergebnisse sind entsprechend dem zweifachen Erkenntnisinteresse der Untersuchung auf rechtsvergleichender und positiv-rechtlicher Ebene zu erwarten: Die rechtsvergleichenden Ergebnisse resultieren aus der Problemdarstellung auf Grundlage des Gewaltengliederungsmodells. Dies ermöglicht es, *Rechtfertigungs-* und *Veränderungsbedarf* bestimmter Rechtsinstitute für verschiedene Rechtsordnungen zu begründen. Rechtsvergleich ist damit zugleich Bestandteil einer rechtswissenschaftlich verstandenen rechtspolitischen Argumentation[95].

---

[95] Zur rechtswissenschaftlichen Seite der Rechtspolitik *Ralf Dreier*, Zum Selbstverständnis

Der Rechtsvergleich gestattet es, theoretisch entwickelte Vorgaben zu erden und induktiv zu überprüfen.

Für positiv-rechtliche Ergebnisse ist seinerseits zu differenzieren. Hier wirkt sich die bereits erwähnte Asymmetrie rechtsvergleichender Untersuchungen aus, die einer bestimmten Rechtsordnung unvermeidlich besonders verbunden bleiben und die auf die unterschiedlichen Argumentationsebenen der verglichenen Rechtsordnungen Rücksicht zu nehmen haben. Die Art der Ergebnisse hängt maßgeblich von den Möglichkeiten ab, die die positive Rechtslage eröffnet, das Modell zu rezipieren. Dies ist jedenfalls dann möglich, wenn Erwägungen zur Gewaltengliederung *als solcher* rechtserheblich sind, weil detailliertere Vorgaben des positiven Rechts nicht vorliegen. Ein im engeren Sinne *dogmatisch-systematisches Gesamtergebnis* kann aber nur für das deutsche Recht entwickelt und am Ende der Darstellung bilanziert werden[96]. Für die anderen Rechtsordnungen werden sich Einzelaussagen zum positiven Recht machen lassen.

Diese Erkenntniserwartungen können anhand von drei in der Untersuchung eingehend zu behandelnden Problemen hier, ohne Ergebnisse vorwegzunehmen, knapp veranschaulicht werden:

– Ob die administrative Verordnungsgebung einer eigenen verfahrensrechtlichen Umhegung bedarf, die die Partizipation von Betroffenen vorsieht, wird rechtsvergleichend[97] und demokratietheoretisch[98] ebenso diskutiert, wie eine mögliche Beteiligung der Legislative am Verordnungsverfahren. Der theoretisch angeleitete Rechtsvergleich zeigt hier sowohl verwaltungsinterne Probleme einer zu intensiven Verrechtlichung als auch Rechtsschutzprobleme bei ihrem Fehlen und begründet nach Rechtsordnung differenzierte rechtspolitische Vorgaben. Hinsichtlich der Parlamentsbeteiligung lassen sich diese Überlegungen zu Auslegungshilfen für das deutsche (Art. 80 Abs. 1 GG), amerikanische (*presentment clause*) und europäische Recht (Art. 211 UA 4 EGV) verdichten.

– In der Rechtsprechung des Bundesverfassungsgerichts wird Art. 59 Abs. 2 GG als eine Grenze des Beteiligungsrechts des Bundestages an der auswärtigen Gewalt verstanden und dieses Verständnis aus Art. 20 Abs. 2 S. 2 GG begründet[99]. Eine allgemeine Dogmatik der Gewaltengliederung kann diese Aussage auch mit

---

der Jurisprudenz als Wissenschaft, in: Recht, Moral, Ideologie, 1981, 48 (56). Vgl. auch die Beiträge in P. Koller (Hrsg.), Theoretische Grundlagen der Rechtspolitik, ARSP-Beiheft 54 (1990).

[96] Vgl. unten, S 398 ff.

[97] Eingehend unten, S. 178 ff. Vgl. soweit nur *Theodora Th. Ziamou*, Rulemaking, Participation and the Limits of Public Law in the USA and Europe, 2001; *Armin von Bogdandy*, Gubernative Rechtsetzung, 2000.

[98] Für das amerikanische Recht neben *Craig*, Public Law and Democracy; *Richard B. Stewart*, The Reformation of American Administrative Law, Harvard L. Rev. 88 (1975), 1669. Für das Gemeinschaftsrecht: *Carol Harlow*, Codification of the EC Administrative Procedures? Fitting the Foot to the Shoe or the Shoe to the Foot, European L.J. 2 (1996), 3 (13 ff.). Für das deutsche Recht *Christoph Gößwein*, Allgemeines Verwaltungs(verfahrens)recht der administrativen Normsetzung, 2001; *Andreas Fisahn*, Demokratie und Öffentlichkeitsbeteiligung, 2002.

[99] BVerfGE 68, 1 (86 f.); 104, 151 (194). Eingehend unten, S. 358 ff.

Blick auf allgemeine Lehren des Parlamentsvorbehalts überprüfen. Hier zu gewinnende dogmatische Konsequenzen schließen die rechtsvergleichende Perspektive aber nicht aus, die unter anderem konkrete Wege vorzeichnen kann, eine
erweiterte parlamentarische Beteiligung auszugestalten und die gerichtliche Kontrolle zu effektuieren.

– Eine der meist diskutierten Fragen im Verhältnis zwischen Gemeinschafts-
und GATT/WTO-Rechtsordnung betrifft die rechtlichen Wirkungen der letztgenannten in der ersteren[100]. Vertragliche *sedes materiae* ist Art. 300 Abs. 7 EGV.
Der EuGH lehnt eine Direktwirkung namentlich mit Blick auf die fehlende »Reziprozität« mit den Rechtsordnungen anderer Mitglieder der WTO ab. Im amerikanischen Recht ist die unmittelbare Berufung von Privaten und von Gliedstaaten
auf Verstöße gegen GATT/WTO durch Gesetz des Bundes ausgeschlossen. Aus
dem Modell entwickelte Vorgaben lassen sich als normative Argumente in die methodisch offene Streitfrage integrieren.

7. Zur Auswahl der Referenzrechtsordnungen

Im Anschluß an die verfassungstheoretische Grundlegung wird die Untersuchung in zwei Schritten vorgehen, denen die zwei Teile entsprechen.

Im *ersten Schritt* sind die nationalen Verfassungsordnungen der Vereinigten
Staaten und der Bundesrepublik Deutschland in den Vergleich einzubeziehen.
Die Auswahl dieser beiden Rechtsordnungen läßt sich aus verschiedenen Gesichtspunkten rechtfertigen: Zunächst repräsentieren die amerikanische Verfassung und das Grundgesetz nach wie vor zwei unterschiedliche Verfassungstraditionen[101]: Für die amerikanische Tradition ist der demokratisch-revolutionäre
Gründungsakt bis in die Gegenwart ein bestimmendes Ereignis und die Legitimation von Herrschaft eine juristisch herausragende Frage. Die deutsche Verfassungstradition entstand dagegen durch die allmähliche Konstitutionalisierung
der monarchischen Exekutive. Verrechtlichung und Kontrolle von Politik sind
deswegen bis in die Gegenwart ihr großes Thema. So ist es kein Zufall, daß das
deutsche Verfassungsrecht die Idee der Gewaltenteilung vornehmlich im Rechtsstaatsprinzip ansiedelt[102], während sie in der amerikanischen Verfassungstradi-

---

[100] *Piet Eeckhout*, Judicial Enforcement of WTO Law in the European Union – Some Further
Reflections, J. o. International Economic Law (2002), 91 (93ff.); *Armin von Bogdandy*, Legal
Equality, Legal certainty and Subsidiarity in Transnational Economic Law, in: A. v. Bogdandy
u.a. (Hrsg.), European integration and international co-ordination, 2002, 13 (24ff.). Im Ergebnis
auch *Pascal Royla*, WTO-Recht – EG-Recht: Kollision, Justiziabilität, Implementation, EuR
2001, 495 (501ff.). Eingehend unten, S.331ff.
[101] Diese Typisierung bei *Ingolf Pernice*, Europäisches und nationales Verfassungsrecht,
VVDStRL 60 (2001), 148 (159); *Hans Vorländer*, Die Verfassung. Idee und Geschichte, 1999, 15;
Christoph Möllers, Verfassung – Verfassunggebende Gewalt – Konstitutionalisierung, in: A. v.
Bogdandy (Hrsg.), Europäisches Verfassungsrecht, 2003, 1 (4ff., 9ff.).
[102] Zum im Vordringen begriffenen gleichberechtigten Bezug auf das Demokratieprinzip

tion mit dem Gedanken demokratischer Repräsentation verbunden bleibt[103].
Zum zweiten verknüpfen sich in beiden Rechtsordnungen Probleme der Gewaltenteilung in besonderer Weise mit solchen der föderalen Ordnung. Wiederum
unterscheiden sich die entwickelten Lösungen signifikant. Denn während das
deutsche System eine ebenenübergreifende Verschränkung der verschiedenen
Staatsgewalten ermöglicht, richtet das amerikanische System parallele Strukturen
ein, in denen beide föderalen Ebenen bei der Ausübung von Hoheitsgewalt möglichst wenig verkoppelt sein sollen.

Die Untersuchung des amerikanischen Rechts stellt wegen fundamentaler Unterschiede zum deutschen eine besondere Herausforderung dar[104]. Zwei Unterschiede sind hervorzuheben: Methodisch situiert sich das amerikanische Verfassungsrecht um bedeutende Fälle[105], in denen der Supreme Court unmittelbar auf
checks and balances oder *separation of powers* zurückgreift, um etwa die Einrichtung einer verselbständigten Anklagebehörde (*Independent Counsel*)[106] oder die
Intervention des Kongresses in administrative Einzelentscheidungen[107] zu beurteilen. Die wissenschaftliche Diskussion untersucht dabei vor allem die Frage, inwieweit die überlieferten verfassungsrechtlichen Vorgaben durch den Gesetzgeber modernisiert werden können oder nicht[108]. Theorie und Fallbeurteilung sind
aber nicht wie im deutschen Verfassungsrecht durch eine verfassungsrechtliche
Dogmatik vermittelt[109]. Eine zweite institutionelle Herausforderung besteht in

---

oben, sub 2. Trotzdem bleibt das Rechtsstaatsprinzip vorherrschend, dies erkennt man auch an
der Verortung der Gewaltenteilung in den Kommentierungen zu Art. 20 GG.

[103] *Cass R. Sunstein*, Interest Groups in American Public Law, Stanford L. Rev 38 (1985), 29
(38ff.).

[104] Grundsätzlich zu Annäherungstendenzen: *Rainer Grote*, Rechtskreise im öffentlichen
Recht, AöR 126 (2001), 10 (43ff.).

[105] Zu Unterschieden *Robert S. Summers/Michele Tafurro*, Interpretation and Comparative
Analysis, in: D.N. McCDormick/R. Summers (Hrsg), Interpreting Statutes, 1991, 461 (472f.);
Daniel A. Farber, The Hermeneutic Tourist: Statutory Interpretation in Comparative Perspecti-
ve, Cornell L. Rev. 81 (1995–96), 513 (518ff.). Normtextbezogene Argumente haben es in der
Rechtsordnung der Vereinigten Staaten traditionell schwerer. Vgl. zu neueren Entwicklungen
aber die Beiträge in Symposium: Formalism Revisited, Formalism and Statutory Interpretation,
U. o. Chicago L. Rev. 66 (1999), 636; sowie für die öffentlich-rechtliche Dogmatik: *Antonin Sca-
lia*, A Matter of Interpretation, 1998, 23ff.; *John F. Manning*, Textualism and the Equity of the
Statute, Columbia L. Rev. 101 (2001), 36. Zur Kritik an diesem Paradigma *William N. Eskridge
Jr.*, Dynamic Statutory Interpretation, 1994, 34ff. Ein hilfreicher Gesamtüberblick über die
Textualität der Rechtsprechung des Supreme Court bei *Akhil R. Amar*, The Supreme Court 1999
Term, Foreword: The Document and the Doctrine, Harvard L. Rev. 114 (2000), 26.

[106] Morrison v. Olson, 487 U.S. 654 (1988).

[107] INS v. Chadha, 462 U.S. 919 (1983).

[108] Diese Frage wird in der Unterscheidung zwischen Funktionalisten und Formalisten beschrieben. Darstellung bei *Peter F. Strauss*, Formal and Functional Approaches to Separation of
Powers Questions – A Foolish Inconsistency?, Cornell L. Rev. 72 (1987), 488. Als aktuelle und
grundsätzliche Kritik an dieser Unterscheidung, *M. Elizabeth Magill*, The Real Separation in Separation of Powers Law, Virginia L. Rev. 86 (2000), 1127 (1136ff.).

[109] Dies zeigt sich am relativ seltenen Beispiel einer Lehrbuchdarstellung und seiner histo-

der Präsidialverfassung des amerikanischen Regierungssystems[110]. Das legitima-tionstheoretische Modell wird sich insoweit auch daran messen lassen müssen, in-wieweit es parlamentarisches und präsidiales System in einen einheitlichen Be-schreibungsrahmen integrieren kann, ohne die Unterschiede in der parlamentari-schen Abhängigkeit der Regierung und in deren Beteiligungsrechten bei der Ge-setzgebung[111] zu überspielen.

Im *zweiten Schritt* soll der Untersuchungsgegenstand erweitert werden. Will das hier entwickelte Modell der Gewaltengliederung auf der Suche nach einer »ebenengerechten Funktionenteilung«[112] auch *Mehrebenen-Rechtsordnungen* berücksichtigen, so bietet es sich an, hoheitliche Organisationen jenseits des Ver-fassungsstaats in den Vergleich zu integrieren. Dies wird eine Anpassung des Mo-dells selbstbestimmter Gewaltengliederung erforderlich machen, weil die Ver-vielfältigung der Legitimationssubjekte Berücksichtigung finden muß. Zudem ist das Modell nur mit einer Einschränkung anwendbar: Die Analyse der untersuch-ten übernationalen Rechtsordnungen basiert auf der normativen Annahme einer durchgehend *demokratischen Verfassstheit* ihrer Mitgliedstaaten. Alle Einschrän-kungen, die sich daraus ergeben, daß nicht alle Mitglieder der untersuchten Orga-nisationen ihr Handeln demokratischen und rechtsstaatlichen Anforderungen unterwerfen, blendet die Untersuchung bewußt aus.

Als erste übernationale Rechtsordnung ist die EU zu untersuchen. Dies ist schon deshalb geboten, weil eine vollständige Untersuchung der Gewaltengliede-rung »in Deutschland« nicht ohne einen Bezug auf die Europäische Union aus-kommen kann. Umgekehrt ist die Europäische Union nur in ihrer engen organi-satorischen Verflechtung mit den Mitgliedstaaten zu verstehen. Zudem repräsen-tiert die Europäische Union schon jetzt die fortgeschrittenste Abweichung vom Modell des demokratischen Verfassungsstaats, und damit auch die größte Her-ausforderung an die überlieferte Theorie der drei Gewalten. Sie hat mit dem Be-griff des institutionellen Gleichgewichts bereits eine eigenständige Umprägung des nationalstaatlichen Gewaltenteilungsgedankens hervorgebracht[113].

---

risch-politisch ausgerichteten Einführung: *Laurence H. Tribe*, American Constitutional Law, 3. Aufl. 2000, 6ff.

[110] *Bruce Ackerman*, The New Separation of Powers, Harvard L. Rev. 113 (2000), 634. Betont wird der Unterschied in Teilen der Politikwissenschaft: J.J. Linz/A. Valenzuela (Hrsg.), The Fai-lure of Presidential Democracy, 1994; *Giovanni Sartori*, Comparative Constitutional Enginee-ring: An Inquiry to Structure, Incentives, and Outcomes, 2. Aufl. 1994. Gerade von Ansätzen, die mit Argumenten aus dem Ideenreservoir der Gewaltenteilung argumentieren, wird die Bedeu-tung der Unterscheidung aber auch angezweifelt: *George Tsebelis*, Veto Players: How Political Institutions Work, 2002; *ders.*, Veto Players and Institutional Analysis, Governance 13 (2000), 441 (454ff.).

[111] Zu diesen beiden zentralen Unterschieden schon eingehend: *Raymond Carré de Malberg*, Contribution à la Théorie générale de l'État, tome 2, 1922, 283.

[112] Ausdruck: *Di Fabio*, Gewaltenteilung, Rdnr. 94.

[113] Aus der Diskussion *Andreas Haratsch*, Der Grundsatz der Gewaltenteilung als rechtsord-nungsübergreifender Rechtssatz, in: M. Demel u.a. (Hrsg.), Funktionen und Kontrolle der Ge-

Als zweite Organisation ist die ILO in den Vergleich einzubeziehen. Die ILO ist eine vergleichsweise alte internationale Organisation, deren Entwicklung den Übergang zum Kooperationsvölkerrecht[114] repräsentiert[115]. Zur ILO liegt zudem eine relativ eingehende frühe Rechtsprechung des *Permanent Court of International Justice* vor, die für die Verselbständigung internationaler Organisationen als eigene Rechtspersönlichkeit des Völkerrechts grundlegend war[116]. Entscheidend für ihre Auswahl ist aber die interne Organisationsstruktur der ILO. Anders als die meisten internationalen Organisationen[117] verfügt sie über eine echte Dreiteilung ihrer Organstruktur, die sich gut an die überlieferte Gewaltenteilungsdoktrin anschließen läßt und zugleich völkerrechtsspezifische Modifikationen gebietet. Zudem gestattet die Betrachtung der ILO die Einbeziehung der völkerrechtlichen Rechtsquellenlehre in den Gang der Untersuchung.

Als dritte übernationale Rechtsordnung soll das GATT/WTO-Recht in die Untersuchung Eingang finden. Werden EU und ILO als Organisationen aus eigenem Recht wegen ihrer ausdifferenzierten Organisationsstruktur ausgewählt, so bietet sich die GATT/WTO-Ordnung dazu an, Verschränkungen internationaler, supranationaler und nationaler Rechtserzeugung zu untersuchen. Ihre Einbeziehung dient zum ersten der Vervollständigung der Darstellung der nationalstaatlichen Gewaltenteilung – gerade mit Blick auf Fragen der »auswärtigen Gewalt«. Zudem erlaubt die Auswahl der WTO eine weitere interne Verschränkung des Untersuchungsaufbaus, weil drei andere untersuchte Hoheitsträger, Deutschland, die Vereinigten Staaten und die EG, Mitglieder der WTO sind. Die WTO ist aber auch ihrer Organisationsstruktur wegen ein interessantes Untersuchungsobjekt. Ihre Entscheidungsfindung erfuhr durch die Reform des Streitschlichtungssystems einen hohen Grad an Verrechtlichung und bewirkte komplementär die Zurückdrängung politischer Interventionsmöglichkeiten[118], die eine konsistente rechtswissenschaftliche Analyse stets erschweren. Die europäische Inte-

---

walten, 2001, 199 (204 ff.); *Jean Paul Jacqué*, Cours général de droit communautaire, Collected Courses of the Academy of European Law 1 (1990), 237 (289 ff.); *Koen Lenaerts*, Some Reflections on Separation of Powers in the European Community, Common Market L. Rev. 28 (1991), 11 (13 ff.). Zur Suche nach Parallelen zwischen nationalem und europäischem Recht: *Theodore Georgopoulos*, The ›Checks and Balances‹ Doctrine in Member States as a Rule of EC Law: The Cases of France and Germany, European L.J. 9 (2003), 530, freilich ohne stringentes methodisches Konzept.

[114] *Rüdiger Wolfrum*, Entwicklung des Völkerrechts von einem Koordinations- zu einem Kooperationsrecht, FS Juristische Fakultät Heidelberg, 2000, 421 (425 ff.).

[115] *Ebere Osieke*, Constitutional Law and Practice in the International Labour Organisation, 1985, 3 ff.

[116] Knapper Überblick bei *Jan Klabbers*, An Introduction to International Institutional Law, 2002, 61 ff.

[117] Zum typischen Organisationsaufbau Internationaler Organisationen nur *Ignaz Seidl-Hohenveldern/Gerhard Loibl*, Das Recht der Internationalen Organisationen, 7. Aufl. 2002, 113 ff.; *C.F. Amerasinghe*, Principles of the institutional Law of international organizations, 1996, 133 ff.

[118] Dazu *Peter-Tobias Stoll*, Die WTO: Neue Handelsorganisation, neue Welthandelsordnung, Ergebnisse der Uruguay-Runde des GATT, ZaöRV 54 (1994), 241 (257 ff.); *Knut Ipsen/Ul-*

gration[119] und die beiden nationalen Referenzrechtsordnungen kennen zudem die Schaffung eines einheitlichen Wirtschaftsraums als wesentliches Gründungsmotiv und als wichtiges Element der normativen Kompetenzordnung. Diese Gemeinsamkeit ist auch für eine Untersuchung der Gewaltengliederung von Bedeutung. Sie wirft das Problem einer demokratisch legitimierten Ausgestaltung grenzüberschreitender Freiheitswahrnehmung auf, das auch als Frage der selbstbestimmten Gewaltengliederung verstanden werden kann.

Die Vergleichbarkeit dieser Rechtsordnungen ist an dieser Stelle nicht zu beweisen. Sie ergibt sich nicht aus der Fragestellung, sondern letztlich nur aus den Ergebnissen der Untersuchung. Der wichtige Hinweis auf unterschiedliche Verfassungskulturen und institutionelle Kontexte mahnt zu Vorsicht[120]. Auf der anderen Seite stellt die gemeinsame Sprache von Verfassungstheorie und Verfassungsrecht eben auch ein Medium dar, um kulturelle Unterschiede zu überwinden. Recht soll die Unwägbarkeiten kultureller Differenz eben nicht nur zum Ausdruck bringen, sondern durch Formbildung in ihrer praktischen Bedeutung relativieren. Dies gilt umso mehr für Rechtsordnungen, die wie die hier verglichenen von einem Verhältnis der wechselseitigen Zustimmung und Rezeption gekennzeichnet sind, und gerade nicht von einem verfassungstheoretischen Kulturkampf. Hinter dem Ansatz steht somit auch das Ziel eines gemeinen Verfassungsrechts für Rechtsordnungen, die Demokratie und subjektiven Rechten verpflichtet sind.

8. Gang der Untersuchung und Terminologie

Damit ist zugleich der Gang der Untersuchung vorgezeichnet: Vorab ist die legitimationstheoretische Grundlegung zu erarbeiten (§ 1) und auf juristisch handhabbare Kriterien demokratischer und individueller Selbstbestimmung zuzuspitzen (§ 2). Im Ersten Teil der Untersuchung ist in Weiterentwicklung überlieferter Vorstellungen ein Modell der Gewaltengliederung zu entwickeln (§ 3). Dieses wird sodann auf die legitimationsbezogene Bestimmung der drei Gewalten (§ 4) und auf ausgesuchte Rechtsprobleme im nationalen Vergleichsrahmen zwischen dem deutschen und dem Recht der Vereinigten Staaten (§ 5) angewendet. Der Zweite Teil der Untersuchung nähert sich Rechtsproblemen in Mehr-Ebenen-Rechtsordnungen. Nach einer einleitenden Überlegung zur rechtswissenschaftlichen

---

rich R. Haltern, Rule of Law in den internationalen Wirtschaftsbeziehungen, RIW 40 (1994), 708.

[119] Zur Parallelität der Entwicklungen *Joseph H.H. Weiler*, Epilogue: Towards a Common Law of International Trade, in: J.H.H. Weiler (Hrsg.), The EU, the WTO, and the NAFTA, 2000, 201 (204ff.).

[120] Zu verschiedenen Stufen der Kontextualisierung des Rechtsvergleichs: *Rainer Wahl*, Verfassungsvergleichung als Kulturvergleichung, FS Quaritsch, 2000, 163; *Gunnar Folke Schuppert*, Staatswissenschaft, 2003, 773f.; *Waldhoff*, Verfassungsrechtliche Vorgaben, 24ff., 347ff.

Bedeutung des Ebenenbegriffs (§ 6) werden EU, ILO und WTO auf gewaltengliedernde Strukturen hin untersucht (§ 7). Anschließend sind unterschiedliche
Formen der Kopplung der Regelungsebenen für die beiden nationalen Ordnungen, WTO und EU zu analysieren (§ 8). Die beiden Erkenntnisinteressen der Arbeit werden in den abschließenden Synthesen zur Dogmatik des Art. 20 Abs. 2 S. 2
GG (§ 9) und zur Bedeutung der Gewaltengliederung für ein allgemeines Organisationsrecht demokratischer Hoheitsträger (§ 10) bilanziert.

Zur Terminologie: Die hier zu entwickelnde Ordnungsvorstellung der drei Gewalten wird als *Gewaltengliederung* bezeichnet. Die Verwendung des Begriffs
der »Gewalt« lehnt sich bewußt an den in vielen Rechtssprachen noch üblichen,
der politischer Ideengeschichte entnommenen Begriff an: *pouvoir, power*. Damit
ist zum Ausdruck zu bringen, daß die überlieferte Idee der Gewaltenteilung einen
Schatz darstellt, auf den auch eine moderne Rechtswissenschaft nicht verzichten
kann, der aber seiner vordemokratischen Wurzeln wegen einer freiheitlichen Po-
litur bedarf. Ob die Gewalten *geteilt* werden sollen, ist dagegen zweifelhaft,
schon weil die semantische Bedeutung von Teilung undeutlich zwischen Trennung und Unterscheidung verortet ist[121]. Die drei Gewalten – dies ist lange bekannt – können nicht vollständig voneinander getrennt werden. Vielmehr müssen
sie schon miteinander in Beziehung treten, um die Einheit zu konstituieren, von
der sie sich ableiten, sei diese Einheit ein Staat[122], ein *government*[123] oder eine
Union[124]. Angemessener erscheint es, von Gliederung zu sprechen, und damit
auch auf den in der deutschen Literatur verbreiteten Begriff der *Funktionenordnung* zu verzichten. Dieser ist blaß und nicht zu übersetzen. Nur der Begriff
Funktion wird im folgenden als Synonym zu *Gewalt* gebraucht werden. Der
überlieferte Begriff der Gewaltenteilung schließlich soll für die überlieferte Beschreibung des Problems weiter Verwendung finden.

---

[121] Diese Kritik ist weit verbreitet. Für die amerikanische Diskussion: *Tribe*, American Constitutional Law, 137 (*misnomer*). Für Deutschland: *Achterberg*, Probleme der Funktionenordnung, 109 f.; *Voßkuhle*, Rechtsschutz gegen den Richter, 34 in Anm. 2, jew. m.w.N.
[122] *Christoph Möllers*, Staat als Argument, 2000, 151 ff., 228 ff.
[123] Eine seltene Definition des viel verwendeten Ausdrucks bei *Frank I. Michelman*, States'
Rights and States' Roles: Permutations of ›Sovereignty‹ in *National League of Cities v. Usery*,
Yale L.J. 86 (1977), 1165 (1167). Aus deutscher Sicht *Wilhelm Hennis*, Aufgaben einer modernen
Regierungslehre, PVS 4 (1965), 42.
[124] Zur Diskussion um die Rechtsmuster der EU: *Werner Schroeder*, Verfassungsrechtliche
Beziehungen zwischen Europäischer Union und Europäischen Gemeinschaften, in: A. v. Bog-
dandy (Hrsg.), Europäisches Verfassungsrecht, 2003, 373 (378 ff.).

Legitimation durch Selbstbestimmung

In der verfassungstheoretischen Grundlegung der Untersuchung ist der Gedanke der Selbstbestimmung als ein notwendiges Legitimationselement der deutschen und der amerikanischen Rechtsordnung aus ihren beiden Verfassungen heraus normativ zu verankern und in seiner Bedeutung als verfassungstheoretischer Begriff zu entfalten (§ 1). Selbstbestimmung verwirklicht sich kollektiv und individuell. Beiden Modi der Selbstbestimmung können bestimmte minimale Kriterien der Verfahrens- und Organisationsausgestaltung zugeordnet werden, die für ihre rechtliche Ausgestaltung notwendig sind (§ 2). Auf Grundlage dieser Kriterien wird im anschließenden Ersten Teil ein legitimationsbezogenes Modell der Gewaltengliederung zu entwickeln sein.

Die Argumentation der Grundlegung verläuft damit in einer ungewohnten, in der Einleitung bereits erläuterten Richtung: Auf einer durch das positive Verfassungsrecht bestimmten Basis wird ein verfassungstheoretisches Modell entwickelt, das in den beiden folgenden Hauptteilen wiederum auf die zu vergleichenden Rechtsordnungen anzuwenden ist.

§ 1 Legitimation – Selbstbestimmung in Rechtsform

Die Idee der Selbstbestimmung ist ein notwendiges und damit universal anzuwendendes Element der Rechtfertigung hoheitlichen Handelns in beiden zu untersuchenden Verfassungsordnungen (I.). Aus ihr läßt sich ein einheitlicher verfassungstheoretischer Begriff der Legitimation entwickeln (II.) und gegenüber nichtrechtlichen Legitimationsmodellen abgrenzen (III.).

I. Selbstbestimmung als Legitimationselement des Verfassungsrechts

Der Gedanke der Selbstbestimmung verwirklicht sich in beiden Verfassungsordnungen bereits im Akt der Verfassunggebung (1.). Zwischen individueller und demokratischer Selbstbestimmung herrscht in beiden Ordnungen normative Gleichwertigkeit (2.). Selbstbestimmung ist ein notwendiger, kein hinreichender Bestandteil der Rechtfertigung hoheitlichen Handelns (3.).

1. Verfassunggebung als Akt der Selbstbestimmung

»Der bedeutendste Ausdruck der europäischen Moderne sind Rechtsordnungen, unter denen *alle* Menschen prinzipiell gleiche und freie Rechtssubjekte sind.«[1] Die Idee der Selbstbestimmung findet sich als die zentrale Rechtfertigungsbedingung von Herrschaft in beiden hier zu untersuchenden Rechtsordnungen normativ verankert. Während die Formulierung materieller Zwecke, wie Frieden, Wohlstand oder individuelles Glück, in den beiden Verfassungsordnungen durchaus nicht einheitlich erfolgt[2], ist der Gedanke der Selbstbestimmung ein ihnen gemeinsamer Bestandteil. Die Ordnungen des Grundgesetzes und der Verfassung der Vereinigten Staaten von Amerika beziehen sich in verschiedenen Formen und auf verschiedenen Ebenen auf diese Idee. Auf der Ebene der Verfassunggebung berufen sich beide Ordnungen auf einen Akt kollektiver Selbstbestimmung, durch den die Verfassung in Geltung gesetzt wird: Dies zeigen die Präambeln der amerikanischen Verfassung[3] und des Grundgesetzes[4] schon in ihrem

---

[1] *Armin von Bogdandy*, Europäische und nationale Identität: Integration durch Verfassungsrecht, VVDStRL 62 (2002), 156 (180), Hervorhebung dort.

[2] Rechtsvergleich: *Karl-Peter Sommermann*, Staatsziele und Staatszielbestimmungen, 1997.

[3] *We the People …* Als einflußreiche Deutung: *Bruce Ackerman*, We the People, vol. 1 Founda-

Wortlaut. Aus diesem verfassungseigenen Verständnis der Verfassungsentstehung folgt bereits, daß beide Verfassungsordnungen einen Akt der Selbstbestimmung als elementares Minimalerfordernis für die Rechtfertigung hoheitlicher Herrschaft verstehen. Der selbstbestimmte Akt der Verfassunggebung umgreift die Gesamtheit der Ordnung und ist für keinen ihrer Teile verzichtbar. Andererseits ist der Akt aber auch nicht hinreichend, beschränken sich die Inhalte der Verfassungen selbstverständlich nicht auf die Anrufung ihrer selbstbestimmten Entstehung[5]. Die Präambeln enthalten darüber hinausgehende inhaltliche Vorgaben, auf die es im hier entwickelten Zusammenhang jedoch weiter nicht ankommt, weil auch diese Vorgaben nur durch den selbstbestimmten Akt der Verfassunggebung in Geltung gesetzt werden.

Die rechtliche Wirkung der Präambeln ist verfassungsgerichtlich in beiden Rechtsordnungen anerkannt[6]. Dies gibt der verfassungseigenen Deutung der Verfassungsentstehung einen eigenen normativen Wert für die Entscheidung verfassungsrechtlicher Fragen. Für die hier zu untersuchende Fragestellung ist der Hinweis auf unmittelbare Rechtswirkungen aber weniger relevant als die Beantwortung der Frage, wie die beiden Verfassungsordnungen ihre eigene Geltung rechtfertigen, welches also die *verfassungseigene Theorie der Verfassungsgeltung* ist. Für beide Verfassungen lautet die Antwort: Ihre Geltung gründet sich auf den normativen Verweis auf einen Akt demokratischer Selbstbestimmung.

2. Gleichwertigkeit individueller und demokratischer Selbstbestimmung

Auf der Ebene des einfachen Verfassungsrechts sind in beiden Rechtsordnungen Formen demokratischer und individueller Selbstbestimmung durch den Schutz individueller Freiheit und die Einrichtung demokratischer Verfahren angeordnet. Beide Verfassungsordnungen verbinden eine demokratische und eine grundrechtliche Freiheitsidee miteinander. In beiden Fällen fußt diese Anerkennung zudem auf den personalen Eigenschaften des Individuums, auf der Fähigkeit zu freier Willensbildung. Autonomie ist ihr »verfassungstheoretischer Basiswert«.[7]

---

tions, 1991, 34 ff.; *Bruce Ackerman/Neal Katyal*, Our Unconventional Founding, U. of Chicago L. Rev. 62 (1995), 475; *Paul Brest/Sanford Levinson/Jack M. Balkin/Akhil Reed Amar*, Processes of Constitutional Decision Making, 4. Aufl. 2000. Zur dahinter stehenden revolutionären Tradition: *Gordon S. Wood*, The Radicalism of the American Revolution, 1994.

[4] Präambel, Art. 146 GG. Dazu *Dietrich Murswiek*, Die verfassunggebende Gewalt nach dem Grundgesetz für die Bundesrepublik Deutschland, 1978; *Udo Steiner*, Verfassunggebung und verfassunggebende Gewalt des Volkes, 1966; *Ernst-Wolfgang Böckenförde*, Die verfassunggebende Gewalt – Ein Grenzbegriff des Rechts, in: Staat, Verfassung, Demokratie, 90 (94 ff.).

[5] Eine normative Anrufung, die sich immer wieder der nur beschränkt demokratischen Realität der historischen Verfassungsentstehung zu stellen hat: *Klaus von Beyme*, Die verfassunggebende Gewalt des Volkes, 1968; *Ion Elster*, Deliberation and Constitution Making, in: I. Elster (Hrsg.), Deliberative Democracy, 1998, 97 (100 ff.).

[6] BVerfGE 36, 1 (Ls., 4, 5); US Term Limits, Inc. v. Thornton, 514 U.S. 779 (1995).

[7] So mit dem in der Sache gleichbedeutenden Begriff der Autonomie für beide hier untersuch-

Für das Grundgesetz[8] zeigt sich diese Einsicht am des Zusammenhang zwischen der Fundamentalnorm Art. 1 GG einerseits und den die Selbstbestimmung organisierenden Normen des Grundrechtsteils und des Demokratieprinzips andererseits. Zwischen diesen Normen besteht die folgende systematische Verknüpfung: Art. 1 Abs. 1 GG hat als erste und unabänderliche Norm des Grundgesetzes auch eine vorverfassungsrechtliche oder verfassungstheoretische Bedeutung. Sie fundiert die gesamte grundgesetzliche Ordnung auf der Personalität oder Subjektqualität des Individuums, seiner Fähigkeit zu freier Willensbildung[9]. Auf dieser Grundlage stehen sowohl die Notwendigkeit der Staatsgewalt, sich auf demokratische Selbstbestimmung zurückzubeziehen, Art. 20 Abs. 2 S. 1 GG, als auch der Schutz individueller Selbstbestimmung durch die Gesamtheit der Grundrechte, im besonderen das allgemeine Persönlichkeitsrecht[10]. Trotz dieser menschenrechtlichen Fundierung der gesamten Ordnung kennt das Grundgesetz keinen allgemeinen Vorrang weder zugunsten demokratischer noch zugunsten individueller Selbstbestimmung. Die Grundrechte ziehen der demokratischen Selbstbestimmung Grenzen, zugleich beschränken die Gesetze die individuelle Freiheitswahrnehmung[11]. Eine Vorrangregel läßt sich dem Grundgesetz auch nicht aus der menschenrechtlichen Fundierung aller folgenden Normen entnehmen, denn beide Arten von Selbstbestimmung setzen die Personalität des Individuums voraus, sind also ohne das Substrat der Menschenwürdegarantie nicht denkbar.

Im amerikanischen Verfassungsrecht ist der normative Konnex zwischen individueller und demokratischer Selbstbestimmung weniger deutlich im Text der Verfassung festzumachen. Die für das Verfassungsrecht weiterhin viel wirksamere geistige Tradition der Verfassungsentstehung ist hier miteinzubeziehen[12]. Oh-

---

ten Verfassungsordnungen: *Unruh*, Verfassungsbegriff des Grundgesetzes, 71 f., 340 ff.: »Autonomie als oberster Verfassungswert«, »Autonomie als verfassungstheoretischer Basiswert.«

[8] *Christian Starck*, Grundrechtliche und demokratische Freiheitsidee, in: J. Isensee/P. Kirchhof (Hrsg.), Handbuch des Staatsrechts, Bd. II, 1987, § 29, Rdnr. 1 ff. Kritisch dazu *Horst Dreier*, Die drei Staatsgewalten im Zeichen von Europäisierung und Privatisierung, DÖV 2002, 537 (537 in Anm. 5). Diese Kritik betrifft die Vereinheitlichung des Legitimationsbegriffs, dazu sogleich.

[9] BVerfGE 27, 344 (351); 34, 238 (245): »Grundnorm«. *Christoph Enders*, Die Menschenwürde in der Verfassungsordnung, 1997, 391 f.; *Horst Dreier*, in: Dreier, Grundgesetz, Art. 1 I, Rdnr. 32, *Christian Starck*, in: v. Mangoldt/Klein/Starck, GG, 3 Aufl. 1985, Art. 1 Abs. 1, Rdnr. 7; *Hasso Hofmann*, Die versprochene Menschenwürde, AöR 118 (1991), 353 (355 f.).

[10] *Enders*, Menschenwürde, 444 ff.; *Horst Dreier*, in: Dreier, Grundgesetz, Art. 2 I, Rdnr. 15.

[11] Systematisch dazu *Christian Bumke*, Der Grundrechtsvorbehalt, 1998.

[12] Für die Vereinigten Staaten befindet sich der demokratietheoretische Ausgangspunkt in den *Federalist Papers*. Damit verfügt das amerikanische Verfassungsrecht über eine verfassungseigene Demokratietheorie, die besonders auf eine Mischung und gegenseitige Kontrolle verschiedener Formen demokratischer Legitimation abhebt, und die Überrepräsentation eines Interesses zu verhindern sucht. Zur Vorgeschichte *Bernard Bailyn*, The Ideological Origins of the American Revolution: Enlarged Edition, 1992. Für aktuelle Probleme *Craig*, Public Law and Democracy in the United Kingdom and the United States of America. Für das deutsche Verfassungsrecht fehlt eine entsprechende Tradition, die sich etwa auf Richard Thoma und Hermann Heller beru-

ne totalitäre Vergangenheit entstanden, ist die Anerkennung individueller Personalität kein ausdrücklicher Gegenstand des amerikanischen Verfassungstextes außerhalb der Präambel[13]. Von einem geschriebenen Grundrecht auf Menschenwürde kann man deswegen für das amerikanische Verfassungsrecht nicht sprechen[14]. Die entsprechenden Garantien werden auf verschiedene andere Grundrechte verteilt[15]. Die elementare Anerkennung der Vernunftfähigkeit des freien Menschen, seine Fähigkeit, eigenverantwortlich Entscheidungen zu treffen, ist aber in der individualistischen Verfassungstradition der amerikanischen Revolutionsepoche verwurzelt[16], die vom positiven Recht der Gegenwart nicht zu trennen ist. Vielmehr bleibt die Urteilsfähigkeit des einzelnen auch für das amerikanische Verfassungsrecht eine entscheidende Voraussetzung.

Auf dieser Grundlage wird demokratische und individuelle Selbstbestimmung durch die amerikanische Verfassung, wenn auch in anderer Form als im Grundgesetz, organisiert. Für die demokratische Selbstbestimmung gilt: Die amerikanische Verfassung kennt kein Art. 20 Abs. 2 S. 1 GG entsprechendes Demokratieprinzip. Dessen Wirkungen ergeben sich innerhalb der Verfassung aus der Anbindung beider Kammern des Parlaments und des Präsidenten an einen demokratischen Wahlvorgang, art. I, sec. 2, sec. 3, art. II, sec. 1 U.S. const.[17]. Eine Entsprechung zum grundgesetzlichen Demokratieprinzip, die wichtiger ist als dieser Textbefund, besteht im engen Zusammenhang zwischen dem amerikanischen Verfassungsverständnis der Gegenwart und der revolutionären Tradition seiner Entstehungsgeschichte mit ihrer radikalen Verwirklichung von kollektiver Selbstbestimmung (*self-government*[18]). Individuelle Selbstbestimmung wird durch die Grundrechte der *Bill of Rights* garantiert, die die Ausgestaltungsmöglichkeit des Gesetzgebers ausdrücklich begrenzen[19]. Sie lassen damit aber auch die Möglichkeit offen, außerhalb der von ihr geschützten Bereiche eine Beschränkung und Ausgestaltung individueller Freiheit durch Gesetz vorzunehmen. Trotz

---

fen könnte. Zum Versuch einer Rekonstruktion, *Marcus Llanque*, Republikanismus, 2005 (i.E.).

[13] Bemerkt auch bei *Horst Dreier*, in: Dreier, Grundgesetz, Art. 1 I, Rdnr. 30.

[14] Vgl. aber die Überlegungen bei *Brugger*, Grundrechte und Verfassungsgerichtsbarkeit, 328 ff.

[15] Vgl. als aktuelle Entscheidung exemplarisch: Atkins v. Virginia, 536 U.S. 304 (2002): keine Anwendung der Todesstrafe auf geistig Behinderte.

[16] Vgl. nur *Gordon S. Wood*, The Creation of the American Republic, 1776–1787, 1969, 61 ff.; 523 f.; *Bernard Bailyn*, The Radicalism of the American Revolution, 1991, 169 ff.

[17] Modifiziert durch Twelfth, Seventeenth Amendment U.S. const.

[18] Zur Geschichte dieser Idee: *Gordon S. Wood*, The Creation of the American Republic, 1776–1787, 1969, 363 ff., 484 ff.; *Bernard Bailyn*, The Origins of American Politics, 2. Aufl. 1992, 55 ff.; *John G. A. Pocock*, The Machiavellian Moment, 1975, 523 ff.; *Horst Dreier*, Demokratische Repräsentation und vernünftiger Allgemeinwille. Die Theorie der amerikanischen Federalists im Vergleich mit der Staatsphilosophie Kants, AöR 113 (1988), 450 (456 ff.). Zu ihrer gegenwärtigen verfassungsrechtlichen Bedeutung: *Frank I. Michelman*, The Supreme Court, 1985 Term, Foreword: Traces of Self-Government, Harvard L. Rev. 100 (1986), 4: *Cass Sunstein*, Beyond the Republican Revival, Yale L.J. 97 (1988), 1539.

[19] »*Congress shall make no law …*«

des ausgeprägten Individualbezugs der politischen Kultur kennt auch die amerikanische Verfassungsordnung keine allgemeine Vorrangregel zwischen individueller und demokratischer Freiheitswahrnehmung[20].

Beide Verfassungsordnungen erkennen individuelle und demokratische Selbstbestimmung auf personaler Grundlage an, ohne einer der beiden einen absoluten normativen Vorrang einzuräumen. Dies erweist sich auch in dem Nebeneinander von kollektiver Verfassunggebung und individuell personalistischer Fundierung beider Ordnungen. Beide Ordnungen entstehen in einem kollektiven Akt, der sich aber ausdrücklich oder implizit gerade auf individuelle Selbstbestimmung beruft. In dieser doppelten Fundierung zeigt sich wiederum ein systematisches Nebeneinander von individueller und kollektiver Selbstbestimmung.

3. Selbstbestimmung als notwendiges Rechtfertigungselement

In beiden Verfassungsordnungen erweist sich Selbstbestimmung schließlich auch als ein *notwendiges* Rechtfertigungserfordernis hoheitlicher Herrschaft. Dies deutete sich oben bereits mit Blick auf das verfassungseigene Verständnis der Verfassunggebung und auf ihre personalistische Grundlage an: Wenn die Verfassunggebung ein Akt kollektiver Selbstbestimmung ist und dieser Akt individuelle Personalität voraussetzt, dann haben beide Formen der Selbstbestimmung auch für die in Geltung gesetzte Verfassung im Ganzen einen fortwirkenden, wenn auch noch unspezifischen normativen Wert.

Das eingehend normierte deutsche Verfassungsrecht verdeutlicht diesen Zusammenhang in Art. 1 Abs. 3[21] und Art. 20 Abs. 2 S. 1 GG[22]. *Alle* Staatsgewalt geht vom Volke aus und ist an die Grundrechte gebunden. Damit ist nicht allen verfassungsrechtlichen Anforderungen an den Hoheitsträger Genüge getan. Diese gelten aber für die Gesamtheit seiner Handlungen. Die Bindung an beide Formen von Selbstbestimmung ist damit ein notwendiges, wenn auch kein hinreichendes Rechtfertigungselement staatlicher Hoheitsgewalt[23].

Das amerikanische Verfassungsrecht kennt keine entsprechenden Regelungen. Die Feststellung, daß alles staatliche Handeln demokratisch legitimiert und an die

---

[20] Dies zeigt sich auch darin, daß der Grundrechtsschutz nicht generell weitergehend ausgestaltet ist als im deutschen Recht, dazu auch unten, § 5, I.

[21] Dazu *Horst Dreier* in: Dreier, Grundgesetz, Art. 1 Abs. 3, Rdnr. 1; *Möllers*, Staat als Argument, 326 f., jew. m. w. N.; *Christian Starck*, in: v. Mangoldt/Klein/Starck-*Starck*, Art. 1 Abs. 3, Rdnr. 138 ff.

[22] »Alle Staatsgewalt …«: Deutlich herausgearbeitet bei *Roman Herzog*, in Maunz/Dürig, Grundgesetz, Art. 20 II, Rdnr. 29: »Vollregelung«; *Böckenförde*, Demokratie als Verfassungsprinzip, Rdnr. 12.

[23] Speziell zum Zusammenhang von Selbstbestimmung und Gesetzesbegriff: *Böckenförde*, Demokratie als Verfassungsprinzip, Rdnr. 35; *Schmidt-Aßmann*, Verwaltungsrecht als Ordnungsidee, 1. Aufl. 1998, 39; *Peter Badura*, in: Bonner Kommentar, Art. 38, Rdnr. 13; *Horst Dreier*, in: Dreier, Grundgesetz, Art. 20 (Demokratie), Rdnr. 58; *Markus Möstl*, Die staatliche Garantie für die öffentliche Sicherheit und Ordnung, 2002, 66.

Grundrechte gebunden ist, erscheint als eine Selbstverständlichkeit. Kategoriale Ausnahmen von der Grundrechtsgeltung sind dem amerikanischen Verfassungsrecht nicht bekannt. Im Prinzip ist aber die Bindung des Gesetzgebers an die Grundrechte punktueller als im deutschen Verfassungsrecht[24]. Wie radikal das Erfordernis demokratischer Legitimation an alle Gewalten herangetragen wird, zeigt sich an der alten und nach wie vor intensiven Debatte um die demokratische Legitimation der Gerichte, insbesondere des U.S. Supreme Court[25]. Auch im amerikanischen Verfassungsrecht kommt kein staatliches Handeln ohne die Rückführung auf demokratische Selbstbestimmung aus.

Für beide Verfassungsordnungen ist die normative Notwendigkeit, sich durch die Anerkennung individueller und kollektiver Selbstbestimmung zu rechtfertigen, somit ein notwendiges Minimalerfordernis, aus dem andere, durch Akte der Selbstbestimmung gestaltete ergänzende Legitimationsformen hervorgehen können, ohne das Selbstbestimmungserfordernis selbst zu ersetzen.

4. Fazit

Der Blick in die beiden Rechtsordnungen diente der Herausarbeitung dreier, miteinander in einem engen Zusammenhang stehenden Qualitäten. Beide Verfassungen berufen sich auf einen Akt demokratischer Selbstbestimmung für ihre Entstehung. Beide lassen auf einer personalen Grundlage das Verhältnis zwischen individueller und demokratischer Selbstbestimmung offen, indem sie beide Formen anerkennen und miteinander verschränken, ohne eine Vorrangregel zwischen ihnen aufzustellen. Beide unterwerfen die Gesamtheit der ausgeübten Staatsgewalt dem Erfordernis, individuelle und demokratische Selbstbestimmung anzuerkennen. Auf dieser verfassungseigenen Grundlage kann ein gemeinsamer verfassungstheoretischer Begriff der Legitimation durch Selbstbestimmung entwickelt werden.

II. Legitimation als verfassungstheoretischer Begriff

Um den von beiden Verfassungen normativierten Zusammenhang zwischen Selbstbestimmung und Rechtfertigung verfassungstheoretisch erfassen zu können, soll der in der Einleitung bereits eingeführte Begriff der *Legitimation* Ver-

---

[24] Dazu unten, S. 136 ff.

[25] *James Bradley Thayer*, The Origin and Scope of the American Doctrine of Constitutional Law, Harvard L. Rev. 7 (1893), 129; *Alexander Bickel*, The Least Dangerous Branch, 1962, 14 ff.; *Jesse H. Choper*, Judicial Review and the National Political Process, 1990. Zuletzt *Larry Kramer*, The People Themselves, 2003. Deutsche Darstellung bei *Jörg Riecken*, Verfassungsgerichtsbarkeit in der Demokratie, 2003, 390 ff. Dazu auch unten, S. 136 ff., m.w.N.

wendung finden. Mit einer deutschen Begriffstradition[26] kann zwischen Legitimität und Legitimation unterschieden werden[27]. Während Legitimität zunächst die traditionale Rechtfertigung der Monarchie in der Restaurationsepoche bezeichnete[28] und später bei *Max Weber* die faktische Akzeptanz und Durchsetzbarkeit von Herrschaft[29], verweist der Begriff der Legitimation auf einen durch die Rechtsordung verfahrensförmig gestifteten Rechtfertigungszusammenhang. In der deutschen verfassungsrechtlichen Dogmatik beschränkt sich die Verwendung des Legitimationsbegriffs zumeist auf die Auslegung des Demokratieprinzips in Art. 20 Abs. 2 S. 1 GG.

Wie in der Einleitung angekündigt[30], soll der Begriff der Legitimation im Fortgang der Untersuchung auf *beide* Formen von Rechtfertigung durch Selbstbestimmung, individuelle und demokratische, erweitert werden. Das bedeutet, daß von Legitimation hoheitlichen Handelns ebenso dort gesprochen werden kann, wo demokratisch verfaßte Institutionen Recht erzeugen, wie auch dort, wo individuelle Selbstbestimmung durch rechtliche Instrumente geschützt wird[31]. Wie sich aus dem Blick auf die Verfassungsordnungen zeigte, dient die Berufung auf beide Formen der Selbstbestimmung der Rechtfertigung der Rechtsordnung und stiftet damit Legitimation im hier verstandenen Sinn. Damit wird ein einheitlicher Begriff von Legitimation plausibel, der diejenigen Elemente einer Rechtsordnung erfaßt, die an die Willensbildung von Rechtssubjekten anknüpfen, um das Handeln eines Hoheitsträgers zu rechtfertigen[32]. Beiden Modi der Rechtfertigung durch Selbstbestimmung ist der Bezug auf eine *Willensbetätigung* gemeinsam; beide setzen also ein *voluntaristisches* Element voraus[33]. Der rechtfertigende Gehalt subjektiver Freiheit ergibt sich aus der Willensbetätigung des einzelnen, der-

---

[26] Eine mit entsprechenden Bedeutungen belegte Unterscheidung fehlt in der englischen Sprache, in der *legitimacy* der gegenüber *legitimation* gebräuchlichere Ausdruck ist.

[27] Zur Unterscheidung von Legitimität und Legitimation: *Jürgen Habermas*, Zur Rekonstruktion des historischen Materialismus, 1976, 276. Dazu *Guido Palazzo*, Die Mitte der Demokratie, 2002, 44. Ideengeschichtlich: *Hasso Hofmann*, Das Problem der cäsaristischen Legitimität im Kaiserreich, in: Recht – Politik – Verfassung, 1986, 181, 202ff., 203 in Anm. 64 mit dem Hinweis auf die erstmalige Unterscheidung bei *Stefan Brie*, Die Legitimation einer usurpierten Staatsgewalt, 1866, 45ff. Ähnlich bei *Ernst Thomas Emde*, Die demokratische Legitimation der funktionalen Selbstverwaltung, 1991, 29ff. Vgl. auch *Hasso Hofmann*, Legitimität und Rechtsgeltung, 1977, 74ff.

[28] *Schmitt*, Verfassungslehre, 90.

[29] *Weber*, Wirtschaft und Gesellschaft, 16, 19f. Dazu *Stefan Breuer*, Bürokratie und Charisma, 1994; *Andreas Anter*, Max Webers Theorie des modernen Staates, 2. Aufl. 1996, 24ff.

[30] S. 15.

[31] Zum Zusammenhang von Freiheitsbegriff und subjektiven Rechten: *Eberhard Grabitz*, Freiheit und Verfassungsrecht, 1976, 183ff.; *Hasso Hofmann*, Menschenrechtliche Autonomieansprüche, JZ 1992, 165.

[32] Vgl. bereits oben, S. 15ff.

[33] Zum Begriff des Voluntarismus theoriegeschichtlich: *Kurt Flasch*, Das philosophische Denken im Mittelalter, 2000, 113ff. *Ernst-Wolfgang Böckenförde*, Geschichte der Rechts- und Staatsphilosophie, Antike und Mittelalter, 2002, 266f., Aus der neueren Diskussion zur Kritik voluntar-

jenige demokratischer Institutionen aus der Rückführbarkeit auf einen kollektiven Willen, etwa den Willen eines Staats- oder eines Verbandsvolkes. Legitimation entsteht also durch die Verknüpfung von rechtlichen Tatbeständen mit einer rechtsexternen Willensbildung. Der so eingeführte und weiter zu konkretisierende Begriff der Legitimation ist verfassungstheoretischer, nicht verfassungsrechtlicher Natur, steht aber auf der normativen Grundlage der beiden untersuchten Verfassungsordnungen.

III. Abgrenzung zu nichtjuristischen Legitimationsbegriffen

Eine rechtswissenschaftliche Verfassungstheorie bedarf der Abgrenzung gegenüber anderen, nichtjuristisch argumentierenden Argumentationsgängen. Nicht jedes in Philosophie und politischer Theorie verwendete legitimationstheoretische Argument eignet sich zum rechtswissenschaftlichen Gebrauch: Der rechtswissenschaftliche Zugang hat vielmehr den Vorzug, theoretische Fragen ausklammern zu können. Er ist von ihnen durch seine Orientierung an der Geltung des positiven Rechts entlastet. Die philosophisch bedeutsame Frage nach den Bedingungen von Subjektivität und damit nach der Möglichkeit individueller Willensbildung kann beispielsweise mit Blick auf subjektive Rechte aus rechtswissenschaftlicher Sicht solange unbeachtet bleiben, wie der praktische Entscheidungsbezug der Rechtswissenschaften auf den Begriff des Rechtssubjekts nicht verzichten kann. Zudem öffnet sich die neuere philosophische Diskussion gerade umgekehrt einem praxis- und alltagsbezogenen Zugang zur Beschreibung von Subjektivität[34]. Individuelle Freiheit ist *Zurechnungsfähigkeit*, also die von der Rechtsordnung unterstellte Fähigkeit eines Individuums, auch anders handeln zu können, als es tatsächlich gehandelt hat[35]. Eine ähnliche pragmatische Antwort ist auch auf die Frage nach dem »Wesen« oder der »Wirklichkeit« kollektiver

---

ristischer Demokratiekonzepte: *Rainer Schmalz-Bruns*, Reflexive Demokratie: die demokratische Transformation moderner Politik, 1995.

[34] Praxisbezüge als Argumente für Willensfreiheit bei *Robert B. Brandom*, Articulating Reason, 2000, 93 ff.; *Ernst Tugendhat*, Der Begriff der Willensfreiheit, in: Philosophische Aufsätze, 1992, 334 (347 ff.); *ders.*, Selbstbewußtsein und Selbstbestimmung, 268 f.; *Charles Taylor*, Der Irrtum der negativen Freiheit, in: Negative Freiheit?, 1988, 118 (121 ff.). Vgl. auch *Saul F. Kripke*, Wittgenstein. On Rules and Private Language, 1982, 132 f. Zur den Gewißheitsverlusten in der philosophischen Diskussion des 19. Jahrhunderts *Karl Löwith*, Von Hegel zu Nietzsche, 7. Aufl. 1978. Zur Übersicht über neuere Rehabilitierungsversuche von Individualität: *Manfred Frank*, Die Unhintergehbarkeit von Individualität, 1986; *Ernst Tugendhat*, Selbstbewußtsein und Selbstbestimmung, 1979; Reto L. Fetz/ Roland Hagenbüchle/Peter Schulz (Hrsg.), Geschichte und Vorgeschichte der modernen Subjektivität. 2 Bde 1998.

[35] Für ein solches normatives Verständnis: *Tugendhat*, Willensfreiheit, 336 ff.; *Günther Jakobs*, Norm, Person, Gesellschaft, 1997, 29 ff.

Willensbildung oder Repräsentation zu geben[36]. Auch hier ist nichts zu beweisen oder zu widerlegen. Ob ein Parlament den Volkswillen prinzipiell »wirklich« abzubilden vermag, ob es so etwas wie einen Volkswillen wirklich geben kann, das sind zu abstrakt gestellte Fragen. Ihre Beantwortung, dies wird im übrigen nicht selten übersehen, ist keineswegs problematischer als die philosophische Suche nach individueller Willensbildung, denn weder individueller noch kollektiver Wille sind naturwüchsige Produkte. Organisationsrechtliche Probleme kommen auf dieser Abstraktionshöhe aber gar nicht mehr in den Blick[37]. Für die vorliegende Fragestellung ist demgegenüber die Frage nach den Bedingungen der Möglichkeit der Willensbildung durch die personale Grundlage der betrachtetenn Verfassungsordnungen[38] beantwortet.

Die hier entwickelte Bestimmung eines rechtswissenschaftlichen Legitimationsbegriffs als Anschluß an die individuellen und kollektiven Selbstbestimmungserfordernisse der betrachteten Verfassungsordnungen führt dazu, daß Legitimation nur auf die rechtliche Seite der zu legitimierenden Herrschaftsordnung angewendet werden kann, nicht auf außerrechtliche Voraussetzungen[39]. Eine rechtswissenschaftliche Verfassungstheorie hat andere methodische Beschränkungen zu beachten als die politische Philosophie. Konkret: Ob eine Gesellschaft über eine Öffentlichkeit verfügt, die das Funktionieren demokratischer Institutionen ermöglicht, oder ob eine Gesellschaft eine Kultur unternehmerischer Initiative kennt, die den von der Rechtsordnung eingeräumten individuellen Freiheitsgebrauch erst wirksam werden läßt, ist nicht in gleicher Weise Gegenstand rechtswissenschaftlicher Untersuchung wie die Einrichtung einer demokratischen Repräsentationskörperschaft oder eines gerichtlich durchsetzbaren subjektiven Rechts[40]. Der Ausschluß bestimmter Bevölkerungsgruppen von politischen Repräsentationsprozessen kann Gegenstand von Normen, etwa von Art. 20 Abs. 2 S. 1 GG sein. Die Frage, ob Europa in absehbarer Zeit eine demokratisie-

---

[36] Vgl. nur *Erich Kaufmann*, Zur Problematik des Volkswillens (1931), in: U. Matz (Hrsg.), Grundprobleme der Demokratie, 1973, 22 (23ff.); Beispiel einer verdinglichenden Formulierung von Wille bei *Gerhard Leibholz*, Das Wesen der Repräsentation, 1930; *Schmitt*, Verfassungslehre, 9f. Ähnlich *Joseph A. Schumpeter*, Capitalism, Socialism and Democracy, 3. Aufl. 1950, 252ff. Vgl. auch *Scharpf*, Demokratietheorie, 28f.

[37] Ähnlich *Hasso Hofmann/Horst Dreier*, Repräsentation, Mehrheitsprinzip und Minderheitenschutz, in: H.-P. Schneider/W. Zeh (Hrsg.), Parlamentsrecht und Parlamentspraxis, 1989, § 5, Rdnr. 9–11. *Peter Badura*, in: Bonner Kommentar, Art. 38, Rdnr. 23ff., 31ff.

[38] Vgl. Oben, S. 28ff.

[39] Als Gegenbeispiel für einen sehr umfassenden Demokratiebegriff *Ottfried Höffe*, Demokratie im Zeitalter der Globalisierung, 1999, 107ff.

[40] Entsprechend zum Verhältnis von Parlament und Volk aus der Perspektive des Rechts: *Kelsen*, Allgemeine Staatslehre, 316f. Diese Aussage der Reinen Rechtslehre ist vielfach mißverstanden worden. Sie besagt nicht, daß es auf soziale Zusammenhänge für Demokratien nicht ankäme. Sie stellt nur fest, daß der Zusammenhang zwischen Normen, ihrem sozialem Kontext und Demokratie durch die Rechtswissenschaften mit anderen Methoden als durch die Sozialwissenschaften untersucht werden muß. Vgl. *Weyma Lübbe*, Legitimität kraft Legalität: Sinnverstehen und Institutionenanalyse bei Max Weber und seinen Kritikern, 1991, 25ff.

rungsfähige Öffentlichkeit haben wird, ist dagegen rechtswissenschaftlicher Untersuchung nicht in gleicher Weise zugänglich. Die faktische Möglichkeit zur Selbstbestimmung kann von Rechtsordnungen nicht bewiesen werden und muß es auch nicht. Rechtsordnungen können unterschiedliche und sich historisch wandelnde Konzepte von Selbstbestimmung aufgreifen, indem sie unterschiedliche Zurechnungsmaßstäbe einführen. Sie können auf Störungen der Selbstbestimmungsfähigkeit reagieren, etwa indem sie bestimmte Standards der Schuldfähigkeit verwenden. Aber die philosophische Frage nach den Bedingungen der Möglichkeit von Autonomie ist *für die Rechtsordnung* in demjenigen Moment beantwortet, in dem bestimmte Tatbestände Freiheit und Verantwortungsfähigkeit anerkennen. Konkret: Ob der Grundrechtsträger seine Unternehmensgründung im Ausland »wirklich« durchführen will, ja ob er es, im Fall einer Kapitalgesellschaft, in einem empirisch zugänglichen Sinn überhaupt »wollen kann«, bleibt für die juristische Bestimmung seiner Freiheitssphäre irrelevant. Gleiches gilt für die Frage, ob die parlamentarische Repräsentation »tatsächlich« den Willen des beteiligten Wahlvolkes abbildet. Das bedeutet nicht, daß über die Organisation von Selbstbestimmung nicht immer neu rechtswissenschaftlich nachzudenken wäre und daß sich das Konzept selbst nicht langfristig fundamental wandeln oder auflösen könnte.

Diese Einschränkung läßt sich mit der in den politischen Wissenschaften verwendeten Unterscheidung zwischen *Input- und Output-Demokratie* konturieren[41]. Beschreibt Input-Demokratie formalisierte Mitentscheidungsmöglichkeiten, die auch Gegenstand der vorliegenden Untersuchung sind, so stellt die Output-Demokratie die Folgen hoheitlichen Handelns in den Vordergrund. Hoheitliches Handeln ist demnach demokratisch legitimiert, wenn es zu von den Bürgern gewünschten Effekten wie Wohlstand und Sicherheit führt. Output-Demokratie versteht in *Abraham Lincolns* berühmter Formulierung Demokratie als Herrschaft für das Volk, nicht durch das Volk[42]. So kann die Umverteilungsleistung einer sozialstaatlichen Maßnahme die Akzeptanz der Rechtsordnung auch dann erhöhen, wenn sie nicht in demokratischen Verfahren beschlossen wurde. Ein solcher legitimierender Effekt wird vom hier verwendeten Legitimationsbegriff nicht erfaßt. Man mag schon zweifeln, ob ein solches Legitimationsverständ-

---

[41] Grundlegend *Fritz W. Scharpf*, Demokratietheorie zwischen Utopie und Anpassung 1970, 66ff. Speziell für die europäische Integration: *ders.*, Regieren in Europa, 1999, 20ff. Vgl. auch *Schmidt*, Demokratietheorien, 294ff. Verwandt dazu ist das expertokratische Demokratieverständnis bei *Schumpeter*, Capitalism, Socialism and Democracy, 269ff. Dazu *Held*, Models of Democracy, 154ff. Ein eher topisches Nebeneinander bei *Utz Schließky*, Souveränität und Legitimität von Herrschaftsgewalt, 2004, 656ff.

[42] »*Government of the people, by the people, for the people*«. Diese ist freilich im Original kumulativ, nicht alternativ zu verstehen. *Abraham Lincoln*, The Gettysburg Adress, 19.11.1863. Ausdrücklich noch auf eine paternalistische Lesart (»für das Volk«) beschränkt: *Konrad Hesse*, Die verfassungsrechtliche Stellung der politischen Parteien im modernen Staat, VVDStRL 18 (1959), 11 (18ff.).

nis überhaupt unter einen semantisch sinnvollen Begriff von Demokratie gebracht werden kann, denn auch eine benevolente Monarchie kann erwünschte Ergebnisse vorweisen und deswegen Legitimität, aber eben nicht Legitimation beanspruchen[43]. Dies kann jedoch für eine rechtswissenschaftliche Konzeption demokratischer Legitimation offenbleiben, denn weder die empirische Messung noch die politische Bewertung des Erreichens bestimmter Ziele lassen sich mit den rechtswissenschaftlich zur Verfügung stehenden Instrumenten unmittelbar erfassen[44]. Effizienzerwartungen sind im übrigen von allgemeinen Legitimitätsvorstellungen kaum zu trennen[45]. Dies bedeutet keine prinzipielle Zurückweisung von Folgenbetrachtungen für die Bewertung hoheitlichen Handelns, die auch für die Rechtswissenschaften von Bedeutung sind[46]. Auch in den hier untersuchten Rechtsordnungen werden Effizienzstandards durch das positive Recht angeordnet[47]. Solche Regelungen sind aber das Ergebnis demokratisch legitimierter und die Grundrechte berücksichtigender Rechtserzeugung, nicht deren Voraussetzung. Für eine legitimationsbezogene Theorie der Gewaltengliederung geht es nicht darum, Folgenbewertungen und Effizienzstandards unmittelbar in den Legitimationsbegriff einzubeziehen, sondern darum, zu fragen, welche Organe am besten dazu geeignet sind, solche Standards zu entwickeln und anzuwenden.

Diese Beschränkung auf einen rechtswissenschaftlich entwickelten Begriff von Input-Legitimation stellt eine Weichenstellung für die Untersuchung hoheitlicher Organisationen dar. Dafür zur Veranschaulichung ein Beispiel, das in der Folge aufzugreifen sein wird: Das Entstehen von Regulierungsagenturen in den Vereinigten Staaten gegen Ende des 19. Jahrhunderts[48] kann mit der wachsenden

---

[43] Ähnliche Kritik bei *Armin von Bogdandy*, Buchbesprechung, Der Staat 39 (2000), 457 (457); *Hauke Brunkhorst*, Globale Solidarität, in: L. Wingert/K. Günther (Hrsg.), Die Öffentlichkeit der Vernunft und die Vernunft der Öffentlichkeit, 2001, 605 (621 in Anm. 48).

[44] Gleiches gilt für Maßstäbe der Systemrationalität. Vgl. aber *Gunther Teubner*, Recht als autopoietisches System, 1989, 21 ff. *Thomas Vesting*, Kein Anfang und kein Ende. Die Systemtheorie des Rechts als Herausforderung für Rechtswissenschaft und Rechtsdogmatik, Jura 2002, 299 (302 ff.). Eine demokratietheoretisch inspirierte Kritik bei *Oliver Lepsius*, Steuerungstheorie, Systemtheorie und Parlamentarismuskritik, 1999, 42 ff.

[45] *Graf Kielmannsegg*, PVS 12 (1971), 393: »Leistungserwartungen sind von Geltungsvorstellungen geprägt.«

[46] Differenzierte Kritik bei *Horst Eidenmüller*, Effizienz als Rechtsprinzip, 1995, 393 ff. Gerade mit Blick auf die Unterscheidung zwischen Gesetzgebung und Rechtsprechung: ders., Rechtsanwendung, Gesetzgebung und ökonomische Analyse, AcP 197 (1997), 80 ff. (116 ff.). *Martin Morlok*, Vom Reiz und vom Nutzen, von den Schwierigkeiten und den Gefahren der Ökonomischen Theorie für das Öffentliche Recht, in: C. Engel/M. Morlok (Hrsg.), Öffentliches Recht als Gegenstand ökonomischer Forschung, 1998, 1 (1 ff.); *Oliver Lepsius*, Die Ökonomik als neue Referenzwissenschaft für die Staatsrechtslehre?, Die Verwaltung 32 (1999), 429 (434 ff.).

[47] Mit besonderem Blick auf das Verwaltungsrecht Beispiele für die deutsche und europäische Rechtsordnung: *Eberhard Schmidt-Aßmann*, Effizienz als Herausforderung an das Verwaltungsrecht in: W. Hoffmann-Riem/E. Schmidt-Aßmann (Hrsg.), Effizienz als Herausforderung an das Verwaltungsrecht, 1998, 245 (255 ff., 258 ff.). Für die Rechtsordnung der Vereinigten Staaten *Cass Sunstein*, After the Rights' Revolution, 1990, 48 ff.; *ders.*, Risk and Reason, 2003.

Komplexität staatlicher Regelungsaufgaben im Gefolge der Industrialisierung erklärt werden[49], also mit der Notwendigkeit eines neuen staatlichen Outputs an Regulierung. Ein solcher Hinweis auf gesellschaftliche Veränderungen ist mit einem rechtswissenschaftlichen Instrumentarium weder zu belegen noch zu falsifizieren; er bleibt eine von anderen Disziplinen zu erarbeitende mehr oder minder plausible Erkenntnis. Aus der Struktur der amerikanischen Verfassungsordnung lassen sich aber auch andere an Input-Legitimation orientierte Erklärungen entwickeln. Nur zu solchen kann eine rechtswissenschaftliche Theoriebildung etwas beitragen. Im Fall der Agencies sind solche Erklärungen beispielsweise der Antagonismus zwischen den selbständig legitimierten Verfassungsorganen Kongreß und Präsident, die gegeneinander Einfluß auf den Gesetzesvollzug zu nehmen suchen, das Fehlen einer verfassungsrechtlich verankerten Kabinettstruktur sowie die Notwendigkeit, Vollzugsstrukturen zu schaffen, die über Gliedstaatengrenzen hinweg Aufgaben wahrnehmen. Die Entstehung von Agencies läßt sich mithin auch aus der Legitimationsstruktur einer präsidialen und föderalen Verfassungsordnung verstehen. Diese verfassungstheoretische Beschreibung schließt andere nicht-juristische Erklärungsmodelle in keiner Weise aus. Sie kann aber einen eigenen Erklärungswert beanspruchen, der auch Konsequenzen für die Verwendbarkeit des Agencymodells in Rechtsordnungen mit anderen Legitimationsstrukturen hat[50].

---

[48] Zur rechtlichen Seite unten, S. 121 ff., 3. Historisch: *Robert Cushman*, The Independent Regulatory Agencies (1941), 1972, 37 ff.; *Stephen Skowronek*, Building the New American State, 1982, 165 ff. Vgl. auch *Daniel K. Carpenter*, The Forging of Bueraucratic Autonomy, 12 ff. Aus der deutschen Literatur: *Oliver Lepsius*, Verwaltungsrecht unter dem Common Law, 1997, 68 ff. Für den New Deal: *G. Edward White*, The Constitution and the New Deal, 2000, 94 ff.

[49] Zur Kritik an solchen Argumenten aber *Möllers*, VerwArch. 93 (2002), 26 ff.

[50] Eingehender unten, S. 121 ff.

§ 2 Kriterien individueller und demokratischer Legitimation

Das in den untersuchten Verfassungsordnungen verankerte Erfordernis der Legitimation durch Selbstbestimmung hat einen prozeduralen Charakter[1]. Es bindet die Ausübung von Hoheitsgewalt nicht an bestimmte Inhalte oder Ziele. Vielmehr stellt es diese unter den Vorbehalt der rechtlich wirksamen Anerkennung individueller und demokratischer Willensbildung. Weil diese Willensbildung für die Rechtsordnung aber einen inhaltlich offenen Tatbestand darstellt, kann sie nur durch gleichfalls ergebnisoffene Verfahrens- und Organisationsstrukturen eingelöst werden[2]. Das schließt nicht aus, daß auch materielle Bindungen der Staatsgewalt durch die Verfassung auf einer fundamentalen Ebene geregelt werden könnten[3]. Doch muß sich auch die Verwirklichung dieser materiellen Standards an Prozeduren der Selbstbestimmung orientieren. Mit dieser Inhaltsoffenheit setzt die Idee der Selbstbestimmung das Grundproblem moderner Gemeinwohlbestimmungen um[4]. Denn die Definition des Gemeinwohls ist regelmäßig politisch umstritten[5] und kognitiv ungewiß[6]. Die im folgenden zu entwickelnden Legitimationskriterien zielen also auf verfassungseigene *prozedurale* Standards für hoheitliches Handeln.

---

[1] Insofern ist das Konzept der Prozeduralisierung ebenso wie das des reflexiven Rechts keineswegs so neu, wie es mitunter erscheint. Dazu *Axel Tschentscher*, Prozedurale Theorien der Gerechtigkeit, 2000, 118 ff.; *Gralf-Peter Calliess*, Prozedurales Recht, 1999, 181 ff. Zur Frage der Neuigkeit entsprechender Kategorien differenziert: *Richard Münch*, Die »Zweite Moderne«: Realität oder Fiktion, KZfSS 54 (2002), 417 (424 ff.); *Jürgen Habermas*, Der philosophische Diskurs der Moderne, 1985, 9 ff.

[2] *Marcelo Neves*, Zwischen Themis und Leviathan, 2001, 108 ff.

[3] Dies wird in Deutschland unter dem Stichwort Staatszweck diskutiert: *Hans-Christoph Link/Georg Ress*, Staatszwecke im Verfassungsstaat – nach 40 Jahren Grundgesetz, VVDStRL 48 (1990), 7, 56. Kritik bei *Helmuth Schulze-Fielitz*, Staatszwecke im Verfassungsstaat, StwStP 1 (1990), 223. Eine parallele Diskussion fehlt in den Vereinigten Staaten. Dort läßt sich eine wertbezogene Argumentation, die prozedurale Selbstbestimmung relativiert, vor allem aus dem kommunitaristischen Bezug auf Traditionen begründen: *Alasdair MacInyre*, After Virtue, 2. Aufl. 1984. Vgl. auch *Rüdiger Bubner*, Welche Rationalität bekommt der Gesellschaft?, 1996, 168 ff.

[4] Dazu *Christoph Engel*, Offene Gemeinwohldefinitionen, Rechtstheorie 32 (2001), 23; *Schuppert*, Staatswissenschaft, 222.

[5] Verschiedene Modelle pluraler Wertsphären, die sich nicht aufeinander reduzieren lassen bei: *Michael Walzer*, Spheres of Justice, 1984, 65 ff.; *Luc Boltanski/Laurent Thévenot*, De la justification 1991, 85 ff.

[6] *Nico Stehr*, Wissenspolitik, 2003; *Bruno Latour*, Politiques de la Nature, 1999, 50 ff.

Den beiden verfassungsrechtlich anerkannten Formen der Selbstbestimmung entsprechen zwei Arten der Institutionalisierung durch Recht, zwei Verfahrensmodi. Individuelle Legitimation entsteht durch die Einrichtung und den Schutz subjektiver Rechte (I.). Demokratische Legitimation entsteht durch die Einrichtung demokratischer Verfahren (II.). Für beide Formen der Legitimation sind aus dem Gedanken der Selbstbestimmung verfassungstheoretische Mindestkriterien zu entwickeln. Die Untersuchung nimmt an diesem Punkt also die im Recht verankerte Anerkennung von Selbstbestimmung zum Ausgangspunkt für eine verfassungstheoretische Ausarbeitung prozeduraler Kriterien der beiden Legitimationsmodi.

I. Individuelle Legitimation

Für die Ausgestaltung individueller Legitimation stellen sich zwei Fragen. Zum einen ist zu klären, inwieweit sich individuelle Selbstbestimmung überhaupt mit der *Legitimation eines Hoheitsträgers* verknüpfen läßt (1.). In einem zweiten Schritt ist die Art der *Ausgestaltung* hoheitlichen Handelns mit Anspruch auf individuelle Legitimation zu untersuchen (2.).

1. Obwohl der Schutz individueller Freiheit, wie gezeigt, verfassungsrechtlich anerkannt ist, erscheint es auf den ersten Blick nicht zwingend, diesen Schutz mit der Legitimation des Hoheitsträgers institutionell zu verknüpfen. Denn individueller Freiheitsgebrauch stellt einen normativen Selbstzweck dar, der keiner eigenen Rechtfertigung bedarf. Wie aber läßt sich dann individuelle Selbstbestimmung mit der Legitimation des Hoheitsträgers anders als negativ in Verbindung bringen? Der gesuchte Zusammenhang ergibt sich daraus, daß die Abwesenheit hoheitlicher Herrschaft keineswegs mit der Abwesenheit von Freiheitsbeschränkungen gleichzusetzen ist. Erkennt man an, daß Freiheitsbeschränkungen auch vorliegen können, wenn es an hoheitlicher Herrschaft fehlt, so wird die Legitimationsleistung deutlicher: Individuelle Selbstbestimmung ist nicht nur Freiheit *vom* Recht des Hoheitsträgers[7], sondern auch Freiheit *durch* sein Recht. Die Wahrnehmung individueller Freiheit ist durch die Rechtsordnung mitkonstitu-

---

[7] So namentlich *Georg Jellinek*, System der subjektiven öffentlichen Rechte, 2. Aufl. 1905, 95 ff. Daß dieser Hinweis nicht überflüssig ist, zeigt sich auch in der neueren politikwissenschaftlichen Diskussion: *Volker Rittberger / Martin Mogler / Bernhard Zangl*, Vereinte Nationen und Weltordnung, 1997, 86: »Menschenrechte definieren eine Schranke der Herrschaftsausübung, indem sie Bereiche des gesellschaftlichen Lebens festlegen, die der staatlichen Herrschaftsausübung entzogen sein sollen.« Gerade im Gegenteil wird man in schutzbedürftigen Teilen der Gesellschaft (wie auch der Weltgesellschaft) oftmals besonders intensive hoheitliche Interventionen vorfinden. Vgl. zur Geschichte in Deutschland *Hartmut Bauer*, Geschichtliche Grundlagen der Lehre vom subjektiven öffentlichen Recht, 1986, 76 ff. Zur Kritik für das Grundgesetz *Peter Lerche*, Übermaß und Verfassungsrecht, 1961, 98 ff.; *Bumke*, Der Grundrechtsvorbehalt, 98 ff.

iert, die Rechte anerkennt und durch diese Anerkennung Herrschaftszusammen-
hänge rationalisiert und monopolisiert. Der Schutz individueller Selbstbestimmung ist rechtssatzabhängig[8].

Deshalb beschränken sich Schutzleistung und Legitimationswirkung nicht auf
Freiheiten gegenüber dem Hoheitsträger. Sie gelten gleichfalls für Rechte zwischen Privaten, beispielsweise wenn diese aus rechtlich anerkannten Vertragsbe-
ziehungen entstanden sind. Man kann den Vertragsschluß zwischen Privaten als
formalen Ausdruck eines Konsenses der Parteien verstehen[9]. Demzufolge stellt
der – freiheitsrechtlich geschützte[10] – Abschluß eines Vertrages einen Fall privater
Rechtserzeugung durch Freiheitsgebrauch dar[11], der zugleich eine effiziente Al-
lokation von Gütern verspricht[12]. Aber auch Vertragsverhältnisse lassen sich
nicht allein aus der Autonomie der Vertragspartner verstehen[13]. Die Durchsetzung der Rechte hängt ebenso wie die Zuordnung der vertraglich gewillkürten
Güter an der Rechtsordnung im ganzen, nicht allein an der Koordination zweier
selbstbestimmter Subjekte[14]. Zudem besteht die Möglichkeit, daß eine private
Koordination die Rechte Dritter berührt[15].

Dieser Zusammenhang zwischen individueller Legitimation und Rechtsordnung führt dazu, daß sich individuelle Legitimation von menschlichen Selbstbe-
stimmungsakten lösen und auf Organisationen beziehen kann. Individuelle Legitimationssubjekte sind nicht notwendig Menschen, auch wenn Menschen notwendig individuelle Legitimationssubjekte sind. Wenn immer die Rechtsordnung
eine Organisation als Träger von Rechten anerkennt, kann diese Akte eigener
Selbstbestimmung rechtlich geltend machen. Dies ist mit Blick auf die Gewalten-

---

[8] *Hans Kelsen*, Reine Rechtslehre, 1. Aufl. 1934, 43.

[9] Ein solches Verständnis ist in der für die Vereinigten Staaten wichtigen Common Law-Tra-
dition von Bedeutung. *William Blackstone*, Commentaries to the Laws of England, 1765. Einflußreiche Kritik auch des naturrechtlichen unpolitischen Eigentumsverständnisses bei *Duncan
Kennedy*, The Structure of Blackstones Commentaries, Buffalo L. Rev. 28 (1979), 211. Zu gemeinsamen Wurzeln mit dem deutschen Recht: *Matthias Reimann*, Historische Schule und
Common Law, 1993, 230 ff. *James R. Stoner Jr.*, Common Law and Liberal Theory, 1992, 162 ff.
Zum Verhältnis von Konsens und Vertrag: *Axel Tschentscher*, Der Konsensbegriff in Vertrags-
und Diskurstheorien, Rechtstheorie 34 (2002), 43 (44 ff.).

[10] Zum deutschen Recht *Wolfram Höfling*, Vertragsfreiheit: eine grundrechtsdogmatische
Studie, 1991, 21 ff. (auch zur Normkonstituiertheit der Vertragsfreiheit); *Michael Bäuerle*, Vertragsfreiheit und Grundgesetz, 2001, 121 ff. Zum amerikanischen Recht in art. I. sec. 10 U.S.
const. (*contract clause*): *Tribe*, American Constitutional Law, 2. Aufl. 1988, 619 ff.

[11] Zum Vertrag als Rechtsquelle: *Klaus F. Röhl*, Allgemeine Rechtslehre, 2. Aufl. 2001, 531 ff.

[12] Vgl. nur *Friedrich August Hayek*, Law, Legislation and Liberty, vol. I., 1973, 55 ff.

[13] *Klaus F. Röhl*, Über außervertragliche Voraussetzungen des Vertrags, FS Schelsky, 1978,
436.

[14] *Douglas C. North*, A Neoclassical Theory of the State, in: J. Elster (Hrsg.), Rational Choice,
New York 1996, 248.

[15] Zum Gesichtspunkt indirekter Nebeneffekte privater Koordination als Wurzel für die
Notwendigkeit öffentlichen Handelns *John Dewey*, The Public and Its Problems, 1927, 12 f.

gliederung für die Beziehung zwischen Hoheitsträgern und ihren Organen von Bedeutung.

2. Wie aber ist individuelle Legitimation prozedural auszugestalten? Die meisten alltäglichen Handlungen kommen mit der Rechtsordnung gar nicht erst in Berührung[16]. Doch wenn sich individuelle Selbstbestimmung in rechtlich relevanter Form äußern soll, so bedarf es dazu geeigneter Prozeduren. Diese prozeduralen Arrangements zum Schutz individueller Selbstbestimmung dürfen nicht mit der Einrichtung subjektiver Rechte gleichgesetzt werden, auch wenn sie mit dieser eng zusammenhängen[17]. Mit dem Ausdruck »subjektives Recht« werden nämlich zwei unterschiedliche Gegenstände bezeichnet: einerseits eine allgemeine Rechtsregel, die eine bestimmte Freiheitssphäre definiert. Diese Regel betrifft potentiell alle Rechtssubjekte und muß deswegen Ergebnis einer demokratischen Entscheidung mit entsprechenden, im Anschluß zu klärenden Anforderungen sein. In diesem Verständnis sind »subjektive« Rechte zwar auf individuelle Selbstbestimmung hin angelegt, doch nicht durch diese definiert[18]. Andererseits kann man mit »subjektivem Recht« auch den konkreten Anspruch eines Subjekts auf einen bestimmten individualisierten Handlungszusammenhang bezeichnen. Um dieses Verständnis geht es hier. Rechtliche Prozeduren, die den Schutz einer solchen individualisierten Willensbildung ermöglichen, stiften individuelle Legitimation im hier entwickelten Sinn. Nur diese Prozeduren schließen unmittelbar an eine individuelle Willensbildung an.

Welche minimalen Kriterien müssen solche Verfahren aufweisen, um individuelle Legitimation zu generieren? Individuelle Legitimation entsteht, wenn die Rechtsordnung mit einer bestimmten Willensbetätigung eines Individuums formale Konsequenzen verbindet, wenn also Adressaten definiert werden, gegen die ein Akt der Selbstbestimmung geltend gemacht werden kann, und wenn mit Entscheidungsgewalt ausgestattete Hoheitsträger vorhanden sind, die das Geltendgemachte auch durchzusetzen vermögen. Prozeduren, die diesen Zweck erfüllen, müssen also sachlich und zeitlich auf spezifische Akte individueller Selbstbestimmung hin ausgerichtet sein.

---

[16] Vgl. zur Alltagsrelevanz von Recht allerdings *W. Michael Reisman*, Law in Brief Encounters, 1999.

[17] Diese Gleichsetzung begründet häufig Schwierigkeiten im theoretischen Umgang mit subjektiven Rechten, vgl. etwa *Dworkin*, Taking Rights Seriously, 150ff.; *Armin Engländer*, Diskurs als Rechtsquelle?, 2002, 160ff.

[18] Dieses Problem wird im deutschen und amerikanischen Recht diskutiert. Zur Frage der Bedeutung des Selbstverständnisses des Grundrechtsberechtigten in der deutschen Grundrechtsdogmatik mit unterschiedlichen Tendenzen etwa: *Matthias Herdegen*, Gewissensfreiheit und Normativität der Verfassung, 1989; *Martin Morlok*, Selbstverständnis als Rechtskriterium, 1993. Für das amerikanische Recht mit Blick auf die Religionsfreiheit: *Donald A. Giannella*, Religious Liberty, Non-Establishment, and Doctrinal Development: Part I, Harvard L. Rev. 80 (1967), 1381 (1388ff.).

Zeitlich kann die Rechtsordnung individuelle Selbstbestimmung voraussetzen. Das Faktum selbstbestimmter Freiheit findet zwar keineswegs unbeeinflußt von der Rechtsordnung statt, doch wird es als solches nicht durch die Rechtsordnung konstituiert. Konkret mögen Verbote, aber auch durch die Rechtsordnung mitbeeinflußte gesellschaftliche Ansichten Einfluß darauf nehmen, ob eine bestimmte Person rauchen möchte oder nicht[19]. Ihre Fähigkeit zur Willensbildung wird jedoch nicht durch die Rechtsordnung erzeugt – oder genauer: Auch, wenn es sich bei der Annahme einer selbstbestimmten Willensbildung um eine Fiktion der Rechtsordnung halten sollte, behandelt die Rechtsordnung die Möglichkeit der Willensbildung im Grundsatz als von ihr unabhängig. Die Rechtsordnung schützt oder beeinflußt individuellen Freiheitsgebrauch, sie knüpft an ihn an, doch kreiert sie ihn nicht. Dies hat Konsequenzen für die *Zeit*struktur der Prozeduren, die für die Gewaltengliederung Bedeutung gewinnen werden. Denn zur Einforderung von individuellem Rechtsschutz kommt es nur *ex post*. Individuelle Freiheit wird geltend gemacht, wenn die Verwirklichung der Willensbildung gescheitert ist oder mit einer gewissen Sicherheit zu scheitern droht. Gelingt die Verwirklichung des Willens, so wird die Rechtsordnung erst gar nicht um Hilfe bemüht. Die Rechtsordnung verhält sich deshalb zur individuellen Selbstbestimmung *retrospektiv*.

Sachlich müssen Prozeduren den individuellen Handlungsanspruch zur Kenntnis nehmen, also die Umstände der Störung individueller Selbstbestimmung verarbeiten und auf der Grundlage von rechtlichen Regeln beurteilen. Hieraus ergeben sich zwei Anforderungen. Das Verfahren muß Handlungszusammenhänge konkret individualisieren, und es muß sie auf der Grundlage von Recht entscheiden. Ihre Legitimation bezieht diese Entscheidung – auch dann, wenn sie sich im Ergebnis *gegen* den Schutzsuchenden wenden sollte – aus der Initiative des Schutzsuchenden, aus der konkreten Auseinandersetzung der Entscheidung mit dem Inhalt der Willensbildung und der Art ihrer Störung sowie aus der Tatsache, daß die Grundlage der Entscheidung nicht auf einer eigenen gewillkürten Willensentscheidung des Hoheitsträgers beruht, sondern auf einer bereits bestehenden Regel. Denn die Reichweite der individuellen Selbstbestimmung darf nicht einfach durch den Verweis auf eine entgegenstehende Willensbildung verkürzt werden. Sie ist nur durch eine Regel legitim zu begrenzen, die die Reichwei-

---

[19] Diese Vermutung steht bis zu einem gewissen Grad im Konflikt mit der ökonomischen Unterstellung stabil definierter individueller Präferenzen. Zur Kritik *Hans Albert*, Marktsoziologie und Entscheidungslogik, 1998, 29ff., 240ff. Aus rechtswissenschaftlicher Perspektive: *Cass R. Sunstein*, Legal Interference with Private Preferences, U. o. Chicago L. Rev. 53 (1986), 1129; *Eidenmüller*, Effizienz als Rechtsprinzip, 326ff. Zu verschiedenen Möglichkeiten gesellschaftlicher Regulierung von Präferenzen: *Lawrence Lessig*, The Regulation of Social Meaning, U. o. Chicago L. Rev. 62 (1995), 943 (991ff.); *Robert L. Rabin/Stephen D. Sugarman*, Overview, in: R.L. Rabin/S.D. Sugarman (Hrsg.), Smoking Policy: Law, Politics and Culture, 1993, 5; *Cass R. Sunstein*, Social Norms and Social Roles, Columbia L. Rev. 96 (1996), 904 (931ff.).

te der Selbstbestimmung *für alle und durch alle Betroffenen* bestimmt hat[20]. Individuelle Legitimation bezieht der Hoheitsträger also daraus, daß sich das individuelle Subjekt aus eigenem Entschluß an die Rechtsordnung wendet und die Rechtsordnung sein konkretes Anliegen auf seine Initiative hin verarbeitet. Die Legitimation der Entscheidung leitet sich aus dem Willen des Individuums ab. Dies entspricht der aus dem französischen Recht kommenden Idee des Rechtsverweigerungsverbots[21]. Hoheitsgewalt ohne individualrechtsschützende Institutionen genügt diesem Minimalkriterium nicht[22].

Die materiellen Voraussetzungen dieser Prozeduren sind in diesem Zusammenhang nicht weiter von Interesse. Jedes Individuum wird überhaupt als Rechtssubjekt oder als Person anzuerkennen sein; anzunehmen ist also ein allgemeines »Recht auf Rechte«[23]. Weiter kann auf die personale Grundlage der beiden zu untersuchenden Verfassungsordnungen verwiesen werden[24]. Wie die Grenze der Personalität zu ziehen ist, wird im deutschen Verfassungsrecht unter dem Stichwort der Menschenwürde diskutiert, ist aber im Hinblick auf die prozedurale Fragestellung dieser Untersuchung nicht weiter zu verfolgen.

Fazit: Der Schutz individueller Selbstbestimmung ist als eine Legitimationsquelle hoheitlichen Handelns zu verstehen. Dies verdeutlicht auch der in den untersuchten Verfassungsordnungen präsente Bezug auf individuelle Freiheit. Die Verfassungsordnungen können dabei die Möglichkeit individueller Willensbildung voraussetzen. Trotzdem besteht die Leistung der Rechtsordnung im Umgang mit individueller Freiheit nicht nur in einer negativen Ermöglichung, sondern auch in einer positiven Ausgestaltung[25]. Organisation und Verfahren individuell legitimierten hoheitlichen Handelns haben sich an der *Individualität* des Selbstbestimmungakts zu orientieren. Sie haben den Akt der Selbstbestimmung

---

[20] Dies ist die Essenz des Kantschen Rechtsbegriffs: *Immanuel Kant*, Metaphysik der Sitten, Erster Teil Metaphysische Anfangsgründe der Rechtslehre (1797), hrsgg. v. B. Ludwig, 1986, § B. Vgl. dazu *Wolfgang Kersting*, Wohlgeordnete Freiheit, 2. Aufl. 1993, 93 ff.

[21] Grundlegend Art. 4 Code Civil. Rechtstheoretisch dazu *Ottmar Ballweg*, Rechtswissenschaft und Jurisprudenz, 1970, 108 ff.; *Luhmann*, Recht der Gesellschaft, 310 ff. Für das deutsche Verfassungsrecht: *Eberhard Schmidt-Aßmann*, in: Maunz/Dürig, Art. 19 IV, Rdnr. 16 f.; *ders.*, Der Rechtsstaat, Rdnr. 40 ff. Dem amerikanischen Verfassungsrecht ist der Begriff nicht geläufig, die Diskussion von *hard cases* behandelt aber ein entsprechendes Problem: *Dworkin*, Taking Rights Seriously, 81 ff.

[22] Dies ist der theoretisch bedeutsame Kern der Rechtsprechung des Bundesverfassungsgerichts zum Grundrechtsschutz in Deutschland: BVerfGE 89, 155 (174 f.).

[23] Diese auch international viel verwendete (und wenig dokumentierte) Formel entstammt *Hannah Arendt*, Es gibt nur ein einziges Menschenrecht, Die Wandlung, 1949, 754 (760). Für die völkerrechtliche Diskussion *Bardo Fassbender*, Der Schutz der Menschenrechte als zentraler Inhalt des völkerrechtlichen Gemeinwohls, EuGRZ 2003, 1 (3 ff.).

[24] Vgl. oben, S. 28 ff.

[25] Zur hieran hängenden Unterscheidung von negativer und positiver Freiheit theoretisch *Isaiah Berlin*, Two Concepts of Liberty, in: H. Hardy (Hrsg.), Isaiah Berlin Liberty, 2002, 166 (178 ff.). Zur Bedeutung des positiven Freiheitsverständnisses: *Enders*, Die Menschenwürde im Grundgesetz, 63 ff.

individuell zu klären und auf der Grundlage von Recht zu beurteilen. Prozeduren mit Anspruch auf individuelle Legitimation dürfen der individuellen Selbstbestimmung keine eigene, über den Inhalt des Rechts hinausgehende Willensbildung entgegenstellen.

II. Demokratische Legitimation

1. Eigenheiten eines rechtswissenschaftlichen Demokratiebegriffs

Aus der rechtswissenschaftlichen Perspektive folgt, wie gezeigt[26], eine Engführung des Demokratiebegriffs. Nicht alle Probleme, die unter dem Stichwort Demokratie firmieren, können sinnvoll rechtswissenschaftlich diskutiert werden[27] – und nicht alle rechtswissenschaftlichen Probleme der Demokratie sind solche des hier interessierenden Organisationsrechts. Für einen rechtswissenschaftlichen Minimalbegriff von Demokratie sind vielmehr zunächst *demokratieermöglichende Rahmenbedingungen* von *verfassungstheoretischen Kriterien demokratischer Legitimation* zu unterscheiden. Dies läßt sich am Beispiel der demokratischen Öffentlichkeit gut verdeutlichen. Das Bestehen einer diskursiven kritischen Öffentlichkeit ist ein wichtiges Element eines funktionierenden demokratischen Prozesses[28], das seinerseits von anderen Faktoren abhängt: rechtlich von der Garantie bestimmter Kommunikationsfreiheiten[29], soziologisch vom Vorhandensein eines bestimmten Medienmarktes, von einer gemeinsamen Sprache oder von einem bestimmten allgemeinen Bildungsniveau der Bevölkerung. Solche Rahmenbedingungen können wichtiger für das Funktionieren einer Demokratie sein als Einzelheiten des Wahlrechts oder der Verwaltungsorganisation. Trotzdem ge-

---

[26] Vgl. oben, S. 35 ff.

[27] Vgl. oben, S. 33 ff., 46 ff.

[28] *Jürgen Habermas*, Strukturwandel der Öffentlichkeit, Vorwort zur 2. Aufl. 1990. Kritisch etwa *Niklas Luhmann*, Die Realität der Massenmedien, 2. Aufl. 1996, 183 ff.

[29] Zu diesem Zusammenhang grundlegend *Richard Thoma*, Die juristische Bedeutung der Grundrechte, in: H.C. Nipperdey (Hrsg.), Die Grundrechte und Grundpflichten nach der Reichsverfassung, 1930, 1 (7 ff.). Sicher sind aber nicht alle Grundrechte für demokratische Strukturen notwendig: *Engländer*, Diskurs als Rechtsquelle, 112; *James E. Fleming*, Constructing the Substantive Constitution, Texas L. Rev. 72 (1993), 211. Eine gleichlautende Betonung der demokratischen Funktion der Meinungsfreiheit in grundlegenden Urteilen: BVerfGE 7, 198 (208); New York Times Co. v. Sullivan, 376 U.S. 254, 299 (1966). Vgl. auch *Vicki C. Jackson/Mark V. Tushnet*, Comparative Constitutional Law, 1999, 1403. Aus der amerikanischen Literatur bereits *Alexander Meiklejohn*, Free Speech and its relation to Self-Government, 1948, 22 ff.; *Harry Kalven*, The New York Times Case: A Note on ›The Central Meaning of the First Amendment‹, Supreme Court Rev. 1964, 191 (204 ff.); *Cass R. Sunstein*, Democracy and the Problem of Free Speech, 1993, 93 ff. Aus der deutschen Literatur differenziert *Klaus J. Grigoleit/Jens Kersten*, Grundrechtlicher Schutz und grundrechtliche Schranken kommerzieller Kommunikation, DVBl. 1996, 596. Vgl. auch: *Daniel Halberstam*, Commercial Speech, Professional Speech, and the Constitutional Status of Social Institutions, U. o. Pennsylvania. L. Rev., 147 (1999), 771.

hören sie nicht alle zum rechtlich institutionalisierten Mindestbestand einer demokratischen Ordnung. Die Meinungsfreiheit verleiht Subjekten die durchsetzbare Möglichkeit zu selbstbestimmter Äußerung. Sie ist eine rechtliche Voraussetzung für den demokratischen Prozeß. Aber aus ihr folgt noch kein demokratisch legitimiertes hoheitliches Handeln. Gleiches gilt für gesellschaftliche Rahmenbedingungen. In diesem Zusammenhang ist die in der Demokratietheorie entwickelte Unterscheidung zwischen starken und schwachen Öffentlichkeiten[30] hilfreich, die zwischen Öffentlichkeiten differenziert, denen verbindliche Bestimmungsrechte eingeräumt werden, und solchen, denen diese Möglichkeit fehlt[31]. Im Fokus der hier verfolgten Fragestellung liegen allein starke Öffentlichkeiten, wie Wahlvölker, die Demokratie in Rechtsform garantieren. Die Untersuchung beschränkt sich also auf die organisationsrechtlichen Bedingungen demokratischer Legitimation.

Handelt es sich beim rechtswissenschaftlichen Demokratiebegriff also um eine auf formalisierte Beteiligungsrechte reduzierte Legitimationsform, so *erzeugt* die Rechtsordnung, anders als bei der individuellen Legitimation, erst die demokratische Willensbildung; sie kann diese nicht voraussetzen[32]. Zwar beziehen sich auch demokratische Legitimationsmechanismen letztlich auf eine Vielzahl individueller Willensäußerungen. Deren demokratische Qualität entsteht aber erst durch verrechtlichte Verfahren, in denen diese Willensbetätigungen beispielsweise durch Regeln des Wahlrechts nach demokratischen Standards gebündelt werden. Konkret: Politische Meinungskundgebungen können zu einer demokratischen Willensbildung im rechtlichen Sinn führen, sie sind aber keine demokratische Willensbildung. Dieser Unterschied hat Rückwirkungen auf die *sachliche* und *zeitliche* Ausgestaltung demokratischer Legitimation. Demokratische Willensbildung wird durch das Recht nicht geschützt oder ermöglicht, sondern hergestellt. Diese Verknüpfung von Rechtsform und Willensbildung sorgt dafür, daß der Versuch, den demokratischen Willen zu *realisieren*, noch aussteht. Anders als individuelle weist demokratische Willensbildung damit grundsätzlich in die Zukunft. Sachlich muß diese Willensbildung zudem möglichst offen, also gerade nicht durch Recht determiniert sein. Weil demokratische Rechtsregeln einen demokra-

---

[30] So die grundlegende und viel rezipierte Unterscheidung bei *Nancy Fraser*, Rethinking the Public Sphere: A Contribution to the Critique of Actually Existing Democracy, in: C. Calhoun (Hrsg.), Habermas and the Public Sphere, 1991, 109 (132ff.). Rezeption bei *Habermas*, Faktizität und Geltung, 431 ff.

[31] So die Modifikation bei *Hauke Brunkhorst*, Solidarität, 2002, 185 in Anm. 98. Vgl. auch den Hinweis dort auf *Friedhelm Neidhard / Ruud Koopmans / Barbara Pfetsch*, Konstitutionsbedingungen politischer Öffentlichkeit: der Fall Europa, in: H.-D. Klingemann / F. Neidhardt (Hrsg.), Zur Zukunft der Demokratie, 2000, 263 (284).

[32] Vgl. *Hans Kelsen*, Vom Wesen und Wert der Demokratie, 2. Aufl. 1929, 14 ff.; *ders.*, Allgemeine Staatslehre, 310 ff. Entsprechend *Hermann Heller*, Staatslehre (1934), 6. rev. Aufl. 1983, 228 ff. Dazu *Oliver Lepsius*, Staatstheorie und Demokratiebegriff in der Weimarer Republik, in: C. Gusy (Hrsg.), Demokratisches Denken in der Weimarer Republik, 2000, 366 (403 ff.).

tischen Willen erst herstellen, weist die demokratische Rechtserzeugung zum einen in die Zukunft; zum anderen müssen die demokratieermöglichenden Regeln inhaltsoffen sein.

Diese Vorüberlegung gestattet es, unter Rückgriff auf den Gedanken der Selbstbestimmung Minimalkriterien demokratischer Legitimation aufzustellen (2.), mit der Kategorie der demokratischen Identität ins Verhältnis zu setzen (3.) und eine kurze Bilanz zu ziehen (4.).

2. Mindestkriterien demokratischer Legitimation

Der Gedanke demokratischer Selbstbestimmung ist als allgemeingültiges und fundamentales Legitimationserfordernis in den Verfassungsordnungen positiviert. Dieser Gedanke kann nunmehr auf Minimalkriterien demokratischer Institutionen hin konkretisiert werden[33]. *Notwendige* Kriterien in Abgrenzung zu *hinreichenden* Kriterien sind solche, ohne die von demokratischen Institutionen nicht geredet werden könnte. Das bedeutet aber eben nicht, daß sie hinreichend wären, um von einer funktionierenden Demokratie zu sprechen. Das Element der rechtlichen Sanktionierung oder der »Bestimmung« im Begriff der Selbstbestimmung läßt sich zunächst entsprechend den Überlegungen zur individuellen Legitimation genauer definieren (a). Weiterhin gestattet der Allgemeinheitsanspruch der Selbstbestimmungsidee die Entwicklung des Kriteriums der demokratischen Allgemeinheit (b). Schließlich ist aus dem auch für demokratische Verfahren unhintergehbaren Individualbezug die Entwicklung des Kriteriums der demokratischen Gleichheit zu begründen (c).

a) Demokratische Verantwortlichkeit

Der Gedanke der Selbstbestimmung verweist auf die Notwendigkeit, rechtlich wirksame Bindungen durch das Legitimationssubjekt zu institutionalisieren, eben auf ein Element von *Bestimmung*. Denn auch demokratische Herrschaft ist Herrschaft[34]. Dieses Bestimmungsverhältnis wird in der demokratietheoretischen Literatur zumeist mit dem Begriff der demokratischen Verantwortlichkeit bezeichnet[35]. Die Einrichtung demokratischer Verantwortlichkeit setzt voraus,

---

[33] Vgl. auch *Horst Dreier*, The Essence of Democracy, in: D. Diner/M. Stolleis (Hrsg.), Hans Kelsen and Carl Schmitt, 1999, 71 (72f.).

[34] *Heller*, Staatslehre, 279; *Oliver Lepsius*, Die erkenntnistheoretische Notwendigkeit des Parlamentarismus, in: M. Bertschi (Hrsg.), Demokratie und Freiheit, 1999, 123 (125f.); *Horst Dreier*, in: Dreier, Grundgesetz, Art. 20 (Demokratie), Rdnr. 59; *Lübbe-Wolff*, VVDStRL 60 (2001), 252f.

[35] *Ernst-Wolfgang Böckenförde*, Mittelbare/repräsentative Demokratie als eigentliche Form der Demokratie, in: FS Eichenberger, 1982, 301 (317); *ders.*, Demokratie als Verfassungsprinzip, Rdnr. 21f.; *Herman Finer*, Administrative Responsibility in Democratic Government, Public Administration Review 1 (1941), 335 (336f.); *March/Olsen*, Democratic Governance, 1995, 59f.

daß rechtswirksame Handlungen des Hoheitsträgers einem bindenden Bezug auf die demokratische Willensbildung unterworfen sind. Um eine solche Bindung zu erzeugen, bedarf es der Einrichtung von Zurechnungsstrukturen, in denen Akte des Hoheitsträgers bestimmten Organen zugeordnet werden[36], die ihrerseits durch eine demokratische Willensbildung[37] mit Rechtswirkung determiniert werden. Bloße Gelegenheit zur Anhörung für Angehörige des Legitimationssubjekts begründet demokratische Verantwortlichkeit ebensowenig wie die Einrichtung von Diskussionsforen, in denen alle Betroffenen ihren Standpunkt vorstellen können – eine folgenreiche Feststellung gerade für die Legitimation internationalisierter Rechtsordnungen[38]. Ist die demokratische Willensbildung ein Produkt der Rechtsordnung, so bedarf sie, anders als die individuelle Legitimation, *regelmäßiger* institutioneller Vergewisserung. Der Anschluß an das Legitimationssubjekt muß periodisch erfolgen, ohne daß die Bindung innerhalb der Periode an formaler Wirkung verlieren würde. Dabei ist die Frequenz der Periode keineswegs proportional zur Intensität der Legitimation. Sind Selbstbindungen notwendig, um Beschränkungen der eigenen Rationalität zu überwinden[39], so muß ein besonders hoher Rhythmus des Bindungswechsels nicht zu einer verbesserten Selbstbestimmung führen. Dies gilt für demokratische wie für individuelle Selbstbestimmung: Eine Person, die sich häufig fragt, was sie will, verfügt deswegen nicht über einen besonders hohen Grad an Selbstbestimmung.

Die Intensität der periodisch erzeugten Bindungen, also die Art der Verwirklichung demokratischer Verantwortlichkeit ist verfassungstheoretisch kaum zu definieren. Darum ist es auch schlüssig, daß demokratische Verantwortlichkeitsstrukturen zumeist bei der Determinierung von *Personen* beginnen, also mit der Wahl von Repräsentanten, denen durch die Wahl auch die Befugnis eingeräumt wird, den demokratischen Verantwortungszusammenhang sachlich fortzusetzen. Denn die demokratische Verantwortlichkeit endet nicht mit dem legitimationsstiftenden Wahlakt[40], sondern macht für den Hoheitsträger bestimmte interne

---

[36] Auf das Europarecht bezogen, aber in der Argumentation verallgemeinerungsfähig: *Armin von Bogdandy/Jürgen Bast/Felix Arndt*, Handlungsformen im Unionsrecht, ZaöRV 62 (2002), 77 (133f.).

[37] Zu dieser Unterscheidung *Schmidt-Aßmann*, AöR 116 (1991), 355f.; *Böckenförde*, Demokratie als Verfassungsprinzip, Rdnr. 14.

[38] Vgl. unten, S. 253ff., 287ff.

[39] Die Grundidee findet sich bei Homer, Odyssee, XII, 141–200. Dazu *Ion Elster*, Ulysses and the Sirens, 1979, 36ff.; *ders.*, Ulysses Unbound, 1ff.; *Stephen Holmes*, Precommitment and the Paradox of Democracy, in: I. Elster/R. Slagstad (Hrsg.), Constitutionalism and Democracy, 1989, 195. Kritik bei *Hubertus Buchstein*, Selbstbindung als verfassungstheoretisches Argument, in: J. Gebhardt/R. Schmalz-Bruns (Hrsg.), Demokratie, Verfassung und Nation, 1994, 231 (246ff.). Das Problem der Selbstbindung ist der deutschen Staatsrechtslehre insbesondere aus der Selbstverpflichtungslehre Jellineks bekannt: *Georg Jellinek*, Die Lehre von den Staatenverbindungen, 1882, 34ff.

[40] Zur Repräsentationsleistung *Peter Badura*. Über Wahlen, AöR 97 (1972), 1; *Peter Badura*, in: Bonner Kommentar, Art. 38, Rdnr. 35ff.; *Dreier*, AöR 113 (1988), 456ff.

Organisationsformen erforderlich. Wie dies geschehen muß, ist in den hier untersuchten Rechtsordnungen einerseits umstritten[41], andererseits durchaus nach
ähnlichen Mustern gelöst[42]. Wichtig ist jedoch festzuhalten, daß es sich bei demokratischer Verantwortlichkeit um einen *normativen* Verantwortungszusammenhang handelt. Dieser kann nicht empirisch oder theoretisch widerlegt werden[43].
Das Gebot demokratischer Verantwortlichkeit konstituiert vielmehr eine rechts-
interne Zurechnungsstruktur. Es gebietet einen normativen Zugriff mit rechtlichen Mitteln, unabhängig von ihrer faktischen Wirksamkeit. Konkret: Ob sich
Beamte an Weisungen und Gesetze, die demokratische Legitimation vermitteln,
auch tatsächlich halten, ist keine Frage der demokratischen Legitimation. Prüfungen an den Grundsätzen demokratischer Verantwortlichkeit finden sich in der
Rechtsprechung des deutschen Bundesverfassungsgerichts[44] ebenso wie in der
des U.S. Supreme Court[45]. Daß demokratische Verantwortungszusammenhänge
in ihrer konkreten Ausgestaltung oftmals als nicht ausreichend wahrgenommen
werden, um einen demokratischen Idealzustand zu ermöglichen, und daher sowohl reform- als auch ergänzungsbedürftig sein können, ist davon unberührt.
Dies ist möglich, macht jedoch die Einrichtung irgendeiner Form von demokratischem Verantwortungszusammenhang nicht verzichtbar.

b) Demokratische Allgemeinheit

Auf der Grundlage des hier eingeführten engen verfassungstheoretischen Legitimationsmodells fungiert Selbstbestimmung, wie gesagt, als eine *notwendige* Legi-
timationsbedingung. Ist Selbstbestimmung aber notwendig, so muß sie allgemein
sein. Damit ist gemeint, daß das Erfordernis der *demokratischen Allgemeinheit*
den demokratischen Prozeß der Rechtserzeugung für *alle* möglichen Regelungsgegenstände öffnen muß. Jedes denkbare Thema muß von ihm behandelt werden

---

[41]   Überblicke für das amerikanische Recht bei *Craig*, Public Law and Democracy; *Richard B.
Stewart*, The Reformation of American Administrative Law, Harvard L. Rev. 88 (1975), 1669.
Für das deutsche Recht: *Christoph Möllers*, Braucht das öffentliche Recht einen neuen Metho-
den- und Richtungsstreit?, VerwArch. 90 (1999), 187 (188ff.). Vgl. zusätzlich für das Gemein-
schaftsrecht: *Carol Harlow*, European Administrative Law and the Global Challenge, in: P.
Craig/G. de Burca (Hrsg.), The Evolution of EU Law, 1999, 261 (263ff.). Für die französische
Tradition. *Phillipe Segur*, La responsabilité politique, 1997.

[42]   Zu diesen Problemen, insbesondere mit Blick auf die Exekutivfunktion unten, § 4, III., 1.

[43]   *Möllers*, VerwArch. 93 (2002), 31ff. Zu diesem Zusamenhang auch *Veith Mehde*, Die Ministerverantwortlichkeit nach dem Grundgesetz, DVBL. 2001, 13. Anders *Ulrich Haltern/Franz
Mayer/Christoph Möllers*, Wesentlichkeitstheorie und Grundrechte, Zur institutionellen Kritik
des Gesetzesvorbehalts, Die Verwaltung 30 (1997), 51.

[44]   BVerfGE 9, 268 (281f.); 47, 253 (275); 77, 1 (40); 83, 60 (72ff.); 93, 37 (66ff.). BVerwGE
NVwZ 1999, 870 (872ff.); E 106, 64 (75); E 104, 14 (15ff.); NVwZ-RR 1999, 374 (375); E 110, 287
(292ff.).

[45]   In der Rechtsprechung des Supreme Court sind Fragen demokratischer Verantwortlichkeit
und der Gewaltenteilung eng verknüpft, vgl. zu Nachweisen unten, § 4, I.

dürfen[46], weil kein anderer Gesichtspunkt gegenüber dem Gesichtspunkt der Selbstbestimmung normativ Vorrang genießt[47].

Dies hat drei Konsequenzen für Verfahren und Organisation: Zum ersten müssen sich *sämtliche* Handlungen des Hoheitsträgers auf einen demokratischen Verantwortungszusammenhang beziehen können. Zum zweiten ist kein Thema von der Möglichkeit demokratischer Regulierung ausgeschlossen, denn jeder Ausschluß von Selbstbestimmung a priori wäre eine Form von Fremdbestimmung ex negativo. Zum dritten schließlich ist es erforderlich, daß dieser Allgemeinheit *ein*[48] institutioneller Ort zugewiesen wird[49]. Betreffen Regelungsentscheidungen nämlich den Gesamtzusammenhang der gesellschaftlichen Freiheitsverteilung, so kann die Entscheidung über diese Freiheitsverteilung nicht auf verschiedene Institutionen verteilt werden, auch wenn diese ansonsten demokratischen Kriterien genügen. Umgekehrt stellt die thematische Verengung von Entscheidungsprozeduren stets eine Bedrohung für die Legitimationsleistung dar, weil konkurrierende Freiheitssphären nicht mehr gegeneinander austariert und weil kommunikative Auseinandersetzungen vereinseitigt und radikalisiert werden können[50]. Es droht die ihrerseits nicht in demokratischen Verfahren gerechtfertigte Bevorzugung bestimmter Themen, folglich auch bestimmter Interessen, die den Anspruch an demokratische Allgemeinheit nicht mehr erfüllen können.

Auch bei diesen, mit dem Begriff der Volkssouveränität[51] verbundenen drei Bedingungen handelt es sich um *normative* Anforderungen, die keinerlei Aussage über die tatsächliche Durchsetzbarkeit demokratisch getroffener Entscheidungen enthalten. Aus einer empirischen demokratietheoretischen Perspektive mag manches für den vergleichsweise großen Durchsetzungserfolg demokratischer

---

[46] Zu einem Verzicht auf diese Allgemeinheit durch die Einrichtung übernationaler Ebenen, unten S. 253ff.

[47] *Böckenförde*, Mittelbare/Repräsentative Demokratie, 31; *Hofmann*, Postulat der Allgemeinheit des Gesetzes, 22; *Schmidt-Aßmann*, AöR 116 (1991), 349f.; *Helmuth Schulze-Fielitz*, Theorie und Praxis parlamentarischer Gesetzgebung, 1988, 208f. Vgl. auch BVerfGE 83, 37 (55). In der deutschen Literatur wird der bezeichnete Sachverhalt nicht selten als »Einheit« bezeichnet. Die damit verbundenen Konnotationen sind jedoch nicht notwendig mit der Idee der Demokratie verbunden und zu wenig präzise. Eine differenzierte Behandlung demokratischer »Willensvereinheitlichung« aber bei *Heller*, Staatslehre, 207ff. Vgl. weiterhin: *Rousseau*, Contrat Social, II, 3; II, 7.

[48] Zur Vervielfachung etwa in Mehrebenen-Rechtsordnungen vgl. unten, S. 210ff.

[49] Besonders deutlich findet sich dieser Gedanke als Ausdruck der Verhinderung von Faktionen durch demokratische Institutionen: *Alexander Hamilton/John Jay/James Madison*, The Federalist Papers, 1787, Nr. 10 (Madison). Dazu *Cass R. Sunstein*, Interest Groups in American Public Law, Stanford L. Rev 38 (1985), 29. Theoretisch *Morton White*, Philosophy, The Federalists, and the Constitution, 1987, 131ff.; *David F. Epstein*, The Political Theory of The Federalists, 1984; *Winfried Brugger*, Freiheit, Repräsentation, Integration, FS Hollerbach, 2001, 515 (519ff.).

[50] Dazu auf Grundlage einer deliberativen Demokratietheorie im Anschluß an die Federalists: *Cass R. Sunstein*, Deliberative Trouble, Why Groups go to Extremes, Yale L.J. 110 (2000), 71 (85ff.); *ders.*, republic.com. 2001, 51ff.

[51] Zur Kritik an totalitären Verständnismöglichkeiten aber *Peter Graf Kielmansegg*, Volkssouveränität, 1977.

Systeme gegenüber anderen Staatsformen sprechen[52]. Verfassungstheoretisch begründet der Gesichtspunkt der demokratischen Allgemeinheit nur das Gebot einer allgemeinen Thematisierungsfähigkeit, die potentiell jede Frage zum Gegenstand einer politischen Entscheidung machen kann[53]. Als Gegenbegriff, also für Organisationsformen, die diese allgemeine Thematisierungsfähigkeit nicht besitzen, wird im folgenden der Begriff der *Sektoralisierung* Verwendung finden.

c) Demokratische Gleichheit

Die untersuchten Verfassungsordnungen verstehen auch demokratische Selbstbestimmung als eine *Verwirklichungsform individueller Personalität*[54]. Damit dient die Organisation demokratischer Selbstbestimmung letztlich der individuellen Selbstbestimmung der an ihr Beteiligten. Hieraus folgt ein weiteres Kriterium für die Ausgestaltung von demokratischer Legitimation: das Erfordernis demokratischer Gleichheit. Zwischen den einzelnen Beteiligten darf bei der demokratischen Beteiligung keine Differenz bestehen[55]: Ihre Beteiligungsmöglichkeiten müssen gleich sein, ihre Möglichkeit, demokratische Bestimmung auszuüben, darf normativ keinen Unterschied kennen[56]. Dieses Gleichheitsgebot hat keine weitergehenden Implikationen für die Form der Beteiligung. Aus ihm folgt beispielsweise keine bestimmte Ausgestaltung des Wahlsystems[57]. Trotzdem schließt es bestimmte Formen etwa gewichteter Mitbestimmung als undemokratisch aus.

Das Gebot demokratischer Gleichheit impliziert aber nicht die Einbeziehung aller, die von hoheitlichem Handeln betroffen sind[58]. Zwar erzeugen die Auswirkungen autonomer Handlungen auf Personen, die nicht am Selbstbestimmungsverfahren teilgenommen haben, ein zentrales Legitimationsproblem der Internationalisierung des Rechts[59]. Dieses ist systematisch jedoch weder dem Gesichts-

---

[52] Vergleichende Relativierungen bei *Schmidt*, Demokratietheorien, 489 ff.

[53] *Carl Schmitt*, Der Begriff des Politischen, 2. Aufl. 1932, 20 ff.

[54] Vgl. oben, S. 28 ff.

[55] Zur demokratischen Gleichheit fehlen in der deutschen Literatur eingehendere juristische Untersuchungen: Vgl. aber *Michael Wild*, Die Gleichheit der Wahl, 2003, 15 ff., 38 f.; *Böckenförde*, Demokratie als Verfassungsprinzip, Rdnr. 41 ff.; *Jestaedt*, Demokratieprinzip und Kondominialverwaltung, 174 f., 397 ff. Zur Funktion im amerikanischen Verfassungsrecht: *Samuel Issacharoff/Pamela S. Karlan/Richard H. Pildes*, The Law of Democracy, 2. Aufl. 2001, 58 ff., 162 ff., 303 ff. Zum Europarecht *Kaufmann*, Europäische Integration und Demokratieprinzip, 251 f.; *Möllers*, Verfassung – Verfassunggebung – Konstitutionalisierung, 6, 30 ff. Ideengeschichtlich und grundsätzlich: *Wood*, Radicalism of the American Revolution, 229 ff.; *Bernard Manin*, Principes Du Gouvernement Représentatif, 1995, 200 ff., 238 ff.

[56] Vgl. auch BVerfGE 93, 37 (69).

[57] *Jochen Abr. Frowein*, Die rechtliche Bedeutung des Verfassungsprinzips der parlamentarischen Demokratie für den europäischen Integrationsprozeß, EuR 1983, 301 (303).

[58] Dazu sogleich, S. 53 ff.

[59] Vgl. unten, S. 233 ff.

punkt der demokratischen Gleichheit zuzuordnen, noch kann es durch die Einbeziehung aller Betroffenen in den demokratischen Willensbildungsprozeß gelöst werden. Die Selbsteinsetzung einer Bevölkerung als Subjekt politischer Herrschaft – in der französischen Tradition als demokratische Nation[60] – ist zunächst einmal immer eine Entscheidung, die auch einen ausschließenden Effekt hat. Die demokratische Gleichheit schützt jedoch nur die Beteiligungsmöglichkeiten derjenigen, die von vornherein in den demokratischen Gründungsakt einbezogen wurden.

Aus dem Gleichheitsgebot ergibt sich auch die demokratische Wertigkeit des Mehrheitsprinzips[61]. Zwar wird sich die philosophische Demokratietheorie stets lieber auf ein Einstimmigkeitskriterium festlegen[62], aber gerade die Einrichtung demokratischer Institutionen resultiert praktisch aus dem Fehlen von Einstimmigkeit, aus dem Bedarf nach kollektiver Entscheidungsfähigkeit. Unter den Bedingungen des Dissenses kann sich eine Entscheidung nur durch ein Verfahren demokratisch legitimieren lassen, das die Stimmen aller Beteiligter gleichmäßig berücksichtigt. Das Mehrheitsprinzip minimiert den Fremdbestimmungsanteil an einem demokratischen Selbstbestimmungsakt[63].

Das Erfordernis der demokratischen Gleichheit verzahnt somit individuellen und demokratischen Legitimationsmodus[64]. Ein Ausschluß oder eine Verkürzung des gleichen Beteiligungsrechts wirkt sich auf beide Legitimationsformen negativ aus. Es verkürzt das individuelle Mitentscheidungsrecht eines Mitglieds des Legitimationssubjekts ebenso, wie es den demokratischen Anspruch des Selbstbestimmungsverfahrens mindert.

3. Demokratische Mitgliedschaft und demokratische Identität

Selbstbestimmung setzt ein Subjekt voraus, das sich selbst bestimmen kann. Ohne die Fähigkeit zur Willensbildung ist Selbstbestimmung nicht möglich, dies gilt

---

[60] *Emmanuel-Joseph Sieyès*, Was ist der Dritte Stand? (1789), in: Politische Schriften 1788–1790, 2. Aufl. 1981, 117 (124). Zur amerikanischen und deutschen Tradition bereits oben, § 1.

[61] *Böckenförde*, Demokratie als Verfassungsprinzip, Rdnr. 52 f.; *Horst Dreier*, Das Majoritätsprinzip im demokratischen Verfassungsstaat, ZfParlR 1986, 94; *Werner Heun*, Das Mehrheitsprinzip in der Demokratie 1983, 93 ff. Zu Problemen *Engländer*, Diskurs als Rechtsquelle?, 127 ff.; *Christian Hillgruber*, Die Herrschaft der Mehrheit, AöR 127 (2002), 460 (465 ff.). Zur Gefahr der Fremdbestimmung durch Mehrheitsentscheidungen *Elster*, Ulysses Unbound, 92 f; *Manin*, Principes Du Gouvernement Représentatif, 241 f.

[62] So die utilitaristische Demokratietheorie mit der Konsequenz, daß individuellem Freiheitsgebrauch gegenüber politischer Selbstbestimmung auch institutionell der Vorzug gegeben wird, konkret also dem Markt der Vorzug gegenüber hoheitlichem Handeln. Die Notwendigkeit demokratischer Organisation zur Garantie individueller Freiheit gerät dabei aber leicht aus dem Blick.

[63] *Elster*, Ulysses Unbound, 169.

[64] Zu den Konsequenzen dieser Verzahnung für die Funktionenordnung unten, S. 81 ff.

für die individuelle Selbstbestimmung von Personen ebenso wie für die kollektive Selbstbestimmung in einer demokratischen Ordnung[65]. Nicht mehr ist mit dem Begriff der demokratische Identität gemeint[66]. Demokratische Identität bezeichnet damit die Fähigkeit eines demokratischen Subjekts zu einer eigenen Willensbildung, die innerhalb demokratischer Verfassungsinstitutionen zu Entscheidungen führen kann. Sie ist nicht einfach als etwas Vorrechtliches zu verstehen[67]. Anforderungen an demokratische Identität ergeben sich vielmehr aus der Ausgestaltung der Rechtsordnung. Für demokratische Ordnungen mit unüberschaubar vielen Mitgliedern besteht die zentrale Anforderung an das Legitimationssubjekt in der *Fähigkeit, repräsentiert werden zu können*, also eine politische Willensbildung zu entwickeln, die sich in den verfassungsrechtlichen Institutionen überzeugend abbilden läßt[68]. Dies erfordert auch eine gewisse Verstetigung der dem Subjekt angehörigen Mitgliederstruktur und einen gemeinsamen historischen Erfahrungsschatz im Umgang mit Politik[69]. Die Ausbildung demokratischer Identität ist aus einer normativen verfassungstheoretischen Sicht damit nicht auf nationalstaatliche Völker beschränkt.

Für die individuelle Selbstbestimmung kann die Rechtsordnung, wie gezeigt, das Vorliegen von Willensbildung unterstellen und darauf reagieren, wenn diese etwa durch individuelle Beschränktheiten oder bestimmte äußere Umstände gestört ist[70]. Die Notwendigkeit demokratischer Identität steht dagegen vor dem folgenden Dilemma: Auf der einen Seite ist es aus demokratietheoretischer Sicht nicht zu rechtfertigen, wenn Adressaten hoheitlichen Handelns von demokratischer Mitbestimmung ausgeschlossen werden[71]. Der Schlachtruf der amerikanischen Revolution, *No Taxation without Representation*, kann nach wie vor Gültigkeit beanspruchen. Auf der anderen Seite würde eine vollständige Deckungsgleichheit von Pflichten und demokratischen Rechten offensichtlich zu Problemen führen. Verschiedene demokratische Identitäten könnten sich durch Überlappung stören und ihre eigentliche Leistung zu kollektiver Willensbildung in Frage stellen.

Wie lässt sich dieses Dilemma lindern? Zunächst durch die Feststellung, daß auch das hier angeführte demokratietheoretische Argument eine demokratische

---

[65] *v. Bogdandy*, VVDStRL 62 (2003), 162ff., 174ff. m.w.N.

[66] Zu einem entsprechenden Begriff der Identität, der Individuen und andere soziale Gebilde umfaßt: *Harrison C. White*, Identity and Control, 1992, Kap. 2.

[67] *v. Bogdandy*, VVDStRL 62 (2003), 180ff.

[68] Ausdrücklich anders mit Blick auf Europa: *Jürgen Habermas*, Die postnationale Konstellation und die Zukunft der Demokratie, in: Die postnationale Konstellation, 1998, 91 (152f.). Habermas argumentiert hier rein axiomatisch und deswegen auch stringent – freilich fügt sich der demokratische Willensbildungsprozeß nicht seinen axiomatischen Voraussetzungen.

[69] *Heller*, Staatslehre, 156ff.

[70] Vgl. oben, S.41ff.

[71] Zur philosophischen Diskussion auch *Iris Marion Young*, Inclusion and Democracy, 2000, 52ff.

Entscheidung nicht ersetzen kann. Konkret: Es gibt kein universales Legitimationssubjekt, sondern eine Vielzahl solcher Subjekte, namentlich als Völker demokratischer Staaten[72]. Ein bestehendes demokratisches Subjekt muß aber – wie über alle anderen Fragen[73] – auch selbst über die eigene Mitgliedschaft entscheiden. Diese Entscheidung kann ihm nicht durch Theorie abgenommen werden. In den untersuchten Rechtsordnungen findet sich diese Einsicht dadurch verwirklicht, daß über Fragen der Staatsangehörigkeit der demokratische Gesetzgeber zu entscheiden hat[74]. Zudem ist darauf zu bestehen, daß ein Adressat hoheitlicher Maßnahmen in jedem Fall gegenüber dem Hoheitsträger über subjektive Rechte im oben formulierten Sinn verfügt[75]. Diese subjektiven Rechte können sich zu demokratischer Mitgliedschaft verdichten, etwa von einem Diskriminierungsschutz zu demokratischen Partizipationsrechten. Die europäische Integration zeigt ein solches Entwicklungsschema[76].

Dies spricht im Ergebnis auch demokratietheoretisch dagegen, aus der Auferlegung von Rechtspflichten gegenüber Rechtssubjekten unmittelbar auf deren Einbeziehung in den demokratischen Legitimationszusammenhang der verpflichtenden Ordnung zu schließen. Vielmehr schafft die Verpflichtung zwar einen deutlichem Rechtfertigungsdruck für den Ausschluß von Rechtssubjekten. Zugleich muß die Entscheidung über die Mitgliedschaft im Legitimationssubjekt aber durch das demokratische Subjekt selbst zu treffen sein.

4. Fazit

Der Gedanke demokratischer Selbstbestimmung läßt sich institutionell verdeutlichen und auf die Standards demokratischer Verantwortlichkeit, demokratischer Allgemeinheit und demokratischer Gleichheit hin konkretisieren. Die Einhaltung dieser Standards garantiert den oben in den untersuchten Verfassungen gefundenen normativen Anspruch auf Rechtfertigung durch demokratische Legitimation. Ein allgemeines Recht auf Aufnahme in das demokratische Subjekt ist aus der Idee der Selbstbestimmung nicht zu begründen. Vielmehr muß das demokratische Subjekt seine Mitgliedschaft im Prinzip selbst bestimmen können. Ergän-

---

[72] Zum Problem *Ines Roellecke*, Gerechte Einwanderungs- und Staatsangehörigkeitskriterien, 1999. Im Falle eines Staats begründet die Staatsbürgerschaft die Angehörigkeit zu einem demokratischen Subjekt, an die durch die Staatsangehörigkeit bestimmte Teilnahmerechte angeknüpft werden. Zur Unterscheidung *Rolf Grawert*, Staatsangehörigkeit und Staatsbürgerschaft, Der Staat 23 (1984), 179 (182ff.). *Benoît Guiguet*, Citizenship and Nationality, in: M. de la Torre (Hrsg.), European Citizenship, 1998, 95.
[73] Vgl. oben, S. 50ff
[74] Für das deutsche Recht: BVerfGE 83, 37 (52f.). Für das amerikanische Recht art. I sec. 8 cl. 3 U.S. const.
[75] Vgl. oben, S. 41ff.
[76] *Stefan Kadelbach*, Unionsbürgerschaft, in: A. v. Bogdandy (Hrsg.), Europäisches Verfassungsrecht, Berlin, Heidelberg 2003, 539, m.w.N, vgl. auch unten, S. 253ff.

zende Anforderungen an funktionierende Ordnungen werden durch die Entwicklung dieser Minimalkriterien nicht ersetzt.

III. Zusammenhang zwischen individueller und demokratischer Legitimation

Wie verhalten sich beide Legitimationsmodi zueinander, und welche Konsequenzen hat dieses Verhältnis für ihre Ausgestaltung durch Recht? Demokratische und individuelle Legitimation hängen voneinander ab und stehen in einem wechselseitigen Ermöglichungszusammenhang zueinander. Dies zeigte sich bei der Untersuchung des subjektiven Rechts ebenso wie bei der Analyse demokratischer Gleichheit. Ein Anspruch auf demokratische Legitimation kann nur soweit erhoben werden wie die einzelnen Mitglieder des Legitimationssubjekts subjektive Rechte auf demokratische Mitentscheidung haben. Umgekehrt bedarf die Reichweite des Schutzes individueller Freiheit einer demokratischen Entscheidung, weil nur so der individuelle Freiheitsgebrauch einer Person nicht auf Kosten einer anderen ausgeübt werden kann. Zwischen beiden Legitimationsmodi besteht kein hierarchisches Verhältnis, sondern wechselseitige Abhängigkeit[77].

Die Unterscheidung zwischen individueller und kollektiver Selbstbestimmung in der Verwirklichung durch subjektiven Rechtsschutz einerseits und demokratische Verfahren andererseits ist auch eine Unterscheidung *innerhalb* der Rechtsordnung. Rechte müssen durch politische Verfahren definiert werden, aber auch vor ihnen schützen[78]. Dieser Antagonismus ist nicht durch eine allgemeine Vorrangregel[79], etwa zugunsten subjektiver Rechte[80] oder zugunsten eines Spielraums des demokratischen Gesetzgebers[81], aufzulösen. Dies zeigte schon die verfassungstheoretische Untersuchung der Legitimationsgrundlagen des Grundge-

---

[77] Von einem Zirkel sprechen *Gerstenberg*, Bürgerrechte und deliberative Demokratie, 19ff.; *Habermas*, Faktizität und Geltung, 151ff.; *Neves*, Zwischen Themis und Leviathan, 142ff. Dazu auch *Christoph Möllers*, Buchbesprechung, Der Staat 38 (1999), 121 (121f.). In der Sache auch *Gosepath*, Demokratie und Menschenrechte, 223ff.; *Dreier*, Kelsens Demokratietheorie, 107.

[78] Man kann theoretisch zwischen einem demokratischen »Recht der Herrschaft« und einem mit Selbstand ausgestatteten »Recht des Rechts« unterscheiden. Diese grundlegende Distinktion bei *Hofmann*, Recht des Rechts, 9ff., 18ff.

[79] Zur Kleinteiligkeit rechtswissenschaftlicher Forschung, die sich aus deren Entscheidungsbezug ergibt: *Möllers*, VerwArch. 93 (2002), 47f.

[80] So für das deutsche Verfassungsrecht entwickelt bei *Peter Schneider*, In dubio pro libertate, in: E. v. Caemmerer, E. Friesenhahn, R. Lange (Hrsg.), Hundert Jahre Deutsches Rechtsleben, Karlsruhe 1960, 263. Eine rechtsvergleichend informierte Kritik: *Martin Kriele*, Grundrechte und demokratischer Gestaltungsspielraum, in: J. Isensee/P. Kirchhof (Hrsg.), Handbuch des Staatsrechts der Bundesrepublik Deutschland V, 1992, § 110, Rdnr. 2. Theoretische Einwände bei *Joseph Raz*, The Morality of Freedom, 1986, 8ff.

[81] So aber der Versuch bei *Marcel Kaufmann*, Politische Gestaltungsfreiheit als Rechtsprinzip, StWStP 8 (1997), 161.

setzes und der Verfassung der Vereinigten Staaten. Verfassungen haben diesen Antagonismus auszugleichen, nicht zu entscheiden. Sie leisten die institutionelle Verknüpfung von Recht und Politik[82], indem sie einerseits die Rechtsordnung an einen demokratischen Prozeß binden und andererseits die Regeln für diesen demokratischen Prozeß bereitstellen[83].

Hängen aber individuelle und demokratische Legitimation voneinander ab und nehmen sie wechselseitig aufeinander Einfluß, so geht die Legitimationsleistung von subjektivem Rechtsschutz und demokratischen Verfahren nicht auf Kosten des jeweils anderen, sie bilden kein Nullsummenspiel. Fehlende Verrechtlichung des demokratischen Verfahrens erzeugt Legitimationsverluste[84], weil der demokratische Prozeß seinen Anspruch auf Legitimation aus den verrechtlichten Spielregeln bezieht[85]. Umgekehrt können zu schützende subjektive Rechte ihre Geltung nicht auf eine naturrechtliche Freiheit zurückführen, sondern nur auf ein demokratisches Rechtsetzungsverfahren, das die Reichweite der Freiheiten für alle und änderbar definiert[86]. Der Zusammenhang beider Legitimationsmodi führt dazu, daß der Rückbezug auf *beide* Modi für *jeden* rechtfertigungsbedürftigen Hoheitsakt notwendig ist, daß also kein hoheitlicher Akt sich nur auf einen Legitimationsmodus berufen kann. Hoheitliches Handeln kann nicht allein wegen demokratisch unzweifelhafter Legitimation auf die Bindung an subjektive Rechte verzichten. Umgekehrt ersetzt die Berufung auf ein subjektives Recht nicht eine demokratische Rückkopplung[87]. Diese Überlegung gestattet es, die oben entwikkelten Kriterien für individuelle und demokratische Legitimationsprozeduren zusammenzubinden:

---

[82] *Niklas Luhmann*, Verfassung als evolutionäre Errungenschaft, Rechtshistorisches Journal 9 (1990), 176. Versuch einer Anknüpfung bei: *Möllers*, Verfassunggebung – Verfassung – Konstitutionalisierung, 15 ff.

[83] Vermittlung von Recht und Politik bedeutet jedoch nicht, daß das Bestehen politischer Konflikte die Normativität des Rechts zurückdrängt, wie dies in der einflußreichen Weimarer Diskussion in Deutschland, aber auch in der amerikanischen Verfassungstheorie oft behauptet wird. Nachweise für die deutsche Diskussion bei *Möllers*, Staat als Argument, 178 ff. Für die amerikanische Diskussion etwa *Larry Kramer*, Foreword: We the Court, Harvard L. Rev. 115 (2001), 5; *Mark V. Tushnet*, Taking the Constitution Away from the Courts, 1999, 154 ff., dazu *Winfried Brugger*, Buchbesprechung, Der Staat 39 (2000), 135; *Don Herzog*, Happy Slaves: a critique of consent theory, 1989, 110 ff. Vgl. auch *Winfried Brugger*, Demokratie, Freiheit, Gleichheit, 2002, 182 ff.

[84] *Luhmann*, Recht der Gesellschaft, 81 f. Am konkreten Beispiel: *Marcelo Neves*, Verfassung und Positivität des Rechts in der peripheren Moderne, 1992.

[85] Vgl. oben, S. 46 ff.

[86] Unabänderliches Recht genießt nur demokratische Legitimation für diejenigen, die an seinem Beschluß beteiligt waren: *Luhmann*, Recht der Gesellschaft, 93; *ders.*, Rechtssoziologie 2, 209 f.

[87] Deutlich zeigt sich das bei übernationalen Rechtsordnungen, die nur einen Legitimationsmodus einführen, dazu unten, S. 233 ff.

Zum ersten betreffen subjektive Rechte *individuelle* Rechtsträger in einem definierten *exklusiven* Kontext. Geltend gemacht wird ein individuelles Recht nicht als solches, sondern in einem konkreten Handlungszusammenhang. Es geht dem Individuum nicht um das Recht auf Meinungsäußerung, dies wäre eine politische Forderung, sondern um sein Recht, eine bestimmte Meinung in einer bestimmten Situation zu äußern. Demokratische Entscheidungen sind dagegen potentiell *inklusiv*. Sie können eine Vielzahl von Rechtsträgern oder alle adressieren oder mittelbar betreffen.

Zum zweiten unterhalten beide Modi ein unterschiedliches zeitliches Verhältnis zur Rechtsordnung. Die rechtliche Geltendmachung individueller Freiheit geschieht retrospektiv, wenn die Verwirklichung der Selbstbestimmung gestört ist. Eine demokratische Willensäußerung erfolgt dagegen prospektiv, denn sie wird durch Rechtsform erst konstituiert[88]. Dieser Zusammenstoß inklusiver und exklusiver, vergangenheits- und zukunftsbezogener Legitimationsmechanismen wird sich bei der Untersuchung der Gewaltengliederung nachweisen lassen.

Zum dritten wird die Reichweite individueller Freiheitswahrnehmung durch Recht abschließend determiniert. Der Hoheitsträger wird legitimiert, weil er dem Individuum »sein Recht« gibt, also seine eigene individuelle Selbstbestimmung garantiert, nicht eine andere Willensbildung außerhalb der Rechtsordnung. Die Reichweite der durch das Recht erst herzustellenden demokratischen Selbstbestimmung dagegen muß durch die Rechtsordnung offengehalten werden, sonst könnte von wirklicher Willensbildung nicht gesprochen werden. Demokratische Willensbildungsvorgänge sind *nur im Verfahren* durch Recht determiniert. So entsteht eine Skala von rechtlichen Freiheitsgraden und rechtlichen Bindungen, in denen die Bindungen des demokratischen Hoheitsträgers je intensiver werden, desto deutlicher individuelle Selbstbestimmung betroffen wird, und je offener, desto mehr das Recht zur Ermöglichung kollektiver Selbstbestimmung herangezogen werden soll.

Auf diese drei institutionellen Kriterien, den Grad an sachlicher Allgemeinheit, die zeitliche Orientierung und die Intensität an Determinierung durch Recht, wird bei der Entwicklung des Modells der Gewaltengliederung zurückzukommen sein.

---

[88] Vgl. dazu auch unten, S. 81 ff. Grundsätzlich schon *Husserl*, Recht und Zeit, 55 ff.; *Hofmann*, Recht des Rechts, 43 f.; *Stephan Kirste*, Die Zeitlichkeit des positiven Rechts und die Geschichtlichkeit des Rechtsbewußtseins, 1998, 357 ff.; *François Ost*, Le Temps du Droit, 94 ff., 148 ff.

IV. *Überschießende Rechtfertigung durch Selbstbestimmungsverfahren*

Eine auf individueller und demokratischer Selbstbestimmung basierende Verfassungsordnung hat rechtfertigende Wirkungen, die über die rechtsförmige Ermöglichung von Selbstbestimmung hinausgehen. Diese Wirkungen betreffen ebenso die mögliche Akzeptanz der Hoheitsgewalt wie auch ihre praktische Funktionsfähigkeit. Solche Wirkungen zeigen sich in einer transparenten Versorgung des Hoheitsträgers mit Informationen (1.) und in der Fähigkeit zur rationalen Erörterung und Begründung seiner Entscheidungen (2.).

1. Legitimation durch Informationsverteilung

Formale Legitimationsstrukturen stellen eine Möglichkeit des Hoheitsträgers dar, sich mit Informationen zu versorgen und diese Informationsverarbeitung transparent auszuwählen[89]. Während häufig die Bedeutung externer gesellschaftlicher Veränderungen[90], informaler Informationskanäle[91] oder spezifischer subjektiver Rechte auf Information[92] hervorgehoben oder die interne Informationsverarbeitung der Organisationen zum Gegenstand der Analyse gemacht wird[93], findet sich der Zusammenhang zwischen Legitimation und Informationsverarbeitung seltener erörtert[94]. Der Informationsbedarf eines Hoheitsträgers verläuft aber nicht nur *gegen* die formale Legitimationsstruktur oder an ihr vorbei, son-

---

[89] Vgl. auch die streng normative Rekonstruktion von Folgenberücksichtigung bei *Georg Hermes*, Folgenberücksichtigung in der Verwaltungspraxis und in einer wirkungsorientierten Verwaltungsrechtswissenschaft, in: W. Hoffmann-Riem/E. Schmidt-Aßmann, Methodik der Verwaltungsrechtswissenschaft, 2004, 359.

[90] Dazu differenziert: *Thomas Vesting*, Zwischen Gewährleistungsstaat und Minimalstaat, in: W. Hoffmann-Riem/E. Schmidt-Aßmann (Hrsg.), Verwaltungsrecht in der Informationsgesellschaft, 2000, 101 (107 ff.) m.w.N.

[91] Vgl. etwa aus der deutschen Literatur: *Andreas Voßkuhle*, Der Wandel von Verwaltungsrecht und Verwaltungsprozeßrecht in der Informationsgesellschaft, Verwaltungsrecht in der Informationsgesellschaft, 349 (356 ff.).

[92] *Arno Scherzberg*, Die Öffentlichkeit der Verwaltung, 2000, 385 ff. m.w.N. Demokratietheoretisch inspirierte Zweifel zum Legitimationsgehalt aber bei *Marcel Kaufmann*, Grundrechtlicher Anspruch auf Akteneinsicht als Voraussetzung der Demokratie?, in: M. Bertschi u.a. (Hrsg.), Demokratie und Freiheit, 2000, 41 (55 ff.).

[93] *Gabriele Britz*, Reaktionen des Verwaltungsverfahrensrechts auf die informationstechnischen Vernetzungen der Verwaltung, in: Hoffmann-Riem/Schmidt-Aßmann (Hrsg.), Verwaltungsverfahren und Verwaltungsverfahrensgesetz, 2002, 213; *Gunnar Folke Schuppert*, Verwaltungswissenschaft, 2000, 745 ff.; *Arno Scherzberg*, Die öffentliche Verwaltung als informationelle Organisation, in: W. Hoffmann-Riem/E. Schmidt-Aßmann (Hrsg.), Verwaltungsrecht in der Informationsgesellschaft, 2000, 195 (201 ff.).

[94] Zu den Leistungen individueller Freiheitswahrnehmung in Form subjektiver Rechte für die gesellschaftliche Informationsordnung aber *Friedrich A. Hayek*, The Road to Serfdom, 1944, 35 ff.; *Charles E. Lindblom*, The Intelligence of Democracy, 1965; *Karl-Heinz Ladeur*, Negative Freiheitsrechte und gesellschaftliche Selbstorganisation, 2000, 81 ff. Grundsätzlich zu Organisationen die Überlegungen bei *Albert O. Hirschman*, Exit, Voice, and Loyalty, 1970, 70 ff.

dern maßgeblich an ihr entlang. Durch die Anknüpfung an individuelle und kollektive Willensbildungsprozesse wird die Rechtsordnung nicht nur programmiert, sondern auch informiert. Die so ausgewählten Informationen können ihrerseits sowohl auf formalen als auch auf informalen Wegen verbreitet werden. Konkret: Ein Gerichtsurteil, das in Wahrnehmung eines subjektiven Rechts eine Verwaltungsmaßnahme aufhebt, informiert nicht nur über den Streitgegenstand; es informiert vielmehr auch über einen möglicherweise verallgemeinerbaren Interessenkonflikt. Ähnlich lassen sich Wahlergebnisse nicht nur als Legitimations-, sondern auch als Informationsquellen verstehen. Formale Legitimationsstrukturen müssen zudem mit informalen Informationskanälen verknüpft sein. Beispiele dafür sind die Arbeit parlamentarischer Lobbies und politischer Parteien[95]. In beiden Fällen müssen sich formalisierte Strukturen wie das Gesetzgebungs- und das Wahlverfahren an nicht formalisierte Willensbildungsprozesse anschließen, die sie selbst nicht garantieren können, und durch die sie mit Informationen versorgt werden. Auch hoheitliche Organisationen strukturieren sich entlang ihrer Informationskanäle[96].

Damit schafft Legitimation durch Selbstbestimmung immer auch Legitimität durch Informationsverarbeitung, die sich wandelnde gesellschaftliche Umstände und Präferenzen vermitteln kann. Die Selektionsmechanismen dieser Informationsverarbeitung genügen zudem bestimmten normativen Kriterien. Die Legitimationsordnung schafft hierdurch eine über ihre eigentliche Funktion hinausgehende überschießende Rechtfertigungsleistung und integriert Anpassungs- und Lernmechanismen zur Reaktion auf gesellschaftliche Veränderungen in die Rechtsordnung. Zugleich erzeugen diese Formalstrukturen ein gewisses Minimum an Transparenz. Die Formalisierung der Informationskanäle durch rechtlich ausgestaltete Verfahren, die Selbstbestimmung ermöglichen, macht diese öffentlicher und durchsichtiger.

2. Legitimation durch Deliberation

Einer im Vordringen befindlichen Ansicht zufolge bezieht hoheitliches Handeln seine Legitimation auch aus der Ermöglichung von Diskursen, in denen Hoheitsträger und Betroffene die Gelegenheit erhalten, Problemlösungen rational zu erörtern und Gründe und Gegengründe für hoheitliches Handeln zu entwickeln. Diese unter dem Stichwort *deliberative Demokratie*[97] erörterte Sicht richtet sich

---

[95] Dazu für das deutsche Verfassungsrecht: *Dieter Grimm*, Politische Parteien, in: E. Benda/W. Maihofer/H.-J. Vogel (Hrsg.), Handbuch des Verfassungsrechts, 2. Aufl. 1994, § 14, Rdnr. 12 ff.; *ders.*, Verbände, ebda., § 15, Rdnr. 2. Für das amerikanische Verfassungsrecht *Bessette*, Mild Voice of Reason, 67 ff.

[96] Dazu allgemein organisationstheoretisch: *Arthur L. Stinchcombe*, Information and Organizations, 1990, 7 ff., 350 ff. Zum Konzept lernender Verwaltungsorganisation grundlegend: *Herbert A. Simon*, Administrative Behavior (1946), 4. Aufl. 1997, 228 ff.

zunächst gegen Theorien hoheitlichen Handelns, die dieses auf den Eigennutz der handelnden Akteure[98] oder auf Systemzwänge[99] reduzieren wollen und damit die normative Frage nach der Legitimation hoheitlichen Handelns schon im Ansatz zurückweisen. Der Gedanke der Legitimation durch Diskurs und Begründung stellt aber auch eine Herausforderung an ein auf Selbstbestimmung, also auf Willensbildung bezogenes Legitimationsmodell wie das vorliegende dar. Das Credo der Selbstbestimmung »stat pro ratione voluntas«[100] wird durch die deliberative Demokratietheorie jedenfalls dann in sein Gegenteil verkehrt[101], wenn die Deliberation die organisierte Selbstbestimmung nicht ergänzt, sondern ersetzt[102]. Anstelle der Herrschaft des selbstbestimmten Willens steht dann die Herrschaft der richtigen Argumente.

Obwohl eine Ersetzung von Selbstbestimmung durch Diskurs vor allem in der wissenschaftlichen Untersuchung supra- und internationaler Rechtsordnungen wachsende Verbreitung findet[103], behandeln die meisten theoretischen Ansätze Deliberation doch weiterhin als einen wichtigen, aber nicht selbständigen Teil demokratischer Selbstbestimmung. Baut die deliberative Demokratietheorie auf

---

[97] Am Beginn, ausdrücklich bezogen auf das englische Parlament, also mit einem demokratischen Wahlakt verknüpft, steht: *Edmund Burke*, Speech to the Electors of Bristol (3. November 1774), in: D. Bromwich (Hrsg.), On Empire Liberty and Reform. Speeches and Letters of Edmund Burke, 2000, 39 (45 f.). Eine Analyse bei *Hasso Hofmann*, Repräsentation, 3. Aufl. 1998, 454 ff. Zur deliberativen Demokratie: *James Bohman*, Public Deliberation, 1996, 1 ff.; *Joshua Cohen*, Deliberation and Deliberative Democracy, in: A. Hamlin/P. Pettit (Hrsg.), The Good Polity, 1989, 17; *David M. Estlund*, Who's Afraid of Deliberative Democracy, Texas L. Rev. 71 (1993), 1437; *James D. Fearon*, Deliberation as Discussion, in: J. Elster (Hrsg.), Deliberative Democracy, 1998, 44; *Habermas*, Vorwort, 11 ff.; *Bernard Manin*, On Democracy and Political Deliberation, Political Theory 15 (1988), 338, (351 ff.); *Michel Rosenfeld*, Law as Discourse: Bridging the Gap between Democracy and Rights, Harvard L. Rev. 108 (1995), 1163; *Sunstein*, Interest Groups in American Public Law.

[98] Stichwort Public Choice. Differenziert kritische Darstellung bei *Daniel Farber/Philip Frickey*, Law and Public Choice, 1991, 12 ff.; *Mark Kelman*, On Democracy-Bashing, Virginia L. Rev. 74 (1988), 199 (206 ff.).

[99] *Luhmann*, Recht der Gesellschaft, 239 ff. Als für eine deliberative Demokratietheorie anschlußfähige Kritik: *Habermas*, Der philosophische Diskurs der Moderne, 390 ff.

[100] *Juvenal*, Satiren, VI, 223.

[101] Zur Kritik der Gleichsetzung von Demokratie und Deliberation: *Joseph W. Bessette*, The Mild Voice of Reason, 1994, 40 ff.; *James A. Gardener*, Shut Up and Vote: A Critique of Deliberative Democracy and the Life of Talk, Tennessee L. Rev. 63 (1996), 421; *Chantal Mouffe*, For an Agonistic Public Sphere, in: O. Enzewor u.a. (Hrsg.), Democracy Unrealized, 2002, 87 (91 ff.); *Christoph Möllers*, Transnational Constitutionalism without a Public Law?, in: C. Joerges/I. Sand/G. Teubner, Transnational Constitutionalism, 2004, 329; *Lynn A. Sanders*, Against Deliberation, Political Theory 25 (1997), 347.

[102] Beispiel für ein solches Vorgehen zur Rechtfertigung transnationaler Behördennetzwerke: *Ann-Marie Slaughter*, The New World Order, 2004, 213 ff. Die dort zitierte Habermassche Theorie wird freilich schon deshalb völlig verkannt, weil im Ergebnis jedes Gespräch unter Experten demokratische Legitimation erzeugen soll.

[103] Am Beispiel der Europäischen Kommission unten, S. 271 ff.

der Möglichkeit auf, innerhalb einer an Verständigung[104] orientierten Kommunikationssituation zu einer rational begründbaren Form legitimer Verbindlichkeit zu gelangen, so lebt eine solche Verfahrensvorstellung von der Möglichkeit aller Beteiligten, sich in gleicher Weise äußern zu können[105]. Damit liefern aber auch formale, nach den Grundsätzen demokratischer Allgemeinheit und Gleichheit aufgebaute Selbstbestimmungsprozeduren Elemente einer deliberativen Demokratieidee, und zwar sowohl individuell als auch kollektiv. Das Recht auf gleiche demokratische und das Recht auf gleiche individuelle Selbstbestimmung stellen auch Bedingungen der Möglichkeit von Deliberation innerhalb des institutionellen Rahmens des zu legitimierenden Hoheitsträgers dar[106]. Somit hat ein voluntaristisch verstandener Demokratiebegriff auch einen deliberativen Gehalt, der sich in der konkreten Untersuchung der Gewaltengliederung genauer bestimmen lassen wird. Die Einrichtung von Selbstbestimmungsmechanismen führt immer auch zur Einbeziehung von Gründen und Argumenten.

Dabei spielt die Begründung in Prozeduren individueller und demokratischer Legitimation jedoch eine unterschiedliche Rolle. In Verfahren individueller Legitimation dient die Begründung der Erklärung und Individualisierung der getroffenen Entscheidung. Ihre legitimierende Wirkung erhält sie *nach* der Entscheidung. Diese muß den betroffenen Rechtsträgern vermittelt und auf sie zugeschnitten werden. In demokratischen Verfahren dagegen dient sie im anspruchsvollen Fall der Überzeugung der Entscheidungsträger, ansonsten zumindest der Darstellung verschiedener Positionen zur Beschaffung einer Mehrheit[107]. Ihre institutionelle Funktion liegt damit *vor* der Entscheidung im Prozeß der Entscheidungsfindung.

3. Fazit

Öffentlichkeit, im Sinne einer allseitig transparenten Praxis hoheilichen Handelns, und Diskurs, im Sinne einer allgemein nachvollziehbaren Rationalitätsvergewisserung, werden also auch durch formale Legitimationsstrukturen ermöglicht und müssen in keinen Gegensatz zu diesen gestellt werden. Das bedeutet aber nicht, daß das so entstehende Maß an Transparenz und Diskurs mehr als ein Minimum darstellte. Die wissenschaftlichen Debatten über die Transparenz der Verwaltung[108]

---

[104] Theoretische Grundlegung: *Jürgen Habermas*, Theorie des kommunikativen Handelns, 2 Bde. 1981. Zu einer rechtswissenschaftlichen Anwendung: *Uwe Kischel*, Die Begründung, 2003, 39ff.

[105] *Jürgen Habermas*, Diskursethik: Notizen zu einem Begründungsprogramm, in: Moralbewußtsein und kommunikatives Handeln, 1983, 53 (78ff.).

[106] Vgl. *Habermas*, Faktizität und Geltung, 383ff.

[107] So *Manin*, Principes du Gouvernement, 112ff.

[108] Zur historischen Entwicklung dieses Problems *Bernhard W. Wegener*, Der geheime Staat, 2005 i.E.

und über Verfahrenspartizipation[109] in demokratischen Rechtsordnungen unterstreichen dies. Grundsätzlich ist festzuhalten, daß unter den Bedingungen selbstbestimmter Herrschaft sowohl die Geheimhaltung hoheitlichen Handelns als auch die Ignorierung von argumentativen Einwänden rechtfertigungsbedürftige Ausnahmen bleiben müssen. Allgemeine Begründungs- und Transparenzpflichten für hoheitliches Handeln sind deswegen auch im Rahmen dieses Modells anzuerkennen, und werden an einzelnen Punkten Teil dieser Untersuchung sein, ohne ihr eigentlicher Gegenstand zu werden. Umgekehrt müssen Öffentlichkeit und Begründung von Entscheidungen institutionalisierte Formen von Selbstbestimmung ergänzen, sie können diese aber nicht ersetzen. Praktisch kann die Anhörung eines Betroffenen und die rationale Einbeziehung seiner Argumente in einem transparenten Verfahren die zu fällende hoheitliche Entscheidung wirksamer beeinflussen als sein Wahlrecht. Formal aber ist nur letzteres eine Form von Selbstbestimmung. Für die weitere Untersuchung bedeutet dies keinen Verzicht auf deliberative Legitimationsformen. Aber diese bleiben in ihrer normativen Wertigkeit von genuinen Mitentscheidungsstrukturen zu unterscheiden.

---

[109] Sehr positiv *Andreas Fisahn*, Demokratie und Öffentlichkeitsbeteiligung, 2002, 216ff. Dagegen eine eher zurückhaltende Rekonstruktion der Legitimationsgewinne auch auf empirischer Grundlage bei *Alfons Bora*, Differenz und Inklusion, 1999.

Erster Teil

Gewaltengliederung im nationalen Rechtsvergleich

Die zuvor erarbeitete legitimationstheoretische Grundlegung ermöglicht nunmehr eine systematisch-rechtsvergleichende Untersuchung des Problems der Gewaltengliederung. Dabei hat die Darstellung zwischen verfassungstheoretischer Begründung und spezifischen Rechtsfragen in den beiden Referenzrechtsordnungen in mehreren Schritten zu vermitteln: In einem ersten Schritt ist einer kritischen Bestandsaufnahme des überlieferten Verständnisses der Gewaltenteilung ein eigener legitimationsbezogener Entwurf entgegenzusetzen (§ 3). In einem zweiten Schritt ist dieser Entwurf auf die Definition der drei Gewalten in den beiden Rechtsordnungen anzuwenden (§ 4.). In einem dritten Schritt sind Probleme der Gewaltengliederung mit Hilfe des entwickelten Modells vergleichend zu lösen (§ 5).

§3 Bestand und Neuentwurf: Gewaltengliederung in Selbstbestimmung

Die Idee der Gewaltenteilung wird gemeinhin auf die Werke von *Charles de Montesquieu*[1] und *John Locke*[2] zurückgeführt. Man kann sie aber sowohl in der institutionellen Praxis[3] als auch in der politischen Theorie bereits früher antreffen, als Vorstellung einer gebotenen Dreiteilung hoheitlichen Handelns bereits bei *Aristoteles*[4]. Zum Verständnis ihres praktischen Ursprungs sei nur so viel gesagt: Sie wurde anhand des Modells des europäischen Nationalstaats entwickelt, und zwar, beschränkt man sich auf die Theorien *Lockes* und *Montesquieus*, konkret anhand der Verfassung Englands um die Wende vom 17. zum 18. Jahrhundert[5]. Damit war das allgemein formulierte Prinzip der Gewaltenteilung aus einer Ver-

---

[1] *Charles de Montesquieu*, De l'ésprit des lois (1748) VI, 2; XI, 1–7, 20. Deutsch: Vom Geist der Gesetze, (hrsgg. v. E. Forsthoff), Erster Band, 1951, 214ff. Die beiden beliebtesten Zitate zur Gewaltenteilung beziehen sich auf die richterliche Gewalt und ihre unterstellte Minimierung durch *Montesquieu*. Sie sind weniger eindeutig, als häufig angenommen wird. Die richterliche Gewalt als »*bouche qui prononce les mots de la loi*« und als »*en quelque façon nulle*« u bezeichnen, beabsichtigt keineswegs eine Minimierung richterlicher Gewalt, überzeugt *Regina Ogorek*, De l'Esprit des légendes, Rechtshistorisches Journal 2 (1983). Grundsätzlich: *Max Imboden*, Montesquieu, und die Lehre von der Gewaltenteilung, FS H. Huber, 1961, 174; *Ulrich Lange*, Teilung und Trennung der Gewalten bei Montesquieu, Der Staat 19 (1980), 213; *Viktor Wember*, Verfassungsmitte und Verfassungsmischung, 1977, 56ff. Zu den Grenzen einer modernisierenden Lektüre Montesquieus: *Charles Eisenman*, L'›Esprit des lois‹ et la séparation des pouvoirs, in: Mélanges Carré de Malberg, 1933, 163 (173ff.); *ders.*, La pensée politique et constitutionelle de Montesquieu, in: Receil Sirey du Bicentenaire de l'Esprit des Lois, 1952. Knapp *Pierre Manent*, Histoire Intellectuelle du Liberalisme 1987, 119ff. *Werner Heun*, Das Konzept der Gewaltenteilung in seiner verfassungsgeschichtlichen Entwicklung, in: C. Starck (Hrsg.), Staat und Individuum im Kultur- und Rechtsvergleich, Baden-Baden 2000, 95 (99ff.). Zur Vorgeschichte: *Hannah Arendt*, Über die Revolution (1965), 1974, 194ff.
[2] *John Locke*, Two Treatises of Government (1698), II, 143, 144, 150, 159. Zu Lockes Lehre: *Michael Rostock*, Die Lehre der Gewaltenteilung in der politischen Theorie von John Locke, 1974, 131ff.; *Günther Maluschke*, Philosophische Grundlagen des demokratischen Verfassungsstaates, 1982, 58ff.; *Martin Seliger*, The Liberal Politics of John Locke, 1968, 324ff., 335ff. (dort im Vergleich mit Montesquieu und Madison).
[3] Für die Neuzeit ist zumindest die Unterscheidung zwischen Gesetzgebung und Verwaltung relativ jung. Die Gewalt des »condere leges« enhält noch alle Funktionen: *Michael Stolleis*, Condere leges et interpretari. Gesetzgebungsmacht und Staatsbildung in der frühen Neuzeit, in: Staat und Staatsräson in der frühen Neuzeit, 1990, 167.
[4] *Aristoteles*, polit. 1298 a-b, der zwischen exekutiver, judikativer und deliberiererender Gewalt unterscheidet.
[5] Vgl. zu den Referenzen an die englische Verfassung nochmals: *Montesquieu*, De l'esprit des

fassungsordnung hergeleitet, die für die europäischen Nationalstaaten ihrer Zeit untypisch war[6]. Zudem erwies sich die Analyse dieser Verfassungsordnung als nicht völlig zutreffend. Sie unterschätzte ein zentrales Element des entstehenden britischen parlamentarischen Regierungssystems, das für viele Verfassungsordnungen zum Vorbild werden sollte: die rechtlich sanktionierte Abhängigkeit der Regierung von der Mehrheit des Parlaments[7]. Schon am Ursprung der Doktrin zeigt sich also das Problem von Verallgemeinerung und Vergleich in der verfassungstheoretischen Begriffsbildung. Trotz dieses Ausgangsproblems erwies sich die Theorie als weithin verwendbar und gehörte spätestens mit der amerikanischen und der französischen Revolution zum Gemeingut der westlichen Verfassungstradition[8].

Die überlieferte rechtliche Bedeutung der Idee der Gewaltenteilung in den Rechtsordnungen soll nunmehr zunächst in einer Bestandsaufnahme geklärt werden (I.), der im Anschluß ein Neuentwurf der Gewaltengliederung in Selbstbestimmung entgegenzusetzen sein wird (II.).

I. Bestandsaufnahme: überlieferte rechtliche Bedeutung

Eine Bestandsaufnahme der Gewaltenteilungsidee kann auf zwei Ebenen ansetzen: *verfassungstheoretisch* bei der sachlichen Rechtfertigung der Gewaltenteilung, also der Frage, aus welchem Grund sich ein Hoheitsträger überhaupt eine dreigegliederte Organisation geben sollte (1.), oder *verfassungsrechtlich* bei der Frage nach der Anwendung des Grundsatzes in den zu vergleichenden Rechtsordnungen. Beide Analysen gestatten eine Bilanz (3.), die zur folgenden Neukonzeption überleitet.

---

lois, XI, 6. Bedeutend zu dieser Tradition auch: *Blackstone*, Commentaries to the Laws of England, I, 149f., 259f.

[6] Die Kennzeichnung der englischen Verfassungsgeschichte als Sonderweg ist vielfach zu finden: *Lutz Raphael*, Recht und Ordnung, 2000, 61ff. Vgl. zu einer anderen Deutung *John Brewer*, The Sinews of Power, 1988, 137ff.; *R. G. Asch*, Kriegsfinanzierung, Staatsbildung und ständische Ordnung in Westeuropa im 17. Und 18. Jahrhundert, HZ 268 (1999), 635 (638ff.).

[7] Zur Mißdeutung Montesquieus' etwa *Helmut Steinberger*, Konzeption und Grenzen freiheitlicher Demokratie, 1974, 106. Anders aber für die öffentliche Meinung im zeitgenössischen England *Hayek*, Law, Legislation and Liberty, 128. Zur beschriebenen Eigenart des englischen Systems die kanonisierte Darstellung von *Walter Bagehot*, The English Constitution (1867), 1966, 69.

[8] Für Frankreich zeigt sich dies deutlich in Art. 16 Déclaration. Zur revolutionären Tradition *Marcel Gauchet*, La Révolution des pouvoirs, 1995, 55ff.; *Michel Troper*, La séparation des pouvoirs et l'histoire constitutionnelle française, 1973. Für die Vereinigten Staaten *Gerhard Casper*, Separating Powers, 1997, 1ff. (unter besonderer Hervorhebung der Vieldeutigkeiten der vertretenen Lehren). *Malcolm P. Sharp*, The Classical American Doctrine of »The Separation of Powers«, U. o. Chicago L. Rev. 3 (1935), 385.

1. Verfassungstheoretische Funktion: Machtbändigung oder Effizienz?

Wozu bedarf es gewaltengegliederter Herrschaft[9]? Die *Rechtfertigung* des Gewaltenteilungsprinzips hat zwei sich in der Tendenz widersprechende Wurzeln. Gewaltenteilung dient klassischerweise der *Machtmäßigung*: Die Ausdifferenzierung des Hoheitsapparats soll eine despotische Akkumulation von Herrschaftskompetenzen verhindern und damit die Freiheit der Bürger schützen[10]. Die Fusion rechtsetzender, rechtsanwendender und rechtsprechender Gewalt in einer Hand dagegen ist der Inbegriff der Despotie[11]. Gewaltenteilung wird somit als eine Mittel zum Schutz individueller Freiheit verstanden. Diese Verknüpfung von Gewaltenteilung und Machtmäßigung ist sowohl in der Verfassungsrechtsprechung[12] als auch in der wissenschaftlichen Literatur[13] beider Rechtsordnungen von Bedeutung. Sie erkennt im Prinzip der Gewaltenteilung ein Mittel des Schutzes vor dem Hoheitsträger. Hinter ihr steht der Primat individueller Freiheit vor der kollektiv verbindlichen Entscheidung des Hoheitsträgers. Diese Deutung privilegiert individuelle vor kollektiver Selbstbestimmung.

Gewaltenteilung kann aber nicht nur die Mäßigung und sinnvolle Behinderung hoheitlichen Handelns ermöglichen, sondern im Gegenteil auch seine Effektivität erhöhen. Dies ist in der verfassungsrechtlichen Literatur[14] und Rechtsprechung beider Rechtsordnungen anerkannt. Diese modernere Sichtweise integriert den Gedanken der Arbeitsteilung[15] in das Organisationsschema von Hoheitsträgern. Nur ein ausdifferenzierter Hoheitsapparat ist in der Lage, seine Macht effektiv zu organisieren und effizient einzusetzen. Anders kann er seine eigenen Informationsprobleme nicht lösen[16] und verlöre jeden kontrollierten Zugriff auf die ihm Unterworfenen. Eine vollständig monokratische Herrschaftsorganisation ist der

---

[9] Vgl. bereits oben, S. 15 ff.

[10] Die klassischen theoretischen Formulierungen bei *Locke*, Two Treatises of Government, II, 143; *Montesquieu*, De l'ésprit des lois, XI, 6 (Forsthoff, 215). *John Jay/Alexander Hamilton/James Madison*, The Federalist Papers (1787), Nr. 47 (Madison). *Kant*, Gemeinspruch, B 26.

[11] *Montesquieu*, De l'Esprit XI, 6 (Forsthoff, 215). Diese Stelle findet sich zitiert in den Federalist Papers Nr. 47 (Madison).

[12] Vgl. sogleich unten, S. 70 ff.

[13] Rechtsprechungsnachweise sogleich. Für wissenschaftliche Äußerungen hier nur die umfangreichen Nachweise bei *M. Elizabeth Magill*, The Real Separation in Separation of Powers Law, Virginia L. Rev. 86 (2000), 1127 (1148–1152); *Klaus Stern*, Das Staatsrecht der Bundesrepublik Deutschland Bd. II, 1980, 529f.

[14] Aus der deutschen Literatur *Hesse*, Grundzüge des Verfassungsrechts, Rdnr. 482; *Walter Krebs*, Kontrolle in staatlichen Entscheidungsprozessen, 1984, 11 in Anm. 49, 49f.; *Schmidt-Aßmann*, Der Rechtsstaat, Rdnr. 50; *Voßkuhle*, Rechtsschutz gegen den Richter, 47f. Aus der amerikanischen Verfassungstheorie: *Louis Fisher*, The Efficiency Side of Separated Powers, J.o. American Studies 5 (1971), 115. *Jessica Korn*, The Power of Separation, 1996, 15 m.w.N. Verfassungstheoretische Überlegungen bei *Elster*, Ulysses Unbound, 146ff.; *N. W. Barber*, Prelude to Separation of Powers, Cambridge L.J. 60 (2001), 59.

[15] *Weber*, Wirtschaft und Gesellschaft, 166f.

[16] Dieses Argument als Kritik totalitärer Herrschaft wurde zunächst bei *Friedrich von Hayek*, The Use of Knowledge in Society, American Economic Review, XXXV (1945), 519 entwickelt.

Ohnmacht näher als der Allmacht. Der Organisationstheorie entstammt zudem die Einsicht, daß die in einer Organisation vorhandene Summe an Macht nicht immer gleich groß sein muß[17]. Anders formuliert: Die innerhalb einer hoheitlichen Organisation zu verteilende Macht ist nicht derart auf eine bestimmte Summe beschränkt, daß die Zuteilung von Macht zu einem Organ automatisch zu einem Machtverlust bei einem anderen führen müßte. Vielmehr kann beispielsweise die Einrichtung von Veto-Positionen die Macht von mehreren Beteiligten zugleich erhöhen[18]. Damit ist die als Gewaltenteilung bezeichnete Ausdifferenzierung der Staatsorganisation weder mit einem Machtverlust einzelner Organe noch mit einem solchen der hoheitlichen Organisation als ganzer notwendig verbunden. Die Betonung von Effektivität privilegiert die kollektive Entscheidungsfindung. Sie erscheint zulässig, wenn man es mit einem demokratischen Hoheitsträger zu tun hat, dessen Entscheidungen Anspruch auf Anerkennung haben. Hinter dieser Sicht steht also der Primat demokratischer Selbstbestimmung vor individueller Freiheit.

Das Prinzip der Gewaltenteilung wird demnach mit zwei zueinander in Spannung stehenden Legitimationsvorstellungen gerechtfertigt: demokratische Machteffektuierung und individualschützende Machtbeschränkung. Dieser Widerspruch stellt den verfassungstheoretischen Wert beider Ansätze in Frage. Ein bloßes Nebeneinanderstellen der beiden Rechtfertigungsstränge[19] oder die Anwendung widerspruchsaufhebender Formeln wie der Feststellung, die Gewaltenteilung diene der Generierung »richtiger«[20] oder rationaler hoheitlicher Entscheidungen, ist zu wenig. Zwar läßt sich historisch eine Parallele zwischen der Effektuierung hoheitlichen Handelns und ihrer Begrenzung durch Recht gut erkennen[21]. Verrechtlichung der Hoheitsgewalt bedeutet keinen Machtverlust[22]. *Hegel* stellte entsprechend fest, »daß in der modernen Welt das unvermeidliche Sicherweitern der Sphäre der ›Freiheit‹ nicht eine Schwächung, sondern eine Verstärkung der Staatsgewalt bedingte.«[23] Normativ spiegelt sich in den unterschiedlichen Begründungen für einen gewaltenteilenden Hoheitsträger zudem das Ne-

---

[17] *Niklas Luhmann*, Macht, 2. Aufl. 1988, 48ff.; *Michel Foucault*, Il faut défendre la société, 1997, 21ff.

[18] Deutlich gilt dies für institutionelle Veto-Positionen: *George Tsebelis*, Veto Players: How Political Institutions Work, 2002; *ders.*, Veto Players and Institutional Analysis, Governance 13 (2000), 441 (454ff.).

[19] Vgl. als für das deutsche Recht einflußreiche Formulierung: *Hesse*, Grundzüge des Verfassungsrechts, Rdnr. 198ff.

[20] Vgl. sogleich unten, S. 70ff.

[21] Begrenzung aber im Sinne einer formellen Definition der Grenzen hoheitlichen Handelns, nicht im Sinne seiner qualitativen oder quantitativen Beschränkung.

[22] Für die deutsche Verfassungsgeschichte *Ernst Rudolf Huber*, Deutsche Verfassungsgeschichte, Bd. 1, 2. Aufl. 1967, 790.

[23] *Claudio Cesa*, Entscheidung und Schicksal: die fürstliche Gewalt, in: D. Henrich/R.-P. Horstmann (Hrsg.), Hegels Rechtsphilosophie. Die Theorie der Rechtsformen und ihre Logik, 1982, 185 (205) unter Hinweis auf *Hegel*, Enzyklopädie, § 539.

beneinander der beiden in der Grundlegung entfalteten verfassungseigenen Legitimationsmodi wider[24].

Für einen auf Organisationsrecht abzielenden Zugang, der ein juristisches Verständnis der Gewaltengliederung begründen soll, erscheint es deswegen angemessener, diese Antinomie auszudifferenzieren, anstatt sie prinzipiell aufzulösen[25]. Die Fundierung einer Organisation auf widersprüchlichen Grundsätzen ist der Organisationstheorie, zu deren normativem Teil die Gewaltenteilungslehre gehört, nichts Neues[26]. Widersprüche im Grundsätzlichen müssen nicht im Grundsätzlichen gelöst werden, sondern sind in der Anwendung auf Rechtsprobleme abzuarbeiten[27]. Dies gilt auch für die Gewaltengliederung und wird Aufgabe des zu entwickelnden Gewaltengliederungsmodells sein.

2. Juristische Bedeutungen im Rechtsvergleich

Die bleibende Leistung der klassischen Gewaltenteilungstheorie besteht in der systematischen Unterscheidung[28] dreier Formen hoheitlichen Handelns: der rechtsetzenden, der rechtsanwendenden und der rechtsprechenden Gewalt[29]. Schon bei *Montesquieu* findet dieser Ausgangspunkt eine Verfeinerung und Ergänzung[30], der er zugleich die *juristische Anwendbarkeit* für moderne Verfassungsordnungen verdankt: Diese drei Formen hoheitlichen Handelns sind nicht nur als unterschiedliche *Gewalten oder synonym Funktionen* voneinander zu unterscheiden, sondern sie müssen auch bestimmten *Organen* zugeordnet werden, die zu unterscheiden, wenn nicht zu trennen sind[31]: Gerichten, deliberierenden, regelsetzenden Organen oder Verwaltungsapparaten.

Vor dem Hintergrund dieser klassischen Vorstellungen lassen sich drei Möglichkeiten einer *rechtswissenschaftlichen Konkretisierung* des Gewaltenteilungsgedankens systematisieren[32]: Ein erstes Verständnis nimmt den Ausdruck »Ge-

---

[24] Vgl. oben, S. 28 ff.

[25] Auch dazu bereits oben, S. 56 ff.

[26] *Simon*, Administrative Behavior, 29 ff.

[27] *Simon*, Administrative Behavior, 42 f.

[28] Nochmals: der berechtigte Vorschlag, von einer Gewalten*unterscheidung* zu sprechen, bei *Schmitt*, Verfassungslehre, 186.

[29] *Fenske*, Art. Gewaltenteilung, Sp. 924 f.

[30] *Montesquieu*, De l'esprit des lois, XI, 6 (Forsthoff, 221).

[31] Anschaulich: *Thoma*, Funktionen der Staatsgewalt, 124 ff. Dazu *Achterberg*, Probleme der Funktionenordnung, 40 ff.; *Jarass*, Politik und Bürokratie, 13 f. Vgl. bereits *Jellinek*, Allgemeine Staatslehre, 596.

[32] Vgl. zu ähnlichen Systematisierungen und ihren intrinsischen Widersprüchen *Maurice John Crawley Vile*, Constitutionalism and the separation of powers, 1967, 12 f.; *Bernard Manin*, Checks, balances and boundaries: The separation of powers in the constitutional debate of 1787, in: B. Fontana (Hrsg.), The Invention of the Modern Republic, 1994, 27 (30 f.). Für das deutsche Verfassungsrecht: *Stern*, Staatsrecht, II, 531 ff. *Kuhl*, Kernbereich der Exekutive, 126 ff. unterscheidet nur zwischen Kernbereichs- und Balancemodell.

walten-Teilung« beim Wort und versteht ihn als Gebot zur organisatorischen Trennung verschiedener Organe des Hoheitsapparats. Eine zweite Deutung ordnet den verschiedenen Organen bestimmte Funktionen zu und verbietet zugleich die Wahrnehmung dieser Funktionen durch andere Organe. Eine dritte Deutung schließlich hebt die wechselseitige Kontrolle und Balance zwischen den Gewalten hervor. Man kann also zwischen einem Gebot zur Teilung der Gewalten durch Trennung von Organen (a), einem Verbot der organfremden Gewaltenusurpation (b) und einem Gebot zur wechselseitigen Kontrolle der Organe (c) unterscheiden. Diese Typisierung funktioniert nicht immer trennscharf. Zuordnungen können sich überlappen. Sie dokumentiert aber sowohl Bedeutungen als auch Widersprüche in der juristischen Anwendung. Diesen drei Bedeutungsgehalten ist nun mit Blick auf ihre Bedeutung in der Verfassungsrechtsprechung in Deutschland und in den Vereinigten Staaten nachzugehen. Hierbei geht es noch nicht um die Behandlung spezifischer Rechtsprobleme, sondern nur um die Frage, welche Bedeutung die verfassungsgerichtliche Praxis dem Prinzip gibt.

a) Gewaltenteilung als Gebot der Organtrennung

Das Gebot zur strikten Teilung der Gewalten wirkt auf den ersten Blick kontraintuitiv: Die verschiedenen hoheitlichen Funktionen, respektive die Organisationen, die diese wahrnehmen, müssen in einer Beziehung zueinander stehen, um überhaupt als Teil eines gemeinsamen Hoheitsträgers identifiziert werden zu können. Erst die Einheit des Geteilten macht die Teilung darstellbar[33], die daher schlüssiger als *Unterscheidung* denn als *Trennung* bestimmt werden kann. Trotzdem besetzt auch der Trennungsgrundsatz eine selbständige juristische Bedeutung. Ein mit einer bestimmten Gewalt identifiziertes Organ darf seine Aufgabe nicht unter Beteiligung oder Einfluß eines anderen Organs erfüllen. An dieser Idee ist bemerkenswert, daß die soeben als wichtige Leistung des Gewaltenteilungsprinzips festgestellte Zuordnung von Funktion und Organ hier unproblematisch ist. Die begriffliche Bestimmung einer Funktion kann unterbleiben, vielmehr sind nur Einwirkungen zwischen den Organen zu vermeiden.

Dieses Verständnis von Gewaltenteilung spielt in der deutschen konstitutionellen Tradition eine gewichtige Rolle, in der sich demokratische Volksvertretung und monarchische Exekutive in einem politischen Dauerkonflikt gegenüberstanden[34]. Die in demokratischen Verfassungsstaaten übliche Zusammenarbeit von

---

[33] Vgl. zu diesem Problem *Georg Wilhelm Friedrich Hegel*, Grundlinien der Philosophie des Rechts 1821, § 272.

[34] *Stefan Korioth*, »Monarchisches Prinzip« und Gewaltenteilung – unvereinbar?, Der Staat 37 (1998), 27 (38 ff., 43 ff.). Zur Abgrenzung von Exekutive und Judikative: *Louis Pahlow*, Justiz und Verwaltung, 2000, 101 ff. Zur Unmöglichkeit, vor diesem Hintergrund ein angemessenes Verständnis parlamentarischer Gesetzgebung zu gewinnen: *Christoph Schönberger*, Das Parlament im Anstaltsstaat, 1997, 56 ff. Eng mit diesem Gewaltenteilungsverständnis hängen folgen-

Parlamentsmehrheit und Regierung[35], zeigt jedoch den geringeren Wert einer solchen Deutung für demokratische Ordnungen[36]. Das Urverständnis der amerikanischen Verfassunggebung wies ein solches Verständnis ausdrücklich zurück: *Madison* sprach von einer Vermischung – *blending* – der Gewalten[37]. In der frühen Rechtsprechung des Supreme Court findet sich ein solches Verständnis trotzdem[38]. Das Gericht hat diese Sicht jedoch später relativiert[39]. In der Rechtsprechung des Bundesverfassungsgerichts ist ganz entsprechend die Formulierung üblich, die Gewaltenteilung fordere keine Trennung, sondern nur eine wechselseitige Kontrolle und Begrenzung der verschiedenen Gewalten[40].

Trotzdem hat die klassische Gewaltenteilungsidee einen sinnvollen, wenn auch beschränkten normativen Aussagegehalt. Sie garantiert die praktische *Unterscheidbarkeit* verschiedener Organe. Dies zeigt sich im Verbot von Inkompatibilitäten[41]. In keiner anderen Problemkonstellation bemüht das Bundesverfassungsgericht die Figur der Gewaltenteilung so häufig wie bei der Prüfung von Inkompatibilitäten, namentlich bei der Auslegung von Art. 137 Abs. 1 GG. Dabei wird das Prinzip in einer Vielzahl von Fällen als argumentativ verstärkender Gesichtspunkt gegen die Verfassungsmäßigkeit von Personalunionen herangezo-

---

reiche Mißverständnisse des parlamentarischen Systems zusammen, die sich zumeist ausdrücklich auf das englische Regierungssystem bezogen: *Hans Boldt*, Parlamentarismustheorie, Der Staat 19 (1980), 385 (390ff., 397ff.).

[35] Vgl. unten, S. 105ff., auch zur Unterscheidung von parlamentarischem und Präsidialsystem.

[36] In der französischen Verfassung des Jahres 1791 wird zum ersten Mal der Ausdruck »séparation« statt »division« also Trennung statt Teilung verwendet, *Schmitt* Verfassungslehre, 185. Die einzige historisch bedeutsame Ausnahme dürfte die Jakobinische Septemberverfassung sein, die das Gewaltenteilungsprinzip in diesem Sinn klar verwirklicht. Obwohl sie nie in Kraft trat, bleibt sie für die Ideengeschichte von großer Bedeutung. Vgl. *Gauchet*, La Révolution des Pouvoirs, 7ff.

[37] *I shall undertake in the next place, to show that unless these departments be so far connected and blended, as to give to each a constitutional control over the others, the degree of separation which the maxim requires as essential to a free government, can never in practice, be duly maintained.* Federalist Papers No. 48 (Madison).

[38] Kilbourn v. Thompson, 103 U.S. 168, 191 (1881); Kendall v. United States ex rel. Stokes, 37 U.S. (12 Pet.) 524 (1838).

[39] Ausdrücklich: J. W. Hampton & Co. v. US, 276 U.S. 394 (1928) (Taft, C.J.): »*(A) hermetic sealing-off of the three branches of government from one another could easily frustrate the establishment of a National Government capable of effectively exercising the substantive powers granted to the various branches by the Constitution...*« Myers v. United States, 272 U.S. 52, 291 (Brandeis, J., diss.): »*separation of powers ... did not make each branch ... autonomous*« ... Eine bedeutsame und immer noch einflußreiche relativierende Formulierung in Youngstown Sheet & Tube Co. v. Sawyer 343 U.S. 579, 635 (Jackson, J., conc.): »*While the Constitution diffuses power the better to secure liberty, it also contemplates that practice will integrate the dispersed powers into a workable government. It enjoins upon its branches separateness but interdependence, autonomy but reciprocity.*«

[40] Zunächst BVerfGE 3, 225 (247). Daran anschließend BVerfGE 7, 183 (188); 9, 268 (279f.); 22, 106 (111); 34, 52 (59f.); 95, 1 (15).

[41] So auch *Schmitt*, Verfassungslehre, 186, 189f.

gen[42]. In manchen spielt er für die gerichtliche Argumentation sogar eine entscheidende, über den Verfassungswortlaut hinaus gehende Rolle. So bewertete das Gericht eine Personalunion von Gemeindeverwaltung und Gemeinderat als direkten Verstoß gegen den Gewaltenteilungsgrundsatz[43]. In dieser Argumentation kann der Trennungsgedanke aber auch mit dem Gedanken der wechselseitigen Kontrolle verknüpft werden, indem nur erstere letztere ermöglicht[44].

Im Ergebnis bleibt das Verständnis des Gewaltenteilungsprinzips als Teilungsgebot in seiner Wirkung begrenzt. Es nimmt die in einer Verfassungsordnung vorzufindende Organstruktur auf und stellt Einflußschneisen zwischen diesen Organen unter den normativen Verdacht der Verfassungswidrigkeit. Da es sich bei solchen Einflußstrukturen aber entweder um informelle Kontakte handelt, die verfassungsrechtlich schwer einzufangen sind, oder um solche formellen, die die Verfassung ausdrücklich vorsieht und als Kontrollmechanismen einem anderem Verständnis von Gewaltenteilung dienen, erweist sich der Gehalt des Trennungsgebots als bescheiden. Die Heranziehung spezifischer verfassungsrechtlicher Vorschriften (wie Art. 137 Abs. 1 GG) kann durch den Rückgriff auf das Trennungsgebot unterstrichen werden.

b) *Gewaltenteilung als Verbot organfremder Gewaltenusurpation*

Dem *Verbot der Gewaltenusurpation* zufolge sind bestimmte Organe mit spezifischen Funktionen betraut, die ausschließlich oder jedenfalls grundsätzlich von ihnen erfüllt werden müssen. Die Anmaßung oder Usurpation von Funktionen durch dafür nicht vorgesehene Organe verstößt hiernach gegen das Prinzip der Gewaltenteilung. Ein solches Verständnis von Gewaltenteilung ist theoretisch anspruchsvoller als das zuvor behandelte Trennungsgebot. Es erfordert nämlich nicht nur die Identifikation verschiedener Organe innerhalb der Verfassungsordnung, sondern auch ein regelmäßig im Verfassungstext an zentraler Stelle (Art. 20 Abs. 2 S. 2 GG, art. I, II, III U.S. const.) zwar verwendetes, aber nicht umfassend positiviertes materielles Verständnis der ihnen zugewiesenen Funktionen. Soll sich ein Organ auf eine bestimmte Funktion beschränken, so setzt diese Anordnung die Bestimmung dieser Funktion voraus. Damit entfernt sich ein solches Verständnis weiter von einem auf einzelne Verfassungsnormen beschränkten Gewaltenteilungsverständnis als die Trennungslehre. Trotz dieser Schwierigkeiten spielt das Verbot der Gewaltenusurpation in der deutschen Verfassungsordnung eine mindestens gleichbedeutende, in der amerikanischen eine ungleich bedeutendere Rolle als das Trennungsgebot:

---

[42] BVerfGE 12, 73 (77); 38, 326 (338 f.); 40, 296 (321); 42, 312 (338); 57, 43 (62); 58, 177 (201); 98, 145 (160).

[43] Deutlich in BVerfGE 18, 172 (183): »Mit dem Grundsatz der Gewaltenteilung ist es nicht vereinbar ...« Ähnlich BVerfGE 48, 64 (83).

[44] So BVerfGE 98, 145 (160).

Im deutschen Verfassungsrecht[45] entspricht diese Lesart[46] der Deutung des Gewaltenteilungsprinzips als Kernbereichsgarantie, welche für die Gewalten die zur
Erfüllung ihrer verfassungsmäßigen Aufgaben notwendigen Zuständigkeiten sicherstellt und damit eine bestimmte Funktion einem bestimmten Organ zuordnet[47]. Die Figur des Kernbereichs soll eine flexible Zuordnung von Funktionen
und Organen ermöglichen, die – um im Bild zu bleiben – an den Rändern Abweichungen gestattet. Freilich fehlt es der Theorie wie auch der verfassungsgerichtlichen Praxis an einer systematischen Ausarbeitung des Verhältnisses von Kernbereich zu Rand oder, anders formuliert, von Regel und Ausnahme[48]. Der viel rezipierte[49] Topos des Bundesverfassungsgerichts, die Dreigliederung garantiere eine
»möglichst richtig(e)« Entscheidung »von den Organen (...), die dafür nach ihrer
Organisation, Zusammensetzung Funktion und Verfahrensweise über die besten
Voraussetzungen verfügen«[50] enthält – jenseits einer begrifflichen Unschärfe[51] –
eher eine Problembeschreibung denn ein Lösungsangebot. Dem entspricht die
eher geringe Entscheidungserheblichkeit des Kernbereichstopos. Anwendung
findet er, neben Verwendungen in einzelnen Fällen, namentlich bei der Vermes-
sung außenpolitischer Kompetenzen des Bundestages[52] und im Recht des parla-

---

[45] Grundlegend aus der deutschen rechtswissenschaftlichen Literatur: *Thoma*, Funktionen
der Staatsgewalt, 124ff.; *Küster*, AöR 75 (1949), 401ff. Knapp *Jarass*, Politik und Bürokratie, 4.
Daran anknüpfend *von Danwitz*, Der Staat 35 (1996), 334ff.

[46] Vgl. als Verbot eines Übergewichts einer Gewalt über die anderen: BVerfGE 9, 268 (279f.)
Personalvertretung; 22, 106 (111) Klagebefugnis der Steuerbehörden; 34, 52 (59) Grenzen der
Verordnungsgebung. Weiterhin: BVerfGE 4, 331 (346ff.) zur rechtsprechenden Gewalt mit Blick
auf die Einsetzung von Beschwerdeausschüssen als Verwaltungsgerichten.

[47] Die Kernbereichsformel findet sich namentlich in BVerfGE 9, 268 (280); 34, 52 (59): »Der
Kernbereich der verschiedenen Gewalten ist unveränderbar«; 95, 1 (15). Für einen »Kernbereich
exekutiver Eigenverantwortung« grundlegend BVerfGE 67, 100 (139) zu einem Untersu-
chugsausschuß in Anschluß an *Rupert Scholz*, Parlamentarischer Untersuchungsausschuß und
Steuergeheimnis, AöR 105 (1980), 564 (598). Dort aber eher als eine Mißbrauchsgrenze (»Übermaß«) angelegt. Jedoch verallgemeinernd 68, 1 (86f.); 90, 286 (389): »Eigenbereich«, 95, 1 (16).
Der Ausdruck findet jedoch in BVerfGE 104, 151, einer mit BVerfGE 68, 1 sehr sachverhaltsähn-
lichen Entscheidung, keine Verwendung mehr. Vgl. auch *Ernst-Wolfgang Böckenförde*, Die Organisationsgewalt im Bereich der Regierung, 1964, 78ff. Seltene Kritik an der Kernbereichsdog-
matik bei *Achterberg*, Probleme der Funktionenordnung, 182, 191ff.

[48] Zur Kritik *Heun*, Staatshaushalt und Staatsleitung, 89.

[49] Zustimmend für viele *Hartmut Maurer*, Staatsrecht I, 3. Aufl. 2003, § 12, Rdnr. 4.

[50] Die Richtigkeitsformel findet sich in BVerfGE 68, 1 (86); 95, 1 (15); 98, 218 (251f.). Die dort
angedeutete Bedrohung einer Funktionsanmaßung gerade durch das Parlament steht am Anfang
mehrerer Gewaltenteilungsdoktrinen, so der britischen vor dem Hintergrund des *Long Parliaments* (*Schmitt*, Verfassungslehre, 82f.) und der amerikanischen vor dem Hintergrund der ver-
heerenden Parlamentspraxis in den Einzelstaaten vor der neuen Verfassung (vgl. *Bessette*, Mild
Voice of Reason, 13ff.). Die Warnung vor dem Parlamentsmonismus (BVerfGE 68, 1 (87)) steht
allerdings in der parlamentskritischen deutschen Verfassungstradition. Kritik bei *Hans Christian
Röhl*, Regierungs- und Verwaltungsbefugnisse des Parlaments, Manuskript.

[51] Das kategoriale Nebeneinander von Funktion und Organisation macht den zitierten Satz
zu einer petitio principii.

[52] Vgl. dazu unten, S. 362ff.

mentarischen Untersuchungsausschusses[53]. Bloß gelegentliche Erwähnung findet ein solches Gewaltenteilungsverständnis bei der verfassungsgerichtlichen Überprüfung richterlicher Rechtsfortbildung als möglicher Anmaßung legislativer Gewalt durch die Gerichte[54].

Für das amerikanische Verfassungsrecht spielt die Anmaßung[55] von Funktionen eines Organs durch ein anderes eine bedeutendere Rolle. *Ehmkes* Feststellung: »Es ist eines der interessanten Merkmale der einschlägigen Rechtsprechung des Supreme Court, daß die Berufung auf den Gewaltentrennungs-Grundsatz im wesentlichen nicht in Delegationsfällen erfolgt, sondern in Fällen, die man »Usurpations«- oder »Zuweisungs«-Fälle nennen könnte.«[56] gilt von den Anfängen der Verfassungstheorie[57] und Rechtsprechung bis in ihre jüngste Gegenwart[58]. Zwar hat sich das Usurpationsverbot nicht zu einer ähnlich einheitlich formulierten Figur verdichtet, wie sie mit der Kernbereichslehre für das Grundgesetz vorliegt, doch wird dieses Verständnis für den Supreme Court regelmäßig entscheidungserheblich[59]. So wurden in neuerer Zeit in mehreren Fällen Gesetze unter ausdrücklicher Berufung auf den Grundsatz der Gewaltenteilung aufgehoben, weil sie einer der Gewalten eine Funktion zuordneten, die einer anderen zugedacht sei[60]. Dabei ging es um die Wahrnehmung als genuin exekutiv eingeordneter

---

[53] Zur Figur der parlamentarischen Kontrolle unten, S. 198 ff.
[54] So in BVerfGE 9, 89 (101); 34, 269 (285 f.); 96, 375 (394); NJW 2002, 3635 (3636). Ähnlich BVerfGE 31, 145 (173). Zur Rechtsprechung im Ganzen: *Bodo Pieroth/Tobias Aubel*. Die Rechtsprechung des Bundesverfassungsgericht zu den Grenzen richterlicher Rechtsfortbildung, JZ 2003, 504 (505 ff.).
[55] Die in der Rechtsprechung des Supreme Court und der Literatur verwendeten Begriffe sind: »*encroachment*« und »*aggrandizement.*«
[56] *Horst Ehmke*, Wirtschaft und Verfassung 1961, 491.
[57] Federalists, Nr. 57. Aus der umfassenden Literatur Ansätze, die eine *formelle* Grenzziehung befürworten, die sich aus dem Verfassungstext, insbesondere den ersten drei Artikeln ergibt: *Gary Lawson*, The Rise and the Rise of the Administrative State, Harvard L. Rev. 107 (1994), 1231; *Martin H. Redish*, The Constitution as Political Structure, 1995; *David P. Currie*, The Distribution of Powers after *Bowsher*, Supreme Court Rev. 1986, 19. Für eine *funktionale* Deutung: *Cynthia R. Farina*, Statutory Interpretation and the Balance of Power in the Administrative State, 89 (1989) Columbia L. Rev. 452 (502 ff.); *Thomas W. Merill*, The Constitutional Principle of Separation of Powers, Supreme Court Rev. 1991, 225; *Strauss*, Cornell L. Rev. 72 (1987), 488 ff. Eine Kritik an der Unterscheidung zwischen formellem und funktionalem Verständnis bei: *Magill*, Virginia L. Rev. 86 (2000), 1136 ff.
[58] Als neuester umfassender Überblick *Tribe*, American Constitutional Law, 118 ff.
[59] Aus der frühen Rechtsprechung.: J. W. Hampton, Jr., & CO. v. U.S., 276 U.S. 394, 406 ff. (1928).
[60] Vgl. als bekannteste Fälle aus neuerer Zeit, in denen Organisationsarrangements unter Hinweis auf »*encroachment*« oder »*aggrandizement*« wegen eines Verstoßes gegen »*separation of powers*« aufgehoben wurden: Buckley v. Valeo, 424 U.S. 1, 118 ff., 122 (1976): Besetzung der Federal Election Commission durch die Präsidenten von Repräsentantenhaus und Senat. INS v. Chadha, 462 U.S. 919, 951 (1983): Ausnahmeregelungen beim Vollzug eines Gesetzes durch einen Kongreßausschuß. Bowsher v. Synar, 478 U.S. 714, 721 ff., 750 (1986): Zuordnung einer Exekutivfunktion zu einem vom Kongreß abhängigen Beamten (»*The dangers of congressional usurpation of Executive Branch functions have long been recognized.*«, ebda., 727). Metropolitan

Funktionen durch den Kongreß, um die Anmaßung legislativer Funktionen durch den Präsidenten[61], um eine gesetzlich angeordnete Funktionsanmaßung der Rechtsprechung durch zu weitgehende Zugangsregelungen zu den Gerichten[62] und um die Einrichtung gerichtsähnlicher Strukturen innerhalb der Exekutive zur Ersetzung gerichtlicher Verfahren[63].

Das Verbot der Funktionenusurpation ist in beiden Rechtsordnungen schwierig zu begründen. Wie sich zeigen wird, hängt dies mit den Regelungstechniken beider Verfassungen zusammen, in denen die Unterscheidung dreier Funktionen angelegt, aber nicht ausdefiniert ist[64]. Welche Kriterien sich als haltbar erweisen können, ist aber das eigentliche Problem eines Verständnisses der Gewaltenteilungsdoktrin als Verbot der Gewaltenusurpation.

c) Gewaltenteilung als Gebot wechselseitiger Kontrolle und Balance

Gewaltengliederung läßt sich schließlich auch zu einem Gebot der Einrichtung wechselseitig balancierter Kontrollen verdichten. Der Gedanke der »*checks and balances*«, der nicht zuletzt in der – allerdings vordemokratischen – Tradition der »gemischten Verfassungen« steht[65], unterhält einen doppeldeutigen Zusammenhang zum bereits abgehandelten Verständnis der Gewaltenteilung als Trennungsgebot: Als Gebot einer notwendigen Unterscheidung verschiedener Gewalten ist das Trennungsgebot die systematische Voraussetzung eines Kontrollregimes, das eben nur auf Grundlage des Bestehens unterschiedlicher Organe etabliert werden kann. Auf der anderen Seite schließt ein streng verstandenes Trennungsgebot Kontakte zwischen den Organen dem Grundsatz nach aus. Kontrollen sind aber

---

Washington Airports Authority v. Citizens for the Abatement of Aircraft Noise, 501 U.S. 252, 266ff., 273 (1991): Einsetzung eines mit Kongreßabgeordneten besetzten Board zur Kontrolle der Flughafenbehörde von Washington D.C. (Dieser Fall hat zudem eine föderale Komponente, dazu knapp *Tribe*, American Constitutional Law, 135). Als zentrale Fälle, in denen ein solcher Verstoß abgelehnt wurde: Morrison v. Olson, 487 U.S. 654, 693 (1988): Einsetzung eines »*independent counsel*«, der gegen Kabinettsmitglieder ermitteln soll. Mistretta v. United States, 488 U.S. 361, 382 (1989): Einsetzung einer »*Sentencing Commission*«, die aus Richtern und Verwaltungsangehörigen besteht. Vgl. aus der Rechtsprechung der unteren Bundesgerichte: FEC v. Political Victory Fund 6 F. 3d 821, 827 (D.D.C. 1993); cert. dismissed, 513 U.S. 88 (1994): Aufhebung der nicht stimmberechtigten Teilnahme von Mitarbeitern des Kongresses in Sitzungen der Federal Election Commission. Als klassischer Fall nochmals Youngstown Sheet & Tube v. Sawyer, 343 U.S. 579 (1952).

[61] Clinton v. New York, 524 U.S. 417, 421 (1998). Einzelfall-Veto in Budgetangelegenheiten, dazu unten, S. 197ff.

[62] Der meist diskutierte Fall ist Lujan v. Defenders of Wildlife, 504 U.S. 555 (1992). Vgl. aber bereits Allen v. Wright, 468 U.S. 737, 752 (1984). Sowie neuestens Raines v. Byrd, 521 U.S. 811, 818f. (1997). Die Standardreferenz aus der älteren Rechtsprechung ist Chicago & Grand v. Wellmann, 143 U.S. 339, 345 (1892). Literarische Nachweise und Analyse des erst genannten Falles unten, S. 163ff.

[63] Nachweise unten, S. 95ff.

[64] Zur Regelungstechnik der Verfassungsordnungen sogleich, S. 81f.

[65] Ursprünge bei *Polybius*, Geschichte, 6.4.6–11.

genau dies: institutionalisierte Einflußnahmen zwischen den Organen. Ist der theoretische Fluchtpunkt des Trennungsgebots eine vollständige Autonomie der verschiedenen Organe im Verhältnis zueinander, so widerspricht dies einem Verständnis von Gewaltenteilung als Kontrollregime. Letzteres steht im Gegenteil für eine besonders weitgehende Durchdringung der verschiedenen Gewalten. Der theoretische Fluchtpunkt der Kontrollvorstellung wäre die Aufhebung der Gewaltenunterscheidung. Dagegen verhält sich das Kontrollgebot zum Usurpationsverbot zunächst offen. Ob die Kontrolle anderer Gewalten zu den genuinen Funktionen eines bestimmten Organs gehört, ist ohne weiteres nicht zu bestimmen. Es liegt jedenfalls intuitiv im Verhältnis der Judikative zur Exekutive näher als im Verhältnis der Exekutive zur Legislative, ohne daß diese Intuition rechtsvergleichend allgemeingültig wäre[66] oder eine theoretische Begründung ersetzen kann.

Der Gedanke der Gewaltenkontrolle tritt in der amerikanischen und der deutschen Verfassungsrechtsprechung an charakteristisch unterschiedlichen Orten des Staatsorganisations- und Verwaltungsrechts auf den Plan: Für die amerikanische Verfassungsgeschichte kommt dieses Konzept den verfassungsbegründenden Überlegungen der *Federalists* am nächsten[67]. Diese bauen ihr Modell auf wechselseitiger Hemmung der verschiedenen Organe durch kontrollierende Intervention auf, um damit zugleich der Machtübernahme einer bestimmten gesellschaftlichen Gruppe (*faction*) über den gesamten Staatsapparat vorzubeugen[68]. In der Rechtsprechung des Supreme Court spielt der Gedanke der Kontrolle dagegen eine vergleichsweise bescheidene Rolle: Zwar wird die Formel »*checks and balances*« zur Erfassung der Ordnung im Ganzen häufig angerufen[69]. Sie dient dabei aber auch zur Bezeichnung des bereits untersuchten Usurpationsverbots und wird nicht selbständig aktiviert. Die Kontrollvorstellung wird vielmehr zumeist im Zusammenhang mit der Untersuchung der demokratischen Legitimation einzelner Organe verwendet.

In der Rechtsprechung des Bundesverfassungsgerichts wird das Gewaltenteilungsprinzip häufiger mit dem Gedanken der Kontrolle in Verbindung gebracht und diesem gegenüber der Trennungsvorstellung ausdrücklich der Vorzug gegeben[70]. In entscheidungserheblichen Begründungszusammenhängen schließt das

---

[66] Man denke namentlich an die französische Verfassungstradition, in der die Gewaltenteilung eine bedeutende Rolle spielt, in der aber die gerichtliche Kontrolle der Exekutive zumindest traditionell keinen herausgehobenen Rang einnimmt. Vgl. zu diesem Problem geschichtlich *Gauchet*, La Révolution des Pouvoirs, 123ff. Zum aktuellen französischen Recht *Olivier Duhamel*, Droit Constitutionel, 4. Aufl. 1999, 309ff.

[67] Vgl. nur *Wood*, The Creation of the American Republic, 441ff., 548ff.

[68] *Sunstein*, Stanford L. Rev. 38 (1985/86), 31ff.; *Farber/Frickey*, Law and Public Choice, 12ff.

[69] Vgl. hier nur Zitate aus drei ausgewählten Urteilen: Youngstown Sheet & Tube v. Sawyer, 343 U.S. 579, 594 (Frankfurter, J. conc.), 633 (Douglas, J., conc.) (1952); Buckley v. Valeo, 424 U.S. 1 (122) (per curiam) (1976); Morrison v. Olson, 478 U.S. 654, 693f. (Rehnquist, C.J.) (1988).

[70] Dazu bereits soeben, S. 73ff. Zu dieser Feststellung steht die praktisch vergleichsweise gro-

Gericht vereinzelt aus dem Prinzip auf die Verpflichtung zu einer wirksamen parlamentarischen Kontrolle der Exekutive in Untersuchungsausschüssen[71], aber auch auf die Zulässigkeit anderer Kontrollformen[72]. Umgekehrt dient derselbe Gesichtspunkt aber auch der Begrenzung solcher Kontrollen[73] und nähert sich damit einem Trennungsverständnis der Gewaltenteilung an.

Das Verständnis der Gewaltenteilung als einem balanciertem Kontrollregime schützt den wechselseitigen Austausch zwischen den Organen, der kein notwendiges Übel vor dem Hintergrund einer vermeintlich idealen organisatorischen Trennung der Organe darstellt, sondern dazu dient, den Gedanken der Machtbändigung als einer möglichen Ratio der Gewaltenteilungsdoktrin institutionell zu verwirklichen. Eine Schwäche liegt umgekehrt in der Unklarheit der verwendeten Begriffe von Kontrolle und Balance[74]. Der Begriff der Kontrolle bleibt entweder zu unscharf oder kann, auf rückwirkende Zusammenhänge begrenzt[75], nicht die Gesamtheit der Gewalten erfassen[76]. Der Begriff der Balance definiert das Gesamtsystem der Interorgankompetenzen auf eine metaphorische Weise, die sich schwerlich für eine fallbezogene Konkretisierung eignet.

3. Leistungen und Probleme juristischer Gewaltenteilungsmodelle

Welche Schlüsse folgen aus dieser Bestandsaufnahme? Trotz der verfassungstheoretischen Leistung der tradierten Gewaltenteilungsidee (1.) sind verfassungsrechtliche Anwendungsprobleme zu nennen (2.), die zum anschließenden Entwurf eines legitimationsbezogenen Modells der Gewaltengliederung überleiten können.

ße Bedeutung von Fällen zu Art. 137 Abs. 1 GG in der Gewaltenteilungsrechtsprechung allerdings in einem gewissen Widerspruch.

[71] BVerfGE 49, 70 (85); 77, 1 (42). Im Recht der parlamentarischen Untersuchungsausschüsse werden also sowohl Usurpationsverbot als auch Kontrollgebot verwendet.

[72] BVerfGE 22, 106 (111f.) Kontrolle durch ein Klagerecht eines Behördenleiters gegen eine Behördenentscheidung im Steuerrecht.

[73] BVerfGE 67, 100 (129) parlamentarische Akteneinsichtsrechte unter besonderem Hinweis auf das parlamentarische Regierungssystem werden ebda., 139 unter Hinweis auf den Gewaltenteilungsgrundsatz auf abgeschlossene Vorgänge beschränkt.

[74] Zur Kritik auch *Zimmer*, Funktion – Kompetenz – Legitimation, 55f.

[75] *Krebs*, Kontrollen in staatlichen Entscheidungsprozessen, 16f.: »Vorfindlichkeit des Ist-Wertes«. In der Sache wohl auch *Eberhard Schmidt-Aßmann*, Verwaltungskontrolle in: E. Schmidt-Aßmann/W. Hoffmann-Riem (Hrsg.), Verwaltungskontrolle, 2001, 9 (10); *Voßkuhle*, Rechtsschutz gegen den Richter, 257f. Anders aber *Karl-Ulrich Meyn*, Kontrolle als Verfassungsprinzip, 1982 mit einem auf demokratische Legitimation beschränkten Kontrollbegriff. Ein auf Kontrolle reduziertes Gewaltenteilungskonzept für das Grundgesetz bei *Andreas von Arnauld*, Gewaltenteilung jenseits der Gewaltentrennung. Das gewaltenteilige System in der Bundesrepublik Deutschland, ZfParlR, 2002, 678.

[76] Wenn auch Teilbereiche aller drei Funktionen: *Krebs*, Kontrolle in staatlichen Entscheidungsprozessen, 38ff.

1. Die *verfassungstheoretische* Leistung der Gewaltenteilungsidee ist in ihrer Beschäftigung mit verfahrens- und organisationsbezogenen Problemen zu sehen, die zuvor regelmäßig mit Hinweisen auf materielle Richtigkeits- oder Gerechtigkeitskriterien gelöst wurden. So sind die Gedanken *Lockes*, *Montesquieus* oder der *Federalists* zum Aufbau hoheitlicher Herrschaft moderner, konkreter und namentlich für die Rechtswissenschaft anschlußfähiger als etwa die Theorie des Gesellschaftsvertrags. Die Gewaltenteilungslehre ist eine frühe Form prozeduraler politischer Theorie. Die triadische Struktur des Gewaltenteilungsschemas vermittelt dabei eine anschauliche Systematisierung hoheitlichen Handelns[77], auf die bis in die Gegenwart nicht verzichtet wird und die selbst für hoheitliche Gebilde Anwendung findet, die nicht dem Aufbauschema des Nationalstaats folgen[78].

Alle drei hier untersuchten Konkretisierungsformen des Gewaltenteilungsprinzips halten zudem Einsichten zur Organisationstheorie bereit, die verfassungstheoretisch bewahrenswert sind: Eine ausdifferenzierte hoheitliche Organisation bedarf gewisser Räume der Autonomie für ihre einzelnen Organe, damit diese arbeitsfähig bleiben. Die Aufgabenzuordnung muß sich mit der Organisationsstruktur vereinbaren lassen und darf nicht über deren Möglichkeiten hinausgehen. Zugleich muß die Arbeit jedes Organs sich wirksam an Maßstäben messen lassen, die von den jeweils anderen Organen an dieses herangetragen werden.

2. Doch stiftet das Verhältnis zwischen Gewaltenteilungsprinzip und geschriebenem Verfassungsrecht Unklarheiten, und zwar selbst dann, wenn sich das Prinzip der Gewaltenteilung implizit oder explizit im Verfassungstext findet[79]. Verstanden sich die Gewaltenteilungslehren zunächst als verfassungs*politische* Entwürfe, so ist ihr Anliegen zu seinem größten Teil in den Einzelbestimmungen demokratischer Verfassungstexte der Gegenwart verwirklicht worden. Der eigenständige Bedeutungsgehalt des Prinzips wurde dadurch mehr und mehr zurückgedrängt. Das Gewaltenteilungsprinzip ließ sich zu einem bloß summativen Titel[80], zu einer Paraphrase für die geschriebene Rechtslage relativieren. Besonders für das deutsche Verfassungsrecht, das einen vergleichsweise großen Wert auf eine enge Beziehung zwischen Dogmatik und Verfassungstext legt, ergeben sich hier methodische Probleme. Die Gefahr, daß Normen des positiven Rechts durch einen Ausflug ins Prinzipielle systematisch überspielt werden können, wird deswegen

---

[77] Zur Beschreibung durch Dreierstrukturen in der Philosophie: *Reinhardt Brandt*, D'Artganan und die Urteilstafel, 1998, 14ff. Historisch: *Daniel Dubuisson*, Le roi indo-européen et la synthèse des trois fonctions, Annales 33 (1978), 21; *Georges Dumézil*, L'idéologie tripartie des Indo-Européens, 1967, 18ff.

[78] Vgl. die Nachweise zu EU, ILO und WTO unten, S. 253ff.

[79] Ein impliziter Hinweis ist fast unvermeidlich in allen westlichen Verfassungsstaaten durch die Aufzählung dreier Organe gegeben.

[80] Vgl. oben, S. 2ff.

in der deutschen[81], aber auch in der amerikanischen Verfassungsordnung wahrgenommen[82]. So wirkt der Rückgriff auf den Grundsatz nicht selten entweder methodisch anfechtbar oder dogmatisch überflüssig. Er droht, den Zusammenhang
zwischen juristischer Begründung und Verfassungstext zu lockern. Allerdings
läßt sich dieser Einwand auch umkehren. Müssen verfassungsgerichtliche Fälle
entschieden werden, so kann der Verfassungstext ohne ausreichende Hinweise
für die Lösung des Falles sein, ohne daß deswegen deutlich würde, nach welcher
Regel die Fälle entschieden werden sollten[83]. Der Verweis auf eine geschriebene
Norm zur Begründung einer Entscheidung kann in solchen Fällen methodisch
noch anfechtbarer sein als die Suche nach einem hinter dem Verfassungstext systematisch erkennbaren Rechtsgrundsatz[84]. Der Verzicht auf systematische Argumente jenseits des reinen Textbezugs ist daher in keiner Rechtsordnung ein un-
anfechtbares Instrument[85]. Besondere Schwierigkeiten im Verhältnis zwischen
Gewaltenteilungsprinzip und Verfassungstext – auch im Vergleich zu anderen systematischen Argumenten – ergeben sich aus der soeben festgestellten *Bedeutungsvielfalt*. Die Entfaltung der drei Bedeutungsebenen unterstrich diese
Schwierigkeit. Teilungsgebot, Usurpationsverbot und Kontrollgebot müssen
sich im konkreten Fall nicht widersprechen, können es aber und tun es auch in der
untersuchten Fallpraxis. Auch für den rechtswissenschaftlichen Fallbezug[86] stellt
sich daher die Notwendigkeit einer anderen theoretischen Grundierung der verschiedenen Bedeutungen, jedenfalls wenn die Bedeutungsvielfalt nicht aufgegeben, sondern aufgehoben werden soll.

---

[81] *Dirk Ehlers*, Verfassungsrechtliche Fragen der Richterwahl, 1998, 30ff. (unter Verwendung
der Regel-/Prinzipienunterscheidung). Vgl. auch BVerfGE 68, 1 (112), abw. Mein. Mahrenholtz,
der darauf hinweist, daß das Gewaltenteilungsprinzip nicht zur Auslegung von Art. 59 II GG herangezogen werden dürfe, weil diese Norm ihrerseits Ausdruck des Gewaltenteilungsprinzips
sei.

[82] Dies ist ein durchgehendes Thema in *Laurence H. Tribe*, Constitutional Choices, 1985, insbes. 47ff.

[83] Miteinander vermittelt werden Gewaltenteilungsargumente und Textbezug im amerikanischen Recht gelegentlich durch Vermutungsregeln, die durch das Gesetz nur *ausdrücklich* überspielt werden dürfen. Beispiele für derartige Eindeutigkeitserfordernisse »(*clear statement rules*«) aus der amerikanischen Rechtsprechung bei *Tribe*, Constitutional Law, 549ff. *William Eskridge Jr./Philip P. Frickey*, Quasi-Constitutional Law: Clear Statement Rules as Constitutional
Lawmaking, Vanderbilt L. Rev. 45 (1992), 593. Freilich findet sich keine systematische Struktur
dazu, wann solche Regeln gelten sollen.

[84] Zur Notwendigkeit systematischer (*structural*), im Gegensatz zu textbezogenen Argumenten in der Gewaltenteilungsdoktrin: *Tribe*, Constitutional Law, 130. In diesem Sinn etwa die An-
führung des Gewaltenteilungsprinzips als Argument in Clinton v. New York, 524 U.S. 417
(1998), (Scalia, J., diss; Breyer, J., diss.) gegen die Mehrheitsmeinung, die sich auf den Text von art.
I, sec. 7, cl. 2. U.S. const. beruft.

[85] Zum Verhältnis der wörtlichen zu anderen Auslegungsformen: *Martin Kriele*, Theorie der
Rechtsgewinnung, 2. Aufl. 1976, 85ff.

[86] N. Forgò/B. Feldner (Hrsg.), Norm und Entscheidung. Prolegomena zu einer Theorie des
Falls, 2000.

Die Bedeutungsvielfalt des Prinzips hängt auch mit der Ungewißheit darüber zusammen, welchem Zweck es dient. Der unaufgearbeitete Widerspruch zwischen Gewaltenbändigung und Gewalteneffektuierung, auf den oben eingegangen wurde[87], findet sich in der verfassungsrechtlichen Praxis wieder. Das Fehlen einer ausgearbeiteten Anknüpfung der Gewaltenteilungslehren an ein Modell der Legitimation hoheitlichen Handelns macht sich bemerkbar und führt zu einem bloß topischen, systematisch nicht nachvollziehbaren Umgang mit dem Prinzip. Dem Ansatz dieser Untersuchung folgend, wird es darum gehen, Gewaltenteilungsdoktrin und Legitimationstheorie auf eine juristisch verwertbare Art miteinander zu verknüpfen. Eine solche Verknüpfung wird es ermöglichen, juristische Argumente, die mit der Gewaltengliederung operieren, angemessen konkret und rechtsformorientiert zu halten.

II. Neuansatz: Gewaltengliederung in Selbstbestimmung

Schon das klassische Modell der Gewaltenteilung beschränkte sich nicht auf ein schlichtes dreiteiliges Herrschaftsmodell, sondern ordnete bestimmte, zunächst abstrakt ermittelte Gewalten oder Funktionen bestimmten Organen zu. Eine Weiterentwicklung dieses Modells kann also an zwei Seiten ansetzen: bei den Funktionen oder bei den Organen. Dafür, die Funktionen als Ausgangspunkt zu wählen, sprechen sowohl die Regelungstechnik der beiden untersuchten Verfassungsordnungen als auch die größere Flexibilität in Hinsicht auf eine übergreifende Anwendung des Modells (1.). Deswegen ist der bisher nur intuitiv eingeführte Begriff der »Gewalt« oder »Funktion« genauer zu bestimmen (2.). Dies gestattet es schließlich, an das in der Grundlegung entwickelte Legitimationsmodell anzuschließen und legitimationsbezogene Kriterien der drei Gewalten herzuleiten (3.).

1. Regelungstechnischer Ausgangspunkt

Das Grundgesetz und die amerikanischen Verfassung ordnen das Verhältnis zwischen Organ und Gewalt mit sehr ähnlichen und deswegen gut vergleichbaren Regelungstechniken: Art. 20 Abs. 2 S. 2 GG präsentiert die Trias der gesetzgebenden, vollziehenden und rechtsprechenden Gewalt, durch die der Staat seine Hoheitsgewalt ausübt und verweist an dieser Stelle nur pauschal auf die dafür zuständigen Organe. Ähnlich setzen die art. I, II, III U.S. const. die Kategorien der *legislative, executive* und *judicial power* voraus und weisen diese jeweils dem Kongreß, dem Präsidenten und den Bundesgerichten zu. In beiden Verfassungen werden die Gewalten nicht weiter definiert. Vielmehr setzen die Verfassunggeber die

---

[87] Vgl. soeben, S. 68 ff.

Bedeutung des Ausdrucks voraus – wohl auch wegen der allgemein bekannten Geschichte der Gewaltenteilungsidee.

Diese Regelungstechnik legt es nahe, für ein Modell der Gewaltengliederung bei den Gewalten (synonym: Funktionen), nicht bei den Organen anzusetzen. Denn die Zurechnung zu einem Organ ist als solche in der Regel kein Problem. Das amerikanische Verfassungsrecht kennt gar keinen abstrakten Begriff des Organs im Sinne eines »Zuständigkeitskomplexes«[88], sondern benennt nur die konkreten Institutionen, etwa den Präsidenten, dem die Ausübung einer Gewalt übertragen ist. Auch für das Grundgesetz wird der Organbegriff jedenfalls für das Verständnis von Art. 20 Abs. 2 S. 2 GG kaum zum Problem. Die zuständigen Organe wie Bundestag und Bundesregierung werden ausdrücklich benannt. Ein System der Gewaltengliederung, das offene Fragen beantworten soll, hat daher bei den Gewalten, bzw. Funktionen anzusetzen.

Dieser Ansatzpunkt erscheint auch deswegen vielversprechend, weil das Modell der Gewaltengliederung auch für Hoheitsträger jenseits des Nationalstaats Verwendung finden soll. Mit Blick auf die Internationalisierung des Rechts kann ein größerer organisatorischer Formenreichtum nicht von vornherein ausgeschlossen werden, der aber eine Orientierung an bestimmten Organen verbietet. So verfügt die EU über eine legislative Funktion[89], die nicht notwendig an eine parlamentsförmige Organisation gebunden ist. Der Ansatz bei Funktionen wird schließlich auch durch die Methode der Untersuchung nahegelegt. Geht es der Gewaltengliederung um die stimmige Vermittlung der in der Grundlegung herausgearbeiteten Legitimationsmodi, so ist diese systematisch nur aus der *Funktionen*trias heraus zu entwickeln, an die dann ihrerseits Überlegungen zur Organisationsform anknüpfen können. Die Funktionen Rechtsetzung, Rechtsanwendung und Rechtsprechung werden sich im folgenden als *Typen der Legitimationsbewältigung* erweisen, denen bestimmte Organe mit spezifischen organisatorischen Eigenschaften zugeordnet werden können.

2. »Gewalt«: zur Bedeutung des Begriffs

a) Gewaltausübung als Erzeugung von Rechtsfolgen

Was wird mit dem Begriff der »Funktion«, oder klassisch: der »Gewalt«, in den Lehren der Gewaltenteilung bezeichnet? Die klassische Antwort hatte gelautet: hoheitliche Macht[90]. Doch geht es – trotz mancher im Ursprung der Theorie an-

---

[88] Diese Definition bei *Hans J. Wolff*, Organschaft und juristische Person, Band 2 Theorie der Vertretung, 1934, 236. Vgl. auch *Hans Kelsen*, Hauptprobleme der Staatsrechtslehre, 2. Aufl. 1923, 450ff., sowie als neueren Beitrag: *Friedrich E. Schnapp*, Zu Dogmatik und Funktion des staatlichen Organisationsrechts 8 (1978), 275.
[89] Dazu unten, S. 253ff.
[90] Eingehend *Fenske*, Art. Gewaltenteilung, Sp. 923ff.

gelegter[91] theoretischer Abweichungen[92] – bei einer rechtswissenschaftlichen Theorie der Gewaltenteilung modernerer Provenienz nicht mehr um jegliche Form gesellschaftlicher Macht. Einflußreiche Presseorgane oder mächtige Monopolisten mögen Fragen der Privatwirkung der Meinungsfreiheit oder des Wettbewerbsrechts aufwerfen. Sie lassen sich aber nur schwer in die Systematik der Gewaltengliederung in den hier untersuchten Rechtsordnungen einordnen. Nicht jede Form von Machtausübung ist Regelungsgegenstand des Verfassungsrechts der Gewaltengliederung[93]. Der Regelungsgehalt der Gewaltenteilungslehren beschränkt sich vielmehr auf die jeweiligen Hoheitsträger. Dies zeigt sich deutlich an den Formulierungen in der amerikanischen Verfassung und im Grundgesetz, die ausdrücklich auf diese Bezug nehmen.

Das spezifische, als Erkennungsmerkmal taugende Privileg von Hoheitsträgern besteht aber nicht in der Ausübung gesellschaftlicher Macht oder physischer Gewalt, noch nicht einmal im Innehaben der höchsten gesellschaftlichen Macht[94], sondern in der *einseitigen Erzeugung von Recht*[95]. Deutlich wird dies durch einen

---

[91] Namentlich in der Lehre von den *pouvoirs intermédiares*.

[92] Gerade in der deutschen Literatur findet sich nicht selten der Versuch, die gesamte Gesellschaft mit der Lehre von der Gewaltenteilung zu erfassen. Dies führt schon deswegen nicht weiter, weil es die von den Verfassungen regelmäßig verwendete Unterscheidung zwischen hoheitlichem und freiheitlichem Handeln verwischt, ohne Alternativen anzubieten. Die verfassungsrechtliche Debatte um die »Macht der Verbände« ist dafür beispielhaft. Nachweise und Kritik bei *Rudolf Steinberg*, Staatstheorie und Interessenverbände, 1971, 145 ff. Beispiele: *Jürgen Becker*, Gewaltenteilung im Gruppenstaat, 1986, 177 ff.; *Werner Weber*, Die Teilung der Gewalten als Gegenwartsproblem, FS C. Schmitt, 1959, 253. Differenzierend wohl auch *Di Fabio*, Gewaltenteilung, Rdnr. 14 ff. Ähnlich im Ansatz: *Werner Kägi*, Von der klassischen Dreiteilung zur umfassenden Gewaltenteilung, FS H. Huber 1961, 151. Das Problem könnte in einem für das deutsche Verfassungsrecht typischen Verfassungsbegriff liegen, der die gesamte Gesellschaft einbezieht. Darstellung und Kritik bei *Wilhelm Hennis*, Verfassung und Verfassungswirklichkeit: ein deutsches Problem, 1968. Entsprechend der hier vertretenen Beschränkung auf hoheitliches Handeln argumentiert die Ablehnung einer »publizistischen« Gewaltenteilung aus der Rundfunkfreiheit von Presseunternehmen in BVerfGE 73, 118 (175); 83, 238 (304). Zu einer gesellschaftsübergreifenden Konzeption von Gewaltenteilung mit Blick auf das Verhältnis zwischen Wissenschaft und Politik: *Latour*, Politiques de la nature, 135 ff. In BVerfGE 44, 125 (145) wird auch das Gewaltenteilungsprinzip dazu verwendet, Einwirkungen der Regierung auf die Öffentlichkeit zu begrenzen.

[93] Mit Blick auf informales Handeln ergänzend: *Helmuth Schulze-Fielitz*, Der informale Verfassungsstaat, 1984, 69 ff.

[94] Zu den damit verbundenen Problemen der Beibehaltung oder Überwindung innerer Souveränität als Ausdruck von Hoheitlich- oder Staatlichkeit: *Di Fabio*, Das Recht offener Staaten, 122 ff.

[95] *Michel Troper*, Le monopole de la contrainte légitime – Légitimité et legalité dans l'Etat moderne, FS Winkler, 1997, 1195. Daß dies nur plausibel funktionieren kann, wenn Rechtspflichten auch eine realistische »Chance auf Durchsetzung« (so die bekannte Formulierung bei *Weber*, Wirtschaft und Gesellschaft, 26) haben, kann mit dem Begriff des staatlichen Gewaltmonopols bezeichnet werden. Das bedeutet jedoch nicht, daß die Ausübung von Gewalt dem Staat spezifisch ist. Es gibt auch nicht-staatliche Gewalt. Spezifisch ist Hoheitsträgern vielmehr die Entscheidung über Rechtswidrigkeit oder Rechtmäßigkeit gesellschaftlichen Handelns: *Troper*, ebda., 1201 ff. Daran anschließend *Möllers*, Staat als Argument, 275 ff.

Blick auf supra- und internationale Organisationen, denen es an einem eigenen Vollzugsapparat, damit aber auch an der Möglichkeit der physischen Gewaltausübung fehlt[96]. Dieser Umstand macht aber das Anliegen der Gewaltengliederung für übernationale Hoheitsträger keineswegs obsolet – eben weil es sich nicht auf die Ausübung von Gewalt, sondern auf die Erzeugung von Recht bezieht[97].

Mit der Verwendung eines einheitlichen Begriffs von Rechtserzeugung wird das Handeln aller »Gewalten«, auch judikatives und exekutives Handeln umfasst: Auch Gerichtsurteile und Verwaltungsakte erzeugen Recht. Diese Einsicht verdankt die deutsche Rechtstheorie der Wiener Rechtstheoretischen Schule[98], sie findet sich aber für die Verwaltung schon etwas früher bei *Erich Kaufmann* deutlich formuliert[99]. Der vom *Common Law* geprägten amerikanischen Rechtsordnung ist die entsprechende Erkenntnis seit dem *Legal Realism* nicht neu[100].

Mit einem einheitlichen Begriff der Rechtserzeugung sollen die unterschiedlichen Aufgaben, Verfahrenstechniken und Organisationsstrukturen, die den drei Gewalten zuzuordnen sind, nicht nivelliert werden. Der Begriff richtet sich nur gegen die Vorstellung, der Beitrag eines Gerichts, das ein Urteil fällt, oder einer Behörde, die ein Verbot ausspricht, beschränke sich auf die bloße »Findung« oder »Anwendung« von bereits zuvor existierendem, durch den Inhalt des Gesetzes abschließend determiniertem Recht[101]. So sehr das hinter der letztgenannten These stehende Bedürfnis, die Rechts- und Gesetzesbindung der zweiten und der

---

[96]   Für die Konsequenzen mit Blick auf Vollzugsprobleme anhand verschiedener völkerrechtlicher Regime *Abram Chayes/Antonia H. Chayes*, The New Sovereignty, 1995, 1 ff. Für die EU: *Armin von Bogdandy*, Supranationaler Föderalismus als Wirklichkeit und Idee einer neuen Herrschaftsform, 1999, 35 ff.

[97]   Diese Einsicht ergibt sich auch aus der Annahme einer Macht konstituierenden Aufgabe der grundgesetzlichen, also rechtlichen Funktionenordnung: *Hesse*, Grundzüge des Verfassungsrechts, Rdnr. 482; *Schmidt-Aßmann*, Rechtsstaat, 1. Aufl., Rdnr. 50.

[98]   Vgl. nur *Kelsen*, Allgemeine Staatslehre, 229 ff.; *ders.*, Die Lehre von den drei Gewalten oder Funktionen des Staates, Kant-Festschrift, 1924, 214 (215 ff.). Zur Stufenbaulehre grundlegend *Adolf Merkl*, Die Lehre von der Rechtskraft entwickelt aus dem Rechtsbegriff, 1923, 81 ff.; *ders.*, Prolegomena einer Theorie des rechtlichen Stufenbaus, in: A. Verdross, (Hrsg.), Gesellschaft, Staat und Recht, Untersuchungen zur Reinen Rechtslehre, 1931, 252 (285 f.). Zur Erläuterung im vorliegenden Zusammenhang *Achterberg*, Probleme der Funktionenordnung, 34 ff. In der Sache auch *Zimmer*, Funktion – Kompetenz – Legitimation, 348 f. Eine allerdings nur mit Metaphern arbeitende Kritik an diesem Modell bei *Horn*, AöR 127 (2002), 444 ff.

[99]   *Erich Kaufmann*, Artikel: Verwaltung, Verwaltungsrecht, in: M. Fleischmann (Hrsg.), Wörterbuch des Deutschen Staats- und Verwaltungsrechts, Dritter Band, 1914, 688 (696).

[100]   *Duxbury*, Patterns of American Jurisprudence, 32 ff.

[101]   Eine Rezeption der Wiener Schule im hier vorgetragenen Sinne bei *Jestaedt*, Grundrechtsentfaltung im Gesetz, 279 ff. Eine Kritik an der Idee der bloßen »Rechtsfindung« durch Gerichte ist auch in der amerikanischen Rechtstheorie verbreitet und richtet sich gegen die Annahme eines bereits fertig existierenden naturrechtlich fundierten Common Law. Grundlegend Erie v. Tompkins, 304 U.S. 64 (1938) in der Ablehnung eines Federal Common Law. Zum historischen Kontext dieser Entscheidung: *Edward A. Purcell*, Brandeis and the Progressive Constitution: Erie, the Judicial Power, and the Politics of the Federal Courts in Twentieth-Century America, 2000. Zur systematischen Bedeutung der Entscheidung: *Lawrence Lessig*, The Erie-Effects of Volume 110: An Essay on Context in Constitutional Theory; Harvard Law Review 110 (1997), 1785.

dritten Gewalt sicherzustellen, verständlich bleibt[102], so sehr ist vor einer Verwechslung von rechtstheoretischer Beschreibung der Rechtserzeugung und rechtsmethodischem Problem der Gesetzesbindung zu warnen. Die Frage, wie eine Norm *lege artis* auszulegen ist, bleibt von der Tatsache, daß diese Auslegung eine Form der Erzeugung neuer Normativität darstellt, unberührt[103]. Legislativen, exekutiven und judikativen Akten ist vielmehr gemeinsam, daß sie die Rechtsordnung, auf die sie sich zurückführen, durch verschiedene Formen der Konkretisierung[104] weiterentwickeln und verändern.

Recht, dessen Erzeugung als Ausübung einer »Gewalt« der Gewaltengliederung unterfällt, kann auch durch sogenanntes informales Handeln der Hoheitsträger[105] entstehen[106]. Eine Information der Verwaltung kann ohne Rechtsform Rechtsfolgen, etwa eine Grundrechtsbeschänkung, bewirken. Davon zu unterscheiden sind informale Wirkungen hoheitlichen Handelns, die keine unmittelbaren Rechtswirkungen erzeugen. Das Gespräch zweier parlamentarischer Fraktionsvorsitzender kann folgenreich für die Rechtsordnung sein, ohne Recht zu erzeugen. Aber auch diese letztgenannten Wirkungen können aus einer juristischen Untersuchung der Gewaltengliederung nicht völlig ausgeklammert werden. Denn die Bewahrung informaler, ungeregelter Techniken der Meinungsbeeinflussung und Meinungsbildung ist für die Gewaltengliederung von Bedeutung. So kann der durch die Gewaltengliederung sicherzustellende Schutz demokratischer Entscheidungsfindung, wie sich zeigen wird[107], im Ergebnis als Argument gegen die Verrechtlichung bestimmter Verfahren sprechen.

Die Rechtserzeugungsfunktion als Oberbegriff der drei Gewalten zu bestimmen, ist nicht allein rechtstheoretisch geboten. Diese Begriffswahl ist auch hilf-

---

[102] Vgl. als methodisch reflektierte Aufarbeitungen: *Ralph Christensen*, Was heißt Gesetzesbindung?, 1989, 182ff.; *Otto Depenheuer*, Der Wortlaut als Grenze, 1988, 9ff.

[103] *Jestaedt*, Grundrechtsentfaltung im Gesetz, 329ff., 332ff.

[104] Zur Verfassungskonkretisierung *Hesse*, Grundzüge des Verfassungsrechts, Rdnr. 60ff.; *Christian Seiler*, Auslegung als Normkonkretisierung, 2000, 38ff.

[105] Vgl. zur verwaltungswissenschaftlichen Unterscheidung: *Niklas Luhmann*, Funktionen und Folgen formaler Organisation, 4. Aufl. 1995, 29ff. Entsprechend die Unterscheidung bei *Simon*, Administrative Behavior, 180ff. zwischen *influence* und *authority*. Mit Informalität werden in den beiden Rechtsordnungen nicht immer identische Phänomene bezeichnet. Die deutsche Diskussion fokussiert sich stark auf nicht rechtsförmiges Handeln von Verwaltungen. Dazu *Arthur Benz*, Kooperative Verwaltung, 1994. Die amerikanische Diskussion kreist um die Entstehung von Normen ohne staatlichen Eingriff: *Stewart Macaulay*, Non-contractual Relations in Business: A Preliminary Study, American Sociological Review 28 (1963), 55; *Sally Falk Moore*, The Semi-Autonomous Social Field as an Appropriate Subject of Study, Law & Society Rev. 7 (1973), 719. Vgl. auch *Vilhelm Aubert*, Some Social Functions of Legislation, Acta Sociologica, 10 (1967), 98. Zum sogenannten *informal rulemaking*, das nur eine spezielle *Form* administrativer Rechtsetzung bezeichnet, unten, § 4, III., 2.

[106] Dazu für das deutsche Recht *Martin Schulte*, Schlichtes Verwaltungshandeln, 1995, 28ff. Für das amerikanische Recht methodisch *Richard F. Pildes*, Forms of Formalism, U. o. Chicago L. Rev. 66 (1997), 607 (608f.).

[107] Vgl. S. 112ff.; 189ff.

reich, um hier interessierende Verschiebungen zwischen den Gewalten zu kennzeichnen. Für Phänomene wie administrative Normsetzung oder Gerichtstätigkeit durch Parlamente muß neben den Unterschieden zum klassischen Gewaltenteilungsschema auch eine Gemeinsamkeit, eine Einheit[108], bezeichnet werden können. Nur diese ermöglicht es, die Gesamtheit der Rechtserzeugung einem Hoheitsträger zuzurechnen und damit das Handeln dieses Hoheitsträgers von demjenigen anderer Hoheitsträger oder Privater zu unterscheiden – eine Unterscheidung, an die ihrerseits regelmäßig Rechtsfolgen geknüpft sind.

b) Primat und Grenzen der formellen Bestimmung der drei Gewalten

Die drei Gewalten üben ihre »Gewalt« durch die Erzeugung von Recht aus. Die Eigenschaften des erzeugten Rechts müssen demnach auch die Unterschiede zwischen den Gewalten begründen. Die verfassungsrechtliche Anordnung einer gegliederten Ordnung der Gewalten ordnet bestimmte Arten der Rechtserzeugung bestimmten Organen zu.

Für die in den Verfassungen angelegte Unterscheidung zwischen drei Gewalten und den zuständigen Organen ergibt sich hier ein regelungstechnisches Problem: Der Hinweis auf das *Organ*, dem ein Rechtsakt zuzurechnen ist, oder auf die Rechtsform[109], in der dieser ergeht, kann als eine Eigenschaft des Rechts selbst verstanden und zur Bestimmung der Gewalt verwendet werden. Konkret: Ein Akt wird als legislativer Akt bestimmt, weil er dem Parlament zugerechnet wird. Oder: Definiert das positive Recht einen Akt als Gesetz, so kann er deswegen als Legislativakt verstanden werden. Beide positiv-rechtlichen Zurechnungsformen können zueinander in Konkurrenz treten oder sich überschneiden: Handeln des Parlaments ist in der Regel legislativ, Handeln in Gesetzesform ist in der Regel legislativ. Handeln eines Gerichts ist in der Regel judikativ, Handeln in Urteilsform ist in der Regel judikativ. In der deutschen Rechtsordnung begründet die Rechtsform eine vergleichsweise stärkere Vermutung zugunsten einer Funktion als die Zurechnung zu einem Organ: Die Aufforderung durch eine Richterin, den Sitzungssaal zu verlassen[110], und die Aufhebung der Immunität eines Abgeordneten

---

[108] Neuere Untersuchungen zur nur in der deutschen Tradition bekannten Frage der »Einheit der Rechtsordnung« äußern sich seltsamerweise kaum zur Gewaltenteilung. Vgl. die Fehlanzeige bei *Manfred Baldus*, Einheit der Rechtsordnung, 1995. Zu einem Spezialproblem *Dagmar Felix*, Einheit der Rechtsordnung, 1998, 344ff. Vgl. dagegen die Überlegungen mit gegenteiligen Akzenten bei *Kelsen*, Allgemeine Staatslehre, 229f.; *Carl Schmitt*, Legalität und Legitimität (1932), in: Verfassungsrechtliche Aufsätze, 1958, 263 (312).

[109] Zur Unterscheidung zwischen Rechts- und Handlungsformen: *Hans Christian Röhl*, Verwaltung und Privatrecht – Verwaltungsprivatrecht?, VerwArch 86 (1995), 531 (534); *Fritz Ossenbühl*, Die Handlungsformen der Verwaltung, JuS 1979, 681; *Eberhard Schmidt-Aßmann*, Die Lehre von den Rechtsformen des Verwaltungshandelns, DVBL. 1989, 533.

[110] § 176 GVG »Sitzungspolizei«.

durch den Bundestag[111] haben auf den ersten Blick exekutiven Charakter. Doch kann diese formale Zuordnungsleistung keinen Anspruch auf Allgemeingültigkeit für vergleichbare Rechtsordnungen erheben, sei es, weil eine Rechtsordnung – wie die amerikanische – Rechtsformen als dogmatisches Konzept nicht in der gleichen Form kennt[112], sei es, weil sich den Handlungsformen – wie im europäischen Gemeinschaftsrecht – keine Zuordnung zu einem bestimmten Organ entnehmen läßt[113].

Ein legitimationsbezogenes Modell der drei Gewalten, wie es hier erarbeitet werden soll, beschränkt sich nicht auf die im positiven Recht ausdrücklich statuierte Definition einer Funktion durch Zurechnung zu einem Organ oder durch Definition einer Rechtsform, sondern entwickelt *darüber hinausgehende Kriterien der Funktionsbestimmung*. Dabei ist es methodisch entscheidend, das Verhältnis von organ- und rechtsformbezogenen Kriterien zu einer darüber hinausgehenden Funktionsbestimmung zu klären: Die Zuordnung eines Akts zu einem Organ kann das rechtlich entscheidende Kriterium darstellen, um diesen Akt auch einer bestimmten Gewalt zuzurechnen. Doch kann diese Zuordnung durch andere Eigenschaften der Rechtserzeugung problematisch werden. Dieser etwas unhandliche Zusammenhang läßt sich einfach anhand der deutschen Lehre vom doppelten Gesetzesbegriff veranschaulichen. Der formelle Gesetzesbegriff bestimmt das Gesetz als die im Verfassungsrecht so bezeichnete, dem Parlament zuzurechnende Rechtsform – entscheidend für die Erkennbarkeit des Gesetzes ist also ein parlamentarisches Verfahren, das die Verfassung der Gesetzesform zuordnet[114]. Im formellen Gesetzesbegriff fallen also Funktion und organbezogene Handlungsform derart zusammen, daß sich die Funktion am Handeln des Organs in einem bestimmten Verfahren erkennen läßt. Der normative Grund dieser Zuordnung sind Normen des positiven Rechts. Doch stellt sich die Frage nach übergreifenden Kriterien der Funktionsbestimmung, wenn verfassungsrechtliche

---

[111] Art. 46 Abs. 2 GG.

[112] Ausdrücklich anders *Josef Ruthig*, Verhandlungslösungen im Verwaltungsrecht der Vereinigten Staaten, in: E. Riedel (Hrsg.), Die Bedeutung von Verhandlungslösungen im Verwaltungsverfahren, 2002, 152 (155) Vgl. auch die irreführende Übernahme der deutschen Terminologie bei *Marcus Schladebach/Sabrina Schönrock*, Grundstrukturen des Verwaltungsrechts der USA, VerwArch. 93 (2002), 100 (114, 117). Die Unterscheidung zwischen *adjudication* und *rulemaking*, Legaldefinitionen in 5 U.S.C. § 551 (5)–(7), auf die in diesem Zusammenhang hingewiesen wird, ist aber eine materielle Unterscheidung, der gerade keine Handlungsform zugeordnet ist, andernfalls wäre auch der materielle Gesetzesbegriff eine Handlungsform. Zudem unterscheidet der Begriff der adjudication gerade nicht zwischen judikativem und exekutivem Handeln. Entsprechend findet sich in der amerikanischen Rechtsprache auch gar kein Ausdruck für Handlungsform. Zum Begriff des Gesetzes im Verfassungsrecht der Vereinigten Staaten: *Lepsius*, Verwaltungsrecht unter dem Common Law, 128ff. Zur Unterscheidung nochmals unten, S. 117ff.

[113] Dazu *Jürgen Bast*, Handlungsformen, in: A. v. Bogdandy (Hrsg.), Europäisches Verfassungsrecht, 2003, 479 (499f.), eingehender unten, S. 257ff.

[114] Deutlich herausgearbeitet bei *Hermann Heller*, Der Begriff des Gesetzes in der Reichsverfassung, VVDStRL 4 (1928), 98.

Probleme mit dem Verweis auf die Form nicht mehr befriedigend zu lösen sind und der Verfassungstext keine spezifischen Antworten bereithält. Das gilt beispielsweise für Delegationen im amerikanischen oder für Einzelfallgesetze im deutschen Verfassungsrecht[115]. Dringlich ist dieses Problem in der später zu behandelnden europäischen Rechtsordnung, in der den im EGV vorgesehenen Rechtsformen noch nicht einmal bestimmte Organe zugewiesen sind. Die entscheidende Aufgabe eines Modells der Gewaltengliederung liegt deswegen darin, eine Systematik für solche Fälle zu konstruieren, in denen die Zurechnung zu einer Funktion qua Organ oder Handlungsform verfassungsrechtlich nicht gelingt.

Die drei Gewalten oder Funktionen bezeichnen demnach unterschiedliche Formen von erzeugtem Recht, unterschiedliche Eigenschaften rechtswirksamer Entscheidungen. Die Gewaltengliederung stiftet einen *wechselseitigen Zuordnungszusammenhang* zwischen Rechtserzeugungsfunktionen und bestimmten Organisations- und Verfahrensformen, die sich in Organen verdichten. Die Rechtsordnung bestimmt die Funktionen über die Zuordnung eines Rechtserzeugungsvorgangs, über die Zurechnung zu einem Organ oder zu einer Rechtsform, aber diese Zuordnung ist nicht vollständig. Eine legitimationsbezogene Theorie der Funktionen hat sie systematisch zu ergänzen.

3. Legitimationsbezogene Kriterien der Gewaltengliederung

In der Grundlegung war die Idee der Selbstbestimmung verfassungsvergleichend herzuleiten[116] und mit Hilfe des Begriffs der Legitimation rechtswissenschaftlich zuzuspitzen[117]. Individuelle und demokratische Legitimation wurden als elementare Legitimationsmodi entwickelt. Da die betrachteten Verfassungsordnungen keinen Vorrang eines Legitimationsmodus vor dem anderen vorsehen[118], muß das Verhältnis zwischen beiden durch Verfahrens- und Organisationsregeln geordnet werden. Hier liegt die Aufgabe der Gewaltengliederung. Verfassungstheoretisch kann Gewaltengliederung somit durchaus als Balance verstanden werden, nur müssen die Gewichte dieser Balance – individuelle und demokratische Selbstbestimmung – bezeichnet und mit institutionellen Konsequenzen versehen werden, damit der Ausdruck mehr Bedeutung gewinnt als eine bloße Metapher. Die oben entwickelten Legitimationsmodi sind also mit der Gewaltenunterscheidung systematisch zu verknüpfen. Für die Möglichkeit einer solchen Verknüpfung von Funktion und Legitimation spricht methodisch, daß Legitimationsgesichtspunkte, wie dargestellt, keine außerrechtlichen Maßstäbe an das Verständnis einer Rechtsordnung herantragen. Legitimationsstrukturen als »Theorie mit Geltungsgrund« ergeben sich vielmehr aus der Ausgestaltung von

---

[115] Dazu auch unten, S. 105 ff.
[116] Oben, S. 28 ff.
[117] Oben, S. 40 ff.
[118] Oben, S. 29 ff.; 56 ff.

Rechtfertigungsstrukturen durch die Verfassungsordnung selbst. Lassen sich die drei Funktionen oder Gewalten als unterschiedliche Formen der Rechtserzeugung verstehen[119], so muß eine systematische Verknüpfung von Legitimation und Gewaltengliederung die beiden Legitimationsmodi mit Eigenschaften des erzeugten Rechts verbinden. Die Dreiteilung der Gewalten ist diesem Verständnis zufolge also eine Konkretisierung der zweipoligen Legitimation hoheitlichen Handelns. Aus den beiden Legitimationsmodi ist dazu auf prozedurale Kriterien für die Rechtserzeugung zu schließen. Diese Eigenschaften können in einem weiteren Schritt den tradierten Gewalten sowie bestimmten, in den untersuchten Rechtsordnungen verbreiteten Typen von Organen zugeordnet werden.

Solche legitimationsbezogenen Kriterien wurden oben entwickelt: Es handelt sich zum ersten um die Reichweite, den Grad an Allgemeinheit oder Individualisierung, des erzeugten Rechts (a). Zum zweiten geht es um seinen Zeitbezug, also um die Frage, inwieweit das erzeugte Recht Vergangenheit oder Zukunft rechtlich adressieren soll (b). Das dritte Kriterium schließlich berührt die Rolle des Rechts bei der Rechtserzeugung selbst. Es orientiert sich daran, inwieweit die Erzeugung des Rechts selbst durch Recht determiniert wird und inwieweit nichtrechtliche Entscheidungsmaßstäbe für die Rechtserzeugung von Bedeutung sein sollen (c).

Obwohl gut unterscheidbar, operieren die drei Kriterien nicht voneinander unabhängig, sondern lassen sich einander zuordnen. Dies war bereits oben zu zeigen[120]. Individueller Regelungsgehalt, Vergangenheitsbezug und Verrechtlichung sind drei Eigenschaften von derjenigen Form hoheitlicher Rechtserzeugung, die Anspruch auf individuelle Legitimation erhebt. Allgemeinheit des Regelungsgehalts, Zukunftsbezug und Offenheit sind dagegen Eigenschaften demokratischer legitimierter Rechtserzeugung. Einem normativen Modell der Gewaltengliederung obliegt es, mit Hilfe dieser Kriterien einen Zuordnungszusammenhang zwischen Eigenschaften des erzeugten Rechts und geeigneten Organisations- und Verfahrensausgestaltungen zu stiften. Dies ist für die drei Kriterien nun genauer darzustellen.

a) Reichweite des Rechts – Reichweite der Entscheidungsteilhabe

Ein erstes Funktionskriterium liefert die *Reichweite* des erzeugten Rechts. Demokratische Verfahren erzeugen potentiell allgemeines, an alle Rechtssubjekte gerichtetes Recht. Verfahren individueller Legitimation weisen eine hoch individualisierte, punktuelle Rechtserzeugung auf. Mit der Reichweite des Regelungsgegenstands wird nicht die »Allgemeinheit« der Regelung in einem demokratietheoretischen Sinn bezeichnet[121]. Es geht vielmehr um die aktuelle oder potentiel-

---

[119] Soeben, S. 82ff.
[120] Oben, S. 56ff.

le Menge an durch einen Rechtsakt geregelten Sachverhalten oder von diesem betroffenen Personen.

Die Reichweite einer Regelung erfordert entsprechende *Organisations- und
Verfahrensanforderungen*. Für die Zuordnung von Funktion und Verfahren entspricht dies der alten Regel des *quod omnes tangit ab omnibus adhibetur*[122], die
Verfahren und Organisation des erzeugten Rechts vom Adressatenkreis des
Rechts abhängig macht. Organe, die zur Erzeugung allgemeinen Rechts befähigt
sind, müssen ein Verfahren ausweisen, das potentiell die Gesamtheit des Legitimationssubjekts[123], sei es über ein unmittelbares Mitentscheidungsrecht, sei es
über Repräsentation in die Entscheidung in formell gleicher Weise einbezieht.
Aus dem Gesichtspunkt der demokratischen Allgemeinheit ergibt sich für die
Ausgestaltung demokratischer Verfahren zudem das Gebot, eine Thematisierung
potentiell aller Sachthemen zuzulassen. Eine universale Befassungskompetenz erweist sich als institutionelle Verwirklichung des Gebots demokratischer Allgemeinheit[124].

Komplementär dazu beschränkt sich die Stiftung individueller Legitimation
auf die Garantie und Durchsetzbarkeit einer konkreten individuellen Willensbildung. Dem entspricht institutionell eine Einschränkung der Entscheidungskompetenz auf punktuelle Sachverhalte in Verfahrens- und Organisationsformen, die
die Individualisierung von Konflikten auf ebensolche einzeln definierbare Partei-
en und Sachverhalte vorsieht. Verfahren individueller Legitimation geben also
möglichst wenigen Beteiligten die Gelegenheit zu einer möglichst intensiven Darstellung desjenigen Sachverhalts, durch den die Verwirklichung ihrer Selbstbestimmung Einschränkungen erfahren hat.

b) Zeitorientierung

Ein zweites Funktionskriterium ergibt sich aus dem Zeitbezug des erzeugten
Rechts. Die Rechtsordnung hat einen selbst geschaffenen vielfältigen Umgang

---

[121] Zu den Bedeutungsschichten dieser Figur: *Hofmann*, Postulat der Allgemeinheit des Gesetzes, 33ff. Als klassische Darstellung: *Raymond Carré de Malberg*, La loi, expression de la volonté générale (1931), 1984, dazu *Christoph Schönberger*, Vom repräsentativen Parlamentarismus
zur plebiszitären Präsidialdemokratie, Der Staat 34 (1995), 359.

[122] Die originale römische Formel lautet: »*quod omnes tangit, omnis tractari et approbari de-
bet*«. D 5, 59, 5, 2. Zu Bedeutung und Herkunft: *Manin*, Principes du Governement Représentatif, 117ff.

[123] Nicht die Gesamtheit der Betroffenen, dazu oben, S. 33ff.

[124] Dazu oben, S. 33ff.

mit Zeit[125]. Spezifische Unterschiede im Umgang mit Zeit ergeben sich für die institutionelle Verwirklichung beider Legitimationsformen[126]. Die individuelle Willensbildung wird von der Rechtsordnung vorausgesetzt. Sie trifft mit der Rechtsordnung erst zusammen, wenn ihre Verwirklichung gestört ist, sie also in der Sache bereits abgeschlossen war. Demokratische Willensbildung ist dagegen durch Recht konstituiert und damit in ihrer Entstehung Teil der Rechtsordnung. Hieraus folgt, daß Recht mit Anspruch auf demokratische Legitimation zukunftsorientiert ausgerichtet ist[127]. Die ein demokratisches Verfahren beendende Entscheidung zielt darauf ab, gesellschaftliche Veränderungen zu befördern. Individuell legitimiertes Handeln wird dagegen erst benötigt, wenn der Verwirklichung individueller Willensbildung ein durch Recht zu beseitigendes Hindernis im Weg steht. Auch hier geht es zwar letztlich um die zukünftige Verwirklichung einer Willensbildung, doch ist das hoheitliche Handeln, um dessen Legitimation es geht, darauf gerichtet, Vergangenes normativ zu bewerten.

Auch aus diesem Funktionskriterium folgen entsprechende *Organisations- und Verfahrensanforderungen*. Diese ergeben sich zunächst einmal aus dem Verhältnis zum ersten Funktionskriterium der Allgemeinheit. So ist es legitimationstheoretisch anfechtbar, wenn inklusive demokratische Rechtserzeugungsverfahren mit rückwirkender Rechtswirkung ausgestattet werden. In diesem Fall ist die demokratische Willensbildung nämlich auf Sachverhalte bezogen, die ihrerseits älter sind als die Willensbildung selbst und die mit dieser nicht konfrontiert werden konnten. Im Umkehrschluß gilt Entsprechendes für die Zukunftsorientierung individualisierter Verfahren unter Beteiligung definierter Parteien. Verfahren zum Schutz eines subjektiven Rechts können ihre Legitimation nicht aus Sachverhalten beziehen, die erst nach der fraglichen Willensbetätigung geschehen sind. Für eine Systematik der Gewaltengliederung ergibt sich also die Notwendigkeit einer Zuordnung einer allgemein gehaltenen Rechtserzeugung zum Zukunftsbezug des erzeugten Rechts einerseits und einer individualisierten Rechtserzeugung zum Vergangenheitsbezug andererseits.

Hieraus folgt auch ein Verfahrenskriterium für die *Initiative* zur Rechtserzeugung. Beziehen Organe ihre Legitimation aus dem Schutz individueller Selbstbestimmung, so dürfen sie nicht aus eigener Initiative zu einer Entscheidung kommen. Sie müssen durch eine individuelle Entscheidung in Gang gesetzt werden. Umgekehrt entsteht demokratische Legitimation durch eine bereits rechtlich in-

---

[125] Dazu *Kirste*, Zeitlichkeit des positiven Rechts, 361ff.; *ders.*, The Temporality of Law and the Plurality of Social Times, in: M. Troper/A. Verza (Hrsg.), Legal Philosophy: General Aspects, 2001, 23 (38f.); *Ost*, Le Temps Du Droit, 19ff.; *Dürig*, Zeit und Rechtsgleichheit, 37ff.; *Husserl*, Recht und Zeit, 54ff.; *Kirchhof*, Verwalten und Zeit, 75f. Vgl. auch *Dirk Rustemeyer*, Zeit und Recht, Manuskript 2003, sowie die Bemerkungen bei *Achterberg*, Probleme der Funktionenordnung, 88f. zu Hermann Isay, Rechtsnorm und Entscheidung.
[126] Vgl. oben, S. 44, 47.
[127] Vgl. *Hofmann*, Recht des Rechts und Recht der Herrschaft, 43f.

stitutionalisierte Willensbildung, die daher selbstinitiativ funktionieren können muß. Damit bewegt sich das Legitimationssystem zwischen den Polen von Fremd- und Eigeninitiative. Zugleich erfordert der Zukunftsbezug offenere Kriterien der Entscheidungsbildung als die Vergangenheitsorientierung. Dies führt zum letzten Kriterium.

c) Verrechtlichungsgrad

Der soeben erörterte unterschiedliche Umgang der beiden Legitimationsformen mit der Zeit führt zum dritten Funktionskriterium, dem Grad an rechtlicher Determiniertheit des erzeugten Rechts.

Als Ausdruck demokratischer Willensbildung sollte eine Entscheidung nur im Verfahren, das demokratiekonstituierend wirkt, verrechtlicht werden. Denn die demokratische Legitimation erhält ihre Rechtfertigung durch einen offenen Willensbildungsprozeß, an dessen Ende eine Vielzahl verschiedener Entscheidungen möglich und zulässig sind. Umgekehrt muß der Schutz individueller Willensbestimmung rechtlich weitestgehend determiniert sein. Denn wenn sich die Legitimation des schützenden Organs allein auf die Bestimmung der Reichweite individueller Selbstbestimmung bezieht, dann sind außerrechtliche Kriterien nicht legitimationsstiftend[128].

Auch aus diesem Funktionskriterium folgen entsprechende *Organisations- und Verfahrensanforderungen.* Diese ergeben sich wiederum zunächst aus der Verknüpfung der Funktionskriterien miteinander: Eine mit Anspruch auf Allgemeinheit zu treffende, zukunftsbezogene Entscheidung muß möglichst wenig materiell verrechtlicht sein. Denn sonst hat der demokratische Willensbildungsprozeß keinen Spielraum zur Entscheidungsbildung mehr. Umgekehrt sind für punktuelle, vergangenheitsbezogene Entscheidungen Entscheidungsspielräume jenseits des Rechts schwer zu rechtfertigen, weil diese wegen ihrer konkreten freiheitsdefinierenden Wirkung besonders legitimationsbedürftig sind. Damit gibt der Grad an Nähe, den ein bestimmtes Rechtserzeugungsverfahren zu demokratischen Verfahren einnimmt, ein Kriterium für die Gewaltengliederung. Verfahrens- und Organisationsregeln müssen desto genauer rechtlich determiniert werden und desto weitgehender vom allgemeinen demokratischen Prozeß abgekoppelt sein, je individualisierter und vergangenheitsbezogener sie entscheiden.

d) Die Kriterien im Konkretisierungszusammenhang – keine Gewaltenhierarchie

Aus den entwickelten Kriterien entsteht ein organisations- und verfahrensrechtlich abzusichernder Konkretisierungszusammenhang, der von einer inklusiven,

---

[128] Ähnlich *Zimmer*, Funktion – Kompetenz – Legitimation, 237.

zukunftsbezogenen und offenen Rechtserzeugung zu einer individualisierten, vergangenheitsbezogenen und durch andere rechtliche Vorgaben weitgehend determinierten Rechtserzeugung führt. Auf den verschiedenen Stufen des Konkretisierungszusammenhangs sind demokratische und individuelle Legitimation beide stets zu beachten[129], jedoch in einer sich komplementär entwickelnden Wertigkeit: Die ergebnisoffene demokratische Willensbildung tritt gegenüber der verrechtlichten individuellen von Konkretisierungsschritt zu Konkretisierungsschritt weiter in den Hintergrund. Auf der so entstehenden Skala werden sich die drei Gewalten als *Typen der Legitimationsbewältigung* erweisen.

Diese Überlegungen gestatten auch eine Kritik an der Vorstellung einer Hierarchie zwischen den Gewalten. Diese Vorstellung findet sich für das Parlament als Primat der Gesetzgebung in verschiedenen Verfassungstraditionen wie der deutschen, der englischen und der französischen[130]. Gerade umgekehrt wird Verfassungsgerichten nicht selten ein Letztentscheidungsrecht zugesprochen, das ihre Rechtserzeugung an die hierarchische Spitze der Gewalten setzen könnte[131]. Beide Vorstellungen sind unzutreffend: Der von den Gewalten ermöglichte arbeitsteilige Konkretisierungszusammenhang läßt sich in keine hierarchische Beziehung setzen: Einerseits entscheiden Gerichte zuletzt, andererseits entscheiden sie über einen nur beschränkten Gegenstand auf der Grundlage gesetzlicher Vorgaben. Einerseits entscheiden Parlamente über einen weiten Sachzusammenhang und verpflichten Gerichte durch die Gesetzgebung, andererseits können sie die konkrete Bedeutung der gesetzlichen Bestimmung für einen bestimmten Fall nicht determinieren.

---

[129] Vgl. oben, S. 56 ff.

[130] *Albert Venn Dicey*, Introduction to the Study of the Law of the Constitution, 10. Aufl. 1959, 37 ff.; *Martin Kriele*, Das demokratische Prinzip im Grundgesetz, VVDStRL 29 (1971), 46 (63 f).

[131] Für viele *Mattias Kumm*, Who is the Final Arbiter of Constitutionality in Europe?, 36 (1999) Common Market L. Rev. 351, m.w.N.

§ 4 Judikative – Legislative – Exekutive: eine legitimationsbezogene Bestimmung

Setzt man die zuvor entwickelten Kriterien zur überlieferten Gewaltentrias Legislative, Exekutive und Judikative in Beziehung, so ergibt sich auf den ersten Blick ein vergleichsweise einfaches Bild der Gewalten als *Typen der Legitimationsbewältigung*: Auf der einen Seite der Kriterienskala steht eine Rechtserzeugungsfunktion, die individuelle Legitimation stiftet, indem sie mit einer enggeführten Befassungskompetenz, ohne eigene Initiative, vergangenheitsgerichtete Entscheidungen von geringer Reichweite trifft, deren Entscheidungsprogramm vollständig verrechtlicht ist. Auf der anderen Seite steht eine demokratisch legitimierte Rechtserzeugungsfunktion, die mit umfassender Befassungskompetenz auf eigene Initiative zukunftsbezogene Entscheidungen mit möglichst allgemeinem Geltungsanspruch trifft, deren Entscheidungsprogramm möglichst wenig verrechtlicht ist. Unschwer lassen sich diese beiden Pole der Gewaltengliederung zuordnen: zum einen der Judikative (I.), zum anderen der Legislative (II.). Erweist sich dieses Verständnis der klassischen Gewaltentrias vor dem Hintergrund der entwickelten Legitimationstypik als juristisch konsistent anwendbar, dann stellen sich Probleme der Gewaltengliederung insbesondere bei der Exekutive (III.). Denn die Exekutive verfügt zum einen nur über eine abgeleitete Legitimation, zum anderen obliegt ihr die im wörtlichen Sinne *zentrale* Aufgabe, zwischen den beiden Legitimationsmodi, die sich ergänzen, die aber auch in Konkurrenz zueinander stehen können, zu vermitteln. Im folgenden Abschnitt soll diese Zuordnung in Anwendung auf die beiden Rechtsordnungen überprüft und konkretisiert werden. Für jede Funktion ist in einem ersten Schritt ein verfassungstheoretischer Idealtyp aus den Funktionskriterien zu entwickeln. Dieser Typ ist in einem zweiten Schritt mit den Referenzrechtsordnungen abzugleichen. Zwei Fragen sind dabei besonders im Auge zu behalten: ob die entwickelten Kriterien anschlußfähig für die positiven Rechtsordnungen sind und ob die Rechtsordnungen überhaupt einen legitimationsbezogenen Begriff der jeweiligen Funktion benötigen. Für die folgende Untersuchung ist die überlieferte Reihenfolge, unter der die drei Gewalten klassischerweise firmieren, aufzugeben. Weil die Judikative am intensivsten durch Recht determiniert ist, wird mit ihr zu beginnen sein. Weil sich die Exekutive erst im Zusammenhang mit den beiden anderen Gewalten verstehen läßt, steht sie am Ende der Darstellung.

I. Judikative: individualisierend, retrospektiv, rechtlich determiniert

1. Verfassungstheoretischer Typus

Drei Kriterien lassen sich aus der oben entwickelten legitimationstheoretischen Rekonstruktion für die judikative Rechtserzeugung herleiten: die Individualisierung der Entscheidungsreichweite, der Vergangenheitsbezug der Entscheidung und die Verrechtlichung des Entscheidungsmaßstabs. Dabei wirkt die Unterscheidung zwischen Gewalt und Organ für keine der drei Gewalten so künstlich wie für die Judikative: Die judikative Funktion ist von der überlieferten Vorstellung der Gerichtsbarkeit kaum zu unterscheiden. Zieht man die vergleichende Typisierung von Gerichten zu Rate, so fällt auf, daß Gerichte dem skizzierten funktionalen Kriterienkatalog entsprechen[1]. Der traditionelle Typus des Gerichts deckt sich mit den legitimationstheoretisch entwickelten Kriterien:

Dies zeigt sich zunächst mit Blick auf die *Rechtsbindung*: Gerichte haben einen durch rechtliche Zugangserfordernisse genau definierten Kompetenzbestand. Das Entscheidungsprogramm der Gerichte ist auf Recht beschränkt. Das heißt, daß Gerichte typischerweise kein eigenes *volitives* Element in ihre Entscheidungsfindung einbeziehen[2]. Daraus folgt methodisch zwar keineswegs, daß Gerichte in der konkreten Entscheidung nicht auch außerrechtliche Faktoren integrieren, oder daß die Auslegung des Rechts immer hinreichend wäre, um einen Fall eindeutig zu entscheiden[3]. Doch bedeutet es, daß sich Gerichte in ihrer Entscheidungsrechtfertigung nur auf Recht beziehen dürfen[4] und auch die Anwendung von anderen Maßstäben durch diesen Bezug legitimieren müssen. Der Zusammenhang zwischen gerichtlicher Entscheidungsfindung und Recht ist deswegen nicht auf die tautologische Aussage zu reduzieren, daß die Entscheidungen von Gerichten rechtsförmig sind, weil sie von Gerichten gefällt wurden. Vielmehr geben die Eigenarten des gerichtlichen Verfahrens Hinweise auf den Charakter des praktischen Rechtsdiskurses, gerade auch auf seine retrospektive Orientierung an Einzelproblemen. Ergänzt wird die Rechtsbindung durch die Abkopp-

---

[1] Rechtsvergleichende Typisierung von Gerichten bei: *Mauro Cappelletti*, The Judicial Process in Comparative Perspective, 1988, 30ff.; *Martin Shapiro*, Courts, 1981, 1ff., 28ff. Vgl. zu prozeduralen Argumenten und auch zur Kritik am Hinweis auf die materielle Rechtsbindung als zentralem Legitimationselement *Andreas Voßkuhle/Gernot Sydow*, Die demokratische Legitimation des Richters, in: JZ 2002, 673 (678f., 680ff.).

[2] Dazu *Achterberg*, Probleme der Funktionenordnung, 150.

[3] Dieser Umstand wird unter dem Stichwort indeterminacy im amerikanischen Recht intensiv diskutiert: *Mark Kelman*, A Guide to Critical Legal Studies, 1987, 72ff.; *Jules L. Coleman/Brian Leiter*, Determinacy, Objectivity, and Authority, U. o. Pennsylvania L. Rev. 142 (1993), 549 (559ff.).

[4] Insoweit ist die funktionale Aussage bei *Luhmann*, Recht der Gesellschaft, 321, zum Gericht als Zentrum des Rechtssystems zu bestätigen, sie ist aber von seiner zu strikten Engführung juristischer Dogmatik auf bestimmte Formen der Programmierung durch Recht zu differenzieren. Letztere etwa in: *Niklas Luhmann*, Rechtssystem und Rechtsdogmatik, 1974, 15ff.

lung der Gerichte vom politischen Prozeß. Diese ist nämlich nicht allein durch die Rechtsbindung, sondern auch durch die organisatorische Isolation der Gerichtsbarkeit gesichert[5] – und zwar gegenüber allen drei Funktionen, auch gegenüber anderen Teilen der Judikative selbst[6].

Das gerichtliche Verfahren selbst läßt sich weiterhin als *Individualisierungsleistung* verstehen. Dies ergibt sich sowohl aus dem exklusiv definierten Zugang zum Verfahren als auch aus seiner typischen Ausgestaltung. Die Pflicht, rechtliches Gehör zu geben[7] und die Pflicht, die gerichtliche Entscheidung zu begründen[8], führen zu einer spezifischen Individualisierung – oder umgekehrt zu einer nur eingeschränkten Verallgemeinerbarkeit – der Entscheidung[9]. Das gerichtliche Urteil und seine Begründung betreffen erst einmal nur die Parteien: formal durch die begrenzte Wirkung des Entscheidungsausspruchs, aber auch informal dadurch, daß die Entscheidung in einem spezifischen Verfahren ermittelt wurde, in dem die Parteien gerade ihre Betroffenheit darstellen mußten und gerade auf diese Darstellung eine Entscheidungsbegründung zugeschnitten wurde. Damit wird die Entscheidung aus einer kollektiven politischen Meinungsbildung herausgenommen: Durch das Verfahren wird die Verallgemeinerbarkeit der getroffenen Entscheidung fraglich. Die Entscheidung ist als Lösung eines individuellen Problems, als »Fall« zu verengen, nicht als Stellungnahme zu einem politischen Konflikt zu verallgemeinern[10], um auf einen konkreten Akt der Selbstbestimmung bezogen zu bleiben.

Auch der Zusammenhang zwischen diesen beiden Elementen: Rechtsbindung und Individualisierung in der Idee der individuellen Legitimation findet in der Typisierung von Gerichten Berücksichtigung: Gerichte sind diejenigen Organe, denen der Schutz subjektiver Rechte in besonderer Weise zugewiesen ist, und die als institutioneller Kern des Rechtssystems verstanden werden[11]. In der Terminologie *Hasso Hofmanns* erzeugen Gerichte das »Recht des Rechts«, nicht das »Recht der Herrschaft«[12], also Recht, das aufgrund anderer rechtlicher Vorgaben

---

[5] Eingehend *Shapiro*, Courts, 65 ff., *Voßkuhle*, Rechtsschutz gegen den Richter, 120 f. Zur Kritik der Funktionsfähigkeit: die Beiträge in *Dieter Simon* (Hrsg.), Die Unabhängigkeit des Richters, 1975.

[6] Für das Grundgesetz *Helmuth Schulze-Fielitz*, in: Dreier, Grundgesetz, Art. 97, Rdnr. 39. Für die amerikanische Verfassung *Tribe*, American Constitutional Law, 165 ff.

[7] D 48, 17, 1. Zur Geschichte: *Hinrich Rüping*, Der Grundsatz des rechtlichen Gehörs und seine Bedeutung im Strafverfahren, 1976.

[8] Zu diesen ebenfalls vergleichsweise zeitlosen Eigenschaften von Gerichten *Shapiro*, Courts, 5 ff. Zur Geschichte: *Rainer Sprung*, Die Entwicklung der zivilrechtlichen Begründungspflicht, in: R. Sprung (Hrsg.), Die Entscheidungsbegründung in europäischen Verfahrensrechten und in Verfahren vor internationalen Gerichten, 1974, 42.

[9] Dazu die grundlegenden Überlegungen bei *Niklas Luhmann*, Legitimation durch Verfahren, 1975, 121 ff.

[10] Im Ansatz ähnlich *Cass R. Sunstein*, One Case at a Time, 1999, 24 ff.

[11] *Luhmann*, Recht der Gesellschaft, 321.

[12] *Hofmann*, Recht des Rechts, 40 ff. Dazu bereits oben, S. 56 ff.

entsteht. Die richterliche Rechtsfortbildung verläuft nach rechtseigenen Kriterien, nicht nach einer von außen kommenden demokratischen Entscheidung. Die Reichweite ihrer Entscheidungen ist zumeist gleichfalls begrenzt und klassischerweise auf zwei definierte Parteien bezogen. Gerichte haben typischerweise keine Möglichkeit, selbst initiativ zu werden[13]. Sie erhalten ihr Entscheidungsmandat durch einen Selbstbestimmungsakt des Klägers.

Die Rechtserzeugung von Gerichten ist zudem *retrospektiv*[14], sie beurteilen in aller Regel einen vergangenen Sachverhalt[15]. Je gegenwartsnäher Gerichte entscheiden, desto mehr ist das Treffen einer solchen Entscheidung begründungsbedürftig. Vorläufiger Rechtsschutz läßt sich in diesem Zusammenhang als Möglichkeit verstehen, endgültige Rechtsverluste zu verhindern[16]. Solche Verluste drohen aber dann, wenn die Zukunft besonders determiniert ist: wenn gegenwärtige Zukunft ohne gerichtliche Intervention relativ sicher zu Vergangenheit wird. Die gerichtliche Entscheidung stellt den Endpunkt der rechtlichen Bewertung dar – das Ende eines Konkretisierungszusammenhangs[17].

Die Legitimationsleistung judikativer Rechtserzeugung entsteht durch die konkrete Herausarbeitung und rechtliche Beurteilung vergangener Beschränkungen individueller Selbstbestimmung[18]. Diese Leistung findet sich in den überlieferten prozeduralen Eigenschaften gerichtlicher Rechtserzeugung wieder. Gerichtliche Rechtserzeugung ist gerechtfertigt, weil sie einen spezifisch individualisierten Akt der Selbstbestimmung herausarbeitet und nach Kriterien des Rechts bewertet. Die Aufgabe einer legitimationsbezogenen Bestimmung der Judikative besteht nun darin, das Handeln von Gerichten auf die Einhaltung dieser Legitimationsleistung hin zu überprüfen oder zu rechtfertigen, warum ihre Rechtserzeugung von dieser Typisierung abweicht.

---

[13] *Zimmer*, Funktion – Kompetenz – Legitimation, 307 spricht von einem Initiativverbot.

[14] *Kirste*, Zeitlichkeit des positiven Rechts, 362; *Cappeletti*, Judicial Process, 36; *Lord Devlin*, Judges and Lawmakers, Modern L. Rev. 39 (1976), 1 (10f.); *Hofmann*, Recht des Rechts, 43f.

[15] Dies ist Grund und die Rechtfertigung dafür, daß die Judikativfunktion die einzige ist, die über ihren Kompetenzbestand selbst entscheiden kann. Dazu *Henry Monaghan*, Constitutional Abjudication: The Who and When, Yale L.J. 82 (1973), 1363 (1364, 1397).

[16] Beispiele für Einschränkungen des Zeitbezuges in den Referenzrechtsordnungen: *David P. Currie*, Federal Jurisdiction, 4. Aufl. 1999, 31ff.; *Eberhard Schmidt-Aßmann*, in: Maunz/Dürig, Grundgesetz, Art. 19 IV, Rdnr. 245–278–279. Allgemein *Cappelleti*, Judicial Process, 31f.

[17] *Informell* können Gerichtsentscheidungen die Rechtserzeugung anregen. Gerade weil die Konstruktion von Fällen zur Darstellung komplexer Sachverhalte und Rechtslagen als einer »Geschichte« einlädt, die, wenn sie »falsch« entschieden wurde, zu anderen Reaktionen des Rechts, etwa einer Gesetzesänderung führen kann.

[18] Vgl. dazu auch die grundlegende Rekonstruktion bei *Lon L. Fuller*, The Forms and Limits of Adjudication, Harvard L. Rev. 92 (1978/79), 353.

2. Rechtsvergleichende Anwendung

Ergibt sich insoweit eine Folge konstruktiver Schritte vom individuellen Legitimationsmodus über die Eigenschaften der judikativen Funktion zur traditionellen Organisations- und Verfahrensform des Gerichts, so sind die oben legitimationstheoretisch entwickelten Kriterien nunmehr einem rechtsvergleichenden Bewährungstest auszusetzen. Namentlich ist zu klären, ob die untersuchten Rechtsordnungen überhaupt einen praktischen Bedarf für einen legitimationsbezogenen Begriff der Judikative haben.

Das Grundgesetz regelt die Zuordnung zur rechtsprechenden Gewalt durch eine Organisationsentscheidung, indem sie diese »den Richtern anvertraut«, Art. 92, 1. Hs. GG. Die Notwendigkeit einer materiellen Theorie der Rechtsprechung ergibt sich aus zahlreichen Anknüpfungsnotwendigkeiten im Grundgesetz, namentlich in den Art. 19 Abs. 4[19], 97[20], 103 Abs. 1[21], 104 Abs. 2–4[22] GG, die allesamt die judikative Funktion als Tatbestandsmerkmal oder Rechtsfolge voraussetzen. Schließlich wirft auch der im Maastricht-Urteil postulierte, über die deutsche Staatsgewalt hinausgehende Grundrechtsschutz die Notwendigkeit einer Bestimmung der judikativen Funktionen auf[23]. In Wissenschaft[24] und Rechtsprechung[25] hat sich zwar keine konsistente Theorie der judikativen Funktion[26], doch ein vergleichsweise unumstrittener Kriterienkatalog entwickelt. Dabei besteht auch das Bundesverfassungsgericht in ständiger, noch unlängst ausdrücklich bestätigter Praxis auf einem materiellen Begriff der Rechtsprechung, nach Art. 92 GG, der sich nicht auf die Feststellung beschränkt, daß eine Entscheidung durch eine als Gericht bezeichnete Einrichtung getroffen wurde: »Sinn und Zweck des IX. Abschnitts des Grundgesetzes, der für den Bereich der Rechtsprechung eine

---

[19]   Zur notwendigen Rechtsfolge von Art. 19 Abs. 4 GG, eine judikative Funktion einzurichten: *Eberhard Schmidt-Aßmann,* in: Maunz/Dürig, Grundgesetz, Art. 19 IV, Rdnr. 173.

[20]   Zum Zusammenhang zwischen Art. 92 und 97 GG: *Helmuth Schulze-Fielitz,* in: Dreier, Art. 97, Rdnr. 18. BVerfGE 26, 186 (201) wiederum unter Hinweis auf das Kriterium abschließender Entscheidung.

[21]   *Eberhard Schmidt-Aßmann,* in: Maunz/Dürig, Grundgesetz, Art. 103, Rdnr. 49.

[22]   BVerfGE 77, 1 (42, 50f.) in Abgrenzung zum parlamentarischen Untersuchungsausschuß.

[23]   BVerfGE 89, 155 (174f.). Als Beispiel für ein solches Prüfungsprogramm: BVerfG, NJW 2001, 2705 (2706) verweist auf die Unabhängigkeit und Rechtsbezogenheit der in Frage stehenden Beschwerdekammern des Europäischen Patentamtes. Vgl. auch BVerfGE 102, 147 (161ff.).

[24]   In der deutschen Literatur wird dies unter dem Stichwort eines »materiellen Rechtsprechungsbegriffs« behandelt, der zur Auslegung von Art. 92 Abs. 1 GG notwendig ist. Vgl. aus der Literatur: *Helmuth Schulze-Fielitz,* in: Dreier, Art. 92, Rdnr. 25ff.; *Claus-Dieter Classen,* in: v. Mangoldt/Klein/Starck, Art. 92, Rdnr. 14f. Darstellung der Lehrmeinungen bei *Achterberg,* Probleme der Funktionenordnung, 98ff. *Stefan Smid,* Rechtsprechung – Zur Unterscheidung von Rechtsfürsorge und Prozeß, 1990, 153ff.; *Voßkuhle,* Rechtsschutz gegen den Richter, 69ff.

[25]   BVerfGE 4, 331 (342ff.) kann die Bestimmung der Gerichtseigenschaft durch Prüfung von Art. 97 GG vornehmen. Besonders deutliche Anwendung eines materiellen Rechtsprechungsbegriffs in BVerfGE 22, 49 (73ff.); 103, 111 (137f.) Vgl. aber auch BVerfGE 7, 183 (188f.); 8, 197 (207); 12, 264 (274); 31, 43 (46); 35, 65 (73); 60, 253 (255ff.); 64, 175 (179); 76, 100 (106).

[26]   So auch *Helmuth Schulze-Fieilitz,* in: Dreier, Grundgesetz, Art. 92, Rdnr. 27.

besondere Eigenständigkeit und Unabhängigkeit der Willensbildung im System der Gewaltenteilung gewährleisten will (vgl. BVerfGE 22, 49 [75]), entspräche es nicht, allein aus der Besetzung eines staatlichen Gremiums mit unabhängigen Richtern auf die Ausübung rechtsprechender Gewalt zu schließen. Der Begriff der rechtsprechenden Gewalt wird vielmehr maßgeblich von der konkreten sachlichen Tätigkeit her, somit materiell bestimmt.«[27]

Fehlt es an einer Systematik der Judikativfunktion, so lassen sich die in Literatur und Rechtsprechung entwickelten Einzelkriterien mit Hilfe des hier vertretenen Ansatzes jedoch gut nachvollziehen. Die Mehrheit der genannten Kriterien können in die hier entwickelte Systematik eingefügt werden: Recht als alleiniger Maßstab der gerichtlichen Entscheidung[28], die Letztverbindlichkeit der gerichtlichen Entscheidung[29], ihr Einzelfallbezug[30] und die politische Unabhängigkeit der Judikativorgane – all diese Kriterien sind Elemente einer auf individuelle Legitimation abzielenden Verfahrens- und Organisationsstruktur.

Die Begründungspraxis des Bundesverfassungsgerichts läßt sich anhand des Urteils zur Hessischen Wahlprüfung gut darstellen. Das Gericht hatte zu entscheiden, ob die Beschlüsse des Wahlprüfungsgremiums zur Hessischen Landtagswahl als Ausübung der rechtsprechenden Gewalt im Sinne von Art. 92 GG zu werten seien. Nach der Zurückweisung eines nur formellen Rechtsprechungsbegriffs und dem Hinweis auf das Fehlen einer gesicherten Systematik der Kriterien wandte das Gericht als das entscheidende Kriterium für die Bejahung dieser Frage die Letztverbindlichkeit einer rechtsbezogenen Entscheidung an, »nämlich eine letztverbindliche Entscheidung darüber zu treffen, was im konkreten Fall rechtens ist«[31]. Entsprechend konnte das Gericht die Rechtsfolge des Verfassungsverstoßes feststellen. Gegen das Grundgesetz verstieß mit § 17 HessWahlPrüfG die Regel, die den Entscheidungen des eingesetzten Wahlprüfungsgremiums Rechtskraft verlieh. Die gesetzlich vorgesehene Prüfungsstruktur konnte damit weitgehend erhalten bleiben, wenn sie auch nicht mehr mit abschließender Wirkung versehen sein darf. Dies entspricht der hier entwickelten Vorstellung, daß die judikative Funktion als Abschluß eines Konkretisierungszusammenhangs auf der Grundlage rechtlicher Maßstäbe funktioniert.

Freilich lassen sich nicht alle in der Rechtsprechung verwendeten Kriterien mit dem vorliegenden Modell vereinbaren: So stimmt die Definition von Rechtspre-

---

[27] BVerfGE 103, 111 (138).

[28] Nachweise und Kritik bei *Voßkuhle*, Rechtsschutz gegen den Richter, 75 ff. unter Hinweis auf die Rechtsfortbildung der Gerichte. Aber auch die richterliche Rechtsfortbildung geschieht am Maßstab des Rechts, anders als die legislative Rechtserzeugung ist sie nicht an einen politischen Prozeß angebunden.

[29] BVerfGE 7, 183 (188 f.); 31, 43 (46); 60, 253 (269 f.); 103, 111 (137).

[30] BVerfGE 103, 111 (137 f.): »im konkreten Fall«.

[31] BVerfGE 103, 111 (119). Unvereinbar mit dieser Argumentation ist die Begründung in BVerfGE 30, 1 (27 f.). Allein die Möglichkeit relativierter Anforderungen an Verfassungsänderungen könnte hier eine Argumentationshilfe bieten, die vom Gericht aber nicht genutzt wird.

chung als Streitentscheidung durch einen Dritten nicht diesem überein[32]. Denn bei näherer Hinsicht erweist sich die Entscheidung von Konflikten auch als Eigenschaft anderer Gewalten. So kann die Durchsetzung einer Verwaltungsmaßnahme gegen den Willen des Adressaten ebenso wie die Majorisierung einer politisch abweichenden Meinung im parlamentarischen Gesetzesbeschluß als Streitentscheidung verstanden werden. Bei einer dreipoligen Verwaltungsentscheidung – etwa im Planungsrecht[33] – kommt es sogar zu einer klassischen Rollenverteilung zwischen Verwaltung und Privaten in Form der Konfliktbeendigung durch einen Dritten[34]. Daher ist das Kriterium der Streitentscheidung als Bestimmungskriterium der judikativen Funktion auf der einen Seite zu weit. Auf der anderen Seite ist der Streitbegriff zu eng, wenn man die Zuweisung von Rechtsgutachten zu Gerichten als eine mögliche Ausgestaltung der Judikative anerkennt. Diese ist jedenfalls nicht durch Art. 92 GG ausgeschlossen. Dies zeigt die aufgehobene, aber nicht verfassungswidrige Regel des § 97 BVerfGG[35]. Die Tatsache, daß die Rechtskraftbefugnis als Erkennungsmerkmal judikativen Handelns dienen kann, schließt umgekehrt die Zuweisung genau definierter gutachterlicher Rechtsfragen an das Verfassungsgericht nicht aus. Auf diese Ausgestaltung wird bei der im Zweiten Teil erfolgenden Untersuchung der Kontrolle auswärtiger Handlungen zurückzukommen sein.

Einschränkungen gelten auch für das verwandte Kriterium der Neutralität[36]: Zum einen ist es auch für exekutives Handeln von Bedeutung[37]; damit verliert es aber seinen spezifischen Beschreibungswert für die judikative Gewalt. Zum anderen ist fraglich, ob mit der Neutralität judikativer Rechtserzeugung mehr zum Ausdruck gebracht wird, als der Umstand, daß die Maßstabsbildung der gerichtlichen Entscheidung sich auf die Anwendung von Recht beschränkt[38]: Neutral

---

[32] Vgl. auch die der vorliegenden Argumentation entsprechende Kritik in BVerfGE 22, 49 (76) an der Bestimmung von *Ernst Friesenhahn*, Über Begriff und Arten der Rechtsprechung, FS Thoma, 1950, 21.

[33] Beispiele bei *Matthias Schmidt-Preuß*, Kollidierende Privatinteressen im Verwaltungsrecht, 1992, 247 ff.

[34] *Michael Fehling*, Verwaltung zwischen Unparteilichkeit und Gestaltungsaufgabe, 2001, 251 ff.

[35] Überblick zu Entstehung und Streichung bei *Christian Pestalozza*, Verfassungsprozeßrecht, 3. Aufl. 1991, 236 f. Das Bundesverfassungsgericht beurteilte die Gutachtenkompetenz als verfassungsgemäß, wenn auch der richterlichen Gewalt fremd: BVerfGE 2, 79 (86 f.).

[36] Besonders herausgearbeitet bei *Voßkuhle*, Rechtsschutz gegen den Richter, 94 ff.; *Marcel Kaufmann*, Untersuchungsgrundsatz und Verwaltungsgerichtsbarkeit, 2002, 203 ff. (dort als Unparteilichkeit behandelt).

[37] Vgl. zu Parallelen und Unterschieden *Fehling*, Verwaltung zwischen Unparteilichkeit und Gestaltungsaufgabe, 47.

[38] Das bedeutet nicht, daß sich aus dem Gesichtspunkt der Neutralität keine prozeduralen und materiellen Kriterien herleiten ließen, sondern nur, daß diese nicht spezifisch für die Judikative sind. Zur einer verfassungstheoretischen Konstruktion für das deutsche Verfassungsrecht *Stefan Huster*, Die ethische Neutralität des Staates, 2002. Differenzierte Kritik für die Vereinigten Staaten bei *Sunstein*, The Partial Constitution, 162 ff.

handelt das Gericht durch die Anwendung des Rechts, das seinerseits aber keine Neutralität hervorbringt, wenn es eine Entscheidung zu Lasten der einen und zugunsten der anderen Partei, jedenfalls eine Entscheidung gebietet[39].

Auch im amerikanischen Verfassungsrecht bedarf die Lösung von Problemen des positiven Rechts einer materiellen Bestimmung der Judikativfunktion. Art. III, sec. 1 U.S. const. monopolisiert die *judicial power* des Bundes bei den mit bestimmten organisatorischen Eigenschaften (wie lebenslanger Amtszeit der Richter) versehenen Gerichten. Ein erstes textlich positiviertes Kriterium ergibt sich dabei aus der Bestimmung der *judicial power* in Hinsicht auf *cases or controversies*, art. III sec. 2 U.S. const. Die Klausel wird einheitlich verstanden. Sie enthält in nuce das Prozeßrecht der Bundesgerichte. Der Hinweis auf *cases or controversies* verpflichtet die judikative Funktion zu einer rechtlichen Individualisierungsleistung mit – später eingehender zu untersuchenden[40] – Folgen für das Verständnis der Gewaltengliederung. Die Gerichte müssen über individualisierte Rechtsverletzungen entscheiden (*standing*)[41]. Diese Entscheidung darf weder durch tatsächliche Entwicklungen überholt sein (*mootness*)[42], noch erfolgen, bevor die Rechtsverkürzung tatsächlich zeitlich hinreichend konkretisiert ist (*ripeness*)[43]. Als abschließende Entscheidung können die gerichtlichen Entscheidungen nicht erneut durch andere Gewalten beurteilt werden (*finality*)[44]. Diese prozessualen Regeln hindern den Bundesgesetzgeber nicht daran, Bundesgerichten andere Aufgaben als die Entscheidung von Fällen zuzuweisen. Die *judicial power* ist bei den Gerichten monopolisiert, aber die Gerichte sind nicht auf die Ausübung von *judicial power* beschränkt[45].

Deutlicher als das deutsche kennt das amerikanische Verfassungsrecht seit seinen Anfängen[46] auch eine dem soeben kritisierten Kriterium der Streitentscheidung ähnliche Einschränkung: Die Entscheidung von *abstract, hypothetical or contingent questions*[47], also eine Gutachtenkompetenz (*advisory opinion*), ist den Gerichten des Bundes verwehrt[48]. Die im deutschen Recht als untypisch kritisierte, aber letztlich verfassungsrechtlich zulässige Gutachtenkompetenz des Bun-

---

[39] Vgl. oben, S. 81 ff.

[40] Dazu unten, S. 157 ff.

[41] Dazu unten, S. 157 ff.

[42] U.S. Parole Comm. v. Geraghty, 445 U.S. 388, 395 ff. (1980). Knapp *Tribe*, American Constitutional Law, 344.

[43] Abbott Labs. v. Gardner, 387 U.S. 136, 149 (1967). Knapp *Tribe*, American Constitutional Law, 334; *Currie*, Federal Jurisdiction, 16 ff.

[44] Dieses Problem stellte sich nur in der Frühphase: Hayburn's Case, 2 U.S. 408 (1792).

[45] Mistretta v. United States, 488 U.S. 361 (1989) für den Erlaß von Richtlinien zur Länge von Gefängnisstrafen durch Richtergremien (*sentencing guidelines*). Morrison v. Olson, 487 U.S. 654 (1988).

[46] Der noch gültigen Rechtsprechung liegt die Weigerung des ersten Chief Justice *John Jay* zugrunde, Präsident *Jefferson* außenpolitisch zu beraten.

[47] Formulierung in Alabama Federation of Labor v. McArdory, 325 U.S. 450, 461 (1945).

[48] Zuletzt Clinton v. Jones 520 U.S. 681, 699 (1997).

desverfassungsgerichts darf durch den amerikanischen Gesetzgeber nicht eingeführt werden. Dies erscheint, wie gezeigt, aus dem hier entwickelten Rechtsprechungsbegriff heraus nicht als zwingend. Es ist insbesondere vor dem Hintergrund der sonstigen Rechtsprechung des Gerichts systematisch nicht schlüssig.
Wenn der Gesetzgeber die Gerichte ansonsten mit anderen als rechtsprechenden
Aufgaben betrauen darf, bleibt die Zurückweisung von Gutachten gesondert begründungsbedürftig.

Verfassungsrechtlicher Bedarf für eine materielle Bestimmung der judikativen
Funktion ergibt sich für Fälle, in denen eine weitgehend gerichtsförmig arbeitende Rechtserzeugung in *letzter* Instanz einem Teil der Verwaltungsorganisation
zugeordnet wird, also in Fällen sogenannter *legislative courts*[49]. Hier stellt sich die
Frage, inwieweit Entscheidungen aus verfassungsrechtlichen Gründen noch einer anschließenden gerichtlichen Überprüfung zugänglich sein dürfen oder müssen. Die in Ergebnis und Begründung recht heterogene Rechtsprechung des Supreme Court[50] wendet hier ebenfalls materielle Kriterien an und lehnt es ab, die
Ausübung der *judicial function* einfach formal dadurch zu bestimmen, daß ein
Teil der Gerichtsorganisation entschieden hat[51]. Normativ bestimmbar ist die
Ausübung einer *judicial function* namentlich am Recht zur letzten Entscheidung
und an den auf Parteien bezogenen Verfahrensstrukturen, also anhand der hier
entwickelten Kriterien. Diese Parallele darf freilich nicht darüber hinwegtäuschen, daß die Bestimmung der *judicial function*, wiewohl als notwendig anerkannt, selten systematisch erfolgt[52]. Häufig löst ein Blick auf die historische Auf-
gabenentwicklung des *Common Law* das Problem[53]. Entscheidend für die Un-

---

[49]   Präziser Überblick von Einzelproblemen bei *Richard H. Fallon Jr.*, Of Legislative Courts,
Administrative Agencies and Article III, Harvard L. Rev. 101 (1988), 916 (935ff.). Weiterhin zu
diesem Problem *Tribe*, Constitutional Law, 292–298; *Paul M. Bator*, The Constitution as Architecture: Legislative and Administrative Courts Under Article III, Indiana L.J. 65 (1990), 277; *David A. Strauss*, Art. III Courts and the Constitutional Structure, ebda., 307; *David E. Engdahl*,
Intrinsic limits of Congress' power regarding the judicial branch, Brigham Young U.L. Rev. 1999
75. Der deutsche Referenzfall, der das Problem abschließend löst, wäre BVerfGE 22, 49.

[50]   Beginnend mit American Insurance Co. v. Canter, 26 U.S. 511 (1828). Vgl. aus neuerer Zeit:
Ex parte Bakelite Corp., 279 U.S. 438 (1929) und besonders weitgehend zugunsten der Einrichtung von Administrative Courts in Fällen, in denen dies unter Abwägung des Sachproblems zulässig erscheint, immer noch grundlegend: Crowell v. Benson, 285 U.S. 22 (1932); Thomas v. Union Carbide, 473 U.S. 568 (1985); Commodity Future Trading Comms. v. Schor, 478 U.S. 833
(1986). Strikter aber Northern Pipeline v. Marathon Pipeline, 458 U.S. 50 (1982); Granfinanciera,
S.A. v. Nordberg, 492 U.S. 33 (1989) unter Heranziehung der Frage, ob der Fall zwischen Privaten spielt oder der Staat beteiligt ist.

[51]   26 U.S. 546 (zuerst mit der Bezeichnung *legislative courts*); 279 U.S. 449; Williams v. United
States, 289 U.S. 553, 565f. (1933); Freytag v. Commissioner of IRS, 501 U.S. 868, 889 (1991). An-
ders aber ausdrücklich die seltene ausdrückliche Identifizierung von Organ und Funktion in
Freytag v. Commissioner of IRS, 501 U.S. 868, 909ff. (Scalia, J., conc.).

[52]   Vgl. nur die einzelnen Formulierungen in 26 U.S. 546; 279 U.S. 451f.; 285 U.S. 58; 473 U.S.
582ff.

[53]   Besonders deutlich 458 U.S. 70: »*at the core of the historically recognized judicial power*«,
ebda., 90: »*the stuff of the traditional actions at common law tried by the courts at Westminster in*

einheitlichkeit der Rechtsprechung ist jedoch ein anderer Grund: Aus der Ausübung der judikativen Funktion durch Verwaltungstribunale folgt noch nicht ihre Unzulässigkeit, sondern nur ihre Rechtfertigungsbedürftigkeit nach praktischen Kriterien[54], insbesondere im Hinblick auf die von der Legislative ange-
strebten sachlichen Ziele, ihre Wertigkeit und Erreichbarkeit. Daher amalgamiert
die Rechtsprechung funktionale und materielle Argumente. Diese Argumentation, die den Gestaltungsspielraum des Gesetzgebers hervorhebt, erscheint insoweit zweifelhaft, wie sie die abschließende Bestimmung eines subjektiven Rechts
der Exekutive überläßt und damit die Reichweite individueller Selbstbestimmung
einem Organ übergibt, das eigene nicht durch Recht determinierte Entscheidungskriterien anwenden kann.

Beiden Gerichten gemeinsam ist eine Rechtsprechung, die in eklatanten Abweichungen unterer Gerichte von bestimmten Auslegungsstandards des materiellen Rechts einen Verstoß gegen die Gewaltengliederung erkennt[55]. Gerichte, die
materielles Recht zu weitgehend auslegen, verlassen in diesem Verständnis die judikative Funktion und agieren als rechtschöpfende legislative Organe. Diese Argumentation, die die Kontrollbefugnis deutlich ausweitet[56], erscheint jedoch
nicht haltbar. In der Entscheidung eines Falls agieren Gerichte, wenn sie sich an
die prozessrechtlichen Vorgaben halten, nämlich in jedem Fall als Gerichte. Nur
die Abweichung von elementaren prozeduralen Regeln kann einen Verstoß gegen
die Gewaltengliederung begründen. Die abwegige Auslegung einer Norm durch
ein unabhängiges Gericht, die in Anwendung auf einen bestimmten Sachverhalt
auf fremde Initiative hin geschieht, ist zudem kein legislatives Handeln. Erst
wenn sich das Gericht nicht mehr auf Recht beziehen würde, um seine Entscheidung zu begründen, würde die prozedurale Seite der Gesetzesbindung greifen.
Solange das Gericht in der Art seiner Entscheidung gerichtsförmig handelt, bleibt
jede Auslegung des materiellen Rechts für die Gewaltengliederung unbedenklich.

In diesem Zusammenhang darf schließlich kurz auf eine Rechtsprechung des
EuGH hingewiesen werden, die systematisch hierher gehört, weil sie Eigenschaften der *nationalen* rechtsprechenden Gewalt betrifft: Der EuGH erkennt die
Notwendigkeit eines materiellen Rechtsprechungsbegriffs bei der Zulässigkeitsprüfung einer Vorlagefrage nach Art. 234 EGV[57] an. Der Gerichtshof hat sich aus-

---

1789«. Eingehende historische Überlegungen auch in 492 U.S. 43 ff. Solche Referenzen sind der
frühen deutschen Rechtsprechung ebenfalls bekannt: BVerfGE 14, 56 (66) für bürgerliche
Rechtsstreitigkeiten. BVerfGE 8, 197 (207); 12, 264 (274) für das Strafrecht.

[54] Insbesondere relevant ist, ob die vom Tribunal entschiedenen Fragen Rechte betreffen, die
durch den Kongreß gewährt wurden oder andere Rechte, also insbesondere solche aus dem
Common Law. Im letzteren Fall werden die Grenzen strenger gezogen als im ersteren.

[55] BVerfGE 9, 89 (101); 34, 269 (285 f.); 96, 375 (394); NJW 2002, 3635 (3636). Dazu *Pieroth /
Aubel*, JZ 2003, 505 ff. sowie Bush v. Gore, 531 US 98 (2000).

[56] Dies war mit Blick auf ihre Beschränkung auf Verfassungs-, bzw. auf Bundesrecht bei den
soeben angeführten Urteilen der Fall.

[57] Aus der Literatur: *Christian Koenig / Matthias Pechstein / Claude Sander*, EU-EG-Prozeß-

drücklich von einem nominalistischen Verständnis von »Gericht«[58] distanziert und materielle Kriterien für die Vorlageberechtigung entworfen[59]. Die Kriterien des EuGH entspechen den hier begründeten[60]: Neben einer institutionellen Verstetigung betont der EuGH namentlich die Verrechtlichung der Zuständigkeitswahrnehmung[61], die Anwendung von Rechtsnormen bei der Entscheidungsfindung, die Unabhängigkeit vom politischen Prozeß[62] und die Entscheidung inter partes[63].

3. Fazit

Art. 92, 1. Hs. GG und art. III U.S. const. verwenden die rechtsprechende Gewalt als Rechtsbegriff. Das hier verfassungstheoretisch entwickelte Verständnis der Judikative als derjenigen Gewalt, die ihre individuelle Legitimationsleistung durch die Erzeugung individualisierter, vergangenheitsbezogener und rechtlich weitestgehend determinierter Entscheidungen erbringt, findet sowohl in der Institution des Gerichts als typischer Organisationsform judikativer Rechtserzeugung als auch in den Referenzrechtsordnungen ihre Bestätigung. Anschlußfähig blieb diese Bestimmung, weil beide Rechtsordnungen, wenn auch in unterschiedlichem Maße, eines materiellen Begriffs der judikativen Funktion bedürfen, um Rechtsfragen zu entscheiden. Hier können die entwickelten Kriterien in die Auslegung einbezogen werden. Im deutschen Recht ist eine Systematisierung der zumeist topisch vorgenommenen Funktionsbestimmung allerdings aus zwei Gründen besser anwendbar als im amerikanischen. Dies ist zum einen der Fall, weil das amerikanische Recht deutlicher mit historischen Bestimmungen der Gerichtsbarkeit arbeitet. Zum anderen läßt das amerikanische Verfassungsrecht die abschließende

---

recht, 2. Aufl. 2002, Rdnr. 779–788; *Koen Lenaerts/Dirk Arts*, Procedural Law of the European Union, 1999, Rdnr. 2–006–2–014 mit umfangreichen Rechtsprechungsnachweisen.

[58] Dazu *Koenig/Pechstein/Sander*, EU-/EG-Prozeßrecht, Rdnr. 781 in Anm. 102 unter Hinweis auf GA Colomer, EuGH Rs. C-17/00, De Coster, Slg. 2001, I-9445, Tz. 45.

[59] Rs. C-86/00, HSB-Wohnbau, Slg. 2001, I-5353, Tz- 12–13. In der Sache entsprechend EuGH, Rs. C-182/00, Lutz GmbH, Slg. 2002, I-547, Tz. 11ff.

[60] Eine besonders präzise Subsumtion in EuGH, Rs. C-54/96, Dorsch Consult, Slg. 1997, I-4961, Tz. 23–40. Zur Selbständigkeit des gemeinschaftsrechtlichen Gerichtsbegriffs: EuGH, Rs. 61/65, Vaassen-Göbbels, Slg. 1966, 583 (602); Rs. 14/86, Pretore di Salò, Slg. 1987, 2545, Tz. 7; Rs. C-24/92, Corbiau, Slg. 1993, I-1277, Tz. 15; Rs. 393/92, Almelo, Slg. 1994, I-1508, Tz 21 unter ausdrücklicher Absehung von einem nominalistischen Verständnis, also der Bezeichnung als »Gericht«.

[61] Kriterienaufzählung in EuGH, Rs. C-110/98 und C-147/98, Gabalfrisa, Slg. 2000, I-1577, Tz. 33.

[62] Vgl. entsprechend die soeben zitierten Fälle.

[63] Als zirkulär erscheint allerdings der gelegentliche Hinweis des Gerichtshofes auf »Entscheidungen mit Rechtsprechungscharakter«, der die eigentliche Begründungsleistung nur unterstellt. Vgl. z.B. EuGH, Rs. 318/85, Unterweger, Slg. 1986, 955, Tz. 4; Rs. C-111/94, Job Centre Coop, Slg. 1995, I-3361, Tz. 11.

Entscheidung von Rechtsfragen durch exekutive Organe als einen zwar rechtfertigungsbedürftigen, aber verfassungsrechtlich zulässigen Tatbestand zu.

Zwei Abweichungen zwischen dem herrschenden Verständnis der Rechtsprechung und dem hier entwickelten Modell ergaben sich: Das Kriterium der Streitentscheidung wird in beiden Rechtsordnungen zur Bestimmung der Judikative verwendet. Dieses Kriterium erscheint aber für judikatives Handeln nicht spezifisch. Zudem schließt es im amerikanischen Recht die Möglichkeit gerichtlicher Gutachten aus, und verhindert damit die gesetzliche Einführung einer gerichtlichen Kontrolloption, von der keine erkennbare Gefahr für die Legitimationsleistung der Gewaltengliederung ausgeht. Zum zweiten verwenden beide obersten Gerichte die Gewaltengliederung als Kontrollmaßstab für Akte unterer Gerichte. Eine noch so abwegige Gesetzesauslegung durch ein Gericht begründet aber keinen Verstoß gegen die Gewaltengliederung, solange das Gericht in Organisation und Verfahren regelkonform arbeitet.

II. *Legislative: verallgemeinernd, zukunftsbezogen, offen*

1. Verfassungstheoretischer Typus

Die Eigenschaften legislativer Rechtserzeugung verhalten sich diametral zu den Qualitäten der judikativen Funktion. Legislatives Recht ist idealiter von möglichst hoher sachlicher Reichweite (»allgemein«), zukunftsbezogen, selbstinitiativ und in seiner Entstehung wenig verrechtlicht. Das prozedurale Ideal legislativer Rechtserzeugung verwirklicht sich mithin in *einem* für die gesamte Rechtsordnung wirkenden Organ mit universeller Befassungskompetenz, welches in einem inklusiven Verfahren Entscheidungen fällt. Dieses Verfahren ist durch Recht konstituiert, aber im Kern möglichst wenig verrechtlicht. Dabei ist die eingeschränkte Verrechtlichung legislativer Rechtserzeugung von ganz entscheidender Bedeutung. Denn aus ihr folgt, daß die angemessenen Eigenschaften legislativen Rechts – etwa seine Reichweite – zwar als *Befugnis*, aber nicht in gleicher Intensität als *Verpflichtung* des Legislativorgans einzurichten sind. Andernfalls würden sie zu einer funktional nicht angemessenen Verrechtlichung der Legislativgewalt führen. Die Funktionskriterien für legislatives Handeln sind also nicht ähnlich zwingend auf ein Referenzorgan anzuwenden, wie dies bei der Judikativfunktion für die Organisationsform des Gerichts der Fall war. Zwar existiert für die Legislativfunktion ein typisches Organ, das nationalstaatliche Parlament. Doch gibt es zum einen auch nicht-parlamentarische Formen von Legislativen, zum anderen ist die organisatorische Ausgestaltung der Parlamente variationsreicher als die Organisation von Gerichten. Beispiele für beides, wie namentlich die Institution des Ministerrats als Gesetzgeber der Europäischen Union oder die Einrichtung zweiter Parlamentskammern, sind aber so eng mit den Problemen verschiedener hoheitlicher *Ebenen* verbunden, das sie erst im Zweiten Teil Behandlung finden werden[64].

Legislative Organe weisen also eine größere organisatorische Vielfalt als Judikativorgane auf. Die Notwendigkeit, eine demokratische Willensbildung erst hervorzubringen[65], ist dafür der Grund. Denn während sich die Willensbildung des rechtsuchenden Subjekts stets in Form einer individuellen Initiative vor den Schranken des Gerichts äußert, gibt es eine Vielzahl von Möglichkeiten, eine kollektive Willensbildung zu organisieren. Die Suche nach der »demokratischsten«[66] Willensbildung ist ihrerseits möglicher Gegenstand einer demokratischen Auseinandersetzung[67]. Verzerrungen der demokratischen Willensbildung unter Einhaltung demokratischer Mindeststandards sind denkbar. Doch können diese nicht einfach durch Rechtsregeln verhindert werden[68], denn die Frage, was eine Verzerrung der demokratischen Willensbildung darstellt und was nicht, ist ihrerseits Gegenstand demokratischer Auseinandersetzung[69]. Zwingende Regeln für legislative Verfahren sind die Öffentlichkeit der Entscheidungsfindung, die unerläßlich ist, um den demokratischen Willensbildungsprozeß an die repräsentierte Öffentlichkeit anzubinden, und das Recht auf eine eigene legislative Initiative. Aber entsprechend der soeben angestellten Überlegung ist das Recht zur Initiative nicht mit einer Pflicht gleichzusetzen. Es genügt, daß die Initiative zur Rechtserzeugung *auch* bei der Legislative liegt[70].

Für die Verrechtlichung legislativen Handelns ist eine Zweiteilung charakteristisch: Zur Sicherung des demokratischen Charakters der Entscheidung[71] bedarf es einer intensiven Verrechtlichung der Kreation des Legislativorgans[72]. Die *Kreation* des legislativen Rechtserzeugungsorgans muß in einem Verfahren erfol-

---

[64] Vgl. unten, S. 253 ff., 287 ff.

[65] *Andreas Greifeld*, Volksentscheid durch Parlamente, 1983, 24 ff. Vgl. dazu auch oben, § 2, II.

[66] Formulierung in Anschluß an *Armin von Bogdandy*, Demokratisch, demokratischer am demokratischsten?, FS Hollerbach, 2001, 363.

[67] Natürlich kann auch die Frage des *ob* der demokratischen Organisation politisch umstritten sein, aber dies verläßt die Reichweite der Untersuchung, die die Entscheidung zugunsten von Demokratie voraussetzt.

[68] Vgl. *Farber/Frickey*, Law and Public Choice, 21 ff., 33 ff.; *Neil K. Komesar*, Law's Limits, 2001, 127 ff.

[69] Insoweit ist Informalität als solche keine Bedrohung legislativer Verfahren, sondern wird dies erst durch die faktische Vorbindung solcher Verfahren: *Matthias Herdegen*, Informalisierung und Entparlamentarisierung politischer Entscheidungen als Gefährdung der Verfassung?, VVDStRL 62 (2003), 7 (15 f.). Grundsätzlich auch *Schulze-Fielitz*, Der informale Verfassungsstaat, 109 ff., zu Verselbständigungstendenzen von Informalität, ebda., 134 ff.

[70] Zur Bedeutung von Regierungsinitiativen: *von Beyme*, Der Gesetzgeber, 176 ff.; *Schulze-Fielitz*, Theorie und Praxis parlamentarischer Gesetzgebung, 285 ff.; *Hans Schneider*, Gesetzgebungslehre, 3. Aufl. 2002, 61 ff.

[71] *Greifeld*, Volksentscheid durch Parlamente, 95 ff. Eine weitere Form der Legislative besteht im Plebiszit. Eine Herleitung unter Anwendung demokratischer Mindeststandards auf plebiszitäre Formen bei: *Heidrun Abromeit*, Wozu braucht man Demokratie?, 2002.

[72] Vgl. *Hannah F. Pitkin*, The Concept of Representation, 1968, 144 ff.; *Cunningham*, Theories of Democracy, 90 ff.; *Benedikt Haller*, Repräsentation, 1987, 96 ff.

gen, das alle in den Legitimationsvorgang einbezogenen Rechtssubjekte in formal gleicher Weise beteiligt[73]. Jedoch kann die Legislative ihre Legitimationsfunktion nur erfüllen, wenn die anschließende Willensbildung inhaltsoffen verläuft. Dies führt einerseits zu einem intensiven rechtlichen Schutz der Repräsentation, andererseits zur Zurücknahme rechtlicher Bindungen bei der internen Entscheidungsbildung[74]. Für letztere ist nur zu verlangen, daß die Entscheidung des Organs für das Organ repräsentativ ist, namentlich also, daß das gesamte Organ mit Mehrheit entscheiden muß[75]. Die Regeln, die das legislative Verfahren bindend regeln, müssen sich, wenn nicht wie in England Verfassungstraditionen genügen[76], auch gegenüber legislativem Recht durchsetzen können. Im Schutz des Legislativverfahrens vor sich selbst liegt daher eine Ratio für einen gerichtlich durchsetzbaren geschützten Vorrang des Verfassungs- vor dem Gesetzesrecht[77]. Aus diesem Zusammenhang zwischen dem Schutz des legislativen Legitimationsanspruchs und der verfassungsgerichtlichen Kontrollbefugnis werden sich im weiteren Möglichkeiten und Grenzen der Verfassungsgerichtsbarkeit in der Gewaltengliederung herleiten lassen[78].

Die Legitimationsleistung legislativer Rechtserzeugung besteht also in der Bildung und prospektiven Formalisierung eines Allgemeinheit beanspruchenden demokratischen Willens. Anders als bei der Judikativfunktion bleibt damit für die Legislative zu prüfen, welche Teile ihres Verfahrens verrechtlicht werden sollen und welche nicht. Zugleich ist zu klären, ob für diese Verrechtlichung – wie bei der Judikativfunktion – ein materieller Begriff von legislativer Rechtserzeugung dogmatisch notwendig ist.

2. Rechtsvergleichende Anwendung

Wie lassen sich diese Vorgaben an die beiden untersuchten Verfassungsordnungen anschließen und juristisch nutzbar machen? Zunächst fallen Parallelen mit Blick auf die rechtliche Umhegung der Legislative ins Auge. Während das Wahlverfahren zur Herstellung demokratischer Legitimation eines hohen Grades an Verrechtlichung bedarf, bleibt die Entscheidungsfindung innerhalb des Legislativorgans weitgehend offen. »*The nonjusticiability of a political question is primarily a function of the separation of powers.*«[79]

---

[73] Dazu oben, S. 46 ff.
[74] Ähnlich *Di Fabio*, Gewaltenteilung, Rdnr. 21.
[75] Wobei auch die Mehrheitsfindung binnenparlamentarisch geregelt werden kann: BVerfGE 44, 308 (321).
[76] Der klassische Verweis auf Traditionen bei *Frederick W. Maitland*, The Constitutional History of England (1908), 1961, 526 ff.
[77] Zum untrennbaren Zusammenhang zwischen materiellem Vorrang und institutioneller Einrichtung eines zuständigen Gerichts unten, S. 136 ff.
[78] Dazu unten, S. 136 ff.
[79] Baker v. Carr, 369 U.S. 186, 210 (1962).

In der deutschen wie in der amerikanischen Verfassungsrechtsprechung zeigen sich intensive Formen der Verrechtlichung der Regeln des demokratischen Wahlverfahrens – und zwar auf Grundlage subjektiver Rechte auf demokratische Beteiligung, etwa für die Wahlrechtsgleichheit und die Wahlrechtsfreiheit. Für die amerikanische Rechtsordnung wurde diese Form der Konstitutionalisierung beim Problem der Wahlkreiseinteilung[80] von der Rechtsprechung des U.S. Supreme Court nur zögerlich angenommen, setzte sich aber letztlich nachhaltig durch[81]. Für die deutsche Rechtsordnung[82] ist eine Konstitutionalisierung des Wahlrechts schon seit der Weimarer Zeit[83] zu beobachten und namentlich durch die Regelung des Art. 38 Abs. 1 S. 2 GG zwingend[84]. Innerparlamentarische Entscheidungsfindungen sind dagegen in beiden Verfassungen zunächst einmal nur binnenrechtlich geregelt[85], also Ergebnis eines informellen politischen Konsen-

---

[80] Wichtig ist in diesem Zusammenhang zunächst das Problem der einheitlichen Wahlkreisgröße. Eine Überprüfung noch ablehnend Colegrove v. Green, 328 U.S. 549, 556 (1946): »Courts ought not to enter this political thicket.« Die Wende in Baker v. Carr, 369 U.S. 186, 208ff. (1962). Aus der Literatur: *Fritz W. Scharpf*, Grenzen der richterlichen Verantwortung, 1965, 267ff. Aktueller Überblick bei *Samuel Issacharoff/Pamela S. Karlan/Richard H. Pildes*, The Law of Democracy, 2. Aufl. 2001, 141ff. Später tritt das schwierigere und nach wie vor aktuelle Problem einer angemessenen Berücksichtigung von Minderheiten bei der Einteilung der Wahlkreise in den Vordergrund. Dazu Mobile v. Bolden 446 U.S. 55 (1980).

[81] Vgl. weiterhin für die Durchsetzung der Allgemeinheit des Wahlrechts namentlich bei Vorwahlen, deren Begründung einer grundrechtlichen Vorwirkung auch für das formell private Handeln der Parteien bedarf, die Nachweise bei: *Issacharoff/Karlan/Pildes*, Law of Democracy, 546ff. Sowie die Darstellung der Fallgestaltungen bei *Thomas Giegerich*, Privatwirkung der Grundrechte in den USA, 1992, 235ff. Entscheidend für die faktische Durchsetzung des allgemeinen Wahlrechts war aber der Gesetzgeber.

[82] In diesem Zusammenhang findet sich auch ein seltenes Element von Rechtsvergleichung seitens des Bundesverfassungsgerichts in BVerfGE 95, 335 (364): dort ein nicht weiter spezifizierter Hinweis auf die absolut strikte Rechtsprechung des U.S. Supreme Court zur Größe der Wahlkreiseinteilung.

[83] Vgl. das Gutachten von *Hermann Heller*, Die Gleichheit in der Verhältniswahl nach der Weimarer Verfassung, 1929, in dem ebenfalls stark rechtsvergleichend argumentiert wird. Zur dort behandelten Frage die Entscheidung: StGH, RGZ 128, Anh. 1 (10ff.).

[84] Zur Einteilung von Wahlkreisen BVerfGE 95, 335 (383ff.); 104, 14 (19ff.). Zur Rechtsprechung der Überblick bei *Martin Morlok*, Demokratie und Wahlen, in: FS BVerfG Bd. 2, 2001, 559. Zu den Gründen für die nur eingeschränkte Möglichkeit der Konstitutionalisierung der Parteienfinanzierung: *Möllers*, Staat als Argument, 334ff.

[85] *Martin Morlok*, Informalisierung und Entparlamentarisierung politischer Entscheidungen als Gefährdung der Verfassung?, VVDStRL 62 (2003), 35 (58ff., 64ff.). Vor diesem Hintergrund erscheint auch die Konstitutionalisierung von legislativen Verfahrenspflichten etwa zur Nachbesserung von Gesetzen, über die letztlich Gerichte entscheiden, funktional bedenklich. BVerfGE 88, 203 (309ff.); 93, 37 (84f.); 94, 115 (151f.); 97, 271 (294f.). Anders aber *Gunther Schwerdtfeger*, Optimale Methodik der Gesetzgebung als Verfassungspflicht, in: FS H.P. Ipsen, 1977, 173. Ähnlich *Jörg Lücke*, Die Allgemeine Gesetzgebungsordnung, ZG 2001, 1. Wie hier kritisch *Christoph Gusy*, Das Grundgesetz als normative Gesetzgebungslehre?, ZRP 1985, 291 (296ff.); *Stefan Huster*, Die Beobachtungspflicht des Gesetzgebers, ZfRSoz 24 (2003), 3 (11ff.). Funktional ganz anders stellt es sich dar, wenn der Gesetzgeber selbst Lernprogramme implementiert. Dazu *Helmuth Schulze-Fielitz*, Zeitoffene Gesetzgebung, in: W. Hoffmann-Riem/E. Schmidt-Aßmann (Hrsg.), Innovation und Flexibilität des Verwaltungshandelns, 1994, 139. Skeptische

ses[86]. Sie gewinnen einen intensiveren Grad an durchsetzbarer Verrechtlichung, wenn die Übertretung subjektiver Rechte die Legitimationsleistung des Vorgangs gefährdet, also den Zusammenhang zwischen Wahlakt und Repräsentationsanspruch der Entscheidung in Frage stellt[87]. Dies gilt namentlich für individuelle Beteiligungsrechte der Abgeordneten[88], von denen die demokratische Legitimation des gesamten Organs abhängt.

In beiden Referenzrechtsordnungen ist legislatives Handeln in der Regel durch die Form des Gesetzes definiert: Art. I, sec. 1 U.S. const. und Art. 77 Abs. 1 S. 1 GG verknüpfen gesetzgebende Gewalt und Gesetzesform. Die Notwendigkeit, einen materiellen Rechtsbegriff der legislativen Gewalt zu entwickeln, der in Art. 20 Abs. 2 S. 2 GG und art. I sec. 1 U.S. const. vorausgesetzt wird, erweist sich dagegen als begrifflich problematisch und praktisch nur selten nachgefragt. Sieht man vom gesondert zu behandelnden Problem der delegierten Rechtsetzung ab[89], tritt der materielle Begriff der legislativen Gewalt hinter der Gesetzesform weitgehend zurück. Auch das Kriterium der Allgemeinheit des Gesetzes selbst unterfällt den gebotenen Grenzen der Verrechtlichung legislativen Handelns[90]. Weder der materielle Gesetzesbegriff[91] im deutschen Recht noch die Figur der *quasi-legislative*-action[92] konnten eine Grenzziehung leisten. Eine verfassungsrechtliche Verpflichtung zum Erlaß allgemeiner Gesetze kennen beide Verfassungsordnungen nicht[93]. Die demokratisch gebotene Offenheit der Gesetzgebung setzt sich

---

Erfahrungen mit formalisierter Gesetzesfolgenabschätzung bei *Peter Blum*, Wege zu besserer Gesetzgebung, Gutachten I, 65. DJT, 2004, 1 (61 ff.).

[86] Zu diesem Zusammenhang zwischen Informalität und Konsens: *Morlok*, VVDStRL 62 (2003), 52 f.

[87] Deutlich formuliert in BVerfGE 80, 188 (218), 102, 224 (340).

[88] Deutliche Abgrenzung zwischen den beiden Sphären nicht verrechtlichter Parlamentsautonomie und verfassungsrechtlicher Wirkungen der Wahlrechtsgleichheit in BVerfGE 102, 224 (340 ff.). Zur Abgrenzung zwischen Rechten des Angeordneten und denen des Parlaments zuletzt BVerfGE 104, 310 (328 f.). Aus der breiten Rechtsprechung zu den Rechten einzelner Abgeordneter BVerfGE 62, 1; 70, 324; 80, 188; 94, 351; 96, 264, zur Grenzziehung auch *Norbert Achterberg*, Parlamentsrecht, 1984, 61 f.; *Jost Pietzcker*, Schichten des Parlamentsrechts, in: H.-P. Schneider/W. Zeh (Hrsg.), Parlamentsrecht und Parlamentspraxis, 1989, § 10, Rdnr. 7. Die grundlegende Entscheidung für den Fall einer Ungleichbehandlung verschiedener Abgeordneter im amerikanischen Recht in Powell v. McCormack, 395 U.S. 486, 512 ff. (1969). Aber eine Möglichkeit des Abgeordneten, die Rechte des ganzen Parlaments geltend zu machen, besteht nicht: Raines v. Byrd, 521 U.S. 811, 820 ff. (1997). Ähnliche Einschränkungen für Deutschland etwa in BVerfGE 90, 286 (342 f.). Insoweit eine Ausnahme mit föderaler Komponente: Coleman v. Miller, 307 U.S. 433 (1939).

[89] Vgl. unten, S. 178 ff.

[90] *Hofmann*, Postulat der Allgemeinheit des Gesetzes, 39 f.; *Norbert Achterberg*, Kriterien des Gesetzesbegriffs unter dem Grundgesetz, DÖV 1973, 289 (293 f.); *ders.*, Probleme der Funktionenordnung, 204 f. Zum im Grundgesetz angelegten aber nicht verrechtlichten Kriterium der Allgemeinheit *Christian Starck*, Der Gesetzesbegriff des Grundgesetzes, 1970, 185 ff.

[91] Überblick mit Regelungskontexten bei *Schneider*, Gesetzgebungslehre, 26 ff., 36 ff.

[92] Wohl zuerst verwendet in Yick Wo v. Hopkins 118 US 355, 371 (1886).

[93] BVerfGE 25, 371 (398 f.); 95, 1 (14 ff.); Nixon v. Administrator of General Services, 433 U.S. 425, 471 (1977).

gegenüber Versuchen, einen materiellen Rechtsbegriff legislativen Handelns zu bestimmen, durch.

Doch bleiben die hier entwickelten Kriterien für die Legislativfunktion rechtlich nicht folgenlos. Dies zeigt sich an denjenigen Grenzen legislativer Rechtserzeugung, die aus subjektiven Rechten folgen. In beiden Rechtsordnungen gibt es solche Grenzen – in Übereinstimmung mit den hier begründeten Kriterien – gerade gegenüber rückwirkenden und zu weitgehend individualisierten Legislativakten. Kurz gefaßt: Beide Rechtsordnungen kennen zwar kein *Gebot* des allgemeinen Gesetzes, aber doch ein *Verbot* des zu konkreten Gesetzes. Entsprechende Grenzen sind in der Regel mit Bezug auf individuelle Rechte formuliert, so im Verbot rückwirkender Einzelfallgesetze in art. I sec. 9 cl. 3 U.S. const. (*bill of attainder*), das der Supreme Court ausdrücklich mit dem Gedanken der Gewaltenteilung verknüpfte[94]. Ähnliche Strukturen enthalten Art. 19 Abs. 1 S. 1[95], 103 Abs. 2 GG[96] und der beiden Rechtsordnungen bekannte Vertrauensschutzgedanke[97]. Rechtlich handhabbare Grenzen legislativer Rechtserzeugung ergeben sich also nicht unmittelbar aus dem Recht der Staatsorganisation, dem Gebot der Gewaltengliederung oder einem materiellen Gesetzesbegriff[98], sondern aus einer individuell konkreten Beschwersituation, die grundrechtlich geschützt ist. Kriterien für diesen Grundrechtsschutz sind aber – etwa mit Blick auf die Zeitstruktur – aus dem entwickelten Begriff der Gewaltengliederung herleitbar. Das Recht der

---

[94] »*The Bill of Attainder Clause was intended not as a narrow, technical (and therefore soon to be outmoded) prohibition, but rather as an implementation of the separation of powers, a general safeguard against legislative exercise of the judicial function or more simply – trial by legislature.*«, U.S. v. Brown, 381 U.S. 437, 440 (1965). Dazu Note, The Bounds of Legislative Specification, A Suggested Approach to the Bill of Attainder Clause, Yale L.J. 72 (1962), 330 (346f.).

[95] BVerfGE 85, 360 (374). Vgl. aber auch BVerfGE 101, 158 (214ff., 218), das für einen qualifizierten Bereich das Erfordernis eines allgemeinen »Maßstäbegesetzes« mit selbstbindender Wirkung verlangt und in dem ein explizit unpolitischer Gesetzesbegriff zugrundegelegt wird: »Handlungsmittel für die Verdeutlichung und Vervollständigung des finanzverfassungsrechtlichen Zuteilungs- und Ausgleichssystems ist das Gesetz. Die Regelung des Finanzausgleichs darf nicht dem freien Spiel der politischen Kräfte überlassen bleiben.« Letzteres ist aber genau die Funktion des Gesetzgebungsverfahrens. Dazu aber zustimmend mit Blick auf Rationalitätsgewinne *Christian Waldhoff*, Reformperspektiven der bundesstaatlichen Finanzverfassung im gestuften Verfahren, Zeitschrift für Gesetzgebung 2000, 193.

[96] Zur freiheitsschützenden Ratio des Rückwirkungsverbots: *Günther Jakobs*, Strafrecht. Allgemeiner Teil, 2. Aufl. 1991, 67f.

[97] Für die amerikanische Diskussion *Daniel N. Shaviro*, When Rules Change: An Economic and Political Analysis of Transition Relief and Retroactivity, 2000. Für Deutschland *Hartmut Maurer*, Kontinuitätsgewähr und Vertrauensschutz, in: J. Isensee/P. Kirchhof (Hrsg.), Handbuch des Staatsrechts Bd. III, 1988, § 60. Eine deutliche »gewaltenteilige Abstufung« für einen Sonderfall bei *Christian Waldhoff*, Vertrauensschutz im Steuerrechtsverhältnis, in: H.-J. Pezzer (Hrsg.), Vertrauensschutz im Steuerrecht, 2004, 129 (132ff.).

[98] So läßt sich auch die Feststellung in BVerfGE 25, 371 (398) verstehen: »Mit der Regelung eines einzelnen Falles greift der Gesetzgeber nicht notwendig in die Funktionen ein, die die Verfassung der vollziehenden Gewalt oder der Rechtsprechung vorbehalten hat.« Zur Präzisierung *Lepsius*, Parlamentarismus, 168f. in Anm. 127.

Gewaltengliederung trägt zur grundrechtlichen Maßstabsbildung bei. Damit illustriert die Rechtslage in den Referenzrechtsordnungen zugleich den bereits entwickelten Zusammenhang zwischen Verrechtlichung, Vergerichtlichung und Individualisierung. Das bedeutet aber auch, daß funktionale Grenzen der Gewaltengliederung in dem Moment zu greifen haben, in dem der demokratische Gesetzgeber so konkret regelt, daß jeder exekutive Konkretisierungsbeitrag bei der Einschränkung subjektiver Rechte einfach übersprungen und dadurch Rechtsschutz ausgeschlossen wird[99]. In solchen Fällen fehlt der durchgehende legitimationsangemessene Konkretisierungszusammenhang hoheitlichen Handelns, den die Gewaltengliederung schützt.

3. Fazit

Art. 20 Abs. 2 S. 2 GG und art. I sec. 1 U.S. const. verwenden einen materiellen Begriff der legislativen Gewalt. Durch die verfassungskräftige Zuordnung der Legislativgewalt zum Parlament und zur Rechtsform des Gesetzes sind die meisten in diesem Zusammenhang entstehenden Rechtsprobleme jedoch in beiden Rechtsordnungen so abgeschichtet, daß eine verfassungsrechtliche Konkretisierung des Begriffs nicht notwendig wird.

Verfassungsrechtliche Probleme entstehen vielmehr zunächst, weil der demokratische Legitimationsanspruch des Gesetzgebers durch die Einhaltung von Regeln gesichert werden muß. Dies führt in beiden Rechtsordnungen zu einer selektiven Verrechtlichung der Kreation des Legislativorgans (Wahlrecht) und bestimmter Teile seiner Entscheidungsfindung (Mehrheitsregel). Jenseits dieser demokratieermöglichenden Sicherungen garantiert die Gewaltengliederung dagegen einen Bereich demokratischer Informalität, also eine weitestgehende Zurücknahme gerichtlich überprüfbarer Verfahrensregeln für die demokratische Willensbildung. Der durch die Gewaltengliederung positivierte materielle Gesetzesbegriff greift dagegen in beiden Rechtsordnungen nur in solchen Fällen, in denen formalgesetzliche Entscheidungen sich über die Funktionskriterien (Reichweite, Zukunftsbezug) derart hinwegsetzen, daß dadurch individuelle Rechtspositionen ohne eine vermittelnde Konkretisierung der Exekutive definiert werden. Grenzen legislativer Rechtserzeugung ergeben sich aus individuellen Beschwersituationen. Das Recht der Gewaltengliederung ergänzt grundrechtliche Maßstäbe.

---

[99] BVerfGE 95, 1 (14f.) läßt sich vor diesem Hintergrund nicht mehr als überzeugende Deutung des grundgesetzlichen Gewaltenteilungsprinzips deuten. Anders aber *Ulrich Hufeld*, Anmerkung, JZ 1997, 302. Strenger die Maßstäbe in den Vereinigten Staaten: United States v. Lovett, 328 U.S. 303, 313ff. (1946); United States v. Brown, 381 U.S. 437, 447ff. (1965).

III. Exekutive: Vermittlung durch stufenweise Konkretisierung

1. Spezifische Ungewißheiten des exekutiven Typus

Für die legislative wie für die judikative Funktion folgen aus den hier entwickelten Funktionskriterien organisatorische Idealtypen. An einer solchen Typisie-
rungsmöglichkeit fehlt es für die exekutive Funktion, denn dieser ist kein »eigener« Legitimationsmodus zuzuordnen. Vielmehr nimmt die exekutive Funktion
dadurch eine im wörtlichen Sinn *zentrale* Stellung zwischen den beiden anderen
Gewalten ein, daß sie das Spektrum an Regelungsreichweite, Zeitorientierung
und Verrechtlichung ausfüllt, das zwischen den Polen legislativer und judikativer
Rechtserzeugung entsteht. Exekutive Rechtserzeugung hat zwischen den beiden
Legitimationsmodi, die auf das individuelle Rechtssubjekt oder das demokratische Legitimationssubjekt bezogen bleiben, zu vermitteln. Dies erklärt, warum
der Begriff der Verwaltung in der um Begriffsdefinitionen besonders bemühten
deutschen Literatur traditionell Verlegenheit hervorrief. Dies gibt der auf den ersten Blick wenig überzeugenden »negativen« Definition von Verwaltung ihren
versteckten Sinn[100]. Systematische Vorgaben für die Bestimmung der Exekutive
lassen sich aber sowohl aus der Mittelstellung zwischen allgemein-politischem
und individualisiert-verrechtlichtem Entscheidungsverhalten (1.) als auch aus der
Zeitstruktur (2.) ermitteln und für die in den verglichenen Rechtsordnungen bedeutsame Frage der Rechtsbindung der Exekutive fruchtbar machen (3.).

1. Prozedural gewendet muß ihre Vermittlungsaufgabe dazu führen, daß die Exekutive individualisierte und generalisierte Rechtserzeugungsfunktionen nebeneinander wahrnimmt und miteinander verkoppelt[101]. Erstes Mittel zu einer solchen Verknüpfung ist eine hierarchische Organisationsstruktur[102]. Dabei ist der
zu verwendende Begriff der Hierarchie nicht zu verabsolutieren: Teile der Exekutive erzeugen zukunftsorientiertes Recht von einem verhältnismäßig großen Allgemeinheitsgrad mit eigenen Entscheidungsspielräumen. Dieses Recht verdichtet
die Entscheidungsspielräume anderer Teile der Verwaltung zusätzlich zum legislativ erzeugten Recht und bindet deren Entscheidung für stärker individualisierte

---

[100] Vgl. nur: *Otto Mayer*, Deutsches Verwaltungsrecht, Bd. I, 3. Aufl. 1924, 7. Zur Diskussion:
Hans J. Wolff/Otto Bachof, Verwaltungsrecht, 9. Aufl. 1974, § 2. Zum damit unbeachteten Verbot
negativer Definitionen *Herberger/Simon*, Wissenschaftstheorie für Juristen, 314f. Dagegen steht
freilich seit Spinoza eine andere Sicht der Definition: determinatio negatio est: Spinoza, 50. Brief
an J.Jelles vom 2.6. 1674.
[101] Für eine positive am Gewaltenteilungsprinzip orientierte Bestimmung der Exekutive
Ernst Forsthoff, Lehrbuch des Verwaltungsrechts, 10. Aufl. 1973, 1ff. Eine Vermittlungsfunktion
läßt sich auch dem Ansatz von *Fehling*, Verwaltung zwischen Unparteilichkeit und Gestaltungsaufgabe, 93ff. entnehmen.
[102] Zur fortwirkenden Bedeutung hierarchischer Organisationsformen: *Niklas Luhmann*, Organisation und Entscheidung, 2000, 20; *Fritz W. Scharpf*, Games Real Actors Play, 1997, 171ff.;
Dirk Baecker, Organisation als System, 1999, 221ff.; *Simon*, Administrative Behaviour, 7ff.

Fälle. Verschiedene hierarchische Ebenen nehmen verschiedene Grade der Vermittlung vor. Die vertikale Struktur der Hierarchie garantiert eine von oben nach unten fortschreitende Konkretheit und Verrechtlichung exekutiver Rechtserzeugung. Aber diese Feststellung ist nicht mit einem unbegrenzten Weisungsrecht gleichzusetzen. Ein Weisungsrecht, das der exekutiven Spitze die Möglichkeit gibt, einen Einzelfall zu determinieren, ist im Gegenteil der Exekutivfunktion funktional nicht angemessen. Einzelweisungen machen die stufenweise Konkretisierungsleistung der Organisation rückgängig. Anders formuliert: Die Entscheidung eines Einzelfalls durch die Regierungsspitze stellt eine *individualisierte* Entscheidung durch eine allgemein demokratisch verantwortliche Ebene dar, die die funktional geforderte stufenweise Konkretisierungsleistung gerade überspringt. Einzelentscheidungen werden dadurch entrechtlicht und politisiert, zugleich werden die Rationalisierungsstrukturen auf den mittleren und unteren Ebenen der Exekutive übergangen[103]. Dies kann im Einzelfall wünschenswert erscheinen[104], entspricht aber im Grundsatz nicht der Funktion der Hierarchie in der Gewaltengliederung. Hierarchie dient vielmehr der Bindung der Exekutive an legislative Vorgaben und der Verantwortlichkeit der hierarchischen Spitze gegenüber dem allgemeinen demokratischen Prozeß[105]. Letztere gebietet normative Konkretisierungsleistungen durch Verwaltungsvorschriften und *executive orders* – mehr aber nicht. An der Spitze der Hierarchie stehen diejenigen Organe der Exekutive, die aus einem demokratischen Prozeß hervorgehen, und die in funktionaler Verwandtschaft zur Legislative zukunftsgerichtetes Recht mit einem hohen Allgemeinheitsgrad initiieren. Am unteren Ende der Hierarchie stehen Entscheidungen von geringer Allgemeinheit mit vergleichsweise hoher Rechtsbindung, die funktional der Judikative ähneln. Während die Vorstellung einer strikt hierarchischen exekutiven Organisation, in der potentiell jede Entscheidung vertikal determiniert werden kann, nicht nur praktisch schwer zu verwirklichen[106], sondern auch legitimationstheoretisch nicht geboten ist, behält die Hierarchie trotzdem ihren Wert. Die exekutive Organisation hat die Funktion einer, wenn auch möglicherweise losen, Kopplung[107] zwischen den beiden Legitimationsmodi[108].

---

[103] *Hans-Heinrich Trute*, Funktionen der Organisation und ihre Abbildung im Recht, in: E. Schmidt-Aßmann/W. Hoffmann-Riem, Verwaltungsorganisationsrecht als Steuerungsressource, 1997, 249 (278ff.); *Groß*, Kollegialprinzip in der Verwaltungsorganisation, 113ff., 184ff.

[104] Ein verfassungsrechtliches Beispiel wäre die Genehmigungsbefugnis der Bundesregierung in Art. 26 Abs. 2 S. 1 GG zum Export von Kriegswaffen. Man denke auch an gesetzliche Minister- und Behördenleitervorbehalte im Polizei- oder Wettbewerbsrecht.

[105] *Horst Dreier*, Verantwortung im demokratischen Verfassungsstaat, in: Ulfrid Neumann/ Lorenz Schulz (Hrsg.), Verantwortung in Recht und Moral, Stuttgart 2000, 9 (12f.).

[106] Zur Kritik aus der deutschen Literatur: *Veith Mehde*, Demokratieprinzip und Neues Steuerungsmodell, 2000 446ff.; *Trute*, Funktionen der Organisation, 264ff. Vergleichend mit den Vereinigten Staaten auch *Haltern/Mayer/Möllers*, Die Verwaltung 30 (1997), 51 m.w.N.

[107] Zum Begriff *Karl E. Weick*, Der Prozeß des Organisierens, 1985, 163f.

[108] Zur Lösung von Koordinationsproblemen durch Hierarchie grundsätzlich: *Gary J. Miller*, Managerial Dilemmas. The Political Economy of Hierarchy, 1992, 217ff.

2. Die Zeitorientierung der Exekutive liegt zwischen Legislative und Judikative. Dies ist begrifflich einfach zu erfassen, der Exekutive geht es um die *Gegenwart*. Tatsächlich läßt sich ein Gegenwartsbezug in vielen gängigen Vorstellungen von »Verwaltung« entdecken[109]. Im Deutschen spricht man eher vom »*Verwaltungshandeln*«[110] als vom Handeln des Parlaments und der Gerichte. Der Begriff des »Vollzugs«, ebenso wie der des *enforcement* und der in art. II U.S. const. positivierte Begriff der *execution* weisen auch auf diesen Zusammenhang hin. Dieser zeigt sich besonders klar darin, daß ein Charakteristikum exekutiver Rechtserzeugung in der *Vollstreckung* von Recht besteht[111]. Denn die Vollstreckung als Verwirklichung eines Rechtssatzes ist nichts anderes als die völlige zeitliche Synchronisierung des Rechts mit dem geregelten Sachverhalt, anders formuliert: die Vergegenwärtigung des Rechts.

Zugleich aber ist exekutives Handeln nicht auf Gegenwart beschränkt. Schon bei der Erörterung von Hierarchien zeigte sich, daß die Besonderheit der Exekutivfunktion darin liegt, die gesamte funktionale Spannbreite zwischen den beiden anderen Gewalten und den ihnen zugeordneten Legitimationsmodi einzunehmen. Gleiches gilt für den zeitlichen Ablauf: Exekutives Handeln kann nicht immer einen unmittelbaren Wirklichkeitsbezug aufweisen. Es agiert nicht immer im Präsens. Der Erlaß von allgemeinen administrativen Binnenregeln ist zukunftsorientiert – zugleich aber gegenwartsnäher als der Erlaß des parlamentarischen Gesetzes, um dessen Konkretisierung es geht. Formen binnenadministrativer Selbstkontrolle[112] sind vergangenheitsbezogen – wenn auch weniger als das anschließende gerichtliche Verfahren. Mit dem spezifischen Wirklichkeits- oder Handlungsbezug ist also die Präsenzbeziehung exekutiven Handelns bezeichnet, um die sich die Exekutivfunktion auch dann zentriert, wenn es zu einem wirklichen Vergegenwärtigungsakt in Form der Vollstreckung gar nicht kommt[113]. Aus dieser relativen Gegenwartsnähe exekutiven Handelns lassen sich weitere Eigenschaften exekutiver Rechtserzeugung verstehen.

---

[109] *Paul Kirchhof*, Verwalten und Zeit (1975), in: Stetige Verfassung und politische Erneuerung, 1995, 73 (107).

[110] Wobei dieser Begriff nicht die Erzeugung von Recht ausschließen soll. Zum Problem *Achterberg*, Probleme der Funktionenordnung, 18 ff.

[111] Dazu *Christian Waldhoff*, Der Verwaltungszwang, 2003; *Ralf Poscher*, Verwaltungsakt und Verwaltungsrecht in der Vollstreckung, VerwArch. 89 (1998), 111.

[112] §§ 68 ff. VwGO. Zur Funktion dieses Verfahrens: *Eberhard Schmidt-Aßmann*, Verwaltungsverfahren, in: J. Isensee/P. Kirchhof (Hrsg.), Handbuch des Staatsrechts, Bd. III, 1988, § 70, Rdnr. 21. Zum Zeitfaktor als Unterscheidungsmerkmal exekutiver und judikativer Kontrolle: *Walter Schmidt*, Einführung in die Probleme des Verwaltungsrechts, 1982, Rdnr. 97, zustimmend *Rainer Wahl*, Verwaltungsverfahren zwischen Verwaltungseffizienz und Rechtsschutzauftrag, VVDStRL 41 (1983), 151 (160). Für das amerikanische Recht: *Stephen G. Breyer/Richard B. Stewart/Cass R. Sunstein/Matthew L. Spitzer*, Administrative Law and Regulatory Policy, 4. Aufl. 1999, 751 ff.

[113] Daher ist es trotz praktischer Seltenheit richtig, den Vollstreckungsakt als signifikant für die Exekutive zu verstehen.

Dies gilt zunächst für das Verhältnis von Fremd- und Eigeninitiative: Als eine wichtige Eigenschaft der exekutiven Rechtserzeugungsfunktion gilt seit jeher ihre erweiterte Möglichkeit zur Berücksichtigung von *Sachverstand*[114], also von Maßstäben, die weder auf politische noch auf rechtliche Kriterien zurückgreifen[115]. Wie kommt es zu dieser Zuordnung von Expertise und Exekutive? Grundsätzlich spricht nichts dagegen, daß auch legislative und judikative Funktionen sich der Expertise zur Entscheidungsfindung bedienen. Sowohl die Einbeziehung von Gutachten in gerichtliche Verfahren als auch die Einrichtung professionalisierter Beratung für die Legislative sind geläufig. Trotzdem läßt sich die herausgehobene Verbindung der Exekutivfunktion mit sachverständigem Handeln auch als Element der Gewaltengliederung erklären. Sie hängt damit zusammen, daß die Exekutive zum einen über besondere Möglichkeiten zu einer internen Spezialisierung, zum anderen über Eigeninitiative verfügt, die beide zur Expertifizierung notwendig sind, von denen jedoch jeweils eines den beiden anderen Rechtserzeugungsfunktionen fehlt. Die Legislative benötigt stets eine Rückanbindung an einen mit Anspruch auf Allgemeinheit auftretenden demokratischen Prozeß. Aus diesem Grund sind ihrer Spezialisierung praktische Grenzen gesetzt. Zudem agiert sie zukunftsorientiert und verfügt damit über einen nur eingeschränkt mit Erfahrungswissen zu behandelnden Aufgabenbestand, der in besonderer Weise wertender politischer Entscheidungsmaßstäbe bedarf. Die Judikative, die in kontinentaleuropäischen Rechtsordnungen[116] institutionell spezialisiert ist und dadurch organisatorisch auch auf die Anwendung von Sachverstand eingerichtet ist, kann umgekehrt mangels eigener Initiative Sachverstand nur in geringerem Maße integrieren. Die für eine nachhaltige Expertifizierung notwendige Systematisierung des eigenen Wissens oder der Beratungsmöglichkeiten ist durch die Unvorhersehbarkeit der anfallenden Rechtsfragen eingeschränkt. Ist Sachverstand also ein gegenüber Politik und Recht verselbständigter Kanon von Entscheidungsmaßstäben, so liegt es zudem nahe, diesen derjenigen Gewalt zuzuordnen, die ihre Legitimation weniger eindeutig aus Politik oder Recht bezieht als die beiden anderen Gewalten.

---

[114] Dazu schon aus der klassischen Literatur die differenzierte Position von *Weber*, Wirtschaft und Gesellschaft, 128f. Die moderne Organisationsliteratur hat die Grenzen der Rationalität von Bürokratien in den Vordergrund gestellt. Grundlegend: *Simon*, Administrative Behavior, 72ff.

[115] *Reiner Schmidt*, Flexibilität und Innovation im Bereich der Verwaltungsmaßstäbe, in: W. Hoffmann-Riem/E. Schmidt-Aßmann (Hrsg.), Innovation und Flexibilität des Verwaltungshandelns, 1994, 67.

[116] Dies ist ein wichtiger Unterschied zwischen deutschem und amerikanischem Justizsystem. Zum Problem, mit durchgehend skeptischer Sicht der Spezialisierung, insbesondere für das Verwaltungsrecht *Harold H. Bruff*, Specialized Courts in Administrative Law, Administrative L. Rev. 43 (1991), 329; *Richard Posner*, The Federal Courts. Challenge and Reform, 1996, 244ff.; *Richard Revesz*, Specialized Courts and the Administrative Law System, U. o. Pennsylvania L. Rev. 138 (1990), 1111; *David P. Currie/Frank I. Goodman*, Judicial Review of Federal Adminstrative Action: Quest for the Optimum Forum, Columbia L. Rev. 75 (1975), 1 (62ff.).

3. Die Vermittlungsaufgabe der Exekutive und die aus ihr folgenden Gesichtspunkte flexibler Hierarchisierung und spezifischer Sachverstands- und Tatbestandsnähe führen zu den genuin eigenen Entscheidungsspielräumen der Exekutive, ihrem Ermessen – ihrer *discretion*[117]. Anders als bei der Judikativfunktion werden exekutiven Entscheidungen, auch wenn sie einzelfallbezogen sind, häufig Spielräume für eine eigene Willensbildung zugewiesen[118]. Diese administrative Willensbildung resultiert aus der zeitlichen Nähe zum Sachverhalt, aus der Möglichkeit zur Anwendung von Sachkriterien und aus der Ausdifferenzierung der Hierarchie, die gerade nicht vonnöten wäre, wenn alle Entscheidungen zentral getroffen werden sollten. Es würde dem Spezifischen dieser Willensbildung nicht gerecht, sie nur als politisches Mandat der Exekutive zu deuten[119]. Die Exekutive ist in demokratischen Rechtsordnungen nicht im selben Maße gegenüber politischen Maßstäben immunisiert wie die Judikative[120]. Doch sind die Entscheidungsspielräume der exekutiven Rechtserzeugung aus zwei Gründen von »politischen« Entscheidungsmaßstäben zu unterscheiden, selbst wenn sie mit diesen im Einzelfall zusammenfallen können: Zum einen entstehen exekutive Spielräume in demokratischen Systemen aufgrund einer politischen Entscheidung entweder des demokratischen Gesetzgebers[121] oder eines demokratischen Kreationsakts für die exekutive Spitze[122]. Die Zuweisung eines Entscheidungsspielraums ist Ergebnis einer demokratischen Willensbildung, also abgeleitet. Vor allem aber lassen sich viele exekutive Entscheidungsspielräume nicht als politische darstellen: Sie sind dazu zu kurzreichweitig und zu sehr von Sachgesichtspunkten determiniert. Die exekutive Zweckmäßigkeitsentscheidung ist nicht in jedem Fall unpolitisch, aber von einer politischen Entscheidung zu unterscheiden.

In der deutschen Wissenschaft vom öffentlichen Recht hat die Eigenständigkeit der Exekutive als selbständiger »Gewalt« bis in die Gegenwart eine große Bedeutung eingenommen[123]. Dabei war es häufig das Bestreben, die Exekutive einer-

---

[117] Zum Begriff im amerikanischen Recht: *Lepsius*, Verwaltungsrecht unter dem Common Law, 166ff. Vgl. für die Einschätzung von Common Law-Einflüssen: *Ralf Brinktrine*, Verwaltungsermessen in Deutschland und England, 1998, 169ff.

[118] Zum Willensbegriff in diesem Zusammenhang *Achterberg*, Probleme der Funktionenordnung, 150.

[119] *Klaus P. Japp*, Verwaltung und Rationalität, in: K. Damann u.a. (Hrsg.), Die Verwaltung des politischen Systems, 1994, 126 (133ff.). Anders aber in der Tendenz *Luhmann*, Recht der Gesellschaft, 429ff.

[120] Dazu grundlegend im deutschsprachigen Raum: *Merkl*, Allgemeines Verwaltungsrecht, 336ff. Für die Vereinigten Staaten *Finer*, Public Administration Review 1 (1941), 335.

[121] Anderes gilt für die Monarchie, deren dynastische Legitimität mit der Exekutivfunktion identifiziert wird. Für die deutsche Tradition: *Thomas Ellwein*, Das Erbe der Monarchie in der deutschen Staatskrise, 1954. Für Implikationen im Verwaltungsrecht *Ulla Held-Daab*, Das freie Ermessen, 1995.

[122] Diese genügen als solche im amerikanischen Verfassungsrecht mit Bezug auf den Präsidenten auch nicht, sondern bedürfen einer gesetzlichen Ergänzung. Vgl. die gesetzesbezogene Aufgabendefinition des Präsidentenamts in art II. sec 3 U.S. const., *take care clause*.

[123] Nachweise sogleich unten.

seits nicht völlig zu verrechtlichen, und sie andererseits auf allen Ebenen an demokratische Prozeduren anzubinden[124]. Obwohl manche Beiträge von monarchischen Vorstellungen nicht völlig losgelöst sind[125], zeigen die angestellten Überlegungen sowohl die Berechtigung dieses Anliegens als auch die damit verbundenen Schwierigkeiten. Dies läßt sich wie folgt erklären: Die These von der Eigenständigkeit der Exekutivfunktion ist insoweit zu bestreiten, wie dieser kein eigener Legitimationsmodus zugeordnet werden kann, sondern sie zwischen den beiden elementaren Legitimationsmodi vermittelt. Diese Vermittlungsleistung und die damit verbundene legitimatorische Ungewißheit erzeugen eine einmalige Vielfalt an exekutiven Organisations- und Handlungsformen, die ihrerseits allerdings schon als Eigenständigkeit verstanden werden kann. Die Rechtswissenschaft tendiert allerdings nicht selten dazu, das Doppelgesicht der Exekutive auf einen bestimmten Typus, sei er judikativer, sei er legislativer Art, festzulegen und damit ihre Komplexität ungebührlich zu reduzieren[126].

Die Entwicklung funktionsangemessener Kriterien stellt sich für die Organisation der Exekutive also grundsätzlich anders dar als für die beiden anderen Gewalten. Für die Exekutive sind solche Kriterien nicht positiv zu bestimmen, sondern einerseits in beidseitiger Abgrenzung zu den beiden anderen Funktionen, andererseits mit Blick auf die Vermittlung verschiedener Rechtserzeugungsformen innerhalb der Funktion zu erarbeiten. Inwieweit sich diese systematisch begründete Vermutung auch in den Referenzrechtsordnungen wieder entdecken läßt, ist nun zu prüfen. Dabei soll neben der Bestimmung eines legitimationsbezogenen Begriffs der Exekutive (2.) ihre hierarchische Organisation gesondert in den Blick genommen werden (3.).

2. Rechtsvergleichende Anwendung

Die Bestimmung eines exekutiven Kernbereichs oder einer exekutiven Prärogative bereitet den Referenzrechtsordnungen Schwierigkeiten: Die Funktionsbe-

---

[124] *Rupert Scholz*, Verwaltungsverantwortung und Verwaltungsgerichtsbarkeit, VVDStRL 34 (1976), 145 (160f.).

[125] Als einflußreiche Brücke monarchischer Konzeptionen in die Diskussion für das Grundgesetz erwies sich namentlich *Hans Peters*, Die Verwaltung als eigenständige Staatsgewalt, 1965, vgl. auch *ders.*, Die Gewaltentrennung in moderner Sicht, 1954.

[126] Auffällig und anschaulich wird diese Zuordnung auch in der Weimarer Verfassungsdiskussion, ordnet man diese nach der Unterscheidung von Politik und Recht. Theoretiker, die besonderen Wert auf den politischen Charakter des Verfassungsrechts legen, heben zugleich die legislativen Aufgaben der Verwaltung hervor. Besonders deutlich *Schmitt*, Legalität und Legitimität, vgl. aber auch *Rudolf Smend*, Die politische Gewalt im Verfassungsstaat und das Problem der Staatsform (1923), in: Staatsrechtliche Abhandlungen, 3. Aufl. 1994, 68 (78f.). Theoretiker, die den Akzent auf die Verrechtlichung von Politik legen, stellen die Verwaltung dagegen stark in die Nähe der Gerichtsbarkeit: *Kelsen*, Allgemeine Staatslehre, 244ff., deutlich *ders.*, Die Lehre von drei Gewalten, 238: bloß organisatorischer Unterschied zwischen Verwaltung und Gerichten.

stimmung bleibt im deutschen[127] wie im amerikanischen Recht[128] viel weniger organisatorisch konturiert als bei der Judikative, andererseits auch nicht durch eine
dem Gesetz entsprechende Rechtsform definierbar wie bei der Legislative. Die
verfassungsrechtliche Regelungstechnik ist in beiden Rechtsordnungen verschieden: Art. 20 Abs. 2 S. 2 GG setzt eine »vollziehende Gewalt« voraus, ohne sie näher zu bestimmen. Art. III sec. 1 U.S. const. identifiziert die *executive power* dagegen mit dem Amt des Präsidenten. Beide Verfassungen verwenden damit einen
einheitlichen Begriff der Exekutive. Trotzdem geht es sowohl im deutschen als
auch im amerikanischen Recht eher darum, Zugriffe anderer Funktionen abzu-
wehren, als einen systematischen Begriff der Exekutive zu entwickeln. Spezifische positive Eigenschaften der Exekutive lassen sich noch am ehesten über den
Gegenwartsbezug exekutiver Rechtserzeugung entwickeln. Gegenwartsbezogenes, und das heißt unter Zeitdruck stehendes Handeln erweist sich im deutsch-
en[129] und im amerikanischen[130] Recht als typisch für die Exekutivgewalt. Freilich
ist auch hier »Eile« nicht eigentlich kompetenzbegründend. Vielmehr erkennen
legislative Regeln die privilegierte Problemlösungsfähigkeit der Exekutive an und
richten Eilkompetenzen ein.

Wie vermutet, zentrieren sich in beiden Rechtsordnungen die begrifflichen Bemühungen auf die interne Ausdifferenzierung exekutiver Rechtserzeugung, die
sich nicht in ähnlicher Weise an einen materiellen Begriff anbinden läßt wie bei
den beiden anderen Gewalten. Praktisch bedeutsam und theoretisch aufschlußreich ist die Differenzierung zwischen *adjudication* und *rulemaking* im amerikanischen Verfassungsrecht. An diese knüpfen tatbestandlich unterschiedliche Verfahrensanforderungen der Verfassung – wie *due process*[131] – und des einfachen
Rechts an[132]. Ihre Bestimmung erfolgt nach materiellen Kriterien: »*It is not labels
that determine whether action is legislative or adjudicative*«[133]. Die zur Bestimmung verwendeten Kriterien entsprechen der hier erarbeiteten Systematik: Je all-

---

[127] Eine skeptische Bilanz bei *Horst Dreier*, Zur »Eigenständigkeit« der Verwaltung, Die Verwaltung (1992), 137. *Hartmut Maurer/Friedrich E. Schnapp*, Der Verwaltungsvorbehalt,
VVDStRL 43 (1985), 135, 172; *Kuhl*, Kernbereich der Exekutive, 141ff. Gleiche Schwierigkeiten
erzeugt der komplementäre Ansatz, immanente Grenzen der Gesetzgebung zu konstruieren: *Albert Janssen*, Über die Grenzen des legislativen Zugriffsrechts, 1990, 88ff.
[128] Die Rechtsprechung ist spärlich und bezieht sich zumeist auf politische Konflikte mit dem
Präsidenten, Public Citizen v. Department of Justice, 491 U.S. 440, 484ff.; Nixon v. Administrator of General Services, 433 U.S. 425, 443 (1977); United States v. Nixon, 418 U.S. 683, 711f.
(1974). Vgl. auch die skeptischen Bemerkungen in Valentine v. United States, 299 U.S. 5, 8 (1936).
[129] Im positiven Recht ergibt sich dies etwa aus den Grundsätzen des allgemeinen Polizeirechts, die aber ihrerseits gesetzlich definiert sind: *Friedrich Schoch*, Polizei- und Ordnungsrecht,
in: E. Schmidt-Aßmann (Hrsg.), Besonderes Verwaltungsrecht, 12. Aufl. 2003, 2. Kap., Rdnr. 50.
[130] 42 U.S.C. §§ 5195ff.
[131] Due Process Erfordernis: Fifth Amendment U.S. const.
[132] 5 U.S.C. §§ 553, 554. Nur rule wird positiv definiert: § 551(4), in der der *future effect* als
Kriterium herangezogen wird.
[133] Coniston Corp. v. Village of Hoffman Estates, 822 F 2d 461, 468 (7th Cir. 1988) (Posner, J.).

gemeiner, zukunftsbezogener und offener ein Verfahren, desto eher ist es dem *rulemaking* zuzuordnen. Je individualisierter, vergangenheitsbezogener und verrechtlichter das Verfahren, desto eher handelt es sich um *adjudication*[134]. Eine praktisch weniger wichtige Entsprechung kennt das deutsche Verwaltungsrecht in der Unterscheidung zwischen konkret-individuellem und abstrakt-generellem Verwaltungshandeln bei der Auslegung von § 35 VwVfG. Die geringere praktische Bedeutung erklärt sich auch hier aus der stärkeren Vermutungswirkung, die das deutsche Recht der ausgewiesenen Rechtsform beilegt[135]. Kommt die materielle Unterscheidung aber dennoch zur Anwendung, so zeigen sich auch dort Parallelen zum hier entwickelten Kriterienkatalog[136]: Mit Individualität wird in der deutschen Dogmatik die Zahl der Regelungsadressaten bezeichnet, mit Abstraktheit die Reichweite der geregelten Sachverhalte[137]. Diese Unterscheidung ist nicht konsequent durchzuhalten, weil sich Regelungsadressat und geregelter Sachverhalt häufig nicht voneinander trennen lassen, die Zahl der Adressaten bestimmt den Sachverhalt mit. Im Ergebnis bleibt nur der Erlaß generell-konkreter Regelungen umstritten[138], also der Fall einer unbegrenzten Zahl von Regelungsadressaten zu einem Einzelfall, der durch § 35 S. 2 VwVfG aber im Prinzip legalisiert wird. Hier relativiert der Zeitfaktor die Regelungsreichweite, wenn zeitlich begrenzte gegenwartsnahe Regelungen als Verwaltungsakte beurteilt werden[139].

Eine andere exekutivinterne Unterscheidung setzt bei der Organisation an: die Differenz zwischen Gubernative und Exekutive oder zwischen Regierung und Verwaltung[140]. Mit Inkrafttreten des Grundgesetzes geriet dieses Begriffspaar in die wissenschaftliche Kritik, weil die aus Art. 20 Abs. 3 GG folgende allgemeine Rechtsbindung der Exekutive nicht gegenüber einem aus der monarchischen

---

[134] Deutlich und übereinstimmend etwa: *Peter L. Strauss/Todd Rakoff/Roy A. Schotland/Cynthia R. Farina*, Administrative Law, 9. Aufl. 1995, 234 ff.; *Mashaw/Merrill/Shane* Administrative Law, 362 f. Die führenden immer noch verwendeten Entscheidungen bleiben Bi-Metallic Investment Co. v. State Board of Equalization, 239 U.S. 441 (Holmes, J.) (1915); Londener v. Denver, 210 U.S. 373, 386 (Moody, J.) (1908). Vgl. auch Anaconda Co. v. Ruckelshaus, 482 F2d. 1301 (10th Cir.), zur Anwendbarkeit einer *rule* auf nur einen Fall. Die Reichweite von *due process*-Erfordernissen für Einzelentscheidungen ist maßgeblich definiert in: Matthews v. Elridge, 424 U.S. 319, 332 ff. (1976). Aktuell an Bi-Metallic anschließend: Coniston Corp. v. Village of Hoffman Estates, 822 F.2d 461, 468 (7th Cir. 1988); Richardson v. Town of Eastover, 922 F.2d 1152 (4th Cir., 1991).
[135] Dazu bereits oben, S. 81 ff.
[136] Dazu *Albert von Mutius*, Rechtsnorm und Verwaltungsakt, FS H.J. Wolff, 1973, 167 (185 ff.); *Hans-Uwe Erichsen*, Das Verwaltungshandeln, in: H.-U. Erichsen/D. Ehlers (Hrsg.), Allgemeines Verwaltungsrecht, 12. Aufl. 2002, § 11, Rdnr. 45 ff. *Hartmut Maurer*, Allgemeines Verwaltungsrecht, 15. Aufl. 2004, § 9, Rdnr. 14 ff. Aus der raren Entscheidungspraxis BVerwGE 12, 87 (89 f.).
[137] Beispiel für eine individuell-abstrakte Regelung bei *Erichsen*, Verwaltungshandeln, Rdnr. 48. Beispiel für eine generell-konkrete Regelung in BVerwGE 12, 87.
[138] *Ulrich Ramsauer*, in: Kopp/Ramsauer, VwVfG, 8. Aufl. 2003, § 35, Rdnr. 71.
[139] So BVerwGE 12, 87 (90).
[140] Auch der amerikanischen Literatur ist die Unterscheidung geläufig, wenn auch weniger gebräuchlich: *Frank Goodnow*, Politics and Administration: A Study in Government, 1900.

Überlieferung stammenden politischen Vorbehalt relativiert werden konnte[141]. Trotzdem charakterisiert die Unterscheidung Variationen in der Intensität der Rechtsbindung innerhalb der Exekutive, zu der das Bundeskabinett eben genauso gehört wie ein Beamter des Bundesgrenzschutzes. Zugleich kennzeichnet die Unterscheidung auch die funktionale Nähe zwischen der exekutiven Spitze und dem Parlament[142]. In der verwaltungsrechtlichen Dogmatik wird diese Variabilität aber wiederum durch die Rechtsformenlehre gelöst[143], die Formen zwischen Rechtsverordnung und Verwaltungsakt einheitlich der Exekutive zurechnet, ohne verfahrensrechtliche Differenzierungen aufzugeben. Die Möglichkeit eines »Mißbrauchs« dieser Formen[144] im Sinne einer Anmaßung anderer Funktionen durch die Exekutive spielt praktisch keine große Rolle[145].

Beiden Rechtsordnungen gemeinsam ist schließlich das Phänomen einer richterrechtlich geschöpften Entwicklung administrativer Verfahrensprinzipien: Die Bindungen der Exekutive verdichten sich, je weiter sich ihre Handlungen sachlich individualisieren und je mehr sie auf subjektive Rechte Zugriff nehmen[146]. Dabei kam diese Entwicklung einer Verfahrensausgestaltung durch den Gesetzgeber zuvor. Dies zeigt die Rechtslage vor Erlaß des *Administrative Procedure Act* (APA)[147] und des VwVfG[148]. Regelmäßig schöpfen die Gerichte Verfahrensregeln zugunsten Betroffener wie rechtliches Gehör, Begründungspflichten, das Nemo-Tenetur-Prinzip oder den Vertrauensschutz. Verwaltungsverfahren, die einzelne betreffen, erfahren in den Referenzrechtsordnungen Formen gerichtlich entwickelter Verrechtlichung. Dies fügt sich in die hier entwickelte Systematik.

Fazit: Beide Verfassungsordnungen verwenden einen einheitlichen Begriff der Exekutive. Die Suche nach einer Bestimmung dieser Gewalt ergibt jedoch nur ei-

---

[141] Zur Kritik am Begriff für das Grundgesetz: *Werner Frotscher*, Regierung als Rechtsbegriff, 1975; *Ulrich Scheuner*, Buchbesprechung, DÖV 1978, 533. Entsprechend schon *Merkl*, Allgemeines Verwaltungsrecht, 45 ff.

[142] Dazu *Wilhelm Mößle*, Regierungsfunktionen des Parlaments, 116 ff.; *Siegfried Magiera*, Parlament und Staatsleitung, 1979 84 ff.

[143] Dazu bereits oben, S. 81 ff.

[144] Grundlegend gegen das Parlament gerichtet entwickelt bei *Erich Kaufmann*, Untersuchungsausschuß und Staatsgerichtshof 1920, 57.

[145] Unter dem Stichwort Formenmißbrauch wird im Verwaltungsrecht zumeist die hier nicht relevante Frage privatrechtsförmigen Handelns diskutiert: *Christian Pestalozza*, »Formenmißbrauch« des Staates, 1973, 166 ff.

[146] Zum Zusammenhang von Hierarchie und Verrechtlichungsgrad in der Exekutive soeben, 1.

[147] Geradezu in idealer Übereinstimmung mit dem vorliegenden Modell nochmals Bi-Metallic Investment Co. v. State Board of Equalization, 239 U.S. 441, (Holmes, J.) (1915), 444 f. Zur Erweiterung dieser Anforderungen auch auf die Leistungsverwaltung Goldberg v. Kelly, 397 U.S. 254 (1970). *Charles A. Reich*, The New Property, 73 Yale L.J. 733 (1964). Zur Geschichte des APA: *McNollgast*, The Political Origins of the Administrative Procedure Act, J. of Law, Economics & Organization 15 (1999), 180.

[148] Für das deutsche Verwaltungsrecht vor der Kodifizierung des VwVfG: *Forsthoff*. Lehrbuch des Verwaltungsrechts, 235 ff. Zum Vertrauensschutz etwa OVG Berlin, DVBl. 1957, 503 (505 f.).

nen negativen Befund. Statt eines positiven Begriffs zeigen sich abgestufte Unterscheidungen, die die verfassungsgewollte Einheit der Exekutive mit Blick auf die Konkretheit der Rechtserzeugung ausdifferenzieren. Eine weitergehende Bestimmung der Exekutive funktioniert nur negativ in Abgrenzung zu den anderen beiden Gewalten, die an späterer Stelle bei den Grenzen legislativer Delegationen[149] und der Intensität gerichtlicher Kontrolle exekutiven Handelns[150] zu untersuchen sein werden. Entbehrt die exekutive Gewalt wegen ihrer vermittelnden Position einer eigenständigen Definition, so werden Eigenheiten der exekutiven Funktion durch einen Blick auf die Vermittlungsleistung einer hierarchischen Verwaltungsorganisation und ihrer Grenzen anschaulicher.

3. Insbesondere: Verselbständigungsformen der Exekutive

Der Begriff der verselbständigten Verwaltungseinheit ist nicht trennscharf zu bestimmen. Mit Verselbständigungen sind Ausnahmen von den Ingerenzbefugnissen zu bezeichnen, über die die politisch verantwortliche exekutive Spitze gegenüber anderen Teilen der Exekutive in der Regel verfügt. Die formale Weisungsstruktur in einer exekutiven Organisation stellt sich aber nicht als ein »Entweder-Oder« zwischen Abhängigkeit oder Verselbständigung dar, sondern ist skalierbar. Eine eingehendere systematische Vorüberlegung (a) soll wiederum dem Blick in die Rechtsordnungen (b) und der Bilanz (c) vorausgehen.

a) Legitimationsgewinne und Legitimationsverluste durch Verselbständigung

Der Zweck einer hierarchischen Verwaltungsorganisation wurde oben zugleich begründet und relativiert. Hierarchien schaffen einen vertikalen Vermittlungszusammenhang in der Vielfalt exekutiver Rechtserzeugung. Wie sind aber Verselbständigungsformen vor den Maßstäben der Gewaltengliederung zu beurteilen?

Die Verselbständigung exekutiver Rechtserzeugung erweckt nicht selten rechtswissenschaftliches Mißtrauen[151]. Denn per definitionem entfernt sich die verselbständigte Agenda durch ihre Lösung von ministerieller oder präsidentieller Hierarchie von ihren demokratischen Legitimationsquellen[152]. Das nach wie vor wichtigste Argument zur Rechtfertigung exekutiver Verselbständigung besteht deswegen in der Notwendigkeit, Sachverstand politisch unabhängig zur Anwendung zu bringen[153]. Zwar fand sich die Vermutung, daß Sachverstand für

---

[149] Eingehend unten, S. 180 ff.
[150] Eingehend unten, S. 157 ff.
[151] Vgl. als einflußreiche grundsätzliche theoretische Kritiken *Lawson*, The Rise and The Rise of the Administrative State, 1237 ff.; *Theodore J. Lowi*, The End of Liberalism, 2. Aufl. 1979, 97 ff. *David Schoenbrod*, Power without Responsibility, 1993, 99 ff.
[152] *Dreier*, Hierarchische Verwaltung im demokratischen Staat, 129 ff.
[153] Vgl. zu diesem Argument aus amerikanischer Sicht am Beispiel der Sozialverwaltung na-

die Exekutive eine besondere Bedeutung habe, oben bestätigt. Doch ist der Hinweis nicht zur Überspielung von Legitimationsstrukturen geeignet. Eine solche Argumentation setzt nämlich die Existenz eines von Legitimationsproblemen freien und unpolitischen wissenschaftlichen Expertenwissens voraus. Diese Vorstellung ist aber in der Wissenschaftstheorie deutlich auf dem Rückzug[154]. Zudem können politisch unabhängige Behörden eigene Interessen- und Abhängigkeitsstrukturen haben, die sich von den Maßstäben selbsterzeugter Expertise entfernen[155]. Besser als mit dem schwer überprüfbaren Hinweis auf Expertise ist die Funktion verselbständigter Verwaltungseinheiten durch ihre spezifische Legitimationsleistung zu erklären. Verselbständigte Verwaltungseinheiten lösen Legitimationsprobleme, die sich aus *Anforderungen an die Regulierung bestimmter Sachbereiche* oder aus rechtsinternen *Legitimationskonkurrenzen* ergeben.

Anforderungen an die Regulierung bestimmter Sachbereiche können Konsequenzen für die angemessene zeitliche Struktur hoheitlichen Handelns nehmen. Verselbständigte Verwaltungsagenden erwerben durch die Verselbständigung einen eigenen, von den Perioden des demokratischen Prozesses gelösten Arbeitsrhythmus[156]. Dies setzt die Einsicht um, daß die Reaktionszeiten des allgemeinen politischen Prozesses für bestimmte Probleme zu hoch oder zu niedrig sein können. In diesem Zusammenhang findet der Gedanke des Sachverstandes seinen Platz: Verselbständigungen schaffen andere Formen eines organisatorischen Gedächtnisses. Demokratietheoretisch ist gegen eine solche Maßnahme nicht notwendig etwas zu erinnern. Läßt sich das gesamte Verfassungssystem als periodische Selbstbindung verstehen, so kann die Länge der demokratischen Bindungszyklen differieren[157]. Soweit solche Entscheidungen an den allgemeinen politischen Prozeß durch eine legislative Einrichtungsentscheidung zurückgebunden

---

mentlich *Jerry L. Mashaw*, Bureaucratic Justice, 1983, 171 ff.; *ders.*, Due Process in the Administrative State, 1985, 230, 238 ff. Für das Gemeinschaftsrecht, freilich nachhaltig von der amerikanischen Diskussion inspiriert: *Giandomenico Majone*, The European Commission as regulator, in: G. Majone (Hrsg.), Regulating Europe, 1996, 61. Grundlegend für die gesamte Diskussion: *James Landis*, The Administrative Process, 1938, 89 ff., ebda., 10: mit dem charakteristischen Hinweis, Montesquieu sei nicht der richtige Ratgeber zur Organisation einer Firma. Man wird entgegnen müssen, daß es weder um Montesquieu noch um eine Firma geht.

[154] Die Perspektive scheint sich umzudrehen: Statt die dem 19. Jahrhundert entstammende Forderung nach einer Verwissenschaftlichung von Politik, wird nunmehr nach Formen demokratischer Partizipation an Wissenschaft gesucht, also nach einer spezifischen Politisierung und politischen Kontrolle der Ausübung von Sachverstand. Vgl. für viele *Nico Stehr*, Wissenspolitik, 2003; *Latour*, Politiques de la Nature, 50 ff.; *Peter Weingart*, Die Stunde der Wahrheit?, 2001, S. 50 ff. Zu Rückwirkungen rechtlicher Verfahren auf die Entstehung von Wissen: *Sheila Jasanoff*, Science at the Bar: Law, Science, and Technology in America, 1996.

[155] Dies wird namentlich unter dem Stichwort *agency capture* seit längeren diskutiert. Zu den Wurzeln der Diskussion: *Rudolf Steinberg*, Politik und Verwaltungsorganisation 1979, 122 f.

[156] *Hans-Heinrich Trute*, Regulierung – am Beispiel des Telekommunikationsrechts, FS Brohm, 2002, 169 (184).

[157] *March/Olsen*, Democratic Governance, 116 ff.

sind, sind sie funktional vertretbar[158]. Sie sind für einen Sachbereich allgemein anerkannt: das Zentralbankwesen. Ein zweiter materieller Grund für eine Verselbständigung ergibt sich, wenn der Gesetzesvollzug durch die Exekutive aufgrund ihrer eigenen Interessenlage nicht gemeinwohlfördernd ist, wenn also die demokratisch verantwortliche Exekutive ein Interesse an einer asymmetrischen Ausnutzung ihrer Entscheidungsspielräume hat. Dies ist etwa der Fall, wenn der Staat auf einem Markt wirtschaftet, den er zugleich reguliert. Die Verselbständigung garantiert dann die Unabhängigkeit der Entscheidungsfindung. Realisiert ist dieser Gedanke mit Blick auf die Zurückdrängung mitgliedstaatlicher Interessen durch die Europäische Kommission[159]. Freilich ist diese Lösung nicht unproblematisch, delegitimiert die Rechtsordnung doch bis zu einem gewissen Grad ihre eigenen Institutionen, wenn sie deren Unzuverlässigkeit unterstellt.

Gründe für die Verselbständigung können sich auch durch *Legitimationskonkurrenzen* innerhalb der Verfassungsordnung ergeben: Solche entstehen zum einen, wenn neben der exekutiven Spitze andere Gewalten, namentlich die Legislative, Anspruch auf die Kontrolle nachgeordneter Teile der Exekutive erheben. Hierbei handelt es sich weniger um Fälle echter Verselbständigung als um einen teilweisen Austausch der Verantwortungsstruktur; aber auch solche Konstellationen werden unter dem Stichwort Verselbständigung diskutiert. Daneben können auch Legitimationskonkurrenzen »von unten« Verselbständigungen rechtfertigen, wenn Adressaten einer bestimmten Verwaltungsagenda, etwa bestimmte Berufsgruppen, als Selbstbestimmungssubjekt anerkannt werden. In dieser Form der Verselbständigung tritt ein spezieller Legitimationsprozeß mit dem demokratisch-allgemeinen in Konkurrenz. Die Gefahr, daß beide Legitimationssubjekte sich auf Kosten von Betroffenen einigen, die nur im demokratischen-allgemeinen Verfahren repräsentiert sind, ist in diesem Fall gegeben. Freiheitsverluste erscheinen deshalb größer als bei der Konkurrenz zwischen Regierung und Parlament.

Bestehen somit nach Maßgabe der Gewaltengliederung gute Gründe für die Verselbständigung exekutiver Agenden, so gibt es aber auch Einwände: Die grundsätzlich hierarchische Form der Exekutive erfüllt zwei Aufgaben: Sie bringt die verschiedenen Konkretisierungsstufen exekutiver Rechtserzeugung in einen kohärenten Zusammenhang[160], und sie garantiert, daß diese Kohärenz sich auf denjenigen Teil der Exekutive zurückführen lassen kann, der, sei es durch eine einzelne Person, sei es durch ein Kollegium, einer demokratischen Allgemeinheit verantwortlich ist[161]. Hierarchie ist dabei wie gesagt weder als vollständige *Top-*

---

[158] Eine klassische in diesem Sinne argumentierende Erörterung, die die nordamerikanische Ordnung zum Vorbild für die deutsche nimmt bei *Fritz W. Scharpf*, Die politischen Kosten des Rechtsstaats, 1970, 14ff., 59ff.

[159] Dazu unten, S. 253ff.

[160] Vgl., oben, S. 112ff.

[161] *Görg Haverkate*, Die Einheit der Verwaltung als Rechtsproblem, VVDStRL 46 (1988), 217 (221f.); *Dreier*, Hierarchische Verwaltung, 141f., 284f.

down-Determinierung zu verstehen, noch schließt sie die Einrichtung verschiedener Ebenen hoheitlichen Handelns aus. Aber die Verselbständigung von Verwaltungseinheiten schränkt diese Koordinations- und Legitimationsleistungen in jedem Fall ein.

Diese Einwände gelten nicht für organisationsinterne Verselbständigungen in Form interner weisungsunabhängiger Beschlußkammern[162]. Diese sind funktional unbedenklich, solange sie Einzelfälle zu entscheiden haben, die aufgrund eines rechtlich weitgehend determinierten Entscheidungsmaßstabs ergehen. In solchen Fällen ist eine gerichtsähnliche Entscheidungsform gerechtfertigt, durch die die interne Unabhängigkeit gesichert wird. Damit ist freilich noch keine Aussage über die gerichtliche Kontrolle der so getroffenen Entscheidungen gemacht[163].

Im Ergebnis folgt: Die Verselbständigung von Verwaltungseinheiten ist aus legitimationstheoretischen Gesichtspunkten rechtfertigungsfähig, aber eben auch rechtfertigungsbedürftig. Solche Rechtfertigungen müssen aber ihrerseits auch auf andere Lösungsmöglichkeiten hin überprüft werden, etwa auf eine Intensivierung gerichtlicher Kontrolle in Fällen, in denen die Unparteilichkeit des Vollzugs durch eingegliederte Verwaltungsorganisationen gefährdet ist. Vorzugswürdig ist in jedem Fall eine ausdrückliche gesetzgeberische Entscheidung, die die Verselbständigung einrichtet[164], gegenüber einer weniger korrekturfähigen und unpräziseren verfassungsrechtlichen Regel. Denn für die Frage, nach welchen demokratischen Maßstäben die Legitimationsleistung der Exekutive auszugestalten ist, bleibt die Legislative zuständig[165]. Diese Zusammenhänge sind nun auf das amerikanische und das deutsche Recht vergleichend anzuwenden.

---

[162] Solche Einrichtungen sind beiden Referenzrechtsordnungen bekannt. Für das amerikanische Recht, vgl. die Überlegungen zur Rechtsprechung oben, S. 95 ff., sowie zur *formal adjudication*: 5 U.S.C. § 556. Für das deutsche Recht: §§ 107 ff. GWB, 132 ff. TKG. Für das Europarecht sogleich, S. 253 ff. Solche Formen sind dem deutschen Recht im Prinzip nicht fremd – für das besonders intensiv rechtlich determinierte Enteignungsverfahren vgl. *Christoph Möllers*, Zur demokratischen Legitimation der Enteignungsbehörde nach dem BauGB, NVwZ 1997, 858. Eine entsprechende Problematik ergibt sich, wenn an Kollegialgremien geringere Legitimationsanforderungen gestellt werden. Vgl. *Groß*, Kollegialprinzip in der Verwaltungsorganisation, 251 ff.

[163] Dazu unten, S. 157 ff.

[164] Dies wird selten ausdrücklich erwähnt, ist in der Sache aber wohl wenig strittig. Für einen selten radikalen Gegenentwurf: *Oliver Gerstenberg/Charles F. Sabel*, Directly-Deliberative Polyarchy: An Institutional Ideal for Europe, in: C. Joerges/R. Dehousse (Hrsg.), Good Governance in Europe's Integrated Market, 2002, 289 (308 ff.). Grundsätzlich zum Verhältnis legislativer und exekutiver Entscheidungen für die Verwaltungsorganisation: *Eberhard Schmidt-Aßmann*, Verwaltungsorganisation zwischen parlamentarischer Steuerung und exekutivischer Organisationsgewalt, FS H.P. Ipsen, 1977, 333 (341 ff.).

[165] Vgl. oben, S. 112 ff.

b) Rechtsvergleichende Anwendung

Die exekutive Gewalt ist in der amerikanischen Verfassungsordnung einer unitarischen Spitze, dem Präsidenten, zugeordnet[166]. Seine *departments*[167] verfügen anders als das Kabinett in parlamentarischen Systemen über keine eigene demokratische Legitimation. Die den *departments* untergeordneten *agencies* unterstehen in der Regel der formellen Weisungsgewalt des Präsidenten[168]. Verselbständigte Verwaltungseinheiten sind für das Recht der Vereinigten Staaten weder der Regelfall, noch ist eine hierarchische Verwaltungsstruktur die Ausnahme. Sogenannte *Independent Regulatory Commissions* sind von anderen Verwaltungseinheiten unterschieden: Sie haben eine kollegiale Leitung mit einem Vorsitzenden, die in der Regel keinen Weisungen des Präsidenten unterworfen ist, aber von diesem abberufen werden kann. Aus diesem Grund werden sie auch nicht im Kabinett repräsentiert. *Independent Regulatory Commissions* stellen in der Verwaltungsorganisation eine Ausnahme dar[169].

Verfassungsrechtlich umstritten ist, inwieweit der Kongreß oder eine seiner Kammern sich durch Gesetz die Zustimmung zur Abberufung eines Behördenleiters durch den Präsidenten (*removal power*) vorbehalten kann. Charakteristischerweise wird nicht die demokratische Legitimation dieser Form der Verselbständigung angezweifelt. *Sedes materiae* der rechtlichen Bewertung ist vielmehr die *appointment clause* art. II sec. 2 cl. 2 U.S. const., in der dem Präsidenten das Recht zur Ernennung von *public officers* mit Beratung und Zustimmung des Senats zugewiesen wird, die Ernennung von *inferior officers* aber durch Gesetz weiterdelegiert werden kann. Das dahinterstehende Problem ist im folgenden Gedanken gut zusammengefaßt: »*Once an officer is appointed, it is only the authority that can remove him, and not the authority that appointed him, that he must fear and, in the performance of his functions, obey. The structure of the Constitution*

---

[166] Zunächst Federalists Nr. 71 (Hamilton) in ausdrücklicher Abgrenzung zum englischen Kollegialsystem. Vgl. aus der Literatur mit Blick auf die Rolle des Präsidenten und kritisch hinsichtlich der Verselbständigung: *Steven G. Calabresi/Saikrishna B. Prakash*, The President's Power to execute the Laws, Yale L.J. 104 (1994), 541; *Steven G. Calabresi/Kevin H. Rhodes*, The Structural Constitution: Unitary Executive, Plural Judiciary, Harvard L. Rev. 105 (1992), 1135; *Lowi*, End of Liberalism, 94ff. Die Gegenansicht zugunsten der Verselbständigung: *Michael Fitts*, The Paradox of Power in the Modern State, U. o. Pennsylvania L. Rev. 144 (1996), 827 (zur Dialektik formaler und tatsächlich ausübbarer Kompetenzfülle des Präsidenten); *Marshaw*, Bureaucratic Justice, 171ff. (unter besonderer Hervorhebung expertokratischer Aspekte); *Geoffrey P. Stone*, Independent Agencies, Supreme Court Rev. 1986, 41; *Peter Strauss*, The Place of Agencies in Government: Separation of Powers and the Fourth Branch, Columbia L. Rev. 84 (1984), 573 (den Gestaltungsbedarf der Legislative hervorhebend).

[167] Ein *department* ist eine auf Kabinettsebene repräsentierte Behörde. Mangels parlamentarischer Verantwortlichkeit im Präsidialsystem ist die Übersetzung mit Ministerium nicht ganz zutreffend. Aufzählung in 5 U.S.C. § 101.

[168] Vgl. die Diskussion zu Post- und Justizwesen in der Frühzeit der Republik bei *Cass R. Sunstein/Larry Lessig*, The President and the Administration, 94 Columbia L. Rev. 94 (1994), 1.

[169] Vgl. auch die einheitliche negative Definition in 5 U.S.C. § 551(1).

does not permit Congress to execute the laws; it follows that Congress cannot grant to an officer under its control what it does not possess«.[170] Von der Ausgestaltung der *removal power* hängt der Grad an Verselbständigung ab.

Die sich hieran entzündenden Fallgestaltungen betreffen nur selten die Einrichtung typischer Verwaltungsagenden. Vielmehr geht es in den bekannten Fällen um hybride Institutionen, in denen sich das Parlament Ernennungs- oder Abberufungskompetenzen vorbehält[171], wenn es Einzelentscheidungen nicht gleich an sich selbst delegiert[172]. Sachbereiche wie die Organisation der Parteienfinanzierung, die strafrechtliche Verfolgung von Kabinettsmitgliedern oder die spezielle Verwaltung des bundeseigenen *District of Columbia* erweisen sich aber als schwer verallgemeinerungsfähig. Ebenso fehlt es an einer einheitlichen rechtlichen Lösung. Immer noch läßt sich der Argumentationsgang gut anhand der klassischen Leitentscheidung[173] veranschaulichen, die das bedeutende und von einem politischen Wechsel im Präsidentenamt berührte Amt eines *Commissioners* der *Federal Trade Commission* betraf. In einem einstimmigen Urteil verneinte der Supreme Court die im Gesetz nicht vorgesehene Abberufung durch den Präsidenten aus politischen Gründen auch unter Hinweis auf die Bedeutung des betroffenen Amtes und die Kompetenzen der Behörde. Deren Aufgaben definierte das Gericht in einer interessanten Formulierung als weder *political* noch *executive*, dafür aber sowohl *quasi-legislative* als auch *quasi-judicial*[174]. Das Gesetz, das die Agentur einrichtete, »*intent(s) to create a body of experts who shall gain experience by length of service«.* Vom expertokratischen Verwaltungsverständnis seiner Zeit geprägt, konstruierte das Gericht einen Zusammenhang zwischen der Aufgabenstellung der Agentur und ihrer Verselbständigung vom politischen Willen des Präsidenten: Je weniger die Aufgabenwahrnehmung einem überlieferten Idealbild exekutiven Handelns entspricht, desto weniger soll diese unter der Kontrolle des Präsidenten stehen. Eine solche Kontrolle wird dann aber vom Kongreß wahrgenommen. Damit liegt die Antwort auf die Frage des Grades der Verselbständigung der Agentur oder, konkreter, des alleinigen Rückberufungsrechts des Präsidenten nach Ansicht des Supreme Court in der Regel in der Aufgabenzuwei-

---

[170] 478 U.S. 714, 726 unter Hinweis auf die Vorinstanz: 626 F. Supp., 1401.

[171] Im Ergebnis art. II sec. 2 cl. 2 U.S. const. prüfend und einen Verstoß bejahend: Buckley v. Valeo, 424 U.S. 1, 118ff. (1976); Bowsher v. Synar, 478 U.S. 714, 721ff., (1986). Im Ergebnis aufrechterhalten Morrison v. Olson, 487 U.S. 654, 670ff., ebda., 697, 715ff. (1988) (Scalia, J., diss.). Alle von der abweichenden Meinung beschworenen Gefahren des Amtes eines Independent Counsel wurden bald politische Realität. Vgl. die prophetischen Warnungen in Mistretta v. United States, 488 U.S. 361, 408ff. (1989), ebda., 413, 425ff. (Scalia, J., diss.).

[172] Zu diesem Problem, unten, S. 189ff.

[173] Humphrey's Executor v. United States, 295 U.S. 602 (1935) (Sutherland, J.). Damit bei genauerer Hinsicht vereinbar: Myers v. United States 272 U.S. 52 (1926). In dieser Entscheidung wurde der Inhaber des vergleichsweise unbedeutenden Amts eines U.S. Postmasters für Oregon auch ohne Zustimmung des Senats entlassen. Eine Begründung, die mit Humphrey's vereinbar ist, liefert der folgende Teil der Entscheidungsbegründung: 272 U.S. 294 (Holmes, J., conc.).

[174] 295 U.S. 624.

sung durch den Kongreß[175], der freilich im Normalfall keine Beamten ernennen darf. Verselbständigungstendenzen werden im amerikanischen Verfassungsrecht also im Verhältnis zur Legislative diskutiert[176].

Die daneben häufig unterstellten, aber formell schwer greifbaren zentrifugalen Tendenzen der Verwaltungsorganisation des Bundes hängen wohl auch mit dem Fehlen einer originären Kabinettsstruktur zusammen. Anders als im deutschen System werden neue Verwaltungsagenden nicht in die bestehende Organisation integriert, sondern durch die ad-hoc-Gründung von Behörden angegangen[177]. Dies schafft aber eine organisatorische Isolierung des Sachbereichs. Die verfassungsrechtliche Einrichtung einer monokratischen Exekutivspitze, die allein über die Legitimation des Wahlakts verfügt, begründet in der Organisationspraxis eine Vielzahl von Koordinationsproblemen, die es unwahrscheinlich machen, daß der Präsident volle Kontrolle über das exekutive Handeln der Bundesverwaltung erhält, selbst wenn der politische Wille dazu seit dem Zweiten Weltkrieg permanent bestanden hat[178]. Insgesamt sind die Behörden damit deutlich selbständiger gegenüber der Regierung als in Deutschland, zugleich ist die parlamentarische Kontrolle auch von Einzelakten aber deutlich intensiver[179]. Unumstritten ist jedoch, daß die Kontrolle des Präsidenten über die Agenturen in den letzten Jahrzehnten deutlich zugenommen hat[180] und diese maßgeblich über allgemeine verwaltungsinterne Weisungen (*executive orders*) vorgenommen wird. Spielt in der Rechtswissenschaft die expertokratische Legitimation der *Agencies* eine bedeu-

---

[175] So auch die beiden vorangehenden Entscheidungen zusammenfassend Wiener v. United States 337 U.S. 349, 353 (1958): »*Thus, the most reliable factor for drawing an inference regarding the President's power of removal in our case is the nature of the function that Congress vested in the War Claims Commission.*« Vgl. auch Swan v. Clinton, 100 F.3d 973 (D.D.C. 1996); Mackie v. Bush, 809 F. Supp. 144 (D.D.C. 1993).

[176] Deutlich *Hans D. Jarass*, Kontrolle der Verwaltung durch das Parlament in den USA, Die Verwaltung 1976, 94 (104ff.). Verkannt bei *Ruthig*, Verhandlungslösungen, 165.

[177] Dazu *Ehmke*, Wirtschaft und Verfassung; *Lepsius*, Verwaltungsrecht unter dem Common Law; *Carpenter*, Forging of Bureaucratic Autonomy; *Skowronek*, Building the New American State, Vgl. auch den Überblick bei *Marshall J. Breger/Gary J. Edles*, Established by Practice: The Theory and Operation of Federal Independent Agencies, Administrative L. Rev. 52 (2000), 1111.

[178] So ist der Versuch, die Agenturen stärker an den Präsidenten zurückzubinden schon seit der Präsidentschaft F.D. Roosevelts, in der eine Vielzahl von Agenturen entstand, ein wiederkehrendes Thema. Vgl. als historische Beispiele Exec. Order No No. 11.063, 3 C.F.R. 652 (1959); 11.246, 3 C.F.R. 339 (1964): Die letzten executive orders der Präsidenten Reagan und Clinton bei *Breyer/Stewart/Sunstein/Spitzer*, Administrative Law and Regulatory Policy, 103ff.; *Sunstein/Lessig*, Columbia L. Rev. 94 (1994), 5ff. Zur Geschichte dieser Bemühungen bis Nixon: *Steinberg*, Politik und Verwaltungsorganisation, 124ff., 138ff.

[179] Vgl. dazu unten, S. 197ff.

[180] Umfangreich nachgewiesen bei *Elena Kagan*, Presidential Administration, Harvard L. Rev. 114 (2001), 2245 (2272ff.); *Peter L. Strauss*, From Expertise to Politics: The Transformation of American Rulemaking, Wake Forest L. Rev. 31 (1996), 745 (750ff.). Vgl. auch *Sunstein*, After the Rights' Revolution, 29f.

tende Rolle, so geht der Trend doch in die gegenteilige Richtung[181]. Von einer generellen Verselbständigung der Exekutive kann nicht die Rede sein.

Die Organisationsformen der eigentlich unabhängigen *Independent Regulatory Commissions* werden dagegen in Wissenschaft und Praxis nicht anders behandelt als normale Agenturen[182]. Unabhängige Agenturen ziehen in Deutschland mehr Aufmerksamkeit auf sich als dort[183]. Dies liegt weniger an mangelnder Sensibilität für demokratische Verantwortlichkeit als an der Beobachtung, daß diese Verantwortlichkeit praktisch auch dann funktioniert, wenn sie nicht über Weisungsketten vermittelt wird[184]. Formell ist in vielen Fällen eine Entlassung des Vorsitzenden der Kommission durch den Präsidenten mit Zustimmung des Senats zulässig[185]. Praktisch bestätigt sich die einheitliche Bewertung aller Agenturen in deutlichen Änderungen im Regulierungsgebaren aller Behörden, auch der *Independent Regulatory Commissions*, nach einem politischen Richtungswechsel[186].

---

[181] In diesem Zusammenhang gehört auch die Eingliederung der *Interstate Commerce Commission* in das *Department of Commerce* im Jahr 1996.

[182] Ausdrücklich relativierend zu den Unterschieden zwischen diesen und den regulären Behörden auf empirischer Grundlage: *Susan Bartlett Foote*, Independent Agencies under Attack: A Sceptical View of the Importance of the Debate, Duke L.J. 1988, 223. Ähnlich: *Strauss/Rakoff/ Schotland/Farina*, Administrative Law, 36; *Breyer/Stewart/Sunstein/Spitzer*, Administrative Law, 100 f.; *Stone*, Supreme Court Rev. 1986, 442, zustimmend: *Geoffrey P. Miller*, Introduction: The Debate over Independent Agencies in Light of Empirical Evidence, Duke L.J. 1988, 215 (218). Vgl. auch die einheitliche Behandlung durch den Gesetzgeber in 5 U.S.C § 551(1).

[183] Vgl. nur *Lepsius*, Verwaltungsrecht unter dem Common Law; *Steinberg*, Politik und Verwaltungsorganisation; *Robert A. Riegert*, Das amerikanische Administrative Law, 1967; *Gerd Albert*, Stellung, Funktion und verfassungsrechtliche Problematik der Independent Regulatory Commissions in den Vereinigten Staaten von Amerika, 1971; *Hans G. Schütze*, Der Erlaß von Rechtsvorschriften durch die Bundeswirtschaftsverwaltung in den USA, 1974; *Axel Linneweber*, Einführung in das US-amerikanische Verwaltungsrecht, 1994.

[184] Vgl. auch *Fritz Morstein Marx*, Amerikanische Verwaltung, 1963, 149 ff.

[185] Beispiel: 7 U.S.C. § 2(b)(2) (Chairman der Commodity Futures Trading Commission).

[186] Dies ließe sich exemplarisch an der Entwicklung zweier praktisch bedeutsamer IRC zeigen: der Security Exchange Commission (SEC) und der Federal Communications Commission (FCC). Die politische Unabhängigkeit wird in der deutschen Literatur nicht selten überschätzt. Für die FCC etwa *Klaus Oertel*, Die Unabhängigkeit der Regulierungsbehörde nach §§ 66 ff. TKG, 2000, 279 f.; *Kay Windthorst*, Der Universaldienst im Bereich der Telekommunikation, 2000, 517 f., jew. m. w. N. Dabei wird auf der formellen Seite übersehen, daß schon die Besetzung der Leitung durch den Präsidenten mit Zustimmung des Senats politischem Proporz folgt, der sich regelmäßig in einem parteipolitisch geprägten Abstimmungsverhalten und Mindervoten zeigt: 47 U.S.C. § 154 (b)(5) (FCC), 15 U.S.C. § 78(d) (SEC), und daß alle wichtigen Posten in IRC durch das Office of Personnel Management 5 U.S.C. §§ 1101 ff. ernannt werden, deren Mitglieder ihrerseits durch den Präsidenten bestimmt werden. Informell ist zu beachten, daß die Behörde kaum Durchsetzungsmöglichkeiten gegen politischen Widerstand hat. In der Regel treten *Chairmen* bei einem Wechsel in der Präsidentschaft von ihrem Amt zurück. Zur empirischen Forschung der gute Überblick bei *David Epstein/Sharyn O'Halloran*, Delegating Powers, 1999, 18 ff. Zu gesetzlichen Voraussetzungen an politischen Proporz in der Führung der Agenturen: *Adam J. Rappaport*, The Court of International Trade's Political Party Diversity Requirement:

Viele der im amerikanischen Verwaltungsrecht strittigen Rechtsprobleme stellen sich als Fragen der legislativen Beteiligung am Gesetzesvollzug und der Weite der Delegationstatbestände dar, auf die jeweils noch näher einzugehen sein wird. Zentrale verfassungsrechtliche Bedingung ist die Legitimationskonkurrenz zwischen Kongreß und Präsident. Die organisatorische Verselbständigung als solche wird dagegen seltener als verfassungsrechtliches Problem wahrgenommen. Aus funktionaler Sicht wirkt weniger die relativierte Hierarchie der amerikanischen Verwaltungsorganisation als die geringe Bedeutung der Kollegialität an der exekutiven Spitze bedenklich. Diese verhindert es, daß die Allgemeinheit des politischen Prozesses sich in der Exekutive abbilden läßt. Diese Struktur ist freilich durch die Einrichtung einer unitarischen Spitze mit der Direktwahl des Präsidenten in der Verfassung ausdrücklich angeordnet. Dies stellt einen bedeutenden Unterschied zum nun zu betrachtenden deutschen Recht dar.

Im deutschen Verfassungsrecht werden exekutive Verselbständigungen zumeist durch andere Kriterien rechtlich definiert: einerseits durch die Anerkennung der Rechtspersönlichkeit einer Behörde[187], an die die Unterscheidung zwischen mittelbarer und unmittelbarer Staatsverwaltung anschließt[188], andererseits durch die daraus resultierende Einschränkung der hierarchischen Anbindung in Form von Weisungen seitens eines Ministeriums oder des Kabinetts. Der im deutschen Recht anerkannte institutionelle Gesetzesvorbehalt, der die Austattung einer Behörde mit eigener Rechtspersönlichkeit von einer Entscheidung des Gesetzgebers abhängig macht[189], ist dabei schlüssig. Die Schaffung von Rechtssubjekten, die als Adressaten von Rechten und Pflichten in den Legitimationszusammenhang eingreifen können, obliegt dem demokratischen Gesetzgeber; denn wie die Verteilung von Rechtssphären betrifft auch die Schaffung neuer Rechtssubjekte potentiell die Gesamtheit der Berechtigten.

Die in Deutschland eingehend geführte wissenschaftliche Debatte zur Bedeutung von Hierarchien in der Verwaltungsorganisation[190] deckt sich nicht völlig mit den Problemen der Rechtsprechung. Das Fallmaterial betrifft regelmäßige Einschränkungen der Weisungshierarchie, bei denen Private in die Entscheidungsstrukturen einbezogen sind[191]. Zwar sprengt das Problem der Einbezie-

---

Unconstitutional under any Separation of Powers Theory, U. o. Chicago L. Rev. 68 (2001), 1429 (1438ff.).

[187] Diese Kategorie ist dem anglo-amerikanischen Rechtskreis nicht bekannt: *Carleton K. Allen*, Law in the Making, 7. Aufl. 1964, 577; *Robert M. Maciver*, The Modern State, 1926, 452.

[188] *Walter Krebs*, Verwaltungsorganisation, in: J. Isensee/P. Kirchhof (Hrsg.), Handbuch des Staatsrechts Bd. III, Heidelberg 1988, § 69, Rdnr. 55.

[189] Dazu *Günter C. Burmeister*, Herkunft, Inhalt und Stellung des institutionellen Gesetzesvorbehalts, 1991, 241ff.

[190] Überblicke bei *Möllers*, VerwArch 93 (2002), 31ff.

[191] BVerfGE 9, 268 (281f.); 47, 253 (275); E 83, 60 (72ff.); 93, 37 (66ff.). Einigermaßen unklar: 107, 59 (86ff.). Dazu BVerwG, NVwZ 1999, 870 (872ff.; NVwZ-RR 1999, 374 (375). BVerwGE 106, 64 (75); 104, 14 (15ff.); 110, 287 (292ff.). Vgl. auch *Gabriele Britz*, Die Mitwirkung Privater an der Wahrnehmung öffentlicher Aufgaben, VerwArch. 91 (2000), 418 (425ff.).

hung Privater die Fragestellung dieser Arbeit, doch kann vergleichend festgestellt werden, daß auch im amerikanischen[192] und europäischen Recht[193] die Einbeziehung Privater zu einer Verschärfung verfassungsrechtlicher Maßstäbe führt, die sich nicht ohne weiteres auf jede Lockerung der hierarchischen Struktur der Exekutive übertragen lässt.

Die für das deutsche Recht typische exekutive Verselbständigungsform[194] besteht in als »funktional« bezeichneten Formen der Selbstverwaltung[195], die neben dem Gesetzgeber eine weitere Legitimationsquelle aufweisen. Durch eine parzellierte Form der Selbstbestimmung können sich Selbstverwaltungsagenden teilweise autonom legitimieren[196]. Auch in dieser Gestalt ist Verselbständigung also Ausdruck einer Legitimationskonkurrenz, wenn auch nicht einer – dem parlamentarischen System fremden – zwischen Legislative und Exekutive, sondern einer solchen zwischen dem allgemeinen demokratischen Legitimationssubjekt in Gestalt von Gesetz und Regierung und einem bestimmten autonomen Kreis von Betroffenen. Die verfassungsrechtliche Zulässigkeit solcher Arrangements hängt davon ab, inwieweit sich solche speziellen Legitimationssubjekte aus grundrechtlichen[197] oder organisationsrechtlichen Normen[198] herleiten lassen. Der Maßstab der Gewaltengliederung verweist aber auf ein anderes Problem: Für Teile dieser Verselbständigungsformen[199] verwirklichen sich die oben bereits skizzierten Freiheitsgefährdungen: Bloß partikular legitimiertes Recht entfaltet eine zu ausgreifende Regelungswirkung und beschränkt auch Personen, die an seiner Entstehung nicht beteiligt waren. Solche Phänomene zeigen sich im deutschen Sozialrecht[200]. Sie zeigen sich auch in einer nach wie vor intensiven Rechtsprechung zu

---

[192] A.L.A. Schechter Poultry Corporation v. U.S. 295 U.S. 495 (1935); zur Bedeutung unten, § 5, III, 1. Zum Problem im amerikanischen Recht *Louis Jaffe*, Law Making by Private Groups, Harvard L. Rev. 51 (1937), 991; *Harold Abramson*, A Fifth Branch of Government: The Private Regulators and Their Constitutionality, Hastings L.Q. 16 (1989), 165.

[193] EuGH, Rs. 9/56, Meroni / Hohe Behörde, Slg. 1958, 1, 11.

[194] Überblick bei *Gunnar Folke Schuppert*, Verwaltungswissenschaft, 2000, 847 ff.

[195] Zur Vieldeutigkeit des Begriffs: *Jestaedt*, Die Verwaltung 35 (2002), 293.

[196] Grundlegend *Winfried Brohm*, Strukturen der Wirtschaftsverwaltung, 1969, 243 ff. Weiterentwickelt bei *Ernst Thomas Emde*, Die demokratische Legitimation der funktionalen Selbstverwaltung, 1991, 373 ff.; *Schmidt-Aßmann*, AöR 116 (1991), 376 ff. *Horst Dreier*, in: Dreier, Grundgesetz, Art. 20, Rdnr. 120 ff. Abweichend wohl *Winfried Kluth*, Funktionale Selbstverwaltung, 1997, 373 ff.

[197] Exemplarisch für die Forschungsfreiheit *Hans-Heinrich Trute*, Die Forschung zwischen grundrechtlicher Freiheit und staatlicher Institutionalisierung, 1994, 211 ff.

[198] Vgl. zur Rückwirkung von Art. 87 Abs. 3 GG auf die Legitimations- und damit auch Anbindungserfordernisse: *Jestaedt*, Demokratieprinzip und Kondonialverwaltung, 442 ff.

[199] Folgende Überlegungen gelten weniger für grundrechtlich inspirierte Verselbständigungsformen, wie Hochschulen und Rundfunkanstalten, die trotz der Grundrechtswirkungen als Teil der Exekutive zu verstehen sind. Zur Begründung: *Möllers*, Staat als Argument, 328 f.

[200] Für die gesetzliche Ausgestaltung des Gesundheitswesens *Eberhard Schmidt-Aßmann*, Grundrechtspositionen und Legitimationsfragen im öffentlichen Gesundheitswesen, 2001, 65 ff.; *Andreas Wahl*, Kooperationsstrukturen im Vertragsarztrecht, 2001; *Volker Neumann*, Freiheitsgefährdungen im kooperativen Sozialstaat, 1992, 412 ff.

den grundrechtlichen Grenzen der Selbstverwaltungsautonomie von berufsständischen Kammern[201]. Verfassungsrechtliche Beurteilungsmaßstäbe ergeben sich hier aus dem Zusammenhang von Gesetzesvorbehalt und Grundrechten. Der hier interessierende Art. 20 Abs. 2 S. 2 GG kann zur Beurteilung dieser Rechtsprobleme keine zusätzlichen Kriterien bereitstellen. Doch verifiziert der Blick auf das deutsche Recht die eingangs entwickelte These, daß durch Gesetz oder Verfassung geschaffene inkongruente Legitimationssubjekte einer Koordination bedürfen[202]. Die verfassungstheoretisch begründete Vermutung, daß Legitimationskonkurrenzen zwischen Organen mit heterogenen Legitimationssubjekten zu Freiheitseinbußen führen können, findet ihre Bestätigung.

Unbedenklicher, aber eben auch für das deutsche Recht weniger typisch, ist die Einrichtung unabhängiger Agenturen wie der Regulierungsbehörde für Telekommunikation und Post (RegTP). Der Grad ihrer Verselbständigung ist für deutsche Verhältnisse relativ ausgeprägt: Dies zeigt sich in der Geschäftsordnungsgewalt des Präsidenten[203] oder in den geregelten Außenbeziehungen der Behörde[204]. Anders als bei amerikanischen *Independent Regulatory Commissions* ist die Behörde aber monokratisch geführt[205]. Eine Entlassung der Leitungsebene durch ein Regierungsmitglied ist gesetzlich vorgesehen, wenn auch nicht aus politischen Gründen[206]. Für die alte Rechtslage war die Reichweite der ministeriellen Weisungskompetenz umstritten, da das Gesetz lediglich allgemeine und zu publizierende Weisungen nach § 66 Abs. 5 TKG aF kannte[207]. Hält man sich an die oben entwickelten Überlegungen, so ist eine Ausweitung auf Einzelweisungen gerade nicht geboten. Vielmehr wurde die Beschränkung auf allgemeine Regeln oben als Mittel erkannt, um die Konkretisierungsleistungen der hierarchischen Behördenorganisation zu bewahren, die Art. 20 Abs. 2 S. 2 GG der Exekutive zuweist. Dies gilt umso eher, wenn der Gesetzgeber, wie in den Beschlußkammerregelungen, spezifische Verfahren der Entscheidungsfindung vorgegeben hat. Insoweit die gesetzliche Neuregelung in § 117 S. 1 TKG Weisungen auch für Entscheidungen, die aus solchen Verfahren hervorgehen, vorsieht, ist dies zwar nicht verfassungswid-

---

[201] Zuletzt BVerfGE 106, 181 (191 ff.). Nachweise soweit nur bei *Jochen Taupitz*, Die Standesordnungen der freien Berufe, 1991, 801 ff. Vgl. auch *Peter J. Tettinger*, Kammerrecht, 1997.

[202] *Schmidt-Aßmann*, Grundrechtspositionen und Legitimationsfragen, 85 f.; *Volker Neumann*, Normenvertrag, Rechtsverordnung oder Allgemeinverbindlicherklärung?, 2002, 23 ff.

[203] Dazu *Oertel*, Regulierungsbehörde, 206; *Hans-Heinrich Trute*, in: Trute/Spoerr/Bosch, Telekommunikationsgesetz mit FTEG, 2001, § 66, Rdnr. 13.

[204] *Oertel*, Regulierungsbehörde, 202.

[205] *Hans-Heinrich Trute*, in: Trute/Spoerr/Bosch, Telekommunikationsgesetz mit FTEG, 2001, § 66, Rdnr. 17 f.

[206] Eingehend *Oertel*, Regulierungsbehörde, 212 ff.

[207] Für eine Einzelweisungskompetenz etwa *Winfried Ulmen*, in: Scheurle/Mayen, Telekommunikationsgesetz, 2002, § 66, Rdnr. 16; *Martin Geppert*, in: Beckscher TKG-Kommentar, § 66, Rdnr. 20 f.; *Windthorst*, Universaldienst in der Telekommunikation, 1998, 444 f. Dagegen wie hier kritisch: *Oertel*, Regulierungsbehörde, 382 ff.; *Hans-Heinrich Trute*, in: Trute/Spoerr/Bosch, Telekommunikationsgesetz mit FTEG, 2001, § 66, Rdnr. 30 f.

rig, aber wenig überzeugend. Die gesetzlich ausgestaltete Konkretisierungsleistung der Verfahren kann mit einem Federstrich überflüssig gemacht werden.
Für eine so zurückhaltende Form der Verselbständigung wie im Fall der RegTP
ist der funktionale Rechtfertigungsbedarf gering. Er ergibt sich innerhalb der
oben entwickelten Systematik[208] schon aus der Teilnahme des Staats als Anbieter
am regulierten Markt. Ist die Struktur der RegTP funktional auch unbedenklich,
so bleibt die Rechtfertigung für ihre Verselbständigung, die gerade die Parteilich-
keit der staatlichen Vollzugsstruktur voraussetzt, verfassungsrechtlich unbefriedigend. Die Garantie exekutiver Neutralität bleibt für die Arbeitsfähigkeit des
»regulären« Systems der Gewaltengliederung von Bedeutung. Sie muß letztlich
dadurch gesichert werden, daß sich der Staat aus durch ihn regulierten Märkten
zurückzieht[209]. Im Ergebnis entstehen Funktionsverluste der exekutiven Gewalt
im deutschen Verfassungsrecht aber weniger durch die echte Verselbständigung
der Verwaltungsorganisation als durch Formen der Selbstverwaltung. Schlag-
wortartig formuliert ist die Ordnung der drei Gewalten im deutschen System
eher durch Korporatismus als durch entfesselte Exekutiven gefährdet.

c) Zwischenfazit

Die organisatorische Verselbständigung von Verwaltungseinheiten stellt den internen Konkretisierungszusammenhang der Exekutivgewalt in Frage, mit dem
diese die abgestufte Anbindung an demokratische und individuelle Legitimation
sicherstellen soll. Verselbständigungen sind zumeist das Ergebnis einer Konkurrenz verschiedener Hoheitsträger, die mit ihrem Anspruch auf demokratische Legitimation auch den Anspruch auf Kontrolle der Exekutive verbinden. Verselbständigte Veraltungseinheiten erhalten ihre Spielräume also weniger aus echter
Unabhängigkeit als aus einer vervielfachten, sich wechselseitig neutralisierenden
Abhängigkeit.

In den untersuchten Verfassungsordnungen wird das Problem der Verselbständigung der Exekutive zwar häufig verfassungstheoretisch, aber selten verfassungsrechtlich als Frage der Gewaltengliederung behandelt. Vielmehr beherr-
schen Normen das Feld, die das Verhältnis der in verschiedener Weise miteinander
konkurrierenden Organe regeln: im amerikanischen Verfassungsrecht Präsident
und Kongreß, im deutschen Recht Gesetzgeber und Selbstverwaltungskörper-
schaft und Art. 20 Abs. 2 S. 1 GG. Dies hängt auch mit der Unmöglichkeit zusammen, einen konsistenten materiellen Begriff der Exekutive aus Art. 20 Abs. 2 S. 2
GG oder dem amerikanischen Prinzip der *separated powers* herzuleiten. Trotzdem können Argumente aus dem Arsenal der Gewaltengliederung genutzt wer-

---

[208] Vgl. oben, S. 121 ff.
[209] Deutlich *Oertel*, Regulierungsbehörde, 271 f.; *Peter Lerche*, in: Maunz/Dürig, Grundgesetz, Art. 87 f., Rdnr. 112.

den, um die konkurrierenden Kontrollansprüche auszugleichen. Verselbständigungsformen lassen sich rechtfertigen, wenn mit der Ausgliederung ihrerseits bestimmte Legitimationsprobleme gelöst werden. Dabei sollte die Entscheidung über die Ausgliederung durch die Legislative getroffen werden. Unproblematisch sind bloße Relativierungen der hierarchischen Struktur, wie sie sich namentlich im amerikanischen Verfassungsrecht zeigten. Dabei sind für die Vereinigten Staaten auch die spezifischen Vorstellungen von demokratischer Kontrolle in Rechnung zu stellen, die sich nicht über formelle Weisungsstrukturen artikulieren, sondern über eine durch Präsidenten und Kongreß geschaffene politische Umwelt, in die sich die Agenturen fügen müssen und praktisch auch fügen. Im deutschen Recht stellt das hier vertretene Verständnis der Gewaltengliederung die Behauptung in Frage, aus Art. 20 Abs. 2 S. 1 GG folge im Prinzip ein Einzelweisungsrecht der ministerialen Spitze. Vielmehr legt Art. 20 Abs. 2 S. 2 GG eine Organisationsstruktur der Behörde nahe, die verschiedene Konkretisierungsstufen auf verschiedenen hierarchischen Ebenen abschichtet.

Die verbreitete Vorstellung, exekutive Agenturen mit weiten Entscheidungsspielräumen stellten eine freiheitsbedrohende Fusion aller drei Gewalten in einer einheitlichen Organisation dar[210], bedarf schließlich der Korrektur. Soweit Entscheidungen von Agenturen auf der Grundlage einer zulässigen legislativen Entscheidung getroffen werden, lassen sie sich auf einen allgemeinen demokratischen Prozeß zurückführen und sind nicht legislativ. Soweit Entscheidungen einer Agentur anschließend gerichtlich überprüfbar sind, beenden sie den Konkretisierungszusammenhang nicht und sind deswegen gleichfalls nicht judikativ.

4. Fazit

Art. 20 Abs. 2 S. 2 GG und art. II sec. 1 U.S. const. setzen einen materiellen und einheitlichen Begriff der exekutiven Gewalt voraus. Für das Grundgesetz wird dieser nicht weiter umfassend definiert, die amerikanische Verfassung ordnet ihn im Ganzen dem Amt des Präsidenten zu. Diese Regelungen führen jedoch in beiden Rechtsordnungen nicht zur systematischen Entwicklung eines materiellen Rechtsbegriffs der Exekutive. Vielmehr zeigt sich in beiden Rechtsordnungen in Übereinstimmung mit der hier entwickelten verfassungstheoretischen Typisierung folgendes Bild: Die abgestufte Konkretisierungsaufgabe der Exekutive erlaubt es, daß ihr Handeln sich sowohl judikativer als auch legislativer Rechtserzeugung annähern kann. Exekutive Organisationen verfügen teilweise über rechtlich wenig determinierte Spielräume zum Erlaß zukunftsgerichteter Verordnungen großer Reichweite. Exekutivorganisationen entscheiden aber auch über

---

[210] So einem Topos aus der amerikanischen Literatur folgend, für Regulierungsbehörden: *Martin Bullinger*, Regulierung als modernes Instrument zur Ordnung liberalisierter Wirtschaftszweige, DVBl. 2003, 1355 (1361.)

konkret-individuelle Rechtspositionen nach strikt verrechtlichten prozeduralen und materiellen Vorgaben. Diese Vielfalt hat für die Begriffsbildung zwei Konsequenzen. Zum einen wird ein materieller Begriff der Exekutive stets nur via negationis durch Bestimmung der im konkreten Zusammenhang angrenzenden Gewalt entwickelt. Zum anderen müssen für die Exekutive abgestimmte Begrifflichkeiten entwickelt werden, die zwischen verschiedenen Stufen exekutiver Rechtserzeugung unterscheiden. Die Unterscheidungen zwischen *rulemaking* und *adjudication* im amerikanischen und zwischen generell-abstraktem und konkret-individuellem Verwaltungshandeln im deutschen Verwaltungsrecht erfüllen diesen Zweck und bedienen sich dabei der hier entwickelten funktionalen Kriterien. Die beiden Rechtsordnungen bekannte Unterscheidung zwischen Regierung und Verwaltung setzt mit entsprechendem Ziel bei der Organisation an, ist aber weniger überzeugend mit Rechtsfolgen zu verknüpfen.

Ein legitimationsbezogener Begriff der vollziehenden Gewalt läßt sich nicht in gleicher Weise systematisch entwickeln wie für die beiden anderen Gewalten. Dies ist kein Symptom für einen pathologischen Zustand, sondern erscheint funktional angemessen. Die Exekutive ist die Realisierungsform der Legislative, auf deren Organisation sie variantenreicher zugreifen kann als auf die Judikative. Die Vielgestaltigkeit der Verwaltung muß kein freiheitsgefährdendes Phänomen darstellen, sondern ebensogut Ausdruck eines differenzierten Problemlösungsbewußtseins der Legislative.

Erst der Blick auf die Exekutive gestattet es nun auch, das Verhältnis zwischen exekutiver Spitze und Legislative in einen systematischen Zusammenhang zu stellen. Das ist nicht zuletzt deswegen von Bedeutung, weil der Unterschied zwischen parlamentarischem und Präsidialsystem eine wesentliche Differenz zwischen den beiden verglichenen Rechtsordnungen darstellt[211]. Regierung und Parlament weisen durch die Eigenschaften des von ihnen erzeugten Rechts Ähnlichkeiten auf. Ihre Zusammenarbeit im Gesetzgebungsverfahren erzeugt für die Gewaltengliederung kein Problem. Dabei ist es auch nicht bedeutsam, ob diese Zusammenarbeit von Beginn an formell durch ein Initiativrecht der Regierung ermöglicht ist oder erst abschließend durch eine Veto-Position. In beiden Fällen sind sowohl Regierung als auch Parlament demokratisch gesamtverantwortlich. In beiden Fällen hat das Parlament die Möglichkeit, gegen den Willen der Regierung eine Entscheidung zu treffen. Folgenreich ist jedoch die Tatsache, daß sich im Präsidialsystem beide Organe auf eine eigene Legitimation berufen können. Dies erzeugt Legitimationskonkurrenzen zwischen Legislative und Gubernative, die sich gerade in der Anlage der Verwaltungsorganisation zeigten. Eine allgemeine Regel für oder gegen parlamentarisches oder präsidiales System kann eine Systematik der Gewaltengliederung aber nicht bieten. Vielmehr müssen Maßstäbe erst auf der Grundlage der getroffenen Wahl entwickelt werden.

---

[211] Vgl. oben, S. 20ff.

§5 Zulässige Varianten und unzulässige Übergriffe in der Gewaltengliederung

In beiden hier untersuchten Rechtsordnungen finden sich vielfältige Formen der Ausgestaltung der Staatsorganisation, die von den hier entwickelten Typen abweichen. Solche Abweichungen können, müssen aber nicht mit der verfassungskräftigen Anordnung der Gewaltengliederung in Widerspruch stehen. Wie aber stellen sich »problematische« Strukturen dar, welches sind die Kriterien, nach denen sie rechtsvergleichend erkannt und beurteilt werden können? Im Anschluß an das hier entwickelte Modell sind Probleme der Gewaltengliederung wie folgt zu bestimmen: *Probleme der Gewaltengliederung entstehen, wenn die Rechtserzeugungsleistungen, die einem bestimmten Organ abverlangt werden, nicht mehr der Legitimationsleistung entsprechen, für die dieses Organ eingerichtet wurde.*

Eine solche legitimationsbezogene Sicht der Gewaltengliederung führt, dies zeigte der vorige Paragraph, nicht zu einem völlig neuen Verständnis. Vielmehr kann sie vor allem an die Deutung der Gewaltengliederung als Verbot der Gewaltenusurpation anschließen, die – anders als das Verständnis von Gewaltenteilung als Gewalten*trennung* oder als wechselseitiger Organkontrolle – die organisatorischen Eigenheiten der verschiedenen Organe ausdrücklich berücksichtigt[1]. Untersuchungsgegenstand sind also rechtliche Ausgestaltungen, in denen nach bestimmten Prinzipien strukturierte Organe andere Rechtserzeugungsfunktionen wahrnehmen sollen, als es ihr Verfahrens- und Organisationsbestand nahelegt. Eine Auswahl solcher Probleme läßt sich einfach strukturieren, indem man drei für eine bestimmte Rechtserzeugungsfunktion als typisch erkannten Organen jeweils eine andere Funktion zuordnet[2]. Eine vollständige Systematisierung würde die Wahrnehmung der beiden jeweils anderen Rechtserzeugungsfunktionen durch ein bestimmtes Organ untersuchen, also zu sechs Kombinationen führen. Die hier vorgenommene Auswahl wählt dagegen Rechtsprobleme exemplarisch aus: Die Gefahr der Wahrnehmung legislativer Befugnisse durch ein typischerweise judikatives Organ zeigt sich plastisch in der Institution der Verfassungsgerichtsbarkeit (I.). Die Gefahr exekutiver Rechtserzeugung durch die Judikative kann sich in der Einrichtung von objektiven, vom Individualrechtsschutz abgekoppelten Vollzugskontrollen und in einer zu weitgehenden gerichtlichen Kon-

---

[1] Zu dieser Unterscheidung, oben, S. 70 ff.
[2] Vgl. auch das übersichtliche Schema bei *Schmitt*, Verfassungslehre, 187 ff.

trolldichte verwirklichen (II.). Die Gefahr einer legislativen Rechtserzeugung durch exekutive Organe entsteht bei der Delegation von Rechtserzeugungskompetenzen. Zugleich können erweiterte Kontrollrechte der Legislative umgekehrt zu einer Usurpation exekutiver Funktionen durch die Legislative führen (III.). Die Unterabschnitte sind in ähnlicher Weise wie im vorausgehenden Paragraphen aufgebaut: Zunächst ist das konkrete Probleme mit den hier entwickelten Vorgaben systematisch einzuordnen. Hieran schließt sich eine vergleichende Darstellung des erhobenen legitimationstheoretischen Befundes mit der Rechtslage in den Rechtsordnungen an, die eine abschließende Bewertung gestattet.

I. Legislative Rechtserzeugung der Judikative: Verfassungsgerichtsbarkeit

Als Verfassungsgerichtsbarkeit sind im folgenden Gerichte zu bezeichnen, die auch dazu befugt sind, höchstrangige konstitutionelle Normen auszulegen und anhand dieser Auslegung *legislativ* erzeugtes Recht aufzuheben[3]. Diese Funktion kann unabhängig davon bestimmt werden, ob ein solches Gericht auch niederrangiges Recht prüfen darf wie der U.S. Supreme Court, oder ob es im Regelfall auf die Verfassungsauslegung beschränkt bleibt wie das Bundesverfassungsgericht[4]. Föderale Funktionen der Verfassungsgerichtsbarkeit[5] werden im Zweiten Teil Behandlung finden.

1. Funktion: Sicherung des legislativen Legitimationsanspruchs

Verfassungsgerichte üben mit der Befugnis, legislatives Recht aufzuheben oder die Legislative zum Erlaß von Recht zu verpflichten, eine materiell legislative Funktion[6] aus. Die Reichweite ihrer Rechtserzeugung kann über die individuelle Streit-

---

[3] Der Ursprung wird gemeinhin mit Marbury v. Madison, 5 U.S. 137 (1803) in Verbindung gebracht. Zur Frage von Vorläufern im englischen Recht, v.a. dem in seiner Bedeutung umstrittenen Dr. Bonham' Case, 8 Co. Rep, 113 b, 76 Eng. Rep. 644 (1610): *J. W. Gough*, Fundamental Law in English Constitutional History, 1955, 12ff.

[4] Zum systematischen Vergleich: *Alexander von Brünneck*, Verfassungsgerichtsbarkeit in den westlichen Demokratien, 1992, 133ff.; *Cappelletti*, Judicial Process, 150ff., 182ff.; *Louis Favoreu*, American and European Models of Constitutional Justice, FS Merryman, 1990, 105 (111ff.); *Alec Stone Sweet*, Governing with Judges, 2001, 61ff.; *Edward McWhinney*, Supreme Courts and Judicial Law-Making: Constitutional Tribunals and Constitutional Review, 1986, 133ff.; *Alfred J. Noll*, Internationale Verfassungsgerichtsbarkeit, 1992.

[5] Zum Zusammenhang soweit nur *Koen Lenaerts*, Constitutionalism and the Many Faces of Federalism, American J.o. Comparative L. 1990, 205.

[6] Zweifelhaft ist dagegen, wie in der deutschen Diskussion behauptet wird, ob sie eine verfassunggebende Funktion ausüben. Auch die Anwendung von Gesetzen durch Gerichte macht die Gerichte nicht zum Gesetzgeber. So aber *Ernst Wolfgang Böckenförde*, Diskussionsbeitrag, VVDStRL 39 (1981), 172ff.; *ders.*, Verfassungsgerichtsbarkeit: Strukturfragen, Organisation, Le-

entscheidung hinausgehen und den Gesetzgeber zukunftsorientiert und umfassend binden. Dies ist allgemein anerkannt. Darüber hinaus sehen sich Verfassungsgerichte sehr häufig nicht individuellen Rechtsträgern, sondern Hoheitsträgern oder vorlegenden Gerichten als Beteiligten gegenüber[7]. Da Verfassungsgerichte sich in Verfahren und Organisation nicht wesentlich von anderen Gerichten unterscheiden[8], ist zu erklären, inwieweit das Modell der Verfassungsgerichtsbarkeit mit der hier entwickelten Typisierung der judikativen Funktion zu vereinbaren ist.

Verfassungstheoretische Bedenken gegen die Verfassungsgerichtsbarkeit finden sich in der wissenschaftlichen Debatte in Deutschland und in den Vereinigten Staaten. In Deutschland standen sie zunächst im Zentrum einer verfassungspolitischen Diskussion über die Einführung einer »Staatsgerichtsbarkeit« im Kaiserreich und in der Weimarer Republik[9]. Unter dem Grundgesetz wurden Erfahrungen mit dem Bundesverfassungsgericht zunächst als Sypmtom eines drohenden »Jurisdiktionsstaats« kritisiert. Solche Urteile wichen aber zunehmend einem positiven Verständnis[10] des Gerichts, das sich weniger auf funktionale Überlegungen[11] als auf die materielle Grundrechtsdogmatik konzentrierte[12]. In den Vereinigten Staaten ist die Diskussion zur Legitimation der Verfassungsgerichtsbarkeit deutlich umfangreicher, ja man wird sagen können, daß sie bis in die Gegenwart ein Hauptproblem von Verfassungstheorie und Verfassungsrecht darstellt[13].

---

gitimation, NJW 1999, 9 (15ff.). Zur entsprechenden Praxis des Bundesverfassungsgerichts und den daraus resultierenden Beschränkungen des Verfassunggebers kritisch: *Matthias Jestaedt*, Verfassungsgerichtspositivismus, in: FS Isensee, 2002, 183 (194ff.).

[7] Zu einer vergleichenden Typisierung nach diesen Kriterien: *Pasquale Pasquino*, What is Constitutional Adjudication about?, paper, NYU School of Law, 2002, 3.

[8] Zur Gerichtseigenschaft auch von Verfassungsgerichten: *Sweet Stone*, Governing with Judges, 32ff. *Cappelletti*, Judicial Process, 30ff. Speziell für das Bundesverfassungsgericht: *Klaus Schlaich/Stefan Korioth*, Das Bundesverfassungsgericht, 6. Aufl. 2004, 21ff. BVerfGE 40, 356 (360).

[9] Eingehend dargestellt bei *Helge Wendenburg*, Die Debatte um die Verfassungsgerichtsbarkeit und der Methodenstreit der Staatsrechtslehre in der Weimarer Republik, 1984.

[10] Dabei wird die Tatsache, daß auch das Gericht legitimationsbedürftige Herrschaft ausübt, relativiert. Grundlegend wohl *Rudolf Smend*, Das Bundesverfassungsgericht (1962), in: Staatsrechtliche Abhandlungen und andere Aufsätze, 3. Aufl 1994, 581. Daran anschließend *Ingwer Ebsen*, Das Bundesverfassungsgericht als Element gesellschaftlicher Selbstregulierung, 1985, 221ff., 320ff. Kritik bei *Ulrich Haltern*, Integration als Mythos. Zur Überforderung des Bundesverfassungsgerichts, JöR 45 (1997), 31.

[11] Grundlegende Überlegungen zur Funktionenordnung bei *Klaus Schlaich*, Das Bundesverfassungsgericht im Gefüge der Staatsfunktionen, VVDStRL 39 (1981), 99 (106ff.). Daran anschließend *Schlaich/Korioth*, Bundesverfassungsgericht, 351ff.; *Christian Starck*, Das Bundesverfassungsgericht in der Verfassungsordnung und im politischen Prozeß, in: FS BVerfG, 2001, 1 (3ff.).

[12] Zur Frage funktionell-rechtlicher Grenzen der Verfassungsgerichtsbarkeit aber sogleich, §5, I.

[13] Als wichtige Beiträge: *James Bradley Thayer*, The Origin and Scope of the American Doctrine of Constitutional Law, Harvard L. Rev. 7 (1893), 129; *Alexander Bickel*, The Least Dangerous Branch, 1962, 14ff. *Jesse H. Choper*, Judicial Review and the National Political Process,

Ähnlich der hier entwickelten Systematik steht dabei in Frage, inwieweit eine politisch unabhängige Institution Entscheidungen von legislativer Reichweite treffen kann (*countermajoritarian difficulty*).

Wie aber stellt sich die Institution der Verfassungsgerichtsbarkeit in der Gewaltengliederung dar? Zur Beantwortung sind zwei Probleme, der Zusammenstoß eines judikativen Rechtserzeugungsverfahrens mit einer legislativen Entscheidungsreichweite (2.) und die Einbindung hoheitlicher Akteure in die Verfahren (3.), zu untersuchen und zu bilanzieren (4.). Beide Probleme können jedoch nicht vergegenwärtigt werden, ohne daß die *positive* Funktion von Verfassungsgerichten für eine selbstbestimmte Gewaltengliederung geklärt wäre (1.).

1. Verfassungsgerichte dienen dem Schutz des Vorrangs der Verfassung[14], obwohl dieser Vorrang geltungstechnisch auch ohne eine Verfassungsgerichtsbarkeit eingerichtet werden kann[15]. Demokratische Verfahren der Rechtserzeugung können jedoch bei aller Offenheit in der Substanz einen eigenen Anspruch auf Legitimation nur durch die Einhaltung verbindlicher Verfahrensregeln erheben[16]. Besteht aber die differentia specifica der Verfassungsgerichtsbarkeit einerseits in der Befugnis Gesetze zu verwerfen, und ist diese andererseits als Gericht institutionell beschränkt, so kann die Funktion von Verfassungsgerichten als *Sicherung der verfassungsmäßig definierten demokratischen Legitimation der Gesetzgebung* definiert werden[17]. Diese Funktionsbestimmung grenzt sich von unspezifischeren, Verfassungsgerichte als »Hüter der Verfassung«[18] grundsätzlich mit der Verwirklichung von Verfassungsgehalten verbindenden Ansichten in zweierlei Hinsicht ab: Zum einen ist auch die Rechtserzeugung anderer Organe Verfassungsverwirklichung. Diese sind in der Verfassung vorgesehen und an sie gebunden. So

---

1990. Zuletzt *Larry Kramer*, The People Themselves, 2004. Als kritischer Überblick über die aktuelle Rechtsprechung: *ders*, Foreword: We, the Court, Harvard L. Rev 115 (2001), 4. Überblicke bei *Barry Friedman*, History of the Countermajoritarian Difficulty, Part Three: The Lesson of Lochner, New York U.L. Rev. 76 (2003) 1383; Part Four: Law's Politics, 148 U.o. Pennsylvania L. Rev. 148 (2000), 971; Part Five: The Birth of an Academic Obsession, Yale L.J. 112 (2002), 153. Vergleichend *Cappelletti*, Judicial Process, 204ff. Aus der deutschen Literatur die Diskussion aufnehmend: *Ulrich R. Haltern*, Verfassungsgerichtsbarkeit, Demokratie und Mißtrauen, 1998, 169ff.; *Riecken*, Verfassungsgerichtsbarkeit in der Demokratie, 390ff.

[14] Zum Zusammenhang *Rainer Wahl*, Der Vorrang der Verfassung, Der Staat 20 (1981), 485 (499ff.).

[15] Das bedeutendste Beispiel hierfür ist Frankreich, das erst in den letzten Jahrzehnten eine gerichtliche Prüfung von Gesetzen entwickelt hat. Dazu *Alec Stone*, The Birth of Judicial Politics in France, 1992, 46ff.; *Louis Favoreu*, La Politique Saisie par le Droit, 1988.

[16] Zu diesen Minimalprinzipien oben, S. 46ff.

[17] Vgl. zur Darstellung und Kritik aus rechtstheoretischer Perspektive *Michel Troper*, The Logic of Justification of Judicial Review, International Constitutional Law, 1 (2003), 99 (109ff.).

[18] Ausdruck: *Carl Schmitt*, Der Hüter der Verfassung, 1931, allerdings bezogen auf die Exekutive. Dagegen zugunsten der Verfassungsgerichtsbarkeit: *Hans Kelsen*, Wer soll der Hüter der Verfassung sein? (1931), in: Wiener Rechtstheoretische Schule II, 1873.

ist der Gesetzgeber der »Erstinterpret« der Verfassung[19]. Zum anderen legt der prozedurale Zugang es nahe, das Verfassungsgericht als *Gericht* wahrzunehmen und nicht als Verwirklichungsmedium des materiellen Verfassungsrechts, damit aber auch die funktionalen Grenzen und Beschränktheiten verfassungsgerichtlicher Rechtsprechung als judikativer Rechtserzeugung zu bedenken. Die Befugnis, demokratisch gesetzte Regeln in einem judikativen Verfahren außer Kraft zu setzen, bedarf ihrerseits einer Rechtfertigung, die sich nur aus dem Legitimationsanspruch der Legislative selbst ergeben kann.

Ist die Sicherung legislativer Verfahrensregeln die zentrale Funktion der Verfassungsgerichtsbarkeit, dann bewahren Verfassungsgerichte den Legitimationsanspruch der Legislative, *soweit dieser in der Verfassung positiviert ist*[20] und insoweit die Entscheidungsfindung der Legislative nicht offen gehalten werden muß. Das bedeutet nicht, daß Verfassungsgerichte ein bestimmtes theoretisches Konzept demokratischer Repräsentation verwirklichen sollen[21]. Unter dieser Voraussetzung könnte man Verfassungsgerichte damit beauftragen, die konkrete Interessenrepräsentation in einem legislativen Verfahren nachzuvollziehen[22] oder generell die Beteiligungsmöglichkeiten von Minderheiten zu stärken[23]. Agieren Verfassungsgerichte aber als Gerichte, so liegt ihre institutionelle Fähigkeit vor allem in der Überprüfung formalisierter Verfahrensregeln. Konkret: Ein Gericht kann die Einhaltung eines Wahlgleichheitssatzes besser überprüfen als die Frage, ob im Gesetzgebungsverfahren bestimmte Interessen übergangen wurden. Im Ergebnis dient die Befugnis zur Aufhebung eines Gesetzes zunächst also dazu,

---

[19] Ausdruck *Paul Kirchhof*, Demokratischer Rechtsstaat – Staatsform der Zugehörigen, in: J. Isensee/P. Kirchhof (Hrsg.), Handbuch des Staatsrechts, Bd. IX, 1997, § 221, Rdnr. 77. So BVerfGE 101, 158 (236). *Georg Hermes*, Verfassungsrecht und einfaches Recht – Verfassungsgerichtsbarkeit und Fachgerichtsbarkeit, VVDStRL 61 (2002), 119 (129ff.). Für die Vereinigten Staaten: *Robert Nagel*, The Role of the Legislative and Executive Branches in Interpreting the Constitution, Cornell L. Rev. 73 (1988), 380 (381ff.); *Scott E. Grant*, Judicial Supremacy and Nonjudicial Interpretation of the Constitution, Hastings L.Q. 24 (1997), 359 (361ff.). Speziell für die Exekutive: *David A. Strauss*, Presidential Interpretation of the Constitution, Cardozo L. Rev. 15 (1997), 113 (118ff.).

[20] Dies entspricht der oben entwickelten Funktion des Begriffs der Legitimation vgl. oben, S. 33ff.

[21] Hier liegt der Unterschied zum auch rechtsvergleichend einflußreichen Konzept von *Ely*, Democracy and Distrust, 73ff., in der der Verfassungsgerichtsbarkeit die Rolle der *representation reenforcement* zugeordnet wird. Unklar bleibt dort, inwieweit *representation* als Teil des positiven Rechts verstanden ist. Dazu *Riecken*, Verfassungsgerichtsbarkeit in der Demokratie, 166ff.

[22] In diesem Zusammenhang ist eine amerikanische Rechtsprechung zur Repräsentativität von Erlaßverfahren im Planungsrecht von Interesse. Zustimmung und Nachweise zu dieser Art gerichtlicher Kontrolle: *Einer Elhauge*, Does Interest Group Theory Justify more intrusive judicial review?, 101 (1991) Yale L.J. 31. Dagegen wie hier mit Zweifeln an der Eignung gerichtlicher Verfahren: *Komesar*, Law's Limits, 83.

[23] So die berühmteste Fußnote des amerikanischen Verfassungsrechts: United States v. Carolene Products, 304 U.S. 144, 152, n. 4. Dagegen aber Village of Arlington Heights v. Metropolitan Housing, 429 U.S. 252, 270, n. 21 (1977). Die viel rezipierte Deutung in *Ely*, Democracy and Distrust, 73ff.

den Anspruch der Legislative auf die in der Verfassung niedergelegte Legitimationsform zu schützen.

Wie aber steht es mit dem Schutz subjektiver Rechte, der so oft mit der Aufgabe von Verfassungsgerichten in Verbindung gebracht wird? Die Reichweite subjektiver Rechte bedarf vor ihrer gerichtlichen Konkretisierung gesetzgeberischer
Bestimmung[24]. Zugleich dienen Grundrechte, jedenfalls einem historisch jungen,
aber wirkmächtigen Verständnis zufolge, auch der Begrenzung der Legislative[25].
Doch die Aufhebung legislativer Entscheidungen unter der Berufung auf Grundrechte ist funktional auch in solchen Fällen zweifelhaft, in denen sie grundrechts-
dogmatisch geboten ist. Denn sie übergeht eben den Umstand, daß die Definition
von Rechten in der Regel kein unmittelbar rechtlich determinierter Vorgang ist,
sondern eines legislativen Ausgleichs in demokratischen Verfahren bedarf[26]. Das
ergibt sich demokratietheoretisch aus der Tatsache, daß die Abgrenzung von
Freiheitssphären potentiell alle betrifft. Es ergibt sich methodisch aus der größeren Bestimmtheit gesetzlich geregelter Rechte, die damit auch eine plausiblere
Entscheidungsbegründung des Gerichts zulassen. Die spezifische grundrechts-
schützende Funktion der Verfassungsgerichtsbarkeit tritt aus Sicht der Gewaltengliederung zurück. Institutionell sind Grundrechte deswegen nicht schutzlos.
Zentral für diesen Schutz ist aber die Einrichtung eines an Gesetze gebundenen
Gerichtssystems unterhalb der Verfassungsgerichtsbarkeit. Materiell dienen
Grundrechte zudem nicht allein der Begrenzung des Gesetzgebers, sondern auch
der Strukturierung der Gesetzgebung, die die Grundrechte ausgestaltet, sich dadurch aber auch an Schutzbereichen orientiert und ihre eigene Rechtsetzung
rechtfertigen muß[27]. Die spezifische Leistung von *Verfassungs*gerichten besteht
dennoch in der Garantie des demokratischen Legitimationsanspruchs, nicht im
Schutz individueller Rechte.

---

[24] Vgl. oben, S. 41 ff.

[25] In allen Rechtsordnungen hat sich die Wendung von Grundrechten gegen die Legislative
erst vergleichsweise spät durchgesetzt: Für die deutsche Diskussion: *Gerhard Leibholz*, Die
Gleichheit vor dem Gesetz 1925, 72 ff.; *Erich Kaufmann*, Die Gleichheit vor dem Gesetz im Sinne
des Art. 109 der Reichsverfassung, VVDStRL 3 (1927), 2. Für die amerikanische Diskussion ist
die Epoche nach dem Bürgerkrieg und die Einführung des Fourteenth Amendment, U.S. const.
entscheidend: *Brugger*, Grundrechte und Verfassungsgerichtsbarkeit, 144 ff.

[26] Aus deutscher Sicht: *Peter Lerche*, Grundrechtlicher Schutzbereich, Grundrechtsprägung,
Grundrechtsschranken, in: J. Isensee/P. Kirchhof (Hrsg.), Handbuch des Staatsrechts, Bd. V.,
1992, § 121, Rdnr. 38 ff.; *Paul Kirchhof*, Verfassungsgerichtsbarkeit und Gesetzgeber, in: P. Badu-
ra/R. Scholz (Hrsg.), Verfassungsgerichtsbarkeit und Gesetzgeber, 1998, 5 (15 f.). Für die Vereinigten Staaten: *Brugger*, Grundrechte und Verfassungsgerichtsbarkeit, 332 ff.

[27] So etwa *Bumke*, Grundrechtsvorbehalt (»Gewährleistungsplan«); *Horst Dreier*, Dimensio-
nen der Grundrechte, 1993, 63 f. Entsprechend für die amerikanische Theorie *Richard F. Pildes*,
Why Rights Are Not Trumps: Social Meanings, Expressive Harms, and Constitutionalism, J.o.
Legal Studies, 27 (1998), 725 (750 ff.).

2. In der Aufhebung legislativer Entscheidungen durch ein Verfassungsgericht stoßen die beiden Legitimationsmodi, die sich in Legislative und Judikative idealtypisch institutionalisieren, aufeinander. Zugespitzt formuliert kristallisiert sich der Konflikt zwischen individueller und demokratischer Legitimation im Akt der verfassungsgerichtlichen Aufhebung eines demokratischen Gesetzes auf Initiative eines individuell Betroffenen hin[28]. Ein genauerer Blick auf diese Aussage erfordert jedoch eine Differenzierung. Materiell können sich auch einfachgerichtliche Entscheidungen, die formal auf der Grundlage eines Gesetzes ergehen, als »Aufhebung« des Gesetzes verstehen lassen. Die richterliche Rechtsfortbildung oder die »Rechtsfindung contra legem«[29] stellt ein allgemeines rechtswissenschaftliches Methodenproblem, kein Spezifikum der Verfassungsgerichtsbarkeit dar. Der Versuch, die gerichtliche Auslegung zu disziplinieren, wird besonders in Deutschland auch als Aufgabe der Rechtswissenschaft verstanden[30]. Sie kann Einwände gegen die Bindungskraft von Texten aber gerade für wortarme und allgemein gehaltene Verfassungen nicht völlig ausräumen[31]. Das funktionale Legitimationsproblem *verfassungs*gerichtlicher Rechtserzeugung liegt deswegen nicht in der Möglichkeit, Gesetze im Namen der Verfassung formell zu derogieren. Denn der Unterschied zwischen Aufhebung und Auslegung bleibt für eine funktionale Betrachtung unscharf: Für die Gewaltengliederung liegt schon mit der Befugnis zur Gesetzesauslegung das Gesetz in der Hand des Gerichts[32]. Genauer ist das spezifische Legitimationsdefizit deswegen in der möglichen *Reichweite* verfassungsgerichtlicher Entscheidungen zu sehen[33]. Problematisch ist nicht die

---

[28] Dies ist der Grund, warum die Institution des Verfassungsgerichts zu oft isoliert als institutionelle Seite des Verfassungsrechts verstanden wird, so etwa *Luhmann*, Rechtshistorisches Journal 9 (1990), 184ff. Diese Sicht greift zu kurz, weil alle Gewalten an der Leistung des Verfassungsrechts teilnehmen, Recht und Politik zu verknüpfen.

[29] *Jörg Neuner*, Rechtsfindung contra legem, 2. Aufl. 2003.

[30] Während beide Disziplinen auf Urteile bezogen sind, ist die Vorstellung einer positiven Beeinflussung der Rechtsprechung durch die Wissenschaft, etwa durch das Bereitstellen von Begriffen, dem anglo-amerikanischen Rechtskreis fremder: *Raoul C. van Caenegem*, Judges, Legislators & Professors, 1987, 67ff.

[31] *Gerd Roellecke*, Aufgaben und Stellung des Bundesverfassungsgerichts im Verfassungsgefüge, in: J. Isensee/P. Kirchhof (Hrsg.), Handbuch des Staatsrechts, Bd. II, 1987, § 53, Rdnr. 28.

[32] Deutlich zeigt sich dies im deutschen Recht an der Figur der verfassungskonformen Auslegung des Gesetzes, die ja allen Gerichten zusteht, und die sich trotzdem nicht immer als die schonendste Umgang mit der legislativen Entscheidung darstellt.

[33] In der deutschen Diskussion gibt es hierzu eine ausgreifende Debatte zur Bindungswirkung nach § 31 BVerfGG und zur Selbstbindung des Gerichts, die freilich deutlich geringere Auswirkungen auf die Rechtsprechung hat, als die Untersuchung materieller Rechtsfragen. Dazu etwa: *Michael Sachs*, Die Bindung des Bundesverfassungsgerichts an seine Entscheidungen, 1977, 66ff., 91ff.; *Stefan Detterbeck*, Streitgegenstand und Entscheidungswirkungen im öffentlichen Recht, 1995, 327ff.; *Schlaich/Korioth*, Bundesverfassungsgericht, 333ff. Zur Praxis, auch in vergleichender Perspektive *Georg Seyfarth*, Die Änderung der Rechtsprechung des Bundesverfassungsgerichts, 1998, 106ff. Im amerikanischen Recht wird die Selbstbindung durch die Präjudizwirkung – *stare decisis* – begründet, die jedoch bei wachsendem Fallmaterial immer flexibler wird: *Seyfarth*, ebda., 57ff. Gesetzesderogierende Urteile wirken immer nur *inter partes*, führen

punktuelle Aufhebung einer legislativen Regelung durch ein Verfassungsgericht, sondern die Möglichkeit zu einer judikativen Entscheidung, deren sachliche und zeitliche Reichweite dem Ideal einer legislativen Entscheidung entspricht oder nahe kommt, die also zukunftsorientiert und von großer Allgemeinheit ist[34]. Welche Formen verfassungsgerichtlicher Rechtserzeugung werden hierdurch funktional unangemessen?

Hinsichtlich ihres *Allgemeinheitsgrads* sind Entscheidungen bedenklich, die Legislativakte in ihrer Gesamtheit aufheben. Ex negativo haben sie an der Reichweite der legislativen Entscheidung teil. Der durch prozessuale Anforderungen individualisierte Konflikt, der zu einem verfassungsgerichtlichen Verfahren führte, wird durch die Reichweite des Ausspruchs wieder verallgemeinert[35]. Die Gewaltengliederung gebietet daher eine Engführung verfassungsgerichtlicher Entscheidungsfindung jedenfalls für solche Fälle, in denen es nicht um die prozedurale Legitimation eines Legislativaktes geht, in denen also nicht sein demokratischer Anspruch in Frage steht. Eine solche Engführung ist prozeßrechtlich durch eine gesetzliche Regelung des Entscheidungsausspruchs zu sichern. Zudem spielt die Reichweite der Entscheidungs*begründung* für den Allgemeinheitsanspruch eine bedeutende Rolle. Je grundsätzlicher die Entscheidungsbegründung angelegt ist, desto größer ist ihre Bindungswirkung für künftige legislative Entscheidungen[36]. Freilich ist das verfassungstheoretische Erfordernis beschränkter Begründungen kaum verfassungsrechtlich abzusichern, so wie die Wirkungen der Begründungen als Argumente im Gesetzgebungsverfahren nur faktischer Natur sind. Trotzdem bleibt festzuhalten, daß der Anspruch des Gesetzgebungsverfahrens auf eine offene Problemlösung auch durch die Reichweite

---

aber praktisch zur Nichtanwendung von Gesetzen durch Untergerichte. Vgl. auch *Richard H. Fallon Jr.*, Stare Decisis and the Constitution: An Essay on Constitutional Methodology, New York U.L. Rev. 76 (2001), 570.

[34] Vgl. ein ähnliches Argument bei *Luhmann*, Legitimation durch Verfahren, 121 ff.; *Sunstein*, One Case at a Time, 24 ff. Eingehende Urteilsanalysen: *Andre Brodocz*, Analoges Begründen. Über den Beitrag von Verfassungsrechtsprechung zur symbolischen Integration demokratischer Gesellschaften, Ms. Vortrag Mai 2002, Darmstadt.

[35] Anderes gilt für prozessuale Formen, die diese Individualisierung gar nicht vorsehen, etwa die abstrakte Normenkontrolle nach Art. 93 I Nr. 2, 2a GG. Zu Möglichkeiten, Legitimationsprobleme verfahrensmäßig aufzufangen, für die Normenkontrolle *Christian Hillgruber*, Richterliche Rechtsfortbildung als Verfassungsproblem, JZ 1996, 118.

[36] Deswegen ist eine Bindung auch an die Gründe bedenklich. Grundlegend kritisch mit Blick auf Versteinerungstendenzen *Wolfgang Hoffmann-Riem*, Beharrung oder Innovation – Zur Bindungswirkung verfassungsgerichtlicher Entscheidungen, Der Staat 13 (1973), 335 (340 ff.). Diese Sicht hat sich durchgesetzt, zumal unklar ist, welche Gründe »tragen«: *Andreas Voßkuhle* in: v. Mangoldt/Klein/Starck, Bonner Grundgesetz, Art. 94, Rdnr. 32; *Schlaich/Korioth*, Bundesverfassungsgericht, 340 ff.; *Wolfgang Löwer*, Zuständigkeiten und Verfahren des Bundesverfassungsgerichts, in: J. Isensee/P. Kirchhof (Hrsg.), Handbuch des Staatsrechts, Bd. II, 1987, § 65, Rdnr. 93, jew. m.w.N. Die Erstarrungsgefahr besteht sowohl gegenüber anderen Gerichten als auch gegenüber der Legislative.

verfassungsgerichtlicher Entscheidungsbegründungen eingeschränkt werden kann[37].

Auch der Blick auf die *Zeitstruktur* verfassungsgerichtlicher Entscheidungen hilft bei der Herleitung von Grenzen der Verfassungsgerichtsbarkeit aus der Gewaltengliederung. Umkehrungen der oben entwickelten Sequenz der Rechtserzeugung lassen sich in verschiedenen Konstellationen vorstellen. Zunächst mag es vorkommen, daß verfassungsgerichtliche Entscheidungen in Fällen ergehen, in denen der Antragsteller zum Zeitpunkt der gerichtlichen Entscheidung seinen Antrag zurückgezogen hatte. Praktisch bedeutsamer und funktional anfechtbarer sind Fälle, in denen die Initiative zu legislativem Handeln ihrerseits durch das Gericht erzeugt wird, das Gericht also den Gesetzgeber dazu verpflichtet, aktiv zu werden. In solchen Fällen ist das demokratische legislative Verfahren nicht mehr Ergebnis eines politischen Prozesses, sondern als eine Art Verfassungsvollzug gerichtlich determiniert. An der Eigenart demokratischer Entscheidungen, aus einem ergebnisoffenen, von umstrittenen politischen Alternativen gekennzeichneten, repräsentativen Verfahren hervorzugehen, fehlt es, nicht aber am Resultat: einer allgemeinen zukunftsbezogenen Regelung. Solche Konstellationen, die sich materiell-rechtlich als Optimierung eines Verfassungszwecks oder eines Grundrechts darstellen, schaffen eine Umkehrung der Ordnung der drei Gewalten, die dazu führt, daß ein vom politischen Prozeß zu isolierendes Organ zum Impulsgeber für diesen wird. Zur Legitimationssicherung der Verfassungsrechtsprechung ist deswegen eine gesetzliche Regelung des Verfahrensrechts besonders bedeutsam. Diese ist keine Fessel auf dem Weg zur gerichtlichen Verfassungsoptimierung, sondern sie bewahrt den verfassungsgerichtlichen Entscheidungsanspruch vor dem Vorwurf der Funktionsanmaßung.

3. Die oben angestellten Überlegungen ergeben einen komplexen Zusammenhang: Einerseits agieren auch Verfassungsgerichte als Gerichte und wenden damit ein Verfahren der Konfliktindividualisierung an. Andererseits ist der individuelle Rechtsschutz gerade keine Besonderheit der Verfassungsgerichtsbarkeit gegenüber einfachen Gerichten, sondern wirkt im Gegenteil mit Blick auf die Legislative als funktional besonders problematisch. Verfassungsgerichtliche Verfahren zeichnen sich zudem oft dadurch aus, daß in ihnen Hoheitsträger als Beteiligte auftreten, seien es Verfassungsorgane[38], seien es Gerichte in Vorlageverfahren. Dies erzeugt jedenfalls auf den ersten Blick für die Systematik der vorliegenden Untersuchung eine Schwierigkeit: Zwar können auch Hoheitsträger über subjektive Rechte verfügen und diese in einem individualisierenden Verfahren geltend machen[39]. Doch sind diese subjektiven Rechte nicht Ausdruck einer individuellen

---

[37] *Sunstein*, One Case at a Time, 24ff., 61ff.
[38] Vgl. für Amerika 28 U.S.C. § 2403.
[39] Zur Frage vgl. die Kontroverse zwischen: *Hartmut Bauer*, Subjektive öffentliche Rechte

Willensbetätigung, vielmehr bedarf auch ihre Ausübung demokratischer Legitimation.

Dieser Zusammenhang ist jedoch unproblematisch, wenn man sich der oben entwickelten Funktion der Verfassungsgerichtsbarkeit erinnert. Wenn diese in der Sicherung des legislativen Legitimationsanspruchs besteht, dann ist es nicht zwingend, für die gerichtliche Überprüfung das Erfordernis einer spezifischen Rechtsverletzung, geschweige denn das Vorbringen eines individuellen Rechtsträgers als Kläger vorauszusetzen. Geht es um den Schutz der demokratischen Legitimationsverfahren, dann ist am Maßstab der Gewaltengliederung die Kontrolle des demokratischen Prozesses gegenüber Individualbeschwerden eher abzuschirmen. Stattdessen ist die Einhaltung der demokratiekonstituierenden Regeln im Prinzip von den Teilnehmern am demokratischen Prozeß einer gerichtlichen Überprüfung zuzuweisen. Die legislative Entscheidung »als solche« steht nur seitens repräsentativer Beteiligter am demokratischen Verfahren zur Disposition. Dies legt es nahe, Beteiligte am legislativen Verfahren auch als Prozeßbeteiligte heranzuziehen, deren Belang seinerseits durch ein Legitimationserfordernis schon einen gewissen Grad an Allgemeinheit hat – wie ein Verfassungsorgan oder die parlamentarische Opposition. Die spezielle Einrichtung von Klagemöglichkeiten zugunsten von Verfassungsorganen begegnet für den Sonderfall der Verfassungsgerichtsbarkeit keinen Bedenken.

4. Es bleibt festzuhalten: Die gerichtliche Überprüfung legislativer Akte erweist sich am Maßstab der Gewaltengliederung als ambivalentes Phänomen: Sie ist notwendig, weil sie den Legitimationsanspruch legislativer Entscheidungen durch ein Kontrollverfahren sichert. Sie ist zweifelhaft, weil in einem nicht-repräsentativen, auf Problemindividualisierung angelegten Verfahren Entscheidungen mit legislativer Entscheidungsreichweite getroffen werden.

Dies ist soweit unbedenklich, wie es nur die gerichtliche Überprüfung des demokratischen Gesetzgebungsverfahrens betrifft. Die Frage nach dem Legitimationsanspruch eines Gesetzes kann nicht individualisiert werden; sie betrifft immer die Regelung im Ganzen. Deshalb ist es folgerichtig, daß entsprechende Verfahren unter Beteiligung hoheitlicher Akteure, auch ohne subjektive Rechtsverletzung eingerichtet werden dürfen. Die Individualisierungsleistung des gerichtlichen Verfahrens tritt zurück, auch wenn es bei der für Gerichte spezifischen Beschränkung auf Rechtsfragen bleibt. Anderes gilt für verfassungsgerichtliche Entscheidungen zu Grundrechten. Als Mittel zur Vereinheitlichung der Rechtsprechung bleiben sie funktional unbedenklich. In diesem Fall agiert das Verfassungsgericht aber nicht anders als ein normales Instanzgericht. Wendet sich die verfassungsgerichtliche Grundrechtsauslegung gegen den Gesetzgeber, so droht die notwendige Konkreti-

---

des Staates, DVBl. 1986, 208 und *Albert Bleckmann*, Nochmals: subjektive öffentliche Rechte des Staates, DVBl. 1986, 666.

sierungsleistung des Gesetzgebers übergangen zu werden. In solchen Fällen folgen aus funktionalen Überlegungen auf verfassungstheoretischer Ebene Konsequenzen für das verfassungsgerichtliche Verfahren. Besondere Bedeutung erlangt die Bindung des Verfassungsgerichts an das einfache Verfahrensrecht und die Notwendigkeit, Entscheidungsausspruch und Entscheidungsbegründung gesetzlich genauer zu definieren und zeitlich retrospektiv auszugestalten, also eine »Konzentration auf die Streitentscheidung«[40] zu gewährleisten.

2. Rechtsvergleichende Anwendung

Wie sind diese verfassungstheoretischen Überlegungen in die Rechtsordnungen zu integrieren? Zur Beantwortung dieser Frage sind zunächst drei wesentliche Unterschiede im Auge zu behalten: Das Bundesverfassungsgericht ist in der Regel auf die Auslegung von Verfassungsrecht beschränkt, während der Supreme Court auch Gesetzesrecht auslegt. Dies führt im deutschen Recht zu einer dogmatisch notwendigen, aber schwer faßbaren Abgrenzung des Prüfungsmaßstabs[41] und zu der weniger beachteten Konsequenz, daß Aussprüche des Gerichts als Interpretationen des Verfassungsrechts stets konstitutionalisierende Folgen haben, während sich verfassungs- und gesetzesrechtliche Prüfungsmaßstäbe in Entscheidungen des Supreme Court oftmals verschränken, so daß die Spielräume der Legislative nach der Entscheidung größer bleiben. Paradoxerweise folgen also aus der Einschränkung des Prüfungsmaßstabs größere Bindungswirkungen der Entscheidungen. Zum zweiten, und eng damit zusammenhängend, kennt das amerikanische Recht kein spezifisches Verfassungsprozeßrecht, damit aber auch kein System von Klägern kraft Organeigenschaft[42]. Inwieweit Kläger Eigenschaften in offizieller Funktion geltend machen können, ist erstaunlich offen und wird fallweise entschieden[43]. In jedem Fall ist eine Rechtsverletzung vorzutragen. Da-

---

[40] Ausdruck, allerdings bezogen auf den deutschen Verwaltungsprozeß bei *Michael Gerhardt*, in: Schoch/Schmidt-Aßmann/Pietzner, VwGO, Vorb. § 113, Rdnr. 26.

[41] Dies gilt gerade im Umgang mit fachgerichtlichen Urteilen: *Schlaich/Korioth*, Bundesverfassungsgericht, 195 ff.; *Hermes*, VVDStRL 61 (2002), 141 f., 143 ff.; *Wolfgang Roth*, Die Überprüfung fachgerichtlicher Urteile durch das Bundesverfassungsgericht und die Entscheidung über die Annahme einer Verfassungsbeschwerde, AöR 121 (1996), 544 (545 ff.); *Wolf-Rüdiger Schenke*, Verfassungsgerichtsbarkeit und Fachgerichtsbarkeit, 1987, 27 ff.

[42] Aus diesem Grund erscheinen in den Klagen häufig die Personennamen, nicht die Namen von Funktionen oder Körperschaften: Vgl. als relativ abgelegene Fälle, in denen eine offizielle Funktion anerkannt wurde: Blodgett v. Silberman, 277 U.S. 1 (1928); Boynton v. Hutchinson, 291 U.S. 656, 601 (1934)); Will v. Calvert Fire Ins. Co., 437 U.S. 655, 661 (1978); Board of Education of Central School Dist. 1 v. Allen, 392 U.S. 236, 241 n.5 (1968).

[43] Ganz deutlich wird dies aktuell in Raines v. Byrd, 521 U.S. 811 (1997) (Rehnquist, C.J.) und der abweichenden Meinung ebda., (Breyer, J.). In der Mehrheitsmeinung findet sich eine deutliche Abgrenzung zu anderen Systemen: »*There would be nothing irrational about a system which granted standing in these cases; some European constitutional courts operate under one or another variant of such a regime. (..., Nachw. ausgelassen, C.M.). But it is obviously not the regime that has obtained under our Constitution to date.*«

mit aber muß das Gericht nach deutschem Verständnis ein einheitliches System von verfassungsrechtlichen, verwaltungsrechtlichen und privatrechtlichen Rechtsverletzungen entwickeln[44]. Im Ergebnis sind Fälle, in denen verschiedene Amtsträger einer »Körperschaft«[45] gegeneinander klagen, eher selten. Drittens ist die Aufhebung von Gesetzen in Deutschland – die Vorschläge *Kelsens*[46] verwirklichend – auf das Bundesverfassungsgericht beschränkt[47], während das Gerichtssystem in den Vereinigten Staaten allen Bundesgerichten die Verwerfung von Gesetzen gestattet. All diese Differenzen illustrieren den Unterschied zwischen einem echten Verfassungsgericht mit einem auf die Verfassung beschränkten Entscheidungsmaßstab, das ausdrücklich zur Entscheidung von Konflikten innerhalb des politischen Systems befugt ist, und einem Gericht, das Teil des gesetzesauslegenden Gerichtssystems ist. Gestatten diese Unterschiede überhaupt einen ergiebigen Vergleich? Dieser ist möglich, wenn sich die Untersuchung auf die spezifische Befugnis zur Gesetzesderogation beschränkt und auf die oben entwickelten funktionalen Aspekte der Verfassungsgerichtsbarkeit fokussiert. Finden sich also innerhalb der Verfassungsordnungen Beschränkungen der verfassungsgerichtlichen Entscheidungsreichweite, die den hier entwickelten Überlegungen entsprechen?

Die durch Art. 20 Abs. 2 S. 2 GG angeordnete Gewaltengliederung regelt grundsätzlich auch die Rolle des Bundesverfassungsgerichts im Organisationsgefüge des Grundgesetzes[48]. Art. 92, 2. Hs. GG ordnet das Bundesverfassungsgericht ausdrücklich der richterlichen Gewalt zu. Doch wendet das Gericht in seiner Rechtsprechung die Gewaltengliederung nicht unmittelbar auf sich selbst an, um die eigenen Kompetenzen genauer zu bestimmen. Figuren richterlicher Selbstbeschränkung gegenüber dem Gesetzgeber spielen in der Rechtsprechung des Bundesverfassungsgerichts trotzdem eine bedeutende Rolle, wenn ihre Entscheidungserheblichkeit auch schwer zu überprüfen ist. Sie wurden beispielswei-

---

[44] Zur wissenschaftlichen Kritik an einem einheitlich an materiellem Rechtsschutz ausgerichteten Gerichtssystem: *Abram Chayes*, The Role of the Judge in Public Law Litigation, Harvard L. Rev. 89 (1976), 1281; *ders.*, Foreword: Public Law Litigation and the Burger Court, Harvard L. Rev. 96 (1982), 4; *Susan Bandes*, The Idea of a Case, Stanford L. Rev. 42 (1990), 227.

[45] Unterschiede ergeben sich auch, weil das amerikanische Rechtssystem ohne Konzepte wie Rechtsperson, Körperschaft, Organ oder Organträger auskommt.

[46] *Hans Kelsen*, Wesen und Entwicklung der Staatsgerichtsbarkeit, VVDStRL 5 (1929), 30. Der Einfluß, den das *Kelsenian model* außerhalb des deutschsprachigen Raums entwickelte, verdankt sich den Beiträgen: *Hans Kelsen*, La Garantie Juridictionelle de la Constitution, Revue du Droit Public 44 (1928), 197 (221 ff.); *ders.*, Judicial Review of Legislation: A Comparative Study of the Austrian and American Constitution, J. o. Politics 4 (1942), 183 (185 f.).

[47] Art. 100 Abs. 1 GG.

[48] Der Zusammenhang zwischen Gewaltengliederung und Verfassungsgerichtsbarkeit wird in der Literatur auffällig selten behandelt, vgl. aber *Roellecke*, Aufgaben und Stellung, Rdnr. 1, 34f., *Andreas Voßkuhle*, in: v. Mangoldt/Klein/Starck, Bonner Grundgesetz, 4. Aufl. 2001, Art. 93, Rdnr 19f.; *Joachim Burmeister*, Stellung und Funktion des Bundesverfassungsgerichts im System der Gewaltengliederung, in: Die Kontrolle der Verfassungsmäßigkeit in Frankreich und Deutschland, 1985, 33.

se für den ersten Teil der grundrechtlichen Verhältnismäßigkeitsprüfung, den Geeignetheitstest, entwickelt. Dabei geht es – im Einklang mit der hier entwickelten Systematik – vor allem um *zukunftsgerichtete Sachfragen*, für deren Prognosegehalt das Gericht sich selbst institutionell nicht gerüstet sieht[49]. Ähnlich wird der Spielraum des Gesetzgebers bei der Feststellung von Verfassungswidrigkeiten betont, die auf verschiedene Weise behoben werden können[50]. Freilich ist ein konsistenter Zusammenhang zwischen der Verwendung dieser Formeln und dem Umgang mit dem Gesetzgeber kaum nachzuweisen[51]. Auch der Supreme Court ist normativ Teil der Gewaltengliederung, art. III sec. 1 U.S. const. In der Rechtsprechung des Supreme Court ist der Respekt vor der Entscheidung des Gesetzgebers ein allgegenwärtiger, wenn auch gleichfalls nicht immer folgenreicher Topos[52], der sich kaum mit bestimmten argumentativen Figuren verbinden und systematisieren läßt, weil das Gericht Gesetz und Verfassung gleichzeitig als Prüfungsmaßstäbe anwenden kann. Spezifische Nachweise sind schwerer zu erbringen, weil der Hinweis auf *congressional intent* in den Begründungen allgegenwärtig ist. Eine besondere Form der Rücksichtnahme auf den Gesetzgeber in verfassungsrechtlichen Fragen stellen *clear statement rules* dar, in denen verfassungsrechtlich zweifelhafte gesetzliche Regelungen dann Billigung finden, wenn sich die Absicht zu ihrer Einrichtung im Gesetz eindeutig erkennen läßt[53]. In beiden Rechtsordnungen lassen sich somit von den Verfassungsgerichten selbst postulierte Regeln der Rücksichtnahme gegenüber legislativen Entscheidungen entdecken, die sich auch faktisch darin bestätigen, daß angegriffene gesetzgeberische Entscheidungen relativ selten aufgehoben werden[54]. Zugleich werden diese Formeln jedoch topisch verwendet und sind schwerlich zu systematisieren.

Abzugrenzen von einer solchen, auf die Form des parlamentarischen Gesetzes[55] bezogenen Kontrollzurückhaltung sind Versuche, eine Einschränkung ver-

---

[49] Stichwort Prognosespielraum. Zunächst in BVerfGE 50, 290 (332ff.). Dazu *Reiner Schmidt*, Das Mitbestimmungsgesetz auf dem verfassungsrechtlichen Prüfstand, Der Staat 19 (1980), 235 (242ff.). Weiterhin BVerfGE 57, 139 (159f.); 62, 1 (50); 68, 193 (220); 99, 367 (389); 102, 197 (218); 107, 62 (151). Einschätzungsprärogative BVerfGE 50, 290 (332f.); 65, 1 (55); 73, 40 (91f.); 88, 87 (97); 95, 267 (314); 100, 271 (286); 105, 61 (72); 108, 232 (311).

[50] BVerfGE 22, 349 (361); 28, 324 (362); 52, 369 (379); 55, 100 (113); 77, 308 (337); 85, 191 (212).

[51] Zur Differenzierung der Maßstäbe auch kritisch *Schlaich/Korioth*, Bundesverfassungsgericht, 369ff. m.w.N.

[52] »(...) *great deference to Congress' view that what it has done is constitutional.*« Rostker v. Goldberg, 453 U.S. 57, 64 (1981); Fullilove v. Klutznick, 448 U.S. 448, 472f. (1980); Columbia Broadcasting System, Inc. v. Democratic National Committee, 412 U.S. 94, 102f. (1973); United States v. National Dairy Products Corp., 372 U.S. 29, 32 (1963). Vgl. Auch *Werner Heun*, Verfassungsrecht und einfaches Recht – Verfassungsgerichtsbarkeit und Fachgerichtsbarkeit, VVDStRL 61 (2002), 80 (112 u. Anm. 206).

[53] Nachweise oben, S. 80, bei Fußn. 83.

[54] Statistische Aufarbeitungen für das Bundesverfassungsgericht: http://www.bverfg.de/cgi-bin/link.pl?entscheidungen. Für den Supreme Court liegen entsprechende Statistiken nicht vor.

[55] Also nicht auf andere Arten parlamentarischen Handelns bezogen. Vgl. etwa zum Problem der parlamentarischen Beteiligung an der Außenpolitik unten, S. 358ff.

fassungsgerichtlicher Entscheidungen mit dem Begriff der »Politik« zu verbinden. Unter dem Stichwort *Political Question Doctrine* sind solche Argumente aus der Rechtsprechung des Supreme Court auch in die deutsche Rechtsordnung gelangt[56]. Sie haben aber in beiden Rechtsordnungen nicht nur zu keiner konsequenten Umsetzung geführt, sondern stehen stets davor, von der Rechtsprechung wieder aufgegeben zu werden. Dies ist naheliegend, weil politisch umstrittene Fragen verfassungsrechtlich eindeutig beantwortbar, verfassungsrechtlich eindeutige Fragen politisch umstritten sein können[57]. Beide Rationalitäten folgen ihren eigenen Gesetzen, für Konflikte gibt es keine übergreifende Regel. Auch die *Political Question Doctrine* wäre aber eine Rechtsregel, die von Gerichten anzuwenden ist[58]. Für die deutsche Verfassungsgerichtsbarkeit, der ganz ausdrücklich Verfahren mit Politikbezug zugewiesen sind, ist dies besonders wenig überzeugend, zumal das Gericht umgekehrt zur Ausübung seiner Kompetenzen verpflichtet ist[59]. In beiden Rechtsordnungen ist es gerade die Rechtsbindung der Verfassungsgerichte, die eine allgemeine Ausnahme zu legislativer Rücksichtnahme ausschließt. Beide Rechtsordnungen kennen somit Topoi judikativer Rücksichtnahme gegenüber legislativen Entscheidungen, die dem hier entwickelten Modell zwar im Ergebnis entsprechen, die sich aber schwer in ein systematisches Verständnis der Gewaltengliederung einfügen lassen. Aufschlußreicher sind die Unterschiede zwischen beiden Rechtsordnungen:

Spezifisch für das deutsche Recht sind zunächst die Auswirkungen eines objektiven Grundrechtsverständnisses auf die Gewaltengliederung, das besonders deutlich in der Deutung der Grundrechte als Prinzipien zum Ausdruck kommt[60]. In der Rechtsprechung des Bundesverfassungsgerichts geht die Verwirklichung objektiver Grundrechtsgehalte möglichen Grenzen aus der grundgesetzlichen Gewaltengliederung regelmäßig vor[61]. Anschaulich wird dies am Fall grundrechtlicher Schutzpflichten[62]. Diese richten sich unmittelbar an den Gesetzgeber. Zwar

---

[56] *Kaufmann*, StWStP 8 (1997), 161; *Robert Alexy*, Verfassungsrecht und einfaches Recht – Verfassungsgerichtsbarkeit und Fachgerichtsbarkeit, VVDStRL 61 (2002), 8 (17).

[57] *Möllers*, Staat als Argument, 177 ff. m.w.N.

[58] *Kriele*, Grundrechte und demokratischer Entscheidungsspielraum, Rdnr. 7 ff.; *Andreas Voßkuhle*, in: v. Mangoldt/Klein/Starck, Bonner Grundgesetz, 4. Aufl. 2001, Art. 93, Rdnr. 31 ff. Für die Vereinigten Staaten ausdrücklich einschränkend Baker v. Carr, 369 U.S. 186, 217 (1962); INS v. Chadha, 462 U.S. 919, 940 (1983).

[59] Darauf weist *Andreas Voßkuhle*, in: v. Mangoldt/Klein/Starck, Bonner Grundgesetz, 4. Aufl. 2001, Art. 93, Rdnr. 22 hin.

[60] Zum Zusammenhang zwischen objektiver Grundrechtswirkung und Gewaltengliederung: *Hermes*, VVDStRL 61 (2002), 127 f. Grundsätzlich: *Alexy*, Theorie der Grundrechte, 71 ff. Zur Kritik *Jestaedt*, Grundrechtsentfaltung im Gesetz, Vgl. aber auch *Alexy*, VVDStRL 61 (2002), 28 ff.

[61] Wissenschaftliche Verwunderung über die durch die Verfassungsbeschwerde eröffneten verfassungsgerichtlichen Zugriffsrechte auf den Gesetzgeber ist selten, vgl. aber *Everhardt Franßen*, Verfassungsbeschwerde – eine verkappte Normenkontrolle?, FS Sendler, 1991, 81 (83 ff.) mit einer Analyse von BVerfGE 1, 264 und der dort zum ersten Mal vorgenommenen Prüfung der objektiven Verfassungsmäßigkeit eines Gesetzes anläßlich einer Verfassungsbeschwerde.

erkennt das Bundesverfassungsgericht legislative Gestaltungsspielräume an[63]. Doch führen Schutzpflichten zu einer Umkehrung des zeitlichen Funktionszusammenhangs zwischen Legislative und Judikative[64]: Begründet legislatives Unterlassen einen Verstoß gegen grundrechtliche Schutzpflichten, so fungiert das Verfassungsgericht als Initiativorgan für den Gesetzgeber, steht also am Anfang, nicht am Ende eines Konkretisierungszusammenhangs. Der Hinweis auf die Gesetzesmediatisierung der Schutzpflichten[65], der zudem nicht in allen Fällen greift[66], dokumentiert gerade das Dilemma. Solange sich der Rechtsstreit auf ein Eingreifen des Staats gegenüber einem Privaten bezieht[67], ist es zwar in der Tat ausgeschlossen, daß ein grundrechtsunmittelbarer Anspruch eines Grundrechtsträgers gegen einen anderen genau damit begründet wird, daß der Gesetzgeber *nicht* gehandelt habe[68]. Doch ist die Anerkennung eines grundrechtsunmittelbaren Anspruchs auf Eingriff gegenüber einem Dritten zwar problematisch, wenn eine gesetzliche Grundlage fehlt, aber funktional aus zwei Gründen weniger bedenklich als eine grundrechtliche Pflicht zur gesetzlichen Regelung einer Vielzahl von Fällen: Zum einen ist ein Eingriff durch ein nur an das Recht gebundenes Gericht anders zu bewerten als ein solcher durch die Exekutive[69]. Zum anderen hat die Judikative die Möglichkeit, die Reichweite ihres Ausspruchs fallbezogen zu begrenzen. Noch bedenklicher wird diese Konstellation, wenn sich nicht Grundrechtsträger, sondern Verfassungsorgane auf die grundrechtliche Schutzpflicht berufen[70]. In diesem Fall wendet sich das prozessuale Mandat, das dem Schutz des im Verfahren entstandenen Legitimationsanspruchs des Gesetzgebers dienen soll, *materiell* gegen diesen. Die wachsende Anerkennung, die die Rolle des Ge-

---

[62] BVerfGE 39, 1(41ff.); 46, 160 (163f.); 49, 24 (56f.); 49, 89 (140ff.); 53, 30(57f.); 56, 54 (71f.); 77, 170 (213f.); 88, 203 (251ff.). Aus der Literatur: *Stern/Sachs*, Staatsrecht, Bd. III/2, 931ff.; *Georg Hermes*, Das Grundrecht auf Leben und Gesundheit, 1987, 104ff.; *Dreier*, Dimensionen der Grundrechte, 47ff.

[63] BVerfGE 56, 54 (71f.); 77, 140 (214); 79, 174 (202).

[64] Spezifische Einschränkungen mit Blick auf die Funktionenordnung bei *Konrad Hesse*, Die verfassungsgerichtliche Kontrolle der Wahrnehmung grundrechtlicher Schutzpflichten, FS Mahrenholtz, 1994, 541 (553f.).

[65] *Horst Dreier*, in: Dreier, 2. Aufl. 2004, Vorbemerkung, Rdnr. 102 unter Hinweis auf *Josef Isensee*, Das Grundrecht auf Sicherheit, 1983, 44.

[66] Auch wenn in BVerfGE 46, 160 ein Anspruch darauf bestanden hätte, daß die Bundesregierung alles tut, um die Geiselbefreiung zu ermöglichen, hätte dies nicht zur Notwendigkeit einer gesetzlichen Regelung solcher Fälle geführt.

[67] Beispiel BVerfGE 89, 214 (229ff.), der allerdings nicht auf den Begriff der Schutzpflicht zurückgreift. Zur Rekonstruktion der Fallkonstellation als Schutzpflichtproblem *Claus-Wilhelm Canaris*, Grundrechte und Privatrecht, 1999, 37ff.

[68] So aber die vielgescholtene Entscheidung VGH Kassel, JZ 1990, 87. Zur Kritik: *Rainer Wahl/Johannes Masing*, Schutz durch Eingriff?, JZ 1990, 553.

[69] Dies ergibt sich aus den unterschiedlichen Entscheidungsmaßstäben, aus der organisatorischen Unabhängigkeit und aus dem strengeren Verfahrensregeln. Vgl. auch *Haltern/Mayer/Möllers*, Die Verwaltung 30 (1997), 53ff.

[70] BVerfGE 88, 203.

setzgebers für die Grundrechtsdogmatik findet[71], weist dagegen in eine andere Richtung. Nimmt diese – vom Verwaltungsrecht angeführte[72] – Entwicklung den Primat des Gesetzes bei der Interpretation der Verfassung ernst, so hat diese Annahme auch Konsequenzen für die Gewaltengliederung, weil sie die eigenständige verfassungsrechtliche Aufgabe des Gesetzgebers bei der Konkretisierung von Rechten unterstreicht[73], damit aber die Möglichkeit des Bundesverfassungsgerichts, diesen positiv zu verpflichten, begrenzt. Schon mit Blick auf die regelmäßig von Schutzpflichten betroffenen Dreiecksbeziehungen bleibt es wichtig, daß der Ausgleich gleichwertiger privater Interessen eine zunächst dem Gesetzgeber zukommende Aufgabe darstellt[74]. Der durch Art. 20 Abs. 2 S. 2 GG gestützte Hinweis auf die Bedeutung des Gesetzgebers für die Grundrechtsauslegung verknüpft allerdings materielles und prozedurales Recht auf eine schwer handhabbare Weise. Auch wenn grundrechtliche Schutzpflichten die Gewaltengliederung beeinträchtigen, läßt sich dieser verfassungstheoretische Gesichtspunkt kaum in die materielle Grundrechtsdogmatik integrieren[75].

Greifbarere Wirkungen entfalten Art. 20 Abs. 2 S. 2, 92, 2. Hs. GG im Verfassungsprozeßrecht. Diesen Zusammenhang hat auf einer zumeist verfassungstheoretisch bleibenden Ebene die wissenschaftliche Diskussion funktionellrechtlicher Grenzen der Verfassungsgerichtsbarkeit herausgearbeitet[76], die die Gerichtseigenschaft des Verfassungsgerichts hervorhebt[77]. Auch für diesen An-

---

[71] Vgl. Nachweise oben, bei Fußn. 26, sowie *Jestaedt*, Grundrechtsentfaltung im Gesetz; *Martin Gellermann*, Grundrechte in einfachgesetzlichem Gewand, 2000.

[72] Überblick über die neuere Rechtsprechung des Bundesverwaltungsgerichts bei *Horst Dreier*, Grundrechtsdurchgriff contra Gesetzesbindung?, Die Verwaltung 36 (2003), 105 (117ff.). Vgl. auch *Andreas Voßkuhle*, Theorie und Praxis der verfassungskonformen Auslegung von Gesetzen durch Fachgerichte, AöR 125 (2000), 177. Zur Begründung: *Jost Pietzcker*, »Grundrechtsbetroffenheit« in der verwaltungsrechtlichen Dogmatik, FS Bachof, 1984, 131 (138ff.); *Wahl*, DVBl. 1996, 642ff.; *Eberhard Schmidt-Aßmann*, Grundrechtswirkungen im Verwaltungsrecht, FS Redeker, 1993, 225.

[73] Zur Kritik an der Rechtsprechung *Matthias Jestaedt*, Verfassungsrecht und einfaches Recht, DVBl. 2001, 1309 (1315ff.).

[74] Für das Verfassungsrecht, *Peter Lerche*, Vorbereitung grundrechtlichen Ausgleichs durch gesetzgeberisches Verfahren, in: P. Lerche/W. Schmitt Glaeser/E. Schmidt-Aßmann (Hrsg.), Verfahren als staats- und verwaltungsrechtliche Kategorie, 1984, 97. Für das Verwaltungsrecht: *Schmidt-Preuß*, Kollidierende Privatinteressen im Verwaltungsrecht, 95ff.

[75] Ein Ansatz könnte in der Unterscheidung zwischen Handlungs- und Kontrollnorm liegen. Dazu skeptisch *Jestaedt*, Grundrechtsentfaltung im Gesetz, 173ff. Eine entsprechende Unterscheidung wird für das amerikanische Verfassungsrecht bei *Lawrence G. Sager*, Fair Measure, The Legal Status of Underenforced Constitutional Norms, Harvard L. Rev. 91 (1977–1978), 1212 entwickelt.

[76] *Horst Ehmke*, Prinzipien der Verfassungsinterpretation, VVDStRL 20 (1963), 53 (73); *Gunnar Folke Schuppert*, Die verfassungsgerichtliche Kontrolle der auswärtigen Gewalt, 1973, 162ff.; *ders.*, Funktionell-rechtliche Grenzen der Verfassungsgerichtsbarkeit, 1981, 38ff.; *ders.*, Self-restraints der Rechtsprechung, DVBl. 1988, 1191; *Konrad Hesse*, Funktionelle Grenzen der Verfassungsgerichtsbarkeit (1981), in: Ausgewählte Schriften, 1984, 311; *Schlaich/Korioth*, Bundesverfassungsgericht, 355ff.

[77] Eine Analyse der Rechtsprechung bei *Werner Heun*, Funktionell-rechtliche Schranken der

satz sind grundrechtliche Schutzpflichten[78] das Hauptproblem[79]. Das hier vertretene legitimationsbezogene Verständnis der Gewaltengliederung hat vor allem den Zusammenhang zwischen richterlicher Entscheidung und der durch den Antrag vor Gericht geltend gemachten Initiative hervorzuheben. Wenn es nicht um die Bewahrung des gesetzlichen Legitimationsanspruchs geht, bezieht auch das Bundesverfassungsgericht seine Legitimation aus dem möglichen Schutz der Selbstbestimmung eines Beschwerdeführers. Im Bereich der Grundrechte stiftet erst der Antrag die Legitimation der gerichtlichen Entscheidung durch den Schutz individueller Selbstbestimmung. Aus dieser Perspektive schließt Art. 20 Abs. 2 S. 2 GG für Verfassungsbeschwerden[80] die Möglichkeit von Entscheidungen des Bundesverfassungsgerichts aus, zu denen kein Antrag mehr vorliegt[81], in denen es also keinen Akt individueller Selbstbestimmung mehr zu schützen gibt. Der gleiche Gesichtspunkt verbietet es auch, die Prüfung der Zulässigkeit offenzulassen, wenn eine Verfassungsbeschwerde unter Entwicklung materieller Argumente nach § 24 BVerfGG als offensichtlich unbegründet verworfen wird[82]. Auch der Erlaß einstweiliger Anordnungen, der sich gleichfalls nur mit einem drohenden individuellen Rechtsverlust legitimieren läßt[83], kann entgegen der Rechtsprechung nur auf Antrag erlassen werden. Das Fehlen eines Antragserfordernisses in § 35 BVerfGG darf mit Blick auf Art. 20 Abs. 2 S. 2 GG nicht als Anhaltspunkt für Anordnungen ex officio verstanden werden. Vielmehr hat der Gesetzgeber Abweichungen von einem typischen gerichtlichen Verfahren ausdrücklich anzuordnen[84]. An eine verfassungsrechtliche Grenze stößt er, wenn er auf das Antragserfordernis völlig verzichtet[85].

Verfassungsgerichtsbarkeit, 1991, 43 ff.

[78] Vgl. auch *Markus Möstl*, Probleme der verfassungsprozessualen Geltendmachung gesetzgeberischer Schutzpflichten, DÖV 1998, 1029 (1035 f.).

[79] *Heun*, Funktionell-rechtliche Schranken, 66 ff.

[80] Folgerichtig ist, daß die Zurücknahme des Antrags für Verfassungsbeschwerden problematischer ist als für staatsorganisationsrechtliche Verfahrensarten. Denn in letzteren geht es um ein objektiviertes Anliegen, an dem die prozessual Beteiligten nicht unbedingt ein herausgehobenes Interesse haben. Zu dieser Differenzierung *Eckart Klein/Ernst Benda*, Verfassungsprozeßrecht, 2. Aufl. 2001, 123 f.

[81] BVerfGE 85, 109 (114); 98, 218 (242 f.). Zur Kritik: *Hartmut Bauer/Christoph Möllers*, Die Rechtschreibreform vor dem Bundesverfassungsgericht, JZ 1999, 697 (697 f.); *Andreas Voßkuhle*, in: v. Mangoldt/Klein/Starck, Bonner Grundgesetz, Art. 93, Rdnr. 21.

[82] BVerfGE 53, 100 (106); 79, 223 (231); 96, 1 (5). Zur Kritik *Andreas Voßkuhle*, in: v. Mangoldt/Klein/Starck, Bonner Grundgesetz, Art. 93, Rdnr. 21.

[83] In diesem Sinn kritisch: *Friedrich Schoch*, Einstweilige Anordnung, in: FS BVerfG, 2001, 695 (699), vgl. auch die Bemerkungen, ebda., 709 ff. zum Zeitfaktor.

[84] Vgl. dagegen für viele BVerfGE 6, 7 (11); 90, 241 (246). Wie hier *Hans-Uwe Erichsen*, Die einstweilige Anordnung, FS BVerfG I, 1976, 170 (178); *Schoch*, Einstweilige Anordnung, 719. Anders aber *Benda/Klein*, Verfassungsprozeßrecht, Rdnr. 1195. Grundsätzlich kritisch auch *Andreas Voßkuhle*, in: v. Mangoldt/Klein/Starck, Bonner Grundgesetz, 4. Aufl. 2001, Art. 93, Rdnr. 22.; *Michael Bertrams*, Verfassungsrechtliche Grenzüberschreitungen, FS Stern, 1997, 1027 (1033).

[85] Eine »schwerwiegende, mit dem Grundsatz der Gewaltenteilung unvereinbare Gewichts-

Auch die prozessuale Durchsetzung von verfassungsrechtlichen Pflichten wirft funktionale Fragen auf. Dies gilt etwa für die Anordnung inhaltlich determinierter gesetzgeberischer Maßnahmen unter Anwendung von Fristen[86], nach deren Ablauf verfassungsgerichtseigene Regelungen in Kraft treten[87]. Der Hinweis des Gerichts auf das Gebot, die verfassungsrechtliche Lage zu verwirklichen, und die damit verknüpfte Postulierung einer Verfahrensautonomie des Gerichts[88] erscheint verfehlt. Materielles Recht vollzieht sich nicht außerhalb der Kompetenzordnung. Das Problem legislativen Ungehorsams ist durch eine beliebige Vergrößerung der Reichweite verfassungsgerichtlicher Entscheidungen praeter legem oder durch die rechtliche Bindung verfassungsgerichtlicher Appelle[89] funktional nicht angemessen zu lösen[90].

Die Befugnis des Bundesverfassungsgerichts zur Verpflichtung des Gesetzgebers und die ausdrückliche Einbindung des Gerichts in die grundgesetzliche Funktionenordnung sind deswegen durch den Gesetzgeber zum Ausgleich zu bringen. Gerade wegen der funktional problematischen Kompetenzfülle des Gerichts sind ungeschriebene prozessuale Erweiterungen mit Blick auf Art. 20 Abs. 2 S. 2 GG bedenklich. Notwendig ist eine eingehende gesetzliche Regelung, wie sie Art. 94 Abs. 2 S. 1 GG vorsieht[91]. Die Objektivierung des Verfassungsbeschwerdeverfahrens[92] ist vor diesem Hintergrund differenziert zu beurteilen. Ei-

---

verlagerung« sehen auch *Benda/Klein*, Verfassungsprozeßrecht, 1. Aufl. 1991, Rdnr. 137 mit Blick auf die in BVerfGE 42, 103 (120) angedeutete Möglichkeit, eine einstweilige Anordnung auch ohne anhängiges Hauptsacheverfahren zu erlassen.

[86] Vgl. etwa BVerfGE 33, 303 (305); 72, 330 (333); 100, 104 (106).

[87] Vgl. die prozessual wenig beachtete einstweilige Auslegung des G-10 Gesetzes in BVerfGE 93, 181 (197ff.). Weiterhin BVerfGE 88, 203 (335), dazu die rechtfertigende Analyse *Peter Lerche*, Das Bundesverfassungsgericht als Notgesetzgeber, FS Gitter 1995, 509. Vgl. auch zum Bestand von einstweiligen Anordnungen unabhängig von der Hauptsacheentscheidung: BVerfGE 81, 53 (57); 82, 353. Grundsätzliche Kritik an dem Schluß von materiellen Kontrollkompetenzen auf die Vollstreckungsbefugnis auch *Wolfgang Roth*, Grundlage und Grenzen von Übergangsanordnungen des Bundesverfassungsgerichts zur Bewältigung möglicher Folgeprobleme seiner Entscheidungen, AöR 124 (1999), 470 (489f.). Dagegen die Initiativwirkung von Übergangsanordnungen relativierend *Lerche*, Gewaltenteilung, 95.

[88] Vgl. bereits BVerfGE 1, 109 (110f.). *Joachim Wieland*, Der Herr des Verfahrens, FS Mahrenholz, 1994, 885, m.w.N. Zur verwandten dogmatischen Vorstellung der Eigenständigkeit des Verfassungsprozeßrechts: *Peter Häberle*, Die Eigenständigkeit des Verfassungsprozeßrechts, JZ 1973, 451. Kritik unter Betonung der Rolle des Gesetzgebers bei *Schlaich*, VVDStRL 39 (1981), 136ff.; *Eckart Klein*, Verfassungsprozeßrecht, AöR 108 (1983), 561 (618ff.); *ders.*, Verfahrensgestaltung durch Gesetz und Richterspruch, in: FS BVerfG, 2001, 507 (510ff.).

[89] Für viele BVerfGE 16, 130 (141ff.); 101, 158 (159f.). Dagegen: *Klein*, Verfahrensgestaltung, 526f. *Benda/Klein*, Verfassungsprozeßrecht, Rdnr. 1279f.

[90] Kritik an einer zu deutlichen Verselbständigung der Verfassungsgerichtsbarkeit von allgemeinen Regeln der Gewaltengliederung: *Schlaich*, VVDStRL 39 (1981), 138f.; *Bernhard Schlink*, Die Entthronung der Staatsrechtswissenschaft durch die Verfassungsgerichtsbarkeit, Der Staat 28 (1989), 161; *Peter Lerche*, Rechtswissenschaft als Verfassungsgerichtsbarkeit, BayVBl. 2002, 649; *Ulrich Haltern*, Die Rule of Law zwischen Theorie und Praxis, Der Staat 40 (2001), 243.

[91] *Andreas Voßkuhle*, in: v. Mangoldt/Klein/Starck, Bonner Grundgesetz, 4. Aufl. 2001, Art. 94, Rdnr. 17 spricht von einer »Verpflichtung des Bundesgesetzgebers«.

ne graduelle Abkehr von einem flächendeckenden Rechtsschutz durch das Bundesverfassungsgericht zugunsten einer Auswahl des Falles nach seiner verfassungsrechtlichen Bedeutung ist funktional überzeugend, weil damit die primäre Rolle der Fachgerichtsbarkeit gestärkt wird. Dies bestätigt die Vermutung, daß der Schutz subjektiver Rechte im Regelfall durch das gesetzlich konstituierte Gerichtssystem geleistet werden muß. Die Objektivierung bedarf jedoch gesetzlicher Regelung und darf keine Abkehr vom Antragserfordernis für die ausgewählten Fälle bedeuten.

In den Vereinigten Staaten sind funktionale Grenzen der Grundrechtsauslegung im Augenblick weniger dringlich zu ziehen. Das Gericht verfügt über ein freies Ermessen bei der Auswahl seiner Fälle, das sich auch auf die Gesetzesauslegung bezieht[93]. Dem amerikanischen Verfassungsrecht ist eine Schutzpflichtendogmatik ebenso unbekannt[94] wie eine den Gesetzgeber verfahrenstechnisch einengende Entscheidungspraxis, die mit Fristen oder einstweiligem Rechtsschutz arbeitet[95]. Dies bedeutet, daß im Umgang mit der Legislative die funktionale Zeitabfolge regelmäßig gewahrt bleibt und prozedurale Probleme nicht in gleicher Weise akut werden, obwohl die gesetzliche Durchdringung des Prozeßrechts noch deutlich schwächer ausgebildet ist als in Deutschland[96].

Aber auch die Rechtsprechung des U.S. Supreme Court kannte zuletzt[97] in den ersten drei Jahrzehnten nach dem Zweiten Weltkrieg[98] eine Epoche breitester In-

---

[92] Dazu *Eckart Klein*, Zur objektiven Funktion der Verfassungsbeschwerde, DÖV 1982, 797. Eingehend *Benda/Klein*, Verfassungsprozeßrecht, 167 ff. Gesetzliche Grundlage einer weitergehenden Objektivierung sind §§ 93 a-d BVerfGG.

[93] Writ of Certiorari, 28 U.S. §§ 1254(1), 1257(a).

[94] Vgl. ausdrücklich *Heun*, VVDStRL 61 (2002), 92 u. Anm. 69, sowie die Fehlanzeige bei *Brugger*, Grundrechte und Verfassungsgerichtsbarkeit. Relativierungen der Unterschiede zwischen den Rechtsordnungen, die aber nicht die Schutzpflichten betreffen, bei *David P. Currie*, Positive und negative Grundrechte, AöR 111 (1986), 230 (238 ff.).

[95] Vgl. zur einschlägigen Frage der *ripeness* repräsentativ für die recht strikte neuere Rechtsprechung: Renne v. Geary, 501 U.S. 212, 339 f. (1991); AT & T v. Iowa Utilities, 525 U.S. 366 (1999). Stets geht es in diesen Fällen aber um Klagen gegen bereits erlassene Gesetze vor ihrer Vollziehung, also in der Begrifflichkeit des deutschen Verfassungsprozeßrechts um Probleme der Mittelbarkeit der Beschwer (*Schlaich/Korioth*, Bundesverfassungsgericht, 160 ff. m.w.N.). Niemals geht es um eine direkte Verpflichtung des Gesetzgebers. Vgl. für den Fall eines unmittelbar bevorstehenden bewaffneten Angriffs ohne Zustimmung des Kongresses die ablehnenden Entscheidungen in Dellums v. Bush, 752 F.Supp 1191 (D.D.C. 1990); Ange v. Bush, 752 F.Supp. 599 (D.D.C. 1990).

[96] Funktionales Äquivalent für ein »Verfassungsprozeßrecht« ist neben einigen spärlichen gesetzlichen Regelungen die Auslegung von art. III U.S. const. durch die Bundesgerichte.

[97] Eine andere Epoche starker Intervention in die Entscheidungen der Legislative verbindet sich mit dem sogenannten Lochner-Court, benannt nach Lochner v. New York, 198 U.S. 45 (1905), in der das Gericht das *Due Process* Erfordernis als ein materielles Recht des Vermögensschutzes verstand. Dazu nur *Brugger*, Grundrechte und Verfassungsgerichtsbarkeit, 55 ff. Nachweise zu zeitgenössischer Kritik aus dem Gesichtspunkt der Gewaltenteilung bei *Lepsius*, Verwaltungsrecht unter dem Common Law, 53 in Anm. 66.

[98] Deutlich zeigt sich die Rückentwicklung der Rechtsprechung in den Anforderungen, die der Supreme Court an die Anerkennung *privater* subjektiver Ansprüche stellt. Eine Einschrän-

terpretation von Grundrechten, die, theoretisch durch eine Prinzipientheorie der Grundrechte untermauert[99], zu einer weitgehenden Vorformung legislativer Entscheidungen durch das Gericht führte[100]. Vielleicht ebenso wichtig wie die Tatsache, daß diese Epoche der Grundrechtsrechtsprechung in der Zwischenzeit zum einen wissenschaftlich kritisch aufgearbeitet wird und zum anderen einer deutlich zurückhaltenderen Rechtsprechung in Grundrechtsangelegenheiten weicht, ist ein grundsätzlicher Unterschied zwischen der deutschen und der amerikanischen Wissenschaft und Praxis: Im amerikanischen Verfassungsrecht wird seit den *Federalist Papers*[101] der Supreme Court als *ein* Akteur im verfassungsrechtlichen Institutionengefüge verstanden[102], nicht als ultimative Verwirklichungsinstanz des materiellen Verfassungsrechts. Dies eröffnet dem Gericht eher die Möglichkeit, funktionale Gesichtspunkte in die Entscheidungsbegründung zu integrieren. Aufgrund der geringen Textbindung des Verfassungsrechts bedeutet dies, daß das institutionelle Verhältnis des Gerichts zum Gesetzgeber ein Element der Entscheidungsbegründung werden kann[103]. Aus einer rein materiell-rechtlichen Perspektive mag dieses Vorgehen Bedenken hervorrufen, weil es die Systematik des Verfassungsrechts in Frage stellt. Aus einer prozeduralen Perspektive ist dies anders. Hier steht im Vordergrund, daß die Einbeziehung der eigenen Position im Gefüge der Gewaltengliederung in die Begründung dabei hilft, Abhängigkeiten in der Entscheidungsfindung zu thematisieren und zu rationalisieren[104]. Dem

---

kung stellte bereits der vierstufige Test in Cort v. Ash, 422 U.S. 66 (1975) dar. Kritische Durchsicht dieser Rechtsprechung dann in Cannon v. U. o. Chicago, 441 U.S. 677, 770f. (Powell, J., diss.), sowie schließlich die faktische Abkehr in Thompson v. Thompson, 484 U.S. 174, 188ff. (1988) (Scalia, J., conc.).

[99] Einflußreich: *Dworkin*, Taking Rights Seriously, 81ff., 131ff., allerdings zu einem Zeitpunkt, zu dem die Rechtsprechung bereits den Rückzug antrat.

[100] Als bedeutende Beispiele bei umstrittener verfassungsrechtlicher Ausgangslage: Brown v. Board of Education, 347 U.S. 483 (1954) (Rassentrennung in Schulen); Miranda v. Arizona, 384 U.S. 436 (1966) (nemo tenetur); New York Times v. Sullivan, 376 U.S. 254 (1967) (Meinungsfreiheit in Privatrechtsbeziehungen); Roe v. Wade, 410 U.S. 113 (1974) (Recht auf Schwangerschaftsabbruch). Frühe Kritik an dieser weitgehenden Rechtsprechung bei *Bickel*, Least Dangerous Branch, 259ff.; *Philip Kurland*, Politics, the Constitution, and the Warren Court, 1970; *Brugger*, Demokratie, Freiheit, Gleichheit, 108ff.

[101] Federalists Nr. 78 (Hamilton).

[102] Hier ist auch politikwissenschaftliche Forschung von Bedeutung: *Robert A. Dahl*, Decision-Making in a Democracy: The Supreme Court as a National Policy-Maker, J. Public Law 6 (1957), 293; *David M. O'Brien*, Storm Center: The Supreme Court in American Politics, 1993, 357ff.; *Gerald Rosenberg*, The Hollow Hope, 1991, 10ff.

[103] Das bekannteste Beispiel Youngstown Sheet & Tube Co. v. Sawyer 343 U.S. 579, 635 (1952) (Jackson, J., conc.). In dieser Entscheidung setzt Justice Jackson die Kontrolldichte für Akte des Präsidenten mit dessen politischen Beziehungen zur Mehrheit des Kongresses in Beziehung. Je weniger politisch umstritten sein Handeln, desto weniger intensiv ist die Kontrolle des Gerichts.

[104] Vgl. aber auch die Überlegungen bei *Joachim Lege*, Was heißt und zu welchem Ende studiert man als Jurist Rechtsphilosophie?, in: R. Gröschner/M. Morlok (Hrsg.), Rechtsphilosophie und Rechtsdogmatik in Zeiten des Umbruchs, ARSP-Beiheft 71 (1997), 83. Besonders mit Blick auf die Verwaltung: *Trute*, Herstellung und Darstellung, 296ff.

entspricht schließlich eine im ganzen deutlich geringere Konstitutionalisierung der Rechtsordnung im Vergleich zu Deutschland[105].

3. Fazit

Beide untersuchten Rechtsordnungen nehmen ihre Verfassungsgerichtsbarkeit nicht von der Gewaltengliederung aus, sondern verstehen sie als Teil der rechtsprechenden Gewalt, Art. 20 Abs. 2 S. 2, 92, 2. Hs. GG, art. III sec. 1 U.S. const. Trotzdem wirft ihre Befugnis zur Aufhebung von Gesetzen Probleme auf, die sich verfassungstheoretisch bestimmen und teilweise verfassungsrechtlich umsetzen lassen:

Die spezifische Aufgabe von Verfassungsgerichten ergibt sich in der hier entwickelten Sicht im Verhältnis zur Legislative. Sie besteht im Schutz des demokratischen Legitimationsanspruchs der Legislative. Dies legt verfahrensrechtliche Besonderheiten hinsichtlich der Entscheidungsreichweite und Verfahrensbeteiligung nahe, die sich im deutschen Recht auch finden. So ist es angemessen, statt dem Vortrag einer Rechtsverletzung von Verfahrensbeteiligten ein bestimmtes Maß an demokratischer Legitimation zu verlangen, etwa als Vertreter der parlamentarischen Opposition. Die Einrichtung einer abstrakten Normenkontrolle nach Art. 93 Abs. 1 Nr. 2 GG, die bestimmten, nicht in ihren Rechten betroffenen Beteiligten offensteht, weicht von einem Verständnis der Judikative, das am Individualrechtsschutz orientiert ist, zwar weitgehend ab, begründet aus diesem Grund trotzdem kein Problem der Gewaltengliederung. Das amerikanische Recht behilft sich auch in diesen Zusammenhängen mit allgemeinen prozessualen Regeln. Auch der institutionalisierte Konflikt innerhalb des Gerichts, der mit der Veröffentlichung von Sondervoten in beiden Rechtsordnungen vorgesehen ist, erscheint ihrer besonderen Funktion angemessen. Verleiht die Befugnis zur Aufhebung von Gesetzen dem Verfassungsgericht eine Funktion, in der ein Rechtsspruch immer auch als Stellungnahme in einem politischen Konflikt verstanden werden kann, so kann die Strittigkeit von Rechtsmeinungen verfahrenstechnisch anerkannt werden[106].

Funktional bedenklicher ist der Grundrechtsschutz durch Verfassungsgerichte. Die Legitimationsleistung des Gerichts ergibt sich hier aus dem Schutz der Selbstbestimmung des Antragstellers, im deutschen Recht des Verfassungsbeschwerdeführers. Art. 20 Abs. 2 S. 2 GG gebietet insoweit eine verfahrensrechtli-

---

[105] So auch vergleichend: *Heun*, VVDStRL 61 (2002), 89. Zu Konstitutionalisierungsphänomenen in Deutschland umfassend: *Gunnar Folke Schuppert / Christian Bumke*, Die Konstitutionalisierung der Rechtsordnung, 2000.

[106] Zu deren Funktion *Gerd Roellecke*, Sondervoten, in: FS BVerfG, 2001, 363 (378ff.). Vergleichend und historisch: *Karl-Heinz Millgramm*, Separate Opinions und Sondervotum in der Rechtsprechung des Supreme Court of the United States und des Bundesverfassungsgerichts, 1985, 59ff.

che Bindung der gerichtlichen Entscheidung an die gestellten Anträge, und verbietet eine Abweichung von gerichtsförmigen Verfahrensformen ohne ausdrückliche gesetzliche Regelung. Der Gesetzgeber, nicht das Gericht, hat die Reichweite des Entscheidungsausspruchs zu bestimmen[107]. Andernfalls würde die legislative Befugnis zur Abgrenzung von Freiheitssphären überspielt und ein Interessenausgleich, der potentiell alle berührt, in einem nicht-repräsentativen Verfahren vorgenommen[108]. Diese Bewertung widerspricht der hohen Bedeutung, die der verfassungsgerichtlichen Judikatur von Grundrechten rechtsvergleichend häufig zugemessen wird. Verfassungstheoretisch bleibt die Definition der Freiheitsverteilung aber eine Aufgabe des Gesetzgebers[109], der auch über andere Möglichkeiten der Kompromißbildung verfügt[110], ihre Durchsetzung aber die Aufgabe der gesetzesgebundenen Gerichte.

Die amerikanische Praxis erscheint in dieser Hinsicht weniger problematisch als die deutsche. Sie agiert im ganzen näher an der Form des Gerichts, was sich auch aus dem Fehlen eines spezifischen Verfassungsprozeßrechts ergibt. Sie ist auch prozessual vorsichtiger im Umgang mit dem Gesetzgeber und entscheidet enger an der geltend gemachten individuellen Beschwer. Dies hängt auch mit der beschränkteren Reichweite grundrechtlicher Garantien zusammen. Schließlich fällt es der Begründungspraxis des Supreme Court leichter, die eigene Stellung im gewaltengegliederten Verfassungsgefüge mit der materiellen Rechtslage zu konfrontieren.

---

[107] Zur Geschichte der Konflikte zwischen beiden in Deutschland und den Vereinigten Staaten: *Richard Häußler*, Der Konflikt zwischen Bundesverfassungsgericht und politischer Führung, 1994, 22ff., *John R. Schmidhauser*, Constitutional Law in American Politics, 1984; *John R. Schmidhauser/Larry L Berg* The Supreme Court and Congress. Conflict and Interaction 1945–1968, 1972.

[108] Für Amerika: *William N. Eskridge*, Overriding Supreme Court Statutory Interpretation Decisions, Yale L.J. 101 (1991), 334 hinsichtlich einfachrechtlicher Auslegungen. *Klaus von Beyme*, Der Gesetzgeber, 1997, 300ff.; *Schulze-Fielitz*, Theorie und Praxis parlamentarischer Gesetzgebung, 542ff.

[109] Dies entspricht im übrigen auch empirischen Untersuchungen zur eingeschränkten Nachhaltigkeit des Grundrechtswandels durch verfassungsgerichtliche Entscheidungen. Eine eingehende und skeptische Analyse der Folgen von Entscheidungen des U.S. Supreme Court für die Verwirklichung von Freiheitsrechten bei *Rosenberg*, Hollow Hope, 9ff. Für das Bundesverfassungsgericht: *Christine Landfried*, Bundesverfassungsgericht und Gesetzgeber, 1985, 85ff. Unklar *Eberhard Luetjohann*, Nicht-normative Wirkungen des Bundesverfassungsgerichts, 1991, 36ff.

[110] Zu Konflikten, die durch verfassungsgerichtliche Entscheidungen ausgelöst werden können: *Helmuth Schulze-Fielitz*, Wirkung und Befolgung verfassungsrechtlicher Entscheidungen, FS BVerfG, 2001, 385 (412ff.). Zur fehlenden Kompromißfähigkeit von Gerichten: *Charles Taylor*, Das Unbehagen an der Moderne, 1995, 130.

II. Exekutive Rechtserzeugung der Judikative: Grenzen gerichtlicher Verwaltungskontrolle

Der Blick auf die Verfassungsgerichtsbarkeit zeigte, daß die Gewaltengliederung keine durchgehende Beschränkung judikativer Rechtserzeugung auf individuellen Rechtsschutz gebietet, auch wenn dieser der systematische Ausgangspunkt für die Definition der Judikative ist. Zwei weitere Probleme judikativer Rechtserzeugung, die nunmehr das Verhältnis zur Exekutive betreffen, sollen im folgenden Abschnitt untersucht werden: Eine Einebnung der Unterscheidung zwischen Judikative und Exekutive kann zum einen in der beliebigen Erweiterung von Klagebefugnissen liegen (1.). Zum zweiten mag ein zu weitgehender Nachvollzug exekutiver Entscheidungsmaßstäbe durch die Judikative die Grenzen zwischen beiden Gewalten unzulässig relativieren (2.). Eine abschließende Bilanz soll den Zusammenhang beider Gesichtspunkte für das Verhältnis zwischen Exekutive und Judikative zusammenfassen (3.).

1. Erweiterung der Klagebefugnis

a) Funktion: Verfahrensbeteiligung als subjektives Recht

Worin besteht das funktionale Problem einer Erweiterung gerichtlicher Kontrolle exekutiven Handelns durch eine Verallgemeinerung der Klagebefugnis, in deren theoretischem Fluchtpunkt die Einrichtung einer Popularklage gegen Verwaltungshandeln stünde? Auf den ersten Blick könnte ein solches Arrangement die Legitimationsleistung der Gerichte in Frage stellen, die sich aus der Zuordnung der Judikative zum individuellen Legitimationsmodus ergibt: Entsteht die Legitimation judikativer Rechtserzeugung durch den Schutz individueller Selbstbestimmung, so geht diese verloren, wenn dieser Zusammenhang gekappt wird. Die Tätigkeit der Judikative entfernt sich vom Schutz individueller Selbstbestimmung und bewegt sich hin zur Sicherstellung der objektiven Rechtsgebundenheit exekutiven Handelns. Doch bleibt dieses Argument kurzschlüssig: Denn die Reichweite des Individualrechtsschutzes ergibt sich aus der legislativen Ausgestaltung subjektiver Rechte[111]. Räumt die Legislative ein allgemeines oder sehr weitgehendes Klagerecht gegen die Exekutive ein, so liegt in dieser gesetzgeberischen Entscheidung der Konnex, der die Zuordnung der Judikative zum individuellen Legitimationsmodus sicherstellt. Auch ein Recht auf gerichtliche Kontrolle ist ein subjektives Recht. Allerdings steht dem Klageanspruch in einem solchen Fall keine materielle Rechtsposition zur Seite; es geht nicht um den Schutz einer individuellen Freiheitsausübung. Die eingeräumte individuelle Rechts-

---

[111] Vgl. oben, S. 41 ff.

macht bleibt auf das anzugreifende Verwaltungshandeln fixiert. Doch ist dieser Umstand für die Gewaltengliederung nicht von Bedeutung: Denn auch in dieser Konstellation kann das Gericht retrospektiv über einen individualisierten Sachverhalt entscheiden und so der hier entwickelten Typisierung entsprechen. Grundsätzlich folgt aus einer Erweiterung des Initiativrechts keine Funktionsentfremdung der Judikative hin zur Exekutive[112].

Aus der Perspektive der Exekutive mag sich jedoch dann ein Problem ergeben, wenn die Erweiterung des Klägerkreises den Zusammenhang zwischen den Beteiligungsrechten im Verwaltungsprozeß und im Verwaltungsverfahren auseinanderreißt. Deswegen ist sicherzustellen, daß Drittinteressen, die im Verwaltungsverfahren nicht einzubeziehen waren, durch Anstrengung eines Gerichtsverfahrens nicht dann auf den Plan treten können, wenn der exekutive Handlungszusammenhang bereits abgeschlossen ist. Die exekutive Rechtserzeugung stellt eine Konkretisierungsleistung dar, in der das legislative Programm sachlich verengt, damit aber auch auf einen Betroffenenkreis zugeschnitten wird, der kleiner ist als die demokratische Allgemeinheit, die die Legislative legitimiert. Dabei beschränkt sich der Betroffenenkreis nicht notwendig auf die Adressaten der Regelung, sondern kann durch die Einbeziehung einer Interessenvielzahl weit ausgestaltet werden. Dann darf der Kreis der Rechtsträger, dessen Angelegenheiten die Exekutive bei der Entscheidungsfindung zu berücksichtigen hat, aber nicht enger sein als derjenige Kreis, der diese Entscheidung gerichtlich überprüfen lassen kann. Die Ausgestaltung des Verwaltungsverfahrens wird hinfällig, wenn im Nachhinein unbeteiligte Interessenten auftreten können, um die Entscheidung gerichtlich überprüfen zu lassen.

Wir können damit eine *prozedurale Kohärenzregel*[113] festhalten, die besagt, daß die gerichtliche Initiativberechtigung sich am prozeduralen Entscheidungsprogramm der Exekutive orientieren muß[114]. Prinzipiell steht es der Legislative frei, eine weite Initiativberechtigung einzurichten, die sich nicht nur an der materiell-rechtlichen Betroffenheit orientiert, sondern Beteiligungsmöglichkeiten im Verwaltungsverfahren prozessual wieder aufgreift. Doch sollte die Gewährung der Initiativberechtigung nicht über die Beteiligungsrechte im Verwaltungsverfahren hinausgehen. Inwieweit dann die Einbeziehung von Beteiligungs- oder gar Mitentscheidungsrechten Betroffener bei der exekutiven Rechtserzeugung selbst

---

[112] Vgl. weitergehend rechtsvergleichend *Wassilios Skouris*, Verletztenklagen und Interessentenklagen im Verwaltungsprozeß, 1979; *Eberhard Schmidt-Aßmann/Lothar Harings*, Access to justice and fundamental rights, European Public L. Rev, 1997, 529; M. Cappelletti (Hrsg.), Access to Justice. A World Survey, 4 Bde, 1978/79.

[113] Der Zusammenhang zwischen Verwaltungsverfahren und judikativer Kontrolle erfolgt zumeist bei der Diskussion der Kontrolldichte. Vgl. aber grundsätzlich *Schmidt-Aßmann*, Verwaltungsverfahren, Rdnr. 22.

[114] Dies spricht für Präklusionen: *Hans Christian Röhl / Clemens Ladenburger*, Materielle Präklusion im raumbezogenen Verwaltungsrecht, 1997, 12ff.

Probleme der Gewaltengliederung aufwirft, wird erst an späterer Stelle zu erörtern sein[115].

b) *Rechtsvergleichende Anwendung: Lujan und § 61 BNatSchG*

Die Diskussion um Klagebefugnis und *standing* verläuft in beiden Rechtsordnungen auf verschiedenen Ebenen. Für ihren Vergleich sind nunmehr das zentrale Urteil des U.S. Supreme Court zu den verfassungsrechtlichen Grenzen der Ausweitung des *standing* und die gesetzliche Regelung der Vereinsklage im deutschen Naturschutzrecht gegenüberzustellen.

Im Verfassungsrecht der Vereinigten Staaten zentriert sich die Zulässigkeit einer allgemeinen Klageberechtigung um die Auslegung von art. III sec. 2 U.S. const., der der rechtsprechenden Gewalt des Bundes die Entscheidung von *cases or controversies* aufgibt[116]. Diese verfassungsrechtliche Funktionszuweisung begründet nicht nur gerichtliche Kompetenzen, sondern begrenzt sie auch[117]. Eine solche Grenze zieht der U.S. Supreme Court in seiner Leitentscheidung zum Verfassungsrecht des *standing*[118]. Der Sachverhalt ist hier kurz zu vergegenwärtigen: Die Verantwortung für den Schutz gefährdeter Arten wurde durch Gesetz zwischen den *Departments of Commerce* und *Interior* aufgeteilt. Jede andere Bundesbehörde ist verpflichtet, ihre artenschutzrelevanten Handlungen mit einem der beiden *Departments* abzustimmen[119]. Beide *Departments* erweiterten den räumlichen Anwendungsbereich dieser Pflicht in einer gemeinsamen Vorschrift (*rule*) zunächst auf ausländische Territorien und schränkten diesen in einer späteren *rule* wieder auf das Gebiet der Vereinigten Staaten und die Hohe See ein[120]. Gegen diese Änderung klagte ein Naturschutzverband unter Berufung auf die im Gesetz vorgesehene, ihrem Wortlaut nach recht weitgehende *citizen-suit provision*: »*... any person may commence a civil suit on his own behalf (A) to enjoin any person, including the United States and any other governmental instrumentality or agency (...) who is alleged to be in violation of any provision of this chapter.*«[121] Die Klage wurde vom Gericht mangels Klagebefugnis verworfen: Eine durch den Kongreß gesetzlich eingerichtete allgemeine Klagebefugnis schränke die

---

[115] Vgl. unten, S. 178ff.

[116] Zur allgemeinen Regel der Klagebefugnis im APA: 5 U.S.C. § 702. Zur Auslegung dieser Vorschrift: Sierra Club v. Morton, 405 U.S. 727 (1972); Data Processing Service Organizations v. Camp, 397 U.S. 150 (1970).

[117] Vgl. oben, S. 95ff.

[118] Lujan v. Defenders of Wildlife, 504 U.S. 555, 576 (1992). Eine gerade gegenteilige Entscheidung zur Zulässigkeit sogenannter *Taxpayer Suits*: Flast v. Cohen, 392 U.S. 83 (1968). Repräsentativer für den Stand der Rechtsprechung des Bundes bleibt Frontingham v. Mellon, 262 U.S. 447 (1923). Dazu knapp *Currie*, Federal Jurisdiction, 29f.

[119] 16 U.S.C. § 1536(a)(2) in der Originalfassung: Pub. L. 93–205, Dec. 28, 1973, 81 Stat. 884.

[120] 51 Fed.Reg. 19926 (1986).

[121] 16 U.S.C. § 1540(g).

Funktion der Zweiten Gewalt auf Kosten der Dritten zu stark ein. Dabei hob die Argumentation zunächst darauf ab, daß die Verletzung der Verfahrensregeln keine materielle Rechtsbeeinträchtigung der Kläger hervorrufen könne[122]. Jenseits der gesetzlichen Regelung entspreche aber nur eine solche (*injury in fact*) den Erfordernissen für eine Klageberechtigung, wie sie sich aus art. III sec. 2 U.S. const. ergebe. Wohl weil diese Begründung im Ergebnis die Befugnis der Legislative zur Erweiterung der Initiativberechtigung stark einschränkte, wurde sie durch einen Bezug auf die Gewaltenteilung (*separation of powers*) erweitert und abgesichert[123]: Die verfassungsmäßige Aufgabe des Präsidenten, nach art. II sec. 3 U.S. const. für den Vollzug der Gesetze zu sorgen, werde mit einer solchen Regelung zu weitgehend auf die Gerichte übertragen. Die Judikative entwickele sich zu einer gleichberechtigten Nebenabteilung der Exekutive, die eine permanente Kontrolle ausübe: »*The province of the court,‹ as Chief Justice Marshall said in Marbury v. Madison, 1 Cranch 137, 170 (1803), ›is, solely, to decide on the rights of individuals.‹ Vindicating the public interest (including the public interest in Government observance of the Constitution and laws) is the function of Congress and the Chief Executive.*«[124] Damit schloß das Urteil aus einer ausdrücklich gewaltenteilungstheoretisch inspirierten Interpretation von art. III sec. 2 U.S. const. auf eine verfassungsrechtliche Grenze der gesetzlichen Einrichtung von Klagebefugnissen, die, nicht über den Schutz subjektiver Rechte hinausgehend, zur Kontrolle der Exekutive funktionalisiert werden dürfen.

Die abweichende Meinung bewahrte den Bezug auf die Gewaltenunterscheidung und bezeichnete die Entscheidungsbegründung als Ausdruck eines »*anachronistically formal view of the separation of powers*«[125]. In der Sache hielt sie die in der Begründung verwendete Unterscheidung zwischen der Verletzung eines

---

[122] 504 U.S. 563–568.

[123] 504 U.S. 576 unter Hinweis auf Massachusetts v. Mellon, 262 U.S., at 489, Allen 468 U.S., at 760 (seinerseits hinweisend auf Laird v. Tatum, 408 U.S. 1, 15 (1972)); Stark v. Wickard, 321 U.S. 288, 309f. (1944). Zur theoretischen Rechtfertigung der Beitrag des späteren Autors der Entscheidung: *Antonin Scalia*, The Doctrine of Standing as an Essential Element of Separation of Powers, Suffolk U.L. Rev. 17 (1983), 881. Aus der kritischen Literatur zur Entscheidung: *Susan Rose-Ackerman*, American Administrative Law under Siege: Is Germany a Model?, Harvard L. Rev. 107 (1997), 1279 (1285ff.); *Richard J. Pierce Jr.*, Lujan v. Defenders of Wildlife: Standing as A Judicially Imposed Limit on Legislative Power, Duke L.J. 42 (1992–1993), 1170; *Cass R. Sunstein*, What's Standing after *Lujan*: Of Citizen Suits, Injuries and Article III, 91 (1992) Michigan. L. Rev. 163 (197ff.); *Gene R. Nichol Jr.*, Justice Scalia, Standing and Public Law Litigation, Duke L.J. 1993, 1141 (1143ff.). Seltene Zustimmung bei *J. Marshall Breger*, Defending Defenders, Duke L.J. 1993, 1202. Aus deutscher Sicht *Dirk Ehlers*, Die Klagebefugnis nach deutschem, europäischem Gemeinschafts-, und U.S.-amerikanischem Recht, VerwArch. 84 (1993), 139 (159f.); *Rainer Wahl*, in: Schoch/Schmidt-Aßmann/Pietzner (Hrsg.), VwGO, Vorb. §42 Abs.2, Rdnr.39f. Rechtsvergleichend: *Hans D. Jarass*, Strukturelemente des amerikanischen Umweltrechts im Vergleich, NuR 1996, 49; *David Elshorst*, Bürgervollzugsklagen, 2002, 152ff; *Tine Stein*, Interessenvertretung der Natur in den USA, 2002, 44ff.

[124] 504 U.S. 576.

[125] 504 U.S. 602 (Blackmun, J., diss.).

Rechts auf bloße Verfahrensbeteiligung (*procedural injury*) und eines materiellen Rechts für nicht konsequent durchführbar. Bei der Regelung handele es sich um eine spezifische Form der Kontrolle der Exekutive durch die Legislative, denn diese bediene sich der Klage um die Rechtmäßigkeit des Verwaltungshandelns zu sichern. In einer wichtigen Überlegung wies die abweichende Meinung zudem darauf hin, daß die Betrauung der Judikative mit exekutiven Aufgaben im Verhältnis zur Weite und Offenheit der gesetzlichen Regelung zu verstehen sei. Wenn es dem Gesetzgeber gestattet sei, die Exekutive mit allgemein gehaltenen, nur verfahrensmäßig abgesicherten Aufgaben zu betrauen[126], dann müsse die Aktivierung der Gerichte als eine Sicherung dieser Delegationsstruktur verstanden werden[127]. Die Konfliktlinien, die in diesem Urteil Mehrheits- und abweichende Meinung trennen, spiegeln sich auch in der wissenschaftlichen Diskussion um verfassungsrechtliche Grenzen der Klagebefugnis wider[128].

Bei der Prüfung der widerstreitenden verfassungsrechtlichen Begründungselemente[129] ergibt sich ein differenziertes Bild: Auf der einen Seite ist die hier entwickelte Argumentation mit dem Minderheitenvotum gut vereinbar, das die Ausgestaltung subjektiver Rechte in die Hände des Gesetzgebers legt und die Möglichkeit einer Verfahrensbeteiligung nicht zu einem bloß uneigentlichen Recht degradiert. Auf der anderen Seite stößt die Ausgestaltung des Verwaltungsverfahrens im konkreten Fall an die hier entwickelten Grenzen. Denn der Klagemöglichkeit des Verbandes ging keine spezifische Einbeziehung in das Verfahren zum Erlaß der *rule* voraus[130]. Die beiden *Departments* konkretisierten eine gesetzliche Vorschrift und waren bei dieser Konkretisierung nicht gehalten, die Kläger über die allgemeinen Regeln hinausgehend einzubeziehen und deren Bewertung in der Entscheidungsfindung zu berücksichtigen. Dies berührte zuguterletzt auch die Frage, wie eigentlich die vermeintliche Rechtsverletzung der Kläger durch eine gerichtliche Entscheidung wiedergutzumachen gewesen wäre[131]. Die verfassungsrechtlichen Einschränkungen der Mehrheitsmeinung wirken zudem weniger strikt, weil die Anerkennung einer Befugnis nach einfachem Gesetzesrecht im amerikanischen Recht schneller bejaht wird als nach der deutschen Schutznormtheorie[132]. Auf der anderen Seite sind für die bestehenden *citizen suits* aber weiterhin definierte Klageinteressen erforderlich[133].

---

[126] Zum Problem der Delegationsgrenzen sogleich, S. 178 ff.
[127] 504 U.S. 605, (Blackmun, J. Diss.).
[128] Vgl. oben, Fußn. 123, S. 160.
[129] Neben der Frage der tatsächlichen Betroffenheit hätte sich die Frage gestellt, inwieweit § 1536 (a)2 zu den Verordnungen der Departments in Widerspruch stand. Auf Grundlage dieser Untersuchung kann die Frage des *standing* offengelassen werden, so 504 U.S. 555 ff. (Stevens, J., conc.).
[130] So auch der Hinweis bei 504 U.S 555 f.
[131] 504 U.S. 568 ff.
[132] Aus der neueren Rechtsprechung Bennett v. Spear, 520 U.S. 154, (1997), in dem auch wirt-

Im Ergebnis verdienen die unter Hinweis auf die Gewaltenteilung entwickelten Einschränkungen zur Ausgestaltung von Klagerechten im Mehrheitsvotum keine Zustimmung; trotzdem ist mit der Mehrheit die gesetzliche Regelung für bedenklich zu halten. Das Problem des Falls besteht nach den hier entwickelten Maßstäben weniger in der Beschränkung der Exekutive durch die Judikative als in den widersprüchlichen Anforderungen in Verwaltungsverfahrensrecht und Prozeßrecht.

Die in Deutschland geführte wissenschaftliche Debatte um eine Entkopplung der gerichtlichen Initiativberechtigung von materiellen subjektiven Rechtspositionen betrifft gleichfalls das Umweltrecht. Jedoch findet sie auf einer anderen normativen Ebene statt als in den Vereinigten Staaten. Verfassungsrechtliche Zweifel an einer Verallgemeinerung der Initiativberechtigung zur Vollzugskontrolle werden nur selten erhoben[134]. Dem Gesetzgeber steht es nach allgemeiner Ansicht frei, den Rechtsschutz in definierten Fällen vom Erfordernis der Rechtsverletzung zu lösen und damit zu objektivieren. Zwar ist der Bezug des deutschen Verwaltungsprozeßrechts zum subjektiven Rechtsschutz der Regelfall, der sich aus Art. 19 Abs. 4 GG ergibt[135]. Doch gebietet dies keine Beschränkung. Dieser Offenheit des Verfassungsrechts entspricht auch die historische Vielfalt des deutschen Verwaltungsrechtsschutzes zwischen subjektivem Rechtsschutz und objektiver Rechtmäßigkeitskontrolle[136]. Auch die Überlegungen zur Erweiterung der Kontrollinitiative durch die Europäisierung des deutschen Verwaltungsprozeßrechts gehören in diesen Zusammenhang[137]: Sie betreffen die erst im Kontext der Ebenenverschränkung zu erörternde Frage, inwieweit das Erfordernis einer

---

schaftlichen Interessen ein Klagerecht eröffnet wird. *Friends of the Earth v. Laidlaw Environmental Services*, 528 US 167 (2000): Klage durch Betroffene von Abwassereinleitungen.

[133] Beispiel: *FEC v. Akins*, 524 U.S. 11 (1998), dort aber auch die abweichende Meinung des Autors von *Lujan*, Scalia, zur Auslegung der Regeln in 2 U.S.C. §§ 437g(a)(1), 437g(a)(8)(A).

[134] Vgl. aber *Felix Weyreuther*, Verwaltungskontrolle durch Verbände, 1975, 82ff., der aus der Rechtsschutzgarantie des Art. 19 Abs. 4 GG eine verfassungsrechtliche Beschränkung der Gerichtsbarkeit auf den Individualrechtsschutz herleitet. Gegen diese recht einsame Sicht hier nur *Wolf-Rüdiger Schenke*, in: BK, Art. 19 IV, Rdnr. 154. Überblick über mögliche verfassungsrechtliche Einwände, in denen die Gewaltenteilung aber nicht erwähnt wird, bei *Johannes Bizer/Thomas Ormond/Ulrike Riedel*, Die Verbandsklage im Naturschutzrecht, 1990, 84ff.; *Lothar Michael*, Fordert § 61 BNatSchG eine neue Dogmatik der Verbandsklage?, Die Verwaltung 37 (2004), 35 (37ff.). Vgl. auch BVerwGE 87, 62 (72). Vorsichtige Bedenken wegen des Gewaltenteilungsprinzips bei einer völligen Objektivierung der Klageformen bei *Krebs*, Kontrolle, 106 u. Anm. 367 und *Rainer Wahl*, in: Schoch/Schmidt-Aßmann/Pietzner, VwGO, § 42 Abs. 2, Rdnr. 16 aE.

[135] *Eberhard Schmidt-Aßmann*, in: Maunz/Dürig, Art. 19 IV, Rdnr. 8; *ders.*, Das Grundgesetz und die rechtsprechende Gewalt, in: R. Mußgnug (Hrsg.), Rechtsentwicklung unter dem Bonner Grundgesetz, 1990, 79 (87ff.).

[136] Vgl. dazu den knappen aber umfassenden rechtsgeschichtlichen Überblick bei *Thomas Henne*, Verwaltungsrechtsschutz im 19. Jahrhundert: Von Lokalstudien zur europäischen Perspektive. Zugleich ein Literaturbericht, Ius Commune XXVIII (2001), 313, sowie systematisch *Rainer Wahl*, in: Schoch/Schmidt-Aßmann/Pietzner, VwGO, § 42 Abs. 2, Rdnr. 10, 11ff.

[137] Zur Vergleichbarkeit, S. 332ff.

Kontrollbefugnis zu einem bloßen Kontrollinteresse zurückgenommen werden soll.

Damit verlagert sich die Auseinandersetzung auf das einfache Gesetzesrecht und die rechtspolitischen Vorteile der Einführung und Reichweite sogenannter altruistischer Verbandsklagen. Ein funktional interessierter Blick auf die nunmehr auch bundesrechtlich vervollständigten Regelungen in § 61 BNatSchG[138] zeigt: Die Einräumung eines Klagerechts für Organisationen, die nach §§ 59, 60 BNatSchG durch das Bundesumweltministerium anerkannt wurden, ist mit den gesetzlich geregelten Verwaltungsverfahren mehrfach verzahnt. Neben dem Anerkennungsverfahren gilt dies für die gerichtliche Überprüfung des Verfahrens nach § 61 BNatSchG, in dem naturschutzrechtliche Belange geltend gemacht werden können, falls der Verein zur Mitwirkung berechtigt war, § 61 Abs. 2 Nr. 3 BNatSchG, und diese Gelegenheit auch genutzt hat, § 61 Abs. 3 BNatSchG. Einerseits geht die Klageberechtigung hier über die Verfahrensrechte des Vereins hinaus und betrifft die Gesamtheit des von den Vereinen abgedeckten Naturschutzrechts, § 61 Abs. 1 BNatSchG. Andererseits hängt sie aber vom *tatsächlichen Engagement* des Vereins im konkreten Verwaltungsverfahren ab. Das bedeutet, daß der Beitrag, den die Vereine zur Verwaltungsentscheidung leisten können, von vornherein in die exekutive Entscheidungsfindung einbezogen werden muß und nicht erst im Nachhinein im gerichtlichen Verfahren gegenüber der Exekutive thematisiert werden darf.

2. Judikative Kontrolldichte

a) Funktion: Legislative Gestaltung von Rechten und Befugnissen

Eine unzulässige Beschränkung der Exekutivfunktion könnte sich zum zweiten aus einer zu intensiven *inhaltlichen* Kontrollbefugnis der Judikative ergeben. Vollzieht die Judikative jede exekutive Entscheidung inhaltlich vollständig nach, dann handeln beide Gewalten auf Grundlage identischer Entscheidungsmaßstäbe. Somit droht der Unterschied zwischen exekutiver und judikativer Entscheidung auf die Entscheidungsreihenfolge reduziert zu werden[139]. Allerdings verstärkt die

---

[138] Dazu *Erich Gassner*, in: Bundesnaturschutzgesetz, 2. Aufl. 2003, § 61, Rdnr. 26 f.; *Markus H. Müller/Heinz Stöckel*, Naturschutzrecht, 2. Aufl. 2003, A1, § 61, Rdnr. 3 f.; *Robert Seelig/ Benjamin Gündling*, Die Verbandsklage im Umweltrecht – Aktuelle Entwicklungen und Zukunftsperspektiven im Hinblick auf die Novelle des Bundesnaturschutzgesetzes und supranationale und internationale rechtliche Vorgaben, NVwZ 2002, 1033 (1036ff.).

[139] Die in der deutschen Diskussion eingeführte Figur des »Nacharbeitens« benennt dieses Problem. Vgl. *Michael Gerhardt*, in: Schoch/Schmidt-Aßmann/Pietzner, VwGO, Vorb. § 113, Rdnr. 42. Freilich bleibt die Frage, ob dieses Nacharbeiten die Sanktionierung von Fehlern im Verwaltungsverfahren ersetzt, weil eine angemessene Lösung in jedem Fall im gerichtlichen Verfahren erreicht werden kann. So *Michael Gerhardt*, Funktionaler Zusammenhang oder Zusammenstoß zweier Rationalitäten?, in: W. Hoffmann-Riem/E. Schmidt-Aßmann (Hrsg.), Verwaltungsverfahren und Verwaltungsverfahrensgesetz, 2002, 413 (420f.). In der amerikanischen Dis-

Verfahrens- und Organisationsstruktur von Gerichten – insbesondere ihre Unabhängigkeit und ihre fehlende Eigeninitiative – die Rechtsbindung im Vergleich zur Exekutive auch dann verfahrenstechnisch, wenn die Entscheidungsmaßstäbe identisch sind. Das bedeutet: Eine judikative Kontrolle der Exekutive kann funktional trotz Maßstabsgleichheit geboten sein. Aus prozeduraler Perspektive erzeugt derselbe Entscheidungsmaßstab nicht dieselbe Entscheidung.

Trotzdem ist eine vollständige gerichtliche Kontrolle der Exekutive im Regelfall von der Gewaltengliederung weder gefordert noch wünschenswert. Das folgt aus den oben entwickelten Unterschieden zwischen beiden Funktionen, die auf die Maßstäbe der Entscheidungsfindung nicht ohne Auswirkung bleiben. Die größere organisatorische Nähe exekutiver Rechtserzeugung zu demokratischen Legitimationsverfahren, ihre stärkere Gegenwartsbezogenheit und ihre Fähigkeit zur Einbeziehung anderer Entscheidungsrationalitäten lassen es nicht funktionsgerecht erscheinen, Exekutive und Judikative identische Entscheidungsmaßstäbe zuzuweisen[140]. Die Zuweisung nicht-rechtlicher Entscheidungskriterien an die Exekutive ist nicht aus ihrem »Wesen« oder ihrer »Eigenständigkeit« zu erklären, sondern muß eine Vorgabe legislativ erzeugten Rechts sein[141]. Diese Zuweisung schafft keinen exekutiven Raum der Entscheidungs*freiheit*, sondern sie ist die Reaktion der Legislative auf spezifische Entscheidungsbedingungen und Entscheidungsmöglichkeiten der Exekutive. Fehlt eine solche Zuweisung, so bleibt das Recht als einziger Handlungsmaßstab, dessen Einhaltung von der Judikative zu kontrollieren ist. Dies bedeutet im Prinzip, daß die Entscheidung über die gerichtliche Kontrolldichte der Legislative überlassen bleibt, die bestimmt, wie eng das Recht die Exekutive determiniert. Mit dem Hinweis auf die Legislative ist die funktionale Perspektive aber nicht ausgeschöpft. Probleme der Kontrolldichte entstehen auch in Fällen, in denen dem materiellen Recht schwer zu entnehmen ist, wie sich die Legislative die judikative Kontrolle vorgestellt hat[142]. Dies sind Fälle, in denen Vorgaben der Gewaltengliederung deutlicher einbezogen werden müssen.

Solche Gesichtspunkte sind aber nicht unmittelbar dem Verfassungsrecht zu entnehmen. Vielmehr hat die gesetzlich ausgestaltete Organisations- und Verfah-

---

kussion zeigt sich das strukturgleiche Problem an der Frage der Reichweite der *de novo-review* in 5 U.S.C. § 706(2)(F), die aber praktisch sehr selten vorkommt. Zur Bedeutung: *Nathaniel L. Nathanson*, Probing the Mind of the Administrator, Columbia L. Rev. 75 (1975), 421. Grundlegend zur eingeschränkten Auslegung dieser Kontrollnorm: Citizens to Preserve Overton Park v. Volpe, 401 U.S. 402, 413ff. (1971).

[140] Abstrakter Überblick, der auch rechtsordnungsübergreifenden Beschreibungswert entfaltet, bei *Schmidt*, Maßstäbe, 71ff.

[141] Vgl. oben, S. 112ff.

[142] So für das deutsche Recht *Fritz Ossenbühl*, Rechtsquellen und Rechtsbindungen der Verwaltung, in: H.-U. Erichsen/D. Ehlers (Hrsg.), Allgemeines Verwaltungsrecht, 12. Aufl. 2002, § 10, Rdnr. 33, zustimmend *Eberhard Pache*, Tatbestandliche Abwägung und Beurteilungsspielraum, 2001, 75f. Für das amerikanische Recht: *Strauss/Rakoff/Schotland/Farina*, Administrative Law, 624ff., 698ff.

rensstruktur der Exekutive Kriterien zu liefern. Hat die Exekutive durch ihren im Prinzip hierarchischen Organisationsaufbau zwischen demokratischem und individuellem Legitimationsmodus zu vermitteln[143], so zeitigt diese Vermittlungsaufgabe auch Konsequenzen für den Grad an Verrechtlichung und die damit verbundene Intensität der gerichtlichen Kontrolle: Je niedriger das Handeln hierarchisch angesiedelt ist, desto geringer ist regelmäßig die Reichweite des erzeugten Rechts und desto größer der Grad an Verrechtlichung und die Intensität der Berührung mit individueller Freiheit[144]. Die Exekutive hat innerhalb ihrer Organisation – anders als Legislative und Judikative – eine Vielzahl von Konkretisierungsebenen zu überbrücken. Die Rationalisierung dieser Konkretisierungsleistung wird auch dadurch bewältigt, daß einzelne Konkretisierungsschritte in untergesetzlichen Regelungen positiviert werden. Eine vollständige gerichtliche Überprüfung dieser Regelungen würde diese Konkretisierungsleistung in Frage stellen, weil die Gerichte durch die Fallbezogenheit ihrer Entscheidungen eine andere Konkretisierungsperspektive haben als die Exekutive, und weil eine abgeschwächte Rechtsbindung es der Exekutive ermöglichen soll, auf veränderte Gegebenheiten zu reagieren[145]. Freilich stehen Flexibilitätserfordernis und Rationalitätsgewinn durch Regelerlaß in einem ambivalenten Verhältnis zueinander. Die mittlere Normkonkretisierungsebene – in Form von Verwaltungsvorschriften oder *rules* – bedient einerseits den Bedarf nach größerer Anpassungsflexibilität im Verhältnis zum Gesetzgeber. Andererseits sollen exekutive Normen im Verhältnis zu individuellen Rechtsträgern die Stabilität und Vorhersehbarkeit des Verwaltungshandelns garantieren. So bedarf die Einschränkung subjektiver Rechte etwa durch vom Gesetzgeber zukunftsoffen[146] geregelte Vorsorgekonzepte einer Konkretisierung auf der mittleren Normebene. Die Anpassung des Verwaltungshandelns an geänderte Umstände ist also im Prinzip erwünscht. Tatsächliche Anpassungen der Verwaltungspraxis rufen aber die gerichtliche Kontrolle insbesondere dann auf den Plan, wenn diese anläßlich eines konkreten Falls stattfinden. Exekutive Selbstbindung schützt also gegenläufige Anliegen: einerseits die funktionalen Leistungen der Exekutive, andererseits die Adressaten einer Einzelent-

---

[143] Vgl. oben, S. 112 ff.

[144] Vergleiche den Topoi-Katalog bei *Michael Gerhardt*, in: Schoch/Schmidt-Aßmann/Pietzner, VwGO § 114, Rdnr. 58. Zum Zusammenhang von subjektiver Freiheit, Konkretheit und Verrechtlichung oben S. 56 ff.

[145] So für die Unterscheidung zwischen Rechtsverordnung und Verwaltungsvorschrift: *Hans-Heinrich Trute*, Vorsorgestrukturen und Luftreinhaltepläne, 1989, 109 unter Hinweis auf eine Andeutung bei *Fritz Ossenbühl*, Die Bewertung technischer Risiken bei Rechtsetzung, DÖV 1982, 833 (835 ff.). Zustimmend *Udo Di Fabio*, Risikoentscheidungen im Rechtsstaat, 1994, 345. Allgemein für *rulemaking*: *Alan Morrison*, The Administrative Procedure Act, Virginia L. Rev. 72 (1986), 253 (256 ff.).

[146] Zukunftsoffenheit kann nicht mehr bedeuten als unbestimmt: *Kirste*, Zeitlichkeit, 363 f. Vgl. auch *Petra Hiller*, Der Zeitkonflikt in der Risikogesellschaft: Risiko und Zeitorientierung in rechtsförmigen Verwaltungsentscheidungen, 1993, 45 ff.

scheidung[147]. Daraus folgt, daß sich eine vollständige gerichtliche Überprüfung exekutiver Normsetzung aus dem Gebot der Gewaltengliederung nicht ohne weiteres herleiten läßt.

Auch konkrete Einzelentscheidungen der Exekutive mit nur einem Adressaten, die, auf einer niedrigeren Hierarchieebene getroffen, subjektive Rechte unmittelbar betreffen, können auf Entscheidungsmaßstäbe angewiesen sein, die nicht voll gerichtlich überprüfbar sind. Dies ist der Fall, wenn die Entscheidung in einem besonderen, etwa kollegial ausgestalteten Verfahren[148] unter Heranziehung besonderer Expertise oder unter Verwendung von unsicherem Wissen hergestellt wird. Wenn die Exekutive eine eigenständige Konkretisierungsleistung beiträgt, die sich die zeitlichen und kognitiven Stärken der Exekutive zunutze machen soll, so hat dies Rückwirkungen auf die funktional gebotene gerichtliche Kontrolldichte: In Fällen, in denen sich der rechtlich relevante Informationsstand zwischen der exekutiven Entscheidung und ihrer judikativen Kontrolle verändert, ist es schlüssiger, der Verwaltung gerichtlich nicht überprüfbare Spielräume zu überlassen. In solchen Fällen stoßen jedoch die zwei Legitimationsmodi einmal mehr aufeinander: Auf der einen Seite steht die demokratische Entscheidung der Legislative, sich die Entscheidungsmöglichkeiten der Exekutive in einer spezifischen Weise zunutze zu machen. Auf der anderen Seite steht der Selbstbestimmungsanspruch des subjektiv Berechtigten, dessen Reichweite allein durch Recht determiniert und deswegen gerichtlich überprüfbar sein soll. Aus funktionaler Perspektive stellt sich in solchen Konstellationen die Frage, inwieweit die Entscheidungsleistung, die durch die Exekutive erbracht wurde, durch die Judikative wiederholt werden kann, und inwieweit die Legislative Entscheidungen so ausgestalten darf, daß sie von der Judikative nicht mehr nachvollzogen werden können.

Zur Lösung dieses Konflikts ist jeweils der konkrete Zweck des Verwaltungsverfahrens zu betrachten. Stellt sich das Verfahren nur als ein Mittel dar, um die Rechtsbindung der Exekutive besonders abzusichern, etwa von politischer Einflußnahme weitestgehend zu entbinden, so spricht nichts dagegen, dieses Verfahren voller judikativer Kontrolle zu unterwerfen: Ein Beispiel im deutschen Recht wäre das Enteignungsverfahren[149]. Ist das Verfahren dagegen so angelegt, daß sich die exekutive Entscheidungsfindung nicht gerichtlich wiederholen läßt, so gilt folgendes: In Fällen, in denen das Verfahren zu einer individualisierten Entscheidung führt, die in subjektive Rechte eingreift, bedarf eine Verfahrensausgestaltung, die eine volle gerichtliche Kontrolle ausschließt, einer Rechtfertigung aus der Perspektive der individuellen Rechtsposition der Adressaten. Solche Recht-

---

[147] Für Deutschland: *Walter Schmidt*, Gesetzesvollziehung durch Rechtsetzung, 1969, 100ff. Zu funktional entsprechenden Konsistenzanforderungen, die aber nicht immer gleichheitsrechtlich einklagbar sind, die Übersicht bei *Breyer/Stewart/Sunstein/Spitzer*, Administrative Law and Regulatory Policy, 415ff. (Fälle), 434ff.

[148] Für Beispiele: *Groß*, Kollegialprinzip in der Verwaltungsorganisation, 280ff.

[149] Nachweise zu solchen administrativen Kammerverfahren oben, S. 124ff. Fußn. 162.

fertigungen sind durchaus möglich: So verbindet sich mit der Ausgestaltung eines Prüfungsverfahrens auch aus der Sicht des Prüflings ein Anspruch auf gleiche Behandlung und auf sorgfältige Untersuchung seiner Fähigkeiten. Führt dies dazu, daß die Verfahren nicht vollständig gerichtlich nachvollzogen werden können, so ist dies unbedenklich[150]. Ähnliches gilt für Planungsentscheidungen, in denen nicht nur eine Vielzahl subjektiver Rechte aufeinanderstoßen, sondern auch die Entscheidung selbst auf einen eigenen (kommunalen) Legitimationszusammenhang zurückgeführt werden muß[151]. Der Schutz subjektiver Rechte gebietet also auch für weitgehend individualisierte Rechtserzeugungsvorgänge nicht notwendig eine vollständige Verrechtlichung des Verwaltungshandelns. Vielmehr können Entscheidungsspielräume der Exekutive in gleicher Weise eine Anpassung exekutiver Rechtserzeugung an individuelle Freiheitswahrnehmung ermöglichen, die bei einer streng determinierenden, damit aber auch notwendig genereller gehaltenen Verrechtlichung nicht möglich gewesen wäre: Entscheidungsspielräume der Exekutive können auch im Interesse individueller Rechtsträger stehen[152]. Aber im Umkehrschluß ist die Komplexität des Sachverhalts ebensowenig ein Argument für eine kontrollverhindernde Verfahrensausgestaltung wie die Eigenständigkeit der Exekutive. Konkret: Eine verfahrenstechnische Entscheidung im Jugendschutz läßt sich nicht in einen entsprechenden Konnex mit den subjektiven Rechten eines betroffenen Publizisten bringen[153]. Fehlt es einer rechtfertigenden Ratio, so spricht dies dafür, die gerichtliche Kontrolle zu intensivieren. Entsprechend ist die Einschränkung der gerichtlichen Kontrolldichte nicht durch einen materielle gerichtliche Abwägung zwischen subjektivem Recht und gesetzlichem Regelungszweck zu rechtfertigen, wenn diese divergierenden Anliegen zuvor nicht Gegenstand des Verwaltungsverfahren waren[154].

---

[150] *Eberhard Schmidt-Aßmann*, Die Kontrolldichte der Verwaltungsgerichte: Verfassungsgerichtliche Vorgaben und Perspektiven, DVBl. 1997, 281 (287f.) Anders aber wohl BVerfGE 84, 34 (48ff.); 84, 59 (77ff.). Eher wie hier BVerfGE 88, 40 (45, 56ff.). Dazu *Eberhard Schmidt-Aßmann/Thomas Groß*, Zur verwaltungsgerichtlichen Kontrolldichte nach der Privatgrundschul-Entscheidung des BVerfG, NVwZ 1997, 617 (621f.). Im amerikanischen Recht löst die Betroffenheit in eigenen Rechten im Verwaltungsverfahren von Verfassungs wegen sowieso nur eine Verfahrensüberprüfung aus dem Gesichtspunkt des *due process* aus. Dazu die Übersicht bei: *Breyer/Stewart/Sunstein/Spitzer*, Administrative Law and Regulatory Policy, 691ff.
[151] Praktisch bedeutsame Beispiele aus dem deutschen Recht sind: Art. 3 GG als Hebel zur Kontrolle von Verwaltungsvorschriften, dazu *Werner Heun*, in: Dreier, Grundgesetz, Art. 3, Rdnr. 49, sowie Art. 14 Abs. 3 S. 1 GG als Hebel zur materiellen Überprüfung planerischer Entscheidungen: BVerwGE 67, 74.
[152] *Lepsius*, Die erkenntnistheoretische Notwendigkeit des Parlamentarismus, 151f.
[153] BVerfGE 83, 130 (148).
[154] Dieses Problem läßt sich im amerikanischen Verwaltungsrecht schwerlich rekonstruieren, weil einschlägige Konstellationen beispielsweise im Umwelt- oder Wirtschaftsverwaltungsrecht selten das (enger als im deutschen Recht verstandenen) grundrechtlichen Schutzbereiche berühren. Dies gesehen bei *Joachim Wieland*, Die Entwicklung der Wirtschaftsregulierung in den Vereinigten Staaten von Amerika, Die Verwaltung 18 (1985), 84. Als ein Beispiel einer solchen Leistung BVerwG, NuR 1996, 497 (497f.), zu § 5 Abs. 1 Nr. 1 BImSchG. Zum Problem, das unter dem

Im Ergebnis spricht die Gewaltengliederung nicht für eine vollständige gerichtliche Kontrolle exekutiver Rechtserzeugung, schließt diese aber auch nicht aus. Die angemessene Ausdifferenzierung zwischen genuin exekutiven Entscheidungsmaßstäben, die gerichtlich nicht voll überprüfbar sind, und einer judikativen Vollkontrolle muß sich aus der legislativ zu bestimmenden Definition von subjektiven Freiheitsräumen und Freiheitseinschränkungen ergeben. Als subjektive Freiheit geschützte Handlungen sind in der Regel durch eine vollständige judikative Vollzugskontrolle zu schützen; es sei denn, die Ausgestaltung eines nicht voll überprüfbaren Verfahrens kann sich als Erweiterung individueller Selbstbestimmung rechtfertigen.

b) *Rechtsvergleichende Anwendung: die Entscheidungen* Chevron *und* Wyhl

Die gerichtliche Kontrolldichte exekutiver Akte ist in beiden Rechtsordnungen Gegenstand von kaum überschaubaren Diskussionen, die hier nicht wiederzugeben sind[155]. Vielmehr soll es um Bedeutung und Reichweite der oben entwickelten *funktionalen* Überlegungen zur gerichtlichen Prüfungsdichte gehen. In Übereinstimmung mit diesen entspricht die Vielfalt gerichtlicher Kontrollmaßstäbe der Vielfalt gesetzlicher Ausgestaltungsmöglichkeiten. Trotzdem lassen sich in beiden Rechtsordnungen sowohl in der Wissenschaft als auch in der Rechtsprechung allgemeinere Linien erkennen. Deren Darstellung wird im folgenden auf die gerichtliche Kontrolle der regelförmigen administrativen Konkretisierung von Gesetzen einzuschränken sein. Zum Vergleich sind nach knappen Einführungen in den Diskussionsstand zwei grundlegende Entscheidungen heranzuziehen, die ähnliche Sachverhalte betreffen: die *Chevron*-Entscheidung des Supreme Court und das *Wyhl*-Urteil des Bundesverwaltungsgerichts:

Ist die demokratische Legitimation der Verfassungsgerichtsbarkeit ein zentrales verfassungstheoretisches Problem in den Vereinigten Staaten[156], so nimmt die Frage nach der Reichweite gerichtlicher Kontrolle der Exekutive eine entsprechende Bedeutung im Verwaltungsrecht ein. Dabei sind Rechtsprechung und Wissenschaft wohl noch schwieriger zu systematisieren als für die deutsche Rechtsordnung – nicht zuletzt wegen des Fehlens eines ausdifferenzierten Rechtsformenkanons und einer größeren Bandbreite an gesetzlicher Regelungs-

---

Stichwort Konzepterfordernis diskutiert wird, für das Umweltrecht: *Trute*, Vorsorgestrukturen und Luftreinhaltepläne, 300ff. Für das Polizeirecht: *Hans-Heinrich Trute*, Die Erosion des klassischen Polizeirechts durch die polizeiliche Informationsvorsorge, in: GS Jeand'Heur, 1999, 403 (419ff.); *Christoph Möllers*, Polizeikontrollen ohne Gefahrverdacht, NVwZ 2000, 382 (386f.).

[155] Wohl die übersichtlichste Darstellung des Fallmaterials bei *Jerry L. Mashaw / Richard A. Merill / Peter M. Shane*, Administrative Law, 4. Aufl. 1998, 749ff. Eingehender *Breyer/Stewart/ Sunstein/Spitzer*, Administrative Law and Regulatory Policy, 203ff. Für Deutschland: *Michael Gerhardt*, in: Schoch/Schmidt-Aßmann/Pietzner, VwGO § 114, Rdnr. 17ff.

[156] Oben, S. 136ff.

dichte, die sich zwischen generalklauselartigen Anweisungen und an deutsche Verwaltungsvorschriften erinnernde Detailgenauigkeit bewegt[157]. Einfachgesetzliche sedes materiae der Kontrolldichte ist § 706 APA, der für verschiedene Verfahren verschiedene Kontrollmaßstäbe vorgibt, die aber topisch aneinander gereiht sind, und Zuständigkeit, Ermessensgrenzen, die Sachverhaltsaufklärung und die allgemeine Gesetzes- und Verfassungsbindung in Beziehung setzt[158].

Eine verallgemeinerbare Linie für die Prüfung normativer Konkretisierung gesetzlicher Regelungen durch die Exekutive fand die Rechtsprechung in jüngerer Zeit in einer von der Wissenschaft überwiegend positiv aufgenommenen, jedenfalls als bedeutend[159] anerkannten und einstimmig ergangenen Entscheidung des Supreme Court: *Chevron*[160] betraf eine Entscheidung der Bundesumweltbehörde (EPA) hinsichtlich der Auslegung eines Gesetzesbegriffs, der *stationary source* im *Clean Air Act* 1977[161]. Die komplexe Regelungsstruktur des *Clean Air Act* sah vor, daß Bundesstaaten, die bestimmten Luftreinhaltestandards nicht genügten, dazu verpflichtet waren, Verschmutzungsquellen (*stationary sources*) zu regulieren und Betriebsgenehmigungen für diese nur unter die Emissionen einschränkenden Bedingungen zu erteilen. Im Fall stellte sich die Frage, ob die Behörde berechtigt war, eine eigene Definition des immissionsschutzrechtlichen Gesetzesbegriffs *stationary source* zu verwenden, oder ob die Gerichte ihre eigene Auslegung des Gesetzes an die Stelle derjenigen der Behörde setzen durften[162]. Die EPA hatte ihre Auslegung des Begriffs mehrmals verändert und schließlich durch eine neue *rule*[163] im Anschluß an einen politischen Wechsel im Präsidentenamt 1981 mit beträchtlichen Konsequenzen für den immissionsschutzrechtlichen Vollzug

---

[157] Die in Deutschland verbreitete Feststellung, daß amerikanische Verwaltungsgesetze materiell weniger regelungsintensiv seien (so *Lepsius*, Verwaltungsrecht unter dem Common Law, 128ff.; *Ruthig*, Verhandlungslösungen, 165f.), ist deswegen unzutreffend. Dagegen fehlt es in der Tat an einer Entsprechung zum deutschen Kodifikationsideal mit seinen subsumtionsfähigen, aber allgemeinen Normen. Zum amerikanischen Recht vergleichend: *Oliver Lepsius*, Gesetzgebungstechnik in den Vereinigten Staaten, Manuskript 2002. Zum deutschen Recht *Andreas Voßkuhle*, Kodifikation als Prozeß. Zur Bedeutung der Kodifikationsidee in heutiger Zeit unter besonderer Berücksichtigung der Arbeiten an einem Umweltgesetzbuch, in: H. Schlosser (Hrsg.), Bürgerliches Gesetzbuch 1896–1996, 1997, 77, beide gerade mit Blick auf das Umweltrecht. Beispiel für detailgenaue Regelungen: 42 U.S.C. § 7521, Emissionsstandards für neu zugelassene Fahrzeuge.

[158] 5 U.S.C. § 706.

[159] *Cass R. Sunstein*, Law and Administration after *Chevron*, Columbia L. Rev. 90 (1990), 2071 (2075) spricht gar von einem »*Marbury, or counter-Marbury, for the administrative state*«. Vgl. auch die rückblickende Analyse bei *Elena Kagan/David Barron*, Chevron's Nondelegation Doctrine, Supreme Court Review 2001, 259.

[160] Chevron v. National Resource Defense Council, 467 U.S. 837 (Stevens, J.) (1984). Bestätigung in Smiley v. Citibank., 517 U.S. 735, 740f. (1996).

[161] 42 U.S.C. 7502(b)(6), Pub. L. 95–95, 91 Stat. 685.

[162] Knapp zum Sachverhalt und seinem politischen Kontext: *Wolfgang Hoffmann-Riem*, Die Reform staatlicher Regulierung in den USA, Der Staat 23 (1984), 17 (32f.).

[163] 46 Fed.Reg. 50766 (14.10. 1981). Vgl. zum Verfahren der Regelsetzung: 42 U.S.C, § 7607(d).

definiert. Durch die veränderte Auslegung konnten Betriebe mit verschiedenen Emissionsquellen Emissionen gegeneinander verrechnen, wurden also als nur eine Emissionsquelle (*bubble*) behandelt. Die dem Gericht vorgelegte Neuinterpretation des Umweltrechts war Ergebnis einer politischen Entscheidung, die im Einklang mit der politischen Abhängigkeit des EPA-*Administrator* vom Präsidenten und dessen auf Deregulierung ausgerichteter Umweltpolitik stand[164]. Nachdem die Auslegung der EPA in der Vorinstanz als gesetzwidrig verworfen worden war[165], entwickelte der Supreme Court zu Beginn seiner Begründung und ohne weitere Herleitung einen zweistufigen Test zur Prüfung der Gesetzesauslegung durch Behörden[166]: Auf der ersten Stufe ist zu prüfen, ob das Gesetz eine eindeutige Regelung enthält, die vom Gericht der Behörde entgegenzuhalten wäre. Fehlt es an einer solchen, so hat das Gericht seine Prüfungsintensität zurückzunehmen und sich auf die Vertretbarkeit (*permissibility*) der exekutiven Auslegung des Gesetzes zu beschränken.

Im Fall kam das Gericht nach einer eingehenden systematischen und historischen Untersuchung des Gesetzes, die den Hauptteil der Entscheidung ausmacht[167], zu dem Ergebnis, daß eine eindeutige gesetzgeberische Aussage zum fraglichen Rechtsproblem nicht zu erkennen sei. Deshalb liege die Entscheidung bis an die Grenze der Vertretbarkeit bei der Behörde, die diese im vorliegenden Fall auch nicht überschritten habe. Wegen eines Verstoßes gegen diese Vertretbarkeitsgrenze ist eine Behördenentscheidung vom U.S. Supreme Court auch in der Folge für lange Zeit nicht aufgehoben worden[168], was Zweifel an der normativen Wirksamkeit des Ansatzes provozierte. Diese haben sich aber mit einer neuen Entscheidung, die gleichfalls zum *Clean Air Act* erging, zerstreut, die eine exekutive Gesetzesauslegung als nicht vertretbar verwirft[169]. Die methodische Crux des *Chevron*-Tests liegt dennoch weiterhin im materiellen Recht, nämlich darin, systematisch überzeugend zu klären, was unter einer eindeutigen gesetzlichen Regelung zu verstehen ist[170], in welchen Fällen also das Gericht sein eigenes Geset-

---

[164] Insbesondere mit der Absicht, Regelungen abzubauen und zu vereinfachen: *Government-wide reexamination of regulatory burdens and complexities*, 46 Fed.Reg 16281.
[165] National Resources Defense Council, Inc. v. Gorsuch, 685 F.2d 718 (D.C.C. 1982).
[166] 467 U.S. 842f.
[167] 467 U.S. 845–865.
[168] Anderes gilt für unterinstanzliche Bundesgerichte: *Breyer/Stewart/Sunstein/Spitzer*, Administrative Law, 324f. m.w.N.
[169] Whitman v. American Trucking Ass., 531 US 457, 481ff. (2001). Dazu eingehend *Cass R. Sunstein*, The Cost-Benefit State, 2002, 49ff. Zum ebenfalls bedeutenden Delegationsteil des Falles vgl. unten, § 5, III, 1. Vgl. aber auch zur Relativierung von Chevron: United States v. Mead, 533 U.S. 218 (2001) in Anwendung auf gesetzliche Interpretationsregeln. Die abweichende Meinung von Scalia sieht in dieser Entscheidung – anders als alle anderen Richter – eine Aufgabe der *Chevron*-Doktrin. Dazu *Nicholas Quinn Rosencrantz*, Federal Rules of Statutory Interpretation, Harvard L. Rev. 115 (2001), 2085.
[170] Strittig ist insbesondere die Verwendung der Gesetzgebungsmaterialien. Als wissenschaftliche Beiträge zweier Verfassungsrichter dazu kritisch: *Antonin Scalia*, A Matter of Interpretati-

zesverständnis hinter demjenigen der Exekutive zurückzustellen hat[171]. Hierin findet sich das allgemeine, auch dem deutschen Recht bekannte Problem wieder, inwieweit bei der Frage nach der Kontrollintensität der Verweis auf materielle gesetzliche Regelungen ergiebig ist.

Für die auch deswegen notwendig werdende funktionale Perspektive ist ein näherer Blick auf das Ende der Entscheidungsgründe von Bedeutung[172]. Das Gericht führte dort aus, daß es sich bei der Auslegung des offenen gesetzlichen Begriffs um eine *policy*-Frage handele. Für die Entscheidung solcher Fragen seien Bundesrichter, *federal judges – who have no constituency*[173], am wenigsten geeignet. Diese seien vielmehr vom Kongreß und dann von der Behörde zu beantworten, deren politische Verantwortung durch den seinerseits dem Volk verantwortlichen Präsidenten vermittelt werde. Damit gründet sich die Entscheidung neben der konkreten Gesetzesauslegung auf ein funktionales Verständnis, das die Fähigkeiten von Judikative und Exekutive vergleicht und insbesondere die fehlende demokratische Legitimation der Gerichtsbarkeit als Argument anführt.

Chevron wurde allgemein als *Zurücknahme* der gerichtlichen Kontrolldichte gegenüber exekutivem Handeln verstanden, eine Einordnung, die sich in empirischen Untersuchungen der Rechtsprechungspraxis nachweisen läßt[174]. Umstritten bleibt freilich die Bewertung dieser Entwicklung[175]. Zwei Deutungen der Entscheidung bieten sich an. Man kann das Urteil als Zulassung einer Delegation an die Exekutive verstehen, der dann die politisch verantwortete Konkretisierung der Norm obliegt[176]. Man kann es aber auch als eine Interpretationsregel deuten, in der zweifelhafte Fragen der Exekutive überantwortet werden[177]. Wird der Sachverhalt in *Chevron* als Fall einer zulässigen, aber weitgehenden Delegation

---

on, 1996, 29ff. Positiver dagegen *Stephen Breyer*, On the Uses of Legislative History, Southern California L. Rev. 65 (1992), 845.

[171] Vgl. als Anschlußfälle, in denen das Gericht genau hierüber keine Einigung erzielen konnte: Chemical Mfrs. Ass'n v. Nat. Res. Def. Council, 470 U.S. 116 (1985); Young v. Community Nutrition Institute, 476 U.S. 974 (1986); INS v. Cardoza-Fonseca, 480 U.S. 421 (1987); K Mart Corp. v. Cartier Inc. 485 U.S. 176 (1988). Zur Vereinbarkeit der Entscheidungen: *M. Herz*, Deference Running Riot: Separating Interpretation and Lawmaking under *Chevron*, Administrative L.J. 6 (1992) 187, 222.

[172] 467 U.S. 865f.

[173] 467 U.S. 866.

[174] So zumindest die Untersuchung bei *Peter H. Schuck / E. D. Elliott*, To the *Chevron* Station: An Empirical Study of Federal Administrative Law, Duke L.J. 1990, 984. Zurückhaltender allerdings: *Merill*, Judicial Deference to Executive Precedent, 101 Yale L.J. 969 (1992).

[175] Zustimmend: *Antonin Scalia*, Judicial Deference to Administrative Interpretation of Law, 1989 Duke L.J. 511 (514f.); *Sunstein*, Columbia L. Rev. 90 (1990), 2085ff.; *Peter L. Strauss*, One Hundred Fifty Cases Per Year, Columbia L. Rev. 87 (1987), 1093 (1117ff.); *Colin S. Diver*, Statutory Interpretation in the Administrative State, U. Pennsylvania L. Rev. 133 (1985), 549. Kritisch *Farina*, Columbia L. Rev. 89 (1989), 467ff.

[176] *Henry P. Monaghan*, Marbury and the Administrative State, Columbia L. Rev. 84 (1984), 1 (7).

[177] *Farina*, Columbia Law Review 89 (1989), 476f.

an die EPA gedeutet, so verschiebt sich die Problemstellung zur später zu untersuchenden Frage der Delegationsgrenzen. Fehlt es an wirksamen Delegationsgrenzen, so mag sich die Entscheidung als verfehlt darstellen, weil die Judikative weder die Grenzen der Delegation noch ihre Ausübung kontrollieren kann[178]. Aus funktionaler Sicht sollten Fragen der Gesetzesauslegung und der Delegationsbegrenzung jedoch unterschieden bleiben[179], betrifft doch nur erstere Pflichten der Legislative. *Chevron* wäre als eine Auslegungsregel zu verstehen, in der ein zweifelhafter Gesetzeswortlaut zu richterlicher Zurückhaltung führt.

Im Ergebnis überzeugt die Entscheidung auch vor den hier entwickelten Kriterien. Ausgangspunkt des Gerichts ist die Auslegung des materiellen Rechts. Der Gesetzgeber kann dies so ausgestalten, daß der Verwaltung eigene Entscheidungsspielräume verbleiben. Für die Ausfüllung dieser Spielräume, die auch von politischen Präferenzen der Exekutive abhängen, haben die Gerichte keinen über die Gesetzesauslegung hinausgehenden Konkretisierungsbeitrag mehr zu leisten. Dies gilt jedenfalls dann uneingeschränkt, wenn die Entscheidungen der Exekutive eine Vielzahl von Fällen betreffen und keine spezifischen individuellen Freiheitsbeschränkungen zu erkennen sind. Dies war hier nicht der Fall. So erweist sich diejenige Lösung als funktional überzeugend, die die Konkretisierung der Norm jedenfalls für eine Vielzahl von Fällen einer sachverständigen und politisch verantwortlichen Exekutive überläßt.

In Deutschland entwickelte sich die wissenschaftliche Diskussion der Kontrolldichte von einer monarchistisch inspirierten Freistellung exekutiven Handelns[180] unter dem Grundgesetz zunächst zum Gegenpol des Postulats umfassender Verrechtlichung und gerichtlicher Überprüfbarkeit, das sich auf die rechtsstaatliche Gesetzesbindung der Verwaltung[181] ebenso berufen konnte wie auf die Rechtsschutzgarantie in Art. 19 Abs. 4 GG[182] und materielle Grundrechtsgehalte[183]. Verhältnismäßig spät erst wurde die Rolle des Gesetzgebers thematisiert[184],

---

[178] So die Argumentation bei *Farina*, Columbia L. Rev. 89 (1989), 498.

[179] Ähnlich *Cass R. Sunstein*, Nondelegation Canons, U.o. Chicago L. Rev. 67 (2000) 315 (330).

[180] Historisch *Held-Daad*, Das freie Ermessen. Einen Restbestand wird man in der Lehre von der institutionellen demokratischen Legitimation erkennen, die allein auf die Verwaltung Anwendung findet. Zur Kritik *Jestaedt*, Demokratieprinzip und Kondominialverwaltung, 276ff.

[181] *Hans-Heinrich Rupp*, Grundfragen der heutigen Verwaltungsrechtslehre, 2. Aufl. 1995. Zur Diskussion um den Status des unbestimmten Rechtsbegriffs und zur Kritik der Unterscheidung umfassend historisch: *Horst Ehmke*, »Ermessen« und »unbestimmter Rechtsbegriff«, 1961. Aktuell: *Michael Gerhardt*, in: Schoch/Schmidt-Aßmann/Pietzner, VwGO, §114, Rdnr. 13ff.

[182] Grundlegend wohl *Friedrich Klein*, Tragweite der Generalklausel in Art. 19 Abs. 4 des Bonner Grundgesetzes, VVDStRL 8 (1950), 67.

[183] *Peter Häberle*, Grundrechte im Leistungsstaat, VVDStRL 30 (1972), 43.

[184] *Eberhard Schmidt-Aßmann*, Verwaltungsverantwortung und Verwaltungsgerichtsbarkeit, VVDStRL 34 (1976), 221 (230f.); *Peter Badura*, Gestaltungsfreiheit und Beurteilungsspielraum des Gesetzgebers, bestehend aufgrund und nach Maßgabe des Gesetzes, FS Bachof, 1984, 169.

und diese Neubewertung führte auch zu einer institutionellen Stärkung exekutiver Rechtserzeugung gegenüber gerichtlichen Kontrollen. Insbesondere die normative Ermächtigungslehre[185] machte die Auslegung der gesetzlichen Vorschriften zum Mittelpunkt der Kontrolldichtedebatte, warf damit aber auch die Frage auf, wie mit gesetzlichen Regelungen umzugehen sei, die für die Frage der Kontrolldichte unergiebig sind. Hieran konnten Argumente aus dem Fundus der Gewaltengliederung ergänzend anschließen[186].

Mit *Chevron* gut vergleichbares gerichtliches Entscheidungsmaterial liefert die Rechtsprechung zu normkonkretisierenden Verwaltungsvorschriften des Bundesverwaltungsgerichts, insbesondere das *Wyhl*-Urteil[187], anhand dessen Argumentation weitere Entscheidungen[188] zu normkonkretisierenden Verwaltungsvorschriften auch im Immissionsschutzrecht ergingen. Nicht entscheidend eingeschränkt ist die Vergleichbarkeit der beiden Fälle durch die unterschiedliche Rolle der Gerichte. Beide Gerichte sind zur Anwendung von einfachem Recht verpflichtet, und beide Gerichte können die Verfassung als Auslegungsmaßstab heranziehen, auch wenn das Bundesverwaltungsgericht keine Kompetenz zur Verwerfung von Gesetzesrecht hat. Auch die institutionelle Rolle der handelnden Verwaltung entspricht sich: Das die Verwaltungsvorschrift erlassende Bundesinnenministerium[189] ist ebenso wie die EPA in einen demokratischen Verantwortungszusammenhang gestellt. Schließlich handelt es sich in beiden Fällen um Probleme im Schnittfeld von Technik und Umweltschutz.

In der Sache ging es im *Wyhl*-Urteil um die Überprüfung exekutiver Regeln, Verwaltungsvorschriften, zur Konkretisierung von Strahlengrenzwerten. Diese stehen im normativen Kontext einer offenen, Vorsorgestrukturen schaffenden gesetzlichen Regelung, die der Exekutive die Anpassung ihrer Genehmigungsentscheidung an sich verändernde technische Standards aufgibt, § 7 Abs. 2 Nr. 3 AtG[190]. Entgegen der überlieferten verfassungsrechtlich umhegten[191] dogmati-

---

[185] *Eberhard Schmidt-Aßmann*, in: Maunz/Dürig, Art. 19 IV, Rdnr. 191 ff. Kritisch zum Begriff der Ermächtigung in diesem Zusammenhang: *Schmidt*, Gesetzesvollziehung, 33 ff.

[186] Grundlegend, aber ohne weitere Entfaltung der Kriterien: *Schmidt-Aßmann*, VVDStRL 34 (1976), 253 f.; *Rainer Wahl*, Risikobewertung der Exekutive und richterliche Kontrolldichte, NVwZ 1991, 409 (410 f.); *Helmuth Schulze-Fielitz*, Neue Kriterien für die verwaltungsgerichtliche Kontrolldichte bei unbestimmten Rechtsbegriffen, JZ 1993, 773 (778 f.). Ein Überblick, auch über die Rechtsprechung, der materielle und funktionale Gesichtspunkte aber nicht ausreichend unterscheidet, bei *Pache*, Tatbestandliche Abwägung und Ermessensspielraum, 76–108.

[187] BVerwGE 72, 300 (316 f., 320 f.).

[188] Vgl. auch BVerwGE 107, 338 (340 ff.); BVerwGE 110, 216 (218); 114, 342 (344).

[189] BVerwGE 72, 300 (320).

[190] Zur Normstruktur: *Reinhard Sparwasser/Rüdiger Engel/Andreas Voßkuhle*, Umweltrecht, 5. Aufl. 2003, § 7, Rdnr. 194 ff.

[191] BVerfGE 80, 257 (265 f.) weist Grundrechtseinschränkungen durch Verwaltungsvorschriften ausdrücklich zurück. BVerfGE 78, 214 (227) unterstreicht die Freiheit der Gerichte im Umgang mit Verwaltungsvorschriften unter ausdrücklicher Anerkennung von BVerwGE 72, 300 als »Sonderfall«. Für das diesem Fall zugrundeliegende steuerrechtliche Problem: *Lerke Osterloh*,

schen Unterscheidung von Innen- und Außenrecht[192] sah sich das Gericht an die
erlassenen Verwaltungsvorschriften gebunden. Wie in der Entscheidung des Supreme Court wurde dabei eine ausführliche Auslegung des materiellen Rechts
vom Gericht durch funktionale Gesichtspunkte entscheidend ergänzt. Materiell
wies das Gericht darauf hin, daß die verfassungsrechtlich zulässige[193] geringe Regelungsdichte des AtG gerechtfertigt sei, um der Exekutive die Bewertung wissenschaftlicher Streitfragen zu überlassen. Diese Erwägungen werden durch einen ausdrücklichen Bezug auf das Problem der Gewaltengliederung ergänzt.
Funktional habe die Exekutive »rechtliche Handlungsformen, die sie für die Verwirklichung des Grundsatzes bestmöglicher Gefahrenabwehr und Risikovorsor-
ge sehr viel besser ausrüsten.«[194] Das Gericht verwies in diesem Zusammenhang
ausdrücklich auf den Grundsatz der Gewaltenteilung in der Lesart des Bundesverfassungsgerichts[195]. Aus diesem funktionalen Kontext heraus gelangte es zur
Verbindlichkeit der Verwaltungsvorschrift als einer Form exekutiver Normkonkretisierung[196], an die das Gericht jedenfalls innerhalb von »willkürfreien Ermitt-
lungen«[197] der Exekutive gebunden sei.

Art. 20 Abs. 2 S. 2 GG ist also aus Sicht des Bundesverwaltungsgerichts für die
Entscheidung dieses Rechtsstreits von Bedeutung. Von besonderem Interesse
für die vorliegende Fragestellung ist dabei der Umgang der Urteilsbegründung
mit der atomrechtlichen Entscheidung des Bundesverfassungsgerichts. Im
Kalkar-Urteil hatte das Bundesverfassungsgericht die Allgemeinheit der gesetzlichen Regelung im AtG für verfassungsrechtlich zulässig erklärt. In diesem Zusammenhang war vom Gericht die höhere Entscheidungskapazität der Exekutive
im Verhältnis zur Legislative als Argument angeführt worden[198]. Das Bundesverwaltungsgericht übertrug dieses Argument ohne weiteres auf die Beziehung zwischen Judikative und Exekutive, die aber nicht Thema der verfassungsgerichtli-

---

Gesetzesbindung und Typisierungsspielräume bei der Anwendung der Steuergesetze, 1992,
170 ff.

[192] Differenziert: *Klaus Lange*, Innenrecht und Außenrecht, in: W. Hoffmann-Riem/G. F.
Schuppert/E. Schmidt-Aßmann (Hrsg.), Reform des Allgemeinen Verwaltungsrecht, 1993, 307;
Schmidt, Gesetzesvollzug durch Rechtsetzung, 27 ff. Zum hergebrachten Meinungsstand zur
Bindung der Gerichte an Verwaltungsvorschriften: *Fritz Ossenbühl*, Verwaltungsvorschriften
und Grundgesetz, 1968, 102 ff., zur Kritik, ebda., 154 ff.

[193] BVerfGE 49, 89 (127, 138).

[194] BVerwGE 72, 300 (317) unter Hinweis auf BVerfGE 49, 89 (140).

[195] BVerwGE 72, 300 (317) unter Hinweis auf BVerfGE 61, 82 (114 f.). In dieser Entscheidung
geht es aber zum einen um das abweichende Problem der materiellen Präklusion. Zum anderen
läßt die Formulierung des Bundesverfassungsgerichts dort offen, ob das Gewaltenteilungsprinzip das Ergebnis unterstützt oder gerade noch zuläßt. Diese Doppeldeutigkeit fällt in der Anfüh-
rung der Stelle durch das Bundesverwaltungsgericht weg. Vgl. zum eigentlichen Problem der angeführten Entscheidung *Röhl/Ladenburger*, Materielle Präklusion, 47 ff.

[196] BVerwGE 72, 300 (320).

[197] Diese Einschränkung wird hervorgehoben bei *Di Fabio*, Risikoentscheidungen, 356 f.

[198] Vgl. auch als strukturähnliches Problem BVerfGE 75, 329 (346 f.) zur tatbestandlichen Bindung des Strafrichters an Verwaltungsakte.

chen Entscheidung war. In dieser Übertragung zeigt sich eine Parallele zu dem Teil der amerikanischen Diskussion, der *Chevron* als Delegationsproblem verstand. Aber die Ineinssetzung von Delegations- und Kontrolldichtefrage ist auch hier nicht überzeugend. Funktional wirft die Delegationsproblematik die Frage auf, inwieweit das Verfassungsgericht legislative Entscheidungen aufheben kann, während die Kontrolldichteproblematik die einfachgerichtliche Gesetzesauslegung im Verhältnis zur Exekutive angeht. Auch wenn der Gesetzgeber zulässig regelt, sagt dies noch nichts über den Umgang der Gerichte mit dieser Regelung aus. Trotz dieser zweifelhaften Rezeption der bundesverfassungsgerichtlichen Rechtsprechung zur Gewaltenteilung kann das Urteil im Ergebnis vor Art. 20 Abs. 2 S. 2 GG bestehen. Auch in dieser Entscheidung ergänzt das Gericht den Primat gerichtlicher Gesetzesauslegung um die Frage, wer zur Konkretisierung gesetzlich zugelassener Spielräume funktional geeignet ist. Auch hier ist die Kompetenz der Exekutive zum Erlaß genereller Regeln funktional geboten.

Auf den ersten Blick entsprechen sich beide Entscheidungen in Begründung und Ergebnis. In einem komplexen materiellen Regelungszusammenhang ziehen sich die Gerichte gegenüber der Entscheidungskompetenz der Exekutive zurück. Zur Begründung dieses Ergebnisses werden in beiden Entscheidungen zum einen die materielle Rechtslage, zum anderen die funktionalen Möglichkeiten von Judikative und Exekutive angeführt, die im Ergebnis dafür sprechen, die Entscheidung der Exekutive bestehen zu lassen. Beide Entscheidungen kommen zu dem Befund, daß die Auslegung von Rechtssätzen durch die Exekutive von der Judikative zu respektieren ist. Beide Entscheidungen behalten sich aber auch einen Zugriff auf die Auslegung der Exekutive vor, wenn sie auf einer willkürlichen Faktengrundlage erfolgte oder nicht *permissible* erscheint.

Trotz dieser Parallelen fallen zwei Unterschiede ins Auge: In seiner Begründung hebt der Supreme Court die demokratische Legitimation der Exekutive als Unterscheidungsmerkmal hervor, nicht ihre technische Kompetenz, die wiederum vom Bundesverwaltungsgericht betont wird. Diese Differenz enthält vielleicht mehr als eine bloße Nuance. Sie unterstreicht die größere Geläufigkeit des Zusammenhangs von funktionalen und Legitimationsfragen in der amerikanischen Verfassungsrechtsordnung. Die hierarchische Anbindung an den demokratischen Prozeß ist für die Argumentation in *Chevron* konstitutiv, doch sie fehlt im eher expertokratisch argumentierenden *Wyhl*-Urteil.

Zum zweiten stellen sich die Entscheidungen hinsichtlich der zur Verfügung stehenden Handlungsformen unterschiedlich dar: Im amerikanischen Recht wurde die exekutive Umdeutung des umstrittenen Gesetzesbegriffs innerhalb einer wenig spezifischen Handlungsform (*rule*), aber in einem formalisierten öffentlichen Verfahren vorgenommen[199]. Die handelnde Behörde war zum Erlaß einer solchen *rule* gesetzlich ermächtigt. In Deutschland steht der exekutiven Rechtser-

---

[199] Zu solchen Verfahren unten, S. 189ff.

zeugung durch die Unterscheidung von Verwaltungsvorschrift und Rechtsverordnung ein differenzierteres Rechtsformenangebot zur Verfügung. Die Frage, ob eine gesetzliche Ermächtigung gegeben war und genutzt wurde, spielt in den Entscheidungen des Bundesverwaltungsgerichts aber nur eine hintergründige Rolle[200]. Im Sachverhalt, der *Wyhl* zugrundelag, war eine bestehende Rechtsverordnungsermächtigung in § 45 S. 2 StSchV a. F.[201] nicht genutzt und stattdessen eine Verwaltungsvorschrift erlassen worden. In der späteren Entscheidung zur Bindungswirkung von Verwaltungsvorschriften nach §§ 48, 51 BImSchG war eine gesetzliche Ermächtigung zum Erlaß einer Verwaltungsvorschrift vorgesehen und verfahrenstechnisch ausgestaltet[202]. Dies wirft die Frage auf, ob die vom Gesetzgeber genutzte Differenzierung von Rechtsverordnung und Verwaltungsvorschrift[203] nicht Rückwirkungen auf den gerichtlichen Kontrollmaßstab haben sollte. Denn stellen Rechtsformen eine Möglichkeit der Formalisierung und Entlastung einer verfassungsrechtlich positivierten Gewaltengliederung dar[204], so ist in funktional bedenklichen Fällen auf diese Rechtsformen zu achten. Für die *Wyhl*-Entscheidung ist dies problematisch, weil die mit ihr verbundene Schöpfung der normkonkretisierenden Verwaltungsvorschrift den dogmatischen Wert der Rechtsformenunterscheidung unterläuft[205].

Im Ergebnis wird man die Bindung der Gerichte an Normsetzungsentscheidungen der Verwaltungen für zulässig halten können, wenn sich für die Bindung ein Anhalt in der gesetzlichen Regelung findet und wenn den Gerichten die Möglichkeit bleibt, das Zustandekommen der Entscheidungen zu überprüfen[206]. Das in beiden Entscheidungen angenommene Letztentscheidungsrecht der Judikative für besonders zweifelhafte Auslegungen[207] ist am Maßstab der Gewaltengliederung von besonderer Bedeutung, wenn die Konkretisierungsentscheidung der Exekutive nur einzelne Rechtssubjekte betrifft, also einen hohen Grad an Individualisierung auszeichnet[208]. In diesem Fall tritt der demokratische Legitimationsanspruch der Exekutive gegenüber dem individuellen des Adressaten zurück[209].

---

[200] Dies erkennt man an der Begründung von BVerwG, DVBl. 1995, 516 (517).

[201] 13. Oktober 1976 (BGBl. I, 2905), mit Zustimmung des Bundesrats.

[202] Zur Funktion des Erlaßverfahrens: *Trute*, Vorsorgestrukturen, 92ff.

[203] Unterschiede im Erlaßverfahren dürften keine Rolle spielen: *Di Fabio*, Risikoentscheidungen, 344f.

[204] Dazu oben, S. 81ff.

[205] Zur Diskussion: *Christoph Gusy*, Administrativer Vollzugsauftrag und justizielle Kontrolldichte im Recht der Technik, DVBl. 1987, 497; *Udo Di Fabio*, Verwaltungsvorschriften als ausgeübte Beurteilungsermächtigung, DVBl. 1992, 1338; *Horst Sendler*, Normkonkretisierende Verwaltungsvorschriften im Umweltrecht, UPR 1993, 321; *Rainer Wahl*, Verwaltungsvorschriften: Die ungesicherte dritte Kategorie des Rechts, FS BVerwG 2003, 571.

[206] Vgl. auch den Kriterienkatalog bei *Sparwasser/Engel/Voßkuhle*, Umweltrecht, § 5, Rdnr. 45.

[207] Kritisch dagegen *Wahl*, Verwaltungsvorschriften, 598.

[208] Dies ist ein zu selten diskutiertes Problem. So erscheint die Pauschalisierung in BVerwGE

3. Fazit

Die Beziehungen zwischen Judikative und Exekutive sind durch die Legislative zu definieren. Dies ergibt sich verfassungsrechtlich aus der in beiden Rechtsordnung angeordneten gemeinsamen Gesetzesbindung von Judikative und Exekutive, Art. 20 Abs. 3 GG, art. II sec. 3, III sec. 2 U.S. const. Das Gesetz ist der gemeinsame Handlungsmaßstab beider Gewalten. Das Gesetz kann aber weitergehende Handlungsmaßstäbe für die Exekutive vorsehen und sich damit ihre prozeduralen Eigenheiten zunutze machen.

Dieser Primat der gesetzlichen Regelung gilt auch für eine über materielle Rechtspositionen hinausgehende Ausweitung privater Klageberechtigung gegenüber der Exekutive. Diese berühren die Eigenheiten des gerichtlichen Verfahrens im Prinzip nicht, sondern erweitern nur den Kreis der subjektiv Berechtigten. In der amerikanischen Rechtsordnung wird solches teilweise als bedenkliche Vereinnahmung exekutiver Rechtserzeugung durch die Judikative verstanden. Die Grenzen, die eine allerdings stark umstrittene Rechtsprechung des Supreme Court in dieser Hinsicht zieht, berufen sich zur Begründung ausdrücklich auf ein bestimmtes Verständnis der Gewaltengliederung. Das erscheint zweifelhaft, weil es die Ausgestaltungsspielräume des Gesetzgebers zurückdrängt und den Inhalt des Individualrechtsschutzes vom Gesetz abtrennt, obwohl die gebotene Unterscheidbarkeit zwischen Exekutive und Judikative in ihrer Entscheidungsfindung gar nicht bedroht ist. Für das Grundgesetz fehlt eine entsprechende Auseinandersetzung. Der Umgang mit dem Gewaltenteilungsprinzip ist deutlich zurückhaltender. Die hier entwickelte Einschränkung, Initiativberechtigungen müßten mit eigenständigen Rechtspositionen im Verwaltungsverfahren korrespondieren, findet jedoch in beiden Rechtsordnungen ihre praktische Bestätigung.

Als komplexer präsentiert sich das Problem der Kontrolldichte. Auch hier gilt nach Maßgabe der Gewaltengliederung der Primat des Gesetzesrechts. Sind gesetzliche Regelungen aber ungewiß, so gewinnen funktionale Überlegungen eine eigene unmittelbare Bedeutung. Diese argumentative Arbeitsteilung zwischen materiellem Recht und funktionalen Gesichtspunkten läßt sich auch in der Rechtsprechung nachweisen. Unterschiede in beiden Rechtsordnungen hängen nicht zuletzt mit abweichenden Gesetzgebungsstilen zusammen, die es ermöglichen, daß Gesetze in den Vereinigten Staaten sowohl deutlich detailreicher als auch deutlich allgemeiner gehalten sein können als Gesetze in Deutschland. Nimmt sich die Judikative in den Vereinigten Staaten in ihrer Kontrolle der Exekutive

---

81, 185 (190 ff.) für einen Einzelfall durchaus problematisch. Vgl. auch *Pache*, Tatbestandliche Abwägung, 91, mit einem Hinweis auf die Diskussion bei *Dieter Sellner*, Tagungsbericht, NVwZ 1990, 245 (246 f.).

[209] Dies läßt es durchaus fraglich erscheinen, ob die Verrechtlichung von konkretisierenden Standards, wie sie für Deutschland durch die Rechtsprechung des EuGH gefordert ist, einen funktionalen Gewinn darstellt. Dazu Kritik bei *Thomas von Danwitz*, Verwaltungsrechtliches System und europäische Integration, 1996, 221 ff.

spätestens seit dem Aufkommen der *Chevron*-Doktrin mehr zurück als in Deutschland, so bleibt es doch bei einer strukturellen Gemeinsamkeit, die darin besteht, daß die Intensität gerichtlicher Kontrolle in der Regel den legislativen Vorgaben zu entnehmen ist. Ein vollständiger Nachvollzug exekutiver Entscheidungen durch die Judikative ist in beiden Rechtsordnungen im Einklang mit den hier verfassungstheoretisch entwickelten Vorgaben nicht geboten. Einer zusätzlichen Rechtfertigung bedarf ein beschränkter gerichtlicher Kontrollmaßstab nur, wenn exekutive Entscheidungen individuelle Rechtspositionen unmittelbar definieren. Dann muß sich die eingeschränkte Kontrolle auch aus den Selbstbestimmungsanliegen des Betroffenen rechtfertigen lassen.

Wenn aber die Gesetzgebung eine so zentrale Rolle bei der Ausgestaltung des Verhältnisses von Judikative und Exekutive einnimmt, dann stellt sich die Frage, inwieweit der Gesetzgeber aus funktionaler Perspektive zu bestimmten Regelungen verpflichtet ist. Dies führt zum nunmehr zu untersuchenden Problem der Delegationsgrenzen.

III. Legislative Rechtserzeugung der Exekutive: delegierte Rechtsetzung

Der Begriff der Delegation wird in verschiedenen Rechtsordnungen nicht einheitlich verwendet[210]. Im deutschen Recht bezeichnet der Begriff die zulässige Weitergabe einer im Regelfall bei einem anderen Organ befindlichen Kompetenz[211]. Die Bezeichnung von Regel und Ausnahme bedarf aber ihrerseits eines Abgrenzungskriteriums, etwa des Gebrauchs einer Rechtsform wie im deutschen Verfassungsrecht der Rechtsverordnung. Fehlt es an solchen Formalkriterien, so muß der Begriff der Delegation materiell definiert werden. Delegationen sind dann gesetzliche Tatbestände, die der Exekutive die Befugnis einräumen, mit eigenen Entscheidungsspielräumen Recht zu erzeugen, das zukunftsorientiert und allgemein ist. Wie im amerikanischen Recht ist mithin jeder weit ausgreifende, die Verwaltung ermächtigende Tatbestand als Delegation zu bezeichnen[212]. Hierum

---

[210] Nachweise zu anderen Rechtsordnungen bei *Armin von Bogdandy*, Gubernative Rechtsetzung, 2000, 304ff.; *Christoph Möllers*, Durchführung des Gemeinschaftsrechts, EuR 2002, 483 (492f., 304ff.). Für die Vereinigten Staaten: *Hermann Pünder*, Exekutive Normsetzung in den Vereinigten Staaten von Amerika und der Bundesrepublik Deutschland, 1995, 39ff. Vgl. auch *Uwe Kischel*, Delegation of Legislative Power to Agencies: A Comparative Analysis of United States and German Law, Administrative Law Review, 46 (1994), 213 (238ff.).

[211] *Heinrich Triepel*, Delegation und Mandat, 1942, 80ff., weiterentwickelt bei *Gunther Barbey*, Rechtsübertragung und Delegation, 1962, 62ff.

[212] Zur Veranschaulichung: Die polizeiliche Generalklausel würde im amerikanischen Sprachgebrauch als eine Form der Delegation verstanden werden.

soll es in diesem Abschnitt gehen. Andere Formen der Delegation, insbesondere solche innerhalb der Verwaltungsorganisation[213], bleiben unberücksichtigt.

Aus funktionaler Sicht sind Delegationen eine Reaktion der Legislative auf den kontinuierlich, also nicht in Stufen verlaufenden Bedarf an Allgemeinheit und Zeitbezug von Recht. Konkret: Legislative Rechtserzeugung hat qua Verfahren stets einen Bezug auf die demokratische Allgemeinheit, doch darf sie auch Regeln mit einem spezifischeren Gehalt erlassen[214]. Sollen legislative Regelungen aber nur eine begrenzte Allgemeinheit adressieren und diese damit inhaltlich genauer und verfahrenstechnisch schneller erreichen, so mag die Legislative diese Rechtserzeugung nicht abschließend determinieren, sondern die Exekutive zur Konkretisierung verpflichten. Anders als bei einem selbständigen Verordnungsrecht der Exekutive[215], das den beiden hier untersuchten Rechtsordnungen unbekannt ist[216], bedarf administrative Rechtsetzung aber stets einer gesetzlichen Grundlage[217]. Dies ergibt sich aus der Gesetzesbindung der Exekutive, Art. 20 Abs. 3 GG, art. II sec. 3 U.S. const. Dies entspricht auch den hier aus dem Gedanken der demokratischen Legitimation hergeleiteten Erfordernissen.

Delegationsakte der hier interessierenden Art erzeugen verschiedene Probleme der Gewaltengliederung: Im Fall zu weitgehender Delegationen scheint sich die Legislative ihrer eigenen Funktion zu entledigen und die Exekutive zu einer »Quasi-Legislative« zu machen. Dies legt es nahe, aus der Gewaltengliederung Delegationsgrenzen herzuleiten (1.). Weiterhin bedarf es der Klärung, inwieweit legislative Delegationen durch die Einrichtung eigener exekutiver Verfahren aufgefangen werden sollten. Im deutschen Formenkanon formuliert: Soll die Exekutive Rechtsverordnungen in gleicher Weise erlassen wie Verwaltungsakte, soll sie im Verfahren mit politischen Repräsentationsstrukturen arbeiten, oder soll die Rechtsetzung gar nicht verrechtlicht werden (2.)? Schließlich ist als besondere Ausgestaltungsmöglichkeit die Beteiligung der Legislative an der delegierten Rechtserzeugung zu untersuchen, die als Form legislativer Kontrolle, aber auch als legislative Selbstdelegation verstanden werden kann (3.).

---

[213] Vgl. dazu im deutschen Recht *Ulrich Hufeld*, Die Vertretung der Behörde, 2003, 198 ff.

[214] Vgl. oben, S. 105 ff.

[215] Mit selbständigem Verordnungsrecht bezeichnet man eine exekutive Rechtserzeugung ohne legislative Grundlage, deren Regelungsbereich nicht nur den Innenbereich der Exekutive berührt.

[216] Zu den monarchischen Wurzeln des selbständigen Verordnungsrechts: *Mößle*, Regierungsfunktionen des Parlaments, 41 ff. Für das deutsche Recht grundlegend *Dietrich Jesch*, Gesetz und Verwaltung, 1961, 141 ff. Vgl. aber die Relativierungen bei *Christian Seiler*, Der einheitliche Parlamentsvorbehalt, 2000, 205 ff. Für die Rechtslage in Frankreich *von Bogdandy*, Gubernative Rechtsetzung, 284 ff. Für das Vereinigte Königreich: *Robert Baldwin*, Rules and Government, 1995, 60 ff.

[217] Für das deutsche Recht ergibt sich dieses Erfordernis aus den grundrechtlichen Gesetzesvorbehalten. Für das amerikanische Recht ist es prominent formuliert in Youngstown Sheet & Tube v. Sawyer, 343 U.S. 579 (1952).

1. Delegationsgrenzen als Gebot der Gewaltengliederung?

Das hier entwickelte Modell der Gewaltengliederung ist nunmehr auf die Frage der Delegationsgrenzen anzuwenden (a), für die beiden Rechtsordnungen zu überprüfen (b) und zu bilanzieren (c).

a) Funktion: formelle Grenzen legislativer Gestaltung?

Sind Grenzen der legislativen Delegation eine notwendige Konsequenz des hier entwickelten Gewaltengliederungsmodells? Auf den ersten Blick erscheint es funktional bedenklich, wenn weitreichende zukunftsbezogene Regelungen im Anschluß an eine legislative Delegation durch die Exekutive – und das heißt: ohne inklusives parlamentarisches Verfahren – erlassen werden. Allerdings stoßen diese Bedenken an den seinerseits funktional begründbaren Grundsatz der inhaltlichen Offenheit des legislativen Verfahrens[218]. Aus dieser Offenheit folgt in der Tat eine eindeutige funktionale Grenze: Delegationsakte müssen *reversibel* sein. Die zukunftsorientierte Rechtserzeugungsinitiative der Legislative macht es erforderlich, ihr auch keine Bindungen bei der Korrektur eigener Entscheidungen aufzuerlegen. Freilich erlangt dieses Erfordernis im Kontext nationaler Rechtsordnungen keine große Bedeutung, da unbestritten ist, daß sich gesetzliche Delegationsstrukturen nicht über die Zeit verfestigen. Das Gebot der Umkehrbarkeit legislativer Delegation drückt eine Selbstverständlichkeit aus. Erst der Blick auf Mehrebenen-Probleme wird die besondere Bedeutung dieses Gesichtspunkts erweisen[219].

Wie aber steht es mit anderen funktionalen Delegationsgrenzen? Zunächst ist zu bedenken, auf welche Weise Delegationsgrenzen innerhalb der Gewaltengliederung operieren. Solche Grenzen definieren eine Beschränkung der Legislative, die durch ein Verfassungsgericht durchgesetzt werden muß. Delegationsgrenzen ermächtigen die Judikative im Verhältnis zur Legislative. Begründet aber ein zu weiter Delegationstatbestand einen Legitimationsverlust der Legislative, der einen verfassungsgerichtlichen Zugriff rechtfertigt[220]? Man mag argumentieren, daß eine weitgehende Delegation eine legislative Nichtentscheidung darstelle, die die Legitimationsleistung der Legislative störe. Aber hiergegen spricht, daß die Legitimation der legislativen Entscheidung aus dem demokratischen Verfahren folgt, nicht aus seinem Ergebnis. Zudem mögen spezifische Gründe für Delegationen sprechen, etwa der Bedarf nach einem schnelleren Anpassungsrhythmus des Rechts. Fungieren Delegationsgrenzen aber als ein der Judikative überlasse-

---

[218] Vgl. oben, S. 105 ff.
[219] Vgl. unten, S. 233 ff.
[220] Zu dieser Funktionsbestimmung der Verfassungsgerichtsbarkeit oben, S. 136 ff.

ner Schutz der Legislative vor sich selbst[221], so sind sie als Einschränkung legislativer Gestaltungsmöglichkeit rechtfertigungsbedürftig. Zudem müssen sie sich an den Entscheidungsmöglichkeiten der Judikative orientieren.

So läßt sich, wie gezeigt, die Allgemeinheit eines Gesetzes als Rechtsbegriff schwer definieren[222]. Eine rein *quantitative* Allgemeinheit der Betroffenen ist wenig plausibel. Für Verkehrsregeln oder technische Standards ist ein Delegationsverbot nicht deswegen gerechtfertigt, weil sie eine Vielzahl von Adressaten betreffen. Das Kriterium *qualitativer* Allgemeinheit würde auf Wichtigkeit, Wesentlichkeit oder politische Umstrittenheit einer Maßnahme rekurrieren. Aber auch diese Kriterien lassen sich kaum systematisch konkretisieren, denn die politische Bedeutsamkeit einer Entscheidung kann sich nur aus dem politischen Prozeß ergeben. Demokratische Allgemeinheit ist ein Resultat der Repräsentationsfunktion der Legislative und ihrer Möglichkeit, jedes Thema aufzugreifen. Sie verwirklicht sich nicht notwendig im Regelungsgegenstand einzelner Gesetze, die auf bestimmte Sachbereiche beschränkt sein können. Zudem verhält sich der Gedanke der Allgemeinheit des Gesetzes zum Problem der Delegation durchaus ambivalent: Sind Gesetze zu allgemein, überlassen sie der Exekutive weite Entscheidungsspielräume. Sind sie dagegen besonders spezifisch, übergehen sie die Konkretisierungsleistung der Exekutive. Eine Pflicht, »allgemeine« Regeln zu erlassen, würde eine weitreichende Entscheidungseinschränkung der Legislative begründen. Aber auch hinsichtlich des gerichtlichen Entscheidungsprogramms, auf welches Delegationsgrenzen hin entwickelt werden müßten, ergeben sich Schwierigkeiten: Denn einerseits betrifft das Allgemeinheitskriterium keinen individualisierbaren Streitgegenstand, andererseits ist es nicht verfahrensbezogen. Die Entwicklung von rechtlichen Kriterien gestaltet sich daher problematisch. Verfassungstheoretisch folgt aus der Gewaltengliederung insoweit nur, daß es Delegationsgrenzen geben muß, um die Unterscheidung zwischen legislativem und materiellem Recht zu bewahren, daß aber systematische Kriterien zur verfassungsgerichtlichen Überprüfung einer Grenze schwerlich zu entwickeln sind.

Diese auf den ersten Blick sehr schwache Konsequenz ist aber durchaus nicht irrelevant. Denn wenn die Judikative für die Überwachung von Delegationsgrenzen zuständig ist, dann werden sich materielle Gesichtspunkte vor allem aus individuellen Rechtspositionen begründen lassen. Dafür spricht zum einen, daß es die zentrale und nicht deligible Aufgabe der Legislative ist, konkurrierende Freiheitssphären zu definieren. Zum anderen halten Freiheitskonflikte individualisierbare und gerichtlich handhabbare Entscheidungsmaßstäbe bereit. Materielle Delegationsgrenzen folgen aus dem Verrechtlichungsbedarf des individuellen Legitimationstyps: Ist individuelle Selbstbestimmung auf rechtsförmigen Schutz angewie-

---

[221] Formulierung bei *Michael Kloepfer*, Der Vorbehalt des Gesetzes im Wandel, JZ 1984, 685 (690).
[222] Vgl. oben, S. 105 ff.

sen, dessen Reichweite in einem repräsentativen Verfahren bestimmt werden
muß, so entstehen entsprechend materielle Delegationsgrenzen: Die Zeitstruktur
individueller Legitimation gebietet es, daß die Reichweite des Freiheitsrechts bereits definiert ist, wenn die Freiheit wahrgenommen wird[223]. Das bedeutet eine
potentielle Vorhersehbarkeit von Freiheitsbeschränkungen durch das Gesetz, aus
der Rückwirkungs- und Bestimmtheitsgebote folgen können. Diese Überlegung
provoziert jedoch folgenden Einwand: Wenn die Reichweite subjektiver Rechte
von der Legislative auszugestalten ist, und wenn sich die Grenzen der Delegation
aus der Verpflichtung zur rechtlichen Bestimmung solcher Freiheitssphären ergeben, entsteht dann nicht ein Verweiszirkel? Dies ist jedenfalls dann nicht der Fall,
wenn der Gesetzgeber die Schutzstruktur der Grundrechte bei seiner Ausgestaltung berücksichtigt, also in der Abgrenzung von Freiheitssphären diese Freiheitssphären erkennbar bleiben, und wenn die Gerichte das Fehlen solcher Abgren-
zungen materiell überprüfen. Dies ist gut möglich, weil hier über besser judizier-
bare individuelle Beschwersituationen zu entscheiden ist.

Fazit: Versteht man die Gesetzgebung als institutionelle Verwirklichung demokratischer Selbstbestimmung, so fällt es schwer, für diese Funktion allgemeine
Delegationsgrenzen herzuleiten, zumal solche, die durch Gerichte handhabbar
sind[224]. Grenzen entstehen vielmehr erst dann, wenn sich die von der Legislative
einzurichtende Abgrenzung von Freiheitssphären aus den legislativen Entscheidungen nicht mehr plausibel herleiten lassen. Was dies konkret bedeuten kann,
soll nunmehr durch die Untersuchung der beiden Referenzrechtsordnungen geklärt werden.

b) Rechtsvergleichende Anwendung

Die amerikanische Verfassung kennt keine geschriebenen Delegationsgrenzen.
Die gerichtliche Überprüfung von Delegationen gehört dennoch bis in die Gegenwart zum Prüfungsprogramm der Gerichte[225]. Das folgt aus der Zuweisung
legislativer Rechtserzeugung allein zum Kongreß in art. I sec. 1 U.S. const. und
wird in der Figur der *nondelegation doctrine* zum Ausdruck gebracht. Im Ergeb-

---

[223] Vgl. oben, S. 41 ff.

[224] Vgl. auch die empirische Untersuchung zur amerikanischen Delegationspraxis, die diese in
eine gut nachweisbare Beziehung zu den sachlich differenzierten Gestaltungs- und Kontrollbe-
dürfnissen des Gesetzgebers bringt: *David Epstein/Sharyn O'Halloran*, Delegating Powers,
1999, 49.

[225] Touby v. U.S. 500 U.S. 160 (1991); Mistretta v. United States 488 U.S. 361, 371 f. (1989),
dort ein ausdrücklicher Bezug auf *separation of powers*. Weiterhin: Yakus v. United States, 321
U.S. 414, 420, 423 ff. (1944); American Power & Light Co. v. SEC, 329 U.S. 90, 104 (1946); ICC v.
Cincinnati, 167 U.S. 479, 494 (1897). Vgl. für die ursprüngliche Position eines absoluten Delega-
tionsverbots, die allerdings nie zu aufhebenden Entscheidungen führte: Shanlkand v. Washington, 30 U.S. 390, 395 (1831); Field v. Clark, 143 U.S. 649, 692 (1892), vgl. auch Wayman v. Sout-
hard, 10 Wheat. 1, 42 (1825).

nis hat der Supreme Court jedoch erst zweimal in seiner Rechtsprechung Gesetze wegen eines Verstoßes gegen die *nondelegation doctrine* aufgehoben – beide Fälle lagen im Jahr 1935[226]. Seitdem finden sich solche Aussprüche nur noch selten in der untergerichtlichen Rechtsprechung[227] oder in abweichenden Meinungen[228]. Trotzdem hat das Gericht an der Doktrin selbst festgehalten und prüft weiterhin, ob ein Verstoß vorliegt. Insbesondere ist dabei zu klären, ob das Gesetz ein *intelligible principle*[229] enthält, eine nachvollziehbare Handlungsanweisung, der die adressierte Behörde entsprechen muß. Die *nondelegation doctrine* ist damit von den Bundesgerichten ständig angewandtes Recht, das jedoch fast nie zur Aufhebung einer gesetzlichen Regelung führt. Zum einen ergibt die *nondelegation doctrine* keine justiziablen Kriterien, zum anderen nötigt sie die Gerichte zur Aufhebung einer demokratisch legitimierten Entscheidung. In der wissenschaftlichen Literatur werden einer Wiederbelebung der klassischen *nondelegation doctrine* daher nur geringe Erfolgsaussichten eingeräumt, sondern entsprechend den hier angestellten Überlegungen Äquivalente aus dem materiellen Recht entwickelt[230].

Trotz dieser klaren Wirkungsbeschränkungen wäre es jedoch verfehlt, dem Delegationsakt jede verfassungsrechtliche Bedeutung abzusprechen[231]. Vielmehr gibt die Prüfung der Delegation den Gerichten Gelegenheit, eine Gesetzesauslegung zu entwickeln, in die andere materielle verfassungsrechtliche Vorgaben einbezogen werden können. Mit der gesetzlichen Entscheidung für die Delegation unterfällt die Rechtserzeugung einer intensiveren verfassungsrechtlichen Umhegung, denn nunmehr handelt die demokratisch nur vermittelt legitimierte Exeku-

---

[226] Panama Refining Company v. Ryan 293 U.S. 388 (1935); A.L.A. Schechter Poultry Corporation v. U.S. 295 U.S. 495 (1935). Ein entsprechender Verstoß wird festgestellt in Carter v. Carter Coal Co., 298 U.S. 238, 310f. (1936). Zum nach wie vor rechtshistorisch umstrittenen Kontext dieser Entscheidungen im New Deal vgl. *G. Edward White*, The Constitution and the New Deal, 2000; *Barry Cushman*, Rethinking the New Deal Court, 1998.

[227] Amalgamated Meat Cutters v. Connally, 337 F.Supp. 737 (D.D.C. 1971).

[228] Industrial Dep. AFL-CIO v. American Petroleum Institute, 448 U.S. 607, 672 (1980) (Rehnquist, J., diss.); American Textile v. Donovan, 452 U.S. 490, 543 (1981) (Rehnquist, J., diss.), jeweils zu 29 U.S.C. § 655(b)(5).

[229] Grundlegend für diesen Test: J.W. Hampton v. United States, 276 U.S. 394, 409 (1928). Angewandt in Touby v. United States, 500 U.S. 160, 165 (1991); Loving v. United States, 276 U.S. 394, 409 (1996); Whitman v. American Trucking Ass. 531 U.S. 472ff. (2001).

[230] Konsequent entwickelt bei *Sunstein*, U. o. Chicago L. Rev. 67 (2000), 329ff. Eine Anwendung dieses Konzepts: *Cass R. Sunstein*, Is the Clean Air Act Unconstitutional?, Michigan L. Rev. 98 (1999), 303 (340ff.) zu 42 U.S.C. §§ 7409 (a)-(b), 7602 (h). Grundlegende Vorarbeiten: *Richard B. Stewart*, Beyond Delegation Doctrine, American U.L. Rev 36 (1987), 323 (342ff.); *Kenneth Culp Davis*, A New Approach to Delegation, U. o. Chicago L. Rev. 36 (1969), 713 (728).

[231] So auch *Tribe*, American Constitutional Law, 980f.; *Sunstein*, U. o. Chicago L. Rev. 67 (2000), 330ff. Anders aber die rechtsvergleichende Literatur: *Georg Nolte*, Ermächtigung der Exekutive zur Rechtsetzung, AöR 118 (1993), 378 (386f.); *Pünder*, Exekutive Normsetzung, 47ff., die sich auf die Aufhebung von Gesetzen beschränkt und die Auswirkungen auf die Gesetzesauslegung unbeachtet läßt.

tive. Dies zeigt sich in bundesstaatlichen[232], aber auch in grundrechtlichen[233] Rechtsverhältnissen, in denen gesetzliche Ermächtigungen einen höheren Grad an Bestimmtheit aufweisen müssen. In beiden Fällen unterliegt die delegierte, über den Einzelfall hinausgehende Rechtserzeugung durch die Exekutive einer strengeren gerichtlichen Kontrolle.

Anschaulich wird dieser Zusammenhang anhand einer wichtigen neueren Entscheidung[234] des Supreme Court, in der das Gericht sich mit einer von der Vorinstanz aufgehobenen Delegationsstruktur konfrontiert sah. Im Fall war der EPA durch Gesetz[235] aufgegeben, Luftreinhaltestandards zu setzen, deren Einhaltung die öffentliche Gesundheit mit angemessener Wahrscheinlichkeit schützen sollten. Die Behörde entschloß sich auf dieser Grundlage, die Implementationskosten als Kriterium in die Standardbestimmung zu integrieren. Diese Praxis stand dem Gericht zufolge nicht mehr auf der Grundlage des Gesetzestexts, der in anderen Zusammenhängen eine solche Vorprüfung ausdrücklich vorsah. Die Entscheidung ist aus zwei hier interessierenden Gründen von Bedeutung[236]: Zunächst hatte die Vorinstanz nicht das Gesetz als solches, sondern die Auslegungspraxis durch die Behörde als Verstoß gegen die *nondelegation doctrine*[237] bewertet und verworfen[238]. Dieses Vorgehen wurde vom Supreme Court zurückgewiesen: Eine verfassungswidrige Delegation sei nicht durch eine eingeschränkte Behördenauslegung zu heilen. Zudem war dies der erste Fall, in dem das Gericht eine im Prinzip der Exekutive zugewiesene Rechtsauslegung als nicht vertretbar (*permissible*) verwarf[239]. Hieraus entstand eine nuancierte Rechtsprechung, die einerseits die Grenze zwischen Gesetzes- und Verfassungsauslegung hervorhob, andererseits aber den weiten Delegationstatbestand[240] zum Anlaß für eine strikte Auslegung des Gesetzes nahm. Das Gericht hielt also anders als die Vorinstanz an der grundsätzlichen Unterscheidung zwischen Delegationsprüfung und Ausle-

---

[232] Dazu unten, S. 376 ff.

[233] Deutlich in Kent v. Dulles, 357 U.S. 116 (1958), anders, aber in einem ähnlichen Sachverhalt (Paßerteilung): Zemel v. Rusk, 381 U.S. 1 (1965). Weiterhin National Cable Television Assn. v. U.S., 415 U.S. 336, 341 ff.; Hampton v. Mow Sung Won, 426 U.S. 88 (1976).

[234] Whitman v. American Trucking Ass., 531 US 457 (2001). Zu diesem Aspekt des Urteils die Analyse bei *Sunstein*, Cost-Benefit State, 63 ff.

[235] 42 U.S. 109(b)(1): »*the attainment and maintenance of which … are requisite to protect the public health with an adequate margin of safety.*«

[236] Zusätzlich von Interesse war die Bedeutung von Kosten-Nutzen-Rechnungen für Regulierungen. *Sunstein*, Cost-Benefit State, 19 ff.

[237] Vgl. dagegen den im Sondervotum vorgeschlagenen Sprachgebrauch, Whitman v. American Trucking Ass., 531 U.S. 457 (Stevens., J., conc.), der den Begriff der legislativen Gewalt materiell fassen will.

[238] American Trucking Assn. v. Whitman, 685 F.2d 718 (D.D.C. 2000). Dazu *Richard J. Pierce Jr.*, The Inherent Limits on Judicial Control of Agency Discretion. The D.C. Circuit and the Nondelegation Doctrine, Administrative L. Rev. 52 (2000), 63.

[239] Vgl. zu den beiden Prüfungsschritten in *Chevron*, oben, § 5, II., 2, b).

[240] 531 U.S. 457, sub III: »*the scope of discretion that § 109(b)(1) allows is well within the outer limits of the Court's nondelegation precedents.*«

gung fest. Im Vergleich zu *Chevron* beurteilte das Gericht den vorliegenden Delegationstatbestand als weiter und zog in Übereinstimmung mit der Ratio von *Chevron* aufgrund dieser Weite die Vertretbarkeitsgrenzen schärfer. Weitgehende Delegationen sind also im Ergebnis so gut wie nie verfassungswidrig. Sie geben den Gerichten aber die Gelegenheit, andere verfassungsrechtliche Maßstäbe bei der Auslegung des Gesetzes zur Anwendung zu bringen.

Anders als das amerikanische Verfassungsrecht kennt das deutsche Verfassungsrecht eine geschriebene Delegationsgrenze in der rechtssformspezifischen Regel des Art. 80 Abs. 1 S. 2 GG. Darüber hinaus ist der deutschen Rechtsordnung ein allgemeiner Parlamentsvorbehalt geläufig, der auch verfassungsrechtliche Regelungspflichten des Gesetzgebers definiert[241]. Der Parlamentsvorbehalt definiert eine Delegations*sperre*, Art. 80 Abs. 1 S. 2 GG einen Delegations*modus*[242]. Die Rechtsprechung zeigt dabei folgende Entwicklung: Der Wortlaut des Art. 80 Abs. 1 S. 2 GG hat mit der Formel »Inhalt, Zweck und Ausmaß«[243] eine formelle Grenze positiviert, die an das richterrechtliche *intelligible principle* erinnert, und die zunächst unabhängig von der materiellen Bedeutung des Regelungsgegenstandes gilt. Eine solche formelle Deutung des Delegationsmodus wurde vom Bundesverfassungsgericht vor allem in der ersten Phase seiner Rechtsprechung angewendet[244], allerdings unter Hintanstellung des Wortlauts[245] und unter Heranziehung verschiedener Ersatzformeln[246]. Nur selten kam es in Anwendung von Art. 80 Abs. 1 S. 2 GG zur Aufhebung einer gesetzlichen Vorschrift[247]. Diese Rechtsprechung wich in der Folge mehr und mehr einer den Einzelfall hervorhebenden Begründung, die sich auch auf die »Intensität« der zu prüfenden Rege-

---

[241] Kritisch zu diesem Aspekt, der den oben entwickelten funktionalen Einwänden entspricht: *Kloepfer*, JZ 1984, 687 ff.; *Jürgen Staupe*, Parlamentsvorbehalt und Delegationsbefugnis, 1986, 248 ff. Im amerikanischen Verfassungsrecht folgt aus der *nondelegation doctrine* zwar auch eine Delegationssperre, aber deswegen noch keine Pflicht des Gesetzgebers, bestimmte Gegenstände zu regeln.

[242] Knapp *Wolfram Cremer*, Art. 80 Abs. 1 S. 2 GG und Parlamentsvorbehalt, AöR 122 (1997), 248 (251).

[243] Zur Geschichte: *Wilhelm Mößle*, Inhalt, Zweck und Ausmaß, 1990, 11 ff. Vgl. auch *Christoph Möllers*, Das Parlamentsgesetz in Weimar als demokratische Entscheidungsform, in: C. Gusy (Hrsg.), Demokratisches Denken in der Weimarer Republik, 2000, 415 (455 ff.).

[244] Entscheidend zu dieser Deutung der Beitrag von Bundesverfassungsrichter *Bernhard Wolff*, Die Ermächtigung zum Erlaß von Rechtsverordnungen nach dem Grundgesetz, AöR 78 (1952/53), 194.

[245] Eine präzise Anwendung des Wortlauts nunmehr aber in BVerfGE 101, 1 (31 ff.).

[246] Namentlich die Selbstentscheidungs-, Programm-, und Vorhersehbarkeitsformel, die aus dem Gebot »deutlicher« Gesetzgebung hervorgingen. In dieser Rechtsprechungslinie stehen BVerfGE 1, 14 (60); 2, 307 (334 f.); 4, 7 (20); 5, 71 (76 f.); 7, 282 (291 ff.); 8, 274 (307 ff.); 19, 354 (361); 23, 62 (72). In späteren Entscheidungen tauchen die Kriterien weiter auf, werden aber materiell überwölbt. Vgl. *Hartmut Bauer*, in: Dreier, Grundgesetz, Art. 80, Rdnr. 29 ff.

[247] Anders soweit ersichtlich nur in BVerfGE 1, 14 (60); 5, 71 (76 f.); 7, 282 (291 ff.); 23, 62 (72). In BVerfGE 102, 197 (222) wird gleichfalls ein Verstoß festgestellt, der aber im Leitsatz keine Erwähnung findet.

lung bezog[248]. Nicht zufällig entwickelte sich parallel zu dieser Materialisierung der Delegationsprüfung der *ungeschriebene* Parlamentsvorbehalts[249], der die Prüfung von Art. 80 Abs. 1 S. 2 GG zwar nicht ersetzte, aber in ihrer Bedeutung relativierte[250]. Befürwortet man mit dem hier zugrundegelegten Modell eine auf subjektive Rechte bezogene Materialisierung von Art. 80 Abs. 1 S. 2 GG, so ist insbesondere die Vorhersehbarkeitsformel zur Konkretisierung von Delegationsgrenzen geeignet.

Die für den Parlamentsvorbehalt in der Rechtsprechung entwickelten Kriterien blieben bis in die Gegenwart ihrer Ungenauigkeit wegen in der wissenschaftlichen Kritik[251]. Trotzdem läßt sich eine Struktur erkennen, in der das *Wesentlichkeits*kriterium einen deutlichen Bezug auf grundrechtliche Schutzgehalte und deren Ausgleich hat: »Wesentlich« als Tatbestandsmerkmal der Wesentlichkeitstheorie bedeutet »wesentlich« für die Grundrechtsausübung. Die entschiedenen Fälle beziehen sich allesamt auf die Lösung grundrechtlicher Bedrohungs- oder Kollisionslagen[252]. Dabei knüpft der Vorbehalt nicht unmittelbar an einen Grundrechtseingriff an, sondern verlegt das Gesetzeserfordernis in die Sphäre möglicher Kollisionen verschiedener Rechtspositionen vor[253]. Der Parlamentsvorbehalt ist demnach eine Delegationsgrenze hinsichtlich der Ausgestaltung grundrechtlicher Freiheitssphären. Dagegen hat das Gericht Kriterien, die sich von dieser Grundrechtsbezogenheit völlig lösen und auf den politischen Prozeß im ganzen Bezug nehmen sollen, namentlich das Kriterium der politischen Umstrittenheit, ausdrücklich abgelehnt[254]. Der ungeschriebene Parlamentsvorbehalt fungiert also als eine verfahrenstechnische Intensivierung des Grundrechtsschut-

---

[248] Etwa BVerfGE 41, 251 (265f.); 48, 210 (221f.); 58, 257 (276); 102, 197 (222).

[249] Umfassend *Taupitz*, Standesordnung der freien Berufe, 801ff.; *Peter Lerche*, Bayerisches Schulrecht und Gesetzesvorbehalt, 1981, 11ff.

[250] Zum schwierigen Verhältnis zwischen Art. 80 Abs. 1 S. 2 GG und dem Parlamentsvorbehalt die Analysen bei *Bernhard Busch*, Das Verhältnis des Art. 80 Abs. 1 S. 2 GG zum Gesetzes- und Parlamentsvorbehalt, 1992; *Cremer*, AöR 122 (1997), 255ff. Der Umkehrschluß vom Wesentlichkeitsvorbehalt auf Art. 80 Abs. 1 S. 2 GG bei *Seiler*, Parlamentsvorbehalt, 223ff., rechtsformspezifische Präzisierungen gingen damit aber verloren.

[251] Deutlich *Kloepfer* JZ 1984, 689ff., m. w. N.

[252] Vgl. nur aus der übergroßen Rechtsprechung BVerfGE 33, 125 (157ff.); 33, 303 (345f.); 40, 237 (248f.); 47, 46 (78f.); 49, 89 (126f.); 57, 295 (319f.); 88, 103 (116), 95, 267 (307); 98, 218 (251); 100, 1 (32f.).

[253] Vgl. schon die Formulierung in BVerfGE 20, 150 (158f.), daß aus der Gewaltenteilung folge, »daß der Gesetzgeber im Bereich der Grundrechtsausübung die der staatlichen Eingriffsmöglichkeit offenliegende Rechtssphäre selbst abgrenzt ...«. Grundlegend zum Zusammenhang: *Walter Krebs*, Vorbehalt des Gesetzes und Grundrechte, 1975, 110ff. Zu Fortentwicklungen: *Karl-Heinz Ladeur/Tobias Gostomzyk*, Der Gesetzesvorbehalt im Leistungsstaat, Die Verwaltung 36 (2003), 141 (160ff.).

[254] BVerfGE 49, 89 (126); 98, 218 (251). Entwickelt von *Gunter Kisker*, Neue Aspekte im Streit um den Vorbehalt des Gesetzes, NJW 1977, 1313 (1318). Dazu *Reinhard Hermes*, Der Bereich des Parlamentsgesetzes, 1988, 117ff.

zes[255]. Auf der Grundlage der hier vertretenen Systematik erweist sich dieser Zugriff als folgerichtig. Denn während die politische Bedeutsamkeit einer Entscheidung keine gerichtlich handhabbaren Kriterien liefert, besinnt sich diese Rechtsprechung auf die zentrale Funktion der Legislative, die Abgrenzung von Freiheitssphären. Auch die Ausgestaltung der Staatsorganisation kann deshalb durch ihre möglichen Auswirkungen auf die Ausübung von Grundrechten ein Delegationsverbot auslösen[256].

Plastischer wird dieser Zusammenhang nach einem Blick auf die Entscheidungen zu Kalkar und zur Rechtschreibreform[257]. Beide betrafen in der Öffentlichkeit kontrovers diskutierte Entscheidungen mit einem nur mittelbaren Grundrechtsbezug. In Kalkar postulierte das Gericht einen Gesetzesvorbehalt – für ein bereits erlassenes Gesetz – aus dem Gedanken, daß die private und friedliche Nutzung von Kernenergie Folgen für die Verteilung der Freiheitssphären zwischen den Bürgern insgesamt haben kann[258]. Dies entspricht der hier modellierten Funktion des Gesetzesvorbehalts. Im Urteil zur Rechtschreibreform suchte das Gericht dagegen nach konkreteren Eingriffswirkungen der Rechtschreibnormierung und ließ die Wirkung staatlicher Ausbildungsregelungen für die Gesamtgesellschaft in einem staatlich dominierten Ausbildungssystem außer Acht[259]. Auch wenn die faktische Wirkung einer solchen Regelung mit denen der Kernenergie nicht gleichzusetzen ist, ist diese Argumentation mit dem hier für richtig gehalte-

---

[255] Deutlich wird dies auch an einer neueren organisationsrechtlichen Entscheidung: BVerfGE 106, 1 (22ff.) zu Art. 108 Abs. 1, Abs. 2, Abs. 4 GG, wo zwischen einem (in diesem Fall bundesstaatlichen) Gesetzesvorbehalt und dem Parlamentsvorbehalt unterschieden wird. Ersterer stelle kein Delegationsverbot dar und rechtfertige daher die Kompetenzveränderung der Oberfinanzbehörden per Rechtsverordnung.

[256] Der Hinweis in der Begründung von NWVerfGH, NJW 1999, 1243 zur Zusammenlegung von Innen- und Justizministerium in Nordrhein-Westfalen auf den Zusammenhang zwischen Unabhängigkeit der Justiz und Rechtsschutzgarantie erscheint vor diesem Hintergrund durchaus in der Linie der Rechtsprechung des Bundesverfassungsgerichts. Anders aber *Ernst-Wolfgang Böckenförde*, Organisationsgewalt und Gesetzesvorbehalt, NJW 1999, 1235 (1235f.).

[257] BVerfGE 49, 89; 98, 218.

[258] BVerfGE 49, 89 (127): »Die normative Grundsatzentscheidung für oder gegen die rechtliche Zulässigkeit der friedlichen Nutzung der Kernenergie im Hoheitsbereich der Bundesrepublik Deutschland ist wegen ihrer weitreichenden Auswirkungen auf die Bürger, insbesondere auf ihren Freiheitsbereich und ihren Gleichheitsbereich, auf die allgemeinen Lebensverhältnisse und wegen der notwendigerweise damit verbundenen Art und Intensität der Regelung eine grundlegende und wesentliche Entscheidung im Sinne des Vorbehalts des Gesetzes. Sie zu treffen ist allein der Gesetzgeber berufen.«

[259] BVerfGE 98, 215 (258): »Die Einführung der Rechtschreibreform im Schulunterricht läßt die wirtschaftliche Entscheidungsfreiheit der Unternehmen, auf deren wirtschaftliche Betätigung sie zurückwirkt, unberührt. Diese sind nicht gehindert, sich unter Abwägung der damit jeweils verbundenen wirtschaftlichen Chancen und Risiken für oder gegen eine Umstellung ihrer Produkte und Unternehmensabläufe auf die neue Rechtschreibung zu entscheiden. Soweit sich dies bei Schulbuchverlagen aufgrund deren besonderer Marktstellung anders verhält, ist zu berücksichtigen, daß Art. 2 Abs. 1 GG dem Grundrechtsträger keinen Anspruch darauf verleiht, für das Ergebnis wirtschaftlicher Betätigung einen Abnehmer zu finden.«

nen Kern des Kalkar-Urteils nicht zu vereinbaren. Wenn eine staatliche Entscheidung für den Freiheitsgebrauch der Gesellschaft im ganzen weitreichende Konsequenzen hat, löst dies den Gesetzesvorbehalt auch unterhalb der Eingriffsschwelle aus. Dies ist eine Konsequenz der Wesentlichkeitstheorie, die auch mit dem hier verwendeten Legitimationsmodell begründet werden kann.

c) Zwischenfazit

Die aufgezeigten Parallelen in beiden Rechtsordnungen lassen sich verfassungstheoretisch erklären und rechtfertigen[260]. In beiden Rechtsordnungen ist eine Materialisierung des Delegationsrechts zu erkennen, die die formalen oder inhaltsunabhängigen Grenzen der Delegation zwar als Reserve bewahrt, aber in der Sache von ihnen selten Gebrauch macht. Dies ist der Fall, weil formelle Delegationsgrenzen als abstrakte Einschränkung des gesetzgeberischen Spielraums legitimationstheoretisch nicht geboten sind und es an brauchbaren Kriterien zu ihrer gerichtlichen Überprüfung fehlt. Eine Verrechtlichung des Delegationsproblems und eine funktional gebotene Individualisierung der gerichtlichen Kontrolle kann sich nur aus spezifischen Kriterien ergeben, die auf die individuelle Legitimation Bezug nehmen – beides ist für Deutschland eigentlich schon seit der wissenschaftlichen Kritik am materiellen Gesetzesbegriff bekannt[261]. Ironischerweise gelangt man somit *aus Rücksicht auf die demokratische Legitimation der Legislative zu einem rechtsstaatlichen Gesetzesvorbehalt.* Die dogmatisch nicht immer befriedigende Wesentlichkeitsrechtsprechung des Bundesverfassungsgerichts findet vor diesem Hintergrund eine grundsätzliche Rechtfertigung[262]: Die Abgrenzung konkurrierender Freiheitssphären bedarf legislativer Ausgestaltung. Zugleich sind Delegationen funktional nicht irrelevant. Indem die Legislative Entscheidungen, die sie selbst treffen kann, der Exekutive überläßt, setzt sie diese einer intensiveren judikativen Kontrolle aus.

Somit ähneln sich beide Rechtsordnungen auf den zweiten Blick in ihrem Verständnis verfassungsrechtlicher Delegationsgrenzen in der verfassungsgerichtlichen Praxis deutlicher, als es Verfassungstexte und Rechtsprechung vermuten ließen. Beiden Verfassungsordnungen gelingt es nicht, eine stimmige, juristisch verwertbare Systematik der Delegationsgrenzen aus der Gewaltengliederung zu entwerfen. Stattdessen dient der Delegationsakt als Vehikel zur gerichtlichen Anwendung materieller verfassungsrechtlicher Maßstäbe.

---

[260] Vergleiche aber die abweichende Bewertung bei *Pünder*, Exekutive Normsetzung, 68f., der die Materialisierung der Kriterien nicht in Betracht zieht.

[261] *Richard Thoma*, Der Vorbehalt des Gesetzes im preußischen Verfassungsrecht, in: Festgabe für Otto Mayer, 1916, 167, 176ff.; *Heller*, VDStRL 4 (1928), 98ff. Dazu *Ernst-Wolfgang Böckenförde*, Gesetz und gesetzgebende Gewalt, 2. Aufl. 1981, 282ff.

[262] Vgl. die ähnliche Deutung bei *von Bogdandy*, Gubernative Rechtsetzung, 184ff.

2. Verfahrensverrechtlichung exekutiver Normsetzung

Aus der Gewaltengliederung sind somit nur mit Vorsicht allgemeine Delegationsgrenzen zu begründen. Damit ist noch nicht geklärt, in welcher verfahrenstech-
nischen Ausgestaltung die Exekutive ihre Befugnisse zur Normsetzung wahrnehmen soll. Wie gezeigt, entwickeln Gerichte Verfahrensprinzipien, wenn die
Exekutive auf individuelle Rechtspositionen zugreift[263]. Aber ist eine solche Verrechtlichung auch für die Erzeugung allgemeinerer Regeln durch die Exekutive
funktional geboten? Auch diese Frage ist zunächst systematisch zu untersuchen
(a), anschließend mit Blick auf die Referenzrechtsordnungen (b) zu bilanzieren
(c).

a) Funktion: Verrechtlichung exekutiver Gestaltung?

Die Frage nach der Verrechtlichung administrativer Normsetzungsverfahren
führt in ein Dilemma: Auf der einen Seite können exekutive Normen genauso zukunftsorientiert und weitreichend sein wie Gesetze. Auf der anderen Seite werden diese Normen in einem vollständig anderen Organisationszusammenhang
beschlossen. Anders gesagt: Funktional handelt es sich bei der delegierten Rechtserzeugung um demokratisch-allgemeines Recht, das wie die legislative Rechtserzeugung keiner intensiven, gerichtlich kontrollierbaren Verfahrensverrechtlichung bedarf. Eine Verrechtlichung der gesetzgeberischen Willensbildung ist
nicht im Sinne einer selbstbestimmten Gewaltengliederung. Organisatorisch handelt hier aber kein auf Gesetzgebung eingerichtetes Repräsentativorgan. Die
Reichweite der Regelungen spricht gegen eine Verrechtlichung des Verfahrens,
aber die exekutive Organisation ist nicht in gleicher Weise auf einen offenen Willensbildungsprozeß eingerichtet wie die Legislative. Die thematische und verfahrenstechnische Offenheit des legislativen Verfahrens und die Informalität parlamentarischer Willensbildung[264] resultieren aus der Repräsentationsleistung des
Parlaments. Diese Bedingungen bestehen bei der Exekutive aber eben auch dann
nicht, wenn sie aufgrund eines legislativen Delegationsakts an Stelle der Legislative generell-abstrakte Regeln erlassen darf.
    In der rechtsvergleichenden Diskussion spielen demokratietheoretische Argu-
menten für dieses Thema eine herausgehobene Rolle. Dabei findet sich nicht selten die folgende Überlegung: Fehlt es an einer sinnvollen sachlichen Begrenzbar-
keit legislativer Delegation, so bedarf die exekutive Normerzeugung einer überprüfbaren verfahrensrechtlichen Ausgestaltung. Diese garantiert zum einen eine
intensivere gerichtliche Kontrolle, zum anderen erhöht sie die Legitimation der
weitreichenden Entscheidung durch die Einrichtung von Partizipationsmöglich-

---

[263] Vgl. oben, S. 112 ff.
[264] Vgl. oben, S. 105 ff.

keiten für Betroffene[265]. Dabei wird Partizipation durchgängig als ein formalisiertes Konsultationsverfahren verstanden – nicht als eine Mit*entscheidung*smöglichkeit der Betroffenen. Ohne Mitentscheidung entsteht zwar keine demokratische Legitimation im hier verstandenen Sinne[266]. Trotzdem ist einzuräumen, daß Partizipation die Rechtfertigung einer exekutiven Entscheidung schon dadurch zu erhöhen vermag, daß der Problemzugriff der Exekutive sich genauer auf betroffene Interessen einstellen kann[267]. Trotzdem ist die Verfahrensverrechtlichung kein Allheilmittel. Zunächst ist zu bezweifeln, ob sich das Fehlen materieller Standards durch die Einrichtung von Verfahren überhaupt kompensieren läßt[268]. Die Unbestimmtheit legislativer Anforderungen und die Verrechtlichung administrativer Normsetzung betreffen unterschiedliche Zusammenhänge: Legitimationstheoretisch ist die Pflicht der Legislative, eine bestimmte Freiheitsbeschränkung materiell zu regeln, von der Frage abzugrenzen, ob die Legislative das Verfahren des Eingriffs geregelt hat. Letztere ist wiederum von der Frage zu unterscheiden, ob die Exekutive bestimmte Verfahrensregelungen unabhängig von der gesetzlichen Regelung zu beachten hat. Legitimationskompensationen sind deswegen schwer zu begründen[269]. Selbst wenn eine Kompensation möglich erschiene, wäre es nicht auszuschließen, daß funktional auch Vorteile hinwegkompensiert würden, die die Legislative mit Delegationsakten verbinden wollte – etwa die funktional erwünschte Reaktionsschnelligkeit und Gegenwartsnähe exekutiver Rechtsetzung oder das politische Vertrauen der Legislative, daß das betraute exekutive Organ angemessene Entscheidungen gerade dann treffen kann, wenn es keinen weiteren Verfahrensbindungen unterworfen ist. Hinsichtlich des Rechtsschutzes gilt weitgehend das zur Kontrolldichte entwickelte Argument: Eine Verrechtlichung des Verfahrens kann die Rechtsschutzmöglichkeiten gegen exekutive Normsetzung, die sich nicht zu einer konturierbaren Freiheitseinschränkung konkretisiert, verbessern – jedenfalls, wenn die Verfahrensregeln gerichtlich sanktioniert werden können[270]. Hiergegen ist mit Blick auf die funktio-

---

[265] Aus der verwaltungstheoretischen Diskussion der Legitimation durch Partizipation: *Craig*, Public Law and Democracy, namentlich unter Rückgriff auf *Stewart*, Harvard L. Rev. 88 (1975), 1669; *Möllers*, VerwArch. 90 (1999), 188ff. Für das Gemeinschaftsrecht: *Carol Harlow*, European Administrative Law and the Global Challenge, in: P. Craig/G. de Búrca (Hrsg.), The Evolution of EU Law, 1999, 261 (263ff.). Verwaltungswissenschaftlich *Bora*, Differenzierung und Inklusion, 315ff.

[266] Oben, S.60ff.

[267] *Matthias Ruffert*, Interessenausgleich im Verwaltungsorganisationsrecht, DÖV 1988, 897.

[268] Skeptisch wohl auch *von Bogdandy*, Demokratisch, demokratischer, am demokratischsten?, 376ff.

[269] Vgl. dem Gedanken der Legitimationskompensation zustimmend, aber seine Reichweite ausdrücklich offen haltend: *Andreas Voßkuhle*, Das Kompensationsprinzip, 1999, 38ff., 40f. Ähnliche Kritik wie hier bei *Staupe*, Parlamentsvorbehalt und Delegationsbefugnis, 321f.

[270] Dies ist in den Vereinigten Staaten regelmäßig, im deutschen Verwaltungsrecht regelmäßig nicht der Fall.

nalen Beziehungen zwischen Judikative und Exekutive nichts einzuwenden[271]. Doch bleibt die Frage, ob es angezeigt ist, die Freiheitsgrade der Exekutive einzuschränken.

Aus funktionaler Perspektive sind Legitimationsgewinne durch die Verrechtlichung exekutiver Normsetzungsverfahren also zweifelhaft. Eine alternative Überlegung kann aber weiterhelfen: Grundsätzlich ist die Verrechtlichung exekutiver Normerzeugungsverfahren funktional jedenfalls dann nicht geboten, wenn die zu erlassenden Normen auf der demokratisch unmittelbar legitimierten Ebene der Exekutive erlassen werden sollen. Eine Verrechtlichung ist angemessen, wenn auf anderen Wegen ein bestimmtes Maß an Einheitlichkeit exekutiver Rechtserzeugung nicht zu erreichen ist. Diese Notwendigkeit entsteht zum einen dann, wenn die politische Verantwortlichkeit der normierenden Exekutive in Frage steht. In diesem Fall wird mit der Verfahrensverrechtlichung weniger die Weite des materiellen Delegationsakts aufgefangen als vielmehr eine Organisationsstruktur der Exekutive, die sich jenseits materieller legislativer Vorgaben nicht an den demokratischen Politikprozeß anbinden läßt. Eine hohe Pluralisierung der exekutiven Organisation spricht für eine Verrechtlichung exekutiver Normerzeugung. Zum anderen mag sich eine Verfahrensverrechtlichung – gewissermaßen von unten – anbieten, wenn die Exekutive Einzelfälle nicht mehr konsistent entscheiden kann und diese Inkonsistenzen zu einer intensiveren materiellen gerichtlichen Kontrolle führen. Mißlingen vereinheitlichende exekutive Selbstbindungen, so kann dies durch Verfahrensverrechtlichung aufgefangen werden.

Im Ergebnis ist eine Verrechtlichung administrativer Normsetzung im Regelfall jedenfalls für die exekutive Spitze nicht geboten. Allerdings stoßen auch diese Relativierungen auf eine Grenze: Keine funktionalen Bedenken bestehen gegen eine Veröffentlichung von exekutiven Normen, also für einen minimalen Regelbestand zur Publizität exekutiven Rechts.

b) Rechtsvergleichende Anwendung

Die untersuchten Rechtsordnungen haben bei der verfahrensrechtlichen Umhegung delegierter exekutiver Rechtsetzung eine unterschiedliche Entwicklung genommen[272]. Im amerikanischen Recht sind die verfassungsrechtlichen und die einfachgesetzlichen Einwirkungen auf das Verfahrensrecht der exekutiven Normsetzung schon auf den ersten Blick deutlich größer: Für den Erlaß von administrativen Rechtssätzen (*rulemaking*) sieht der APA Verfahren verschiedener Förmlichkeitsgrade vor. Das praktisch besonders bedeutsame *informal rulema-*

---

271 Es gilt die Argumentation oben, S. 105 ff.

272 Vergleiche bei *Susan Rose-Ackerman*, Umweltrecht und -politik in den Vereinigten Staaten und der Bundesrepublik Deutschland, 1995, 234 ff.; *Pünder*, Exekutive Normsetzung, der sich allerdings auf Rechtsverordnungen beschränkt. *Ziamou*, Rulemaking, 122 ff.

king regelt eine öffentliche Ankündigung des Normerlaßverfahrens, eine Beteiligung interessierter Kreise und eine Veröffentlichung der beschlossenen Norm[273]. Da das informale Verfahren sich auf diese Elemente beschränkt und das formale Verfahren praktisch so gut wie keine Rolle spielt, entwickelten die Gerichte[274] in den sechziger und siebziger Jahren weitere Verfahrensanforderungen, die zum sogenannten *hybrid rulemaking* führten – einem richterrechtlich geschöpften Verfahrenstyp, der zwischen *formal* und *informal rulemaking* situiert ist. Der Supreme Court setzte dieser Schöpfung zwar zugunsten der bescheideneren gesetzlichen Regelungen ausdrücklich ein Ende[275], ging dabei aber keineswegs so konsequent vor, wie er es in der zentralen Entscheidung unterstellte[276]. Vielmehr bleibt es bis in die Gegenwart für das informale Verfahren dabei, daß die Behörden gehalten sind, ihre Entscheidungen ausführlicher zu dokumentieren, als dies im Gesetz vorgesehen ist[277]. Zudem verpflichten die Gerichte[278] die Behörde, eine *rational connection between the facts found and the choice made* zu etablieren[279]. Wie vielschichtig sich hier prozedurale und materielle Anforderungen verflechten, zeigt sich an der Begründungsabfolge in *Yankee*: Ging es dem Supreme Court darum, die Rolle der Gerichte bei der Entwicklung von Verfahrensanforderungen zurückzudrängen, so kam es der Vorinstanz[280] weniger auf das Verfahren als auf die Einbeziehung eines bestimmten Umweltbelanges – der Endlagerung von nuklearen Altlasten – in die Entscheidung der Behörde an[281]. In einer deutschen Les-

---

[273] Vgl. 5 U.S.C. §§553 (c), 556, 557 für *formal rulemaking* und APA §553 für *Notice-and-comment (= informal) rulemaking.*

[274] Vor allem der in der Regel für *agencies* zuständige *U.S. Court of Appeals for the District of Columbia Circuit.*

[275] Vermont Yankee Nuclear Power Corp. v. Nat. Res. Def. Council, 435 U.S. 519 (1978). Vgl. dazu kritisch *Richard B. Stewart*, Vermont Yankee and the Evolution of Administrative Procedure, Harvard L. Rev. 91 (1978), 1805; *Clark Byse*, Vermont Yankee and the Evolution of Administrative Procedure: A somewhat Different View, ebda., 1823. Im Ergebnis zustimmend: *Stephen Breyer*, Vermont Yankee and the Courts' Role in the Nuclear Energy Controversy, Harvard L. Rev. 91 (1978), 1833.

[276] Dazu *Stewart*, Harvard L. Rev. 91 (1978), 1816f.

[277] Grundlegend: Citizens to Preserve Overton Park v. Volpe, 411 U.S. 138 (1973).

[278] Unter Hinweis auf 5 U.S.C. §706(2)(A): *arbitrary and capricious.*

[279] Wichtige Fälle dieser als *hard look doctrine* bezeichneten Prüfung sind neben *Overton Park*: Portland Cement Ass'n v. Ruckelshaus, 486 F.2d 375, 398 (DC Cir. 1973); United States v. Nova Scotia Food Prods. Corp. 568 F.2d 240 (2d Cir. 1977); Motor Vehicle Manufactures Assn. v. State Farm, 463 U.S. 29, 43 (1983). Die Formulierung dort unter Hinweis auf Burlington Truck Lines, Inc. v. United States, 371 U.S. 156, 168 (1962). Als Vorläuferentscheidung: SEC v. Chenery Corp., 318 U.S. 80, 93f. (1943). Dazu *Breyer/Stewart/Sunstein/Spitzer*, Administrative Law and Regulatory Policy, 415ff.

[280] Natural Resources Defense Council v. NRC, 547 F.2d 633 (D.D.C. 1976). Zu diesem Aspekt eingehend *Antonin Scalia*, Vermont Yankee: The APA, the D.C. Circuit and the Supreme Court, Supreme Court Rev. 1978, 345 (352ff.).

[281] Zur Frage, ob die gesetzlichen Regelungen im konkreten Fall nicht vielmehr ein *formal rulemaking* erforderten, überzeugend: *Nathaniel L. Nathanson*, The Vermont Yankee Nuclear Power Opinion: A Masterpiece of Statutory Misinterpretation, San Diego L. Rev. 16 (1979), 183. Zustimmend *Mashaw/Merrill/Shane*, Administrative Law, 539. Dann wären allerdings sowohl

art kann *Yankee* also auch als eine Entscheidung zu Ermessens- oder Abwägungs-
fehlern verstanden werden, die aber stets Folgen für die Verfahrensanforderungen haben.

Führte die Entscheidung trotz dieser Relativierungen zu einer Zurückdrängung des *hybrid rulemaking*, so blieb in der wissenschaftlichen Literatur doch bis
in die Gegenwart der Eindruck einer tendenziell *zu starken* Verrechtlichung des
Normsetzungsverfahrens vorherrschend[282]. Nimmt man diesen nicht unumstrit-
tenen Befund[283] auf, so lassen sich Ursachen dafür bemerkenswerterweise bei allen drei Gewalten entdecken: Verfahrensbindungen entstehen durch gesetzliche
Anforderungen, also seitens des Kongresses[284], durch Anweisungen des Präsidenten an die einzelnen Behörden[285] und durch die bereits erwähnten gerichtlichen Kontrollanforderungen im Hinblick auf den behördlichen Umgang mit
Fakten. Dies ist deswegen besonders bemerkenswert, weil Verfahrensfehler anders als in Deutschland in der Regel zur Aufhebung der Verwaltungsentscheidung führen[286]. Eine verfahrensrechtsfreie exekutive Normsetzung kennt das
amerikanische Recht demnach gar nicht. Vielmehr verbleiben der Exekutive verhältnismäßig geringe Freiheitsgrade bei der Ausgestaltung ihrer Normsetzungsverfahren.

Auf verfassungsrechtlicher Ebene werden für die deutsche Rechtsordnung[287]
die Einwirkungen der Grundrechte auf das Verwaltungsverfahren seit längerer
Zeit intensiv wissenschaftlich diskutiert[288] und auch vom Bundesverfassungsge-

---

die Entscheidungen beider Instanzen als auch die wissenschaftliche Diskussion völlig am Sachverhalt vorbeigegangen.

[282] Stichwort *ossification*. In diesem Sinn etwa *Thomas McGarity*, Some Thoughts on Deossifying the Rulemaking Process, Duke L.J. 1992, 443; *Richard J. Pierce Jr.*, Seven Ways to Deossify
Agency Rulemaking, Administrative L. Rev. 47 (1995), 59; *Strauss*, Wake Forest L. Rev. 31
(1996), 745.

[283] Zur Diskussion: *Mashaw/Merrill/Shane*, Administrative Law, 604ff.

[284] Wichtige Beispiele sind zum einen der Unfunded Mandates Reform Act, 2 U.S.C.
§§ 1501ff., 1531, der die Bundesbehörden zur Überprüfung der Konsequenzen ihrer Regulierungen auf *State, local, and tribal governments, and the private sector* verpflichtet. Dazu *Jerry Mashaw*, Reinventing Government and Regulatory Reform, U. o. Pittsburgh L. Rev. 57 (1996), 405
(405ff.). Dieser ist auch gerichtlich überprüfbar (ebda., 417f.). Zum anderen ist der Paperwork
Reduction Act (44 U.S.C. § 3501) zu nennen, in dem die Auswirkungen aller Regulierungen auf
small businesses untersucht und dokumentiert werden müssen.

[285] Vgl. oben, S. 112ff.

[286] 5 U.S.C. § 706(2)(D). Eine der deutschen Verfahrensfehlerlehre vergleichbare Systematik
gibt es nicht, daher muß die Diskussion auf Probleme de lege ferenda ausweichen.

[287] Zur deutschen Diskussion: *Christoph Gößwein*, Allgemeines Verwaltungs(verfahrens)recht der administrativen Normsetzung, 2001.

[288] Zunächst *Peter Häberle*, Grundrechte im Leistungsstaat, VVDStRL 30 (1972), 42 (86ff.);
Helmut Goerlich, Grundrechte als Verfahrensgarantien, 1981, 57ff. Kritische Bilanz bei *Eber-
hard Schmidt-Aßmann*, Grundrechtsschutz durch Verfahren, in: D. Merten/H.-J. Papier
(Hrsg.), Handbuch der Grundrechte, i.E.

richt anerkannt[289]. Zumeist beziehen sich diese Vorgaben allerdings auf individualisiertes Verwaltungshandeln, also auf Anhörungs- und Begründungspflichten bei spezifischen Grundrechtseingriffen oder im Vorfeld möglicher Eingriffe. Trotz der breiten wissenschaftlichen Diskussion sind greifbare verfassungsrechtliche Prägungen der exekutiven Normsetzung in der Rechtsprechung allenfalls schwach zu erkennen[290]. Vielmehr unterstreicht das Bundesverfassungsgericht jenseits der Auslegung der Verfahrensseite von Art. 80 Abs. 1 S. 2 GG, daß die Ausgestaltung von Normsetzungsverfahren dem Gesetzgeber überlassen sei[291]. Zudem werden auch Verstöße gegen verfassungsrechtliche Verfahrensanforderungen vom Gericht nur mit eingeschränkter Wirkung versehen[292].

Auch unterverfassungsrechtliche Ausgestaltungen des exekutiven Normsetzungsverfahrens bleiben die Ausnahme. Allgemeinverbindliche einfachgesetzliche Verfahrensanforderungen für den Erlaß untergesetzlicher Normen existieren im deutschen Recht nicht. Für Rechtsverordnungen des Bundes ordnen §§ 26 Abs. 1, 67, 78 GGO II in unverbindlichen Regelungen[293] Anhörungsstrukturen an. Für Verwaltungsvorschriften ist nicht einmal eine Rechtspflicht zur Veröffentlichung gesetzlich geregelt oder verfassungsrechtlich anerkannt[294].

Eine Tendenzwende deutet sich namentlich im Umweltrecht an und geht über dieses langsam hinaus. Im Umweltrecht haben neuere Regelungen wie die §§ 60 KrW-/AbfG (zu Rechtsverordnungen), 51 BImSchG (zu Rechtsverordnungen und allgemeinen Verwaltungsvorschriften), 20 S. 1 BBodSchG (zu Rechtsverordnungen), 30 Abs. 1. GentG (Rechtsverordnungen) Beteiligten- oder Kommissionsanhörungen und im Fall von Verwaltungsvorschriften deren Veröffentlichung vorgesehen[295]. Hinzuweisen ist auch auf die nach § 46 Abs. 3 S. 2 TKG a. F.

---

[289] BVerfGE 14, 263 (273f.); 35, 79 (115ff.); 53, 30 (69ff., Sondervotum); 57, 295 (319ff.); 65, 1(45ff.); 77, 381 (406); 96, 288 (309f.).

[290] Als Sonderfälle sind zu nennen für das Verfahren des Rechtsverordnungserlasses: BVerfGE 91, 148. Für den Erlaß Allgemeiner Verwaltungsvorschriften nach Art. 85 Abs. 2 S. 1 GG: BVerfGE 100, 249 (257ff.).

[291] So bereits BVerfGE 42, 191 (205). Anders aber für eine gesetzliche Pflicht zur Sachverständigenanhörung bei einer Rechtsverordnung BVerfGE 10, 221 (226f.) (Vorfrage).

[292] BVerfGE 1, 14 (19); 34, 9 (25); 91, 148 (175). Kritisch: *Ulrich Battis*, Der Verfassungsverstoß und seine Rechtsfolgen, in: J. Isensee/P. Kirchhof (Hrsg.), Handbuch des Staatsrechts, Bd. VII, § 165, Rdnr. 40; *Brun-Otto Bryde*, Geheimgesetzgebung: Zum Zustandekommen des Justizmitteilungsgesetzes, JZ 1998, 115, 117 (119).

[293] *Norbert Achterberg*, Innere Ordnung der Bundesregierung, in: J. Isensee/P. Kirchhof (Hrsg.), Handbuch des Staatsrechts, Bd. II, 1987, § 52, Rdnr. 87ff.

[294] Zum Meinungsstand: *Ulrich Ramsauer*, in: Kopp/Ramsauer, VwVfG, 8. Aufl. 2003, § 40, Rdnr. 28.

[295] Aus der Literatur: *Evelyn Hagenah*, Prozeduraler Umweltschutz, 1996, 114ff.; *Claus Leitzke*: Die Anhörung beteiligter Kreise nach §§ 51 BImSchG, 60 KrW/AbfG, 17 Abs. 7 ChemG, 6 WRMG, 20 BBodSchG, 1999; *Ludger Versteyl*, in: Kunig/Paetow/Versteyl, KrW-/AbfG, 2. Aufl. 2003, § 60, Rdnr. 4–14; *Hans D. Jarass*, BImSchG, 5. Aufl. 2002, § 51, Rdnr. 2ff. Grundsätzlich *Getrude Lübbe-Wolff*, Verfassungsrechtliche Fragen der Normsetzung und Normkonkretisierung im Umweltrecht, ZG 6 (1991), 219. Zum Einfluß der Kodifikationsdis-

ergangene Verordnung[296], deren Beteiligungsrechte ausdrücklich gerichtlich
überprüfbar sind[297]. Dabei ist die Wirkung dieser Regelungen hinsichtlich der gerichtlichen Kontrolle im Allgemeinen jedoch relativ gering zu veranschlagen.
Zum einen gehen die Anhörungsregelungen im Vergleich zu den Regeln in der
GGO II nur im Fall von Verwaltungsvorschriften neue Wege. Zum anderen führt
ein Verstoß gegen die Anhörungspflicht schon wegen der Allgemeinheit der Ein-
beziehungsregeln höchstens in Ausnahmefällen zur Aufhebbarkeit der exekutiven Norm[298].

Daß diese äußerst begrenzte rechtliche Umhegung weder unproblematisch
noch im Kontext des deutschen Rechts systematisch schlüssig ist, zeigt sich exemplarisch an der uneinheitlichen Verrechtlichung von Planungsvorgängen. Auf der
einen Seite ist das Recht der kommunalen Bauleitplanung durch das Zusammen-
treffen von Grundeigentumsrechten und verfassungsrechtlich geschützten Pla-
nungskompetenzen der Gemeinden verfahrensrechtlich intensiv eingehegt[299].
Hier findet auch ein genauer gerichtlicher Nachvollzug statt, der an die oben vorgestellte Rechtsprechung der amerikanischen Bundesgerichte erinnert. Noch
deutlicher gilt dies für das Recht der Planfeststellung[300]. Auf der anderen Seite
sind Planungsentscheidungen in Rechtsverordnungsform wie die Festlegung von
An- und Abflugrouten auf Verkehrsflughäfen nach §§ 32 Abs. 1 Nr. 1 LuftVG,
27a Abs. 2 S. 1 LuftverkehrsO in Durchführungsverordnungen[301] oder die Li-
nienbestimmung für Bundesfernstraßen[302] verfahrensrechtlich kaum geregelt.
Dies läßt sich verfassungsrechtsdogmatisch durch die unterschiedlichen Legiti-
mationslagen der Normsetzungsorgane – der Bundesregierung im Vergleich zu
einer Gemeinde – rechtfertigen[303]. Aber funktional ist diese Differenzierung we-

---

kussion im Umweltrecht eingehend *Gößwein*, Allgemeines Verwaltungs(verfahrens)recht,
133ff.

[296] Verordnung über das Verfahren zur Erstellung des Frequenznutzungsplanes, v. 26. 4. 2001
(BGBl. I, 827).

[297] § 7.

[298] Zum Diskussionsstand übersichtlich *Ludger Versteyl*, in: Kunig/Paetow/Versteyl, § 61,
Rdnr. 13f., m.w.N.

[299] *Walter Krebs*, Baurecht, in: E. Schmidt-Aßmann, Besonderes Verwaltungsrecht, 12. Aufl.
2003, 4. Kap., Rdnr. 97ff. Im Recht der Vereinigten Staaten spielt sich das Recht der Bauplanung
(*Zoning Law*) zum größten Teil auf gliedstaatlicher Ebene ab, kennt aber gleichfalls eine intensive gerichtliche Kontrolle. Funktionale Analyse bei *Komesar*, Law's Limits, 83.

[300] Charakteristisch die Argumentation in BVerwGE 104, 220 (223f.) mit dem Hinweis auf die
Unterscheidung von Innen- und Außenrecht.

[301] Vgl. etwa 177. DVO zur LuftverkehrsVO zur Festlegung von Flugverfahren für An- und
Abflüge nach Instrumentenflugregeln zum und vom Flughafen Frankfurt am Main v. 28. 2. 1997,
letztmalig durch die 6. VO zur Änderung der 177. DVO zur LuftverkehrsVO v. 9. 6. 1999 (BAnz.
1999, 10089) geändert.

[302] § 16 Abs. 1 S. 1 FStrG. Zum eingeschränkten Rechtsschutz: *Helmut Krämer*, in: K. Ko-
dal/H. Krämer (Hrsg.), Straßenrecht, 5. Aufl. 1995, 929f.

[303] Aus der Literatur, die zumeist um Rechtsschutzfragen kreist, der vorliegenden Fragestellung besonders nah: *Alexander Kukk*, Rechtsschutz von Flughafenanwohnern gegen die Festlegung von Flugrouten: Zwei Schritte vor, ein Schritt zurück, NVwZ 2001, 408 (409). Ferner: *Hans*

nig überzeugend. So verkürzt die Beschränkung der gerichtlichen Überprüfung einer verfahrensrechtlich nicht angreifbaren Planungsentscheidung auf Willkür[304] nicht nur die notwendige Einbeziehung von Betroffeneninteressen[305], sondern sie wird auch dem Grad an Konkretisierung nicht gerecht, den die Entscheidung hinsichtlich der erzeugten Rechtsbetroffenheit vornimmt, und der sich auch in der Länge der gesetzlich vorgesehenen, nach Art. 80 Abs. 1 S. 4 GG im Prinzip zulässigen Delegationskette ausweist.

Auch dies legt kein allgemeines Gebot zur Verrechtlichung des Erlaßverfahrens von Rechtsverordnungen nahe. Wenn Rechtsverordnungen aber nicht durch die demokratisch verantwortliche Regierung erlassen, sondern weiterdelegiert werden, so ist dies ein Indiz dafür, daß entweder eine andere Handlungsform, wie der Planfeststellungsbeschluß, geeigneter sein könnte, oder daß das Erlaßverfahren doch einer intensiveren Verrechtlichung bedarf. Wenn exekutive Normsetzung ausschnitthaft und projektbezogen wirkt oder individuelle Rechtspositionen definiert, bedarf sie einer genaueren verfahrensrechtlichen Einhegung.

c) Zwischenfazit

Generelle verfassungsrechtliche Pflichten zur Verrechtlichung der Verfahren delegierter Normsetzung kennen beide Rechtsordnungen nicht. Deswegen bewegt sich die wissenschaftliche Diskussion zumeist zwischen verfassungstheoretischen und rechtsvergleichenden Überlegungen. Aus der verfassungstheoretisch angeleiteten Untersuchung der beiden Rechtsordnungen ergibt sich dazu folgendes: Der Grad der Verrechtlichung exekutiver Verfahren nimmt in den Referenzrechtsordnungen innerhalb der administrativen Hierarchie von oben nach unten zu. Funktional ist dies folgerichtig, ohne daß deswegen geklärt wäre, wie weit dieser Vorgang gehen sollte. In der rechtsvergleichenden Literatur werden die amerikanischen Regelungen der Normerzeugung gegenüber den deutschen oftmals als vorbildlich hervorgehoben[306], ohne daß die in Amerika diskutierten Probleme gleich deutlich artikuliert würden. Eine Vorbildfunktion kann mit Blick auf die Veröffentlichungspflicht aller administrativen Normsetzung ohne Einschrän-

---

Heinrich Rupp, Fluglärm: Rechtsschutz gegen die Festlegung von An- und Abflugwegen von und zu Flughäfen durch das Luftfahrt-Bundesamt, NVwZ 2002, 286. Zum Rechtsschutz auch BVerfG, NVwZ 1998, 169.

[304] BVerwGE 111, 276 (283).

[305] Vgl. in diesem Sinne die Abwägungspflichten des Verordnungsgebers, die VGH Kassel, NVwZ 2003, 875 (878f.) entwickelt. Zum Problem: *Richard Pfaff/Torsten Heilshorn*, Die Flugroutenfestlegung als Abwägungsentscheidung, NVwZ 2004, 412.

[306] Deutlich bei *Francesca Bignami*, The Democratic Deficit in European Community Rulemaking: A Call for Notice and Comment in Comitology, 40 Harvard International L.J. 451 (1999). In der Tendenz grundsätzlich auch *Ziamou*, Rulemaking, Partcipation and the Limits of Public Law, 243ff. Für den Vergleich Deutschland-Amerika eindeutig *Rose-Ackerman*, Umweltrecht und -politik, 257ff. Gerade anders aber *Lepsius*, Erkenntnistheoretische Notwendigkeit des Parlamentarismus, 171f.

kung bejaht werden. Auch die Transparenzgewinne, die sich aus einer allgemeinen Regelung von Normerzeugungsverfahren ergeben, schlagen positiv zu Buche. Gegen die gesetzlich vorgeschriebene Minimalverrechtlichung des amerikanischen *informal rulemaking* läßt sich funktional nichts vorbringen. Sie ist der deutschen Praxis für Verwaltungsvorschriften, die einerseits rechtliche Wirkungen nicht ausschließen kann, andererseits Veröffentlichung vom Vorliegen subjektiver Rechte abhängig macht, überlegen, zumal Reibungsverluste sich in Grenzen halten.

Generell ist die Verrechtlichung exekutiver Normsetzungsverfahren aber keine zu befürwortende Option. Sie mindert die Reaktionsmöglichkeiten der Exekutive. Manche als Verfahrenserfordernisse beschriebene gerichtliche Anforderungen an die Exekutive stellen sich bei genauer Hinsicht zudem als höchst anspruchsvolle materielle Rationalitätsprüfungen der Verwaltungsentscheidung dar. Auch die Versuche im amerikanischen Recht, informelle Einflüsse auf die exekutive Meinungsbildung beim Normerlaß durch gerichtliche[307] oder legislative[308] Intervention zurückzudrängen, blieben weitgehend erfolglos.

Über Minimalstandards der Veröffentlichung hinausgehende Verrechtlichungsformen wirken bei fehlender politischer Verantwortlichkeit der Exekutive eher angemessen als für ein parlamentarisch verantwortliches Ministerium. Dies erklärt die Verrechtlichungstendenzen im amerikanischen Recht, die sowohl auf die eingeschränkte horizontale Koordination der exekutiven Spitze[309] als auch auf die Legitimationskonkurrenz zwischen Parlament und Exekutive zurückzuführen sind. Verfahrensverrechtlichung und Agenturorganisation sind zwei Seiten desselben Phänomens. Dieser Zusammenhang schränkt rechtsvergleichende Lerngewinne, wie sie in der Literatur für diese Frage unterstellt werden, deutlich ein.

3. Delegationen von der Legislative an die Legislative

Neben der Verrechtlichung exekutiver Normerzeugung kann der Mangel an materiellen Delegationsgrenzen auch durch eine erweiterte Beteiligung der Legislative an der Ausübung delegierter Rechtserzeugung aufgefangen werden. Wiederum bedarf eine Bewertung (c) dieser institutionellen Lösung einer funktionalen Vorüberlegung (a) und eines vergleichenden Blicks in die Referenzrechtsordnun-

---

[307] Die einzige Entscheidung, in der dies im rulemaking gerichtlich beanstandet wurde: HBO v. FCC, 567 F 2d 9 (D.C.C. 1977).

[308] 5 U.S.C. §§ 561 ff. Das eingesetzte Verhandlungsgremium macht einen Vorschlag, der nicht bindend ist: USA Group Loan v. Riley, 82 F3d 708, 714 f. (7th Cir. 1997, Posner, J.). Eingehend *Ruthig*, Verhandlungslösungen, 172 ff. Aus der überwiegend skeptischen amerikanischen Literatur: *C. Coglianese*, Assesing Consensus: The Promise and Performance of Negotiated Rulemaking, Duke L.J. 1997, 1255; *Rose-Ackerman*, Harvard L. Rev. 107 (1994), 1283; *Ziamou*, Rulemaking, 104 ff.

[309] Mangels Kabinettsystems, vgl. oben, S. 117 ff.

gen (b). Mit dem Begriff der Autodelegation soll im folgenden eine Struktur bezeichnet werden, in der das delegierende legislative Organ sich eine Mitentscheidung an der delegierten Rechtserzeugung vorbehält, sei es durch eine verfahrenstechnische Beteiligung an der delegierten Rechtserzeugung, sei es durch die Einräumung einer Sub- oder Rückdelegation von der Exekutive an die Legislative.

a) Funktion: parlamentarische Kontrolle?

Autodelegationen wirken auf den ersten Blick funktional weniger bedenklich als herkömmliche Delegationen an die Exekutive, sichert sich die Legislative mit ihnen doch einen größeren Einfluß auf die delegierte Rechtserzeugung und erhöht so die Anbindung an demokratische Repräsentation und Legitimation. Anders gefaßt garantieren Autodelegationen ein höheres Maß an parlamentarischer Kontrolle der Exekutive und entsprechen damit einer gängigen Lesart des Gewaltenteilungsprinzips, die auch in den Referenzrechtsordnungen eine bedeutende Rolle spielt[310].

Vor dem Hintergrund des hier entwickelten Modells stellt sich das Problem jedoch anders dar. Zugleich wird die Bedeutung der *parlamentarischen Kontrolle* für die Gewaltengliederung relativiert. Besteht die Funktion der Legislative nämlich in der Konstituierung eines repräsentativen Verfahrens, das zu einem rechtsförmigen Abschluß gebracht wird, so ist jeder weitergehende legislative Ausgriff auf die Vollzugsstruktur seinerseits rechtfertigungsbedürftig. Hierzu kann auf die oben entwickelten Überlegungen zurückgegriffen werden[311]. Parlamentarische Entscheidungen nehmen an den demokratischen und deliberativen Qualitäten der Legislative nur dann teil, wenn das Entscheidungsverfahren den in der Verfassung definierten Repräsentationsformen entspricht. Dies bedeutet in aller Regel: Rechtlich bindendes parlamentarisches Handeln bewährt sich legitimatorisch *nur* in Form von in pleno beschlossenen, öffentlich diskutierten Entscheidungen. Eine darüber hinausgehende Notwendigkeit parlamentarischer Kontrolle im Sinne einer möglichst intensiven Beteiligung von Mitgliedern oder Gruppen von Mitgliedern des Parlaments besteht nicht. Im Gegenteil: Die politische Willensbildung wird in diesem Fall mit dem Gesetzesbeschluß nicht beendet. Dies erweckt Bedenken, weil dadurch Entscheidungen, die ja von der Legislative hätten getroffen werden können, einem Einzelfallvorbehalt unterworfen sind, und Einzelfälle in einem dazu ungeeigneten auf allgemeine Wirkung abzielenden Repräsentativverfahren entschieden werden.

Diese Bedenken werden nach einem genaueren Blick auf die Idee parlamentarischer Kontrolle[312] der Exekutive klarer, der die Differenzierung zwischen vorbe-

---

[310] Nachweise oben, S. 70ff.
[311] Vgl. oben, S. 105ff.
[312] Überblicke für Deutschland bei *Krebs*, Kontrolle, 120ff. Für die Vereinigten Staaten: *James*

reitender politischer Willensbildung und parlamentarischer Entscheidung voraussetzt: Aus funktionaler Sicht ist das legislative Entscheidungsverfahren durch größtmögliche Offenheit und Informalität geprägt – es geht um demokratische Willensbildung. Dies kann im Verhältnis zur Exekutive auch die Institutionalisierung von Informationsrechten[313] beinhalten, um informierte und vollzugsgeeignete Entscheidungen treffen zu können. Damit die Legislative die Exekutive wirksam programmieren kann, muß erstere wissen, was letztere tut. Dies gebietet parlamentsintern, neben dem wichtigen Bereich flexibler Selbstregulierung der Entscheidungsverfahren[314], auch die Möglichkeit, Spezialisierungsstrukturen wie Ausschüsse und Kommissionen einzurichten, um die Rückkopplung sowohl an Sachverstand als auch an die programmatischen Verästelungen des politischen Prozesses zu sichern. Für die Entscheidungs*vorbereitung* sind parlamentarischen Kontrollingerenzen im Prinzip keine Grenzen zu setzen[315]. Insbesondere wird man Parlamenten vollständige Informationsmöglichkeiten gegenüber den anderen Gewalten zubilligen können, die als Form parlamentarischer Kontrolle auch von Ausschüssen oder spezialisierten Abgeordneten wahrgenommen werden sollen, um für die Entscheidungsfindung im Plenum aufbereitet und dorthin zurückgeführt zu werden. Anderes gilt aber für die Entscheidung selbst. Diese schließt eine Spezialisierung innerhalb des Verfahrens in aller Regel aus. Sie muß durch die Gesamtheit des Organs getroffen werden.

Der *Sammelbegriff der parlamentarischen Kontrolle* kann vor diesem Hintergrund nicht als optimierungsbedürftiges Ideal einer möglichst intensiven rechtsförmigen Verflechtung zwischen Legislative und Exekutive verstanden werden. Parlamentarische Kontrolle wird sowohl in nationalen als auch in internationalen Zusammenhängen als Desiderat der Gewaltenteilung verstanden, ihr Fehlen ist ein vielfach beklagter Mangel – aber auch das Parlament als klassische Form legislativer Rechtserzeugung hat sich in ein Gewaltengliederungsmodell einzuordnen

---

Q. Wilson, Bureaucracies, 1989, 235ff.; *Jarass*, Die Verwaltung 1976, 96ff.; *Epstein/O'Halloran*, Delegating Powers, 18ff.

[313] Deren funktionale Grenze ist zu ziehen, wenn die Informationsbefugnisse in subjektive Rechte eingreifen und mit der judikativen Gewalt in identischen Sachverhalten zusammenstoßen. Vgl. zum Problem für das deutsche Recht: *Norbert Achterberg/Martin Schulte*, in: v. Mangoldt/Klein/Starck, Bonner Grundgesetz Art. 44, Abs. 1, Rdnr. 18. Vgl. auch OLG Köln NJW 1985, 336f. Grundsätzlich: *Johannes Masing*, Parlamentarische Untersuchungen privater Sachverhalte?, 1998. Für das amerikanische Recht zentral zum Verhältnis zwischen legislativer und gerichtlicher Ermittlung: Kilbourn v. Thompson, 103 U.S. 168, 182ff. (1880); einschränkend: Sinclai v. United States, 279 U.S. 263, 295 (1929). Zur Grundrechtsbindung: Quinn v. United States, 349 U.S. 155, 161ff. (1955). Knappe Darstellung: *Tribe*, American Constitutional Law, 790–794. Die Informationsbedürfnisse des Parlaments zur Ermöglichung von Gesetzgebung werden deutlich formuliert in McGrain v. Daugherty, 273 U.S. 135, 175 (1927).

[314] Vergleichend *Roland Bieber*, Das Verfahrensrecht von Verfassungsorganen, 1992. Vgl. auch oben, S. 105ff.

[315] Vorbehalte mit Blick auf die öffentliche Sicherheit, die allerdings auch als Vorwand dienen können, ausgenommen.

und durch dieses relativieren zu lassen. In den Worten *James Madisons* gilt auch für die Legislative: »*The several departments being perfectly co-ordinated by the terms of their common commission, neither of them, it is evident, can pretend to an exclusive or superior right of settling the boundaries between their respective powers ...*«[316].

Daher soll die Legislative in der Entscheidungsvorbereitung weitgehenden Zugriff auf die Exekutive nehmen, insbesondere durch das Sammeln von Informationen und deren öffentliche Diskussion[317]. In der Entscheidung selbst aber schuldet die Legislative der gesamten Gewaltengliederung mit dem Gesetzesbeschluß nicht allein eine materielle Maßstabsetzung der Exekutive, sondern damit zugleich die *Beendigung* des auf Allgemeinheit ausgerichteten politischen Verfahrens[318], an den eine intensivere Verrechtlichung der Maßstabsbildung der Exekutive auf Grundlage des Gesetzes anschließen kann. So wird der funktionale Einwand gegen legislative Autodelegationen deutlich: Mit ihnen überträgt der Gesetzgeber den politischen Prozeß auf eine Stufe der Rechtskonkretisierung, die eigentlich der Exekutive überlassen bliebe. Die Rechtserzeugung wird nach dem Ende des Gesetzgebungsverfahrens wieder repolitisiert.

Das wichtigste Argument *gegen* diesen Einwand besteht in dem Hinweis, daß die Legislative auch ohne eine delegatorische Zwischenschaltung der Exekutive über die Befugnis verfügen würde, die fraglichen Regelungen zu erlassen. Mit der Autodelegation nähme sich die Legislative also nur Befugnisse, die ihr ohnehin zustünden. Dieser Einwand greift jedoch zu kurz: Denn die Legislative kann normalerweise nicht auf eine bereits durch die Exekutive konkretisierte Rechtserzeugung zurückgreifen, um diese zu modifizieren. Dieser Rückgriff ist aber im hier betrachteten Fall für die Legislative notwendig. Andernfalls könnte sie auf die Autodelegation verzichten und Einzelheiten direkt regeln. Damit gelingt es der Legislative aber, einen Grad an Regelungskonkretheit zu erzielen, die ihr ohne das Dazwischentreten der Exekutive verwehrt bliebe. Im Ergebnis ist der Topos der parlamentarischen Kontrolle daher nicht dazu geeignet, legislative Interventionen in die Ausführung eines Gesetzes zu rechtfertigen. Solche Interventionen sind funktional bedenklich, weil sie das auf Allgemeinheit gerichtete parlamentarische Verfahren punktuell wiedereröffnen, damit den Vollzug im Einzelfall politisieren und das organisatorische Konkretisierungspotential der Exekutive übergehen. Vermeintliche Legitimationsverluste, die sich aus der Weite der Delegationstatbestände ergeben sollen, können so nicht kompensiert werden.

---

[316] Federalists Nr. 49. In diesem wie in anderen Zusammenhängen wird das Wort *department* in der Bedeutung von »Gewalt« verwendet.
[317] Zu Information und Deliberation oben, S. 59 ff.
[318] Zu dieser Funktion des Gesetzes: *Luhmann*, Recht der Gesellschaft, 427.

b) Rechtsvergleichende Anwendung

Für die Vereinigten Staaten werden legislative Autodelegationen anläßlich der Einrichtung von *legislative vetos* verfassungsrechtlich erörtert. *Legislative vetos* sind gesetzlich vorgesehene Mitentscheidungsmöglichkeiten des Kongresses, einer Kammer des Kongresses oder eines Kongreßausschusses bei der Ausführung dieses Gesetzes. Solche Kontrollbefugnisse kamen seit 1932[319] in einer Vielzahl von Gesetzen vor und wurden nicht zuletzt als ein wichtiges Mittel zur parlamentarischen Bewältigung wachsender exekutiver Handlungsvielfalt gerechtfertigt, als eine Anpassung des überlieferten Systems der Gewaltenteilung an die Anforderungen des modernen Verwaltungsstaats[320].

In einer bedeutenden Entscheidung verwarf der Supreme Court die Einrichtung von *legislative vetos* jedoch als verfassungswidrig[321]. Der zu entscheidende Sachverhalt liest sich wie die idealtypische Veranschaulichung der soeben entwickelten Legitimationsproblematik: Der Kläger, kenianischer Staatsbürger, hatte von der Einwanderungsbehörde das Recht auf die Erteilung eines Visums erhalten. Entsprechend der gesetzlichen Regelung wurde sein Name auf einer Liste mit einigen hundert anderen Kandidaten dem Repräsentantenhaus zugeleitet. Der zuständige Ausschuß stellte für den Kläger und fünf andere Personen fest, daß sie den gesetzlichen Anforderungen zur Visumserteilung nicht genügten. Die Visumserteilung scheiterte deswegen am gesetzlich vorgesehenen anschließenden Einspruch des Plenums des Repräsentantenhauses. Auf seine Klage hin hob das Gericht die gesetzliche Mitentscheidungsbefugnis des Repräsentantenhauses[322] als verfassungswidrig auf und weitete die Urteilsbegründung auf alle *legislative vetos* aus.

Die unterschiedlichen Begründungen der Entscheidung demonstrieren die Vieldeutigkeit des Gewaltenteilungsarguments auf beeindruckende Weise: Der Mehrheitsmeinung zufolge übte das Repräsentantenhaus mit seinem Veto eine *legislative* Funktion aus[323]. Denn die Kammer habe durch ihre Entscheidung den Rechtsstatus des Klägers verändert und von seiner Kompetenz zur Regelung des

---

[319] *James Abourezk*, The Congressional Veto: A Contemporary Response to Executive Encroachment on Legislative Prerogatives, Indiana L. Rev. 52 (1977), 323, 324. Acts of June 30, 1932, 407, 47 Stat. 414. Auf Vorschlag Präsident Hoovers. Ihre verfassungsrechtliche Zulässigkeit wurde von seinem Nachfolger sogleich in Frage gestellt.

[320] Darstellung dieser Sicht mit Nachweisen, die vielfach auf *Woodrow Wilson*, Congressional Government: A Study in American Politics, 1885, zurückgehen, bei *Korn*, Power of Separation, 8ff.

[321] INS v. Chadha, 462 U.S. 919 (Burger, C.J.) (1983). Aus der zahlreichen Literatur: *Peter L. Strauss*, Was There a Baby in The Bathwater? A Comment on the Supreme Court's Legislative Veto Decision, Duke L.J. 1983, 789; *Stephen Breyer*, The Legislative Veto after Chadha, Georgetown L. Rev. 72 (1984), 785.

[322] 244(c)(2) Immigration and Nationality Act, 8 U.S.C. § 1254(c) (2), in der Fassung 66 Stat. 216.

[323] 462 U.S. 951ff.

Einbürgerungsrechts in art. I sec. 8 cl. 4 U.S. const. Gebrauch gemacht. Die Ausübung dieser Funktion sei aber der Legislative nur in einem Verfahren erlaubt, in das der Präsident miteinbezogen werde müsse (art. I sec. 7 cl. 2 U.S. const., *presentment clause*), und das beide Kammern des Kongresses zu durchlaufen habe (art. I sec. 1 cl. 17 U.S. const., *bicameralism*). Da dieses Verfahren für die Erteilung des Vetos im Gesetz nicht vorgesehen sei, verstoße die Regelung – wie alle *legislative vetos* - gegen die Verfassung. Ein der Entscheidung im Ergebnis, nicht aber in der Begründung beipflichtender Richter erkannte in der Wahrnehmung der Veto-Befugnis jedoch die Ausübung einer *judikativen* Funktion und bejahte aus diesem Grund einen Verstoß gegen die Verfassung[324]. Das Repräsentantenhaus habe im Einzelfall abschließend über eine behördliche Gesetzesauslegung entschieden und damit wie ein Gericht gehandelt[325]. Die abweichende Meinung[326] berief sich vor dem Hintergrund der nicht eindeutigen Zuordnung des Vetos zur legislativen Funktion auf die praktische Bedeutung dieses Kontrollinstruments im *modern administrative state*. Das Veto sei ein wichtiges Instrument zur Kompensation von Kontrollverlusten im Fall weitgehender Delegationen[327]. Die Regeln zum Gesetzgebungsverfahren hinderten das Parlament dagegen nicht daran, sich durch Gesetz andere Kontrollrechte zu verschaffen. Das Gebot der Gewaltenteilung sei daher anpassungsbedürftig: »*But the history of the separation-of-powers doctrine is also a history of accommodation and practicality.*«[328] Zudem würde ein Verbot eine große Anzahl anderer Gesetze unwirksam machen.

Obwohl die Entscheidung auf ein gespaltenes Echo stieß, führte sie tatsächlich zur Aufhebung weiterer Gesetze[329]. Die Argumentation der Mehrheit stieß auf wissenschaftlichen Widerspruch. Dies war nicht zuletzt deswegen der Fall, weil die Begründung sich einem verbreitet empfundenen Modernisierungs- und Anpassungsdruck, unter dem das Gewaltenteilungsprinzip stehen soll, so ausdrücklich widersetzt. Die dabei faktisch oft unterstellte Nachfrage des Kongresses nach dieser Form der Kompensation anderweitiger Kontrollverluste stellt jedoch nicht nur kein normatives Argument dar. Sie erweist sich zudem als empirisch nicht haltbar[330]. Untersuchungen zeigten vielmehr, daß *legislative vetos* in den aller-

---

[324]   462 U.S. 961 ff. (Powell, J., conc.)
[325]   462 U.S. 964.
[326]   462 U.S. 967 ff., 994 f. (White, J., diss.). Entsprechende Kritik ist in der Literatur weit verbreitet, etwa bei *Peter B. McCutchen*, Mistakes, Precedent, ad the Rise of the Administrative State: Toward a Constitutional Theory of the Second Best, Cornell L. Rev. 80 (1994), 1 (37 f.); *Daryl Levinson*, Framing Transactions in Constitutional Law, Yale L.J. 111 (2001), 547; *Donald E. Elliott*, INS v. Chadha – The Administrative Constitution, the Constitution and the Legislative Veto, Supreme Court Rev., 1983, 125. Diese Argumentationslinie wird in der amerikanischen Diskussion als *functional* bezeichnet und von den *formalists* abgegrenzt. Nachweise oben, §3, I., 1. bei Fußn. 57.
[327]   462 U.S. 984.
[328]   462 U.S. 999.
[329]   Vgl. die zusammenfaßten Fälle in 463 U.S. 1216 (1983).
[330]   Eingehende Untersuchung bei *Korn*, Power of Separation, 27 ff.

meisten Fällen nur eine symbolische Funktion hatten, wirksame Kontrolle maßgeblich aber über öffentliche Anhörungen und Budgetierungen funktionierte. Der Modernisierungsbedarf blieb Legende[331].

Am Maßstab der hier entwickelten Vorgaben ist das Ergebnis schlüssig. Die Verkürzung eines individuellen Rechts durch einen Teil der Legislative kehrt die funktionsgerechte Arbeitsteilung der Gewalten gerade um. Der Kläger verfügte über ein gesetzlich verbrieftes, administrativ konkretisiertes subjektives Recht, dessen er durch die Intervention des Kongreßausschusses beraubt wurde, ohne daß es für den Akt der Rücknahme eine gesetzlich vorgesehene gerichtliche Kontrolle gegeben hätte. Deswegen überzeugt auch die Klassifizierung des Vetos als materiell judikatives Handeln durch *Justice Powell*: Der Ausschuß entschied letztverbindlich über die Richtigkeit einer exekutiven Maßnahme, die aufgrund eines Gesetzes ergangen war, übte also eine Kontrolle der Verwaltung in einem von subjektiven Rechten dirigierten Bereich aus. Diese Begründung rechtfertigt es zudem besser als diejenige der Mehrheit, die ratio decidendi – wie im Urteil geschehen – auch auf Fälle auszuweiten, in denen beide Kammern zugleich ein Veto erlassen können. Deutlich wurde in dieser Rechtsprechung jedenfalls, daß das Veto keine Kompensation für den Legitimationsverlust darstellen kann, der durch legislative Delegationen an die Exekutive erlitten wurde. Vielmehr sind die organisatorischen Qualitäten repräsentativer Körperschaften nicht dazu geeignet, exekutive Gesetzeskonkretisierungen rückzukoppeln. Im konkreten Fall schnitten sie zudem Rechtschutzmöglichkeiten ab.

Im deutschen Recht stellt die Beteiligung des Bundestags am Erlaß von Rechtsverordnungen einen praktisch an Bedeutung gewinnenden Fall[332] legislativer Autodelegation dar. Eine solche Beteiligungsform findet sich beispielsweise[333] im ergänzten § 48 b BImSchG[334], der dem Bundestag die Befugnis verleiht, ihm von der Bundesregierung zugeleitete Rechtsverordnungen abzulehnen oder zu verän-

---

[331] Ein ähnlicher Zusammenhang läßt sich für die abweichende Meinung in Morrison v. Olson 487 U.S. 697ff. (Scalia, J., diss.) zeigen. Hier wandte Justice Scalia sich gegen ein neues, diesmal gegen die Exekutive gerichtetes Kontrollinstrument, den *Independent Counsel*. Seine Ausarbeitung der Mißbrauchsmöglichkeiten wurde in der Literatur als formalistisch verworfen – und bestätigte sich praktisch umfassend in der Clinton-Ära.

[332] In keinem Fall kann die Legislative an die Exekutive die formelle Änderung eines Gesetzes delegieren. Vgl. jedoch zu verblüffend parallelen Problemen einerseits *Hanno Kube*, Vom Gesetzesvorbehalt des Parlaments zum formellen Gesetz der Verwaltung?, NVwZ 2003, 57, andererseits die Fallgestaltung in Clinton v. City of New York, 524 U.S. 417 (1998), in der das Gericht die gesetzlich vorgesehene Befugnis des Präsidenten, ausgabenrelevante gesetzliche Regeln aufzuheben, für verfassungswidrig erklärt hat.

[333] Umfassende Überblicke bei *Arndt Uhle*, Parlament und Rechtsverordnung, 1999, 289ff.; *Johannes Schmidt*, Die Beteiligung des Bundestages beim Erlaß von Rechtsverordnungen, 2002, 56ff.; *Albert Hüser*, Die Mitwirkung der gesetzgebenden Körperschaften an dem Erlaß von Rechtsverordnungen, 1978. Spezifisch zum Problem demokratischer Legitimation: *Karl-Peter Sommermann*, Verordnungsermächtigung und Demokratieprinzip, JZ 1997, 434 (438).

[334] Eingefügt durch G. v. 26.9. 2002 (BGBl. I, 3830).

dern. Entsprechende Beteiligungsformen erfolgen in verschiedenen Variationen[335]: Zustimmungsvorbehalte können vor und nach Erlaß der Verordnung vorgesehen sein. Sie bestehen sowohl bei Rechtsverordnungen, deren Erlaß im Ermessen der Exekutive steht[336], als auch bei solchen, zu deren Erlaß sie verpflichtet ist[337].

Art. 80 Abs. 1 S. 1 GG nennt den Bundestag nicht als möglichen Adressaten einer Rechtsverordnungsermächtigung. Allerdings wird die Rechtsverordnung auch im Zustimmungs- oder Änderungsfall der Bundesregierung zugerechnet[338]. Um eine echte Subdelegation im Sinne von Art. 80 Abs. 1 S. 4 GG handelt es sich bei der Bundestagsbeteiligung nicht, denn diese erfolgt in Form einer Rechtsverordnung. Damit fehlt es im Grundgesetz an einer ausdrücklichen Regel, die die Zulässigkeit der Beteiligung eindeutig bestimmt. Der in Rechtsprechung[339] und Literatur[340] für die Beteiligung empfundene Rechtfertigungsbedarf[341] wird nicht selten mit einem Argument begründet, dessen Tragfähigkeit oben bereits in Frage gestellt wurde: der Möglichkeit einer Kompensation nicht hinreichend bestimmter materieller gesetzlicher Regelungen. Dieser Aspekt unterschätzt, wie gezeigt, die unterschiedlichen Funktionsmechanismen von Legislative und Exekutive, die nicht beliebig miteinander verknüpft werden können[342]. Zudem stellt sich die Frage, inwieweit die Zulassung einer parlamentarischen Mitentscheidung davon abhängig sein kann, ob von ihr Gebrauch gemacht wurde: Entweder ist die legislative Regelung mangels Bestimmtheit unzulässig oder nicht. Im letzteren Fall bedarf sie keiner Kompensation. Andernfalls müßte es die Rechtsfigur eines nur unter dem Vorbehalt parlamentarischer Mitbestimmung zulässigen weiten Delegationstatbestands geben, die in der Literatur aber nicht diskutiert wird.

Das Kompensationsargument setzt eine sich kontinuierlich verdünnende Legitimation exekutiven Handelns je nach Offenheit des sie ermächtigenden Gesetzeswortlauts voraus[343]. Diese metaphorische Vorstellung entnimmt die Legitima-

---

[335] Knappe systematische Typisierung bei *Fritz Ossenbühl*, Rechtsverordnung, in: J. Isensee/P. Kirchhof (Hrsg.), Handbuch des Staatsrechts Bd. III, 1988, §64, Rdnr. 51 f.

[336] §292 Abs. 4 HGB.

[337] §§20 Abs. 2 i.V.m. Abs. 1 UHG, 57 i.V.m. 59 S. 3 KrW-/AbfG.

[338] Das ergibt sich aus den eigentlichen Ermächtigungstatbeständen. Also im Fall des §48 b BImSchG aus §§7 Abs. 1 S. 1, 23 Abs. 1 S. 1, 43 Abs. 1 S. 1, 48a Abs. 1 S. 1, Abs. 1a BImSchG.

[339] BVerfGE 8, 274 (321).

[340] *Gunter Kisker*, Zulässigkeit und Konsequenzen einer Mitwirkung des Parlaments beim Erlaß von Rechtsverordnungen, in: Schule und Rechtsstaat, Bd. II, 1980, 9 (26ff.); *Thomas v. Danwitz*, Der Gestaltungsspielraum des Verordnungsgebers, 1989, 125ff., jew. m.w.N.

[341] Der historischen Praxis ist dies aber keineswegs fremd: *Uhle*, Parlament und Rechtsverordnung, 29ff., 45ff.

[342] Insgesamt kritisch *Uhle*, Parlament und Rechtsverordnung, 209ff.

[343] Zur vermeintlich verdünnten, aber durch Zustimmung wieder zunehmenden Legitimation: *v. Danwitz*, Verordnungsgeber, 66f. unter Berufung auf *Paul Henseler*, Die Grundrechtsbindung des Verordnungsgebers, ZG 1986, 76 (78); *Ossenbühl*, Rechtsverordnung, Rdnr. 55. Zur Kritik allerdings allein unter Berufung auf die verfassungsunmittelbare Legitimation der Exekutive *Schmidt*, Beteiligung des Bundestages, 101f. *Hans Heinrich Rupp*, Rechtsverordnungsbe-

tion des exekutiven Handelns aber nicht der demokratischen Entscheidung des Gesetzgebers selbst, die ja vom Parlament bewußt offen gefaßt wurde, sondern einer theoretischen Vorstellung davon, wie das Gesetz auszusehen habe. Trotz dieser Rechtfertigungsversuche gilt die *Änderung* von Rechtsverordnungen durch den Bundestag bei einem Großteil der wissenschaftlichen Beiträge als verfassungswidrig[344]. Die in diesem Zusammenhang vergleichsweise seltenen Hinweise auf die Gliederung der Gewalten bleiben jedoch recht unspezifisch[345], obwohl die Diskussion in topischer Manier Gesichtspunkte wie Formenstrenge oder Verantwortungsklarheit verwendet, die allesamt nach einem systematisierenden Hintergrundverständnis rufen[346].

Aus funktionaler Perspektive ist der Blick nicht allein auf das vermeintlich defiziente Handeln der Exekutive, sondern auch auf die Mängel legislativen Handelns zu richten, das im Zustimmungsfall eben nicht einen politischen Inhalt politisch gestaltet, sondern lediglich als Reaktion auf das Handeln der Exekutive hin ein Einzelproblem regelt. Die Beteiligung des Bundestags am Rechtsverordnungserlaß ist funktional keine legislative Handlung[347]. Sie basiert auf einer gesetzlichen Selbst-Ermächtigung, betrifft von vornherein einen eng definierten Gegenstand und konkretisiert einen Akt der Exekutive, die Rechtsverordnung. Das Problem der Verantwortungsklarheit stellt sich dagegen in diesem Zusammenhang – anders als im amerikanischen System – nicht, weil sich im parlamentarischen System Bundestag und Bundesregierung auf denselben demokratischen Legitimationsakt zurückführen lassen[348]. Auch wenn mögliche Fallgestaltungen im deutschen Recht nicht ganz so eingriffsintensiv sind wie in *Chadha*, ergeben sich bei einem Blick auf die gesetzlichen Vorschriften immerhin grundrechtliche Bezüge etwa in den §§ 20 Abs. 2 S. 2 UHG[349] und 48 b BImSchG[350]. So ist es beispielsweise anfechtbar, wenn von der Bundesregierung im Rahmen der Ermächtigung in § 23 Abs. 1 S. 1 Nr. 2 BImSchG definierte Grenzwerte vom Bundestag für

---

fugnis des Deutschen Bundestages?, NVwZ 1993, 756 (758) unter Hinweis auf die Unterscheidung zwischen Rechtsstaat und Demokratie. Der Gedanke taucht schon in BVerfGE 8, 274 (320) auf: »Zustimmungsverordnungen ... enthalten aber im Vergleich zur vollen Delegation der Rechtsetzung auf die Exekutive ein Minus.«

[344] *Hartmut Bauer*, in: Dreier, Art. 80, Rdnr. 26; *Michael Brenner*, in: v. Mangoldt/Klein/Starck, Bonner Grundgesetz, 4. Aufl. 2001, Art. 80, Rdnr. 98; *Lücke*, in: Sachs (Hrsg.), Grundgesetz, Art. 80, Rdnr. 40; *Stefan Studenroth*, Einflußnahme des Bundestages auf Erlaß, Inhalt und Bestand von Rechtsverordnungen, DÖV 1995, 525 (533ff.).

[345] So bei *Michael Brenner*, in: v. Mangoldt/Klein/Starck, Art. 80, Rdnr. 98; *Olaf Konzak*, Die Änderungsvorbehaltsverordnung als neue Mitwirkungsform beim Erlaß von Rechtsverordnungen, DVBL. 1994, 1107 (1111). Vgl. aber *Sommermann*, JZ 1997, 438f.

[346] Grundsätzlich *Zimmer*, Funktion – Kompetenz – Legitimation, 187f.

[347] So auch *Arndt Uhle*, Verordnungsgeberische Entscheidungsmacht und parlamentarischer Kontrollvorbehalt, NVwZ 2002, 15 (17).

[348] Zum Begriff der demokratischen Verantwortlichkeit, oben, S. 46ff.

[349] Höhe der Deckungsvorsorge und auf den Inhalt von Befugnissen der Deckungsvorsorgeüberwachung (§ 20 Abs, 1 Nr. 2, 4 UHG).

[350] Grenzwertfestlegungen.

bestimmte Fälle abgeändert werden. Ein solches Verfahren ist funktional anders zu bewerten als eine gesetzliche Bestimmung aller Grenzwerte.

Im Ergebnis wird die mit einem bestimmten Grad an Allgemeinheit getroffene gesetzliche Entscheidung in dieser Konstellation erst angesichts der in der Verordnung enthaltenen exekutiven Konkretisierungsleistung durch ein Veto oder durch eine Abänderung seitens des Gesetzgebers weiter spezifiziert. Hierin liegt kein Legitimationsgewinn, weil der Bundestag damit eine exekutive Konkretisierungsleistung wieder in ein politisches Verfahren zurücküberführt und seine eigene generelle Entscheidung ad hoc, für einen nicht vorgesehenen Spezialfall relativiert[351]. Bedenkt man, daß Art. 80 GG die Verfahrensbeteiligten eingehend und deshalb wohl abschließend regelt, so spricht dies dafür, jede Entscheidungsbeteiligung des Bundestages an der Verordnungsgebung als Verstoß gegen Art. 20 Abs. 2 S. 2 GG einzustufen.

c) Zwischenfazit

Autodelegationen des Gesetzgebers stellen eine bedenkliche Verzerrung des Gewaltengliederungsgefüges dar. Sie führen zu einem legitimatorischen Kurzschluß, indem sie die Konkretisierung politischer Entscheidungen der Legislative wiederum der Legislative, dem Repräsentanten demokratischer Allgemeinheit, vorlegen. Diese Struktur kann entgegen einer weitverbreiteten Vorstellung die fehlende Bestimmtheit legislativer Regelungen keineswegs kompensieren, denn dieses Bestimmtheitserfordernis richtet sich an die legislative Rechtserzeugung als Ganzes; ein Mangel daran kann daher nicht durch punktuellen legislativen Zugriff behoben werden.

In beiden Rechtsordnungen wird dieses Problem nicht nur als ein verfassungstheoretisches, sondern auch als ein verfassungsrechtliches behandelt, wenn auch mit unterschiedlicher Intensität. Folgerichtig erscheint der verfassungsrechtliche Zugriff in den USA deswegen am schärfsten, weil dort legislative Kontrollbefugnisse unmittelbar in subjektive Rechte eingreifen können. Für das deutsche Verfassungsrecht gibt die offene Regelung des Art. 80 Abs. 1 GG die Möglichkeit, funktionale Gesichtspunkte zur Geltung zu bringen und für jede Form der Bundestagsbeteiligung beim Erlaß von Rechtsverordnungen einen Verstoß gegen Art. 20 Abs. 2 S. 2 GG anzunehmen.

4. Fazit

Weitgehende legislative Delegationen an die Exekutive sind weder eine historische Neuheit noch ein Krisenphänomen[352]. Zunächst ist es eine spezifische Lei-

---

[351] Sehr kritisch auch *Di Fabio*, Gewaltenteilung, Rdnr. 44.
[352] Vgl. die Darstellung bei *Carl Schmitt*, Vergleichender Überblick über die neueste Entwick-

stung einer selbstbestimmten Gewaltengliederung, der Exekutive eigene Entscheidungsspielräume zu überlassen und damit ihre organisatorischen Möglichkeiten zu nutzen. Delegationen können durchaus als Ausdruck einer angemessenen Arbeitsteilung zwischen beiden Rechtserzeugungsfunktionen verstanden werden, denn idealiter hat die Legislative weder ihre Normsetzungskompetenzen an die Exekutive weitgehend abzutreten noch so detailliert zu regeln, daß für die Exekutive keine Konkretisierungspotentiale mehr bleiben. Innerhalb dieses Zwischenraums wirkt die Vermittlung breiterer Regelungsspielräume als eine funktionale Normalität, nicht als Problem. Entsprechend zurückhaltend ist die Gerichtsbarkeit bei der Aufhebung von Gesetzen nur wegen zu weitgehender Delegationstatbestände. Der Akt der Delegation bleibt dennoch nicht verfassungsrechtlich irrelevant. Indem die Entscheidung der Exekutive zugewiesen werden, nimmt die gerichtliche Kontrollmöglichkeit zu.

Vor diesem Hintergrund stellt sich auch die Kompensationsbedürftigkeit von Delegationen anders dar, zumal sich untersuchte Kompensationsformen ihrerseits als funktional problematisch erwiesen. Das gilt deutlich für legislativ vorgesehene Zugriffsrechte in exekutive Konkretisierungshandlungen. Es gilt eingeschränkt auch für eine Verrechtlichung exekutiver Normsetzung, von der Transparenzgewinne erwartet werden können, die aber nicht zu einer Versteinerung exekutiver Handlungsspielräume durch Verfahren führen sollte.

---

lung des Problems der gesetzgeberischen Ermächtigungen (Legislative Delegationen), ZaöRV 6 (1936) 252, in der in Großbritannien, die Vereinigten Staaten und Deutschland verglichen werden. Wiewohl die Analyse der in allen Rechtsordnungen zu findenden weitgehenden Delegationen zutreffend war, erwies sich die daraus hergeleitete These vom Ende der parlamentarischen Gesetzgebung als falsch – ebenso wie die Gleichsetzung von reversiblen Delegationen in demokratischen Verfassungsstaaten mit der deutschen Ermächtigungsgesetzgebung nach 1933.

Zweiter Teil

Gewaltengliederung in Mehrebenen-Rechtsordnungen

Der Zweite Teil der Darstellung wird die zuvor entwickelten Kategorien der Gewaltengliederung auf Rechtsprobleme anwenden, die nicht allein horizontal, zwischen den Organen einer Rechtsordnung entstehen, sondern auch vertikal innerhalb von Mehrebenen-Rechtsordnungen. Die Untersuchung wird in drei Schritten vorgehen. Zunächst sind die in der Grundlegung entwickelten Vorgaben für die spezifischen Legitimationsfragen in Mehrebenen-Rechtsordnungen weiter zu entwickeln (§ 6). In einem zweiten Schritt soll das Organisationsrecht dreier übernationaler Rechtsordnungen untersucht werden, deren Grad an Ausdifferenzierung die Anwendung eines dreigegliederten Gewaltenkonzepts gestattet. Als supranationale Organisation wird die *Europäische Union*, als internationale Organisationen die *International Labour Organization* und die *World Trade Organization* Gegenstand der Analyse sein (§ 7). In einem dritten Schritt werden Kopplungen zwischen verschiedenen hoheitlichen Ebenen in die Untersuchung einbezogen werden, denn die Aufteilung der Rechtserzeugung auf verschiedene Ebenen sorgt auch dafür, daß nicht alle Gewalten auf allen Ebenen handeln, sondern daß sich Gewaltengliederung und Ebenenaufteilung miteinander verschränken (§ 8). An dieser Stelle ist nochmals darauf hinzuweisen, daß die Untersuchung übernationaler Rechtsordnungen hier unter der normativen Voraussetzung durchgehend demokratischer *Mitgliedstaaten* vorgenommen wird.

§6 Legitimationsstrukturen in Mehrebenen-Rechtsordnungen

Nach einer einführenden Untersuchung der rechtswissenschaftlichen Bedeutung des Begriffs der »Ebene« und der rechtlichen Eigenschaften von Mehrebenen-Rechtsordnungen (I.), wird sich die Darstellung spezifischen Legitimationsproblemen von Mehrebenen-Rechtsordnungen zuwenden (II.). Eine abschließende Bilanz gestattet zugleich eine Überleitung zu Problemen der Gewaltengliederung in Mehrebenen-Rechtsordnungen (III.).

I. Rechtsstrukturen von Ebenen und Mehrebenen-Rechtsordnungen

1. Rechtswissenschaftliche Bedeutungen des Ebenenbegriffs

a) Ebene als Kategorie des übernationalen Rechtsvergleichs föderaler Ordnungen

Der Begriff der Ebene, oder der »Mehrebenen-Systeme«[1] erfreut sich in der wissenschaftlichen Diskussion des Völker- und Europarechts zunehmender Beliebtheit[2]. Welches aber ist seine Bedeutung für eine rechtswissenschaftliche Untersuchung der Gewaltengliederung in nationalen, supra- und internationalen Rechtsordnungen? Viele mit dem Begriff der Ebene beschriebene Phänomene sind nicht neu, sondern föderal gegliederten Rechtsordnungen wie denjenigen Deutsch-

---

[1] Der Ausdruck entstammt zunächst der Politikwissenschaft, vgl. nur *Fritz W. Scharpf*, Die Politikverflechtungs-Falle: Integration und deutscher Föderalismus im Vergleich, PVS 26 (1985), 323; *Markus Jachtenfuchs/Beate Kohler-Koch*, Regieren im dynamischen Mehrebenensystem, in: M. Jachtenfuchs/B. Kohler-Koch (Hrsg.), Europäische Integration, 1996, 30. Nicht völlig korrekt ist die Verwendung des Begriffs des »Mehrebenen-Systems«. Mit »System« wird entweder ein Ordnungszusammenhang beschrieben oder die Grenze zwischen innen und außen, zwischen System und Umwelt, besonders hervorgehoben. Für eine rechtswissenschaftliche Betrachtung ist es aber wenig ergiebig, eine Grenze an der Außenseite der Gesamtordnung zu ziehen, indem man diese als »System« bezeichnet. So aber ausdrücklich verwendet bei *Armin von Bogdandy*, Skizzen einer Theorie der Gemeinschaftsverfassung, in: T. v. Danwitz (Hrsg.), Auf dem Wege zu einer Europäischen Staatlichkeit 1993, 9 (15).

[2] Vgl. *Franz C. Mayer*, Europäische Verfassungsgerichtsbarkeit, in: A. v. Bogdandy (Hrsg.), Europäisches Verfassungsrecht, 2003, 229 (263ff., 269ff.); *Gunnar Folke Schuppert*, Anforderungen an eine europäische Verfassung, in: H.D. Klingemann/F. Neidhardt (Hrsg.), Zur Zukunft der Demokratie 2000, 207 (216); *Rainer Wahl*, Der Einzelne in der Welt jenseits des Staates, Der Staat 40 (2001), 45 (46ff.).

lands oder der Vereinigten Staaten seit langem bekannt. Neu ist allerdings die Einbeziehung von Hoheitsträgern, die keine Nationalstaaten sind, in einen einheitlichen rechtswissenschaftlichen Untersuchungszusammenhang. Der Ebenenbegriff ersetzt überlieferte föderale Kategorien nicht[3], sondern ergänzt sie und löst sie von Nebenbedeutungen, die auf bestimmte nationale Rechtstraditionen bezogen bleiben, ab[4]. Bedarf eine rechtswissenschaftliche Analyse übernationaler Rechtsstrukturen einer unbelasteten Terminologie, so erfordert dies die Verwendung eines hinreichend abstrakten Begriffsrahmens, der alte und neue institutionelle Lösungen auf einen gemeinsamen Nenner bringen und vergleichbar machen kann[5]. Anders als die überlieferten Begrifflichkeiten etwa aus der deutschen Theorie des Bundesstaats[6] hat der Begriff der Ebene den Vorteil, Besonderheiten nationaler Rechtsordnungen nicht unter der Hand in den Vergleich einzubeziehen. Gerade um zu verstehen, welches die Besonderheiten der staatlichen Ebene sind, muß diese mit überstaatlichen Rechtsordnungen verglichen werden[7]. Unterschiede zwischen Hoheitsträgern sollen durch den Ebenenbegriff nicht nivelliert, sondern präzisiert werden[8]. Der Ebenenbegriff ist eine rechtswissenschaftliche, keine rechtsdogmatische Kategorie. Sie dient dem Rechtsvergleich zwischen

---

[3] Dies hat zu einer Renaissance der Theorie des Föderalismus mit Blick auf übernationales Recht und entsprechenden Vergleichen zwischen amerikanischem und europäischem Recht geführt: *George A. Bermann*, Regulatory Federalism: European Union and United States, Receuil des Cours 263 (1997), 12 (50 ff.); *von Bogdandy*, Supranationaler Föderalismus, 61 ff.; *Peter Hay*, Federalism and Supranational Organization: pattern for new legal structures, 1966; *Katharina Heckel*, Der Föderalismus als Prinzip überstaatlicher Gemeinschaftsbildung, 1998, 120 ff.; *Lenaerts*, American J. o. Comparative Law (1990), 205 ff.; *Joseph H.H. Weiler*, Constitutionalism and Federalism – Europe's Sonderweg, in: R. Howse/K. Nicolaidis (Hrsg.), The Federal Vision: Legitimacy and Levels of Governance in the United States and the European Union, 2001, 54.
[4] Zur Geschichte der föderalen Idee im internationalen Recht *Hartwig Bülck*, Föderalismus als internationales Ordnungsprinzip, VVDStRL 21 (1964), 1 (3 ff.).
[5] So im Ansatz auch *Christoph Schönberger*, Die Europäische Union als Bund, AöR 129 (2004), 81, der statt Ebene den Begriff des Bundes als Ausgangspunkt vorschlägt.
[6] Dessen begrifflicher Rahmen spätestens mit *Georg Jellinek*, Die Lehre von den Staatenverbindungen, 1882, ausgeschöpft war. Zur Geschichte der Theorie: *Stefan Brie*, Der Bundesstaat, 1874; *Hugo Preuß*, Reich, Staat und Gemeinde als Gebietskörperschaften, 1888; *Stefan Oeter*, Integration und Subsidiarität im deutschen Bundesstaatsrecht, 1998, 17 ff., 29 ff.
[7] Explizit anders aber *Peter Badura*, Diskussionsbemerkung, VVDStRL 60 (2001), 353: »Sofern ich Begriffe benutze, muß ich mich fragen, welchen Sitz sie im Leben haben, und daraus entspringt ein Mißtrauen gegen solche mehr schematischen Vorstellungen wie »Mehrebenensystem« und vergleichbares, da eben die Ebenen nicht vergleichbar sein dürften.« Was immer hier mit »Leben« gemeint sein mag, schon die Feststellung fehlender Vergleichbarkeit setzt jedenfalls einen Vergleich voraus. Tatsächlich begann die Verwendung der Begrifflichkeit mit einem Vergleich zwischen deutscher und europäischer Hoheitsorganisation: *Scharpf*, PVS 26 (1985), 323 ff.
[8] Erstaunlich selten bleiben Bemühungen um die genaue Begriffsbedeutung. Vgl. aber: *Mayer*, Europäische Verfassungsgerichtsbarkeit, 269 f., den der Begriff verwendet, um eine hierarchische Struktur auszuschließen. Dies wird durch die Metapher freilich einerseits suggeriert, andererseits kommt auch die Bundesstaatstheorie ohne ein hierarchisches Verständnis aus. Weiter zum Begriff *Michael Heinig*, Öffentlich-rechtliche Religionsgesellschaften, 2003, 407 ff.; *Nick Bernard*, Multilevel Governance in the European Union, 2002, 3 ff.

nationalen und übernationalen Rechtsordnungen, der die begrifflichen Diskussionen um Bundesstaatlichkeit, Staatenbund und Staatenverbund gegenüber einer einheitlichen Vergleichsperspektive zurückstellt. Um dies leisten zu können, ist seine Bedeutung zu präzisieren.

b) Eine Arbeitsdefinition des Ebenenbegriffs

Die Anerkennung neuer Rechtserzeugungsebenen stellt für den Kompetenzbestand bereits bestehender Ebenen häufig eine Bedrohung dar. Dies zeigt sich in den verfassungstheoretischen Diskussionen zur deutschen Bundesstaatlichkeit[9] und zum amerikanischen Föderalismus in der Zeit vor dem Bürgerkrieg[10] ebenso wie in der Debatte um den Souveränitätsbestand der Mitgliedstaaten in der Europäischen Union[11]. Deswegen wird die Selbständigkeit einer neu entstandenen Ebene nicht selten bestritten und deren Rechtserzeugungsleistungen als bloß abgeleitetes Phänomen der Ursprungsebene gedeutet[12]. Für das deutsche Verfassungsrecht stellt sich die Europäische Gemeinschaft einem solchen Verständnis zufolge als bloß »abgeleitetes« Phänomen des »originären« vertragsratifizierenden deutschen Gesetzgebers dar[13]. Ähnliche Aussagen zur Bundesebene finden

---

[9] Als eine ausgearbeitete Theorie, in der Legitimationsfragen eine Rolle spielen: *Otto Mayer*, Monarchischer und demokratischer Bundesstaat, AöR 18 (1903), 337. Überblick bei *Oeter*, Integration und Subsidiarität, 44ff. Zu den Problemen, die sich aus einer Verknüpfung europäischer Integration mit deutscher Bundesstaatstheorie ergeben: *Stefan Oeter*, Souveränität und Demokratie als Probleme der »Verfassungsentwicklung« der Europäischen Union, ZaöRV 55 (1995), 659.

[10] Vgl. die *Theory of Nullification*, der zufolge die Gliedstaaten von ihnen als verfassungswidrig angesehene Gesetze des Bundes nichtig erklären konnten, und die letztlich einen Austritt aus der Union ermöglichen sollte, von John C. Calhoun. Calhouns Werke wurden auch in der deutschen Bundesstaatstheorie rezipiert.

[11] Vergleichende Betrachtungen hierzu bei *Leslie Friedman Goldstein*, Constituting Federal Sovereignty. The European Union in Comparative Context, 2001.

[12] Hierzu gehört auch die seltsame Terminologie der deutschen staatsrechtlichen Dogmatik, die den Ländern unabgeleitete Staatsgewalt zuspricht, obwohl sich ihr Kompetenzbestand nur aus dem Grundgesetz, also der Verfassung des Bundes, ableiten läßt, dazu *Möllers*, Staat als Argument, 362ff. m.w.N; *Anton R. Greber*, Die vorpositiven Grundlagen des Bundesstaates, 2000, 25ff.

[13] Zur Diskussion frühe positive Stimmen bei *Peter Badura*, Bewahrung und Veränderung demokratischer und rechtsstaatlicher Verfassungsstruktur in den internationalen Gemeinschaften, VVDStRL 23 (1966), 34 (56f., 61); *Carl Friedrich Ophüls*, Staatshoheit und Gemeinschaftshoheit, in: FS Heymanns Verlag, 1965, 519 (558ff.). Aus neuerer Zeit *Ingolf Pernice*, Europäisches und nationales Verfassungsrecht, VVDStRL 60 (2001), 148 (167). Weiterhin skeptisch: *v. Danwitz*, Verwaltungsrechtliches System und Europäische Integration, 1996, 464; *Kaufmann*, Europäisches Gemeinschaftsrecht und Demokratieprinzip, 428 u. Anm. 69; *Peter Michael Huber*, Europäisches und nationales Verfassungsrecht, VVDStRL 60 (2001), 194 (219ff.); *Paul Kirchhof*, Europäische Einigung und der Verfassungsstaat der Bundesrepublik Deutschland, in: J. Isensee (Hrsg.), Europa als politische Idee und rechtliche Form, 1993, 63 (99); *ders.*, Der Staat als Organisationsform politischer Herrschaft und rechtlicher Bindung, DVBl. 1999, 637 (648ff.).

sich auch im amerikanischen Verfassungsrecht bis in die Gegenwart[14], im deutschen dagegen schon seit dem Kaiserreich nicht mehr[15]. Aber wie ist der Begriff der Ebene in diesem Kontext angemessen zu bestimmen?

Mit Blick auf die verfassungstheoretische Grundlegung dieser Untersuchung erscheint es plausibel, von einer *Ebene* zu sprechen, *wenn ein bestimmter Rechtsbestand damit beginnt, eigene verfestigte Legitimationsmechanismen zu entwikkeln, also seine eigene Rechtserzeugung an die rechtswirksame Anerkennung von individuellen oder demokratischen Akten der Selbstbestimmung zu verknüpfen.* Mit der Einrichtung eigener Legitimationsformen ist immer auch eine Entkopplung von anderen Rechtsordnungen, also eine Verselbständigung, verbunden. Eine Ebene entsteht mithin dadurch, daß eine Rechtsordnung subjektive Rechte einräumt und/oder dadurch, daß sie demokratische Verfahren vorsieht. Praktisch bedeutet dies zunächst, daß das Vorliegen einer selbständigen Ebene nicht immer eindeutig zu bestimmen ist, da Legitimationsverfahren verschieden intensiv ausgestaltet und verfestigt werden können. Ebenen beschreiben eine relative Verselbständigungsform der Rechtserzeugung, keine absolute[16]. Dies zeigt sich deutlich bei demokratischen Verfahren: Diese können Individuen unmittelbar einbeziehen und damit eine besonders weitgehende Verselbständigung ermöglichen oder durch andere Ebenen, namentlich durch souveräne Staaten, vermittelt werden, wie dies beispielsweise im Rat der EG der Fall ist. Von Ebenen kann aber nur gesprochen werden, wenn Rechtsregime Institutionen ausbilden, die ihrerseits Recht erzeugen. In der Terminologie der Gewaltengliederung bedeutet dies, daß Ebenen Institutionen ausbilden müssen, die zumindest einer der drei Funktionen des klassischen Schemas der Gewaltengliederung entsprechen.

c) Ebene – Rechtspersönlichkeit – Rechtsquelle

Wie verhält sich der Begriff der Ebene zum Rechtsbegriff der Rechtspersönlichkeit, der sich in nationalen Verfassungsordnungen, im Europarecht und im Völkerrecht entwickelt hat?

Für das Europarecht und für nationale Verfassungsrechtsordnungen ist die Bestimmbarkeit der Rechtspersönlichkeit in der Regel eindeutig[17]. Mitgliedstaaten und Europäische Gemeinschaft genießen Rechtspersönlichkeit innerhalb des Ge-

---

[14] Vgl. die abweichende Meinung in US Term Limits, Inc. v. Thornton, 514 U.S. 779 (Thomas, J.) (1995).

[15] Vgl. nur *Hermann Jahrreiß*, Die Gliederung des Bundes in Länder, GS Peters, 1967, 533 (543).

[16] Dazu auch *Möllers*, Verfassung – verfassunggebende Gewalt – Konstitutionalisierung, 27f. Zu einer theoretischen Fundierung *van de Kerchove/Ost*, Le Système Juridique, 154ff.

[17] Zum Problem der Rechtspersönlichkeit der EU: *Schroeder*, Verfassungsrechtliche Beziehungen zwischen Europäischer Union und Europäischen Gemeinschaften, 378ff.; *Armin von Bogdandy/Martin Nettesheim*, Die Europäische Union: Ein einheitlicher Verband mit eigener Rechtsordnung, EuR 1996, 3 (12ff.).

meinschaftsrechts und innerhalb der nationalen Rechtsordnungen. Auch innerhalb nationalstaatlicher föderaler Systeme wie denen des Grundgesetzes und der Verfassung der Vereinigten Staaten verfügen Bund und alle Gliedstaaten schon zur Ermöglichung einer rechtlich definierten Kompetenzordnung[18] und der differenzierten Verpflichtungswirkung subjektiv öffentlicher Rechte[19] über eine selbständige Fähigkeit zu Berechtigung und Verpflichtung[20].

Im Völkerrecht ist die Lage komplizierter: Das Völkerrecht erkennt einen rechtlich bestimmten Grad der Verselbständigung durch die Kategorie der Völkerrechtssubjektivität an. Internationale Organisationen verfügen im Regelfall über eine relative Völkerrechtspersönlichkeit[21], die ihnen die Möglichkeit gibt, Zurechnungssubjekt völkerrechtlicher Rechte und Pflichten zu werden, und sich damit rechtlich gegenüber den sie konstituierenden staatlichen Mitgliedern zu verselbständigen. Die Völkerrechtssubjektivität internationaler Organisationen ist nicht immer in den Gründungsverträgen festgeschrieben[22], sondern vielfach nur gewohnheitsrechtlich anerkannt[23]. Zudem ist die Völkerrechtssubjektivität internationaler Organisationen stets relativ, sie ist durch die vertraglichen Ziele

---

[18] Zu Konstruktionsfragen aus Sicht der Rechtsverhältnislehre: *Hartmut Bauer*, Die Bundestreue, 1993, 260f., 288ff. Im deutschen Bundesstaatsrecht wurde dieses Problem mit der Unterscheidung zwischen zwei- und dreigliedrigem Bundesstaat diskutiert. Vgl. *Joseph H. Kaiser*, Die Erfüllung der völkerrechtlichen Verträge des Bundes durch die Länder, ZaöRV 18 (1957/58), 526 (530ff.). Zur Relativierung der verbreiteten Ablehnung der Dreigliedrigkeitstheorie: *Jochen Abr. Frowein*, Die Konstruktion des Bundesstaates, in: Probleme des Föderalismus, 1985, 47, 53f.; *Peter Lerche*, in: Maunz/Dürig, Art. 84, Rdnr. 128.

[19] Für das deutsche Recht: *Christian Starck*, in: v. Mangoldt/Klein/Starck, Bonner Grundgesetz, 3. Aufl. 1985, Art. 1, Rdnr. 138f.; *Horst Dreier*, Einheit und Vielfalt der Verfassungsordnungen im Bundesstaat, in: K. Schmidt (Hrsg.), Vielfalt des Rechts – Einheit der Rechtsordnung?, 1994, 113 (134). Für das Europarecht: *Rolf-Oliver Schwemer*, Die Bindung des Gemeinschaftsgesetzgebers an die Grundfreiheiten, 1995, 45ff. Zu Bindung durch die Gemeinschaftsgrundrechte: *Jürgen Kühling*, Grundrechte, in A. v. Bogdandy, Europäisches Verfassungsrecht, 2002, 583 (606ff.); *Christian Ranacher*, Die Bindung der Mitgliedstaaten an die Gemeinschaftsgrundrechte, ZöR 58 (2003), 21. Im amerikanischen Verfassungsrecht bedurfte die Erstreckung der Grundrechtsverpflichtung auf die gliedstaatliche Ebene einer Verfassungsänderung (Fourteenth Amendment), die die Frage aber nicht einmal eindeutig klärte: *Akhil R. Amar*, The Bill of Rights and the Fourteenth Amendment, Yale L.J. 101 (1992), 1193 (1218f., 1260ff.).

[20] Technisch ist die Figur der Rechtspersönlichkeit dem angelsächsischen Recht fremd. Dazu *C. K. Allen*, Law in the Making, 6. Aufl. 1958, 577; *Robert M. Maciver*, The Modern State, 1926, 452. In der Sache, nämlich der Fähigkeit, Adressat von Rechten und Pflichten zu sein, ergibt sich aber kein Problem.

[21] Abzugrenzen ist diese von der Rechtspersönlichkeit Internationaler Organisationen in nationalen Rechtsordnungen, vgl. dazu nur *Klabbers*, International Institutional Law, 49ff., 52ff.

[22] Zur im Regelfall vorliegenden vertraglichen Grundlage für das Entstehen einer Internationalen Organisation: *Ignaz Seidl-Hohenveldern/Gerhard Loibl*, Das Recht der internationalen Organisationen einschließlich der Supranationalen Gemeinschaften, 7. Aufl. 2000, 60f. *Henry G. Schermers/Niels M. Blokker*, International Institutional Law, 3. Aufl. 1995, §34. Vgl. aber auch *Ignaz Seidl-Hohenveldern*, Internationale Organisationen aufgrund von soft law, FS Bernhardt, 1995, 229 (zur KSZE).

[23] Die frühe Rechtsprechung erging zur ILO: PCIJ, ser. B, No. 2 u. 3, *Competence of the ILO with respect to Agricultural Labour*; *Competence of the ILO with respect to Agricultural Pro-*

der internationalen Organisationen begrenzt[24]. Jenseits dieser handelt eine internationale Organisation *ultra vires*, also ohne völkerrechtliche Wirkung. In der Dogmatik des Rechts der internationalen Organisationen hat sich aber eine Auslegung konstituierender Verträge durchgesetzt, die die Kompetenzen internationaler Organisationen und damit die Reichweite ihrer Rechtssubjektivität unter Anerkennung von *implied powers*[25] auf die Funktionen der Organisation bezieht und weit interpretiert[26]. Fälle, in denen Handlungen internationaler Organisationen mangels Kompetenz als Akte *ultra vires* eingeordnet wurden, bleiben die Ausnahme[27]. Thematisch unbeschränkt ist dagegen die Völkerrechtspersönlichkeit souveräner Staaten[28]. Sie stehen als vollrechtsfähige Rechtspersönlichkeiten und als deren Schöpfer internationalen Organisationen gegenüber und können nicht *ultra vires* handeln. Andere Institutionen, insbesondere Nichtregierungsorganisationen, genießen in der Regel keine Völkerrechtspersönlichkeit. Freilich schließt das allgemeine Völkerrecht spezielle Regeln nicht aus, die diese unmittelbar berechtigen und verpflichten[29]. Unbestritten verfügt schließlich auch die EG über eine relative völkerrechtliche Rechtspersönlichkeit, Art. 281 EGV[30].

---

duction; PCIJ. ser. B, no 13, *Competence of the ILO to regulate, incidentally, the personal work of the Employer.*

[24] Zu den Unterschieden zwischen Staat und Internationalen Organisationen knapp *Schermers/Blokker*, International Institutional Law, § 209; *Dahm/Delbrück/Wolfrum*, Völkerrecht, II/1, 207 ff.; *Karl Doehring*, Völkerrecht, 2. Aufl. 2004, Rdnr. 203; *Paul Reuter*, Institutions Internationales, 7. Aufl. 1972, 214 ff. Theoretische Entwicklung mit Hilfe der Unterscheidung zwischen Souveränität und Funktion bei: *Michel Virally*, La notion de fonction dans la théorie de l'organisation internationale, in: Mélanges Eisenman, 1977, 277 (296). Vgl. auch die Bemerkung in ICJ Report, 1980, 103 f., *Interpretation of the Agreement of 25 March 1951 between the WHO and Egypt* (Judge Gros, sep. opinion).

[25] PCIJ, ser. B/16 (1928), 20, *Interpretation of the Greco-Turkish Agreement*; ICJ Report 1949, 147, 182, *Reparation for Injuries*; ICJ Report 1954, 47 (56 ff.), *Effects of Awards*. Dazu auch *Schermers/Blokker*, International Institutional Law, § 232 f.; *Amerasinghe*, Principles of the institutional law of international organizations, 179 ff.

[26] Art. 5 WVK macht diese auch auf die Gründungsverträge internationaler Organisationen anwendbar, zur trotzdem abweichenden Praxis: ICJ Reports 1949, 147, *Reparations*; ICJ Reports 1954, 47, *Effects of Awards*. Dazu *Amerasinge*, Principles of the institutional law of international organizations, 41 ff.

[27] Die einzigen Fälle, in denen ICJ und PCIJ die Handlung einer Internationalen Organisation als ultra vires bewertet wurden sind: PCIJ, ser. B/3, *ILO Regulation of Agricultural Production*; ICJ Report 1960, 150, *Constitution of the Maritime Safety Committee of IMCO*. Die letztgenannte Entscheidung betraf die vertraglichen Regelung zur Besetzung eines Organs, nicht eine Anmaßung von Kompetenzen durch die Organisation als solche Vgl. auch die Bemerkung zu den Kompetenzgrenzen der WHO in ICJ Report, 1996, 26, *Legality of the Use by a State of Nuclear Weapon.*

[28] Der Unterschied findet auch in der Feststellung ihren Ausdruck, Internationale Organisationen seien kein Superstaat: ICJ Reports, 1949, 179, *Reparation*; ICJ Reports, 1980, 103, *WHO Agreement* (Sep. Opinion J. Gros). Vgl. unten, S. 287 ff., 332 ff.

[29] Beispiele bei *Michael Hempel*, Die Völkerrechtssubjektivität internationaler nichtstaatlicher Organisationen, 1999, 56 ff.; *Stephan Hobe*, Der Rechtsstaatus der Nichtregierungsorganisationen nach gegenwärtigem Völkerrecht, AVR 37 (1999), 152. Grundsätzlich: *Hermann Mosler*, Die Erweiterung des Kreises der Völkerrechtssubjekte, ZaöRV 22 (1962), 1.

Wie verhalten sich diese Erkenntnisse zu den verschiedenen Rechtsordnungen zum Begriff der Ebene? Das Vorliegen einer Ebene im oben definierten Sinn setzt im Regelfall einen Grad an Verselbständigung voraus, der über die Anerkennung der Rechtssubjektivität hinausgeht: Nicht jedes Völkerrechtssubjekt verfügt über verfestigte eigene Mechanismen der Rechtserzeugung. Doch ist der Begriff der Ebene eben ein rechtswissenschaftlicher, kein rechtsdogmatischer. Ihm eignet nicht das formalisierte »entweder-oder«, das für die Rechtspersönlichkeit notwendig ist. Zurechnungsfragen, wie sie in föderalen Ordnungen insbesondere in Rechtsschutz- und Haftungszusammenhängen[31], aber auch bei der richtigen Bestimmung des Prüfungsmaßstabs[32] entstehen können, werden durch den Ebenenbegriff nicht gelöst. Dieser bezeichnet Eigenschaften von Rechtsordnungen und ermöglicht ihre Vergleichbarkeit, ohne daß sich daran Rechtsfolgen knüpfen ließen. Der entscheidende *sachliche Unterschied zum Begriff der Rechtsperson* besteht darin, daß Ebenen mit einer konkreten Rechtsperson zusammenfallen können, aber nicht müssen. Ebenen können auch aus einer Aggregation von Rechtssubjekten bestehen, die horizontal gleichberechtigt sind, etwa die mitgliedstaatliche Ebene in der Europäischen Union. Dies ist von Bedeutung, weil etwa ein »Entscheidungsrecht der mitgliedstaatlichen Ebene« eben auch die Befugnis zum Überstimmen einer einzelnen mit Rechtspersönlichkeit ausgestatteten Gliederung bedeuten kann, also vom Entscheidungsrecht dieser Gliederung zu unterscheiden ist[33].

Für nationale Föderalordnungen ist die Ebeneneigenschaft unbestritten. Fällt die Bundesebene innerhalb des bundesstaatlichen Systems mit dem Rechtssubjekt Bundesrepublik Deutschland zusammen, so bezeichnet die Länderebene eine Summe gleichberechtigter und homogen organisierter Rechtssubjekte. Alle Rechtssubjekte sind dabei – wie auch im amerikanischen Bundesstaatsrecht[34] – mit einem eigenen dreigegliederten Satz an Gewalten ausgestattet. Obwohl die Ebene der Gliedstaaten als solche in beiden Rechtsstaaten nicht Adressat von Rechten und Pflichten ist, erscheint es notwendig, sie begrifflich zu erfassen. Die Ebeneneigenschaft des europäischen Hoheitsträgers ist dagegen umstritten[35]. Ei-

---

[30] EuGH, Rs. C-327/91, Frankreich / Kommission, Slg. 1994, I-3641, Tz. 24. Dazu nur *Jörk Ukrow*, in: Calliess/Ruffert, EUV/EGV, 2. Aufl. 2003, Art. 281, Rdnr. 1 f., 9 ff.

[31] Vgl. auch unten, S. 332 ff.

[32] Für das deutsche Verfassungsrecht: *Jochen Rozek*, Das Grundgesetz als Prüfungs- und Entscheidungsmaßstab der Landesverfassungsgerichte, 1993; *Peter Lerche*, Bundesverfassungsnormen mit landesverfassungsrechtlicher Qualität?, FS Zacher, 1998, 525 (530).

[33] Vgl. auch die korrespondierende Beobachtung bei *Peter Lerche*, Aktuelle föderalistische Verfassungsfragen, 1968, 40 ff. zur Unterscheidung von Bundesrat und Ländern.

[34] Beispielhaft für den Sprachgebrauch: *Tribe*, American Constitutional Law, 858 ff.

[35] Eine entsprechende Diskussion bei *Joseph H. H. Weiler/Ulrich R. Haltern*, The Autonomy of the Community Legal Order Through the Looking Glass, Harvard International L.J. 37 (1996), 411, gegen *Theodor Schilling*, The Autonomy of the Community Legal Order – an Analysis of Possible Foundations, Harvard International L.J. 37 (1996), 389. Eine eigene Position wird entwickelt in *Möllers*, Verfassunggebende Gewalt – Verfassung – Konstitutionalisierung,

nerseits wurde der Ebenenbegriff gerade angesichts der europäischen Integration entwickelt[36]. Andererseits steht weiterhin zur Diskussion, ob oder wie weit sich die Europäische Union von ihren vertraglichen Grundlagen verselbständigt hat[37]. Nach dem hier zugrunde gelegten Kriterium ist die Ebeneneigenschaft des Gemeinschaftsrechts jedoch zu bejahen: Die EU verfügt über ein ausdifferenziertes System verselbständigter Rechtserzeugung, in dem sich alle drei Gewalten wiedererkennen lassen[38]. Vor allem aber kennt das Europarecht eigene Legitimationsmechanismen, die die Rechtssubjekte unmittelbar adressieren, nicht nur über die Vermittlung mitgliedsstaatlicher Rechtsakte, etwa bei der Einräumung transnationaler subjektiver Rechte oder auch bei der Wahl zum Europäischen Parlament.

Wiederum weniger eindeutig läßt sich für das Völkerrecht von einer Ebene sprechen. Der Grad an Verselbständigung völkerrechtlicher Institutionen von der Willensbildung der Staaten ist sehr uneinheitlich ausgestaltet. Grundsätzlich unklar ist, inwieweit Völkerrecht ohne staatliche Zustimmung entstehen kann[39]. Speziell sieht Art. 38 Abs. 1 IGH-Statut mit den allgemeinen Grundsätzen und dem Völkergewohnheitsrecht zwei Rechtsquellen vor, für die umstritten ist, inwieweit Verpflichtungswirkungen gegenüber Staaten sich auf die Zustimmung dieser Staaten zurückführen lassen müssen[40]. Auch völkervertragliche Regelungen, die erleichterte Ergänzungsverfahren vorsehen oder auf andere Rechtssätze verweisen können, gehen damit zumindest mittelbar über das Zustimmungserfordernis hinaus[41]. Für die Annahme einer eigenen Ebene des Völkerrechts könnte nicht zuletzt die Rechtserzeugung durch die hier besonders interessierenden internationalen Organisationen sprechen. Auch wenn diese auf der Grundlage zwischenstaatlicher Verträge entstehen, können diese Verträge ihnen doch eigenständige Möglichkeiten der Rechtserzeugung einräumen[42]. Ob man insoweit von einer völkerrechtlichen Ebene sprechen kann, ist trotzdem zweifelhaft. Festzu-

---

26ff. Zur Rechtspersönlichkeit der EG im internationalen Kontext: *Christian Pitschas*, Die Völkerrechtliche Verantwortung der Europäischen Gemeinschaft und ihrer Mitgliedstaaten, 2001, 130ff.

[36] Vgl. nur *Ingolf Pernice*, Multilevel Constitutionalism and the Treaty of Amsterdam: European Constitution-Making revisited?, Common Market L. Rev. 36 (1999), 703 (708ff.); *Hartmut Bauer*, Europäisierung des Verfassungsrechts, JBl. 2000, 751 (752); *Christoph U. Schmid*, Multi-Level Constitutionalism and Constitutional Conflicts, Ph. D. Thesis EUI, Florenz 2001, Part III; *Mayer*, Europäische Verfassungsgerichtsbarkeit, 270ff.

[37] Vgl. oben bei Fußn. 13, S. 212.

[38] Unten, S. 253ff.

[39] Beispiele für Individualrechte im Völkerrecht bei *Dahm/Delbrück/Wolfrum*, Völkerrecht I/2, 262f., 263ff.; *Jochen Abr. Frowein*, Die Wiederentdeckung des Menschen im Völkerrecht, FS Juristische Fakultät Heidelberg, 2000, 65 (72ff.).

[40] Dazu sogleich, S. 218ff.

[41] Dazu *Christian Tietje*, Recht ohne Rechtsquellen?, ZfRSoz 24 (2003), 29 (36ff.). Vgl. auch *Jochen Abr. Frowein*, Are there Limits to the Amendment Procedures in Treaties Constituting International Organisations?, FS Seidl-Hohenveldern, 1998, 201 (210ff.).

[42] Dazu unten, S. 253ff.

halten ist insoweit, daß auch das Völkerrecht Formen der Rechtserzeugung kennt, deren Geltung zwar von Zustimmungsakten souveräner Staaten abhängt, deren Fortentwicklung sich aber gegenüber diesen Zustimmungsakten verselbständigt[43].

»Ebene« ist also kein Begriff des Völkerrechts, des Europarechts oder des nationalen Verfassungsrechts, er bleibt vom Begriff der Rechtspersönlichkeit zu unterscheiden. Trotzdem können bestimmte rechtswissenschaftliche Fragestellungen nicht auf diesen Begriff verzichten. Der Ebenenbegriff geht über den Rechtsbegriff der Rechtssubjektivität hinaus und beschreibt Formen verselbständigter Rechtserzeugung, die von einer auf Rechtspersönlichkeit und Geltungsbegründung zugeschnittenen Rechtsquellenlehre nicht erfaßt werden können.

d) Leistungen und Grenzen des Ebenenbegriffs

Der Ebenenbegriff ist also ein rechtswissenschaftlicher Begriff, kein Rechtsbegriff des nationalen Verfassungsrechts, des Europarechts oder des Völkerrechts. Er dient zum einen in einer rechtsvergleichenden Perspektive der Eröffnung des Rechtsvergleichs zwischen nationalen und übernationalen Rechtsordnungen. Hier ergänzt er die in verschiedenen nationalen Rechtsordnungen entstandenen föderalen Begrifflichkeiten, die oftmals schwer übersetzbar und mißverständlich sind – man denke nur an die gegensätzliche Bedeutung des Begriffs föderal/*federal* im deutschen und amerikanischen Verfassungsrecht. Zugleich kennzeichnet er die durch die Einrichtung eigener Rechtserzeugungsmechanismen entstehenden Formen der Verselbständigung bestimmter Rechtspersonen in übernationalen Rechtsordnungen und bündelt die Untersuchung strukturähnlicher Rechtsbeziehungen zwischen horizontal organisierten Rechtssubjekten. Damit gewährt der Begriff auch eine perspektivische Öffnung über die klassische Rechtsquellenlehre hinaus, die gerade für übernationale Rechtsordnungen notwendig ist. Denn weder der Hinweis auf die vertraglichen Grundlagen supra- und internationaler Organisationen noch derjenige auf ihre Rechtspersönlichkeit kann den Grad an Verselbständigung erfassen, die diesen durch die Vertragsregeln ermöglicht wird.

2. Rechtliche Eigenschaften der nationalstaatlichen Ebene

Dient der Begriff der Ebene der Vergleichbarkeit nationaler und übernationaler Rechtserzeugung, so können mit seiner Hilfe spezifische rechtliche Eigenschaften der staatlichen Ebene beschrieben werden. Diese betreffen die thematische Allzuständigkeit souveräner Staaten (a), ihr Erstentscheidungsrecht hinsichtlich des Entstehens überstaatlicher Ebenen (b) und die beschränkte Umkehrbarkeit staatlicher Befugnisübertragungen auf höhere Ebenen (c).

---

[43] Exemplarische Analysen unten, S. 153 ff., 332 ff.

a) Souveräne Rechtspersönlichkeit als Element demokratischer Legitimation

In der rechts- und politikwissenschaftlichen Debatte werden regelmäßig zwei Gesichtspunkte angeführt, um die Besonderheit des Nationalstaats gegenüber anderen Rechtserzeugungsebenen zu charakterisieren: zum einen die herausragende faktische Macht der Nationalstaaten, die sich sowohl in ihrer großen Bedeutung für das Entstehen anderer Ebenen[44] als auch in ihrer Verfügungsmacht über einen administrativen Apparat zeigt, dessen Wirkungen in der Innehabung des staatlichen Gewaltmonopols gipfeln[45]. Im klassischen Gewaltenteilungsschema formuliert, präsentieren sich Nationalstaaten weiterhin als starke Exekutiven. Der zweite Begründungsstrang verweist auf die sozialen und kulturellen Bedeutungen, die sich mit der Nationalstaatlichkeit verbinden[46]. Offensichtlich stiften nationale Zusammenhänge weiterhin besonders intensive kollektive Identitäten[47]. Selbstbestimmung bedarf eines gut definierten Selbst[48].

Beide Argumente gehören bei aller Unterschiedlichkeit zum Begriff der Souveränität und leiden daher an dessen Schwierigkeiten: Das erste Argument bezieht sich auf einen klassischen Begriff innerer Souveränität im Sinne der frühneuzeitlichen politischen Theorie seit *Bodin*[49] und *Hobbes*[50]. Das zweite Argument läßt sich mit dem Begriff der Volkssouveränität verknüpfen[51]. Die Richtigkeit beider Gesichtspunkte ist an dieser Stelle nicht grundsätzlich zu bestreiten. Vieles spricht dafür, daß Nationalstaaten nach wie vor die bedeutendsten Akteure auch des internationalen Rechts sind[52], und daß sich die Bedingungen nationaler Ge-

---

[44] Hier ist namentlich an die Deutung internationalen Rechts durch die »realistische« Theorie der Internationalen Beziehungen zu denken. Zu einer Kritik aus juristischer Sicht *Anne-Marie Slaughter/Andrew S. Tulumello/Stepan Wood*, International Law and International Relations Theory: A New Generation of Interdisciplinary Scholarship, American J. o. International L. 92 (1998), 367 (378 ff.).

[45] Dazu *von Bogdandy*, Supranationaler Föderalismus als Wirklichkeit und Idee, 35 ff.

[46] Juristisch formuliert in BVerfGE 89, 155 (186).

[47] *Ulrich Haltern*, Integration als Mythos, JöR 45 (1997), 31 (44 ff.); *ders.*, Gestalt und Finalität, in: A. v. Bogdandy (Hrsg.), Europäisches Verfassungsrecht, 2003, 803 (820 ff.); *Kirchhof*, Der demokratische Rechtsstaat – die Staatsform der Zugehörigen, Rdnr. 6 ff. Kritisch *von Bogdandy*, VVDStRL 62 (2003), 174 ff. Aus der überreichen theoretischen und historischen Literatur hier nur *Benedict Anderson*, Imagined Communities 1990; *Ernest Gellner*, Nations and Nationalism, 1983, sowie die Beiträge in Homi K. Bhabha (Hrsg.), Nation and Narration, 1990.

[48] Zum Problem demokratischer Identität bereits oben, S. 53 ff.

[49] *Jean Bodin*, Les six livres de la République, 1576. (deutsch: *Jean Bodin*, Sechs Bücher über den Staat, 1981, I. Buch, 8. Kap. (205 ff.). *Michael Stolleis*, Die Idee des souveränen Staates, Der Staat, Beiheft 11 (1997), 63 (70 ff.).

[50] *Thomas Hobbes*, Leviathan, 1651, I/17.

[51] Zum Konzept und seiner theoretischen Provenienz in diesem Zusammenhang: *Beaud*, La Puissance de l'Etat, 199 ff.

[52] Für eine abgewogene völkerrechtliche Sicht: *W. Michael Reisman*, Designing and Managing the Future of the State, European J.o. International L. 8 (1997), 409. Ähnliches wird von der realistischen Schule der internationalen Beziehungen ebenso vertreten wie von der Regimetheorie, vgl. nur *Stephen D. Krasner*, Sovereignty, 1999, 43 ff. *Robert O. Keohane*, After Hegemony, 1985, 5 ff., 85 ff.

sellschaften, etwa durch ihre relative Sprach- und Traditionshomogenität, am besten eignen, um demokratische Prozeduren wirksam zu halten[53]. Nachrichten vom Ableben des Nationalstaats sind verfrüht und zum großen Teil auf eine historisch schlecht informierte Vorstellung von ihrer vermeintlich einst ungebrochenen Macht zurückzuführen[54]. Jedoch ist die gegenwärtige Bedeutung des Nationalstaats nicht unbestritten[55] und mit einem *rechtswissenschaftlichen* Beobachtungsinstrumentarium schwer zu überprüfen. Sowohl die Ausgezeichnetheit staatlicher Macht als auch die staatliche Identitätsstiftung sind Phänomene im Grenzbereich zu sozialwissenschaftlicher Hypothesenbildung, die keiner rechtswissenschaftlichen Verifikation zugänglich sind[56].

Ein rechtswissenschaftlicher Versuch, die Besonderheit der nationalstaatlichen Ebene zu begründen, muß normativ bei der unbegrenzten Rechtsfähigkeit souveräner Staaten ansetzen[57]. Als Rechtsbegriff bezeichnet völkerrechtliche Souveränität nicht die faktische Macht eines sozialen Verbandes, sondern die Befugnis, Verpflichtungen eingehen zu können, und das Recht, von solchen Verpflichtungen gegen den eigenen Willen frei zu bleiben[58]. Souveränität ist in dieser Formel nichts anderes als die oben diskutierte originäre und unbeschränkte Rechtsfähigkeit der Staaten, die sich prozessual in der Parteifähigkeit der Staaten vor dem ICJ ausdrückt, Art. 34 Abs. 1 IGH-Statut. Aus dem völkerrechtlichen Rechtsbegriff der Souveränität folgt, daß sich Verpflichtungen auf einen Zustimmungsakt des verpflichteten Staatssubjekts zurückführen lassen müssen. Genau an diesen Punkt kommt aber das Problem ins Spiel, das oben mit Hilfe des Ebenenbegriffs entwickelt wurde. Denn, wie gezeigt, ist die Bedeutung souveräner Selbstverpflichtung in der völkerrechtlichen Rechtsquellenlehre durchaus umstritten und

---

[53] *Dieter Grimm*, Braucht Europa eine Verfassung?, JZ 1995, 581 (583ff.).

[54] Zur Kritik daran *Krasner*, Sovereignty, 152ff.; *Andreas Osiander*, Sovereignty, International Relations, and the Westphalian Myth, International Organization 56 (2002), 251. Zu historischen Vorläufern vor dem Ersten Weltkrieg: *Suzanne Berger*, Notre Première Globalisation, 2003, 17ff.

[55] Vgl. für eine besonders deutliche Herausforderung die Beiträge in G. Teubner (Hrsg.), Global Law without a State, 1997.

[56] *Möllers*, Staat als Argument, 159ff.

[57] Vgl. auch *Stefan Oeter*, Souveränität – ein überholtes Konzept?, FS Steinberger, 2002, 259 (285ff.) unter Hinweis auf *Dencho Georgiev*, Politics or Rule of Law: Deconstruction and Legitimacy in International Law, European J.o. International Law 4 (1993), 1 (12ff.). Im Ausgangspunkt ähnlich *Christian Seiler*, Der souveräne Verfassungsstaat zwischen demokratischer Rückbindung und überstaatlicher Einbindung, 2003, § 3, I., 2 a.

[58] Aus der völkerrechtlichen Literatur *Ian Brownlie*, Principles of Public International Law, 3. Aufl. 1979, 189f.; Oppenheim's International Law, 9. Aufl. 1992, Vol. I, 125; *Alfred Verdroß/ Bruno Simma*, Universelles Völkerrecht, 3. Aufl. 1984, 29f.; *Doehring*, Völkerrecht, Rdnr. 122. *Helmut Steinberger*, Sovereignty, EPIL, inst. 10, 1987, 397 (408); *Oeter*, Souveränität, 276. Vgl. auch die Formulierungen in PCIJ Ser. A. no, 1, 1, 25, *Wimbledon*; *Max Huber*, Schiedsspruch v. 4. 4. 1928, RIAA II, 838. Eine kritische Analyse des argumentativen Werts der völkerrechtlichen Souveränität: *Martti Koskenniemi*, From Apology to Utopia, 1989, 192ff.

damit unklar, inwieweit Völkergewohnheitsrecht[59], allgemeine Grundsätze des
Völkerrechts[60], *ius cogens*[61] und die im folgenden eingehender zu untersuchende
Rechtserzeugung durch internationale Organisationen auf Akte staatlicher Sou-
veränität zurückführbar sind. Das Offenlassen der Frage, ob für das Völkerrecht
von einer eigenen Rechtserzeugungsebene gesprochen werden kann, resultiert
aus der Spannung zwischen Ebenenbegriff und staatlicher Souveränität. Der
Rechtsbegriff der völkerrechtlichen Souveränität und der rechtswissenschaftliche
Begriff der Ebene bezeichnen gegenläufige, aber jeweils wichtige Sachverhalte:
Staatliche Souveränität liefert einen unbestrittenen Geltungsgrund völkerrechtlicher Pflichten durch rechtswirksame staatliche Selbstverpflichtung. Eine Rechtserzeugungsebene entsteht aus staatlichen Verpflichtungen, die Institutionen einrichten, die eigene verselbständigte Befugnisse zur Erzeugung von Rechten und
Pflichten erhalten.

Staatliche Souveränität ist für die vorliegende Untersuchung auch dann von
Bedeutung, wenn man eine Verselbständigung des Völkerrechts zu einer eigenen
Ebene akzeptiert. Ist staatliches Handeln nämlich *normativer Ausgangspunkt*
übernationaler Ebenenentstehung, so bedeutet dies für die Beteiligung der hier
ausschließlich zu untersuchenden demokratischen Verfassungsstaaten, daß die
Entstehung überstaatlicher Ebenen in einem demokratischen Verfahren thematisiert wurde oder werden konnte. Durch ihre thematisch unbegrenzte Völkerrechtssubjektivität verfügen nur Nationalstaaten über die Eigenschaft *demokratischer Allgemeinheit* mit Blick auf das Entstehen anderer Ebenen[62]. Dieses
zeichnet sie gegenüber anderen hoheitlichen Ebenen aus, die ihrerseits weder ihre eigene rechtliche Entstehung noch das Handeln anderer Ebenen in gleicher
Weise thematisieren können.

In Kompetenzkategorien formuliert bedeutet dies, daß jede überstaatliche
Ebene ihr Handeln auf eine sektoral beschränkte Ermächtigung zurückführen
können muß, während das Handeln der nationalstaatlichen Ebene keiner Ermächtigung bedarf. Nationalstaaten sind »virtuell allzuständig«[63]. Sie verfügen in
Mehrebenen-Rechtsordnungen damit nicht über das häufig beschworene Letzt-,
sondern über ein *Erst*entscheidungsrecht. Dieser Gesichtspunkt läßt sich auch

---

[59] Dies gilt auch mit Blick auf andere Quellen des Völkerrechts. Zum Staatsbezug des Völker-
gewohnheitsrechts vgl. *Michael Byers*, Custom, Power and the Power of Rules, 1999, 35ff., 78f.
m.w.N. Sehr deutlich und von einer rational choice-Perspektive inspiriert: *Jack Goldsmith/Eric
Posner*, A Theory of Customary International Law, U.o. Chicago L. Rev. 66 (1999), 1113. Eine
andere Akzentsetzung etwa bei: *Dahm/Delbrück/Wolfrum*, Völkerrecht, I/1, 55f.
[60] *Oeter*, Souveränität, 287. Vgl. den knappen Überblick bei *Stefan Kadelbach*, Zwingendes
Völkerrecht, 1992, 106f.
[61] *Kadelbach*, Zwingendes Völkerrecht.
[62] Ein Rest dieser Entstehung zeigt sich in den bundesstaatlichen Ordnungen Deutschlands
und der USA darin, daß in diesen die allgemeine Kompetenzregel die gliedstaatliche Ebene ermächtigt. Vgl. unten, S. 223ff.
[63] Ausdruck bezogen auf innerstaatliches Recht bei *Isensee*, Gemeinwohl und Staatsaufgaben
im Verfassungsstaat, Rdnr. 159.

mit Hilfe des Begriffs der Territorialität erfassen: Das klassische Modell des demokratischen Nationalstaats kann seinen Anspruch auf demokratische Allgemeinheit gerade deswegen plausibel machen, weil der *formale* Bezug auf ein definiertes Gebiet dies zuläßt[64]. Innerhalb des Staatsgebiets ist der Regelungsanspruch des Nationalstaats thematisch unbegrenzt[65]. Probleme entstehen erst, wenn staatliche Regelungsansprüche extraterritoriale Wirkungen entfalten[66].

Mit der Eigenschaft der Nationalstaaten, demokratische Allgemeinheit durch den formalen Anknüpfungspunkt des Territoriums beanspruchen zu können, ist jedoch nicht allzuviel ausgesagt: Denn zum einen verschwindet diese Allzuständigkeit der staatlichen Ebene jedenfalls für föderal gegliederte Staaten in ihrer inneren Kompetenzordnung[67]. Zum anderen ist diese Form der demokratischen Allgemeinheit nur ein normativer Ausgangspunkt, der keine Aussage über den aktuellen Bestand nationalstaatlicher Kompetenzen enthält. Trotzdem bleibt die demokratische Allgemeinheit nationaler Rechtsordnungen im Unterschied zur Sektoralität übernationaler Ebenen[68] gerade für eine legitimationstheoretisch argumentierende Untersuchung bedeutend. Denn im Prinzip liefert nur diese die Möglichkeit einer umfassenden demokratischen Regelung der Verteilung von Freiheitssphären, während eine thematische *Sektoralisierung* der Rechtserzeugung auf unterschiedlichen Ebenen, den im Ersten Teil untersuchten Legitimationsproblemen verselbständigter Verwaltungseinheiten nicht unähnlich[69], zu ei-

---

[64] Die Beteiligung nichtdemokratischer Staaten ist hier nicht weiter zu diskutieren. Normativ entscheidend ist, daß das Völkerrecht nur Staaten die rechtliche *Möglichkeit* zu einer umfassenden Thematisierung zubilligt. Im übrigen wird im Völkerrecht ein Recht auf demokratische Selbstbestimmung diskutiert. Dazu *Thomas Franck*, The Emerging Right to Democratic Governance, American J. o. International Law 86 (1992), 46; *Gregory H. Fox*, The Right to Political Participation in International Law, Yale J. o. International Law, 17 (1992), 539; *David D. Caron*, Governance and Collective Legitimation in the New World Order, Hague Yearbook of International Law 6 (1993), 29; *Christina M. Cerna*, Universal Democracy: An International Legal Right or a Pipe Dream of the West?, New York U. J. o. International Law & Policy 27 (1995) 289; *Karl Doehring*, Selbstbestimmungsrecht der Völker, in: B. Simma (Hrsg.), Charta der Vereinten Nationen, 1991, 15, Rdnr. 27 ff. Zur Gefahr eines solchen Rechts als Rechtfertigung von Interventionen: *Martti Koskenniemi*, Intolerant Democracies: A Reaction, Harvard International L.J. 37 (1996) 23. Zur Gefahr, daß ein solches Recht bestehende demokratische Identitäten zersplittert: *Stefan Oeter*, Selbstbestimmungsrecht im Wandel, ZaöRV 52 (1992), 741 (751 ff.).

[65] Zum Aspekt des Staatsgebietes im Rahmen der Internationalisierung des Rechts neben *Langer*, Grundlagen einer internationalen Wirtschaftsverfassung, 28: Grenzen als Sinngrenzen. B. Kohler-Koch (Hrsg.), Regieren in entgrenzten Räumen, 1998; *Di Fabio*, Recht offener Staaten, 97 ff.; *P. Saladin*, Wozu noch Staaten?, 18 ff.; *Karl-Peter Sommermann*, Der entgrenzte Verfassungsstaat, KritV 81 (1998), 404.

[66] Dazu sogleich unten, S. 233 ff.

[67] Vgl. für Deutschland: *Markus Heintzen*, Die Beidseitigkeit der Kompetenzverteilung im Bundesstaat, DVBl. 1997, 689 (690 f.).

[68] Vgl. zum Problem der Sektoralisierung auch *Christian Walter*, Die Folgen der Globalisierung für die europäische Verfassungsdiskussion, DVBl. 2000, 1 (2 f.). In der politischen Theorie verbinden sich hiermit funktionale Theorien internationaler Beziehungen.

[69] Vgl. oben, S. 121 ff.

ner freiheitsgefährdenden Parzellierung führen kann, weil in den rechtserzeugenden Verfahren kompetenzfremde Interessen nicht mehr thematisierbar sind. Damit liefert die allgemein-politische Thematisierungsfähigkeit von Nationalstaaten einen legitimationstheoretischen Grund für ihre spezifische Bedeutung. Die praktische Relevanz dieses zunächst abstrakt wirkenden Gesichtspunkts wird sich bei der Untersuchung zwischenstaatlicher Formen der Rechtserzeugung erweisen[70].

b) *Souveränität als* Erstentscheidungsrecht im Rechtsvergleich

Die Bedeutung eines staatlichen *Letztentscheidungs*rechts in Mehrebenen-Rechtsordnungen wird insbesondere mit Blick auf die Rolle der Mitgliedstaaten im Europarecht erörtert[71]. Dieses hängt mit der Problematik der Verselbständigung einer bestimmten Ebene eng zusammen. Doch der Hinweis auf die Mitgliedstaaten als »Herren der Verträge«, von denen das Europarecht nur abgeleitet sei[72], dient ebenso wie strukturgleiche Verweise auf staatliche oder souveräne Eigenschaften der Glieder im deutschen und im amerikanischen Bundesstaatsrecht nicht nur als verfassungs*theoretische* Aussage. Vielmehr soll diese Feststellung den Kompetenzbestand der unteren Ebene jedenfalls für einen Minimalbereich auf eine rechtlich wirksame, gerichtlich durchsetzbare Weise absichern. Solche Sicherungen sind allen drei Referenzrechtsordnungen bekannt. Sie führen aber im Ergebnis nicht zu einem wirksamen Schutz der jeweils unteren Ebene:

Im amerikanischen Verfassungsrecht kann ein solcher Schutz der Gliedstaaten dem *Tenth Amendment* entnommen werden[73]. Freilich hat der Supreme Court diese Formel stets nur selten verwendet und zuletzt ihre Anwendbarkeit ausdrücklich aufgegeben[74]. Im deutschen Verfassungsrecht dient die aus Art. 20

---

[70] Vgl. unten, S. 233 ff.

[71] Vergleichende Bestandsaufnahmen bei *Franz C. Mayer*, Kompetenzüberschreitung und Letztentscheidung, 2000, 87 ff.; *ders.*, Europäische Verfassungsgerichtsbarkeit, 230 ff. Theoretische Näherungen bei *Matthias Kumm*, Who is the final arbiter of constitutionality in Europe?, Common Market L. Rev. 36 (1999), 381; *Christoph U. Schmid*, From Point d'Avignon to Ponte Vecchio: The Resolution of Constitutional Conflicts between the European Union and the Member States through Principles of Public International Law, Yearbook of European Law 18 (1998), 415 (449 ff.); *Hans-Peter Folz*, Demokratie und Integration, 1999; *Markus Heintzen*, Die »Herrschaft« über die Europäischen Gemeinschaftsverträge – Bundesverfassungsgericht und Europäischer Gerichtshof auf Konfliktkurs?, AöR 119 (1994), 564.

[72] Vgl. oben bei Fußn. 13, S. 212 ff.

[73] Vgl. aus der aktuellen Rechtsprechung die bemerkenswerte Entscheidung US Term Limits, Inc. v. Thornton, 514 U.S. 779 (1995), in der die Frage, ob die Vereinigten Staaten über ein eigenes Staatsvolk verfügen, oder nur über ein Aggregat der Gliedstaatsvölker mit 5 zu 4 Richterstimmen (!) bejaht wurde. Eingehende Analyse bei *Kathleen M. Sullivan*, Duelling Sovereignties, Harvard L. Rev. 109 (1996), 78 (81 ff.).

[74] Garcia v. San Antonio Metro Transit Authority, 469 U.S. 528, 554 (1985): »... *we are convinced that the fundamental limitation that the constitutional scheme imposes on the commerce clause to protect »the states as states« is one of process rather than of result*« gegen National League of

Abs. 2 S. 1 GG hergeleitete »Staatlichkeit« der Länder oder die »Unabgeleitetheit« ihrer Hoheitsgewalt einer ähnlichen Funktion[75]. Zwar wird diese vom Bundesverfassungsgericht nach wie vor geprüft, doch führte sie im Ergebnis nicht zu einem über die materielle Kompetenzordnung hinausgehenden Schutz der Länderkompetenzen[76]. Im Europarecht schließlich lassen sich ähnliche Grenzen etwa aus Art. 6 Abs. 3 EUV[77] oder aus gewaltenspezifischen »institutionellen Autonomien«[78] der Mitgliedstaaten herleiten[79]. Auch diese Regelungen haben aber nicht zu einer Kompetenzeinschränkung geführt, sondern sind eher entlang des Gemeinschaftsrechts ausgelegt worden[80].

Cities v. Usury, 426 U.S. 833, 842f. (1976) in Anwendung des Tenth Amendment. Zu den Folgen für die Auslegung von Kompetenznormen unten, S. 376ff.

[75] Seit BVerfGE 1, 14 (34, 50). Aus der neueren Rechtsprechung; 72, 330 (385); 81, 310 (334); 87, 181 (196); 96, 345 (366).

[76] Zur stark eingeschränkten Wirksamkeit des Dogmas der »Staatlichkeit der Länder« unter dem Grundgesetz in der Rechtsprechung des Bundesverfassungsgerichts: *Möllers*, Staat als Argument, 350ff. n.w.N. Zur Zurückhaltung der deutschen Landesverfassungsgerichte mit solchen Formeln: *Jost Pietzcker*, Zusammenarbeit der Gliedstaaten im Bundesstaat, Landesbericht Bundesrepublik Deutschland, in: C. Starck (Hrsg.), Zusammenarbeit der Gliedstaaten im Bundesstaat, 1988, 17 (26ff.).

[77] Dazu weitgehend skeptisch hinsichtlich des Regelungsgehaltes: *Karl Doehring*, Die nationale »Identität« der Mitgliedstaaten der Europäischen Union, FS Everling, 1995, 263 (265ff.); *Meinhard Hilf*, Europäische Union und nationale Identität der Mitgliedstaaten, GS Grabitz, 1995, 157 (165ff.); *Peter Lerche*, Achtung der nationalen Identität (Art. F Abs. 1 EUV), FS Schippel, 1996, 919 (929ff.).

[78] Eine solche institutionelle Autonomie wird insbesondere für das mitgliedstaatliche Verwaltungsverfahren und die Verwaltungsorganisation erörtert. *Wilfried Bernhardt*, Verfassungsprinzipien – Verfassungsgerichtsfunktionen – Verfassungsprozeßrecht im EWG-Vertrag, 1987, 188f.; *Gil C. Rodríguez Iglesias*, Zu den Grenzen der verfahrensrechtlichen Autonomie der Mitgliedstaaten bei der Anwendung des Gemeinschaftsrechts, EuGRZ 1997, 289 (289); *Wolfgang Kahl*, Europäisches und nationales Verwaltungskooperationsrecht, Die Verwaltung, 29 (1996), 341 (346).

[79] Dies gilt im Gemeinschaftsrecht selbst für das Subsidiaritätsprinzip, das anders als die hier kritisierten Figuren auf der höheren Ebene ansetzt, aber genau wie diese materiell völlig unspezifisch bleibt. Wirkungen kann dieses Prinzip deswegen vermutlich nur innerhalb des politischen Prozesses auf Gemeinschaftsebenen entfalten, dazu *Koen Lenaerts/Piet van Nuffel*, Constitutional Law of the European Union, 1999, Rdnr. 4–047ff. Die Kontrolle durch den EuGH bleibt aber nur sehr eingeschränkt: EuGH, Rs. C-127/95 – Noubrok Laboratories, Slg. 1998, I-1531, Tz. 86ff.; EuGH, Rs. C-84/94, UK u.a. / Rat, Slg. 1996, I-5755, Tz. 50ff. Kritisch *Matthias Herdegen*, Europarecht, 4. Aufl. 2002, Rdnr. 227. Der oben angestellten Vermutung, daß materielle Maßstäbe notwendig sind, entspricht es auch, daß zwischen grundrechtlicher und kompetenzieller Verhältnismäßigkeit bei der Prüfung kaum differenziert wird: EuGH, Rs. 359/92, Deutschland / Rat, Slg. 1994, I-3681, Tz. 45ff., 48; EuGH, Rs. C-174/89 – Hoche, Slg. 1990, I-2681, Tz. 19; EuGH v. 18, Rs. 137/85, Maizena, Slg. 1987, 4587, Tz. 19ff. Umfassend und vergleichend: *Oliver Koch*, Der Grundsatz der Verhältnismäßigkeit in der Rechtsprechung des Gerichtshofs der Europäischen Gemeinschaften, 2003, 290ff.

[80] Deutlich läßt sich das an der Autonomie der mitgliedstaatlichen Verwaltungen erkennen. Dazu die Bemerkung bei *Marc Blanquet*, L'article 5 du traité C.E.E., 1984, 77f. zu EuGH, verb. Rs. 205–215/82 – Deutsche Milchkontor GmbH, Slg. 1983, 2633, Tz. 17. Vgl. auch die einschränkenden Bemerkungen bei *Hans-Heinrich Trute*, in: v. Mangoldt/Klein/Starck, Bonner Grundgesetz, Bd. 3, 4. Aufl. 2001, Art. 83, Rdnr. 59, sowie *Möllers*, EuR 2002, 499f., m.w.N.

Dieser negative Befund[81] überrascht nicht, erinnert man sich der oben entwikkelten Überlegungen zu formellen und materiellen Delegationsgrenzen zwischen Legislative und Exekutive[82]. Allgemeine Schutzformeln wie *nondelegation*, die sich nur auf den Delegationsakt als solchen bezogen, erwiesen sich in ihrer Abstraktheit als gerichtlich kaum handhabbar. Insbesondere konnten sie sich schwerlich gegen den konkret benennbaren Regelungsbedarf eines bestimmten Vorhabens durchsetzen. Es bedurfte spezifischerer Kriterien, um eine wirksame gerichtliche Kontrolle zu ermöglichen. Gleiches gilt für Souveränitätsformeln, denen eben auch keine materiellen Kompetenzgrenzen zu entnehmen sind.

Erweisen sich letztentscheidungsbegründende Formeln wie »Staatlichkeit« oder »Souveränität« zum Schutz der unteren Ebene als vergleichsweise erfolglos, so bedeutet dies nicht, daß ein Zentralisierungsprozeß das Kennzeichen aller Mehrebenen-Rechtsordnungen ist. Während föderale Gebilde wie Deutschland und die Vereinigten Staaten, aber eben auch die Europäische Union eine zentralisierende Kompetenzbewegung aufweisen, entwickeln sich zentralistische Rechtsordnungen wie diejenigen Spaniens[83] und Großbritanniens[84] in eine entgegengesetzte Richtung. Doch zeigt sich im Vergleich dieser unterschiedlichen Entwicklungstendenzen ein Schema, das für eine Untersuchung der Gewaltengliederung von Bedeutung ist. *De*zentralisierungsvorgänge sind stets Ergebnis eines demokratischen politischen Prozesses. Sie werden durch verfassungsändernde oder einfache *legislative* Akte implementiert, wie die Einführung der Subsidiarität in Art. 5 Abs. 1 EGV[85] oder die Neuregelung des Art. 72 Abs. 2 GG, aber regelmäßig nicht durch einen von der Judikative begleiteten Verfassungswandel[86]. *Zentrali*sierungsprozesse dagegen können zwar auch Ergebnisse eines politischen Prozesses sein – wie die zahlreichen Verfassungsänderungen in Deutschland[87], die dem Bund Kompetenzen zuschlugen, und wie die historisch immer weiter ausgreifende Aktivität des Gesetzgebers in den Vereinigten Staaten – sie sind aber

---

[81] Für das Verhältnis von Europarecht zu nationalem Recht vgl. die Bestandsaufnahmen bei *Pernice*, VVSDtRL 60 (2001), 175f. Vergleichend mit ähnlichen Befunden für Deutschland und die Vereinigten Staaten *George A. Bermann*, The Role of Law in the Functioning of Federal Systems, in: K. Nicolaidis/R. Howse (Hrsg.), The Federal Vision, 2001, 191 (202f.).

[82] Vgl. oben, S. 178ff.

[83] Für die spanische Rechtsordnung ist auf die Diskrepanz zwischen der Selbstdefinition als Einheitsstaat (Art. 1, 137 CE) und den großen Spielräumen der *comunidades autónomas* zu achten.

[84] Zum Rechtsbegriff der Devolution in Großbritannien grundlegend: *Vernon Bogdandor*, Devolution, 1979. Zum Überblick *Marc-Oliver Pahl*, »Devolution« und Europa – Die neuen Regelungen zur Mitwirkung der Regionen des Vereinigten Königreichs in EU-Angelegenheiten, integration 23 (2000), 245; *Andreas Schwab*, Devolution – die asymmetrische Staatsordnung des Vereinigten Königreiches, 2001.

[85] Zu den Hintergründen *Christian Calliess*, Subsidiaritäts- und Solidaritätsprinzip in der Europäischen Union, 2. Aufl. 1999, 65ff. Zur fehlenden Wirksamkeit bereits oben.

[86] Zur Entwicklung der Rechtsprechung in den Vereinigten Staaten, vgl. unten, S. 376ff.

[87] Überblick über die zahlreichen die Kompetenzen des Bundes begünstigenden Verfassungsänderungen bei *Matthias Jestaedt/Angelika Bauer*, Das Grundgesetz im Wortlaut, 1997.

nicht selten, wie auf der europäischen Ebene und in den Vereinigten Staaten, Resultat einer durch die Gerichtsbarkeit vorangetriebenen Rechtsfortbildung, insbesondere bei der Auslegung subjektiver Rechte[88].

Am Maßstab der Gewaltengliederung hängt dies mit der Funktionsweise transnationaler subjektiver Rechte zusammen, auf die noch einzugehen sein wird, deren Auslegung aber in jedem Fall den Gerichten überlassen bleibt. Dieser Zusammenhang ist darauf zurückzuführen, daß das Gericht, das über die konkrete Kompetenzverteilung zwischen den Ebenen abschließend entscheidet, stets der höheren Ebene zugeordnet ist[89], um die Vorrangstruktur zu sichern. Deswegen ist die Letztentscheidungskompetenz des Gerichts der höheren Ebene, wie sie mit Blick auf den EuGH vielfach kritisiert wird, keine Besonderheit[90]. Sie ergibt sich funktional daraus, daß Konkretisierungszusammenhänge bei einem Gericht enden, diese also funktional immer das letzte Wort behalten[91]. Sie ergibt sich ebenentechnisch aus dem notwendigen Vorrang des Rechts der höheren Ebene[92].

Dies begründet die Vermutung, daß die Entscheidungen über die Kompetenzverteilung zwischen verschiedenen Ebenen in der Regel auf der höheren Ebene gefällt wird. Auch Mechanismen, die den Kompetenzbestand der unteren Ebene schützen sollen, sind deswegen geeigneter auf der höheren Ebene verortet. Der Schutz der mitgliedstaatlichen Kompetenzen im Europarecht ist weniger durch defensive Souveränitätsformeln als durch institutionelle Arrangements auf der europäischen Ebene zu garantieren[93]. Damit tritt die Frage nach der »Letztentscheidung« gegenüber der Untersuchung des Organisationsrechts der höheren Ebene in den Hintergrund.

c) Zeitstruktur: Beschränkte Umkehrbarkeit ebenenbegründender Delegation

Die staatliche Entscheidung zur Übertragung von Hoheitsrechten an eine andere Ebene durch Abschluß eines völkerrechtlichen Vertrages hat eine eigene Zeit-

---

[88] Darstellung bei *Joseph H. Weiler*, The Constitution of Europe, 1999, 26 ff. Vgl. auch unten, S. 253 ff.

[89] Dies gilt selbst für den Vorschlag zur Errichtung eines speziellen Kompetenzgerichtshofs für die Europäische Union: *Siegfried Broß*, Bundesverfassungsgericht – Europäischer Gerichtshof – Europäischer Gerichtshof für Kompetenzkonflikte, 92 VerwArch. (2001), 425 (435 ff.); *Ulrich Goll/Markus Kennter*, Brauchen wir ein Europäisches Kompetenzgericht, EuZW 2002, 101. Ähnlich *Schmid*, Multi-Level Constitutionalism. Denn unabhängig von seiner potenziell subsidiaritätsfreundlichen Besetzung mit Angehörigen mitgliedstaatlicher Verfassungsgerichte wird er sich normativ nur der europäischen Ebene zurechnen lassen können und in jedem Fall das Recht der höheren Ebene anzuwenden haben.

[90] Diese überzeugende Argumentationslinie bei *Weiler/Haltern*, Harvard International L.J. 37 (1996), 415 ff.

[91] Dazu oben, S. 95 ff.

[92] Dazu sogleich, S. 228 ff.

[93] Zur Frage, welche Organe auf der höheren Ebene solche Zuständigkeiten beanspruchen sollten, vgl. S. 376 ff.

struktur. Diese relativiert die demokratische Wirksamkeit der eben erörterten unbeschränkten Thematisierungsfähigkeit staatlicher Rechtssubjekte deutlich, denn
Delegationsakte sind nur eingeschränkt umkehrbar.

Für das Völkerrecht lassen sich diese Schwierigkeiten am Recht zum Austritt
aus internationalen Organisationen veranschaulichen[94]. In manchen Fällen ist ein
Austrittsrecht vertraglich vorgesehen[95], in anderen bemißt sich die Reichweite
des Austrittsrechts nach in diesem Fall umstrittenen allgemeinen Regeln des Völkerrechts[96]. Grundsätzlich ist ein Recht auf Austritt aus einer internationalen Organisation anerkannt, wenn auch nicht völkervertragsrechtlich kodifiziert. Dagegen läßt Art. 51 EUV diese Frage offen, so daß auch das Fehlen eines Austrittsrechts in der Literatur diskutiert wird[97]. Ist die Integration eines Staats in eine
übernationale Organisation also im Regelfall umkehrbar, so doch nur unter bestimmten rechtlichen Bedingungen, die von einem Staat nicht einseitig zu bestimmen sind. Insbesondere die Änderung politischer Umstände, auf die in demokratischen Verfassungsstaaten die Legislative zu reagieren hat, konstituiert nicht ohne weiteres einen Grund zur einseitigen Beendigung einer Verpflichtung[98].

Die Bedeutung der Umkehrbarkeit von Delegationen für ihre Legitimation
wurde mit Blick auf innerstaatliche Rechtsverhältnisse erläutert[99]. Auf innerstaat-
licher Ebene garantiert die uneingeschränkte Umkehrbarkeit eines Delegationsakts die Offenheit des demokratischen Prozesses legislativer Rechtserzeugung.
Gerade diese Offenheit zukünftiger Entscheidungen rechtfertigt es, bei der Entwicklung materieller Delegationsgrenzen Zurückhaltung zu üben. Versprechen
aber materielle Delegationsgrenzen auch für ebenenübergreifende, nur beschränkt umkehrbare Delegationen wenig Erfolg, so ergibt sich ein Legitima-

---

[94] Dazu *Amerasinghe*, Principles of the institutional law of international organizations, 117 ff.;
Klabbers, Introduction 93 ff.; *Schermers/Blokker*, International Institutional Law, §§ 119 ff.

[95] Beispiele bei *Schermers*/Blokker, International Institutional Law, § 120 in Anm. 159 ff.

[96] Zur Anwendbakeit von Art. 56 WVK und zu möglichen Austrittsgründen: *Schermers/
Blokker*, International Institutional Law, § 134 f. Grundsätzlich *Christian Feist*, Kündigung,
Rücktritt und Suspendierung von multilateralen Verträgen, 2001, 132 ff.; *Dahm/Delbrück/Wol-
frum*, Völkerrecht, I/3, 720 ff. Eine entsprechende Regelung ist in Art. 56 der Konvention über
das Recht der Verträge zwischen Staaten und Internationalen Organisationen oder zwischen Internationalen Organisationen (nicht in Kraft).

[97] Zur Diskussion um den Austritt im Gemeinschaftsrecht: einerseits *Ulrich Everling*, Sind
die Mitgliedstaaten der Europäischen Gemeinschaft noch Herren der Verträge?, FS Mosler, 1983,
173 (183 ff.); *Hans Peter Ipsen*, Europäisches Gemeinschaftsrecht, 1972, 100 f.; *Jürgen Schwarze*,
Das allgemeine Völkerrecht in den innergemeinschaftlichen Rechtsbeziehungen, EuR 1983, 1
(5 f.). Andererseits *Werner Meng*, Das Recht der internationalen Organisation, 1979, 119 ff.,
162 ff.; *Helmut Steinberger*, Der Verfassungsstaat als Glied einer europäischen Gemeinschaft,
VVDStRL 50 (1991), 9 (16 f.). Zur praktischen Irrelevanz dieses Problems mit Blick auf Europa
Weiler, Constitution of Europe, 18.

[98] Deutlich, wenn auch für einen bilateralen Vertrag ICJ Reports 1997, 7, 144 ff., *Gabcikovo-
Nagymaros*. Dazu die Deutung bei *Eyal Benvenisti*, Sharing Transboundary Ressources, 2002,
72 f.

[99] Vgl. oben, S. 178 ff.

tionsproblem. Zweifelhaft ist allerdings, ob dieses auf der nationalstaatlichen Ebene gelöst werden kann: Jedenfalls stellt es demokratietheoretisch keinen angemessenen Weg dar, solche Delegationen einfach verfassungstheoretisch auszuschließen. Denn wenn sich die rechtlich erforderlichen demokratischen Mehrheiten dafür finden, andere Ebenen zu ermächtigen, dann wird diese Entscheidung schwerlich unter Hinweis auf die demokratische Selbstbestimmung wieder ausgeschlossen werden können[100]. Auch aus der demokratisch verfaßten Souveränität eines Nationalstaats kann daher nicht die Möglichkeit deduziert werden, sich aus bestimmten, besonders weit gehenden völkerrechtlichen Verpflichtungen einseitig zurückzuziehen[101]. Wenn überhaupt, müßte eine solche Rechtsmacht für alle Vertragsparteien in gleicher Weise gelten, könnte sich damit aber nicht aus einem spezifischen Staatsbezug ergeben. Aus diesem Grund müssen angemessene Legitimationsstrukturen für ebenenbegründende Delegationsakte für alle beteiligten Staaten gemeinsam gelten. Damit sind sie aber auf der höheren Ebene zu verorten[102].

3. Mehrebenen-Rechtsordnungen: Vorrang ohne Hierarchie

Läßt sich die im Ersten Teil entwickelte Einsicht in die begrenzte Wirksamkeit von Delegationsgrenzen auch auf die Legitimationsproblematik von Rechtserzeugungsebenen jenseits des Nationalstaats anwenden, so wirft diese Feststellung auch ein anderes Licht auf die Frage nach Vorrang und Hierarchie des Rechts innerhalb von Mehrebenen-Rechtsordnungen.

In den hier untersuchten föderal gebauten Rechtsordnungen ist eine Struktur zu erkennen, die Normen der höheren Ebene gegenüber Normen der unteren Ebene den Vorrang einräumt, Art. 31 GG, art. VI sec. 2 U.S. const., sowie die Rechtsprechung des EuGH[103]. Diese Parallele könnte aus gemeinsamen Struktur-

---

[100] Zu diesem Delegationsdilemma gleichfalls oben, S. 178 ff.

[101] So aber BVerfGE 89, 155 (190). Zur völkerrechtlichen Kritik daran *Jochen Abr. Frowein*, Das Maastricht-Urteil des Bundesverfassungsgerichts und die Grenzen der Verfassungsgerichtsbarkeit, ZaöRV 54 (1994), 1 (11). Entsprechende staatstheoretische Kritik am Schluß von der Staatseigenschaft auf ein Austrittsrecht bei *Josef Isensee*, Vorrang des Europarechts und deutsche Verfassungsvorbehalte – offener Dissens, in: J. Burmeister (Hrsg.), FS Stern, 1997, 1239 (1263).

[102] Ein entsprechender Ansatz läßt sich für das deutsche Verfassungsrecht im Verhältnis zu Europa in Art. 23 Abs. 1 S. 1 GG nachweisen. Vgl. bereits die Themenformulierung bei *Badura*, VVDStRL 23 (1966), 34.

[103] Zu Art. 31 GG und seinem durch die Kompetenzordnung stark eingeschränkten Anwendungsbereich *Wolfgang März*, Bundesrecht bricht Landesrecht, 1989, 97 ff. Für das amerikanische Recht ist art. VI sec. 2 U.S. const. (*supremacy clause*) der Sache nach behandelt in den Federalist Papers, Nr. 33 (Hamilton). Vergleichend *Michael Bothe*, Die Kompetenzstruktur des modernen Bundesstaats in rechtsvergleichender Sicht, 1977, 143 ff. Für das Europarecht vgl. EuGH, Rs. 6/64, Costa v. ENEL, Slg. 1964, 585 sowie die Analyse bei *Bruno de Witte*, Direct Effect, Supremacy and the Nature of the Legal Order, in P. Craig/G. de Búrca (Hrsg.), The Evolution of EU Law, 1999, 177 (181 ff., 189 ff.); *Werner Schroeder*, Das Gemeinschaftsrechtssystem, 2002, 108 ff.; *Weiler*, The Constitution of Europe, 20 ff. Zur Unterscheidung von Geltungs- und An-

merkmalen von Mehrebenen-Rechtsordnungen folgen, die unabhängig von der konkreten Rechtslage bestehen. Vorrang bezeichnet in diesem Zusammenhang eine Regel, die im Falle einer Kollision zwischen Recht der höheren und Recht der unteren Ebene grundsätzlich das Recht der höheren Ebene sich durchsetzen läßt[104]. Damit ist weder festgelegt, welches Organ hierüber entscheidet, noch ob sich dieser Vorrang im Außenverhältnis zwischen den Ebenen oder unmittelbar innerhalb der unteren Ebene auswirkt, noch ob der Vorrang zu einer Geltungs- beendigung der zurücktretenden Norm führt.

Warum aber ist eine grundsätzliche Vorrangbeziehung zu vermuten? Verläßt man für einen Moment die verräumlichende Bildsprache, so fällt auf, daß die höhere Ebene ihrem Regelungsgehalt nach auch als *allgemeinere* oder *extensivere* Ebene verstanden werden kann. Die Menge ihrer Regelungsadressaten ist mittelbar die Menge der Regelungsadressaten der unteren Ebene. Genauer formuliert: Die Menge der Regelungsadressaten der höheren Ebene hat ihrerseits die Gesamtheit aller möglichen Regelungsadressaten im Geltungsbereich der Ebene als Regelungsadressaten. Wenn sich aber im Kollisionsfall nur ein Glied der unteren Ebene gegen die höhere durchsetzt, zum Beispiel indem eine Regelung, die alle Glieder binden soll, von ihr nicht angewendet wird, so stellt ein solcher Vorgang die Geltung der Norm als solche in Frage. Es läßt sich nämlich nicht begründen, warum nicht auch alle anderen Glieder die Ordnung nicht anwenden. Damit hängt aber die *Geltung* des Rechts[105] der höheren Ebene von ihrem *Vorrang* ab[106]. Deswegen sind Grenzen der Regelungsbefugnis der höheren Ebene für den gesamten Geltungsbereich einheitlich durch die höhere Ebene zu bestimmen. Das bedeutet nicht, daß die Bestimmung nicht auch auf Gegebenheiten der unteren Ebene oder auch nur einzelner ihrer Gliederungen eingehen[107] oder nicht kooperative Strukturen der Aufgabenerfüllung einrichten dürfte. Es bedeutet auch nicht, daß die höhere Ebene für alle Gliederungen der unteren Ebene gleiche Regeln erlassen müßte[108]. Es bedeutet aber sehr wohl, daß normative Rücksichtnah-

---

wendungsvorrang, *Theodor Schilling*, Rang und Geltung von Normen in gestuften Rechtsord- nungen, 1994, 432ff.

[104] Inwieweit solche Kollisionen vorkommen, hängt von der Frage ab, wie stark die Kompetenzordnung verrechtlicht ist. Dies ist für die Referenzrechtsordnungen unterschiedlich, vgl. unten, S. 376ff.

[105] Zu einer entsprechenden Bestimmung des Geltungsbegriffs nur *Kelsen*, Reine Rechtslehre, 68ff.; *Röhl*, Allgemeine Rechtslehre, 280.

[106] Wie hier *Schmitt*, Verfassungslehre, 381ff.; *Ewald Wiederin*, Bundesrecht und Landesrecht, 1995, 36.

[107] Etwa durch Regelungen föderaler Rücksichtnahme, die aber stets Teil des Rechts der höheren Ebene sind: *Bauer*, Die Bundestreue, 17ff.; *Blanquet*, L'article 5 du traité C.E.E., 21ff.; *Michael Commichau*, Nationales Verfassungsrecht und europäische Gemeinschaftsverfassung, 1995.

[108] Zu diesem für die europäische Integration sehr wichtigen und vielfältig verwirklichten Phänomen nur die Beiträge in: G. de Búrca/J. Scott (Hrsg.), Constitutional Change in the EU. From Uniformity to Flexibility, 2000.

men und Differenzierungen gerade durch die Rechtsordnung der höheren Ebene zu erfolgen haben. Aus diesem Grund wird man schwerlich ein Beispiel für den Vorrang des Rechts der unteren Ebene finden. Durch eine solche »inverse Hierarchie«[109] wäre der Geltungsanspruch der höheren Ebenen nicht aufrecht zu erhalten. Trotzdem sind normative Differenzen zwischen verschiedenen Gliedern einer Ebene nicht nur möglich, sondern auch erwünscht, denn andernfalls könnte die Ebenengliederung zugunsten einer zentralisierten Struktur aufgegeben werden[110]. Nur kann sich eine solche Heterogenität eben nicht als Ergebnis einer Vorrangregel zugunsten der unteren Ebene darstellen lassen, weil andernfalls selbst das Ziel einer beschränkten Vereinheitlichung der Rechtslage praktisch ausgeschlossen wäre. Gerade wenn die untere Ebene im Regelfall über eine Regelungskompetenz verfügt[111], ist es sinnlos, ihr einen Vorrang für die Fälle zuzubilligen, in denen die höhere Ebene regeln darf.

Dies läßt sich schließlich auch mit einer praktisch-institutionellen Überlegung plausibel machen: Begehrt in einem konkreten Fall ein Glied der unteren Ebene die gerichtliche Kontrolle einer legislativen Kompetenz der oberen Ebene, so ist dieses Begehren ein spezifisches Anliegen *eines* Gliedes, nicht der unteren Ebene als ganzer. Denn nur in Ausnahmefällen dürfte eine Kompetenz der oberen Ebene gegen den einhelligen Willen der Glieder der unteren Ebene wahrgenommen werden. Dann hat es das Gericht mit einer uneindeutigen Willensbildung auf der unteren Ebene zu tun, aber mit einer zumindest mehrheitsfähigen auf der oberen. Gegen die eigene Legislative und den durch sie repräsentierten demokratischen Willen wird sich das Gericht aber kaum dauerhaft durchsetzen können, ohne die eigene institutionelle Integrität in Frage zu stellen. Diese Vermutung wird sich im folgenden in der Analyse der Referenzrechtsordnungen zu bewähren haben[112].

---

[109] Ausdruck bei *Udo Di Fabio*, Der Verfassungsstaat in der Weltgesellschaft 2001, 99. Eingehend *Volker Roeben*, Constitutionalism of Inverse Hierarchy: the Case of the European Union, Jean Monnet Working Paper, 8/2003, 4ff. (unter Anwendung der systemtheoretischen Unterscheidung zwischen Zentrum und Peripherie).

[110] Die Vielfalt ist die wohl bedeutendste materielle Rechtfertigung föderaler Ordnungen, die freilich im sehr weitgehend homogenisierten deutschen System schwierig zu begründen ist. Aus diesem Grund stellt auch Art. 72 Abs. 2 GG n.F. keine wirksame Kompetenzgrenze dar, dazu unten, S. 376ff. Grundsätzlich zur fehlenden föderalen Vielfalt in Deutschland: *Klaus Stern*, Föderative Besinnungen, in: FS H. Huber, 1981, 323 (327); *Josef Isensee*, Der Föderalismus und der Verfassungsstaat der Gegenwart, AöR 115 (1990), 248 (253ff.); *Oeter*, Integration und Subsidiarität, 143ff., 259ff. Für das amerikanische System ist die Vielfalt durch weitergehende Gesetzgebungskompetenzen der Glieder gesichert.

[111] Dies ist in allen drei Referenzrechtsordnungen der Fall: Art. 5 Abs. 1 EGV, Art. 30 GG, Tenth Amendmend, U.S. Const. Zur eingeschränkten Bedeutung von Art. 30, die gerade im Verwaltungshandeln sichtbar wird: *Walter Krebs*, Neue Bauformen des Organisationsrechts und ihre Einbeziehung in das Allgemeine Verwaltungsrecht, in: E. Schmidt-Aßmann/W. Hoffmann-Riem (Hrsg.), Verwaltungsorganisationsrecht als Steuerungsressource, Baden-Baden 1997, 339 (350f.). Zum Tenth Amendment: *Tribe*, American Constitutional Law, 860ff.

[112] Vgl. unten, S. 376ff.

Das Bestehen eines Vorrangs ist nicht mit dem Bestehen einer *Hierarchie* im Sinne eines einseitigen Bestimmungsrechts zwischen den Ebenen gleichzusetzen[113]. Zur Begründung dieser These bietet sich ein Vergleich mit der Funktionenunterscheidung an: Der verbreiteten Vorstellung, die drei Funktionen ließen sich in einen hierarchischen Zusammenhang stellen, in welchem die Legislative an der Spitze stehe, wurde oben bereits widersprochen[114], auch wenn legislatives Recht Exekutive und Judikative bindet. Ein paralleles Argument läßt sich für das Verhältnis zwischen den Ebenen entwickeln, selbst wenn die Funktion des Normvorrangs der höheren Ebene soeben gerechtfertigt wurde. Dieser Normvorrang begründet aber dann keine Hierarchie zwischen den Ebenen, wenn die untere Ebene an der Entstehung des Rechts der höheren Ebene beteiligt ist. Für höchstrangiges Recht ist dies im Vertragsänderungsverfahren in Art. 48 EUV[115], im Verfahren der Verfassungsänderung in Art. 79 Abs. 1 GG[116] und in der *amendment procedure* des art. V U.S. constitution der Fall[117]. Für einfaches Recht lassen sich ähnliche Strukturen im deutschen Recht bei der Bundesratsbeteiligung und im Europarecht in der Normsetzung des Rats anführen: Wie zwischen den Funktionen durchläuft die Rechtserzeugung auch zwischen den Ebenen keine hierarchische Struktur. So mag beispielsweise eine mitgliedstaatliche Exekutive im Ministerrat eine Verordnung mitbeschließen, die sie aber schließlich erst vollzieht, nachdem der EuGH den Mitgliedstaat dazu verurteilt hat. Von einer Hierarchie zwischen mitgliedstaatlicher Exekutive und europäischem Gericht kann in diesem Beispiel kaum gesprochen werden. Der EuGH hat zwar das »letzte Wort« im konkreten Fall, aber er hat es nur auf der Grundlage eines Rechtssatzes, der von dem verurteilten Mitgliedstaat mitgetragen wurde und der unter seiner Beteiligung auch wieder geändert werden könnte. Anderes gilt auch nicht, wenn dieser Mitgliedstaat gegen den Rechtsakt gestimmt hat. Die freiwillige Eingliederung in eine Struktur von Mehrheitsentscheidungen ist etwas anderes als eine hierarchische Unterordnung. Selbst wenn das Gesetzgebungsverfahren ohne eine Beteiligung der unteren Ebene verlaufen würde, könnte von einer Hierarchie nicht die Rede sein. Denn die exekutive Konkretisierung gesetzlicher Vorgaben ist wie oben gezeigt nicht als hierarchische Unterordnung zu verstehen. Mehrebenen-Rechtsordnungen können zwar Hierarchien einrichten, etwa als ebenenübergrei-

---

[113] *Kelsen*, Allgemeine Staatslehre, 200; *Wiederin*, Bundesrecht und Landesrecht, 40ff. Dies ist für die deutsche Bundesstaatslehre lange bekannt: *Walter Schmidt*, Das Verhältnis von Bund und Ländern im demokratischen Bundesstaat des Grundgesetzes, AöR 87 (1962), 253. Für das Gemeinschaftsrecht *Mayer*, Europäische Verfassungsgerichtsbarkeit, 262ff., allerdings mit dem insoweit zu unspezifischen Hinweis auf die Mehrebeneneigenschaft.

[114] Vgl. oben, S. 88ff.

[115] Zu Art. 48 EUV vgl. *Christian Koenig/Matthias Pechstein*, Die EU-Vertragsänderung, EuR 1998, 130; *Lenaerts/van Nuffel*, Constitutional Law of the European Union, Rdnr. 5–004ff.

[116] Art. 79 Abs. 1 GG sieht die Beteiligung des Bundesrats vor.

[117] art. V U.S. const. sieht eine Annahme eines amendments nach der Ratifikation durch drei Viertel der Gliedstaatsparlamente vor.

fende exekutive Aufsichtsstruktur[118], aber aus dem Bestehen einer Mehrebenen-Rechtsordnung allein kann auf eine Hierarchie nicht geschlossen werden. Die hier getroffenen Feststellungen für Mehrebenen-Rechtsordnungen wie das Europarecht und das deutsche und amerikanische Verfassungsrecht lassen sich auf das Völkerrecht nicht einfach übertragen[119]. Als selbständige »Ebene« kann das Völkerrecht eben nur eingeschränkt verstanden werden. Immerhin beanspruchen völkerrechtliche Verpflichtungen eine einheitliche Geltung, die unabhängig von jeweiligen Besonderheiten innerhalb der Rechtsordnungen der adressierten Staaten ist, ein Rechtsgedanke, der für völkerrechtliche Verträge in Art. 46 WRV seinen Ausdruck gefunden hat. Auch kennt das Völkerrecht Formen der internen Hierachisierung, beispielsweise in Art. 64 WRV für das Verhältnis von *ius cogens* und Völkervertragsrecht oder in Art. 103 UN-Charta[120]. Dies führt materiell zu einer Vorrangwirkung, die sich aber nicht notwendig in eine durchsetzbare Kollisionsregel ummünzt[121]. Ob dies der Fall ist, hängt vielmehr davon ab, welche Wirkung Europarecht und nationales Verfassungsrecht völkerrechtlichen Verpflichtungen verleihen. Ein Indiz für eine eingeschränkte Vorrangwirkung findet sich auch im Recht der internationalen Organisationen. Hängt die Etablierung des Vorrangs einer Norm von ihrer gerichtlichen Überprüfbarkeit ab[122], so ist diese hinsichtlich der Handlungen internationaler Organisationen eingeschränkt. Nicht selten entscheiden nicht-gerichtliche Organe über die Rechtmäßigkeit ihres eigenen Handelns[123], ohne daß eine anschließende gerichtliche Überprüfung vorgesehen ist[124]. Von einer Mehrebenen-Rechtsordnung der Internationalen Gemeinschaft[125], die das Völkerrecht als höhere Rechtsordnung anerkennt, kann insoweit nicht gesprochen werden.

---

[118]   Dazu unten, S. 332 ff.

[119]   Dazu *Robert Baumann*, Der Einfluss des Völkerrechts auf die Gewaltenteilung, 2002, 55.

[120]   Vgl. dazu nur die Analyse bei *Eric Suy*, The Constitutional Character of Constituent Treaties of International Organizations and the Hierarchy of Norms, FS Bernhardt, 1995, 267.

[121]   Zum Problem von Binnenhierachien im internationalen Recht die Analysen von *Joseph H. H. Weiler/Andreas Paulus*, The Structure of Change in International Law or Is There a Hierarchy of Norms in International Law?, European J. o. International Law 8 (1997), 545, sowie *Martti Koskenniemi*, Hierarchy in International Law: A Sketch, ebda., 566.

[122]   Zum Zusammenhang zwischen Vorrangwirkung einer Norm und ihrer gerichtlichen Überprüfbarkeit, oben, S. 136 ff.

[123]   Vgl. die Feststellung in ICJ Reports 1962, 68, *Certain Expenses*. Zweifelnd ICJ Reports 1971, 299, *Namibia* (diss. Opinion Fitzmaurice). Grundsätzlich zum Problem: *Amerasinghe*, Principles of the institutional law of international organizations, 24 ff.; *Ebere Osieke*, The Legal Validity of Ultra Vires Decisions of International Organizations, American J. o. International L. 77 (1983), 239 (241 ff.). Eine abschließende Interpretationsbefugnis verleiht beispielsweise art. IX (2) WTO-agreement dem General Council.

[124]   Zur Kompetenz des ICJ zur Erteilung unverbindlicher Gutachten aus Art. 96 Abs. 2 UN-Charta: *Hermann Mosler*, in: B. Simma (Hrsg.), Charta der Vereinten Nationen, 1991, Art. 96, Rdnr. 9 f., 32 ff.

[125]   Zum Begriff *Alfred Verdross*, Die Verfassung der Völkerrechtsgemeinschaft, 1926; *Hermann Mosler*, The International Society as a Legal Community, Recueil des Cours 140 (1974 IV), 1; *Christian Tomuschat*, Die internationale Gemeinschaft, AVR 33 (1995), 1. Kritischer Über-

Im Ergebnis ordnen sich Staaten in Mehrebenen-Rechtsordnungen zwar keiner Hierarchie unter, aber auch ihre Eigenschaft als Staaten schützt sie nicht vor der Vorrangwirkung des Rechts der höheren Ebene. Auch dies begründet die bereits bei der Untersuchung des Erstentscheidungsrechts entwickelte Vermutung, daß ein wirksamer Schutz der Kompetenzbestände der unteren Ebene nur auf der höheren Ebene eingerichtet werden kann.

II. *Spezifische Legitimationsprobleme in Mehrebenen-Rechtsordnungen*

Legitimationsdefizite entstehen, wenn demokratisch legitimierte Rechtsakte Wirkungen haben, die über die Mitglieder des Legitimationssubjekts hinausgehen. Nationale demokratische Rechtsordnungen bannen diese Gefahr durch repräsentative Entscheidungen des Gesetzgebers, die eine Gesamtheit betreffen sollen. Diese Lösung versagt mit Blick auf die Internationalisierung der Rechtsordnungen. Denn in horizontalen Kooperationen gleichrangiger Hoheitsträger wie beim Abschluß eines völkerrechtlichen Vertrags läßt sich Legitimation auf diese Weise nicht garantieren[126]: Die Beteiligung des jeweils anderen Hoheitsträgers an verbindlichen Entscheidungen, die auch den einen Hoheitsträger verpflichten, widerspricht dem Grundsatz der Selbstbestimmung in gleicher Freiheit. In der Demokratietheorie ist dieses Problem unter dem Stichwort der fehlenden demokratischen Kohärenz der Internationalen Beziehungen erörtert[127].

---

blick in Verbindung mit dem Begriff der Konstitutionalisierung bei *Andreas Paulus*, Die internationale Gemeinschaft, 2000, 286ff. Zu den theoretischen Anfängen in der Reinen Rechtslehre: *Jochen von Bernstorff*, Der Glaube an das universale Recht, 2001, 109ff.

[126] Soweit nur die umfassenden Überlegungen bei *Eric Stein*, International Law and Democracy: No Love at First Sight, American J.o. International L. 95 (2001), 489; *Armin von Bogdandy*, Demokratie, Globalisierung, Zukunft des Völkerrechts – eine Bestandsaufnahme, ZaöRV 63 (2003), 853 (865ff.); *Matthias Ruffert*, Die Globalisierung als Herausforderung an das Öffentliche Recht, 2004, 61ff., jew. m.w.N. Zur Frage, ob man nur mit Blick auf Staaten von Demokratie sprechen kann, für die deutsche Diskussion abwägend: *Uwe Volkmann*, Setzt Demokratie den Staat voraus?, AöR 127 (2002) 575 (593ff.). Gegen die Möglichkeit überstaatlicher Demokratie: *Dietrich Murswiek*, Maastricht und der pouvoir constituant, Der Staat 32 (1993), 161, (164ff.). Skeptisch gegen die Identifizierung von Staat und Demokratie *Möllers*, Staat als Argument, 422ff. Für die französische Verfassungstradition: *Beaud*, La Puissance de L'État, 199ff. In der amerikanischen Rechtswissenschaft spielt das Thema mangels fortgeschrittener supranationaler Integration keine wesentliche Rolle. Die Diskussion wird in den politischen Wissenschaften geführt, weist deswegen aber auch eine andere Fragestellung auf. Vgl. *David Held*, Democracy and the Global Order, 1995, 143ff. Wie hier auch *Karl Homann*, Rationalität und Demokratie, 1988, 175; weitergehend *Höffe*, Demokratie im Zeitalter der Globalisierung, 282ff.

[127] *Klaus Dieter Wolf*, Die neue Staatsräson, 2000, 19ff.; *Alexander Wendt*, Collective Identity Formation and the International State, American Political Science Review 88 (1994), 384 (393); *Michael Zürn*, Regieren jenseits des Nationalstaats, 1998, 237f.; *Held*, Democracy and the Global Order, 18. Weitere Nachweise bei *Heidrun Abromeit*, Volkssouveränität in komplexen Gesellschaften, in H. Brunkhorst/P. Niesen (Hrsg.), Das Recht der Republik, 1999, 17.

Neu entstehende Ebenen bedürfen deswegen eigener Legitimationsmechanismen, auch wenn sie über keine oder nur eine eingeschränkte demokratische Identität verfügen[128]. Hierzu stehen grundsätzlich zwei Möglichkeiten bereit, die den im Ersten Teil entwickelten zwei elementaren Mechanismen zur Schaffung von Legitimation entsprechen: Zum einen kann die neue Ebene sich bereits bestehender demokratischer Verfahren bedienen, indem sie diese in die eigene Ebene integriert. Dies führt konkret zur Einrichtung von Organen auf der höheren Ebene, deren Legitimation durch demokratische Legitimationsstrukturen der unteren Ebene vermittelt wird, zumeist durch Repräsentanten staatlicher Regierungen. Die Legitimationsstruktur solcher Kopplungsorgane wird im folgenden zu untersuchen sein (1.). Zum anderen kann die Ebene ebenenübergreifende transnationale subjektive Rechte einrichten und dadurch individuelle Legitimation stiften (2.). In vielen Fällen wird beides gleichzeitig geschehen und zu spezifischen Formen der Legitimationskonkurrenz sowohl zwischen den Ebenen als auch innerhalb der höheren Ebene führen (3.).

1. Demokratische Legitimation der höheren durch die untere Ebene

In staatlichen und nichtstaatlichen Mehrebenen-Rechtsordnungen wird gerade die legislative Rechtserzeugung zwischen den Ebenen regelmäßig durch Organe gekoppelt, die aus Vertretern der Exekutiven der unteren Ebene konstituiert sind. Man kann diese als *intergouvernementale Kopplungsorgane* bezeichnen. Der Bundesrat im deutschen Verfassungssystem und der Rat der Europäischen Gemeinschaft sind hierfür wichtige Beispiele, in charakteristisch abweichender Weise auch der U.S. Senate. Trotz wichtiger Unterschiede in den jeweiligen Befugnissen fallen die organisatorischen Parallelen zunächst zwischen den beiden erstgenannten Organen ins Auge: In beiden soll die Präsenz von Regierungsvertretern der unteren Ebene in einem Organ der höheren Ebene die demokratische Willensbildung beider Ebenen verknüpfen. In beiden hängt die Wirksamkeit der Stimmabgabe nicht von der Einhaltung von Vorgaben der unteren Ebene ab[129]. Beide Organe folgen zudem einem gemischten Repräsentationskonzept, in dem sich die Zahl der Stimmen eines Mitglieds weder strikt nach der Zahl der repräsentierten Bevölkerung richtet noch nach dem Prinzip der Gleichheit zwischen den vertretenen Staaten, Art. 51 Abs. 2 GG, Art. 205 Abs. 2 EGV. Beide Organe stehen

---

[128]   Zur Kategorie der demokratischen Identität, oben, S. 53 ff.

[129]   Für den Bundesrat: *Hans Hugo Klein*, Die Legitimation des Bundesrats und sein Verhältnis zu Landesparlamenten und Landesregierungen, in: Vierzig Jahre Bundesrat, 1989, 95 (101); *Rupert Scholz*, Landesparlamente und Bundesrat, in: FS Carstens, Bd. 2, 1984, 831 (841 ff.). Für den Ministerrat die vergleichende Darstellung verschiedener Mitgliedstaaten bei *Lenaerts/van Nuffel*, Constitutional Law of the EU, Rdnr. 8–008. Zum Vergleich mit dem Bundesrat auch *Philip Dann*, Parlamente im Exekutivföderalismus, 2004, 51 ff.; *Thomas Giegerich*, Europäische Verfassung und deutsche Verfassung im transnationalen Konstitutionalisierungsprozeß: Wechselseitige Rezeption, konstitutionelle Evolution und föderale Verflechtung, 2003, 661 f.

schließlich in einem Organisationszusammenhang, in dem die höhere Ebene Regeln erläßt, die zumeist von der unteren Ebene vollzogen werden[130]. Anderes gilt für den amerikanischen Senat: Dessen Mitglieder sind unmittelbar durch einen Wahlakt für das Organ und damit für den demokratischen Prozeß auf dieser Ebene bestellt. Sie repräsentieren nach dem Prinzip der formalen Gleichheit die Gliedvölker, art. I, sec. 3 U.S. const.[131].

Die wissenschaftliche Untersuchung der Legitimationsleistung solcher Kopplungsorgane hat für das deutsche und das europäische Rechtssystem trotz der auffälligen Parallelen einen unterschiedlichen Verlauf genommen. Dies läßt sich aus der starken demokratischen Identität der nationalstaatlichen Ebene erklären, die einem direkten Vergleich im Weg steht. In Deutschland wurde die demokratische Legitimation des Bundesrats vergleichsweise wenig diskutiert[132]. Verfassungsrechtsdogmatisch läßt sich der Bundesrat als eine ausdrücklich vorgesehene Ausnahme vom grundgesetzlichen Legitimationsmodell verstehen[133]. Diese Verengung auf die konkrete Verfassungsauslegung hatte jedoch die Konsequenz, daß praktisch auch für die Praxis des Bundesrats bedeutsame Legitimationsprobleme rechtswissenschaftlich kaum auf Interesse stießen.

Im Gemeinschaftsrecht wurde der Rat[134] insbesondere in Deutschland[135] lange Zeit als das einzige Organ verstanden, das in einer völkerrechtlichen Deutung des Europarechts dazu in der Lage sei, demokratische Legitimation für die europäische Hoheitsgewalt zu stiften[136]. Diese Sicht ist aber nur begründbar, wenn man die gesamte demokratische Legitimationsleistung auf der nationalstaatlichen Ebene monopolisiert, also von vornherein ausschließt, daß die supranationale Ebene eigene demokratische Legitimationsmechanismen entwickeln kann[137]. Im Umkehrschluß kann jedes Legitimationsdefizit innerhalb der europäischen Insti-

---

[130] Vgl. unten, S. 332ff.

[131] Dieser Repräsentationsmechanismus ist zudem unabänderlich: art. V U.S. const.

[132] So dies geschah, wurde sie aber häufig als Problem beschrieben. Vgl. als kritische Äußerung aus demokratischer Perspektive: *Ernst Friesenhahn*, Parlament und Regierung im modernen Staat, VVDStRL 16 (1958), 9 (50f.); *Fritz Ossenbühl*, Zustimmung und Verantwortung des Bundesrats beim Erlaß von Bundesgesetzen, in: D. Wilke/B. Schulte (Hrsg.), Der Bundesrat, 1990, 300 (319); *Stern*, Staatsrecht II, 123.

[133] Repräsentativ *Michael Sachs*, Das parlamentarische Regierungssystem und der Bundesrat – Entwicklungsstand und Reformbedarf, VVDStRL 58 (1999), 39 (44f.). Zum Ausnahmecharakter des Bundesrats auch *Jestaedt*, Demokratieprinzip und Kondominialverwaltung, 286f., 289.

[134] Zu unterscheiden ist insoweit zwischen dem Europäischen Rat nach Art. 4 EUV und dem Rat der Europäischen Gemeinschaft nach Art. 202 EGV.

[135] Vgl. aber auch *Trevor C. Hartley*, The Foundations of European Community Law, 5. Aufl. 2003, 93ff.

[136] Eingehend ausgearbeitet bei *Kaufmann*, Demokratieprinzip, 430ff. Ebenso *Seiler*, Der souveräne Verfassungsstaat zwischen demokratischer Rückbindung und überstaatlicher Einbindung, § 4, III., 2 c).

[137] Wiederum sehr deutlich bei *Marcel Kaufmann*, Kommunales Unionsbürgerwahlrecht und demokratischer Staatsaufbau, ZG 1998, 25.

tutionen in Abrede gestellt werden[138]. Die Legitimation der Europäischen Union läßt sich auf die Frage der Legitimation der auswärtigen Gewalt der Mitgliedstaaten reduzieren. Diese Sicht ist allerdings bereits seit einiger Zeit auf dem Rückzug und einer kaum überschaubaren Diskussion um eine selbständige demokratische Legitimation der Union gewichen[139]. Gründe für diese Verschiebung auf europäischer Ebene können sich nicht zuletzt aus der nur eingeschränkten Legitimationsleistung von Kopplungsorganen, also insbesondere des Rats, ergeben.

Trotz seines Bezuges auf die Gliedstaaten war der amerikanische Senat von Anfang an vor allem für den demokratischen Prozeß auf Bundesebene entworfen worden. Dieser sollte durch eine Parzellierung des Wahlvolks und durch die Länge der Amtszeit die Deliberationsleistung des Kongresses erhöhen und Interessenverzerrungen verhindern[140]. Andererseits sollte die verbliebene *sovereignty* der Glieder anerkannt werden. Die demokratische Legitimation des Senats blieb zunächst intensiver den Mitgliedstaaten als Körperschaft verbunden, weil deren Parlamente die Senatoren ernannten. Dies änderte sich erst mit der Einführung des Direktwahlrechts durch das *Seventeenth Amendment* im Jahre 1913[141].

Systematisch können Legitimationsprobleme von Kopplungsorganen als Mängel in ihrer Repräsentations- (a) und Deliberationsleistung (b) beschrieben werden. Das oben für souveräne Staaten entwickelte Charakteristikum der demokratischen Allgemeinheit findet sich in gesamthänderischen ad-hoc-Eingriffen aller Mitglieder in vertraglich begründete Verfahrensstrukturen praktisch wieder, die eigene Legitimationsprobleme aufwerfen (c).

---

[138] Darstellung und Rechtfertigung der Annahme eines Legitimationsdefizits bei *Christoph Gusy*, Demokratiedefizite in postnationalen Gemeinschaften unter Berücksichtigung der EU, ZfP 45 (1998), 267 (268ff.); *Lübbe-Wolff*, VVDStRL 60 (2001), 267ff.; *Joseph Weiler/Ulrich Haltern/Franz Mayer*, European Democracy and ist Critics – Five Uneasy Pieces, Jean Monnet Working Paper 1/95, sub III. Vorsichtiger *Paul Craig*, The Nature of the Community: Integration, Democracy, and Legitimacy, in: P. Craig/G. de Búrca (Hrsg.), The Evolution of EU Law, 1999, 1 (24ff.). Ablehnend aus vorwiegend intergouvernementaler Perspektive: *Kaufmann*, Demokratieprinzip, 224ff.; *Andrew Moravcsik*, In Defense of the ›Democratic Deficit‹: Reassessing Legitimacy in the European Union, J. o. Common Market Studies, 40 (2002), 603.

[139] A. Arnull/D. Wincott (Hrsg.), Accountability and Legitimacy in the European Union, 2002; *Gráinne de Búrca*, The Quest for Legitimacy in The European Union, The Modern Law Review 59 (1996), 349; *Deirde Curtin*, Postnational Democracy, 1997, 41ff. Umfassender Überblick: *Amaryllis Verhoeven*, The European Union in Search of a Democratic and Constitutional Theory, 2002. Vgl. aus der politikwissenschaftlichen Literatur *Marcus Höreth*, Die Europäische Union im Legitimationstrilemma, 1999, 28ff.

[140] Vgl. für den Versuch, das Repräsentationskonzept zu vervielfachen, grundsätzlich Federalist Papers, Nr. 10 (Madison). Speziell für den Senat: Federalist Papers, Nr. 62 (Madison). Eine solche Lösung, wie sie auch für das Grundgesetz intensiv diskutiert wurde (*K.-B. von Doemming/R.W. Füsslein/W. Matz*, Entstehungsgeschichte der Artikel des Grundgesetzes, JöR n.F. 1 (1951), 379ff.), erscheint aber, wie sich zeigen wird, für solche Mehrebenen-Rechtsordnungen besser geeignet, in denen die untere exekutive Ebene nicht mit dem Vollzug von Recht der höheren Ebene betraut ist.

[141] Dazu: *C.H. Hoebeke*, Road to Mass Democracy, 1995. Zur aktuellen Praxis im Senat *Bessette*, Mild Voice of Reason, 43f., 148f.

a) Repräsentationsleistung

Legislativorgane müssen bestimmten Anforderungen an demokratische Repräsentation genügen, um ihre Funktion legitim erfüllen zu können[142]. Die Repräsentationsleistung von Kopplungsorganen steht jedoch aus mehreren Gründen in Frage. Im Fall von Rat und Bundesrat kann das Organ seine Kopplungsfunktion nur erfüllen, weil seine Mitglieder zu Repräsentanten einer Untergliederung gewählt und durch diese Eigenschaft Mitglied des Organs wurden. Der demokratische Wahlakt bezieht sich in beiden Fällen auf ein Regierungsamt der unteren Ebene, nicht auf die Mitgliedschaft im Kopplungsorgan[143]. Damit fallen die demokratische Verantwortlichkeit der Mitglieder des Organs und dessen Rechtserzeugungsbefugnis auseinander[144]. Der *dédoublement fonctionnel*[145] der Mitglieder schafft zudem keine Repräsentation von selbstbestimmten Individuen, sondern von Körperschaften. Für den amerikanischen Senat gelten diese Einwände nicht. Denn hier bezieht sich der Wahlakt gerade auf die Teilnahme im demokratischen Verfahren auf der höheren Ebene. Verantwortlichkeit und Befugnis bleiben beieinander.

Nach welchem Repräsentationsprinzip gestaltet sich die Stimmverteilung innerhalb der Kopplungsorgane[146]? Zwei Möglichkeiten sind denkbar: Eine Repräsentation nach dem Prinzip souveräner Gleichheit, in welcher jeder Staat die gleiche Stimmzahl erhält, oder eine Repräsentation nach dem Prinzip demokratischer Gleichheit, in der jeder Staat nach der Zahl seiner wahlberechtigten Bevölkerung repräsentiert wird[147]. Gegen das letztgenannte Prinzip spricht, daß es im Ergebnis den Ebenenbezug aufgibt und seine Repräsentationsform sich von einem unmittelbar demokratisch legitimierten Organ der höheren Ebene nicht

---

[142] Vgl. oben, S. 105 ff.

[143] Vgl. auch die Bemerkungen bei *Craig*, Nature of the Community, 39 f.

[144] *Hans Pollmann*, Repräsentation und Organschaft, 1969, 112 f.

[145] Zu dieser Figur im Völkerrecht *Georges Scelle*, Le phénomème juridique du dédoublement fonctionnel, in: FS Wehberg, 1954, 324. Zur Anwendbarkeit im Gemeinschaftsrecht: *Ipsen*, Europäisches Gemeinschaftsrecht, 312 ff. Für die Figur des nationalen Richters als Gemeinschaftsrichter ähnlich *Schroeder*, Verfassungsrechtliche Beziehungen zwischen EU und EG, 398 ff. Grundsätzlich *Antonio Cassese*, Remarks on Scelle's Theory of »Role Splitting« (*dédoublement fonctionnel*) in International Law, European J.o. International L. 1 (1990), 210.

[146] Zur Variabilität des Idee der demokratischen Gleichheit, vgl. oben, S. 52 f. Für Entwicklungstendenzen im Völkerrecht *Benedict Kingsbury*, Sovereignty and Inequality, European J.o. International Law 9 (1998), 599. Mit Blick auf Internationale Organisationen: *Bengt Broms*, The Doctrine of Equality of States as Applied in International Organizations, 1959, 16 ff.; *Bardo Fassbender*, Die souveräne Gleichheit aller Staaten, Aus Politik und Zeitgeschichte B43/2004, 7 (10 ff.).

[147] Zum Problem der Inklusion nicht wahlberechtigter Teile der Bevölkerung in die Stimmenberechnung nach Art. 51 Abs. 2 GG, vgl. *Carsten Deecke*, Verfassungsrechtliche Anforderungen an die Stimmenverteilung im Bundesrat, 1998, 126 ff., der zur Notwendigkeit einer gesetzlichen Regelung gelangt. Dies entspricht im übrigen auch den oben angestellten Überlegungen zur notwendig demokratischen Entscheidung der Bestimmung des demokratischen Legitimationssubjekts.

mehr unterscheidet. Ein spezifischer Schutz der repräsentierten Glieder fiele fort, die Mittelbarkeit der Repräsentation wäre deswegen kaum zu rechtfertigen. Ein nach dem Prinzip souveräner Gleichheit der Glieder zusammengesetztes Kopplungsorgan dagegen läßt den Bedarf an unmittelbarer demokratischer Legitimation der höheren Ebene außer acht. Dies erscheint sowohl plausibel, wenn es an einer ausgebildeten demokratischen Identität der höheren Ebene ohnehin fehlt; es erscheint umgekehrt aber auch angemessen, wenn eine demokratische Identität existiert, der politische Prozeß auf der höheren Ebene sich aber auch nach den Gliederungen richten soll. Der nur einstimmig entscheidende EWG-Rat der frühen europäischen Integration war ebenso wie der amerikanische Senat nach dem Prinzip der föderalen Gleichheit der Glieder aufgebaut, obwohl im ersten Fall eine demokratische Identität der höheren Ebene kaum bestand, im zweiten aber voll besteht. Beides ist verfassungstheoretisch schlüssig: Denn im ersten Fall erfolgt die Wahl der Mitglieder durch den gliedstaatlichen demokratischen Willensbildungsprozeß, der durch die Einstimmigkeit respektiert wird. Im zweiten Fall erfolgt die Wahl unvermittelt durch die Gliedvölker gerade für Befugnisse auf der höheren Ebene. Vor dem Hintergrund einer nur langsam entstehenden demokratischen Identität Europas ist es folgerichtig, die Repräsentationsstrukturen im Rat zu einer Zwischenlösung hin zu verschieben, die die Bevölkerungsgröße schrittweise intensiver einbezieht.

Unabhängig vom Repräsentationsmechanismus kann das Auseinanderfallen von Verantwortung und Befugnis innerhalb der Organe Rat und Bundesrat Probleme erzeugen, wenn nicht mehr klar ist, ob die Mitglieder des Organs die Interessen des vertretenen Gliedstaats oder eine Richtung in der politischen Auseinandersetzung auf der höheren Ebene repräsentieren. Das Problem verschärft sich, je entwickelter die demokratische Identität auf der höheren Ebene ist. Dies zeigt die Praxis des Bundesrats besonders deutlich. Hier überlagert sich die Repräsentation der Länderinteressen mit der Bildung politischer Lager auf Bundesebene[148]. Die Repräsentationsleistung des Organs wird diffus, indem sie sich der politi-

---

[148] Dazu aus rechtswissenschaftlicher Sicht: *Alexander Hanebeck*, Der demokratische Bundesstaat des Grundgesetzes, 2004, 314ff.; *Rudolf Dolzer*, Das parlamentarische Regierungssystem und der Bundesrat – Entwicklungsstand und Reformbedarf, VVDStRL 58 (1999), 7 (19ff.). Aus historischer und politikwissenschaftlicher Sicht *Gerhard Lehmbruch*, Parteienwettbewerb im Bundesstaat, 3. Aufl. 2000. 77ff., 158ff. *Alfred Rührmair*, Der Bundesrat zwischen Verfassungsauftrag, Politik und Länderinteressen, 2001, 33ff. Vgl. bereits *Werner Weber*, Spannungen und Kräfte im westdeutschen Verfassungssystem, 1. Aufl. 1951, 93. Zuletzt BVerfG, 106, 310 (330ff.). Der dort entschiedene Sachverhalt läßt sich auch als ein Zusammenstoß der Repräsentation von Bund und Land verstehen. Vgl. dazu die Beiträge in H. Meyer (Hrsg.), Abstimmungskonflikt im Bundesrat im Spiegel der Staatsrechtslehre, 2003. Zum grundsätzlichen Problem: *Wolf-Rüdiger Schenke*, Gesetzgebung zwischen Föderalismus und Parlamentarismus, in: H.-P. Schneider/W. Zeh (Hrsg.), Parlamentsrecht und Parlamentspraxis, 1989, 1485 (1500); *Ulrich Scheuner*, Verantwortung und Kontrolle in der demokratischen Verfassungsordnung, in: Staatstheorie und Staatsrecht, 1978, 293 (309). Zum Vergleich zwischen konsozialen und Mehrheitsdemokratien: *Gerhard Lehmbruch*, Proporzdemokratie, 1976; *Arend Lijphart*, Democracies: pat-

schen Auseinandersetzung im Parlament angleicht, ohne dazu gewählt zu sein. Ähnliche Phänomene dürften auf europäischer Ebene entstehen, wenn sich gesamteuropäische politische Differenzen stärker gegenüber nationalen Interessenkonflikten bemerkbar machen[149] – ein Vorgang, der in der Verfassungsordnung der Vereinigten Staaten fast unmittelbar im Anschluß an die Gründung der Union begann[150].

In engem Zusammenhang mit diesem Problem steht auch die Frage nach der angemessenen *Entscheidungsregel* innerhalb von Kopplungsorganen[151]. Die Einstimmigkeitsregel ist die konsequente Umsetzung des Prinzips der souveränen Gleichheit im Organ. Denn das Konsenserfordernis verabsolutiert die Willensbildung jedes einzelnen Mitglieds, indem dessen Wertigkeit vollständig unabhängig von der Willensbildung aller anderen Mitglieder des Organs zählt[152]. Der Wechsel von der Einstimmigkeitsregel zu einer Mehrheitsregel bedeutet zugleich eine Annäherung an ein anderes Repräsentationsprinzip, und zwar selbst dann, wenn bei einer Mehrheitsregel die Stimme jedes Mitglieds gleich gezählt wird. Denn auch dann werden die Mitglieder Teil einer Gesamtwillensbildung, der sie sich nicht entziehen können. Je weitergehend das Kopplungsorgan Mehrheitsregeln einführt, und je weniger qualifiziert diese Mehrheitsregeln sind, desto ähnlicher wird das Kopplungsorgan in seiner Repräsentationstechnik einem unmittelbar demokratisch legitimierten Organ und desto mehr stellt es dadurch die körperschaftliche Vermittlung der eigenen Legitimation in Frage[153]. Die Weiterentwicklung völkerrechtlicher Regime zu Organisationen mit entscheidungsfähigen Organen bedeutet stets auch einen Schritt zum Übergang der angewendeten Repräsentationsstruktur hin zu Verfahren, in denen politische Mitbestimmungsrechte der Bürger unmittelbar einbezogen werden können.

Ein verwandtes Problem intergouvernementaler Legitimation läßt sich schließlich mit Blick auf den demokratischen Politikbegriffs *Hannah Arendts* diagnostizieren[154]. Dadurch, daß die Legitimation stiftenden Wahlakte für das Organ immer nur einzelne seiner Mitglieder betreffen, wird das Organ als Ganzes, anders etwa als ein nationales Parlament, nie durch einen Legitimationsakt ausgetauscht. Es arbeitet in steter Kontinuität. Versteht man demokratisches Handeln als das

---

terns of majoritarian and consensus government in twenty-one countries, 1984; *ders.*, Patterns of Democracy: government forms and performances in thirty-six countries, 1999.

[149] Dazu *Möllers*, Verfassung – Verfassunggebung – Konstitutionalisierung, 30ff. Zum politischen Prozeß im Europäischen Parlament, sogleich unten, S. 253ff.

[150] *Stanley Elkins/Eric McKittrick*, The Age of Federalism, 1993, 288ff.; *Richard Hofstadter*, The Idea of a Party System: The Rise of Legitimate Opposition in the United States 1780–1840, 1970.

[151] Vgl. zu speziell völkerrechtlichen Konstruktionen: *Henry G. Schermers*, Weighted Voting, EPIL, IV, 2000, 1446 (1446f.), sowie unten, S. 296ff.

[152] Anders aber *Kaufmann*, Demokratieprinzip, 464.

[153] So in der Analyse auch *Kaufmann*, Demokratieprinzip, 392ff.

[154] Zum Folgenden: *Hannah Arendt*, Was ist Politik?, 1993, 39ff.

Setzen von Diskontinuitäten, die einer Folge von Sachzwängen und Kompromissen eine zurechenbare Entscheidung entgegensetzt, so ist dieses Verständnis auf Intergouvernementalorgane kaum anwendbar. Diesen fehlt die Möglichkeit zu grundsätzlicher politischer Wende und Selbstüberprüfung, über die demokratische Staaten im Anschluß an Wahlen verfügen, und die auch praktisch geeignet sein dürfte, die Problemlösungsfähigkeit des Hoheitsträgers zu erhöhen.

b) Deliberationsleistung

Von Legislativorganen wird die Diskussion von Gründen und Gegengründen für zu treffende Entscheidungen erwartet[155]. Aber auch diese *Deliberationsleistung*, aus der die Entscheidung ihren Charakter als demokratische Willensbildung bezieht, begegnet im Fall von Kopplungsorganen Zweifeln[156]. Dies läßt sich aus Sicht der Gewaltengliederung dadurch erklären, daß in Kopplungsorganen Exekutiven die Funktion einer Legislative übernehmen. Selbst wenn diese öffentlich arbeiten[157], sind die Verfahren ihrer Entscheidungsfindung weniger an Deliberation als an Aushandlung orientiert[158].

Präziser erklärt sich die eingeschränkte Deliberationsmöglichkeit der Kopplungsorgane aus den soeben untersuchten Repräsentationsproblemen. Als Repräsentanten, die ihre demokratische Legitimation durch einen auf die Glieder bezogenen Wahlakt erhalten, handeln die Mitglieder des Organs als deren Interessenvertreter. Sie handeln Lösungen aus, die für das Legitimationssubjekt, dem sie verantwortlich sind, am besten erscheinen, und folgen damit ihrer demokratischen Verantwortlichkeit. Daraus folgt jedoch, daß sich die Qualität der Entscheidung im Organ nicht am Gesamtwohl der ganzen Ebene, sondern an aggregierten Partikularinteressen der Mitglieder orientiert. Die Aushandlung eines

---

[155] Vgl. oben, S. 60 ff.

[156] Aus der politikwissenschaftlichen Literatur *Arthur Benz*, Postparlamentarische Demokratie?, in: M. Th. Greven (Hrsg.), Demokratie – eine Kultur des Westens, 1998, 201 (204 ff.) m.w.N.

[157] Zur Kritik an mangelnder Öffentlichkeit des Bundesrats: *Dieter Grimm*, Die Gegenwartsprobleme der Verfassungspolitik und der Beitrag der Politikwissenschaft, in: Die Zukunft der Verfassung, 1991, 336 (352); *Schenke*, Gesetzgebung zwischen Parlamentarismus und Föderalismus, 1502. Zur eingeschränkten Öffentlichkeit des Rats der Gemeinschaft knapp: *Joël Rideau*, Droit Institutionnel de L'Union des Communautés Européennes, 4. Aufl. 2002, 333 f.; *Lübbe-Wolff*, VVDStRL 60 (2001), 256 f.

[158] Den folgenden Überlegungen liegt die verfassungstheoretische Unterscheidung zwischen *arguing* und *bargaining* zugrunde. Vgl. *Jon Elster*, The Cement of Society, 1989, 272 ff.; *ders.*, Arguing and Bargaining in the Federal Convention and the Assemblée Constituante, Working Paper – U.o. Chicago, August 1991; *Thomas Saretzki*, Wie unterscheidet man Argumentieren und Verhandeln?, in: V. v. Prittwitz (Hrsg.), Verhandeln und Argumentieren, 1996, 19; *Katharina Holzinger*, Bargaining by Arguing: An Empirical Analysis of the Relationship between Arguing and Bargaining on the Basis of Speech Act Theory, PVS 42 (2001), 414; *James Johnson*, Arguing for deliberation: Some sceptical considerations, in: J. Elster (Hrsg.), Deliberative Democracy, 1998, 161.

paktierten Kompromisses zwischen Partikularinteressen muß dem Gesamtinteresse jedoch keineswegs entsprechen.

Dagegen besteht die Funktionalität parlamentarischer Deliberation gerade darin, daß alle Mitglieder des Parlaments die Gesamtheit des Volkes repräsentieren[159]. Nur so wird aus einem Aushandeln von Interessen eine Diskussion über Problemlösungen. Durch das Auftreten politischer Parteien wird dieser Mechanismus nicht notwendig in Frage gestellt, denn diese bündeln unterschiedliche Vorstellungen von Gemeinwohl, die aber jeweils auf die Gesamtordnung bezogen bleiben. Deswegen treffen diese Bedenken den U.S. Senate noch am wenigsten. Dieser ist zwar nicht ähnlich strikt in eine Parteiendisziplin eingebunden wie etwa der Bundes*tag*. Trotzdem spielen programmatische Fragen, die den Gesamtstaat betreffen, in seinem Entscheidungsverhalten die entscheidende Rolle. Die Entscheidungsfindung im Senat läßt sich damit nicht als zwischengliedstaatlicher Kompromiß verstehen. Der Bundesrat dagegen ist einerseits gerade auf gliedstaatliche Repräsentation angelegt, das Deliberationsdefizit ist vom Grundgesetz gewollt. Entweder arbeitet er Kompromißlösungen aus, die in verfassungstheoretischer Sicht aus den genannten Gründen Bedenken erwecken, oder er repräsentiert eine bundespolitische Auseinandersetzung und erfüllt damit seine vom Grundgesetz zugewiesene Funktion nicht. Für den Europäischen Rat treffen die Bedenken in jedem Fall zu. Eine Lösung kann sich nur durch eine weitgehende Abkopplung der Mitglieder von den repräsentierten Gliedern ergeben. Dadurch würden sich die Organe aber auch von ihren Legitimationsquellen entfernen.

c) *Zwischenstaatliches Handeln als Eingriff in übernationale Vertragsordnungen*

Eine besonderes Problem intergouvernementaler Kopplung ergibt sich für übernationale Organisationen: Supranationale und internationale Organisationen werden durch einen gemeinsamen zwischenstaatlichen Rechtsakt geschaffen, das gesamthänderische Handeln der Vertragsparteien entspricht einem Akt der Verfassunggebung[160]. Dies kann zu Legitimationsproblemen führen, weil die Vertragsparteien gleichzeitig zwei verschiedene Rollen innerhalb der Organisation einnehmen, indem sie einerseits als verfassunggebende Gewalt die Inhalte der Verträge kontrollieren und andererseits als Organ innerhalb der Rechtsordnung an die Vertragsregeln gebunden sind. Aus verfassungstheoretischer Sicht stellt ein solches Zugriffsrecht eine Intervention des verfassunggebenden Legislativorgans

---

[159] Vgl. für den Bundestag *von Beyme*, Der Gesetzgeber, 244 ff.; *Schulze-Fielitz*, Theorie und Praxis parlamentarischer Gesetzgebung, 206 f.

[160] So werden Gründungsverträge Internationaler Organisationen in der völkerrechtlichen Literatur nicht selten als *constitution* bezeichnet, Beispiele bei *Schermers/Blokker*, International Institutional Law, §§ 1145 ff.

in die Konkretisierungsordnung des Organisationsrechts dar. Ähnlich einem Einzelfallgesetz wird damit die Organisations- und Verfahrensleistung geschmälert und Entscheidungen, für deren Zustandekommen Verfahrensregeln bestehen, politisiert[161].

Im Europarecht ist dieser Zusammenhang viel diskutiert: Er zeigt sich besonders deutlich in Eingriffen in die Vertragsordnung durch einstimmigen Beschluß nach Art. 308 EGV[162], aber auch im System von Anhängen und Erklärungen zu den Verträgen[163], die nicht selten Einzelfallregelungen enthalten, die mit der Vertragsordnung nicht in Einklang stünden, wären sie als Sekundärrecht beschlossen worden[164]. Aber auch vertraglich vorgesehene Verfahren, die Formen intergouvernementaler Rechtserzeugung vorsehen, die sich von allgemeinen Verfahrensregeln und damit dem europaeigenen Legitimationskonzept entfernen[165], begegnen solchen Bedenken[166]. In all diesen Fällen behalten sich die Vertragsparteien Zugriffsrechte auf die allgemeine Verfahrensnordnung vor und relativieren damit die von ihnen selbst gestaltete Legitimationsstruktur.

Auch internationale Organisationen, in denen die Versammlung der Mitgliedstaaten sehr häufig das zentrale Entscheidungsorgan ist, kennen diesen Zusammenhang[167]. Wenn die Organisationen keine weiter verselbständigten Entscheidungsmechanismen haben, ist dies nicht problematisch. Wenn sie aber über eine spezifische Verfahrensstruktur verfügen, sind punktuelle Zugriffe zweifelhaft. Deutlich ist dieser Zusammenhang im WTO-Recht. Art. 16 (4) DSU ermöglicht die Aufhebung einer gerichtsförmig ergangenen Entscheidung eines *Panels* durch den mit den Vertragspartreien identischen *Dispute Settlement Body*. Damit ge-

---

[161] Zu entsprechenden Problemen in nationalen Rechtsordnungen, oben, S. 178ff.

[162] Zu weiteren modifizierten materiellen Vertragsänderungsverfahren in Art. 22 Abs. 2, 190 Abs. 4, 269 Abs. 2 EGV, 42 EUV: *Lenaerts/van Nuffel*, Constitutional Law of the EU, 262f.

[163] Aus der krititischen Literatur grundlegend nach Maastricht: *Deirdre Curtin*, The Constitutional Structure of the Union: a Europe of Bits and Pieces, Common Market L. Rev. 30 (1993), 17 (22ff., 44ff.). Entsprechend für die zweite und dritte Säule: *Gráinne de Búrca*, The Institutional Development of the EU: A Constitutional Analysis, in: P. Craig/G. de Burca (Hrsg.), The Evolution of EU Law, 1999, 55 (66ff.).

[164] Vgl. wiederum *Deirdre Curtin*, Scalping the Community Legislation: Occupational Pensions and ›Barber‹, Common Market L. Rev. 27 (1990), 475; *Ulrich Everling*, Zur rechtlichen Wirkung von Beschlüssen, Entschließungen, Erklärungen und Vereinbarungen des Rats oder der Mitgliedstaaten der Europäischen Gemeinschaft, in: GS Constantinesco, 1983, 133 (142f.).

[165] Zu verschiedenen neuen Formen intergouvernementaler Rechtserzeugung: *Tobias Bender*, Die Verstärkte Zusammenarbeit nach Nizza, ZaöRV 61 (2001), 729 (738ff.); *Caroline de la Porte*, Is the Open Method of Coordination Appropriate for Organising Activities at the European Level in Sensitive Policy Areas?, European L.J. 8 (2002), 38. Zu den Ursprüngen der OMC: *Sabrina Regent*, The Open Method of Coordination: A New Supranational Method of Governance?, European L.J. 9 (2003), 190 (192ff.).

[166] Zum Problem *von Bogdandy/Bast/Arndt*, ZaöRV 62 (2002), 126; *Möllers*, Verfassunggebung – Verfassung – Konstitutionalisierung, 46ff.

[167] Vgl. auch unten, S. 287ff.

stattet der Vertrag die Derogation einer in einem verrechtlichten Verfahren entstandenen Entscheidung durch politischen Konsens.

Im gesamthänderischen Handeln von Staaten behält ihre ursprüngliche und
thematisch unbegrenzte Rechtsfähigkeit eine ambivalente Bedeutung. Einerseits
ist dieses die zentrale Quelle des Völkerrechts. Auf der anderen Seite soll die Errichtung supra- und internationaler Organisationen gerade über diese Form der
Rechtsetzung hinausgehen und neue Verfahrens- und Legitimationstechniken
kreieren. Das Zusammenfallen von »verfassunggebender« Funktion und Beteiligung an der alltäglichen Rechtserzeugung der Organisation schafft ein Legitimationsproblem, wenn Staaten in eine rechtlich definierte Legitimationsordnung in
Einzelfällen eingreifen und damit die bereits geschaffenen Legitimationsstrukturen derogieren.

d) Zwischenfazit

Aus verfassungstheoretischer Sicht begegnen intergouvernementale Kopplungsorgane, die legislative Funktionen wahrnehmen, hinsichtlich ihrer Repräsentati-
ons- und ihrer Deliberationsmöglichkeiten Einwänden. Durch ihre Eigenschaft
als Schöpfer überstaatlicher Organisationen geraten die Staaten zudem in eine legitimationstheoretisch anfechtbare Doppelrolle, wenn intergouvernementales
Handeln für Einzelfälle eine bereits entstandene, rechtlich definierte Entscheidungsstruktur und deren Legitimationsprozeduren überspielt. Dabei zeigt sich
folgendes Dilemma: Repräsentations- und Deliberationsdefizit hängen miteinander zusammen. Sie resultieren aus dem Auseinanderfallen von demokratischer
Verantwortlichkeit, die sich nach den einzelnen Gliederungen der unteren Ebene
richtet, und Organbefugnis für die höhere Ebene. Doch erhöht eine wachsende
Unabhängigkeit der Organmitglieder die deliberative Leistung des Organs, ver-
mindert aber zugleich seine demokratische Legitimation. Die Defizite intergouvernementaler Kopplungen hängen jedoch untrennbar mit der Leistung dieses
Organtyps zusammen, das Handeln von Rechtserzeugungsebenen ohne eigene
oder mit nur schwach ausgeprägter demokratischer Identität durch die demokratische Identität der Gliedstaaten mit Legitimation zu versorgen. Deshalb bleiben
solche Organe trotz der aufgezeigten Probleme unverzichtbar.

2. Individuelle Legitimation durch transnationale Selbstbestimmung

Neben die Legitimation durch demokratische Verfahren tritt der individuelle Legitimationsmodus: Übernationale Rechtsordnungen können durch die Einräumung subjektiver Rechte eigene Legitimationsmechanismen schaffen und sich
verselbständigen. Von besonderem Interesse für die Legitimationsstruktur sind
subjektive Rechte, die transnational wirken, also einen spezifischen Anspruch des
Angehörigen eines Gebietes auf Handeln in einem anderen Gebiet einräumen,

wie namentlich die Grundfreiheiten des EGV. Abgesehen werden kann im folgenden von Rechtsordnungen, die einen durchsetzbaren Grundrechtsstandard garantieren wie die EMRK, da sie funktional nicht anders zu bewerten sind als eine weitere gerichtliche Instanz, die grundrechtliche Standards garantiert[168]. Welche legitimatorischen Leistungen und Probleme verbinden sich aber mit der Einrichtung transnationaler subjektiver Rechte?

Zunächst ist zu erkennen, daß auch die Einräumung transnationaler subjektiver Rechte wie jeder Individualrechtsschutz eine *Form der Erzeugung von Legitimation* darstellt[169]. Auch sie legitimieren den Hoheitsträger durch den institutionell gesicherten Schutz individueller Selbstbestimmung. Transnationale subjektive Rechte betreffen in übernationalen Regelungszusammenhängen zumeist ökonomische Freiheiten, weil diese – häufiger als beispielsweise die Versammlungs- oder Gewissensfreiheit – sich gerade in der Überquerung von Grenzen verwirklichen, also einen starken räumlichen Bezug haben. In den wissenschaftlichen Debatten um Internationalisierung und Europäisierung des Rechts gerät diese legitimationsstiftende Wirkung subjektiver Rechte gegenüber wirtschaftspolitischen Argumenten für oder gegen Freihandel aber oftmals in den Hintergrund[170]. Darum soll sie noch einmal auf Grundlage des hier zugrundegelegten Legitimationskonzepts erläutert werden: Der Schutz individueller Selbstbestimmung ist abhängig von demokratischen Verfahren, die die Reichweite subjektiver Freiheit definieren müssen[171]. Subjektive Freiheit ist nichts Naturgegebenes[172]. Trotzdem ist die Einschränkung grenzüberschreitenden Handelns rechtfertigungsbedürftig[173]. Denn die individuelle Willensbildung kann über die Geltungsgrenzen demokratischer Entscheidungsräume hinausstreben, doch an den demokratischen Verfahren jenseits dieser Grenze darf das Individuum nicht teilnehmen. Doch die Grenze als solche stellt keinen Rechtfertigungsgrund für eine Einschränkung individueller Selbstbestimmung dar. Umgekehrt fehlt es an einem grenzübergreifenden demokratischen Verfahren, das das Recht auf grenzüberschreitendes Handeln ausgestalten könnte. Der wechselseitige Verweisungszusammenhang zwischen individuellem und demokratischem Legitimationsmodus, den eine legitime Gewaltengliederung organisiert, ist nicht dadurch garantiert, daß transnationale subjektive Rechte eingerichtet werden.

---

[168] Zum Problem oben, S. 136 ff.

[169] Vgl. bereits oben, S. 41 ff.

[170] Vgl. zum Überblick nur *Michael J. Trebilcock/Ronald Howse*, The Regulation of International Trade, 2. Aufl. 1999, 1 ff., *Langer*, Grundlagen einer internationalen Wirtschaftsverfassung, 51 ff.

[171] Nochmals: oben, S. 41 ff.

[172] So aber der Ansatz bei *Ernst-Ulrich Petersmann*, Constitutional Functions and Constitutional Problems of International Economic Law, 1991, 314 ff.

[173] Vgl. zu diesem selten behandelten Problem die entsprechende Argumentation bei *Lübbe-Wolff*, VVDStRL 60 (2001), 251 f., die freilich den eigenen individuellen Legitimationsgehalt transnationaler Rechte nicht in Betracht zieht.

Für Mehrebenen-Rechtsordnungen hat dieses Legitimationsproblem auch eine kompetenzielle Seite. An allen hier untersuchten Referenzrechtsordnungen kann beobachtet werden, daß die Einräumung subjektiver Rechte deutlich zentralisierende Wirkungen zeitigt[174]: Zum einen definieren subjektive Rechte einen nur schwer greifbaren Kompetenzbereich, der sich immer auch nach dem individuellen Handlungshorizont der Berechtigten richtet. Der Grad ihrer Mobilität bestimmt ihre Reichweite[175]. Zum anderen führt ein subjektives Recht auf grenzüberschreitende Freiheitswahrnehmung innerhalb zweier Rechtsordnungen zu einer Vereinheitlichung dieser Ordnungen. Im Konflikt zwischen der individuellen grenzüberschreitenden Selbstbestimmung auf der einen und der demokratischen Selbstbestimmung der unteren Ebene auf der anderen Seite setzt sich die individuelle wegen des Vorrangs der höheren Ebene im Regelfall durch[176].

Vor diesem Hintergrund ergeben sich Legitimationsprobleme also auch für solche Rechtsordnungen, die sich darauf beschränken, transnationale subjektive Rechte einzuräumen und gerichtlich zu schützen[177]. Denn die Auslegung dieser Rechte ohne einen nach den Prinzipien gleicher Freiheit organisierten demokratischen Prozeß[178] führt zu einer Überbeanspruchung der auszulegenden Rechtstexte. Sie überschätzt zudem die Legitimationsmöglichkeiten gerichtlicher Verfahren, die ohne legislatives Korrektiv Entscheidungen treffen, deren Reichweite über die einbezogenen Verfahrensparteien hinausgeht[179]. Diese Legitimationsprobleme entsprechen den im Ersten Teil untersuchten Defiziten einer ausgreifenden und sich gegen den Gesetzgeber richtenden Verfassungsrechtsprechung. Die Rechtsprechung des EuGH in der Epoche fehlender politischer Handlungsfähigkeit des Rats ist ein Beispiel für dieses Problem[180]. Die Entscheidungspraxis der *Dispute Settlement Bodies* der WTO ist ein weiteres. In diesem Verfahren kla-

---

[174] Für die europäischen Grundfreiheiten: *Maduro*, We, the Court, 78ff.; *Thorsten Kingreen*, Grundfreiheiten, in: A. v. Bogdandy (Hrsg.), Europäisches Verfassungsrecht, 2003, 631 (644ff.).

[175] Zu Konsequenzen für die Kompetenzordnung, unten, S. 392ff.

[176] Dieser Vorgang ist vielfach vergleichend belegt: *Terence Sandalow/Eric Stein*, On the Two Systems: An Overview. In: T. Sandalow/E. Stein, Courts and Free Markets: Perspectives from the United States and Europe, I, 1982, 1 (24ff.); *Francis Jacobs/Kenneth Karst*, The »Federal« Legal Order: The U.S.A. and Europe Compared – A juridical Perspective, in: M. Cappelletti/M. Seccomce/J.H. Weiler (Hrsg.), Integration Through Law, I/1, 1986, 169 (204ff.); *Paul R. Dubinsky*, The Essential Functions of Federal Courts: The European Union and the United States Comparted, American J.o. Comparative Law 42 (1994), 295 (323ff.).

[177] Zur Kritik solcher Strukturen aus einer demokratietheoretischen Sicht *Curtis A. Bradley/Jack Goldsmith*, Pinochet and International Human Rights Litigation, Michigan L. Rev. 97 (1999), 2129. Zu den Instrumenten der Rücksichtnahme auf demokratische nationalstaatliche Prozesse in das Prüfungsprogramm des EGMR vgl. *Christoph Grabenwarter*, Europäische Menschenrechtskonvention, 2003, 25ff.

[178] Zum analogen Problem der Verfassungsgerichtsbarkeit oben, S. 136ff.

[179] Knapp aus rechtswissenschaftlicher Sicht: *Möllers*, Transnational Constitutionalism, 329ff. Aus Sicht der politischen Theorie: *Chantal Mouffe*, For an antagonistic Public Sphere, in: O. Enzewor u.a. (Hrsg.), Democracy Unrealized, 2002, 87 (90ff.).

[180] *Weiler*, The Constitution of Europe, 31ff.

gen zwar Staaten, keine Individuen, aber auch hier werden in einem gerichtlichen Verfahren individuelle Beschränkungen überprüft, ohne daß ein korrespondierender Legislativprozeß zur Verfügung stünde.

Fazit: Praktisch ist die Einräumung transnationaler subjektiver Rechte eine institutionell vergleichsweise einfache Möglichkeit, einer Rechtserzeugungsebene eine eigene Legitimationsstruktur einzurichten[181]. Die verfassungstheoretische Einsicht, daß individuelle Legitimation, anders als demokratische, vom Recht vorausgesetzt werden kann[182], wirkt sich hier praktisch aus. Es bedarf nur der Institutionalisierung eines Spruchkörpers zur letztinstanzlichen Bestimmung ihrer Reichweite. Dieses Vorgehen entwickelt notwendigerweise eine zentralisierende Dynamik, die auf die transnationale Mobilität der Rechtsträger reagiert. Aber auch die gerichtsfeste Einräumung transnationaler subjektiver Rechte, denen kein demokratischer Komplementärprozeß gegenübersteht, schafft Legitimationsprobleme.

3. Konkurrierende Legitimationsformen in Mehrebenen-Rechtsordnungen

Bindet man die Überlegungen der beiden vorhergehenden Abschnitte zusammen, so entsteht das Bild konkurrierender Legitimationsansprüche innerhalb von Mehrebenen-Rechtsordnungen. Dies ist dieser Darstellung nicht neu, stellt sich die Gewaltengliederung ohnehin als Lösung des Problems konkurrierender Legitimationsmodi dar[183]. Trotz dieser Parallele ergeben sich spezifische Konsequenzen. Charakteristisch für Mehrebenen-Rechtsordnungen sind die Dopplung demokratischer Willensbildungsprozesse auf der höheren Ebene, die zu einer horizontalen Konkurrenz zwischen einem unmittelbaren und einem ebenenvermittelten demokratischen Willensbildungsprozeß führt (a), und die vertikale Legitimationskonkurrenz zwischen den Ebenen (b).

a) Horizontale Legitimationskonkurrenz: *Rat oder Bundesrat versus Parlament*

Die demokratischen Mängel ebenenvermittelnder Kopplungsorgane wurden oben insbesondere mit Blick auf die legislative Rechtserzeugung beschrieben. In Mehrebenen-Rechtsordnungen tritt solchen Organen ein durch einen einheitlichen Wahlakt legitimiertes Organ wie der Bundestag oder das Europäische Parlament zur Seite[184]. Die Aufgliederung der verschiedenen Ebenen bildet sich dann in einer horizontalen Konkurrenz zwischen den Organen ab. Handelt es sich bei

---

[181] Vgl. auch *Stein*, American J.o. International L. 95 (2001), 518.
[182] Vgl. oben, S. 41 ff.
[183] Vgl. oben, S. 81 ff.
[184] Der amerikanische Senat als unmittelbar legitimierte, vollberechtigte Kammer des Kongresses findet in diesem Abschnitt keine Berücksichtigung.

dem unmittelbar demokratisch legitimierten Organ um ein funktionierendes Parlament[185], so bietet sich für die dargestellte Konkurrenz eine einfache Lösung an: Die intergouvernementale Struktur müsste hinter der parlamentarischen zurücktreten. Daß diese Lösung nicht angemessen ist, liegt jedoch auf der Hand: Andernfalls hätte sich jede neue Rechtserzeugungsebene einfach mit einem unmittelbar legitimierten demokratischen Repräsentativorgan auszustatten[186]. Vielmehr läßt sich die Legitimationskonkurrenz zwischen beiden Organen nur relativ auflösen. Je deutlicher eine demokratische Identitätsbildung sich auf der höheren Ebene abzeichnet, desto zweifelhafter wird die Legitimation eines intergouvernemental besetzten Legislativorgans[187]. Jenseits der soziologisch zu beantwortenden Frage nach den Voraussetzungen von demokratischer Identität[188] lassen sich zur Beurteilung demokratischer Identität rechtswissenschaftliche Kriterien benennen:

Die demokratische Identität des Legitimationssubjekts zeigt sich zunächst in der Intensität und Verdichtung der Rechtsproduktion auf der höheren Ebene. Diese dokumentiert den Willen der Glieder, Regelungen durch die höhere Ebene zu erzeugen, und damit die rechtliche Integration dieser Ebene weiter zu intensivieren. Umgekehrt zeigt sich demokratische Identität auch in der politischen Umstrittenheit von Sachthemen, wenn diese Umstrittenheit ein politischer Konflikt innerhalb der Ebene, kein Verteilungskampf zwischen den Gliedern ist. Dieses Kriterium kann die Beobachtung umsetzen, daß die Abkehr von der Einstimmigkeitsregel Ausdruck einer entstehenden demokratischen Identität ist. Anders formuliert: Herrscht Konsens darüber, daß rein konsensbezogene Verfahren nicht genügen, so ist dies ein Indiz für eine sich ausbildende demokratische Identität. Diese Kriterien sind offensichtlich nicht trennscharf. Doch wendet man sie auf den Europäischen Rat und Bundesrat an, so zeigen sich Tendenzen:

Mit Blick auf die Europäische Union ist in diesem Zusammenhang die Arbeitsteilung zwischen Rat und Europäischem Parlament zu überprüfen. Jenseits später genauer zu untersuchender funktionaler Fragen der europäischen Gesetzgebung zeigt sich eine stetige Zunahme von Mehrheitsentscheidungen innerhalb des Rats[189]. Dem entspricht eine Zunahme von Politikfeldern, die sich anders als der

---

[185] Zu Problemen beim Europäischen Parlament, unten, S. 264 ff.

[186] Vgl. für den Zusammenhang zwischen Verdichtung des Rechts und Legitimationsfähigkeit auch *Stein*, American J. o. International L. 95 (2001), 526 ff.

[187] Zu intergouvernementalen Strukturen innerhalb der Exekutive, S. 358 ff.

[188] Eher optimistisch zur politischen Öffentlichkeit in Europa: *Klaus Eder/C. Kantner*, Transnationale Resonanzstrukturen in Europa. Eine Kritik der Rede vom Öffentlichkeitsdefizit, in: M. Bach (Hrsg.), Die Europäisierung nationaler Gesellschaften, 2000, 306; *Peter Häberle*, Europäische Verfassungslehre, 2002, 162 ff., 213 ff. Eher skeptisch *M. Rainer Lepsius*, Nationalstaat oder Nationalitätenstaat als Modell für die Weiterentwicklung der Europäischen Gemeinschaft, in: Demokratie in Deutschland, 1993, 265. Empirische Untersuchungen bei *Hans-Jörg Trenz*, Zur Konstitution politischer Öffentlichkeit in der Europäischen Union, 2002, 63 ff.

[189] Aktuelle Übersicht bei *Lenaerts/van Nuffel*, Constitutional Law of the EU, Rdnr. 11–009, in Anm. 12, 13.

Binnenmarkt (oder die negative Integration[190]) nicht als Einräumung subjektiver Rechte auf transnationales Handeln verstehen lassen. Neuere Politikfelder *beschränken* vielmehr mit Instrumenten des Europarechts subjektive Rechte, die zunächst durch das Europarecht garantiert wurden[191]. Wenig folgerichtig wäre deswegen eine nur zurückhaltende Stärkung des Parlaments gegenüber der seit dem Vertrag von Maastricht wieder ins Zentrum rückenden Rolle intergouvernementaler Rechtsetzung. Auch die Stimmverteilung im Rat zeigt die starke demokratische Überwölbung dieses Organs und wirft die Frage auf, warum legislative Entscheidungen nicht gleichberechtigt von Parlament und Rat getroffen werden sollten. Legitimationstheoretisch ist zudem die konsequente Ausrichtung des Wahlrechts an einem einheitlichen europäischen Legitimationssubjekt geboten[192].

Noch eindeutiger wird die Tendenzbestimmung mit Blick auf das Verhältnis von Bundesrat und Bundestag im deutschen Verfassungsrecht. Denn die demokratische Identität der nationalstaatlichen Bundesebene bedarf keiner ergänzenden Legitimationsform für das Handeln auf Bundesebene – die Berücksichtigung föderaler Gliederung dagegen müßte auf die Bundesebene zugeschnitten sein. Vor diesem Hintergrund ist es nicht einsichtig, ein intergouvernementales Organ, das auf Länderebene demokratisch verantwortlich ist, derart intensiv an der legislativen Rechtserzeugung des Bundes zu beteiligen. Daß diese Perspektive nicht nur theoretisch ist, zeigt sich an der oben erwähnten bundesparteipolitischen Ausrichtung der Willensbildung im Bundesrat. Auch wenn dies verfassungsrechtlich nicht zu beanstanden ist, veranschaulicht es ein verfassungstheoretisches Repräsentationsproblem.

b) Vertikale Legitimationskonkurrenz

Legitimationskonkurrenzen, die aus der Ebenengliederung resultieren, spielen sich nicht nur horizontal, innerhalb der oberen Ebene, sondern auch vertikal zwischen den Ebenen ab. In solchen Fällen stoßen beide Ebenen unmittelbar aufeinander ohne Vermittlung eines Repräsentativorgans. Auf den ersten Blick scheinen Argumente dafür zu sprechen, solche Konkurrenzen zugunsten der unteren Ebene zu lösen: Diese ist »näher«[193] an den sich selbst bestimmenden Subjekten, eine Vorstellung, die im Subsidiaritätsgedanken[194] eine Formulierung gefunden hat

---

[190] Die Einräumung grenzüberschreitender Freiheit ist die juristische Formulierung der negativen Integration, während die darüber hinausgehende positive Integration auch Freiheitseinbußen hervorrufen kann. Zur Unterscheidung. *Scharpf*, Regieren in Europa, 20ff.

[191] Vgl. zu diesem Problem etwa für die wichtige Umweltpolitik: *Peter Christian Müller-Graff*, Umweltschutz und Grundfreiheiten, in: H.-W. Rengeling (Hrsg.), Handbuch zum europäischen und deutschen Umweltrecht, Bd. I, 2. Aufl. 2003, § 10, Rdnr. 26ff.

[192] Vgl. dagegen die Formulierung in Art. 189 Abs. 1 EGV: »Vertreter der … Völker«.

[193] Zu dieser selten erörterten, aber viel verwendeten Kategorie die Kritik bei *Roman Schnur*, Politische Entscheidung und räumliche Interessen, Die Verwaltung 3 (1970), 256 (270).

[194] Für Deutschland: *Josef Isensee*, Subsidiaritätsprinzip und Verfassungsrecht, 1968, 149ff.

und in Art. 5 Abs. 2 EGV verrechtlicht wurde. Repräsentationstheoretisch steht
zudem zu vermuten, daß kleinere Einheiten dem einzelnen einen größeren Mitbe-
stimmungsanteil ermöglichen und intensivere demokratische Identitäten stiften
können[195].

Doch halten verräumlichende Vorstellungen von Nähe und Ferne, oben und
unten, näherer Betrachtung nicht stand. Sie leiden in dieser Allgemeinheit an ähnlichen Mängeln wie ein hierarchisches Verständnis von Ebenen[196] und Funktionen[197]. Dies zeigt die folgende Überlegung: Haben zwei Staaten sich zu einer weitgehenden gegenseitigen wirtschaftlichen Grenzöffnung verpflichtet und diese
Pflicht auch als transnationales subjektives Recht ausgestaltet, so führt die Nutzung dieser transnationalen Freiheit zu einer gesellschaftlichen Verknüpfung beider Länder: Wer als Angehöriger des Landes A durch Gesetz des Landes B im
Land B handeln und wandeln darf, wird damit als Rechtssubjekt nach dem Recht
von B anerkannt. Entscheidungen beider Gesetzgeber betreffen dadurch zunehmend auch Subjekte, die demokratisch nicht repräsentiert sind, deren transnationales Handeln aber vom eigenen Gesetzgeber erlaubt, wenn nicht ermutigt
wurde. Umgekehrt werden auch die eigenen Bürger zunehmend durch Entscheidungen beeinträchtigt, an deren Zustandekommen sie nicht beteiligt waren[198].
Formal verstanden, stellt die Entscheidung des Staats A, sich gegenüber B zu öffnen, die einzige Entscheidung dar, die zu treffen er zuständig, und die als solche
auch voll demokratisch legitimiert ist. Gleiches gilt für eine entsprechende Entscheidung des Staats B zugunsten von A. Doch die Folgen der Nutzung der subjektiven Freiheiten führen zu einem Legitimationsproblem. Der Export eines Gutes von A nach B erzeugt Folgen in B, etwa für die Märkte oder für den Umweltschutz, die von B nicht allein demokratisch verantwortet sind, und umgekehrt.

Dieses Repräsentationsproblem ist der legitimationstheoretische Grund für die
Errichtung höherer Regulierungsebenen: Einerseits soll die Reichweite individueller Freiheiten vergrößert werden, andererseits müssen die Folgen dieser Freiheitswahrnehmung angemessen demokratisch bewältigt werden. In Verwendung
ökonomischer Begrifflichkeit: Die Externalitäten der Freiheitswahrnehmung[199]

Für Europa *Calliess*, Subsidiaritäts- und Solidaritätsprinzip, 35 ff. In den Vereinigten Staaten ist
diese Kategorie in der verfassungstheoretischen Diskussion wenig geläufig (vergleichend aber
George A. Bermann, Taking Subsidiarity Seriously: Federalism in the EC and the US, Columbia
L. Rev. 94 (1994), 331 (366 ff.)), als entsprechenden Begriff kann man jedoch die republikanische
Vorstellung der *self-government* nennen, die einen entsprechenden Zug nach unten entfaltet, der
letztlich zwischen Kompetenzen und Grundrechten nicht mehr unterscheidet: *Frank I. Michelman*, Foreword: Traces of Self-Government, Harvard L. Rev. 100 (1086–1987), 4 (17 ff.).
[195] Dieser Gesichtspunkt ist für republikanische Demokratietheorien von Bedeutung: *Marcus
Llanque*, Republikanismus, 2005, Manuskript.
[196] Vgl. oben, S. 92 f.
[197] Vgl. oben, S. 228 ff.
[198] Dieses Argument spielt in der amerikanischen Rechtsprechung zur *dormant commerce
clause* eine wichtige Rolle. Vgl. unten, S. 387 ff.
[199] Eine kanonisierte Definition der Externalität bei *Harold Demsetz*, Toward a Theory of

bedürfen demokratischer Regulierung[200] – nicht anders als in einem nationalen Zusammenhang, in dem es eines Gesetzes bedarf, um die Reichweite subjektiver Rechte zu definieren[201]. Spricht diese Argumentation gegen eine Vermutung zugunsten der unteren Ebene, so ist zugleich eine Einschränkung zu machen: Wie Externalitäten, also demokratisch nicht legitimierte Folgewirkungen eines Rechtsakts, zu bestimmen sind, ist naturgemäß umstritten. Rechtsakte, die keine Externalitäten erzeugen, sind jedoch regelmäßig besser auf der unteren Ebene verortet[202].

Hieraus ergibt sich keine allgemeine Regel zum Verhältnis der Ebenen zueinander. Zunächst einmal bestimmt die Intensität der Freiheitswahrnehmung den Grad ihrer Folgen für demokratisch nicht repräsentierte Rechtsträger, die eine weitere Koordinationsebene notwendig machen. Daran anschließend ist auch hier die demokratische Identität der höheren Rechtserzeugungsebene als Kriterium heranzuziehen. Je intensiver die Rechtserzeugung der höheren Ebene wird, desto dringender sind bestimmte demokratische Verfahren notwendig, die nicht nur Glieder der unteren Ebene integrieren. In einem demokratisch vollständig integrierten System gleicht sich der legitimatorische Status eines Glieds immer mehr demjenigen einer Minderheit an, die sich gegen die Mehrheit allein auf die subjektiven Rechte berufen darf, auf die sich alle Rechtssubjekte berufen dürfen. Eine präzisere Erfassung des Problems wird sich mit Blick auf den Zusammenhang zwischen Gewaltengliederung und Kompetenzbestimmung ergeben[203].

Property Rights, American Economic Review 57 (1967), 347 (348). Dazu aus einer großen Literatur zu föderalen Gliederungen hier nur *Stefan Oeter* Erprobung der Konstitutionellen Politischen Ökonomie an Einzelfragen – Föderalismus, in: C. Engel/M. Morlok (Hrsg.), Öffentliches Recht als Gegenstand ökonomischer Forschung, 1998, 119 (128ff.); *Joel Trachtman*, Regulatory Competition and Regulatory Jurisdiction, J.o. International Economic Law 3 (2000), 331 (337ff.). *Farber/Fricker*, Law and Public Choice, 73ff.

[200] Dieses Argument in Anwendung auf die europäische Integration bei *Craig*, Nature of the Community, 26f.; *Giandomenico Majone*, The European Union between Social Policy and Social Regulation, J.o. Common Market Studies 31 (1993), 153.

[201] Deutlich wird das Problem, wenn Freiheitsbedrohungen eindeutig nachweisbare Freiheitseinschränkungen erzeugen: BVerwGE 75, 285 (zur grenznachbarlichen Klagebefugnis gegen atomrechtliche Entscheidungen). Dazu *Dietrich Murswiek*, Urteilsanmerkung, JuS 1987, 997; *Rüdiger Wolfrum*, Die grenzüberschreitende Luftverschmutzung im Schnittpunkt von nationalem Recht und Völkerrecht, DVBl. 1984, 493 (499f.).

[202] Eine strukturell interessante Argumentation zu diesem Problem findet sich in der Rechtsprechung zu Art. 28 Abs. 2 S. 1 GG in BVerfGE 79, 127 (149, 154). Auf der einen Seite sind örtliche Aufgaben, und dies sind in der hiesigen Terminologie solche ohne Externalitäten, auf der Gemeindeebene anzusiedeln. Auf der anderen Seite hat die höhere Ebene einen Entscheidungsspielraum hinsichtlich der Frage, was eine örtliche Aufgabe ist. Dazu *Friedrich Schoch*, Zur Situation der kommunalen Selbstverwaltung nach der Rastede-Entscheidung des Bundesverfassungsgerichts, VerwArch. 81 (1990), 18 (33f., 37).

[203] Vgl. unten, S. 376ff.

c) Zwischenfazit

Die Untersuchung der Legitimationsstruktur von Mehrebenen-Rechtssystemen ergab Legitimationskonkurrenzen, die der Auflösung durch eine ebenenübergreifende Gewaltengliederung bedürfen. Wurden die »klassischen« Probleme der Gewaltengliederung auf der nationalen Ebene im Ersten Teil behandelt, so zeigten sich nun die spezifischen Probleme von Mehrebenen-Rechtsordnungen. Diese können im Prinzip einfach in zwei Typen systematisiert werden: Zum einen zeigen sich horizontale Legitimationskonkurrenzen innerhalb der höheren Ebene, die sich spezifisch auf die Mehrebenen-Struktur zurückführen lassen. Hierbei geht es zumeist um die Konkurrenz zwischen einem durch die Glieder konstituierten und einem durch die Gesamtheit legitimierten Organ. Zum anderen entstehen vertikale Legitimationskonkurrenzen, in denen die Rechtserzeugung eines oder mehrerer Elemente der unteren Ebene mit der höheren Ebene in Konkurrenz tritt. Zugleich dient die Entwicklung neuer Regulierungsebenen aber auch der Lösung von Legitimationsdefiziten, die entstehen, wenn der transnationalen Wirkung subjektiver Rechte kein demokratischer Komplementärprozeß zur Seite gestellt wird.

III. Überleitende Betrachtung

Der Begriff der Ebene erweist sich als ein für vergleichende Untersuchungen hinreichend flexibles und abstraktes begriffliches Instrument. Aus legitimationstheoretischer Perspektive entstehen Rechtserzeugungsebenen aus der Entwicklung eigener Legitimationsformen, also aus Verknüpfung von Tatbeständen mit individuellen oder demokratischen Willensäußerungen. Der Begriff erhält Kontur in Abgrenzung zum Rechtsbegriff der Rechtspersönlichkeit von Hoheitsträgern. Mit der Anerkennung als Rechtspersönlichkeit ist ein wichtiger Schritt der Verselbständigung vollzogen, doch erfaßt der Begriff nicht weitergehende Verselbständigungsmöglichkeiten, die sich aus einer eigenen Befugnis zur Rechtserzeugung ergeben. Diese beschreibt der Begriff der Ebene, der als ein rechtswissenschaftlicher Begriff Vergleiche ermöglicht. Anders als der rechtdogmatische Begriff der Rechtssubjektivität bleibt er stets relativ.

Diese Bestimmung bahnt den Weg zur Analyse der Besonderheiten der nationalstaatlichen Ebene gegenüber überstaatlichen Ebenen. Solche Besonderheiten ergeben sich formell aus der absoluten Rechtsfähigkeit souveräner Staaten. Souveräne Staaten fungieren als der normative Ausgangspunkt neu entstehender Rechtserzeugungsebenen. Demokratietheoretisch zeichnet demokratisch verfasste Staaten ein einzigartiges Monopol der Thematisierung der Kompetenzverteilung zwischen den Ebenen aus. Zudem vertrauen überstaatliche Ebenen ihren Vollzug in den allermeisten Fällen der nationalstaatlichen Ebene an, so daß etwa das nationalstaatliche Gewaltmonopol gewahrt bleibt. Diese Besonderheiten sind freilich nicht geeignet, Nationalstaaten kompetenzielle Kernbestände zuzusprechen. Vielmehr sorgt die im Regelfall eingeschränkte Umkehrbarkeit des Delegationsprozesses auf eine höhere Ebene dafür, daß ein wirksamer Schutz für den Kompetenzbestand des Nationalstaats nur auf der neu enstehenden höheren Ebene garantiert werden kann. Souveränitäts- oder Staatlichkeitsformeln dagegen schützen, dies zeigte der vergleichende Blick in die Referenzrechtsordnungen, weder Nationalstaaten noch ihre staatlichen Untergliederungen vor Kompetenzauszehrung.

Spezifische Legitimationsprobleme von Mehrebenen-Rechtsordnungen ergeben sich, weil diese in den meisten Fällen nur über eine schwach ausgeprägte demokratische Identität verfügen. Aus diesem Grund integrieren neu entstehende Ebenen zum einen die demokratischen Legitimationsstrukturen ihrer Glieder und richten zum anderen subjektive Rechte ein. Der erste Weg führt zu Organen auf der höheren Rechtserzeugungsebene, in denen die Glieder der unteren Ebene repräsentiert sind. Weil in den intergouvernementalen Kopplungsorganen wie dem deutschen Bundesrat oder dem Rat in der EG, anders als im amerikanischen Modell des Senats, Repräsentanten der Glieder vertreten sind, die ein Mandat gerade für gliedstaatliche Politik bekommen haben, die sie innerhalb des Organs nicht vollziehen, erweist sich ihre Einrichtung als zugleich demokratisch defizitär und unverzichtbar. Diese Organe verfügen weder über die repräsentativen noch über die deliberativen Qualitäten, die gerade für legislative Rechtserzeugung zu erwarten wären. Aber auch die Einrichtung transnationaler subjektiver Rechte ist nicht unproblematisch, solange keine übergreifenden demokratischen Verfahren zur Verfügung stehen, die die Reichweite der Freiheitswahrnehmung konkretisieren.

Trotz dieser kritischen Bilanz lassen die festgestellten Legitimationsprobleme keineswegs den Schluß zu, daß die übernationale Öffnung demokratischer Nationalstaaten und die Entstehung neuer Rechtserzeugungsebenen zu einem Verlust an Legitimation führen müssen. Vielmehr erweisen sich die aufgezeigten Probleme als Folgelasten eines Legitimationszugewinns: nämlich der Möglichkeit, durch subjektive Rechte garantierte Freiheit auch über Grenzen hinweg wahrnehmen zu können.

§ 7 Gewaltengliederung in übernationalen Organisationen

Die soeben entwickelten Überlegungen zur Legitimationsstruktur von Mehrebenen-Rechtsordnungen sind nunmehr auf Fragen der Gewaltengliederung anzuwenden. Der folgende Paragraph ist in drei Abschnitte unterteilt, die der Gewaltengliederung dreier übernationaler Organisationen gewidmet ist. Zunächst ist die Struktur der *Europäischen Union* zu untersuchen, die im Moment die am weitesten fortentwickelte hoheitliche Organisation jenseits des Nationalstaats darstellt (I.). Daran schließt sich die Analyse zweier internationaler Organisationen mit unterschiedlichen organisatorischen Eigenarten an. Die *International Labour Organization* (ILO) ist eine klassische Internationale Organisation, deren dreigeteilte Organisationsstruktur für die Anwendung des Gewaltengliederungsmodells besonders geeignet erscheint (II.). Die Struktur der *World Trade Organization* (WTO) ist relativ jung und setzt auf andere Formen der Rechtserzeugung (III.). Ihre Untersuchung leitet zugleich zur anschließenden Betrachtung von Ebenenkopplungen über, da sie nicht über alle drei Rechtserzeugungsfunktionen verfügt.

I. Europäische Union

1. Entwicklung – Aufgabenbestand – Legitimation

Die europäische Integration[1] begann als institutionell[2] als ein wirtschaftspolitisches Projekt, das einerseits das Ziel einer Zollunion, also eines nach innen offenen und nach außen einheitlichen Marktes, andererseits das Ziel einer einheitlichen Wirtschaftsregulierung auf ausgewählten Gebieten wie dem Agrar- und dem Montansektor verfolgte. Wohl der bedeutendste materielle Grundsatz der so entstehenden Ordnung war und ist das Verbot einer Behandlung marktrelevanter

---

[1] Zur historischen Entwicklung unter deutlicher Hervorhebung der intergouvernementalen Perspektive: *Andrew Moravcsik*, The Choice for Europe: Social Purpose and State Power from Messina to Maastricht, 1998. Zur Entwicklung des Vorrangverhältnisses zwischen europäischen und nationalem Recht unter Analyse der französischen und deutschen Rechtsprechung: *Karen J. Alter*, Establishing the Supremacy of European Law, 2001, 64 ff., 124 ff.

[2] Dies schließt politisch von Anfang an gewollte *spill over*-Effekte nicht aus. Zusammengefaßt schon in der Schuman Deklaration vom 9. Mai 1950. Gut erkennbar ist diese Struktur auch in der Reihenfolge der Aufgaben in Art. 3 Abs. 1 EGV.

Sachverhalte nach Kriterien, die an die Zugehörigkeit zu einem Mitgliedstaat anknüpfen[3]. Dieses Diskriminierungsverbot verpflichtet vornehmlich die Mitgliedstaaten. In der Konsequenz des Diskriminierungsverbots liegt ebenso die Aufhebung von Hemmnissen bei transnationalem wirtschaftlichem Handeln wie die Kontrolle von Entscheidungen, die solche Hemmnisse indirekt begründen können, namentlich die Zahlung von Beihilfen und die Entstehung von marktbeherrschenden Unternehmen. Ein zentrales Legitimationsproblem des europäischen Hoheitsträgers ergibt sich daraus. Es ist mit denjenigen internationaler Organisationen gut vergleichbar, wenn auch verschärft: Die EU soll zugleich durch ihre Mitgliedstaaten konstituiert werden und von deren Handeln distanziert agieren.

Liegt im Fluchtpunkt des Diskriminierungsverbots zunächst der einheitliche Binnenmarkt[4], so verbinden sich mit diesem darüber hinausgehende Aufgabenzuweisungen. Wirtschaftsbezogene Kompetenzen sind schwer zu begrenzen, weil die Aufhebung von Handelsschranken einen übergreifenden Regulierungsbedarf erzeugt und weil potentiell jedes Handeln einen Wirtschaftsbezug aufweisen kann. Das kann an der Entwicklung der europäischen Rechtsordnung vielfach veranschaulicht werden, wiederum am plastischsten am Begriff der Diskriminierung[5]. Dieser Zusammenhang ist als Strukturproblem einer zwischenstaatlich konsentierten Marktvereinheitlichung zu bedenken, wenn sachbezogen formulierte Kompetenzgrenzen für die europäische Ebene gefordert werden[6]. Der Aufgabenbestand der Europäischen Verträge geht mittlerweile weit über die wirtschaftliche Integration hinaus und umfaßt in die Gemeinschaftsrechtsordnung integrierte Bereiche wie den Umweltschutz[7] ebenso wie die Einrichtung der beiden Säulen des Vertrags von Maastricht, die erst allmählich vollständig vergemeinschaftet werden[8].

Die Entwicklung der europäischen Integration wirft für eine Analyse am Maßstab der Gewaltengliederung besondere Schwierigkeiten auf. Denn zum einen spielen die Organe und die von ihnen wahrgenommenen Funktionen in unterschiedlichen Phasen der Integration unterschiedliche Rollen – und auch eine rechtswissenschaftliche Analyse kann diese historischen Varianzen und politischen Kontexte nicht einfach ignorieren[9]. Zum anderen ist nach wie vor auch em-

---

[3] Allgemein formuliert nunmehr in Art. 12 EGV. Vgl. als allgemeine Darstellung: *Stefan Plötscher*, Der Begriff der Diskriminierung im Europäischen Gemeinschaftsrecht, 2002, 44ff.

[4] *Thure Schubert*, Der Gemeinsame Markt als Rechtsbegriff – Die allgemeine Wirtschaftsfreiheit des EG-Vertrages, 1999, 133ff.

[5] Ein bedeutendes Beispiel aus der neueren Entwicklung ist die Rechtsprechung des EuGH zu den Implikationen des Diskriminierungsverbots aus Art. 12 EGV: EuGH, Rs. C-85/96, Martínez Sala, Slg. 1998, I-2691, Tz. 62; EuGH, Rs. C-184/99, Grzelczyk, Slg. 2001, I-6193, Tz. 34ff.

[6] Dazu im einzelnen unten, S. 379ff.

[7] *Wolfgang Kahl*, Umweltprinzip und Gemeinschaftsrecht : eine Untersuchung zur Rechtsidee des bestmöglichen Umweltschutzes im EWG-Vertrag, 1994.

[8] Vgl. die Analyse des Aufgabenbestandes nach dem Vertrag von Amsterdam bei *von Bogdandy*, Supranationale Föderation.

[9] Darin liegt die methodische Innovation der Untersuchungen von Francis Snyder und Joseph

pirisch umstritten, welche effektive Bedeutung die Organe für die Integration tatsächlich haben[10], auch wenn sich einzelne Phasen – vom intergouvernementalen Beginn, über die politische Stagnation und dem damit verbundenen Bedeutungsgewinn von Kommission und Gerichtshof, über die Erstarkung des Rats nach der Einheitlichen Europäischen Akte und die Verstärkung intergouvernementaler Elemente nach Maastricht[11] – gut unterscheiden lassen. Bedeutsam für eine rechtswissenschaftliche Untersuchung ist der Umstand, daß sich die Integration auch ihrer zeitlichen Abfolge entkleiden und legitimationstheoretisch analysieren läßt. Durchgehend typisch bleiben das Nebeneinander verschiedener Legitimationstechniken und die auf Dynamik ausgerichtete Institutionenstruktur.

Am einfachsten ist die hier bereits untersuchte[12] *intergouvernementale Legitimation* der Integration zu beschreiben, die die nationalen Legitimationsmechanismen nutzt und in einer spezifischen Weise modifiziert. Daneben lassen sich in einer weit verbreiteten Typisierung noch zwei andere Legitimationsformen bestimmen[13]:

Der *föderalen Legitimation* entspricht in der hier eingeführten Terminologie das Entstehen eines eigenen demokratischen Selbstbestimmungssubjekts auf europäischer Ebene mit egalitären und repräsentativen Legitimationsmechanismen, namentlich im Europäischen Parlament. Inwieweit sich die für diesen Legitimationstyp erforderlichen demokratischen Identitäten in Europa bilden können, ist umstritten, kann aber zunächst offen bleiben, zumal eine egalitäre Repräsentation der Bürgerschaft in der Europäischen Union, Art 17 EGV[14], nicht das Entstehen eines europäischen Volks voraussetzt. Aus theoretischer Sicht stellt dieses Legitimationsmodell jedenfalls für die vorliegende Untersuchung nichts Neues dar, überträgt es doch überlieferte Demokratietheorien auf die europäische Ebene[15].

Weiler. Grundlegend: *Joseph H.H. Weiler*, Il sistema comunitario europeo, 1985; *ders.*, The Community System: The Dual Character of Supranationalism, Yearbook o. European L. 1981, 268; *Francis Snyder*, New Directions in European Community Law, 1990, 9ff.

[10] Dies kann an dieser Stelle nicht erschöpfend belegt werden. Für zwei einflußreiche, sich widersprechende empirische Ansätze einerseits: *Moravcsik*, Choice for Europe (Hervorhebung der intergouvernementalen Kontrolle der Integration). Andererseits: *Alec Stone Sweet/Thomas L. Brunell*, Constructing a Supranational Constitution: Dispute Resolution and Governance in the European Community, The American Political Science Rev. 92 (1998), 63 (Hervorhebung dreier gleichberechtigter Faktoren der Integration: Transnationales Handeln, gerichtsförmige Streitentscheidung und Normproduktion).

[11] *Weiler*, Constitution of Europe.

[12] Oben, S. 233ff.

[13] Aus rechtswissenschaftlicher Sicht die Überblicke bei: *Ulrich Haltern*, Gestalt und Finalität, in: A. v. Bogdandy (Hrsg.), Europäisches Verfassungsrecht, 2003, 803 (805ff.); *Kaufmann*, Demokratieprinzip und Europäische Integration, 103ff. Aus politikwissenschaftlicher Sicht eingehend: *Höreth*, Europäische Union im Legitimationstrilemma, 104ff.

[14] Vgl. die rechtswissenschaftliche Untersuchung: *Kadelbach*, Unionsbürgerschaft, 548ff.; *Carlos Closa*, Citizenship of the Union and Nationality of Member States, Common Market L. Rev. 32 (1995), 487 (488ff.).

[15] Zu den rechtlichen Bedingungen einer Demokratisierung nach nationalstaatlichem Vorbild:

Anderes gilt für die sogenannte *supranationale Legitimation.* Diese bezieht sich auf diejenigen Rechtserzeugungsformen, die für die europäische Integration spezifisch sind, namentlich auf das Handeln der Kommission, aber auch auf die Rechtsprechung des EuGH. Hinter der Bezeichnung supranational verbirgt sich jedoch kein einheitliches theoretisches Legitimationskonzept. Vielmehr verbindet diese Firmierung nur der gemeinsame Bezug auf die genannten Organe sowie die Vermutung, daß deren Handeln nicht mehr mit herkömmlichen Demokratietheorien legitimiert werden könne. Als supranational bezeichnen sich deshalb ganz unterschiedliche und nicht immer miteinander vereinbare Legitimationskonzeptionen: die expertokratische Rechtfertigung der Kommission[16], die liberale Theorie der Wohlfahrtsvermehrung durch die Aufhebung von Handelsbeschränkungen[17], eine Spielart der Diskurstheorie, die supranationale Institutionen als Mittel zur Erzeugung deliberativer Rationalität versteht[18], eine weitergehende Theorie der *Civil Society,* die die Integration als Ermöglichung gesellschaftlichen Handelns deutet[19], administrative Netzwerktheorien[20] oder eine auf den EuGH zugeschnittene Theorie supranationaler Gerichtsbarkeit[21].

Auf eine grundsätzliche Parteinahme zu dieser theoretischen Auseinandersetzung ist zunächst zu verzichten. Die Legitimationsprobleme müssen sich vielmehr anhand der im Gemeinschaftsrecht vorgesehenen Rechtserzeugungsverfahren funktional aufschlüsseln und vergleichen lassen. Die hier vorgestellte weitgehend anerkannte Aufgliederung der Legitimationstypen wird für die Analyse der Gewaltengliederung der EU deswegen von Bedeutung sein, weil die Organe der EU verschiedenen Legitimationstypen zugewiesen werden können: der Rat als Repräsentant intergouvernementaler, Kommission und Gerichtshof als Repräsentanten supranationaler und das Europäische Parlament als Repräsentant föderaler Legitimation.

Rainer Stenzel, Integrationsziel Parteiendemokratie, 2002, 347ff.; *Dann,* Parlamente im Exekutivföderalismus, 289ff.

[16] Dazu nochmals *Majone,* Regulation and its modes, 9ff.; *Ipsen,* Europäisches Gemeinschaftsrecht, 8/24ff.

[17] Hierzu gehört auch das Modell der Output-Demokratie: *Scharpf,* Regieren in Europa, 20ff. Vgl. zur Kritik oben, S. 33ff.

[18] *Christian Joerges,* Deliberative Supranationalism – a defense, *European Integration online Papers (EIoP),* 5/2001; *Rainer Schmalz-Bruns,* Deliberativer Supranationalismus, Zeitschrift für Internationale Beziehungen, 6 (1999), 185 (204ff., 212ff.).

[19] *Curtin,* Postnational Democracy, 45ff.

[20] *Karl-Heinz Ladeur,* Towards a Legal Theory of Supranationalism – The Viability of the Network Concept, European L.J. 3 (1997), 33 (47ff.).

[21] *Laurence H. Helfer/Anne-Marie Slaughter,* Toward a Theory of Effective Supranational Adjudication, Yale L.J. 107 (1997), 273 (287ff., 290ff.). Grundlegend zum Zusammenwirken von EuGH und Kommission als supranationalen Instanzen: *Eric Stein,* Lawyers, Judges, and the Making of a Transnational Constitution, American J.o. Comparative L. 75 (1981), 1.

2. Gewaltengliederung: Regelungstechnik der Verträge – Rechtsprechung des EuGH

a) *Regelungstechnik der Verträge*

Den beiden im Ersten Teil untersuchten nationalen Verfassungsordnungen ist eine ähnliche Regelungstechnik zueigen[22]. Beide Verfassungen setzen bestimmte Organe oder Ämter ein und stellen diesen Institutionen materielle Rechtsbegriffe der drei Gewalten gegenüber. Ergänzt wird diese Regelungstechnik durch in der Verfassung vorgesehene organ- oder gewaltenspezifische Rechtsformen, namentlich diejenige des Gesetzes. Die Europäischen Verträge wählen eine andere Regelungstechnik. Der Aufzählung der Organe in Art. 7 Abs. 1 EGV sind keine materiellen Funktionen zugeordnet. Die Rechtsformen des Gemeinschaftsrechts begründen zudem keine Vermutung für die Zuordnung zu einer bestimmten Gewalt oder einem bestimmten Organ[23].

Aus diesem Grund erfordert jede Anwendung der traditionellen Idee der Gewaltengliederung auf die Institutionen der Europäischen Integration Vorsicht, zumal die rechtliche Einheit des Gebildes Europäische Union als Inbegriff der durch die europäischen Verträge eingerichteten Institutionen rechtswissenschaftlich umstritten ist[24]. Dieser Streit spiegelt die organisationsrechtliche Seite des Integrationsvorgangs wider, der für verschiedene Sachbereiche verschiedene Organisations- und Verfahrensregeln vorsieht.

Nimmt man die Rechtserzeugungsregeln der Ersten Säule im EGV und innerhalb dieser das Verfahren nach Art. 251 EGV als repräsentativen Ausgangspunkt einer europäischen Gewaltengliederung, so kann der Rückgriff auf die Gewaltentrias trotzdem eine systematische Struktur für die Rekonstruktion der europäischen Rechtserzeugung im ganzen ergeben. Zwar ist auch die Zusammenfassung funktionaler Arbeitsteilung in einer umfassenden Formel, wie dem vom EuGH entwickelten Erfordernis eines institutionellen Gleichgewichts, umstritten und in ihrer Bedeutung ungewiß[25]. Diese Zweifel müssen aber nicht grundsätzlich ande-

---

[22] Oben, S. 81 ff.

[23] *Bast*, Handlungsformen, 503 ff.

[24] Nachweise oben, S. 212 ff.

[25] Vgl. nur aus der älteren Literatur: *Peter Badura*, Bewahrung und Veränderung demokratischer und rechtsstaatlicher Strukturen in den internationalen Gemeinschaften, VVDStRL 23 (1966), 34 (70 f.); *Herbert Petzold*, Die Gewaltenteilung in den Europäischen Gemeinschaften, 1966; *Hans-Jürgen Rabe*, Das Verordnungsrecht der Europäischen Wirtschaftsgemeinschaft, 1963, 120 ff.; *Christoph Sachße*, Die Kompetenzen des Europäischen Parlaments und die Gewaltenteilung in den Europäischen Gemeinschaften, 1971; *Hugo J. Hahn*, Funktionenteilung im Verfassungsrecht europäischer Organisationen, 1977; *Meinhard Hilf*, Die Organisationsstrukturen der Europäischen Gemeinschaften, 1982. Aus der neueren Diskussion knapp kritisch *Bieber*, Verfahrensrecht von Verfassungsorganen, 102 f.; *Haratsch*, Grundsatz der Gewaltenteilung 204 ff.; *Jean Paul Jacqué*, Cours général de droit communautaire, Collected Courses of the Academy of European Law 1 (1990), 237 (289 ff.); *Koen Lenaerts*, Some Reflections on Separation of Powers in the European Community, Common Market L. Rev. 28 (1991), 11 (13 ff.); *Koen Lena-*

rer Natur sein als ähnliche Einwände gegen das Prinzip der Gewaltenteilung in nationalen Rechtsordnungen[26]: Für alle Rechtsordnungen besteht die Gefahr, mit verfassungstheoretischen Großformeln das positive Recht zu überspielen oder Besonderheiten aus dem Blick zu verlieren. Trotzdem spricht auf den ersten Blick wenig dagegen, daß sich auch für eine so komplexe Struktur wie das Europarecht Bauprinzipien entdecken und immanente Kriterien zu einer »spezifisch gemein-schaftsrechtlichen Gewaltengliederung«[27] entwickeln lassen. Selbst rein deskrip-tiv arbeitende politikwissenschaftliche Analysen bedienen sich schließlich nicht selten der Begrifflichkeit der Gewaltengliederungstrias[28].

b) Rechtsprechung des EuGH

Die Rechtsprechung des EuGH hat mit dem »institutionellen Gleichgewicht«[29] eine einheitliche Formel für normative Vorgaben der Gewaltengliederung des eu-ropäischen Hoheitsträgers entwickelt. Legt man die Rechtsprechung des Ge-richtshofs an die im Ersten Teil entwickelte Unterscheidung an, die der klassi-schen Gewaltenteilung drei mögliche rechtliche Bedeutungen zuordnete[30] – ein Gebot der Gewaltentrennung, ein Verbot der Gewaltenusurpation und ein Gebot wechselseitiger Kontrolle –, so entsteht folgendes Bild[31]:

Der *Trennungsgedanke* findet in der Rechtsprechung des EuGH zu den auto-nomen Regelungsbefugnissen der europäischen Organe[32] Anwendung, also im

---

erts/*Amaryllis Verhoeven*, Institutional Balance and Democracy, in: C. Joerges/R. Dehousse (Hrsg.), Good Governance in Europe's Integrated Market, 2002, 35; *Sacha Prechal*, Institutional Balance. A Fragile Principle with Uncertain Contents, in: T. Heukels/N.Blokker/M. Brus (Hrsg.), The EU after Amsterdam, 1998, 273; *Jürgen Schwarze*, Auf dem Wege zu einer europäi-schen Verfassung, DVBl. 1999, 1677 (1684).

[26] Vgl. zur Kritik oben, S. 67ff.

[27] So schon die Forderung bei *Norbert Achterberg*, Rezension, EuR 1968, 240 (245). Zustim-mend: *Ipsen*, Europäisches Gemeinschaftsrecht, 321 in Anm. 23.

[28] Ein Anwendung der Trias zur Erklärung der Dynamik der europäischen Integration bei: *George Tsebelis/Geoffrey Garett*, The Institutional Foundations of Intergovernementalism and Supranationalism in the European Union, International Organization 55 (2001), 357.

[29] Zuerst EuGH, Rs. 9/56, Meroni / Hohe Behörde, Slg. 1958, 11. Am ausführlichsten behan-delt in EuGH, Rs. C-70/88, Parlament / Rat, Slg. 1990, I-2041, Tz. 21f.

[30] Vgl. oben, S. 70ff.

[31] Vgl. die ähnlichen Überlegungen zur Vieldeutigkeit der Kategorie bei *Lenaerts/Verhoeven*, Institutional Balance and Democracy, 44f.

[32] Vgl. entsprechende Ausführungen namentlich zur Autonomie des Parlaments vom EuGH mit durchaus ambivalenten Ergebnissen. EuGH, Rs. 230/81, Luxemburg / Parlament, Slg. 1983, 255, Tz. 9; EuGH, 358/85 und 51/86, Frankreich / Parlament, Slg. 1988, 4821, Tz. 35; EuGH, Rs. C-213/88 and C-39/89, Luxemburg / Parlament, 1991, I-5643, Tz. 29; EuGH, Rs. C-345/95, Frankreich / Parlament, Slg. 1997, I-5215, Tz. 32, das dem EP das Recht bestreitet, zu bestimmen, wo es wie oft tagt. Dazu auch *Lenaerts/Verhoeven*, Institutional Balance and Democracy, 44. Zur Funktionsfähigkeit der Kommision EuGH, Rs. 5/85, AKZO Chemie / Kommission, Slg. 1986, 2585, Tz. 37 (im Fall von Delegationen, die vom Kollegialprinzip abweichen); EuGH, Rs. C-1/00 SA, Cotecna / Kommission Slg. 2001, I-4219, Tz. 9f. (keine Pfändung bei der Kommission).

deutschen Verständnis bei der organbezogenen Organisations- und Satzungsautonomie. Neben einer Garantie der Unterscheidbarkeit verschiedener Organe schützt sie ihre organisatorische Ausdifferenzierung. Sie bewahrt Organe, namentlich Parlament und Kommission, davor, daß auch Akte ihrer Binnenorganisation durch andere Organe rechtlich angreifbar sind. Dagegen bleibt das *Usurpationsverbot* in der Rechtsprechung des EuGH nur von untergeordneter Bedeutung[33]. Noch am deutlichsten findet es sich in der Entscheidung zur Zulässigkeit der Komitologieausschüsse[34]. Hier prüft das Gericht vergleichsweise eingehend, ob die Beiordnung der Ausschüsse eine unzulässige Beschränkung der Kommissionsbefugnisse durch den Rat begründet, verneint dies aber mit dem Hinweis auf die fehlende eigene Entscheidungsmacht der Ausschüsse. Die relativ bedeutendste Rolle in der Rechtsprechung spielt der *Balancegedanke*. Dies zeigt sich schon semantisch in der Formel »institutionelles Gleichgewicht« selbst. In der Ursprungsform des *Meroni*-Urteils[35] diente diese der rechtlichen Befestigung vertraglich geregelter Kompetenznormen. Die der Hohen Behörde zugewiesenen Ermessensbefugnisse durften nicht an eine andere, im Vertrag nicht vorgesehene Stelle delegiert werden. Dies betraf allerdings den doppelt besonderen Fall einer Übertragung von Ermessensentscheidungen an eine private Stelle. Die Kompetenznormen werden durch die Verknüpfung mit der institutionellen Balance zum *ius cogens*, sie können nicht politisch ausgestaltet werden. In Kategorien des deutschen Verfassungsrechts formuliert: Die politischen Organe haben keine Einschätzungsprärogative bei der Bestimmung der horizontalen Kompetenzen. In der Ausgangsfallgestaltung ging es also um eine Delegationsgrenze innerhalb der Vollzugsstruktur, damit aber auch um die Zuweisung der vertraglichen Kompetenzvorschriften fort von der politischen Gestaltung hin zur objektiven gerichtlichen Überprüfung durch den Gerichtshof. Diese Tendenz läßt sich – stärker als die Delegationsseite von *Meroni*[36] – bis in die Gegenwart mit der Figur des institutionellen Gleichgewichts in Verbindung bringen. Sie zeigt sich in der Rechtsprechung zur Überprüfbarkeit von Kompetenzgrundlagen, in der freilich das institutionelle Gleichgewicht nicht genannt wird[37]. Sie zeigt sich ausdrücklich

---

[33] Vgl. auch EuGH, Rs. 149/85, Wybot / Faure, Slg. 1986, 2391, Tz. 23 zur Praxis des Einberufungsrecht des EP durch andere Organe. Hier fällt der sonst soweit ersichtlich nicht gebrauchte Ausdruck »Gewaltengleichgewicht«.

[34] EuGH, Rs. 25/70, Einfuhr- und Vorratsstelle / Köster, Slg. 1970, 1161, Tz. 8f. Dazu *Möllers*, EuR 2002, 486.

[35] EuGH, Rs. 9/56, Meroni / Hohe Behörde, Slg. 1958, 1 (11); EuGH, Rs. 10/56, Meroni / Hohe Behörde, Slg. 1958, 51 (75f.).

[36] Dazu aus der neueren Rechtsprechung EuG, verb. Rs. T-369/94 u. T 85/95 – DIR International Film, Slg. 1998, II-357, Tz. 52.

[37] EuGH, Rs. C-300/89, Titandioxid, Slg. 1991, I-2867, Tz. 10. Davor EuGH, Rs. 45/86, Kommission / Rat, Slg. 1987, 1493, Tz. 11. Unrichtig der Hinweis auf das institutionelle Gleichgewicht bei *Bernhard W. Wegener*, in: Calliess/Ruffert, EUV/EGV-Kommentar, 2. Aufl. 2003, Art. 220, Rdnr. 41.

in der Sanktionierung von Verfahrensfehlern. Der Bezug auf das institutionelle Gleichgewicht legt vor allem Verfahrensrechte des Parlaments als »wesentliche Formvorschriften« aus und belegt ihre Übertretung mit der Nichtigkeitsfolge für das gesetzte Sekundärrecht[38]. Noch folgenreicher gerät die Anwendung der Figur, wenn der EuGH unter Hinweis auf das institutionelle Gleichgewicht dem Europäischen Parlament ein vertraglich noch nicht vorgesehenes Klagerecht zuspricht[39]. In diese Kategorie gehört auch die Anwendung der Figur auf die eigene Rechtsfortbildung des EuGH[40].

In allen Fällen dient die Figur des institutionellen Gleichgewichts dem Gerichtshof dazu, vertragliche Verfahrensregeln vor dem Hintergrund eines Gesamtkonzepts der Gemeinschaft[41] zu beurteilen. Der Inhalt dieses Konzepts bleibt implizit. Deutlich ist aber, daß es ausdrücklich die demokratische Legitimation des Parlaments hervorhebt und die gerichtliche Kontrolle intensiviert, sobald das Verfahren diesen Legitimationsstrang zu verdünnen droht. Das Gericht wird durch die Figur des institutionellen Gleichgewichts zum Hüter der Gesamtverfahrensordnung. Besonderen Schutz genießt dabei das Europäische Parlament.

3. Judikative Rechtserzeugung

Von den drei Gewalten läßt sich die judikative Rechtserzeugung in der europäischen Ebene am einfachsten zuordnen. Rechtsprechung auf der Grundlage europäischen Rechts obliegt gemeinsam dem sich ausdifferenzierenden europäischen

---

[38] Zur Beteiligung des EP an der Rechtsetzung: EuGH, Rs. C-65/93, EP / Rat, Slg. 1995, I-2691, Tz. 21; EuGH, Rs. C-21/94, Parlament/Rat, Slg. 1995, I-1827, Tz. 17; EuGH, Rs. 138/79, Roquette Frères / Rat, Slg. 1980, 3333, Tz. 33; EuGH, Rs.139/79, Maizena / Rat, Slg. 1980, 3393, Tz. 34, unter Hinweis auf die demokratische Legitimation dieses Organs jeweils zu Art. Ex-43 Abs. 2 UA 3 EWGV. Genau anders aber EuGH, Rs. C-95/97, Région Wallonnie / Kommission, Slg. 1997, I-1787, Tz. 6 gegen eine Klagerecht einer Region mit Blick auf das institutionelle Gleichgewicht gegenüber den Mitgliedstaaten. Vgl. auch EuG, Rs. T-288/97, Friuli v. Kommission, Slg. 1999, II-1871. Ähnlich auch EuGH, Rs. 378/00, Kommission / Parlament, Slg. 2003, I-937, Tz. 49 ff. zur Begründung einer von der Regel abweichenden Wahl eines Komitologie-Verfahrens, das die Anhörung des Parlaments ausschließt. Ein Hinweis auf den Gedanken des institutionellen Gleichgewichts im Schlußantrag GA Geelhoed, ebda, Tz. 110.

[39] Besonders deutlich in EuGH, Rs. 70/88, EP / Rat, Slg. 1990, I-2041, Tz. 21 ff. (Tschernobyl) zur Erweiterung der Klagerechte des EP. Noch ablehnend EuGH, Rs. 302/87, EP / Rat, Slg.1988, 5615. Tz. 12 ff. Davor zugunsten eines passiven Klagerechts des EP EuGH, Rs. 294/83, Les Verts / EP, Slg. 1986, 1339, Tz.23 ff.

[40] Zur Begrenzung richterlicher Rechtsfortbildung unter Hinweis auf die Legislative: EuGH, Rs. 109/75, National Carbonising / Kommission, Slg. 1975, 1193, Tz. 8; EuGH, Rs. 415/85, Kommission / Irland, Slg. 1998, I-3098, Tz. 8 f.; EuGH, Rs. C-249/96, Grant / South West Trains, Slg. 1998, I-621, Tz. 36. Umgekehrt im Fall richterlicher Rechtsfortbildung EuGH, verb. Rs. C-46/93, C-48/93, Brasserie du Pêcheur und Factortame, Slg 1996, I-1029, Tz. 24 ff.

[41] *Mancini/Keeling*, Modern L. Rev. 57 (1994), 175 ff.

Gerichtssystem[42] und den nationalen Gerichten[43]. Letztere sind zur eigenständigen Anwendung und Auslegung des Gemeinschaftsrechts gehalten und haben in bestimmten Fällen einer Vorlagepflicht zu genügen[44]. Funktional ist diese Verknüpfung unbedenklich: Die nationalen Gerichte verhalten sich hier nicht anders als untere Instanzen in einem verkoppelten System föderaler Rechtspflege.

In der Wissenschaft galt der EuGH lange Zeit als ein besonders »aktivistisches« Gericht, dessen Legitimation aus diesem Grund in Frage stand[45]. Diese Einwände bezogen sich namentlich auf den Umgang des Gerichtshofes mit dem Recht der Mitgliedstaaten. Jedenfalls im hier entwickelten Modell lassen sich aus einer bestimmten materiellen Auslegungspraxis eines Gerichts aber keine Einwände herleiten[46]. Die Rechtsprechung des Gerichtshofes zum Vorrang des Gemeinschaftsrechts liegt in der Logik einer Mehrebenen-Gerichtsbarkeit[47], die Rücksichtnahmen auf die untere Ebene im Prinzip nur einheitlich garantieren kann, wenn sie von der höheren Ebene vorgegeben wurden[48]. Wenn die materielle Rechtsordnung teleologische Elemente enthält, kann dem sie anwendenden Gericht eine dogmatische Umsetzung wie im Gedanken des *effet utile*[49] kaum vorgeworfen werden[50]. Das Problem liegt auch hier im materiellen Recht. Auch die oben ent-

---

[42] Auch zur entstehenden sachlichen Ausdifferenzierung, die die Unterschiede zum amerikanischen System vertiefen werden: *Bernhard W. Wegener*, Die Neuordnung der EU-Gerichtsbarkeit durch den Vertrag von Nizza, DVBl. 2001, 1258.

[43] Zur Bedeutung: *Joseph H. H. Weiler*, Quiet Revolution: The European Court and Its Interlocutors, Comparative Political Studies, 26 (1994), 510.

[44] So jedenfalls die Deutung des EuGH, Rs. 314/85, Foto Frost, Slg. 1987, 4199, Tz. 15; EuGH, verb. Rs. C-143/88, C-92/89, Zuckerfabrik Süderdithmarschen, Slg. 1991, I-415, Tz. 24; EuGH, C-465/93, Atlanta, 1995, I-3781, Tz. 20. Zum Versuch einer allgemeinen Theorie entsprechender Strukturen: *Carsten Lutz*, Kompetenzkonflikte und Aufgabenverteilung zwischen nationalen und internationalen Gerichten, 2002, 127 ff. (zum Verfahren nach Art. 234 EGV ebda., 79 ff.).

[45] Vgl. als Kritiken der Auslegungsmethoden EuGH: *Christian Hillgruber*, Grenzen der Rechtsfortbildung durch den EuGH – Hat Europarecht Methode?, in: T. v. Danwitz u.a. (Hrsg.), Auf dem Wege zu einer europäischen Staatlichkeit, 1993, 31 (39 ff.); *Hjalte Rasmussen*, On Law and Policy in the European Court of Justice, 1986. Zur Anti-Kritik *Cappelletti*, Judicial Process, 384 ff. Rechtstheoretisch: *Joxerramon Bengoetxea*, The Legal Reasoning of the European Court of Justice, 1993, 181 ff. Ein Überblick über Methoden und Entwicklung bei *Anthony Arnull*, The European Union and its Court of Justice, 1999, 538 ff., 515 ff.

[46] Vgl. oben, S. 95 ff.

[47] Vgl. eine ähnliche Analyse bei *Martin Nettesheim*, Kompetenzen, in: A. v. Bogdandy (Hrsg.), Europäisches Verfassungsrecht, 2003, 415 (426 f.).

[48] Zur Begründung vgl. oben, S. 210 ff., 228 ff.

[49] Entscheidende Bedeutung hat für diese Formel die Frage, inwieweit die Rechtsordnung subjektive Rechte vorsieht und inwieweit der EuGH solche eigenständig entwickeln soll, dazu sogleich im Text. Die Verpflichtung der mitgliedstaatlichen Gerichte ist dagegen funktional unbedenklich: EuGH, Rs. 106/77, Simmenthal, Slg. 1978, Rdnr. 16; EuGH, Rs. C-213/89, Factortame, Slg. 1990, I-2433, Tz. 19; EuGH, Rs. C-453/99, Courage, Slg. 2001, I-6297, Tz. 25 f. Zum hier entwickelten Gedanken grundlegend: *Martin Nettesheim*, Der Grundsatz der einheitlichen Wirksamkeit des Gemeinschaftsrechts, in: GS Grabitz, 1995, 447.

[50] Zu den anderen institutionellen Bedingungen, unter denen die Auslegungsmethoden des

wickelten Grenzen judikativer Überprüfung der Legislative[51] sind deshalb nicht einfach auf Mehrebenen-Rechtsordnungen übertragbar. Dies mag aus der Perspektive der Mitgliedstaaten unbefriedigend sein, aber diese Perspektive ist dem Gerichtshof durch seine Bindung an das Gemeinschaftsrecht verwehrt. Der Respekt vor Entscheidungen mitgliedstaatlicher Legislativen kann sich immer nur aus dem Gesamtzusammenhang einer mitgliedstaatlichen Regelung mit allen anderen mitgliedstaatlichen Regelungen und dem Gehalt des Gemeinschaftsrechts ergeben. Eine den Vorrang des Gemeinschaftsrechts extensiv verstehende Entscheidungspraxis begründet keinen Verdacht einer Funktionenusurpation[52].

Funktional ist der Umgang des Gerichtshofs mit dem Recht der eigenen Ebene und insbesondere die Aufhebung legislativer Entscheidungen rechtfertigungsbedürftig. Solche Interventionen des EuGH gegen Entscheidungen des Europäischen Gesetzgebers kommen in der Rechtsprechung aber viel seltener vor als in den hier untersuchten nationalen Rechtsordnungen[53]. Eine vergleichende Analyse wird noch klären, wie sich der Umgang des EuGH mit europäischen Kompetenznormen darstellt. Auch der in vielen Hinsichten besondere Umgang des EuGH mit dem auswärtigen Handeln der Gemeinschaft wird später genauer zu untersuchen sein[54]. Insgesamt erscheint der EuGH gegenüber der europäischen Legislative nicht aktivistisch, ja man kann in Teilen von einer »majoritären Entscheidungspraxis« des EuGH sprechen, in der in dieser sich deutlich am Rat oder an der Rechtslage in der Mehrheit der Mitgliedstaaten orientiert[55]. Auch die vergleichsweise strengen[56], mit Nichtigkeitsfolgen versehenen Prüfungen von Verfahrens- und Organkompetenznormen, die der Gerichtshof nicht zuletzt aus dem Prinzip des institutionellen Gleichgewichts herleitet[57], entsprechen dem hier vertretenen Modell: Wenn die Legitimation richterlicher Prüfung auch im Schutz des legislativen Anspruchs auf Legitimation besteht[58], so wird dies mit einem intensiven gerichtlichen Schutz von Beteiligungsregeln ebenso verwirklicht wie mit der Einräumung von Gerichtsschutz für demokratisch legitimierte Organe[59].

Funktional bedenklicher ist die eigenständige Entwicklung subjektiver Rechte durch den EuGH ohne entsprechende legislative Vorgaben. Solche Entwicklun-

---

EuGH verstanden und von der Vorstellung hermeneutischer Normtextexegese unterschieden werden müssen, grundlegend: *Friedrich Müller/Ralph Christensen*, Juristische Methodik, Bd. II Europarecht, 2003, 50ff., 67ff.

[51] Vgl. oben, S. 105ff.

[52] Speziell zum Problem der Kompetenzbestimmung unten, S. 376ff.

[53] Die bedeutende Ausnahme in der zentralen Binnenmarktkompetenz stellt EuGH, Rs. C-376/98, Deutschland / Parlament und Rat, Slg. 2000, I-8419 dar.

[54] Dazu unten, S. 358ff.

[55] Dazu, unten, S. 378ff.

[56] Vgl. zum Kontrast nochmals die Rechtsprechung des BVerfG: BVerfGE 1, 14 (19); 34, 9 (25); 91, 148 (175).

[57] Vgl. die Nachweise soeben, S. 259f.

[58] Vgl. oben, S. 136ff.

[59] Letzteres zu EuGH, Rs. 70/88, EP / Rat, Slg. 1990, I-2041, Tz. 21ff.

gen sind seit dem Beginn der Rechtsprechung[60] für nicht umgesetzte Richtlinien[61], für Grundrechte[62] oder in der Entwicklung von Sanktionsmechanismen wie beim Staatshaftungsanspruch[63] vielfach zu beobachten. Aber auch hier müssen erst die spezifischen Umstände des Mehrebenen-Vollzugs in Betracht gezogen werden, bevor eine funktionale Beurteilung der Rechtsprechung erfolgen kann[64]. Der EuGH meidet in seiner Rechtsprechung die durch die Nichtigkeits-Klage in Art 230 Abs. 4 EGV vorgesehene Möglichkeit, auch aufgrund einer Individualbeschwerde tätig zu werden[65]. Diese kritisierte Praxis erscheint angesichts der durch den Vorrang des Gemeinschaftsrechts bestehenden weitgehenden Verwerfungskompetenzen[66], funktional angemessen[67]. Denn für Gerichte mit einer solchen Kompetenzfülle ergeben sich Legitimationsprobleme vor allem im Individualrechtsschutz[68].

Gegen die europäische Judikative sind daher vorbehaltlich weiterer Prüfung keine durchgreifenden funktionalen Bedenken zu entwickeln, was immer für die materiell-rechtliche Seite der Rechtsprechung gelten mag. Ihre Organisationsstruktur und ihr Verfahren entsprechen den im Ersten Teil entwickelten Standards. Auch hier bestätigt sich die oben aufgezeigte starke organisatorische Homogenität der Judikative. Eindeutig dysfunktional bleibt damit nur die kursorische Begründungstechnik des Gerichtshofs, die auch durch den Hinweis auf die Stellungnahmen der Generalanwälte nicht ausgeräumt wird[69]. Die Individualisie-

---

[60] Eingehend *Hartley*, Foundations of European Community Law, 183ff. Zu den Grundfreiheiten: *Thorsten Kingreen/Peter C. Störmer*, Die subjektiven öffentlichen Rechte des Primärrechts, EuR 1998, 263.

[61] EuGH, Rs. 148/78, Ratti, Slg. 11629, Tz. 18/24; Rs. 152/84, Marshall, Slg. 1986, 723, Tz. 461ff.

[62] EuGH, Rs. 29/69, Stauder, Slg. 1969, 419; Rs. 44/79, Hauer, Slg. 1979, 3727. Zu den Grenzen dieser Prüfung knapp *Martin Nettesheim*, Grundrechtliche Prüfdichte durch den EuGH, EuZW 1995, 106; *Weiler*, The Constitution of Europe, 108ff.

[63] Dazu die kritische Analyse der Entwicklung bei *Matthias Cornils*, Der gemeinschaftsrechtliche Staatshaftungsanspruch, 1995, 89ff., 227ff. (insbes. zur Frage, inwieweit wirklich subjektive Rechte geschützt werden).

[64] Vgl. unten, S. 332ff.

[65] Dazu *Cremer*, Individualrechtsschutz, 40ff.; *Koenig/Pechstein/Sander*, EU-EG-Prozeßrecht, Rdnr. 331ff.

[66] Grundlegend die interdisziplinär politik- und rechtswissenschaftlichen Beiträge von *Anne-Marie Burley/Walter Mattli*, Europe before the Court: A Political Theory of Legal Integration, International Organization 47 (1993), 41; *Helfer/Slaughter*, Yale L.J. 107 (1997), 298ff.

[67] Ähnlich *Christoph Schönberger*, Normenkontrollen im EG-Föderalismus, EuR 2003, 600 (608ff.). Den Gesamtbefund bestätigt die quantitative Analyse der Entscheidungspraxis des EuGH, der keineswegs besonders wortlautfern argumentiert: *Mariele Dederichs*, Die Methodik des Gerichtshofes der Europäischen Gemeinschaften, EuR 2004, 345.

[68] Vgl. oben, S. 136ff.

[69] Dazu die Kritik bei *Joseph H.H. Weiler*, Epilogue: The Judicial Après Nice, in: G. de Búrca/J.H.H. Weiler (eds.), The European Court of Justice, 2001, 215 (225f.). Milder *Ulrich Everling*, Zur Begründung der Urteile des Gerichtshofs der Europäischen Gemeinschaft, EuR 1994, 127 (136ff.). Eine eingehende vergleichende Rechtfertigung der Begründungstechnik unter Hinzuziehung der amerikanischen und der französischen Rechtsprechung bei *Mitchel Lasser*, Anti-

rungsleistung gerichtlicher Verfahren, die Entscheidungen großer Reichweite vorbereiten, wird durch die vergleichsweise schlanken und begrifflich kargen Urteile des EuGH nicht befriedigend erfüllt. Auch das Unbehagen in manchen nationalen Rechtsordnungen an der Reichweite des gemeinschaftsrechtlichen Vorrangs bedarf einer eingehenderen Verarbeitung in der gerichtlichen Begründungspraxis[70].

4. Legislative Rechtserzeugung

Für die Identifizierung legislativer Rechtserzeugung fehlt es im Gemeinschaftsrecht an einer Handlungsform, die dem nationalstaatlichen Gesetz entspräche[71]. Dennoch ist ein legislativer Rechtserzeugungsprozeß im Gemeinschaftsrecht zu erkennen: Regeln mit vergleichsweise großer Reichweite und Zukunftsorientierung, die auf Grundlage von Primärrecht aus einem inhaltlich offenen Verfahren hervorgehen, sind die gemeinschaftlichen Basisrechtsakte[72]. Dieses Sekundärrecht ist sowohl vom vertraglichen Primärrecht als auch von der abgeleiteten tertiären Rechtsschicht, zu deren Erlaß erst durch einen Basisrechtsakt ermächtigt wird[73], zu unterscheiden. Trotzdem sind die Rahmenbedingungen legislativer Rechtserzeugung im Vergleich zu nationalen Verfassungsordnungen signifikant unterschiedlich: Legislatives Recht kann im Gemeinschaftsrecht in verschiedenen

---

cipating Three Models of Judicial Control, Debate and Legitimacy: The European Court of Justice, the Cour de cassation and the United States Supreme Court, Jean Monnet Working Paper, 01/03.

[70] Dies zeigt sich deutlich an den Begründungen in der Rechtsprechung zum Staatshaftungsrecht. EuGH, Rs. C-6, 9/90, Francovich, Slg. 1991, I-5357. Zur Kritik an der Begründungstechnik in Francovich: *Carol Harlow*, Francovich and the Problem of the Disobedient State, European L.J. 2 (1996), 199. Anders aber die eher rechtsvergleichend vorgehende Begründung in EuGH, Rs. C-46/93, Brasserie de Pecheur, Slg. 1996, I-1029, Tz. 27 ff.

[71] Zur Form des Gesetzes als Funktionenkriterium oben, S. 82 ff.

[72] Zur Unterscheidung EuGH, Rs. 25/70, Köster, Slg. 1970, 1161, Tz. 6; EuG, Rs. T-285/94 – Pfloeschner, Slg. 1995, II-3029, Tz. 51. Aus der Literatur: *Herwig Hofmann*, Normenhierarchien im europäischen Gemeinschaftsrecht, 2000, 115 ff.; *Roland Bieber/Isabelle Salomé*, Hierarchies of Norms in European Law, Common Market L. Rev. 33 (1996), 907 (920 f., 926 f.); *Jan Kalbheim/Gerd Winter*, Delegation requirements for rule-making by the Commission, in: G. Winter (Hrsg.), Sources and Categories of European Union Law, 1996, 583 (587 f.); *Meinhard Hilf/Kai-Dieter Classen*, Der Vorbehalt des Gesetzes im Recht der Europäischen Union, in: FS Selmer, 2004, 71 (79 f.).

[73] Grundsätzlich *Claude Blumann*, La fonction législative communautaire, 1995. Wie hier *Lenaerts/van Nuffel*, Constitutional Law of the EU, Rdnr. 11–001–003. Grundsätzlich anders aber *Bast*, Handlungsformen, 509 ff., der eine Hierarchisierung von Sekundärrrecht und Durchführungsrecht und die damit verbundene Zuordnung ablehnt, weil zu bezweifeln ist, ob sich im Ableitungszusammenhang »jenseits des formellen Kriteriums (...) materielle Gehalte zeigen ließen ...« (ebda., 511). Aber auf materielle Gehalte, mit denen sich auch die Unterscheidung zwischen Gesetz und Verordnung schwerlich erfassen läßt, kommt es gerade nicht an, sondern auf die unterschiedlichen Verfahren und den normativen Zusammenhang zwischen ihnen: Ohne Basisrechtsakt kann es keine Durchführungsrechtsakte geben.

Rechtsformen ergehen, nämlich als Richtlinie oder Verordnung[74]. Zudem kennt das Primärrecht eine Fülle materieller Regeln, die sektorspezifische Vorgaben für legislatives Handeln enthalten. Man kann von einer materiellen »Überlastung« der Verträge im Vergleich zu nationalen Verfassungen sprechen[75]. Damit gelingt die in nationalen Rechtsordnungen übliche Zuordnung von demokratischen Verfahren zur Form des Gesetzes für das Sekundärrecht nicht in gleicher Weise, denn die Verträge enthalten zu viele spezifische Regeln für einzelne Politikfelder und die demokratische Entscheidung hat keine ihr typische Rechtsform. Inhaltliche Offenheit und Formbezogenheit des legislativen Rechts sind beschränkt.

Der Erlaß von Sekundärrecht[76] wird im Fall des Art. 251 EGV durch die Kommission initiiert, im Rat erörtert und beschlossen und bedarf der Zustimmung des Parlaments. Art. 249 und 255 Abs. 1 EGV behandeln Rat und Parlament gleichberechtigt. Doch scheint sowohl die Formulierung in Art. 207 Abs. 3 UA 2 EGV[77] als auch die Ausgestaltung des Verfahrens in Art. 251 Abs. 2 EGV dem Rat eine wichtigere Stellung einzuräumen. Diese Deutung dürfte auch dem größeren politischen Gewicht des Rats entsprechen, in dem weiterhin die entscheidenden Weichenstellungen für den Inhalt legislativer Entscheidungen gefällt werden[78]. Zudem verfügt der Rat in Art. 208 EGV über ein indirektes, die Kommission formell nicht verpflichtendes Initiativrecht[79]. Faktisch entsteht seit dem Vertrag von Maastricht die Mehrheit der Basisrechtsakte aufgrund einer politischen Initiative des Rats, nicht der Kommission[80]. Welche funktionalen Probleme ergeben sich in dieser Konstellation mit Blick auf Rat und Parlament?

---

[74] Zum Verbot abweichender Anwendungsentscheidungen bei Erlaß einer legislativen Regel: EuGH, Rs. 113/77, NTN / Rat, Slg. 1979, 1185, Tz. 20f. (Anti-Dumping-VO); EuGH, RS. C-313/90, CIRFS / Kommission, Slg. 1993, I-1125, Tz. 44; EuGH, verb. Rs. 246–249/94, Coop Agricola, Slg. 1996, I-4373, Tz. 30f. Zu Einzelfallverordnungen der Kommission *Hans Christian Röhl*, Die anfechtbare Entscheidung nach Art. 230 Abs. 4 EGV, ZaöRV 60 (2000), 331; *ders.*, Rechtsschutz gegen EG-Verordnungen – EuG, Urt. v. 3. 5. 2002, Rs. T-177/01 und EuGH, Rs. C-50/00 P, Jura 2003, 830.

[75] *Martin Nettesheim*, Von der Verhandlungsdiplomatie zur internationalen Verfassungsordnung, JbfNPolÖ 19 (2000), 48 (59).

[76] Zum Gesetzgebungsverfahren *Hartmut A. Grams*, Zur Gesetzgebung der Gemeinschaft, 1998, 194ff.

[77] So auch Art. 6 S. 1 GO Rat v. 31. 5. 1999, ABl. L 147/13. Vgl. zur Bestimmung auch Art. 7 GO und den Hinweis auf die rechtliche Bindungswirkung der Ratsentscheidungen gegenüber den Mitgliedstaaten. Dazu *Johannes Christian Wichard*, in: Calliess/Ruffert, EGV/EUV-Kommentar, 2. Aufl. 2003, Art. 207, Rdnr. 11.

[78] Empirische Befunde dazu bei *Andreas Maurer*, Parlamentarische Demokratie in der Europäischen Union, 2002, 165ff.

[79] Formell führt das Übergehen der Kommissionsinitiative aber zur Nichtigerklärung einer Regelung. Vgl. für einen allerdings sekundärrechtlich determinierten Fall : EuGH, Rs. 301/90, Kommission / Rat, Slg. 1992-I, 221.

[80] Quantitativ gestützte Auswertung bei *von Bogdandy/Bast/Arndt*, ZaöRV 62 (2002), 140ff. Dagegen wird das entsprechende Recht in Art. 192 EGV selten genutzt.

Ein erstes Problem zeigte sich bereits bei der Untersuchung der Legitimations-konkurrenz zwischen Rat und Parlament[81]. Das Europäische Parlament hat als »Ko-Legislator«[82] einen wichtigen mitbestimmenden Teil beim Erlaß des Sekun-därrechts, doch kann es aus zwei Gründen nicht als vollgültige Legislative ver-standen werden. Zum einen nimmt es an vielen praktisch bedeutsamen Legisla-tivkompetenzen des Rats wie im Kartell- oder Agrarrecht weiterhin nicht teil[83]. Damit kann der demokratische Willensbildungsprozeß aber keinen Anspruch auf eine nur durch die Gemeinschaftskompetenzen begrenzte demokratische All-gemeinheit erheben. Zum anderen fehlt es dem Parlament an einem eigenen In-itiativrecht[84]. Dieser Mangel spielt zwar in der politischen Praxis keine zentrale Rolle[85], doch definiert das Initiativrecht nationale Parlamente als selbstbestimm-te demokratische Organe. Das Europäische Parlament besetzt also nach wie vor nur die Rolle einer nachgeordneten Kammer. Die Ordnung des EGV stuft damit zugleich die intergouvernementale Legitimation des Rats als vorrangige Legiti-mationsform ein. Diese normative Entscheidung findet in der Arbeit des Parla-ments ihre Bestätigung, die nach wie vor deutlich von nationalen Selbstverständ-nissen der Mitglieder geprägt ist[86].

Bedenkt man die dahinter liegenden Probleme demokratischer Identität in Eu-ropa, so wird sich dieser Konflikt auch dann nicht eindeutig zugunsten des Parla-ments auflösen lassen können, wenn man die bereits erarbeiteten Defizite inter-gouvernementaler Legitimation in Rechnung stellt[87]. Geboten sind Änderungen am Wahlrecht des Parlaments zugunsten einer demokratischen Gleichheit der Wahlberechtigten[88], die das Parlament nicht zum Repräsentanten eines europäi-schen Volks, aber doch der gleichberechtigten Unionsbürger machen würde[89],

---

[81] Vgl. oben, S. 233 ff.

[82] Formel bei *Richard Corbett/Francis Jacobs/Michael Shackleton*, The European Parliament, 4. Aufl. 2000, 213. Vgl. aus der Diskussion auch *Jürgen Bröhmer*, Das Europäische Parlament: Echtes Legislativorgan oder bloßes Hilfsorgan im legislativen Prozeß?, ZEuS 1999, 197; *Koen J. Muylle*, Is the European Parliament a »Legislator«?. European Public Law 6 (2000), 243.

[83] Übersicht bei *Lenaerts/van Nufffel*, Constitutional Law of the European Union, 11–026.

[84] Vgl. zum seltenen Gebrauch von Art. 192 EGV: *Corbett/Jacobs/Shackleton*, European Par-liament, 210.

[85] So auch der Hinweis bei *Corbett/Jacobs/Shackleton*, European Parliament, 209.

[86] Hinzukommt ein expertokratisches Selbstverständnis des EP, dazu: *Paul Magnette*, Ap-pointing and Censuring the European Commission: The Adaptation of Parliamentary Institu-tions to the Community Context, European L.J. 7 (2001), 292; *Philip Dann*, Looking through the federal lens: The Semi-parliamentary Democracy of the EU, Jean Monnet Working Paper, 5/02, 23 ff.; *Maurer*, Parlamentarische Demokratie in der EU, 136 ff.

[87] Vgl. oben, S. 233 ff.

[88] In diesem Sinne ist auch die Entscheidung des EGMR v. 18. 2. 1999, Matthews / UK, Tz. 52 zu deuten, die das Parlament als Legislative im Sinne von Art. 3 des 1. Zusatzprotokolls der EMRK anerkennt.

[89] Vgl. *Markus Heintzen*, Die Legitimation des Europäischen Parlaments, ZEuS 3 (2000), 377 (382 f., 384 ff.). Demokratietheoretisch *Angela Augustin*, Das Volk der Europäischen Union, 2000, 318.

und ein Initiativrecht auch zugunsten des Parlaments[90]. Ein solches Arrangement überließe die Entwicklung demokratischer Identitätsbildung zwischen intergouvernementaler und gesamteuropäischer Repräsentation sich selbst. Rechtliche Vorgaben würden sich in Einklang mit den im Ersten Teil entwickelten Überlegungen aus der demokratischen Willensbildung zurückziehen. Es ergäbe sich eine Form gleichberechtigter Selbststeuerung der beiden Legislativorgane, die sich auf die rechtlich schwer steuerbare Beziehung zwischen gesamteuropäischer und nationaler demokratischer Identität einstellen kann.

Deutlicher als im Verhältnis von Rat und Parlament zueinander können funktionale Gesichtspunkte beim Handeln des Rats selbst ansetzen[91]. Agiert dieser als ein intergouvernementales Legislativorgan mit den oben erarbeiteten Deliberations- und Repräsentationsmängeln, so können trotzdem konkrete Verbesserungen benannt werden: Dies betrifft zunächst die Transparenz des Ratshandelns, die legislativer Rechtserzeugung nicht angemessen ist[92]. Jenseits der ausdrücklichen Veröffentlichungspflicht des Abstimmungsverhaltens der Mitglieder, Art. 207 Abs. 3 S. 3 EGV, haben die allgemeine Zugangsregel in Art. 255 Abs. 1 EGV und das Sekundärrecht[93] dieses nicht nachhaltig verbessert. Die gegenwärtige Rechtsentwicklung, die eine schrittweise wachsende Transparenz unter dem Druck der Rechtsprechung ermöglicht[94], erinnert eher an exekutives Handeln als an die Erzeugung einer legislativen Öffentlichkeit. Auch hier zeigt sich wieder das Problem des *dédoublement fonctionnel* im Rat, das auch mitgliedstaatliche exekutive Geheimhaltungsregeln für die Legislative der Gemeinschaft wirksam werden

---

[90] In diesem Sinn auch *Lenaerts/van Nuffel*, Constitutional Law of the EU, 11–012, 13–010. Das EP hat nach wiederholten Anläufen seine Forderungen nach einem eigenen Initiativrecht aufgegeben: *Koen Lenaerts/Eddy De Smijter*, On the Democratic Representation through the European Parliament, the Council, the Committee of Regions, the Economic and Social Committee and the National Parliamentss, in: J. Winter/D. Curtin u.a. (Hrsg.), Reforming the TEU – The Legal Debate, 1996, 173 (182); *Georg Ress*, Democratic Decision-making in the EU and the Role of the European Parliament, FS Schermers, 1994, 153 (174f.). Vorsichtiger *Joseph H.H. Weiler*, Parlement européen, integration européenne, democratie et legitimité, in: Le parlément européen dans l'evolution institutionnelle, 1988, 325 (347).

[91] Überblick bei *Fiona Hayes-Renshaw/Helen Wallace*, Executive Power in the European Union: the functions and the limits of the Council of Ministers, J.o. European Public Policy 1995, 559; *Jean Paul Jacqué*, Droit Institutionnel de L'Union Européenne, 2001, 226ff.

[92] So auch *Lübbe-Wolff*, VVDStRL 60 (2001), 255ff.; *Curtin*, Postnational Democracy, 48ff.; *Carol Harlow*, Accountability in the EU, 2002, 36ff.; *Christian Heitsch*, Die Transparenz der Entscheidungsprozesse als Element demokratischer Legitimation der Europäischen Union, EuR 2001, 809 (817ff.).

[93] VO des EP und des Rats 1049/2001/EG, ABl. L 145, 43. Dazu *Christian Heitsch*, Die Verordnung über den Zugang zu Dokumenten der Gemeinschaftsorgane im Lichte des Transparenzprinzips, 2003.

[94] Grundlegend EuG, Rs. T-194/94, Carvel / Rat, Slg. 1995, II-2765. Daran anschließend etwa EuG, Rs. T-204/99, Mattila / Rat, Slg. 2001, II-2265; EuG, Rs. T-20/99, Denkavit / Kommission, Slg. 2000, II-3011. Vgl. die beschränkten Regelungen in Art. 8, 9 GO Rat. Dazu *Moritz Lorenz*, Das »Olli Mattila«-Urteil des EuGH zum Recht auf Zugang zu den Dokumenten des Rats der Europäischen Union und der EG-Kommission, NVwZ 2004, 436.

läßt[95]. Für den Erlaß von Basisrechtsakten ist die öffentliche Sitzung des Rats das Minimum an legislativem Handeln angemessener demokratischer Transparenz.

Ein zweites Problem betrifft die Sektoralisierung der Entscheidungsprozeduren des Rats[96]. Entscheidungen der Fachministerräte entstehen in einem sektoralisierten Verfahrenszusammenhang, in dem die jeweiligen Ressortzuordnungen nicht mehr in einen allgemeinen interessenausgleichenden und ressortübergreifenden Kabinettszusammenhang übergeleitet werden können[97]. Zugleich basieren die Entscheidungen des Rats auf dem zugeordneten Ausschußsystem, dem in Art. 207 Abs. 1 EGV vorgesehenen Ausschuß der ständigen Vertreter, COREPER[98]. Diese Struktur ist in einer kaum nachvollziehbaren, die Binnendifferenzierung der Fachministerräte deutlich übersteigenden Weise ausdifferenziert[99]. Die fehlende Formalisierung der Ausschüsse in den Verträgen[100] verhindert zwar, daß sie selbst bindende Entscheidungen treffen dürfen[101]. Zudem garantiert die Ausschußvorbereitung Kontinuität[102] innerhalb des Wechsels der beteiligten Ratsmitglieder und der Präsidentschaft[103]. Doch wirft sie gerade mit Blick darauf, daß legislativ gehandelt wird, Fragen auf: Anders als in Parlamenten erfolgt die Entscheidungsvorbereitung in diesem Fall durch Personen, die nicht Mitglied des Entscheidungsorgans sind. Schon aus diesem Grund bedarf die Ausschußstruktur einer deutlichen Zunahme an Transparenz durch systematisierende Verrechtlichung[104].

Um das Problem der Sektoralisierung des Rats zu lösen, wären im Prinzip zwei organisatorische Alternativen denkbar. Zum einen erschiene es möglich, die Rechtserzeugungsfunktionen des Rats bei den Regierungschefs zu konzentrieren. Diese Lösung spiegelt sich in der europäischen Rechtsentwicklung, namentlich im durch die EEA eingerichteten Europäischen Rat, deutlich wieder, der als

---

[95] Vgl. dazu auch Erklärung Nr. 35 (Amsterdam) zu Art. 255 Abs. 1.

[96] Zum Rat als Legislative grundsätzlich: *Dann*, Parlamente im Exekutivföderalismus, 76ff. Weiterhin *Armin von Bogdandy*, Organizational Proliferation and Centralization under the Treaty on European Union., in: N.M. Blokker/H.G. Schermers (Hrsg.), Proliferation of International Organizations, 2001, 177 (207) m.w.N.

[97] Zur Bedeutung dieser Überleitung *von Bogdandy*, Gubernative Rechtserzeugung, 386.

[98] Dazu *Hans Christian Röhl*, Die Beteiligung der Bundesrepublik Deutschland an der Rechtsetzung im Ministerrat der Europäischen Union, EuR 1994, 409 (418ff.); *Michael Mentler*, Der Ausschuss der Ständigen Vertreter bei den Europäischen Gemeinschaften, 1996, 51ff., 102ff.

[99] Dazu *Mentler*, Ausschuß der ständigen Vertreter, 73ff. Viel zitiert ist in diesem Zusammenhang die Feststellung bei *Fiona Hayes Renshaw/Helen Wallace*, The Council of Ministers, 1997, 97: COREPER sei »*one of the EU's great unresolved mysteries*.«

[100] Vgl. aber die bedeutsamen neuen Ausschüsse in Art. 25, 36 EGV.

[101] EuGH, Rs. C-25/94, Kommission / Rat, Slg. 1996, I-1469, Tz. 26ff. zur Nichtigkeit der Übertragung einer Beschlußbefugnis durch den Rat an den COREPER.

[102] Zum Problem der Kontinuität des Legislativorgans in Anschluß an Hannah Arendt, oben, S. 237ff.

[103] Zur Institution des Generalsekretariats des Rats: *Alexander Egger*, Das Generalsekretariat des Rates der EU, 1994, 199ff.

[104] *Harlow*, Accountability in the EU, 35f.

Versammlung der Staats- und Regierungschefs mit dem Präsidenten der Kommission nicht ressorttechnisch beschränkt ist. Der Europäische Rat erhält durch Art. 4 EUV eine allgemeinpolitische Funktion zur Koordination und Weiterentwicklung der EU. Diese Lösung weist jedoch drei Nachteile auf: Erstens entsteht durch die Konzentration an den nationalen Regierungsspitzen ein charakteristisches organisatorisches Ressourcenproblem[105]. Die COREPER-Struktur ist bereits Konsequenz einer solchen Knappheit, die durch eine Verschiebung von Kompetenzen von den Fachministerräten zum Europäischen Rat noch deutlich verstärkt würde. Zum zweiten stimmt der Europäische Rat, selbst wenn man eine stimmberechtigte Teilnahme des Kommissionspräsidenten annimmt[106], mit der vertragsändernden Gewalt der Europäischen Integration weitgehend überein. Er kann sich in eine Regierungskonferenz zur Änderung der Verträge verwandeln[107]. Trotz beginnender Verrechtlichung des Vertragsänderungsverfahrens in Art. 48 EUV durch die Anhörung des Europäischen Parlaments und trotz des nationalen Ratifikationserfordernisses bleiben die Mitglieder des Europäischen Rats auch die entscheidenden verfassunggebenden Akteure der Europäischen Union[108]. Die Einrichtung des Europäischen Rats lädt zum Entstehen von Nebenverfassungen und ad-hoc-Konstruktionen ein, die sich im Integrationsprozeß seit Maastricht gut beobachten lassen – gerade weil der Europäische Rat formal außerhalb der ersten Säule bleibt[109]. Die oben entwickelten Legitimationsprobleme verfassunggebender Organe[110] verwirklichen sich hier. Drittens arbeitet der Europäische Rat informell. Neben dem durch Art. 46 EUV ausgeschlossenem Rechtsschutz[111] erzeugt die fehlende Formalisierung auch ein Fehlen an Transparenz weitreichender Entscheidungen[112].

Eine angemessene Lösung liegt deswegen in der Einrichtung europaspezifischer Ministerien auf nationaler Ebene, die den Rat zu konstituieren hätten[113]. Diese würden die begrenzte Allgemeinheit europäischer Kompetenzen vertreten,

---

[105] Vergleichend für nationale Regierungen: *Georg Müller*, Die Stabsstelle der Regierung als staatsrechtliches Problem, 1970, 310ff.

[106] Dafür *Johannes Christian Wichard*, in: Calliess/Ruffert, EUV-/EGV-Kommentar, 2. Aufl. 2003, Art. 4 EUV, Rdnr. 8; *Christoph Stumpf*, in Schwarze, EU-Kommentar, Art. 4 EUV, Rdnr. 12 jew. m.w.N.

[107] *Jean Paul Jacqué*, in: von der Groeben/Schwarze, Kommentar zum EUV und EGV, 6. Aufl. 2003, Art. 4 EUV, Rdnr. 19.

[108] Andere Akzentsetzung bei *Pernice*, VVDStRL 60 (2001), 171f., zu deren Begründung aber das Anhörungsrecht des Europäischen Parlaments im Verfahren als eine vertragsändernde Befugnis verstanden werden müßte.

[109] Mit der Konsequenz, daß es gegen sein Handeln keinen Rechtsschutz außerhalb der Bestimmungen von Art. 46 EUV gibt. Zur alten Rechtslage: EuG, Rs. T-584/93, Roujansky / Rat, Slg. 1994, II-585, Tz. 12.

[110] Vgl. zum Problem oben, S. 241ff.

[111] EuGH, Rs. C-253/94 P, Roujansky, Sg. 1995, I-7.

[112] Kritisch zur mangelnden Verrechtlichung *von Bogdandy/Bast*, EuGRZ 2001, 455.

[113] Ähnlich *Franz C. Mayer*, Nationale Regierungsstrukturen und europäische Integration, EuGRZ 2002, 111 (120ff.).

also keine Interessenasymmetrien innerhalb des Kompetenzrahmens erzeugen und zugleich die Ressourcenprobleme verringern. Zudem würden Konflikte zwischen Europapolitik und allgemeiner Außenpolitik auch in der nationalen Kabinettstruktur abbildbar werden.

Im Ergebnis weist die demokratisch besonders sensible legislative Funktion auf europäischer Ebene sowohl grundsätzliche als auch institutionelle Probleme auf. Das Fehlen einer demokratischen Öffentlichkeit und einer europaübergreifenden politischen Auseinandersetzung macht sich besonders in der Arbeit des Parlaments bemerkbar. Die erörterten Defizite intergouvernementaler Rechtserzeugung gelten auch für die Arbeit des Rats. Obwohl beide Problembereiche nicht einfach mit Mitteln des Rechts zu lösen sind, können sie doch durch die genannten institutionellen Modifikationen gemindert werden. Beschränkte sich die Analyse der gesetzgebenden Funktion insoweit auf Rat und Parlament, so stellt sich schließlich die Frage, wie die Kommission als Exekutive in die Rechtserzeugung einzuordnen ist.

5. Formen der Exekutive auf europäischer Ebene

Der Ort exekutiven Handelns in der Europäischen Union ist nicht einfach zu bestimmen[114]. Keine Bestimmung fügt sich vollständig dem hier verwendeten Aufbau, der zwischen der europäischen Ebene als solcher und Kopplungen zwischen dieser und den Mitgliedstaaten unterscheidet. Die für nationale Exekutiven typische Binnendifferenzierung zwischen Gubernative und Verwaltung läßt sich im Gemeinschaftsrecht mit Einschränkungen auf die organisatorische Trennung zwischen der Kommission und den mitgliedstaatlichen Verwaltungen abbilden. Das bedeutet im Umkehrschluß aber auch, daß die Europäische Verwaltung als Ganze nur im Zusammenhang zwischen europäischen und mitgliedstaatlichen Organen gedacht werden kann. Als exekutive Organisationen sind jedoch die Kommision (a) und die Europäischen Agenturen (b) möglicher Gegenstand einer gesonderten Analyse, auch wenn das Handeln mitgliedstaatlichen Verwaltungen, die europäisches Recht vollziehen, erst im folgenden Paragraphen zu analysieren sein wird. Als übergreifende Struktur können weiterhin Delegationsgrenzen (c) und die für die Exekutive typische abgestufte Verrechtlichung (d) ihres Handelns auch auf europäischer Ebene untersucht werden.

---

[114] Vgl. zu den Definitionsproblemen: *Eberhard Schmidt-Aßmann*, Europäische Verwaltung zwischen Kooperation und Hierarchie, FS Steinberger, 2002, 1375 (1380ff.).

a) Die Kommission zwischen Gubernative und Agentur

Der Vertrag weist die Kommission als die Hüterin des Gemeinwohls der Gemeinschaft aus, Art. 213 Abs. 2 EGV[115]. Das bedeutet, daß sich ihr Handeln an Maßstäben ausrichten muß, die nicht durch die mitgliedstaatliche Perspektive vermittelt sein dürfen[116]. Folgerichtig ist sie als ein von Weisungen unabhängiges Organ eingerichtet. Zudem erinnert die Befugnisstruktur der Kommission an die gubernativen Spitzen nationaler Exekutiven[117]: Der Kommission ist der Erlaß von abgeleitetem Recht, sogenannten Durchführungsregeln, zugewiesen, Art. 211 UA 4 EGV. In beschränkten, aber bedeutsamen Bereichen verfügt sie über vertragsunmittelbare Befugnisse zum Erlaß von Rechtsnormen, Art. 86 EGV. Im Legislativverfahren übt sie das in parlamentarischen Systemen für Regierungen typische Initiativrecht aus, das durch die Bindungswirkungen des Vorschlags gegenüber dem Rat besonders verschärft ist, Art. 250 Abs. 1 EGV, und sich sogar in einer Vermittlungskompetenz zwischen Rat und Parlament fortsetzt, Art. 251 Abs. 4 S. 2 2 EGV[118]. Gegenüber den Mitgliedstaaten hat die Kommission für die Einhaltung des Gemeinschaftsrechts zu sorgen und verfügt über primär- und sekundärrechtliche Aufsichtsmöglichkeiten, die in der Initiativberechtigung zum Vertragsverletzungsverfahren gipfeln, Art. 226 Abs. 2 EGV. All diese Befugnisse entsprechen dem traditionellen Aufgabenkanon von Regierungen in föderalen Systemen[119]. Aber läßt sich die Kommission tatsächlich als gubernative Spitze im hier entwickelten Modell darstellen?

Dies ist zunächst mit Blick auf die demokratische Verantwortlichkeit der Kommission zweifelhaft. Denn gubernative Rechtserzeugung bleibt aus guten funktionalen Gründen in nationalen Verfassungsordnungen mit einer direkten politischen Verantwortung entweder gegenüber dem Wahlvolk oder gegenüber der Legislative verknüpft. Ein solcher Verantwortungszusammenhang ist für die Kommission schwächer ausgeprägt, auch wenn es an ihm nicht vollständig fehlt:

---

[115] Aus der allgemeinen Literatur zur Kommission: *Neill Nugent*, The Government and Politics of the European Union, 3. Aufl. 1994, 85 ff. Knappe Bestandsaufnahme bei *Lenaerts/Verhoeven*, Institutional Balance, 64 ff., Zur Binnenorganisation: *Jacqué*, Droit Institutionnel de L'Union Européenne, 290 ff. Vgl. auch die GO v. 29. 11. 2000, ABL. L/308, 26.

[116] Die Staatsangehörigkeit ist als Anstellungskriterium bei der Kommission seit langem als rechtswidrig beanstandet worden, kommt aber trotzdem weiterhin in der Praxis vor: EuGH, Rs. 15/63, Lasalle / Parlament, Slg. 1963, 64; EuGH, verb. Rs. 81–88/74, Marenco / Kommission, Slg. 1975, 1274. Für die Kommissare selbst gilt Art. 213 Abs. 1 UA 4.

[117] Grundlegend *Pierre Pescatore*, L'exécutif communautaire: justification du quadripartisme institué par les traités de Paris et de Rome, CDE 1978, 387 (392 f.). Vgl. auch *Simon Hix*, The Political System of the EU, 1999, 32 f.; *Claude Blumann*, Le povouir executif de la commission à la lumière de l'Acte unique européen, R.T.D.E. 24 (1988), 23 (29 ff.) ; *Möllers*, EuR 2002, 508 f.

[118] *Frank Rutschmann*, Der europäische Vermittlungsausschuss, 2002, 139 f.

[119] Für den oben festgestellten spezifischen Gegenwartsbezug exekutiven Handelns vgl. im Europarecht namentlich die Fälle in EuGH, Rs. 804/79, Kommission / Vereinigtes Königreich, Slg. 1981, 1045, Tz. 23 ff.; dazu *Matthias Pechstein*, Die Mitgliedstaaten der EG als »Sachwalter des gemeinsamen Interesses«, 1987, 108 ff.

Zum ersten wird die Kommision vom »Rat ... in der Zusammensetzung der Staats- und Regierungschefs ...«[120] ernannt und vom Parlament bestätigt, Art. 214 Abs. 2 EGV. Zum zweiten bestehen seitens des Parlaments verschiedene Ingerenzbefugnisse, namentlich Frage- und Auskunftsrechte, Art. 197 Abs. 3 EGV, haushaltsbezogene Informationsrechte, Art. 276 Abs. 2 EGV, die durch ein interinstitutionelles Rahmenabkommen konkretisiert wurden[121], und die Möglichkeit zur Einsetzung eines Untersuchungsausschusses, Art. 193 EGV. Die Kommission hat über die Durchführung einzelner Politiken dem Parlament jährlich zu berichten, Art. 212 EGV. Schließlich kann die Kommission als Kollegium durch einen mit Zwei-Drittel-Mehrheit zu fassenden Beschluß des Parlaments aus dem Amt entfernt werden[122], Art. 201 EGV.

Haben sich solche Elemente hin zu einer politischen Verantwortlichkeit der Kommission erst in den letzten Vertragsänderungen deutlicher etabliert, so zeigen sich ähnliche Tendenzen in der Binnenorganisation der Kommission. Ursprünglich war die Kommission relativ streng kollegial organisiert[123]. Eine hierarchische Anbindung der Generaldirektionen an die zuständigen Kommissare fehlt bis heute[124]. Formell bereiten die zuständigen Kommissare Kollegialentscheidungen vor, deren Delegation nur begrenzt zulässig ist[125]. Mit einer Anleihe aus der Gerichtsterminologie kann man sagen, daß ein Kommissar formell lediglich als Berichterstatter für eine Entscheidung des Kollegiums fungiert, Art. 217 Abs. 2 EGV[126]. Deutlicher definiert ist die politische Führungsaufgabe des Kommissionspräsidenten innerhalb des Kollegiums, Art. 217 Abs. 1 EGV.

Somit bleibt zweifelhaft, ob die Kommission als demokratisch voll verantwortliche Institution im hier entwickelten Sinne verstanden werden kann. Dies hängt zunächst mit dem Stand der Legitimationsquellen zusammen, denen die Kommission gegenüber verantwortlich ist. Rat und Parlament unterscheiden sich, wie

---

[120] Diese Formulierung ist durch den Vertrag von Nizza eingeführt. Bemerkenswerteweise lautete sie zuvor: »Regierungen der Mitgliedstaaten«, wie immer noch in Art. 223 Abs. 1 EGV für die Richterernennung

[121] Rahmenabkommen vom 5. 7. 2000. Doc. C5–0349/2000. Zur möglichen Bindungswirkung im Einzelfall, wenn von den Parteien gewollt: EuGH. Rs. C-58/94, Niederlande / Rat, Slg. 1996, I-2169, Tz. 23 ff.; *Lenaerts/van Nuffel*, Constitutional Law of the EU, 14–122f.

[122] *Adam Tomkins*, Responsibility and Resignation in the European Commission, The Modern Law Review 62 (1999), 744.

[123] Zur kollegialen Struktur der Kommission: Commentaire J. Megret, vol. 9, 2000, Rdnr. 29 ff.; *Groß*, Kollegialprinzip in der Verwaltungsorganisation, 331 ff.

[124] *Harlow*, Accountability in the EU, 60 unter Hinweis auf die Reformbestrebungen der Kommission; *Veith Mehde*, Responsibility and Accountability in the European Commission, Common Market L. Rev. 40 (2003), 423 (430 f.), *Nugent*, European Commission, 110; *Jacqué*, Droit Institutionel de L'Union Européenne, 300.

[125] EuGH, Rs. 5/85, AKZO / Kommission, Slg. 1986, 2585, Tz. 30; EuGH, Rs. C-191/95, Deutschland / Kommission, Slg. 1998, I-5449, Tz. 36 f. (für die Erhebung einer Vertragsverletzungsklage); EuGH, Rs. C-137/92, Kommission / BASF, Slg. 1994, I-2555, Tz. 62 ff. (mit Blick auf begründungspflichtige Entscheidungen).

[126] Vgl. auch Art. 3 GO Kommission.

gezeigt, beide von einem nationalen Gesetzgeber. In der Arbeit des Parlaments spielt die Nationalität der Abgeordneten nach wie vor eine bedeutende Rolle[127]. Zudem ist die Ernennung der Kommission von den Wahlen zum Parlament gelöst. Die Kommission definiert ihre Aufgabenwahrnehmung deswegen nicht im Verhältnis zu den Mehrheitsverhältnissen im Parlament. Ihr steht keine parlamentarische Opposition gegenüber.

Spricht dies dagegen, die Kommission als eine demokratische Gubernative zu verstehen, so könnte sie gerade gegenteilig als spezifische Form einer unabhängigen Regulierungsagentur verstanden werden[128]. Diese Analogie versteht sich nicht von selbst, weil die Unabhängigkeit der Kommission weniger Strukturähnlichkeiten mit der Unabhängigkeit einer Behörde von der exekutiven Spitze als vielmehr Ähnlichkeit mit der organisatorischen Unabhängigkeit der Exekutive von der Legislative aufweist. Fungieren Rat und Parlament als Legislative, so ist die fehlende Weisungsabhängigkeit der Kommission von beiden keine Besonderheit[129]. Es gibt aber auch keine exekutive Organisation oberhalb der Kommission, von welcher diese abhängig oder unabhängig sein kann. Der Rat nimmt diese Position nicht ein[130]. Historisch und systematisch angemessener wirkt deswegen der Vergleich der Kommission mit dem Sekretariat einer internationalen Organisation, das gleichfalls oft die Funktion eines Hüters der Vertragsziele und ihrer Weiterentwicklung wahrnimmt, das allerdings in der Regel nicht mit formalen Rechtserzeugungsbefugnissen ausgestattet ist.

Trotz dieser Relativierungen trifft auch die Parallele zwischen Kommission und verselbständigter Verwaltungsagentur wichtige Eigenschaften: Denn die Tatsache, daß die Kommission einerseits nicht an einen majoritären demokratischen Meinungsbildungsprozeß angekoppelt ist, und daß sie andererseits durch das Initiativrecht und durch vertragsunmittelbare Rechtsetzungskompetenzen über eine formal wirksame genuin politische Gestaltungsbefugnis verfügt, wirft die Frage auf, wie die Kommission den hierzu notwendigen Interessenausgleich bewerkstelligen kann, der in Verfassungsstaaten wesentlich durch politische Programme

---

[127] Nachweise oben, Fußn. 86, S. 266 ff.

[128] Diese Sicht läßt sich zunächst mit einer funktionalistischen Integrationstheorie verbinden, dazu nochmals *Kaufmann*, Europäische Integration und Demokratieprinzip, 161 ff. Grundlegend für eine expertokratische Agenturkonzeption der Kommission *Majone*, The European Commission as Regulator, 61 ff.; *ders.*, The Rise of the Regulatory State in Europe, West European Politics 17 (1994), 77; *Michelle Everson*, Administering Europe?, J.o. Common Market Studies 36 (1998), 195 (212 ff.). Diese Deutung auch im Vergleich mit den Vereinigten Staaten bei *Peter Lindseth*, Democratic Legitimacy and the Administrative Character of Supranationalism, Columbia L. Rev. 99 (1999), 628 (683 ff.). Zu den historischen Wurzeln dieses Verständnisses aus der EGKS knapp *Lenaerts/Verhoeven*, Institutional Balance, 52 f.

[129] Zum fehlenden Weisungsverhältnis zwischen Parlament und Regierung: *Mössle*, Regierungsfunktionen des Parlaments, 119.

[130] Diese Feststellung ist allerdings nicht unumstritten, nicht selten wird auf die exekutiven oder gubernativen Funktionen des Rates verwiesen, so für viele *Dann*, Parlamente, 318, zur politischen Leitungsfunktion des Europäischen Rats aber bereits oben, S. 241 ff.

und öffentliche Meinungsbildung geschieht. Die Befugnis zur Initiierung legislativer Rechtserzeugung ohne vorherige demokratische Meinungsbildung stellt wohl die bedeutendste institutionelle Besonderheit der Kommission dar. Es scheint diese Kombination von politischem Auftrag und unpolitischer Grundlage zu sein, die als Ausgangspunkt für die Anwendung und Entwicklung neuer Legitimationsmodelle für die europäische Integration verwendet wird[131]. Doch welche Möglichkeiten zur Entwicklung solcher Legitimationsformen stehen zur Verfügung?

Kaum bestreitbar sind Anforderungen an Transparenz und Sachverstand an das Kommissionshandeln zu stellen. Transparenz kann einerseits im Verhältnis zum Parlament geschaffen werden[132]. Transparenz kann andererseits unmittelbar zwischen der Kommission und Bürgern entstehen[133] und sich auch zu Rechtspositionen gegenüber der Kommission verdichten. Im Vergleich zu nationalen Verwaltungen ist die Kommission in dieser Hinsicht relativ fortentwickelt, auch wenn die Propagierung von Standards durch die Kommission nicht mit solchen für die Kommission verwechselt werden darf. Ähnliches gilt für die Organisation von Sachverstand, soweit sie sich von der Austarierung unterschiedlicher Interessen unterscheiden läßt. Nach den Erfahrungen der BSE-Krise[134], die auch als ein Versagen der Kommission gedeutet wurde, hat sich das Konzept einer politisch unabhängigen Informationssammlung durchgesetzt[135]. Eine solche politische Unabhängigkeit administrativer Informationssammlungen ist mit den hier entwickelten funktionalen Kriterien gut zu vereinbaren[136].

Offen bleibt aber, inwieweit Transparenz oder Sachverstand allein einen Interessenausgleich garantieren können, der Anspruch auf demokratische Legitimation erheben will. Ein solcher Zusammenhang wird in der neueren Diskussion unter dem Stichwort deliberativer Demokratie[137] nicht selten unterstellt. In dieser Deutung hätte die Kommission ihre Entscheidungen in einem offenen und nach-

---

[131] Zuletzt am deutlichsten zusammengefaßt im Weißbuch über Europäisches Regieren, KOM(2001), 428.

[132] Vgl. dazu auch die interinstitutionelle Vereinbarung zwischen Parlament und Kommission, oben bei Fußn. 121, die sich auch mit Fragen der Geheimhaltung beschäftigt.

[133] Überschätzt dürfte dagegen die Einbeziehung elektronischer Medien für die Stiftung demokratischer Legitimation sein. So aber etwa *Joseph H. H. Weiler*, The European Union Belongs to its Citizens: Three Immodest Proposals, European L. Rev. 22 (1997), 150. Eine solche Forderung findet in der Demokratietheorie wenig Rückhalt. Vgl. als kritischen Überblick über die Diskussion: *Hubertus Buchstein*, Bytes that Bite. Internet and Deliberative Democracy, Constellations 4 (1997), 248.

[134] Überblicke bei *Ellen Vos*, Market Building, Social Regulation and Scientific Expertise: an Introduction, in: C. Joerges/K.-H. Ladeur/E. Vos (Hrsg.), Integrating Scientific Expertise into Regulatory Decision Making. National Traditions and European Innovations, 1997, 127.

[135] *Harlow*, Accountability in the EU, 69f.

[136] Zur Begründung, oben, S. 117ff.

[137] Nicht selten zurückgeführt auf *Habermas*, Faktizität und Geltung, 349ff. Dort werden aber egalitäre Verfahren der Repräsentation vorausgesetzt. Weitere Nachweise oben, S. 60ff.

vollziehbaren Verfahren zu entwickeln, in dem potentiell betroffenen Vertretern der Zivilgesellschaft die Möglichkeit gegeben wird, sich zu artikulieren[138], um gemeinsam Gründe für eine bestimmte Entscheidung zu entwickeln. Die von der Kommission verwendeten Verfahren zur Vorbereitung neuer Vorschläge auf der Grundlage diskutierter Grün- und Weißbücher stellen einen solchen Deliberationsprozeß dar[139], der aber nur für umfassendere Vorhaben, nicht für einzelne Basisrechtsakte eingeleitet wird.

Doch ist dieses Legitimationskonzept zugleich zu anspruchslos und zu weitgehend, um Legitimationsanforderungen an die Kommission angemessen zu entwickeln. Vor dem Hintergrund des hier verwendeten Modells ist eine nur deliberative Form der Demokratie zunächst zu anspruchslos. Die Möglichkeit zur Anhörung ist von der Möglichkeit gleichberechtigter Selbstbestimmung zu unterscheiden. Zu Ende gedacht, würde sich für ein deliberatives Demokratiekonzept die Frage stellen, wozu die Kommission überhaupt an demokratisch legitimierte Organe wie Rat oder Parlament angekoppelt ist. Dies bedeutet nicht, daß deliberative Strukturen keine Legitimationsgewinne erzeugten[140]. Sie dienen der umfassenden Informiertheit der Entscheidungsgrundlagen und sind Voraussetzung für eine nachvollziehbare Entscheidungsbegründung. Es bedeutet aber wohl, daß Deliberation im institutionellen Umfeld von Selbstbestimmung einzurichten ist, nicht an deren Stelle.

Als zu weitgehend erscheint der Gedanke andererseits, wenn er mit umfassenden Implikationen an das Verfahrensrecht verbunden wird. Man könnte dann schließen, daß der gesamte Willensbildungsprozeß zwischen Kommision und betroffenen Interessengruppen einer verfahrensrechtlichen Grundlage bedürfe, also eines aufwendigen Verfahrensmodells, das alle relevanten Interessen herausfiltern und Beteiligungsrechte definieren müßte. In der exekutiven Rechtsetzung kann eine solche Verfahrensverrechtlichung, wie bereits diskutiert[141], die Leistungen der Exekutive deutlich verringern, ohne überzeugende Legitimationsgewinne zu erbringen. Für das hier entscheidende Initiativrecht der Kommission ist eine sanktionsbewehrte Verrechtlichung des Verfahrens schon mangels Rechtsfolge schwer denkbar: Ein Vorschlag kann dem Verdikt der Rechtswidrigkeit nicht unterfallen. Allenfalls wäre eine Relativierung der Bindungswirkung denkbar. Schließlich wirft die Einrichtung deliberativer Strukturen Probleme demokratischer Gleichheit auf. Denn anstelle eines egalitären demokratischen Prozesses werden eher korporative Akteure in die Entscheidung miteinbezogen[142]. Dies gilt

---

[138] Ein solches Legitimationsverständnis etwa bei *de Búrca*, Modern Law Review 59 (1996), 371ff.; *Curtin*, Postnational Democracy, 41ff.; *Schmalz-Bruns*, Zeitschrift für Internationale Beziehungen, 6 (1999), 212ff.

[139] Darstellung der Verfahrensabläufe bei *Lenaerts/Verhoeven*, Institutional Balance, 68ff.

[140] Zu diesen Zusammenhängen nochmals oben, S. 60ff.

[141] Vgl. oben, S. 189ff.

[142] Ein deutliches Beispiel ist auch die korporatistische Definition des Begriffs der Zivilgesell-

aus der Perspektive der Kommission auch deswegen, weil die Mitgliedstaaten als der Gemeinschaft potentiell gegenläufige Interessen zu behandeln sind. Die beiden elementaren Legitimationssubjekte, Individuen und demokratisch legitimierte Gebietskörperschaften, können von der Kommission nicht systematisch in ihre Willensbildung miteinbezogen werden.

Daß diese Einwände gerade mit Blick auf das Kriterium der demokratischen Gleichheit nicht reine Theorie bleiben, wird am Beispiel des Rechtsetzungsverfahrens nach Art. 139 EGV deutlich, das der Kommission ausdrücklich die Rolle einer politischen Interessenvermittlung zuweist, Art. 138 Abs. 1 EGV. In diesem Verfahren kann die Kommission einen zwischen den Sozialpartnern ausgehandelten Vertrag dem Rat zum Verordnungserlaß mit allgemeiner Geltung, aber ohne Beteiligung des Parlamentes vorschlagen. Die Auswahl der vertragschließenden Verbände ist nicht geregelt. Laut Rechtsprechung des EuG hat die Kommission die »Gesamtrepräsentativität« der Sozialpartner sicherzustellen.

Auf die Klage eines in einem konkreten Verfahren nicht repräsentierten Verbandes bestätigte das EuG eine so beschlossene Verordnung[143]. Zunächst sah sich das Gericht genötigt die fehlende Beteiligung des Parlaments am Verfahren mit der kompensierenden Einbeziehung der Sozialpartner zu rechtfertigen[144]. Schon diese Feststellung erntete in der Literatur viel Kritik[145]. Aus gutem Grund: Der klagende Verband wurde in dem Verfahren eben nicht nur überstimmt, sondern gar nicht einbezogen. Diesen Umstand billigte das Gericht mit der Feststellung, daß die Repräsentativität der beteiligten Sozialpartner durch Kommission und Rat geprüft worden sei. Die Methoden dieser Prüfung wurden in der Entscheidung aber nicht deutlich[146]. Diese Argumentation begegnet auf mehreren Ebenen Bedenken: Zunächst stellt sich mit Blick auf die Rechtslage die Frage, warum ein Rechtserzeugungsverfahren ohne Beteiligung des Parlaments einer eigenen Rechtfertigung bedarf, wenn in anderen Bereichen ein Mitentscheidungsrecht nicht eingerichtet ist[147]. Konsequenterweise hätte das EuG erwägen müssen, aus

---

schaft durch die Kommission im Weißbuch, Europäisches Regieren, 19. Dazu *Christoph Möllers*, Policy, Politics or Political Theory?, in: C. Joerges/Y. Mény/ J.H.H. Weiler (Hrsg.), Mountain or Molehill? A Critical Appraisal of the Commission White Paper on Governance, 2002, 55 (58).

[143] EuG, Rs. T-135/96, UEAPME / Rat, Slg. 1998, II- 2335. Diese Entscheidung bezog sich noch auf die RiL 96/34, die auf Grundlage des entsprechenden Verfahrens im Abkommen zwischen den Mitgliedstaaten der Europäischen Gemeinschaft mit Ausnahme des Vereinigten Königreichs Großbritannien und Nordirland über die Sozialpolitik erlassen wurde.

[144] EuG, Rs. T-135/96, Tz. 89 f.

[145] Vgl. *Hans Georg Dederer*, Durchführung von Vereinbarungen der europäischen Sozialpartner, RdA 2000, 216 (220 ff.); *Gabriele Britz/M. Schmidt*, Die institutionalisierte Mitwirkung der Sozialpartner an der Rechtsetzung der Europäischen Gemeinschaft, EuR 1999, 467 (491): *Lammy Betten*, The Democratic Deficit of Participatory Democracy in European Social Policy, European L. Rev. 23 (1998), 20 (36).

[146] EuG, Rs. T-135/96, Tz. 91 ff., insbes. Tz. 99 zur Doppeldeutigkeit der vom Kläger vertretenen Mitgliederzahl.

[147] Vgl. nur Art. 37 Abs. 2, 83 Abs. 1, 133 EGV.

dem Begriff des institutionellen Gleichgewichts[148] einen Fall vertragswidrigen Vertragsrechts zu begründen. Denn die Rechtsprechung des EuGH ist hinsichtlich der Einbeziehung Privater in Rechtserzeugungsverfahren und des Ausschlusses des Parlaments mit Blick auf das institutionelle Gleichgewicht sehr kritisch[149]. Auslegungsspielräume können am besten bei der Frage der Bindung von Kommission und Rat an den paktierten Vorschlag ansetzen[150].

Legitimationstheoretisch erscheint es zudem nicht überzeugend, ein rechtlich nicht näher ausgestaltetes Repräsentationsverfahren gegen die Entscheidungsbefugnis des Parlaments auszuspielen, wenn es um den Erlaß einer allgemeingültigen Regelung geht. Bereits die Tatsache, daß die Kläger ein abweichendes Interesse artikulierten, aber nicht über die Möglichkeit verfügten, am Verfahren zu partizipieren, dokumentiert das Problem[151]. Aus ihrer Perspektive mangelt es sowohl an Rechtsschutz, die Klage war unzulässig[152], als auch an demokratischen Beteiligungsrechten. Daß das Repräsentativverfahren, selbst wenn es nicht an Grundsätze demokratischer Gleichheit gebunden ist, in keiner Weise verrechtlicht wurde, sondern als Wertungsprärogative von Kommission und Rat verstanden wird, ist gar nicht mehr zu rechtfertigen. Der Fall veranschaulicht exemplarisch die Probleme eines Interessenausgleichs durch die Kommission ohne Anbindung an demokratische Repräsentativverfahren. Die völlige Offenhaltung dieses Prozesses führt zu Transparenzverlusten, seine Verrechtlichung ist dagegen entweder bis zur Unbeweglichkeit aufwendig oder kreiert Asymmetrien zwischen den gleichberechtigt zu repräsentierenden Interessen, die die Legitimation der erzeugten Normen in Frage stellen.

Im Ergebnis steht die Kommission zwischen einer verselbständigten Verwaltungseinheit und einer gubernativen Organisation, deren Legitimation wegen der Dynamik der Integration stets in Frage steht und neuer Abstimmung bedarf[153]. Dabei zeigt sich in der institutionellen Entwicklung der Gemeinschaft jedoch eine Tendenz, die auch auf die Organisation der Kommission Rückwirkung nehmen muß: Die »klassische« Kommission, die als expertokratischer Motor der Integration einen definierten Auftrag höchst erfolgreich und letztlich unangefochten umsetzen konnte[154], ist untrennbar mit der Schaffung eines einheitlichen Marktes verbunden. Mehrere oben zur Verselbständigung von Verwaltungseinheiten systematisch gerechtfertigte Gründe[155] können die politische Unabhängig-

---

[148] So die Rechtsprechung des EuGH, vgl. oben, S. 253 ff.

[149] Wie alle Referenzrechtsordnungen, Nachweise oben, S. 182 ff.

[150] Übersichtlich zum Streitstand: *Sebastian Krebber*, in: Calliess/Ruffert, EUV/EGV, 2. Auf. 2002, Art. 138, Rdnr. 26 f. m. w. N.

[151] Vgl. die Darstellung bei EuG, Rs. T-135/96, Tz. 1 ff.

[152] EuG, Rs. T-135/96, Tz. 112.

[153] *Leanerts/Verhoeven*, Institutional Balance, 51 ff., 67 f.; *Harlow*, Accountability in the EU, 61 ff.

[154] Zur Geschichte *Desmond Dinan*, Ever Closer Union?, 1994, 14 ff.

[155] Vgl. oben, S. 121 ff.

keit der Kommission in diesem Zusammenhang begründen: Zum einen steht das demokratisch legitimierte Handeln der Mitgliedstaaten im Verdacht fehlender gesamteuropäischer Gemeinwohlfähigkeit durch die systematische Begünstigung eigener Interessen. Zum zweiten ist das Ziel des einheitlichen Marktes ein definierbares und durch politischen Konsens zu rechtfertigendes Projekt. Zum dritten ermöglicht dieses Integrationsziel auch individuelle Legitimationsgewinne, indem es einen transnationalen Freiheitsgebrauch für die Unionsbürger garantiert[156].

Diese Legitimation wandelt sich aber mit der Fortentwicklung der gemeinschaftlichen Aufgaben. Das immer noch expertokratische Selbstverständnis der Kommission kann nicht einfach fortgeschrieben werden[157]: Mit der Wahrnehmung weiterer Aufgaben wird die für eine exekutive Verselbständigung wichtige Sektoralisierung[158] der Kommissionsaufgaben immer weiter zugunsten einer allgemeinen Zuständigkeit aufgegeben. Zugleich lassen sich die ihr zuwachsenden Aufgaben schon lange nicht mehr nur als transnationaler Freiheitsgewinn deuten, der demokratisch konsentiert ist, man denke nur an Fragen der inneren Sicherheit oder des Umweltschutzes. In diesem Zusammenhang gewinnt der Integrationsvorgang einen anderen Zuschnitt, der repräsentative politische Verfahren erfordert. Für die Kommission bedeutet dies eine Entwicklungsrichtung hin zur Form nationaler Regierungen, die sich etwa in einer weiteren Demokratisierung bei der Auswahl des Kommissionspräsidenten[159] und in einer ausgebildeteren Verantwortungsstruktur der Gliederungen der Kommission gegenüber den Kommissaren[160] niederschlagen muß. Dieser Entwicklung steht jedoch seit Maastricht eine verstärkte Intergouvernementalität der Institutionen gegenüber. Das Verhältnis zwischen diesen beiden Entwicklungssträngen wird abschließend aufzugreifen sein.

---

[156] Vgl. oben, S. 243 ff.

[157] Vgl. aber eine solche Fortschreibung deutlich im Weißbuch Europäisches Regieren, Zur Kritik (unter impliziter Relativierung des eigenen Begriffs der Output-Demokratie): *Fritz W. Scharpf*, European Governance: Common Concerns v. The Challenge of Diversity, in: C. Joerges/Y. Mény/J.H.H. Weiler, Mountain or Molehill?, 2001, 1 (5 ff.).

[158] Sektoralisierung erscheint für demokratische Legislativen mit umfassender Regelungskompetenz, wie gezeigt, als eine Gefahr. Für die Legitimation verselbständigter Exekutivformen ist sie dagegen eine Notwendigkeit.

[159] Zugunsten des Parlaments gefordert bei *Lenaerts/Verhoeven*, Institutional Balance, 66; *Simon Hix*, Executive Selection in the European Union: Does the Commission President Investiture Procedure Reduce the Democratic Deficit?, EioP 21/1 (1997), in: http://eiop.or.at/eiop/. Ein Argument zugunsten einer Direktwahl aufgrund der gespaltenen Vollzugsstruktur aber unten, S. 344 ff.

[160] Vorsichtig in diese Richtung: *Mehde*, Common Market L. Rev. 34 (2003), 440 ff.

b) Europäische Agenturen

Die Europäische Union kennt ein schnell wachsendes System von exekutiven Agenturen[161], auf deren Untersuchung sich die Diskussion verselbständigter Verwaltungseinheiten in neuerer Zeit zumeist beschränkt hat. Dies ist insofern verkürzend, als, wie gezeigt, auch die Kommision als eine politisch nur beschränkt verantwortliche Behörde mit sehr weiten Regelungsbefugnissen verstanden werden kann, deren Legitimation unter Rückgriff auf die amerikanische Vorkriegsdiskussion ursprünglich expertokratisch hergeleitet wurde[162]. Auch die Europäische Kommission hat mit dem klassischen Agenturmodell des New Deal einiges gemeinsam – wie nun zu zeigen ist, sogar mehr als die europäischen Agenturen[163].

Verwaltungsagenturen sind weniger – dies war im Ersten Teil nachzuweisen – durch ihre rechtliche Unabhängigkeit als durch eine Pluralität rechtlicher Abhängigkeiten gekennzeichnet[164]. Agenturen entstehen, wenn herkömmliche Formen der Verwaltungslegitimation nicht funktionieren oder wenn eine Legitimationskonkurrenz zwischen verschiedenen Organisationen hinsichtlich der Vollzugskontrolle entsteht.

Für das neu entstehende Agentursystem der Europäischen Union[165] stellt sich die Organisationsseite dabei anders dar als für die Verselbständigungstendenzen in den nationalen Referenzrechtsordnungen. Dies ergibt sich zunächst aus der Art der Aufgaben: Ein wichtiger Agenturtyp ist mit der Aufbereitung und Verbreitung von Informationen betraut[166]. Ein anderer Typ wie die Arzneimittel- und die Lebensmittelsicherheitsagentur leistet die wissenschaftliche Vorbereitung von Entscheidungen der Kommission[167]. Über bindende Entscheidungsbe-

---

[161] Aktueller Überblick: http://europa.eu.int/agencies/index_en.htm.
[162] Deutlich bei *Giandomenico Majone*, Regulation and its modes, in: G. Majone (Hrsg.), Regulating Europe, 1996, 9. In diesen Zusammenhang gehört auch das expertokratische Demokratiemodell des Funktionalismus etwa bei *Ipsen*, Europäisches Gemeinschaftsrecht, 8/24 ff. Eingehende Kritik bei *Kaufmann*, Europäische Integration und Demokratieprinzip, 287 ff.
[163] Eingehend zu diesem Vergleich aus amerikanischer Perspektive *Lindseth*, Columbia L. Rev. 99 (1999), 689 ff.
[164] Oben, S. 121 ff.
[165] Aus der Literatur: *Dorothee Fischer-Appelt*, Die Agenturen der Europäischen Gemeinschaft, 1999, 218 ff.; *Edoardo Chiti*, Le Agenzie Europee, 2002, 315 ff.; *ders.*, The Emergence of a Community Administration: The Case of European Agencies, Common Market L. Rev. 37 (2000), 309; *Michelle Everson*, Independent Agencies: Hierachy Beaters?, European L.J. 2 (1995), 180 (185 ff.); *dies.*, Independent Agencies, in: G. Winter (Hrsg.), Sources and Categories of European Union Law, 1996, 601 (614 ff.); *Rene Dehousse*, Networks, J.o. European Public Policy 4 (1997), 240.
[166] Überblick bei *Armin von Bogdandy*, Information und Kommunikation in der Europäischen Union: föderale Strukturen in supranationalem Umfeld, in: W. Hoffmann-Riem/E. Schmidt-Aßmann (Hrsg.), Verwaltungsrecht in der Informationsgesellschaft, 2000, 133 (151 ff.); *Giandomenico Majone*, The New European Agencies: Regulation by Information, J.o. European Public Policy, 4 (1997), 262.
[167] So European Agency for the Evaluation of Medicinal Products (EMEA) und die European Food Safety Authority (EFSA). Vgl. VO des Rats 2309/93, ABl. L 214, 1; VO 178/2002, ABl. L

fugnisse verfügen das Markenamt[168] und die soeben eingerichtete Agentur für Flugsicherung[169]. Für alle genannten Agenturen gilt aus organisationsrechtlicher Perspektive, daß sie über eine eigene Rechtspersönlichkeit verfügen[170] und keinen Weisungen des Rats oder der Kommission unterworfen sind[171]. An der Ernennung der Behördenleitung nehmen in der Regel die Mitgliedstaaten teil, zumeist durch die Beschickung des Verwaltungsrats[172]. Der Besetzungsschlüssel des Verwaltungsrats entspricht in der Regel demjenigen der Komitologie-Ausschüsse, indem sich Vertreter aller Mitgliedstaaten einem oder zwei Kommissionsvertretern gegenübersehen.

Für Verfahren der Informationsaufbereitung und der wissenschaftlichen Informationsvorbereitung bestehen keine Einwände. Unzweifelhaft können beide Kompetenzen auch ohne fehlende Entscheidungskompetenz einen großen faktischen Einfluß gewinnen. Doch ist dieses Problem für Agenturen nicht spezifisch. In den noch seltenen Fällen, in denen ihnen bindende Entscheidungskompetenzen zugeordnet sind, oder in denen ihre Entscheidungsvorschläge von der Kommission faktisch schwerlich umgangen werden können[173], sind die eigentlichen Entscheidungsspielräume der Agentur geringer, als dies der Begriff der »verselbständigten« Agentur suggeriert. Das ist zum einen an den deutlich verrechtlichten Kammerverfahren zu erkennen, die etwa für das Markenamt und die Flugsicherungsbehörde Anwendung finden[174]. Es zeigt sich vielleicht noch klarer daran, daß der Kommission durchgehend Kompetenzen zum Erlaß von Durchführungsregeln in einem Ausschußverfahren zustehen[175]. Diese Durchführungskompetenzen unterscheiden sich in der Sache nicht wesentlich von allgemeinen Weisungskompetenzen in einem hierarchischen Verhältnis[176]. Das bedeutet, daß die Freiheitsgrade bei der Entscheidungsfindung für die Agenturen schon vertikal deutlich beschränkt sind und nicht notwendig größer sind als diejenigen einer

---

31, 1. Zu ersterer die Analyse bei *Susanne A. Wagner*, Europäisches Zulassungssystem für Arzneimittel und Parallelhandel, 2000, 169ff., 233ff.

[168] Office for Harmonisation in the Internal Market (Trade Marks and Designs) (OHIM). VO des Rats 40/94 ABl. L 11, 1.

[169] European Aviation Safety Agency (EASA). VO des Parlaments und des Rats, 1592/2002, ABL. L 240, 7.

[170] Art. 19 Abs. 1 VO 1592/2002; Art. 46 Abs. 1 VO 178/2002; Art. 111 VO 40/94; Art. 59 S. 1 VO 2309/93.

[171] Vgl. aber die Rechtsaufsicht der Kommission in Art. 118 Abs. 1 VO 40/94.

[172] Art. 25f. VO 178/2002; Art. 24f. VO 1592/2001, Art. 122f. VO 40/94.

[173] Dies gilt für die Arzneimittelzulassung: *Wagner*, Europäisches Zulassungssystem, 169ff.

[174] Analyse solcher Verfahren bei *Chiti*, Common Market L. Rev. 37 (2000), 318ff.

[175] Vgl. etwa für die EMEA Art. 73 VO 2309/93; Art. 121 Abs. 1 RiL 2001/83, ABL. L 311, 67. Für das OHIM Art. 141 VO 40/94 (ein der Komitologie ähnliches Verfahren). Für die EASA: Art. 5(4) i.Vm. Art 54 VO 1592/2002 (gleichfalls). Für die EFSA Art. 58f. VO 178/2002.

[176] *A.G. Ibáñez*, The Administrative Supervision and Enforcement of EC Law, 1999, 285ff. Eingehender unten, S. 333ff., 344ff.

Behörde, die an eine lange durch allgemeine Regeln ausgestaltete Weisungskette angebunden ist.

Besondere wissenschaftliche Aufmerksamkeit finden horizontale Bindungen des Agenturhandelns: zum einen die enge Verknüpfung zwischen Agenturen und mitgliedstaatlichen Verwaltungen und zum anderen die Kooperation mit Privaten. Wie immer beide Elemente zu bewerten sind, sie sind sicher nicht spezifisch für Agenturen, sondern spielen für das Handeln der Kommission de lege lata[177], aber auch programmatisch[178], eine bedeutende Rolle. Diese als »netzwerkhaft«[179] bezeichneten, engen horizontalen oder kooperativen Verknüpfungen sind ein verallgemeinerungsfähiges Element von Kommission, Ausschüssen und Agenturen. In ihnen setzt sich die intergouvernementale Struktur der Gesetzgebung administrativ fort. So ist es kein Zufall, daß neue Agenturen ältere Ausschussstrukturen inkorporieren und dadurch praktisch verlängern[180].

Damit läßt das europäische Agentursystem[181] folgende funktionale Deutung zu: Trotz Rechtspersönlichkeit und Weisungsunabhängigkeit besteht die Rechtserzeugung der Agenturen selten in der Herstellung bindender Entscheidungen. Ist dies aber der Fall, so betreffen diese Entscheidungen weniger allgemeine Regelungen als Einzelfälle. Auf dem breiten Rechtserzeugungsspektrum, das für die Exekutive charakteristisch ist, nähert sich das Agenturhandeln eher der judikativen als der legislativen Funktion an. Dies zeigt sich deutlich in der Ausgestaltung der Verwaltungsverfahren. In ihren Entscheidungen sind die Agenturen viel enger materiell-rechtlich gebunden als andere Formen verselbständigter Verwal-

---

[177] Zu Kooperationsstrukturen die grundlegende Darstellung bei *Edoardo Chiti*, Decentralisation and Integration into the Community: A New Perspective on European Agencies, European L.J. 10 (2004), 406 ff. Aus der deutschen Literatur *Dieter H. Scheuing*, Europarechtliche Impulse für innovative Ansätze im deutschen Verwaltungsrecht, in: W. Hoffmann-Riem/E. Schmidt-Aßmann (Hrsg.), Innovation und Flexibilität des Verwaltungshandelns, 1994, 289 (331 ff.); *Eberhard Schmidt-Aßmann*, Verwaltungskooperation und Verwaltungskooperationsrecht in der Europäischen Gemeinschaft, EuR 1996, 270 (275 ff.); *Gernot Sydow*, Die Harmonisierung des mitgliedstaatlichen Vollzugs des Europarechts in mehrstufigen Verwaltungsverfahren, Die Verwaltung 34 (2001), 517 (538 ff.); *Michael Winkelmüller*, Verwaltungskooperation bei der Wirtschaftsaufsicht im EG-Binnenmarkt, 2002, 209 ff.
[178] Europäisches Regieren, Ein Weißbuch, KOM(2001), 428. Dazu die einhellig skeptischen Beiträge in C. Joerges/Y. Mény/ J.H.H. Weiler (Hrsg.), Mountain or Molehill? A Critical Appraisal of the Commission White Paper on Governance, 2002.
[179] Zum mangelnden theoretischen und rechtswissenschaftlichen Beschreibungswert dieser Metapher: *Chiti*, Common Market L. Rev. 37 (2000), 330.
[180] *Harlow*, Accountability in the European Union, 76.
[181] Auf die Unterscheide zu den nationalen Diskussionen ist Wert zu legen. Zurückhaltung gerade im Vergleich zwischen den USA und der EU wird wegen dieser Unterschiede bei *Fischer-Appelt*, Agenturen der Europäischen Gemeinschaft, 459 ff. begründet. Gleiche Zurückhaltung im Vergleich Deutschland-USA empfiehlt *Franziska Alice Löhr*, Verschiebungen im Gewaltengefüge durch Privatisierung und Deregulierung, in: M. Demel u.a. (Hrsg.), Funktionen und Kontrolle der Gewalten, 2001, 135. Weniger deutlich hervorgehobene Unterschiede bei: *Xénophon A. Yatáganas*, Delegation of Regulatory Authority in the European Union. The Relevance of the American Model of Independent Agencies, Jean Monnet Working Paper, 03/01, sub A.

tungsagenturen. Sie sind also in einem wörtlichen Sinne wenig verselbständigt[182], sondern gleich vielfachen Bindungen unterworfen. Solche Bindungen gehen zum einen vom Durchführungsrecht der Kommission aus, zum anderen von den Kooperationspflichten gegenüber den mitgliedstaatlichen Verwaltungen. Die Agenturen erscheinen in dieser Sicht eher wie Ausgliederungen der Kommission, die deren Kompetenzfülle mit Ressourcenschonung verbinden will. Zugleich bestätigt die Binnenstruktur des Agenturrechts die Vermutung, daß Legitimationskonkurrenzen exekutive Verselbständigungen begünstigen, in diesem Fall die Konkurrenz zwischen supranationaler Legitimation der Kommission und intergouvernementaler Legitimation der gemeinsam handelnden Mitgliedstaaten, die sich auf verschiedenen Ebenen zwischen Verwaltungsrat und Ausschußbeteiligung in den Agenturen wiederfindet[183].

Im Konflikt zwischen Kommission, Mitgliedstaaten und dem Parlament um die Kontrolle der Agenturen[184] erscheint aus funktionaler Sicht eine differenzierte Lösung geboten, die den im Ersten Teil bei der Erörterung parlamentarischer Kontrolle normaler Exekutivvorgänge entwickelten Vorgaben entspricht[185]. Hinsichtlich der Informationen über den Vollzug ist den Ingerenzmöglichkeiten von Rat und Parlament als Gesetzgeber keine Grenzen gesetzt. Umgekehrt erscheinen formelle Kontrollmöglichkeiten am ehesten der Kommission zuzuordnen. Noch intensiver als die Kommission konkretisieren die Agenturen Sekundärrecht des Gesetzgebers und Durchführungsregeln. Eine Intervention des Gesetzgebers im Einzelfall erscheint in diesem Fall wenig geeignet, die Legitimation der Agenturen zu erhöhen.

c) *Delegationsgrenzen zwischen Legislative und Exekutive?*

Für das Gemeinschaftsrecht lassen sich auch bei der Frage der Delegationsgrenzen funktionale und Ebenenperspektive nicht trennen[186]. Das bedeutet, daß die Intensität, mit der der Gerichtshof Delegationsakte kontrolliert, davon abhängt, ob die Delegation vom Rat an das Gemeinschaftsorgan Kommission oder an die Mitgliedstaaten ergeht[187]. Doch lassen sich zumindest für die Delegation auf Ebene der Gemeinschaft Linien der Rechtsprechung erkennen. Dem Vertragsrecht sind zunächst geschriebene Delegationsgrenzen fremd. Im Verhältnis zwischen Basis- und Durchführungsrechtsetzung zwischen Rat und Parlament einerseits und Kommission andererseits kann aber von delegationsähnlichen Strukturen ge-

---

[182] *Chiti*, European L.J. 10 (2004), 421.
[183] Zum legitimationstheoretischen Problem oben, S. 233 ff.
[184] Insoweit ist den Überlegungen in der Mitteilung der Kommission, Rahmenbedingungen für die europäischen Regulierungsagenturen, KOM (2002) 718 endg, 10 ff., 25 ff. zuzustimmen.
[185] Oben, S. 197 ff.
[186] *Möllers*, EuR 2002, 489 f.; *Schönberger*, EuR 2003, 612, 621 f.
[187] Rechtsprechungsnachweise bei *Möllers*, EuR 2002, 486 ff.

sprochen werden[188]. Obwohl die Rechtsprechung des EuGH in einem frühen Fall einen wichtigen Anfangspunkt für die Begrenzung von Delegationen setzte[189], beließ es der Gerichtshof im folgenden bei der Anerkennung »weiter« Delegationsmöglichkeiten jedenfalls im Verhältnis zwischen Rat und Kommission. In seiner nachfolgenden Rechtsprechung hob der EuGH keinen Sekundärrechtsakt mehr wegen eines zu weiten, der Kommission zu großen Spielraum gebenden Ermächtigungstatbestands auf. Allenfalls wurden Durchführungsrechtsakte anhand des Sekundärrechts beanstandet, weil deren abschließender Regelungsgehalt keine Spielräume mehr zuließ[190]. Jenseits des in *Meroni* entwickelten Gesichtspunkts des institutionellen Gleichgewichts[191] hätten dafür allerdings auch keine ausgearbeiteten Kriterien zur Verfügung gestanden. Dies hängt nicht zuletzt damit zusammen, daß sich das Verhältnis zwischen dem traditionellen Gesetzgeber Rat und der Kommission legitimationstheoretisch anders darstellt als das Verhältnis zwischen Regierung und Parlament in nationalen Rechtsordnungen. Aus einer Integrationsperspektive wirkt die Kommission als Vertreterin des Allgemeininteresses[192], Art. 213 EGV, für das Gemeinschaftsrecht vertrauenswürdiger als der Rat[193]. Auf Grundlage der hier entwickelten Systematik bleibt es aber in jedem Fall unbefriedigend, daß der Gerichtshof bei der Überprüfung von Delegationen keine intensiver auf den Grundrechtsbezug der ermächtigenden Regeln ausgerichtete Prüfung vornimmt[194].

Eine systematisch bedeutsame, von der Rechtsprechung entwickelte Delegationsgrenze findet sich jedoch für Delegationen des Gesetzgebers an den Rat: Bei der Zuweisung von Basis-Rechtsakten des Rats an die Kommission nach Art. 202, 212 EGV hat der EuGH der Selbstermächtigung des Rats für den Erlaß von Durchführungsregelungen Grenzen gezogen, indem er sie zu einem begründungsbedürftigen Ausnahmefall erklärt hat[195]. Zur Begründung kann das Gericht auf den Wortlaut von Art. 202 UA 3 EGV (vormals Art. 145 EGV) verweisen. Hinter dieser Deutung steht aber auch eine spezifische Vorstellung des Gerichtshofs von einer angemessenen funktionalen Arbeitsteilung beim Vollzug des Gemeinschaftsrechts. Der Gerichtshof will die politische Entscheidungsstruktur des

---

[188] Einschränkungen bei *Koen Lenaerts*, Regulating the regulatory process: »delegation of powers« in the European Community, European L. Rev. 18 (1993), 23 (29ff.), mit Hinblick auf die Tatsache, daß Probleme der Funktionenordnung oftmals auch durch Regelungsvorbehalte des Rats entstehen.

[189] EuGH, Rs. 9/56, Meroni / Hohe Behörde, Slg. 1958, 11.

[190] Vgl. nur EuGH, Rs. 26/85, Van den Bergh, Slg. 1987, 1155, Tz. 14; EuGH, Rs. 264/86, Frankreich / Kommission, Slg. 1988, 973, Tz. 21; EuGH, Rs. 338/85, Pardini, Slg. 1988, 2041, Tz. 37.

[191] Dazu soeben, oben, S. 257 ff.

[192] EuGH, Rs. 16/88 – Kommission/Rat, Slg. 1989, 3457, Tz. 10.

[193] Zu den Gründen für diese Sicht, auch unten, S. 332 ff.

[194] Dazu im einzelnen: *Dimitris Triantafyllou*, Vom Vertrags- zum Gesetzesvorbehalt, 1996, 186 ff.; *Martin Böse*, Strafen und Sanktionen im Europäischen Gemeinschaftsrecht, 1996, 95 ff.

[195] EuGH, Rs. 16/88 – Kommission / Rat, Slg. 1989, 3457, Tz. 10.

Rats nicht auf die Vollzugsebene hinüberwirken lassen[196]. Die Gefahr von Interessenverzerrungen sieht das Gericht nicht nur gegenüber den Mitgliedstaaten,
sondern auch gegenüber dem »Gesetzgeber« der Gemeinschaft[197].

Wie auch in den nationalen Rechtsordnungen bestätigt die Untersuchung der
Rechtsprechung zu Delegationsgrenzen die im Ersten Teil gerechtfertigten Muster: Für Delegationen der Legislative an die Exekutive lassen sich gerichtlich
operable Grenzen kaum ziehen[198]. Wegen des Prüfungsprogramms des EuGH ist
die Regelungsdichte des Sekundärrechts der entscheidende Faktor. Anderes gilt
mit Einschränkungen für die Adressierung von Delegationen an den Gesetzgeber. An solche wird ein strengerer Maßstab angelegt[199].

d) Stufen der Verfahrensverrechtlichung

Wie in nationalen Rechtsordnungen läßt sich auch für den Vollzug des Gemeinschaftsrechts eine Verrechtlichung von Verfahrensmaßstäben mit zunehmender
Konkretisierung und intensiverem Bezug auf subjektive Rechte feststellen. Solche Maßstäbe entwickelte die Rechtsprechung ohne eine einheitliche Verfahrens-
regelung[200], zu deren Kodifikation die wissenschaftliche Diskussion erst am Anfang steht[201]. Dabei betreffen diese ersten Formen einer »administrativen Konstitutionalisierung«[202] individualisierte Maßnahmen in denjenigen Bereichen, in
denen die Kommission selbst privatgerichtete Vollzugsaufgaben wahrnimmt[203].
Ähnliches gilt teilweise für die von Agenturen vorbereiteten oder getroffenen

---

[196] _Lenaerts_, European Law Review 18 (1993), 34.

[197] Zur damit zusammenhängenden Argumentation des Gerichtshofs bei der Rechtfertigung
der Komitologie, unten, S. 332 ff.

[198] So auch oben, S. 180 ff.

[199] So auch oben, S. 197 ff.

[200] Aus der Rechtsprechung hier nur: EuGH, Rs. 46/87, Hoechst / Kommission, Slg. 1989,
2859, Tz. 19; EuGH, Rs. 314/87, Orkem / Kommission, Slg. 1989, 3283, Tz. 33 f. (Nemo-Tene-
tur); EuG Rs. T-54/99, Slg. 2002, II-313, Tz. 49, 53. _Hans Peter Nehl_, Principles of Administrative Procedure in EC Law, 1999, 39 ff.; _Gilbert Gornig/Christiane Trüe_, Die Rechtsprechung des
EuGH und EuG zum Europäischen Verwaltungsrecht, JZ 2000, 395. Grundsätzlich auch _Armin
von Bogdandy_, Europäische Prinzipienlehre, in: A. v. Bogdandy (Hrsg.), Europäisches Verfassungsrecht, 2003, 149 (169 ff.). Zu den funktionalen Grenzen dieser Entwicklung: _Loïc Azoulay_,
The Judge and the Community's Administrative Governance in: C. Joerges/R. Dehousse
(Hrsg.), Good Governance in Europe's Integrated Markes, 2002, 109 (112 ff., 118 f.). Zu Parallelen oben, S. 112 ff.

[201] Vgl. skeptisch mit Blick auf Deutschland: _Carol Harlow_, Codification of the EC Administrative Procedures? Fitting the Foot to the Shoe or the Shoe to the Foot, European L.J. 2 (1996), 3
(13 ff.); Skeptisch vor dem Hintergrund der amerikanischen Entwicklung _Martin Shapiro_, Codification of Administrative Law: The US and The Union, European L.J. 2 (1996), 26 (38 ff.).

[202] Zu diesem Konzept _Möllers_, Verfassung – Verfassunggebung – Konstitutionalisierung,
50 ff.

[203] Vgl. nur _Antje David_, Inspektionen im europäischen Verwaltungsrecht, 2003, 277 ff.

Entscheidungen, aber auch hier geht es zumeist um die gerichtsähnlich ausgestaltete Beurteilung von Einzelfällen[204].

Die Verfahrensverrechtlichung von Normsetzungsverfahren bleibt dagegen innerhalb des Sekundärrechts uneinheitlich. Die allgemeinste verfahrensrechtliche Grundlage für den Erlaß von Durchführungsregeln nach Art. 212 UA 2 EGV ist der Komitologie-Beschluß[205], der ein spezifisches Mehrebenen-Problem anspricht[206] – nämlich die Koordination einer Kommissionsentscheidung mit den mitgliedstaatlichen Adressaten dieser Verwaltungen. Die Rechtsprechung des EuGH und des EuG hat allerdings schrittweise begonnen, auch die Verfahren der Durchführungsrechtsetzung namentlich hinsichtlich der Publizität von Akten[207] zu verrechtlichen[208]. Im ganzen zeigt sich damit eine auf Individualrechte zugeschnittene Verrechtlichung des Verwaltungsverfahrens, die durch die Rechtsprechung angestoßen wurde. Dies entspricht der hier gerechtfertigten Entwicklungstendenz in nationalen Rechtsordnungen.

6. Fazit: Gewaltengliederung und Konstitutionalisierung in der EU

Trotz signifikanter Abweichungen vom Organisationsmodell demokratischer Verfassungsstaaten ließen sich die drei Gewalten in der EU am Maßstab des hier entwickelten Systems zuordnen und bewerten.

Noch am einfachsten fügt sich die Judikative in das Bild, die mit dem europäischen Gerichtssystem eine am überlieferten Gerichtsmodell orientierte Institution darstellt. Oftmals beklagte Übergriffe namentlich des EuGH, die sich auch als Verstoß gegen ein gemeinschaftsrechtliches Modell der Gewaltengliederung verstehen ließen, halten einer systematischen Prüfung nicht stand. Der EuGH geht mit dem Vorrang des Vertragsrechts gegenüber dem Sekundärrecht eher zurückhaltender um als nationale Verfassungsgerichte. Die Behandlung der nationalen Rechtsordnungen durch den EuGH läßt sich dagegen nur im Zusammen-

---

[204] Bedenklich ist es aber, wenn das Sekundärrecht eine Agentur zur Ausgestaltung des eigenen Verfahrensrechts ermächtigt. Vgl. aber Art. 44 VO 1592/2002, in dem der Flugsicherheitsagentur die Regelung der eigenen Verfahren, die zu Einzelentscheidungen führen, übertragen wird.

[205] Beschluß des Rats zur Festlegung der Modalitäten für die Ausübung der der Kommission übertragenen Durchführungsbefugnisse v. 28. 6. 1999, ABl. L 184/23 . Dazu *M. Hauschild*, Das neue Komitologieverfahren – neue Regeln für das Ausschußverfahren der EG, ZG 1999, 248 (250ff.); *Koen Lenaerts/Amaryllis Verhoeven*, Towards a legal framework for executive rule-making in the EU?: The contribution of the new comitology decision, Common Market L. Rev 37 (2000), 645.

[206] Dazu unten, S. 332ff.

[207] EuG, Rs. T-188/97 – Rothmans / Kommission, Slg. 1999, II-2463, Tz. 57ff.

[208] Vgl. EuGH, C-212/91, Angelopharm., Slg. 1994, I-171. Dazu *Klaus Knipschild*, Wissenschaftliche Ausschüsse der EG im Bereich Verbrauchergesundheit und Lebensmittelsicherheit, ZLR 2000, 693 (697f.). Zur Notwendigkeit, Sachverstand nachzuweisen: EuGH, Rs. C-269/90, TU München, Slg. 1991, I-5469, Tz. 22.

hang mit der geteilten Vollzugsstruktur im Gemeinschaftsrecht verstehen, die erst im folgenden Teil der Untersuchung zu behandeln sein wird. Funktionale Probleme bietet daher nur die Begründungspraxis des Gerichtshofs, die nicht die notwendige Individualisierung der Entscheidungsreichweite gestattet, die für judikatives Handeln angemessen ist.

Legislatives Handeln ist im Gemeinschaftsrecht mit der Erzeugung von Sekundärrecht gleichzusetzen. Insoweit dieses Rat und Parlament zur Beschlussfassung überlassen ist, kann gegen die zweifache Legitimationsstruktur der Entscheidungen kein Einwand erhoben werden. Auch hier gilt die Erkenntnis, daß demokratische Repräsentationsformen im Prinzip durch die Gewaltengliederung nicht vorgegeben werden[209]. Geboten erscheint vielmehr eine konsequentere Ausgestaltung dieser gedoppelten Legitimation. Diese ergibt sich zum ersten aus einer vollständigen Ausweitung des Mitentscheidungsverfahrens auf alle Rechtsakte. Zum zweiten müssen die beiden legislativen Kammern konsequenter auf ihre Legitimationsstruktur und auf ihre legislative Aufgabe hin ausgerichtet werden. Für das Handeln des Rates bedeutet dies ein öffentliches Verfahren in einem Ministergremium, das über eine Allzuständigkeit zu den Fragen verfügt, für die eine europäische Gesetzgebungskompetenz vorliegt. Für das EP bedeutet es ein am Maßstab der demokratischen Gleichheit ausgerichtetes Recht und ein zumindest mittelbar funktionierendes Initiativrecht, entsprechend Art. 208 EGV.

Am wenigsten faßbar ist auch auf europäischer Ebene die Exekutive. Die Kommision erfüllt schon jetzt eine Viezahl von gubernativen Aufgaben: Vollzugskontrolle, Initiativrecht und Verordnungsgebung. Zugleich ähnelt sie historisch und ihrem zuletzt im Governance-Weißbuch zum Ausdruck gekommenen Selbstverständnis zufolge eher einer selbständigen Agentur oder einer besonderen Entwicklungsstufe des Sekretariats einer internationalen Organisation. Versuche, für die Kommission spezielle Legitimationsmechanismen zu entwickeln, sind systematisch kaum überzeugend und erzeugen auch praktische Probleme. Vielmehr wird sich auch die Legitimation der Kommission durch eine noch stärkere Orientierung am Europäischen Parlament ergeben müssen.

Unterhalb der Kommission agieren Europäische Agenturen und mitgliedstaatliche Verwaltungen als Exekutive. Das Entstehen des Agentursystems läßt sich auf europäischer Ebene als Ergebnis einer Legitimationskonkurrenz, nämlich zwischen Kommision und Rat erklären. Dabei weisen die Kompetenzen der Agenturen aber noch einen relativ hohen Grad an rechtlicher Bindung auf. Aus funktionaler Sicht sind durchsetzbare Kontrollrechte gegenüber den Agenturen besser bei der Kommission als beim Rat oder bei mitgliedstaatlich dominierten Ausschüssen aufgehoben: die Fortsetzung intergouvernementaler politischer Kompromissbildung auf Vollzugsebene ist funktional unerwünscht. Probleme

---

[209] Oben, S. 105 ff.

des mitgliedstaatlichen Vollzugs werden der Untersuchung von Ebenenkopplungen im folgenden Paragraphen vorbehalten bleiben.

Grundsätzlichen Bedenken begegnen alle Formen intergouvernementaler Intervention außerhalb der Vertragsänderung und des Mitentscheidungsverfahrens. Wie bereits entwickelt, führen Interventionen des Europäischen Rats zu einer Zersplitterung des europäischen Gemeinschaftssystems und zum Entstehen einer Vielzahl von kaum verrechtlichten Nebenverfassungen[210]. Bindungen der Mitgliedstaaten werden in Koordinierungsverfahren kaum nachvollziehbar. Legislative Entscheidungen werden in diplomatischen Verfahren vorgeprägt. Die funktionale Legitimation des Europarechts begibt sich damit, auch wenn die Rechtsschutzstrukturen weiter ausgebaut sind[211], auf einen völkerrechtlichen Stand, obwohl in der Sache eine einmalig intensive zwischenstaatliche Kooperation auch in freiheitssensiblen Bereichen entsteht. All dies spricht deutlich für die andere Alternative, den Ausbau der demokratischen Verantwortlichkeit der Kommission. Dieser allein wird nicht zu einer demokratischen Öffentlichkeit in Europa führen, die die notwendige gesellschaftliche Außenseite einer demokratischen Verfassungsordnung darstellt. Aber nur dieser Weg schafft eine demokratische Verantwortungsstruktur auf europäischer Ebene, in der die Rechtserzeugungsverfahren nachvollziehbar und zurechenbar ausgestaltet werden können.

II. International Labour Organization

Die International Labour Organization (ILO)[212] wurde durch den Vertrag von Versailles im Jahre 1919 gegründet[213] und 1946 als erste Sonderorganisation der Vereinten Nationen anerkannt[214]. Die Ziele der ILO bestehen in der Sicherung von Frieden und sozialer Gerechtigkeit durch die Schaffung angemessener Ar-

---

[210] Vgl. oben, S. 241 ff.

[211] *Lenaerts/Arts*, Procedural Law of the EU, ch. 22.

[212] Aus der neueren Literatur neben den allgemeinen Darstellungen zum Recht Internationaler Organisationen: *Ebere Osieke*, Constitutional Law and Constitutional Practice in the International Labour Organization, 1985; *Victor-Yves Ghebali*, The International Labour Organisation: a case study on the Evolution of UN specialised agencies, 1988; *Abdul-Karim Tikriti*, Tripartism and the International Labour Organisation, 1982; *Steve Charnovitz*, The International Labour Organization in its Second Century, Max Planck Yearbook of United Nations Law 4 (2000), 147.

[213] Aus der Vorkriegsliteratur: *George Scelle*, L'Organisation Internationale du Travail et le B.I.T., 1930; *Gustav Cremer*, Die Verfassung der Internationalen Arbeitsorganisation, 1929, 5ff. Zur Vorgeschichte: *Pierre-Arthur Visseur*, L'Evolution du Controle International sur l'Application de la Protection Ouvrière, 1950, 39ff.

[214] Dazu *Peter A. Köhler*, ILO – Internationale Arbeitsorganisation, in: R. Wolfrum (Hrsg.), Handbuch Vereinte Nationen, 2. Aufl. 1991, 45, Rdnr. 9f. Zu den Änderungen nach dem 2. Weltkrieg: *Hartwig Bülck*, Die neue Verfassung der Internationalen Arbeitsorganisation, ZStW 107 (1951), 90.

beitsbedingungen von Arbeitnehmern auf der ganzen Welt[215]. Ihre Arbeit konzentriert sich auf die Setzung von Arbeits- und Sozialstandards. Von besonderem Interesse für die vorliegende Untersuchung ist die ILO aber nicht aufgrund ihrer materiellen Ziele, sondern aufgrund ihrer organisatorischen Struktur: Die ILO verfügt für eine internationale Organisation über eine vergleichsweise ausdifferenzierte Organisationsstruktur, deren Analyse es ermöglichen soll, die hier entwickelten Vorgaben der Gewaltenunterscheidung an internationale Organisationen exemplarisch anzulegen und zugleich kritisch zu überprüfen (1.). Zwei Probleme verdienen dabei eine gesonderte Betrachtung: zunächst die Repräsentationsform der ILO, die gesellschaftliche Interessenvertreter weitgehend in die Rechtserzeugung miteinbezieht (2.). Zudem geben die Regelungsmechanismen der ILO Gelegenheit, Mechanismen der indirekten Durchsetzung nicht-verbindlicher Normen, also eine besondere Ausgestaltung des Verhältnisses legislativer zu exekutiver Rechtserzeugung zu untersuchen (3.).

1. Organisation und Rechtserzeugung in der ILO

a) Organisations- und Verfahrensstruktur in der ILO Constitution

Einen eigenen Organstatus[216] billigt die ILO Constitution (ILOC) nur drei Teilen der Organisation zu, art. 2 ILOC: der General Conference als Vertretung der Mitglieder, dem Governing Body und dem International Labour Office.

Die *General Conference* repräsentiert die Mitglieder der ILO, souveräne Staaten, art. 2 (c) ILOC, nach einem besonderen Modus, der noch eingehender zu würdigen sein wird[217]: Jedes Mitglied kann in die General Conference vier Repräsentanten entsenden, von denen zwei die Regierungen der Mitglieder und je ein Repräsentant dessen Arbeitnehmer und Arbeitgeber vertreten müssen, art. 3 (1) ILOC. Alle Repräsentanten sind mit den gleichen Stimmrechten ausgestattet, art. 4 (1) ILOC. Benennt ein Mitglied nur den Vertreter eines der beiden Sozialpartner, so erhält dieser allein kein Stimmrecht, art. 4 (2) ILOC. Die General Conference hat die Aufgabe, Fragen des internationalen Arbeits- und Sozialschutzes in ihren Plenarversammlungen öffentlich zu diskutieren. Sie wird aus diesem Grund auch als »Internationales Arbeitsparlament« bezeichnet[218]. Die zentrale formelle

---

[215] Dazu weiterhin gültig: *Declaration concerning the aims and purposes of the International Labour Organization*, v. 10. 5. 1944, Annex zur ILO Constitution, die *Preamble* sowie ergänzend die *ILO Declaration on Fundamental Principles of Right at Work*, 86th sess., Genf Juni 1998. Zur aktuellen Entwicklung der Programmatik: *Charnovitz*, Max Planck Yearbook of United Nations Law 4 (2000), 151 ff.; *Philip Alston*, ›Core Labour Standards‹ and the Transformation of the International Labour Rights, European J.o. International L. 15 (2004), 457.

[216] Zum Begriff des Organs im Recht Internationaler Organisationen: *Amerasinghe*, Principles of the institutional law of international organizations, 133 ff.

[217] Sogleich, S. 296 ff.

[218] http://www.ilo.org/public/english/standards/relm/ilc/index.htm. Dieser Charakter zeigt sich auch im Entstehen politischer Blöcke innerhalb der Conference: *Osieke*, Constitutional

Befugnis der General Conference, die sich mindestens einmal im Jahr zusammenfinden soll, besteht im Beschluß von zwei Formen von Rechtsakten: Conventions und Recommendations. Bei beiden handelt es sich in der Regel um Normen von allgemeinem Charakter[219] zu Fragen des Arbeits- und Sozialschutzes, die sich nur in ihrer Bindungsintensität gegenüber den Mitgliedern voneinander unterscheiden[220]. Beide Formtypen sind von zwei Dritteln der Delegiertenstimmen zu beschließen, art. 19 (2) ILOC. Im Fall einer an diesem Quorum gescheiterten Convention können einzelne Mitglieder diese zum Gegenstand einer Vereinbarung zwischen sich machen, art. 12 ILOC. Sowohl Conventions mit Wirkung erga omnes als auch inter partes sind dem UN-Generalsekretär mitzuteilen und nach Art. 102 UN-Charta zu registrieren[221].

Die von der General Conference zu treffenden normativen Entscheidungen werden vom *Governing Body* vorbereitet, art. 14 ILOC. Der Governing Body besteht aus 56 Mitgliedern, die sich nach dem gleichen triadischen Repräsentationsschema zusammensetzen: Von den 28 Regierungsvertretern müssen jedoch zehn von sogenannten *members of chief industrial importance* entsandt werden. Welches diese qualifizierten Mitglieder sind, entscheidet seinerseits der Governing Body, der dazu allerdings Regeln aufstellen und die Anwendung dieser Regeln von einem unabhängigen Gremium überprüfen lassen muß, art. 7 (3) ILOC[222]. Die anderen 18 Regierungsvertreter werden von denjenigen Mitgliedern ernannt, die dazu von der General Conference ermächtigt wurden. Die Vertreter der Sozialpartner werden jeweils direkt von den Vertretern der General Conference gewählt. Die Amtszeit des so kreierten Governing Body beläuft sich in der Regel auf drei Jahre, art. 7 (5) ILOC. Der Governing Body ist für die inhaltliche und formelle Vorbereitung der Sitzungen der General Conference zuständig. Insbesondere präsentiert er der General Conference die Tagesordnung ihres Treffens, fungiert also als politisches Initiativorgan[223]. Für seine inhaltliche Vor-

---

Law and Practice, 9f.; Zur Diskussionspraxis: *Osieke*, Constitutional Law and Practice, 89ff., 148ff. Knapp *Tikriti*, Tripartism and the International Labour Organisation, 104ff.; *Ghebali*, The International Labour Organisation, 116ff. Zu Reformvorhaben die Überlegungen des Governing Body in GB.288/4/1.

[219] Ein aktualisierter Überblick über die bisher erlassenen Conventions und Recommendations bei http://webfusion.ilo.org/public/db/standards/normes/index.cfm?lang=EN.

[220] Dazu sogleich, S. 303ff.

[221] Zur Funktion dieses Verfahrens, der Abschaffung von Geheimdiplomatie: *Ursula Knapp*, in: B. Simma (Hrsg.), UN-Charta, 1991, Art. 102, Rdnr. 1. In der Regel sind Entscheidungen Internationaler Organisationen der Registrierungspflicht nicht unterworfen: ebda., Rdnr. 9, 19.

[222] Dies sind im Moment: Brasilien, China, Frankreich, Deutschland, Indien, Italien, Japan, Rußland, Großbritannien und die Vereinigten Staaten. Gegen die Auswahlentscheidung ist ein *appeal* vor der General Conference zulässig. Eine aufhebende Entscheidung der General Conference ist in der Praxis aber noch nicht vorgekommen.

[223] Gegen die Einbeziehung eines bestimmten vom Governing Body vorgeschlagenen Tagesordnungspunkts kann die Regierung eines Mitglieds einen förmlichen Einwand erheben. Nur mit einer Mehrheit von Zwei-Dritteln der Vertreter kann die General Conference ein so abgelehntes Thema trotzdem auf die Tagesordnung setzen, art. 16 (2) ILOC.

bereitungsarbeit hat der Governing Body ein System von sieben Komitees ausgebildet, dessen Vorschläge dem Organ zur Annahme vorgelegt werden.

Der Governing Body ernennt auch den Director-General des *International Labour Office* und ist diesem gegenüber weisungsbefugt, art. 8 (1) ILOC. Der Director-General, dessen Abberufung in der ILOC nicht geregelt ist[224], nimmt an allen Sitzungen des Governing Body teil, leitet das International Labour Office und stellt nach vom Governing Body aufgestellten Regeln seine Mitarbeiter ein. Director-General und Mitarbeiter sind den Mitgliedern gegenüber nicht weisungsunterworfen, art. 9 (4) ILOC. Das International Labour Office, das die Funktion des Sekretariats der ILO wahrnimmt[225], ist eine vollausgebildete Behörde mit 1900 Mitarbeitern[226] und Regionalbüros in der ganzen Welt[227]. Es sammelt alle Informationen, die die Aufgaben der ILO betreffen und die sich insbesondere auf den Entwurf neuer und die Einhaltung bereits beschlossener Regeln beziehen, art. 10 (1) ILOC. Der Director-General fungiert zudem als Generalsekretär der General Conference, der speziell für die rechtzeitige Verbreitung der Tagesordnung, art. 15 (1) ILOC, und generell für die Kommunikation zwischen Mitgliedern, Governing Body und Conference zuständig ist.

Das *Verfahrensrecht* der ILOC verfügt über verschiedene Kontrollmechanismen zur Einhaltung der durch die ILO erlassenen Regeln[228]: *Zum ersten* können Verbände der Sozialpartner, die den Verstoß eines Mitglieds gegen eine Convention beobachten, das diese ratifiziert hat, dies dem International Labour Office anzeigen (*representation*). In einem solchen Fall darf der Governing Body die Anzeige an das betroffene Mitglied weiterleiten und dieses zu einer Stellungnahme einladen, art. 24 ILOC. Verzichtet das Mitglied auf eine Stellungnahme oder erscheint eine solche Stellungnahme dem Governing Body nicht überzeugend, so können Anzeige und Stellungnahme von diesem veröffentlicht werden, art. 25 ILOC. *Zum zweiten* können Mitglieder, die eine Convention ratifiziert haben, gegen andere Mitglieder, die die Convention gleichfalls ratifiziert haben, beim International Law Office eine Beschwerde (*complaint*) hinsichtlich der Beachtung der Convention einreichen, art. 26 (1) ILOC. In einem solchen Fall kann der Governing Body dasselbe Verfahren initiieren, das für eine Anzeige durch einen der

---

[224] *Osieke*, Constitutional Law and Practice, 116ff.; *Tikriti*, Tripartism and the International Labour Organisation, 173ff. Er wird nach Art. 4.6 Staff Regulation für eine Amtszeit von 10 Jahren ernannt.

[225] Vgl. auch die Feststellung auf der Homepage der ILO: »*The Governing Body is the executive body of the International Labour Office (the Office is the secretariat of the Organization.)*«, http://www.ilo.org/public/english/standards/relm/gb/index.htm. *Osieke*, Constitutional Law and Practice, 122f.; *Schermers/Blokker*, International Institutional Law, § 435.

[226] http://www.ilo.org/public/english/depts/fact.htm.

[227] *Osieke*, Constitutional Law and Practice, 123ff.

[228] Vgl. nur *Nicolas Valticos*, Once More About the ILO System of Supervision: In What Respect is it Still a Model?, FS Schermers Bd. I. 1995, 99 (102ff.). Zu nicht in der Constitution vorgesehenen Kontrollpraktiken unten, S. 303ff.

Verbände vorgesehen ist, art. 26 (2) ILOC. Wenn der betroffene Mitgliedstaat keine befriedigende Reaktion auf die Beschwerde bietet, kann der Governing Body aber auch die Einsetzung einer dreiköpfigen unabhängigen Commission of Inquiry anordnen, die die Beschwerde untersucht und darüber einen Bericht erstellt[229]. Der betroffene Mitgliedstaat kann zu den betreffenden Sitzungen des Governing Body einen Repräsentanten entsenden, art. 26 (5) ILOC. Zugleich sind alle Mitglieder verpflichtet, eine eingesetzte Commission of Inquiry zu unterstützen, art. 27 ILOC. Die Commission of Inquiry verfaßt einen Bericht, der auch konkrete Vorschläge zur Abhilfe gegen einen eventuellen Verstoß in einem definierten Zeitrahmen enthält, art. 28 ILOC.

Für die organisationsinternen Kontrollverfahren ist schließlich ein doppelter Rechtsweg zum ICJ vorgesehen: Die beiden am Verfahren beteiligten Mitglieder haben den Director-General darüber in Kenntnis zu setzen, ob sie den Bericht der Commission annehmen, art. 29 (2) ILOC, oder dem ICJ vorlegen. Auch Governing Body und Conference haben die in Art. 96 Abs. 2 UN-Charta vorgesehene Möglichkeit, den ICJ anzurufen[230]. Eine Entscheidung eines complaints durch den ICJ ist abschließend und kann die Vorgaben der Commission beliebig korrigieren, art. 31, 32 ILOC.

b) Aufschlüsselung der Gewaltengliederung

Wie läßt sich diese Organisationsstruktur in der hier verwendeten Systematik der Gewaltengliederung verstehen? Die Anwendung der Gewaltenteilungstriade auf internationale Organisationen ist nicht unumstritten[231], kann sich aber jenseits der oben angestellten Überlegungen zur Legitimation übernationaler Organisationen[232] nur durch die Anwendung der hier entwickelten Funktionskriterien auf die Organisation bewähren[233]. Dabei ergibt sich auf den ersten Blick eine relativ zwanglose Zuordnung der ILO-Organisation zur überlieferten Gewaltentriade:

---

[229] Zum Ablauf: *Osieke*, Constitutional Law and Practice, 210ff.; *Tikriti*, Tripartism and the International Labour Organisation, 287ff.; *Ghebali*, The International Labour Organisation, 222ff.

[230] Governing Body und Conference können Gutachten beim ICJ anfordern, Art. 9 (2), (3) des Agreement between ILO and United Nations, dazu *Osieke*, Constitutional Law and Practice, 201 in Anm. 20. Zu den Rechtsgrundlagen auch *Hermann Mosler*, in: B. Simma (Hrsg.), Charta der Vereinten Nationen, 1991, Art. 96, Rdnr. 18.

[231] Dies wird jedoch ausdrücklich selten diskutiert. Kritisch etwa *Seidl-Hohenveldern/Loibl*, Recht der Internationalen Organisationen, Rz. 1401. Vgl. dagegen *Eckart Klein*, Die Internationalen Organisationen als Völkerrechtssubjekte, in: W. Graf Vitzthum (Hrsg.), Völkerrecht, 1997, Rdnr. 4/183 (unter Hinweis auf *Charles Chaumont*, L'equilbre des organes politiques des Nations Unies et la crise de l'organisation, Annuaire francaise de droit international 11 (1955), 428). Andeutender Hinweis mit Bezug auf die Gesamtrechtsordnung bei *Matthias Ruffert*, Zuständigkeitsgrenzen internationaler Organisationen, AVR 38 (2000), 131 (133 u. Anm. 17).

[232] Oben, S. 233ff.

[233] Zu Versuchen, die Organeigenschaften Internationaler Organisationen zu typisieren: *Klabbers*, Introduction, 171f.; *Schermers/Blokker*, International Institutional Law, §§ 384ff.

General Conference und Governing Body erscheinen jeweils und in ihrem Verhältnis zueinander als Legislative und Exekutive: Die *General Conference* verbindet Repräsentationsfunktion[234], ein öffentliches deliberatives Verfahren und Rechtsetzungsbefugnis in einer für Legislativen typischen Weise[235]. Die normativen Entscheidungen der ILO ergehen in Anschluß an ein Diskussionsverfahren, das zumeist in zwei Lesungen gegliedert ist[236]. Zudem hat die General Conference ein eingeschränktes Beteiligungsrecht an der Kreation des Governing Body. Zwar werden die Regierungsvertreter im Governing Body von den Mitgliedern ernannt. Doch bestimmt die General Conference diejenigen Mitglieder, die 18 der 28 Regierungsvertreter ernennen dürfen. Auf die Bestimmung der Members of Chief Industrial Importance hat die General Conference nur einen indirekten Einfluß, indem sie über Anfechtungen gegenüber der Bestimmung durch den Governing Body entscheidet. Für die Vertreter der Sozialpartner ist das Kreationsrecht der General Conference unbeschränkt. Von den 56 Mitgliedern des Governing Body nimmt die General Conference damit bei der Ernennung von 46 einen entscheidenden Einfluß. Die General Conference verfügt also in Zusammensetzung, Verfahren und Regelungsbefugnis über prozedurale Eigenschaften, die deutliche Parallelen zu Legislativorganen aufweisen.

In der Aufgabenzuweisung für den *Governing Body* lassen sich gleichfalls relativ einfach gubernative Funktionen erkennen[237]: Zum einen beobachtet der Governing Body die Umsetzung bereits verabschiedeter Normen durch das International Labour Office, dessen Direktor vom Governing Body eingesetzt und angewiesen wird. Zum anderen definiert er die Agenda der Conference, verfügt also über ein Initiativrecht für neue legislative Aktionen.

Diese Darstellung darf allerdings die Rolle des Director-General nicht zu sehr relativieren. Anders als der Governing Body, der die intergouvernementale Repräsentation um die Vertretung der Sozialpartner ergänzt, kann das Sekretariat vollständig mit den spezifischen Anliegen der Organisation identifiziert werden. Darum ist seine Legitimation nicht allein aus dem Ernennungsakt durch den Governing Body zu erklären, also aus seiner Abhängigkeit von einem politischen Organ; entscheidende Norm für die Funktionsbestimmung des Sekretariats ist – wie häufig bei den Sekretariaten internationaler Organisationen[238] – die ausschließliche Verpflichtung auf das internationale Recht der ILO. Darum ist es folgerichtig, daß der Direktor auch an den Sitzungen des Governing Body teilnimmt

---

[234] An dieser ändern auch die spezifischen Abweichungen nichts. Zur Unerheblichkeit der Repräsentationsform für Vorgaben der Gewaltengliederung oben, S. 105 ff.

[235] Zu diesen Eigenschaften oben, S. 288 f.

[236] Vgl. Art. 38, 39 Standing Orders der International Labour Conference. Dazu *Osieke*, Constitutional Law and Practice, 148 ff.; *Ghebali*, The International Labour Organisation, 147 ff.; *Tikriti*, Tripartism and the International Labour Organisation, 250 ff.

[237] Zur Bestimmung gubernativer Funktionen oben, S. 112 ff.

[238] Nachweise bei *Schermers/Blokker*, International Institutional Law, §§ 524 ff.

und die Verbindungsperson der Organisation zu den Regierungen der Mitglieder im allgemeinen, bei der Vorbereitung der Conference insbesondere und zu den Vereinten Nationen als Mutterorganisation der ILO darstellt. Die Aufgabe des Director-Generals kann daher nicht auf technische Vollzugsaufgaben reduziert werden. Vielmehr obliegen ihm trotz seiner politischen Abhängigkeit vom Governing Body eigenständige Gestaltungsmöglichkeiten[239]. Das Verhältnis zwischen Governing Body und Director-General läßt sich deswegen trotz der Weisungsbefugnis nicht einfach als hierarchisch beschreiben. Vielmehr dokumentiert die ausschließliche Bindung des Director-Generals an ILO-Recht seine Eigenständigkeit und seine Aufgabe, nationale oder »allgemeinpolitische« Interessen herauszufiltern und die Meinungsbildung in Governing Body und General Conference an Zielen der Organisation auszurichten, die mit der zwischenstaatlichen Konsensbildung nicht immer übereinstimmen muß[240]. Insoweit wird man für die ILO von einer für internationale Organisationen nicht untypischen Zweiteilung gubernativer Funktionen sprechen, die auch das Sekretariat miteinbezieht. Der Doppelcharakter internationaler Organisationen, die einerseits Geschöpfe der Vertragsparteien sind, sich andererseits gegenüber diesen verselbständigen sollen, schlägt sich hier nieder[241].

Auch für die Einrichtung judikativer Strukturen finden sich in der ILO-Organisation mehrere Anhaltspunkte: Dabei fällt jedoch die zentrale Rolle der Gubernative ins Auge. Der Governing Body spielt bei der Weitertreibung eingeleiteter Verfahren stets eine entscheidende, mit einem eigenen Entscheidungsspielraum versehene Rolle. Er *kann* die Beschwerde eines Sozialpartners oder eines Mitglieds der Conference zur Beurteilung vorlegen und er *kann* aufgrund einer Beschwerde eine Untersuchungskommission einsetzen. In beiden Fällen werden Mechanismen in Gang gesetzt, die individuelle Sachverhalte allein auf der Grundlage des ILO-Rechts zu beurteilen haben. Im Fall der *representation* nach art. 24 ILOC ernennt der Governing Body ein dreiköpfiges Komitee aus seinen Reihen, das einen Bericht vorlegt und eine Empfehlung über das weitere Vorgehen abgibt. Über diese wird ohne Aussprache in nicht-öffentlicher Sitzung abgestimmt[242]. Die Arbeit der Commission of Inquiry, die in der ILOC nicht geregelt ist, entspricht deutlicher judikativen Verfahren[243].

---

[239] Zu dieser Rolle des Sekretariats: *Robert W. Cox*, ILO: Limited Monarchy, in: R.W. Cox/H.K. Jacobson (Hrsg.)., The Anatomy of Influence, 1973, 102 (119ff.); *Osieke*, Constitutional Law and Practice, 114ff.; *Ghebali*, The International Labour Organisation, 159f. Grundsätzlich zu Einflußmöglichkeiten des Sekretariats: *Schermers/Blokker*, International Institutional Law, § 439; *Klabbers*, Introduction, 173f.

[240] Dazu oben, S.233ff.

[241] Vgl. auch die auf das UN-Sekretariat bezogene Feststellung in ICJ Report 1954, 47, 57, *Effects of Awards*, in ihrer Deutung bei *Klabbers*, Introduction, 70.

[242] Zum Verfahren *Osieke*, Constitutional Law and Practice, 210ff.

[243] *Osieke*, Constitutional Law and Practice, 227; *Ghebali*, The International Labour Organisation, 234.

Obwohl die Befugnisse, die dem ICJ in der ILOC eingeräumt wurden, dadurch vergleichsweise groß sind, daß art. 31 ILOC den Gutachten eine bindende Wirkung zuspricht[244], spielt diese Kompetenz praktisch keine Rolle[245]. Die gesamte zur ILO ergangene Rechtsprechung entstammt noch den Zeiten des *Permanent Court*[246]. Diese Beschränkung des Gerichts ergibt sich aus der starken Verfahrensstellung des Governing Body und aus dem – für internationale Organisationen typischen – Anspruch des Sekretariats auf eine authentische Auslegung des Vertrags. So machte das ILO-Sekretariat im Jahr 1933 die seither im Recht der internationalen Organisationen viel zitierte Feststellung[247], daß seine Rechtsansichten, soweit sie nicht auf sofortigen Widerspruch stießen, Bindungswirkung entfalten könnten. Auch die anläßlich der Vollzugskontrolle eingesetzten Kommissionen erheben Anspruch darauf, ILO Recht gültig auszulegen[248] Die Beobachtung, daß das Recht internationaler Organisationen jenseits der Beurteilung der Dienstverhältnisse ihrer Beschäftigten[249] nur eingeschränkt gerichtlicher Überprüfung zugänglich ist[250], findet für die ILO ihre Bestätigung.

c) Charakterisierung und Beurteilung

Im Ergebnis verfügt die ILO über eine relativ ausdifferenzierte Organisationsstruktur, in der sich eine dreiteilige Gewaltengliederung nachweisen läßt, an der

---

[244] In den meisten Internationalen Organisationen ist der ICJ nur dazu befugt, Gutachten zu geben, deren Befolgung den Organen überlassen bleibt, Überblick bei *Amerasinghe*, Principles of the institutional law of international organizations, 24ff. Art. 31 ILOC spricht dagegen von *binding decision.* Zur Seltenheit einer bindenden Entscheidungsbefugnis wie im Fall der ILO: ebda., 28. Zur offenen Frage der Vereinbarkeit dieser Regel mit dem Statut des ICJ: *Francis Maupain*, The Settlement of Disputes within the International Labour Office, J.o. International Economic L. 2 (1999), 273 (291, m.w.N. in Anm. 25).

[245] *Maupain*, J.o. International Economic L. 2 (1999), 291.

[246] Dabei handelt es sich etwa um die folgenden Entscheidungen: PCIJ, ser. B, no. 1, *Designation of the Workers' Delegate for the Netherlands*; PCIJ, ser. B, no, 2 & 3, 9, *Competence of the ILO with respect to Agricultural Labour*; PCIJ, ser. B, no. 2 & 3, 49, *Competence of the ILO with respect to Agricultural Production*; PCIJ, ser. B, no 13, *Competence of the ILO to regulate, incidentally, the personal work of the Employer*; PCIJ, ser. B, no. 18, *Free City of Danzig and the ILO.* Dazu *Georges Fischer*, Les rapports entre L'Organisation Internationale du Travail et la Cour Permanente de Justice Internationale, 1946, 319ff.

[247] ILO Official Bulletin 33 (1950), 23; ILO Official Bulletin 23 (1933), 30ff., zitiert nach *Schermers/Blokker*, International Institutional Law, § 1359. Dazu schon früh: *Wilfred. C. Jenks*, Interpretation of International Labour Conventions by the International Labour Office, British Yearbook o. International L. 22 (1939), 132. Vgl. auch *Osieke*, Constitutional Law and Practice, 206ff. zur Interpretationspraxis des Sekretariats. Vgl. auch *Osieke*, American J.o. International L. 77 (1983), 245ff.

[248] *Maupain*, J.o. International Economic L. 2 (1999), 289f., sowie sogleich unten, S. 303ff.

[249] Dazu mit Blick auf das ILO Administrative Tribunal (ILOAT), das auch die Dienstverhältnisse anderer Internationaler Organisationen beurteilt: *Schermers/Blokker*, International Institutional Law, § 643f.

[250] Oben, S. 210ff.

jedoch Abweichungen auffallen. Stark ist die legislative Seite der Organisation ausgeprägt, die sich in einer regelmäßigen Konferenzpraxis und in der häufigen Entscheidung über Conventions und Recommendations praktisch verwirklicht. Die gubernative Seite der Organisation, deren Ziel der Erlaß legislativer Akte ist, liegt formal in den Händen des Governing Body, der die Repräsentationsstruktur der Conference aufnimmt und typisch gubernative Aufgaben wahrnimmt: Aufsicht über erlassene und politische Initiative zu neuen Regeln. Die Funktion des Sekretariats als Hüter des Organisationsinteresses ist formell schwach ausgeprägt und auf die Übersicht technischer Aufgaben beschränkt; doch seine Verantwortung allein dem Organisationszweck gegenüber dürfte ihm eine praktisch bedeutsame Rolle auch bei der Willensbildung des Governing Body verleihen, an dessen Beratungen er teilnimmt. Institutionell schwächer, vor allem aber praktisch wenig bedeutsam ist die judikative Funktion. Die Verfahrensherrschaft des Governing Body gibt hier einer diplomatischen Konfliktlösung regelmäßig den Vorrang. Die formell ausgeprägten Möglichkeiten, Rechtsgutachten des ICJ einzuholen, werden praktisch nicht genutzt. Im Ergebnis erweist sich die ILO als eine legislative Regelsetzungsorganisation, in der ein parlamentsähnlich funktionierendes Rechtsetzungsverfahren in der General Conference sich vom intergouvernementalen Handeln der Vertragsparteien weitgehend verselbständigt hat. Es wird von diplomatisch funktionierenden Initiativ- und Kontrollmechanismen ergänzt.

Am Maßstab der Gewaltengliederung erweckt die starke Rolle des Governing Body außerhalb des eigentlichen Rechtsetzungsverfahrens Bedenken. Abweichend von vielen anderen internationalen Organisationen ist der Governing Body kein ausführendes Organ der Conference [251], sondern in seinen Entscheidungen selbständig. Die Befugnis des Governing Body, den Director-General ohne Zustimmung der General Conference zu bestimmen, ist seit längerer Zeit auch innerhalb der Organisation sehr umstritten[252]. Sie erweist sich nicht nur im Vergleich als eher ungewöhnlich[253]. Sie ist auch funktional zweifelhaft, weil für die stets von ihren Mitgliedern abhängigen internationalen Organisationen[254] eine zumindest politisch-symbolische starke Stellung des Sekretariats wünschenswert erscheint, um die Nachteile intergouvernementaler Entscheidungsfindung zu kompensieren[255]. Die Stellung des Director-General dürfte aber an Gewicht gewinnen, wenn dieser von vornherein das Vertrauen aller Mitglieder genießt. Par-

---

[251] Vgl. nur art. 29 WHO Constitution, art. V (3) FAO Constitution. Dazu auch die Bemerkung bei *Osieke*, Constitutional Law and Practice, 127.

[252] Nachzeichnung der Diskussion bei *Osieke*, Constitutional Law and Practice, 118ff.

[253] Häufiger werden Sekretäre von Vertretungen aller Mitglieder bestimmt. So z.B. Art. VII (1) FAO Constitution, Art. 31 WHO Constitution, Art. VI (2) WTO-agreement. Weitere Nachweise bei *Schermers/Blokker*, International Institutional Law, §§ 440f.

[254] Vgl. dazu die grundsätzlichen Überlegungen bei *Klabbers*, Introduction, 39ff., sowie die Feststellung bei *Elihu Lauterpacht*, The Development of the Law of International Organizations by the Decisions of International Tribunals, Recueil des Cours 152 (1976-IV), 381 (414).

[255] Dazu oben, S. 234ff.

allele Einwände gelten für die Rolle des Governing Body innerhalb der Kontrollverfahren. Daß internationale Organisationen weitgehend ohne echte gerichtliche Kontrollen auskommen, ist, solange es an der Organisation unmittelbar zurechenbaren Bedrohungen individueller Rechtspositionen fehlt[256], mit dem hier
entwickelten Legitimationsmodell gut zu vereinbaren[257]. Deswegen sind an die
Verrechtlichung der Kontrollverfahren keine gleich hohen Anforderungen zu
stellen wie in nationalen Rechtsordnungen. Bedenklich ist jedoch, daß die organisationsinternen Kontrollmechanismen stets den Weg über den Governing Body
nehmen, dem dabei ein politischer Gestaltungsspielraum zukommt. Diese Konstruktion legt die Verfolgung von Regelverstößen durch die Mitglieder in die
Hände eines politischen Organs mit einer gewichteten Repräsentationsstruktur.
Dies erscheint zweifelhaft, weil Entscheidungen über das »Ob« einer Kontrolle,
wenn sie schon nicht gerichtsförmig erfolgen, doch so gefällt werden sollten, daß
eine gleiche Kontrollintensität für alle Mitglieder verfahrensmäßig abgesichert
ist.

2. Repräsentationsstruktur der ILO –
Tripartismus und Stimmengewichtung

a) Formen der Repräsentation in internationalen Organisationen

Entstehen internationale Organisationen im Regelfall durch völkerrechtlichen
Vertrag, so kann der Staatenkonsens, der den Vertrag in Kraft setzte, auch Teil der
Entscheidungsstruktur der Organisation werden. Für eine solche Repräsentationsform spricht, daß sie das im konstitutiven Akt anerkannte Prinzip der souveränen Staatengleichheit umsetzt[258]. Aber dieser Gesichtspunkt spricht auch gegen
sie, stellt sich doch die Frage, wofür eine Organisation gegründet wird, wenn sie
die Entscheidungsstrukturen des Vertragsschlusses nur wiederholt[259]. Denn die

---

[256] Zum Problem von Rechtseinschränkungen bei exekutiven Ebenenverkopplungen, unten
S. 332 ff.

[257] Dieser Zusammenhang bestätigt sich im Umkehrschluß an der fast allen internationalen
Organisationen gemeinsamen Einrichtung internationaler Verwaltungsgerichte zur Beurteilung
von internationalen Dienstverhältnissen. Dazu nur *Amerasinghe*, Principles of the institutional
law of international organizations, 323 ff.; *Schermers/Blokker*, International Institutional Law,
§§ 641 ff.

[258] Zum Problem: *Broms*, The Doctrine of Sovereign Equality of States as Applied in International Organizations, 85 ff.; *Athena D. Efraim*, Sovereign (In)equality in International Organizations, 2000, 13 ff. Spezifisch zur Anerkennung von Demokratie und Gleichheit in der ILO: ebda.,
155.

[259] Dazu auch *Klabbers*, Introduction, 226. Dieses Problem ähnelt verblüffend der klassischen
Frage der Institutionenökonomik, warum es Firmen gibt und nicht nur (durch Verträge selbstre-
gulierte) Märkte: *Ronald H. Coase*, The Nature of the Firm (1937), in: The Firm, the Market and
the Law, 1988, S. 33 ff. (36 ff.). In der institutionellen Praxis des Umweltvölkerrechts wird dieses
Problem immer häufiger durch hybride Organisationsformen gelöst, in denen sich die Vertragsparteien zu einer organisatorischen Vorform verselbständigen: *Robin Churchill/Geir Ulfstein*,

Organisationsgründung soll zuallerst die Handlungsmöglichkeiten der Mitglieder gegenüber der Vertragsform erhöhen.

Um sich demgegenüber zu verselbständigen, können internationale Organisationen auf verschiedene Arten vom Maßstab souveräner Gleichheit abweichen[260]: Zunächst können sie die Einstimmigkeitsregel zugunsten einer Mehrheitsregel ersetzen. Hierdurch wird das Souveränitätselement relativiert. Zum zweiten können sie – ergänzend – die Gleichheit der Stimmabgabe zugunsten einer vertraglich definierten Gewichtung modifizieren[261]. Solche Abweichungen von der klassischen Repräsentation sind völkerrechtsdogmatisch untadelig, wenn sie durch Vertrag bestimmt sind[262]. Doch bedürfen sie einer theoretischen Rechtfertigung, relativieren sie doch das Selbstbestimmungsrecht der überstimmten oder unterrepräsentierten Staaten, und damit im Fall demokratischer Verfassungsstaaten das Selbstbestimmungsrecht der betroffenen Legitimationssubjekte. Eine nach der Bevölkerungszahl modifizierte Stimmgewichtung schafft, wie gezeigt, Probleme der demokratischen Legitimation[263]. Für internationale Organisationen, die eine definierte Aufgabe wahrnehmen, sind auch andere Modifikationen denkbar. Augenscheinlich ist dies für Organisationen, die in Form einer Bank organisiert sind, an der die Mitgliedstaaten über Anteile verfügen[264]; aber auch die unterschiedliche politische oder militärische Bedeutung von Staaten kann es erforderlich machen, Anpassungen vorzunehmen, je nachdem, wie heterogen die Mitgliederstruktur der Organisation mit Blick auf den Organisationszweck ist[265].

Für eine an der Idee der Gewaltengliederung orientierte Untersuchung ist es von besonderer Bedeutung, daß die Gewichtung von Stimmen nach Art und Befugnis des eingerichteten Organs verschieden ausgestaltet werden sollte. Um den Konflikt zwischen Handlungsfähigkeit der Organisation und Mitbestimmungsanspruch der Mitgliedstaaten aufzulösen, bietet sich für handlungsnähere operative, also »exekutiv« funktionierende Organe eher eine Modifizierung der Stimm-

---

Autonomous Institutional Arrangements in Multilateral Environmental Agreements: A Little-Noticed Phenomenon in International Law, American J.o. International L. 94 (2000), 623 (636ff.); *Julia Sommer*, Environmental law-making by International Organizations, ZaöRV 56 (1996), 628.

[260] Oben, S. 237 ff.

[261] Dazu *Rudolf Bernhardt*, Betrachtungen zur Stimmverteilung und Stimmgewährung in Internationalen Organisationen, in: FS H.J. Hahn, 1997, 531; *Amerasinghe*, Principles of the institutional law of international organizations, 149 ff.

[262] Vgl. nur die Nachweise bei *Broms*, Doctrine of Equality of States, 75 ff.; *Efraim*, Sovereign (In)equality in International Organizations, 97 ff.

[263] Hier stellte sich die Frage, inwieweit eine Gewichtung nach Bevölkerungsanteilen es nicht nahe lege, die Organisation gleich auf eine unmittelbare, nicht durch die Regierungsvertreter mediatisierte Form der Repräsentation umzustellen, dazu oben S. 237 ff.

[264] Dazu nur *Amerasinghe*, Principles of the institutional law of international organizations, 150.

[265] Zur Rolle des UN-Sicherheitsrats in diesem Zusammenhang nur *Bardo Fassbender*, UN Security Council Reform and the Right of Veto, 1998; *Efraim*, Sovereign (In)equality in International Organizations, 120 ff.

rechte an als für repräsentierende Deliberativorgane. Letztere haben die Repräsentation der Gesamtorganisation nach legitimationssichernden Kriterien wie demokratischer oder souveräner Gleichheit zu garantieren[266]. Exekutive Organe sichern ihre Legitimation dagegen zwar durch ihre Bindung an legislativ gesetzte Regeln, müssen aber nicht gleichfalls nach Repräsentationskriterien zusammengesetzt sein. Hier gilt für die Steuerungsorgane internationaler Organisationen nichts anderes als für nationalstaatliche Kabinette. Wichtig ist für diese vielmehr die Sicherung ihrer Handlungsfähigkeit, um mit exekutivtypischer Gegenwartsnähe operieren zu können[267].

Eine weitere Form der Stimmengewichtung ist die Einbeziehung nichtstaatlicher Repräsentanten in die Entscheidungsstrukturen[268]. Auch diese ist rechtfertigungsbedürftig, denn die Einbeziehung von Privaten in die Regelungskompetenzen der Organisation wirft die Frage nach der demokratischen Gleichheit der Repräsentationsstruktur auf[269]. Rechtfertigende Argumente lassen sich allerdings kaum allgemeingültig entfalten, sie sind auf die spezifische Interessenverteilung des zu regelnden Sachbereichs zuzuschneiden, das wird die nähere Untersuchung der ILO bestätigen.

Das Problem, wie Repräsentation auf der Ebene internationaler Organisationen einzurichten ist, wird schließlich für einen Teil der Organisation auf ganz andere Weise gelöst werden – nämlich durch den Verzicht auf repräsentative Strukturen. Diese Lösung zeigt sich in der Einrichtung der Sekretariate. Als zunächst nur für technische Fragen verantwortliche unpolitische Exekutiven sollen diese keine Repräsentationsleistung erbringen, sondern allein an das positive Recht der Organisation gebunden sein. Aber gerade diese Selbständigkeit erscheint, wie gezeigt, dazu geeignet, Sekretariaten eine eigene informelle Rolle innerhalb der Willensbildung internationaler Organisationen zu geben. Die Parallele zu verselbständigten Verwaltungsagenturen, die unter Beibehaltung der Rechtsbindung von unmittelbarer politischer Einflußnahme abgekoppelt werden sollen, fällt ins Auge[270].

---

[266] Oben, S. 95 ff.

[267] Oben, S. 112 ff.

[268] Davon abzugrenzen ist die konsultative Einbeziehung von Nichtregierungsorganisationen (NGO) in Verfahren der Rechtserzeugung. Solche Verfahren entsprechen strukturell der Einrichtung von Partizipationsverfahren bei der exekutiven Rechtsetzung in nationalen Verfassungsordnungen, oben, S. 197 ff. Sie sind auf internationaler Ebene aber aus mehreren Gründen deutlich weniger kritisch zu beurteilen als auf nationaler Ebene. Zum einen ist die intergouvernementale Rechtserzeugung, auf die die Verfahren ergänzend bezogen bleiben, ohnehin weniger geeignet, die eigenen Anliegen der Organisation umzusetzen, als dies in einem innerstaatlichen Verfassungssystem der Fall ist. Zum anderen kompensieren Nichtregierungsorganisationen das Fehlen politischer Öffentlichkeiten, nach deren Interessendarstellung sich die Rechtsetzung immer auch zu orientieren hat. Beispiele für die Einbeziehung von NGOs bei *Dahm/Delbrück/Wolfrum*, Völkerrecht, I/2, 238 ff.

[269] Zu diesem zentralen Kriterium oben, S. 46 ff.

[270] Oben, S. 121 ff.

b) ILO

In zweierlei Hinsicht weicht die Zusammensetzung der ILO-Organe vom Prinzip der souveränen Staatengleichheit ab. Zunächst bezieht die Zusammensetzung beider Gremien zur Hälfte Vertreter der beiden Sozialpartner – Arbeitgeber und Arbeitnehmer – mit ein (1.). Zum zweiten privilegiert die Zusammensetzung des Governing Body bestimmte Mitglieder gegenüber den anderen (2.).

1. Die Repräsentationsform des »Tripartismus«[271] in der ILO gebietet eine ungewöhnlich weitgehende Einbeziehung nichtstaatlicher Repräsentation. Dabei wird die Repräsentation von Arbeitnehmern und Arbeitgebern über die Zugehörigkeit zu einer Nationalität vermittelt, art. 3 (1) ILOC. Dieser Repräsentationsmodus stellt eine deutliche Abweichung von überlieferten Repräsentationsvorstellungen dar, die gerade für hier interessierende demokratische Mitgliedstaaten von Bedeutung sind. Denn in den nationalen Verfassungsordnungen repräsentieren die Regierungsvertreter eben das ganze Volk, also auch Arbeitnehmer und Arbeitgeber, genauer gesagt sogar einen vom demokratischen Legitimationssubjekt gewählten Interessenausgleich zwischen diesen beiden Gruppen[272]. Wegen der Stimmverteilung zwischen Regierung und Sozialpartnern in General Conference und Governing Body kann die Meinungsbildung der Regierungen zwar nicht völlig übergangen werden. Trotzdem ist es möglich, daß unter dem Zwei-Drittel-Quorum demokratisch legitimierte Regierungsvertreter von einer Koalition aus Sozialpartnern und anderen Regierungsvertretern majorisiert werden[273]. Dies bedarf verfassungstheoretisch der Rechtfertigung: Eine solche ergibt sich daraus, daß die ILO für Sachbereiche kompetent ist, in denen sich das Gegeneinander von Arbeitnehmern und Arbeitgebern als Parteien kollektiver und individueller Vereinbarungen innerhalb eines abgrenzbaren Bereichs spiegelt. Für diese Themen kann man das Gegeneinander von Arbeitnehmern und Arbeitgebern als eine angemessene Form der Repräsentation des von der ILO geregelten Sachbereichs verstehen[274]. Eine solche Repräsentationsstruktur ist keineswegs untypisch, son-

---

[271] Eingehend zu Geschichte und Funktionsweise: *Tikriti*, Tripartism and the International Labour Organisation, 104ff.; *Efraim*, Sovereign (In)equality in International Organizations, 159ff.

[272] Vgl. oben, S. 46ff.

[273] Zur Abstimmungspraxis: *Tikriti*, Tripartism and the International Labour Organisation, 125ff.

[274] Eine weitere praktisch bedeutsame, aber hier nicht weiter interessierende Voraussetzung ist, daß die Vertreter der gesellschaftlichen Gruppen diese auch wirklich praktisch repräsentieren. Durch die Regelung in art. 3 (5) ILOC ist dies praktisch nicht völlig gelöst, denn das Bestimmungsrecht der Mitglieder in Übereinkunft mit der *most representative industrial organization* läßt Spielräume. Zu Problemen aus der Praxis: *Osieke*, Constitutional Law and Practice, 49ff. *Tikriti*, Tripartism and the International Labour Organisation, 183ff. Dazu auch PCIJ, ser. B, no. 1.

dern findet sich auch im europäischen[275], amerikanischen[276] und deutschen[277] Recht. Anders formuliert: Sind sich Arbeitgeber und Arbeitnehmer einig, so erscheint dies für den definierten Sachbereich als allgemein aussagekräftig[278]. Umgekehrt gilt dies aber nicht für alle Sachbereiche. Gerade die Einbeziehung der Sozialpartner kann auch die Sektoralisierung der Entscheidungsfindung innerhalb der ILO, ihre Verpflichtung auf Partikularinteressen, verstärken. Diese Gefahr ist auch durch die hälftige Beteiligung der Regierungsvertreter nicht ausgeschaltet, zumal diese in der Regel ein bestimmtes Ressortinteresse vertreten: Die Sozialpartner mögen ein gemeinsames Interesse an der Sanierung der sozialen Sicherungssysteme durch den öffentlichen Haushalt, an einer Relativierung von Umweltschutzstandards oder auch nur an einer Verurteilung der Israelischen Außenpolitik haben[279], ohne daß diese Einigkeit einen Anspruch auf Legitimation hätte. Die hier erkennbare Legitimationsleistung und ihre Gefährdung durch Interessenasymmetrien entspricht strukturell präzise den Problemen von Selbstverwaltungsstrukturen, etwa im deutschen Recht, die ihren Legitimationsanspruch verlieren, sobald sie den Rahmen eigener Angelegenheiten verlassen[280]. Die Legitimation des Repräsentationsmodus der ILO hängt also maßgeblich von der Begrenzung der Organisation auf ihre Ziele ab. Ansonsten ist ihr Handeln als Instrument eines internationalen Korporatismus nicht zu rechtfertigen. Dabei lassen sich für die Sicherung des Organisationszwecks vier Mechanismen erkennen:

Formell am wichtigsten erscheint *zum ersten* die rechtliche Beschränkung der ILO auf ihre vertraglich gesicherten Zwecke unter der ultra vires Doktrin[281] und deren mögliche praktische Durchsetzung durch advisory opinions des ICJ. Diese Option erweist sich allerdings als praktisch wenig bedeutsam, wie sowohl die Rechtsprechung zur ILO[282] als auch die allgemeine Rechtsprechung zur ultra vires Doktrin zeigen. Internationale Organisationen bestimmen ihre Grenzen in der Regel in den organisationseigenen Verfahren, also intern. Wiederum erweist sich die Entscheidungsstruktur innerhalb der Organisation als wichtiger als die gerichtliche Überprüfung der geschriebenen Kompetenzgrenzen[283]. Praktisch bedeutsamer ist damit *zum zweiten* die Willensbildung innerhalb der Organisa-

---

[275] Art. 137 ff. EGV, zum Rechtsetzungsverfahren auch mit Blick auf die Rolle der Kommission, oben S. 279 ff.

[276] 29 U.S.C. § 158 (d) (Collective Bargaining im National Labor Relations Act). Kein Zufall ist in diesem Zusammenhang auch die Vortätigkeit des wohl bedeutendsten Director-General der ILO, David A. Morse (1948–1970), als General Counsel des National Labor Relations Board.

[277] Art. 9 Abs. 3 GG, § 5 TVG (Allgemeinverbindlicherklärung von Tarifverträgen).

[278] Im Sinne demokratischer Allgemeinheit, oben, S. 46 ff.

[279] Zu diesem mit dem Organisationszweck unvereinbaren Begehren von Mitgliedern der General Conference und der Intervention des Director-General: *Osieke*, Constitutional Law and Practice, 120 ff.

[280] Dazu oben, S. 117 ff.

[281] Nachweise oben, S. 228 ff.

[282] Oben, S. 288 ff.

[283] Zu Gründen für diesen Zusammenhang oben, S. 228 ff.

tion und insbesondere desjenigen Teils der Organisation, der allein dem Organisationszweck verpflichtet ist: dem Sekretariat. Die legitimationstheoretisch gebotene Kompetenzbegrenzung der Organisation führt im Ergebnis zum Bedarf nach einer Stärkung des Sekretariats, namentlich durch ein Mandat der Conference, nicht nur des Governing Body. *Zum dritten* kann sich eine Beschränkung auf den Organisationszweck auch durch Regulierungskonkurrenzen zwischen verschiedenen Organisationen und den durch sie repräsentierten Interessen ergeben. Ein kurzer Blick auf das Verhältnis der WTO zur ILO verdeutlicht dies[284]. Beide Organisationen sind um Abgrenzung voneinander bemüht und pflegen formell noch[285] keine Beziehungen[286]. Aus diesen Abgrenzungsbemühungen folgt die bewußte Beschränkung auf den Organisationszweck, etwa wenn die ILO Handelssanktionen als Mittel der Durchsetzung von Arbeitsschutzstandards ausdrücklich ablehnt[287]. Aus der wechselseitigen Beobachtung der Organisationen entsteht damit auch ohne positive Kooperationsbemühungen die gewünschte Selbstbeschränkung der Organisation. Davon ist das *rechtliche* Problem, inwieweit Normen beider Ordnungen miteinander in Kollision geraten können, zu unterscheiden[288]. Für das Verhältnis zwischen ILO und WTO dürften zwei Gesichtspunkte dazu führen, daß sich diese Frage dringlicher für die WTO als für die ILO stellt: Zum einen verfügt die WTO über ein stärker verrechtlichtes Rechtserzeugungsverfahren, das die Anwendung von Normen notwendig macht[289]. Zum anderen dürften sich Kollisionsprobleme materiell eher für das WTO-Recht stellen als für die ILO: Arbeitsschutzstandards können mit GATT/WTO-Regeln zumindest mittelbar in Konflikt geraten, wenn sie durch Handelssanktionen durchgesetzt werden sollen. Umgekehrt ist ein Verstoß von Freihandelsregeln gegen Arbeitsschutzregeln schwer denkbar. *Zum vierten* sichert die auf Ratifikation angewiesene, beschränkte Bindungswirkung der ILO-Normen auch deren Legi-

---

[284] Aus der überschaubaren Literatur: *Steve Charnovitz*, The influence of labour standards on the world trading-regime, International Labour Review, 126 (1987), 565; *Robert Howse*, The World Trade Organization and the Protection of Workers' Rights, J.o. Small and Emerging Business Law 3 (1999), 131.

[285] Die Rezeption von Arbeitsschutzbestimmungen in das WTO-Regime ist innerhalb ihrer Mitglieder stark umstritten, *Howse/Trebilcock*, The Regulation of International Trade, 441 ff.; *Charnovitz*, Max Planck Yearbook of United Nations Law 4 (2000), 157 ff.

[286] Für die WTO in der Erklärung der Ministerkonferenz in Singapur 1996, http://www.wto.org/english/thewto_e/minist_e/min99_e/english/about_e/18lab_e.htm, dazu die Einschätzung bei *Charnovitz*, Max Planck Yearbook of United Nations Law 4 (2000), 158 f.

[287] Vgl. No. 5 der *International Declaration on Fundamental Principles and Rights at Work*, 86th session, Genf Juni 1998.

[288] Zum aktuellen Problem der Handelssanktionen gegen Myanmar aufgrund von Verstößen gegen die Forced Labour Convention, 1930 (No. 29) durch die Vereinigten Staaten: *Jost Pauwelyn*, How to win a WTO-dispute based on non-WTO law, J. o. World Trade 38/6 (2003), 997. Rechtsgrundlage: 19 U.S.C. § 2411 (d) (3) (B) (iii) (III). Zum Fall: *Charnovitz*, Max Planck Yearbook of United Nations Law 4 (2000), 154 ff. Vgl. auch Report of the Chairperson of the Governing Body for the year 2002–2003, 91st sess., Geneva 2003, 8.

[289] Dazu mit Blick auf die WTO unten, S. 311 ff.

timationsanspruch. Verfügen nur demokratische Verfassungsstaaten über Verfahren mit Anspruch auf demokratische Allgemeinheit[290], so verhindert die Rückbindung durch Ratifikation die Verselbständigung einer sektoralisierten Meinungsbildung.

2. Neben der Einbeziehung der Sozialpartner kennt die ILO mit der privilegierten Mitgliedschaft im Governing Body für die Members of Chief Industrial Importance eine zweite Abweichung vom Prinzip der Staatengleichheit. Eine Organisationsstruktur, in der bestimmte Mitglieder bei der Besetzung von Lenkungsorganen privilegiert werden, ist vielen internationalen Organisationen bekannt[291], auch wenn diese Privilegierung innerhalb der ILO zu den politisch umstrittensten Organisationselementen gehört[292]. Mit Blick auf die gubernativen Aufgaben der ILO erscheint dieses Vorgehen wenig problematisch, denn die zentrale Aufgabe des Governing Body besteht insoweit in der Formulierung einer politisch durchsetzbaren Agenda innerhalb der Organisation. Weil die Bestimmung der Members of Chief Industrial Importance regelgeleitet erfolgt, ist die Ratio dieser Auswahl plausibel: Mit der Anwendung von objektivierbaren Kriterien wie dem Inlandsprodukt oder der Größe der wirtschaftlich aktiven Bevölkerung[293] wird das politische Gewicht der Initiativen des Governing Body gesichert. Die bereits begründeten Einwände gegen die Rolle des Governing Body bei der Bestimmung des Director-General und bei den Kontrollmechanismen werden dagegen durch die Repräsentationsstruktur noch verschärft. In den beiden letztgenannten Fällen ist der Zweck der Befugnis des Organs mit der Modifikation der Repräsentation nicht in einen schlüssigen Zusammenhang zu bringen. Das Amt des Director-General entwickelt sich in der Tendenz eher zu einem Hilfsorgan als zu einem Vertreter des Gemeininteresses der Organisation, wenn es nur durch die gubernativen Teile der Organisation bestimmt wird. Dies ist gerade wegen der Schwächen intergouvernementaler Entscheidungsfindung hinsichtlich dieses Gemeininteresses nicht überzeugend. Auch für die Sicherung einer alle Mitglieder gleich behandelnden Anwendungskontrolle erscheint eine zurückgenommene Rolle des Governing Body angezeigt.

---

[290] Oben, S. 210ff.
[291] Vgl. nur art. 23 UN-Charta, art. 18 IMO; art. 50(b) Convention of International Civil Aviation (Chicago Convention) für die ICAO. Weitere Beispiele bei *Schermers/Blokker*, International Institutional Law, §§ 406ff.
[292] Dazu die Nachweise bei *Osieke*, Constitutional Law and Practice, 103ff.; *Ghebali*, The International Labour Organisation, 141ff. Deutlich wurde dies in der Phase zwischen Aus- und Wiedereintritt der Vereinigten Staaten aus der ILO und der dadurch aufgeworfenen Frage von Nachfolgern im Governing Body, dazu eingehend *Walter Galenson*, The International Labour Organization, 1981, 111ff.
[293] Dazu *Osieke*, Constitutional Law and Practice, 105f.

c) Charakterisierung und Beurteilung

Abweichungen von konsensualen Entscheidungsmechanismen der Vertragsparteien bedürfen einerseits der Rechtfertigung, andererseits begründen sie erst die Ratio der Organisation, die anders funktionieren soll als ein völkerrechtlicher Vertrag. In der Terminologie der Gewaltengliederung ermöglichen die Entscheidungsregeln der Conference die Verselbständigung einer eigenen Legislativgewalt gegenüber der verfassunggebenden Gewalt der Vertragsparteien und damit die Entwicklung eigener Legitimationsmechanismen, die sich von den intergouvernementalen Entscheidungsprozessen entfernen[294]. Die Einbeziehung der Sozialpartner in die Entscheidungsstruktur erscheint jedenfalls insoweit gerechtfertigt, wie sich die Entscheidungen der General Conference innerhalb der vertraglich definierten Organisationszwecke halten. Diese Begrenzung entzieht sich – wie stets bei internationalen Organisationen – einer wirksamen gerichtlichen Überprüfung und bleibt den Entscheidungsprozessen innerhalb der Organisation und der bewußten Abgrenzung gegenüber anderen völkerrechtlichen Regimen vorbehalten. Auch die zweite Abweichung vom Prinzip souveräner Staatengleichheit erscheint zumindest für bestimmte Kompetenzen des Governing Body geeignet. Dies gilt jedoch weder für sein Wahlrecht des Director-General noch für seine intensiven Entscheidungsmöglichkeiten innerhalb der Verfahren der Anwendungskontrolle.

3. Soft Law: Bindungswirkungen durch Verfahrensregeln

a) Soft Law und Organisationsrecht

Die Entstehung von Soft Law ist als Herausforderung an die klassische Rechtsquellenlehre, die Bindungen gegen den ausdrücklichen Willen von Staaten nur ausnahmsweise anerkennt[295], in der Völkerrechtswissenschaft viel erörtert. Sie betrifft auch[296] das Recht der internationalen Organisationen, deren Organe in vielen Fällen zur Setzung von Normen befugt sind, die keine unmittelbaren Verpflichtungen erzeugen. Eingehend untersucht ist dieser Zusammenhang für den Sonderfall von Resolutionen der Generalversammlung der Vereinten Nationen[297]. Doch verfügt eine Vielzahl internationaler Organisationen über solche

---

[294] Dazu oben, S. 233 ff.

[295] Dazu nur: *Christian Tomuschat*, Obligations Arising for States Without or Against Their Will, Recueil des Cours 241 (1993/IV), 195.

[296] Zu Formen vorvertraglicher Verpflichtung: *Hartmut Hillgenberg*, A Fresh Look at Soft Law, European J.o. International L. 10 (1999), 499; *Wolfgang Heusel*, »Weiches« Völkerrecht, 1991; *Karl Zermanek*, Is the Term »Soft Law« Convenient?, FS Seidl-Hohenveldern, 1998, 843 (856 ff.).

[297] Aus der reichhaltigen Debatte nur *Jochen Abr. Frowein*, Der Beitrag der internationalen Organisationen zur Entwicklung des Völkerrechts, ZaöRV 36 (1976), 147 (149 ff.).

Befugnisse[298]. Versteht man unter Soft Law Normen, die von Völkerrechtssubjekten mit dem Willen beschlossen wurden, keine direkten Bindungswirkungen zu erzeugen, so mag diese Bestimmung die Frage aufwerfen, ob es sich bei Soft Law überhaupt um Recht handelt. Diese Frage erscheint jedoch mit Blick auf die Funktionen, die Soft Law für die Völkerrechtsordnung einnimmt, unergiebig, denn durch die Beschränkung auf Geltungsfragen kann sie die normativen Wirkungen von Soft Law nicht erfassen. Zu klären ist vielmehr, mit welchen Verfahrensformen mittelbare Bindungswirkungen erzeugt werden können.

Untersuchungen zur Beachtung von Völkerrecht haben belegt, daß der Grad an Befolgung nicht davon abhängt, ob die fraglichen Normen eine völkerrechtliche Verpflichtungswirkung beanspruchen oder nicht[299]. Fälle, in denen gegen Völkerrecht aus einem ausdrücklich entgegenstehenden politischen Willen verstoßen wird, sind selten im Vergleich zu solchen, in denen Staaten praktische Probleme mit der Umsetzung haben[300]. Hier zeigt sich die ex ante befriedende Wirkung der konsensualen vertraglichen Grundlage[301] und das Eigeninteresse der Staaten an den entstandenen Verpflichtungsmechanismen. Soft Law findet also weitgehende Beachtung[302]. Auch deswegen bleibt die Zahl internationaler Organisationen[303], die bindende legislative Entscheidungen treffen können, weiterhin gering[304].

---

[298] Vgl. nur *Charles H. Alexandrowicz*, The law-making functions of the specialised agencies of the United Nations, 1973; *Ingrid Detter*, Law Making by international Organizations, 1965; *Krzystof Skubiszewski*, International Legislation, EPIL, vol. 2 1995, 1254 (zur Vieldeutigkeit der Kategorie); *Monika Vierheilig*, Die rechtliche Einordnung der von der Weltgesundheitsorganisation beschlossenen regulations, 1984; *Edward Yemin*, Legislative powers in the United Nations and specialized agencies, 1969.

[299] *Benedict Kingsbury*, The Concept of Compliance as a Function of Competing Conceptions of International law, in: E. Brown Weiss (Hrsg.), International Compliance with Nonbinding Accords, 1997, 49; *Hillgenberg*, European J.o. International L. 10 (1999), 502; *Heusel*, »Weiches« Völkerrecht, 403; *Daniel E. Ho*, Compliance and International Soft Law: Why Do Countries Implement the Basle Accord?, JIEL 5 (2002), 547.

[300] Dies die These bei *Chayes/Chayes*, The New Sovereignty, 271 ff.

[301] Zu den Wirkungen von Aushandlung und Konsens für die Befolgung: *Rüdiger Wolfrum*, Vorbereitende Willensbildung und Entscheidungsprozeß beim Abschluß multilateraler völkerrechtlicher Verträge, FS Rauschning, 2001, 407; *Thomas Franck*, Fairness in International Law and Institutions, 1995, 23 f. Zur Relativierung dieser Wirkung im Fall Internationaler Organisationen *Chayes/Chayes*, The New Sovereignty, 129.

[302] Dazu: *Chayes/Chayes*, The New Sovereignty, 3 ff.; *Harold H. Koh*, Why Do Nations Obey International Law?, Yale L.J. 106 (1997), 2599 (2603 ff.).

[303] Selbständige materielle Verpflichtungswirkungen legislativer Akte Internationaler Organisationen finden sich selten. Hervorzuheben sind aber: *regulations* der WHO, Art. 21, 22 WHO constitution, dazu *Vierheilig*, Einordnung der von der Weltgesundheitsorganisation beschlossenen regulations, 60 ff.; die Regelungen in Art. 38, 54 Chicago Convention für die ICAO, dazu *Thomas Buergenthal*, Law-Making in the International Civil Aviation Organization, 1969; Art. 11 Abkommen über die Weltorganisation für Meteorologie, dazu, *Detter*, Law Making by International Organizations, 228 ff.; sowie die Regelungen in ITU und UPU, dazu *Yemin*, Legislative Powers, 59 ff., 85 ff.

[304] *Felice Morgenstern*, Legal Problems of International Organizations, 1986, 104; *Klabbers*, Introduction, 217.

Die hier gewählte prozedurale Perspektive[305] relativiert die Unterscheidung zwischen Soft Law und Recht mit Bindungswirkung. Der Hinweis auf die fehlende Verpflichtungswirkung von Soft Law kann den Gebrauch dieser Rechtsform nicht erklären. Darum ist der Blick von der materiellen Verpflichtung zu den Verfahrensformen zu wenden. Zwischen formellen völkerrechtlichen Pflichten, die keines weiteren Umsetzungsakts mehr bedürfen[306], und Rechtssätzen ohne eigentlichen Verpflichtungsgehalt stehen prozedurale Verpflichtungen, die keine unmittelbare Befolgung des Inhalts der Regelungen enthalten, sondern die Pflicht zu einem bestimmten Umgang mit der beschlossenen Norm. Die Bindungswirkung völkerrechtlicher Normen ist damit auch ein Ergebnis des Organisationsrechts. Eine Beschränkung auf materielle Verpflichtungen verkennt die praktische Bedeutung der Rechtserzeugung durch internationale Organisationen.

b) ILO

Formen mittelbarer Verpflichtung zeigen sich in beiden Normtypen des ILO-Rechts: Conventions werden den Mitgliedstaaten zur Ratifikation vorgelegt, art. 19 (5) ILOC. Recommendations werden den Mitgliedstaaten zur Berücksichtigung (consideration) vorgelegt, art. 19 (6) ILOC. In beiden Fällen sind die Mitglieder verpflichtet, die Rechtsakte den zu einer innerstaatlichen Umsetzung befugten Organen, in der Regel den mitgliedstaatlichen Parlamenten, nach einem Jahr, spätestens 18 Monaten, vorzulegen, art 19 (5) (b), (6) (b) ILOC, und den Director-General über den Stand der Vorlage zu informieren. Wurde die Convention nicht ratifiziert, so hat das Mitglied dem Director-General in regelmäßigen Abständen über den Stand der Umsetzung durch Gesetz oder durch andere Maßnahmen zu berichten, art. 19 (5) (e). Eine entsprechende Berichtspflicht trifft die Mitglieder auch für beschlossene Recommendations, art. 19 (6) (d). Darüber hinaus müssen die Mitglieder einen jährlichen Bericht über die Conventions abgeben, denen sie beigetreten sind, art. 22 ILOC.

Conventions und Recommendations begründen also Rechtspflichten für alle Mitglieder der ILO unabhängig davon, ob sie diesen zugestimmt haben oder nicht[307]. Freilich betreffen diese Rechtswirkungen nicht den materiellen Inhalt der Regeln[308], sondern selbständig in der ILOC geregelte Verfahren. Weil in den

---

[305] Oben, S. 2ff.

[306] Zur Zurückhaltung nationaler Gerichte im Umgang mit dem Recht Internationaler Organisationen: *August Reinisch*, International Organizations before National Courts, 2000, 317ff., zu Problemen unmittelbarer Anwendbarkeit aus Sicht der Gewaltengliederung unten, S. 311ff.

[307] Die Frage, ob diese in jedem Fall einer Ratifikation bedürfen, war nur in der Frühphase der ILO umstritten, dazu *Hugo van Zanten*, L'Influence de la Partie XIII du Traité de Versailles sur le développement du droit international public et sur le droit interne des Etats, 1927, 74ff.

[308] Zu den materiellen Elementen, mit denen die ILO versucht, ihre Regelungen vollzugsgeeignet auszugestalten: *Florian Wild*, Flexibilität in mulitlateralen Instrumenten, 1992, 173ff.; *Dominick Devlin*, Flexibility and the International Labour Organization, in: N.M. Blokker/H.G.

Conventions legislative Entscheidungsprozedur und vertraglich begründete materielle Wirkung auseinanderfallen, ist die Rechtsnatur der Conventions Gegenstand eines alten Meinungsstreits[309]. Eine Bestimmung der Rechtsnatur der Conventions entweder als Gesetz oder als Vertrag erscheint aber wenig sinnvoll, weil gerade die Kombination beider Elemente sie charakterisiert[310]. Die Rechtswirkungen der Ratifikation entstehen teilweise inter partes, also gegenüber anderen Mitgliedern, die die Convention auch ratifiziert haben, teilweise aber auch erga omnes gegenüber allen Mitgliedern und gegenüber der Organisation als solcher, die von ihren Organen vertreten wird. Die Rechtswirkung der ratifizierten Conventions löst sich zudem von der Mitgliedschaft und überdauert diese, art. 1(5) ILOC.

Bemerkenswert an den Verfahrenspflichten ist die Art, in der sie auf die innere Organisationsstruktur der Adressaten eingehen. Die Regel in Art. 19 (5) (b) ILOC, die die Mitglieder zu einer Vorlage bei der *competent authority* verpflichtet, stellt für demokratische Verfassungsstaaten ein materielles parlamentarisches Vorschlagsrecht der Organisation dar, das durch die mitgliedstaatlichen Regierungen vermittelt wird[311]. Damit erweitert die Regelung die Thematisierungspflichten des Parlaments, ohne seine Selbstbestimmungsrechte – konkret die Möglichkeit, nicht zu ratifizieren – zu verkürzen. Im Fall der abgelehnten Ratifikation einer Convention greifen die Beobachtungsrechte der Organisation, die sich nicht allein auf das Verhalten der Legislative beschränken, sondern den Umgang *by legislation, administrative action, collective agreement or otherwise* beobachten, Art. 19 (5) (e) ILOC. Die Beobachtung beschränkt sich also weder auf den legislativen Ratifikationsakt noch auf das Handeln des verpflichteten Staats.

Auch im Fall der Ratifikation einer Convention unterliegt das Mitglied einer umfassenden regelmäßigen Berichtspflicht aus art. 22 ILOC. Deren Verfahren ist in der ILOC nicht im einzelnen geregelt, bleibt aber in seinen Grundzügen seit

---

Schermers (Hrsg.), Proliferation of International Organizations, Den Haag 2001, 365 (366ff.).

[309] Dazu die umfassende Darstellung bei *Thilo Morhard*, Die Rechtsnatur der Übereinkommen der Internationalen Arbeitsorganisation, 1998, 97ff. Aus der älteren Literatur für einen Gesetzescharakter der Conventions: *Scelle*, L'Organisation Internationale du Travail, 182f. Ebenso *Egbert Fried*, Rechtsvereinheitlichung im Internationalen Arbeitsrecht, 1965, 65. Für den Vertragscharakter: *Wilfred C. Jenks*, Some Characteristics of International Labour Conventions, Canadian Bar Rev. 13 (1935), 448 (451); *Charnovitz*, Max Planck Yearbook of United Nations Law 4 (2000), 171. So auch die Bemerkung des PCIJ, ser. B, no. 13, 16f.: *no legislative powers* der ILO, da das Mitglied die Macht habe, Vorschläge der ILO abzulehnen. Umfangreiche Nachweise zur Diskussion auch bei *Osieke*, Constitutional Law and Practice, 166, in Anm. 92ff. Eine parallele Diskussion findet sich zu den regulations der WHO, dazu die Darstellung bei *Vierheilig*, Die rechtliche Einordnung, 97ff.

[310] Dazu *Morhard*, Rechtsnatur der Übereinkommen, 197ff. Praktische Probleme ergaben sich bei der Änderungsprozedur, dazu nun aber die Änderungsvorschläge bei *Charnovitz*, Max Planck Yearbook of United Nations Law 4 (2000), 172ff.

[311] Zur allgemeinen Anerkennung der nationalen Parlamente als *competent authority*: *Osieke*, Constititutional Law and Practice, 159. Zur Dauer, bis die Vorlagepflicht greift: *Schermers/Blokker*, International Institutional Law, § 1286.

1927 unverändert[312]. Die Berichte der Mitglieder werden von einem unabhängigen Committee of Experts gesichtet, das der Governing Body einsetzt, und auf ihre Richtigkeit überprüft[313]. Auch in diesem Committee sitzen Vertreter der Sozialpartner, die für die Überprüfung von besonderer Bedeutung sind, weil sie erfahrungsgemäß deutlicher auf die Einhaltung der Conventions drängen als die Regierungsvertreter und besser über praktische Probleme informiert sind[314]. Der vom Committee of Experts erstellte Bericht enthält nicht allein Fakten, sondern auch eine ausdrückliche, am Maßstab der ILO-Normen vorgenommene rechtliche Bewertung[315]. Er wird an das Committee on the Application of Conventions and Recommendations bei der General Conference weitergeleitet[316]. In diesem Gremium werden mögliche Verstöße mit den betroffenen Mitgliedern diskutiert. Dabei wird großen Wert auf den nicht justiziellen Charakter der Erörterung gelegt[317]. Praktisch umgesetzt wird dies auch durch das seit 1968 praktizierte, in der ILOC gar nicht vorgesehene »Besuchsverfahren«, in dem die ILO Mitgliedern, deren Umsetzungspraxis Probleme bereitet, einen Vertreter entsendet[318], der mit der zuständigen Regierung nach Lösungsmöglichkeiten sucht. Die entscheidende Sanktion, mit der das Verfahren abschließt, ist die Veröffentlichung der Verstöße, die *mobilization of shame*[319]. Neben der permanenten Beobachtung der Einhaltung bestehender Verpflichtungen kennt die ILO das Anzeigeverfahren (*complaint*), das praktisch jedoch eine geringere Rolle spielt. Die für dieses Verfahren vorgesehene Commision of Inquiry, die ausdrücklich in der ILOC vorgesehen ist, besteht ebenfalls aus unabhängigen Experten. Dieses Verfahren diente offensichtlich als Vorbild für den soeben beschriebenen Mechanismus, wurde aber durch diesen praktisch in den Hintergrund gedrängt. Bemerkenswert erscheint insoweit, daß selbst bei dem von diplomatischem Vorgehen geprägten Überwachungsmechanismus der nicht-adversiale Weg praktisch häufiger angewendet wird. Der wichtigste institutionelle Unterschied zwischen beiden Mechanismen besteht in der Rolle des Governing Body. Stieß dessen Bedeutung auch wegen des

---

[312] Dazu *Chayes/Chayes*, The New Sovereignty, 231ff.; *Maupain*, J.o. International Economic L. 2 (1999), 276f.

[313] Zur entsprechend aufgebauten speziellen *Committe on freedom of association procedure* nur: *Lee Swepston*, Human rights law and freedom of association: Development through ILO Supervision, International Labour Rev. 137 (1998), 169 (174ff.).

[314] *Ernest A. Landy*, The effectiveness of International Supervision, 1966, 196; *Ghebali*, L'Organisation Internationale du Travail, 275f.

[315] *Maupain*, J.o. International Economic L. 2 (1999), 288f.; *Peter Voegeli*, Völkerrecht und »Berufsverbote« in der Bundesrepublik Deutschland 1976–1992, 1995, 42f., unter Hinweis auf Berichte in Anm. 7.

[316] Dieses ist in der Geschäftsordnung der Conference vorgesehen: No. 7, Standing Order.

[317] *Chayes/Chayes*, The New Sovereignty, 233.

[318] Dazu *Schermers/Blokker*, International Institutional Law, § 1426, a.E.; *Geraldo von Potobsky*, On-the-spot visits. An important cog in the ILO supervisory machine, International Labour R. 120 (1981), 581; *Tikriti*, Tripartism and the International Labour Organisation, 326ff.

[319] So *Maupain*, J.o. International Economic L. 2 (1999), 281.

Repräsentationsmodus des Organs auf Kritik[320], so erscheint die Entwicklung hin zu einem systematischen Moderationsmechanismus, der von einem Komitee der Conference maßgeblich begleitet wird, auch legitimationstheoretisch überzeugend. Mit der flächendeckenden Beobachtung der Mitglieder werden politische Ermessensentscheidungen in diesem von der Anwendung gleicher Kriterien abhängigen Verfahren vermieden. Auch die Einzeluntersuchung endet in der Regel mit der Veröffentlichung eines Berichts. Entsprechendes gilt für die Praxis der direkten Kontakte.

c) Zwischenfazit

Aus funktionaler Perspektive erscheint die Anlage und die Entwicklung des Überwachungsverfahrens überzeugend. Mißt man der Ratifikationsbedürftigkeit der ILO Conventions einen eigenen Wert zu[321], so ist es folgerichtig, diese mit prozeduralen Kontrollmechanismen zu begleiten, deren Funktion nicht darin besteht, Pflichten durchzusetzen, sondern nur darin, das Verhältnis zwischen der Praxis der Mitglieder und den Regeln der ILO transparent zu machen und dadurch bewusste demokratische Entscheidungen der Mitglieder und ihre Kritik in einem politischen Prozeß zu ermöglichen. Die unmittelbare Adressierung der mitgliedstaatlichen Legislativen erscheint deswegen geglückt. Auch das Überwiegen einer permanent weichen Überwachung[322] gegenüber den seltenen individuellen Verfahren und die praktisch gewachsene Rolle der Conference ist insoweit folgerichtig. Der Abstinenz gegenüber einer Einbeziehung des ICJ in die Lösung von Rechtsfragen wird durch die Präferenz für schwach formalisierte Überwachungsstrukturen innerhalb der Organisation fortgesetzt.

Eine praktische Beurteilung dieser Überwachungsmethoden ist schwierig: Allgemein gilt die ILO jedoch als eine erfolgreiche Organisation[323]. Blickt man auf die beiden hier untersuchten Nationalstaaten Deutschland und die Vereinigten Staaten, so lassen sich aber auch beispielhafte Probleme darstellen[324]. Die Vereinigten Staaten haben eine sehr niedrige Ratifikationsquote, wurden aber noch

---

[320] Soeben oben, S. 296ff.

[321] Soeben oben, S. 296ff.

[322] Die verallgemeinerbare Unterscheidung zwischen permanent-weicher und selektiv-harter Kontrolle in anderem Zusammenhang bei *Andreas Voßkuhle*, Gesetzgeberische Regelungsstrategien der Verantwortungsteilung zwischen öffentlichem und privatem Sektor, in: G. F. Schuppert (Hrsg.), Jenseits von Privatisierung und »schlankem« Staat, 1997, 47 (89).

[323] Überblicke bei *Martin Senti*, Die Effektivität der Internationalen Arbeitsorganisation (ILO) im Industrieländervergleich, 2002, 81ff.

[324] Vergleichend *Senti*, Die Effektivität der Internationalen Arbeitsorganisation, 63ff., 81ff.; *Chayes/Chayes*, The New Sovereignty, 231. Für das deutsche Recht: *Sabine Böhmert*, Das Recht der ILO und sein Einfluß auf das deutsche Arbeitsrecht im Zeichen der europäischen Integration, 2002; weiter *Marita Körner-Dammann*, Bedeutung und faktische Wirkung von ILO-Standards, 1991, 89ff. (insbes. zu Südafrika); *Galenson*, The International Labour Organization, 23ff. (zu den Vereinigten Staaten).

nicht in einem Verfahren der ILO ermahnt[325]. Im Ergebnis halten sie sich an die vorgesehenen Berichtspflichten, dies führt aber nur selten zu einer Ratifikation. Deutschland hat eine relativ hohe Ratifikationsquote[326], wurde aber in einem wichtigen formellen *Complaint*-Verfahren Gegenstand der Untersuchung einer Commission of Inquiry[327], die die deutsche Verwaltungspraxis als »unverhältnismäßig und damit völkerrechtswidrig« charakterisierte, ohne daß dies zu einer Veränderung führte[328]. Freilich wird man diesen Beispielen kein allgemeines Argument gegen die Compliance-Regelung der ILO entnehmen können.

4. Fazit: Gewaltengliederung und Legitimation in der ILO

Will man die Rechtserzeugung der ILO im Schema der Gewaltengliederung charakterisieren, so präsentiert sie sich als eine Organisation, die vornehmlich legislative Agenden definiert, legislative Normen beschließt und ihre Einhaltung durch die Mitglieder umfassend beobachtet. Legislative Rechtserzeugung ist für die ILO charakteristisch. Zwar kennt die ILOC im Prinzip alle drei Formen der Rechtserzeugung. Eine judikative Überprüfung des ILO-Handelns im strengen Sinn spielt aber praktisch keine Rolle und ist durch die Interventionsmöglichkeiten des Governing Body eingeschränkt, der die Konfliktlösung auf anderen Wegen zu unternehmen versucht. Der ausgreifenden legislativen Tätigkeit der ILO ist insoweit ein umfassend formalisiertes Beobachtungssystem zur Seite gestellt, dessen Sanktionsmöglichkeiten aber über diplomatische Formen vermittelt sind. Dem ausdrücklich entgegenstehenden politischen Willen eines Mitglieds gegenüber können sich ILO-Regeln nicht durchsetzen. Als Exekutive der ILO fungieren der Governing Body und das International Labour Office unter dem Director-General. Im breiten Spektrum exekutiver Rechtserzeugung ist das Handeln beider Organe jedoch gleichfalls gubernativ, also in funktionaler Verwandtschaft zu legislativer Rechtserzeugung, einzuordnen. Um die bereits gezogene Parallele zu wiederholen: Die Entwicklung von Vorschlägen und das Sammeln von Informationen sind eher Aufgaben eines Ministeriums, als einer untergeordneten individuell vollziehenden Behörde. Im Vergleich mit anderen internationalen Organisationen fällt die starke institutionelle Rolle des Governing Body auf, der einerseits den Director-General beruft, andererseits nicht als ausführendes Organ der Conference ausgestaltet ist.

---

[325] Zu diesem Zusammenhang: *Chayes/Chayes*, The New Sovereignty, 233.
[326] *Senti*, Effektivität der Internationalen Arbeitsorganisation, 91.
[327] Eingehend zu den Abläufen: *Voegeli*, Völkerrecht und »Berufsverbote«, 67ff. Zu einzelnen Fällen: *Ghebali*, The International Labour Organisation, 232ff.; *Schermers/Blokker*, International Institutional Law, § 1425.
[328] *Voegeli*, Völkerrecht und »Berufsverbote«, 122ff.; *Körner-Damann*, Bedeutung und faktische Wirksamkeit, 64ff. (Berufsverbote für Extremisten im öffentlichen Dienst). Dies ist immerhin der einzige Fall in der Geschichte der ILO, in der ein Mitglied den Bericht einer Commission of Inquiry nicht angenommen hat: *Maupain*, J.o. International Economic L. 2 (1999), 283.

Für die Beurteilung dieser Organisationsstruktur sind die hier entwickelten Kriterien der Gewaltengliederung anzupassen. Ausgangspunkt dieser Anpassung muß die Einsicht sein, daß das Handeln internationaler Organisationen in der Regel[329] nicht in gleicher Weise verrechtlicht – also einer gerichtsförmigen Überprüfung zugänglich – ist wie in verfassungsstaatlichen Rechtsordnungen. Dies gilt für Akte der Organisation, deren Rechtmäßigkeit zumeist von politischen Organen selbst zu beurteilen ist, seltener von unabhängigen Spruchkörpern. Dies gilt auch für Verpflichtungen gegenüber den Mitgliedern: Rechtsetzungsbefugnisse internationaler Organisationen, die die Mitglieder ohne ihre Zustimmung und ohne weiteren Umsetzungsakt binden, bleiben die Ausnahme. Dieser Unterschied zu nationalen Rechtsordnungen läßt sich aus der hier entwickelten Perspektive plausibel rechtfertigen: Die Funktion der ILO besteht eben in der Organisation eines spezifischen legislativen Prozesses, also einer auf ein förmliches Ergebnis bezogenen repräsentativen Meinungsbildung, die als solche grundsätzlich nur eingeschränkt zu verrechtlichen ist. Weil das legislative Ergebnis nur mittelbare Bindungen erzeugt und nicht gegenüber individuellen Rechtsträgern vollstreckbar ist, ist das starke diplomatische politische Element unproblematisch. Dieser Primat politischer Willensbildung wird durch die auf öffentliche Meinungsbildung und die parlamentarischen Verfahren der Mitglieder ausgerichteten Compliance-Regelungen fortgeführt und auf die Ebene der Mitglieder hinuntertransponiert. Erst wenn diese die materiellen Bindungen innerhalb ihrer Verfassungsordnungen umgesetzt haben, und damit auch mit Verpflichtungswirkung gegenüber individuellen Rechtsträgern versehen, müssen judikative Schutzmechanismen einsetzen. Eine stärkere Integration gerichtsförmiger Verfahren erscheint vor diesem Hintergrund keineswegs geboten. Reformbedarf zeigt sich allerdings hinsichtlich einer Stärkung des Director-Generals und einer Relativierung der Kompetenzen des Governing Body, die den Konsensbedarf innerhalb der Organisation und die notwendige Besinnung auf das spezifische Organisationsinteresse institutionell stärken würden.

Das Recht der ILO greift in doppelter Weise in die Impermeabilität seiner souveränen Mitglieder ein: zum einen, indem es gesellschaftliche Vertreter der Mitglieder mit Entscheidungsbefugnissen versieht, die sich auch gegen die Vertreter der Regierung richten können; zum anderen dadurch, daß es prozeduralen Pflichten statuiert, die bestimmte Organe innerhalb der Staatsorgane adressieren, namentlich bei der Vorlagepflicht gegenüber den mitgliedstaatlichen Parlamenten. Dieser Eingriff in die Interna der staatlichen Rechtsordnung wirkt plausibel, weil er die Entscheidungsmacht der mitgliedstaatlichen Parlamente letztlich respektiert, sich aber ihre institutionelle Eignung zu öffentlicher Diskussion zunutze macht. Umgekehrt sichert das Ratifikationserfordernis den Legitimationsanspruch der Conventions, die in einem korporatistischen Repräsentationsmodus

---

[329] Vgl. aber abweichend zur WTO, sogleich S. 311 ff.

entstanden sind, bei dem die Gefahr von Interessenverzerrungen relativ groß ist. Die Einbeziehung der Sozialpartner in die Entscheidungen hat trotz dieser Gefahren zwei Vorteile. Sie setzt ein aus verfassungsstaatlichen Rechtsordnungen bekanntes Repräsentationsprinzip für den Bereich der Arbeitswelt um. Zugleich ermöglicht ihre gesellschaftliche Einbindung eine besonders aufmerksame Beobachtung der Umsetzungspraktiken der Mitglieder.

III. World Trade Organization

1. Entwicklung und Aufgabenbestand

Ursprünglich ein nur materielles völkerrechtliches Regime[330] von formell ungewisser juristischer Geltung[331], verfestigte sich die GATT-Rechtsordnung institutionell[332] in einer für sie charakteristischen Kombination aus intergouvernementaler Diplomatie und gerichtsförmig organisierter, aber von politischem Konsens der Vertragsparteien[333] getragenen Entscheidungen einzelner Handelskonflikte[334]. Für das Funktionieren des Systems war es von Bedeutung, daß die Vertreter der Vertragsparteien im Einzelfall weitgehend abgekoppelt von ihren jeweiligen Regierungen agierten und einen Grad an Autonomie entwickeln konnten, der eine hohe Zielhomogenität innerhalb der Handelsdiplomatie gestattete[335]. Die große formelle und praktische Abhängigkeit der Konfliktlösungsmechanismen vom intergouvernementalen Konsens provoziert in der Wissenschaft bis in die Gegenwart die Frage, ob das GATT-System in den ersten, als erfolgreich bewerteten Jahren seines Bestehens überhaupt angemessen als ein *völkerrechtliches* Regime beschrieben werden sollte[336] oder nicht vielleicht besser als eine spezifische Form

---

[330] Zur Vorgeschichte: *Douglas Irwin*, Against The Tide: An Intellectual History of Free Trade, 1996. Knapp *Trebilcock/Howse*, The Regulation of International Trade, 17ff.

[331] Zur provisorischen Anwendung des GATT knapp *John H. Jackson*, The puzzle of GATT: legal aspects of a surprising institution, in: The Jurisprudence of GATT & WTO, 2000, 17 (24ff.).

[332] *Robert E. Hudec*, The GATT Legal System and World Trade Diplomacy, 2. Aufl. 1990, 65ff.

[333] Mitglieder der WTO sind Staaten und die Europäische Gemeinschaft, art. XI (1) WTO-agreement.

[334] Analysen bei *Hudec*, GATT Legal System, 111ff.; *ders.*, The GATT Legal System: A Diplomat's Jurisprudence (1970), in: Essays on International Trade Law, 1999, 17 (41ff.).

[335] Beschrieben als *external legitimacy* bei *Joseph H.H. Weiler*, The Rule of Lawyers and the Ethos of Diplomats. Reflections on the Internal and External Legitimacy of WTO Dispute Settlement, J.o. World Trade, 35 (2001), 191 (194ff.). Vgl. auch die Feststellungen bei *Robert Howse*, Adjudicative Legitimacy and Treaty Interpretation: The Early Years of WTO Jurisprudence, in: J.H.H. Weiler (Hrsg.), The EU, the WTO, and the NAFTA, 2000, 35 (38), sowie *Duncan Kennedy*, The International Style in Postwar Law and Policy: Joseph Jackson, and the Field of International Economic Law, American U.J.o. International Law & Policy 10 (1995), 671 (677ff.).

[336] Dagegen *Hudec*, GATT Legal System, 201ff.

verselbständigter diplomatischer Konsensbildung[337]. Nach einer anschließenden Phase institutioneller Stagnation[338], die jedoch von einer stetigen Weiterentwicklung des materiellen Rechts begleitet wurde[339], entstand erst mit dem Abschluß der Uruguay-Runde 1994 ein neuer definierter organisatorischer Rahmen für dieses Rechtsregime: die Welthandelsorganisation (WTO)[340].

Der ursprüngliche materielle Aufgabenbestand des GATT läßt sich nicht einfach mit dem Ziel der Handelsliberalisierung oder gar der Schaffung eines einheitlichen Marktes identifizieren[341]. Ausgangspunkt der Rechtsordnung war vielmehr die Homogenisierung der bilateralen Handelsbeziehungen aller Vertragsparteien, die dann im Ergebnis auch zu einem auf *Gegenseitigkeit* beruhenden materiellen Abbau von Handelsbeschränkungen führen sollte und führte. Insbesondere durch die Prinzipien der Meistbegünstigung und der Nichtdiskriminierung, art. I, III GATT werden die von einem Mitgliedstaat gegenüber einem anderen Mitgliedstaat errichteten Handelsbeschränkungen zum Maßstab für die Handelsbeschränkungen gegenüber allen anderen Mitgliedstaaten. Damit war und ist aber im Prinzip noch keine Aussage über Inhalt und Reichweite der Handelshemmnisse getroffen, deren Ausgestaltung den Vertragsparteien überlassen bleibt. Aus diesem Grund lassen sich die Verpflichtungen aus der GATT-Rechtsordnung auch als bilaterale Rechtsbeziehungen rekonstruieren[342] und von der Ordnung vorgesehene Gegenmaßnahmen in das zwischenstaatliche Völkerrecht einordnen[343].

Für die heute arbeitende WTO bleibt diese institutionelle Vorgeschichte gerade in der Auslegung der materiellen Normen des neu in Kraft gesetzten GATT 1947[344] von großer Bedeutung. Zugleich aber stellt die Formalisierung des Streitschlichtungsverfahrens einen institutionellen Neubeginn dar, der für die vorliegende Untersuchung von besonderer Bedeutung ist. Durch diese Regelung wird

---

[337] Theoretisch lassen sich die von Robert Hudec analysierten Phänomene des frühen GATT mit guten Gründen als »Recht« beschreiben: *Röhl*, Allgemeine Rechtslehre, 184 ff. Für eine Rückkehr zu diesem Zustand plädiert, nicht zuletzt aus Gründen der demokratischen Legitimation: *Claude E. Barfield*, Free Trade, Sovereignty, Democracy, 2001.

[338] Dazu *John H. Jackson*, The World Trading System, 2. Aufl. 1997, 43 ff.

[339] Zu den einzelnen Handelsrunden die Übersicht bei: *John H. Jackson/William Davey/Alan O. Sykes*, Legal Problems of International Economic Relations, 3. Aufl. 1995, 292 f.

[340] Zum Überblick über die Ergebnisse der Uruguay-Runde: *Peter-Tobias Stoll*, Die WTO: Neue Handelsorganisation, neue Welthandelsordnung, Ergebnisse der Uruguay-Runde des GATT, ZaöRV 54 (1994), 241 (257 ff.); *Knut Ipsen/Ulrich R. Haltern*, Rule of Law in den internationalen Wirtschaftsbeziehungen, RIW 40 (1994), 708.

[341] Dazu *Langer*, Grundlagen einer internationalen Wirtschaftsverfassung, 85 ff.; *von Bogdandy*, Max-Planck Yearbook of United Nations Law, 5 (2001), 613 f.; *Richard Senti*, WTO. System und Funktionsweise der Welthandelsordnung, 2000, 156 ff.

[342] *Jost Pauwelyn*, The Nature of WTO Obligations, Jean Monnet Working Paper 01/2002, sub I.B.

[343] *Michael J. Hahn*, Die einseitige Aussetzung von GATT-Verpflichtungen als Repressalie, 1996, 156 ff.

[344] art. II (4) WTO-agreement.

die formale Seite der GATT-Rechtsordnung deutlich zu Lasten der informalen gestärkt. Die Bedeutung des ehemaligen GATT-, nunmehrigen WTO-Sekretariats, die sich aus der Bedeutung informaler Willensbildungsprozesse speiste, wurde hierdurch zurückgedrängt[345].

2. Die Gewaltentrias in der WTO

Die legitime Gewaltengliederung der WTO ist seit ihrer Gründung im Anschluß an die Uruguay-Runde Gegenstand politischer und rechtswissenschaftlicher Erörterung. Doch dreht sich der Großteil der rechtswissenschaftlichen Auseinandersetzung weiterhin um materiell-rechtliche Fragen, namentlich um das Verhältnis einer transnationalen Marktliberalisierung zu anderen politischen Zielen wie dem Umwelt- oder Gesundheitsschutz[346], um die Dogmatik zentraler Normen wie der Diskriminierungsverbote, um das Verhältnis der verschiedenen Teile des Vertragswerks zueinander oder um die Integration regionaler Freihandelszonen wie der EG[347]. Seltener werden institutionelle Probleme analysiert[348]. Der Begriff der institutional balance findet nur zögerlich Eingang in die Diskussion[349].

Wendet man die Funktionentrias auf die WTO an, so zeigt sich die Dominanz judikativer Rechtserzeugung[350], also der individualisierenden und retrospektiven

---

[345] *Weiler*, J.o. World Trade, 35 (2001), 205 f.; *Bernard Hoekman/Michel Kostecki*, The Political Economy of the World Trading System, 1. Aufl. 2001, 54 f.

[346] Grundsätzlich *Langer*, Grundlagen einer internationalen Wirtschaftsverfassung, 34 ff. Eine systematische vergleichende Abhandlung aus der kaum noch zu überschauenden Diskussion: *Joel Trachtman*, Trade and... Problems, Cost-Benefit Analysis and Subsidiarity, European J.o. International Law, 9 (1998), 32 (33 ff.). Vergleichend zum Verhältnis von Umweltschutz und Freihandel eingehend *Jochem Wiers*, Trade and Environment in the EC and the WTO – A legal analysis, 2002; *Thomas J. Schoenbaum*, International Trade and Protection of the Environment: The Continuating Search for Reconciliation, American J.o. International L. 91 (1997), 268 und anhand zweier vergleichender Fallstudien: *Joanne Scott*, On Kith and Kine (and Crustaceans): Trade and Environment in the EU and the WTO, in: J.H.H. Weiler (Hrsg.), The EU, the WTO, and the NAFTA, 2000, 125.

[347] *Kenneth W. Dam*, Regional Economic Arrangements and the Gatt, U. o. Chicago L Rev 30 (1963), 615; *Helmut Steinberger*, GATT und regionale Wirtschaftszusammenschlüsse, 1963.

[348] Vgl. zur Diskussion *von Bogdandy*, Max-Planck Yearbook o. United Nations Law, 5 (2001), 618 ff.; *Deborah Z. Cass*, The ›Constitutionalization‹ of International Trade Law: Judicial Norm-Generation as the Engine of Constitutional Development in International Trade, European J.o. International Law, 12 (2001), 39; *Gail E. Evans*, Lawmaking under the Trade Constitution, 2000, 221 ff.; *Markus Krajewski*, Verfassungsperspektiven und Legitimation des Rechts der WTO, 2001; *ders.*, Democratic Legitimacy and Constitutional Perspectives of WTO Law, J.o. World Trade, 35 (2001), 167 (171 ff.); *Ronald Howse/Kalypso Nicolaidis*, Legitimacy and global governance: why constitutionalizing the WTO is a step too far, in: R.B. Porter (Hrsg.), Efficiency, equity and legitimacy : the multilateral trading system at the Millennium, 2001, 227; *Robert Hudec*, ›Circumventing Democracy‹: The Political Morality of Trade Negotiations (1993), in: Essays in International Trade, 1999, 215; *Nettesheim*, JbfNPolÖ 19 (2000), 59 ff.; *Weiler*, J.o. World Trade, 35 (2001), 191; *Stein*, American J.o. International L. 95 (2001), 499 ff.; *Hartmut*

Entscheidung von Fällen. Obwohl das hierfür zuständige zweiinstanzliche Streitschlichtungsverfahren, in dem zunächst ein *Panel* und anschließend ein *Appellate Body* entscheidet, formell nicht gänzlich einem Gerichtsverfahren entspricht[351], hat es sich bereits als ein selbständiges unabhängiges Rechtserzeugungsverfahren mit einem schnell wachsenden Entscheidungskanon[352] etabliert. Verfahren vor den Spruchkörpern können nur von Vertragsparteien initiiert werden. Entscheidungen der Spruchkörper bedürfen formal der Annahme durch den *Dispute Settlement Body*, doch erfolgt diese Annahme automatisch, wenn sie nicht durch einen einstimmigen Beschluß der Vertragsparteien verhindert wird, art. 16 (4) DSU. Die Rechtswirkung einer Entscheidung kann also nur mit Zustimmung der obsiegenden Streitpartei verhindert werden. Die Vollstreckung der Entscheidungen geschieht in einem auf Gegenseitigkeit angelegten Verfahren, in dem die obsiegende Partei der unterlegenen Partei, die das Urteil nicht vollziehen will, Handelsvergünstigungen entziehen kann[353]. Auch die Vollstreckung selbst kann Gegenstand eines ähnlichen judikativen Verfahrens werden. Die Streitschlichtungsinstanzen der WTO werden damit zu Institutionen, die Handelskonflikte[354] auf der Grundlage von Recht entscheiden und einer Lösung durch intergouvernementale Kompromisse entziehen, auch wenn das Suchen nach einem politischen Kompromiß die notwendige Voraussetzung für die Initiierung eines förmlichen Verfahrens ist, art. XXII, XXIII GATT, art. 3, 4 DSU. Das materielle Recht entwickelt sich zu einer Fallrechtsordnung[355].

Bauer, Internationalisierung des Wirtschaftsrechts: Herausforderung für die Demokratie, in: H. Bauer u.a. (Hrsg.), Umwelt, Wirtschaft und Recht, 2002, 69 (73ff.).

[349] Vgl. aber *Frieder Roessler*, The Institutional Balance between the Judicial and the Political Organs of the WTO, FS Jackson, 2000, 338; *Lorand Bartels*, The Separation of Powers in the WTO: How to avoid judicial activism, International Constitutional L. Quarterly 53 (2004), 861 (877ff.).

[350] *Bartels*, International Constitutional L. Quarterly 53 (2004), 862ff.

[351] Knapp *Howse*, Early Years of WTO Jurisprudence, 44; *Thomas Cottier*, Dispute Settlement in the WTO: Characteristics and Structural Implications for the EU, Common Market L. Rev. 35 (1998), 325 (330ff.). Eingehender *David Palmeter/Petros C. Mavroidis*, Dispute Settlement in the WTO, 1999. Zunächst ist auf die formelle rechtliche Identität des Dispute Settlement Body (DSB) mit dem General Council hinzuweisen, art. IV (3) WTO-agreement. Die Struktur der panels ist zudem jedenfalls formell nicht permanent, denn diese werden vom DSB für jedes Verfahren neu zusammengestellt, art. 6 (1) DSU. Anders ist dies aber für den *Appellate Body*, art. 17 DSU. Über die Zusammensetzung der panels entscheidet das Sekretariat. Die Verfahren verlaufen geheim, art. 14 DSU. Weiterhin ist die Zulassung privater Prozeßvertreter für die Mitglieder ein relativ neues, erst durch die Entscheidungspraxis selbst zugelassenes Verfahrenselement. Zur möglichen Entwicklung des DSB zu einem Welthandelsgerichtshof: *Weiler*, J.o. World Trade, 35 (2001), 198ff.

[352] Statistiken unter http://www.wto.org/english/tratop_e/dispu_e/distabase_e.htm.

[353] Dazu übersichtlich *Thomas Jürgensen*, Das WTO-Schiedsverfahren zur Festlegung von Sanktionen nach Art. 22 DSU, RIW 2000, 577.

[354] Vgl. zum Überblick *Claudia Decker*, Handelskonflikte zwischen den USA und der EU seit 1985, 2002, 140ff.

[355] Die Rechtsentwicklung weist insoweit eine größere Parallele zu Common-Law-Ordnun-

Von einer eigenen legislativen Gewalt der WTO kann man dagegen schwerlich sprechen[356]. Zwar besteht eine der wichtigen Funktionen des WTO-Systems in der Bereitstellung eines Forums für die Weiterentwicklung der Verträge. Diese Aufgabe entspricht in nationalen Kategorien aber eher einem verfassungsändernden als einem gesetzgebenden Prozeß. Die zweijährlich zusammentreffende Ministerkonferenz, das höchste Organ der WTO, dient als intergouvernementaler Körper zur Weiterentwicklung des Handelsrechts, art. IV (1) WTO, art. III (2) WTO. Zwischen den Ministerkonferenzen garantiert die Versammlung von Mitgliederrepräsentanten, der *General Council*, die Handlungsfähigkeit der WTO. Diesem sind verschiedene, thematisch ausdifferenzierte Unterräte angegliedert. Schließlich verfügt die WTO über ein Sekretariat, das aber keinen Organstatus hat. Der Generalsekretär wird von der Ministerversammlung zu von ihr zu definierenden Bedingungen ernannt, art. VI (2) WTO. Entscheidungen der Organe werden in der Regel einstimmig getroffen, art. IX (1) WTO, wobei Mitglieder über je eine Stimme verfügen[357]. Änderungen des Vertrags müssen sich an ein definiertes Verfahren halten, art. X WTO. Autoritative Auslegungen des Vertrags können bereits von drei Fünfteln der Mitgliedstaaten beschlossen werden, art. IX (2) WTO. Diese potentiell bedeutsame Vorkehrung wurde bisher nicht genutzt. Von einer legislativen Rechtserzeugung, die sich gegenüber der Vertragsänderung verselbständigt, kann für alle genannten Mechanismen nicht gesprochen werden.

Praktisch bedeutsamer als diese Regelungen sind Entscheidungen, die durch Räte und Komitees getroffen werden[358]. Die von diesen erlassenen Vorgaben können sowohl für die Auslegung von Vorschriften des GATT als auch für die Weiterentwicklung der Verträge von Bedeutung sein. Von einer eigentlich legislativen Rechtserzeugung kann man aber aus zwei Gründen nicht sprechen: *Zum einen* fehlt es den durch die Komitees beschlossenen Regeln an Rechtswirkung. Sie können von den Streitschlichtungsinstanzen rezipiert werden, müssen es aber nicht. Tatsächlich ist die Frage, ob Entscheidungen der Komitees gegenüber den

---

gen auf. Zum Versuch einer fallrechtlichen Synthese: *Phillip M. Nichols*, GATT Doctrine, Virginia J.o. International L. 36 (1995–1996), 379 (399ff.).

[356] Grundlegend zu dieser Frage *von Bogdandy*, Max-Planck Yearbook o. United Nations Law, 5 (2001), 618ff., entsprechend im Ergebnis auch die Analyse bei *Peter Holmes*, The WTO and the EU: Some Constitutional Comparisons, in: G. de Búrca/J. Scott (Hrsg.), The EU and the WTO, 2001, 59 (66, 75ff.); *Nettesheim*, JbfNPolÖ 19 (2000), 60f.

[357] Die EG kann als Mitglied mit der Zahl ihrer Mitglieder abstimmen. Zum Beitritt der EG: *Pieter J. Kuijper*, The Conclusion and Implementation of the Uruguay Round Results by the European Community, European J.o. International Law 6 (1995), 222; *Peter L- H. van den Bossche*, The European Community and the Uruguay Round Agreements, in: J.H. Jackson/A.O. Sykes (Hrsg.), Implementing the Uruguay Round, 1997, 23 (26f.).

[358] Zum wenig erforschten Ausschusssystem der WTO: *Marc Beise*, Die Welthandelsorganisation (WTO), 2000 194ff.; *Bartels*, International Constitutional L. Quarterly 53 (2004), 863ff.; *Wolfgang Weiß/Christoph Herrmann*, Welthandelsrecht, 2003, 88ff.

DSB Bindungswirkungen entfalten können, für Entscheidungen des DSB[359] mit Blick auf die *Institutional Balance* der WTO vereinzelt diskutiert worden[360]. Aber diese unmittelbar an der Geeignetheit der Komitees zur Entscheidung bestimmter Sachfragen ansetzenden Argumente finden keine normative Deckung in den Verträgen[361]. *Zum zweiten* spricht die sektorale Aufteilung der Komitees gegen eine Zuordnung zur Legislativfunktion. Diese könnte allenfalls beim *General Council* liegen. Praktisch werden alle nicht im Konsens durch ein Komitte entscheidbaren Fragen dem General Council vorgelegt[362].

Auch von einer exekutiven Funktion läßt sich innerhalb der WTO kaum sprechen[363]. Das Generalsekretariat der WTO spielt zwar in der Weiterentwicklung der Verträge eine wichtige informelle Rolle und berät in der *erst*instanzlichen Streitentscheidung die *Panels*[364]. Doch genießt es noch nicht einmal Organstatus. Sein Befugnisbestand ist durch die Gründung der WTO und die Formalisierung ihrer Rechtserzeugung nicht mitgewachsen. Obliegt der eigentliche Vollzug des Rechts den Mitgliedstaaten, so sind auch die erwähnten durch die Komitees erlassenen Regeln kaum als echte Formen administrativer Normerzeugung zu verstehen, eben weil es an einer Bindungswirkung sowohl für die mitgliedstaatlichen Vollzugsstrukturen als auch für die Streitentscheidungsorgane fehlt. Immerhin läßt sich in der Entstehung und Ausdifferenzierung des Komiteewesens die Vorstufe zu einer regulierenden Organisation erkennen, die das Vertragswerk konkretisiert und politisch konsentierte Lösungen zwischen den Vertragsparteien zu bestimmten Fragen in Regelform an das Streitschlichtungssystem vermittelt.

Zusammengefaßt hat sich die WTO durch die Uruguay-Runde von einem stark intergouvernemental geprägten, zeitweise an der Entscheidung von Einzelfällen orientierten, aber schwach organisierten materiellen Regime zu einer intensiv arbeitenden thematisch begrenzten internationalen Judikativfunktion entwickkelt, der andere Rechtserzeugungsfunktionen nicht zur Seite gestellt sind.

---

[359] Ein Beispiel aus der Entscheidungspraxis, in dem Vorgaben durch das *Committee on Regional Trade Agreements* eine Rolle hätten spielen können, um art. XXIV GATT auszulegen, ist WT/DS34/AB/R, *Turkey – Restrictions on Imports of Textile and Clothing Products*. Ein weiteres Beispiel mit Blick auf die Auslegung von footnote 1 des *Understanding on Balance of Payments* ist WT/DS90/AB/R, *India – Quantitative Restrictions on Imposrts of Agricultural, Textile and Industrial Products*.

[360] So *Roessler*, Instittutional Balance 340ff., kritische Analyse bei *Bartels*, International Constitutional L. Quarterly 53 (2004), 879ff.

[361] Lakonischer Hinweis auf die unterschiedlichen Aufgaben und Verfahren der Komitees und des DSB, aus dem aber keine Einschränkung der Überprüfbarkeit folgt, in WT/DS34/AB/R, *Turkey – Restrictions on Imports*, para 98.

[362] Sogenannte Rule 33, dazu *Pieter Jan Kuijper*, Some Institutional Issues Presently Before the WTO, in: FS Hudec, 2002, 81 (103ff.).

[363] *Holmes*, The EU and the WTO, 66.

[364] Knapp dazu *Cottier*, Common Market L. Rev. 35 (1998), 349.

3. Probleme der Gewaltengliederung in der WTO

Welche Probleme wirft diese Struktur der WTO auf? Die zentrale Rolle des Streitschlichtungsmechanismus und die Reichweite seiner Entscheidungen provoziert die Frage nach der Repräsentativität des Verfahrens (a). Die Orientierung des WTO-Rechts an ökonomischen Zusammenhängen mag zugleich eine bedenkliche Form von Sektoralisierung der Organisation darstellen (b). Zudem ist zu fragen, inwieweit die WTO, gerade weil sie judikativ funktioniert, sich an individuelle Legitimationsmechanismen anschließen sollte (c).

a) *Repräsentativität des Streitschlichtungsverfahrens*

Das zentrale funktionale Problem der WTO-Struktur ist darin zu sehen, inwieweit die weitreichenden Entscheidungen der Spruchkörper in einem angemessenen Verfahren ergehen. Entscheidungen des *Dispute Settlement Body* können nationale gesetzliche Regelungen berühren[365]. Sie werden zudem in der politischen Außenwahrnehmung nicht selten als grundsätzliche Weichenstellungen des Verhältnisses von Freihandel zu Umwelt-, Arbeits- oder Gesundheitsschutz wahrgenommen, deren praktische Reichweite deutlich über die formal betroffenen Parteien und ihre Rechtsordnungen hinausgeht. Damit erinnert dieses Funktionsproblem – bei allen Unterschieden im einzelnen – der Einordnung eines Verfassungsgerichts in die nationale Gewaltengliederung. Dieser Vergleich bestätigt sich mit Blick auf die auszulegenden Rechtstexte, deren Formulierungen in vielen Fällen eher an Verfassungs- als an Gesetzestexte erinnern[366]. Zur Kenntnis genommen ist diese methodische Dimension insbesondere durch die Judikatur des *Appellate Body*, die großen Wert auf die Herleitung ihrer Ergebnisse aus dem Wortlaut der Vertragstexte legt, ohne daß dieser Anspruch immer überzeugend eingelöst werden kann[367].

In der Wissenschaft wird eine Lösung für dieses Problem nicht selten in einer Ausweitung der Verfahrensbeteiligung gesehen, also in der Einbeziehung von Interessen, die über diejenigen der Streitparteien hinausgehen. Ein viel diskutiertes, wenn vielleicht auch praktisch überschätztes[368] Element ist in diesem Zusammenhang die Einbeziehung von Drittinteressen in die Verfahren durch die Zulassung

---

[365] Zur Wirkung: *Sharif Bhuiyan*, Mandatory and Discretionary Legislation: The Continued Relevance of the Distinction under the WTO, JIEL 5 (2002), 571.

[366] Zu diesem Problem: *Joel P. Trachtman*, The Domain of WTO Dispute Resolution, Harvard International L.J. 40 (1999), 333 (350ff.) mit der angelsächsischen Unterscheidung zwischen *rules* und *standards*.

[367] Dazu die kritische Analyse bei *Trachtman*, Harvard International L.J. 40 (1999), 359ff. von WT/DS58/AB/R, U.S. Import Restrictions of Certain Shrimp and Shrimp Products, para 117ff.

[368] Skeptisch zur praktischen Bedeutung; *Petros C. Mavroidis*, Amicus Curiae Briefs Before The WTO: Much Ado About Nothing, FS Ehlermann, 2002, 317.

von *amicus curiae*-Schreiben[369]. Dieses Verfahren wurde vom *Appellate Body* zugelassen und ist nun allgemein üblich geworden: Interessierte Gruppen reichen in einem Streitschlichtungsverfahren Schriftsätze ein und nehmen zu Rechts- und Sachverhaltsfragen Stellung. Bis jetzt flossen diese Stellungnahmen aber nicht in die Entscheidungsbegründungen ein[370]. Hand in Hand mit dieser Verfahrensmodifikation geht die generelle Forderung nach der Einbeziehung nicht-ökonomischer Interessen in die Entscheidungsfindung, insbesondere durch die Anhörung von Nichtregierungsorganisationen in Verfahren[371].

Eine funktionale Perspektive spricht gegen diesen Weg: Die Einbeziehung von Betroffenen oder »stakeholders«[372] in das Verfahren erzeugt eigene Legitimationsprobleme. Denn solche Gruppen repräsentieren wie Lobbies Interessen, die keinen nach Gleichheitsmerkmalen strukturierten Prozeß durchlaufen haben. Dies unterscheidet sie von den im Verfahren erscheinenden Regierungen der Vertragsparteien, zumal alle Mitglieder über die Möglichkeit verfügen, im Verfahren als Dritte zu intervenieren, art. 10 (2) DSU[373]. Die Einführung des *amicus curiae* ist dabei als solche unproblematisch. Er kann der Information des Spruchkörpers gerade auch über *Sachverhalts*elemente des Falles dienen[374], die dieser verarbeiten kann, aber nicht muß. Damit wandelt sich die Entscheidungsstruktur des Verfahrens aber auch nicht wesentlich. Eine weitergehende Einbeziehung Dritter würde dagegen der auch in diesem Verfahren zu leistenden Individualisierung des Kon-

---

[369] Hierbei handelt es sich um ein aus dem Common Law kommendes prozessuales Mittel, in dem sich Nichtparteien als Interessierte mit einer eine Partei unterstützenden Schrift an das Gericht wenden. Vgl. *Johannes Koepp*, Die Intervention im WTO-Streitbeilegungsverfahren, 2002, 192ff.

[370] Aus der neueren Praxis: WT/DS231/AB/R, *European Sardines*, para 158f.; WT/DS138/AB/R, *US – Lead and Bismuth II*, para 39ff. Vgl. auch art. 17 (9) DSU und die auf dieser Grundlage erlassenen *Working Procedures for Appellate Review*, die die Frage offenläßt.

[371] *G. Richard Shell*, Trade Legalism and International Relations Theory: An Analysis of the WTO, Duke L.J. 1995, 829; *ders.*, The Trade Stakeholders Model and Participation by Nonstate Parties in WTO, U. o. Pennsylvania J.o. International Economic Law 17 (1996), 359; *Steve Charnowitz*, Participation of Nongovernmental Organization in the WTO, U. o. Pennsylvania J.o. International Economic L. 17 (1996), 331. Dagegen *Philip M. Nichols*, Extension of Standing in WTO Disputes to Nongovernmental Parties, U.o. Pennsylvania J.o. International Economic L. 17 (1996), 295. Kritik mit Blick auf die auch hier hervorgehobene Bedeutung der Mitglieder, wenn auch ohne Legitimationsargumente bei *Philip M. Nichols*, Realism, Liberalism, Values, and the World Trade Trade Organization, U.o. Pennsylvania J.o. International Economic L. 17 (1996), 851 (877ff.).

[372] *Shell*, U. o. Pennsylvania J.o. International Economic L. 17 (1996), 369ff.

[373] Dazu auch *Yuji Iwasawa*, WTO Dispute Settlement as Judicial Supervision, J.o. International Economic Law 2002, 287.

[374] Gerade bei der Sachverhaltsaufnahme ergeben sich in der Ausgestaltung des Instanzensystems große Probleme, weil die *Appellate Bodies* einerseits nur Rechtsfragen prüfen dürfen, andererseits aber eine bloße Zurückverweisung nicht vorgesehen ist. Dazu *David Palmeter*, The WTO Appelate Body Needs Remand Authority, J.o. World Trade 32 (1998), 41; *Donald M. Mac Rae*, The emerging appellate jurisdiction in international trade law, in: J. Cameron (Hrsg.), Dispute resolution in the World Trade Organisation, 1998, 98, mit Beispielen.

flikts entgegenarbeiten: Die Behauptung, in einem bestimmten Fall ginge es um eine politische Grundsatzfrage, die an Streitschlichtungsverfahren nicht selten herangetragen wird, würde durch die Einbeziehung aller denkbaren Interessen rezipiert und verstärkt – eine institutionelle *self-fulfilling prophecy*, die die verfahrenseigene Rationalität der Fallentscheidung unterliefe. Dies ist – und hier greift die Parallele zur Verfassungsgerichtsbarkeit[375] – im Angesicht der vorgegebenen Verfahrenselemente ein zweifelhafter Weg. Denn auch wenn die faktische Reichweite der Entscheidungen über den Streitgegenstand hinausgeht, kann die Entscheidung ihre Rechtfertigung letztlich nur durch den Bezug auf die in einem Verfahren anzuwendenden Regeln erhalten, nicht durch einen ausgreifenden Anspruch auf Repräsentativität. Dieser müßte sich, um einen eigenen Gehalt bekommen zu können, auch gegen demokratisch legitimierte nationale Regierungen durchsetzen. Ganz im Gegenteil kann dem genannten Legitimationsproblem nur durch eine bewußte Begrenzung der Entscheidungsreichweite begegnet werden – und genau diese Konsequenz läßt sich vor allem in der Begründungspraxis der *Appellate Bodies* erkennen[376]. Dies wird im folgenden Abschnitt genauer darzustellen sein.

Wenn man die judikative Entscheidungsstruktur als vorgegeben anerkennt, können funktionsangemessene Entwicklungen also nur in einer weitergehenden Juridifizierung des Verfahrens bestehen[377]. Dies bedeutet zum einen, daß die bis jetzt fehlende Öffentlichkeit der Verhandlungen zu gewährleisten ist. Die Individualisierungsleistung der Entscheidungsbegründung auch nach außen, die dem Streitschlichtungsverfahren abzuverlangen ist, kann nur gelingen, wenn die Interessendarstellung der Parteien im Verfahren und die Entscheidungsbegründung miteinander verbunden werden. Zudem dürfte eine weitere institutionelle Verselbständigung der Spruchkörper gegenüber den intergouvernementalen Organen und eine deutlichere Verrechtlichung der Auswahl der Entscheidungsträger hilfreich sein. Schließlich wird auch das Anwachsen des Entscheidungsmaterials selbst zu einer Spezifizierung der Entscheidungsbegründungen führen, die einen wichtigen Beitrag zur judikativen Konfliktindividualisierung darstellt[378]. Im Ergebnis kann das Verfahren des DSU seine Legitimation nur durch eine individualisierende Verselbständigung erhalten.

Die Tatsache, daß die WTO sich funktional als eine bloße Judikative darstellt, kann also nicht durch eine Relativierung der Rechtsbezogenheit des Verfahrens

---

[375] Vgl. oben, S. 136 ff.

[376] Dies gilt zum einen für die wichtigen Fälle, die sich als Konflikt zwischen Handel und anderen Rechtsgütern darstellen lassen. Dies gilt aber auch für das Verhältnis zu nationalen Rechtsordnungen. Ein wichtiges Beispiel ist: WT/DS152/11, *US – Sections 301–310*, in der der Panel die gesetzliche Regelung aufrechterhält, aber die dazugehörigen Durchführungsvorschriften im Lichte der WTO auslegt und damit Vorgaben für den Gesetzesvollzug entwickelt.

[377] So auch *Weiler.* J.o. World Trade, 35 (2001), 202 ff. Vgl. auch, *Iwasawa*, J.o. International Economic Law 2002, 287 mit einem Vergleich zum ICJ.

[378] Dazu oben, S. 81 ff., 95 ff.

zugunsten politischer Repräsentationsformen gelindert werden. Entschärft wird das Problem vielmehr dadurch, daß die am Verfahren beteiligten Parteien, als Regierungen der Mitglieder, ihrerseits auf einer demokratischen Grundlage handeln[379] und der Streitentscheidung damit einen demokratischen Kontext verleihen, auf den die Entscheidungen auch Rücksicht nehmen[380]. Die Einführung einer komplementären Legislativstruktur, die ohne demokratische Identität operieren muß, ist weder geboten noch ratsam[381].

b) Sektoralität der Rechtsordnung: Beispiel Hormones-Case

Als eine materielle Entsprechung zur prozeduralen Exklusivität des Streitschlichtungsverfahrens kann die Sektoralität der GATT/WTO-Rechtsordnung verstanden werden, ihre Beschränkung auf wirtschaftliche Fragen[382]. Positiv-rechtlich kristallisiert sich dieser Zusammenhang am deutlichsten in der Regel des art. XX GATT 1947[383], der bestimmte Gemeinwohlbelange wie Umweltschutz oder Leben und Gesundheit als Rechtfertigungstatbestände für Verstöße gegen das GATT anerkennt, damit aber auch ein Regel-Ausnahme-Verhältnis begründet, in dem sich nicht-ökonomische Gesichtspunkte gesondert legitimieren müssen. Aus den oben angestellten Überlegungen zur demokratischen Allgemeinheit[384] ergibt sich, daß eine einseitige thematische Beschränkung hoheitlicher Institutionen, die nicht an ein allgemeines demokratisches Verfahren angeschlossen ist, zu asymmetrischen Interessenrepräsentationen führen kann. Eine solche Asymmetrie ist auch in dieser Regelungsstruktur zu erkennen.

Als Lösung dieses Problems wird in der Literatur entsprechend der verfahrensrechtlichen Diskussion eine materielle Verallgemeinerung des WTO-Rechts vorgeschlagen, in der anerkannte Gemeinwohlbelange als gleichberechtigt mit Prinzipien des Freihandels statuiert würden[385]. Jenseits der Frage, inwieweit nach gel-

---

[379] Zu diesem Gedanken bereits oben, S. 136 ff.

[380] Zur Beschaffung von Informationen über die Interessen der Mitglieder im Streitbeilegungsverfahren: *James McCall Smith*, WTO Dispute Settlement: The Politics of Procedure in Appellate Bodies Rulings, World Trade 2 (2003), 55.

[381] Die Gefahr einer zu wenig beschränkten Macht der Streitschlichtungsmechanismen aus diesem Grund sieht dagegen: *Bartels*, International Constitutional L. Quarterly 53 (2004), 877 ff., der allerdings auch nur Änderungen des Verfahrensrechts im DSU empfiehlt. Weniger skeptisch: *Richard H. Steinberg*, Judicial Lawmaking at the WTO: Discursive, Constitutional, and Political Constraints, American J.o. International L. 98 (2004), 247 (257 ff.).

[382] Dazu *Langer*, Grundlagen einer internationalen Wirtschaftsverfassung, 65 ff.

[383] Vgl. als entsprechende Regelung art. XIV GATS.

[384] Vgl. oben, S. 50 ff.

[385] Vgl. etwa *Nettesheim*, JbfNPolÖ 19 (2000), 69; *Jan Neumann*, Die Koordination des WTO-Rechts mit anderen völkerrechtlichen Ordnungen, 2002, 322 ff., m. w. N.; *Donald M. Mac Rae*, GATT Article XX and the WTO Appellate Body, in: M. C. Bronckers (Hrsg.), New directions in international economic law, 2000, 219. Umfassend zum Thema: Symposion: The Boundaries of The WTO, American J.o. International Law 96 (2002). Dort insbesondere die hinsichtlich einer Erweiterung kritischen Beiträge: *David W. Leebron*, Linkages, ebda., 5; *Robert Howse*,

tendem Recht im Streitbeilegungsverfahren auch anderes als WTO-Recht Anwendung finden darf[386], ist festzustellen: Eine Verallgemeinerung der Rechtsgrundlagen würde eine Art potentiell allzuständiger Ebene ohne demokratische
Komplementärverfahren etablieren. Dies würde die Funktion des Rechtsregimes
jedoch in Frage stellen, verbindet sich mit der Sektoralität der GATT/WTO-
Rechtsordnung doch gerade das Ziel der Angleichung von Handelsschranken.
Das für übernationale Rechtsordnungen typische Fehlen demokratischer Allgemeinheit kann nicht einfach als ein Manko gesehen werden, das durch eine thematische Erweiterung der Ordnung zu lösen wäre. Vielmehr bleiben diese Ordnungen, wie gezeigt, auch auf nationale demokratische Verfahren angewiesen und
können sich deshalb nicht beliebig verallgemeinern. Damit ist das Problem der
thematischen Asymmetrie zunächst als politisch gewollt hinzunehmen. Die Tatsache, daß die GATT/WTO-Rechtsordnung institutionell weiter entwickelt ist
als andere sektoral definierte völkerrechtliche Regime, ist dabei Ausdruck einer
demokratischen Entscheidung der beteiligten Parteien.

Bei dieser Feststellung kann es allerdings nicht bleiben. Vielmehr ist das Problem auch innerhalb der judikativen Rechtserzeugung der WTO zu lösen. Wie
dies geschehen kann, zeigt die Entscheidungspraxis des Streitschlichtungsverfahrens. Die dabei verwendeten Lösungen laufen nicht selten darauf hinaus, Maßstäbe für die Entscheidung von Konflikten zwischen ökonomischen und anderen
Rationalitäten durch die Beobachtung anderer Rechtsregime zu ermitteln. Ein
Beispiel[387] dafür ist der *Hormones Case*[388], wohl eine der meist diskutierten Entscheidungen des neuen WTO-Regimes[389]. In dem hier nur äußerst vereinfacht
darzustellenden Fall ging es um die Zulässigkeit eines europäischen Importver-
bots für hormonbehandeltes Rindfleisch, das in den Regelungsbereich des *Agreement on Sanitary and Phytosanitary Measures (SPS-agreement)* fiel, art. 1 (1) *SPS-
agreement*. Ein solches Verbot war nach den einschlägigen Regeln in art. 2 (2), 5

From Politics to Technocray and Back Again, ebda., 94. Vgl. auch *Jeffrey Dunoff*, The Death of
the Trade Regime, European J.o. International L. 10 (1999), 733. Gegen eine Verallgemeinerung
auch: *John O. McGinnis/Mark L. Movsesian*, Against Global Governance in the WTO: Harvard
International L.J. 45 (2004), 353 in Auseinandersetzung mit Argumenten ebda., 305.

[386] Dazu eingehend *Markus Böckenförde*, Grüne Gentechnik und Welthandel, 2004, 424ff.

[387] Für ein entsprechendes Vorgehen mit Blick auf Umweltschutzbelange die Analyse bei
Scott, On Keith and Kine zum Shrimp-Turtle Case.

[388] Report of the Appellate Body, adopted 13.2. 1998, WT/DS26/AB/R; WT/DS48/AB/R.

[389] Aus der zahlreichen Literatur zu dieser Entscheidung: *Christian Joerges*, Law, Science and
the Management of Risks to Health at the National, European and International Level, Columbia J.o. European L. 7 (2000), 1; *Robert Howse*, Democracy, Science, and Free Trade: Risk Regulation on Trial at the World Trade Organization, Michigan L. Rev. 98 (1999/2000), 2329; *Vern R.
Walker*, Keeping the WTO from Becoming the »World Trans-Science Organization«: Scientific
Uncertainty, Science Policy and Factfinding in the Growth Hormones Dispute, Cornell International L.J. 31 (1998), 251; *Gerald G. Sander*, Gesundheitsschutz in der WTO – eine neue Bedeutung des Codex Alimentarius im Lebensmittelrecht?, ZEuS 3 (2000), 335.

(2) *SPS-agreement*[390] nur aufgrund einer naturwissenschaftlich fundierten Risikoanalyse zulässig. Diese muß nicht vom Mitglied selbst durchgeführt, sondern kann auch einer internationalen Organisation anvertraut werden[391]. Im *Hormones-Case* stellte der *Appellate Body* fest, daß die EG keine solche Risikoanalyse vorgenommen hatte[392]. Dabei entwickelte der *Appellate Body* eine Prüfung, in der die Entscheidung eines Mitglieds, sich bei Errichtung einer Handelsschranke an internationalen Standards auszurichten, eine abgestufte Vermutung zugunsten ihrer Vereinbarkeit mit dem *SPS-agreement* begründet[393]. Eine eigene, abweichende Analyse dagegen bedarf entsprechend art. 3 (3) *SPS-agreement* einer eingehenderen naturwissenschaftlichen Rechtfertigung[394]. Ein solcher internationaler Standard lag im Fall in Form einer Beurteilung der *Codex Alimentarius Commission* (CAC) vor[395]. Bei dieser handelt es sich um ein gemeinsam von zwei Unterorganisationen der Vereinten Nationen, der *World Health Organization* (WHO) und der *Food and Agriculture Organization* (FAO), konstituiertes Gremium, in dem die meisten WTO-Mitglieder, jedenfalls die Parteien des Streits, vertreten sind. Die Vorgaben der CAC sind zudem in art. 3 (a) Anhang des *SPS-agreement* als internationale Standards definiert[396]. Die Entscheidung, die Empfehlungen anzunehmen, begründet aber keine Rechtspflicht der Mitglieder[397]. Trotzdem hätte die EG bei einer Abweichung von den Standards eine eigene wissenschaftliche Analyse vorlegen müssen.

Jenseits anderer, von beiden Instanzen uneinheitlich entschiedener Rechtsfragen und jenseits des vornehmlich diskutierten Problems des Verhältnisses von wissenschaftlicher Expertise zu demokratischer Entscheidung[398] interessiert im vorliegenden Zusammenhang nur das Problem der Sektoralisierung, des Um-

---

[390] Vgl. zum Regelwerk und seiner bisherigen Anwendung in der Streitschlichtung: *Jost Pauwelyn*, The WTO Agreement on Sanitary and Phytosanitary (SPS) Measures as Applied ih the First Three SPS Disputes, J.o. International Economic Law 1999, 641 (643ff.), auch zu WT/DS18/AB/R und WT/DS76/AB/R.

[391] *Hormones*, AB, para 190; Australia Salmon, AB, para 69.

[392] *Hormones*, AB, para 208.

[393] *Hormones*, AB, para 170f. unterscheidet zwischen einer Übernahme der Standards und einer Entscheidung »auf Grundlage« dieser Standards.

[394] Hinsichtlich der Beweislast für dieses Erfordernis kam der AB dem regulierenden Mitglied mehr entgegen (AB, Hormones, 104) als die Vorinstanz (Panel, Hormones, 8.87).

[395] Grundsätzlich *Rüdiger Merkle*, Der Codex Alimentarius der FAO und WHO, 1994, 22ff.

[396] Die Standards werden auf Grundlage einer Beratung durch das *Codex Committee on Residues of Veterinary Drugs in Foods*, das aus Regierungsvertretern besteht, und einer Empfehlung des *Joint FAO/WHO Expert Committee on Food Additives (JECFA)*, einem Gremium von Wissenschaftlern, getroffen.

[397] Die Standards bedürfen einer förmlichen Annahme, dazu *Schermers/Blokker*, International Institutional Law, §1231; *Alexandrowicz*, Law-Making Functions of Specialized Agencies, 78ff.

[398] Grundlegend an der Entscheidung des AB war die Feststellung, daß Risikoanalysen kein rein naturwissenschaftliches Vorgehen verlangen, sondern in einem gesellschaftlichen Kontext zu geschehen haben, also auch politische Werturteile enthalten: AB, Hormones, para 187. Anders noch die Vorinstanz: Panel, Hormones, para 8.94. Dazu auch *David A. Wirth*, The Role of Sci-

gangs mit anderen thematisch definierten Rechtsordnungen: Der *Appellate Body*[399] reagiert also auf die Frage, wie nicht-ökonomische Normativkriterien zu entwickeln sind, mit einer in der anzuwendenden Rechtsordnung vorgesehenen Verweisung auf ein anderes völkerrechtliches Regime. Ähnliche Mechanismen lassen sich auch im Verhältnis zu Problemen des Umweltschutzes und des Arbeitsschutzes erkennen.

Die funktionale Legitimation eines solchen Verweises hängt aber nicht nur davon ab, ob der Verweis Teil der materiellen Entscheidungsmaßstäbe ist, sondern auch davon, inwieweit die Gremien, auf deren Entscheidungen verwiesen wird, ihrerseits eine legitime Entscheidungspraxis vorweisen. Im konkreten Fall stand die Legitimation der fraglichen Kommission der CAC deutlich in Zweifel[400]: Diese arbeitete in einem intransparenten Verfahren, unter Einbeziehung einer großen Zahl von Vertretern betroffener Industrien, doch ohne Verbraucherschützer. Der zu entscheidende Konflikt zwischen Exportinteressen und Gesundheitsschutz fand in der Besetzung der Kommission keinen Niederschlag und im undurchsichtigen Verfahren des Regelerlasses keine legitimationsstiftende Auflösung. Zudem waren die Entscheidungen des Gremiums nicht bindend. Während die Begründung des *Appellate Bodies* diese Defizite nicht erwähnte, nahm sie im Ergebnis auf diesen Zusammenhang Rücksicht. Anders als die Vorinstanz weichte sie die Bindung dieser Standards diskursiv auf: Eine Abweichung von den CAC-Standards begründet, wie gezeigt, nicht von vornherein einen Verstoß gegen das *SPS-agreement*, sondern löst eine Nachweispflicht aus, die schon in art. 5 (1) *SPS-agreement* grundsätzlich vorgesehen ist[401].

Wie ist diese exemplarisch untersuchte Verweisstruktur funktional zu bewerten und in einen Zusammenhang mit dem Problem der Sektoralisierung des GATT/WTO-Regimes zu bringen? Stehen einer Verallgemeinerung dieser Rechtsordnung zu nichtwirtschaftlichen Regelungsgegenständen Bedenken entgegen, so erscheint das Entstehen einer Verweisstruktur im Prinzip eine adäquate Reaktion. In dieser kann auch auf die unterschiedlichen Wertigkeiten, die verschiedenen Sachproblemen beigemessen wurden, Rücksicht genommen werden. Die Tatsache, daß die Reduzierung von Zöllen im internationalen Recht stärkeren Ausdruck gefunden hat als die Verbreitung von Arbeitsschutzstandards, mag man beklagen, aber sie bleibt als eine Entscheidung des positiven Rechts eine zu respektierende Präferenz.

---

ence in the Uruguay Round and NAFTA Trade Disciplines, Cornell International L.J. 27 (1994), 817.

[399] Vgl. als interessante Kontrastentscheidung EuGH, Rs. 331/88, The Queen/Ministry of Agriculture, Slg. 1990, I-4023.

[400] Zur Praxis: *Tilman Makatsch*, Gesundheitsschutz im Recht der Welthandelsorganisation (WTO), 2004, 204 ff.

[401] AB, Hormones, para 176 f.

Übernationale Regime sind anders als das klassische Staatensystem thematisch differenziert[402] und schaffen dadurch eigene horizontale Koordinationsprobleme[403]. Eine Lösung für diese Probleme liegt in einer wechselseitigen Verweisstruktur, die die Wertungspräferenzen innerhalb der verschiedenen Regime ebenso berücksichtigen kann wie die Wertungspräferenzen, die die Staatengemeinschaft verschiedenen Regimen nicht zuletzt durch einen unterschiedlich intensiven Grad an Institutionalisierung verliehen hat. Stellt die Verwendung von Verweis- und Rezeptionstechniken eine angemessene Problemlösung dar, so ist allerdings zu berücksichtigen, daß die Streitschlichtungsorgane der WTO mit einer solchen Rezeption auch die Verantwortung für die Repräsentativität dieser Standards übernehmen. Das bedeutet konkret: Bei der Rezeption von Standards aus anderen Rechtsordnungen sind nicht nur materiellrechtliche Grundlagen für einen Rezeptionsakt anzugeben, sondern auch die Verfahrensbedingungen zu untersuchen, in denen die einschlägigen Regeln entstanden sind. Funktional geboten ist ein System transparenter Verweisstrukturen auf Regelungen, die in repräsentativen Verfahren erzeugt wurden. Auch die Weigerung, die Standards anderer Regime zu rezipieren, kann bei der Durchsetzung solcher Standards helfen.

Erst im Fluchtpunkt der weiteren Verdichtung verschiedener völkerrechtlicher Regime mit eigenen Rechtsprechungsinstanzen steht dagegen die Frage, inwieweit Jurisdiktionskonkurrenzen entstehen können. Solche Konkurrenzen sind bisher in der Praxis kaum zu beobachten[404], und der Grad ihrer Wahrscheinlichkeit ist trotz wissenschaftlicher Warnungen nicht ganz klar[405]. Dies zeigt auch die Seltenheit entsprechender Konflikte in fachlich ausdifferenzierten nationalen Rechtsprechungssystemen[406]. Vor dem Hintergrund des hier entwickel-

---

[402] Vgl. oben, S. 233 ff., sowie knapp *Luhmann*, Politik der Gesellschaft, 224 f.

[403] Zur Kooperation zwischen Organisationen: *Christian Tietje*, Global Governance and Inter-Agency Co-operation in International Economic Law, J.o. World Trade 36 (2002), 501 (505 ff.). Grundsätzlicher: *ders.*, Internationalisiertes Verwaltungshandeln, 2001, 467 ff.

[404] Eine bisher nicht zur Entscheidung gekommene Ausnahme wäre der Konfklikt zwischen WTO-Recht und Internationalem Seerecht in WT/DS/193/2 und ISGH-Beschluß 2000/3, in dem die Jurisdiktionen beider Regime zeitweise aktiviert wurden. Eine Entscheidung ist durch Einigung der Parteien vorläufig nicht notwendig. Dazu *Neumann*, Die Koordination des WTO-Rechts, 198 ff. Ein anderer Konflikt zwischen verschiedenen Regimen und dem Europarecht wird analysiert bei *Robin Churchill/Joanne Scott*, The Mox Plant Litigation The First Half Life, International Constitutional L. Quarterly 53 (2004), 643.

[405] Grundsätzlich zum Problem *Jonathan L. Charney*, Is International Law Threatened by Multiple International Tribunals?, Recueil des Cours 271 (1998), 101, allerdings mit Skepsis hinsichtlich des Vorliegens eines echten Problems; *Neumann*, Die Koordination des WTO-Rechts, 317 ff.; *Matthias Ruffert*, Zuständigkeitsgrenzen internationaler Organisationen im institutionellen Rahmen der internationalen Gemeinschaft, AVR 38 (2000), 129; *Jost Pauwelyn*, Conflict of Norms in International Law, 2003, 327 ff., sowie die Beiträge von *Benedict Kingsbury et al.*, New York U.J. of International Law and Politics 31 (1998–1999), 679.

[406] Die begrenzte Dringlichkeit des Problems im deutschen Recht dokumentieren die Entscheidungsanalysen des GS OBG: *Martin Schulte*, Rechtsprechungseinheit als Verfassungsauftrag, 1986, zur Rechtsprechung des Gemeinsamen Senats der Obersten Gerichte des Bundes, der ein strukturanaloges Problem zu lösen hat.

ten Modells bedürfen solche Konkurrenzen keiner übergreifenden, quasi-legislativen Lösung, sondern eher der Entwicklung einer judikativen Rücksichtnahmelehre[407], die den kleinteiligeren Problembezug judikativer Rechtserzeugung beizubehalten vermag.

c) Individuelle Legitimation?

Übernationale Ebenen können sich eigene Legitimationsmechanismen durch die Garantie und den institutionellen Schutz subjektiver Rechte einrichten[408]. Für die GATT/WTO-Rechtsordnung sind solche Mechanismen nicht vorgesehen. Die Rechtserzeugung der Streitschlichtungsmechanismen legitimiert sich zwar durch die Entscheidung einzelner Fälle auf Grundlage von Recht. Ihr Handeln kann jedoch nur durch die Vertragsparteien initiiert werden, es ist hoheitlich mediatisiert.

Theoretisch ist der Schutz individueller Rechtspositionen mittelbar oder unmittelbar möglich: Es ist denkbar, daß betroffene Individuen die zuständigen Hoheitsträger dazu anregen oder rechtlich verpflichten können, ihrerseits bei der WTO vorstellig zu werden. Entsprechende Instrumente sind sowohl dem amerikanischen Recht als auch dem Gemeinschaftsrecht in Form von Gesetzen, bzw. Sekundärrecht bekannt. Beiden Regelungen ist jedoch gemeinsam[409], daß die formalisierten Verfahren zur Anregung des hoheitlichen Handelns sich nicht zu einer echten Verpflichtung der Behörden verdichten, Maßnahmen einzuleiten, sondern nur zu einer Prüfungspflicht. Den Behörden ist ein weites politisches Ermessen überlassen, bei der WTO vorstellig zu werden. Im Ergebnis haben weder amerikanische Gerichte noch der EuGH jemals eine Pflicht zum Erlaß von Handelssanktionen oder zur Anrufung des Streitschlichtungsmechanismus ausgesprochen[410]. Damit stellen diese Verfahren in beiden Rechtsordnungen formalisierte Anregungen zum Tätigwerden und zur Informationsbeschaffung über

---

[407] Vgl. auch zur Rechtsfigur der *comity* in diesem Zusammenhang *Joel R. Paul*, Comity in International Law, Harvard International L.J. 32 (1991), 1. Zur Kritik: *Brian Pearce*, The Comity Doctrine as a Barrier to Judicial Jurisdiction: A U.S.-E.U. Comparison, Stanford J.o. International L. 30 (1994), 525.

[408] Vgl. oben, S. 243 ff.

[409] VO 3286/94, ABl. L 349/71, dazu *Marco C.E. Broenckers*, Enforcing WTO Law Through the EC Trade Barriers Regulation, International Trade & Law Regulation 3 (1997), 76, sowie 19 U.S.C. 2411–16, bekannt als *section 301*. Dazu *Jackson/Dawey/Sykes*, International Economic Relations, 817 ff. Zum Vergleich zwischen beiden *Petros C. Mavroidis/Werner Zdouc*, Legal Means to Protect Private Parties' Interests in the WTO, J.o. International Economic Law 1998, 407 (415 ff.); *Christian Cascante*, Rechtsschutz von Privatrechtssubjekten gegen WTO-widrige Maßnahmen in den USA und in der EG, 2003, 122 ff.; *Peter Behrens*, Die private Durchsetzung von WTO-Recht, in: C. Nowak/W. Cremer (Hrsg.), Individualrechtsschutz in der EU und in der WTO, 2002, 201.

[410] Vgl. dazu *Mavroidis/Zdouc*, J.o. International Economic Law 1998, 421, 422 ff. mit Nachweisen zur Rechtsprechung.

Handelshemmnisse dar, die keine durchsetzbaren subjektiven Rechtspositionen garantieren.

Eine zweite Möglichkeit der Subjektivierung der WTO-Rechtsordnung besteht in der Einrichtung einer direkten Einklagbarkeit von WTO-Verletzungen durch betroffene Rechtssubjekte. Diese Möglichkeit kann sich sowohl aus der GATT/WTO-Rechtsordnung als auch den Rechtsordnungen der Vertragsparteien ergeben. In den Vereinigten Staaten ist diese Option durch den Gesetzgeber ausdrücklich ausgeschlossen[411]: Nur der Bund kann die Gliedstaaten auf Einhaltung von GATT/WTO-Regeln verklagen. In der europäischen Rechtsordnung ergibt sich gleiches nicht eindeutig aus dem geschriebenen Recht. Vielmehr verwehrt eine sehr umstrittene[412], hier nicht im einzelnen wiederzugebende[413] Rechtsprechung des EuGH eine Berufung auf einen Verstoß gegen GATT/WTO-Recht im Prinzip sowohl den Bürgern[414] als auch den Mitgliedstaaten.

Aus funktionaler Sicht[415] ist auf den fundamentalen Wandel in der Legitimationsstruktur hinzuweisen, den die Einführung individueller Legitimationselemente in diese Rechtsordnung mit sich bringen würde[416]. Dabei ist die Entwicklung der unmittelbaren Einklagbarkeit des WTO-Rechts für Jedermann durch die Streitschlichtungskörper der WTO als weitestgehender Schritt zur Vermittlung individueller Legitimation unwahrscheinlich. Sie würde zwar eine Parallele zur Rechtsprechung zur unmittelbaren Anwendbarkeit von Gemeinschaftsrecht

---

[411] Dazu *David W. Leebron*, Implementation of the Uruguay Round results in the United States, in: J.H. Jackson/A.O. Sykes (Hrsg.), Implementing the Ururguay Round, 1997, 175 (187f.).

[412] Kritisch etwa *Thomas von Danwitz*, Der EuGH und das Wirtschaftsvölkerrecht, JZ 2001, 721 (725ff.); *Robert Uerpmann*, Völkerrechtliche Nebenverfassungen, in: A. v. Bogdandy (Hrsg.), Europäisches Verfassungsrecht, 2003, 339 (345ff.).

[413] Die entscheidenden Argumente für und wider eine unmittelbare Anwendbarkeit von GATT/WTO-Recht sollen der Vollständigkeit halber referiert werden: Die Rechtsprechung des EuGH verweigert diese unter Hinweis auf die fehlende Reziprozität, also die fehlende Anerkennung unmittelbarer Wirkung in anderen Rechtsordnungen. Daneben stellt sich die Frage nach der Auslegung von Art. 300 Abs. 7 EGV, sowie diejenige nach der Vereinbarkeit dieser Rechtsprechung mit anderen Urteilen zu völkerrechtlichen Verpflichtungen.

[414] EuGH, verb. Res. 21–24/72, International Fruit, Slg. 1972, 1219; Rs. 70/87, Fediol III, Slg. 1989, 1781; Rs. C-69/89, Nakajima, Slg. 1991, I-2069; Rs. C-280/93, Deutschland / Rat., Slg. 1994, I- 4973; Rs. C-307/99, OGT Fruchthandelsgesellschaft, Slg. 2001, I-3159, Tz. 24ff.

[415] Vgl. als eine institutionenökonomische Argumentation, die die Frage aufwirft, ob individuelle Interessen nicht dadurch effektiver verwirklicht werden, daß ihre Verfolgung Staaten überlassen bleibt: *Joel P. Trachtman/Philip M. Moremen*, Costs and Benefits of Private Participation in WTO Dispute Settlement: Whose Right is it anyway?, Harvard International L.J. 44 (2003), 221 (230ff.).

[416] Vgl. für ähnliche Argumente in der Literatur: *Piet Eeckhout*, Judicial Enforcement of WTO Law in the European Union – Some Further Reflections, J.o. International Economic Law (2002), 91 (93ff.); *Armin von Bogdandy*, Legal Equality, Legal Certainty and Subsidiarity in Transnational Economic Law, in: A. v. Bogdandy u.a. (Hrsg.), European integration and international co-ordination, 2002, 13 (24ff.). Im Ergebnis auch *Pascal Royla*, WTO-Recht – EG-Recht: Kollision, Justiziabilität, Implementation, EuR 2001, 495 (501ff.).

durch den EuGH darstellen[417], die sich aber schon wegen der gänzlich anderen prozessualen Struktur des DSU kaum entwickeln könnte[418]. In der Sache wäre ein solcher Schritt noch problematischer als im europäischen Zusammenhang. Denn die Einräumung subjektiver Rechte würde sich in diesem Fall über einen sehr heterogenen globalen Geltungsraum erstrecken, für den es anders als im Fall der europäischen Integration insbesondere keine legislativen Verfahren gäbe, die in der Lage wären, den transnationalen Freiheitsgebrauch vereinheitlichend zu regulieren.

Inwieweit die institutionell viel wahrscheinlichere[419] unmittelbare Anwendbarkeit[420] durch Gerichte der Mitglieder funktional angemessen ist, ist dagegen nicht ohne Differenzierungen zu beantworten: In jedem Fall bleibt es notwendig, daß die Entscheidung über die Anwendbarkeit, die weitreichende Konsequenzen für die gesamte betroffene Rechtsordnung haben kann, durch eine demokratisch verantwortete Entscheidung ermöglicht wird. Eine solche kann allerdings auch in der Einführung einer am völkerrechtlichen Monismus orientierten Verfassungsnorm bestehen[421]. Für die europäische Ebene ist die Anordnung des EuGH, eine außereuropäische Rechtsordnung unmittelbar anzuwenden, funktional fragwürdig. Sie nimmt dem Gemeinschaftsgesetzgeber die Spielräume, die Folgen handelspolitischer Entscheidungen im Inneren politisch auszugestalten. Umgekehrt ist es aber selbstverständlich, daß in das Gemeinschaftsrecht umgesetzte GATT/WTO-Verpflichtungen unmittelbar anwendbar werden können, wenn sich solches aus dem Umsetzungsakt ergibt. In diesem Fall praktiziert der EuGH eine schlichte Anwendung legislativ gesetzten Rechts. Ein richterrechtlicher Vorbehalt gegen die Anwendung umgesetzter Verpflichtungen ist ebenso zweifelhaft wie die richterrechtliche Schöpfung der Umsetzung[422].

---

[417] Revolutionär an dieser Rechtsprechung war nicht die Annahme unmittelbarer Anwendbarkeit des Gemeinschaftsrechts, die zuvor nationalen Gerichten mit einem monistischen System durchaus bekannt war, sondern die unmittelbare Anwendung durch den EuGH selbst, also durch das Gericht der höheren Ebene: *De Witte*, Direct Effect, Supremacy and the Nature of the Legal Order, 181ff.
[418] Insbesondere mangels eines Vorlageverfahrens, das die Spruchkörpersysteme miteinander verkoppelt.
[419] Zum Problem auch *Stefan Oeter*, Gibt es ein Rechtsschutzdefizit im WTO-Streitbeilegungsverfahren?, in: C. Nowak/W. Cremer (Hrsg.), Individualrechtsschutz in der EG und der WTO, 2002, 221 (230ff.).
[420] Zur Terminologie im Englischen *Joseph H. Jackson*, The Effect of Treaties in domestic law in the United States, in: The Jurisprudence of GATT & The WTO, 2000, 297 (301ff.).
[421] Ein Beispiel wäre die Niederländische Verfassung. Zu den demokratischen Verlusten einer verfassungsrechtlichen Umsetzung: *John H. Jackson*, Status of Treaties in domestic legal systems: a policy analysis, in: The Jurisprudence of GATT & The WTO, 2000, 328 (354f.).
[422] Dieses Argument betrifft die insoweit berechtigte Kritik an EuGH, Rs.C-280/93, Deutschland / Rat, Tz.120ff. im Verhältnis zu den Verweisen auf internationales Recht in VO (EWG) 404/93, ABl. 1993, L 47/1. Zum Kontext die Übersicht bei: *John H. Jackson/Patricio Grane*, The Saga Continues: An Update of the Banana Dispute, J.o. International Economic L.

Eine weitere Differenzierung ist schließlich mit Blick auf die Anwendbarkeit zugunsten der Mitgliedstaaten der EG angezeigt. Die Berufung eines Mitgliedstaats auf einen Verstoß der EG gegen GATT/WTO-Recht begründet funktional eine gänzlich andere Konstellation als die Berufung durch ein individuelles Rechtssubjekt[423]. Denn Mitgliedstaaten der EG sind als eigenständige Mitglieder der WTO[424] zugleich selbständige Legitimationssubjekte dieses Rechtsregimes. Zugleich nehmen sie an den handelspolitischen Entscheidungen der EG teil. Schließlich sind die Mitglieder ihrerseits demokratisch legitimierte Akteure, auf die die funktionalen Einwände gegen eine Subjektivierung der GATT/WTO-Rechtsordnung, entgegen der Rechtsprechung des EuGH, nicht passen.

Aus funktionaler Sicht ist die mittelbare oder unmittelbare Einrichtung individueller Legitimationselemente in die WTO-Rechtsordnung also weniger geboten denn problematisch. Dies gilt in jedem Fall für die unmittelbare Anwendbarkeit von vertraglichen Regeln. Aber auch der Gedanke, daß zumindest Entscheidungen des *Dispute Settlement Body* unmittelbare Anwendbarkeit in der europäischen Rechtsordnung finden sollten[425], ist funktional aus zwei Gründen nicht überzeugend: Zum ersten bleibt unklar, wie ein Gericht eine Entscheidung anwenden soll. Handelt es wie ein unterinstanzliches Gericht oder wendet es die ratio decidendi an und macht damit aus der Entscheidung des DSU eine allgemeingültige Regel? Entscheidend ist aber, zum zweiten, daß es funktional keinen Unterschied gibt, wenn ein judikatives Verfahren über die Rechtsgrundlagen eines anderen judikativen Verfahrens entscheidet. Es fehlt wiederum die Intervention eines demokratischen Entscheidungsträgers, der gerade über den Einzelfall hinweg orientiert und legitimiert ist. Damit gelten die soeben entwickelten Einwände auch für diese Konstellation. Fazit: Die Einrichtung subjektiver Rechte sollte den demokratischen Verfahren der Mitglieder vorbehalten bleiben und nicht durch die Judikativorgane der Mitglieder oder der WTO selbst entwickelt werden.

2001, 581 (592ff.). Anders EuGH, Rs. 70/87, Fediol III, Slg. 1989, 1781, Tz. 70ff.; EuGH, Rs. C-69/89, Nakajima, Slg., I-1991, 2069.

[423] Anders aber EuGH, Rs. C-149/96, Portugal / Rat, Slg. 1999-I, Tz. 36. Analysen bei *Stefan Griller*, Judicial Enforceability of WTO Law in the EU Annotation to Case 149/96, J.o. International Economic Law 2001, 441 (450ff.); *Meinhard Hilf/Frank Schorkopf*, WTO und EG: Rechtskonflikte vor dem EuGH?, EuR 2000, 74.

[424] Zur Form des gemischten Abkommens, unten, S. 358ff.

[425] Dazu jetzt die Andeutung in EuGH Rs. C-94/02 P, Bivet, Slg. I-10603, Tz., 544ff., 58. Dazu *Heiko Sauer*, Die innergemeinschaftlichen Wirkungen von WTO-Streitbeilegungsentscheidungen – Begriffliche und dogmatische Klärungen, EuR 2004, 463 (473f.). Für eine solche Lösung etwa *Geert A. Zonnekeyn*, The Legal Status of WTO Panel Reports in the EC Legal Order, J.o. International Economic L. 1999, 713 (716ff.).

4. Fazit: Gewaltengliederung und Konstitutionalisierung in der WTO

Im Ergebnis begegnen die Mechanismen der WTO weniger funktionalen Bedenken als die Vorschläge zu ihrer Reform: Die judikativzentrierte Rechtserzeugung durch die WTO ist funktional gerade deswegen unbedenklich, weil das Streitentscheidungsverfahren jedenfalls von demokratischen Mitgliedern nur nach Einhaltung demokratischer Verfahren initiiert werden kann. Die Einbeziehung individueller Rechtspositionen würde dieses System in Frage stellen und funktional den Bedarf nach einer legislativen Komplementärfunktion hervorrufen, für die demokratische Mechanismen, die eine globale Reichweite haben müßten, schwer herzustellen wären. Eine Subjektivierung der Rechtsordnung würde also keineswegs zu Legitimationsgewinnen führen[426], sondern der judikativ arbeitenden WTO Entscheidungsmöglichkeiten auch für Konflikte verleihen, die kein demokratisches Verfahren durchlaufen haben. Hier ergäben sich die entsprechenden Legitimationsprobleme, die eine unmittelbar mit Grundrechten operierende Rechtsprechung erzeugt, wegen der Heterogenität der Sachverhalte und der betroffenen Rechtsordnungen in potenzierter Form.

Eine viel vertretene Rechtfertigung der WTO argumentiert mit Stichworten wie *power versus rules*[427], Konstitutionalisierung[428] oder *domestic policy function* und zielt auf eine Bändigung des protektionistisch oder sozialstaatlich handelnden nationalen Gesetzgebers durch die Internationalisierung des Rechts. Einer solchen Argumentation, die die Legitimation der WTO in der individualschützenden Verrechtlichung demokratischer Prozesse sieht, kann aus funktionaler Sicht nicht beigepflichtet werden. Hinter dieser Funktionsbestimmung steht eine Vermutung zugunsten von Freihandel und zu Lasten von Regulierung, die in dieser Allgemeinheit nicht zu halten ist und sich namentlich in der fortgeschritteneren institutionellen Entwicklung eines naheliegenden Vorbildes, des europäischen Binnenmarktes, auch nicht zeigt. Diese Position steht auch in ihren theoretischen Grundlagen dem hier entwickelten Modell entgegen, weil subjektive Rechte auf transnationales Handeln von ihr als quasi naturrechtliche Institute verstanden werden, deren institutionelle Sicherung durch Recht keines demokratischen Vermittlungsverfahrens bedarf[429]. Demgegenüber entsteht die Legitima-

---

[426] So aber besonders deutlich *Ernst-Ulrich Petersmann*, Constitutional Functions and Constitutional Problems of International Economic Law, 1991, 314ff. Dagegen grundsätzlich etwa *Howse/Nicolaidis*, Constitutionalizing the WTO.

[427] Begrifflich grundlegend: *John H. Jackson*, Governmental Disputes in International Trade Relations: A Proposal in the Context of the GATT, J.o. World Trade 13 (1979), 3. Zustimmend: *Meinhard Hilf*, Power, Rules and Principles – Which Orientation for WTO/GATT Law, J.o. International Economic L. 4 (2001), 111 (116ff.); *Bhuiyan*, J.o. International Economic L. 5 (2002), 599.

[428] Deutlich bei *Petersmann*, Constitutional Functions. In eine ähnliche Richtung die Beiträge von *Jan Tumlir*, Protectionism: Trade Policy in Democratic Societies, 1985.

[429] In diesem Zusammenhang macht sich eine eigenwillige Kant-Deutung bemerkbar, die den Freiheitsbegriff der praktischen Vernunft und den Rechtsbegriff verwechselt: *Ernst-Ulrich Pe-*

tion der WTO gerade aus dem Zusammenspiel eines judikativen Verfahrens mit demokratisch legitimierten Parteien. Beide Elemente bedürfen der Bewahrung. Der Wandel zur judikativen Streibeilegung, der sich in der Entwicklung des GATT-Rechts deutlich macht, erhält seine Legitimation auch aus der politischen Verantwortlichkeit der Verfahrensbeteiligten.

---

tersmann, How to Constitutionalize International Law and Foreign Policy for the Benefit of Civil Society?, Michigan J.o. International L. 20 (1998), 1. John Locke wäre ein besserer Gewährsmann gewesen: *Locke*, Two Treatises of Government, II, 94 f., 131. Dazu *Wolfgang Kersting*, Eigentum, Vertrag und Staat bei Kant und Locke, in: Martyn P. Thompson (Hrsg.), John Locke und Immanuel Kant. Historische Rezeption und gegenwärtige Relevanz, 1991, 109. Eine Kritik an der Kant-Rezeption bei *Robert Howse/Kalypso Nicolaidis*, Enhancing WTO Legitimacy: Constitutionalization or Global Subsidiarity, in: M. Verweij/T. Josling (Hrsg.), Deliberately Democratizing Multilateral Organization, 2003, 10 ff. (Manuskript).

§8 Gewaltengliederung in Ebenenkopplungen

Regelmäßig wirken zwei Ebenen in einem Akt der Rechtserzeugung zusammen, etwa wenn ein Gericht der unteren Ebene Recht der höheren Ebene anwendet oder die Legislative der höheren Ebene der Exekutive der unteren Ebene Vorgaben macht. Solche Zusammenhänge sollen im folgenden als *Kopplung* bezeichnet werden[1]. Theoretisch sind Kopplungen zur Errichtung von Mehrebenen-Rechtsordnungen nur begrenzt notwendig: Zwei Rechtserzeugungsebenen könnten jede für sich legislative, judikative und exekutive Funktionen entwickeln, an einzelne Rechtssubjekte adressieren und sich legitimieren, ohne miteinander normativ verkoppelt zu sein. Die föderale Ordnung der Vereinigten Staaten entspricht nach innen weitgehend diesem Modell. Doch ist allen Mehrebenen-Rechtsordnungen notwendig gemeinsam, daß die Kompetenzverteilung zwischen ihnen durch die Ordnung selbst definiert werden muß. Dies führt unvermeidlich zu zumindest einer Form von Kopplung. In der Regel sind Mehrebenen-Rechtsordnungen noch intensiver verkoppelt: Sie entwickeln arbeitsteilige Strukturen, in denen legislative, exekutive und judikative Rechtserzeugung nicht auf jeder Ebene neu durchlaufen werden müssen.

Kopplungen sind keine Einbahnstraßen. Rechtserzeugung funktioniert vielmehr in einer doppelten Bewegungsrichtung: Organe der unteren Ebene können ein Organ der höheren Ebene konstituieren und dadurch an deren Rechtserzeugung beteiligt werden. Für solche Fälle kann man von einer aufsteigenden, einer *aszendenten* Kopplung sprechen. Umgekehrt mag die höhere Ebene zum Erlaß von Normen befugt sein, die die untere Ebene binden und von dieser vollzogen werden müssen. Dieser Fall läßt sich entsprechend als eine *deszendente* Kopplung bezeichnen. Daß beide Formen von Kopplung zu beobachten sind, bestätigt wiederum das oben bereits angenommene Fehlen einer prinzipiell hierarchischen Beziehung zwischen den Ebenen[2].

Der folgende Abschnitt wird die funktionale Bedeutung von Kopplungen zunächst am Beispiel binnenexekutiver Kopplungen in Mehrebenen-Rechtsordnungen untersuchen (I.) Hieran wird eine Analyse der Gewaltengliederung auswärtiger Beziehungen, einem Fall der aszendenten Kopplung, anschließen (II.).

---

[1] Vgl. auch den ähnlichen, auf die Exekutive beschränkten Begriff der »interadministrativen Verbindung« bei *Jens Hofmann*, Rechtsschutz und Haftung im europäischen Verwaltungsverbund, 2004, 29 ff.

[2] Vgl. oben, S. 228 ff.

Der Paragraph endet mit der Untersuchung einer deszendenten Kopplung, nämlich der Bestimmung von Gesetzgebungskompetenzen, die durch die legislative oder durch die judikative Funktion erfolgen kann (III.). Zur Untersuchung dieser Kopplungen wird vor allem auf die beiden untersuchten nationalen Rechtsordnungen und das Europarecht, nur im Einzelfall auf das Recht der WTO einzugehen sein.

I. Ebenenverkoppelte Exekutivstrukturen

Bei der Untersuchung der Gewaltengliederung der EU wurde die exekutive Rechtserzeugung unterhalb der gubernativen Ebene, also die Konkretisierung bis zur Stufe des bürgergerichteten Vollzugs einzelner Entscheidungen, außer acht gelassen. Dies soll nunmehr aus einer vergleichenden Perspektive nachgeholt werden. Wie in anderen übernationalen Rechtsordnungen und manchen bundesstaatlichen Systemen überlässt das Gemeinschaftsrecht den Vollzug im Regelfall seinen Mitgliedstaaten, so daß legislative und exekutive Rechtserzeugung sich auf verschiedene Ebenen verteilen. Ein solches Arrangement nimmt auch Rückwirkungen auf die Gewaltengliederung innerhalb der Ebenen. Diesen ist im folgenden mit einem vergleichenden Blick auf die Referenzrechtsordnungen nachzugehen.

Als Ausgangspunkt zu einer vergleichenden Untersuchung bietet sich das Problem der Vollzugskontrolle an: Die höhere Ebene hat sicherzustellen, daß das von ihr gesetzte Recht vollzogen wird. Wie kann sie dies garantieren? Kontrollen können im Prinzip verwaltungsintern oder funktionsextern durch die Judikative erfolgen. Judikative Kontrollen können durch »politische« Klagemöglichkeiten zwischen den Ebenen oder durch die Initiativberechtigung einzelner Bürger eingerichtet werden. Grundsätzlich steht Mehrebenen-Rechtsordnungen auch eine andere Ausgestaltungsmöglichkeit zur Verfügung: Anstatt die untere Ebene mit dem Vollzug zu betrauen, können alle Ebenen ihre eigene Vollzugsorganisation aufbauen. Beide Alternativen schließen sich nicht aus, sondern sind nebeneinander denkbar.

Um diese verschiedenen Optionen zu vergleichen, sollen die Vollzugskontrollsysteme der Referenzrechtsordnungen zunächst knapp vergleichend dargestellt werden (1.). Anschließend sollen exemplarisch Einzelprobleme funktional untersucht und bewertet werden (2.): Vertikale (a) und horizontale Kopplungen (b), das Problem der demokratischen Verantwortlichkeit für den Vollzug (c) und die Rückwirkungen spezifischer Kontrollaufgaben auf die Legitimation der Judikative (d).

1. Vergleichsdarstellung

a) GATT/WTO

Kurz ist in Erinnerung zu rufen, daß GATT/WTO-Normen als Regeln des Völkerrechts[3] durch die Vertragsparteien vollzogen werden. Die Umsetzung von WTO-Regeln innerhalb der Referenzrechtsordnungen geschieht dabei sowohl durch legislatives Handeln in Gesetzesform (respektive in der EG durch Verordnungen) als auch durch verwaltungsinterne Regelungen[4]. Über formelle exekutive Kontrollmechanismen gegenüber den Vertragsparteien verfügt die WTO, wie gezeigt, nicht. Die Kontrolle des Vollzugs beschränkt sich auf die judikativen Streitschlichtungsmechanismen, die nur von den Mitgliedern, nicht aber von Organen der WTO selbst initiiert werden kann. Insofern handelt es sich um ein System *wechselseitiger Selbstkontrolle der Mitglieder in judikativer Form.*

Wie bei anderen internationalen Organisationen und wie für die ILO vorgeführt[5], spielen *nicht rechtsförmig durchsetzbare exekutive Beobachtungsstrukturen* für die Vollzugskontrolle eine große Rolle[6]. *Compliance*-Systeme können verpflichtete Staaten erst auf Verstöße aufmerksam machen und durch Publizität unter Vollzugsdruck setzen. Denn, wie soeben erörtert, entstehen Vollzugshindernisse im internationalen Recht häufig weniger aus bewußter politischer Verweigerung als aus technischen Problemen oder Informationsdefiziten[7]. Hierbei hilft auch bei der WTO ein thematisch organisiertes Ausschußsystem. Damit arbeitet der Vollzug der WTO wie derjenige anderer internationaler Organisationen mit weichen Kontrollformen, die das Handeln der Mitglieder beobachten und darüber informieren. Zu diesen weichen Mechanismen tritt jedoch das voll juridifizierte Streitschlichtungssystem hinzu. Über hier interessierende formelle exekutive Kopplungen mit ihren Mitgliedern verfügt die WTO aber ebensowenig wie über – für die ILO oben untersuchte – spezifische prozedurale Mechanismen auf Ebene der Organisation.

---

[3] Vgl. zur Anwendbarkeit allgemeiner Regeln *Pauwelyn*, Conflicts of Norms in Public International Law, 456ff.; *ders.*, The Role of Public International Law in the WTO: How Far can we go?, American J.o. International L. 95 (2001), 535 (540ff.); *James Cameron/Kevin R. Gray*, Principles of International Law in the WTO Dispute Settlement Body, International and Comparative L. Quarterly 50 (2001), 248 (252ff.).

[4] Vgl. für die Europäische Gemeinschaft: *van den Bossche*, The European Community and the Uruguay Round Agreements, 30ff. Für die Vereinigten Staaten *Leebron*, Implementation of the Uruguay Round results in the United States, 170ff.

[5] Oben, S. 303ff.

[6] Grundlegend zu deren Bedeutung *Chayes/Chayes*, The New Sovereignty, 1ff.; Dazu auch *Koh*, Yale L.J. 106 (1997), 2603ff. Rechtstheoretisch: *Alfred P. Rubin*, Enforcing the Rules of International Law, Harvard International L.J. 34 (1993), 149.

[7] *Chayes/Chayes*, The New Sovereignty, 135ff. Vgl. auch die berühmte Feststellung vom Regelfall der Einhaltung völkerrechtlicher Verträge bei *Louis Henkin*, How Nations Behave: Law and Foreign Policy, 2. Aufl. 1979, 74.

b) Europäische Union

Die Anwendung des Gemeinschaftsrechts obliegt – so die klassische Darstellung – in den vertraglich dafür vorgesehenen Fällen der Kommission, ansonsten den Mitgliedstaaten[8]. Der bürgergerichtete Vollzug ist praktisch in den meisten Fällen Sache der Mitgliedstaaten, während der Erlaß administrativen Rechts zur Konkretisierung als Durchführungsbefugnis der Kommission obliegt, Art. 202 UA 3, 211 UA 4 EGV. In den Erlaß dieser Regeln sind jedoch intergouvernemental besetzte Ausschüsse mit unterschiedlich intensiven Beteiligungsrechten einbezogen (»Komitologie«)[9]. Die Kommission verfügt über *Compliance*[10]-Mechanismen, die jedoch oft mit durchsetzbaren Befugnissen verbunden sind. Dies gilt für eine Vielzahl von Informationssammelsystemen zwischen Kommission und Mitgliedstaaten[11] sowie insbesondere für das Recht der Kommission, sich nach Maßgabe der Ausgestaltung durch den Rat[12] umfassend zu informieren, Art. 284 EGV. Die Unterscheidung zwischen Eigen- und Fremdverwaltung des Gemeinschaftsrechts behält ihren Wert mit Blick darauf, daß nur Mitgliedstaaten oder die EG als Zurechnungssubjekt einer exekutiven Handlung zur Verfügung stehen[13], zugleich unterläuft die Unterscheidung von Eigen- und Fremdvollzug die Komplexität des europäischen Vollzugssystems[14]:

---

[8] Die Konstruktion der Verwaltungskompetenzen im Vertrag ist umstritten, insbesondere ist das Verhältnis von Sachkompetenz zu Vollzugskompetenz nicht eindeutig und kann kaum ohne einen Blick auf das Sekundärrecht verstanden werden. Zum Erfordernis einer eigenen Verwaltungskompetenz *Armin von Bogdandy/Jürgen Bast*, Die vertikale Kompetenzordnung der Europäischen Union – Rechtsdogmatischer Bestand und verfassungspolitische Reformperspektiven, EuGRZ 2001, 441 (453); *Reimer v. Borries*, Verwaltungskompetenzen der Europäischen Gemeinschaft, FS Everling, Bd. 1, 1995, 127 (132); *Joachim Suerbaum*, Die Kompetenzverteilung beim Verwaltungsvollzug des Europäischen Gemeinschaftsrechts in Deutschland, 1998, 110f. Übersicht der einzelnen Kompetenztitel bei *Stefanie Schreiber*, Verwaltungskompetenzen der Europäischen Gemeinschaft, 1997, 85ff.

[9] Vgl. sogleich, S. 346ff.

[10] *Francis Snyder*, The Effectiveness of European Community Law: Institutions, Processes, Tools and Techniques, The Modern Law Rev. 56 (1993), 19 (31ff.). Das wichtigste neue Compliance-Instrument ist die Open Method of Coordination: *Regent*, European L.J. 9 (2003), 198ff.

[11] Typisierung bei *Eberhard Schmidt-Aßmann*, Verwaltungskooperation und Verwaltungskooperationsrecht in der Europäischen Gemeinschaft, EuR 1996, 270 (290f.).

[12] Zum Charakter der Norm als Ermächtigungsgrundlage: EuGH, Rs. C-426/93, Deutschland / Rat, Slg. 1995, I-3743, Tz. 18ff.; *David*, Inspektionen im Europäischen Verwaltungsrecht, 168ff.

[13] Zum sogenannten Trennungsprinzip *Schmidt-Aßmann*, Allgemeines Verwaltungsrecht als Ordnungsprinzip, 7/29f. Dogmatisch zu Ende geführt bei *Stefan Kadelbach*, Allgemeines Verwaltungsrecht unter europäischem Einfluß, 1999. Daran anknüpfend *David*, Inspektionen im Europäischen Verwaltungsrecht, 337ff.

[14] Grundlegend zur Kritik *Dieter H. Scheuing*, Europarechtliche Impulse für innovative Ansätze im deutschen Verwaltungsrecht, in: W. Hoffmann-Riem/E. Schmidt-Aßmann (Hrsg.), Innovation und Flexibilität des Verwaltungshandelns, 1994, 289 (331ff.); *Schmidt-Aßmann*, EuR 1996, 275ff.; *Gernot Sydow*, Die Harmonisierung des mitgliedstaatlichen Vollzugs des Europa-

Mit Blick auf die sogenannte *Eigenverwaltung* spielte die Kommission als
»Gubernative« der Europäischen Union auch für den bürgergerichteten Vollzug
des Gemeinschaftsrechts eine nicht unbedeutende Rolle, namentlich im klassischen Wettbewerbsrecht der VO 17[15]. Aus der Perspektive der Kommission ergibt sich allerdings folgendes Dilemma: Auf der einen Seite verpflichten viele Regeln des Gemeinschaftsrechts die Mitgliedstaaten und richten sich gegen eine
spezifische Diskriminierung nach nationalstaatlichen Kriterien[16]. Dies spricht
von vornherein gegen eine Zuweisung von diskriminierungsgefährdeten Vollzugskompetenzen an die Verwaltungen der Mitgliedstaaten[17]. Auf der anderen
Seite verfügt die Kommission nur über begrenzte Ressourcen[18]. Sie ist eben eher
als Gubernative oder als Sekretariat, weniger als eine vollständige Exekutive mit
eigenem Verwaltungsunterbau angelegt[19], und sie hat aufgrund der institutionellen Struktur der Gemeinschaft deutlich weniger Einfluß auf ihre eigenen Ressourcen als nationale Regierungen. Für eine herkömmliche, politisch verantwortliche
Gubernative sind bürgergerichtete Vollzugskompetenzen zudem funktional
bedenklich. Sie würden die Entscheidung von rechtlich determinierten Einzelfragen repolitisieren. Dieses Problem stellt sich für die Kommission zwar nicht in
gleicher Dringlichkeit, solange sie als politisch unabhängige Behörde gegen mitgliedstaatliche Interessenverzerrungen fungiert. Dieses ist aber, wie gezeigt, nur
in abnehmendem Maße richtig. Vollzugskompetenzen der Kommission verstärken ihre Legitimationsprobleme[20]. Zwei verwaltungsinterne Lösungen stehen für
dieses Problem bereit. Zum einen die bereits untersuchte Ausgliederung von Verwaltungsagenden an Agenturen[21], zum anderen die nunmehr zu betrachtende
Einrichtung von Kopplungs- und Kontrollstrukturen zwischen Kommission
und mitgliedstaatlichen Verwaltungen, also eine Relativierung der Unterscheidung zwischen Eigen- und Fremdverwaltung.

Auch bürgergerichtete Vollzugshandlungen der europäischen Ebene erfolgen
nicht ohne Beteiligung der Mitgliedstaaten. Die Agenturen unterstehen, wie gezeigt, in unterschiedlichem Grad der Kontrolle intergouvernementaler Auf-

---

rechts in mehrstufigen Verwaltungsverfahren, Die Verwaltung 34 (2001), 517 (538ff.).

[15] Vgl. aber sogleich zu den aktuellen Änderungen.

[16] Zu den daraus folgenden materiellen Prinzipien des effet utile und des Diskriminierungsverbots beim Vollzug von Gemeinschaftsrecht vgl. *von Danwitz*, Verwaltungsrechtliches System, 374ff. EuGH, Rs. 33/72, Gunella, Slg. 1976, 1989, Tz. 5; EuGH, verb. Rs. 205–215/82, Deutsche Milchkontor GmbH, Slg. 1983, 2633, Tz. 17; EuGH, Rs. C-312/93, Peterbroeck, Slg. 1995,
I-4599, Tz. 12.

[17] Dies wird vom EuGH gerade mit Blick auf die Delegation von Durchführungsbefugnissen
an die Mitgliedstaaten betont: EuGH, Rs. 23/75, Rey Soda, Slg. 1975, 1279, Tz. 46ff.

[18] *Ellen Vos*, Reforming the European Commission: What Role for Agencies?, Common Market L. Rev. 37 (2000), 1113. Vgl. dazu die Reformvorschläge der Kommission: Vorschlag für eine
VO des Rats mit dem Statut der Exekutivagenturen KOM(2000) 788 endg.

[19] Vgl. auch zum folgenden oben, S. 112ff.

[20] Auch dies zeigt die Diskussion um das Weißbuch zur Governance.

[21] Vgl. oben, S. 112ff., 253ff.

sichtsgremien. Auch für Kernbereiche des unmittelbaren Vollzugs von Gemeinschaftsrecht durch die Kommission lassen sich solche intergouvernementalen Beteiligungselemente, wenn auch in abgeschwächter Form entdecken, so beispielsweise in Verfahren, die zu Entscheidungen im Wettbewerbsrecht führen[22] oder bei Direktkontrollen im Agrarbereich[23].

Im Bereich der sogenannten *Fremdverwaltung* wird die Lage noch komplexer. Der Vollzug von Gemeinschaftsrecht durch die Mitgliedstaaten ist durch die Durchführungsregeln der Kommission genauer determiniert. Für den Bereich des bürgerbezogenen Vollzugs des Europarechts wird ein Großteil der Kontrollstrukturen durch das Sekundärrecht eingerichtet. Dieses kennt die gesamte Palette möglicher Ingerenzrechte: von bloßen Konsultationen der Kommission mit mitgliedstaatlichen Stellen[24], über bindende horizontale intergouvernementale Koordinationsprozesse, in denen die Kommission zwischenstaatliches Handeln anordnen kann[25], über bindende Koordinationsprozesse zwischen Kommission und einem Mitgliedstaat[26], bis zu weisungsähnlichen Entscheidungsvorbehalten der Kommission an eine vollziehende mitgliedstaatliche Behörde[27], die faktisch auch dem Bürger gegenüber wie eine Einzelmaßnahme wirken können[28]. Auch wenn ein allgemeines Weisungsrecht der Kommission an die mitgliedstaatlichen Verwaltungen beim Vollzug von Gemeinschaftsrecht nicht anerkannt ist[29], und informale Umgehungen dieser Befugnisgrenze seitens der Kommission vom

---

[22] Vgl. Art. 11, 12, 14 VO 1/2003.

[23] Vgl. Art. 9 Abs. 2 VO (EG) 1258/1999, ABl. 1999, L 160/113. Zur nur ergänzenden Funktion der Kommissionskontrollen EuGH, Rs. 366/88, Slg. 1990, I-3595, hinsichtlich der Vorläuferregelung VO 729/70.

[24] Vgl. etwa *Sommer*, Verwaltungskooperation im Europäischen Umweltrecht, 228ff.

[25] Vgl. etwa die Befugnis aus Art. 140 EGV (ex-Art. 118 EGV), aus der der EuGH eine Entscheidungsbefugnis hergeleitet hat: EuGH, Rs. 281/85, Deutschland / Kommission, Slg. 1987, 3203.

[26] *Bettina Schöndorf-Haubold*, Die Strukturfonds der Europäischen Gemeinschaft, 2003, Kap. 2 B, II.

[27] Zum Rechnungsabschlußverfahren als einer Rechtsaufsicht im Einzelfall: *Rudolf Mögele*, Die Behandlung fehlerhafter Ausgaben im Finanzierungssystem der gemeinsamen Agrarpolitik, 1997, 209ff. (auch zu den fließenden Grenzen zwischen Rechts- und Fachaufsicht).

[28] Zu einem Beispiel aus dem Produktsicherheitsrecht, Art. 9 der RiL 92/59/EWG: EuGH, Rs. 359/92, Deutschland / Rat, Slg. 1994, I-3681, Tz. 37. Zu einer ähnlichen Struktur im Beihilfenrecht sogleich. Vgl. auch *Armin Hatje*, Die gemeinschaftsrechtliche Steuerung der Wirtschaftsverwaltung, 1998, 167.

[29] Dafür aber *Giovanni Biaggini*, Theorie und Praxis des Verwaltungsrechts im Bundesstaat, 1996, 75ff.; *Stefan Kadelbach*, Verwaltungskontrollen im Mehrebenen-System der Europäischen Gemeinschaft, in: E. Schmidt-Aßmann/W. Hoffmann-Riem (Hrsg.), Verwaltungskontrolle, 2001, 205 (224); dagegen *Heike Adam*, Die Mitteilungen der Kommission: Verwaltungsvorschriften des Europäischen Gemeinschaftsrechts?, 1999, 94ff., 126ff.; *Volker Schiller*, Weisungsrechte der EG nach dem EWG-Vertrag bei nationalem Verwaltungsvollzug von EG-Recht?, RIW 1985, 36.

EuGH zurückgewiesen wurden[30], besteht also eine Vielzahl über die Durchführungskompetenz hinausgehender aufsichtsähnlicher Befugnisse der Kommission. Materielle Regelungen werden dabei häufig um Verfahrensvorschriften ergänzt. Traditionell seltener stellen sekundärrechtliche Normen auch konkrete organisationsbezogene Anforderungen an die Mitgliedstaaten[31]. Dies ändert sich aber mit Blick auf die Regulierung privatisierter Märkte[32]. Weil die Struktur dieser Kontrollbeziehungen sekundärrechtlich für jede Materie gesondert geregelt wird, ist sie unübersichtlich. Darauf wird bei der Analyse zurückzukommen sein.

Wie relativ die Unterscheidung zwischen Eigen- und Fremdverwaltung ist, dokumentieren neuere Entwicklungen: Nimmt man eine neu vereinheitlichte und zwei neu ausgestaltete Kernregulierungen als repräsentativ, nämlich die Regeln des neuen Kartell-[33], des Beihilfe[34]- und des Telekommunikationsrechts[35], so zeigt sich bei allen Unterschieden im einzelnen eine verallgemeinerbare Entwicklungstendenz. Alle weisen eine besondere Kompetenzfülle der Kommission auf: originäre legislative Kompetenzen, Art. 86 Abs. 3 EGV, oder besondere Vollzugskompetenzen, Art. 85, 88 Abs. 2 EGV. Will man die Unterscheidung zwischen Eigen- und Fremdverwaltung aufrechterhalten, so gehörte allein die Kartellverwaltung alter Prägung zur Eigenverwaltung, weil dort bürgergerichtete Entscheidungen ohne Vermittlung der Mitgliedstaaten zu treffen waren. Im Telekommunikationsbereich und im Beihilfenrecht dagegen werden solche Entscheidungen fast immer von nationalen Behörden getroffen. Die Reformen zeigen aber ein ähnliches Muster, in dem die Kommission allgemeine Durchführungsregeln erläßt, zugleich die nationalen Verwaltungen in diese Entscheidungen einbindet und sich Einzelinterventionsrechte für wichtige Fragen vorbehält[36]. In dieser Ar-

---

[30] Überblick zur Rechtsprechung und zur französischen Provenienz der Formen bei *Jörg Gundel*, Anmerkung zu EuGH v. 30. 3. 1997, Rs. C-57/95, EuR 1998, 90 (91 ff.). Vgl. auch *Bernd Biervert*, Der Mißbrauch von Handlungsformen im Gemeinschaftsrecht, 1999, 134 ff., 161 ff. Zur umstrittenen Rechtsnatur auch: *Matthias Herdegen*, Auslegende Erklärungen von Gemeinschaftsorganen und Mitgliedstaaten zu EG-Rechtsakten, ZHR 155 (1991), 52 (64 ff.).

[31] Vgl. dazu *Wolfgang Kahl*, Europäisches und nationales Verwaltungsorganisationsrecht, Die Verwaltung 29 (1996), 341.

[32] Vgl. nur aus dem Telekommunikationsrecht Art. 3 Abs. 2 RiL 2002/21/EG v. 7.3. 2002, ABl. L 108/33.

[33] 1/2003/EG. Dazu mit Blick auf die Organisationsstrukturen: *Claus-Dieter Ehlermann*, The Modernization of EC Antitrust Policy: A Legal and Cultural Revolution, Common Market L. Rev. 37 (2000), 537; *Hartmut Weyer*, Nach der Reform: Gestaltung der Wettbewerbspolitik durch die Kommission?, ZHR 164 (2000), 611 (626 ff.).

[34] VO 659/1999/EG. Zur Reform: *Adinda Sinnaeve*, Die ersten Gruppenfreistellungen: Dezentralisierung der Beihilfekontrolle?, EuZW 2001, 69 (75 ff.).

[35] In diesem Zusammenhang interessiert nur RiL 2002/21/EG. *Claudio Franzius*, Strukturmodelle des europäischen Telekommunikationsrechts, EuR 2002, 660 (683 ff.); *Karl-Heinz Ladeur*, Europäisches Telekommunikationsrecht im Jahre 2001 K & R 2002, 110 (113 f.).

[36] Vgl. als Beispiele für solche Einzelinterventionsrechte Art. 7 Abs. 4 RiL 2002/21/EG; Art. 7, 8 Abs. 1 VO 1/2003/EG; Art. 14 Abs. 1 VO 659/1999/EG.

beitsteilung wirkt die Kommission also auf den Vollzug sowohl durch allgemeine Regeln als auch durch Einzelentscheidungsvorbehalte ein. Auch horizontal zwischen den Mitgliedstaaten verlaufende Strukturen spielen in der Verwaltung der Gemeinschaft eine bedeutende Rolle. In dieser Konstellation verleiht das materielle Gemeinschaftsrecht der Vollzugsentscheidung einer mitgliedstaatlichen Verwaltung eine Wirkung, die sich auf den gesamten Gemeinschaftsraum erstreckt[37]. Dieses Verwaltungsmodell ist deutlich von der Rechtsprechung des EuGH zu den Grundfreiheiten[38] und der Abkehr der Kommission vom Gedanken der Vollharmonisierung[39] beeinflußt. Es veranschaulicht, welche Konsequenzen transnationaler Freiheitsgebrauch für die Verwaltungsorganisation haben kann: Der staatliche Regulierungsanspruch wird einerseits respektiert, andererseits auf das Gemeinschaftsgebiet verallgemeinert[40]. Die Prozeduren haben sich dem anzupassen. Das bereits theoretisch entwickelte Legitimationsproblem transnationaler subjektiver Rechte[41] gewinnt hier eine konkretere Form: Denn die demokratische Legitimation der Geltungserstreckung läßt sich schwerlich bruchlos rekonstruieren[42].

Trotz der vielfachen Kontrollkontakte zwischen Kommission und mitgliedstaatlichen Verwaltungen wird ein wesentliches Element der Vollzugskontrolle von Gerichten beider Ebenen wahrgenommen. Die Entwicklung subjektiver Rechte aus Richtlinien und von Rechten auf Staatshaftung bei Nichtumsetzung, die Verpflichtung mitgliedstaatlicher Behörden zur Anwendung von Gemeinschaftsrecht auch gegen nationalstaatliche Regeln[43], die Entwicklung von Vorlagepflichten der mitgliedstaatlichen Gerichte und die Relativierung der judikativen Zeitstruktur in den mitgliedstaatlichen Ordnungen[44] sind die wesentlichen prozeduralen Elemente dieser Kontrolle. Diese dienten nicht zuletzt der Einrichtung von Kontrollmöglichkeiten für den Vollzug mitgliedstaatlichen Verwaltungshandelns. Die Rolle des EuGH bei der Schöpfung subjektiver Rechte steht

---

[37] Zur Entstehung und Entwicklung verschiedener Bedeutungen des Anerkennungsprinzips: *Volkmar Götz*, Der Grundsatz der gegenseitigen Anerkennung im europäischen Binnenmarkt, FS Jaenicke, 1998, 763 (764ff., 777ff.); *Thomas C. W. Beyer*, Rechtsnormanerkennung im Binnenmarkt, 1998, 94ff. Zu den Konsequenzen für die Verwaltungsorganisation: *Thomas Groß*, Die administrative Föderalisierung der EG, JZ 1994, 596; (597f.); *Hans Christian Röhl*, Akkreditierung und Zertifizierung im Produktsicherheitsrecht, 2000, 23ff.

[38] EuGH, Rs. 120/78, Cassis, Slg. 1979, 649.

[39] Der Cassis-Entscheidung entspricht insoweit das Konzept im Weißbuch zur Vollendung des Binnenmarktes, 1985, Rdnr. 61ff. Daran anschließende Rechtsprechung: EuGH, Rs. 188/84, Kommission / Frankreich, Slg. 1986, 419; EuGH, Rs. 25/88, Wurmser, Slg. 1989, 1005; EuGH, Rs. C-293/94, Houtwipper, Slg. 1996, I-3159.

[40] Zur Figur des transnationalen Verwaltungsakts: *Volker Nessler*, Der transnationale Verwaltungsakt, NVwZ 1995, 863; *Matthias Ruffert*, Der transnationale Verwaltungsakt, Die Verwaltung 34 (2003), 49.

[41] Vgl. oben, S. 233ff.

[42] *Röhl*, Akkreditierung und Zertifizierung, 30ff., 38ff.

[43] EuGH, Rs. 103/88, Costanzo, Slg. 1989, 1839.

[44] EuGH. Rs. C-213/89. Factortame, Slg. 1990, I-2433.

auch in einem administrativen Kontrollzusammenhang, dessen Funktionalität der Klärung bedarf[45].

c) Deutschland

Die bundesstaatliche Vollzugsorganisation in der Bundesrepublik Deutschland weist auf den ersten Blick große Ähnlichkeiten mit dem europäischen System auf. Auch hier ist der Vollzug von Recht der höheren Ebene durch beide Ebenen möglich, und auch hier ist der Vollzug durch die untere Ebene die Regel, Art. 83 Abs. 1 GG. Doch zeigen sich binnenadministrativ in der deutschen Form des »Exekutiv-Föderalismus«[46] deutliche Unterschiede zum europäischen System:

Die bundeseigene Verwaltung ist nicht nur die systematische Ausnahme im grundgesetzlichen Vollzugssystem. Sie erlässt auch nur selten individuelle bürgergerichtete Entscheidungen. Spezifische politische Entscheidungsvorbehalte wie in Art. 26 Abs. 2 S. 1 GG oder in § 42 Abs. 1 GWB bleiben die Ausnahme. Für das typische Auseinanderfallen von Gesetzgebung und Vollzug ist die administrative Kontrollstruktur zwischen den Ebenen zudem weitgehend verfassungsrechtlich geregelt: Art. 83 ff. GG stellen die Aufsichtsmöglichkeiten der Bundesexekutive gegenüber den Ländern abschließend dar. Damit steht die Aufsicht des Bundes über die Länder im Prinzip unter einem Verfassungsvorbehalt[47], der abweichend nur mit Zustimmung des Bundesrats geregelt werden kann, Art. 84 Abs. 4, 85 Abs. 3 und 4 GG. Die hierarchische Koordinierung des Vollzugs zwischen Bund und Ländern im Einzelfall ist praktisch von geringer Bedeutung[48]. Wie auf europäischer Ebene finden sich auch beim Erlaß von gesetzeskonkretisierenden administrativen Normen intergouvernementale Beteiligungsstrukturen, die aber einheitlich durch den Bundesrat wahrgenommen werden. In Art. 80 Abs. 2, 4. Alt. GG ist dies für Rechtsverordnungen vorgesehen, die aufgrund zustimmungsbedürftiger Gesetze ergehen oder durch die Länder ausgeführt werden. Praktisch noch bedeutsamer ist die Zustimmungsbedürftigkeit in Art. 84 Abs. 2 GG für Allgemeine Verwaltungsvorschriften, die durch die Bundesregie-

---

[45] Sogleich, S. 352 ff.

[46] Ausdruck von Böckenförde übernommen für die europäische Ebene bei *Jochen Abr. Frowein*, Integration and the Federal Experience in Germany and Switzerland, in: M. Cappelletti/M. Secombe/J. Weiler (Hrsg.), Integration through Law, 1/1, 1986, 573 (586f.); *Jürgen Schwarze*, Die Implementation von Gemeinschaftsrecht, 1993, 52. Vgl. auch *Möllers*, EuR 2002, 503 ff.; *Lenaerts*, Common Market L. Rev. 18 (1993), 28. Zum Vergleich mit den Vereinigten Staaten grundlegend *Daniel Halberstam*, Comparative Federalism and the Issue of Commandeering, in: K. Nicolaidis/R. Howse, (Hrsg.) The Federal Vision, 2001, 213 (238 ff.).

[47] Zur Dogmatik *Christian Heitsch*, Die Ausführung der Bundesgesetze durch die Länder, 2001, 239 ff., 266 ff.

[48] Vgl. den aktuellen Überblick über die Anwendung bei *Norbert Janz*, Das Weisungsrecht nach Art. 85 Abs. 3 GG, 2003, 162 ff.; *Ulrike Müller/Karl-Georg Mayer/Ludwig Wagner*, Wider die Subjektivierung objektiver Rechtspositionen im Bund-Länder-Verhältnis, VerwArch 93 (2002), 585, 94 (2003), 127.

rung erlassen werden, um durch die Länder vollzogene Gesetze einheitlich durchzuführen[49].

Ergänzungen zu dieser Kopplungsstruktur funktionieren im deutschen System vornehmlich informal. Da informale Strukturen auf Konsens beruhen[50], erscheinen solche Kooperationsformen für das deutsche System typischer als für das europäische System. Denn nicht zuletzt durch die rigide verfassungsrechtliche Einfassung des Aufsichtssystems sind die Möglichkeiten, rechtsförmige Kontrollstrukturen durch einfaches Gesetzesrecht zu entwickeln, im deutschen Recht geringer als im europäischen. Auf der einen Seite hat das Verfassungsrecht auf die Vollzugsstruktur damit eine vereinheitlichende, systematisch disziplinierende Wirkung. Auf der anderen Seite provoziert diese Rigidität die Herausbildung einer unüberschaubaren Fülle informaler Nebenstrukturen in Formen intergouvernementaler oder interadministrativer Gremien auf allen Ebenen und zu allen Gebieten, die an rechtlichen Vorgaben vorbeilaufen[51]. Ähnlich wie im europäischen Kontext ist ein extensives, wenn auch kaum rechtlich formalisiertes, »intergouvernementales« Konferenzwesen auf Länderebene entstanden, das Vollzugsprobleme harmonisiert und koordiniert.

Horizontale Abstimmungen zwischen den Verwaltungen entstehen zur Ausgestaltung der Geltungserstreckung von Länderentscheidungen, und zwar sowohl wenn diese aufgrund eines Bundesgesetzes als auch wenn sie aufgrund eines Landesgesetzes ergehen. Systematisch gehört der zweite Fall nicht in den hier untersuchten Zusammenhang der Vollzugskontrolle[52]. Doch nur in Rechtsordnungen, in denen ein demokratisch oder sozialstaatlich induzierter Homogenisierungsdruck eine bestimmte Intensität erreicht hat, entstehen solche Phänomene[53]. Obwohl seltener ausdrücklich wissenschaftlich untersucht, ist die für das

---

[49] Zu Ähnlichkeiten und Unterschieden der beiden Verfahren: *Peter Lerche*, in: Maunz/Dürig, Art. 84, Rdnr. 96.

[50] *Morlok*, VVDStRL 62 (2003), 52f. Vgl. auch grundsätzlich *Arthur Benz*, Kooperative Verwaltung, 1994, 223ff.

[51] Zum Problem: *Paul Feuchte*, Die bundesstaatliche Zusammenarbeit in der Verfassungswirklichkeit der Bundesrepublik Deutschland, AöR 98 (1973), 473; *Jochen Abr. Frowein*, Gemeinschaftsaufgaben im Bundesstaat, VVDStRL 31 (1973), 13; *Hartmut Klatt*, Interföderale Beziehungen im kooperativen Bundesstaat, VerwArch. 78 (1987), 186 (193f., 197ff.); *Oeter*, Integration und Subsidiarität, 451ff.; *Walter Rudolf*, Kooperation im Bundesstaat, in: J. Isensee/P. Kirchhof (Hrsg.), Handbuch des Staatsrechts Bd. IV, 1990, § 105, Rdnr. 31ff., 81; *Gisela Färber*, Effizienzprobleme des Verwaltungsföderalismus, DÖV 2001, 485 (490ff.); *Peter Lerche*, in: Maunz/Dürig, Art. 83, Rdnr. 90f.

[52] Beim Vollzug eines Bundesgesetzes ist dieses Gesetz die Grundlage für eine länderübergreifende Geltung der Entscheidung eines Landesbehörde: BVerfGE 11, 6 (19). Relativierend zu dieser Konstruktion aber *Peter Lerche*, in: Maunz/Dürig, Art. 83, Rdnr. 50.

[53] Für die Bundesrepublik *Ernst Wolfgang Böckenförde*, Sozialer Bundesstaat und parlamentarische Demokratie, FS Schäfer, 1980, 182; *Rainer Eckertz*, Bundesstaat und Demokratie, FS Böckenförde, 1995, 13. Kritisch *Oeter*, Integration und Subsidiarität, 532ff.

Europarecht entwickelte Figur des transnationalen Verwaltungsakts[54] dem deutschen bundesstaatlichen Verwaltungsrecht in der Sache lange bekannt: Auf Landesrecht beruhende Akte wie die Erteilung der Hochschulreife bedürfen einer geltungserstreckenden horizontalen Koordination, die in Form von Verträgen eingerichtet werden kann, aber mitunter auch informal erfolgt[55].

Im Vergleich zum europäischen Modell werden Konflikte im Vollzug zwischen den Ebenen in Deutschland seltener durch formale verwaltungsinterne Kopplungen oder durch »abgefederte Hierarchien«[56] gelöst. Eine entsprechende Beobachtung läßt sich für die gerichtliche Vollzugskontrolle im bundesstaatlichen Rechtsverhältnis machen. Klagen zwischen Bund und Ländern stellen auch im Verwaltungsrecht kein praktisch bedeutsames Element der Vollzugskontrolle dar. Die Bedeutung der Judikative für die Rechtsbindung der Verwaltung ist zwar herausragend, aber die Ebenenunterscheidung ist dabei nicht von Bedeutung. Wegen der unmittelbaren Geltung von Bundesrecht sind Umsetzungsdefizite kein Problem. Trotzdem ist die Tatsache, daß Landesbehörden Bundesrecht weitgehend ohne exekutive Aufsicht vollziehen, auch durch das einheitliche Gerichtsystem und den umfassenden Rechtsschutz zu erklären. Die durch Bürger initiierte Rechtsprechung hat für die Vollzugshomogenisierung eine wesentlich bedeutendere Rolle als Klagen oder Aufsichtsmaßnahmen zwischen Bund und Ländern.

d) Vereinigte Staaten

Eine grundsätzlich andere Ausgestaltung des Mehrebenenvollzugs findet sich in der Rechtsordnung der Vereinigten Staaten. Die exekutive Verschränkung von Union und Gliedstaaten ist im Verfassungstext nicht vorgesehen[57] und in der überlieferten Praxis die Ausnahme[58]. Nach einer neueren, sehr umstrittenen[59] Rechtsprechung des Supreme Court verstößt die Verpflichtung eines Gliedstaats

---

[54] Zum Vergleich zwischen den Rechtsordnungen: *Röhl*, Akkreditierung und Zertifizierung, 32.

[55] Zu rechtlichen Grenzen der Vertragsstrukturen *Matthias Niedobitek*, Das Recht der grenzüberschreitenden Verträge, 2001, 233 ff. Überblick über die Vertragspraxis bei *Christoph Vedder*, Intraföderale Staatsverträge, 1996, 49 ff.

[56] Ausdruck bei *Schmidt-Aßmann*, Europäische Verwaltung, 1389.

[57] In den auch für die Dogmatik des Verfassungsrechts bedeutsamen Anfängen der Union war der Vollzug des Bundesrechts auch den Bundesstaaten nicht fremd. Dazu grundlegend *Saikrishna B. Prakash*, Field Office Federalism, Virginia L. Rev. 79 (1993), 1957.

[58] Als ein wichtiges Beispiel für diese Ausnahmen sind aber Teile der Sozialleistungsverwaltung zu nennen.

[59] Zur Kritik *Matthew D. Adler/Seth F. Kreimer*, The New Etiquette of Federalism: New York, Printz, and Yeskey, Supreme Court Rev. 1999, 71; *Roderick M. Hills*, The Political Economy of Political Federalism, Michigan L. Rev. 96 (1998), 813; *Vicki C. Jackson*, Federalism and the Uses and Limits of Law: Printz ad Principle?, Harvard L. Rev. 111 (1998), 2180; *Evan H. Kaminker*, Printz, State Sovereignty and the Limits of Federalism, Supreme Court Rev. 1997, 199.

durch den Bundesgesetzgeber, Bundesrecht durchzuführen, gegen das sich aus
der »Struktur« der Verfassung ergebende Prinzip der *dual sovereignty*[60]. Im konkreten Fall[61] verpflichtete ein Bundesgesetz den jeweils zuständigen *Chief Law
Enforcement Officer* einer *local jurisdiction* zur Untersuchung von Personen, die
beabsichtigten eine Waffe zu kaufen. Das Gericht stellte fest, daß sich die Frage
der Zulässigkeit einer solchen Regelung nicht aus dem Verfassungstext ergeben
könne. Die historische Verfassungspraxis sei nicht eindeutig. Dies erkläre sich aus
der Tatsache, daß die Gliedstaaten in den meisten Fällen in ihre Vollzugsaufgaben
eingewilligt hätten – nicht zuletzt wegen finanzieller Anreize[62]. Dagegen setze die
Verfassung an verschiedenen Stellen die als *dual sovereignty* bezeichnete Existenz
zweier separierter staatlicher Sphären voraus, die im Regelfall nicht miteinander
verbunden wären. Eine Anwendung von Bundesrecht durch die Gliedstaaten ent-
lasse zudem den Präsidenten aus seiner Verantwortung für den Gesetzesvollzug[63]. Die Gegenmeinung verwies dagegen nicht nur auf die Praxis in Deutschland, der Schweiz und der Europäischen Union[64], sie vermutete auch, daß die Regelung nur unter Rückgriff auf lokale Behörden überhaupt umgesetzt werden
könne. Damit sei die Beauftragung *necessary and proper* im Sinne von art. I sec. 8
U.S. const[65]. Eine ähnliche Rechtsprechung gilt für Bundesgesetze, die den gliedstaatlichen Gesetzgeber beauftragen, Regeln legislativ zu konkretisieren[66]. In einem Satz gilt also die Regel: *The Federal Government may not compel the States
to enact or administer a federal regulatory program.*[67]

Zwischen Bundesexekutive und Gliedstaaten gibt es dadurch keinen Kontroll-
bedarf. Vielmehr verhalten sich beide Systeme zueinander wie Parallelen. Kontrollzusammenhänge können allenfalls auf indirektem Weg durch finanzielle Anreize des Bundes geknüpft werden, die die Gliedstaaten dazu anregen, an einem
bundesfinanzierten Programm mitzuwirken. Aber auch dieses Verfahren stößt an
verfassungsrechtliche Grenzen, wenn es zu faktischen Bindungen der Gliedstaaten führt[68].

---

[60] Angeführt in Gregory v. Ashcroft 501 U.S. 452, 457 (1991); Tafflin v. Levitt, 493 U.S. 455,
458 (1990). Zum diskutierten Zweck verwendet in Printz v. United States, 521 U.S. 898, 918f.
(1997) (Scalia, J.).
[61] 521 U.S. 898, 918ff.
[62] 521 U.S. 898, 905ff.
[63] 521 U.S. 898, 922f.
[64] 521 U.S. 898, 976f. (Breyer, J., Diss.),
[65] 521 U.S. 898, 941ff. (Stevens, J., Diss.).
[66] New York v. United States, 505 U.S. 144, 161ff., 187f. (1992). Vgl. auch bereits ähnliche
Formulierungen in FERC v. Mississippi, 456 U.S. 742, 761f. (1982); Hodel v. Virginia Surface Mi-
ning & Recl. Ass., 452 U.S. 264, 288 (1981).
[67] 505 U.S. 188, zustimmend zitiert in 521 U.S. 933.
[68] 505 U.S. 144, 161ff., 187f. (1992). Am Beispiel des Umweltrechts erläutert bei *Wolfgang G.
Renner*, Föderalismus im Umweltrecht der Vereinigten Staaten und der Europäischen Gemeinschaft, 2003, 184ff.

Horizontal treten die Gliedstaaten als gemeinsamer Interessenverband in den politischen Prozeß auf Bundesebene ein[69]. Ihre Rolle ähnelt dabei aber eher derjenigen einer privaten Lobby als einer durch den Bund auch nur lose kooperativ einbezogenen Verwaltungsstruktur. Doch können die Gliedstaaten vertraglich miteinander kooperieren und auch administrative Organisationsformen errichten. Bedeutendstes Beispiel ist die von den Staaten *New York* und *New Jersey* vertraglich eingerichtete *Port Authority*[70]. Auch diese Formen stoßen aber wegen ihres grenzüberschreitenden Bezugs an bundesverfassungsrechtliche Kompetenzgrenzen, wenn der Bundesgesetzgeber eine Regelung treffen will[71].

Selbst die gerichtliche Vollzugskontrolle ist von einem in der Tendenz immer strikter werdenden Trennungsregime beherrscht. Zwar vollziehen die Gliedstaaten kein Bundesrecht, doch können sie durch Bundesrecht verpflichtet werden und damit gegen solches verstoßen. Der Supreme Court deutet die föderale Ordnung der amerikanischen Verfassung unter erweiternder Auslegung der *immunity clause* des Eleventh Amendment[72] so, daß Bürgerklagen gegen gliedstaatliches Handeln aufgrund von Bundesrecht verfassungsrechtlich ausgeschlossen sind[73]. In der Leitentscheidung gestattete ein Bundesgesetz Indianerstämmen die Abhaltung von Glücksspielen, wenn sie mit ihrem Heimatbundesstaat eine Übereinkunft über die Ausgestaltung dieser Aktivität träfen. Der Bundesstaat war bundesgesetzlich verpflichtet, *in good faith* mit dem Stamm zu verhandeln. Den betroffenen Stämmen richtete das Gesetz eine Klagemöglichkeit gegen den Staat ein. Diese Klagemöglichkeit wurde vom Supreme Court als verfassungswidrig verworfen. Dies gilt auch, wenn die in einem Bundesgesetz vorgesehene Überprüfung durch Gerichte der Gliedstaaten erfolgen soll. Die vor einem gliedstaatlichen Gericht erhobene Klage von öffentlichen Angestellten des Staates Maine gegen ihren Arbeitgeber wegen des Verstoßes gegen Arbeitszeitregelungen des Bundes wurde als unzulässig verworfen[74]. Eine Ausnahme von dieser Immuni-

---

[69] Dazu *Jörg Annaheim*, Die Gliedstaaten im amerikanischen Verfassungsrecht, 1992, 253ff. speziell zur *Governors' Conference*.

[70] Dazu knapp *Gunter Kisker*, Kooperation im Bundesstaat, 1971, 253f.

[71] Dazu unten, S. 387ff.

[72] »*The judicial power of the United States shall not be construed to extend to any suit in law or equity, commenced or prosecuted against one of the United States by citizens of another state, or by citizens or subjects of any foreign state.*« Dies richtet sich dem Wortlaut nach also gegen die Kompetenz der Bundesgerichtsbarkeit, die Klage des Bürgers eines Gliedstaats gegen einen anderen zu entscheiden. Diese Regel wurde nach einem solchen Verfahren der Verfassung hinzugefügt: Chisholm v. Georgia, 2. U.S. 419 (1793). Aus der abweichenden Meinung von Iredell, J. (ebda., 429ff.) entstand die Verfassungsänderung. Die Erweiterung der Regel auch auf Klagen eigener Bürger des Gliedstaats in Hans v. Louisiana, 134 U.S. 1 (1890).

[73] Seminole Tribe of Florida v. Florida, 517 U.S. 44 (1996). Neuestens bestätigt in: Federal Maritime Commission v. South Carolina State Ports Authority, 533 U.S. 743 (2002). Zur Kritik *Vicki C. Jackson*, Seminole Tribe, The Eleventh Amendment, And The Potential Evisceration of *Ex Parte Young*, New York U.L. Rev. 72 (1997), 495.

[74] Alden v. Maine, 527 U.S. 706, 741ff., 748ff. (1999). Vgl. aber die Einschränkung, ebda., 752.

tätsregel stellt die spezifische Erstreckung bestimmter Grundrechte des Bundes auf das Handeln der Gliedstaaten dar[75]. Bürger haben ansonsten keine Möglichkeit, den Verstoß eines Gliedstaats gegen Bundesrecht zu rügen. Nur der Bund kann sich selbst durch Gesetz Klagemöglichkeiten gegen die Gliedstaaten einräumen[76].

2. Analyse und Bewertung

Die Vergleichsdarstellung bestätigt das Vorhandensein zweier Grundtypen der Vollzugsorganisation in Mehrebenen-Rechtsordnungen, die entweder vornehmlich auf Verschränkung oder auf Trennung setzen. Aber läßt sich am Maßstab der Gewaltengliederung einem der beiden Modelle der Vorzug geben, oder lassen sich Kriterien innerhalb des Kontexts der jeweiligen Rechtsordnung für die Beurteilung solcher Arrangements erkennen? Dies ist nun anhand spezifischer Probleme exemplarisch zu untersuchen.

a) Vertikale Vollzugskontrolle

Der Vergleich zwischen europäischer und deutscher administrativer Kopplungsstruktur ergab einen deutlich höheren Formenreichtum innerhalb der europäischen Vollzugsstruktur – und dies im doppelten Sinn: Zum einen erweist sich die Varianz der Kontrolltechniken als größer. Zum anderen sind diese Kopplungen stärker rechtlich geprägt und funktionieren seltener als informale Kooperation. Beide Phänomene, Vielfalt und Formalisierung, wird man mit der deutlich größeren Heterogenität des europäischen Verwaltungsraumes ebenso erklären können wie mit einer stärker divergierenden Interessenstruktur zwischen Gemeinschafts- und mitgliedstaatlicher Ebene, die mehr Anreize zum Nichtvollzug von Gemeinschaftsrecht schafft. Trotzdem ist diese Kontrollvielfalt funktional nicht unproblematisch. Sie weist der Kommission schwer durchschaubare und systematisch zersplitterte Kontrollrechte zu, die praktisch auch dazu führen können, daß diese sich ohne weiteres in die Konkretisierung von Einzelfragen einschalten kann[77]. Solche Strukturen lassen sich, wie gezeigt, deutlich auch in neueren Sektoren erkennen. Sie werden von der Kommission nicht selten als »Netzwerk« bezeich-

---

Zum Prinzip gliedstaatsfreundlicher Auslegung Gregory v. Ashcroft, 501 U.S. 452 (1991); Pennsylvania Department of Corrections v. Yeskey, 524 U.S. 206 (1998).

[75] Fitzpatrick v. Bitzer, 427 U.S. 444 (1976).

[76] Verfassungsrechtlich weniger streng ist dies schließlich mit Blick auf den Zugang zur gerichtlichen Überprüfung von Verstößen gegen Völkerrecht. Der Bundesgesetzgeber darf die Einhaltung von Völkerrecht durch Private überprüfen lassen. Durch Gesetz hat es solches jedoch namentlich für die GATT/WTO-Rechtsordnung sowohl für die Bürger als auch für die Gliedstaaten ausgeschlossen, 19 U.S.C. §3512.

[77] Ähnliche Probleme sind auch aus dem Umgang der Kommission mit dem Vertragsverletzungsverfahren bekannt. Vgl. dazu *Harlow*, Accountability in the EU, 74.

net[78], eine Bezeichnung, die aber sowohl die Unterscheidung zwischen formaler und informaler Seite als auch die Verteilung von Entscheidungsbefugnissen im Dunklen läßt[79]. Dagegen gilt die oben entwickelte Einsicht, daß die Intervention gubernativer Spitzen in jede Stufe der Rechtskonkretisierung problematisch ist[80], auch hier. Die Reservierung wichtiger Entscheidungen auch im Einzelfall an die Kommission ignoriert jedenfalls systematisch die organisatorische Rationalität der administrativen Arbeitsteilung zwischen den Ebenen und stellt die Kommission unter einen spezifischen Legitimationsdruck. Im Ergebnis bleibt eine Beschränkung der Kommission auf allgemein gehaltene Durchführungskompetenzen funktional adäquater[81]. Sie würde zudem eine größere Systematisierbarkeit der Kontrollzusammenhänge ermöglichen.

Diese Einwände bedeuten jedoch nicht, daß die deutsche Lösung einer allgemeinen und reduktionistischen verfassungsrechtlichen Ausgestaltung der Aufsicht funktional angemessener ist. Die Kooperationsmechanismen zwischen Bund und Ländern haben sich vielmehr von Recht weitgehend verselbständigt – wohl auch, weil der Koordinationsbedarf nicht so einfach ist, wie die grundgesetzliche Systematik es voraussetzt. Deswegen ist es vielleicht kein Zufall, daß die bundesstaatlichen Verflechtungsstrukturen erst von den politischen Wissenschaften wiederentdeckt werden mußten[82]. Die größere Homogenität der Vollzugskultur in Deutschland macht eine Ausweitung hierarchisch ausgestalteter Aufsichtsrechte nicht erforderlich. Vielmehr beschränkt sich die vertikale Koordination bis auf wenige Ausnahmefälle auf den Erlaß allgemeiner Verwaltungsvorschriften. Die Sicherstellung eines einheitlichen Vollzugs wird im Bundesstaat also einerseits über informale Koordination, andererseits über eine gerichtliche Kontrolle vollzogen, die aber nur im Ausnahmefall unmittelbare Rechtsbeziehungen zwischen Bund und Ländern betrifft. Erscheint die Zurückhaltung des Systems mit hierarchischer Steuerung angemessen, so wäre zugleich darüber nachzudenken, inwieweit auch kooperative Strukturen eines deutlicher nachvollziehbaren Rechtsrahmens bedürften, um die Kopplungen transparenter auszugestalten. Dies führt zum Vergleich horizontaler Kopplungsformen.

---

[78] So im Telekommunikations- und im Wettbewerbsrecht. Dazu auch Weißbuch zum Europäischen Regieren, 14ff.

[79] Der Begriff des Netzwerks entstammt der empirischen Soziologie und zeichnet sich gerade durch das Absehen von der Unterscheidung zwischen rechtlichen und nichtrechtlichen Zusammenhängen aus. Er hat seine Funktion in der empirischen Untersuchung der Integration. Zur Kritik knapp und eindringlich *Chiti*, Common Market L. Rev. 37 (2000), 430. Als Beispiel für eine diesen Begriff ernst nehmende und nicht nur metaphorisch verwendende Untersuchung transnationaler Rechtsentstehung: *Annelise Riles*, The Network Inside Out, 2001.

[80] Oben, S. 112ff.

[81] Anders aber EuGH, Rs. 16/88, Kommission / Rat, Slg. 1989, 3457, Tz. 11, allerdings für einen Sonderfall. Analyse der Begründung bei *Möllers*, EuR 2002, 487f.

[82] In der Analyse weder überholt noch veraltet: *Fritz W Scharpf/Bernd Reissert/Fritz Schnabel*, Politikverflechtung, Theorie und Empirie des kooperativen Föderalismus in der Bundesrepublik, 1976.

b) Horizontale Vollzugskooperation

Wie gezeigt, führt die ebenenübergreifende Kopplung des Vollzugs zur Einrichtung von intergouvernemental aufgebauten Strukturen der unteren Ebene, die mit oder ohne Beteiligung der höheren Ebene agieren können. In der Verwaltung des Gemeinschaftsrechtssystems sind die Komitologie-Ausschüsse hierfür ein wichtiges Beispiel. Im deutschen System sind zum einen die Beteiligungsrechte des Bundesrats beim Erlaß von Rechtsverordnungen und Verwaltungsvorschriften, zum anderen die zahllosen informalen Koordinationsgremien zu nennen.

Im Komitologiesystem nehmen Ausschüsse, die mit einem nicht stimmberechtigten, aber den Vorsitz innehabenden Kommissionsvertreter und Vertretern der Mitgliedstaaten besetzt sind, verschieden intensive Beteiligungsrechte an der Durchführungsrechtsetzung der Kommission wahr[83]. Dabei sind echte Mitentscheidungsrechte des Ausschusses ausgeschlossen[84], vielmehr können diese im weitestgehenden Fall eine abweichende Durchführungsentscheidung des Rates ermöglichen. Die Intensität der Komitologiebeteiligung ist je nach Sachmaterie durch den Komitologiebeschluß in drei verschiedenen Verfahren vorgegeben. Abweichungen von dieser Vorgabe sind nur mit einer Begründung zulässig[85]. Zugleich unterliegt die Arbeit der Komitologie nunmehr der Beobachtung des Parlaments[86] und einem subjektiven Informationsrecht der Bürger[87].

Um die lange Zeit übersehene Komitologie ranken sich mittlerweile ausgreifende empirische Forschungen und Kritiken[88], deren teilweise sehr theoretischer Ansatz vielleicht auch am Fehlen eines föderalen Rechtsvergleichs leidet[89]. Die empirische Forschung zur Komitologie hat gezeigt, daß der Vertreter der Kommission in ihr eine wesentliche Rolle spielt. Die Tatsache, daß die Kommission die Ausschüsse organisiert und die Agenda bestimmt, ist praktisch wichtiger als das Fehlen eines eigenen Stimmrechts[90]. Praktisch bedient sich die Kommission in

---

[83] Beschluß des Rats zur Festlegung der Modalitäten für die Ausübung der der Kommission übertragenen Durchführungsbefugnisse v. 28.6.1999, ABl. L 184/23. Dazu: *Hauschild*, ZG 1999, 250ff.; *Lenaerts/Verhoeven*, Common Market L. Rev. 37 (2000), 645ff.; *Christian Mensching*, Der neue Komitologie-Beschluß des Rates, EuZW 2000, 268.

[84] EuGH, Rs. 25/70, Köster, Slg. 1970, 1161, Tz. 9.

[85] EuGH Rs. C-378/2000, Kommission / Parlament und Rat, Slg. 2003, I-937, Tz. 50ff.

[86] Art. 5 Abs. 5, 7 Abs. 3 Komitologie-Beschluß.

[87] EuG, Rs. T-188/97, Rothmans International / Kommission, Slg. 1999, II-2463. Dazu *K. St. Clair Bradley*, Institutional Aspects of Comitology, in: C. Joerges/E. Vos (Hrsg.), EU Committees, 1999., 71 (88ff.).

[88] *Josef Falke*, Komitologie – Entwicklung, Rechtsgrundlagen und erste empirische Annäherung, in: C. Joerges/J. Falke (Hrsg.), Das Ausschusswesen der Europäischen Union, 1999, 4; *Sabine Schlacke*, Risikoentscheidungen im europäischen Lebensmittelrecht, 1999; *Ellen Vos*, The Rise of the Committees, European L.J. 3 (1997), 210 (211ff.).

[89] Grundlegend vergleichend *Georg Haibach*, Komitologie nach Amsterdam – Die Übertragung von Rechtsetzungsbefugnissen im Rechtsvergleich, VerwArch. 90 (1999), 98 (106).

[90] *Andreas Bücker/Sabine Schlacke*, Die Entstehung einer »politischen« Verwaltung durch

der Komitologie der mitgliedstaatlichen Verwaltungsressourcen[91], um die eigene
Organisation zu entlasten und Informationen zu erhalten. Insoweit weichen empirische Beschreibung und normative Bewertung der Ausschüsse im Gemeinschaftsrecht voneinander ab: Denn für das Gemeinschaftsrecht stellt die Komitologie ein rechtfertigungsbedürftiges Fortwirken der legislativen Tätigkeit dar, einen politischen Durchgriff des Rats in die Durchführungskompetenzen der
Kommission, der auch vom EuGH erhobene Bedenken aufwirft[92].

Aus der hier entwickelten funktionalen Perspektive wirkt die Komitologie wenig problematisch. Zu ihrer Rechtfertigung ist es aber nicht notwendig, das Ausschußsystem zu einem Hort deliberativer Legitimation zu stilisieren[93]. Vielmehr
ist zunächst die Tatsache, daß die Durchführungsrechtsetzung mit den vollziehenden Mitgliedstaaten in einer vereinheitlichenden Weise koordiniert werden
muß, schwerlich von der Hand zu weisen. Die Komitologie läßt sich auch als institutionalisierte Umsetzung der Pflicht aus Art. 10 EGV verstehen, beim Erlaß
von Durchführungsregeln Rücksicht auf die mitgliedstaatlichen Verwaltungen zu
nehmen[94]. Zugleich sind die Mitentscheidungsrechte des Ausschusses aber begrenzt und werden selten formal wahrgenommen. Durch den Komitologiebeschluß und die Rechtsprechung des EuGH hat das Verfahren weiterhin einen bestimmten Standard an Transparenz erhalten. Funktional zweifelhaft wäre dagegen eine intensivere Beteiligung des Parlaments. Denn ebenso wie die Beteiligung
des Rats stellt diejenige des Parlaments eine Wiedereröffnung des politischen Prozesses dar, die für exekutive Durchführungsstrukturen gerade nicht geeignet ist[95].
Anders als die Mitglieder des Rats ist das Parlament aber nicht auch für den Voll-

---

EG-Ausschüsse – Rechtstatsachen und Rechtsentwicklungen, in: Joerges/Falke, Ausschußwesen der EU, 1999, 161 (192).

[91] *Bücker/Schlacke*, Die Entstehung einer »politischen Verwaltung«, 168.

[92] Vgl. EuGH, Rs. 16/88, Kommission / Rat, Slg. 1989, 3457, Tz. 10. Ein spezielles Beispiel für
solche politischen Interventionen in den Vollzug ist die Ratskompetenz in Art. 88 Abs. 2 UA 3, 4
EGV.

[93] Vgl. aber *Christian Joerges*, Die Europäische »Komitologie«: Kafkaeske Bürokratie oder
Beispiel »deliberativen« Regierens?, in: C. Joerges/J. Falke (Hrsg.), Das Ausschußwesen der Europäischen Union, 2000, 17 (35 ff.); *ders./Jürgen Neyer*, From Intergovernmental Bargaining to
Deliberative Political Processes: The Constitutionalisation of Comitology, European L.J. 3
(1997), 273 (292 ff.). Die dort entwickelte Argumentation provoziert drei Einwände. Zum einen
schließt sie nicht nahtlos an die Empirie an, auf die sie sich beruft. Zum zweiten ist der Erklä-
rungsgehalt des Modells überschießend und ließe sich letztlich auf alle Kollegialentscheidungen
erweitern. Schließlich setzt die Argumentation Deliberation und Demokratie einfach gleich.
Zum letzten Punkt: *Joseph H.H. Weiler*, Epilogue: »Comitology« as Revolution: Infranationalism. Constitutionalism and Democracy, in: C. Joerges/E. Vos (Hrsg.), EU Committees, 1999,
339, (347 ff.). Für eine regulierungstheoretische Rechtfertigung der Komitologie: *Michelle Egan/*
Dieter Wolf, Regulation and Comitology: The EC Committee System in Regulatory Perspective,
Columbia J.o. European Law 4 (1998), 499 (511 ff.).

[94] EuGH, C-319/97, Kortas, Slg. 1999, I-3143, Tz. 35 zum Verfahren nach Art. 95 Abs. 4 EGV.

[95] Wie hier *Lenaerts/Verhoeven*, Common Market L. Rev. 37 (2000), 680.

zug verantwortlich. Hier können die oben entwickelten Kriterien zur Parlamentsbeteiligung in Delegationszusammenhängen Anwendung finden[96].

Im deutschen System steht diesem Koordinationsmechanismus die Bundesratsbeteiligung an Rechtsverordnungen und Allgemeinen Verwaltungsvorschriften des Bundes gegenüber, die die gleiche Koordinationsfunktion hat, aber als echtes Mitentscheidungsrecht ausgestaltet ist. Dies ist funktional zweifelhaft: Der Bundesrat arbeitet in dieser Ausgestaltung als legislatives und exekutives Organ in gleicher Sache[97]. Dieser Umstand wird durch die Mit*entscheidungs*rechte noch fragwürdiger, denn als ein politisch agierendes Organ kann der Bundesrat auch die Verhinderung konkretisierender exekutiver Rechtserzeugung zu einem beschlossenen Gesetz als ein politisches Druckmittel verwenden.

Administrative Kopplungen, in denen sich die Glieder der unteren Ebene ohne exekutive Intervention der höheren Ebene koordinieren, sind gleichfalls beiden Rechtsordnungen bekannt. Für das System wechselseitiger Anerkennung von Verwaltungsentscheidungen im europäischen Recht lassen sich Probleme formal oder materiell fassen: Formal führt die Anknüpfung von Rechtswirkungen der Entscheidungen eines anderen Mitgliedstaats zu verfassungsrechtlichen Legitimationsfragen[98]. Materiell stellt sich die Frage nach dem Vertrauen[99] in die jeweils andere Vollzugsstruktur, der die Bürger durch die transnationale Wirkung ausgeliefert werden. Solches ist nur durch ein Minimum an Verfahrenshomogenisierung zu erreichen[100]. Aus diesem Grund sollten Angleichungen des nationalen Verwaltungsverfahrensrechts keineswegs nur als Verlust interpretiert werden[101], sondern auch als ein Legitimationsgewinn. Trotzdem stehen diese Anerkennungswirkungen auf der Grundlage einer legislativen Entscheidung der europäischen Ebene, die einen transnationalen Freiheitsgebrauch innerhalb des europäischen Verwaltungsraumes erweitert. Die funktionale Arbeitsteilung zwischen Legislative und Exekutive bleibt in dieser Struktur ebenso gewahrt, wie die Gefahr von Freiheitsexternalisierungen oder Diskriminierungswirkungen durch einen zersplitterten Gesetzgebungsprozeß gebannt ist.

Horizontale Koordinationsgremien im deutschen föderalen System entstehen auch für Regelungen, in denen es an einer Gesetzgebungskompetenz des Bundes

---

[96] Vgl. oben, S. 197 ff.

[97] Eingehend zu den administrativen Aufgaben des Bundesrats: *Fritz W. Scharpf*, Der Bundesrat und die Kooperation auf der »dritten Ebene«, in: Bundesrat (Hrsg.), Vierzig Jahre Bundesrat, 1989, 121 (140 ff.).

[98] Zur Diskussion etwa *Karl Th. Rauser*, Die Übertragung von Hoheitsrechten auf ausländische Staaten: zugleich ein Beitrag zur Dogmatik von Art. 24 I GG, 1991, 65 ff.

[99] *Röhl*, Akkreditierung und Zertifizierung, 44 ff., 50 f. (anknüpfend an Majone). Vgl. auch *Giandomenico Majone*, Mutual Recognition in Federal Type Systems (EUI Working Paper No. 93/1); *David*, Inspektionen im europäischen Verwaltungsrecht, 274 ff.

[100] Zu diesem Gedanken für föderale Systeme grundlegend: *Lerche*, VVDStRL 21 (1964), 84 ff. Dies aufnehmend: *Eberhard Schmidt-Aßmann*, Strukturen Europäischer Verwaltung und die Rolle des Europäischen Verwaltungsrechts, FS Häberle, 2004, 395 (406).

[101] Diese Tendenz etwa bei *v. Danwitz*, Verwaltungsrechtliches System.

fehlt: Für die Koordination wechselseitiger Anerkennungsentscheidungen lässt die deutlich homogenere Vollzugsstruktur geringere Probleme erkennen: Wechselseitiges Vertrauen in den Vollzug der Länder ist gegeben, auch wenn der Vollzug durchaus nicht völlig homogen ist[102]. Funktional bedenklicher ist jedoch der Umstand, daß in Gremien wie beispielsweise der Kultusministerkonferenz[103] auch legislative Entscheidungen vorgeprägt werden[104]. Damit geraten die Landesparlamente hier in die aus den Außenbeziehungen bekannte Ratifikationslage mit entsprechenden Legitimationsverlusten[105], zumal auch grundrechtsrelevante Entscheidungen in solchen Verfahren gestaltet werden. Eine Verrechtlichung dieser Koordinationsverfahren ist insoweit geboten, als sie Transparenzstandards hinsichtlich der Verfahrensbeteiligung ermöglichen. Sind solche Kooperationen, die zu einheitlichen gesetzlichen Regeln führen, verfassungsrechtlich auch nicht zu verhindern, so wäre funktional einer einheitlichen Regelung des Bundesgesetzgebers der Vorzug zu geben. Denn so wird auf mögliche Regelungsvielfalt durch die Landesparlamente noch dazu in einem intergouvernementalen Verfahren verzichtet[106]. Legitimationstheoretisch ist einer einheitlichen Parlamentsentscheidung des Bundes vor einer vereinheitlichenden Bindung der Legislativen durch die Exekutiven der Länder der Vorzug zu geben.

Fazit: Liegen legislative und exekutive Rechtserzeugung auf verschiedenen Regelungsebenen, so entsteht hierdurch ein erhöhter Koordinationsbedarf zwischen diesen Ebenen. Im Fall der europäischen Verwaltung treffen zudem gänzlich unterschiedliche Verwaltungskulturen und Rechtssysteme aufeinander. Um die Vollzugsgeeignetheit der erlassenen Normen sicherzustellen, bedarf es informativer Verbindungen zwischen den Ebenen. Kooperative und intergouvernementale Strukturen dienen also einer wichtigen Funktion, die aber weniger als ein Vorgang politischer Gestaltung als vielmehr als praktische organisatorische Anpassungsleistung verstanden werden sollte. Aus der Perspektive der Gewaltengliederung sind die Koordinationsmechanismen im deutschen System anfechtbarer als im europäischen: Denn zum einen sehen sie eine intensivere politische Einflussnahme auf die exekutive Rechtserzeugung durch das Mitentscheidungsrecht des Bundesrats vor. Zum zweiten schaffen sie ein intransparentes, in seinen Verfahrensstrukturen weitgehend unverrechtlichtes exekutives Entscheidungssystem mit faktischen Bindungswirkungen, die die demokratisch wertvollen Gestaltungsmöglichkeiten der Landesparlamente stark beschränken. So wird so-

---

[102] Vgl. zu Qualitätsunterschieden im föderalen Vergleich (Baden-Württemberg und Nordrhein-Westfalen), am Beispiel des Bundesimmissionsschutzrechts: *Nicolai Dose*, Die verhandelnde Verwaltung, 1994.
[103] *Oeter*, Integration und Subsidiarität. 169ff.
[104] Zu Musterentwürfen *Rudolf*, Kooperation im Bundesstaat, Rdnr. 40.
[105] Dazu unten, S. 358ff.
[106] Dazu aber differenzierend mit Blick auf wechselseitige Lerngewinne: *Janbernd Oebbecke*, Die unsichtbare Hand in der Ländergesetzgebung, StWStP 4 (1997), 461.

wohl exekutives Handeln politisiert als auch der politische Prozeß durch die exekutive Koordination beschränkt.

c) Demokratische Verantwortlichkeit

Mehrebenen-Vollzugssysteme relativieren die Anbindung der Exekutive an einen demokratischen Prozeß, die nicht nur in parlamentarischen Verfassungsordnungen notwendiger Bestandteil ihres Legitimationsanspruchs ist: Vollzieht die Exekutive einer Ebene Rechtsnormen, die von der Legislative einer anderen Ebene beschlossen wurden, so fallen parlamentarische Verantwortlichkeit und Vollzugsauftrag zwischen den Ebenen auseinander. Die Exekutive wird von einer anderen Legislative programmiert als kontrolliert[107].

Vor diesem Hintergrund erscheint das amerikanische Modell einer weitgehenden Parallelisierung von legislativer und exekutiver Funktion der beiden Ebenen am ehesten mit einem klassischen Gewaltenteilungsmodell vereinbar. In dieser Rechtsordnung stellt sich das Problem des Auseinanderfallens der Verantwortungsstränge nicht, denn Exekutive und Gerichte vollziehen jedenfalls dem Grundsatz nach nur das Recht der eigenen Ebene. Der U.S. Kongreß hat die Möglichkeit, sich über den Vollzug der von ihm beschlossenen Gesetze unmittelbar bei den vollziehenden Behörden zu informieren[108].

Für das im deutschen und im europäischen Recht praktizierte vollzugsföderale Modell stellt sich dagegen die Frage, inwieweit die Exekutive für den Vollzug von Recht der höheren Ebene demokratisch verantwortlich gemacht werden kann, und welchen Zugang das Parlament der höheren Ebene zu Vollzugserfahrungen der unteren Ebene hat, um aus diesen für weitere legislative Entscheidungen zu lernen[109]. Eine Antwort auf diese Frage kann nicht unabhängig von den in einer Verfassungsordnung vorgesehenen Beziehungen zwischen Parlament und Regierung gegeben werden. In einem parlamentarischen System wie dem deutschen stellt sich die Frage anders als in einem präsidentiellen wie dem amerikani-

---

[107]   Interessanterweise beschäftigt diese Frage die amerikanische verfassungsrechtliche Diskussion viel mehr als die deutsche und europäische, obwohl sie in den Vereinigten Staaten am wenigsten praktisch wird. Für den amerikanischen Fall: *Adler/Kreimer*, Supreme Court Rev. 1998, 99ff.; *Evan H. Caminker*, State Sovereignty and Subordinacy: May Congress Commandeer State Officers to Implement Federal Law?, Columbia L. Rev. 95 (1995), 1001 (1061ff.); *Hills*, Michigan L. Rev. 824ff.; *Jackson*, Harvard L. Rev. 111 (1998), 2200ff.; *Daryl J. Levinson*, Making Governments Pay: Markets, Politics, and the Allocation of Constitutional Costs, U.o. Chicago L. Rev. 67 (2000), 345 (360f.).

[108]   Dazu oben, S. 197ff.

[109]   Diese Frage wird in der deutschen Diskussion erstaunlich selten behandelt. Vgl. aber *Groß*, Das Kollegialprinzip in der Verwaltungsorganisation, 186f.; *Christoph Möllers*, Der parlamentarische Bundesstaat, in: J. Aulehner u.a. (Hrsg.), Föderalismus, 1998, 81 (109ff.); *Hans Christian Röhl*, Der Wissenschaftsrat, 1994, 138f. Sowie aus rechtsvergleichender Sicht *David P. Currie*, Separation of Powers in the Federal Republic of Germany, The American J.o. Comparative Law 41 (1993), 201 (238).

schen[110]. Besondere Schwierigkeiten ergeben sich für die Beurteilung des europäischen Vollzugssystems, das mit dem amerikanischen die beschränkte parlamentarische Verantwortlichkeit der Exekutive teilt, mit dem deutschen aber die ebenengeteilte Vollzugsstruktur.

In einem parlamentarischen System stehen Parlament und Regierung durch die Wahl des Regierungschefs und durch ihre personale Teilidentität in einem engen Legitimationszusammenhang, der auf einen einzigen Wahlakt zurückgeführt wird. Die demokratische Legitimation ist monistisch ausgestaltet. Das bedeutet auch, daß in der Wahlentscheidung nicht zwischen Legislative und Exekutive unterschieden werden kann – anders als in einem präsidentiellen System, in dem Parlament und Regierung in Legitimationskonkurrenz zueinander treten. Der Verlust an demokratischer Verantwortlichkeit, den die Ebenenteilung durch die Verschränkung der Vollzugsstrukturen hervorruft, ist in einem parlamentarischen System deutlich größer. Denn in einem parlamentarischen System werden legislatives und exekutives Handeln gleichzeitig demokratisch verantwortet. Vollzieht eine Regierung Gesetze der eigenen und der höheren Ebene und wird sie vom Gesetzgeber der unteren Ebene kreiert, so bezieht sich der Akt der Parlamentswahl auf zwei möglicherweise sogar in Widerspruch zueinander stehende Handlungsbündel. Auch wenn es aus demokratietheoretischer Sicht nicht geboten ist, die Zahl demokratischer Legitimationsverfahren zu vermehren, die Verantwortungsstrukturen zu vervielfachen oder Legitimationskonkurrenzen einzurichten, erscheint eine selbständige demokratische Legitimation für Legislative und Exekutive in dieser Konstellation angemessener. Die Verschränkung von Ebenen und Funktionen erzeugt in einem legitimationsmonistischen parlamentarischen System Zurechnungsunklarheiten.

Wendet man dieses Kriterium auf die Referenzrechtsordnungen an, so ergeben sich die größten Schwierigkeiten mit Blick auf das deutsche Vollzugssystem. Denn nur in ihm verbindet sich ein parlamentarisches Regierungssystem mit der beschriebenen Ebenenverschränkung. Konkret bedeutet dies, daß im Regelfall, in dem Gesetze des Bundes durch ein Land vollzogen werden, das Parlament keine parlamentarischen Befragungsrechte gegenüber der vollziehenden Verwaltung hat, und das demokratische Legitimationssubjekt des Landes den Vollzug von Bundesrecht und die legislative und exekutive Rechtserzeugung auf Landesebene im gleichen Wahlgang demokratisch legitimieren muß. Für die europäische Ebene hat diese Einsicht eigene Konsequenzen: Ein Ausbau der Kompetenzen des Europäischen Parlaments muß deswegen nicht zu einer Parlamentarisierung in engeren Sinne, also zur Wählbarkeit einer europäischen Regierung durch das Parlament führen[111]. Vielmehr ist zu bedenken, ob die demokratische Verantwortlichkeit der Exekutive aus einem eigenen Wahlakt hergeleitet werden sollte. Die

---

[110] Dazu *Dann*, Looking through the federal lens, 16ff.
[111] Ähnlich *Dann*, Looking through the federal lens, 45ff.

Spaltung der Vollzugsstruktur legt eine Dopplung der Legitimationsstruktur nahe. Das amerikanische Vollzugsmodell hat diese Probleme nicht und ist aus der Perspektive demokratischer Verantwortlichkeit durchaus vorzugswürdig. Freilich liefert es deswegen keine ideale Lösung. Die getrennte Vollzugsstruktur belastet die Gestaltungsfähigkeit der höheren Ebene in besonderer Weise, weil mit jeder Regelungsentscheidung zugleich ein neuer Vollzugsapparat aufgebaut werden muß. Die im Ersten Teil beschriebenen horizontalen Koordinationsprobleme der Exekutive in den Vereinigten Staaten[112] stehen auch mit der föderalen Vollzugsstruktur im Zusammenhang.

d) Judikative Kontrolle

Die soeben erarbeiteten Zusammenhänge können nicht ohne Rückwirkung auf die Kontrollmöglichkeiten der Judikativfunktion bleiben – mit Konsequenzen für die *Rechtsformwahl*, für die *Kontrollmaßstäbe* und für die *Klagebefugnis* bei den beteiligten Gerichten. Diesen Problemen ist nicht einfach – wie im Recht der Vereinigten Staaten – durch eine *Entkopplung* der Exekutivstrukturen zu begegnen.

1. Auch judikative Kontrollprobleme resultieren aus Zurechnungsvieldeutigkeiten. Solche entstehen nicht nur zwischen Hoheitsträger und demokratischem Legitimationssubjekt, sondern auch zwischen Hoheitsträger und adressiertem individuellen Rechtssubjekt[113]: Die Zurechenbarkeit eines Rechtsakts steht in Frage, wenn materielle Definitionsmacht und formale Entscheidungsbefugnis auseinanderklaffen[114]. Dies ist der Fall, wenn Rahmengesetze des Bundes oder europäische Richtlinien[115] formell nach einer legislativen Umsetzung auf der unteren Ebene verlangen, für die in der Sache kein Gestaltungsspielraum verbleibt. Funktional agieren die Legislativen in solchen Fällen als Exekutiven, die abgeleitete konkretisierende Normen erlassen. Im Fall von Durchführungsrichtlinien haben nationalstaatliche Parlamente sogar abgeleitetes Gemeinschaftsrecht zu »vollziehen«[116]. Gleiches ist im Verhältnis zwischen den Exekutiven möglich, beispielsweise wenn die Kommission die Erteilung einer einzelnen Beihilfe nicht geneh-

---

[112] Oben, S. 112ff.

[113] In der deutschen Terminologie könnte man zwischen demokratischer und rechtsstaatlicher Verantwortlichkeit unterscheiden.

[114] Binnenadministrativ setzt sich dieses Problem in einer Dopplung der Loyalitätspflichten der öffentlichen Bediensteten fort. Dazu *Eberhard Schmidt-Aßmann*, Gefährdungen der Rechts- und Gesetzesbindung der Exekutive, FS Stern, 1997, 745 (754f., 760f.).

[115] Zur Vergleichbarkeit: *Markus Kaltenborn*, Rahmengesetzgebung im Bundesstaat und im Staatenverbund, AöR 128 (2003), 412 (420f.).

[116] So ausdrücklich: GA Mischco in EuGH, C 6/90, 9/90, Slg. 1991, I-5357, Francovich, dazu die Kritik bei *Josephine Steiner*, From Direct Effects to *Francovich:* Shifting Means of Enforcement of Community Law, European L. Rev. 18 (1989), 3 (16).

migt[117], diese Entscheidung im Verhältnis zum Bürger aber durch die mitgliedstaatliche Verwaltung ergehen muß, oder im Fall einer atomrechtlichen Weisung
des zuständigen Bundesministeriums an ein Land nach Art. 85 Abs. 3 i.V.m.
Art. 87 c GG[118].

Solche Probleme können zunächst durch geeignete *Rechtsformen* gemindert
werden, die zwischen Vollregelungen und Regelungen, die ausfüllungsbedürftig
sind, klarer unterscheiden. Dies legt für das Europarecht die immer wieder diskutierte Einführung der Rahmenrichtlinie nahe[119]. Für das Bundesrecht zeigt die
Neufassung von Art. 72 Abs. 1 u. 2 und Art. 75 Abs. 2 GG eine entsprechende
Tendenz. Zugleich begründet dieser Gesichtspunkt auch ein weiteres Argument
gegen ebenenübergreifende Weisungsrechte.

Aus der Rechtsschutzperspektive[120] ergibt sich weiterhin die Notwendigkeit,
faktische Rechtsschutzausschlüsse durch eine ebenenspezifische Aufspaltung
von Zulässigkeitsstandards und Kontrollmaßstäben zu verhindern[121]. Konkret
darf die materielle Vorprägung eines Rechtsaktes durch die höhere Ebene nicht
dazu führen, daß der Rechtsakt in der Sache nicht mehr überprüfbar wird. Vielmehr muß ein »Prinzip der Transparenz verbindlicher Rechtsfolgen«[122] dafür
Sorge tragen, daß auch der materielle Gehalt einer Entscheidung gerichtlicher
Überprüfung zugänglich ist und nicht durch Ebenenüberschreitungen von der
Prüfung ausgenommen werden kann. Solche Gefahren zeigen sich im europäischen Verwaltungsrecht sowohl prozessual als auch materiell: Prozessual, wenn
nicht abgestimmte Fristen- und Ausschlußregeln eine Entscheidung formell erst
angreifbar machen, wenn sie materiell nicht mehr zu ändern ist[123], und materiell,
wenn nicht angreifbare Vorbindungen einer Ebene von Gerichten einer anderen
nicht überprüft werden.

---

[117] Art. 3 VO 659/1999/EG. Zum Verfahren *Christian Koenig/Jürgen Kühling/Nicolai Ritter*,
EG-Beihilfenrecht, 2002, 179ff. Vgl. auch *Dieter H. Scheuing*, Europäisierung des Verwaltungsrechts, Die Verwaltung 34 (2001), 107.

[118] Zu den aufschlußreichen Haftungsfragen: *Janz*, Das Weisungsrecht nach Art. 85 Abs. 3
GG, 301ff.

[119] Diese Forderung findet sich auch im Protokoll über die Anwendung der Grundsätze der
Subsidiarität und der Verhältnismäßigkeit zum Vertrag von Amsterdam, sub. 6. Zum Problem
auch *Paul Craig*, Directives: Direct Effect, Indirect Effect and the Construction of National Legislation, European L. Rev. 1997, 519; *Gerd Winter*, The Directive: problems of construction and
directions for reform, in: G. Winter (Hrsg.), Sources and Categories of European Union Law,
1996, 487 (503ff.).

[120] Zur Rechtsschutzgarantie im europäischen Zusammenhang, auch mit Blick auf Art. 6
EMRK: EuGH, Rs. 222/84, Johnston, Slg. 1986, 1651, Tz. 18.

[121] *Hans Christian Röhl*, Effektiver Rechtsschutz gegen Europäische Verwaltung, Manuskript, 2003.

[122] *Schmidt-Aßmann*, Strukturen Europäischer Verwaltung, 407.

[123] EuGH, Rs. C-188/92, Deggendorf, Slg. 1994, I-833, zur verfristeten Anfechtung einer an
den Mitgliedstaat adressierten Kommissionsentscheidung. Dazu *Röhl*, ZaöRV 60 (2000), 359f.

2. Rechtsschutz kann auch durch *ebenenspezifische Kontrollmaßstäbe* ausgeschlossen werden. So verbietet das Trennungsprinzip[124] im europäischen Rechtsschutzverbund die Überprüfung mitgliedstaatlicher Vorfragen durch europäische Gerichte ebenso[125] wie die Aufhebung gemeinschaftlicher Entscheidungen durch nationale Gerichte[126] oder die Überprüfung nationaler Entscheidungen durch die Gerichte anderer Mitgliedstaaten. Für die erste Konsequenz spricht der Vorrang des Gemeinschaftsrechts, der eine einheitliche Anwendung des Gemeinschaftsrechts gebietet, und eine Vorlagepflicht nach Art. 234 EGV auslöst. Für die zweite Konsequenz spricht das völkerrechtliche Prinzip der Staatenimmunität[127], das die Jurisdiktion eines Gerichts auf das eigene Völkerrechtssubjekt beschränkt. Doch werden beide Gesichtspunkte im europäischen Kontext immer weniger plausibel: Völkerrechtliche Argumente, die durch den Gedanken der Souveränität gestützt werden, sind im europäischen Rechtszusammenhang überprüfungsbedürftig. Wenn mitgliedstaatlichem Verwaltungshandeln transnationale Wirkung zugesprochen wird, und wenn das Gemeinschaftsrecht Rechtssubjekte unmittelbar berechtigen und verpflichten kann, sind damit zwei materielle Wirkungen der mitgliedstaatlichen Souveränität bereits überkommen. Aber auch für die Vorrangwirkung ist zu differenzieren. Ein wirklich arbeitsteiliger Rechtsschutzverbund könnte die Aufhebung von Einzelentscheidungen der Gemeinschaftsorgane den mitgliedstaatlichen Gerichten überlassen[128] und damit funktional zwischen Rechtsformen unterschiedlicher sachlicher Reichweite unterscheiden. Im Prinzip gilt, daß *aus der Perspektive des Rechtsuchenden die organisatorische Aufteilung der Entscheidungsstruktur so weit wie möglich ohne Belang bleiben muß*[129]. Um dies zu garantieren, können auch formalisierte Anknüpfungspunkte für den Rechtsschutz helfen, die das administrative Handlungsgeflecht bewußt ignorieren und territorial anknüpfen[130].

3. Wie im Ersten Teil dargestellt, spricht aus funktionaler Perspektive nichts gegen eine legislativ definierte, sachlich weite gerichtliche *Klagebefugnis*, die die ju-

---

[124] Eingehend *Hofmann*, Rechtsschutz und Haftung, 163 ff.

[125] EuGH, Rs. C-97/91, Borelli, Slg. 1992, I-6313, Tz. 31.

[126] EuGH, Rs. 314/85, Foto-Frost, Slg. 1987, 4199, Tz. 15 ff.

[127] Vgl. nur *Werner Meng*, Extraterritoriale Jurisdiktion im öffentlichen Wirtschaftsrecht, 1994, 59 ff., 556 ff.; *Klaus Vogel*, Der räumliche Anwendungsbereich der Verwaltungsrechtsnorm, 1965, 341 ff.

[128] So *Röhl*, Effektiver Rechtsschutz, C, II. gegen Hofmann und *Oliver Dörr/Ute Mager*, Rechtswahrung und Rechtsschutz nach Amsterdam, AöR 125 (2000), 386 (391 f.).

[129] Für internationale Organisationen entwickelt bei: *Christian Walter*, Grundrechtsschutz gegen Hoheitsakte internationaler Organisationen, AöR 129 (2004), 39.

[130] Vgl. Art. 111 SDÜ. Ein Beispiel hierfür ist eine territoriale Radizierung des Rechtsschutzes. Dies entspricht der Rechtsprechung zum Grundrechtsschutz in Deutschland nach dem Maastricht-Urteil: BVerfG, NJW 2001, 2705 (2706) verweist auf die Unabhängigkeit und Rechtsbezogenheit der in Frage stehenden Beschwerdekammern des Europäischen Patentamtes. Vgl. auch BVerfGE 102, 147 (161 ff.).

dikative Kontrolle der Exekutive extensiviert[131]. Jedoch ergaben sich funktionale Bedenken gegen die richterliche Schöpfung subjektiver Rechte, zumal wenn sie sich gegen Akte der Legislative richten[132]. Die soeben diagnostizierte eingeschränkte demokratische Verantwortlichkeit des Vollzuges wirft auf dieses Problem jedoch ein anderes Licht[133]. Denn wenn die Legislative den Vollzug des von ihr gesetzten Rechts nicht in gleicher Weise beobachten kann, wie in Ein-Ebenenordnungen, so rechtfertigt dies eine weiterreichende Schöpfung subjektiver Rechte durch die Judikative im europäischen Recht. Hat sich die vollziehende Ebene für Vollzugsdefizite nicht in gleicher Intensität gegenüber der Legislative demokratisch zu verantworten, so liegt es nahe, Verantwortungselemente durch die Garantie subjektiver Rechte sicherzustellen. Anders als in völkerrechtlichen Ordnungen sehen sich Rechtssubjekte im Gemeinschaftsrecht einer Exekutive gegenüber, die ihre Rechte aus eigener Befugnis beschränken kann, die aber sowohl durch geteilte Vollzugsstruktur als auch durch die eingeschränkte Verantwortlichkeit der gubernativ wirkenden Kommission demokratisch nur eingeschränkt legitimiert ist. Man wird bezweifeln können, ob dieser Gesichtspunkt die Schöpfung eines vollständig neuen Haftungsinstituts für die Nichtumsetzung von Recht funktional rechtfertigt, wie es vom EuGH richterrechtlich entwickelt wurde. Aber sowohl die vom EuGH entwickelte Einklagbarkeit konkreter gemeinschaftsrechtlicher Normen als auch die Entwicklung von Vorlagepflichten der mitgliedstaatlichen Gerichte kann vor dem Hintergrund des dargestellten Legitimationsproblems als angemessen bewertet werden.

Die Kontrollmaßstäbe des EuGH hängen nicht zuletzt davon ab, ob Akte mitgliedstaatlicher oder europäischer Organe kontrolliert werden[134]. Für Akte von Gemeinschaftsorganen erkennt der EuGH jedenfalls in Ansätzen exekutive Letztentscheidungsmechanismen an, die sich aus materiellen Vorschriften er-

---

[131] Grundlegend rechtsvergleichend entwickelt ist der Gedanke einer anderen Ausgestaltung der Initiativberechtigung in Mehrebenen-Rechtsordnungen bei *Eric Stein/Joseph Vining*, Citizen Access to Judicial Review of Administrative Action in a Transnational and Federal Context, American J.o. International L. 70 (1976), 219 (240f.).

[132] Vgl. oben, S. 157ff.

[133] Grundsätzlich *Johannes Masing*, Die Mobilisierung des Bürgers für die Durchsetzung des Rechts, 1997, 196ff.; *Bernhard W. Wegener*, Rechte des Einzelnen, 1998. Differenziert zum Anpassungsdruck *Matthias Ruffert*, Dogmatik und Praxis des subjektiv-öffentlichen Rechts unter dem Einfluß des Gemeinschaftsrechts, DVBl 1998, 69 (72); *Friedrich Schoch*, Individualrechtsschutz im deutschen Umweltrecht unter dem Einfluß des Gemeinschaftsrechts, NVwZ 1999, 457 (465f.). Skeptischer *Dirk Ehlers*, Die Europäisierung des Verwaltungsprozeßrechts, 1999, 55ff. Die deutsche Diskussion ignoriert zumeist die Ebenenproblematik, Ausnahme: *Schönberger*, EuR 2003, 614ff.

[134] Für die Durchführung *Möllers*, EuR 2002, 486ff. Für die Grundfreiheiten *Maduro*, We the Court, 78ff.; *Rolf-Oliver Schwemer*, Die Bindung des Gemeinschaftsgesetzgebers an die Grundfreiheiten, 1995, 45ff.

geben können[135]. Für nationale Administrationen ist dies kaum der Fall. Jedoch ist der Gerichtshof bei der Anerkennung von Klagebefugnissen im Bereich exekutiver Normerzeugung durch die Kommission durchaus zurückhaltend[136]. Gegen diese Differenzierungen ist jedoch nichts einzuwenden[137], wenn die materiellen Kontrollmaßstäbe ebenenspezifisch angelegt sind, wenn also Normen gerade die Mitgliedstaaten adressieren, wie etwa das Verbot der Diskriminierung aufgrund mitgliedstaatlicher Anknüpfung, gegen das durch Gemeinschaftsakte nicht verstoßen werden kann. Aber auch die Erweiterung der Klagebefugnisse ist schwerlich ohne ebenenspezifische Unterschiede im administrativen Zusammenhang zu denken[138]. Solche ergeben sich aus den Kontrollbefugnissen der Gemeinschaft gegenüber den mitgliedstaatlichen Verwaltungen ebenso wie aus den unterschiedlichen Vollzugskulturen in einem heterogenen Verwaltungsraum[139]. Damit stehen beide Fragen aber in einem anderen funktionalen Rahmen, der einen Vergleich oder gar eine einfache Übertragbarkeit ohne Blick auf die Ebenenproblematik unergiebig macht[140]. Die Rechtsprechung des EuGH gewinnt vor dem Hintergrund der Legitimationsprobleme der exekutiven Mehrebenen-Verschränkung ihre eigene rechtfertigende Logik.

4. Daß Rechtsschutzprobleme in Mehrebenen-Rechtsordnungen nicht einfach durch eine *administrative Entkopplung* zu lösen sind, verdeutlicht schließlich der Blick auf die Rechtsprechung des Supreme Court. Auf den ersten Blick ist es schlüssig, dem Verbot der gesetzlichen Programmierung der Gliedstaaten durch den Bund ein Verbot der Einrichtung von Rechtsschutzmitteln gegen die Gliedstaaten durch den Bund an die Seite zu stellen. Diese vollständige Immunisierung verhindert aber nicht, daß materielles Bundesrecht auch die Gliedstaaten verpflichten kann. Eine solche Verpflichtung kann aber nicht durch Bürger gericht-

---

[135] Dazu *Winfried A. Adam*, Die Kontrolldichte-Konzeption des EuGH und deutscher Gerichte, 1993, 197ff.; *Rolf Rausch*, Die Kontrolle von Tatsachenfeststellungen und -würdigungen durch den Gerichtshof der Europäischen Gemeinschaften, 1994, 225ff., 238ff.; *Jürgen Schwarze*, Die gerichtliche Kontrolle der europäischen Wirtschaftsverwaltung, in: J. Schwarze/E. Schmidt-Aßmann (Hrsg.), Das Ausmaß der gerichtlichen Kontrolldichte im Wirtschaftsverwaltungs- und Umweltrecht, 1992, 203 (211ff.).

[136] Dazu *Wolfram Cremer*, Individualrechtsschutz gegen Akte der Gemeinschaft: Grundlagen und neuere Entwicklungen, in: C. Nowak/W. Cremer (Hrsg.), Individualrechtsschutz in der EG und der WTO, 2002, 27 (40ff.); *Hans Christian Röhl*, Die aktuelle Entscheidung: Rechtsschutz gegen EG-Verordnungen, Jura 2003, 830.

[137] Zu verfassungstheoretischen Problemen dieser Differenzierung aber: *Möllers*, Verfassung – Verfassunggebende Gewalt – Konstitutionalisierung, 44ff.

[138] *Schönberger*, EuR 2003, 613ff.

[139] Vgl. nur knapp *Hans-Heinrich Trute*, in: v. Mangoldt/Klein/Starck, Bonner Grundgesetz, Bd. 3, 4. Aufl. 2001, Art. 83, Rdnr. 59.

[140] Deutlich anders zum Problem der Initiativberechtigung wohl *Masing*, Mobilisierung, 66ff., 219. Schon mit Blick auf die amerikanische Verfassungsgeschichte fällt es aber schwer, die Beschränkung der Gerichte auf subjektiven Rechtsschutz als einen deutschen Sonderweg zur Kompensation von Demokratiedefiziten zu deuten.

lich überprüft werden, sondern nur durch den Bund. Diese Konstellation ist gerade dann von Bedeutung, wenn der Bund die Staaten nicht mehr mit Vollzugsaufgaben betrauen kann und er sich auf materielle Verpflichtungen beschränken muß. Dann stehen sich Bürger und Gliedstaat theoretisch als gleichberechtigte Adressaten von Bundesrecht gegenüber. So betrafen die vom Supreme Court entschiedenen Fälle zur *sovereign immunity* wie dargestellt Sachverhalte[141], in denen der Gliedstaat als Partner eines bundesrechtlich geregelten Vertrags und als Verpflichteter von Arbeitsschutzvorschriften auftrat. In beiden wurden die privaten Parteien im Ergebnis rechtsschutzlos gestellt. Ein vollständig getrenntes Rechtsschutzsystem mit einer gleichfalls getrennten Vollzugsstruktur erzeugt also gleichfalls Rechtsschutzprobleme, weil die unmittelbare Geltung des materiellen Bundesrechts diese formellen Trennungsmechanismen unterläuft. Deswegen ist die judikative Entkopplung der Ebenen auch dann keine adäquate Form der Gestaltung, wenn eine administrative Entkopplung zur Sicherung von Verantwortungszusammenhängen durchgehalten wird.

3. Fazit

Vollzugsarrangements in Mehrebenen-Rechtsordnungen entstehen nicht als Resultat einer legitimationstheoretisch inspirierten Planung. Neu entstehende föderale Ordnungen machen sich vielmehr nicht selten bereits bestehende Arrangements zunutze und programmieren diese mit dem Recht der neuen Ebene. Dieses Vorgehen – das sich auch in den frühen Vereinigten Staaten findet – hat zunächst einmal viele praktische Vorteile, vor allem, wenn auf der unteren Ebene eine allzuständige Exekutivorganisation zur Verfügung steht, in die sich vereinzelte Vollzugsaufgaben systematisch integrieren lassen.

Doch erzeugt eine solche Verschränkung auch funktionale Probleme: Sie führt zu administrativen Koordinationsformen zwischen den Ebenen, die nicht durchschaubar sind, und die sowohl zu Entscheidungsverlusten der Legislativen als auch zu einer Repolitisierung des Vollzugs führen können. Sie unterbricht die demokratischen und rechtsstaatlichen Verantwortungszusammenhänge und kann dadurch auch den Rechtsschutz erschweren. Auch wenn sich für diese Probleme keine allgemeingültigen Lösungen finden lassen, dokumentiert der Rechtsvergleich auf Grundlage des hier verwendeten Modells doch unterschiedliche Problemintensitäten und dem jeweiligen Rechtssystem adäquate Möglichkeiten der Problemminderung.

---

[141] Vgl. die Fallgestaltungen oben, Fußn. 74, S. 343f.

II. *Auswärtiges Handeln als aszendente Kopplung*

Unter auswärtigem Handeln sollen im folgenden Akte verstanden werden, die auf eine Rechtserzeugung auf der darüber liegenden hoheitlichen Ebene abzielen[142]. Auswärtiges Handeln muß nicht in jedem Fall rechtserhebliches Handeln sein[143], es spielt sich vielmehr zu einem großen Teil im Bereich der informalen, nicht institutionalisierten Willensbildung ab, die aber ihrerseits mittelbar oder längerfristig rechtliche Implikationen haben kann. Das nach außen gerichtete hoheitliche Handlungsspektrum – von der diplomatischen Geste bis zum völkerrechtlichen Vertragsschluß – unterfällt nicht in einheitlicher Weise rechtlichen Bindungen[144]. Seine Bedeutung für die Rechtserzeugung hängt zudem vom Stand der völkerrechtlichen Rechtsquellenlehre ab, die im Prinzip an jedes zurechenbare Handeln eines Völkerrechtssubjekts Rechtsfolgen anknüpfen kann. Die Untersuchung wird sich aber im folgenden auf den Vertragsschluß als Phänomen konzentrieren, dabei jedoch den stetig wichtiger werdenden Aspekt der selbständigen rechtlichen Fortentwicklung internationaler Regime im Auge behalten. Die Außenbeziehungen der WTO entsprechen nicht dem hier zugrunde gelegten Begriff. Denn als internationale Organisation entwickelt die WTO keine vertikal nach oben gerichteten Beziehungen, allenfalls horizontal orientierte zu anderen internationalen Organisationen oder völkerrechtlichen Regimen. Die dadurch entstehenden Legitimationsprobleme sind anderer Art. Sie betreffen die Koordination sektoralisierter Entscheidungsfindung, weniger die in diesem Abschnitt interessierenden institutionellen Beziehungen zwischen den Organen. Damit in Zusammenhang stehende Probleme fanden bereits Behandlung[145].

Außenbeziehungen sind in der anfangs dieses Paragraphen eingeführten Terminologie eine Form der *aszendenten* Kopplung. Stellen Nationalstaaten den Ausgangspunkt für die Entstehung supra- und internationaler Rechtserzeugung dar[146], so ist zu fragen, wie nach außen gerichtetes Handeln sich in die Gewaltengliederung einpassen kann oder wie sich auf dem Gebiet der Außenbeziehungen die gewohnte Arbeitsteilung zwischen den drei Funktionen verschiebt[147]. Besondere Probleme entstehen für föderal gegliederte Rechtsordnungen, also für drei der hier untersuchten Referenzrechtsordnungen. Zur Klärung dieser Fragen soll

---

[142] Zu einer nur terminologisch abweichenden Definition: *Rudolf Geiger*, Grundgesetz und Völkerrecht, 3. Aufl. 2002, 117.

[143] *Rüdiger Wolfrum*, Die Kontrolle der auswärtigen Gewalt, VVDStRL 56 (1997), 38 (39 f.) m. w. N.

[144] Zum Zusammenhang zwischen Funktionenordnung und Rechtsform, oben S. 81 ff.

[145] Vgl. oben, S. 233 ff., 296 ff.

[146] Vgl. oben, S. 233 ff.

[147] Rechtsvergleichende Überlegungen zu dem in diesem Abschnitt untersuchten Problem, die sich auf nationalstaatliche Rechtsordnungen beschränken bei: *Bernhard Ehrenzeller*, Legislative Gewalt und Außenpolitik, 1993; *Henning Schwarz*, Die verfassungsgerichtliche Kontrolle der Außen- und Sicherheitspolitik, 1995; *Valentin Zellweger*, Völkerrecht und Bundesstaat, 1992.

wiederum einem deskriptiven Vergleich der Referenzrechtsordnungen (1) eine
normative Analyse auf Grundlage des hier entwickelten Modells der Mehrebe-
nen-Gewaltengliederung (2) folgen.

1. Vergleichsdarstellung

a) Europäische Union

Im europäischen Gemeinschaftsrecht[148] obliegt die Wahrnehmung auswärtiger
Beziehungen[149] im Regelfall Kommission und Rat gemeinsam, Art. 300 EGV: Auf
Empfehlung der Kommission ermächtigt der Rat wiederum die Kommission zur
Einleitung von völkerrechtlichen Verhandlungen. Die so ermächtigte Kommission führt die Verhandlungen im Benehmen mit einem Ratsausschuß durch und
paraphiert eine Vereinbarung. Der Abschluß des völkerrechtlichen Vertrags erfolgt durch einen Beschluß des Rats auf Vorschlag der Kommission. Das Parlament ist an diesen Verfahren zumeist nur konsultativ beteiligt[150] und verfügt nicht
über die reguläre Zustimmungskompetenz. Kündigungen erfolgen nach den Regeln des Vertragsschlusses[151].

Stellt die Begründung einer Zollunion, Art. 25 EGV, einen der Pfeiler der klassischen supranationalen oder negativen Integration dar, so sind entsprechend die
Außenhandelsbeziehungen in Art. 133 EGV der praktisch bedeutsamste Kompetenztitel der gemeinschaftlichen Außenbeziehungen. Sie begründen zu einem gewissen Grad ein Sonderregime, in dem die Befugnisse der Kommission aufgrund
der materiellen Kompetenzen der Gemeinschaft[152] und des Vorschlagsrechts
nach Art. 133 Abs. 2 EGV weiter gehen als im allgemeinen Verfahren[153], obwohl
sich die Regeln in Art. 300 und Art. 133 EGV bis auf eine sogar noch verschärfte

---

[148] Zum hier nicht näher zu untersuchenden Unionsrecht im engeren Sinne, vgl. Art. 24 EUV,
der den Ratsvorsitz als Verhandlungsführer vorsieht. Für die Umsetzung der GASP gelten allgemeine Regeln zur Umsetzung von Völkerrecht: *Torsten Stein*, Das Zusammenspiel von Mitgliedstaaten, Rat und Kommission bei der Gemeinsamen Außen- und Sicherheitspolitik der EU, EuR
Beiheft 2/1995, 69 (71).

[149] Vgl. zum Überblick über die Rechtsprechung *Alan Dashwood*, The attribution of foreign
relations competence, in: A. Dashwood/C. Hillion (Hrsg.), The General Law of E.C. External
Relations, 2000, 115; *I. Macleod/I. D. Henry/Stephen Hyett*, The External Relations of the European Communities, 1996, 37ff.; *Eric Stein*, External Relations of the Europan Community:
Structure and Process, Collected Courses of the Academy of European Law, Vol. I Book 1
(1990), 115. Zur Vorgeschichte der Kompetenznormen: *Moshe Kaniel*, The Exclusive Treaty-
Making Power of the European Union up to the Single European Act, 1996, 11ff.

[150] *Meinhard Hilf/Frank Schorkopf*, Das Europäische Parlament in den Außenbeziehungen
der EU, EuR 1999, 185 (188ff.).

[151] Vgl. nur *Kirsten Schmalenbach*, in: Calliess/Ruffert, EUV/EGV, 2. Aufl. 2002, Art. 300,
Rdnr. 38.

[152] Zum Charakter von Art. 133 EGV als ausschließlicher Kompetenz: EuGH, Rs. 8/73, Bre-
merhaven, Slg. 1973, 897, Tz. 3; Rs. 41/76, Donckerwolcke, Slg. 1976, 1921, Tz. 31. Dazu auch
unten, S. 376ff.

[153] Während die Kommision in Art. 300 EGV eines Mandats des Rats bedarf, handelt sie in

Berichtspflicht der Kommission in der gemeinsamen Handelspolitik entsprechen. Ihrer Funktion nach stellt die Kompetenz nach Art. 133 EGV die Außenseite der Binnenmarktkompetenz dar[154] und steuert die Beziehungen zwischen EG und WTO.

Die zentralen Rechtsprobleme der auswärtigen Gemeinschaftsgewalt betreffen die vertikale Kompetenzverteilung. Diese bildet einen der bedeutendsten Schauplätze der extensiven Kompetenzrechtsprechung des EuGH in den siebziger Jahren und der Entwicklung einer gemeinschaftsrechtlichen Lehre der *implied powers*[155]. Die AETR-Doktrin[156] des EuGH räumte der Gemeinschaft nicht nur Außenkompetenzen ein, die parallel mit den Binnenkompetenzen verlaufen, sondern entwickelte auch eine Sperrwirkung für mitgliedstaatliche Außenbeziehungen in Fällen, in denen die Gemeinschaft noch nicht gehandelt hatte, aber die Erfüllung von Vertragszielen gefährdet schien[157]. Diese Präemptionswirkung mitgliedstaatlichen Handelns hat noch in der jüngsten Rechtsprechung des EuGH Niederschlag gefunden[158]. Die Hervorhebung der AETR-Doktrin im Kontext der *implied powers* drängt aber nicht selten die Tatsache in den Hintergrund, daß der EuGH gerade im Bereich der Außenbeziehungen vergleichsweise deutliche Grenzen der Gemeinschaftskompetenzen zieht. Dies geschieht vor allem in Verfahren nach Art. 300 Abs. 6 EGV[159], der dem Gerichtshof eine Gutachtenkompetenz vor Abschluß des Vertrags zuspricht. Nicht unähnlich der Vorbehalte gegen die Delegation an Nichtorgane nach innen legt der Gerichtshof einen strengen Maßstab für die Verflechtung von europäischen Organen mit anderen Entscheidungsträgern nach außen an und überprüft die Konsequenzen der Außenbeziehungen für die interne Kompetenzverteilung zwischen Gemeinschaft und Mitgliedstaaten[160]. Dies betrifft auch die zentrale Außenhandelskompetenz des Art. 133 EGV[161] und dokumentiert, daß auch in Kernbereichen der Vergemeinschaftung eine judikative Kompetenzbeschränkung möglich ist[162].

Art. 133 EGV aus eigenem Recht mit einer selbständigen Vorschlagsbefugnis, Art. 133 Abs. 2 EGV.

[154] Zum Zusammenhang: *Langer*, Grundlagen einer internationalen Wirtschaftsverfassung, 157 ff.

[155] *Nettesheim*, Kompetenzen, 433 ff.; *Weiler*, The Constitution of Europe, 22 ff.

[156] Aus der streitigen Rechtsprechung grundlegend: EuGH, Rs. 22/70, Kommission / Rat Slg. 1971, 263, Tz. 22. Daran anschließend EuGH, verb. Rs. 3, 4, 6/76, Kramer, Slg. 1976, 1276, Tz. 20.

[157] Vgl. EuGH, Gutachten 1/76, Stilllegungsfonds, Slg. 1977, 741; Gutachten, 1/94, GATT/WTO, Slg. 1994, I-5267, Gutachten 2/92, OECD, Slg. 1995, I-521.

[158] Neuestens differenziert, eine generelle Sperrwirkung ablehnend und unter Berücksichtigung der Reichweite des bereits ergangenen Sekundärrechts EuGH, Rs. C-476/98, Slg. 2002, I-9855, Kommission / Deutschland, Tz. 81 ff., 85 ff.

[159] Dazu *Lenaerts/Arts*, Procedural Law of the EU, ch. 12.

[160] Zu diesem Zusammenhang mit Blick auf 1/94, Tz. 60 auch *Marise Cremona*, EC External Commercial Policy after Amsterdam, in: J. H. H. Weiler (Hrsg.), The EU, the WTO, and the NAFTA, 2000, 5 (12).

[161] EuGH, Gutachten, 1/94. Die Unterscheidungen, mit denen der EuGH das Vertragswerk zergliederte, fanden in der Kritik wenig Anklang. Eine rechtfertigende Analyse mit Blick auf die

Deutlich wurde dies im Gutachten des EuGH zur Kompetenzverteilung beim Beitritt zum Cartagena-Protokoll[163], das den auch grenzüberschreitenden Umgang mit lebenden veränderlichen Organismen regelt. Die Kommission beanspruchte für den Großteil des Abkommens[164] eine ausschließliche Beitrittskompetenz der Gemeinschaft aufgrund von Art. 133 Abs. 3 EGV. Der Gerichtshof dagegen sah die aus Art. 175 i. V. m. 174 EGV bestehende Kompetenz für bestimmte Umweltaufgaben als gegeben an, die zur Form eines gemischten Abkommens führt, dem Gemeinschaft und Mitgliedstaaten – wie im Fall der WTO – gesondert beizutreten haben[165]. Bemerkenswert ist die Entscheidung, weil der Gerichtshof in seiner Begründung die grenzüberschreitende wirtschaftliche Bedeutung des Gegenstandes ausdrücklich anerkannte, aber auf das Hauptziel der Verträge, den Erhalt eines angemessenen Schutzniveaus für die biologische Vielfalt verwies[166]. Ökonomische Implikationen der Regelung werden in der Entscheidung der normativen Zwecksetzung gegenüber hintangestellt und können nicht zur Auslösung der ausschließlichen Gemeinschaftskompetenz führen.

Man kann das vom Gericht mehrmals entwickelte Erfordernis einer Vertragsänderung für den Beitritt zu einem internationalen Abkommen durchaus als eine Anwendung des Subsidiaritätsgedankens verstehen[167], in dem die Außenbeziehungen unter einen erweiterten Zustimmungsvorbehalt aller Mitgliedstaaten gestellt werden.

---

unterschiedlichen Regulierungszwecke von GATT und EU aber bei *Langer*, Grundlagen einer internationalen Wirtschaftsverfassung, 178ff. m. w. N.

[162] Damit hat diese Entscheidung eine ähnliche Bedeutung wie diejenige zum Tabakwerbeverbot. Der Vertrag von Nizza hat die Lösung des EuGH übernommen: Art. 133 Abs. 5 EGV. Dazu kritisch vor dem Hintergrund eines auf Liberalisierung setzenden Kompetenzkonzepts: *Christoph Herrmann*, Vom misslungenen Versuch der Neufassung der gemeinsamen Handelspolitik durch den Vertrag von Nizza, EuZW 2002, 26.

[163] EuGH, Gutachten, C-2/00, Cartagena, Slg. 2001, I-9713.

[164] Zu von der Kommission konzedierten Einschränkungen mit Blick auf Art. 174 Abs. 4 EGV siehe die Darstellung in EuGH, Slg. 2001, I- 9728ff.

[165] Dazu *Weiler*, Constitution of Europe, 130ff. *Christoph W. Herrmann*, Rechtsprobleme der parallelen Mitgliedschaft von Völkerrechtssubjekten in Internationalen Organisationen, in: G. Bauschke u.a. (Hrsg.), Pluralität des Rechts –Regulierung im Spannungsfeld der Rechtsebenen, 2003, 139 (144ff.); *Joni Heliskoni*, Mixed Agreements as a Technique for Organizing the International Relations of the European Community and its Member States, 2001, 46ff.

[166] EuGH, C-2/00, Slg. 2001, I-9713, Tz. 37.

[167] So *Gráinne de Búrca*, The Principle of Subsidiarity and the European Court of Justice as an Institutional Actor, J.o. Common Market Studies, 36 (1998), 217 (245). Vgl. auch den Hinweis bei *Meinhard Hilf*, Unwritten EC Authority in Foreign Trade Law, EFARev 2 (1997), 437 (454) auf das spezifische Selbstverständnis des EuGH als Hüter einer föderalen Balance in Fragen der Außenkompetenz.

b) Deutschland

Der Abschluß eines völkerrechtlichen Vertrags geschieht in der Regel durch ein vom Bundespräsidenten ermächtigtes Mitglied der Bundesregierung[168] und bedarf der Zustimmung des Bundestags, wenn es sich um einen politischen Vertrag handelt, Art. 59 Abs. 2 S. 1, 1. Alt. GG, oder wenn die Umsetzung des Vertrages nach den allgemeinen Vorbehaltsregeln eines Gesetzes bedürfte, Art. 59 Abs. 2 S. 1, 2. Alt. GG[169]. Eine entsprechende Regelung gilt für die »Übertragung« hoheitlicher Befugnisse an europäische oder andere zwischenstaatliche Institutionen, Art. 24 Abs. 1 GG[170]. Die verfassungsrechtlich gebotene Beteiligung des Bundestags beschränkt sich also – jenseits des Spezialfalls der Truppenentsendung – auf die *Begründung* und förmliche *Änderung* völkerrechtlicher Verträge[171]. Weitgehende materielle Fortentwicklungen eines völkerrechtlichen Regimes, die nicht formell vertraglich fixiert wurden[172], bedürfen nach überwiegender Ansicht ebensowenig wie die Kündigung eines völkerrechtlichen Vertrages[173] der Zustimmung des Bundestags. Damit wirkt die Legislative im Regelfall erst nach der Definition des Vertragsinhaltes an den Außenbeziehungen des Bundes mit. Änderungsanträge sind zudem durch das Geschäftsordnungsrecht ausgeschlossen[174]. Eine antizipierende Einflussnahme auf Vertragsinhalte, etwa durch die gesetzliche Initiative zu einem Zustimmungsgesetz, hat das Bundesverfassungsgericht abgelehnt[175], die Ermächtigung zu rechtlich bindenden Vertragsver-

---

[168] Dazu nur *Ingolf Pernice*, in: Dreier, GG, Art. 59, Rdnr. 20f.

[169] Die Definition der 2. Alt. ist nicht völlig geklärt. Vgl. BVerfGE 1, 372 (381ff.); 90, 286 (359).

[170] Zur Bedeutung des mißverständlichen Ausdrucks »Übertragung« als Ausübungsverzicht: *Albrecht Randelzhofer*, in: Maunz/Dürig, Grundgesetz, Art. 24 Abs. I, Rdnr. 58; *Christian Tomuschat*, in: Bonner Kommentar, Art. 24, Rdnr. 18; *Klaus Vogel*, Die Verfassungsentscheidung des Grundgesetzes für eine internationale Zusammenarbeit, 1964, 18f. Anders aber *Thomas Flint*, Die Übertragung von Hoheitsrechten, 1998, 122ff.

[171] BVerfGE 90, 286 (361). Die dort entwickelte Begründung beschränkt sich ausdrücklich auf Einsätze der Bundeswehr und ist auf die Vorschriften der Wehrverfassung gegründet. *Paul Kirchhof*, Diskussionsbeitrag, VVDStRL 56 (1997), 116. Grundsätzlich zur förmlichen Änderung: *Geiger*, Grundgesetz und Völkerrecht, 131.

[172] BVerfGE 104, 151 (199ff.). Vgl. zur Fortentwicklung auch BVerfGE 68, 1 (82ff.); 90, 286 (359ff.).

[173] In dieser Frage ist die Gegenmeinung deutlich im Vordringen, siehe noch *Böckenförde*, Organisationsgewalt, 106f. Dagegen *Juliane Kokott*, Art. 59 Abs. 2 GG und einseitige völkerrechtliche Akte, FS Doehring, 1989, 505 (511ff.); *Ingolf Pernice*, in: Dreier, Art. 59, Rdnr. 40; *Ulrich Fastenrath*, Die Kompetenzverteilung im Bereich der auswärtigen Gewalt, 1986, 238f.; *Wolfrum*, VVDStRL 56 (1997), 50, jew. m. w. N.

[174] Vgl. §§ 81 Abs. 4, 82 Abs. 2 GOBT. Kritisch zur praktischen Notwendigkeit dieser Beschränkung: *Rudolf Bernhardt*, Verfassungsrecht und völkerrechtliche Verträge, in: J. Isensee/P. Kichhof (Hrsg.), Handbuch des Staatsrechts Bd. VII, 1992, § 174, Rdnr. 15; *Klaus Vogel*, Gesetzesvorbehalt, Parlamentsvorbehalt und völkerrechtliche Verträge, FS Lerche, 1993, 95 (98).

[175] BVerfGE 90, 286 (358). So wohl auch die herrschende Sicht. Dazu kritisch *Wolfrum*, VVDStRL 56 (1997), 48f.; *Gerald Kretscher*, Gesetzesentwürfe aus der Mitte des Bundestages und völkerrechtliche Verträge, FS Helmrich, 1994, 537 (537ff.); *Fastenrath*, Kompetenzvertei-

handlungen[176] mit Blick auf den Wortlaut von Art. 59 Abs. 2 GG eingeschränkt[177]. Auch Art. 80 Abs. 1 S. 2 GG zieht in dieser Hinsicht Grenzen. Die
Beteiligung der Legislative ist zumindest in der Deutung des Bundesverfassungsgerichts relativ deutlich dem Handeln der Exekutive nachgeschaltet[178].

Die beiden Entscheidungen des Bundesverfassungsgerichts zur Nachrüstung
und zum neuen Nato-Konzept sind im Zusammenhang dieser Arbeit von besonderem Interesse[179]. In der Nachrüstungsentscheidung bezog sich das Gericht
ausdrücklich auf die grundgesetzliche Gewaltenteilung[180], um Art. 59 Abs. 2 GG
dahingehend auszulegen, daß er die Mitwirkungsmöglichkeiten im Bereich der
auswärtigen Beziehungen abschließend bestimme. Eine weitergehende Parlamentsbeteiligung würde dagegen einen Eingriff in den Kernbereich der Exekutive darstellen[181]. Daß diese Argumentation nicht zwingend ist[182], zeigt ein Vergleich mit der Wesentlichkeitsrechtsprechung des Gerichts zum Vorbehalt des
Gesetzes[183]. In dieser entwickelte das Gericht einen ungeschriebenen Vorbehalt
des Gesetzes für solche hoheitlichen Handlungen, die für die Grundrechtsausübung von wesentlicher Bedeutung sind[184]. Dahinter steht der Gedanke, daß sich
legislative Gestaltungspflichten nicht auf konkrete Eingriffe beschränken können. Diese Vorstellung ist auch für die beiden hier untersuchten Sachverhalte keineswegs fernliegend. Denn sowohl die Stationierung von Kernwaffen als auch die
Erweiterung des Handlungsraums der NATO auf Territorien außerhalb des

---

lung im Bereich der auswärtigen Gewalt, 239f., jew. m. w. N. Vorsichtig *Geiger*, Grundgesetz und
Völkerrecht, 133. Vgl. auch *Jochen Abr. Frowein/Michael J. Hahn*, The Participation of Parlia-
ment in the Treaty Process in the Federal Republic of Germany, in: S. A. Riesenfeld/F. M. Abbott
(Hrsg.), Parliamentary Participation in the Making and Operation of Treaties, 1994, 61.

[176] BVerfGE 1, 351 (369); 372 (395); 77, 170 (232). Vgl. auch die Andeutung in BVerfGE 58, 1
(36). Zustimmend: *Meinulf Dregger*, Die antizipierte Zustimmung des Parlaments zum Abschluß völkerrechtlicher Verträge, die sich auf Gegenstände der Bundesgesetzgebung beziehen,
1989, 65ff. Kritisch die Überlegungen bei *Wolfrum*, VVDStRL 56 (1997), 46ff. auch mit Hinweisen aus der Parlamentspraxis.

[177] BVerfGE 68, 1 (85f.): »So kann der Bundestag kraft Art. 59 Abs. 2 Satz 1 GG weder verhindern oder erzwingen, daß die Bundesregierung Vertragsverhandlungen unterläßt, aufnimmt
oder abbricht oder Vertragsentwürfe bestimmten Inhalts gestaltet, noch kann er erzwingen, daß
ein Vertrag, zu dem ein Zustimmungsgesetz im Sinne des Art. 59 Abs. 2 Satz 1 GG ergangen ist,
von der Exekutive auch abgeschlossen oder nach seinem Abschluß völkerrechtlich beendet oder
aufrecht erhalten wird.« Zustimmend BVerfGE 90, 286 (357f.).

[178] Eine Ausnahme liegt in der Aufnahme von Vorbehalten in die Vertragszustimmung, dazu
Hans D. Jarass, Die Erklärung von Vorbehalten zu völkerrechtlichen Verträgen, DÖV 1975, 117
(119f.). Zu Grenzen *Georg Ress*, Verfassung und völkerrechtliches Vertragsrecht, FS Doehring,
1989, 803 (832).

[179] BVerfGE 68, 1; 104, 151.

[180] BVerfGE 68, 1 (86f.) sowie 1. Leitsatz.

[181] BVerfGE 68, 1 (86). Der Begriff »Kernbereich« wird in BVerfGE 104, 151 nicht mehr verwendet.

[182] Zur Kritik an Kernbereichsargumenten auch oben, S. 67ff.

[183] Diese Perspektive auch bei *Rudolf Streinz*, in: Sachs, Art. 59, Rdnr. 26.

[184] Zustimmende Darstellung oben, S. 180ff.

Bündnisgebietes[185] können so »weitreichende(n) Auswirkungen auf die Bürger«[186] haben wie die Entscheidung für eine friedliche Nutzung der Kernenergie. Wenn eine eigenständige gesetzliche Ausgestaltung nicht möglich ist, so ist diese Rechtsprechung doch auf die parlamentarische Zustimmung anwendbar. Die vom Bundesverfassungsgericht vorgenommene Materialisierung der Vorbehaltslehre ist dogmatisch übertragbar, weil das Vorliegen spezieller Parlamentsvorbehalte wie in Art. 24 Abs. 1, 59 Abs. 2 GG noch nichts über die Reichweite eines allgemeinen Parlamentsvorbehalts aussagen muß. Warum der Bereich der auswärtigen Beziehungen zum Sonderregime wird, ist begründungsbedürftig, zumal auch mit einer Erweiterung des Vorbehalts die Rolle der Exekutive herausragend bliebe und von einem »Gewaltenmonismus«[187] nicht die Rede sein kann. Diese Überlegungen gelten angesichts der Eigendynamik internationaler Organisationen auch für die Abgrenzung zwischen formellen Vertragsänderungen und anderen Weiterentwicklungen, die für die zweite Entscheidung das entscheidende Argument zur Ablehnung eines Parlamentsvorbehalts darstellt[188]. Dabei kann der Zeitfaktor auch eine Rolle spielen, er schließt eine Parlamentsbeteiligung aber nicht praktisch aus[189]. Ein Vorbehalt ist jedenfalls insoweit möglich, wie sich die Entwicklung auch auf einen zurechenbaren Akt der Bundesregierung zurückführen läßt.

Ein anderes Regelwerk gilt für die europäische Integration. Bei legislativen Handlungen auf Gemeinschaftsebene ist der Bundestag vorab zu informieren und hat Gelegenheit zur Stellungnahme[190]. Bei seiner Entscheidungsfindung sollen diese Stellungnahmen durch die Bundesregierung berücksichtigt werden. Zugleich zeigt sich eine innerparlamentarische Delegationsstruktur, in der der Europaausschuß des Bundestags, Art. 45 Abs. 2 GG, entgegen der sonstigen Systematik Kompetenzen des Gesamtparlaments wahrnehmen und plenarersetzende Stellungnahmen abgeben kann[191].

Mit Blick auf die vertikale Kompetenzverteilung[192] zwischen Bund und Ländern erkennt Art. 32 Abs. 1 GG im Prinzip dem Bund die Kompetenz zur Pflege auswärtiger Beziehungen zu. Strittig ist, inwieweit die Vertragsabschlußkompe-

---

[185] Darstellung in BVerfGE 104, 151 (160ff.).

[186] So die Formulierung in BVerfGE 49, 89 (127).

[187] So aber in schlechter deutscher parlamentskritischer Tradition BVerfGE 68, 1 (86).

[188] BVerfGE 104, 151 (199ff.).

[189] Dazu die Darstellung der Abläufe in BVerfGE 68, 1 (125f.), abw. Meinung Mahrenholz.

[190] Vgl. auch § 5 Gesetz über die Zusammenarbeit von Bundesregierung und Deutschem Bundestag in Angelegenheiten der Europäischen Union v. 12. 3. 1993 (BGBL. I, 311), der in der Sache aber weder über die grundgesetzliche Vorschrift hinausgeht noch diese besonders konkretisiert. Zur gesetzlichen Regelung des Verfahrens: *Michael Brenner*, Das Gesetz über die Zusammenarbeit von Bundesregierung und Deutschem Bundestag in Angelegenheiten der Europäischen Union, ThürVBl. 1993, 196; *Sandra Hansmeyer*, Die Mitwirkung des Deutschen Bundestags an der europäischen Rechtsetzung, 2001, 183ff., 221ff.

[191] Dazu *Hansmeyer*, Mitwirkung des Bundestages, 304ff.

[192] Dazu *Fastenrath*, Kompetenzverteilung im Bereich der auswärtigen Gewalt, 81ff.

tenz der Länder aus Art. 32 Abs. 3 GG eine parallele Kompetenz des Bundes zum Vertragsabschluß in ausschließlichen Länderkompetenzen oder in nicht wahrgenommenen konkurrierenden Bundesgesetzgebungskompetenzen sperrt[193]. Für solche Fälle haben Bund und Länder im »Lindauer Abkommen«[194] einen Kompromiß vereinbart, der nach Sachmaterien differenziert, und der in der Sache auf eine Abschlußkompetenz des Bundes in Anschluß an eine Konsultation der Länder hinausläuft.

Praktisch kam es auch auf diesem Gebiet zu Einrichtung einer informalen Koordinationsstruktur zwischen Bund und Ländern in Form der »Ständigen Vertragskommission«[195]. Aber auch im Bund-Länder-Verhältnis kennt das deutsche Verfassungsrecht ein Spezialregime für die europäische Integration, das dem Bundesrat eine erweiterte Mitwirkungsbefugnis einräumt[196]. Neben einer detailliert geregelten Konsultationsprozedur ist die Bundesregierung stärker an Stellungnahmen des Bundesrates gebunden. Für bestimmte Fälle ist sogar die Entsendung von Bundesratsvertretern in die Verhandlungen auf europäischer Ebene vorgesehen. Im Ergebnis führten außenpolitische Handlungen des Bundes, die nicht den Sonderfall der Wehrverfassung betrafen[197], in keinem Fall zu einer Entscheidung des Bundesverfassungsgerichts, die die Kompetenz des Bundes oder der Bundesregierung verneint hätte[198].

---

[193] Vgl. aus der Literatur auch rechtsvergleichend: *Rudolf Bernhardt*, Der Abschluß völkerrechtlicher Verträge im Bundesstaat, 1957, 139ff.; *Ulrich Beyerlin*, Federal Aspects of Foreign Relations Power in the Federal Republic of Germany, in: R. Bernhardt/U. Beyerlin (Hrsg.), Reports on German Public Law and Public International Law, 1986, 3 (7ff.); *Niedobitek*, Recht der grenzüberschreitenden Verträge, 197ff. n.w.N.

[194] Lindauer Abkommen v. 14.11. 1957. Text in ZaöRV 20 (1959/60), 116f.; *Bernhard Hartung*, Die Praxis des Lindauer Abkommens, 1984, 79ff.

[195] *Fastenrath*, Kompetenzverteilung, 163f.

[196] Gesetz über die Zusammenarbeit von Bund und Ländern in Angelegenheiten der Europäischen Union v. 12.3. 1993 (BGBl. I, 313). § 5 Abs. 2 G gestattet es einer Zwei-Drittel-Mehrheit, die Position der Bundesregierung bindend zu definieren. Vgl. auch die dazugehörige Vereinbarung zwischen der Bundesregierung und den Regierungen der Länder über die Angelegenheiten der Europäischen Union in Ausführung zu § 9 v. 29.10. 1993 (BAnz. 226/1993; 123/1998). Letztere sieht auch ein Recht auf Weitergabe von Rats- und COREPER-Dokumenten (I.) und die Zusammenarbeit der Vertretungen (VII.) vor. Dazu aus der Literatur: *Martin Meißner*, Die Bundesländer und die Europäischen Gemeinschaften, 1996, 242ff. Zu den Kompetenzverlusten der Länder im Rahmen der Europäischen Integration die Übersicht bei *Dietmar O. Reich*, Zum Einfluß des Europäischen Gemeinschaftsrechts auf die Kompetenzen der deutschen Bundesländer, EuGRZ 2001, 1 (2ff.).

[197] BVerfGE 90, 286 (345ff.). Für die hier untersuchte Fragestellung ist von Bedeutung, daß diese Entscheidung im Wege des einstweiligen Rechtsschutzes erging. Dazu *Friedrich Schoch/ Rainer Wahl*, Die einstweilige Anordnung des BVerfG in außenpolitischen Angelegenheiten, FS E. Benda, 1995, 265.

[198] Zu den politischen Einschätzungsspielräumen gerade aufgrund der spezifischen Form außenpolitischer Willensbildung BVerfGE 55, 349 (365). Zum Überblick: *Schwarz*, Die verfassungsgerichtliche Kontrolle, 161ff.; *Gunnar Folke Schuppert*, Die verfassungsgerichtliche Kontrolle der auswärtigen Gewalt, 1972. Einen Sonderfall stellt BVerfGE 6, 309 (Konkordat) dar.

c) Vereinigte Staaten

Im amerikanischen Verfassungsrecht ist die Zuordnung des auswärtigen Handelns zur exekutiven Spitze weniger eindeutig[199]. Zwar obliegt die Wahrnehmung auswärtiger Kompetenzen in der Regel dem Präsidenten[200]. Doch sind die formellen und informellen Beteiligungsmöglichkeiten des Kongresses vielfältiger und verfassungsrechtlich weniger klar begrenzt. Die auswärtigen Kompetenzen des Präsidenten ergeben sich einerseits aus der *treaty clause*, art. II sec. 2 cl. 2 U.S. const., andererseits aus seiner Verpflichtung zum Gesetzesvollzug, art. II sec. 3 U.S. const. Die Kompetenzen des Kongresses können namentlich dem Zustimmungserfordernis des Senates in der *treaty clause* entnommen werden. Von nicht zu unterschätzender Bedeutung ist in einem Präsidialsystem der außenpolitische Mehrwert des Budget-Rechts[201].

Für den Abschluß völkerrechtlicher Verträge haben sich drei Beteiligungsverfahren eingebürgert, von denen nur eines im Verfassungstext festgeschrieben ist: Art. II sec. 2 U.S. const. erfordert für den Abschluß eines völkerrechtlichen Vertrages die Zustimmung von zwei Dritteln der Mitglieder des Senates. Dieses Verfahren wird oftmals für den Beitritt zu internationalen Organisationen und zum Abschluß sicherheitspolitischer Abkommen gewählt[202]. Häufiger – wie etwa beim Beitritt zur WTO – wird der im Verfassungstext nicht vorgesehene Weg[203] eines *congressional executive agreements* genommen. In diesem Verfahren stimmen beide Häuser des Kongresses mit einfacher Mehrheit der Vereinbarung zu. Diese Zustimmungspraxis entstand aus politischen Schwierigkeiten[204], die erforderliche Zwei-Drittel-Mehrheit im Senat zu erhalten[205]. Durch die Zustimmung beider Häuser ergibt sich ein formalisierter politischer Konsens zwischen Präsi-

---

[199] Vgl. speziell zur Rolle des Kongresses. *Thomas Franck/Edward Weisband*, Foreign Policy by Congress, 1979, 135ff.

[200] Vgl. schon Federalists No. 70 (Hamilton). Aus der Literatur grundsätzlich: *Louis Henkin*, Foreign Affairs and the U.S. Constitution, 2. Aufl. 1996, 23ff., 63ff. Knapp *Philipp R. Trimble*, United States Foreign Relations Law, 2001, 27ff. Historisch *Saikrishna B. Prakash/Michael D. Ramsey*, The Executive Power over Foreign Affairs, Yale L.J. 111 (2001), 231.

[201] Kritische Darstellung bei *Franck*/Weisband, Foreign Policy by Congress, 249ff.

[202] Beispiele zur Abgrenzung bei *Trimble*, Foreign Relations Law, 123ff.

[203] Zum Versuch einer textbezogenen Herleitung der executive agreements aus art. I sec. 8 U.S. const.: *John C. Yoo*, Laws as Treaties?: The Constitutionality of Congressional-Executive Agreements, Michigan L. Rev. 99 (2001), 757 (768ff., 838ff., 843ff.). Selten gewordene Kritik an dieser Form mit Blick auf den Verfassungstext anläßlich des Beitritts der USA zur WTO bei *Lawrence H. Tribe*, Taking Text and Structure Seriously: Reflections in Free-Form Method in Constitutional Interpretation, Harvard L. Rev. 108 (1995), 1221. Weiter *Michael D. Ramsey*, Executive agreements and the (non)treaty power, North Carolina L. Rev. 77 (1998), 133. Aus der deutschen Literatur: *Franziska Helm-Busch*, Executive Agreements im amerikanischen Verfassungsrecht, 1995.

[204] An diesen Schwierigkeiten scheiterte nicht zuletzt der Vorläufer der WTO, die ITO.

[205] Vgl. als eine klassisch »realistische« Argumentation zur Legitimität dieses Verfahrens: *Myres McDougal/Asher Lans*, Treaties and Congressional-Executive or Presidential Agreements: Interchangeable Instruments of National Policy, Yale L.J. 54 (1945), 181.

dent und Kongreß. Drittens können auch Akte ohne Beteiligung des Parlaments, *presidential executive agreements*, Rechtswirkungen entfalten[206].

Gerade für den Beitritt zu internationalen Handelsabkommen wie GATT und NAFTA spielt eine spezielle Variante des *congressional executive agreements* eine besondere Rolle, der sogenannte *Fast Track*[207]. In diesem Verfahren gibt der Kongreß dem Präsidenten ein zeitlich begrenztes, genau definiertes Verhandlungs- und Abschlussmandat. Innerhalb der Frist und innerhalb der mandatierten Grenzen kann der Präsident Verhandlungen führen, in die Mitglieder des Kongresses einzubeziehen sind, und den Vertrag wirksam abschließen, ohne daß es eines weiteren Zustimmungsakts bedürfte. Damit verbinden sich interne Parlamentsregelungen und Interorganbeziehungen zu einem einheitlichen sachlich und zeitlich begrenzten Verfahren. Nach Ablauf der Frist erlischt das Verhandlungsmandat.

Das Verhältnis zwischen Kongreß und Präsident in auswärtigen Angelegenheiten erweist sich seit den Anfängen als Gegenstand eines kontinuierlichen Kompetenzkonflikts[208]. Nicht selten versucht der Kongreß auch klassische exekutive Handlungen zu erzwingen[209]. Selten aber werden diese Auseinandersetzungen einer gerichtlichen Klärung zugeführt, und – wie die Frage eines einseitigen Kündigungsrechts völkerrechtlicher Verträge – noch seltener durch ein Gericht entschieden[210]. Wichtiger als rechtliche Grenzen ist die informale Reaktion auf politischen Druck und die bestehenden oder antizipierten Mehrheitsverhältnisse. Auch die Rechtsprechung des Supreme Court nimmt diesen politischen Kontext wahr und definiert die Kompetenzen des Präsidenten auch mit Blick darauf, welchen Rückhalt er mit seiner Entscheidung im Kongreß genießt[211].

---

[206] Die grundlegende Rechtsprechung betraf zunächst klassisch exekutive Akte wie die Umsetzung der Anerkennung einer Regierung: U.S. v. Belmont, 301 U.S. 324 (1937); U.S. v. Pink, 315 U.S. 203 (1942). In Dames & Moore v. Regan, 453 U.S. 654 (1981) wurde auch die Einrichtung des Iran-Claims Tribunal, das gegen geltende Gesetze verstieß, aufgrund eines Presidential Agreement für zulässig erklärt.

[207] *Bruce Ackerman/David Golove*, Is NAFTA Constitutional?, Harvard L. Rev. 108 (1995), 799; *George A. Bermann*, Constitutional Implications of U.S. Participation in Regional Integration, American J.o. Comparative Law 46 (1998), 463; *David M. Golove*, Against Free-Form Formalism, New York U.L. Rev. 73 (1998), 1791 (1814ff.); *Harold H. Koh*, The Fast Track and United States Trade Policy, Brooklyn J. of International Law, 18 (1992), 143.

[208] Besonders deutlich wird dies bei der hier nicht näher interessierenden Frage der Kompetenzen zur Kriegsführung, die sich der Kongress selbst zugesprochen hat, die jedoch von keinem Präsidenten anerkannt wurden. Dazu eingehend *Franck/Weisband*, Foreign Policy by Congress, 61ff.

[209] Beispiele bei *Henkin*, Foreign Affairs, 118ff.

[210] In Goldwater v. Carter, 444 U.S. 996 (1979) hat sich der Supreme Court unter Berufung auf die *Political Question Doctrine* geweigert, eine Klärung dieser Frage vorzunehmen. Zudem fehlt es in der Regel an einer Klagebefugnis übergangener Kongressmitglieder.

[211] Beispiele sind die zitierten Fälle Goldwater v. Carter 444 U.S. 996 (1979); Dames & Moore v. Regan, 453 U.S. 654 (1981); Youngstown Sheet & Tube Co. v. Sawyer 343 U.S. 579 (1952). In allen Urteilen wird das Handeln des Präsidenten vor dem Hintergrund des Verhältnisses seiner Politik zur Mehrheit des Kongresses beurteilt.

Wie dies geschieht, wird an einem bis heute viel zitierten Urteil aus der Zeit des Koreakriegs deutlich: Der Supreme Court hatte die zur Abwendung eines Streiks erfolgte Enteignung von Stahlwerken durch den Präsidenten zu Kriegszwecken zu beurteilen: eine als Notstandsakt bezeichnete innenpolitische Maßnahme aus einem verteidigungspolitischen Anlaß, für die eine gesetzliche Grundlage fehlte. In seiner berühmten Begründung der Unzulässigkeit dieser Enteignung entwickelt *Justice Jackson* ein Drei-Stufen-Modell der Intensität gerichtlicher Kontrolle des Präsidenten, das auf den gesetzlich ausgestalteten, aber eben auch auf den *impliziten* Rückhalt des Präsidenten im Kongreß Rücksicht nimmt[212]. Fehlt ein solcher Rückhalt, wie im Fall, so darf der Präsident und Oberbefehlshaber nur in Bereichen handeln, in denen der Kongreß nicht handeln darf und wird gerichtlich intensiv überprüft.

Hinsichtlich der Kompetenzverteilung zwischen Bund und Gliedstaaten[213], die im Verfassungstext keine eigenständige Regelung fand, hat auch der Supreme Court die Reichweite der Bundeskompetenzen kaum begrenzt. Vielmehr kann nach außen gerichtetes Handeln des Bundes auch auf Gebieten erfolgen, für die eine Innenkompetenz eigentlich nicht gegeben wäre[214]. Es gilt nicht allein eine Parallelwirkung von Innen- und Außenkompetenz wie im europäischen und deutschen Recht. Auswärtiges Handeln kann sogar kompetenzbegründend wirken. Zwei Tendenzen haben diese deutlich zentralisierende Wirkung aber in Frage gestellt. Zum einen ist die Rechtsprechung in den letzten Jahren wissenschaftlich mehr und mehr in die Kritik geraten[215]. Nicht zuletzt wegen der Zunahme internationaler Verpflichtungen und einer strenger werdenden Prüfung der Bundeskompetenzen durch den Supreme Court wurde eine Neuausrichtung der Rechtsprechung auch in dieser Frage erwartet. Eine prominente prozessuale Ge-

---

[212] 343 U.S. 579, 635 (Jackson, conc.).

[213] Aus der Literatur *Curtain A. Bradley*, The Treaty Power and American Federalism, Michigan L. Rev. 97 (1998), 390; *Jack L. Goldsmith*, Federal Courts, Foreign Affairs and Federalism, Virginia L. Rev. 83 (1997), 1617; *Daniel Halberstam*, The Foreign Affairs of Federal Systems: A National Perspective on the Benefits of State Participation, Villanova L. Rev. 46 (2001), 1015; *Harold H. Koh*, Is International Law Really State Law?, Harvard L. Rev. 111 (1998), 1824. Zu den Ursprüngen *David A. Golove*, Treaty Making and the Nation: The Historical Foundations of the Nationalist Conception of the Treaty Power, Michigan L. Rev. 98 (2000), 1075; *Jason Lynch*, Federalism, separation of powers, and the role of state attorneys general in multistate litigation, Columbia L. Rev. 101 (2001), 1998; *Sandra Lynch* The United States, the states and foreign relations, Suffolk U.L. Rev. 33 (2000), 217; *Michael D. Ramsey*, The power of the states in foreign affairs, The Notre Dame L. Rev. 75 (1999), 341; *ders.*, International law as non-preemptive federal law, Virginia J.o. International L., 42 (2002), 555.

[214] Die Grundentscheidung ist nach wie vor Missouri v. Holland, 252 U.S. 416 (1920). Zu den Wirkungen *Thomas Healy*, Is *Missouri v. Holland* Still Good Law? Federalism and the Treaty Power, Columbia L. Rev. 98 (1998), 1726. Ein weiterer Schritt ist U.S. v. Curtiss-Wright Export, 299 U.S. 304 (1936), in der eine souveränitätstheoretische Überlegung angeführt wird. Die außenpolitische Souveränität sei unmittelbar von England an die Federal Government transponiert worden, ohne die Glieder zu berühren: ebda., 316f.

[215] *Bradley*, Michigan L. Rev. 97 (1998), 395ff.; *Goldsmith*, Virginia L. Rev. 83 (1997), 1617ff.

legenheit, die Außenkompetenzen der Gliedstaaten zu stärken, wurde vom Gericht aber nicht wahrgenommen[216]. Im Ergebnis hat der Supreme Court in den über zweihundert Jahren seiner Rechtsprechung nur einen Verstoß einer außenpolitischen Maßnahme im engeren Sinne gegen die Verfassung festgestellt[217]. Zum zweiten hat der Gesetzgeber die Rechte der Gliedstaaten entdeckt. Dies zeigt sich wiederum bei der Umsetzung der GATT/WTO-Verpflichtungen. Länderinteressen sind bei den folgenden Verhandlungen ebenso zu berücksichtigen, wie die Länder von Klagen Privater gegen Verstöße durch Gesetz immunisiert wurden[218]. Insgesamt ist eine deutlich vom Kongreß beförderte Präsenz gliedstaatlicher Interessen im auswärtigen Handeln zu beobachten.

2. Analyse und Bewertung

Die Bestandsaufnahme innerhalb der Referenzrechtsordnungen ergab drei Grundtendenzen: Zum ersten eine Konzentration von Außenkompetenzen bei der Regierung, zum zweiten einen zentralisierenden Effekt der Außenpolitik innerhalb der verschiedenen Mehrebenen-Rechtsordnungen und zum dritten eine relativ seltene gerichtliche Intervention in außenpolitisches Handeln. Zugespitzt wird nach außen gerichtete Rechtserzeugung in Mehrebenen-Rechtsordnungen von der Exekutive der höheren Ebene regelmäßig ohne gerichtliche Kontrolle ex post oder parlamentarische Maßstabsetzung ex ante wahrgenommen.

Dieser gemeinsame Nenner kann freilich bedeutsame Unterschiede nicht verdecken, die zugleich vor falschen Verallgemeinerungen schützen. Noch am ehesten entspricht das deutsche System dem Modell in allen drei Gesichtspunkten, wenn auch der neue Art. 23 GG für die europäische Integration signifikante Abweichungen vorsieht. Unterschiede zeigen sich zudem einerseits für das amerikanische System mit Blick auf den Kongreß, der nicht auf eine bloß ex post ratifizierende Rolle reduziert ist, sondern das auswärtige Handeln auch im Vorhinein aktiver mitgestaltet. Für das Gemeinschaftsrecht zeigte sich ein komplexerer Befund, in dem Kommission und Rat in einer fast gleichberechtigten Struktur die auswärtige Gewalt gestalten, zugleich aber das Parlament eine sehr reduzierte Rolle einnimmt. Für die gedoppelte Legislative der Gemeinschaft setzt sich somit

---

[216] Crosby v. National Foreign Trade Council, 530 U.S. 363 (2000) (Souter J.). Der Staat *Massachussetts* erließ ein Gesetz, das dem Staat die Beschaffung bei Firmen verbot, die mit Burma Handel trieben. Diese Regel hätte Gelegenheit geben können, einen eigenständigen außenpolitischen Handlungsbereich der Gliedstaaten zu definieren, wenn dem nicht eine ausdrückliche gesetzliche Regelung des Bundes entgegengestanden hätte. Diese ermöglichte es, die verfassungsrechtliche Frage offen zu lassen.

[217] Reid v. Covert, 354 U.S. 1, 6ff. (1957). Der Fall betraf die Anwendung von Grundrechten auf ein kriegsgerichtliches Verfahren im Ausland gegen die Angehörige (!) eines Soldaten. Bei der durch den Korea-Krieg bedingten Konfiskation in Youngstown läßt sich immerhin auch ein wichtiger außenpolitischer Bezug herstellen.

[218] 19 U.S.C. § 3512(b) (2) (b). Dazu *Halberstam*, Villanova L. Rev. 46 (2001), 1043.

die Organisationsstruktur gegenüber der Rechtserzeugungsfunktion durch: Ihr intergouvernementaler Teil ist intensiver, ihr parlamentarischer Teil weniger intensiv an den auswärtigen Beziehungen beteiligt, als dies im nationalstaatlichen Modell der Fall ist. Zudem war eine im Ergebnis relativ intensive Kontrolle auswärtigen Handelns durch den EuGH erkennbar. Wie aber läßt sich die allgemeine Tendenz zu Exekutivzentrierung funktional rechtfertigen (a) und welche Relativierungen folgen aus der zunehmenden Bedeutung auswärtiger Handlungen für dieses Modell (b)?

a) *Auswärtige Handeln als vornehmlich exekutives Handeln?*

Die Wahrnehmung von Außenbeziehungen stellt ein besonderes Problem jeder Theorie der Gewaltenteilung dar und forderte die traditionelle Dreiteilung von Beginn an heraus: *Locke* ordnete dem auswärtigem Handeln eine eigene Stellung im Gewaltenteilungsschema zu und bezeichnete sie als die *Federative Power*[219]. Entsprechende Begrifflichkeiten fanden sich später auch in Deutschland unter dem Stichwort der »Auswärtigen Gewalt«[220]. Der in der Theorie der Gewaltenteilung im späten 18. Jahrhundert in Frankreich auftauchende Terminus »Gubernative« wurde gerade entwickelt, um die spezifische Verantwortung der Regierung für die Außenpolitik zu beschreiben[221]. Ist es aber für eine legitimationsbezogene Theorie der Gewaltengliederung angemessen, von einer eigenen »Auswärtigen Funktion« zu sprechen, und inwieweit ist es zwingend, ihre Wahrnehmung der Exekutive zuzuweisen?

Wendet man die im Ersten Teil entwickelten Kriterien der Allgemeinheit, der Zeitorientierung und der Verrechtlichung[222] auf auswärtige Akte an, so fällt auf, daß völkerrechtliche Verpflichtungen mittelbar auch alle hinter dem Völkerrechtssubjekt stehenden Rechtssubjekte betreffen oder jedenfalls betreffen können. Denn konkret adressiert eine völkerrechtliche Verpflichtung, auch wenn sie keine individuellen Rechtsbeziehungen begründet, die demokratisch legitimierten Organe des verpflichteten Völkerrechtssubjekts und schränkt damit dessen demokratische Selbstbestimmungsoptionen ein. Weil die Begründung auswärtiger Verpflichtungen die Staaten als Rechtssubjekte im ganzen binden, weist diese einen hohen Grad an potentieller Allgemeinheit auf, der in der Regel zukunftsbezogen ausgestaltet ist. Zudem bezieht Völkerrecht im Sinne von Art. 38 IGH-Sta-

---

[219] *Locke*, Two Treatises of Government, II, 146f.

[220] Zur Kritik an dieser Vorstellung: *Fastenrath*, Kompetenzverteilung, 71ff. (zur älteren abweichenden Literatur ebda., 79 in Anm. 366); *Wilhelm G. Grewe*, Auswärtige Gewalt, in: J. Isensee/P. Kirchhof (Hrsg.), Handbuch des Staatsrechts, Bd. III, 1990, §77, Rdnr. 6; *Hans-Dietrich Treviranus*, Außenpolitik im demokratischen Rechtsstaat, 1966, 91ff.

[221] *Michel Troper*, Les rélations exterieur dans la constitution de l'an III, in : La Théorie, Le Droit, L'État, 2001, 129 (137ff.)

[222] Oben, S. 88ff.

tut seine Bindung nicht aus einem Ableitungszusammenhang zu höheren Normen, sondern aus einer Willensbildung aller oder mancher an der Rechtserzeugung beteiligten Völkerrechtssubjekte[223]. In Anwendung der hier vertretenen Systematik der Gewaltengliederung bedeutet dies, daß es sich bei völkerrechtlich wirksamen Akten der auswärtigen Gewalt materiell in der Regel um Formen *legislativer* Rechtserzeugung handelt, die – wie im innerstaatlichen Zusammenhang – potentielle Allgemeinheit, Zukunftsbezug und ein offener Rechtserzeugungsprozeß auszeichnet.

Wo aber liegt das funktionale Problem im Fall einer durch die Regierung eingegangenen völkerrechtlichen Verpflichtung, die vom Parlament bestätigt, aber nicht abgeändert werden kann? Auch im Regelfall der nach innen gerichteten Gesetzgebung weicht das Parlament häufig nicht von den praktisch so bedeutsamen Gesetzgebungsinitiativen der Regierung ab. Für die Beteiligung des Parlaments an internationaler Rechtserzeugung, so ließe sich argumentieren, ist diese Vorbindung insoweit nur formalisiert, ohne daß dies einen kategorialen Unterschied bedeuten würde. Legitimationstheoretisch bestünde dann zwischen einem parlamentarischen Gesetzesbeschluß und der parlamentarischen Zustimmung zu einem völkerrechtlichen Vertrag kein relevanter Unterschied mehr. Eine solche Sicht verkennt die Legitimationsproblematik allerdings sowohl empirisch als auch normativ: normativ, weil sich der legitimationsstiftende Gehalt der parlamentarischen Beteiligung eben nicht auf die tatsächlich vorgenommene, sondern auf die mögliche Änderung des Inhalts bezieht. Selbstbestimmung bezeichnet die Möglichkeit, seinen Willen zu realisieren, nicht die Häufigkeit, mit der diese Möglichkeit tatsächlich wahrgenommen wird. Andernfalls gäbe die hohe Zahl einstimmig beschlossener Gesetze einen Hinweis auf die Zulässigkeit eines Ein-Parteien-Systems. Empirisch ist der Gedankengang anzuzweifeln, weil die formal garantierte Möglichkeit, einen Gesetzesvorschlag zu ändern, zu einer weitergehenden Rücksichtnahme und Einbeziehung der parlamentarischen Willensbildung auch bei einer exekutiven Initiative führt. Die Regierung kann bei ihrem Vorschlag die Willensbildung im Parlament miteinbeziehen, während sie bei Vertragsverhandlungen die Willensbildung der anderen Vertragspartner berücksichtigen muß. Die deliberativen Verfahren parlamentarischer Entscheidungsfindung, die auf inhaltliche Offenheit angelegt sind, haben dann keinen Gegenstand mehr[224]. Damit erweist sich die Ratifikationsrolle legislativer Organe als ungenügend für eine materiell legislative Rechtserzeugung. Der legislativen Wirkung völkerrechtlicher Bindungen wird kein angemessenes Verfahren vorgeschaltet.

---

[223] Dies gilt unabhängig von der umstrittenen Frage, ob etwa Völkergewohnheitsrecht der Zustimmung aller gebundenen Völkerrechtssubjekte bedarf. Unstrittig bedarf es der Zustimmung mancher.

[224] Diese Mängel wiegen noch schwerer, wenn Pflichten allein durch die Gubernative eingegangen werden können, etwa bei Verwaltungsabkommen.

Eine Rechtfertigung für das Ratifikationsverfahren ergibt sich allenfalls mit Blick auf die Strukturbedingungen der völkerrechtlichen Rechtsentstehung selbst, die sich gegenüber nationalen Legitimationsformen durchsetzt: Für die korporativen Akteure des Völkerrechts bedarf es einer eindeutigen Zurechnungsstruktur. Das bedeutet, daß das Handeln von Staaten und internationalen Organisationen als solches erkennbar sein muß. Diese Zurechnungsleistung ist auf eine vereinheitlichende Vertretungsstruktur angewiesen, die im klassischen Völkerrecht[225] für Staaten über Regierungen und die ihnen angegliederte Diplomatie geleistet wird[226]. Sie ist insbesondere für jede Form der Konsensbildung bedeutsam[227]. Ähnlich läßt sich auch die Zurückdrängung judikativer Kontrollen in auswärtigen Angelegenheiten erklären. Die von außen mitgestaltete völkerrechtliche Willensbildung liegt nicht allein in der Hand des Hoheitsträgers, der durch ein gerichtliches Urteil verpflichtet werden kann. Sowohl Prospektivität des parlamentarischen als auch Retrospektivität des gerichtlichen Handelns werden durch den Außenbezug beeinträchtigt.

Dies bedeutet im Ergebnis: Weil sich intergouvernementale Rechtserzeugungsverfahren sowohl aus der Perspektive der beteiligten nationalen Rechtsordnungen als auch im ganzen[228] als unvollkommen legitimiert erweisen, verknüpfen sich in ihnen zwei funktional anfechtbare Strukturen. Lassen sich diese Defizite bis zu einem gewissen Grad dadurch rechtfertigen, daß der demokratisch konsentierte Wille zur Internationalisierung organisatorisch auf gouvernementales Handeln angewiesen ist und schwerlich aus demokratietheoretischen Gründen ausgeschlossen werden kann, so stoßen diese Strukturen doch an Grenzen, wenn auswärtige Handlungen nicht mehr als ein Ausnahmefall verstanden werden können und wenn die Strukturen, die äußere Rechtsbindungen erzeugen, mehr und mehr auf das Konsenserfordernis verzichten und Verpflichtungen auch gegen den Willen eines Staats erlauben. Je intensiver die auswärtige Rechtsetzungsaktivität ist, je internationaler die Rechtsordnungen, desto fragwürdiger wirkt das dafür vorgesehene sonderverfassungsrechtliche Regime.

Eine Konsequenz noch innerhalb des klassischen Rahmens der Ratifikation ergab sich für das deutsche Verfassungsrecht aus den vorgenommenen Urteilsanalysen: Eine Materialisierung des parlamentarischen Zustimmungserfordernisses in Art. 59 Abs. 2 GG im Sinne der Wesentlichkeitstheorie würde auch eine Anpas-

---

[225] Zu rechtlichen Relativierungen hier zunächst mit Blick auf die Gerichtsbarkeit nur *Uwe Kischel*, The State as a non-unitary actor, AVR 39 (2001), 268 (269ff.). Zum theoretischen Verständnis dieser Zurechnungsleistung: *Alexander Wendt*, Social Theory of International Politics, 1999, 199ff.

[226] Vgl. nur Art. 7 Abs. 2 WVK.

[227] Verhandlungstheoretisch zumindest zweifelhaft ist allerdings die Vermutung, eine einheitliche Position würde die Verhandlungsmacht stärken. Auch das Gegenteil kann der Fall sein: *Thomas C. Schelling*, The Strategy of Conflict, 1960.

[228] Dazu oben, S. 233ff.

sung an die Dynamik völkerrechtlicher Ordnungen darstellen, die jedenfalls greifen könnte, soweit zurechenbare Akte der Bundesregierung vorlägen.

b) *Relativierungen eines exekutivzentrierten Modells*

Schafft die spezifische Kompetenzverschiebung auswärtigen Handelns einerseits eigene Legitimationsprobleme und finden sich für diese Verschiebungen andererseits wenn nicht rechtfertigende, so doch praktisch schwer vermeidbare Gründe, so lassen sich in der rechtsvergleichenden Darstellung auswärtiger Rechtserzeugung auch Relativierungen des klassischen Modells erkennen, die als Reaktion auf eine zunehmend übernationale Rechtserzeugung verstanden werden können. Zwei Relativierungen sind zu nennen: Sie betreffen das zeitliche Verhältnis zwischen Legislative, Exekutive und Judikative und die innerföderalen Beziehungen.

Eine *erste* Relativierung zeigt sich in der Zeitstruktur, die das Verhältnis zwischen Legislative und Exekutive in demokratischen Verfassungsordnungen kennzeichnet. Klassischerweise ist die Involvierung des Parlaments erst in einem Augenblick vorgesehen, in dem eine inhaltliche Intervention zu einer Kollision mit kaum rückgängig zu machenden faktischen Bindungen führen würde. Deswegen kann das Parlament keine Entscheidung gestalten. Ähnliche Beschränkungen zeigen sich für gerichtliche Überprüfungen. Auswärtige Politik ist damit weder durch die Legislative programmiert noch durch die Judikative kontrolliert.

Aus diesem Grund wird in den untersuchten Rechtsordnungen mit verschiedenen Mitteln sowohl die Beteiligung des Parlaments als auch die gerichtliche Kontrolle vorverlegt. Erweist sich die bloße Ratifikationsaufgabe angesichts einer intensiveren internationalen Verflechtung als unzureichend, so ist das Parlament bereits in die Verhandlungsphase miteinzubeziehen. Eine solche Vorverlegung, die sich nicht selten auf die Konsultation von Ausschüssen beschränken wird, ist funktional nicht unproblematisch, wenn man bedenkt, daß sich die legitimatorischen Qualitäten formeller Parlamentsgesetzgebung aus der Rückbindung an das Plenum ergeben. Die Deliberations- und Repräsentationsleistungen parlamentarischer Vertretungen werden relativiert. In einer Verhandlungssituation handeln Parlamentsvertreter anders als ein Parlament.

Trotzdem erscheint es hilfreich, wenn Regierungen während der Verhandlungen sich anbahnende Entscheidungen an die Legislative rückkoppeln und wenn parlamentarische Regeln die Verhandlungssituation strukturieren und die vertragliche Entwicklung begleiten. Angesichts der Eigendynamik völkerrechtlicher Strukturen sind zudem die Einwände gegen eine initiative Ausgestaltung völkerrechtlicher Bindungen durch das Parlament wenig überzeugend. Zudem gelten die Einwände gegen eine Einbeziehung von Parlamentariern nicht in gleicher Weise für alle hier untersuchten Rechtsordnungen: Für das parlamentarische System des Grundgesetzes wären Vorabinformationen des Parlaments wie in Art. 23 Abs. 2 S. 1, 1. HS GG folgerichtig, denn Parlament und Regierung sind durch denselben Akt legitimiert, so daß eine Außenvertretung durch das Parlament nicht notwendig ist. In einem Präsidialsystem ist das Parlament dagegen mit einer verselbständigten Legitimation ausgestattet, die intensivere Beteiligungsformen erfordert, welche sich, wie gezeigt, auch im amerikanischen Recht finden. Da eine Einbeziehung des Plenums praktisch ausgeschlossen ist, erscheinen die informalen Beteiligungsstrukturen als wenig bedenklich und insgesamt als Verbesserung. Aus funktionaler Sicht optimal ist eine gesetzlich strukturierte Ausgestaltung des Verfahrens. Die amerikanischen Fast-Track-Regelungen geben hierfür ein Beispiel. Für das deutsche Recht hätte dies die Konsequenz, die verfassungsrechtlichen Grenzen parlamentarischer Beteiligung vor Vertragsschluß weniger strikt zu ziehen[229]. Für das Gemeinschaftsrecht erscheint die Einbeziehung des Rats ausreichend. Bemerkenswert ist allein der Ausschluß des Parlaments aus der Entscheidungsstruktur. Für ihn ist keine Rechtfertigung zu erkennen.

Auch für die gerichtliche Kontrolle auswärtiger Kompetenzen ergeben sich zeitliche Modifikationen. Fälle, in denen die exekutive Wahrnehmung auswärtiger Kompetenzen vom Supreme Court oder vom Bundesverfassungsgericht aufgehoben wurden, bleiben die Ausnahme. Insbesondere geraten Urteilssprüche nie mit angebahnten völkerrechtlichen Vorbindungen in Konflikt, folgten also der hergebrachten Zeitstruktur. Ganz im Gegenteil erweitern die Gerichte die Kompetenzen der Regierung und der höheren Ebene. Nur die Rechtsprechung des EuGH zeigte sich in dieser Hinsicht ambivalent. Einerseits treibt sie die Auslegung der ausschließlichen auswärtigen Kompetenzen voran. Andererseits definiert sie in vielen Fällen die Grenzen der gemeinschaftseigenen auswärtigen Kompetenzen deutlich.

Diese vergleichsweise intensive Kontrolle auswärtiger Handlungen läßt sich nicht allein durch die geringere Vereinheitlichung der auswärtigen Beziehungen im europäischen Recht erklären. Bemerkenswert erscheint, daß das Gutachtenverfahren nach Art. 300 Abs. 6 EGV eine rechtliche Überprüfung auswärtiger Handlungen gestattet, die denkbare Kollisionen zwischen völkerrechtlichen und gemeinschaftsrechtlichen Verpflichtungen vermeidet. Viele bedeutende Entscheidungen des EuGH zur Begrenzung der auswärtigen Kompetenzen ergingen in diesem Verfahren. Die Vorverlegung gerichtlicher Überprüfung scheint eine Möglichkeit darzustellen, materielle Rechtsprobleme der auswärtigen Gewalt einer wirksamen Prüfung zu unterziehen, die nicht durch die gerichtliche Rücksichtnahme auf auswärtige Beziehungen beschränkt ist[230].

Eine *zweite* Relativierung des klassischen Systems zeigt sich für die föderale Struktur der beobachteten Rechtsordnungen. In diesen läßt sich zunächst eine deutlich zentralisierende Tendenz durch auswärtige Beziehungen erkennen. Die-

---

[229] Nochmals *Wolfrum* VVDStRL 56 (1997), 45 ff.

[230] Auch die eingehendere gesetzliche Ausgestaltung der Verfahren kann die gerichtliche Kontrolle erweitern. Vgl. dazu auch *Louis Henkin*, Provisional Measures, Treaty Obligations and the States, American J.o. International L., 92 (1998), 679.

se Tendenz wird jedoch durch neue Entwicklungen in beiden nationalen Referenzrechtsordnungen behutsam in Frage gestellt. Auf gesetzlicher (und in Deutschland auch auf grundgesetzlicher) Ebene erkennen beide Rechtsordnungen neuerdings Beteiligungsstrukturen für föderale Untergliederungen an, die ähnlich wie die Legislative in die Verhandlungssituation miteinbezogen werden können. Die Lösung des Problems föderaler Außenkompetenzen wird also nicht in einer Entscheidung zugunsten oder zu Lasten einer Ebene gefunden, sondern in einer intensiveren Beteiligung der unteren Ebenen am Handeln der höheren[231]. Dabei gehen im Vergleich die Regelungen zur Einbeziehung der Länder in Akte der europäischen Integration deutlich weiter als die entsprechenden Regelungen im amerikanischen Recht: Während im amerikanischen Recht der Gesetzgeber die Gliedstaaten ähnlich einer besonders privilegierten Lobby behandelt, gewährt die deutsche Regelung der Willensbildung des Bundesrats mehr Einfluß als derjenigen des Bundestags. Diese Bevorzugung der Ländervertretung vor dem Parlament, die im amerikanischen Recht undenkbar wäre, kann legitimationstheoretische Kritik provozieren. Jenseits praktischer Einwände, die insbesondere das Institut der Verhandlungsführer durch einen Bundesratsvertreter nach Art. 23 Abs. 6 S. 1 GG in Frage stellen[232], erweist sich die Regelung aber im Prinzip als überzeugend. In einem parlamentarischen System hat das Parlament vor der Regierung allein einen aus seiner Organisation resultierenden Legitimationsvorsprung, der aber verloren geht, wenn Parlamentsvertreter an intergouvernementalen Verhandlungen beteiligt werden. Bundesratsvertreter dagegen repräsentieren zum einen ein anderes Legitimationssubjekt und handeln zum zweiten ohnehin intergouvernemental. Darum ist die privilegierte Einbeziehung des Bundesrats zur Wahrung der Kompetenzstruktur oder auch zur Abstimmung von Vollzugsfragen innerhalb der grundgesetzlichen Ordnung folgerichtig.

Die Einbeziehung föderaler Strukturen in die auswärtigen Beziehungen führt allerdings zu ähnlichen Verflechtungsstrukturen wie bei den oben untersuchten administrativen Verkopplungen[233]: Sowohl die von einer Ausschußstruktur begleiteten Verhandlungen auf europäischer Ebene als auch die föderalen Konsultationsgremien im deutschen Bundesstaat erinnern deutlich an die binnenadministrativen Kooperationsformen. Dies gilt besonders deutlich für den Abschluß gemischter Abkommen[234]. Freilich sind die Legitimationsverluste im auswärtig gerichteten Handeln geringer anzusetzen, weil eine Relativierung parlamentarischer Entscheidungsmöglichkeiten ohnehin schwer zu umgehen ist.

---

[231] Dazu für das amerikanische Recht *Halberstam*, Villanova L. Rev. 46 (2001), 1027ff.

[232] *Ralf Halfmann*, Entwicklungen des deutschen Staatsorganisationsrechts im Kraftfeld der europäischen Integration, 2000, 147ff.

[233] Vgl. oben, S. 332ff.

[234] Zum Problem der parlamentarischen Kontrolle solcher Abkommen: *Henry G. Schermers*, International Organization as Members of Other International Organizations, FS Mosler, 1983, 832 (841).

3. Fazit

Nicht allein neue Formen inter- oder supranationaler Organisationen erzeugen Probleme der Gewaltengliederung. Auch der klassisch exekutivzentrierte verfassungsrechtliche Umgang mit auswärtigen Beziehungen ist funktional defizient und wohl nur dadurch zu rechtfertigen, daß die organisatorischen Vorteile der Exekutivzentrierung für einen Ausnahmefall die Mängel kompensieren können. Diese Rechtfertigung wird jedoch brüchig, wenn der Ausnahmestatus auswärtiger Angelegenheiten praktisch in Frage steht. Dies legt im Umkehrschluß eine Modifizierung des Unterschiedes zwischen Außen- und Innenverfassungsrecht nahe[235]. Die auf absehbare Zeit weiterhin dominierende intergouvernementale Form der völkerrechtlichen Rechtserzeugung verlangt andere Formen der Einbeziehung von Parlament und Gerichten in die Verhandlungsstrukturen. Dies gilt umso mehr, weil die funktionalen Mängel, die intergouvernementale Entscheidungsstrukturen aufweisen, auch problematische Rückwirkungen auf die Ebenen haben, deren Regierungen die rechtserzeugenden Gremien beschicken. Wenn übernationale Rechtsordnungen sich der Legitimationsprozeduren der sie konstituierenden nationalen Ordnungen bedienen, dann werden Legitimationsprobleme in diesen Ordnungen nach oben weitergeleitet.

III. Bestimmung von Ebenenkompetenzen als deszendente Kopplung

Auch die Bestimmung von Ebenenkompetenzen[236] kann als eine Ebenenkopplung verstanden werden, ja sie ist die einzige notwendige Kopplung zwischen Ebenen in einer Mehrebenen-Rechtsordnung. Denn auch wenn die Rechtserzeugung wie im amerikanischen System weitgehend parallel und unverkoppelt verläuft, trifft die Instanz, die über die Reichweite der Ebenenkompetenzen befindet, eine für beide Ebenen wirksame Entscheidung. Die Entscheidung über die Kompetenzverteilung zwischen Ebenen besitzt stets eine funktionale Seite, die nicht auf die Normhierarchie reduziert werden kann, die die Arbeitsteilung zwischen Kompetenzgericht und Gesetzgeber einrichtet. Je nach Ausgestaltung entscheiden legislative oder judikative Organe über den Kompetenzbestand der Ebenen, namentlich über den Bestand an legislativen Kompetenzen[237]. So schließt ei-

---

[235] Ähnliche Beobachtungen für die Binnenstruktur des amerikanischen Bundesstaats in kritischer Absicht bei: *Roderick M. Hills., Jr.*, Dissecting the State: The Use of Federal Law to Free State and Local Officials From State Legislatures Control, Michigan L. Rev. 97 (1999), 1201 (1230ff.).

[236] Im deutschen Recht würde man von Verbandskompetenzen sprechen. Dieser Ausdruck ist aber für eine rechtsvergleichende Untersuchung nicht von größerer Präzision als der hier verwendete.

[237] Für einen seltenen Vorschlag, der mit Blick auf das amerikanische Recht in eine andere Richtung geht und das Kompetenzproblem durch die Exekutive lösen will: *Jesse H. Choper*, The

ne ausschließliche Kompetenzzuweisung an die höhere Ebene ein Tätigwerden des Gesetzgebers der unteren Ebene in jedem Fall aus. Eine konkurrierende oder eine parallele Kompetenzzuweisung[238] legt diese dagegen in die Hände des Gesetzgebers der höheren Ebene. Anders gefaßt können Ebenenkompetenzen stärker verrechtlicht oder stärker politisiert werden.

Die Unterscheidung zwischen Kompetenznormen und materiellem Recht ist relativ[239]. Als dogmatische Unterscheidung muß die Frage, ob eine Ebene handeln darf, von den Maßstäben ihres Handelns unterschieden werden[240]. Aber die Ausgestaltung des materiellen Rechts etwa in Form subjektiver Rechte kann auch Teil der Kompetenzordnung sein. Fehlt es einer Rechtsordnung an einer Normhierarchie, so lassen sich materielles Recht und Kompetenzen kaum voneinander unterscheiden.

Obwohl im europäischen, amerikanischen und deutschen Recht eine ausdifferenzierte Gewaltengliederung einschließlich einer gerichtlich durchsetzbaren Normhierarchie vorgesehen ist, werden Kompetenzprobleme in diesen Rechtsordnungen auf unterschiedliche Weise gelöst. Eine vergleichende Perspektive kann davor bewahren, die Vorstellung von der angemessenen Ausgestaltung von Kompetenzen zu sehr zu verengen. Die dabei angestrebte Beschränkung auf Gesetzgebungskompetenzen ist nur insoweit möglich, als eine solche Differenzierung in den Rechtsordnungen vorgesehen ist. Dies ist ausdrücklich nur in der deutschen der Fall. In der amerikanischen fällt die Regelung der Kompetenzen des Kongresses mit derjenigen der Bundesebene als solcher zusammen. In der europäischen Rechtsordnung wird zwischen Verbands- und Organkompetenzen nicht unterschieden. Das WTO-Recht kennt gar keine entsprechende Unterscheidung.

Zur Herausarbeitung dieser Unterschiede sollen die Referenzrechtsordnungen untersucht werden (1). Dabei soll es nicht um die Dogmatik einzelner Kompetenzbestimmungen, sondern um das funktionale Gefüge innerhalb der Rechtsordnungen gehen. Konkret bedeutet dies, daß auch die Praxis tatsächlich intervenierender gerichtlicher Entscheidungen sowie die Möglichkeit, eine gerichtliche Überprüfung zu initiieren, zu untersuchen ist, und daß der politische Prozeß in Form von Verfassungsänderungen und Gesetzgebung in die Untersuchung ein-

Scope of National Power Vis-a-vis the States: The Dispensability of Judicial Review, Yale L.J. 86 (1977), 1585.
[238] Die Unterscheidung zwischen beiden Kompetenzformen soll von der Reichweite der Sperrwirkung abhängen, die im ersten den gesamten Kompetenztitel, im zweiten nur den konkret geregelten Gegenstand erfasst, sich also auf eine Vorrangregelung beschränkt. Entsprechende Begrifflichkeiten bei *Nettesheim*, Kompetenzen, 445; *von Bogdandy/Bast*, EuGRZ 2001, 447ff.
[239] *Rupert Stettner*, Grundfragen einer Kompetenzlehre, 1983, 145ff.
[240] So auch *von Bogdandy/Bast*, EuGRZ, 2001, 444 gegen *Franz C. Mayer*, Die drei Dimensionen der europäischen Kompetenzdebatte, ZaöRV 61 (2001), 577.

zubeziehen sein wird. In einem zweiten Schritt sind die Befunde anhand der hier entwickelten Kriterien zu bewerten (2).

1. Vergleichsdarstellung

a) WTO

Die Kompetenz einer internationalen Organisation definiert sich aus ihrer Aufgabenbestimmung im Gründungsdokument. Insoweit fallen in der GATT/WTO-Rechtsordnung wie in anderen internationalen Organisationen materielles Recht und Kompetenzordnung zusammen. Für die WTO fehlt es, wie gezeigt, ebenso an einem von der Vertragsänderung verselbständigten legislativen Prozeß, der sich den Entscheidungsgehalten der judikativ verfahrenden Streitschlichtungskörper entgegenstellen könnte[241], wie an einer Normenhierarchie, die Maßstäbe für die Zulässigkeit solchen Handelns liefern kann[242]. Das bedeutet zum einen, daß die Entscheidung über die Reichweite der Kompetenzen sich funktional als eine reine Rechtsfrage erweist, die vom judikativen Streitschlichtungsverfahren zu entscheiden ist, und zum anderen, daß sich solche Entscheidungen praktisch immer nur *gegen* die Regelung *eines Mitglieds*, nicht aber gegen eine solche der WTO richtet[243].

Was ist aus diesem Befund zu lernen? Zum einen veranschaulichen internationale Organisationen wie die WTO die Möglichkeit einer Identität von materiellem Recht und Kompetenzrecht. Die WTO nimmt Kompetenzen wahr, die sich in ihrem materiellen Gehalt gut mit denen der EU (Binnenmarkt) oder der amerikanischen Bundesebene (*interstate commerce*) vergleichen lassen[244]. Aber diese Kompetenzen sind mit dem materiellen WTO-Recht identisch. Dies ist aufschlußreich, weil die WTO ebensowenig über eine eigene Legislative[245], also über einen politischen Rechtsetzungsprozeß, wie über eine damit zusammenhängende

---

[241] Vgl. oben, S. 311 ff.

[242] Hier gilt das oben zur unvollständigen Verrechtlichung internationaler Organisationen Gesagte: S. 233 ff., 253 ff.

[243] Zur Frage der Rücksichtnahme des WTO-Streitschlichtungsmechanismus auf die Ordnungen der Mitglieder die Entscheidungsanalyse bei *William J. Davey*, Has the WTO Dispute Settlement System Exceeded its Authority?, J. o. International Economic L. 2001, 79 (81 ff.), der auf die zurückhaltende, konflikteingrenzende Begründungstechnik der Entscheidungen hinweist.

[244] Aus der Literatur: *Trachtman*, European J. o. International Law 9 (1998), 58 ff.; *Daniel A. Farber/Robert E. Hudec*, Free Trade and the Regulatory State: A GATT's-Eye View of the Dormant Commerce Clause, Vanderbilt L. Rev. 47 (1994), 1401 (1418 ff.); *Donald H. Regan*, Regulatory Purpose and »Like Products« in Article III:4 of the GATT, J. o. World Trade 36 (2002), 443 (456 ff.); *ders.*, Judicial review of Member-State Regulation of trade within a Federal or Quasi-Federal system: Protectionism and Balancing, Michigan L. Rev. 99 (2001), 1853 (1879 ff.). Zum Vorbildcharakter des art. XI (1) Gatt für die Art. 28 ff. EG: *Peter-Christian Müller-Graff*, in: von der Groeben/Schwarze, EUV/EGV, Vorbem. zu Art. 28–31 EG, Rdnr. 24.

[245] Dazu oben, S. 313 ff.

Normenhierarchie verfügt[246]. Bei Hoheitsträgern, die diese Eigenschaften haben, könnte die Kompetenzbestimmung stärker dem politischen Prozeß, oder umgekehrt: einer geringeren gerichtlichen Kontrolle, unterworfen sein.

b) Europäische Union

Die Kompetenzordnung der Europäischen Verträge[247] kennt eine wenig systematische Vielfalt kompetenzbegründender Einzelregelungen, die nach dem in Art. 5 Abs. 1 EGV kodifizierten Prinzip der begrenzten Einzelermächtigung notwendig sind, um jede Form[248] des Gemeinschaftshandelns zu ermöglichen. Zugleich enthält der EGV materielle Regelungen, die den Kompetenzbestand der mitgliedstaatlichen Ebene schützen sollen, namentlich das Subsidiaritätsprinzip in Art. 5 Abs. 2 EGV. Die vertragliche Ordnung unterscheidet nicht systematisch zwischen legislativen und anderen Kompetenzen[249]. Seit dem Vertrag von Maastricht differenziert das Gemeinschaftsrecht aber formell zwischen ausschließlichen und anderen Kompetenzen der Gemeinschaft, Art. 5 Abs. 2 EGV, die jedoch im Vertragstext nicht eindeutig zugeordnet werden. Über ausschließliche Kompetenzen verfügt die EU vor allem bei der Handelspolitik, Art. 133 EGV[250], und für Interna der Gemeinschaftsorgane[251]. Für andere Bereiche wie das Agrar- oder das Zollrecht ist diese Einordnung umstritten[252].

Im Regelfall verfügt die Gemeinschaft über Kompetenzen, die sich erst mit dem Tätigwerden des Gemeinschaftsgesetzgebers aktualisieren. Diese können ein Tätigwerden vollständig ausschließen (konkurrierende Kompetenz) oder sich punktuell auf den Vorrang des erlassenen Sekundärrechts beschränken (parallele Kompetenz). Die Frage, welche Kompetenztitel konkurrierend und welche par-

---

[246] Zum systematischen Zusammenhang zwischen Legislativfunktion und Verfassungsvorrang oben, S. 105 ff.

[247] Aus der neueren Literatur: *Ilka Boeck*, Die Abgrenzung der Rechtsetzungskompetenzen von Gemeinschaft und Mitgliedstaaten in der Europäischen Union, 2001, 31 ff.; *von Bogdandy/Bast*, EuGRZ, 2001, 441; *Alan Dashwood*, The Limits of European Community Powers, European L. Rev. 21 (1996), 113; *Hans D. Jarass*, Die Kompetenzverteilung zwischen der Europäischen Gemeinschaft und den Mitgliedstaaten, AöR (1996), 173; *Lenaerts/van Nuffel*, Constitutional Law of the EU, Rdnr. 4–036 ff.; *Peter-Christian Mueller-Graff*, Kompetenzen in der Europäischen Union, in: W. Weidenfeld (Hrsg.), Europahandbuch, 1999, 779; *Nettesheim*, Kompetenzen, 415; *Ingolf Pernice*, Kompetenzabgrenzung im Europäischen Verfassungsverbund, JZ 2000, 866.

[248] *Dashwood*, European L. Rev. 21 (1996), 126 ff.; *von Bogdandy/Bast*, EuGRZ 2001, 443 f.

[249] *von Bogdandy/Bast*, Kompetenzen, EuGRZ 2001, 444 f. Zum Rechtsformbezug der Normen: *Jarass*, AöR 116 (1991), 181 f.

[250] Vgl. zur ausschließlichen Kompetenz nach Art. 102 der Beitrittsakte 1972 nur *Lenaerts/van Nuffel*, Constitutional Law of the EU, Rdnr. 4–040 (Bewahrung von Fischgründen).

[251] Unumstritten ergeben sich ausschließliche Kompetenzen aus Art. 133 Abs. 1 EGV und aus Art. 106 Abs. 1 EGV. Zur weitergehenden Rechtsprechung des EuGH zu Außenbeziehungen soeben, S. 358 ff.

[252] Deutlich bei der Auslegung von Art. 37 Abs. 2 UA 3 EGV.

allel funktionieren, ist im Einzelfall häufig umstritten[253]. Das hängt auch damit zusammen, daß in der Rechtsprechung des EuGH so weit wie möglich auf der Grundlage des Sekundärrechts argumentiert wird, so daß die Frage häufig offen bleiben kann. In jedem Fall ist hervorzuheben, daß die Aktualisierung der Kompetenzen in den allermeisten Konstellationen eines Aktivwerdens des Gemeinschaftsgesetzgebers bedarf. Dieser Befund ist nicht als eine »Dynamisierung« der Kompetenzordnung zu deuten[254], die sich ja durch die Wahrnehmung der Kompetenzordnung nicht ändert. Trotzdem enthält sie im Vergleich zu ausschließlichen Kompetenzen ein dynamisches Element: Der Gesetzgeber der Gemeinschaft kann alleine, gemeinsam mit der anderen Ebene oder gar nicht handeln.

Dieser Zusammenhang könnte die Vermutung begründen, daß nationale Regelungen außerhalb des Bereichs ausschließlicher Kompetenzen nur gegen die europäische Kompetenzordnung verstoßen, wenn ein konkurrierender gemeinschaftlicher Legislativakt bereits vorliegt. Die Ebenenkonkurrenz wäre funktional als eine Konkurrenz zwischen Legislativen zu verstehen. Daß dies so nicht richtig ist, hängt damit zusammen, daß entscheidende Bestimmungen für die expansive Kompetenzentwicklung außerhalb der Vertragsänderungen Normen sind, in denen der Binnenmarkt in Form *materieller subjektiver Rechte*, nämlich den Grundfreiheiten[255], kodifiziert wurde. Dies ergibt die folgende Konstellation: Der Schutz vor nationalen Handelsbeschränkungen, auf den sich betroffene Private, betroffene Mitgliedstaaten und die Kommission berufen können, eröffnet dem EuGH den Weg zu einer negativen Kompetenzbestimmung[256] der Gemeinschaft, der durch das Vorlageverfahren besonders erweitert wird. Das materielle Verständnis der Grundfreiheiten, sei es als Beschränkungs-, sei es als Diskriminierungsverbote[257], nimmt damit entscheidenden Einfluß auf den Kompetenzbestand der Gemeinschaft[258] und ermöglicht eine weitgehende Verrechtlichung der Kompetenzfrage und eine Verselbständigung der Entscheidungspraxis des EuGH gegenüber der gemeinschaftlichen Legislative. Diese wohl tatsächlich als Dynamisierung der europäischen Kompetenznormen zu qualifizierende Entwicklung ist keine Erfindung des EuGH, sondern Resultat der Verknüpfung von Organisationsrecht und materiellem Recht. Die Dynamik transnationaler Mobi-

---

[253] Generell mit überzeugenden Gründen gegen das Vorhandensein konkurrierender Kompetenzen im Gemeinschaftsrecht: *Nettesheim*, Kompetenzen, 449f. In der Sache, wenn auch mit abweichender Terminologie wohl auch *Christian Calliess*, in: Calliess/Ruffert, EUV/EGV, 2. Aufl. 2002, Art. 5, Rdnr. 31. Andererseits zu Präemptionswirkungen im Gemeinschaftsrecht: *von Bogdandy/Bast*, EuGRZ 2001, 448; *E.D. Cross*, Pre-emption of Member State Law in the EEC, Common Market L. Rev. 29 (1992), 447; *Jarass*, AöR 116 (1991), 188f.

[254] So auch *von Bogdandy/Bast*, EuGRZ 2001, 448. Anders *Jarass*, AöR 116 (1991), 180f.

[255] Zur subjektiv-rechtlichen Konzeption der Grundfreiheiten: *Peter-Christian Müller-Graff*, in: von der Groeben/Schwarze, EUV/EGV, Vorbem. zu Art. 28–31 EG, Rdnr. 3.

[256] Dies ist vom Verständnis von Grundrechten als »negativer Kompetenznormen« zu unterscheiden, die sich auf das Verhältnis zwischen Hoheitsträger und Bürger bezieht.

[257] Zum Diskussionsstand: *Kingreen*, Grundfreiheiten, 656ff.

[258] Dazu *Maduro*, We, the Court, 103ff.; *Kingreen*, Grundfreiheiten, 636ff.

lität wird durch die Subjektivierung auf die Kompetenznormen abgebildet. Diese Verknüpfung führt dazu, daß nationale Regelungen vom Gerichtshof auch beanstandet werden, wenn weder eine ausschließliche Kompetenz noch ein Legislativakt der Gemeinschaft vorliegt.

Aber diese Entscheidungspraxis kann auch zu einer *positiven* Bestimmung der Kompetenzordnung führen, denn die Beanstandung nationaler Maßnahmen wegen eines Verstoßes gegen die Grundfreiheiten eröffnet die Regelungsbefugnis des Gemeinschaftsgesetzgebers. Einer Entscheidung des EuGH, die den Verstoß einer nationalen Maßnahme gegen eine Grundfreiheit feststellt, folgt nicht selten eine harmonisierende gemeinschaftliche Maßnahme auf diesem Gebiet. Die Grundfreiheiten wirken positiv kompetenzbegründend schon deshalb, weil die Binnenmarktkompetenz inhaltlich von den Schutzrichtungen der Grundfreiheiten nicht zu unterscheiden ist[259]. Auch dabei bleibt es freilich nicht, weil die Rechtsprechung des EuGH zu den Grundfreiheiten ihrerseits parallele Rechtsetzungsaktivitäten des Rats oder einer einheitlich handelnden Mehrzahl von Mitgliedstaaten im Rechtsvergleich bei der Auslegung beachtet[260]. Das im *Cassis*-Urteil in die Rechtsprechung eingeführte Anerkennungsprinzip stellt einen Rückbezug des gerichtlichen Prüfungsprogramms auf Entscheidungen der mitgliedstaatlichen Gesetzgeber dar, der von der Kommission angeregt wurde. Aber auch funktional beobachtet der EuGH den europäischen Gesetzgeber. Während des Stillstands des politischen Prozesses im Rat in den späten sechziger und siebziger Jahren ermöglichte der EuGH durch eine extensive Auslegung der Grundfreiheiten auch als Beschränkungsverbote[261] den Fortgang der Integration[262]. In Anschluß an die Einführung eines entscheidungsfreundlicheren Gesetzgebungsverfahrens in der Einheitlichen Europäischen Akte nahm sich das Gericht seit dem *Keck*-Urteil entsprechend zurück[263].

Schließlich ergibt sich die Reichweite der Kompetenznorm für den EuGH nicht selten anhand der Reichweite eines auf der Grundlage dieser Kompetenznorm erlassenen Sekundärrechtsakts[264]. Dieser verschlungene Zusammenhang

---

[259] *Schubert*, Der Gemeinsame Markt als Rechtsbegriff, 59ff.

[260] *Maduro*, We the Court, 73f. Vgl. beispielhaft: EuGH, SARPP, Rs. C-241/89, Slg. 1990, I-4695, Tz. 14, 30. Für spezifische Unterschiede zwischen Warenverkehrs- und Dienstleitungsfreiheiten: *Jukka Snell*, Goods and Services in EC Law, 2002, 219ff.

[261] EuGH, Rs. 8/74, Dassonville, Slg. 1974, 837.

[262] Grundlegend *Joseph H.H. Weiler*, The Transformation of Europe, Yale L.J. 1000 (1991), 2, 403 (The Constitution of Europe, 10ff.). Im Ansatz ähnlich *Koen Lenaerts*, Some Thoughts About the Interaction Between Judges and Politicians, Univ. o. Chicago Legal Forum 1992, 93.

[263] Vgl. EuGH, verb. Rs. C-267/91 u.C-268/91, Keck, Slg. 1993, I-6097. Zur Entwicklung *Joseph H.H. Weiler*, The Constitution of the common Market Place: Text and Context in the Evolution of the Free Movement of Goods, In: P. Craig/G. De Búrca, The Evolution of EU Law, 1999, 349 (369ff.); *Maduro*, We the Court, 61ff.; *Norbert Reich*, The »November Revolution« of the European Court of Justice: Keck, Meng and Audi Revisited, Common Market L. Rev. 1994, 459.

[264] Dazu *Bruno Simma/Joseph H.H. Weiler/Marcus C. Zöckler*, Kompetenzen und Grund-

wird durch einen Blick auf die Casagrande-Entscheidung des EuGH immer noch besonders deutlich[265]. Im Sachverhalt verlangte ein italienischer Staatsangehöriger, der in Deutschland eine Schule besuchte, Ausbildungsförderung nach Bayerischem Landesrecht, welches nur eine Förderung für Deutsche vorsah. Dieser Anspruch sollte sich aus einer Verordnung zur Arbeitnehmerfreizügigkeit ergeben[266]. Der EuGH bejahte den Anspruch und stellte fest, daß auch die fehlende Kompetenz der Gemeinschaft zur Regelung der Bildungspolitik dem nicht entgegenstehe, da der Zweck der Regelung im Bereich der Niederlassungsfreiheit liege. Die Kompetenz folgt aus dem Zweck des Sekundärrechtsakts, auch wenn die Mittel zur Erreichung dieses Zwecks von der Kompetenz nicht gedeckt sind[267]. Diese Orientierung an der politischen Willensbildung im Rat oder innerhalb der Mehrheit seiner Mitglieder führt im Umkehrschluß aber auch dazu, daß sich nur wenige Beispiele für eine Kompetenzbestimmung des EuGH finden lassen, die einer Ratsentscheidung die Zuständigkeit der Gemeinschaft abspricht[268].

Der Gerichtshof behandelt die Kontrolle der Zuständigkeit der europäischen Ebene damit als voll überprüfbare Rechtsfrage[269]. Doch zugleich orientiert sich der Gerichtshof an der demokratischen Meinungsbildung auf Gemeinschaftsebene, namentlich im primären Gesetzgebungsorgan, dem Rat, so wie sich der Rat bei seiner Kompetenzeinschätzung an der Rechtsprechung des EuGH orientiert. Dies bedeutet schließlich, daß Regelungen zugunsten der Kompetenz der mitgliedstaatlichen Ebene wie die Subsidiaritätsregelung in Art. 5 Abs. 2 EGV vom Gericht mit größter Zurückhaltung gedeutet werden und nicht als voll verrechtlichte Grenze der Gemeinschaftskompetenzen funktionieren. Im Ergebnis folgt der EuGH damit bei der Prüfung der Ebenenkompetenz dem politischen Prozeß auf der europäischen Ebene, ohne dieses dogmatisch in Formeln politischer Rücksichtnahme zu kleiden. Die Aufhebung eines Aktes der europäischen Ebene mangels Ebenenkompetenz ist zwar prinzipiell möglich, wird aber selten praktisch.

Diese Zusammenhänge werden nach einem Blick auf die demokratische Willensbildung in Europa besser verständlich: Innerhalb des Rats ist das Vorliegen einer Gemeinschaftskompetenz oder die Wünschbarkeit einer Sekundärrechtsregelung häufig umstritten. Dagegen fehlt es an einer politischen Auseinanderset-

---

rechte, 1999, 74ff., insbes. 76 unter dem Stichwort Absorption. Vgl. auch anschaulich *Weiler*, Constitution of Europe, 47ff.

[265] EuGH, Rs. 9/74, Casagrande, Slg. 1974, 773, Tz. 6.

[266] Art. 12 VO (EWG) 1612/68 räumte Kindern Staatsangehöriger eines Mitgliedstaats »gleiche Bedingungen« bei der Teilnahme an der Berufsausbildung ein.

[267] So auch in der wichtigsten kompetenzverneinenden Entscheidung: EuGH, Rs. C-376/98, Deutschland/Parlament, Slg. 2000, I-8419, Tz. 84f. (zu ex-Art. 100 a EGV).

[268] EuGH, Rs. C-376/98, Deutschland / Parlament, Slg. 2000, I-8419, Tz. 94ff.

[269] EuGH, Rs. C-300/89, Titandioxid, Slg. 1991, I-2867, dazu *Martin Nettesheim*, Horizontale Kompetenzkonflikte im EG-Recht, EuR 1993, 243, zur jüngeren Rechtsprechung, *Nettesheim*, Kompetenzen, 475f.

zung um die Kompetenzreichweite innerhalb der nicht-intergouvernementalen europäischen Organe, namentlich innerhalb der Kommission und innerhalb des Europäischen Parlaments, in dem sich die politischen Lager – anders als in den Vereinigten Staaten – kaum an der Frage orientieren, ob besser national oder europäisch geregelt werden sollte[270]. Eine mit Blick auf die Kompetenzproblematik uneinheitliche demokratische Willensbildung tritt der Rechtsprechung also nur durch die Mitgliedstaaten entgegen. Eine Entscheidung des EuGH für oder gegen die Ebenenkompetenz bedeutet auf europäischer Ebene keine politische Stellungnahme. Zudem steht der Zugang zu einer gerichtlichen Überprüfung von kompetenzwidrigen Akten im Verhältnis zwischen europäischer und mitgliedstaatlicher Ebene im Prinzip jedermann offen. Dieser Rechtsschutz ist ein sehr bedeutsames konstitutionelles Element des Gemeinschaftsrechts und steht nicht zur Verfügung des Gemeinschaftsgesetzgebers[271].

Anders als vielfach unterstellt, erscheint es deswegen nicht zutreffend, daß die Zuständigkeitsverteilung zwischen europäischer und mitgliedstaatlicher Ebene maßgeblich durch eine aktivistische Rechtsprechung des EuGH ausgestaltet wird. Auch die in der politikwissenschaftlichen Literatur verbreitete Deutung des EuGH als politischem Gestaltungsorgan[272] bedarf der Relativierung. Zum einen betrifft die weitgehende Auslegungspraxis des EuGH zumeist Probleme des Binnenmarktes und der Grundfreiheiten. Hinter dieser Auslegungspraxis verbirgt sich also genau derjenige Schutz transnationaler subjektiver Selbstbestimmung, der oben als ein zentrales Element der Legitimation übernationaler Hoheitsträger bestimmt wurde[273]. Zum anderen spielen legislative Rechtserzeugungsakte bei dieser Frage eine wichtige Rolle: auf der mitgliedstaatlichen Ebene, weil die europäische Rechtsordnung außerhalb der Grundfreiheiten nur in den seltenen Fällen ausschließlicher Kompetenz nationale Gesetzgebungsakte verbietet, auf der europäischen Ebene, weil der Gerichtshof nur selten eine Entscheidung des Rats aufgrund fehlender Kompetenz aufhebt. Damit ergibt sich im Verhältnis zwischen judikativer und legislativer Funktion ein differenziertes Bild, in dem trotz des institutionell unvermeidlichen Letztentscheidungsrechts des Gerichts der höheren Ebene[274] die zentrale Rolle des Gemeinschaftsgesetzgebers bei der Definition der Ebenenzuständigkeit ins Auge fällt.

---

[270] Vgl. zur deutlichen Prägung des Europäischen Parlaments durch nationale und institutionelle Perspektiven bereits oben, § 7, I., 4., sowie *Corbett/Jacobs/Shackleton*, European Parliament, 81 ff.; *Möllers*, Verfassung – Verfassunggebung – Konstitutionalisierung, 35 f.
[271] *von Bogdandy*, Europäische Prinzipienlehre, 166 ff.
[272] Vgl. aus der Literatur nur *Stone Sweet*, Governing with Judges, 153 ff.; *Ann-Marie Burleigh/Walter Mattli*, Europe before the Court: A Political Theory of Legal Integration, International Organization 47 (1993), 41.
[273] Vgl. oben, S. 243 ff.
[274] Vgl. oben, S. 218 ff. und nochmals *Nettesheim*, Kompetenzen, 425 ff.

c) Deutschland

In Deutschland ist die volle gerichtliche Überprüfbarkeit von Gesetzgebungskompetenzen in der Sache unbestritten[275]. Dabei lassen sich die kompetenzbegründenden Normen, anders als im Gemeinschaftsrecht, vom materiellen Recht durch die Regelungstechnik des Grundgesetzes gut unterscheiden[276]. Das Grundgesetz kennt als Regelfall einen großen Katalog von ausschließlichen und durch den Gesetzgeber tatsächlich wahrgenommenen konkurrierenden Gesetzgebungskompetenzen[277]. Letztere schließen eine gesetzgeberische Tätigkeit der Länder aus, »soweit« ein Bundesgesetz den Gegenstand geregelt hat[278], funktionieren also in der hier verwendeten Terminologie als parallele Kompetenzen. Die den Ländern in Art. 72, 75 GG im Prinzip zugebilligten Freiräume wurden vom Bund jedenfalls bis zur Neufassung von Art. 75 GG intensiv ausgefüllt[279]. Im Ergebnis sind den Ländern wenige Gesetzgebungskompetenzen verblieben[280].

Die Aufhebung von Bundesgesetzen wegen des Fehlens der Gesetzgebungskompetenz ist in der Rechtsprechung des Bundesverfassungsgerichts von Beginn an gängige Praxis gewesen[281]. Dies steht auch mit der textintensiven Fixierung der Kompetenzen in Zusammenhang, die eine aufhebende Gerichtsentscheidung als Verfassungsauslegung, in Abgrenzung zu einer Verfassungsschöpfung oder einer richterlichen Rechtsfortbildung, plausibel machen kann[282] und die besonders im Postulat der »strikten Auslegung« von Kompetenznormen zum Ausdruck kommt[283]. Eine Ausnahme von dieser Regel zeigte sich nur in der vom Gericht als

---

[275] Als ausführlichste Darstellung: *Christian Pestalozza*, in: v. Mangoldt/Klein/Starck, Das Bonner Grundgesetz, 3. Aufl., Bd. 8. 1996, Art. 70, Rdnr. 54 ff.; *Hans-Werner Rengeling*, Gesetzgebungszuständigkeit, in: J. Isensee/P. Kirchhof (Hrsg.), Handbuch des Staatsrechts, Bd. IV, 1990, § 100, Rdnr. 29 f.; *Stettner*, Grundfragen einer Kompetenzlehre, 378 ff.

[276] Immerhin sind aber bundesgesetzliche Maßnahmen aufgrund einer konkurrierenden Gesetzgebungskompetenz nach Art. 74 GG materiell kompetenzbegründend.

[277] Auch hier ist eine genaue Kategorisierung schwierig und hängt davon ab, wie schnell das Bundesverfassungsgericht eine bundesgesetzliche Regelung für abschließend hält. Zur Analyse: *Christian Pestalozza*, in: v. Mangoldt/Klein/Starck, Art. 72, Rdnr. 290 ff.

[278] Zum Gehalt dieser Regelung hinsichtlich des Vorliegens einer »erschöpfenden« bundesgesetzlichen Regelung, die eine Landesgesetzgebungskompetenz ausschließt: BVerfGE 2, 232 (235); 21, 106 (115); 67, 299 (324), dazu *Rengeling*, Gesetzgebungszuständigkeit, Rdnr. 113; *Christian Pestalozza*, in: v. Mangoldt/Klein/Starck, Art. 72, Rdnr. 272 ff.

[279] Aus der Rechtsprechung vor der Verfassungsänderung 1994 zu möglichen Vollregelungen aufgrund einer Rahmengesetzgebungskompetenz: BVerfGE 43, 291 (343); 66, 270 (285); 67, 382 (387).

[280] *Hermann Eicher*, Der Machtverlust der Länderparlamente, 1988, 61 ff.

[281] Vgl. als bedeutende Entscheidungen BVerfGE 12, 205 (228 f.); 26, 281 (297 f.); 42, 20 (28); 61, 149 (174).

[282] Eingehende Darstellung bei *Christian Pestalozza*, in: v. Mangoldt/Klein/Starck, Art. 70–75.

[283] Dazu zweifelnd *Peter Lerche*, Stil und Methode der verfassungsrechtlichen Entscheidungspraxis, in: FS BVerfG, Bd. 1 2001, 333 (353) m.w.N.

politischer Prärogative verstandenen Formel des Art. 72 Abs. 2 GG a. F.[284]. Zeigten sich im europäischen Recht die kompentenziellen Folgen materieller Regelungen, so erzeugen die intensiven Kompetenzregeln des Grundgesetzes den umgekehrten Effekt materieller Rechtsfolgen[285].

Die intensive verfassungsgerichtliche Kontrolle der Gesetzgebungskompetenzen richtet sich sowohl gegen Handlungen des Bundes als auch gegen solche der Länder. Eine Tendenz zugunsten einer der beiden Ebenen ist in der Rechtsprechung nicht zu erkennen, weil die Kompetenznormen nicht in gleicher Weise wie das europäische Recht zur Sicherung eines bestimmten Vereinheitlichungsprogramms formuliert sind. Ganz im Gegenteil erkennt die herrschende Auslegung von Art. 3 Abs. 1 GG länderspezifische Differenzierungen nicht als einen Gleichheitsverstoß an[286]. Differenzierungen ergeben sich allenfalls mit Blick auf die Kodifizierungstechnik des Grundgesetzes, die allein die Kompetenzen des Bundes ausdrücklich fixiert[287]. Im Prinzip werden aber Kompetenzüberschreitungen beider Ebenen mit den gleichen Standards überprüft. Damit läßt sich an der bundesverfassungsgerichtlichen Urteilspraxis *das Ideal einer streng verrechtlichten Ordnung von Gesetzeskompetenzen* darstellen, in der das Verfassungsgericht des Bundes als ebenenneutrale Instanz die Kompetenzen nach Maßstab des Rechts kontrolliert.

Daß dieses Ideal nicht bruchlos zu verwirklichen ist, zeigt sich allerdings in einer neuen Entscheidung des Bundesverfassungsgerichts[288] zur Vereinbarkeit des Altenpflegegesetzes mit Art. 72 Abs. 2 GG n. F.[289] Die traditionelle Zurückhaltung des Gerichts mit der Bedürfnisklausel veranlaßte den Verfassunggesetzgeber nicht nur zu einem strengeren Wortlaut, sondern auch zu einer eigenen prozessualen Regelung in Art. 93 Abs. 1 Nr. 2 a GG, die die Justiziabilität der Norm garantieren sollte[290]. Einerseits dokumentierte die Urteilsbegründung die rechtsvergleichend wohl einmalige Intensität gerichtlicher Kompetenzkontrolle im

---

[284] Dazu bereits kritisch *Rupert Scholz*, Ausschließliche und konkurrierende Gesetzgebungskompetenz von Bund und Ländern in der Rechtsprechung des Bundesverfassungsgerichts, FS BVerfG, Bd. II, 1976, 252.

[285] Dazu *Christian Pestalozza*, Der Garantiegehalt der Kompetenznorm, Der Staat 11 (1972), 161; *Matthias Jestaedt*, Zuständigkeitsüberschießende Normgehalte bundesstaatlicher Kompetenzvorschriften, in: J. Aulehner u.a. (Hrsg.), Föderalismus, 1997, 315 (316ff.).

[286] BVerfGE 32, 346 (359f.); 51, 43 (59). Zum Problem *Gunter Kisker*, Gleichheitsschutz gegen bundesstaatliche Vielfalt?, FS Bachof, 1984, 47 (55); *Armin Dittmann*, Gleichheitssatz und Gesetzesvollzug im Bundesstaat, FS Dürig, 1990, 221. Diese Rechtsprechung konnte allerdings unitarisierende Grundrechtswirkungen nicht ausschließen. Zum einen mit Blick auf ein sozialstaatlich imprägniertes Konzept von Chancengleichheit: BVerfGE 33, 303 (352), dazu *Nicole Engels*, Chancengleichheit im Bundesstaat, 2001, 51ff. Zum anderen hinsichtlich der vereinheitlichenden Wirkung gesetzlicher Grundrechtsausgestaltung, dazu *Oeter*, Integration und Subsidiarität, 428f.

[287] Dazu nochmals *Heintzen*, DVBl. 1997, 690f.

[288] BVerfGE 106, 62.

[289] G. v. 3.11. 1994 (BGBl. I, 3146).

[290] Nachweise zu den Intentionen des Verfassunggebers bei *Christian Pestalozza*, in: v. Mangoldt/Klein/Starck, Art. 72, Rdnr. 151ff. So auch BVerfG, 106, 62 (142).

deutschen System, indem sie die materiellen Kompetenznormen einer ausführlichen wörtlichen und historischen Auslegung unterzog[291]. Außerdem prüfte das Gericht auch die Bedürfnisklausel in Art. 72 Abs. 2 GG eingehend[292] und unterstrich den anspruchsvollen Prüfungsmaßstab[293]. Doch kann die Länge der Prüfung andererseits nicht darüber hinwegtäuschen, daß das Gericht dem Gesetzgeber in der Sache einen Spielraum überließ, indem der Begriff der »Wirtschaftseinheit« als Prognosebegriff verstanden wurde[294], der sich der im Urteil selbst angekündigten rechtlichen Kontrolle praktisch entzog[295]. Die in der Norm positivierte Erforderlichkeit legte es aber nahe zu prüfen, ob die »Wahrung der Wirtschaftseinheit« ohne den Erlaß des Gesetzes gefährdet wäre. Das Vorgehen des Gerichts relativierte den selbst erhobenen Anspruch einer vollständigen Verrechtlichung der Kompetenzbestimmung. Dies erscheint aus einer rechtsdogmatischen Perspektive kritikwürdig. Aus einer funktionalen Sicht begründet es aber die Vermutung, daß Kompetenzentscheidungen nur begrenzt zur Verrechtlichung geeignet sind[296].

Zudem erscheint das Ideal der Vollverrechtlichung nur unter bestimmten institutionellen Rahmenbedingungen möglich: Denn der strikten gerichtlichen Überprüfbarkeit von Kompetenzen steht in Deutschland eine große Bereitschaft des demokratischen Verfassungsgesetzgebers gegenüber, die Kompetenzordnung zu modifizieren, und zwar in den allermeisten Fällen zugunsten der Bundesebene. Mit Blick auf die verfahrenstechnisch vergleichsweise einfache und häufig angewandte Änderungsprozedur in Art. 79 Abs. 1 GG bedeutet dies: Eine Kompetenzverschiebung zwischen den Ebenen erweist sich, wie die erfolgten Verfassungsänderungen zeigen, in vielen Fällen als politisch wenig umstritten, und zwar sowohl auf der Ebene des Bundes als auch zwischen Bund und Ländern. Zwischen politischem Konsens und hoher gerichtlicher Kontrolldichte besteht ein Zusammenhang. Erst der Konsens ermöglicht es, die Auslegung des Verfassungsgerichts als rein rechtliche Leistung in der politisch wenig umstrittenen Kompetenzverteilung des unitarischen Bundesstaats darzustellen[297].

---

[291] BVerfGE 106, 62 (104 ff.).
[292] BVerfGE 106, 62 (135 ff.).
[293] BVerfGE 106, 62 (148 ff.).
[294] Deutlich der Wandel der Argumentationsrichtung in BVerfGE 106, 62 (150 ff.).
[295] Ähnlich in der Sache *Ansgar Hense*, Das Bundesaltenpflegegesetz 2000, BayVBl 2001, 353 (360). Zustimmend zur Entscheidung aber *Kurt Faßbender*, Eine Absichtserklärung aus Karlsruhe zur legislativen Kompetenzverteilung im Bundesstaat, JZ 2003, 332 (334 f.), der jedoch mit verfassungspolitisch inspirierten Gesichtspunkten argumentiert. *Christian Calliess*, Kontrolle zentraler Kompetenzausübung in Deutschland und Europa: Ein Lehrstück für die Europäische Verfassung / Zugleich eine Besprechung des Altenpflegesetz-Urteils des BVerfG, EuGRZ 2003, 181 (192 f.); *Heike Jochum*, Richtungsweisende Entscheidung des BVerfG zur legislativen Kompetenzordnung des Grundgesetzes, NJW 2003, 28 (29) unterstreichen jeweils den Anspruch des Gerichts auf Überprüfung, messen aber die eigentliche Begründung nicht an diesem Anspruch und erliegen damit seiner Rhetorik.
[296] Dazu sogleich, S. 392 ff.

Obwohl die Kompetenznormen nicht als subjektive Rechte formuliert sind und auch in der Rechtsprechung des Bundesverfassungsgerichts nicht so verstanden werden, steht der Zugang zur gerichtlichen Überprüfung von Ebenenkompetenzen jedermann offen, der einen solchen Verstoß mit einem individualisierbaren Anliegen verbinden kann[298]. Ist das Recht auf Aufhebung eines Bundesgesetzes auch beim Bundesverfassungsgericht monopolisiert, und handelt es sich bei der Frage der Kompetenz um durch Landesverfassungsgerichte nicht überprüfbares Bundesrecht[299], so kommen Grundrechtsträger doch sowohl direkt als auch durch eine Vorlage durch Gerichte der Länder zu einer Überprüfung der Kompetenzen. Anders als auf der Gemeinschaftsebene ist das Verhältnis zwischen den Ebenen damit einer ihrerseits *deutlich verrechtlichten Arbeitsteilung zwischen Recht und Politik* überantwortet, in der die verfassungsgerichtliche Überprüfbarkeit der Kompetenznormen ebensowenig methodisch umstritten wie die Notwendigkeit einer Änderung der Kompetenzordnung politisch umstritten ist. Dies hängt auch mit der politisch konsentierten Präferenz für bundeseinheitliche Lösungsansätze zusammen.

d) Vereinigte Staaten

In der gleichfalls föderalen Ordnung der Vereinigten Staaten zeigt sich ein deutlich anderes Bild. Ähnlich der Kodifizierung im europäischen und im deutschen Recht bedarf ein Handeln auf der höheren Ebene einer Ermächtigung, *Tenth Amendment*. Anders als in diesen beiden Rechtsordnungen ist eine gerichtliche Überprüfung der Legislativkompetenzen aber die Ausnahme. Dies zeigt sich am zentralen Kompetenztitel, der *interstate commerce clause*, art. I sec. 8 cl. 3 U.S. const.[300]. Diese wurde vom Supreme Court in den Jahrzehnten[301] seit dem New Deal nur sehr zurückhaltend angewendet. Ihre Prüfung wurde vom Gericht zwischenzeitlich sogar ausdrücklich aufgegeben[302].

---

[297] Dieser Ausdruck bei *Konrad Hesse*, Der unitarische Bundesstaat (1962), in: Ausgewählte Schriften 1984, 116 (119ff.). Entsprechend *Böckenförde*, Sozialer Bundesstaat, 187f. Zur Kritik an den zugrundeliegenden Demokratievorstellungen: *Möllers*, Der parlamentarische Bundesstaat, 92ff.

[298] Dies ergibt sich aus dem Verständnis von Art. 2 Abs. 1 GG als allgemeine Handlungsfreiheit.

[299] Zu dieser für Landesverfassungsgerichte schwer praktizierbaren Zuordnung: *Jochen Rozek*, Das Grundgesetz als Prüfungs- und Entscheidungsmaßstab der Landesverfassungsgerichte, 1993.

[300] Vgl. auch das als Argument sekundierende Tenth Amendment.

[301] Die ersten zentralen Entscheidungen sind McCulloch v. Maryland, 17 U.S. (4 Wheat.), 316, 401ff. (1819); Gibbens v. Ogdon, 22 U.S. (9 Wheat.) 1, 187ff. (1824). Zur Frühgeschichte der Auslegung: *Felix Frankfurter*, The Commerce Clause under Marshall, Taney and White, 1936; *David P. Currie*, The Constitution in the Supreme Court, The First Hundred Years 1789–1888, 1985, 160ff., *Horst Ehmke*, Wirtschaft und Verfassung, 1961, 107ff.

[302] Garcia v. San Antonio Metro Transit Authority, 469 U.S. 528, 554 (1985): »... *we are con-*

In zwei jeweils mit fünf zu vier Richterstimmen ergangenen Entscheidungen kehrte das Gericht jedoch jüngst zu einer Kompetenzkontrolle zurück. Das bundesgesetzliche Verbot, eine Waffe innerhalb des Bereichs einer Schule zu tragen[303], und die bundesgesetzliche Einräumung eines Schadensersatzanspruchs wegen geschlechtsspezifischer Diskriminierung[304] seien von der *commerce clause* nicht gedeckt. In beiden Entscheidungen verweist das Gericht auf den Wortlaut der *clause* und auf den Zweck des Gesetzes. Dabei liegt das Problem auch darin, daß schon Regelungen, die den *interstate commerce* berühren (*affecting*) unter die Kompetenzformel fallen. Diese letztlich faktische Feststellung kann schwerlich vom Gericht übernommen werden[305]. Doch weigerte sich das Gericht ausdrücklich, die Beurteilung des Kongresses einfach zu übernehmen[306]. In den Entscheidungen arbeitete es vielmehr unter Zuhilfenahme der Gesetzgebungsmaterialien heraus, daß wirtschaftliche Intentionen mit beiden gesetzlichen Regelungen vom Kongreß nicht verbunden wurden. Stattdessen ging es dem Gesetzgeber um die Pönalisierung und die deliktische Sanktionierung unerwünschter Handlungen. Die ausdrückliche Feststellung des Kongresses, daß geschlechtsspezifische Gewalt Opfer daran hindern könne, zwischen den Gliedstaaten zu handeln und zu wandeln[307], genügte dem Gericht nicht. In beiden Urteilsbegründungen wurde die gesamte Rechtsprechungsgeschichte aufgerollt. Dabei betonte die Mehrheit, daß die Regelung in der Verfassung in jedem Fall nicht besagen dürfe, daß der Bund jedwede gesetzliche Regelung erlassen könne. »*Under our written Constitution, however, the limitation of congressional authority is not solely a matter of legislative grace.*«[308]. Eine Feststellung, die vor dem Hintergrund der Rechtsprechungsgeschichte nicht selbstverständlich ist. Von Bedeutung für das Verständnis der Entscheidungen und den Rechtsvergleich ist schließlich, daß sowohl die Regulierung von Waffen als auch die Einräumung geschlechtsspezifischer Ansprüche auch politisch umstritten ist.

---

vinced that the fundamental limitation that the constitutional scheme imposes on the Commerce Clause to protect ›the states as states‹ is one of process rather than of result« gegen National League of Cities v. Usury, 426 U.S. 833 (1976). Vgl. als Gesamtüberblick über die *Commerce Clause*-Rechtsprechung: *William N. Eskridge/John Ferejohn*, The Elastic Commerce Clause. A Political Theory of American Federalism, Vanderbilt L. Rev. 47 (1994), 1355 (1364ff.); *Bothe*, Kompetenzstruktur des modernen Bundesstaates, 143ff.

[303] United States v. Lopez, 515 U.S. 549, 556f. (1995).

[304] United States v. Morrison, 529 U.S. 598 (2000).

[305] So auch 515 U.S. 549 (Breyer, J., diss.).

[306] 514 U.S. 549, 557 (Rehnquist. C.J., conc.).

[307] Dieser stellte fest: »*... by deterring potential victims from traveling interstate, from engaging in employment in interstate business, and from transacting with business, and in places involved in interstate commerce; ... by diminishing national productivity, increasing medical and other costs, and decreasing the supply of and the demand for interstate products.*« H.R. Conf. Rep. No. 103–711, at 385. Hier zitiert nach 529 U.S. 598, 615.

[308] 529 U.S. 598, 607ff.

Diese Rückkehr zu einer verfassungsgerichtlichen Kompetenzkontrolle wurde in der wissenschaftlichen Diskussion als eine nicht unter bloßem Hinweis auf den Verfassungstext zu rechtfertigende Besonderheit registriert und bleibt äußerst umstritten[309]. Die abschließende Bestimmung der Kompetenzen durch den Kongreß ohne eine gerichtliche Überprüfung ist in der amerikanischen Verfassungsrechtslehre eine häufig bevorzugte Alternative. Der eigentliche Schutz der bundesstaatlichen Gliederung wird dieser Vorstellung zufolge weniger in der gerichtlichen Kontrolle als in den formellen Beteiligungsmöglichkeiten des Senats[310] und in der informellen Einbeziehung von Länderinteressen in die politische Willensbildung[311] gesehen. Die Kritik an der Kompetenzkontrolle durch den Supreme Court bildet dabei nur einen Sonderfall der allgemeinen Kritik an der gerichtlichen Aufhebung legislativer Entscheidungen[312]. Hinter der Kompetenzkontrolle vermutet die Rechtswissenschaft spätestens seit der Auseinandersetzung zwischen Präsident *Franklin Roosevelt* und dem Gericht um die ausgreifende Wirtschaftsregulierung des Bundes eine Funktionsanmaßung[313].

Die gleiche Zurückhaltung wird jedoch nicht bei der Kompetenzkontrolle der Gesetzgebung der Gliedstaaten gepflegt. Denn die *commerce clause* entfaltet in der Rechtsprechung auch einen Präemptiveffekt, der ohne Tätigwerden des Bundesgesetzgebers wirksam werden kann, in der Rechtsprechung als schlummernde (*dormant*) *commerce clause* bezeichnet[314]. Diese greift, wenn Regelungen des gliedstaatlichen Gesetzgebers diskriminierend wirken, also nachweisbar ist, daß der regulierende Gliedstaat seine eigene Wirtschaft vor der Konkurrenz anderer Gliedstaaten schützen wollte[315], oder wenn die Wirkung gliedstaatlicher Regeln objektiv ein einheitliches Wettbewerbsgeschehen behindert[316]. Der Vorrang der demokratischen Entscheidung des Gesetzgebers, der für die Auslegung der *com-*

---

[309] Dazu aus der Literatur: *Steven G. Calabresi*, A Government of Limited and Enumerated Powers: In Defense of United States v. Lopez, Michigan L. Rev. 94 (1995/96), 752; *Herbert Hovenkamp*, Judicial Restraint and Constitutional Federalism: The Supreme Court's Lopez and Seminole Tribe Decisions, Columbia L. Rev. 96 (1996), 2213.; *Larry Lessig*, Translating Federalism: United States v. Lopez, Supreme Court Rev. 1995, 125; *Donald H. Regan*, How to think about the Federal Commerce Power and Incidentally Rewrite *United States v. Lopez*, Michigan L. Rev. 94 (1995), 554.

[310] Grundlegend: *Herbert Wechsler*, The Political Safeguards of Federalism: The Role of the States in the Composition and Selection of the National Government, Columbia L. Rev. 54 (1954), 544.

[311] Im Anschluß an Wechsler eingehend *Larry Kramer*, Understanding Federalism, Vanderbilt L. Rev. 47 (1994), 1485 (1520ff.); *ders.*, Putting the Political Safeguards of Federalism back to Federalism, Columbia L. Rev. 100 (2000), 215.

[312] Nachweise oben, S. 136ff., 145ff.

[313] Zu diesem Konflikt *White*, The Constitution and the New Deal; *Cushman*, Rethinking the New Deal Court.

[314] Zuerst angewendet in Cooley v. Board of Wardens, 53 U.S. (12 How.) 299, 318 (1852).

[315] Überblick über die komplexe Rechtsprechung bei *Tribe*, Constitutional Law, 1030ff.

[316] Dennis v. Higgins, 498 U.S. 439, 446 (1991); Wyoming v. Oklahoma, 502 U.S. 437, 454f. (1992).

merce clause mit Blick auf den U.S. Kongreß weiterhin charakteristisch ist, wird für die Gesetzgebung der Gliedstaaten also deutlich eingeschränkt[317]. Zugleich hat der U.S. Kongreß aber im Verständnis des Supreme Court die Möglichkeit, die Ausübung seiner Kompetenz[318] den Gliedstaaten zu überlassen oder sie an diese zu delegieren. Diese beiden Seiten der gerichtlichen Auslegungspraxis sind offensichtlich nicht einfach miteinander zu vereinbaren[319]: Denn wenn der Kongreß befugt ist, der unteren Ebene Regelungskompetenzen zuzuweisen, verliert die Notwendigkeit einer selbständigen gerichtlichen Intervention gegen gliedstaatliche Gesetze an Dringlichkeit. Freilich bleibt offen, ob der Kongreß das Recht hat, Gliedstaaten zu protektionistischen Maßnahmen zu ermächtigen[320].

Für die vergleichsweise große Zurückhaltung des Supreme Court bei der Überprüfung von Ebenenkompetenzen, die doch immerhin Teil des Verfassungstexts sind, lassen sich neben der relativ politikoffenen Formulierung der Kompetenznormen des Kongresses[321] zwei institutionelle Gründe nennen[322]: Der eine liegt im Mißtrauen der amerikanischen Rechtskultur gegenüber der Bindungskraft von Texten, deren Deutung oft als beliebig empfunden wird[323]. Diese läßt sich sowohl auf das *Common Law*-Erbe[324] als auch auf die bis heute herrschende Kritik am *Common Law* durch den *Legal Realism* und seine Nachfolger zurückfüh-

---

[317] Kritik aus diesem Grund etwa bei *Martin H. Redish/Shane V. Nugent*, The Dormant Commerce Clause and the Constitutional Balance of Federalism, Duke L.J. 1987, 569; *Julian N. Eule*, Laying the Dormant Commerce Clause to Rest, Yale L.J. 91 (1982), 425.

[318] Das folgende gilt aber nicht für alle Kompetenznormen. Vgl. etwa U.S. Const., art. I, § 10 cl. 1; art. I Sec. 8 cl. 6 (coining money).

[319] Vgl. zur Kritik an diesem Widerspruch Tyler Pipe Indus., Inc. v. Washington State Dep't of Revenue, 483 U.S. 232, 263 n. 4 (1987) (Scalia, J., conc. in part and diss. in part) und den Versuch einer systematischen Rechtfertigung bei *Tribe*, Constitutional Law, 1036f.; *Mark V. Tushnet*, Scalia and the Dormant Commerce Clause. A Foolish Formalism?, Cardozo L. Rev. 12 (1991), 1770 (1724).

[320] Praktisch kann die Aufhebung eines Bundesgesetzes wegen fehlender Commerce Clause-Kompetenz aber dazu führen, daß der Bundesgesetzgeber ein weiter ausgreifendes Regelungskonzept verwirklicht, das die Kompetenzen der Gliedstaaten noch weiter einschränkt. Dazu *Adrian Vermeule*, Does Commerce Clause Review have Perverse Effects?, Villanova L. Rev. 46 (2001), 1325 (1328ff.).

[321] Diese ergibt sich auch aus der Formulierung der *necessary and proper clause*, die dem Kongreß bei der Ausübung seiner Kompetenz eine – in der deutschen Terminologie gefaßt – Einschätzungsprärogative gibt. So die – allerdings bahnbrechende – Auslegung in McCulloch v. Maryland, 17 U.S. (4 Wheat.), 316, 401ff. (1819).

[322] Dazu *Koen Lenaerts*, Le Juge et La Constitution dans Les Etats-Unis d'Amérique et dans L'Ordre Juridique Européen, Neuaufl. 1988, 610f.

[323] Vergleichend *Robert S. Summers*, Interpreting Statutes in the United States, in: D.N. McCormick/R. Summers (Hrsg.), Interpreting Statutes, 1991, 407 (432ff.).

[324] Zum Vergleich mit Deutschland nochmals *Reimann*, Historische Rechtsschule und Common Law, 215ff.; *John Henry Merryman*, The Civil Law Tradition, 1985, 39ff.; *Robert S. Summers/Michele Tafurro*, Interpretation and Comparative Analysis, in: D.N. McCormick/R. Summers (Hrsg.), Interpreting Statutes, 1991, 461. Zum Einfluß auf das öffentliche Recht: *Lepsius*, Verwaltungsrecht unter dem Common Law, 128ff.

ren[325]. Der zurückhaltende Umgang mit textuellen Argumenten findet sich schon früh in der Rechtsprechung des Supreme Court zur *commerce clause*[326]. Bemerkenswert ist, daß er in politiknahen organisationsrechtlichen Fragen viel deutlicher zum Ausdruck kommt als beim durchaus textbezogenen Umgang mit den Grundrechten[327]. Auch hier zeigt sich im institutionellen Verständnis des Gerichts ein privilegierter Umgang mit Individualrechten. Diese differenzierte Behandlung führt zum zweiten Grund für die judikative Zurückhaltung, nämlich den demokratischen Willensbildungsprozeß bei der Gestaltung der Kompetenzzuordnung. In den Vereinigten Staaten finden sich seit den Anfängen der Union fast keine Verfassungsänderungen, die die Kompetenzen des Bundes erweitern[328]. Zum einen ist das verfassungsändernde Verfahren nach Art. V U.S. const. derart anspruchsvoll, daß allein die Möglichkeit einer Verfassungsänderung gering ist[329]. Vor allem aber ist die Frage der Ebenenzuständigkeit seit Beginn der Union ein zentraler Gegenstand politischer Auseinandersetzung[330] *auf der Ebene des Bundes*. Mit wechselnden Konstellationen läßt sich im Zwei-Parteien-System eine Zuordnung je einer Partei zugunsten oder zu Lasten nationaler Regelungen erkennen[331]. Das bedeutet, daß sich ein Urteil des Supreme Court immer auch als Stellungnahme in einer parteipolitischen Auseinandersetzung verstehen läßt und auch so verstanden wird[332]. Bei einer demokratischen Meinungsbildung, die die gerichtliche Entscheidungsmöglichkeit so eindeutig abbildet, ist für das Gericht Zurückhaltung geboten. Gerichtliche Urteilsbegründungen können sich so schwer dem politischen Konflikt entziehen und den argumentativen Selbstand gewinnen, der für die Legitimation der Judikativfunktion so wichtig ist.

Anders als im Europäischen Gemeinschaftsrecht werden die kompetenzbe-

---

[325] Gerade mit Blick auf den durch den Aufstieg des Verwaltungsrechts erfolgten Bedeutungsgewinn des Gesetzes: *Duxbury*, Patterns of American Jurisprudence, 157.

[326] Deutlich in der Unterscheidung zwischen *commerce* und *manufacture*, die das Gericht aufgegeben hat: Vgl. noch U.S. v. E.C. Knight, 156 U.S. 1 (1894), dagegen Wickard v. Filburn, 317 U.S. 111, 117ff. (1942). Zum Problem einer fehlenden Regulierungsmöglichkeit mangels Kompetenz: *Hans Heinrich Trute*, Zur Entwicklung des Föderalismus in den USA, ZaöRV 49 (1987), 191 (227). Für eine wohl auf Dauer nicht mehrheitsfähige Wiedereinführung dieser Unterscheidung aber U.S. v. Morrison, 529 U.S. 627ff., (Thomas, J., conc.).

[327] Vgl. aber als kritische Stimme: *Mary Ann Glendon*, Rights Talk, 1991, 32ff.

[328] Als solches läßt sich am ehesten das Fourteenth Amendment verstehen, auch wenn dies normativ die Erweiterung des Anwendungsbereichs der Bundesgrundrechte regelt.

[329] Ein quantitativer Vergleich bei *Andreas Busch*, Das oft geänderte Grundgesetz, in: W. Merkel/A. Busch (Hrsg.), Demokratie in Ost und West, 1999, 549 (555).

[330] Vgl. nochmals *Hofstadter*, The Idea of a Party System.

[331] In der Anfangssituation engagierten sich die *Republicans* gegen, die *Federalists* für zentrale Regelungen. Die aus der Tradition der *Republicans* entstehende *Democratic Party* schlug sich über den Bürgerkrieg hinaus auf die Seite der Gliedstaaten, die kurz vor dem Bürgerkrieg entstehende heutige *Republican Party* stand auf der Seite der Zentralgewalt. Die Parteien tauschten diese Rollen erst in Folge des *New Deals* und der Bürgerrechtsbewegung im zweiten Drittel des 20. Jahrhunderts.

[332] Dies ist für die in Fußn. 303 zitierten Fälle, die allesamt mit fünf zu vier Stimmen entschieden wurden, gut nachzuvollziehen.

gründenden Normen vom Supreme Court objektiv-rechtlich verstanden[333], und anders als in der deutschen Rechtsordnung findet sich im amerikanischen Recht auch nicht die Kombination aus Auffanggrundrecht und Vorlageverfahren, die den Zugang zu einer Kompetenzkontrolle weitgehend in dem Rahmen verortet, in welchem sich der Zugang zum Gericht in den beiden Rechtsordnungen im allgemeinen hält. Der Zugang zu den Gerichten zur Überprüfung von Ebenenkompetenzen ist in den Vereinigten Staaten vergleichsweise schwieriger und deutlich weniger primärrechtlich abgesichert. Er muß sich in der Regel aus einfachem Gesetzesrecht ergeben. Damit erweist sich die Ebenendefinition trotz der Verschärfung des gerichtlichen Kontrollstandards im amerikanischen Verfassungsrecht nach wie vor als ein Problem, das maßgeblich durch den demokratischen Gesetzgeber der höheren Ebene definiert wird. Ist im deutschen Verfassungsrecht eine gerichtliche Kompetenzbestimmung die Regel, so bleibt sie im amerikanischen System gegenüber der Gesetzgebung des Bundes die Ausnahme.

2. Analyse und Bewertung

Die Bestimmung der Reichweite von Ebenenkompetenzen, dies ist das erste Ergebnis dieser Untersuchung, ist keine Frage, die allein durch Verfassungsrecht in der Deutung durch das dazu berufene Gericht determiniert wird. Die Kompetenzordnung läßt sich zum zweiten auch nicht als eine zwischen den Ebenen »neutral« definierte und ebenso gerichtlich anzuwendende Ordnung verstehen. Ein vollständig verrechtlichtes Kompetenzverständnis ist noch am ehesten mit der deutschen Verfassungspraxis zu vereinbaren. Bei der Untersuchung von Kompetenzentscheidungen spielt neben der gerichtlichen Kompetenzprüfung, zu der institutionell auch die Frage zu zählen ist, durch wen diese Prüfung veranlaßt werden kann, jedoch in verschiedenen Rechtsordnungen die Aktivität des Gesetzgebers, insbesondere desjenigen der höheren Ebene, eine entscheidende Rolle.

Die Möglichkeiten der Legislative, auf die Kompetenzverteilung Einfluß zu nehmen, hängen dabei von der Entwickeltheit der legislativen Entscheidungsprozesse ab. Dies zeigt nicht nur der Blick auf die legislativ unterentwickelte WTO, sondern auch die Phase gerichtlichen Aktivismus in der Rechtsprechung des EuGH, die sich ähnlich in der frühen amerikanischen Verfassungsgerichtsbarkeit finden läßt: Die fehlende Entscheidungsfähigkeit der legislativen Funktion wird in diesen Beispielen durch eine judikative Bestimmung der Ebenenkompetenzen aufgefangen. Dabei ermöglicht die effektive Verknüpfung von subjektiven Rechtspositionen mit Kompetenzvorschriften wie im Fall der europäischen Integration eine besonders wichtige Rolle der Gerichte.

Dieser Zusammenhang kann auf den ersten Blick dazu führen, die Konkurrenz zwischen legislativer und judikativer Funktion derart auszudeuten, daß eine judi-

---

[333] Vgl. ausdrücklich Exxon Corp. v. Governor of Mayland, 437 U.S. 117 (127f.).

kative Ebenenbestimmung dann besonders wichtig ist, wenn es an entsprechenden legislativen Handlungsmöglichkeiten fehlt. Einer solchen in der Literatur gerade mit Blick auf den EuGH vertretenen Feststellung[334] fehlt es allerdings nicht
nur an einer normativen Begründung, sie ist auch deskriptiv unvollständig: Das
zeigte der Vergleich zwischen der deutschen und der amerikanischen Verfassungsordnung. In beiden Ordnungen arbeitet ein vollständig handlungsfähiges
Legislativorgan, trotzdem ist die gerichtliche Kontrolle der Ebenenkompetenz in
beiden Ordnungen aus zwei Gründen unterschiedlich intensiv: zum einen, weil
die *politische* Frage, welche Ebene Zuständigkeit beanspruchen soll, in den Vereinigten Staaten umstritten ist und in Deutschland nicht. Der zweite – eng damit
zusammenhängende – Grund liegt in der Möglichkeit der Änderung der Kompetenzordnung. Erzwingen gesellschaftliche Entwicklungen eine Anpassung der
Kompetenzordnung, so sind diese besonders einfach durchzusetzen, wenn die
Ebenenzuordnung wenig umstritten und das Änderungsverfahren einfach ausgestaltet ist. Dieser Zusammenhang hat auch Rückwirkungen auf methodische Probleme: Weder das deutsche Vertrauen in die Konsistenz textueller Auslegung
noch das amerikanische Mißtrauen in diese sind zwingend und können Anspruch
auf Richtigkeit jenseits der eigenen Rechtsordnung erheben. Beide ergeben sich
vielmehr aus der jeweiligen Verfassungspraxis, die nicht ohne eine vergleichende
Untersuchung der Gewaltengliederung beurteilt werden kann.

Um diesen Zusammenhang verfassungstheoretisch differenzieren und bewerten zu können, sind die im Ersten Teil entwickelten Überlegungen zur Theorie
der Gewaltengliederung sowie die zuvor angestellten Überlegungen zur Legitimationsstruktur von Mehrebenen-Rechtsordnungen zu Rate zu ziehen. Hier
zeigt sich ein Dilemma, das in den unterschiedlichen Rechtsordnungen unterschiedlich gelöst wird. Aus funktionaler Perspektive scheint die Frage der Ebenenzuständigkeit besser in den Händen der Legislative als in denen der Judikative
aufgehoben zu sein. Denn die Entscheidung über die Ebenenzuständigkeit ist eine Angelegenheit von allgemeiner Reichweite und Zukunftsorientierung, zu deren Beurteilung weitreichende Probleme der demokratischen Identitätsbildung,
wirtschaftspolitischer Präferenzen, der Vollzugsorganisation und des sozialstaatlichen Regelungsbedarfs miteinander verknüpft sind, die allesamt von einem legislativen Deliberativorgan angemessener zu lösen sind als von einem Gericht.
Auch die Frage, welche demokratische Einheit eine Entscheidung treffen soll, ist
in einem demokratischen Verfahren zu beantworten[335]. Hier gelten die zur Verrechtlichung demokratischer Repräsentation angestellten Überlegungen[336].

---

[334] Entsprechend für den Vergleich WTO, EU und USA etwa *Trachtman*, European J.o. International Law 9 (1998), 46ff.

[335] Dieses Ergebnis wird durch die ökonomische Analyse des Föderalismus bestätigt, der in
der Regel keine abstrakte Antwort für die »optimale« Kompetenzverteilung liefern kann, sondern nach der richtigen Institution zur Beantwortung dieser Frage sucht, vgl. oben, S. 233ff.

[336] Vgl. oben, S. 41ff.

Auf der anderen Seite kennen die drei föderalen Referenzrechtsordnungen nicht zufällig mehr oder weniger ausdifferenziert gestaltete Kompetenznormen auf einer im Rang über dem legislativen Recht stehenden Normebene. Die Selbstbindung durch Verfassungsrecht soll gerade davor schützen, daß der alltägliche demokratische Prozeß die Entscheidungen trifft, für die er funktional geeignet wäre. Die spezifischen Anforderungen an die Änderung von Primär- oder Verfassungsrecht dienen eben auch dem Schutz der demokratischen Identitäten der unteren Ebene vor zu einfacher Majorisierung.

Für diesen Antagonismus, so scheint es, ist keine allgemeingültige Lösung in Sicht. Doch lassen sich normative Vorgaben entwickeln: Besonders bedenklich erscheinen ausschließliche Kompetenzregelungen, die ein legislatives Tätigwerden der unteren Ebene auch dann ausschließen, wenn die höhere Ebene noch nicht tätig geworden ist. Immerhin bieten die in der Praxis des EuGH und des Supreme Court einschlägigen Konstellationen besondere Rechtfertigungen für einen solchen Zugriff: diskriminierendes Handeln oder die Notwendigkeit eines einheitlichen Auftretens nach außen. Die richterliche Kompetenzkontrolle von gliedstaatlicher Gesetzgebung, wenn kein Gesetz der höheren Ebene vorliegt, sollte sich auf solche Fälle beschränken[337]. Zudem wäre die Einrichtung paralleler Kompetenzen, die die legislativen Möglichkeiten der unteren Legislative schont, der Einrichtung konkurrierender Kompetenzen vorzuziehen.

Weniger einfach erscheint es, allgemeingültige Aussagen zum Verhältnis zwischen Judikative und Legislative auf derselben Ebene zu machen: Weist die legislative Rechtserzeugung Legitimationsdefizite auf, so ist der legitimatorische Vorsprung der höheren Ebene nicht mehr gegeben[338]. Der Judikative können dann theoretisch zwei Funktionen zufallen, nämlich entweder die Kompetenzen der Legislative einschränkend auszulegen oder die demokratische Legitimation der Legislative voranzutreiben. Offensichtlich hat sich der EuGH die erstgenannte Aufgabe nicht zueigen gemacht, läßt sich die weite Auslegung der Grundfreiheiten doch immer auch als Kompetenzerweiterung der zentralen Ebene verstehen und bleibt die Subsidiaritätsregelung nur zurückhaltend angewendet. Für die andere Funktion, die sich in der Rechtsprechung des EuGH in Andeutungen wiederfinden läßt, scheint das Gericht aber nur bedingt geeignet: Demokratische Rechtserzeugung kann durch die Judikative geschützt, aber nicht neu gestaltet werden. Umgekehrt spricht wenig gegen die richterliche Zurückhaltung gegenüber legislativen Entscheidungen der höheren Ebene, jedenfalls soweit diese durch einen demokratisch überzeugend legitimierten Gesetzgeber getroffen werden. Grenzen solcher Zurückhaltung mögen sich aus dem Wortlaut der Verfas-

---

[337] In diese Richtung gehen mit Blick auf europäische Grundfreiheiten *Kingreen*, Grundfreiheiten, 644ff.; für die *commerce clause*: *Donald H. Regan*, The Supreme Court and State Protectionism: Making Sense of the Dormant Commerce Clause, Michigan L. Rev. 84 (1986), 1091.

[338] Vgl. *Anne-Marie Burley*, Democracy and Judicial Review in the European Community, Univ. o. Chicago Legal Forum 1992, 81 (82f.).

sung ergeben, und zwar zum einen, wenn dessen Auslegung von politischen Auseinandersetzungen immunisiert werden kann. Dies ist in Deutschland der Fall,
aber wohl nicht zuletzt auch deswegen, weil die Bereitschaft zur Verfassungsänderung so hoch ist. Zum anderen, wenn die Zurückhaltung des Gerichts so weit
zu gehen droht, daß sie ihrer Aufgabe der Verfassungsauslegung nicht mehr gerecht zu werden scheint. Aus einer solchen Konstellation heraus läßt sich die jün-
gere Entwicklung der Rechtsprechung des Supreme Court erklären.

Im Ergebnis ist die zu beobachtende Neigung von Gerichten der höheren Ebenen zu einem extensiven Kompetenzverständnis, wie sie für WTO, den EuGH
und den Supreme Court erkennbar wurde, aus funktionaler Perspektive nicht
grundsätzlich kritikwürdig. Das Ideal einer ebenenneutralen Gerichtsbarkeit
kann nur soweit überzeugen, wie die Rechtsordnung, die das betreffende Gericht
auszulegen hat, ihrerseits *materiell* ebenenneutral ist. Läßt sich in der Rechtsordnung dagegen, sei es institutionell, sei es in bestimmten positivierten Zielvorga-
ben, ein dynamisches Programm zugunsten einer Zentralisierung erkennen, so
erscheint es wenig zwingend, die Gerichtsbarkeit unter Hinweis auf die Gewaltengliederung dafür zu kritisieren.

3. Fazit

Wohl den geringsten Veränderungsbedarf kennzeichnet vor diesem Hintergrund
das Kompetenzsystem des Grundgesetzes. Dies ist aber nicht deswegen der Fall,
weil es »besser« wäre als die anderen, und deswegen das System definierter Kompetenzkataloge und darauf gründender gerichtlicher Kontrolle auch anderen Systemen als vorbildlich empfohlen werden könnte. Vielmehr funktioniert das System unter seinen eigenen Prämissen spannungsfrei, weil die Kontrollleistung des
Gerichts und der Änderungsbedarf der Verfassung jedenfalls für die Gesetzgebungskompetenzen wenig bestritten sind. Dies liegt an der leichten Änderbarkeit
des Grundgesetzes und an der relativ großen Homogenität des deutschen Bundesstaats, der – wie schon der Weimarer Diskussion auffiel[339] – nicht zu föderalen
politischen Konflikten neigt[340]. Damit ist das System aber – etwa mit Blick auf die
europäische Integration – nicht notwendig als Vorbild geeignet[341].

Für die Vereinigten Staaten funktioniert das Zusammenspiel nicht ähnlich wi-
derspruchsfrei. Das zeigt die grundsätzliche und breite rechtswissenschaftliche
Kritik an der neueren Rechtsprechung des Supreme Court zu den Grenzen der
commerce clause. Allerdings dokumentiert sowohl der vergleichende Blick nach

---

[339] *Rudolf Smend*, Verfassung und Verfassungsrecht (1927) in: Staatsrechtliche Abhandlungen, 3. Aufl. 1994, 119 (244ff.).
[340] Dazu soweit nur *Josef Isensee*, Der Föderalismus und der Verfassungsstaat der Gegenwart,
AöR 115 (1990), 248; *Oeter*, Integration und Subsidiarität, 532ff.
[341] Skeptisch mit Blick auf Kompetenzkataloge: *Boeck*, Abgrenzung der Rechtsetzungskompetenzen, 220ff.

Deutschland und Europa als auch der Umgang des Gerichts mit gliedstaatlichen Gesetzgebungskompetenzen, daß das Mißtrauen gegen eine textuelle Interpretation von Kompetenznormen seinerseits nicht zwingend ist. Daß Entscheidungen des Bundesgesetzgebers zum Verbot von Waffen in Schulen und zu Schadensersatzansprüchen für geschlechtsspezifische Angriffe keinen zwingenden Bezug zu grenzüberschreitendem Handel aufweisen, erscheint im Vergleich nachvollziehbar. Dann aber wird man die gerichtliche Intervention nicht als politische Anmaßung des Gerichts verstehen müssen. Die wissenschaftliche Kritik am Gericht kann letztlich den normativen Wert von positiven Kompetenztiteln nicht erklären. Die neueren Versuche des Supreme Court, geschriebene Kompetenzen zu definieren, erscheinen keineswegs so wenig plausibel, wie sie von einem großen Teil der amerikanischen Rechtswissenschaft dargestellt werden.

Von besonderer Bedeutung ist die Diskussion schließlich mit Blick auf die europäische Integration und die Neuregelung ihres Primärrechts. Hier wird insbesondere die Nützlichkeit von Kompetenzkatalogen diskutiert. Diese erscheinen gerade nach Abschluß des Binnenmarkts sinnvoll, weil die zu bemerkende Teleologisierung der mit diesem Vorhaben verbundenen Kompetenzbestimmungen und die Bedeutung der Grundfreiheiten als spezifisch gegen die Mitgliedstaaten gerichtete Bestimmungen an Grenzen stößt. Insbesondere erschiene es unproblematisch, einen Kanon an ausschließlichen Kompetenzen zu benennen und den Status der sonstigen Kompetenzen zwischen parallelen und konkurrierenden deutlicher zu definieren. Von der Positivierung eines solchen Katalogs, dies zeigt der Blick in die Vereinigten Staaten, ist aber nicht notwendig eine gerichtliche Kompetenzkontrolle zu erwarten, die derjenigen des Bundesverfassungsgerichts entspricht. Dies hängt nicht zuletzt mit dem anspruchsvollen Vertragsänderungsverfahren zusammen, das jeden praktischen Anpassungsdruck auf die Ebene des Sekundärrechts verschiebt. Die Vorstellung, eine voll verrechtlichte, in einem Katalog festgeschriebene Kompetenzordnung ließe sich vom deutschen auf das europäische System übertragen, übersieht die Kontexte, namentlich die hohe Bereitschaft zur Vereinheitlichung im Deutschland. Das Funktionieren von Kompetenzkatalogen setzt voraus, was mit seiner Einführung in Europa gerade verhindert werden soll: den Konsens hinsichtlich einer Unitarisierung. Funktional zwingend erscheint eine restriktive Prüfung allerdings für den Bereich ausschließlicher Kompetenzen, also bei der Beschränkung mitgliedstaatlicher Selbstbestimmung ohne gesetzgeberische Aktivität auf der europäischen Ebene. Im übrigen zeigt sowohl der Blick auf die neu aktivierte Prüfung der *interstate commerce clause* durch den Supreme Court als auch die Rechtsprechung des EuGH zu Art. 133 EGV, daß auch wirtschaftsbezogene Kompetenztitel valide Grenzen ziehen können und daß – jedenfalls nach einem bestimmten Sättigungsgrad an Marktintegration – gerade der Bezug auf Regelungs*zwecke* methodisch überzeugende Kriterien der Kompetenzbeschränkung höherer Ebenen gestattet.

Synthesen

Die beiden folgenden Abschnitte werden die Ergebnisse der Untersuchung hinsichtlich der in der Einleitung formulierten rechtsdogmatischen (§ 9) und rechtsvergleichenden Erkenntnisinteressen (§ 10) zusammenführen, zugleich aber – als Synthesen – über eine Zusammenfassung hinausgehend weitere Schlußfolgerungen aus dem Ergebnisbestand ziehen, die nicht unmittelbarer Gegenstand der Untersuchung waren.

§9 Dogmatik: Art. 20 Abs. 2 S. 2 GG als Gebot selbstbestimmter Gewaltengliederung

1. Zum Bedeutungsgehalt von Art. 20 Abs. 2 S. 2 GG – einleitende Abgrenzungen

Der Blick auf Wortlaut und systematische Stellung von Art. 20 Abs. 2 S. 2 GG gestattet via negationis eine erste Klärung der Bedeutung der grundgesetzlichen Gewaltengliederung: Art. 20 Abs. 2 S. 2 GG legt die Ausübung deutscher Staatsgewalt in die Hände besonderer Organe der Gesetzgebung, der vollziehenden Gewalt und der Rechtsprechung. Drei Formen staatlicher Rechtserzeugung werden damit durch das Grundgesetz bindend unterschieden, bezeichnet und bestimmten, an anderer Stelle eingerichteten Organen zugewiesen[1]. Dies legt es nahe, den Regelungsgehalt der Norm als Gewalten*gliederung* zu bezeichnen. Art. 20 Abs. 2 S. 2 GG normiert nämlich schon seinem Wortlaut nach keine Gewalten-Trennung, sondern eine Gewaltenunterscheidung und eine Organzuordnung: Die Bezeichnung der Gewalten und ihre Zuweisung zu Organen enthält als solche keine Aussage zu den organisationsrechtlichen Beziehungen, die diese Organe miteinander unterhalten sollen oder dürfen. Die Vorstellung einer »geteilten« Staatsorganisation liegt dem Grundgesetz deswegen auch nicht als eine hintergründige, nur mit Ausnahmen verwirklichte Regel zugrunde[2]. Vielmehr kann mangels Regel von einer Ausnahme nicht die Rede sein. Die grundgesetzlich angeordnete organisatorische Absonderung einer Gewalt, der Judikative, Art. 97 GG, und die ebenso normierte Verknüpfung zwischen den beiden anderen, Art. 63 Abs. 1 GG, müssen sich in anderer Weise in eine übergreifende Systematik der grundgesetzlichen Gewaltengliederung einfügen. Der vom Verfassunggeber durchaus beabsichtigte Verweis von Art. 20 Abs. 2 S. 2 GG auf den so vielfältigen und widerspruchsreichen Traditionsbestand der Gewaltenteilung seit *Montesquieu*[3] wird damit bereits durch den Wortlaut der Norm systematisch eingeschränkt.

Auch das Ideal eines gesamtgesellschaftlichen Machtausgleichs, der die wechselseitigen Abhängigkeiten zwischen politischen Faktionen oder Parteien, anderen gesellschaftlichen Interessengruppen, individualisierter Freiheitswahrneh-

---

[1] Vgl. oben, S. 2 ff.; S. 81 ff.

[2] So aber etwa BVerfGE 3, 225 (247); 7, 183 (188); 34, 52 (59). Dagegen wie hier kritisch: *Heun*, Staatsleitung, 95.

[3] *Otto*, Staatsverständnis des Parlamentarischen Rates, 91 ff.

mung und der ausdifferenzierten Staatsgewalt zueinander in Beziehung setzt, ist –
unbeschadet seines ohnehin für moderne Gesellschaften schmalen Werts – nicht
das Thema von Art. 20 Abs. 2 S. 2 GG[4]. Die Norm verpflichtet ihrem Wortlaut zufolge allein die Staatsgewalt, wie sie systematisch dem mit Art. 20 GG beginnen-
den Sonderrecht des Hoheitsträgers Bundesrepublik Deutschland angehört. Mag
sich die grundgesetzliche Gewaltengliederung auch im Ergebnis als ein Mittel der
gesamtgesellschaftlichen Moderation von Machtverteilung und Machtausübung
bewähren, so wird diese Wirkung doch nicht unmittelbar durch die Norm angeordnet.

Schließlich ergeben sich aus Art. 20 Abs. 2 S. 2 GG auch keine speziellen Aufgaben, Ziele oder Funktionen wie Effizienz, Kontrolle, Moderation, Hemmung,
Mäßigung, Konstituierung oder Balance der Staatsgewalt[5]. Wiederum ist zuzuge-
stehen, daß solche oder andere Wirkungen aus der grundgesetzlichen Ordnung
resultieren können. Diese Feststellung beschränkt sich jedoch auf eine mitunter
metaphorische Bezeichnung mittelbarer Folgen, man könnte formulieren:
Rechtsfolgenfolgen, und enthält keine handhabbare Bestimmung des Tatbe-
stands. Zudem werden solche Begriffe der Gesamtheit der grundgesetzlichen Gewaltengliederung, die moderieren, aber auch Konflikte erzeugen kann, die
hemmt, aber auch ermöglicht, nicht gerecht und bleiben entweder am Leitbild
nur einer der drei Gewalten oder an unvollständigen Querschnittaspekten aller
drei Gewalten orientiert.

2. Art. 20 Abs. 2 S. 2 GG als legitimationsbezogenes Zuordnungsprinzip

Aus dem hier entwickelten Modell ergibt sich ein anderes Verständnis der grundgesetzlichen Gewaltengliederung. Art. 20 Abs. 2 S. 2 GG begründet ein legitimationsbezogenes Zuordnungsgebot, das die Staatsorganisation auf Prozeduren der
Rechtserzeugung verpflichtet, die die individuelle und die kollektive Selbstbestimmung von Rechtssubjekten ermöglicht[6]: Grundlage dieses Verständnisses ist
die durch Art. 1 Abs. 1 GG postulierte Personalität des Menschen. Diese unterstellt ihm normativ eine autonome Willensbildung, die er sowohl individuell für
sich, Art. 2 Abs. 1 GG, als auch kollektiv als Teil des demokratischen Legitimationssubjekts, Art. 20 Abs. 2 S. 1 GG, verfolgen kann.

Um den in Literatur und Rechtsprechung zunehmend anerkannten Zusammenhang zwischen grundgesetzlicher Gewaltengliederung, Rechtsstaatlichkeit
und Demokratie[7] zu bewahren und zu spezifizieren, bedarf es einer genaueren
Explikation der Idee der Selbstbestimmung. Zudem ist die Gewaltengliederung,
wie Art. 20 Abs. 2 S. 2 GG nahelegt, als eine eigenständige Regelung zu verstehen,

---

[4] Oben, S. 81f.
[5] Oben, S. 82ff.
[6] Oben, S. 41ff., 46ff., S. 88ff.
[7] Nachweise oben, S. 2ff.

die aber als prozedurale Norm auf die Verknüpfung mit anderen Gehalten angewiesen bleibt. Die Verpflichtung des Grundgesetzes auf demokratische und individuelle Selbstbestimmung ist ein solcher Gehalt, aus dem sich nähere prozedurale Vorgaben herleiten lassen. Mit Hilfe legitimationstheoretischer Überlegungen
lassen sich Kriterien für die Definition der drei Gewalten des Art. 20 Abs. 2 S. 2
GG entwickeln und mit bestimmten Verfahrens- und Organisationsanforderun-
gen normativ verknüpfen[8]. Der Zusammenhang zwischen Art. 20 Abs. 2 S. 2 GG
und Rechtsstaatlichkeit und Demokratie wird durch den Selbstbestimmungsge-
danken methodisch vereinheitlicht. Er nimmt das Demokratieprinzip als Gebot
kollektiver Selbstbestimmung auf und entnimmt der Fülle des rechtsstaatlichen
Dogmenbestands die individualrechtliche Schutzrichtung und die organisatorisch abgestufte Rechtsbindung, also die institutionelle Seite des subjektiven
Rechtsschutzes, die das Grundgesetz vor allem in Art. 19 Abs. 4 GG positiviert
hat.

Auf dieser Grundlage garantiert die grundgesetzliche Gewaltengliederung eine
staatliche Organisation, die demokratische Willensbildung ermöglicht, individuelle Willensbildung schützt und durchsetzt und beide Formen der Selbstbestimmung in einen abgestuft verrechtlichten Konkretisierungszusammenhang stellt[9].
Individuelle Selbstbestimmung wird durch Prozeduren geschützt, die mit individualisierter Reichweite, ex post und allein auf der Grundlage rechtlicher Maßstäbe entscheiden. Denn individuelle Selbstbestimmung bedarf erst dann der rechtlichen Durchsetzung, wenn sie bereits artikuliert und an ein mit Mitteln des Rechts
behebbares Verwirklichungshindernis gestoßen ist. Demokratische Willensbildung kann dagegen von der Rechtsordnung nicht vorausgesetzt werden. Sie bedarf rechtlicher Verfahren, innerhalb derer sie sich artikulieren kann. Als Aus-
drucksform des demokratischen Legitimationssubjekts ist sie potentiell allumfas-
send, als offene Willensbildung zukunftsbezogen und *materiell* möglichst wenig
durch Recht determiniert.

Für diese Funktionskriterien finden sich sowohl im Text des Grundgesetzes als
auch in der Rechtsprechung Anhaltspunkte, deren systematischer Zusammenhang zu entwickeln ist. Der Gedanke einer gewaltengliedernden Abstufung der
sachlichen Reichweite staatlicher Entscheidungen findet sich namentlich in
Art. 19 Abs. 1 S. 1 GG. Eine abgestufte zeitliche Orientierung zeigt sich in der unterschiedlichen Wertigkeit von Rückwirkungsverboten gegenüber den drei Gewalten, aber auch in den Grenzen der Vorwegnahme von legislativen und exekutiven Entscheidungen durch die Gerichtsbarkeit. Eine Abstufung der rechtlichen
Bindung zeigt sich einerseits bei der ausdrücklichen Offenhaltung demokratischer Willensbildung in Art. 21 Abs. 1 S. 1, 38 Abs. 1 S. 2 GG, andererseits in
Art. 97 GG und in der durch Art. 19 Abs. 4 GG gebotenen Verrechtlichung ho-

---

[8] Oben, S. 41 ff., S. 48 ff.
[9] Oben, S. 59 ff.

heitlicher Handlungsmaßstäbe gerade bei der Beurteilung individueller Rechtspositionen.

Doch kennt die Rechtsordnung nicht nur individuelle, eine Person mit Wirkung ex post betreffende Rechtserkenntnisse und allgemeine demokratische Entscheidungen, sondern auch eine Fülle von Zwischenstufen mittlerer Reichweite. Gefordert ist von Art. 20 Abs. 2 S. 2 GG deswegen auch eine Kontinuität der Rechtskonkretisierung, in der beide Legitimationstypen abgestuft Berücksichtigung finden, und in der alle drei Gewalten in einen Konkretisierungszusammenhang vom inhaltlich Offenen zum rechtlich Determinierten, vom Allgemeineren zum Besonderen und vom Prospektiven zum Retrospektiven einbezogen werden[10].

Rechtsvergleichende Erkenntnisse können bei der genaueren Bestimmung dieser Zuordnungsregel zwar keine unmittelbare Verwendung finden, denn ihnen fehlt es am auf das Grundgesetz bezogenen Geltungsgrund. Auf der Basis des hier entwickelten gemeinsamen Modells der Gewaltengliederung können jedoch Erfahrungen aus anderen Rechtsordnungen dazu verwendet werden, grundgesetzliche Dogmen zu bestärken oder in Frage zu stellen. Gerade die Behandlung von Prozeduralregeln verlangt auch nach einer vergleichenden Beobachtung des Umgangs verschiedener Organe mit Verfahren und Organisation.

3. Regelungswirkungen und Regelungsadressaten von Art. 20 Abs. 2 S. 2 GG

Vor seiner weiteren inhaltlichen Konkretisierung ist die normative Wertigkeit von Art. 20 Abs. 2 S. 2 GG zu klären, seine Regelungswirkungen und Regelungsadressaten. Drei Stufen der Regelungsintensität sind zu unterscheiden:

Erstens zwingt der Verweis von Art. 79 Abs. 3 GG auf Art. 20 GG zur Bestimmung eines verfassungsänderungsfesten Mindestgehalts der Gewaltengliederung[11].

Zweitens gilt die Gewaltengliederung in einfachem Verfassungsrang. Dabei sind zwei Anwendungsformen denkbar. Einerseits kann auf Art. 20 Abs. 2 S. 2 GG unmittelbar zurückgriffen werden. Solche Rückgriffe spielen in der Rechtsprechung des Bundesverfassungsgerichts eine vergleichsweise geringe[12] und systematisch kaum vorhersehbare Rolle. Sie setzen das relativ unwahrscheinliche Vorliegen eines Rechtsproblems der Gewaltengliederung voraus, für dessen Lösung keine spezielleren Normen des Grundgesetzes einschlägig sind. Im Regelfall verwendet

---

[10] Oben, S. 59 ff.
[11] Unten, S. 423 ff.
[12] Oben, S. 2 ff.

das Gericht die Gewaltengliederung dagegen als ein Mittel zur Auslegung einer
solchen konkreter einschlägigen Norm[13]. Ein bestimmtes Verständnis von Art. 20
Abs. 2 S. 2 GG stellt andere Bestimmungen des Grundgesetzes in einen bestimmten Bedeutungszusammenhang, so wie diese umgekehrt zur Konkretisierung von
Art. 20 Abs. 2 S. 2 GG beitragen sollen. Art. 20 Abs. 2 S. 2 GG begründet Vermu-
tungswirkungen und Rechtfertigungslasten zugunsten des Handelns bestimmter
Organe in bestimmten Verfahren. Adressat dieser einfachverfassungsrechtlichen
Geltungsebene sind alle staatlichen Organe. Vergegenwärtigt man sich den prozeduralen Gehalt der Norm, so ergibt sich jedoch praktisch eine primäre Bindung
des Gesetzgebers. Denn die Ausgestaltung von Verfahren und Organisation, für
die die Gewaltengliederung von Bedeutung ist, obliegt, soweit sie nicht im
Grundgesetz bereits geregelt ist, in der Regel diesem. Dienten im konstitutionellen Staatsrecht gewaltenteilende Regeln dem Schutz der Legislative vor der Exekutive, so sind solche Übergriffe zwar weiterhin denkbar, aber von geringerer Bedeutung und durch spezielle Regelungen wie Art. 40 Abs. 2, 46, 47 GG abgeschichtet. Für die Exekutive und die Judikative bleiben Verstöße gegen Art. 20
Abs. 2 S. 2 GG deswegen von reinen Gesetzesverstößen zu unterscheiden – ein
aus der verfassungsprozessualen Dogmatik bekanntes Problem. Der prozedurale
Gehalt der Norm weist aber nicht selten den Weg zu seiner Lösung: So begründet
beispielsweise auch eine eklatante Übertretung der Gesetzesbindung keinen Verstoß gegen Art. 20 Abs. 2 S. 2 GG, wenn es sich nicht um von der Gewaltengliederung umfaßte Verfahrens- oder Organisationsregeln handelt[14]. Ein besonderer,
separat zu untersuchender Regelungsadressat der Gewaltengliederung ist das
Bundesverfassungsgericht. Dieses allein kontrolliert die Einhaltung von Art. 20
Abs. 2 S. 2 GG durch den Gesetzgeber, Art. 100 Abs. 1 GG, und spielt damit eine
herausragende Rolle für die Dogmatik der Norm. Andererseits wird das Gericht,
das in einem justizförmigen Verfahren Entscheidungen von legislativer Reichweite treffen kann, durch diese Befugnis selbst Probleme der grundgesetzlichen Gewaltengliederung erzeugen[15].

Drittens schließlich hat die Gewaltengliederung einen verfassungstheoretischen
Gehalt, der einem zu eng geführten Verständnis von Rechtsdogmatik entgehen
würde, der aber von großer Bedeutung für ihre rechtswissenschaftliche Verwendung ist[16]. Diese verfassungstheoretische Wirkung ist gleichfalls im Grundgesetz

---

[13] *Stettner*, JöR 35 (1986), 76 spricht in diesem Zusammenhang von der Subsidiarität des Prinzips, zustimmend *Heun*, Staatshaushalt und Staatsleitung, 100. Dieser Ausdruck erscheint un-
glücklich gewählt, schon weil der Zusammenhang zwischen Art. 20 Abs. 2 S. 2 GG und spezielleren Normen, anders als etwa im Verhältnis zwischen dem Auffanggrundrecht des Art. 2 Abs. 1
GG und den anderen Grundrechten, so beschaffen ist, daß die Bedeutung des Prinzips auch
Rückwirkungen auf die Auslegung einer spezielleren Norm nehmen kann.
[14] Oben, S. 95 ff., S. 163 ff.
[15] Sogleich unten, S. 419 f.
[16] Oben, S. 11 ff., 15 ff., S. 33 ff.

verankert, führt aber nicht zu eindeutigen Rechtsfolgen. Sie findet sich in Andeutung in den Begründungsstrukturen des Bundesverfassungsgerichts, wenn dieses davon spricht, daß bestimmte Elemente der Gewaltenteilung im Grundgesetz nicht rein verwirklicht seien[17]. In erster Linie stellt der verfassungstheoretische Gehalt aber einen von der Rechtswissenschaft zu entfaltenden systematischen Beitrag zu verfassungspolitischen Überlegungen und zu den später zu bilanzierenden rechtsvergleichenden Bedeutungsebenen der Gewaltengliederung dar, der seinen Gehalt auch gegenüber im einzelnen abweichenden Entscheidungen des Grundgesetzes oder des Gesetzgebers bewahrt.

4. Legitimationsbezogene Bestimmung der drei Gewalten im Grundgesetz

Aus der Entfaltung des einheitlichen Legitimationsmodells ergeben sich Kriterien für eine legitimationsbezogene Bestimmung der in Art. 20 Abs. 2 S. 2 GG eingerichteten drei Gewalten. Freilich bedarf es einer solchen Bestimmung nur insoweit, wie das Grundgesetz an diese weitere Rechtsfolgen anknüpft und sie nicht durch Rechtsformen oder Organisationsstrukturen abschichtet. Wie sich zeigt, wählt das Grundgesetz ganz unterschiedliche Techniken zur Bestimmung der Gewalten.

a) Gesetzgebung

Ein legitimationsbezogener Begriff der gesetzgebenden Gewalt ist aus zwei Gründen von nur eingeschränktem dogmatischen Wert: Zum einen ist die Bestimmung der gesetzgebenden Gewalt – anders als bei den anderen Gewalten – durch die eingehende Regelung der Rechtsform des Parlamentsgesetzes bereits vorgeklärt[18]. Zum anderen ergibt sich aus dem Grundgesetz, was auch die legitimationstheoretische Basis des hier entwickelten Verständnises von Art. 20 Abs. 2 S. 2 GG gebietet: Für ein demokratisches Legitimationssubjekt kann es nur ein Legislativorgan geben; anders wäre der Anspruch auf Repräsentation der demokratischen Allgemeinheit nicht zu verwirklichen. Eine Identifizierung dieses Organs als solches der Gesetzgebung ist daher einfach möglich. Das Grundgesetz verbindet die vielfachen Rechtsfolgen der Gesetzesform, insbesondere den übergreifenden Bindungsanspruch des Art. 20 Abs. 3 GG, mit den demokratischen Kreations-, Organisations- und Verfahrensregeln des Deutschen Bundestags. Nur im Gesetzgebungsverfahren nach Art. 76 ff. GG erlassene Regeln können solche der gesetzgebenden Gewalt sein[19]. Der demokratische Gesetzgeber schuldet nur ein Verfahren und eine Form der Entscheidung, das Gesetz[20]. Fraglich

---

[17] Oben, Fußn. 2, S. 398.
[18] Oben, S. 81f.
[19] Oben, S. 107ff.
[20] So die bekannte Feststellung bei *Willi Geiger*, Gegenwartsprobleme der Verfassungsge-

bleibt nur, inwieweit durch den Bundestag erlassene Gesetze von einem materiellen Gesetzesbegriff so abweichen, daß sie gegen Art. 20 Abs. 2 S. 2 GG verstoßen. Eine Beantwortung dieser Frage zwingt zum Rückgriff auf legitimationsbezogene Kriterien.

Eine legitimationsbezogene Bestimmung der Gesetzgebung folgt aus ihrem Bezug auf die demokratische Selbstbestimmung. Gesetzgebung soll eine zukunftsorientierte, mit einem möglichst hohen Allgemeinheitsgrad regelnde Form des Rechts sein, die aus einem offenen und allgemeinen Repräsentationsverfahren hervorgeht[21]. Die gebotene Offenheit der demokratischen Willensbildung, die sich auch aus Art. 21 Abs. 1 und Art. 38 Abs. 1 S. 2 GG ergibt, garantiert aber zugleich, daß das verfassungstheoretische Ideal eines allgemeinen und zukunftsorientierten Gesetzes seinerseits nur sehr eingeschränkt zur Verrechtlichung taugt[22]. Das bedeutet, daß die Gesetzgebungsorgane *das Recht haben müssen*, allgemeine und zukunftsorientierte Gesetze zu erlassen, aber *nicht die Pflicht haben dürfen*, diese Kriterien stets einzuhalten. Art. 20 Abs. 2 S. 2 GG gebietet nicht den Erlaß allgemeiner Gesetze, die ihren politischen Kompromißcharakter verleugnen[23]. Verfassungstheoretisch gesehen ist die Praxis, spezielle und detailgenaue gesetzliche Regeln zu normieren, keineswegs Ausdruck einer Krise. Das Gebot demokratischer Allgemeinheit verpflichtet das Verfahren der Gesetzgebung, nicht seinen Inhalt. Ein verfassungsrechtlicher Begriff des allgemeinen Gesetzes ist aus Art. 20 Abs. 2 S. 2 GG nicht herzuleiten. Er hat sich auch im Rechtsvergleich nicht belegen lassen[24].

Die Gewaltengliederung gebietet, die demokratische Willensbildung durch Gesetzgebung nur selektiv verfassungsrechtlichen Bindungen zu unterwerfen: nämlich dort, wo der Legitimationsanspruch des Gesetzes selbst in Frage steht – also bei der Sicherung der demokratischen Repräsentativität des Wahlaktes zum Bundestag und bei der Sicherung der gesetzlichen Entscheidung im Parlament. Verfassungsrechtliche Gebote zur Optimierung der Gesetzgebung folgen aus Art. 20 Abs. 2 S. 2 GG nicht. Beobachtungs- oder Nachbesserungspflichten mögen sich aus materiellem Recht im Einzelfall ergeben, stehen aber als Verrechtlichung der politischen Willensbildung im Widerspruch zur Gewaltengliederung des Grundgesetzes und sind unter Rücksichtnahme auf diese zu rechtfertigen. Ein legitimationsbezogener Begriff der gesetzgebenden Gewalt gewinnt dagegen erst Kontur, wenn der Gesetzgeber die Exekutive vollständig umgeht und dadurch individuelle Rechtspositionen definiert. Ein solches Gesetz verletzt das aus der Gewaltengliederung folgende Gebot der Kontinuität der Rechtskonkretisie-

---

richtsbarkeit aus deutscher Sicht, in: T. Berberich (Hrsg.), Neue Entwicklungen im öffentlichen Recht, 1979, 131 (141).

[21] Oben, S. 46ff., S. 105ff.

[22] Oben, S. 56ff.

[23] Ausdrücklich anders, aber für einen Spezialfall BVerfGE 101, 158 (214ff., 218).

[24] Oben, S. 107ff.

rung durch alle drei Gewalten. Es ist wegen Verstoßes gegen Art. 20 Abs. 2 S. 2 GG verfassungswidrig[25].

Beschränkt sich die legislative Gewalt auf den Erlaß des formellen Gesetzes, auch wenn nicht jedes Gesetz materiell der gesetzgebenden Gewalt zuzuordnen ist, so ist damit die Aufgabe des Gesetzgebungsorgans Bundestag im Gefüge der Gewaltengliederung nicht abschließend bestimmt. Andere Aufgaben des Bundestags sind aber vor dem Hintergrund seiner Fähigkeit zu demokratischer Gesamtrepräsentation zu sehen und zu begrenzen. Dies ist mit Blick auf die Beziehungen des Bundestags zur Exekutive noch genauer zu klären.

b) Rechtsprechung

Für die Bestimmung der rechtsprechenden Gewalt wählt das Grundgesetz eine andere Regelungstechnik. Zum einen fehlt es an einer dem Gesetz entsprechenden Rechtsform, die die Zuordnung zur Rechtsprechung im Regelfall leisten könnte: Das Grundgesetz kennt keinen verfassungsrechtlichen Begriff des gerichtlichen Urteils[26]. Zudem ist die rechtsprechende Gewalt organisatorisch vielfältiger, Art. 92, 2. Hs., 95, 96 GG, und kann nicht auf ein bestimmtes einzelnes Organ bezogen werden. Die Verfassung regelt die Zuordnung zur rechtsprechenden Gewalt stattdessen durch eine Organisationsentscheidung, indem sie diese »den Richtern anvertraut«, Art. 92, 1. Hs. GG. Damit wird die historisch überlieferte Form der Gerichtsorganisation, die das Grundgesetz weiter konkretisiert, Art. 97, 98 GG, zum zentralen Bestimmungselement der rechtsprechenden Gewalt. Das Organ prägt die Funktion.

Trotz dieser Zuordnung ist die Bestimmung eines materiellen Begriffs der rechtsprechenden Gewalt für das Grundgesetz häufiger geboten als für die anderen Gewalten, das zeigt auch die reiche Entscheidungspraxis des Bundesverfassungsgerichts[27]. Diese Notwendigkeit ergibt sich verfassungstheoretisch aus der sehr weitgehenden Verrechtlichung des Handelns der rechtsprechenden Gewalt und damit auch des Begriffs dieser Gewalt selbst. Positiv-rechtlich entscheidend für den Bedarf nach einem Rechtsprechungsbegriff ist der Umstand, daß das Grundgesetz in einer Vielzahl von Normen an diesen anknüpft. Dabei verläuft diese Anknüpfung sowohl bei den Tatbestandsmerkmalen als auch auf der Rechtsfolgeseite. Art. 19 Abs. 4 GG hat das Handeln der rechtsprechenden Gewalt zur Rechtsfolge. Diese ist dann wiederum das Tatbestandsmerkmal für bestimmte Organisations-, Art. 97, 98 GG, und Verfahrensgebote, Art. 101, 103 Abs. 1 GG.

---

[25] Anders BVerfGE 95, 1 (15 f.).
[26] Oben, S. 82 ff.
[27] Oben, S. 98 ff.

Kriterien für einen Begriff der rechtsprechenden Gewalt ergeben sich aus ihrem Bezug zum Schutz individueller Selbstbestimmung[28]. Die hier entwickelten
Maßstäbe entsprechen der topisch vorgehenden Rechtsprechung des Bundesverfassungsgerichts weitgehend, geben ihr aber eine systematische Begründung. Sie
bestätigten sich auch im Rechtsvergleich[29]: Rechtsprechung im hier entwickelten
Verständnis ist die allein auf Grundlage rechtlicher Maßstäbe ergehende, retrospektive und abschließende Entscheidung möglichst weitgehend individualisierter Gegenstände, also von Fällen[30]. Dies gebietet es beispielsweise, eine gesetzliche Regelung, die »ein gerichtsförmiges Verfahren hoheitlicher Streitbeilegung
vorsieht und den dort zu treffenden Entscheidungen eine Rechtswirkung verleiht, die nur unabhängige Gerichte herbeiführen können«[31] entsprechend auszugestalten und verbietet es etwa, den Spruchkörper durch Landtagsabgeordnete zu
besetzen[32]. Der Begriff beschränkt zugleich die Anwendbarkeit bestimmter auf
die Rechtsprechung bezogener Normen gegenüber einer Anknüpfung an die Gerichtsorganisation. So bezieht sich die Unabhängigkeit der Richter auf die Ausübung materieller Rechtsprechung, nicht auf jedwedes durch Richter ausgeübte
hoheitliche Handeln. Die Ernennung von Richtern ist deswegen – anders als ihre
Entlassung – jenseits allgemeiner Fragen der Personalgewalt nicht durch die Gewaltengliederung rechtlich geprägt.

Abweichungen zum Bundesverfassungsgericht ergeben sich mit Blick auf das
Kriterium der Streitentscheidung[33]. Dieses ist Teil des Kriterienkatalogs seines
Rechtsprechungsbegriffs. Entsprechend beurteilte das Gericht seine frühere Gut-
achtenkompetenz[34] als »grundsätzlich der richterlichen Funktion wesens-
fremd«[35]. Zwar ist das Gericht im Ergebnis nicht dazu gekommen, die gesetzliche
Gutachtenkompetenz als Verstoß gegen die Gewaltengliederung zu bewerten[36].
Aber auch die verfassungstheoretische Aussage des Gerichts überzeugt nicht:
Zum einen ist die Entscheidung einer Auseinandersetzung auch den anderen Gewalten bekannt, etwa der Exekutive in einem Widerspruchsverfahren. Zum zweiten wird die Aufgabe eines Gerichts, einen individualisierten Sachverhalt nach
Maßstäben des Rechts abschließend zu beurteilen, auch durch eine Gutachtenkompetenz nicht in Frage gestellt, jedenfalls insoweit die Zulässigkeitsregeln individualisierende Anforderungen an die zu überprüfende Rechtsfrage stellen.

---

[28] Oben, S. 41 ff.
[29] Oben, S. 98 ff.
[30] Oben, S. 95 ff.
[31] BVerfGE 103, 111 (137). Mit Blick auf die Erwähnung der Unabhängigkeit enthält der Satz
allerdings eine petitio principii. Es geht um den Gehalt der Entscheidung, erst daraus können
Konsequenzen für deren Organisation und Verfahren folgen.
[32] BVerfGE 103, 111 (140f.).
[33] Oben, S. 98 ff.
[34] § 97 BVerfGG a. F.
[35] So konsequent BVerfGE 2, 79 (86) unter Hinweis auf die amerikanische Rechtslage.
[36] BVerfGE 2, 79 (87).

Zwar erwachsen Gutachten nicht wie Urteile in Rechtskraft, aber sie können trotzdem eine definierte Rechtsfrage abschließend klären, solange keine andere Instanz als das gutachtende Gericht die Aussagen des Gerichts rechtswirksam überprüfen kann. Bedeutung hat dieser Gesichtspunkt für die mögliche Ausgestaltung gerichtlicher Kontrollen der auswärtigen Gewalt[37].

c) *Vollziehende Gewalt*

Die Bestimmung der vollziehenden Gewalt ist nicht allein in der deutschen Verfassungstradition von besonderen Unsicherheiten gekennzeichnet, die sich anhand zweier Beobachtungen veranschaulichen lassen: zum einen am nach wie vor gebräuchlichen »negativen« oder »Substraktionsbegriff« der Verwaltung, der die Verwaltung gar nicht auf den Begriff zu bringen in der Lage ist, sondern nur abgrenzend auf die anderen Gewalten verweist; zum anderen an der weiterhin gebräuchlichen Unterscheidung zwischen Regierung und Verwaltung, die die Brauchbarkeit eines einheitlichen Begriffs der Zweiten Gewalt in Frage stellt. Beide Phänomene sind auch rechtsvergleichend nachweisbar[38].

Das hier vertretene Verständnis der grundgesetzlichen Gewaltengliederung löst diese Probleme wie folgt auf: Art. 20 Abs. 2 S. 2 GG kennt nur einen einheitlichen Begriff der vollziehenden Gewalt, der sich aber in der Tat nicht in gleicher Weise fixieren läßt wie bei den anderen Gewalten. Auch die herausgehobene Regelung der Bundesregierung im Grundgesetz rechtfertigt jedoch keine kategoriale rechtliche Unterscheidung zwischen den Funktionen der Gubernative und der Verwaltung. Trotzdem enthält diese Unterscheidung ebenso wie die »negative Definition« einen richtigen, aber nur verfassungstheoretisch zu erfassenden Kern. In ihr kommt die organisatorische Vielfalt der vollziehenden Gewalt zum Ausdruck. Diese ergibt sich aus der Zwischenposition der zweiten Gewalt, die sich nicht auf einen der beiden Legitimationsmodi eindeutig beziehen läßt, sondern zwischen der Rechtserzeugung der beiden anderen Funktionen vermittelt[39].

Aber auch aus dieser Zwischenstellung folgen abgestufte Anforderungen an unterschiedliche Teile der Exekutive, denn innerhalb der Exekutive werden regelmäßig mehrere Stufen der Rechtskonkretisierung geleistet. Der Grad der Verrechtlichung des exekutiven Handelns nimmt zu, die Entscheidungen werden weiter individualisiert, die Zeitorientierung nähert sich der Gegenwart an, die mit der Synchronisierung von Rechtsnorm und ihrer Verwirklichung im Akt der Vollstreckung erreicht wird. Schließlich kann exekutives Handeln in Formen der Selbstkontrolle wie im Widerspruchsverfahren auch vergangenheitsbezogen agieren. Der Zusammenhang zwischen den verschiedenen Konkretisierungsstu-

---

[37] Oben, S. 369ff.
[38] Oben, S. 117ff.
[39] Oben, S. 112ff.

fen wird im Regelfall durch eine hierarchische Struktur gesichert, an deren Spitze
das Organ steht, das demokratisch gesamtverantwortlich ist, ohne daß sich aus
der Gewaltengliederung eine Präferenz für eine parlamentarische oder eine direkte
te Kreation der exekutiven Spitze ergäbe. Dabei sind die Anforderungen, die
Art. 20 Abs. 2 S. 2 GG an die Hierarchie stellt, weniger strikt als diejenigen des allerdings stark umstrittenen Demokratieprinzips[40]. Die grundgesetzliche Gewaltengliederung fordert die Eigenständigkeit der Konkretisierungsleistung auf verschiedenen exekutiven Ebenen. Dies spricht für den Einsatz von allgemeinen Verwaltungsvorschriften, aber gegen die Anwendung von Einzelweisungen, die
Konkretisierungsschritte einfach übergehen. Nicht verfassungswidrig, aber sicherlich nicht dem Ideal des Art. 20 Abs. 2 S. 2 GG entsprechend sind Vorbehalte
ministerialer Entscheidung von Einzelfragen. Unter »Gewaltenteilung innerhalb
der Verwaltung«[41] ist nicht die Errichtung organisatorischer Barrieren zu verstehen, sondern die Sicherung unterschiedlicher Entscheidungsebenen innerhalb
der Exekutive. Unterbrechungen hierarchischer Zusammenhänge sind auch aus
Art. 20 Abs. 2 S. 2 GG verfassungsrechtlich rechtfertigungsbedürftig. Sie sind in
jedem Fall auf eine gesetzlichen Regelung angewiesen. Materiell rechtfertigen sie
sich durch die Einbeziehung von im Grundgesetz anerkannten weiteren Legitimationssubjekten oder durch vom Gesetzgeber anerkannte aufgabenspezifische
Legitimationsdefizite hierarchischer Organisationen. Ein im Rechtsvergleich
entscheidender Faktor für die Beurteilung verselbständigter Verwaltungseinheiten liegt in der Zahl der demokratischen Legitimationsverfahren. Dualistische Systeme wie in den Vereinigten Staaten (Wahl des Präsidenten und des Kongresses)
und in der EU (intergouvernementale und supranationale Legitimation) lösen
durch die Verselbständigung eine demokratische Kontrollkonkurrenz. Dieses
Problem stellt sich dem deutschen parlamentarischen System mit nur einem Legitimationsakt nicht in gleicher Weise[42].

Weil die exekutive Organisation in ihrer Rechtserzeugung weniger vom Zugriff der Legitimationsmechanismen Klage und Wahlakt betroffen ist als der unmittelbar gewählte Bundestag und die auf klägerische Fremdinitiative agierenden
Gerichte, ist die Zweite Gewalt besonders dazu geeignet, Wissen längerfristig zu
speichern, zu systematisieren und gegenwartsbezogen einzusetzen. Aus diesem
Grund erscheint die Anwendung einer die Rechtsanwendung ergänzenden Maßstabsvielfalt durch die Verwaltung durch Art. 20 Abs. 2 S. 2 GG durchaus wünschenswert und nicht als eine Relativierung der Gewaltengliederung. Der alte oft
technokratisch oder antiparlamentarisch gerechtfertigte Zusammenhang zwischen Exekutive und Expertise ist durch das Grundgesetz anerkannt. Die normative Grundlage dieser Vielfalt muß aber ihrerseits durch den Gesetzgeber geschaf-

---

[40] Oben, S. 121 ff.
[41] Diese Idee bei *Walter Leisner*, Gewaltenteilung innerhalb der Gewalten, in: FS Maunz,
1975, 267.
[42] Oben, S. 125 ff.

fen werden, Art. 20 Abs. 3 GG. Aus der Gewaltengliederung folgt umgekehrt kein Gebot zur Vollverrechtlichung des Verwaltungshandelns[43]. Wegen der fast immer eindeutigen Bestimmbarkeit der gesetzgebenden Gewalt durch Gesetzesform und Organeinheit stellen sich Abgrenzungsprobleme der Exekutive nur gegenüber der Judikative, die mit den oben definierten Kriterien aus der Perspektive der Judikative zu lösen sind.

Exekutives Handeln steht unter einem allgemeinen, sachlich unbeschränkten Vorbehalt gesetzlicher Maßstabsetzung, der durch Art. 20 Abs. 3 GG positiviert ist. Die Exekutive bedarf zum rechtswirksamen Handeln stets gesetzlicher Vorgaben – unabhängig vom Vorliegen eines Grundrechtseingriffs. Damit ist jedoch noch keine Aussage über die zulässige Weite von exekutiven Spielräumen getroffen. Es geht zunächst nur um die Konkretisierungsreihenfolge von Legislative und Exekutive. Wichtig ist mit Blick auf neuere Tendenzen in der Rechtsprechung des Bundesverfassungsgerichts[44] die Feststellung, daß das Grundgesetz keinen negativen Gesetzesvorbehalt kennt, der bestimmte Sachmaterien einer gesetzlichen Regelung entzieht. Das Gesetz stellt nicht nur wie im konstitutionellen Staatsrecht Grenze, sondern auch Grund allen exekutiven Handelns dar[45]. Aber der demokratische Gesetzesvorbehalt bestimmt anders als vielfach vertreten nur das »Ob« einer gesetzlichen Regelung. Aus dem demokratischen Gesetzesvorbehalt lassen sich keinerlei Kriterien für den Inhalt oder die Bestimmtheit des Gesetzes herleiten, denn dieses ist eben nur gerade so, wie es ergangen ist, Ausdruck demokratischer Selbstbestimmung[46]. Für das sogleich zu behandelnde »Wie« der Gesetzgebung sind andere verfassungsrechtliche Kriterien zu entwickeln.

d) *Trennung zum Schutz der Organautonomie – Kritik des Kernbereichskonzepts*

In zwei Formen verwirklicht sich der hier nur zurückhaltend unterstützte Gedanke, Gewaltengliederung auch als Trennung der Gewalten zu verstehen, im Grundgesetz[47]:

Für die Wahrnehmung ihrer Funktionen garantiert Art. 20 Abs. 2 S. 2 GG den zuständigen Organen zunächst dasjenige Minimum an Organisationsautonomie, das ihre Arbeitsfähigkeit sichert. Hier schützt Art. 20 Abs. 2 S. 2 GG die Funktionalität der jeweiligen Organisation. Dieses Minimum ist jedoch als solches nur ein Schutz vor Missbrauch durch andere Gewalten, nicht ein eigenständiger kompetenzbegründender Faktor. Vorbehaltlich spezieller Regelungen wie in den Ge-

---

[43] Oben, S. 112 ff.
[44] So aber BVerfGE 105, 279 (304); daran anschließend BVerfGE, 108, 282 (335) (abw. Meinung Di Fabio, Jentsch, Mellinghoff).
[45] Formulierung: *Ulrich Scheuner*, Das Gesetz als Auftrag der Verwaltung, DÖV 1969, 585.
[46] Oben, S. 180 ff.
[47] Oben, S. 70 ff.

schäftsordnungsautonomien für Bundestag und Bundesregierung, Art. 40 Abs. 1 S. 2, 65 S. 4 GG, beschränkt sich dieser Schutz auf einen Bereich interner Entscheidungsvorbereitung. Anders als von Bundesverfassungsgericht und Teilen der Literatur vertreten, sollte die Figur des Kernbereichs nur als Missbrauchsgrenze verstanden werden. Sie stellt dagegen keine aus Art. 20 Abs. 2 S. 2 GG Geltung beziehende kompetenzbegründende Kategorie dar. Denn ein einheitlicher Begriff des Kernbereichs paßt nicht auf das komplexe Beziehungsgeflecht zwischen den Gewalten des Grundgesetzes. Beispielhaft: Die gerichtliche Unabhängigkeit bei der Fallentscheidung, Art. 97 Abs. 1 GG, unter grundgesetzlicher Verpflichtung zur gesetzlichen Zuständigkeitsregelung, Art. 101 Abs. 1 S. 2 GG, einerseits und das selbständige, aber parlamentarisch verantwortliche Handeln der Bundesregierung andererseits lassen sich nicht auf einen ergiebigen einheitlichen Begriff bringen. In diesen Beispielen sind die materiellen Funktionen in ganz unterschiedlicher Weise auf Distanz und Einwirkung durch die jeweils anderen Gewalten angewiesen. Auch wenn man den Begriff des Kernbereichs beibehält, sind »Mehr als Mindestfunktionsgarantien (...) hier kaum zu gewinnen.«[48]

Eine zweite grundgesetzliche Verwirklichungsform der Gewaltentrennung schützt die Interessengerechtigkeit staatlicher Entscheidungen. Ausdruck dieser Vorstellung ist die Inkompatibilitätsregel des Art. 137 Abs. 1 GG, die vom Bundesverfassungsgericht so häufig wie keine andere Norm mit der Gewaltenteilung in Verbindung gebracht wird[49]. Dieses Vorgehen erscheint aber methodisch bedenklich. Als konkrete Ausgestaltung der Gewaltengliederung erscheint es nicht überzeugend, allein den Gedanken der Gewaltengliederung anzuführen, um Art. 137 Abs. 1 GG in einer bestimmten Weise auszulegen. Dieser ist vielmehr mit Blick auf die durch Art. 137 Abs. 1 GG geschützte Repräsentationsleistung des Bundestags und der Landtage wie auch der gemeindlichen Repräsentationsorgane zu spezifizieren.

5. Relationen zwischen den Gewalten

Weitere Kontur gewinnt die grundgesetzliche Gewaltengliederung in der Betrachtung des Verhältnisses der verschiedenen Gewalten zueinander. Dabei ist der zeitlichen Abfolge der Rechtserzeugungssequenz folgend zunächst die demokratische Willensbildung und legislative Maßstabsetzung der Exekutive (a), anschließend die judikative Kontrolle der Exekutive (b) zu betrachten. Ohne eine eingeschobene Konkretisierungsleistung der Exekutive kommen Legislative und Judikative namentlich in Rechtsakten des Bundesverfassungsgerichts direkt miteinander in Kontakt. Dieses Organ ist in einem gesonderten Abschnitt zu beleuchten.

---

[48] *Lerche*, Gewaltenteilung – deutsche Sicht, 82.
[49] Oben, S. 98 ff.

a) Zum Verhältnis Legislative – Exekutive

Für die systematische Ordnung der Beziehungen zwischen Legislative und Exekutive sind zwei Bereiche zu unterscheiden, die sich durch den Legitimationsbe-
zug der Gewaltengliederung bestimmen lassen. Auf der einen Seite steht der Prozeß der demokratischen politischen Willensbildung, die auf einen Gesetzgebungsakt hinauslaufen kann, aber nicht muß. Garantiert Art. 20 Abs. 2 S. 2 GG
die Möglichkeit demokratischer Willensbildung, so schützt er auch die Informalität vor dem Gesetzesbeschluß und den Zugang des Parlaments zu allen relevanten
Informationen[50]. Auf der anderen Seite steht die im Gesetz formalisierte Entscheidung. Garantiert Art. 20 Abs. 2 S. 2 GG die Wahl von Rechtsformen für die
Abgrenzung von Freiheitssphären, so schützt er für diesen Bereich neben dem
Gesetzgebungsrecht des Bundestages auch die eigenständige Konkretisierungsleistung der Exekutive. Die Organleistung des Bundestages ist auf demokratische
Gesamtrepräsentation bezogen, die sich in Plenarentscheidungen verwirklicht.
Nur in dieser Organisationsform hat das Organ Anspruch auf Anerkennung seiner demokratischen Legitimation. Dies erlaubt zwar eine interne Spezialisierung
der gesamtverantwortlichen, Art. 38 Abs. 1 S. 2 GG, Parlamentsmitglieder. Doch
sind Interventions- oder Einflußmöglichkeiten des Bundestages auf das Handeln
der Exekutive im Sinne einer parlamentarischen Kontrolle für die demokratische
Willensbildung des Bundestages vor der Gesetzgebungsentscheidung geboten,
nicht für den Vollzug danach. Auf der anderen Seite lassen sich Art. 20 Abs. 2 S. 2
GG auch keine parlaments- oder gesetzesfreien Räume der Exekutive gegenüber
Regelungen des Gesetzgebers entnehmen, Art. 20 Abs. 3 GG.

In der informalen demokratischen Willensbildung, die einem Gesetzgebungsakt vorausgeht, besetzt die Bundesregierung eine eigenständige Rolle, die sich namentlich im praktisch bedeutsamen Initiativrecht zeigt, Art. 76 Abs. 1, 2. Alt. GG.
Dieser Zusammenhang ist kein gegenüber Art. 20 Abs. 2 S. 2 GG eigens zu recht-
fertigender Übergriff, sondern funktional schlüssig: Die technische Seite der Gesetzgebung erfordert die Einbeziehung der parlamentarisch verantwortlichen
Spitze der Exekutive, die sich umgekehrt schon bei der Ausarbeitung von Initiativen an der entstehenden politischen Willensbildung im Bundestag orientieren
kann. Der intensive informale Zusammenhang zwischen Ministerialbürokratie
und Bundestag ist im Grundgesetz eine Notwendigkeit und kein Krisenphänomen[51]. Erforderlich ist nur, daß die formelle Entscheidung dem demokratischen

---

[50] Oben, S. 46ff., 105ff.

[51] So aber große Teile der Literatur (zuletzt deutlich bei *Ingo v. Münch*, Minister und Abgeordneter in einer Person: die andauernde Verhöhnung der Gewaltenteilung, NJW 1998, 34), die
über das Kaiserreich zu schreiben scheinen. Relativierend *Schmidt-Aßmann*, Allgemeines Verwaltungsrecht, 159. Man vergleiche nochmals die Feststellung eines Klassikers des parlamentarischen Systems: *Bagehot*, The English Constitution, 69: »*The English system, therefore, is not an
absorption of the executive power by the legislative power; it is a fusion of the two.*« English system
bezeichnet hier Strukturen, die denen von Art. 63 Abs. 1 GG entsprechen.

Repräsentationsorgan Bundestag zuzurechnen ist, Art. 77 Abs. 1 S. 1 GG. Dies als »Ratifikation« abzuwerten, heißt den informellen programmatischen Einfluß des Bundestags auf die ministeriale Entscheidungsvorbereitung zu ignorieren[52].

Unterstützt wird die Offenheit der politischen Willensbildung durch Inge- renzrechte[53] des Bundestags gegenüber der Bundesregierung, Art. 43 GG. Die Legislative soll sich auch über die Anwendungserfahrungen bereits erlassener Re- gelungen informieren können. Eine besondere Sicherung stellt schließlich die Einrichtung von Untersuchungsausschüssen dar. Die Feststellung des Bundes- verfassungsgerichts, Untersuchungsausschüsse dienten dem Ausgleich von Mehrheit und Minderheit[54], unterstreicht dies. Grenzen aus Art. 20 Abs. 2 S. 2 GG sind deswegen nur vorsichtig zu ziehen. Sie greifen insbesondere, wenn ein paralleles judikatives Verfahren, Art. 44 Abs. 4 S. 2 GG, die individuellen Rechte von Betroffenen nicht mehr garantieren kann, weil die spezifische gerichtliche Organleistung der Individualisierung des Konflikts durch die Politisierung des Prozeßmaterials gefährdet ist. Gegenüber der Regierung ist den Thematisie- rungs- und Einsichtsrechten nur eine Mißbrauchsgrenze zu ziehen, die vorberei- tende Akte der Exekutive schützt, also Handlungen, die noch nicht in eine Inter- organsphäre vordringen konnten.

Für die förmlichen, gesetzesvermittelten Beziehungen zwischen Regierung und Bundestag lassen sich aus Art. 20 Abs. 2 S. 2 GG Vorgaben entwickeln, die nach den Gesichtspunkten Verwaltungsorganisation, Verwaltungsverfahren und materielles Recht gegliedert werden können: Die übergreifende normative Vorga- be dazu liefert Art. 20 Abs. 3 GG, der die Gewaltengliederung weiter konkreti- siert, indem er die Exekutive ohne Ausnahme der Gesetzesbindung unterstellt.

Die Bedeutung der Organisationsstruktur für die vermittelnde Legitimations- leistung der Exekutive wurde oben verfassungstheoretisch begründet[55]. In die Rechtsordnung des Grundgesetzes lassen sich diese Einsichten integrieren. Grundsätzlich ist die Annahme einer gesetzesfesten »Organisationsgewalt« der Regierung, die dem Parlament den Zugriff auf die Ausgestaltung der Verwal- tungsorganisation verwehrt, weder verfassungstheoretisch zu rechtfertigen, noch dem Grundgesetz zu entnehmen. Die Bedeutung der Organisationsstruktur für die Legitimation der Exekutive, aber auch für die Verwirklichungschancen des materiellen Rechts, gestattet keinen Ausschluß des Gesetzgebers. Umgekehrt verurteilt die Abwesenheit organisationsrechtlicher Regeln die Exekutive nicht

---

[52] Oben, S. 197ff. Auch die Vorstellung, »echte« Gesetze müßten im Parlament technisch erar- beitet werden, entstammt dem Konstitutionalismus und ist einer parlamentarischen Demokratie nicht angemessen. Nachweise bei *Christoph Schönberger*, Die überholte Parlamentarisierung. Einflußgewinn und fehlende Herrschaftsfähigkeit des Reichstags im sich demokratisierenden Kaiserreich, HZ 272 (2001), 623.

[53] Oben, S. 180ff.

[54] BVerfGE 105, 197 (222).

[55] Oben, S. 112ff.

zur Untätigkeit. Wenn sie über einen materiellen gesetzlichen Auftrag verfügt, steht ihr in Abwesenheit organisationsgesetzlicher Regeln ein eigener Gestaltungsspielraum zu. Dieser ist nur dadurch begrenzt, daß sie aus eigener Macht keine Rechtssubjekte innerhalb der Exekutive schaffen kann. Denn die Kreation von Rechtssubjekten, als normative Bedingung der Möglichkeit einer eigenen institutionellen Willensbildung, obliegt der Legislative, die Rechtssphären zu schaffen und abzugrenzen hat. Dies ist die legitimationstheoretische Wurzel des institutionellen Gesetzesvorbehalts[56]. Entsprechend stellt Art. 86 S. 2 GG klar, daß der Gesetzgeber im Prinzip die Behördenorganisation ausgestalten kann, aber nicht muß. Das Problem stellt sich im Regelfall in einem parlamentarischen System auch nicht, und die Diskussion sollte sich vom konstitutionellen Gegensatz von Parlament und Regierung endlich lösen[57]. Anderes gilt für die Besetzung von Ämtern. Als ein konkretisierender Akt wird diese im Regelfall der exekutiven Spitze obliegen. Ein selbständiges Ernennungs- oder Verhinderungsrecht des Bundestages für Bundesbeamte schließt Art. 20 Abs. 2 S. 2 GG aus: Einerseits erweist sich die Präferenz des Grundgesetzes für exekutive Entscheidungen nämlich deutlich in Art. 64 Abs. 1 GG, der die Auswahl der Bundesminister von parlamentarischer Bestimmung freistellt, wie auch im Ernennungsrecht des Bundespräsidenten, Art. 60 Abs. 1 GG. Andererseits begründet Art. 20 Abs. 3 GG kein allgemeines parlamentarisches Beteiligungsrecht jenseits der Gesetzesform. Eine parlamentarische Ernennung unterer Beamter, die nur ausschnitthafte Verantwortung tragen, widerspricht der in der Hierarchie abgebildeten abgestuften Konkretisierungsaufgabe der Exekutive. Mitentscheidungsrechte bei Ernennungen sind deswegen verfassungsrechtlich insoweit bedenklich, wie sich die Ernannten in einem Verantwortungsverhältnis zu einem Minister befinden.

Beide Grundsätze, gesetzliches Zugriffsrecht und exekutive Personalhoheit, scheinen bei der Frage der – oben nicht eingehender untersuchten – Ressortverteilung der Bundesregierung in Konflikt zu geraten. Diese ist für die demokratische Willensbildung bedeutsam, weil sie festlegt, welche Interessen in den allgemeinen Ausgleich auf Kabinettsebene eingestellt werden und welche nicht. Das Recht des Bundeskanzlers zur Ministerernennung schließt aber eine gesetzliche Ausgestaltung der Kabinettsverteilung als grundsätzlicher Organisationsfrage nicht aus[58]. Die Besetzung von Ämtern mit Personen und die Einrichtung dieser Ämter lassen sich gut voneinander unterscheiden. Zudem ist die gesetzliche Zuweisung bestimmter Aufgaben zu einem bestimmten Ressort verfassungsrechtlich unbestrit-

---

[56] Oben, S. 117ff.

[57] Exemplarisch belegt ist dies in der Kritik von *Dietrich Jesch*, Rezension, AöR 85 (1961), 484 an *Böckenförde*, Organisationsgewalt. Zu den konstitutionellen Wurzeln auch *Hermann Butzer*, Zum Begriff der Organisationsgewalt, Die Verwaltung 27 (1994), 157 (158ff.).

[58] Wie hier *Georg Hermes*, in: Dreier, Grundgesetz, Art. 64, Rdnr. 18, m.w.N. auch zur Gegenmeinung.

tene Praxis. Die Einrichtung der Ressorts kann ohne Gesetz, aber sie könnte auch durch den Gesetzgeber geregelt werden.

Formalisierte organisatorische Verknüpfungen zwischen Bundestag und Exekutive erwecken aus Art. 20 Abs. 2 S. 2 GG verfassungsrechtliche Bedenken[59]. Die Besetzung von Kontrollgremien verselbständigter Verwaltungsfunktionen oder staatsabhängiger Unternehmen mit Mitgliedern des Bundestages ist verfassungsrechtlich zweifelhaft[60], weil die eigentliche Repräsentationsleistung des Bundestags dabei verloren geht. Demokratische Legitimation wird in solchen Fällen angemessener durch Regierungsvertreter gesichert, die in einem zur Kontrollaufgabe spezifischen Weisungs- und Ressortzusammenhang stehen. Auch hier erweist sich der Schluß von Art. 20 Abs. 2 S. 2 GG auf ein Gebot parlamentarischer Kontrolle als zu pauschal, denn die Kontrolle der Verwaltung selbst muß funktional angemessen ausgestaltet sein. Verknüpfungen zwischen Parlament und einzelnen Abgeordneten erscheinen im Rechtsvergleich mit den Vereinigten Staaten für das dortige System plausibler, in dem der Kongreß einerseits über die Vollzugsarbeit informiert sein muß, andererseits von der Exekutive institutionell viel stärker getrennt ist.

Eine verfassungsrechtliche Pflicht zur Regelung des Verwaltungsverfahrens aus Art. 20 Abs. 2 S. 2 GG besteht grundsätzlich nicht. Dem Gesetzgeber steht es frei, die Ausgestaltung des Verwaltungsverfahrens der Exekutive zu überlassen. Je individuellere und gegenwartsbezogenere Entscheidungen die Verwaltung aber trifft, und je enger die materiellen Entscheidungsmaßstäbe verrechtlicht sind, desto wahrscheinlicher ist es, daß subjektive Rechtspositionen der Adressaten des Verwaltungshandelns auch das Verwaltungsverfahren prägen. Dies führte auch im deutschen Recht zunächst zu einer richterrechtlichen Schöpfung von Verfahrensrechten beispielsweise auf Anhörung, Begründung und Akteneinsicht[61]. Am Maßstab der Gewaltengliederung erscheinen gesetzliche Regelungen, die das Verfahren für freiheitsrelevante exekutive Akte regeln, aber wünschenswerter. Die Anwendungsbeschränkungen des kodifizierten Verwaltungsverfahrensrechts auf sachlich relativ eng definierte Entscheidungen wie den Verwaltungsakt und den Planfeststellungsbeschluß, §§ 9, 72 VwVfG, sind vor diesem Hintergrund schlüssig.

Umgekehrt bietet sich eine Vergesetzlichung nicht in gleicher Weise für Verfahren an, die den Erlaß allgemeiner, zukunftsgerichteter und mit einem Gestaltungsspielraum versehener Vorschriften und Verordnungen vorbereiten[62]. Für diese ist das allgemeine demokratische Mandat der ministerialen Spitze die entscheidende funktionale Qualität. Weil Art. 80 Abs. 1 S. 1 GG den Erlaß von Rechtsverordnungen bei den Regierungen des Bundes und der Länder ansiedelt,

---

[59] Oben, S. 180ff.
[60] Dazu *Röhl*, Regierungsfunktionen, sub III.
[61] Oben, S. 117ff.
[62] Oben, S. 189ff.

also bei demokratisch gesamtverantwortlichen Organen, stünde ein begleitendes Verfahren, das betroffene Interessen formell einbezieht, dazu in Spannung. Gegen die verfahrensgesetzliche Regelung exekutiver Normsetzung sprechen zwei Einwände: Die Einbeziehung Betroffener filtert bestimmte Interessen aus einem Verfahren heraus, das seiner Anlage nach auf demokratische Allgemeinheit ausgerichtet ist. Zudem relativiert es die Fähigkeit der Exekutive zu flexibler und schneller Entscheidung, die gerade der entscheidende Vorteil gegenüber dem demokratisch repräsentativen Gesetzgebungsverfahren sein soll, der rechtfertigt, daß der Gesetzgeber nicht selbst entscheidet. Die Versteinerung (*ossification*) von exekutiven Normsetzungsverfahren ist nicht zufällig ein großes Thema des amerikanischen Verwaltungsrechts[63]. Die Zuordnung einer Entscheidung zur Regierung spricht für weite verfahrenstechnische Spielräume des Verordnungsgebers, nicht für ein Nachgesetzgebungsverfahren im Kleinen. Wird dagegen von der Möglichkeit der Weiterdelegation von Rechtsverordnungsbefugnissen, wie sie in Art. 80 Abs. 1 S. 4 GG vorgesehen ist, Gebrauch gemacht, so verlieren diese Argumente stufenweise ihr Gewicht. Diese ist vielmehr ein Indiz für eine geringere Reichweite des Regelungsgegenstands und damit auch für die Einführung von partizipativen Verfahren. Gleiches gilt für andere Formen der Verordnung, etwa nach Landespolizeirecht.

Die vom Gesetzgeber in neuerer Zeit vermehrt angeordnete Verrechtlichung von Verfahren der Verordnungsgebung kann als Mißtrauen des Parlaments vor dem eigenen Willensbildungsprozeß verstanden werden, dessen Legitimationsleistung nicht ausreichend erscheint. Solche Regelungen können aber auch ein Indiz dafür sein, daß die Form der Verordnung für die Art der getroffenen Entscheidung nicht angemessen ist. Art. 20 Abs. 2 S. 2 GG gebietet, die Rechtsformwahl rechtsschutz- und verfahrensangemessen auszugestalten[64], also beispielsweise für räumlich und sachlich definierte Projekte nicht die Rechtsverordnungsform, sondern ein enger interessenintegrierendes Verfahren durch Planfeststellung, gemeindliche Satzung oder Allgemeinverfügung vorzusehen[65]. Auch die dogmatische Reichweite der im Grundgesetz angelegten Unterscheidung zwischen Rechtsverordnung und Verwaltungsvorschrift ist vor diesem Hintergrund zu überdenken. Die eine Vielzahl von Rechtssubjekten mittelbar betreffenden Verwaltungsvorschriften bedürfen wegen dieser Wirkung wie Rechtsverordnungen regelmäßig der Veröffentlichung. Andererseits erscheint die Einrichtung von »Nebenrepräsentationsverfahren« auch für Verwaltungsvorschriften nicht immer geeignet.

---

[63]   Oben, S. 189 ff.
[64]   Vgl. zurückhaltend BVerfGE 106, 275 (307 f.) zur Wahl der Allgemeinverfügung zur Festbetragsfestsetzung.
[65]   Oben, S. 163 ff.

Eine verfassungsrechtlich bedenklichere Form der Verfahrensausgestaltung
stellt die Beteiligung des Bundestags am Rechtsverordnungserlaß dar[66]. Die mit
einem bestimmten Grad an Allgemeinheit getroffene gesetzliche Entscheidung
wird in dieser Konstellation erst angesichts der in der Verordnung enthaltenen
exekutiven Konkretisierungsleistung durch ein Veto oder durch eine Abänderung
weiter spezifiziert. Hierin liegt kein Legitimationsgewinn, weil der Bundestag
diese Konkretisierungsleistung wieder in ein politisches Verfahren zurücküberführt und seine eigene generelle Entscheidung ad hoc, für einen nicht vorgesehenen Spezialfall, relativiert. Bedenkt man zudem, daß Art. 80 GG die Verfahrensbeteiligten eingehend und deshalb wohl abschließend regelt, so spricht dies dafür,
die Beteiligung des Bundestages an der Verordnungsgebung als Verstoß gegen
Art. 20 Abs. 2 S. 2 GG einzustufen. Auch hier erweist sich der Gedanke der parlamentarischen Kontrolle als zu unscharf. Die Freiheitsbedrohungen, die von solchen Verfahren ausgehen können, werden an der amerikanischen Praxis augenscheinlich[67].

Exekutive Rechtsetzung ist keine Durchbrechung der grundgesetzlichen Gewaltengliederung[68], sondern in der Arbeitsteilung von Legislative und Exekutive
von vornherein angelegt. Hinsichtlich des materiellen Rechts liefert das Grundgesetz mit dem allgemeinen Vorbehalt des Gesetzes, den speziellen Gesetzesvorbehalten und den rechtsformbezogenen Vorgaben in Art. 80 Abs. 1 S. 2 GG verschiedene Maßstäbe für das Verhältnis von Legislative und Exekutive, die sich als
praktisch schwer systematisierbar erwiesen haben[69]. Das hier vertretene Verständnis der Gewaltengliederung begründet Bedenken gegen abstrakt formulierte Grenzen der gesetzgeberischen Ausgestaltungsbefugnis exekutiven Handelns.
Im Prinzip ist die Frage, welche Spielräume die Exekutive bei der Verwirklichung
des gesetzlichen Programms haben soll, vom Gesetzgeber selbst zu entscheiden,
nicht von verfassungsauslegenden Gerichten. Demokratische Willensbildung beschränkt sich nicht auf die Bestimmung von Zielen, sondern auch auf die gleichfalls oft umstrittenen Mittel zu ihrer Verwirklichung. Umgekehrt können Gerichte abstrakte Delegationsgrenzen schwer konsistent konkretisieren. Auch
wenn diese Überlegungen die verfassungsrechtliche Vorgabe des Art. 80 Abs. 1.
S. 2 GG nicht überspielen können, beschreiben sie keineswegs einen normativ fol-
genlosen Zusammenhang. Dieser hinterläßt vielmehr Spuren in der Rechtsprechung des Bundesverfassungsgerichts, die mit der Wesentlichkeitstheorie zu einer
Materialisierung der Maßstäbe auf der Grundlage besser justitiabler Vorgaben,
insbesondere der grundrechtlich geprägten Freiheitssphären, geführt hat und
auch Art. 80 Abs. 1 S. 2 GG in einer – allerdings uneinheitlichen Rechtsprechung –

---

[66] Oben, S. 197 ff.
[67] Oben, S. 189 ff.
[68] Vgl. zu dieser weiterhin verbreiteten Aussage nur *Rauschning*, Das parlamentarische Regierungssystem, 228, m.w.N. aus der Rechsprechung, etwa BVerfGE 18, 52 (59).
[69] Oben, S. 180 ff.

häufig nur im Kontext materieller Vorgaben auslegt. Ein gleiches Phänomen zeigt sich an der Auslegung der *nondelegation doctrine* durch den Supreme Court. Wenn der demokratische Gesetzesvorbehalt das »Ob« des Gesetzes gebietet[70], so gebietet der rechtsstaatliche über das »Wie«, insbesondere durch die geschützten Erwartungen subjektiver Rechtsträger. Die Reichweite des demokratischen Gesetzesvorbehalts ist dagegen mit dem Erlaß eines – verfahrensmäßig untadeligen – Gesetzes abgegolten und enthält keine weiteren Vorgaben für dessen Inhalt. Die viel gescholtene Rechtsprechung des Bundesverfassungsgericht erweist sich somit als folgerichtig, wenn sie inhaltliche Aufgaben des Gesetzgebers aus der Pflicht zur Ausgestaltung von grundrechtlich vorgeprägten Freiheitssphären zwischen Staat und Privaten, aber auch zwischen Privaten herleitet.

b) Zum Verhältnis Exekutive – Judikative

Die Kontrolle exekutiver Akte verläuft entlang der gesetzlichen Ausgestaltung des Prozeßrechts und der gesetzlichen Maßstabsetzung für die Exekutive. Welche Grenzen zieht die Gewaltengliederung und welche Formen der Ausgestaltung legt sie nahe? Art. 20 Abs. 2 S. 2 GG steht einer breiten Ausgestaltung der Klagebefugnis nicht entgegen, die auch materiell Nichtbetroffenen das Recht auf Veranlassung einer gerichtlichen Kontrolle des Verwaltungshandelns verleiht[71]. Die Legislative ist in der Zuweisung subjektiver Rechte allenfalls negativ durch die Grundrechte begrenzt. Allerdings gebietet die Gewaltengliederung, daß sich die individuellen Klagepositionen an einer entsprechenden Position im Verwaltungsverfahren orientieren müssen, so etwa § 61 BNatSchG. Andernfalls sähe sich die Exekutive ex post mit Interessen konfrontiert, die sie bei der Entscheidungsfindung nicht einzubeziehen verpflichtet war.

Auch die Bestimmung der Reichweite der gerichtlichen Kontrolle des exekutiven Handelns obliegt zunächst dem Gesetzgeber[72]. Eine eingeschränkte Kontrolldichte ist die Kehrseite der Maßstabsvielfalt, der sich die Exekutive bedienen kann und soll. Art. 20 Abs. 2 S. 2 GG zieht keine Grenze, die über Art. 19 Abs. 4 GG hinausginge. Umgekehrt verdeutlicht Art. 20 Abs. 2 S. 2 GG, daß Art. 19 Abs. 4 GG keine Vollüberprüfung jedes exekutiven Handelns gebietet. Die Rechtsprechung ist nicht zu einer umfassenden Nachbearbeitung exekutiver Entscheidungen geeignet. Denn wenn die in Art. 20 Abs. 2 S. 2 GG vorgesehene funktionale Arbeitsteilung sinnvoll verwirklicht werden soll, müssen die Entscheidungsmaßstäbe und Entscheidungstechniken beider Gewalten vom Gesetzgeber auch unterschiedlich eingerichtet werden.

Für die Abgrenzung zwischen exekutiven und judikativen Verfahren bestehen fein austarierte gesetzliche Regelungen und eine reichhaltige Rechtsprechung, in

---

[70] Oben, S. 189 ff.
[71] Oben, S. 157 ff.
[72] Oben, S. 163 ff.

die mit grundsätzlichen Überlegungen zur Gewaltengliederung nur zurückhaltend eingegriffen werden darf: Regelungen, die die Gerichte zu permanenten Moderatoren des Verwaltungshandelns machen, die das Verwaltungsverfahren begleiten, ohne abschließend zu entscheiden, berühren Grenzen der grundgesetzlichen Gewaltengliederung. In solchen Konstellationen kann sich der individuelle Betroffene einer permanent im Wandel befindlichen staatlichen Rechtfertigung für seine Freiheitsbeschränkung gegenübersehen. Gefahren in diese Richtung zeichnen sich in der prozessualen Beschleunigungsdiskussion ab. Das Gericht wirkt weniger als Institution, die auf der Grundlage rechtlicher Maßstäbe in Distanz zur Verwaltung agiert, denn als ein Kooperationspartner, der der Exekutive Begründungsanregungen gibt. Diese verfassungsrechtliche Forderung kann sich freilich nur behutsam Geltung verschaffen, wenn die Auslegung verwaltungsprozessualer Regelungen Spielräume läßt. So legt Art. 20 Abs. 2 S. 2 GG für § 114 S. 2 VwGO eine enge prozessuale Auslegung nahe[73].

Eine komplementäre Frage stellt sich, wenn die gerichtliche Überprüfung einer verfahrensabschließenden Entscheidung der Exekutive zuvorkommt, also in Fällen des vorläufigen Rechtsschutzes. Art. 20 Abs. 2 S. 2 GG kann dem vorläufigen Verwaltungsrechtsschutz dabei kaum Grenzen ziehen. Dies ist aber nicht deswegen der Fall, weil das Grundgesetz ein Konzept der Gewaltentrennung fordert, das mit Rechtsschutzbelangen schwer zu vereinbaren ist[74]. Vielmehr haben beide am einstweiligen Rechtsschutz beteiligte und sich im Einzelfall widerstreitende Gewalten – Exekutive und Judikative – einen aus der Gewaltengliederung herzuleitenden normativen Gesichtspunkt auf ihrer Seite: Einerseits schützt Art. 20 Abs. 2 S. 2 GG einen eigenständigen förmlich abzuschließenden Konkretisierungsbeitrag der Exekutive. Andererseits würde eine irreversible Beeinträchtigung des Antragstellers[75] die Judikative der Möglichkeit berauben, ihre legitimationsstiftende Aufgabe zu erfüllen und individuelle Selbstbestimmung zu ermöglichen. Auf Seiten der Judikative steht in diesen Fällen aber der direktere Legitimationszusammenhang. Konkret: Die Selbstbestimmung des Klägers ist dem Einzelfall näher als der demokratisch legitimierte Wille der Exekutive. Deswegen ist es folgerichtig, daß sich die Intensität des judikativen Zugriffsrechts auf das exekutive Entscheidungsgefüge aus der Schutzwürdigkeit der individuellen Rechtsposition ergibt.

---

[73] Zum Diskussionsstand: *Wolf-Rüdiger Schenke*, in: Kopp/Schenke, VwGO, 13. Aufl. 2003, Rdnr. 49. Zum Problem grundsätzlich: *Axel Tschentscher*, Indienstnahme der Gerichte für die Effizienz der Verwaltung, in: M. Demel u.a. (Hrsg.), Funktionen und Kontrolle der Gewalten, 2001, 165 (174ff.).

[74] Diese Tendenz aber bei *Friedrich Schoch*, Vorläufiger Rechtsschutz und Risikoverteilung, 1988, 1037ff.

[75] Zu diesem zentralen zeitlichen Kriterium *Friedrich Schoch*, in: Schoch/Schmidt-Aßmann/Pietzner, Verwaltungsgerichtsordnung, § 123, Rdnr. 10, m.w.N.

6. Das Bundesverfassungsgericht in der Gewaltengliederung

Das Grundgesetz bindet das Bundesverfassungsgericht ausdrücklich in die Gewaltengliederung ein, Art. 20 Abs. 2 S. 2, 92, 2. Hs. GG, und weist ihm zugleich Kompetenzen zu, die über diese hinausgehen: Ein auf die Individualisierung von Rechtsfragen eingerichtetes reaktives gerichtliches Verfahren kann Recht mit legislativer Wirkung erzeugen. Dieser Widerspruch bereitet für die staatsorganisationsrechtlichen Verfahren, wie Art. 93 Abs. 1 Nr. 1 GG, geringe Probleme. Ihre Aufgabe liegt im Schutz des demokratischen Anspruchs des Gesetzgebers, der sich nur durch die Einhaltung von repräsentationssichernden Regeln einlösen läßt[76].

Problematisch erscheint dagegen eine zu weitgehende Rechtsprechung zu den Grundrechten, die im Namen des Schutzes individueller Selbstbestimmung den demokratischen Gesetzgeber einengt. Plastisch wird dies bei den objektiven Grundrechtsdimensionen, insbesondere bei grundrechtlichen Schutzpflichten. Die durch die Gewaltengliederung vorgegebene zeitliche Abfolge wird durch verfassungsgerichtliche Gesetzgebungsaufträge zu gesetzlichen Regelungen umgekehrt. Die demokratischer Legitimation bedürftige Initiative zu einem politischen Willensbildungsprozeß wird in einem nicht-repräsentativen Verfahren geleistet[77].

Art. 20 Abs. 2 S. 2 GG, 92, 2. Hs. GG gebieten deswegen einen ausdrücklichen gesetzlichen Ausgleich zwischen der Eingliederung des Gerichts in die Gewaltengliederung und seinem materiellem Auftrag zur Durchsetzung des Verfassungsrechts, der insbesondere für das Prozeßrecht der Verfassungsbeschwerde von Bedeutung ist. Denn in dieser Verfahrensart bezieht das Gericht die Legitimation für seine Entscheidungsmacht aus dem individuellen Schutzersuchen des Beschwerdeführers. Gesetzlich nicht vorgesehene Abweichungen des Gerichts von seiner Rechtsprechungsfunktion sprengen selbst den weiten Rahmen des Art. 20 Abs. 2 S. 2 GG. Hieraus ergeben sich auch Grenzen der augenblicklichen verfassungsgerichtlichen Praxis: Dem Bundesverfassungsgericht kommt keine Verfahrensautonomie zu. Entscheidungen in der Hauptsache oder im vorläufigen Rechtsschutz ohne Vorliegen eines Antrags, ohne Zulässigkeitsprüfung oder verfahrensgesetzlich nicht vorgesehene Verpflichtungen des Gesetzgebers sind mit der grundgesetzlich angeordneten Gerichtseigenschaft des Bundesverfassungsgerichts unvereinbar. Umgekehrt hat der Gesetzgeber das Prozeßrecht eingehend zu regeln, Art. 94 Abs. 2 S. 1 GG[78].

Das Verhältnis zu den Fachgerichten wird von der Gewaltengliederung kaum betroffen. Eine bestimmte materielle Gesetzesauslegung durch ein Fachgericht kann als solche keinen Verstoß gegen Art. 20 Abs. 2 S. 2 GG begründen. Auch im

---

[76] Oben, S. 136 ff.
[77] Oben, S. 145 ff.
[78] Oben, S. 145 ff.

Fall eines verfehlten Verständnisses des materiellen Rechts arbeitet ein Gericht in rechtsprechender Funktion, somit in Übereinstimmung mit Art. 20 Abs. 2 S. 2 GG. Aus diesem Grund eröffnet eine besonders weitgehende oder unübliche Auslegung des Gesetzesrechts jedenfalls aus der Gewaltengliederung keine verfassungsgerichtliche Überprüfungbefugnis[79].

7. Bundesstaatlichkeit als Element der grundgesetzlichen Gewaltengliederung?

Die Wirkungen des Bundesstaatsprinzips als Teil der »vertikalen Gewaltenteilung« sind in der verfassungsrechtlichen Literatur ein Gemeinplatz[80]. Sie werden vom Bundesverfassungsgericht auch in der neuesten Rechtsprechung anerkannt[81]. Dahinter ist die Vorstellung erkennbar, daß eine Pluralisierung von Hoheitsträgern und Legitimationsprozeduren auch zu einer Vervielfachung von Sicherungen gegenüber dem Hoheitsträger führt. Der positive Zusammenhang zwischen bundesstaatlicher Gliederung und Gewaltenteilung beruht also auf einer rechtsstaatlich inspirierten Konzeption der Gewaltensicherung, seltener auch auf der demokratisch inspirierten Vorstellung der Teilhabevervielfältigung.

Auf Grundlage des hier entwickelten Verständnisses von Art. 20 Abs. 2 S. 2 GG stellt sich dessen Beziehung zur Bundesstaatlichkeit jedoch anders dar. Zunächst verfügen Bund und Länder über eine je eigene Gewaltengliederung, die durch Art. 28 Abs. 1 S. 1 GG teilweise vereinheitlicht sind[82]. Mit dieser Doppelung ist aber über eine Intensivierung der Gewaltengliederung in einem normativen Sinn keine Aussage getroffen. Die Vervielfachung demokratischer Teilhabe kann ebenso zu einem Mehr wie zu einem Weniger an wirksamen Partizipationsmöglichkeiten führen, je nachdem, wie die föderalen Ebenen miteinander verknüpft sind und welche Regeln gelten, wenn föderale Ebenen im Widerspruch zueinander entscheiden. Normativ wird die Zuordnungsleistung der Gewaltengliederung von der föderalen Vervielfachung der Ebenen weder positiv noch negativ berührt, sonst wäre das Ideal der Gewaltengliederung eine möglichst weitgehende Vervielfachung dreigegliederter Regelungsebenen. Ähnlich wie bei der Wahl zwischen einem monistisch legitimierten parlamentarischen und einem dualistisch legitimierten Präsidialsystem liefert das Gewaltenteilungsprinzip für die Zahl der föderalen demokratischen Legitimationssubjekte keine Vorgaben. Es bleibt indiffe-

---

[79] Anders die Rechtsprechung des Bundesverfassungsgerichts: BVerfGE 9, 89 (101); 34, 269 (285f.); 96, 375 (394); NJW 2002, 3635 (3636). Oben, S. 98ff.

[80] Grundlegend *Hesse*, Bundesstaat, 116ff.

[81] Neuestens in BVerfGE 104, 249 (279): » (D)ie auch der Freiheitswahrung der Bürger dienende vertikale Gewaltenteilung...« (abw. Meinung Di Fabio, Mellinghoff). BVerfGE 108, 169 (181).

[82] Die Inkorporierung der Gewaltengliederung in das Homogenitätsgebot ist dem Wortlaut nicht zu entnehmen, gleichwohl unbestritten. BVerfGE 2, 307 (319). *Horst Dreier*, in: Dreier, Art. 28, Rdnr. 60, m. w. N.

rent. Ein echter normativer Zusammenhang ergibt sich erst, wenn die Verbindung zwischen den föderalen Ebenen Rückwirkungen auf die jeweilige Gewaltengliederung des Bundes und der Länder nimmt.

Spezifische Verbindungen zwischen den Ebenen, die Einfluß auf die Gewaltengliederung nehmen, finden sich im Grundgesetz – jenseits von Finanzfragen – in der Anordnung des regelmäßigen Vollzugs der Bundesgesetze durch die Länder, Art. 83 GG, und in der Beteiligung des Bundesrats an der Bundesgesetzgebung, Art. 84 Abs. 1, 85 Abs. 1 GG. Beide Regelungen sind zwar kraft grundgesetzlicher Anordnung über jeden verfassungsrechtlichen Zweifel erhaben, fügen sich aber kaum in das System der grundgesetzlichen Gewaltengliederung und können jedenfalls nicht als Verstärkung derselben verstanden werden: Mit der Bundesratsbeteiligung wird ein Organ an der Gesetzgebung des Bundes beteiligt, das nicht nach den Maßstäben demokratischer Gleichheit in Bezug auf das Bundesvolk besetzt ist, Art. 51 Abs. 2, 3 GG, das nicht öffentlich tagen muß, Art. 52 Abs. 3 S. 4 GG, und dessen demokratische Verantwortlichkeit nicht mit Organzugehörigkeit zur Bundesebene und dem gleichfalls auf den Bund bezogenen Gesetzgebungsakt zusammenfällt. Die gesetzgebende Gewalt wird dadurch einem parlamentarischen Verfahren teilweise entzogen. Durch eine verschränkte Vollzugsstruktur wird die parlamentarische Verantwortung der Vollzugsorgane den Gesetzgebungsorganen der Länder zugewiesen, die gerade nicht für den Erlaß der vollzogenen Gesetze zuständig sind[83]. Eine parlamentarische Beobachtung des Vollzugs durch den zuständigen Gesetzgeber ist erschwert. Schließlich führt das Auseinanderfallen der Vollzugsstruktur zum Entstehen informaler intergouvernementaler Gremien, die Gesetzgebungsvorhaben der Länder mit faktischer Bindungswirkung vorbereiten[84]. Die zwischen Landtag und Landesregierung entstehende politische Willensbildung ist dadurch intergouvernemental vorgeprägt. Die Landtage agieren deshalb nicht selten wie der Bundestag in auswärtigen Angelegenheiten als reine Ratifikationsorgane.

Für die Auslegung der bundesstaatlichen Kompetenzordnung ist eine Bestimmung der ausgeübten Gewalt erforderlich, Art. 70, 83 GG. Die Gesetzgebungskompetenz des Bundes gibt aber nicht nur dem Bundestag die Kompetenz zum Gesetzesbeschluß, sondern eröffnet auch anderen Bundesorganen den gesamten Raum demokratischer Willensbildung, der jedem Gesetzesbeschluß vorausgeht. Aus diesem Grund stehen verbandskompetenzielle Einwände dem Abschluß gesetzesvertretender Vereinbarungen durch die Bundesregierung nicht entgegen[85].

Im Ergebnis steht das Bundesstaatsprinzip nicht in einer ähnlich stimmigen systematischen Konvergenz zur Gewaltengliederung wie Rechtsstaats- und Demo-

---

[83] Oben, S. 344 ff.
[84] Oben, S. 357.
[85] BVerfGE 104, 249 (264 ff.) verweist mit Blick auf die Vereinbarungen zum Ausstieg aus der friedlichen Nutzung der Kernenergie allein auf die Reichweite der Verwaltungskompetenz in Art. 85 GG.

kratieprinzip, sondern erweist sich als dessen grundgesetzlich angeordnete Relativierung. Für die praktische Anwendung der Normen hat dies nur am Rand spürbare Konsequenzen, die sich aber immerhin in der Rechtsprechung des Bundesverfassungsgerichts in solchen Fällen bemerkbar machen, in denen die Auslegung des Beteiligungserfordernisses nach Art. 84 Abs. 1 GG oder die Reichweite der gliedstaatlichen Vollzugsautonomie nach Art. 83 GG nicht eindeutig bestimmbar ist. Hier greift das Gericht zur Konkretisierung auch auf grundsätzliche Rechtfertigungsargumente aus dem Kanon des Art. 20 GG zurück[86]. Das hier entwickelte Verständnis der Gewaltengliederung des Grundgesetzes spricht dabei eindeutig für eine Engführung der Bundesratsbeteiligung und gegen eine Zurückdrängung des bundeseigenen Vollzugs von Bundesgesetzen.

8. Auswärtige Gewalt

Das Gewaltengefüge des Grundgesetzes ist zunächst auf inneres Handeln eingerichtet[87]. Für diplomatisches Handeln, das keine völkerrechtlichen Bindungen erzeugt, kann eine gemeinsame, auch durch die politischen Parteien vermittelte Willensbildung des Parlaments aber auch ex ante Einfluß auf die Regierung nehmen. Bei rechtsförmigen Bindungen, insbesondere beim Abschluß völkerrechtlicher Verträge dagegen verschiebt sich das Gewaltengefüge dadurch, daß die politische Willensbildung bereits in einer irreversiblen Weise vorgeprägt ist, wenn der Bundestag an der Entscheidung beteiligt wird. Es besteht kein Raum für eine zukunftsoffene parlamentarische Willensbildung, die Konkretisierungsabfolge zwischen Parlament und Regierung wird umgekehrt. Die auf intergouvernementaler Ebene entstandenen völkerrechtlichen Vorverpflichtungen hemmen auch die gerichtliche Kontrolle, die sich gleichfalls nicht über Vorbindungen hinwegsetzen kann, ohne zu einem Konflikt zwischen staatlichem und überstaatlichem Recht zu führen. Im Ergebnis erzeugt dies eine Relativierung der legislativen Maßstabsetzung und der gerichtlichen Überprüfung auswärtiger Gewalt. Rechtsförmiges auswärtiges Handeln ist am Maßstab der Gewaltengliederung defizient.

Die zentrale Regelung der Beziehungen zwischen Bundesregierung und Bundestag in auswärtigen Angelegenheiten enthält Art. 59 Abs. 2 S. 1 GG. In der Rechtsprechung des Bundesverfassungsgerichts wird diese Norm gleich zweifach enggeführt. Sie wird als eine Grenze der parlamentarischen Beteiligungsrechte verstanden, deren erweitertes Verständnis in den Kernbereich der Exekutive ein-

---

[86] Vgl. aus der älteren Rechtsprechung den Topos der föderalen Systemverschiebung zur Rechtfertigung des Zustimmungserfordernisses BVerfGE 37, 363 (379f.), 55, 274 (319f.); 75, 108 (150). Zur Kritik hinsichtlich der Frage, worin das zu schützende »System« eigentlich besteht: *Lerche*, Stil und Methode verfassungsrechtlicher Entscheidungspraxis, 354f. Wie hier unter Berufung auf die Gewaltenteilung: BVerfGE 55, 274 (334), (abw. Meinung Rottmann).
[87] Oben, S. 359ff.

greifen würde[88]. Zudem wird sie auf die formelle Änderung völkerrechtlicher Verträge beschränkt, findet also bei der Weiterentwicklung einer Völkerrechtsordnung unterhalb der Vertragsebene keine Anwendung[89]. Diese Sicht begegnet Bedenken[90]. Zunächst ist nicht klar, warum das ausdrücklich gesicherte Recht des Bundestags in Art. 59 Abs. 1 S. 2 GG als eine Obergrenze seiner Beteiligungsmöglichkeiten zu verstehen ist. Dies fügt sich nicht in die allgemeine, vom Bundesverfassungsgericht entwickelte Dogmatik des Parlamentsvorbehalts im Verhältnis zu geschriebenen Vorbehalten. Grundsätzlich gilt auch hier, daß der Bundestag politische Vorgaben entwickeln kann, soweit sie durch das Grundgesetz nicht ausdrücklich begrenzt sind. Auch die Anknüpfung von Art. 59 Abs. 2 S. 1 GG allein an den formellen Abschluß oder die Veränderung eines völkerrechtlichen Vertrags entspricht nicht der ansonsten zu erkennenden Materialisierung des Parlamentsvorbehalts. Zudem wird sie der wachsenden Bedeutung auswärtiger Beziehungen und der Verselbständigung völkerrechtlicher Rechtserzeugung durch internationale Organisationen nicht gerecht. Wie in der allgemeinen Wesentlichkeitslehre muß sich der Anknüpfungspunkt der Parlamentsbeteiligung an den Folgen von Regierungsentscheidungen für die gesellschaftliche Freiheitsverteilung orientieren, die sich insbesondere aus den Grundrechten ergibt. Für die Strukturierung parlamentarischer Beteiligung gibt Art. 23 Abs. 3 GG zudem ein verallgemeinerbares Modell vor, das der Bundestag im Prinzip auch für andere völkerrechtliche Regime per Gesetz einrichten könnte. Für die gerichtliche Kontrolle auswärtiger Beziehungen würde sich weiterhin eine Gutachtenkompetenz des Bundesverfassungsgerichts als eine Anpassung an die modifizierte Entscheidungssequenz anbieten[91].

9. Änderungsgrenzen: Art 79 Abs. 3 GG

Nur mit Zurückhaltung sollte ein änderungsfester Regelungsbereich von Art. 20 Abs. 2 S. 2 GG bestimmt werden. Hierzu ist auf die legitimationstheoretische Grundlage von Art. 20 Abs. 2 S. 2 GG zurückzukommen. Die Gewaltengliederung dient der organisatorischen Verwirklichung der durch das Grundgesetz anerkannten Personalität seiner Staatsbürger als selbstbestimmte Individuen für sich und innerhalb eines demokratischen Selbstbestimmungszusammenhangs. Herausgehobener Schutz kommt einem elementaren Minimum an hoheitlicher Anerkennung individueller Selbstbestimmung zu, das dem Rechtsverweigerungsverbot entspricht. Art. 79 Abs. 3 GG i.V.m Art. 20 Abs. 2 S. 2 GG schützt also ein vom demokratischen Prozeß verselbständigtes Verfahren der Anerkennung individueller Freiheit, also die Einrichtung einer unabhängigen Gerichts-

---

[88] BVerfGE 68, 1 (86f.).
[89] BVerfGE 104, 151 (194ff.).
[90] Oben, S. 369ff.
[91] Oben, S. 376.

barkeit, die nach Rechtsmaßstäben entscheidet[92]. Auf der anderen Seite schützt
dieser Normzusammenhang die Bedingung der Möglichkeit demokratischer
Selbstbestimmung, die Einrichtung eines Repräsentationsorgans, das nach Kriterien gleicher Freiheit durch die Staatsbürger kreiert wird. Diesem Organ muß die
Befugnis zur Gesetzgebung im Sinne des Erlasses allgemeiner Regeln, die die
Freiheitssphären der Bürger untereinander und gegenüber dem Hoheitsträger definieren[93], zustehen.

10. Fazit

Die Gewaltengliederung des Art. 20 Abs. 2 S. 2 GG bietet eher ein Reservoir an
Argumenten für Rechtsfolgen als ein Reservoir an Rechtsfolgen. Damit sind seine
verfassungsrechtlichen Wirkungen weniger direkt als die des Rechtsstaats- und
des Demokratieprinzips, weniger rechtsfolgenintensiv, dafür aber umfassender
und systematisch ergiebiger. Wenn man die Einsicht, daß Einfachheit, Genauig-
keit und Allgemeinheit einer wissenschaftlichen Erklärung nur auf Kosten des jeweils anderen zu haben sind[94], auf Normen ummünzt, so liefert Art. 20 Abs. 2 S. 2
GG eher einen allgemeinen als einen einfachen oder trennscharfen Regelungsgehalt. Doch vermag diese Allgemeinheit widerstrebende Prinzipien des Grundgesetzes in einen einheitlichen begrifflichen Rahmen zu überführen und damit zum
Gesamtverständnis der Verfassung beizutragen. Zugleich unterstreicht die
Durchdringung der grundgesetzlichen Gewaltengliederung die Bedeutung von
Verfahrens- und Organisationsregeln gerade für das öffentlichen Recht. Jeder organisierte Handlungszusammenhang unternimmt den Versuch, die Qualität von
Entscheidungen indirekt durch die Gestaltung der Entscheidungsvorbereitung
und die Auswahl des Entscheidungsorgans zu sichern. Solchen Kontexten der
Entscheidungsfindung darf – gerade angesichts einer überbordenden Grundrechtsdogmatik – kein geringerer Einfluß auf die Entscheidungssicherung zugedacht werden als materiellen Kriterien, deren Verständnis nicht zuletzt von den
prozeduralen Umständen abhängt, in denen sie interpretiert werden.

Der Grad an Allgemeinheit, der der Gewaltengliederung zueigen ist, macht sie
zugleich zu einem besonders geeigneten Gegenstand der Rechtsvergleichung.
Läßt sich die Organisationsstruktur des Grundgesetzes auf einen Grundgedanken – die Gleichberechtigung und den Antagonismus zwischen individueller und
demokratischer Selbstbestimmung – zurückführen, so kann sich dieser Gedanke
auch zur Entwicklung rechtsordnungsübergreifender Strukturen eignen.

---

[92] Oben, S. 41 ff. Anders: BVerfGE 30, 1 (27 f.).
[93] Oben, S. 46 ff.
[94] *Karl E. Weick*, Der Prozeß des Organisierens, 1985, 54 ff.

§ 10 Rechtsvergleich:
Gewaltengliederung als Gemeinverfassungsrecht

1. Gemeinverfassungsrecht demokratischer Hoheitsträger: Anliegen und Methode

Rechtsvergleich mit einem übergreifenden normativen Anspruch hat zwei Bedingungen zu erfüllen: Er muß abstrakt genug ansetzen, um eine Vielzahl von Rechtsordnungen erfassen zu können, und er muß sich auf einen Geltungsgrund zurückführen lassen, der den untersuchten Rechtsordnungen gemein ist[1]. Finden sich solche Bedingungen für bestimmte Rechtsinstitute, so läßt sich von Elementen eines *Gemeinverfassungsrechts* sprechen[2]. Zu einem Gemeinverfassungsrecht gehören demnach normative Institute mit einem strukturähnlichen Gehalt, die in verschiedenen nationalen, aber auch übernationalen Rechtsordnungen in Erscheinung treten. Die Entwicklung solcher gemeinsamer Institute ist eine Aufgabe der Rechtswissenschaft. Dabei ist die Erkenntnis von Strukturähnlichkeiten nicht mit einer auch nur teilweisen Identität der verglichenen Rechtsordnungen gleichzusetzen. Diese Vorstellung ist schon deswegen verfehlt, weil Institute wie Demokratie, Rechtsstaatlichkeit oder auch öffentlicher Dienst innerhalb verschiedener Rechtsordnungen einerseits umstritten, andererseits einer beständigen Fortentwicklung unterworfen sind, ihre »Identität« also in keinem Fall unterstellt werden kann. Statt einer Festschreibung von identischen Elementen geht es bei der Begründung eines Gemeinverfassungsrechts darum, über verschiedene Rechtsordnungen hinweg homogene Probleme zu definieren, die es gestatten, Argumente zu ihrer Lösung miteinander zu vergleichen und zu übernehmen. Als Möglichkeit, solche Probleme aufzufinden und zu spezifizieren, wurde in dieser Untersuchung ein legitimationstheoretischer Ansatz gewählt, der die überlieferte Methode der funktionalen Rechtsvergleichung theoretisch ergänzt[3]. Unter dieser Voraussetzung geht es der vorliegenden Untersuchung um ein *Gemeinverfassungsrecht demokratischer Hoheitsträger auf nationaler und übernationaler Ebene*. Die Durchführung eines solchen verfassungstheoretisch geleiteten Ansatzes

---

[1] Oben, S. 7 ff.
[2] Der Ausdruck ist eine terminologische Fortführung des Ansatzes eines »Gemeineuropäischen Verfassungsrechts« von Peter Häberle: *Peter Häberle*, Europäische Verfassungslehre, 2001/2002, 110 ff. m. w. N., steht freilich auf einer völlig anderen methodischen Grundlage.
[3] Oben, S. 15 ff.

kann freilich nicht rein deduktiv vorgehen. Vielmehr sind normativ hergeleitete Bausteine rechtsvergleichend zu erproben, um die Brauchbarkeit des gewählten Ansatzes zu dokumentieren. So wie sich innerhalb verschiedener Rechtsordnungen verschiedene Meinungen zu Rechtsinstituten finden, wird auch die theoriegeleitete Begründung eines Gemeinverfassungsrechts zu einer Konkurrenz verschiedener Beschreibungsansätze führen.

Die entwickelten Bausteine eines Gemeinverfassungsrechts können grundsätzlich keinen Anspruch auf Geltung innerhalb der verglichenen Rechtsordnungen erheben. Sie sind Ergebnis einer rechtswissenschaftlichen Begründungsleistung, nicht durch das positive Recht angeordnet. Jedoch sieht sich jede kategoriale Unterscheidung zwischen geltendem positiven Recht und Verfassungstheorie relativiert: Rechtsordnungen können sich darauf beschränken, bestimmte »Theorie-Elemente«[4] – etwa Demokratie oder Gewaltengliederung – anzuordnen und die Konkretisierung dieser Elemente einem argumentativen Prozeß zwischen Gesetzgebung, Rechtsprechung und Rechtswissenschaft zu überlassen, in den auch verfassungstheoretische und rechtsvergleichende Überlegungen Eingang finden. Entdeckt die Rechtsvergleichung aber strukturähnliche Argumente, die sich auf einen gemeinsamen theoretischen Nenner bringen lassen, so geht es an der Praxis vorbei, die Unterscheidung zwischen positivem Recht und Theorie zu verabsolutieren, die ohnehin das deutsche Recht zu stark beeindruckt[5]. Damit sind die gewonnenen Ergebnisse immer noch keine des positiven Rechts, wie sie soeben für das Grundgesetz zusammengefaßt wurden[6]; aber sie stellen einerseits systematisch begründete Gemeinsamkeiten zwischen den Rechtsordnungen dar, andererseits Vorschläge für die Auslegung der untersuchten Rechtsordnungen und damit Möglichkeiten, den jeweiligen juristischen Argumentationskanon bei der Lösung ähnlicher Probleme zu erweitern. Auf welcher normativen Ebene sich diese Argumente in die verglichenen Rechtsordnungen einfügen lassen, hängt davon ab, wo die zu betrachtende Rechtsordnung Rezeptionsmöglichkeiten zuläßt. Schließlich lassen sich auch verfassungspolitische Argumente für die Weiterentwicklung oder Bewahrung bestimmter Regelungen auf diese Weise rechtswissenschaftlich begründen.

2. Verfassungsrecht – Konstitutionalisierung – Governance

Die gleichwertige Verpflichtung zu Ermöglichung und Schutz individueller und demokratischer Selbstbestimmung erwies sich als ein gemeinsamer Nenner der untersuchten staatlichen Rechtsordnungen, als vom positiven Recht anerkannte

---

[4] Oben, S. 15 ff.
[5] Vgl. die verallgemeinerbaren Bemerkungen bei *Martti Koskeniemmi*, The Gentle Civilizer of Nations, 2002, 249, zu Kelsen.
[6] Oben, S. 398 ff.

Minimalbedingung der Rechtfertigung hoheitlichen Handelns[7]. Die Herausarbeitung dieser Legitimationsformen gestattet zugleich die Bestimmung prozeduraler Kriterien für das Organisationsrecht[8]. Weil sich dieser Ausgangspunkt auch über staatliche Rechtsordnungen hinaus nutzbar machen läßt[9], rechtfertigt er die Bezeichnung *Verfassungs*recht auch für überstaatliches Recht, ohne daß deswegen in jedem Fall von Verfassung in einem anspruchsvollen Sinn gesprochen werden müßte[10]. Jenseits der umstrittenen Frage, auf welche Arten von Rechtsordnungen der Begriff der Verfassung angewendet werden kann oder soll, gehört in jedem Fall die Organisation von Legitimationsstrukturen, die das Verhältnis zwischen demokratischer Selbstbestimmung in politischen Verfahren und individueller Selbstbestimmung durch Rechtsschutz organisieren, zum Begriff des Verfassungsrechts[11]. Solche Legitimationsprobleme stellen sich nicht allein auf nationalstaatlicher Ebene, sie bieten vielmehr einen gemeinsamen Problemrahmen nationaler, supranationaler und internationaler Rechtsordnungen.

Der in den Verfassungsordnungen angelegte *gleichberechtigte* Bezug auf individuelle und demokratische Selbstbestimmung[12] zwingt zur Abgrenzung der hier entwickelten Konzeption eines Gemeinverfassungsrechts vom Begriff der *Konstitutionalisierung*, der gerade im Völkerrecht schnell an Bedeutung gewinnt. Unter Konstitutionalisierung werden zumeist verschiedenste Formen der *Verrechtlichung* internationaler Beziehungen verstanden. Elemente der Konstitutionalisierung sind die Entwicklung von Rechtsprinzipien im Internationalen Recht, die die politischen Beziehungen zwischen Staaten im Extremfall auch gegen ihren Willen einhegen, das Entstehen von Gerichten oder gerichtsförmigen Entscheidungsstrukturen, die internationale Konflikte auf der Basis von Regeln entscheiden, und die Erweiterung des Kreises von Rechtssubjekten des Völkerrechts fort von der Staatenbezogenheit hin zu privaten Organisationen und zu Individuen[13]. All diese Elemente setzen verfassungstheoretisch gesehen auf Verrechtlichung, nicht auf Demokratisierung, auf individuelle, nicht auf kollektive Legitimation[14]. In Kategorien der Gewaltengliederung gefaßt, privilegieren sie judikatives gegenüber legislativem Handeln. Dafür bestehen zwei gewichtige praktische Gründe: Die Einrichtung demokratischer Legitimationsformen auf

---

[7] Oben, S. 33 ff.
[8] Oben, S. 40 ff.
[9] Oben, S. 210 ff.
[10] Üblich ist der Begriff aber auch für die Gründungsverträge internationaler Organisationen.
[11] Oben, S. 56 ff.
[12] Oben, S. 28 ff.
[13] *Jochen Abr. Frowein*, Konstitutionalisierung des Völkerrechts, in: BerDGVR 39 (2000), 427 (428); *Christian Walter*, Constitutionalizing (Inter)national Governance, German Yearbook of International Law 44 (2001), 170 (192 ff.); *Nettesheim*, JbfNPolÖ 19 (2000), 58 ff. Zur Kritik am in diesem Zusammenhang verwendeten Begriff der Konstitutionalisierung: *Rainer Wahl*, Konstitutionalisierung – Leitbegriff oder Allerweltsbegriff?, in: FS Brohm, 2002, 191 (199 ff.).
[14] Zur Unterscheidung nochmals oben, S. 56 ff.

übernationaler Ebene ist verfahrenstechnisch komplex und hat anspruchsvolle gesellschaftliche Voraussetzungen, die selbst im Fall der europäischen Integration, wenn überhaupt, nur sehr langsam entstehen. Zum zweiten hat es das Völkerrecht – dies wurde in der vorliegenden Untersuchung bewußt ausgeblendet – nicht nur mit demokratischen Staaten zu tun. Trotzdem ist aus verfassungstheoretischer Sicht daran zu erinnern, daß ein so verwendeter Begriff der Konstitutionalisierung nur die eine Hälfte einer vollständigen Konzeption des überlieferten Verfassungsbegriffs enthält, der neben der Einhegung der politischen Gewalt durch Recht immer auch die Politisierung der Rechtsentstehung durch demokratische Verfahren beschreibt[15]. Diese Feststellung hat nicht nur einen verfassungstheoretisch-systematischen Wert. Aus ihr können vielmehr auch – dies wird zu zeigen sein – konkrete institutionelle Konsequenzen gezogen werden, weil beide Seiten der Konstitutionalisierung voneinander abhängen und die einseitige Verrechtlichung hoheitlicher Organisationsformen nicht einfach zu einer Verbesserung ihrer Legitimationsstruktur führt[16]. Konkret: Nicht jede Einrichtung einer gerichtsförmigen Streitschlichtungsstruktur, nicht jede Garantie eines subjektiven Rechts für Private bedeutet eine Verbesserung der Legitimationsstruktur einer Rechtsordnung, wenn dadurch demokratische Selbstbestimmungsmechanismen in ihrer Reichweite beschränkt werden.

Einwände ergeben sich auch gegen den an Bedeutung gewinnenden Begriff der *Governance*[17]. Dieser dient nicht selten dazu, die anspruchsvollen Rechtfertigungsanforderungen der westlichen Verfassungstradition angesichts aktueller Entwicklungen zu relativieren. Der Begriff soll die Neuigkeit inter-, trans- oder supranationaler Institutionen gegenüber dem Verfassungsstaat unterstreichen. Aber die Frage, ob man neue Begriffe verwendet oder tradierte Begriffe anpaßt, ist so wenig objektiv zu beantworten wie die Frage, was genau an der Rechtsentwicklung neu ist und was nicht. Eine Antwort kann immer nur relativ ausfallen, und die Verwendung neuer Begriffe ist dann Resultat einer forschungsstrategischen Entscheidung, nicht eines methodischen Gebots. Darum geht es der hier vertretenen Verwendung des überlieferten Begriffs der Gewaltengliederung nicht darum, neue Rechtsentwicklungen in das »Korsett des Nationalstaats« zu pressen[18]. Vielmehr ist zu fragen, ob auch neue Formen hoheitlichen Handelns bestimmten Anforderungen an demokratische und individuelle Selbstbestimmung verpflichtet sind oder nicht. Ist dies der Fall, so erscheint die Einführung des Begriffs Governance weniger zwingend. Will man auf diese Anforderungen verzich-

---

[15] Oben, S. 56 ff.

[16] Oben, S. 56 ff.

[17] Zur Herkunft des Begriffs aus der Praxis der Weltbank: *Christian Theobald*, Zur Ökonomik des Staates, 2000, 87 ff. Zur hier kritisierten Bedeutung: *Joanne Scott/David M. Trubek*, Mind the Gap: Law and New Approaches to Governance, European L.J. 8 (2002), 1 (7 ff.); *Carol Harlow*, Accountability in the European Union, 2002, 171 ff.

[18] So aber *Harlow*, Accountability in the European Union, 179.

ten, so sollte dieser Verzicht aber ausdrücklich erfolgen und nicht begrifflich verdeckt[19].

3. Gewaltengliederung als gemeinverfassungsrechtliches Institut

In der praktischen gerichtlichen Anwendung nimmt das Prinzip der Gewaltenteilung im Rechtsvergleich drei Bedeutungen an[20]. Es kann zum einen als ein Gebot zur Trennung verschiedener Organe, zum zweiten als ein Verbot der Anmaßung bestimmter Funktionen durch bestimmte Organe oder zum dritten als Gebot der wechselseitigen Kontrolle und Balancierung verschiedener Organe verstanden werden. Alle drei Bedeutungen enthalten bewahrenswerte Einsichten hinsichtlich der Arbeitsfähigkeit der Organe sowie der Mißbrauchsanfälligkeit und der Verfahrensangemessenheit hoheitlichen Handelns. Sie lassen sich aber schon deshalb kaum systematisch zusammenfügen, weil hinter ihnen eine widersprüchliche Ratio der Gewaltengliederung steht, die ihr manchmal die Aufgabe zuweist, hoheitliches Handeln zu beschränken, um individuelle Freiheit zu schützen, manchmal aber auch die Aufgabe, hoheitliches Handeln zu effektuieren, um demokratische Herrschaft zu ermöglichen. Der Rechtsvergleich bestätigt, daß die verschiedenen Deutungen im Regelfall unvermittelt nebeneinander verwendet werden[21].

Um ein systematisches Konzept der Gewaltengliederung als Baustein eines Gemeinverfassungsrechts etablieren zu können, muß von bestimmten Teilen des nationalstaatlichen Verfassungsmodells Abschied genommen werden, aber nicht von allen. Die Verknüpfung der Idee der Gewaltengliederung mit bestimmten aus nationalen Verfassungsordnungen bekannten Organisationsformen setzt an der falschen Seite der Zuordnungsgleichung an und unterminiert die Möglichkeiten einer rechtswissenschaftlichen Begriffsbildung mit allgemeinerem Anspruch. Ist Gewaltengliederung als ein Zuordnungsmodell zu verstehen, in dem bestimmte Formen von Recht in bestimmten Organisations- und Verfahrensstrukturen entstehen müssen, um die individuellen und demokratischen Selbstbestimmungsansprüche der Adressaten gleichberechtigt zu garantieren[22], so sind für eine vergleichende Rekonstruktion die Eigenschaften des erzeugten Rechts als Ausgangspunkt zu nehmen: Legislative, exekutive und judikative Formen der Rechtserzeugung lassen sich auch in übernationalen Regelungszusammenhängen identifizieren. Hierzu können die entwickelten Kriterien Verwendung finden:

---

[19] Einen solchen Versuch, demokratische Standards implizit zu relativieren, stellt das Weißbuch Europäisches Regieren, KOM(2001) 428 endg. dar. Dazu die durchgehend kritischen Kommentare in C. Joerges/Y. Mény/J.H.H. Weiler (Hrsg.), Mountain or Molehill? A Critical Appraisal of the Commission White Paper on Governance, 2002.
[20] Oben, S. 70 ff., 257 ff.
[21] Oben, S. 68 ff.
[22] Oben, S. 81 ff.

die Reichweite des erzeugten Rechts, seine Zeitorientierung und die Intensität der Verrechtlichung seiner Entstehung. Diese legitimationstheoretisch hergeleiteten Kriterien[23] gestatten eine allgemeingültige Definition der Gewalten, die sich vom Modell des demokratischen Verfassungsstaats ablösen läßt. Gewaltengliedernde Arrangements als Element eines Gemeinverfassungsrechts dienen der Ermöglichung und dem Ausgleich individueller und demokratischer Selbstbestimmung. Dabei können übernationale Ebenen ebenso über einen vollständigen Satz an Gewalten verfügen, wie auch verschiedene Gewalten auf verschiedene Ebenen verteilen und ebenenübergreifend miteinander verkoppeln. Die Anwendbarkeit des Gewaltengliederungskonzepts hängt also, anders als gelegentlich unterstellt, nicht davon ab, daß ein bestimmter Hoheitsträger über eine vollständige dreigegliederte Organisationsform verfügt. Elemente der Gewaltengliederung sind ebenenübergreifend zu untersuchen, um den normativen Wert der Idee auch für Institute jenseits des demokratischen Verfassungsstaats zu bewahren.

Zwischen den drei Funktionen besteht kein hierarchisches Verhältnis. Wenn die Legislative die Judikative bindet, die Judikative aber über die Bedeutung der legislativen Vorgaben in einem bestimmten Fall abschließend entscheidet, so erscheint es nicht geboten, diesen arbeitsteiligen Zusammenhang als Hierarchie zu deuten. Vielmehr bilden die Funktionen einen Konkretisierungszusammenhang, der bei der Legislative beginnt und bei der Judikative endet.

4. Formen judikativer Rechtserzeugung

a) Gerichtlicher Individualrechtsschutz und gesetzliche Ausgestaltung

Judikative Rechtserzeugung ist die retrospektive Entscheidung eines individualisierten Sachverhalts allein auf der Grundlage rechtlicher Maßstäbe[24]. Sie bezieht ihre Legitimation aus der Behandlung individueller Selbstbestimmungsanliegen. Die Konzeption der Judikative ist untrennbar mit der historisch überlieferten Form des gerichtlichen Verfahrens verbunden, die sich im Rechtsvergleich als deutlich einheitlicher erwies als die Ausgestaltung der anderen Gewalten[25]. Besondere Legitimationsprobleme zeigten sich in der vergleichenden Untersuchung von Verfassungsgerichten, deren weitreichender, legislativ anmutender Entscheidungsanspruch sich nicht mit einem auf Problemindividualisierung angelegten judikativen Verfahren vereinbaren läßt[26]. Eine Rechtfertigung dieser Struktur liegt darin, daß nur eine verfassungsgerichtliche Überprüfungsbefugnis den demokratischen Legitimationsanspruch der Gesetzgebung sichern kann. Diese Rechtfertigung ist allerdings für eine ausgreifendere, über den Schutz elementarer

---

[23] Oben, S. 88 ff.
[24] Oben, S. 95 ff.
[25] Oben, S. 98 ff.
[26] Oben, S. 136 ff.

Standards hinausgehende Rechtsprechung zu Grundrechten, die den Gesetzgeber verpflichtet, nicht in gleicher Weise gültig. Das gerichtliche Verfahren kann
keinen Legitimationsanspruch erheben, der sich vom individuell vorgetragenen
Anliegen eines Rechtsträgers löst. Hieraus ergeben sich Legitimationsdefizite für
Verfassungsgerichte. Der Schutz subjektiver Rechte ist deswegen im Regelfall
besser bei einfachen Gerichten aufgehoben, um legislative Entscheidungen nicht
aus einer konkreten Einzelfallperspektive zu relativieren. Die Gewaltengliederung rückt die Bedeutung des Gesetzgebers für die Ausgestaltung der Grundrechte in den Vordergrund, die im amerikanischen Verfassungsrecht größer ist als
im deutschen.

Der Vergleich der nationalen Verfassungsordnungen bestätigte die verfassungstheoretische Vorgabe, daß sowohl die Ausgestaltung klagefähiger Rechtspositionen als auch die Intensität der gerichtlichen Kontrolle exekutiven Handelns zunächst durch den Gesetzgeber zu regeln ist[27]. Die Legislative ist weitgehend frei,
Verfahrensbeteiligungen auszugestalten und zu sanktionieren. Verfassungspolitische Bedenken gegen Vereinsklagen oder verfassungsrechtliche Einwände gegen
citizen suits sind mit Blick auf die Gewaltengliederung nicht überzeugend, solange
die Exekutive nicht erst durch die Klage mit Interessen konfrontiert wird, die sie
im vorhergehenden Verwaltungsverfahren nicht zu berücksichtigen hatte. Die
Vielfalt exekutiver Organisationsmöglichkeiten gestattet es, daß Handlungen der
Exekutive nicht immer voll gerichtlich überprüfbar sind, sondern daß die Prüfung
funktionsangemessen beschränkt werden kann. Andernfalls wäre der Gesetzgeber nicht in der Lage, sich die organisatorischen Vorteile exekutiven Handelns zunutze zu machen. Dies gilt in jedem Fall für den Erlaß exekutiver Normen mit einem bestimmten Allgemeinheitsgrad; es gilt aber auch für Einzelentscheidungen,
die ein individuelles Recht beschränken, wenn sich die Verfahrensausgestaltung
auch als Ausgestaltung des betroffenen Freiheitsrechts verstehen läßt[28].

Für die funktionale Beurteilung des EuGH ist zu berücksichtigen, daß dieser in
einer ebenengegliederten Rechtsordnung mit einem bestimmten materiellen Regelungsanliegen judiziert. Die Zurückhaltung des EuGH bei der Zulassung von
Individualklagen gegen europäische Normen erscheint funktional schlüssig und
entspricht der üblichen Zurückhaltung einer unvermittelten Überprüfbarkeit legislativen Rechts vor einem exekutiven Konkretisierungsakt in nationalen
Rechtsordnungen[29]. Die unterschiedlichen Prüfungsstandards des EuGH gegenüber Gemeinschaftsrecht im Verhältnis zu nationalem Recht bilden zunächst einmal nur zwei Besonderheiten des materiellen Europarechts ab: zum einen die hohe Bedeutung von Normen, gegen die in der Regel nur die Mitgliedstaaten verstoßen können (Diskriminierungsverbote), zum anderen die nicht besonders inten-

---

[27] Oben, S. 157 ff., 163 ff.
[28] Oben, S. 163 ff.
[29] Oben, S. 260 ff.

sive Hierarchisierung des primären gegenüber dem sekundären Gemeinschaftsrecht. Auch die im Zusammenhang mit der Europäisierung des Verwaltungsrechts geforderte Erweiterung der Klagebefugnis bedarf einer ebenenspezifischen
Annäherung: Eine Erweiterung kann Kontrolldefizite der europäischen Ebene
gegenüber dem mitgliedstaatlichen Vollzug kompensieren und damit auf ein besonderes Problem einer vollzugsföderalen Organisation reagieren. Damit ist aber,
anders als vielfach behauptet, noch keine Aussage über die Notwendigkeit weit
verstandener Klagebefugnisse innerhalb *nationaler* Rechtsordnungen getroffen,
die für manche Sachbereiche angemessener sein mögen als für andere. Nationale
und europäische Gerichte sehen sich wegen der ebenenverkoppelten Exekutivstrukturen unterschiedlichen Kontrollaufgaben gegenüber, für die es keine einheitliche Lösung geben muß.

b) *Transnationale subjektive Rechte: Legitimationsgewinne und -verluste*

Organisatorisch einfacher und legitimationstheoretisch weniger anspruchsvoll
als die Einrichtung übernationaler demokratischer Verfahren ist diejenige judikativer Strukturen mit transnationaler Reichweite. Transnationale subjektive
Rechte, dies zeigt das Beispiel der europäischen Grundfreiheiten, erweitern den
Handlungsspielraum einzelner Rechtssubjekte und stiften dadurch eine aus dem
rechtlichen Schutz von Selbstbestimmungsoptionen herrührende Legitimation[30].
Allerdings eröffnen diese Zugewinne an Selbstbestimmung eigene Legitimationsprobleme, weil die Folgen des geschützten transnationalen Freiheitsgebrauchs einer gleichfalls grenzüberschreitenden demokratischen Regulierung bedürfen.
Die Konsequenzen der Nutzung der subjektiven Freiheiten führen zu einem Legitimationsproblem: Der Export eines Gutes von A nach B erzeugt Folgen in B,
etwa für die Märkte oder für den Umweltschutz, die von B nicht allein demokratisch verantwortet werden können, und umgekehrt. Die Einrichtung transnationaler subjektiver Rechte zieht die Notwendigkeit transnationaler Regulierung in
demokratischen Verfahren nach sich[31]. Zudem hat die Einräumung subjektiver
Rechte zentralisierende Wirkungen: Subjektive Rechte definieren einen nur
schwer greifbaren Kompetenzbereich, der sich immer auch nach dem individuellen Handlungshorizont der Berechtigten richtet. Der Grad ihrer Mobilität bestimmt die Reichweite. Ein subjektives Recht auf grenzüberschreitende Freiheitswahrnehmung führt zwischen zwei Rechtsordnungen zu Vereinheitlichungstendenzen. Daraus folgt: Die Einrichtung subjektiver Rechte für private Akteure
zieht die Einrichtung von legislativem Handeln nach sich, das seinerseits demokratischer Legitimation bedarf.

---

[30] Oben, S. 243 ff.
[31] Oben, S. 246 ff.

c) Unmittelbare Anwendbarkeit oder demokratische Vermittlung subjektiver Rechte

Der Vergleich zwischen EU und WTO zeigt unterschiedliche organisatorische Optionen der Ausgestaltung des Problems transnationalen Freiheitsgebrauchs. In beiden Fällen werden im Ergebnis Barrieren gegen transnationale Freiheitswahrnehmung abgebaut und dadurch individuelle Selbstbestimmungsoptionen eröffnet. Im Europarecht verläuft dieser Vorgang aber durch die Einrichtung subjektiver Rechtspositionen, während die GATT/WTO-Rechtsordnung eine solche Wirkung zwar nicht ausschließt, aber selbst nur Staaten als Parteien in den Streitschlichtungsverfahren zuläßt[32]. Zudem erkennen die hier untersuchten Mitglieder des GATT/WTO-Systems – wie die USA und die EG – keine direkte Anwendbarkeit des GATT/WTO-Rechts an, sondern nur indirekte Mechanismen der Beteiligung Privater an der Eröffnung von Streitschlichtungsmechanismen, die der Exekutive ein weites Ermessen belassen. Diese Unterschiede erscheinen deswegen gerechtfertigt, weil die WTO nicht über eine handlungsfähige Legislative verfügt[33] und aufgrund der Diversität ihrer Mitglieder auch kaum in der Lage ist, einen demokratisch angemessen legitimierten legislativen Prozeß unter Beibehaltung eines strengen Streitschlichtungsmechanismus einzurichten[34]. Ihre Legitimation erhält die Streitschlichtung der WTO einerseits über die Gerichtsförmigkeit des Dispute Settlement, die garantiert, daß die durchsetzbaren Entscheidungen der WTO nur über einen definierten Sachverhalt auf Grundlage des Rechts ergehen. Zum anderen bezieht das Verfahren seine Rechtfertigung – jedenfalls für die hier untersuchten Rechtsordnungen – aus der demokratischen Legitimation der klagenden Parteien. Eine Einbeziehung individueller Rechtspositionen würde dieses System ebenso in Frage stellen wie die erweiterte Einbeziehung von Nichtregierungsorganisationen. Beides würde die Einrichtung einer legislativen Komplementärfunktion erforderlich machen[35]. Eine Subjektivierung der Rechtsordnung würde also keineswegs zu Legitimationsgewinnen führen, sondern der judikativ arbeitenden WTO Entscheidungsbefugnisse auch für Konflikte einräumen, die kein demokratisches Verfahren durchlaufen haben. Aus diesem Grund stellt die unmittelbare Anwendbarkeit von völkerrechtlich entstandenen Normen – jenseits des Schutzes menschenrechtlicher Basisstandards – keine allgemein zu empfehlende Option dar.

---

[32] Oben, S. 317ff.
[33] Zur Legislative der EU sogleich unten, S. 435f.
[34] Zum komplementären Fall der ILO, sogleich unten, S. 438f.
[35] Soeben oben, S. 432.

d) *Judikative Koordination sektoralisierter Rechtsordnungen*

Die Koordination sektoralisierter übernationaler Rechtsordnungen, für die es kein einheitliches legislatives Verfahren gibt, obliegt praktisch miteinander konkurrierenden Spruchkörpern. Dabei stellt sich die Frage, inwieweit diese Spruchkörper, die an eine bestimmte, thematisch beschränkte Rechtsordnung gebunden sind, auch auf Vorgaben anderer Rechtsordnungen Rücksicht nehmen sollten. Diese Frage ist nicht allgemeingültig zu klären, ihre Beantwortung hängt in erster Linie davon ab, ob in der anzuwendenden Rechtsordnung Verweise auf andere Rechtsordnungen vorliegen, und ob die in einem Streit betroffenen Parteien auch gemeinsamen anderen völkerrechtlichen Verpflichtungen unterliegen. Grundsätzlich sollten übernationale Spruchkörper die fehlende demokratische Koordinationsleistung durch eine offene Rezeptionspraxis kompensieren und sich nicht rechtlich voneinander abschließen. So können Entscheidungen des WTO-Streitschlichtungsmechanismus widerstreitende Regelungsanliegen ausgleichen, indem sie einerseits die zu entscheidenden Sachverhalte individualisieren, andererseits aber im materiell-rechtlichen Entscheidungsprogramm auch andere Belange als den Abbau von Wirtschaftshemmnissen einbeziehen[36]. Art. XX GATT bietet insoweit ein Beispiel für die mögliche Einbeziehung nicht-wirtschaftlicher Interessen in eine wirtschaftsrechtliche Ordnung. Daß diese Norm materiell eine Regel-Ausnahme-Beziehung konstituiert, sich also Rechtsgüter wie Umwelt- oder Arbeitsschutz vor dem Freihandel rechtfertigen müssen, nicht umgekehrt, ist die materiell-rechtliche Konsequenz der von der Staatengemeinschaft gewollten asymmetrischen Verrechtlichung unterschiedlicher Regelungsgegenstände. Die Koordination verschiedener internationalisierter Rechtsordnungen ist bei diesem Stand der Entwicklung noch eine Frage, die von den verschiedenen Streitschlichtungsorganen im Wege der Rechtsfortbildung gelöst werden kann, ohne daß es einer regimeübergreifenden quasi-legislativen Regelung bedürfte. Kollisionsfälle sind bisher die Ausnahme geblieben.

5. Formen legislativer Rechtserzeugung

a) *Demokratische Gesetzgebung in der Gewaltengliederung*

Unter legislativer Rechtserzeugung ist die Setzung von Regeln hoher Reichweite und Zukunftsorientierung zu verstehen, die durch ein demokratisch-repräsentatives, inhaltsoffenes Verfahren erzeugt werden[37]. Die Idee der Gewaltengliederung gebietet für das Legislativverfahren eines demokratischen Legitimationssubjekts die Einrichtung eines institutionellen Orts demokratischer Repräsentation mit entsprechender Regelungsbefugnis. Der demokratische Willensbil-

---

[36] Oben, S. 317ff.
[37] Oben, S. 105ff.

dungsprozeß muß möglichst wenig verrechtlicht sein: Die Gewaltengliederung gebietet für die Gesetzgebung die Regel der Nichtregelung. Diese Offenheit findet allerdings ihre Grenze bei der Sicherung des demokratischen Repräsentationsanspruchs der Legislative selbst. Dieser ist durch gerichtliche Verfahren zu schützen[38]. Die grundsätzlich offene, punktuell aber intensiv verrechtlichte Gestaltung der Legislative läßt sich in beiden nationalen Referenzrechtsordnungen nachweisen, namentlich im Wahlrecht[39]. Welche Form demokratischer Repräsentation für die Legislative einzurichten ist, bleibt dagegen jenseits der Einhaltung von Mindeststandards[40] durch Kriterien der Gewaltengliederung nicht vorgeprägt.

b) *Demokratische Repräsentation durch Intergouvernementalität*

Übernationale Hoheitsträger organisieren legislative Verfahren nicht selten durch intergouvernementale Entscheidungsgremien. Solche finden sich in internationalen Organisationen, in der EU, aber auch in einer föderalen Verfassungsordnung wie der des Grundgesetzes. Bei allen Unterschieden im einzelnen sind deutliche Strukturähnlichkeiten zwischen diesen Organen festzustellen: Alle sind zumindest auch an legislativen Formen der Rechtserzeugung beteiligt, also an der Erzeugung von allgemeinen zukunftsorientierten Regeln. Die Mitglieder der Organe haben ein politisches Mandat, das sich auf die vertretenen staatlichen Gliederungen, nicht aber auf die Gesamtheit der Adressaten bezieht, für die die Organisation zu regeln befugt ist. Dieser Zusammenhang führt zu einem Auseinanderfallen von Organschaft und Repräsentation sowie zu Problemen bei der Aushandlung von Entscheidungen. Er erzeugt namentlich Deliberationsstrukturen, die auf wechselseitige Vorteilsgewährung der Glieder abzielen (*bargaining* statt *arguing*), denn die Entscheidungsträger im betreffenden Organ sind nicht unmittelbar für das Gemeininteresse der Organisation verantwortlich, für die sie zu handeln befugt sind[41]. Zudem fehlt es intergouvernementalen Organen, die sich nur peu à peu ersetzen, an denjenigen demokratischen Zäsuren, die für nationale Regierungen und Parlamente durch den einheitlichen Wahlakt ermöglicht werden. Sie operieren in steter Kontinuität. Ihnen fehlt damit die Möglichkeit zu grundsätzlicher politischer Wende und Selbstüberprüfung, die Teil der Legitimation und der Funktionalität des demokratischen Gesetzgebers ist.

Übernationale Intergouvernementalorgane verselbständigen sich von ihrer vertraglichen Grundlage durch die Entwicklung von Entscheidungsregeln fort von der Einstimmigkeit hin zu Mehrheitsregeln und fort von der Stimmengleich-

---

[38] Dieser Zusammenhang sichert komplementär den Entscheidungsanspruch von Verfassungsgerichten in bestimmten Fällen, dazu soeben oben, S. 430 ff.

[39] Oben, S. 107 ff.

[40] Oben, S. 48 ff.

[41] Oben, S. 237 ff., 240 ff.

heit hin zur Stimmengewichtung. Orientiert sich die gewichtete Stimmverteilung
an der Bevölkerungszahl, so ist dies ein Indiz für das Entstehen einer eigenen demokratischen Identität der Ebene, die zugleich die intergouvernementale Form
der Repräsentation als solche in Frage stellt und nach ihrer Ergänzung durch andere, direkter legitimierte Legislativorgane verlangt[42]. Andere Stimmgewich-
tungsregeln können sich aus sachspezifischen Gründen rechtfertigen lassen. Die
Zusammensetzung der General Conference der ILO illustriert dies exemplarisch[43]. Eine Modifikation der Entscheidungsregeln ist differenziert nach unterschiedlichen Regelungsbefugnissen angezeigt. Exekutive Organformen, die die
Arbeitsfähigkeit einer internationalen Organisation sichern sollen, sind im Prinzip besser zu modifizierten Repräsentationsformen geeignet als legislative, weil
sich mit dem legislativen Entscheidungsanspruch die Notwendigkeit zur Repräsentation der gesamten Mitgliedschaft der Organisation verbindet.

Für die Europäische Union lassen sich exekutive und legislative Funktion
durch die Unterscheidung zwischen Basis- und Durchführungsrechtsakten unterscheiden. Da die Entwicklung einer demokratischen Identität auf europäischer
Ebene allenfalls in den Anfängen steckt, bleibt der Rat als intergouvernementale
Legislative bedeutend. Sein legitimationstheoretisch durchaus problematisches
Handeln bedarf aber zum ersten der Öffentlichkeit, zum zweiten ist es streng von
vertragsändernden Treffen des Europäischen Rates abzugrenzen, zum dritten erfordert es einen größeren Grad an demokratischer Allgemeinheit, als die sektoralisierten Fachministerräte bieten. Deswegen empfiehlt sich die Einrichtung eines
allzuständigen Europaministerrates. Die Funktion des Europäischen Parlaments
als Legislative gebietet es, dieses als Repräsentation der Unionsbürger zu verstehen, die nach Kriterien strikter demokratischer Gleichheit zu besetzen ist, ohne
daß dies die Existenz eines europäischen Volks voraussetzen müßte. Zumindest
ein Initiativrecht im Gesetzgebungsverfahren und die Erweiterung des Mitentscheidungsverfahrens nach Art. 251 EGV auf alle Sekundärrechtsakte für das Parlament ist geboten, sollen Sekundärrechtsakte den Legitimationsanspruch einlösen können, den sie als Legislativakte erheben. Mit einer solchen Anpassung kann
sich das wandelnde politische Gewicht zwischen intergouvernementaler Legitimation des Rats und supranationaler Legitimation des Parlaments im gemeinsamen Meinungsbildungsprozeß selbst austarieren.

c) *Überstaatliches Handeln zwischen Verfassung- und Gesetzgebung*

In übernationalen Organisationen fallen konstitutive (oder verfassunggebende)
und legislative Regelungen nicht selten in intergouvernementalen, durch einen
Ratifikationsakt ergänzten Handlungsformen zusammen. In der Terminologie

---

[42] Oben, S. 246 ff.
[43] Oben, S. 296 ff.

nationaler Verfassungsordnungen erzeugt konsensuales Handeln der Staaten zugleich Gesetz und Verfassung einer übernationalen Organisation. Praktisch bedeutsame Beispiele sind auf europäischer Ebene die Kompetenz in Art. 308 EGV, das Annex-System der Europäischen Verträge sowie neu entstehende formlose Koordinierungsverfahren, die die Verfahrensstruktur der Verträge umgehen. Die noch nicht zur Anwendung gekommene Nichtannahme eines Streitschlichtungsbeschlusses, art. 16 (4) DSU, ist ein weiteres Beispiel für eine solche Struktur.

Am Maßstab der Gewaltengliederung erscheint es bedenklich, wenn die Legitimations- und Rationalisierungsleistung vertraglich definierter Verfahren unter dem Vorbehalt abweichender politischer Entscheidungen der Vertragsparteien im Einzelfall steht, die auch sonst einzubeziehende Verfahrensteilnehmer ausschließen können. Solche Entscheidungen leiden unter den gleichen Mängeln wie gesetzliche ad-hoc-Umgehungen allgemein geltender Verfahrensregeln. Eingriffe, die an der gewachsenen Verfahrensstruktur vorbeizielen, sollten vermieden werden. Entsprechende Bedenken erwecken informale politische Konsense, wenn sie praktisch große Bindungswirkungen entfalten, ohne Rechtsform anzunehmen. Die Koordinationsleistungen des Europäischen Rates, Art. 4 EUV, geben hierfür ein Beispiel. Die für übernationale Organisationen konstitutive Entscheidungsbefugnis der Vertragsparteien sollte weder formell noch informell dazu benutzt werden, die positivierten Entscheidungsregeln zu überspielen[44].

d) Demokratische Allgemeinheit und Sektoralisierung im übernationalen Recht

Internationale Organisationen sind – wie die frühe Europäische Gemeinschaft – thematisch begrenzt oder sektoralisiert[45]. Völkerrechtlich drückt sich das in ihrer durch die Ziele der konstituierenden Verträge beschränkten Rechtsfähigkeit aus. Demokratietheoretisch fehlt es der internationalen Ebene an einem institutionellen Ort, an dem alle Sachfragen nebeneinander thematisiert und Sachinteressen gegeneinander ausgeglichen werden können, also einer Entsprechung zu nationalstaatlichem Parlament und Kabinett. Praktisch müssen verschiedene Ordnungen miteinander koordiniert werden. Mangels einer allgemeinen Koordinierungsordnung, die es ohne eine demokratisch allzuständige internationale Organisation nicht gibt, koordinieren sich internationale Organisationen auf politischer Ebene etwa durch den Abschluß interinstitutioneller Verträge. Diese Koordination verläuft aus institutionellen wie aus materiellen Gründen komplex. Materiell können verschiedene Ordnungen zueinander in Widerspruch geraten, weil ihre Regelungsziele divergieren. Ein solcher Widerspruch ist beispielsweise zwischen den Zielen der WTO und der ILO denkbar, wenn die Durchsetzung bestimmter

---

[44] Oben, S. 241ff.
[45] Oben, S. 219ff.

Arbeitsschutzstandards durch Handelssanktionen durchgesetzt werden soll[46]. Institutionell ist die Zusammenarbeit kompliziert, weil verschiedene internationale Organisationen mit ganz unterschiedlichen Formen der Rechtserzeugung operieren. Auch dies illustriert der Vergleich zwischen ILO und WTO beispielhaft. Die neu geschaffene WTO operiert vornehmlich in einer judikativen Entscheidungsform[47]; dagegen handelt die ILO vornehmlich in legislativen Formen[48]. Ohne ein allgemeines Koordinationsgremium bleibt die legislative Koordinationsleistung eine Frage politischer Voraussicht und guter Nachbarschaft[49] der Organisationen und der Vertragsparteien, zu der eine rechtswissenschaftliche Analyse relativ wenig beitragen kann. Auch hier ist der rechtswissenschaftliche Beitrag zu legislativer Rechtserzeugung notwendig begrenzt[50].

e) *Soft Law*

Übernationale Rechtsordnungen verfügen im Regelfall nicht über einen eigenen exekutiven Vollzugsapparat. Deswegen bedarf die Durchführung völkervertraglicher Verpflichtungen zumeist eines staatlichen Umsetzungsaktes, so jedenfalls im deutschen und im amerikanischen Recht. Doch sind völkervertragliche Pflichten aus dem Interessenkalkül der Parteien motiviert, durch den Vertragsschluß einen Vorteil zu erlangen; sie entstehen zudem durch Zustimmung. Beide Faktoren machen die Befolgung der entstehenden Pflichten wahrscheinlicher als im innerstaatlichen Recht. Diese Überlegung verliert freilich an Plausibilität, sobald sich die Rechtserzeugung einer übernationalen Organisation durch nichtkonsensuale Entscheidungsregeln verselbständigt.

Eine Möglichkeit, Staaten indirekt dazu zu bringen, Vorgaben umzusetzen, besteht in der Einrichtung prozeduraler Regeln auf völkerrechtlicher Ebene. Die Ausgestaltung der ILO illustriert diese Möglichkeit[51]. Sie stellt die Adressaten völkerrechtlicher Pflichten unter einen verfahrenstechnisch abgesicherten Rechtfertigungszwang gegenüber der Organisation. Dieser kann auch auf die innerstaatlichen Verfahrensstrukturen der verpflichteten Staaten eingehen, so art. 19 ILOC, der der Organisation materiell ein parlamentarisches Vorschlagsrecht innerhalb seiner Mitgliedstaaten einräumt. Die demokratisch legitimierte Legislative des adressierten Staats hat sich mit der völkerrechtlichen Agenda auseinanderzusetzen. Die Regierung hat sich für das Ergebnis dieser Auseinandersetzung vor

---

[46] Oben, S. 296 ff
[47] Oben, S. 313 ff.
[48] Oben, S. 288 ff., 303 ff.
[49] So die Formulierung bei *Niels M. Blokker*, Proliferation of International Organizations: An Exploratory Introduction, in: N.M. Blokker/H.G. Schermers (Hrsg.), Proliferation of International Organizations, 2003, 1 (25 f.).
[50] Anderes gilt für die zuvor behandelte judikative Koordinationsleistung, dazu soeben oben, S. 434.
[51] Oben, S. 303 ff.

der internationalen Organisation zu rechtfertigen. Nach Maßgabe der Gewaltengliederung sind solche Formen der Prozeduralisierung durch *compliance*-Regeln
unbedenklich. Die Beschränkung auf mittelbare Verpflichtungen garantiert erst
die Arbeitsfähigkeit der internationalen Legislative. Gerade umgekehrt operiert
die WTO, die unmittelbar durchsetzbare Rechtspflichten definiert, deswegen
aber keine legislativen Kompetenzen organisieren kann[52]. Mittelbare Verpflichtungen ermöglichen eine transparente Thematisierung materieller Standards, ohne die demokratischen Selbstbestimmungsansprüche der adressierten Staaten einzuschränken.

6. Formen exekutiver Rechtserzeugung

a) Gubernative und vollziehende Exekutive

Die Aufgabe der Exekutive besteht darin, zwischen legislativer und judikativer
Rechtserzeugung zeitlich und sachlich zu vermitteln. Diese Aufgabe verschafft
ihr eine besonders vielgestaltige Organisationsstruktur mit einer ausdifferenzierten Intensität von Rechtsbindung und komplementärem politischen Gestaltungsspielraum[53]. Diese Vielfalt zeigt sich im nationalen Rechtsvergleich[54]; sie bestätigt
sich auch bei der Untersuchung der europäischen Verwaltung[55]. Trotzdem bleibt
eine hierarchische Grundstruktur exekutiven Organisationen stets zu zeigen,
schon um ihre Erkennbarkeit als *eine* Organisation zu sichern. Hierarchie darf
freilich nicht mit der in der deutschen Diskussion verbreiteten Vorstellung einer
vollständigen Weisungsunterworfenheit der exekutiven Gliederungen unter die
gubernative Spitze verwechselt werden. Sie ist besser als eine Spezialisierungs-
und Konkretisierungsstruktur zu verstehen, in der die unteren Teile der Exekutive enger definierte Aufgabenbereiche, die intensiveren rechtlichen Bindungen
unterliegen, übernehmen, während die gubernative Spitze – in erwünschter funktionaler Nähe zum Gesetzgeber – unter geringer rechtlicher Bindung allgemeine
politische Leitlinien entwickelt. Interventionen der demokratisch legitimierten
exekutiven Spitze in Einzelentscheidungen erscheinen funktional bedenklich,
weil dadurch die auf stufenweise Konkretisierung eines Sachverhalts ausgerichtete Verwaltungsorganisation übergangen wird. Diese Organisationsstruktur sichert aber die Kompetenz der exekutiven Entscheidungsträger und schützt
Adressaten der Entscheidung vor sachfremden allgemeinen politischen Entschei-
dungsmotiven.

---

[52] Soeben oben, S. 433 f.
[53] Oben, S. 112 ff.
[54] Oben, S. 117 ff.
[55] Oben, S. 270 ff.

b) Delegationsbeziehungen zwischen Exekutive und Legislative

In den untersuchten staatlichen Rechtsordnungen erwies sich die Anordnung
von gerichtlich überprüfbaren Grenzen der Delegation von der Legislative an die
Exekutive als wenig effektiv, zumal solche Grenzen stets einen Eingriff in die demokratisch legitimierte Gestaltungsfreiheit der Legislative darstellen, die im
Prinzip für verschiedene Sachprobleme verschieden weitgehende exekutive Entscheidungsspielräume einrichten kann[56]. Erst wenn individualisierte Rechtspositionen Gegenstand exekutiven Zugriffs werden, kann der Prüfungsanspruch der
Gerichte auch durch materielle Kriterien umgesetzt und plausibel verfassung-
rechtlich begründet werden. Eine parallele Beobachtung ist für das institutionelle
Europarecht zu machen. Delegationsakte vom Gesetzgeber (Rat und Parlament)
an die Kommission unterstehen weiten Grenzen und werden so gut wie nie gerichtlich am Primärrecht überprüft[57].

Diese Feststellung läßt sich auf eine andere Form der »Delegation« hin verallgemeinern: Versteht man internationale Organisationen als durch einen Delegationsakt der Vertragsparteien begründete Handlungseinheiten, so ergeben sich
entsprechende Delegationsgrenzen durch die Beschränkung der Rechtsfähigkeit
der Organisation auf ihre vertraglichen Zwecke und die rechtliche Unerheblichkeit von Handlungen ultra vires. Trotz vielfältiger Formen der Verselbständigung
des Handelns internationaler Organisationen auch ohne Vertragsänderung spielt
eine gerichtliche Grenzziehung auf Grundlage der ultra vires-Doktrin im Völkerrecht aber eine praktisch nur geringe Rolle. Dogmatisch wird diese Tendenz
durch die Entwicklung erweiternder Auslegungsformen (*implied powers*) der
konstitutiven Verträge aufgenommen[58]. Auch hier ist die interne Entscheidungsstruktur der Organisation für die Entwicklung des Rechts von größerer Bedeutung als die materiellen Grenzen vertraglicher Regelungen. Gleiches gilt für die
rechtlichen Grenzen der Handlungsfähigkeit von EG und EU gegenüber den
Mitgliedstaaten. Damit läßt sich rechtsvergleichend belegen, was auch verfassungstheoretisch zu rechtfertigen ist: Justitiable Delegationsgrenzen sind nur selten ein geeignetes Mittel, um demokratische Entscheidungsprozesse zu begrenzen. Praktisch bedeutsamer ist die Binnenstruktur der legislativen Entscheidungsfindung[59].

Die Verrechtlichung exekutiver Normsetzungsverfahren kann Legitimationsdefizite delegierter Rechtsetzung nicht ohne weiteres kompensieren. Erläßt die
Gubernative Normen von einem hohen Grad an Allgemeinheit, so sichern dele-
gierendes Gesetz und demokratische Verantwortlichkeit des Normsetzers die Le-

---

[56] Oben, S.112ff.
[57] Oben, S.282ff.
[58] Oben, S.210ff., 218ff.
[59] Oben, S.228ff.

gitimation der Norm besser als partikuläre Beteiligungsrechte[60]. Die Beteiligung der Legislative an Verfahren der exekutiven Normsetzung ist dem amerikanischen und dem deutschen Verfassungsrecht ebenso bekannt wie dem Europarecht. In allen drei Fällen werfen solche Beteiligungsformen jedoch Bedenken auf, die in unterschiedlicher Weise auch durch die Rechtsprechung oder Rechtswissenschaft thematisiert werden. Der allen gemeinsame Einwand läßt sich wie folgt fassen: Die durch die Legislative getroffene Entscheidung schließt einen allgemeinen demokratischen Willensbildungsprozeß ab und überläßt die Umsetzung der Entscheidung der auf Konkretisierung organisatorisch eingerichteten Exekutive. Die Intervention der Legislative in diesen Konkretisierungsvorgang führt zu einer ad-hoc Politisierung bestimmter Einzelprobleme, die die durch exekutive Rechtsetzung bereits geleistete Konkretisierung nur punktuell rückgängig macht[61].

c) Ebenenübergreifende exekutive Kopplungen

Neu entstehende überstaatliche Ebenen verfügen in der Regel nicht über einen eigenen, individuelle Rechtssubjekte adressierenden Vollzugsapparat, sondern überlassen die exekutive Konkretisierung und Durchsetzung den unteren Ebenen, namentlich den staatlichen Verwaltungen. Dieses Modell kennzeichnet die Mehrzahl völkerrechtlicher Regime ebenso wie große Teile des Vollzugs des Europarechts und den Vollzug des Bundesrechts unter dem Grundgesetz. Eine lehrreiche Ausnahme von der vollzugsföderalen Regel, die die Vor- und Nachteile dieser Arbeitsteilung zwischen den Ebenen zu verdeutlichen hilft, bietet das Recht des amerikanischen Bundesstaats, das diese Arbeitsteilung in der Regel nicht kennt, sondern sogar mehr und mehr verfassungsrechtlich verbietet[62].

Das vollzugsföderale Modell macht eine ebenenüberspannende Aufsichts- und Kopplungsstruktur notwendig. Dazu stehen im Prinzip zwei Möglichkeiten zur Verfügung: exekutive und judikative Kontrolle. Welches Modell anzuwenden ist, hängt – dies zeigt der Vergleich zwischen dem deutschen Recht und dem Europarecht – auch von außerrechtlichen Faktoren wie der Homogenität der Vollzugskulturen ab[63]. Im deutschen Recht spielen hierarchische Kontrollmechanismen zwischen Bund und Ländern mit Ausnahme allgemeiner Verwaltungsvorschriften eine praktisch geringe Rolle. Der rechtmäßige Vollzug des Bundesrechts durch die Länder wird vornehmlich durch die Gerichte gesichert. Im Gemeinschaftsrecht dagegen finden sich ergänzend sekundärrechtlich ausgestaltete Kontrollbefugnisse der Kommission über den mitgliedstaatlichen Vollzug. Gemein-

---

[60] Oben, S. 189 ff.
[61] Für die nationalen Rechtsordnungen, oben, S. 197 ff. Für das Europarecht, oben, S. 282 ff.
[62] Oben, S. 341 ff.
[63] Oben, S. 344 ff.

sam sind beiden Rechtsordnungen *horizontale* Kooperationsstrukturen innerhalb interadministrativer Gremien mit einem Vertreter der höheren Ebene (Bun-
desregierung/Kommission) und je einem der Glieder (Länderregierungen/mit-
gliedstaatliche Verwaltungen). Neben vielen informalen Gremien finden sich solche Strukturen namentlich als Beteiligungsformen bei exekutiver Normsetzung
durch die Gubernative der höheren Ebene: bei der Bundesratsbeteiligung am Erlaß von allgemeinen Verwaltungsvorschriften durch die Bundesregierung und bei
der Beteiligung von Komitologieausschüssen in der Durchführungsrechtsetzung
der Kommission.

Am Maßstab der Gewaltengliederung ergeben sich für die Verkopplung von
Exekutiven folgende Vorgaben: Zum ersten zertrennen ebenenübergreifende
hierarchische Kompetenzen demokratische Verantwortungszusammenhänge
und konfrontieren die Rechtssubjekte mit einer uneindeutigen Zurechnungsstruktur. Deswegen müssen Aufsichtsstrukturen und Rechtsformen so ausgestaltet werden, daß die verschiedenen Ebenen eigenständige und zurechenbare
Konkretisierungsbeiträge leisten können. Insbesondere ebenenübergreifende
*Einzel*weisungskompetenzen sind deswegen bedenklich[64]. Zum zweiten dürfen
Kopplungsstrukturen nicht die Rechtsschutzmöglichkeiten von Regelungsadressaten gefährden. Deswegen steht das völkerrechtliche Trennungsprinzip, das Gerichten die Verwerfung von Normen anderer Hoheitsträger verwehrt, zumindest
dann in Frage, wenn wie im Fall der EU eine enge prozedurale Verkopplung nationaler Exekutiven zwischeneinander und mit der europäischen Eigenverwaltung vorliegt. Konkret sollten deswegen nationale Gerichte zumindest auch individuell wirksame Akte der EU und horizontal wirkende Handlungen anderer
Mitgliedstaaten verwerfen dürfen[65]. Zum dritten sind Einwirkungsmöglichkeiten
der unteren Exekutiven auf den Erlaß exekutiven Rechts der oberen Ebene aus
Gründen der Verantwortungsklarheit besser als Konsultations- denn als Mitent-
scheidungskompetenzen auszugestalten[66].

d) Formen der Verselbständigung: Agenturen – Sekretariate – Kommission

Die Notwendigkeit, verselbständigte Verwaltungseinheiten einzurichten, entsteht, wenn die Legitimation der regulären, demokratisch verantwortlichen Exekutiven fraglich ist oder wenn verschiedene, unterschiedlich legitimierte Organe
um die Kontrolle der Exekutive konkurrieren. Diese Gemeinsamkeit verbindet
agenturähnliche Einrichtungen in nationalen und übernationalen Rechtsordnungen. Dabei sollte zwischen *administrativen* und *gubernativen* Agenturstrukturen
unterschieden werden. Administrative Agenturen erfüllen exekutive Aufgaben in

---

[64] Oben, S. 344 f., 350 ff.
[65] Oben, S. 352 ff.
[66] Oben, S. 346 ff.

deutlicher Verselbständigung von der Gubernative. Gubernative Agenturen nehmen Aufgaben war, ohne daß eine ihnen übergeordnete Regierung besteht. Administrative Agenturstrukturen entstehen in Rechtsordnungen, in denen eine demokratisch legitimierte Exekutive eingerichtet ist, für bestimmte Vollzugsfragen aber deren Legitimation in Zweifel steht. So lassen sich im amerikanischen Verfassungsrecht Agencies als Ergebnis der Legitimationskonkurrenz zwischen Kongreß und Präsidenten verstehen, im deutschen Verwaltungsrecht entsprechend funktionale Selbstverwaltungskörperschaften als Ergebnis einer Konkurrenz zwischen parlamentarischer Regierung und einem kollektivierten grundrechtlichen Selbstbestimmungsanspruch[67].

Übernationale Rechtsordnungen erhalten ihre demokratische Legitimation in erster Linie über den Umweg demokratischer Verfassungsstaaten. Dabei ergibt sich das Problem, daß das eigentliche Gemeinwohlanliegen der Organisation in den intergouvernementalen Aushandlungsprozesssen der Mitglieder aus den Augen zu geraten droht[68]. Aus diesem Grund bedürfen sie eines Organs, das unabhängig vom nationalen Interessenausgleich als Hüter des Organisationsinteresses agiert. Entsprechend nehmen die Sekretariate internationaler Organisationen teilweise informale gubernative Aufgaben wahr: Sie müssen die Agenda eines völkerrechtlichen Regimes vorantreiben, dabei nationale Partikularinteressen herausfiltern und die Einhaltung der Regeln durch die Mitglieder überwachen. Sekretariate haben also keine unpolitische Funktion, obwohl sie ihre Funktion nur legitim ausüben, wenn sie sich von den nationalen Politiken fernhalten, die formell die Legitimation der Organisation garantieren. Das Beispiel des Sekretariats der WTO zeigt die Grenzen dieses Modells. Durch die Formalisierung des GATT/WTO-Rechts nach der Uruguay-Runde hat das Sekretariat seine zuvor bestehenden informellen Einflussmöglichkeiten zur Erwirkung intergouvernementaler Konsense über Handelsstreitigkeiten verloren[69]. Fortbestehende Verbindungen zwischen Sekretariat und Streitschlichtungsmechanismus erscheinen wegen der gebotenen Unabhängigkeit der Entscheidungsfindung eher bedenklich. Das Sekretariat der ILO ist umgekehrt schon durch die Betonung des beschränkten Organisationszwecks Gegenstand politischer Kritik von Teilen der Mitglieder geworden[70].

Eine Zwischenstellung in dieser Systematik nimmt die Europäische Kommission ein. Sie ist eine mit Befugnissen ausgestattete Erweiterung eines Sekretariats, das Elemente einer verselbständigten Verwaltungseinheit und einer verfassungsstaatlichen Regierung verbindet. Der Erfolg der Kommission unterstreicht die Möglichkeit innovativer Organisationsstrukturen, zugleich scheint sich diese Organisationsform aber für spezifisch definierte Aufgaben (Binnenmarkt) beson-

---

[67] Oben, S. 121 ff.
[68] Oben, S. 234 ff. und soeben, S. 435 f.
[69] Oben, S. 313 ff.
[70] Oben, S. 288 ff.

ders zu eignen und stößt an praktische und an Legitimationsgrenzen, sobald der Aufgabenbestand ausgreifender und demokratisch umstrittener wird. Ihre relativ schwache demokratische Verantwortlichkeit wirft die Frage auf, wie die Kommission sich an einen interessenausgleichenden Willensbildungsprozeß anschließen kann, der demokratischen Gleichheitsstandards genügt. Die – von der Kommission mitunter favorisierte[71] – Errichtung korporatistischer Verfahren kann dies nicht leisten[72]. Für die Zukunft der Kommission folgt vielmehr das Gebot einer Annäherung der Kommission an klassische Gubernativen.

Das entstehende europäische Agentursystem bildet in seinem jetzigen Zustand kein typisches Beispiel der exekutiven Verselbständigung. Parallelen zu den amerikanischen Agenturen sind verfehlt. Besser müßte man vom Fall einer Externalisierung von Kommissionskompetenzen sprechen: Die Handlungsspielräume rechtsetzungsbefugter Agenturen sind zum einen stark eingeengt; zum anderen unterstehen sie zumeist relativ detailgenauen Durchführungsregeln der Kommission. Trotzdem erkennt man hinter dieser Entwicklung eine Legitimationskonkurrenz, zwischen einer Kontrolle durch die Kommission und einer solchen durch die Mitgliedstaaten. Diese Konkurrenz sollte hinsichtlich förmlicher Ingerenzbefugnisse zugunsten der Kommission entschieden werden. Auch hier sind Interventionsbefugnisse des Gesetzgebers in den Vollzug zu beschränken. Eingriffe der politisch unmittelbar legitimierten Organe Parlament und Rat in Einzelheiten des Vollzugs sind auch hier nicht wünschenswert[73]. Diese sind als Europäische Gesetzgeber auf weitestgehende Informationsrechte zu beschränken[74].

Der Begriff der »verselbständigten« Exekutive ist zumindest mißverständlich. Statt einer Verselbständigung ist im Fall *administrativer* Agenturen eine Vervielfachung von Verantwortlichkeiten zu erkennen, die im Einzelfall zu größeren Spielräumen der Agentur führen kann, aber nicht muß. Im Fall gubernativer Agenturen liegt ein größeres Maß an Verselbständigung vor, das aber in der Regel nicht mit formellen Entscheidungsbefugnissen verbunden ist.

7. Das Recht der Außenbeziehungen als Grundproblem der unteren Ebene

Die Entstehung supra- und internationaler Rechtsordnungen beginnt mit einer legitimatorischen Hypothek: Denn der Abschluß völkerrechtlicher Vereinbarungen, der im Regelfall den Ausgangspunkt für supra- und internationale Organisationen bildet, fügt sich nicht nahtlos in die nationalen Systeme der Gewaltengliederung ein, dies zeigte sich bereits am Beispiel des Grundgesetzes[75] – es gilt aber

[71] Oben, Fußn. 19, S. 429.
[72] Oben, S. 271ff.
[73] Soeben, oben, S. 440f.
[74] Oben, S. 279ff.
[75] Zusammenfassend oben, S. 422f.

auch für andere Verfassungsordnungen[76]. Wegen der Notwendigkeit eines einheitlichen Auftretens der Vertragsparteien und wegen des Entstehens von Vorbindungen innerhalb des Verhandlungsprozesses führt die Ausübung auswärtiger Gewalt in den verglichenen Rechtsordnungen zu drei parallelen Tendenzen. Sie erzeugt eine hervorgehobene Bedeutung der Exekutive, die einer Legislative gegenübergestellt ist, welche entgegen ihrer eigentlichen Aufgabe nur noch retrospektiv und ohne inhaltliche Ausgestaltungsbefugnis entscheiden kann. Sie führt zu einer eingeschränkten gerichtlichen Kontrolle, weil es gegen die bereits entstandenen völkerrechtlichen Bindungen in der Regel keinen wirksamen Rechtsbehelf mehr gibt. Schließlich führt sie in föderalen Gebilden zu einer Zentralisierung, weil sich die föderale Willensvielfalt nicht als einheitliche Verhandlungsposition organisieren läßt.

Je größer die Bedeutung von Außenbeziehungen für eine demokratische Verfassungsordnung wird, desto weniger wird man von einem Sonderfall sprechen können, der dem Regelfall innengerichteter Normsetzung gegenübersteht, und desto dringlicher müssen die Rechtsordnungen Anpassungsmechanismen entwickeln, die diese Defizite mindern, und die die grundsätzlich unterschiedliche Ausgestaltung zwischen Innen- und Außenverfassungsrecht relativieren. Dies erfordert zum einen eine deutlichere Ausgestaltung intergouvernementaler Aushandlungsprozesse durch den Gesetzgeber, wie sie im amerikanischen Verfassungsrecht im Fast-Track-Verfahren vorgeführt wird. Das Parlament hat insbesondere Verhandlungsmandate zu definieren, also Grenzen der Aushandlung ex ante zu benennen, und Verfahrensabläufe auszugestalten, um an der übernationalen Rechtserzeugung intensiver beteiligt zu werden[77]. Zum zweiten ist die gerichtliche Kontrolle von den spezifischen zeitlichen Bindungsstrukturen auswärtiger Beziehungen zu entlasten. Dies wird vor allem durch die Einführung eines gerichtlichen Gutachtenverfahrens möglich, welches – dies zeigt die Praxis des Art. 300 Abs. 6 EGV – eine rechtzeitige Rechtskontrolle völkerrechtlicher Verpflichtungen ermöglicht und sich der Kontrolle eines außenpolitischen *fait accompli* durch exekutive Organe entzieht. Im Fluchtpunkt einer weiter internationalisierten Rechtsordnung stünde die Überwindung der Unterscheidung zwischen Außen- und Innenverfassungsrecht zugunsten einer einheitlichen Verfahrensausgestaltung.

8. Das Recht der Kompetenzbestimmung als Grundproblem der höheren Ebene

In ebenengegliederten Rechtsordnungen obliegt die Bestimmung der Kompetenzverteilung der höheren Ebene, andernfalls würde diese ihre eigene einheitli-

---

[76] Oben, S. 359 ff.
[77] Oben, S. 369 ff.

che Geltung gegenüber den Gliederungen in Frage stellen. Dieser Befund bestätigt sich rechtsvergleichend auch in der geringen Effektivität von Kernbereichs- oder Souveränitätsgarantien zugunsten der Glieder der unteren Ebene in föderalen Rechtsordnungen[78]. Trotzdem ist die Eingliederung in eine Mehrebenen-Rechtsordnung nicht mit einer hierarchischen Unterordnung gleichzusetzen. Dagegen spricht schon die Teilnahme der Glieder an der Konstituierung der höheren Ebene. Wie zwischen den Funktionen durchläuft die Rechtserzeugung auch zwischen den Ebenen keine Hierarchie[79].

Die Bestimmung der Kompetenzen kann dem Verfassungsgericht der oberen Ebene überantwortet werden. Dies ist die Lösung des deutschen Verfassungsrechts mit seiner vergleichsweise hohen Prüfungsdichte bei der Kompetenzkontrolle[80]. Eine solche Lösung ist keineswegs selbstverständlich und auch nicht allgemein empfehlenswert[81]. Das amerikanische Verfassungsrecht und das Europarecht zeigen vielmehr, daß sich in anderen Rechtsordnungen die Entwicklung der Kompetenzen fast allein durch die Legislative vollzieht, der Verfassungs- oder Vertragsvorrang also gegenüber der gesetzlichen Ausgestaltung in den Hintergrund tritt. Gerichtliche Intervention in den demokratischen Willensbildungsprozeß oder die Einbeziehung von in der Rechtsprechung entwickelten Kompetenzkriterien in den Gesetzgebungsprozeß auf der höheren Ebene bleiben dagegen die Ausnahme, die extremen Fallgestaltungen vorbehalten ist[82]. Eine legislative Bestimmung der Ebenenkompetenzen ist am Maß der Gewaltengliederung schlüssig, denn die Frage, ob eine Ebene regeln soll, läßt sich kaum als gerichtsgeeignete reine Rechtsfrage ausgestalten. In ihrer Beantwortung vermischen sich Probleme der demokratischen Identität der betroffenen Ebenen mit anderen politischen, etwa wirtschafts- und sozialpolitischen Präferenzen und mit Problemen der technischen Regelbarkeit eines bestimmten Regelungsgegenstands auf einem bestimmten Territorium. Im Verfassungstext wird diesem Zusammenhang in der Regel mit dem Erfordernis der Angemessenheit der Kompetenzausübung Tribut gezollt. Solche Fragen sind von allgemeiner Reichweite und bedürfen faktischer Erkenntnisse unter Zuhilfenahme prognostischer Annahmen. All diese Eigenschaften sprechen eher gegen eine intensive gerichtliche Überprüfung von Kompetenzentscheidungen des Gesetzgebers.

Ob Kompetenzbestimmungen durch das zuständige Gericht intensiv überprüft werden, hängt kaum von der textlichen Fixierung der Kompetenzen ab. Entscheidend ist vielmehr zum einen, inwieweit die Kompetenzordnung politisch angepaßt werden kann (Rigidität der Verfassung) und inwieweit solche Anpassungen politisch umstritten sind. Das zeigt sich an der Entwicklung des

---

[78] Oben, S. 223 ff.
[79] Oben, S. 228 ff.
[80] Oben, S. 378 ff.
[81] Oben, S. 392 ff.
[82] Oben, S. 378 ff.

Grundgesetzes, in der die strikte gerichtliche Kompetenzkontrolle nicht ohne die Bereitschaft zu zahlreichen zentralisierenden Verfassungsänderungen verstanden werden kann. Das deutsche Modell der Verrechtlichung der Kompetenzkontrolle ist deswegen nicht einfach auf die europäische Ebene übertragbar. Das Funktionieren von Kompetenzkatalogen setzt voraus, was mit dessen Einführung in Europa gerade verhindert werden soll: den Konsens hinsichtlich einer Unitarisierung. Die neu aktivierte Prüfung der *interstate commerce clause* durch den Supreme Court und die Rechtsprechung des EuGH zu Art. 133 EGV zeigen andererseits, daß auch wirtschaftsbezogene Kompetenztitel durchaus Kriterien der Kompetenzbestimmung liefern können[83].

9. Fazit

Die atlantischen Verfassungsrevolutionen des späten 18. Jahrhunderts gaben der Idee der Selbstbestimmung eine konkrete institutionelle Bedeutung, die sich bis in die Gegenwart in der Praxis westlicher Verfassungsordnungen geltend macht und die weiterhin die Verfassungsentwicklung in vielen Staaten hin zu Demokratie und Individualrechtsschutz antreibt. Die Organisationsform dieser Idee ist seit art. 16 der *Déclaration des Droits de l'homme* von 1789 mit dem Gedanken der Gewaltenteilung untrennbar verknüpft. Die Besinnung auf den historischen Zusammenhang zwischen Selbstbestimmung und Gewaltengliederung legte es nahe, ein systematisches Konzept selbstbestimmter Gewaltengliederung zu entwickeln, das die Ausdifferenzierung verschiedener selbständiger nationaler Verfassungsordnungen auf dieser gemeinsamen ideengeschichtlichen Grundlage zumindest ein Stück weit relativiert. Denn angesichts einer zunehmenden Interdependenz staatlicher Rechtsordnungen erscheint ein Interesse an ihren Gemeinsamkeiten heute dringlicher geboten als das für die Verfassungsrechtslehren des 19. und 20. Jahrhunderts so typische Interesse an nationalen Besonderheiten. Dieser Ansatz hat vom verfassungstheoretischen Ausgangspunkt der Selbstbestimmung aus konkrete rechtliche Gemeinsamkeiten im Umgang mit Gewaltengliederung zu entfalten, vergleichend zu nutzen und zu einem Baustein eines Gemeinverfassungsrechts demokratischer Staaten fortzuentwickeln. Zugleich gibt die Verknüpfung von Gewaltengliederung und Selbstbestimmung auch Hinweise darauf, wie die Ratio der Gewaltengliederung auch für nichtstaatliche Hoheitsträger weiterentwickelt und modernisiert werden kann. Die Aktualität der Gewaltengliederung endet nicht mit der Modernität des Verfassungsstaats. Solange sich die Internationalisierung des Rechts als eine von Rechtssubjekten gewollte Entwicklung verstehen läßt, die die Ausübung von Freiheit ermöglichen oder verbessern soll, behält auch die Idee der Gewaltengliederung ihren normativen Wert.

---

[83] Oben, S. 379 ff., 387 ff.

Literatur

Abourezk, James The Congressional Veto: A Contemporary Response to Executive Encroachment on Legislative Prerogatives, Indiana L. Rev. 52 (1977), 323.

Abramson, Harold A Fifth Branch of Government: The Private Regulators and Their Constitutionality, Hastings L.Q. 16 (1989), 165.

Abromeit, Heidrun Volkssouveränität in komplexen Gesellschaften, in H. Brunkhorst/P. Niesen (Hrsg.), Das Recht der Republik, Frankfurt a.M. 1999, 17.

–: Wozu braucht man Demokratie?, Opladen 2002.

Achterberg, Norbert Kriterien des Gesetzesbegriffs unter dem Grundgesetz, DÖV 1973, 289.

Achterberg, Norbert Innere Ordnung der Bundesregierung, in: J. Isensee/P. Kirchhof (Hrsg.), Handbuch des Staatsrechts, Bd. II, Heidelberg 1987, § 52.

–: Parlamentsrecht, Heidelberg 1984.

–: Probleme der Funktionenordnung, München 1970.

–: Rezension, EuR 1968, 240.

Ackerman, Bruce The New Separation of Powers, Harvard L. Rev. 113 (2000), 634.

–: We the People, vol. 1 Foundations, Cambridge, Mass. 1991.

Ackerman, Bruce/Golove David Is NAFTA Constitutional?, Harvard L. Rev. 108 (1995), 799.

Ackerman, Bruce / Katyal, Neal Our Unconventional Founding, U. o. Chicago L. Rev. 62 (1995), 475.

Adam, Heike Die Mitteilungen der Kommission: Verwaltungsvorschriften des Europäischen Gemeinschaftsrechts?, Baden-Baden 1999.

Adam, Winfried A. Die Kontrolldichte-Konzeption des EuGH und deutscher Gerichte, Baden-Baden 1993.

Adler, Matthew D. / Kreimer Seth F. The New Etiquette of Federalism: New York, Printz, and Yeskey, Supreme Court Rev. 1999, 71.

Albert, Hans Traktat über kritische Vernunft, 2. Aufl., Tübingen 1969.

–: Marktsoziologie und Entscheidungslogik, 2. Aufl., Tübingen 1998.

Alexy, Robert Theorie der Grundrechte, Frankfurt a.M. 1986.

–: Verfassungsrecht und einfaches Recht – Verfassungsgerichtsbarkeit und Fachgerichtsbarkeit, VVDStRL 61 (2002), 8.

Allen, Carleton K. Law in the Making, 7. Aufl., Oxford 1964.

Allison, J. W. A Continental Distinction in the Common Law: a historical and comparative perspective on English public law, Oxford 1996.

Alter, Karen J. Establishing the Supremacy of European Law, Oxford 2001.

Alston, Philip ›Core Labour Standards‹ and the Transformation of the International Labour Rights, European J. o. International L. 15 (2004), 457.

Amar, Akhil Reed The Bill of Rights and the Fourteenth Amendment, Yale L.J. 101 (1992), 1193.

–: The Supreme Court 1999 Term, Foreword: The Document and the Doctrine, Harvard L. Rev. 114 (2000), 26.

–: The Bill of Rights as a Constitution, Yale L.J. 100 (1991), 1131.

Amerasinghe, C.F. Principles of the institutional law of international organizations, Cambridge 1996.

Anderson, Benedict Imagined Communities, London 1996.

Annaheim, Jörg Die Gliedstaaten im amerikanischen Verfassungsrecht, Berlin 1992.

Anter, Andreas Max Webers Theorie des modernen Staates, Berlin 1995.

Arendt, Hannah Es gibt nur ein einziges Menschenrecht, Die Wandlung, 1949, 754.

–: Über die Revolution, München 1965.

–: Was ist Politik?, München 1993.

Aristoteles Politik, Stuttgart 1976.

Arnauld, Andreas v. Gewaltenteilung jenseits der Gewaltentrennung. Das gewaltenteilige System in der Bundesrepublik Deutschland, ZfParlR, 2001, 678.

Arnull Anthony / Wincott Daniel (Hrsg.), Accountability and Legitimacy in the European Union, Oxford 2002.

Arnull, Anthony The European Union and its Court of Justice, Oxford 1999.

Asch, Roland G. Kriegsfinanzierung, Staatsbildung und ständische Ordnung in Westeuropa im 17. und 18. Jahrhundert, HZ 268 (1999).

Aubert, Vilhelm Some Social Functions of Legislation, Acta Sociologica, 10 (1967), 98.

Augustin, Angela Das Volk der Europäischen Union, Berlin 2000.

Azoulay, Loïc The Judge and the Community's Administrative Governance in: C. Joerges/ R. Dehousse (Hrsg.), Good Governance in Europe's Integrated Markets, Oxford 2002, 109.

Badura, Peter Bewahrung und Veränderung demokratischer und rechtsstaatlicher Verfassungsstruktur in den internationalen Gemeinschaften, VVDStRL 23 (1966), 34.

–: Diskussionsbemerkung, VVDStRL 60 (2001), 353.

–: Gestaltungsfreiheit und Beurteilungsspielraum des Gesetzgebers, bestehend aufgrund und nach Maßgabe des Gesetzes, in: G. Püttner (Hrsg.), Festschrift für Otto Bachof zum 70. Geburtstag, München 1984, 169.

–: Über Wahlen, AöR 97 (1972), 1.

Baecker, Dirk Organisation als System, Frankfurt a.M. 1999.

Baer, Susanne Vermutungen zu Kernbereichen der Regierungen und Befugnissen des Parlaments, Der Staat 40 (2001), 525.

Bagehot, Walter The English Constitution (1867), London 1966.

Bailyn, Bernard The Ideological Origins of the American Revolution: Enlarged Edition, New York 1992.

–: The Origins of American Politics, 2. Aufl., New York 1992.

–: The Radicalism of the American Revolution, New York 1991.

Baldus, Manfred Die Einheit der Rechtsordnung, Berlin 1995.

Baldwin, Robert Rules and Government, Oxford 1995.

Bandes, Susan The Idea of a Case, Stanford L. Rev. 42 (1990), 227.

Bar, Christian v. Gemeineuropäisches Deliktsrecht, 2 Bde., München 1996, 1999.

Barber, N.W. Prelude to Separation of Powers, Cambridge L.J. 60 (2001), 59.

Barbey, Gunther Rechtsübertragung und Delegation, 1962.

Barfield, Claude E. Free Trade, Sovereignty, Democracy, Washington D.C. 2001.

Bartels, Lorand The Separation of Powers in the WTO: How to avoid judicial activism, International Constitutional L. Quarterly 53 (2004), 861.

Bast, Jürgen Handlungsformen, in: A. v. Bogdandy (Hrsg.), Europäisches Verfassungsrecht, Berlin, Heidelberg 2003, 479.

Bator, Paul M. The Constitution as Architecture: Legislative and Administrative Courts Under Article III, Indiana L.J. 65 (1990), 277.

Battis, Ulrich Der Verfassungsverstoß und seine Rechtsfolgen, in: J. Isensee/P. Kirchhof (Hrsg.), Handbuch des Staatsrechts, Bd. VII, Heidelberg 1992, § 165.

Bauer, Hartmut Die Bundestreue, Tübingen 1992.

–: Europäisierung des Verfassungsrechts, JBl. 2000, 751.

–: Geschichtliche Grundlagen der Lehre vom subjektiven öffentlichen Recht, Berlin 1986.

–: Internationalisierung des Wirtschaftsrechts: Herausforderung für die Demokratie, in: H. Bauer u.a. (Hrsg.), Umwelt, Wirtschaft und Recht, Tübingen 2002, 69.

–: Subjektive öffentliche Rechte des Staates, DVBl. 1986, 208.

Bauer, Hartmut / Möllers, Christoph Die Rechtschreibreform vor dem Bundesverfassungsgerichts, JZ 1999, 697.

Bäuerle, Michael Vertragsfreiheit und Grundgesetz, Baden-Baden 2001.

Baumann, Robert Der Einfluss des Völkerrechts auf die Gewaltenteilung, Zürich, Basel, Genf 2002.

Baurmann, Michael Der Markt der Tugend, Tübingen 1996.

Beaud, Olivier La Puissance de L'État, Paris 1994.

Becker, Jürgen Gewaltenteilung im Gruppenstaat, Baden-Baden 1986.

Beck'scher TKG-Kommentar, 2. Aufl. München 2000.

Behrens, Peter Die private Durchsetzung von WTO-Recht, in: C. Nowak/W. Cremer (Hrsg.), Individualrechtsschutz in der EU und in der WTO, Baden-Baden 2002, 201.

Beise, Marc Die Welthandelsorganisation (WTO), Baden-Baden 2001.

Bender, Tobias Die Verstärkte Zusammenarbeit nach Nizza, ZaöRV 61 (2001), 729.

Bengoetxea, Joxerramon The Legal Reasoning of the European Court of Justice, Oxford 1993.

Benvenisti, Eyal Sharing Transboundary Ressources, Cambridge 2002.

Benz, Arthur Kooperative Verwaltung, Baden-Baden 1994.

–: Postparlamentarische Demokratie?, in: M. Th. Greven (Hrsg.), Demokratie – eine Kultur des Westens, Opladen 1998, 201.

Berger, Suzanne Notre Première Globalisation, Paris 2003.

Berlin, Isaiah Two Concepts of Liberty, in: H. Hardy (Hrsg.), Isaiah Berlin. Liberty, Oxford 2002, 166.

Bermann, George A. Constitutional Implications of U.S. Participation in Regional Integration, American J. o. Comparative Law 46 (1998), 463.

–: Regulatory federalism: European Union and United States, Recueil des Cours 263 (1997), 12.

–: Taking Subsidiarity Seriously: Federalism in the EC and the US, Columbia L. Rev. 94 (1994), 331.

–: The Role of Law in the Functioning of Federal Systems, in: K. Nicolaidis/R. Howse (Hrsg.), The Federal Vision, Oxford 2001, 191.

Bernard, Nick Multilevel Governance in the European Union, Den Haag 2002.

Bernhardt, Rudolf Der Abschluß völkerrechtlicher Verträge im Bundesstaat, Köln 1957.

–: Eigenheiten und Ziele der Rechtsvergleichung im öffentlichen Recht, ZaöRV 24 (1964), 431.

–: Qualifikation und Anwendungsbereich des internen Rechts internationaler Organisationen, BerDGV 12 (1973), 7.

–: Verfassungsrecht und völkerrechtliche Verträge, in: J. Isensee/P. Kichhof (Hrsg.), Handbuch des Staatsrechts Bd. VII, Heidelberg 1992, § 174.

Bernhardt, Wilfried Verfassungsprinzipien – Verfassungsgerichtsfunktionen – Verfassungsprozeßrecht im EWG-Vertrag, Berlin 1987.

Bernstorff, Jochen v. Der Glaube als das universale Recht, Baden-Baden 2001.

Bertrams, Michael Verfassungsrechtliche Grenzüberschreitungen, Festschrift für Klaus Stern, München 1997, 1027.

Bessette, Joseph W. The Mild Voice of Reason, Chicago 1994.

Betten, Lammy The Democratic Deficit of Participatory Democracy in European Social Policy, European L. Rev. 23 (1998), 20.

Beyer, Thomas C. W. Rechtsnormanerkennung im Binnenmarkt, Berlin 1998.

Beyerlin, Ulrich Federal Aspects of Foreign Relations Power in the Federal Republic of Germany, in: R. Bernhardt/U. Beyerlin (Hrsg.), Reports on German Public Law and Public International Law, Heidelberg 1986, 3.

Beyme, Klaus v. Der Gesetzgeber, Opladen 1997.

–: Die verfassunggebende Gewalt des Volkes, Tübingen 1968.

Bhabha, Homi K. (Hrsg.), Nation and Narration, London 1990.

Bhuiyan, Sharif Mandatory and Discretionary Legislation: The Continued Relevance of the Distinction under the WTO, J. o. International Economic L. 5 (2002), 571.

Biaggini, Giovanni Theorie und Praxis des Verwaltungsrechts im Bundesstaat, Basel 1996.

Bickel, Alexander The Least Dangerous Branch, New Haven 1962.

Bieber, Roland Das Verfahrensrecht von Verfassungsorganen, Baden-Baden 1992.

Bieber, Roland / Salomé, Isabelle Hierarchies of Norms in European Law, Common Market L. Rev. 33 (1996), 907.

Biervert Bernd Der Mißbrauch von Handlungsformen im Gemeinschaftsrecht, Baden-Baden 1999.

Bignami, Francesca The Democratic Deficit In European Community Rulemaking: A Call for Notice and Comment In Comitology, 40 Harvard International l L.J. 451 (1999).

Bizer, Johannes / Ormond, Thomas / Riedel, Ulrike Die Verbandsklage im Naturschutzrecht, Taunusstein 1990.

Black Jr., Charles L. Structure and Relationship in Constitutional Law (1969), Woodbridge 1985.

Blackstone, William Commentaries to the Laws of England, 1765.

Blanquet, Marc L'article 5 du traité C.E.E., Paris 1994.

Bleckmann, Albert Nochmals: subjektive öffentliche Rechte des Staates, DVBl. 1986, 666.

Blokker, Niels M. Proliferation of International Organizations: An Exploratory Introduction, in: N.M. Blokker/H.G. Schermers (Hrsg.), Proliferation of International Organizations, Den Haag 2001, 1

Blum, Peter Wege zu besserer Gesetzgebung, Gutachten I, 65. DJT, München 2004, 1.

Bluman, Claude Le pouvoir executif de la commission à la lumière de l'Acte unique européen, R.T.D.E. 24 (1988), 23.

Blumann, Claude La fonction législative communautaire, Paris 1995.

Böckenförde Ernst-Wolfgang Die Methoden der Verfassungsinterpretation – Bestandsaufnahme und Kritik, in: Staat, Verfassung Demokratie, Frankfurt a.M. 1991, 53.

–: Diskussionsbeitrag, VVDStRL 39 (1981), 172.

–: Sozialer Bundesstaat und parlamentarische Demokratie, in: J. Jekewitz (Hrsg.), Politik als gelebte Verfassung, Festschrift für Friedrich Schäfer, Opladen 1980, 182.

–: Verfassungsgerichtsbarkeit: Strukturfragen, Organisation, Legitimation, NJW 1999, 9.

–: Demokratie als Verfassungsprinzip, in: J. Isensee/P. Kirchhof (Hrsg.), Handbuch des Staatsrechts, Bd. I, Heidelberg 1987, § 22.

–: Die Organisationsgewalt im Bereich der Regierung, Berlin 1964.

–: Die verfassunggebende Gewalt – Ein Grenzbegriff des Rechts, in: Staat, Verfassung, Demokratie, Frankfurt a.M. 1991, 90.

–: Die verfassungstheoretische Unterscheidung von Staat und Gesellschaft als Bedingung der individuellen Freiheit, Opladen 1973.

–: Geschichte der Rechts- und Staatsphilosophie, Antike und Mittelalter, Tübingen 2002.

–: Gesetz und gesetzgebende Gewalt, 2. Aufl. Berlin 1981.

–: Grundrechtstheorie und Grundrechtsinterpretation, in: Staat, Verfassung, Demokratie, 1991, 115.

–: Mittelbare/repräsentative Demokratie als eigentliche Form der Demokratie, in: G. Müller, R. A. Rhinow, G. Schmitz, L. Wildhaber (Hrsg.), Staatsorganisation und Staatsfunktion im Wandel: Festschrift für Kurt Eichenberger zum 60. Geburtstag, Basel, Frankfurt a.M., 1982, 301.

–: Organisationsgewalt und Gesetzesvorbehalt, NJW 1999, 1235.

Böckenförde, Markus Grüne Gentechnik und Welthandel, Berlin, Heidelberg 2004.

Bodin, Jean Les six livres de la République, 1576. (deutsch: *Jean Bodin*, Sechs Bücher über den Staat, München 1981, ed. P.-C. Mayer-Tasch).

Boeck, Ilka Die Abgrenzung der Rechtsetzungskompetenzen von Gemeinschaft und Mitgliedstaaten in der Europäischen Union, Baden-Baden 2001.

Bogdandor, Vernon Devolution, Oxford 1979.

Bogdandy, Armin v. Buchbesprechung, Der Staat 39 (2000), 457.

–: Demokratisch, demokratischer am demokratischsten?, in: J. Bohnert (Hrsg.), Verfassung – Philosophie – Kirche, Festschrift für Alexander Hollerbach zum 70. Geburtstag, Berlin 2001, 363.

–: Europäische Prinzipienlehre, in: A. v. Bogdandy (Hrsg.), Europäisches Verfassungsrecht, Berlin, Heidelberg 2003, 149.

–: Europäische und nationale Identität: Integration durch Verfassungsrecht, VVDStRL 62 (2002), 156.

–: Gubernative Rechtsetzung, Tübingen 2000.

–: Information und Kommunikation in der Europäischen Union: föderale Strukturen in supranationalem Umfeld, in: W. Hoffmann-Riem/E. Schmidt-Aßmann (Hrsg.), Verwaltungsrecht in der Informationsgesellschaft, 2000, 133.

–: Law and Politics in the WTO – Strategies to Cope with a Deficient Relationship, Max-Planck Yearbook o. United Nations Law, 5 (2001) 609.

–: Legal Equality, Legal Certainty and Subsidiarity in Transnational Economic Law, in: A. v. Bogdandy u.a. (Hrsg.), European integration and international co-ordination, Den Haag 2002, 13.

–: Organizational Proliferation and Centralization under the Treaty on European Union., in: N.M. Blokker/H.G. Schermers (Hrsg.), Proliferation of International Organizations, Den Haag 2001, 177.

–: Skizzen einer Theorie der Gemeinschaftsverfassung, in: T. v. Danwitz (Hrsg.), Auf dem Wege zu einer Europäischen Staatlichkeit, Stuttgart 1993, 9.

–: Supranationaler Föderalismus als Wirklichkeit und Idee einer neuen Herrschaftsform, Baden-Baden 1999.

–: Demokratie, Globalisierung, Zukunft des Völkerrechts – eine Bestandsaufnahme, ZaöRV 63 (2003), 853.

Bogdandy, Armin v. / Bast Jürgen Die vertikale Kompetenzordnung der Europäischen Union – Rechtsdogmatischer Bestand und verfassungspolitische Reformperspektiven, EuGRZ 2001, 441.

Bogdandy, Armin v. / Bast, Jürgen / Arndt, Felix Handlungsformen im Unionsrecht, ZaöRV 62 (2002), 77.

Bogdandy, Armin v. / Nettesheim, Martin Die Europäische Union: Ein einheitlicher Verband mit eigener Rechtsordnung, EuR 1996, 3.

Bohman, James Public Deliberation, Cambridge, Mass. 1996.

Boldt, Hans Parlamentarismustheorie, Der Staat 19 (1980), 385.

Boltanski, Luc / Thévenot, Laurent De la justification, Paris1991.

Bonner Kommentar zum Grundgesetz (R. Dolzer Hrsg.), Heidelberg 1950–2003.

Bora, Alfons Differenz und Inklusion, Baden-Baden 1999.

Borries, Reimer v. Verwaltungskompetenzen der Europäischen Gemeinschaft, in: O. Due, M. Lutter, J. Schwarze (Hrsg.), Festschrift für Ulrich Everling, Bd. I., Baden-Baden 1995, 127.

Böse, Martin Strafen und Sanktionen im Europäischen Gemeinschaftsrecht, Köln 1996.

Bossche, Peter L.- H. van den The European Community and the Uruguay Round Agreements, in: J. *John H. Jackson/A. O. Sykes* (Hrsg.), Implementing the Uruguay Round, Oxford 1997, 23.

Bothe, Michael Die Kompetenzstruktur des modernen Bundesstaats in rechtsvergleichender Sicht, Heidelberg 1977.

Bradley, Curtain A. The Treaty Power and American Federalism, Michigan L. Rev. 97 (1998), 390.

Bradley, Curtis A. / Goldsmith, Jack Pinochet and International Human Rights Litigation, Michigan L. Rev. 97 (1999), 2129.

Bradley, K. St. Clair Institutional Aspects of Comitology, in: C. Joerges/E. Vos (Hrsg.), EU Committees, Oxford 1999, 71.

Brandom, Robert B. Articulating Reasons, Cambridge, Mass. 2000.

Brandt, Reinhardt D'Artagnan und die Urteilstafel, München 1998.

Bredekamp, Horst Hobbes. Thomas Visuelle Strategien, Berlin 1999.

Breger, Marshall J. / Edles, Gary J. Established by Practice: The Theory and Operation of Federal Independent Agencies, Administrative L. Rev. 52 (2000), 1111.

–: Defending Defenders, Duke L.J. 1993, 1202.

Brenner, Michael Das Gesetz über die Zusammenarbeit von Bundesregierung und Deutschem Bundestag in Angelegenheiten der Europäischen Union, ThürVBl. 1993, 196.

Brenner, Michael Der Gestaltungsauftrag der Verwaltung in der Europäischen Union, Tübingen 1999.

Brest, Paul / Levinson, Sanford / Balkin, Jack M. / Amar, Akhil Reed Processes of Constitutional Decision Making, 4. Aufl., New York 2000.

Brest, Paul The Fundamental Rights Controversy: The Essential Contradictions of Normative Constitutional Scholarship, Yale L.J., 90 (1981), 1063.

Breuer, Stefan Bürokratie und Charisma, Darmstadt 1994.

Brewer, John The Sinews of Power, Cambridge, Mass. 1988.

Brewer, Scott Exemplary Reasoning: Semantics, Pragmatics, and the Rational Force of Legal Arguments by Analogy, Harvard L. Rev. 109 (1996), 923.

Breyer, Stephen / Stewart, Richard / Sunstein, Cass R. / Spitzer, Matthew L. Administrative Law and Regulatory Policy, 4. Aufl., New York 1999.

Breyer, Stephen On the Uses of Legislative History, 65 Southern California L. Rev. 845 (1992).

–: The Legislative Veto after Chadha, Georgetown L. Rev. 72 (1984), 785.

–: Vermont Yankee and the Courts' Role in the Nuclear Energy Controversy, Harvard L. Rev. 91 (1978), 1833.

Brie, Siegfried Der Bundesstaat, Leipzig 1874.

–: Die Legitimation einer usurpierten Staatsgewalt, Leipzig 1866.

Brinktrine, Ralf Verwaltungsermessen in Deutschland und England, Heidelberg 1998.

Britz, Gabriele Die Mitwirkung Privater an der Wahrnehmung öffentlicher Aufgaben, VerwArch. 91 (2000), 418.

–: Reaktionen des Verwaltungsverfahrensrechts auf die informationstechnischen Vernetzungen der Verwaltung, in: Hoffmann-Riem/Schmidt-Aßmann (Hrsg.), Verwaltungsverfahren und Verwaltungsverfahrensgesetz, Baden-Baden 2002, 213.

Britz, Gabriele / Schmidt, Marlene Die institutionalisierte Mitwirkung der Sozialpartner an der Rechtsetzung der Europäischen Gemeinschaft, EuR 1999, 467.

Brodocz, Andre Analoges Begründen. Über den Beitrag von Verfassungsrechtsprechung zur symbolischen Integration demokratischer Gesellschaften, Vortrag Mai 2002, Darmstadt.

Broenckers, Marco C. E. Enforcing WTO Law Through the EC Trade Barriers Regulation, International Trade & Law Regulation 3 (1997), 76.

Brohm, Winfried Sachverständige Beratung des Staates, in J. Isensee/P. Kirchhof (Hrsg.), Handbuch des Staatsrechts Bd. II, Heidelberg 1987, § 36.

–: Strukturen der Wirtschaftsverwaltung, Stuttgart 1969.

Bröhmer, Jürgen Das Europäische Parlament: Echtes Legislativorgan oder bloßes Hilfsorgan im legislativen Prozeß?, ZeuS 1999, 197.

Broms, Bengt The Doctrine of Equality of States as Applied in International Organizations, Vammala 1959.

Broß, Siegfried Bundesverfassungsgericht – Europäischer Gerichtshof – Europäischer Gerichtshof für Kompetenzkonflikte, VerwArch. 92 (2001), 425.

Brownlie, Ian Principles of Public International Law, 3. Aufl., Oxford 1979.

Bruff, Harold H. Specialized Courts in Administrative Law, Administrative L. Rev. 43 (1991), 329.

Brugger, Winfried Buchbesprechung, Der Staat 39 (2000), 135.

–: Demokratie, Freiheit, Gleichheit, Berlin 2002.

–: Freiheit, Repräsentation, Integration, in: J. Bohnert (Hrsg.), Verfassung – Philosophie – Kirche, Festschrift für Alexander Hollerbach zum 70. Geburtstag, Berlin 2001, 515.

–: Grundrechte und Verfassungsgerichtsbarkeit in den Vereinigten Staaten von Amerika, Tübingen 1987.

–: Konkretisierung des Rechts und Auslegung der Gesetze, AöR 119 (1994), 1.

Brunkhorst, Hauke Einführung in die Geschichte politischer Ideen, München 2000.

–: Globale Solidarität, in: L. Wingert/K. Günther (Hrsg.), Die Öffentlichkeit der Vernunft und die Vernunft der Öffentlichkeit, Frankfurt a.M. 2001, 605.

–: Solidarität, Frankfurt a.M. 2002.

Brünneck, Alexander v. Verfassungsgerichtsbarkeit in den westlichen Demokratien, Baden-Baden 1992.

Bryde, Brun-Otto Geheimgesetzgebung: Zum Zustandekommen des Justizmitteilungsgesetzes, JZ 1998, 115.

Bubner, Rüdiger Welche Rationalität bekommt der Gesellschaft?, Frankfurt a.M. 1996.

Buchstein, Hubertus Bytes that Bite. Internet and Deliberative Democracy, Constellations 4 (1997), 248.

–: Selbstbindung als verfassungstheoretisches Argument, in: J. Gebhardt / R. Schmalz-Bruns (Hrsg.), Demokratie, Verfassung und Nation, Baden-Baden 1994, 231.

Bücker, Andreas / Schlacke, Sabine Die Entstehung einer »politischen« Verwaltung durch EG-Ausschüsse – Rechtstatsachen und Rechtsentwicklungen, in: C. Joerges / J.Falke, Ausschußwesen der EU, Baden-Baden 1999, 161.

Bülck, Hartwig Föderalismus als internationales Ordnungsprinzip, VVDStRL 21 (1964), 1.

Buergenthal, Thomas Law-Making in the International Civil Aviation Organization, Syracuse 1969.

Bullinger, Martin Regulierung als modernes Instrument zur Ordnung liberalisierter Wirtschaftszweige, DVBl. 2003, 1355.

Bumke, Christian Der Grundrechtsvorbehalt, Baden-Baden 1998.

Búrca, Gráinne de / Scott Joanne (Hrsg.), Constitutional Change in the EU. From Uniformity to Flexibility, Oxford 2000.

Búrca, Gráinne de The Institutional Development of the EU: A Constitutional Analysis, in: P. Craig/G. de Búrca (Hrsg.), The Evolution of EU Law, Oxford 1999, 55.

–: The Principle of Subsidiarity and the European Court of Justice as an Institutional Actor, J. o. Common Market Studies, 36 (1998), 217.

–: The Quest for Legitimacy in The European Union, The Modern Law Review 59 (1996), 349.

Burke, Edmund Speech to the Electors of Bristol (3. November 1774), in: D. Bromwich (Hrsg.), On Empire Liberty and Reform. Speeches and Letters of Edmund Burke, New Haven 2000, 39.

Burley, Anne-Marie / Mattli, Walter Europe before the Court: A Political Theory of Legal Integration, International Organization 47 (1993), 41.

Burley, Anne-Marie Democracy and Judicial Review in the European Community, Univ. o. Chicago Legal Forum 1992, 81.

Burmeister, Frank Gutachten des Bundesverfassungsgerichts zu völkerrechtlichen Verträgen, Berlin 1998.

Burmeister, Günther Cornelius Herkunft, Inhalt und Stellung des institutionellen Gesetzesvorbehalts, Berlin 1991.

Burmeister, Joachim Stellung und Funktion des Bundesverfassungsgerichts im System der Gewaltengliederung, in: P. Koenig (Hrsg.), Die Kontrolle der Verfassungsmäßigkeit in Frankreich und Deutschland, 1985, 33.

Busch, Andreas Das oft geänderte Grundgesetz, in: W. Merkel/A. Busch (Hrsg.), Demokratie in Ost und West, Frankfurt a.M. 1999, 549.

Busch, Bernhard Das Verhältnis des Art. 80 Abs. 1 S. 2 GG zum Gesetzes- und Parlamentsvorbehalt, Berlin 1992.

Byers, Michael Custom, Power and the Power of Rules, Cambridge 1999.

Byse, Clark Vermont Yankee, and the Evolution of Administrative Procedure: A somewhat Different View, Harvard L. Rev. 91 (1978), 1823.

Caenegem, Raoul C. van Judges, Legislators & Professors, Cambridge 1987.

Calabresi, Steven G. A Government of Limited and Enumerated Powers: In Defense of United States v. Lopez, Michigan L. Rev. 94 (1995/96), 752.

Calabresi, Steven G. / Prakash, Saikrishna B. The President's Power to execute the Laws, Yale L.J. 104 (1994), 541.

Calabresi, Steven G. / Rhodes, Kevin H. The Structural Constitution: Unitary Executive, Plural Judiciary, Harvard L. Rev. 105 (1992), 1135.

Caldwell, Peter Popular Sovereignty and the Crisis of German Constitutional Law, Raleigh 1997.

Calhoun, John C. in: Ross M. Lence (Hrsg.), Union and Liberty: The Political Philosophy of John C. Calhoun Indianapolis 1992.

Christian Calliess / Matthias Ruffert (Hrsg.), Kommentar des Vertrages über die Europäische Union und des Vertrages zur Gründung der Europäischen Gemeinschaft 2. Aufl., Neuwied 2002.

Calliess, Christian Subsidiaritäts- und Solidaritätsprinzip in der Europäischen Union, Baden-Baden 2. Aufl. 1999.

–: Kontrolle zentraler Kompetenzausübung in Deutschland und Europa: Ein Lehrstück für die Europäische Verfassung / Zugleich eine Besprechung des Altenpflegesetz-Urteils des BVerfG, EuGRZ 2003, 181.

Calliess, Gralf-Peter Prozedurales Recht, Baden-Baden 1999.

Cameron, James / Gray, Kevin R. Principles of International Law in the WTO Dispute Settlement Body, International and Comparative L. Quarterly 50 (2001), 248.

Caminker, Evan H. State Sovereignty and Subordinacy: May Congress Commandeer State Officers to Implement Federal Law?, Columbia L. Rev. 95 (1995), 1001.

Canaris, Claus-Wilhelm Grundrechte und Privatrecht, Berlin 1999.

Cappelletti Mauro (Hrsg.), Access to Justice. A World Survey, 4 Bde., Alphen aan de Rijn 1978/79.

–: The Judicial Process in Comparative Perspective, Oxford 1988.

Caron, David D. Governance and Collective Legitimation in the New World Order, Hague Yearbook of International Law 6 (1993), 29.

Carpenter, Daniel K. The Forging of Buraucratic Autonomy, Princeton 2001.

Carré de Malberg, Raymond La loi, expression de la volonté générale (1931), Paris 1984.

–: Contribution à la Théorie générale de l'État, tome 2, Paris 1922.

Cascante, Christian Rechtsschutz von Privatrechtssubjekten gegen WTO-widrige Maßnahmen in den USA und in der EG, Berlin 2003.

Casper, Gerhard Separating Powers, Chicago 1997.

Cass, Deborah Z. The ›Constitutionalization‹ of International Trade Law: Judicial Norm-Generation as the Engine of Constitutional Development in International Trade, European J. o. International Law, 12 (2001), 39.

Cassese, Antonio Remarks on Scelle's Theory of »Role Splitting« (*dédoublement fonctionnel*) in International Law, European J. o. International L. 1 (1990), 210.

Cerna, Christina M. Universal Democracy: An International Legal Right or a Pipe Dream of the West?, New York U.J. o. International Law & Policy 27 (1995) 289.

Cesa, Claudio Entscheidung und Schicksal: die fürstliche Gewalt, in: D. Henrich/R.-P. Horstmann (Hrsg.), Hegels Rechtsphilosophie. Die Theorie der Rechtsformen und ihre Logik, Stuttgart 1982, 185.

Charney, Jonathan L. Is International Law Threatened by Multiple International Tribunals?, Recueil des Cours 271 (1998), 101.

Charnowitz, Steve Participation of Nongovernmental Organization in the WTO, U. o. Pennsylvania J. o. International Economic L. 17 (1996), 331.

–: The influence of labour standards on the world trading regime, International Labour Review, 126 (1987), 565.

Chayes Abram Foreword: Public Law Litigation and the Burger Court, Harard L. Rev. 96 (1982), 4.

–: The Role of the Judge in Public Law Litigation, Harvard L. Rev. 89 (1976), 1281.

Chayes, Abram /Chayes, Antonia H. The New Sovereignty, Cambridge, Mass. 1995.

Chiti, Edoardo Decentralisation and Integration into the Community: A New Perspective on European Agencies, European L.J. 10 (2004), 402.

–: Le Agenzie Europee, Rom 2002.

–: The Emergence of a Community Administration: The Case of European Agencies, Common Market L. Rev. 37 (2000), 309.

Choper, Jesse H. Judicial Review and the National Political Process, Chicago 1990.

–: The Scope of National Power Vis-a-vis the States: The Dispensability of Judicial Review, Yale L.J. 86 (1977), 1585.

Christensen, Ralph Was heißt Gesetzesbindung?, Berlin 1989.

Churchill Robin/Scott Joanne, The Mox Plant Litigation The First Half Life, International Constitutional L. Quarterly 53 (2004), 643.

Churchill Robin/Ulfstein Geir, Autonomous Institutional Arrangements in Multilateral Environmental Agreements: A Little-Noticed Phenomenon in International Law, American J. o. International L. 94 (2000), 623.

Closa, Carlos Citizenship of the Union and Nationality of Member States, Common Market L. Rev. 32 (1995), 487.

Cobban, Alfred Rousseau and The Modern State, London 1934.

Coglianese, Cary Assessing Consensus: The Promise and Performance of Negotiated Rule-making, Duke L.J. 1997, 1255.

Cohen, Joshua Deliberation and Deliberative Democracy, in: A. Hamlin/P. Pettit (Hrsg.), The Good Polity, Oxford 1989, 17.

Coleman, Jules L. / Leiter, Brian Determinacy, Objectivity, and Authority, U. o. Pennsylvania L. Rev. 142 (1993), 549

Commichau, Michael Nationales Verfassungsrecht und europäische Gemeinschaftsverfassung, Baden-Baden 1995.

Corbett, Richard / Jacobs, Francis / Shackleton, Michael The European Parliament, 4. Aufl., Essex 2000.

Cornils, Matthias Der gemeinschaftsrechtliche Staatshaftungsanspruch, Baden-Baden 1995.

Cottier, Thomas Dispute Settlement in the WTO: Characteristics and Structural Implications for the EU, Common Market L. Rev. 35 (1998), 325.

Cox, Robert W. ILO: Limited Monarchy, in: R.W. Cox/H.K. Jacobson (Hrsg.), The Anatomy of Influence, New Haven 1973, 102.

Craig, Paul Directives: Direct Effect, Indirect Effect and the Construction of National Legislation, European L. Rev. 1997, 519.

Craig, Paul P. Public Law and Democracy in the United Kingdom and the United Staates of America, Oxford 1990.

Craig, Paul The Nature of the Community: Integration, Democracy, and Legitimacy, in: P. Craig/G. de Búrca (Hrsg.), The Evolution of EU Law, Oxford 1999, 1.

Cremer, Gustav Die Verfassung der Internationalen Arbeitsorganisation, Berlin 1930.

Cremer, Wolfram Art. 80 Abs. 1 S. 2 GG und Parlamentsvorbehalt, AöR 122 (1997), 248.

–: Individualrechtsschutz gegen Akte der Gemeinschaft: Grundlagen und neuere Entwicklungen, in: C. Nowak/W. Cremer (Hrsg.), Individualrechtsschutz in der EG und der WTO, Baden-Baden 2002, 27.

Cremona, *Marise* EC External Commercial Policy after Amsterdam, in: J.H.H. Weiler (Hrsg.), The EU, the WTO, and the NAFTA, Oxford 2000, 5.

Cross, *E.D.* Pre-emption of Member State Law in the EEC, Common Market L. Rev. 29 (1992), 447.

Cunninghan, *Frank* Theories of Democracy, London 2002.

Currie, *David P.* / *Goodman Frank I.* Judicial Review of Federal Adminstrative Action: Quest for the Optimum Forum, Columbia L. Rev. 75 (1975), 1.

Currie, *David P.* Federal Jurisdiction, 4. Aufl., St. Paul 1999.

–: Separation of Powers in the Federal Republic of Germany, The American J. o. Comparative Law 41 (1993), 201.

–: The Constitution in the Supreme Court, The First Hundred Years 1789–1888, Chicago 1985.

–: The Distribution of Powers after *Bowsher*, Supreme Court Rev. 1986, 19.

Curtin, *Deirdre* Postnational Democracy, London 1997.

–: Scalping the Community Legislation: Occupational Pensions and >Barber<, Common Market L. Rev.27 (1990), 475.

–: The Constitutional Structure of the Union: a Europe of Bits and Pieces, Common Market L. Rev.30 (1993), 17.

Cushman, *Barry* Rethinking the New Deal Court, Oxford 1998.

Cushman, *Robert* The Independent Regulatory Agencies (1941), New York 1972.

D'Espargnat, *Bernard* La Realité, Porquoi et Comment, Revue Internationale de Philosophie 2000, 267.

Dahl, *Robert A.* Decision-Making in A Democracy: The Supreme Court as a National Policy-Maker, J. Public Law 6 (1957), 293.

Dam, *Kenneth W.* Regional Economic Arrangements and the Gatt, U. o. Chicago L Rev 30 (1963), 615.

Dann, *Philip* Looking through the federal lens: The Semi-parliamentary Democracy of the EU, Jean Monnet Working Paper, 5/02.

–: Parlamente im Exekutivföderalismus, Berlin, Heidelberg 2004.

Danwitz, *Thomas v.* Der EuGH und das Wirtschaftsvölkerrecht, JZ 2001, 721.

–: Der Gestaltungsspielraum des Verordnungsgebers, Berlin 1989.

–: Der Grundsatz funktionsgerechter Organstruktur, Der Staat 35 (1996), 329.

–: Verwaltungsrechtliches System und europäische Integration, Tübingen 1996.

Dashwood, *Alan* The attribution of foreign relations competence, in: A. Dashwood/C. Hillion (Hrsg.), The General Law of E.C. External Relations, London 2000, 115.

–: The Limits of European Community Powers, European L. Rev. 21 (1996), 113.

Davey, *William J.* Has the WTO Dispute Settlement System Exceeded its Authority?, J. o. International Economic L. 2001, 79.

David, *Antje* Inspektionen im europäischen Verwaltungsrecht, Berlin 2003.

Davis, *Kenneth Culp* A New Approach to Delegation, U. o. Chicago L. Rev. 36 (1969), 713.

De Witte, *Bruno* Direct Effect, Supremacy and the Nature of the Legal Order, in: Craig/de Búrca, (Hrsg.), The Evolution of the EU-Law, Oxford 1999, 177.

Decker, *Claudia* Handelskonflikte zwischen den USA und der EU seit 1985, Berlin 2002.

Dederer, *Hans Georg* Durchführung von Vereinbarungen der europäischen Sozialpartner, RdA 2000, 216.

Dederichs, *Mariele* Die Methodik des Gerichtshofes der Europäischen Gemeinschaften, EuR 2004, 345.

Deecke, Carsten Verfassungsrechtliche Anforderungen an die Stimmenverteilung im Bundesrat, Berlin 1998.

Dehousse, Rene, Networks, J. o. European Public Policy 4 (1997), 240.

Dellavalle, Sergio Freiheit und Intersubjektivität, Berlin 1998.

Jost Delbrück / Rüdiger Wolfrum, Völkerrecht, begründet von Georg Dahm, Band I/1, 2. Aufl., Berlin 1989, Band I/2, I/3, 2. Aufl. Berlin 2002.

Demsetz, Harold Toward a Theory of Property Rights, American Economic Review 57 (1967), 347.

Depenheuer, Otto Der Wortlaut als Grenze, Heidelberg 1988.

Derrida, Jacques Limited Inc., Chicago 1988.

Detter, Ingrid Law Making by International Organizations, Stockholm 1965.

Detterbeck, Stefan Streitgegenstand und Entscheidungswirkungen im öffentlichen Recht, Tübingen 1995.

Devlin, Dominick Flexibility and the International Labour Organization, in: N.M. Blokker/H.G. Schermers (Hrsg.), Proliferation of International Organizations, Den Haag 2001, 365.

Dewey, John The Public and Its Problems (1927), Athens 1954.

Dicey, Albert Venn Introduction to the Study of the Law of the Constitution, 10 Aufl., Oxford 1959.

Di Fabio, Udo Gewaltenteilung, in: J. Isensee/P. Kirchhof, Handbuch des Staatsrechts, Bd. II, 3. Aufl., Heidelberg 2004, § 27.

–: Das Recht offener Staaten, Tübingen 1998.

–: Der Verfassungsstaat in der Weltgesellschaft, Tübingen 2001.

–: Risikoentscheidungen im Rechtsstaat, Tübingen 1994.

–: Verwaltungsvorschriften als ausgeübte Beurteilungsermächtigung, DVBl. 1992, 1338.

Dinan, Desmond Ever Closer Union?, London 1994.

Dittmann, Armin Gleichheitssatz und Gesetzesvollzug im Bundesstaat, in: H. Maurer (Hrsg.), Das akzeptierte Grundgesetz, Festschrift für Günter Dürig zum 70. Geburtstag, München 1990, 221.

Diver, Colin S. Statutory Interpretation in the Administrative State, U. Pennsylvania L. Rev. 133 (1985), 549.

Doehring, Karl Die nationale »Identität« der Mitgliedstaaten der Europäischen Union, in: O. Due, M. Lutter, J. Schwarze (Hrsg.), Festschrift für Ulrich Everling, Bd. I., Baden-Baden 1995, 263.

–: Effectiveness, in: Encyclopaedia of Public International Law vol. II, Elsevier 1995, 43.

–: Selbstbestimmungsrecht der Völker, in: B. Simma (Hrsg.), Charta der Vereinten Nationen, München 1991, 15.

–: Völkerrecht, Heidelberg, 2. Aufl. 1999.

–: Allgemeine Staatslehre, 2. Aufl., Heidelberg 2004.

Doemming, Klaus-Bert v. / Füsslein, Rudolf Werner / Matz, Werner Entstehungsgeschichte der Artikel des Grundgesetzes, JöR n.F. 1 (1951).

Dolzer, Rudolf Das parlamentarische Regierungssystem und der Bundesrat – Entwicklungsstand und Reformbedarf, VVDStRL 58 (1999), 7.

Dörr, Oliver/Mager, Ute AöR 125 (2000), Rechtswahrung und Rechtsschutz nach Amsterdam, AöR 125 (2000) 386.

Dorsen, Norman / Rosenfeld, Michael / Sajo Andreas / Baer Susanne Casebook Comparative Constitutionalism, Eagan 2003.

Dose, Nicolai Die verhandelnde Verwaltung, Baden-Baden 1994.

Dregger, Meinulf Die antizipierte Zustimmung des Parlaments zum Abschluß völkerrechtlicher Verträge, die sich auf Gegenstände der Bundesgesetzgebung beziehen, Berlin 1989.

Dreier, Grundgesetz-Kommentar, 3 Bde., Tübingen 1996–2000.

Dreier, Horst Dimensionen der Grundrechte, Hannover 1993.

–: Das Majoritätsprinzip im demokratischen Verfassungsstaat, ZfParlR 1986, 94.

–: Demokratische Repräsentation und vernünftiger Allgemeinwille. Die Theorie der amerikanischen Federalists im Vergleich mit der Staatsphilosophie Kants, AöR 113 (1988), 450.

–: Die drei Staatsgewalten im Zeichen von Europäisierung und Privatisierung, DÖV 2002, 537.

–: Einheit und Vielfalt der Verfassungsordnungen im Bundesstaat, in: K. Schmidt (Hrsg.), Vielfalt des Rechts – Einheit der Rechtsordnung?, Berlin 1994, 113.

–: Grundrechtsdurchgriff contra Gesetzesbindung?, Die Verwaltung 36 (2003), 105.

–: Kelsens Demokratietheorie: Grundlegung, Strukturelemente, Probleme, in: R. Walter/ C. Jabloner (Hrsg.), Hans Kelsens Wege sozialphilosophischer Forschung, Wien 1997, 107.

–: The Essence of Democracy, in: D. Diner/M. Stolleis (Hrsg.), Hans Kelsen and Carl Schmitt, Gerlingen 1999, 71.

–: Verantwortung im demokratischen Verfassungsstaat, in: U. Neumann/L. Schulz (Hrsg.), Verantwortung in Recht und Moral, Stuttgart 2000, 9.

–: Zur »Eigenständigkeit« der Verwaltung, Die Verwaltung (1992), 137.

–: Hierarchische Verwaltung im demokratischen Staat, Tübingen 1991.

Dubinsky, Paul R. The Essential Functions of Federal Courts: The European Union and the United States Compared, American J. o. Comparative Law 42 (1994), 295.

Dubuisson, Daniel Le roi indo-européen et la synthèse des trois fonctions, Annales, 33 (1978), 21.

Duhamel, Olivier Droit Constitutionnel, 4. Aufl., Paris 1999.

Dumézil, Georges L'ideologie tripartie des Indo-Européens, Brüssel 1967.

Dunoff, Jeffrey The Death of the Trade Regime, European J. o. International L. 10 (1999), 733.

Dürig, Günther Zeit und Rechtsgleichheit, in: Tradition und Fortschritt im Recht, Festschrift Tübinger Juristenfakultät, Tübingen 1977, 21.

Duxbury, Neil Patterns of American Jurisprudence, Oxford 1995.

Dworkin, Ronald Taking Rights Seriously, Cambridge, Mass. 1977.

Ebsen, Ingwer Das Bundesverfassungsgericht als Element gesellschaftlicher Selbstregulierung, Berlin 1985.

Eckertz, Rainer Bundesstaat und Demokratie, in: R. Grawert (Hrsg.), Offene Staatlichkeit, Festschrift für Ernst-Wolfgang Böckenförde zum 65.Geburtstag, Berlin 1995, 13.

Eder, Klaus / Kantner, Christian Transnationale Resonanzstrukturen in Europa. Eine Kritik der Rede vom Öffentlichkeitsdefizit, in: M. Bach (Hrsg.), Die Europäisierung nationaler Gesellschaften, Wiesbaden 2000, 306.

Eeckhout, Piet Judicial Enforcement of WTO Law in the European Union – Some Further Reflections, J. o. International Economic Law (2002), 91.

Efraim, Athena D. Sovereign (In)equality in International Organizations, Den Haag 2000.

Egan, Michelle / Wolf, Dieter Regulation and Comitology: The EC Committee System in Regulatory Perspective, Columbia J. o. European Law 4 (1998), 499.

Egger, Alexander Das Generalsekretariat des Rates der EU, Baden-Baden 1994.

Ehlermann, Claus-Dieter The Modernization of EC Antitrust Policy: A Legal and Cultural Revolution, Common Market L. Rev. 37 (2000), 537.

Ehlers, Dirk Die Europäisierung des Verwaltungsprozeßrechts, Köln 1999.

–: Die Klagebefugnis nach deutschem, europäischem Gemeinschafts-, und U.S.-amerikanischem Recht, VerwArch. 84 (1993), 139.

–: Verfassungsrechtliche Fragen der Richterwahl, Berlin 1998.

Ehmke, Horst »Ermessen« und »unbestimmter Rechtsbegriff«, Tübingen 1960.

–: Prinzipien der Verfassungsinterpretation, VVDStRL 20 (1963), 53.

–: Wirtschaft und Verfassung, Karlsruhe 1961.

Ehrenzeller, Bernhard Legislative Gewalt und Außenpolitik, Basel 1993.

Eicher, Hermann Der Machtverlust der Länderparlamente, Berlin 1988.

Eidenmüller, Horst Rechtsanwendung, Gesetzgebung und ökonomische Analyse, AcP 197 (1997), 80.

Effizienz als Rechtsprinzip, Tübingen 1995.

Eisenman, Charles L'›Esprit des lois‹ et la séparation des pouvoirs, in: Mélanges Carré de Malberg, Paris 1933, 163.

–: La pensée politique et constitutionelle de Montesquieu, in: Recueil Sirey du Bicentenaire de l'Esprit des Lois, Paris 1952.

Eisenstadt, Shmuel N. Die Vielfalt der Moderne, Weilerswist 2000.

Eisgruber, Christopher L. Constitutional Self-Government, Cambridge, Mass. 2001.

Elhauge, Einer Does Interest Group Theory Justify more intrusive judicial review?, 101 Yale L.J. 31 (1991).

Elkins, Stanley / McKittrick, Eric The Age of Federalism, Oxford 1993.

Elliott, Donald E. INS v. Chadha – The Administrative Constitution, the Constitution and the Legislative Veto, Supreme Court Rev., 1983, 125.

Ellwein, Thomas Das Erbe der Monarchie in der deutschen Staatskrise, München 1954.

Elshorst, David Bürgervollzugsklagen, Berlin 2002.

Elster, Jon Arguing and bargaining in the Federal Convention and the Assemblée Constituante, Working Paper – U. o. Chicago, August 1991.

–: Deliberation and Constitution Making, in: J. Elster (Hrsg.), Deliberative Democracy, Cambridge 1998, 97.

–: Nuts and Bolts for the Social Sciences, Cambridge 1989.

–: The Cement of Society, Cambridge 1989.

–: Ulysses Unbound, Cambridge 2000.

Ely, John H. Democracy and Distrust, Cambridge, Mass. 1981.

Emde, Ernst Thomas Die demokratische Legitimation der funktionalen Selbstverwaltung, 1991.

Enderlein, Axel Der Begriff der Freiheit als Tatbestandsnmerkmal der Grundrechte, Berlin 1995.

Enders, Christoph Die Menschenwürde im Grundgesetz, Tübingen 1997.

Engdahl, David E. Intrinsic limits of Congress' power regarding the judicial branch, Brigham Young U.L. Rev. 1999 75.

–: The necessary and proper clause as an intrinsic restraint on federal lawmaking power, Harvard J. o. L. & Public Policy 22 (1998), 107.

Engels, Nicole Chancengleichheit im Bundesstaat, Berlin 2001.

Engländer, Armin Diskurs als Rechtsquelle?, Tübingen 2002.

Epstein, David / O'Halloran, Sharyn Delegating Powers, Cambridge 1999.

Epstein, David F. The Political Theory of The Federalists, Chicago 1984.

Erichsen, Hans-Uwe Das Verwaltungshandeln, in: H.-U. Erichsen / D. Ehlers (Hrsg.), Allgemeines Verwaltungsrecht, 12. Aufl., Berlin 2002.

Eskridge Jr., William / Frickey, Philip P. Quasi-Constitutional Law: Clear Statement Rules as Constitutional Lawmaking, Vanderbilt L. Rev. 45 (1992), 593.

Eskridge Jr., William N. Dynamic Statutory Interpretation, Cambridge, Mass. 1994.

Eskridge, William N. / Ferejohn, John The Elastic Commerce Clause. A Political Theory of American Federalism, Vanderbilt L. Rev. 47 (1994), 1355.

Eskridge, William N. Overriding Supreme Court Statutory Interpretation Decisions, Yale L.J. 101 (1991), 334.

Esser, Josef Vorverständnis und Methodenwahl in der Rechtsfindung, Frankfurt a.M. 1970.

Estlund, David M. Who's Afraid of Deliberative Democracy, Texas L. Rev. 71 (1993), 1437.

Eule, Julian N. Laying the Dormant Commerce Clause to Rest, Yale L.J. 91 (1982), 425.

Evans, Gail E. Lawmaking under the Trade Constitution, Den Haag 2000.

Everling, Ulrich Sind die Mitgliedstaaten der Europäischen Gemeinschaft noch Herren der Verträge?, in: R. Bernhardt, W.-K. Geck, G. Jaenicke, H. Steinberger (Hrsg.), Völkerrecht als Rechtsordnung, Internationale Gerichtsbarkeit, Menschenrechte, Festschrift für Hermann Mosler, Berlin Heidelberg, New York, 1983, 173.

–: Zur Begründung der Urteile des Gerichtshofs der Europäischen Gemeinschaft, EuR 1994, 127.

–: Zur rechtlichen Wirkung von Beschlüssen, Entschließungen, Erklärungen und Vereinbarungen des Rates oder der Mitgliedstaaten der Europäischen Gemeinschaft, in: GS Constantinesco, 1983, 133.

Everson, Michelle Administering Europe?, J. o. Common Market Studies 36 (1998), 195.

–: Independent Agencies: Hierarchy Beaters?, European L.J. 2 (1995), 180.

–: Independent Agencies, in: G. Winter (Hrsg.), Sources and Categories of European Union Law, Baden-Baden 1996, 601.

Falke, Josef Komitologie – Entwicklung, Rechtsgrundlagen und erste empirische Annäherung, in: C. Joerges/J. Falke (Hrsg.), Das Ausschußwesen der Europäischen Union, Baden-Baden 1999, 4.

Fallon Jr., Richard H. Of Legislative Courts, Administrative Agencies and Article III, Harvard L. Rev. 101 (1988), 916.

–: Stare Decisis and the Constitution: An Essay on Constitutional Methodology, New York U. Law Review 76 (2001), 570.

–: Richard J. Implementing the Constitution, Cambridge, Mass. 2001.

Farber, Daniel / Frickey, Philip Law and Public Choice, 1991.

Farber, Daniel A. / Hudec, Robert E. Free Trade and the Regulatory State: A GATT's-Eye View of the Dormant Commerce Clause, Vanderbilt L. Rev. 47 (1994), 1401.

Farber, Daniel A. The Hermeneutic Tourist: Statutory Interpretation in Comparative Perspective, Cornell L. Rev. 81 (1995–96), 513.

Färber, Gisela Effizienzprobleme des Verwaltungsföderalismus, DÖV 2001, 485.

Farina, Cynthia R. Statutory Interpretation and the Balance of Power in the Administrative State, 89 (1989) Columbia L. Rev. 452.

Fassbender, Bardo Der Schutz der Menschenrechte als zentraler Inhalt des völkerrechtlichen Gemeinwohls, EuGRZ 2003, 1.

–: Die souveräne Gleichheit aller Staaten, Aus Politik und Zeitgeschichte B43/2004, 7.

Fassbender, Kurt Eine Absichtserklärung aus Karlsruhe zur legislativen Kompetenzverteilung im Bundesstaat, JZ 2003, 332.

Fastenrath, Ulrich Das Recht der Staatensukzession, BerDGV 35 (1996), 9.

–: Die Kompetenzverteilung im Bereich der auswärtigen Gewalt, München 1986.

–: Gewaltenteilung – Ein Überblick, JuS 1986, 194.

Favoreu, Louis American and European Models of Constitutional Justice, in: D.S. Clark (Hrsg.), Comparative and private international law: essays in honor of John Henry Merryman on his seventieth birthday, Berlin 1990, 105.

–: La Politique Saisie par le Droit, Paris 1988.

Fearon, James D. Deliberation as Discussion, in: J. Elster (Hrsg.), Deliberative Democracy, Cambdridge 1998, 44.

Fehling, Michael Verwaltung zwischen Unparteilichkeit und Gestaltungsaufgabe, Tübingen 2001.

Feist, Christian Kündigung, Rücktritt und Suespendierung von multilateralen Verträgen, Berlin 2001.

Felix, Dagmar Einheit der Rechtsordnung, Tübingen 1998.

Fenske, Hans Gewaltenteilung, in: O. Brunner/W. Conze/R. Koselleck (Hrsg.), Geschichtliche Grundbegriffe, Bd. 3, Stuttgart 1982, 923.

Feuchte, Paul Die bundesstaatliche Zusammenarbeit in der Verfassungswirklichkeit der Bundesrepublik Deutschland, AöR 98 (1973), 473.

Finer, Herman Administrative Responsibility in Democratic Government, Public Administration Review 1 (1941), 335.

Fisahn, Andreas Demokratie und Öffentlichkeitsbeteiligung, Tübingen 2002.

Fischer-Appelt, Dorothee Die Agenturen der Europäischen Gemeinschaft, Berlin 1999.

Fish, Stanley E. Is There a Text in this Class, Cambridge, Mass. 1977.

–: The Trouble With Principle, Cambridge, Mass. 2001.

–: Working on the Chain Gang: Interpretation in Law and Literature, in: Doing What Comes Naturally, 1989, 87.

Fisher, Louis The Efficiency Side of Separated Powers, J. o. American Studies 5 (1971), 115.

Fitts, Michael The Paradox of Power in the Modern State, U. o. Pennsylvania L. Rev. 144 (1996), 827.

Fleming, James E. Constructing the Substantive Constitution, Texas L. Rev. 72 (1993), 211.

Flint, Thomas Die Übertragung von Hoheitsrechten, Berlin 1998.

Folz, Hans-Peter Demokratie und Integration, Berlin, Heidelberg 1999.

Foote, Susan Bartlett Independent Agencies under Attack: A Sceptical View of the Importance of the Debate, Duke L.J. 1988, 223.

Forgò, Nicolaus / Feldner, Birgit (Hrsg.), Norm und Entscheidung. Prolegomena zu einer Theorie des Falls, Wien 2000.

Forsthoff, Ernst Lehrbuch des Verwaltungsrechts, 10. Aufl., München 1973.

Foucault, Michel Il faut défendre la société, Paris 1997.

Fox, Gregory H. The Right to Political Participation in International Law, Yale J. o. International Law, 17 (1992), 539.

Franck, Thomas The Emerging Right to Democratic Governance, American J. o. International Law 86 (1992), 46.

–: Fairness in International Law and Institutions, Oxford 1995.

Franck, Thomas / Weisband, Edward Foreign Policy by Congress, New York 1979.

Frank, Manfred Die Unhintergehbarkeit von Individualität, Frankfurt a.M. 1986.

Frankenberg, Günter Autorität und Integration, Frankfurt a.M. 2003.

Frankfurt, Henry G. Freedom of the Will and the Concept of a Person, in: The Importance of What We Care About, Cambridge 1988.

Frankfurter, Felix The Commerce Clause under Marshall, Taney and White, Chapel Hill 1936.

Franßen, Everhardt Verfassungsbeschwerde – eine verkappte Normenkontrolle?, in: E. Franßen u.a. (Hrsg.), Bürger – Richter – Staat, München 1991, 81.

Franzius, Claudio Strukturmodelle des europäischen Telekommunikationsrechts, EuR 2002, 660.

Fraser, Nancy Rethinking the Public Sphere: A Contribution to the Critique of Actually Existing Democracy, in: C. Calhoun (Hrsg.), Habermas and the Public Sphere, Cambridge, Mass. 1991, 109.

Friedman, Barry History of the Countermajoritarian Difficulty Part Four: Law's Politics, 148 U. o. Pennsylvania L. Rev. 148 (2000), 971.

–: History of the Countermajoritarian Difficulty Part Five: The Birth of an Academic Obsession, Yale L.J. 112 (2002).

–: History of the Countermajoritarian Difficulty, Part Three: The Lesson of Lochner, New York U.L. Rev. (2003).

Friesenhahn, Ernst Parlament und Regierung im modernen Staat, VVDStRL 16 (1957), 9.

–: Über Begriff und Arten der Rechtsprechung, in: Festschrift Richard Thoma, Tübingen 1950, 21.

Frotscher, Werner Regierung als Rechtsbegriff, Berlin 1975.

Frowein, Jochen Abr. Are there Limits to the Amendment Procedures in Treaties Constituting International Organisations?, in: G. Hafner u.a. (Hrsg.), Liber amicorum Seidl-Hohenveldern, Den Haag 1998, 201.

–: Das Maastricht-Urteil des Bundesverfassungsgerichts und die Grenzen der Verfassungsgerichtsbarkeit, ZaöRV 54 (1994), 1.

–: Die Konstruktion des Bundesstaates, in: Probleme des Föderalismus, Tübingen 1985, 47.

–: Die rechtliche Bedeutung des Verfassungsprinzips der parlamentarischen Demokratie für den europäischen Integrationsprozeß, EuR 1983, 301.

–: Die Wiederentdeckung des Menschen im Völkerrecht, in: P.-C. Müller-Graff/H. Roth (Hrsg.), Recht und Rechtswissenschaft, Heidelberg 2000, 65.

–: Gemeinschaftsaufgaben im Bundesstaat, VVDStRL 31 (1973), 13.

–: Integration and the Federal Experience in Germany and Switzerland, in: M. Cappelletti/M. Secombe/J. Weiler (ed.), Integration through Law, 1/1, Berlin 1986, 573.

–: Konstitutionalisierung des Völkerrechts, in: BerDGVR 39 (2000), 427.

Frowein, Jochen Abr./Hahn, Michael J. The Participation of Parliament in the Treaty Process in the Federal Republic of Germany, in: S.A. Riesenfeld/F.M. Abbott (Hrsg.), Parliamentary Participation in the Making and Operation of Treaties, Den Haag, 1994, 61.

Fuller, Lon L. The Forms and Limits of Adjudication, Harvard L. Rev. 92 (1978/79), 353.

Galenson, Walter The International Labour Organization, Madison 1981.

Gardener, James A. Shut Up and Vote: A Critique of Deliberative Democracy and the Life of Talk, Tennessee L. Rev. 63 (1996), 421.

Gassner/Bendomir/Kahlo/Schmidt-Ränsch, Bundesnaturschutzgesetz, 2. Aufl., München 2003.

Gauchet, Marcel La Révolution des pouvoirs, Paris 1995.

Geiger, Rudolf Grundgesetz und Völkerrecht, 3. Aufl. München 2002.

Geiger, Willi Gegenwartsprobleme der Verfassungsgerichtsbarkeit aus deutscher Sicht, in: T. Berberich (Hrsg.), Neue Entwicklungen im öffentlichen Recht, Stuttgart 1979, 131.

Gellner, Ernest Nations and Nationalism, Ithaca 1983.

Georgiev, Dencho Politics or Rule of Law: Deconstruction and Legitimacy in International Law, European J. o. International Law 4 (1993), 1.

Georgopoulos, Theodore The ›Checks and Balances‹ Doctrine in Member States as a Rule of EC Law: The Cases of France and Germany, European L.J. 9 (2003), 530.

Gerhardt, Michael Funktionaler Zusammenhang oder Zusammenstoß zweier Rationalitäten?, in: W. Hoffmann-Riem/E. Schmidt-Aßmann (Hrsg.), Verwaltungsverfahren und Verwaltungsverfahrensgesetz, Baden-Baden 2002, 413.

Gerstenberg, Oliver / Sabel, Charles F. Directly-Deliberative Polyarchy: An Institutional Ideal for Europe, in: C. Joerges/R. Dehousse (Hrsg.), Good Governance in Europe's Integrated Market, Oxford 2002, 289.

Gerstenberg, Oliver Bürgerrechte und deliberative Demokratie, Frankfurt a.M. 1997.

Geuss, Raymond Auffassungen der Freiheit, Zeitschrift für philosophische Forschung 49 (1995), 1.

Giannella, Donald A. Religious Liberty, Non-Establishment, and Doctrinal Development: Part I, Harvard L. Rev. 80 (1967), 1381.

Giegerich, Thomas Privatwirkung der Grundrechte in den USA, Berlin, Heidelberg 1992.

–: Europäische Verfassung und deutsche Verfassung im transnationalen Konstitutionalisierungsprozeß: Wechselseitige Rezeption, konstitutionelle Evolution und föderale Verflechtung, Berlin, Heidelberg 2003.

Glendon, Mary Ann Rights Talk, New York 1991.

Goerlich, Helmut Grundrechte als Verfahrensgarantien, Baden-Baden 1981.

Gogos, Konstantinos Verselbständigte Verwaltungseinheiten als Adressaten staatlicher Sonderbindungen, Berlin 1997.

Goldsmith, Jack / Posner, Eric A Theory of Customary International Law, U. o. Chicago L. Rev. 66 (1999), 1113.

Goldsmith, Jack L. Federal Courts, Foreign Affairs and Federalism, Virginia L. Rev. 83 (1997), 1617.

Goldstein, Leslie Friedman Constituting Federal Sovereignty. The European Union in Comparative Context, Baltimore 2001.

Goll, Ulrich / Kennter, Markus Brauchen wir ein Europäisches Kompetenzgericht, EuZW 2002, 101.

Golove, David A. Treaty Making and the Nation: The Historical Foundations of the Nationalist Conception of the Treaty Power, Michigan L. Rev. 98 (2000), 1075.

Golove, David M. Against Free-Form Formalism, New York U.L. Rev. 73 (1998), 1791.

Gornig, Gilbert / Trüe, Christiane Die Rechtsprechung des EuGH und EuG zum Europäischen Verwaltungsrecht, JZ 2000, 395.

Gosepath, Stefan Demokratie und Menschenrechte, in: H. Brunkhorst, Demokratischer Experimentalismus, Frankfurt a.M. 1998, 201.

Gößwein, Christoph Allgemeines Verwaltungs(verfahrens)recht der administrativen Normsetzung, Berlin 2001.

Götz, Volkmar Der Grundsatz der gegenseitigen Anerkennung im europäischen Binnenmarkt, in: V. Götz (Hrsg.), Liber amicorum Günther Jaenicke – zum 85. Geburtstag, Berlin, Heidelberg, New York 1998, 763.

Gough, J. W. Fundamental Law in English Constitutional History, Oxford 1955.

Grabenwarter, Christoph Europäische Menschenrechtskonvention, München 2003.

Grabitz, Eberhard Freiheit und Verfassungsrecht, Tübingen 1976.

Grams, Hartmut A. Zur Gesetzgebung der Europäischen Union, Neuwied, Kriften, 1998.

Grant, Scott E. Judicial Supremacy and Nonjudicial Interpretation of the Constitution, Hastings L.Q. 24 (1997), 359.

Grawert, Rolf Staatsangehörigkeit und Staatsbürgerschaft, Der Staat 23 (1984), 179.

Greifeld, Andreas Volksentscheid durch Parlamente, Berlin 1983.

Grewe, Wilhelm G. Auswärtige Gewalt, in: J. Isensee/P. Kirchhof (Hrsg.), Handbuch des Staatsrechts, Bd. III, Heidelberg 1990, § 77.

Grigoleit, Klaus J. / Kersten, Jens Grundrechtlicher Schutz und grundrechtliche Schranken kommerzieller Kommunikation, DVBl. 1996, 596.

Griller, Stefan Judicial Enforceability of WTO Law in the EU Annotation to Case 149/96, J.o. International Economic Law 2001, 441.

Grimm, Dieter Braucht Europa eine Verfassung?, JZ 1995, 581.

–: Die Gegenwartsprobleme der Verfassungspolitk und der Beitrag der Politikwissenschaft, in: Die Zukunft der Verfassung, Frankfurt a.M. 1991, 336.

Groß, Thomas Die Autonomie der Wissenschaft im europäischen Rechtsvergleich, Baden-Baden 1993.

–: Das Kollegialprinzip in der Verwaltungsorganisation, Tübingen 1999.

–: Die administrative Föderalisierung der EG, JZ 1994, 596.

Grote, Rainer Rechtskreise im öffentlichen Recht, AöR 126 (2001), 10.

Grzeszick, Bernd Rechte und Ansprüche, Tübingen 2003.

Guiguet, Benoît Citizenship and Nationality, in: M. de la Torre (Hrsg.), European Citizenship, Den Haag 1998, 95.

Gundel, Jörg Anmerkung zu EuGH v. 30.3. 1997, Rs. C-57/95, EuR 1996, 90.

Gusy, Christoph Administrativer Vollzugsauftrag und justizielle Kontrolldichte im Recht der Technik, DVBl. 1987, 497.

–: Das Grundgesetz als normative Gesetzgebungslehre?, ZRP 1985, 291.

–: Demokratiedefizite in postnationalen Gemeinschaften unter Berücksichtigung der EU, ZfP 45 (1998), 267.

Häberle, Peter Die Eigenständigkeit des Verfassungsprozeßrechts, JZ 1973, 451.

–: Europäische Verfassungslehre, Baden-Baden 2001/2002.

–: Grundrechte im Leistungsstaat, VVDStRL 30 (1972), 42.

Habermas, Jürgen Diskursethik: Notizen zu einem Begründungsprogramm, in: Moralbewußtsein und kommunikatives Handeln, Frankfurt a.M. 1983, 53.

–: Faktizität und Geltung, Frankfurt a.M. 1992.

–: Strukturwandel der Öffentlichkeit, Vorwort zur 2. Aufl., Frankfurt a.M. 1990.

–: Theorie des kommunikativen Handelns, 2 Bde., Frankfurt a.M. 1981.

–: Zur Rekonstruktion des historischen Materialismus, Frankfurt a.M. 1976.

–: Der philosophische Diskurs der Moderne, Frankfurt a.M. 1985.

–: Die postnationale Konstellation und die Zukunft der Demokratie, in: Die postnationale Konstellation, Frankfurt a.M. 1998, 91

Hagenah, Evelyn Prozeduraler Umweltschutz, Baden-Baden 1996.

Hahn, Hugo J. Funktionenteilung im Verfassungsrecht europäischer Organisationen, Baden-Baden 1977.

Hahn, Michael J. Die einseitige Aussetzung von GATT-Verpflichtungen als Repressalie, Heidelberg, Berlin 1996.

Haibach, Georg Komitologie nach Amsterdam – Die Übertragung von Rechtsetzungsbefugnissen im Rechtsvergleich, VerwArch. 90 (1999), 98 (106).

Hain, Karl-Eberhard Die Grundsätze des Grundgesetzes, Baden-Baden 1999.

Halberstam, Daniel Commercial Speech, Professional Speech, and the Constitutional Status of Social Institutions, University o. Pennsylvania. L. Rev., 147 (1999), 771.

–: Comparative Federalism and the Issue of Commandeering, in: K. Nicolaidis/R. Howse (Hrsg.), The Federal Vision, Oxford 2001, 213.

–: The Foreign Affairs of Federal Systems: A National Perspective on the Benefits of State Participation, Villanova L. Rev. 46 (2001), 1015.

Halfmann, Ralf Entwicklungen des deutschen Staatsorganisationsrechts im Kraftfeld der europäischen Integration, Berlin 2000.

Haller, Benedikt Repräsentation, Wien 1987.

Haltern, Ulrich / Mayer, Franz /Möllers, Christoph Wesentlichkeitstheorie und Grundrechte, Zur institutionellen Kritik des Gesetzesvorbehalts, Die Verwaltung 30 (1997), 51.

Haltern, Ulrich Die Rule of Law zwischen Theorie und Praxis, Der Staat 40 (2001), 243.

–: Gestalt und Finalität, in: A. v. Bogdandy, Europäisches Verfassungsrecht, Berlin, Heidelberg 2003, 803.

–: Integration als Mythos, JöR 45 (1997), 3.

Haltern, Ulrich R. Verfassungsgerichtsbarkeit, Demokratie und Mißtrauen, Berlin 1998.

Hamilton, Alexander / Jay, John / Madison, James The Federalist Papers, 1787.

Hanebeck, Alexander Der demokratische Bundesstaat des Grundgesetzes, Berlin 2004.

Hansen, Mogens Herman Initiative und Entscheidung: Überlegungen zu Gewaltenteilung im Athen des 4. Jahrhunderts, Konstanz 1983.

Hansmeyer, Sandra Die Mitwirkung des Deutschen Bundestags an der europäischen Rechtsetzung, Berlin 2001.

Haratsch, Andreas Der Grundsatz der Gewaltenteilung als rechtsordnungsübergreifender Rechtssatz, in: M. Demel u.a. (Hrsg.), Funktionen und Kontrolle der Gewalten, 2001, 199.

Harlow, Carol Accountability in the European Union, Oxford 2002.

–: Codification of the EC Administrative Procedures? Fitting the Foot to the Shoe or the Shoe to the Foot, European L.J. 2 (1996), 3.

–: European Administrative Law and the Global Challenge, in: P. Craig/G. de Búrca (Hrsg.), The Evolution of EU Law, Oxford 1999, 261.

–: Francovich and the Problem of the Disobedient State, European L.J. 2 (1996), 199.

Hart, H. L. A., The Concept of Law, Oxford 1961.

Hartley, Trevor C. The Foundations of European Community Law, 5. Aufl. Oxford 2003.

Hartung, Bernhard Die Praxis des Lindauer Abkommens, Köln 1984.

Hatje, Armin Die gemeinschaftsrechtliche Steuerung der Wirtschaftsverwaltung, Baden-Baden 1998.

Hauschild, Matthias Das neue Komitologieverfahren – neue Regeln für das Ausschußverfahren der EG, ZG 1999, 248.

Häußler, Richard Der Konflikt zwischen Bundesverfassungsgericht und politischer Führung, Berlin 1994.

Haverkate, Görg Die Einheit der Verwaltung als Rechtsproblem, VVDStRL 46 (1988), 217.

–: Gewißheitsverluste im juristischen Denken, Berlin 1977.

Hay, Peter Federalism and Supranational Organization: pattern for new legal structures, Urbana 1966.

Hayek, Friedrich August von The Road to Serfdom, Chicago 1944.

–: Law, Legislation and Liberty, vol. I., Chicago 1973.

–: The Use of Knowledge in Society, American Economic Review, XXXV (1945), 519.

Hayes-Renshaw Fiona / Wallace, Helen Executive Power in the European Union: the functions and the limits of the Council of Ministers, J. o. European Public Policy 1995, 559.

Healy, Thomas Is *Missouri v. Holland* Still Good Law? Federalism and the Treaty Power, Columbia L. Rev. 98 (1998), 1726.

Heckel, Katharina Der Föderalismus als Prinzip überstaatlicher Gemeinschaftsbildung, Berlin 1998.

Hegel, Georg Wilhelm Friedrich Grundlinien der Philosophie des Rechts, in: Werke 7, 1970, § 29.

–: Enzyklopädie der Philosophischen Wissenschaften im Grundrisse, (1827), Hamburg 1975.

–: Phänomenologie des Geistes (1807), in Werke (ed. Moldenhauer), Bd. 3 1970.

Heinig, Hans Michael Öffentlich-rechtliche Religionsgesellschaften, Berlin 2003.

Heintzen Markus Die Beidseitigkeit der Kompetenzverteilung im Bundesstaat, DVBl. 1997, 689.

–: Die »Herrschaft« über die Europäischen Gemeinschaftsverträge – Bundesverfassungsgericht und Europäischer Gerichtshof auf Konfliktkurs?, AöR 119 (1994), 564.

–: Die Legitimation des Europäischen Parlaments, ZEuS 3 (2000), 377.

Heitsch, Christian Die Ausführung der Bundesgesetze durch die Länder, Tübingen 2001.

–: Die Transparenz der Entscheidungsprozesse als Element demokratischer Legitimation der Europäischen Union, EuR 2001, 809.

–: Die Verordnung über den Zugang zu Dokumenten der Gemeinschaftsorgane im Lichte des Transparenzprinzips, Baden-Baden 2003.

Held, David Democracy and the Global Order, Cambridge 1995.

–: Models of Democracy, Palo Alto 1987.

Held-Daab Ulla Das freie Ermessen, Berlin 1995.

Helfer, Laurence H. / Slaughter, Anne-Marie Toward a Theory of Effective Supranational Adjudication, Yale L.J. 107 (1997), 273.

Heliskoni, Joni Mixed Agreements as a Technique for Organizing the International Relations of the European Community and its Member States, Den Haag 2001.

Helm-Busch, Franziska Executive Agreements im amerikanischen Verfassungsrecht, Köln u. a. 1995.

Heller, Hermann Der Begriff des Gesetzes in der Reichsverfassung, VVDStRL 4 (1928), 98.

–: Die Gleichheit in der Verhältniswahl nach der Weimarer Verfassung, Tübingen 1929.

–: Staatslehre (1934), 6. rev. Aufl., Tübingen 1983.

Hempel, Michael Die Völkerrechtssubjektivität internationaler nichtstaatlicher Organisationen, Berlin 1999.

Henkin, Louis How Nations Behave: Law and Foreign Policy, 2. Aufl. New York 1979.

–: Provisional Measures, Treaty Obligations and the States, American J. o. International Law, 92 (1998), 679.

–: Foreign Affairs and the U.S. Constitution, 2. Aufl. Oxford 1996.

Henne, Thomas Verwaltungsrechtsschutz im 19. Jahrhundert: Von Lokalstudien zur europäischen Perspektive. Zugleich ein Literaturbericht, Ius Commune XXVIII (2001), 313.

Hennis, Wilhelm Aufgaben einer modernen Regierungslehre, PVS 4 (1965), 42.

–: Verfassung und Verfassungswirklichkeit: ein deutsches Problem, Tübingen 1968.

Hense, Ansgar Das Bundesaltenpflegegesetz 2000, BayVBl 2001, 353.

Henseler, Paul Die Grundrechtsbindung des Verordnungsgebers, ZG 1986, 76.

Herberger, Maximilian / Simon, Dieter Wissenschaftstheorie für Juristen, Frankfurt a.M. 1980.

Herdegen, Matthias Auslegende Erklärungen von Gemeinschaftsorganen und Mitgliedstaaten zu EG-Rechtsakten, ZHR 155 (1991), 52

–: Europarecht, 4. Aufl. München 2002.

–: Gewissensfreiheit und Normativität der Verfassung, Berlin, Heidelberg 1989.

–: Informalisierung und Entparlamentarisierung politischer Entscheidungen als Gefährdung der Verfassung?, VVDStRL 62 (2003), 7.

Hermes, Georg Das Grundrecht auf Leben und Gesundheit, Heidelberg 1987.

–: Folgenberücksichtigung in der Verwaltungspraxis und einer wirkungsorientierten Verwaltungsrechtswissenschaft, in: W. Hoffmann-Riem/E. Schmidt-Aßmann (Hrsg.), Methodik der Verwaltungsrechtswissenschaft, Baden-Baden 2004, 359.

–: Verfassungsrecht und einfaches Recht – Verfassungsgerichtsbarkeit und Fachgerichtsbarkeit, VVDStRL 61 (2002), 119.

Hermes, Reinhard Der Bereich des Parlamentsgesetzes, Berlin 1988.

Herrmann, Christoph Rechtsprobleme der parallelen Mitgliedschaft von Völkerrechtssubjekten in Internationalen Organisationen, in: G. Bauschke u.a. (Hrsg.), Pluralität des Rechts – Regulierung im Spannungsfeld der Rechtsebenen, 2003, Stuttgart 139.

–: Vom misslungenen Versuch der Neufassung der gemeinsamen Handelspolitik durch den Vertrag von Nizza, EuZW 2002, 26.

Herz, Michael Deference Running Riot: Separating Interpretation and Lawmaking under *Chevron,* Administrative L.J. 6 (1992) 187, 222.

Herzog, Don Happy Slaves: a critique of consent theory, Chicago 1989.

Hesse, Konrad Bemerkungen zur heutigen Problematik und Tragweite der Unterscheidung von Staat und Gesellschaft, DÖV 1975, 437.

–: Der unitarische Bundesstaat (1962), in: P. Häberle (Hrsg.), Ausgewählte Schriften, Heidelberg 1984, 116.

–: Die verfassungsgerichtliche Kontrolle der Wahrnehmung grundrechtlicher Schutzpflichten, in: H. Däubler-Gmelin (Hrsg.), Gegenrede. Festschrift für Ernst Gottfried Mahrenholz, Baden-Baden 1994, 541.

–: Funktionelle Grenzen der Verfassungsgerichtsbarkeit (1981), in: P. Häberle (Hrsg.), Ausgewählte Schriften, Heidelberg 1984, 311.

–: Grundzüge des Verfassungsrechts der Bundesrepublik Deutschland, 20. Aufl. Heidelberg 1995.

Heun, Werner Das Mehrheitsprinzip in der Demokratie, Berlin 1983.

–: Funktionell-rechtliche Schranken der Verfassungsgerichtsbarkeit, Baden-Baden 1991.

–: Staatshaushalt und Staatsleitung, Baden-Baden 1989.

–: Verfassungsrecht und einfaches Recht – Verfassungsgerichtsbarkeit und Fachgerichtsbarkeit, VVDStRL 61 (2002), 80.

–: Das Konzept der Gewaltenteilung in seiner verfassungsgeschichtlichen Entwicklung, in: C. Starck (Hrsg.), Staat und Individuum im Kultur- und Rechtsvergleich, Baden-Baden 2000, 95.

Heusel, Wolfgang »Weiches« Völkerrecht, Baden-Baden 1991.

Hilf, Meinhard Europäische Union und nationale Identität der Mitgliedstaaten, in: A. Randelzhofer (Hrsg.), Gedächtnisschrift für Eberhard Grabitz, München 1995, 157.

–: Power, Rules and Principles – Which Orientation for WTO/GATT Law, J. o. International Economic L. 4 (2001), 111.

–: Unwritten EC Authority in Foreign Trade Law, EFARev 2 (1997), 437.

–: Die Organisationsstrukturen der Europäischen Gemeinschaften, Berlin, Heidelberg 1982.

Hilf, Meinhard / Schorkopf, Frank Das Europäische Parlament in den Außenbeziehungen der EU, EuR 1999, 185.

–: WTO und EG: Rechtskonflikte vor dem EuGH?, EuR 2000, 74.

Hilf Meinhard / Classen, Kai-Dieter, Der Vorbehalt des Gesetzes im Recht der Europäischen Union, in: K. Schmidt u.a. (Hrsg.), Fetschrift für Peter Selmer, Berlin 2004, 71.

Hiller, Petra Der Zeitkonflikt in der Risikogesellschaft: Risiko und Zeitorientierung in rechtsförmigen Verwaltungsentscheidungen, Berlin 1993.

Hillgruber, Christian Die Herrschaft der Mehrheit, AöR 127 (2002), 460.

–: Grenzen der Rechtsfortbildung durch den EuGH – Hat Europarecht Methode?, in: T. v. Danwitz u.a. (Hrsg.), Auf dem Wege zu einer europäischen Staatlichkeit, Stuttgart 1993, 31.

–: Richterliche Rechtsfortbildung als Verfassungsproblem, JZ 1996, 118.

–: Der Schutz des Menschen vor sich selbst, München 1992.

Hills, Roderick M. The Political Economy of Political Federalism, Michigan L. Rev. 96 (1998), 813.

Hills, Jr., Roderick M. Dissecting the State: The Use of Federal Law to Free State and Local Officials From State Legislatures Control, Michigan L. Rev. 97 (1999), 1201.

Hirschman, Albert O. Exit, Voice, and Loyalty, Cambridge, Mass. 1970.

Hix, Simon Executive Selection in the European Union: Does the Commission President Investiture Procedure Reduce the Democratic Deficit?, EioP 21/1 (1997).

–: The Political System of the EU, London 1999.

Hobe, Stephan Der Rechtsstatus der Nichtregierungsorganisationen nach gegenwärtigem Völkerrecht, AVR 37 81999), 152.

Hoebeke, C.H. Road to Mass Democracy, New Brunswick 1995.

Hoekman, Bernard / Kostecki, Michel The Political Economy of the World Trading System, Oxford 2001.

Höffe, Ottfried Demokratie im Zeitalter der Globalisierung, München 1999.

Hoffmann-Riem Wolfgang Die Reform staatlicher Regulierung in den USA, Der Staat 23 (1984), 17.

–: *Wolfgang* Beharrung oder Innovation – Zur Bindungswirkung verfassungsgerichtlicher Entscheidungen, Der Staat 13 (1973), 335.

Höfling, Wolfram Vertragsfreiheit: eine grundrechtsdogmatische Studie, Heidelberg 1991.

Hofmann Hasso Bilder des Friedens oder Die vergessene Gerechtigkeit, München 1997.

–: Menschenrechtliche Autonomieansprüche, JZ 1992, 165.

–: Das Postulat der Allgemeinheit des Gesetzes, in: C. Starck (Hrsg.), Die Allgemeinheit des Gesetzes, Göttingen 1987, 9.

–: Das Problem der cäsaristischen Legitimität im Kaiserreich, in: Recht – Politik – Verfassung, Frankfurt a.M. 1986, 181.

–: Das Recht des Rechts, das Recht der Herrschaft und die Einheit der Verfassung, Berlin 1998.

–: Die versprochene Menschenwürde, AöR 118 (1991), 353.

–: Legitimität und Rechtsgeltung, Berlin 1977.

–: Repräsentation, 3. Aufl., Berlin 1998.

–: Rousseau – Eine lexikalische Skizze, in: Recht – Politik – Verfassung, Frankfurt a.M. 1986, 90.

Hofmann, Hasso / Dreier Horst Repräsentation, Mehrheitsprinzip und Minderheitenschutz, in: H.-P. Schneider/W. Zeh (Hrsg.), Parlamentsrecht und Parlamentspraxis, Berlin 1989, § 5.

Hofmann, Herwig Normenhierarchien im europäischen Gemeinschaftsrecht, Baden-Baden 2000.

Hofmann, Jens Rechtschutz und Haftung im europäischen Verwaltungsverbund, Diss.
Heidelberg 2003.

Hofstadter Richard The Idea of a Party System: The Rise of Legitimate Opposition in the
United States 1780–1840, Berkeley 1970.

Holmes, Peter The WTO and the EU: Some Constitutional Comparisons, in: G. de Búrca/
J. Scott (Hrsg.), The EU and the WTO, Oxford 2001, 59.

Holmes, Stephen Gag Rules or the Politics of Omission, in: I. Elster/R. Slagstad (Hrsg.),
Constitutionalism and Democracy, Cambridge 1989, 19.

–: Precommitment and the Paradox of Democracy, in: I. Elster/R. Slagstad (Hrsg.), Constitutionalism and Democracy, Cambridge 1989, 195.

Holzinger, Katharina Bargaining by Arguing: An Empirical Analysis of the Relationship
between Arguing and Bargaining on the Basis of Speech Act Theory, PVS 42 (2001), 414.

Homann, Karl Rationalität und Demokratie, Tübingen 1988.

Homer, Odyssee.

Höreth, Marcus Die Europäische Union im Legitimationstrilemma, Baden-Baden 1999.

Horn, Hans Detlev Gewaltenteilige Demokratie, demokratische Gewaltenteilung, AöR
127 (2002), 427.

–: Über den Grundsatz der Gewaltenteilung in Deutschland und Europa, JöR 49 (2001),
287.

Hovenkamp, Herbert Judicial Restraint and Constitutional Federalism: The Supreme
Court's Lopez and Seminole Tribe Decisions, Columbia L. Rev. 96 (1996), 2213.

Howse, Robert Adjudicative Legitimacy and Trety Interpretation: The Early Years of
WTO Jurisprudence, in: J.H.H. Weiler (Hrsg.), The EU, the WTO, and the NAFTA,
Oxford 2000, 35.

–: Democracy, Science, and Free Trade: Risk Regulation on Trial at the World Trade Organization, Michigan L. Rev. 98 (1999/2000), 2329.

–: From Politics to Technocracy and Back Again, American J. o. International Law 96
(2002), 94.

–: The World Trade Organization and the Protection of Workers' Rights, J. o. Small and
Emerging Business Law 3 (1999), 131.

Howse, Ronald / Nicolaidis, Kalypso, Legitimacy and global governance: why constitutionalizing the WTO is a step too far, in: R.B. Porter (Hrsg.), Efficiency, equity and legitimacy: the multilateral trading system at the Millennium, 2001, 227.

–: Enhancing WTO Legitimacy: Constitutionalization or Global Subsidiarity, in: M. Ver-
weij/T. Josling (Hrsg.), Deliberately Democratizing Multilateral Organization, 2003
(Manuskript).

Huber, Ernst Rudolf Deutsche Verfassungsgeschichte, Bd. 1, 2. Aufl. Stuttgart 1967.

Huber, Peter Michael Europäisches und nationales Verfassungsrecht, VVDStRL 60 (2001),
194.

Hudec Robert The GATT Legal System: A Diplomat's Jurisprudence (1970), in: Essays on
International Trade Law, London1999, 17.

–: »Circumventing Democracy«: The Political Morality of Trade Negotiations (1993), in:
Essays in International Trade, London 1999, 215.

Hudec, Robert E. The GATT Legal System and World Trade Diplomacy, 2. Aufl., Salem 1990.

Hufeld, Ulrich Anmerkung, JZ 1997, 302.

–: Die Vertretung der Behörde, Tübingen 2003.

Hume, David A Treatise of Human Nature (1740), Oxford 2000.

Hüser, Albert Die Mitwirkung der gesetzgebenden Körperschaften an dem Erlaß von Rechtsverordnungen, Göttingen 1978.

Husserl, Gerhart Recht und Zeit, Frankfurt a.M. 1955.

Huster, Stefan Die Beobachtungspflicht des Gesetzgebers, ZfRSoz 24 (2003), 3.

–: Die ethische Neutralität des Staates, Tübingen 2002.

Ibáñez, A. G. The Administrative Supervision and Enforcement of EC Law, London 1999.

Iglesias, Gil C. Rodríguez Zu den Grenzen der verfahrensrechtlichen Autonomie der Mitgliedstaaten bei der Anwendung des Gemeinschaftsrechts, EuGRZ 1997, 289.

Imboden, Max Montesquieu, und die Lehre von der Gewaltenteilung, Festschrift für Hans Huber zum 60. Geburtstag, Bern 1961, 174.

Ipsen, Knut / Haltern, Ulrich R. Rule of Law in den internationalen Wirtschaftsbeziehungen, RIW 40 (1994), 708.

Ipsen, Hans Peter Europäisches Gemeinschaftsrecht, Tübingen 1972.

Irwin, Douglas Against The Tide: An Intellectual History of Free Trade, Princeton 1996.

Isensee, Josef Das Grundrecht auf Sicherheit, Berlin 1983.

–: Der Föderalismus und der Verfassungsstaat der Gegenwart, AöR 115 (1990), 248.

–: Grundrechte und Demokratie, Die polare Legitimation im grundrechtlichen Gemeinwesen, Der Staat 20 (1981), 161.

–: Subsidiaritätsprinzip und Verfassungsrecht, Berlin 1968.

–: Vorrang des Europarechts und deutsche Verfassungsvorbehalte – offener Dissens, in: J. Burmeister (Hrsg.), J. Burmeister (Hrsg.), Verfassungsstaatlichkeit: Festschrift für Klaus Stern zum 65. Geburtstag, München 1997, 1239.

Issacharoff, Samuel / Karlan, Pamela S. / Pildes, Richard H. The Law of Democracy, 2. Aufl., Westbury 2001.

Iwasawa, Yuji WTO Dispute Settlement as Judicial Supervision, J. o. International Economic Law 2002, 287.

Jachtenfuchs, Markus / Kohler-Koch, Beate Regieren im dynamischen Mehrebenensystem, in: M. Jachtenfuchs/B. Kohler-Koch (Hrsg.), Europäische Integration, Opladen 1996, 30.

Jackson, Joseph H. The Effect of Treaties in domestic law in the United States, in: The Jurisprudence of GATT & The WTO, Cambridge 2000, 297.

Jackson, John H. / Davey, William / Sykes, Alan O. Legal Problems of International Economic Relations, 3. Aufl., St. Paul 1995.

Jackson, John H. / Grane, Patricio The Saga Continues: An Update of the Banana Dispute, J. o. International Economic L. 2001, 581.

Jackson, John H. Governmental Disputes in International Trade Relations: A Proposal in the Context of the GATT, J. o. World Trade 13 (1979), 3.

–: Status of Treaties in domestic legal systems: a policy analysis, in: The Jurisprudence of GATT & The WTO, Cambridge 2000, 328.

–: The puzzle of GATT: legal aspects of a surprising institution, in: The Jurisprudence of GATT & WTO, Cambridge 2000, 17.

–: The World Trading System, Cambridge 2. Aufl. 1997.

Jackson, Vicki C. Federalism and the Uses and Limits of Law: Printz ad Principle?, Harvard L. Rev. 111 (1998), 2180.

–: Seminole Tribe, The Eleventh Amendment, And The Potential Evisceration of *Ex Parte Young*, New York U.L. Rev. 72 (1997), 495.

Jackson, Vicki C. / Tushnet, Mark V. Comparative Constitutional Law, New York 1999.

Jacobs, Francis / Karst, Kenneth The »Federal« Legal Order: The U.S.A. and Europe Compared – A juridical Perspective, in: M. Cappelletti/M. Seccomce/J.H. Weiler (Hrsg.), Integration Through Law, I/1, Berlin 1986, 169.

Jacqué, Jean Paul Cours général de droit communautaire, Collected Courses of the Academy of European Law 1(1990), 237.

Jacquet, Jean Michel Droit Institutionnel de L'Union Européenne, Paris 2001.

Jaffe, Louis Law Making by Private Groups, Harvard L. Rev. 51 (1937), 991.

Jahrreiß, Hermann Die Gliederung des Bundes in Länder, H. Conrad u.a. (Hrsg.), Gedächtnisschrift Hans Peters, Berlin, Heidelberg, 1967, 533.

Jakobs, Günther Norm, Person, Gesellschaft, Berlin 1997.

–: Strafrecht. Allgemeiner Teil, 2. Aufl., Berlin 1991.

Janssen, Albert Über die Grenzen des legislativen Zugriffsrechts, Tübingen 1990.

Janz, Norbert Das Weisungsrecht nach Art. 85 Abs. 3 GG, Berlin 2003.

Japp, Klaus P. Verwaltung und Rationalität, in: K. Damann u.a. (Hrsg.), Die Verwaltung des politischen Systems, Opladen 1994, 126.

Jarass, Hans D. BImSchG, 5. Aufl., München 2002.

–: Die Kompetenzverteilung zwischen der Europäischen Gemeinschaft und den Mitgliedstaaten, AöR (1996), 173.

–: Kontrolle der Verwaltung durch das Parlament in den USA, Die Verwaltung 1976, 94.

–: Politik und Bürokratie als Elemente der Gewaltenteilung, München 1975.

–: Strukturelemente des amerikanischen Umweltrechts im Vergleich, NuR 1996, 49.

Jasanoff, Sheila Science at the Bar: Law, Science, and Technology in America, Cambridge, Mass. 1996.

Jellinek, Georg Allgemeine Staatslehre, 3. Aufl. 1912 (Neudruck Kronberg 1976).

–: Die Lehre von den Staatenverbindungen, Wien 1882.

–: System der subjektiven öffentlichen Rechte, 2. Aufl., Tübingen 1905.

Jesch, Dietrich Gesetz und Verwaltung, Tübingen 1961.

Jestaedt, Matthias Demokratieprinzip und Kondominialverwaltung, Berlin 1993.

–: Grundrechtsentfaltung im Gesetz, Tübingen 1999.

–: Selbstverwaltung als Verbundbegriff, Die Verwaltung 35 (2002), 293.

–: Verfassungsgerichtspositivismus, in: FS Isensee, Berlin 2002, 183.

–: Verfassungsrecht und einfaches Recht, DVBl. 2001, 1309.

–: Zuständigkeitsüberschießende Normgehalte bundesstaatlicher Kompetenzvorschriften, in: J. Aulehner u.a. (Hrsg.), Föderalismus, Stuttgart 1997, 315.

Jestaedt, Matthias / Bauer, Angelika Das Grundgesetz im Wortlaut, Heidelberg 1997.

Jochum, Heike Richtungsweisende Entscheidung des BVerfG zur legislativen Kompetenzordnung des Grundgesetzes, NJW 2003, 28.

Joerges, Christian Deliberative Supranationalism – a defense, *European Integration online Papers (EIoP)*, 2001, vol. 5.

–: Die Europäische »Komitologie«: Kafkaeske Bürokratie oder Beispiel »deliberativen« Regierens?, in C. Joerges/J. Falke (Hrsg.), Das Ausschußwesen der Europäischen Union, 2000, 17.

–: Law, Science and the Management of Risks to Health at the National, European and International Level, Columbia J. o. European L. 7 (2000), 1.

Joerges, Christian / Neyer, Jürgen From Intergovernmental Bargaining to Deliberative Political Processes: The Constitutionalisation of Comitology, European L.J. 3 (1997), 273.

Joerges, Christian / Mény, Yves / Weiler, Joseph H.H. (Hrsg.), Mountain or Molehill? A Critical Appraisal of the Commission White Paper on Governance, New York 2002.

Johnson, James Arguing for deliberation: Some sceptical considerations, in: J. Elster (Hrsg.), Deliberative Democracy, Cambridge 1998, 161.

Jürgensen, Thomas Das WTO-Schiedsverfahren zur Festlegung von Sanktionen nach Art. 22 DSU, RIW 2000, 577.

Kadelbach, Stefan Allgemeines Verwaltungsrecht unter europäischem Einfluß, Tübingen 1999.

–: Unionsbürgerschaft, in: A. v. Bogdandy (Hrsg.), Europäisches Verfassungsrecht, Berlin, Heidelberg 2003, 539.

–: Verwaltungskontrollen im Mehrebenen-System der Europäischen Gemeinschaft, in: E. Schmidt-Aßmann/W. Hoffmann-Riem (Hrsg.), Verwaltungskontrolle, Baden-Baden 2001, 205.

–: Zwingendes Völkerrecht, Berlin 1992.

Kagan, Elena / Barron, David Chevron's Nondelegation Doctrine, Supreme Court Review 2001, 259.

Kagan, Elena Presidential Administration, Harvard L. Rev. 114 (2001), 2245.

Kägi, Werner Von der klassischen Dreiteilung zur umfassenden Gewaltenteilung, in: Verfassung und Verfassungswirklichkeit, Festschrift für Hans Huber zum 60. Geburtstag, Bern 1961.

Kahl, Wolfgang Europäisches und nationales Verwaltungskooperationsrecht, Die Verwaltung, 29 (1996), 341.

–: Umweltprinzip und Gemeinschaftsrecht: eine Untersuchung zur Rechtsidee des bestmöglichen Umweltschutzes im EWG-Vertrag, 1994.

Kaiser, Joseph H. Die Erfüllung der völkerrechtlichen Verträge des Bundes durch die Länder, ZaöRV 18 (1957/58), 526.

Kalbheim, Jan / Winter, Gerd Delegation requirements for rule-making by the Commission, in: G. Winter (Hrsg.), Sources and Categories of European In Union Law, Baden-Baden 1996, 583.

Kaltenborn, Markus Rahmengesetzgebung im Bundesstaat und im Staatenverbund, AöR 128 (2003), 412.

Kalven, Harry The New York Times Case: A Note on ›The Central Meaning of the First Amendment‹, Supreme Court Rev. 1964, 191.

Kaminker, Evan H. Printz, State Sovereignty and the Limits of Federalism, Supreme Court Rev. 1997, 199.

Kaniel, Moshe The Exclusive Treaty-Making Power of the European Union up to the Single European Act, 1996.

Kant, Immanuel Metaphysik der Sitten, Erster Teil Metaphysische Anfangsgründe der Rechtslehre (1797), ed. Ludwig, 1986.

–: Über den Gemeinspruch: Das mag in der Theorie richtig sein, taugt aber nicht für die Praxis (1793), Frankfurt a.M. 1992.

–: Kritik der praktischen Vernunft (1788), in: Werke (ed. Weischedel) Bd. 7, Darmstadt 1970.

Kaufmann, Erich Artikel: Verwaltung, Verwaltungsrecht, in: M. Fleischmann (Hrsg.), Wörterbuch des Deutschen Staats- und Verwaltungsrechts, Dritter Band, 1914, 688.

–: Die Gleichheit vor dem Gesetz im Sinne des Art. 109 der Reichsverfassung, VVDStRL 3 (1927), 2.

–: Untersuchungsausschuß und Staatsgerichtshof, Berlin 1920.

–: Zur Problematik des Volkswillens (1931), in: U. Matz (Hrsg.), Grundprobleme der Demokratie, Darmstadt 1973, 22.

Kaufmann, Marcel Europäische Integration und Demokratieprinzip, Baden-Baden 1997.

–: Untersuchungsgrundsatz und Verwaltungsgerichtsbarkeit, Tübingen 2002.

–: Kommunales Unionsbürgerwahlrecht und demokratischer Staatsaufbau, ZG 1998, 25.

–: Politische Gestaltungsfreiheit als Rechtsprinzip, StWStP 8 (1997), 161.

–: Grundrechtlicher Anspruch auf Akteneinsicht als Voraussetzung der Demokratie?, in: M. Bertschi u.a. (Hrsg.), Demokratie und Freiheit, Stuttgart 2000, 41.

Kelman, Mark A. A Guide to Critical Legal Studies, Cambridge, Mass. 1987.

–: On Democracy-Bashing, Virginia L. Rev. 74 (1988), 199.

Kelsen, Hans Allgemeine Staatslehre (1925), Wien 1993.

–: Die Lehre von den drei Gewalten oder Funktionen des Staates, Kant-Festschrift, 1924, 214.

–: Hauptprobleme der Staatsrechtslehre, 2. Aufl., Tübingen 1923.

–: La Garantie Juridictionelle de la Constitution, Revue du Droit Public 44 (1928), 197.

–: Judicial Review of Legislation: A Comparative Study of the Austrian and American Constitution, J. o. Politics 4 (1942), 183.

–: Reine Rechtslehre, 1. Aufl., Leipzig 1934.

–: Vom Wesen und Wert der Demokratie, 2. Aufl. Tübingen 1929.

–: Wer soll der Hüter der Verfassung sein? (1931), in: Wiener Rechtstheoretische Schule Bd. II, Wien 1968, 1873.

–: Wesen und Entwicklung der Staatsgerichtsbarkeit, VVDStRL 5 (1929), 30.

Kennedy, Duncan The International Style in Postwar Law and Policy: Joseph Jackson, and the Field of International Economic Law, American U.J. o. International Law & Policy 10 (1995), 671.

–: The Structure of Blackstones Commentaries, Buffalo L. Rev. 28 (1979), 211.

Keohane, Robert O. After Hegemony, Princeton 1985.

Kerchove, Michel van de / Ost, François Le système juridique entre ordre et desordre, Paris 1988.

Kersten, Jens Georg Jellinek und die klassische Staatslehre, Tübingen 2000.

Kersting, Wolfgang Die politische Philosophie des Gesellschaftsvertrags, Darmstadt 1994.

–: Eigentum, Vertrag und Staat bei Kant und Locke, in: Martyn P. Thompson (Hrsg.), John Locke und Immanuel Kant. Historische Rezeption und gegenwärtige Relevanz, Berlin 1991, 109.

–: Wohlgeordnete Freiheit, 2. Aufl., Frankurt a.M. 1993.

Kielmansegg, Peter Graf Legitimität als analytische Kategorie, PVS 12 (1971), 367.

–: Volkssouveränität, Stuttgart 1977.

Kingreen, Thorsten / Störmer, Peter C. Die subjektiven öffentlichen Rechte des Primärrechts, EuR 1998, 263.

Kingreen, Thorsten Grundfreiheiten, in: A. v. Bogdandy (Hrsg.), Europäisches Verfassungsrecht, Berlin, Heidelberg 2003, 631.

Kingsbury Benedict et al., Symposion, New York U.J. o. International Law and Politics 31 (1998–1999), 679.

Kingsbury, Benedict Sovereignty and Inequality, European J. o. International Law 9 (1998), 599.

Kirchhof, Paul Der demokratische Rechtsstaat – die Staatsform der Zugehörigen, in: J. Isensee/P. Kirchhof (Hrsg.), Handbuch des Staatsrechts, Bd. IX, Heidelberg 1997, § 221.

–: Die Gewaltenbalance zwischen staatlichen und europäischen Organen, JZ 1998, 965.

–: Diskussionsbeitrag, VVDStRL 56 (1997), 116.

–: Europäische Einigung und der Verfassungsstaat der Bundesrepublik Deutschland, in: J. Isensee (Hrsg.), Europa als politische Idee und rechtliche Form, Berlin 1993, 63.

–: Die Staatenvielfalt – Ein Wesensgehalt Europas, in: J. Hengstschläger u.a. (Hrsg.), Für Staat und Recht, Festschrift für Herbert Schambeck, Berlin 1994, 947.

–: Verfassungsgerichtsbarkeit und Gesetzgeber, in: P. Badura/R. Scholz (Hrsg.), Verfassungsgerichtsbarkeit und Gesetzgeber, München 1998, 5.

–: Verwalten und Zeit (1975), in: Stetige Verfassung und politische Erneuerung, Goldbach 1995, 73.

–: Der Staat als Organisationsform politischer Herrschaft und rechtlicher Bindung, DVBl. 1999, 637.

Kirste, Stephan Die Zeitlichkeit des positiven Rechts und die Geschichtlichkeit des Rechtsbewußtseins, Berlin 1998.

–: The Temporality of Law and the Plurality of Social Times, in: M. Troper/A. Verza (Hrsg.), Legal Philosophy: General Aspects, Stuttgart 2001, 23.

Kischel, Uwe Delegation of Legislative Power to Agencies: A Comparative Analysis of United States and German Law, 46 (1994) Administrative Law Review, 213.

–: Die Begründung, Tübingen 2003.

–: The State as a non-unitary actor, AVR 39 (2001), 268.

Kisker, Gunter Gleichheitsschutz gegen bundesstaatliche Vielfalt?, in: G. Püttner (Hrsg.), Festschrift für Otto Bachof zum 70. Geburtstag, München 1984, 47.

–: Kooperation im Bundesstaat, Tübingen 1971.

–: Zulässigkeit und Konsequenzen einer Mitwirkung des Parlaments beim Erlaß von Rechtsverordnungen, in: Schule im Rechtsstaat, Bd. II, München 1980, 9.

–: Neue Aspekte im Streit um den Vorbehalt des Gesetzes, NJW 1977, 1313.

Klabbers, Jan An Introduction to International Institutional Law, Cambridge 2002.

Klatt, Hartmut Interföderale Beziehungen im kooperativen Bundesstaat, VerwArch. 78 (1987), 186.

Klein, Eckart / Benda, Ernst Verfassungsprozeßrecht, 2. Aufl. Heidelberg 2001.

Klein, Eckart Verfahrensgestaltung durch Gesetz und Richterspruch: Das »Prozeßrecht« des Bundesverfassungsgerichts, in: P. Badura/H. Dreier (Hrsg.), Festschrift 50 Jahre Bundesverfassungsgericht, Tübingen 2001, 507.

–: Verfassungsprozeßrecht, AöR 108 (1983), 561.

–: Zur objektiven Funktion der Verfassungsbeschwerde, DÖV 1982, 797.

Klein, Friedrich Tragweite der Generalklausel in Art. 19 Abs. 4 des Bonner Grundgesetzes, VVDStRL 8 (1950), 67.

Klein, Hans Hugo Die Legitimation des Bundesrates und sein Verhältnis zu Landesparlamenten und Landesregierungen, in: Vierzig Jahre Bundesrat, Baden-Baden 1989, 95.

Kloepfer, Michael Der Vorbehalt des Gesetzes im Wandel, JZ 1984, 685.

Kluth, Winfried Funktionale Selbstverwaltung, Tübingen 1997.

Knipschild, Klaus Wissenschaftliche Ausschüsse der EG im Bereich Verbrauchergesundheit und Lebensmittelsicherheit, ZLR 2000, 693.

478   Literatur

Koch, Oliver Der Grundsatz der Verhältnismäßigkeit in der Rechtsprechung des Gerichtshofs der Europäischen Gemeinschaften, Berlin 2003.
Kodal, Kurt / Krämer, Helmut (Hrsg.), Straßenrecht, 5. Aufl. München 1995.
Koenig, Christian / Pechstein, Matthias / Sander, Claude EU-EG-Prozeßrecht, 2. Aufl. Tübingen 2002.
Koenig, Christian / Pechstein, Matthias Die EU-Vertragsänderung, EuR 1998, 130.
Koenig, Christian / Kühling, Jürgen / Ritter, Nicolai EG-Beihilfenrecht, Heidelberg 2002.
Koepp, Johannes Die Intervention im WTO-Streitbeilegungsverfahren, Berlin 2002.
Koh, Harold H. Is International Law Really State Law?, Harvard L. Rev. 111 (1998), 1824.
–: The Fast Track and United States Trade Policy, Brooklyn J. o. International Law, 18 (1992), 143.
–: Why Do Nations Obey International Law?, Yale L.J. 106 (1997), 2599.
Kohler-Koch, B. (Hrsg.), Regieren in entgrenzten Räumen, Opladen 1998.
Kokott, Juliane Art. 59 Abs. 2 GG und einseitige völkerrechtliche Akte, in: K. Hailbronner, G. Ress, T. Stein (Hrsg.), Staat und Völkerrechtsordnung: Festschrift für Karl Doehring, Berlin, Heidelberg, New York, 1989, 505.
Komesar, Neil K. Imperfect Alternatives, Chicago 1994.
–: Law's Limits, Cambridge 2001.
Konzak, Olaf Die Änderungsvorbehaltsverordnung als neue Mitwirkungsform beim Erlaß von Rechtsverordnungen, DVBL. 1994, 1107.
Kopp, Ferdinand / Ramsauer, Ulrich R. VwVfG, 8. Aufl., München 2003.
Korioth, Stefan »Monarchisches Prinzip« und Gewaltenteilung – unvereinbar?, Der Staat 37 (1998), 27.
Korn, Jessica The Power of Separation, Princeton 1996.
Körner-Damann, Marita Bedeutung und faktische Wirkung von ILO-Standards, Baden-Baden 1991.
Koskenniemi, Marrti Intolerant Democracies: A Reaction, Harv. International Law J. 37 (1996) 23.
–: From Apology to Utopia, Helsinki 1989.
–: The Gentle Civilizer of Nations, Cambridge 2001.
–: Hierarchy in International Law: A Sketch, European J. o. International Law, 8 (1997), 566.
Krajewski, Markus Verfassungsperspektiven und Legitimation des Rechts der WTO, Berlin 2001.
–: Democratic Legitimacy and Constitutional Perspectives of WTO Law, J. o. World Trade, 35 (2001), 167.
Kramer, Larry Foreword: We the Court, Harvard L. Rev. 115 (2001), 5.
–: Putting the Political Safeguards of Federalism back to Federalism, Columbia L. Rev. 100 (2000), 215.
–: The People Themselves, 2003, Manuskript i.E.
–: Understanding Federalism, Vanderbilt L. Rev. 47 (1994), 1485.
Krasner, Stephen D. Sovereignty, Princeton 1999.
Krebs, Walter Baurecht in: E. Schmidt-Aßmann, Besonderes Verwaltungsrecht, 12. Aufl. Berlin 2003, 4. Kap.
–: Juristische Methode im Verwaltungsrecht, in: W. Hoffmann-Riem/E. Schmidt-Aßmann (Hrsg.), Methodik der Verwaltungsrechtswissenschaft, Baden-Baden 2003, i.E.
–: Kontrolle in staatlichen Entscheidungsprozessen, Heidelberg 1984,

–: Neue Bauformen des Organisationsrechts und ihre Einbeziehung in das Allgemeine Verwaltungsrecht, in: E. Schmidt-Aßmann/W. Hoffmann-Riem (Hrsg.), Verwaltungsorganisationsrecht als Steuerungsressource, Baden-Baden 1997, 339.

–: Verwaltungsorganisation, in: J. Isensee/P. Kirchhof (Hrsg.), Handbuch des Staatsrechts Bd. III, Heidelberg 1988, § 69.

–: Vorbehalt des Gesetzes und Grundrechte, Berlin 1975.

Kretscher, Gerald Gesetzesentwürfe aus der Mitte des Bundestages und völkerrechtliche Verträge, in: K. Letzgus (Hrsg.), Für Recht und Staat. Festschrift für Herbert Helmrich zum 60. Geburtstag, München 1994, 537,

Kriele, Martin Das demokratische Prinzip im Grundgesetz, VVDStRL 29 (1971), 46.

–: Grundrechte und demokratischer Gestaltungsspielraum, in: J. Isensee/P. Kirchhof (Hrsg.), Handbuch des Staatsrechts der Bundesrepublik Deutschland, Bd. V, 1992, § 110.

–: Theorie der Rechtsgewinnung, 2. Aufl. Berlin 1976.

Kripke, Saul F. Wittgenstein. On Rules and Private Language, Cambridge, Mass. 1982.

Kube, Hanno Vom Gesetzesvorbehalt des Parlaments zum formellen Gesetz der Verwaltung?, NVwZ 2003, 57.

Kuhl, Thomas Der Kernbereich der Exekutive, Baden-Baden 1993.

Kühling, Jürgen Grundrechte, in: A. v. Bogdandy, Europäisches Verfassungsrecht, Berlin, Heidelberg 2002, 583.

Kuijper, Pieter J. The Conclusion and Implementation of the Uruguay Round Results by the European Community, European J. o. International Law 6 (1995), 222.

–: Some Institutional Issues Presently Before the WTO, in: The Political Economy of International Trade Law. Festschrift Hudec, Cambridge 2002, 81.

Kukk, Alexander Rechtsschutz von Flughafenanwohnern gegen die Festlegung von Flugrouten: Zwei Schritte vor, ein Schritt zurück, NVwZ 2001, 408.

Kumm, Matthias Who is the final arbiter of constitutionality in Europe?, Common Market L. Rev. 36 (1999), 381.

Kunig, Philip Das Rechtsstaatsprinzip, Tübingen 1986.

Kunig, Philip / Stefan, Paetow / Ludger Anselm, Versteyl Kreislaufwirtschafts- und Abfallgesetz, 2. Aufl. München 2003.

Kurland Philip Politics, the Constituion, and the Warren Court, Chicago 1970.

Küster, Otto Das Gewaltenproblem im modernen Staat, AöR 75 (1949), 397.

Ladeur, Karl-Heinz Europäisches Telekommunikationsrecht im Jahre 2001, K & R 2002, 110.

–: Negative Freiheitsrechte und gesellschaftliche Selbstorganisation, Tübingen 2000.

–: Towards a Legal Theory of Supranationalism – The Viability of the Network Concept, European L.J. 3 (1997), 33.

Ladeur, Karl-Heinz/Gostomzyk, Tobias, Der Gesetzesvorbehalt im Leistungsstaat, Die Verwaltung 36 (2003), 141.

Ladwig, Bernd Gerechtigkeit und Verantwortung, Berlin 2000.

Landfried, Christine Bundesverfassungsgericht und Gesetzgeber, Baden-Baden 1985.

Landis, James The Administrative Process, New Haven 1938.

Lange, Klaus Innenrecht und Außenrecht, in: W. Hoffmann-Riem/G.F. Schuppert/E. Schmidt-Aßmann (Hrsg.), Reform des Allgemeinen Verwaltungsrechts, Baden-Baden 1993, 307.

Lange, Ulrich Teilung und Trennung der Gewalten bei Montesquieu, Der Staat 19 (1980), 213.

Langer, Stefan Grundlagen einer internationalen Wirtschaftsverfassung, München 1995.

Lasser, Mitchel Anticipating Three Models of Judicial Control, Debate and Legitimacy: The European Court of Justice, the Cour de cassation and the United States Supreme Court, Jean Monnet Working Paper, 01/03.

Latour, Bruno Politiques de la Nature, Paris 1999.

Lauterpacht, Elihu The Development of the Law of International Organizations by the Decisions of International Tribunals, Recueil des Cours 152 (1976-IV), 381.

Lawson, Gary The Rise and the Rise of the Administrative State, Harvard L. Rev. 107 (1994), 1231.

Leebron, David W. Linkages, American J. o. International Law 96 (2002), 5.

–: Implementation of the Uruguay Round results in the United States, in: J.H. Jackson/ A.O. Sykes (Hrsg.), Implementing the Uruguay Round, Oxford 1997, 175.

Lege, Joachim Pragmatismus und Jurisprudenz, Tübingen 1999.

–: Was heißt und zu welchem Ende studiert man als Jurist Rechtsphilosophie?, in: R. Gröschner/M. Morlok (Hrsg.), Rechtsphilosophie und Rechtsdogmatik in Zeiten des Umbruchs, ARSP-Beiheft 71 (1997), 83.

Lehmbruch, Gerhard Parteienwettbewerb im Bundesstaat, 3. Aufl. Wiesbaden 2000.

–: Proporzdemokratie, Tübingen 1976.

Leibholz, Gerhard Das Wesen der Repräsentation, Berlin 1930.

–: Die Gleichheit vor dem Gesetz, Berlin 1925.

Leisner, Walter Die quantitative Gewaltenteilung, DÖV 1969, 405.

–: Gewaltenteilung innerhalb der Gewalten, in: H. Spannner u.a. (Hrsg.), Festschrift für Theodor Maunz, München 1975, 267.

Leitzke Claus Die Anhörung beteiligter Kreise nach §§ 51 BImschG, 60 KrW/AbfG, 17 Abs. 7 ChemG, 6 WRMG, 20 BBodSchG, Berlin 1999.

Lenaerts, Koen Constitutionalism and the Many Faces of Federalism, American J. o. Comparative L. 1990, 205.

–: Le Juge et La Constitution Dans Les Etats-Unis d'Amérique et dans L'Ordre Juridique Européen, Neuaufl., Brüssel 1988.

–: Regulating the regulatory process: »delegation of powers« in the European Community, European Law Review 18 (1993), 23.

–: Some Reflections on Separation of Powers in the European Community, Common Market L. Rev 28 (1991), 11.

–: Some Thoughts About the Interaction Between Judges and Politicians, Univ. o. Chicago Legal Forum 1992, 93.

Lenaerts, Koen / Arts, Dirk Procedural Law of the European Union, London 1999.

Lenaerts, Koen / Nuffel, Piet van Constitutional Law of the European Union, London 1999.

Lenaerts, Koen / De Smijter, Eddy On the Democratic Representation through the European Parliament, the Council, the Committee of Regions, the Economic and Social Committee and the National Parliaments, in: J. Winter/D. Curtin u.a. (Hrsg.), Reforming the TEU – The Legal Debate, Den Haag 1996, 173.

Lenaerts, Koen / Verhoeven, Amaryllis Institutional Balance and Democracy, in: C. Joerges/R. Dehousse (Hrsg.), Good Governance in Europe's Integrated Market, Oxford 2002, 35.

–: Towards a legal framework for executive rule-making in the EU?: The contribution of the new comitology decision, Common Market L. Rev 37 (2000), 645.

Lepsius, M. Rainer Nationalstaat oder Nationalitätenstaat als Modell für die Weiterentwicklung der Europäischen Gemeinschaft, in: Demokratie in Deutschland, Göttingen 1993, 265.

Lepsius, Oliver Die erkenntnistheoretische Notwendigkeit des Parlamentarismus, in: M. Bertschi (Hrsg.), Demokratie und Freiheit, Stuttgart 1999, 123.

–: Die gegensatzaufhebende Begriffsbildung, München 1994.

–: Die Ökonomik als neue Referenzwissenschaft für die Staatsrechtslehre?, Die Verwaltung 32 (1999), 429.

–: Gesetzgebungstechnik in den Vereinigten Staaten, Manuskript 2002.

–: Staatstheorie und Demokratiebegriff in der Weimarer Republik, in: C. Gusy (Hrsg.), Demokratisches Denken in der Weimarer Republik, Baden-Baden 2000, 366.

–: Steuerungsdiskussion, Systemtheorie und Parlamentarismuskritik, Tübingen 1999.

–: Verwaltungsrecht unter dem Common Law, Tübingen 1997.

Lerche, Peter Achtung der nationalen Identität (Art. F Abs. 1 EUV), in: Bundesnotarkammer (Hrsg.), Festschrift für Helmut Schippel zum 65. Geburtstag, München 1996, 919.

–: Aktuelle föderalistische Verfassungsfragen, München 1968.

–: Gewaltenteilung – deutsche Sicht, in: J. Isensee (Hrsg.), Gewaltenteilung heute, Heidelberg 2000, 75.

–: Bayerisches Schulrecht und Gesetzesvorbehalt, München 1981.

–: Bundesverfassungsnormen mit landesverfassungsrechtlicher Qualität?, in: F. Ruland, B. Baron v. Maydell, H.-J. Papier (Hrsg.), Verfassung, Theorie und Praxis des Sozialstaats: Festschrift für Hans F. Zacher zum 70. Geburtstag, Heidelberg 1998, 525.

–: Das Bundesverfassungsgericht als Notgesetzgeber, in: M. Heinze (Hrsg.) Festschrift für Wolfgang Gitter, Wiesbaden 1995, 509.

–: Föderalismus als nationales Ordnungsprinzip, VVDStRL 21 (1964), 66.

–: Grundrechtlicher Schutzbereich, Grundrechtsprägung, Grundrechtsschranken, in: J. Isensee/P. Kirchhof (Hrsg.), Handbuch des Staatsrechts, Bd. V., Heidelberg 1992, § 121.

–: Stil und Methode der verfassungsrechtlichen Entscheidungspraxis, in: P. Badura/H. Dreier (Hrsg.), Festschrift 50 Jahre Bundesverfassungsgericht, Tübingen 2001, Bd. 1, 333.

–: Rechtswissenschaft als Verfassungsgerichtsbarkeit, BayVBl. 2002, 649.

–: Übermaß und Verfassungsrecht, Köln 1961.

–: Die Verfassung als Quelle von Optimierungsgeboten, in: Festschrift für Klaus Stern, München 1997, 197.

–: Vorbereitung grundrechtlichen Ausgleichs durch gesetzgeberisches Verfahren, in: P. Lerche/W. Schmitt Glaeser/E. Schmidt-Aßmann (Hrsg.), Verfahren als staats- und verwaltungsrechtliche Kategorie, Heidelberg 1984, 97.

Lessig, Lawrence The Erie-Effects of Volume 110: An Essay on Context in Constitutional Theory Harvard Law Review 110 (1997), 1785.

–: The Regulation of Social Meaning, U. o. Chicago L. Rev. 62 (1995), 943.

–: Translating Federalism: United States v. Lopez, Supreme Court Rev. 1995, 125.

Leuchtenburg, William F. Franklin Roosevelt and the New Deal, Chapel Hill 1963.

Levinson, Daryl J. Framing Transactions in Constitutional Law, Yale L.J. 111 (2001), 547.

–: Making Governments Pay: Markets, Politics, and the Allocation of Constitutional Costs, U. o. Chicago L. Re. 67 (2000), 345.

Lijphart, Arend (Hrsg.), Parliamentary versus Presidential Government, Oxford 1992.

Lijphart, Arend Democracies: patterns of majoritarian and consensus government in twenty-one countries, New Haven 1984.

–: Patterns of Democracy: government forms and performances in thirty-six countries, New Haven 1999.

Lincoln, Abraham The Gettysburg Address, 19. 11. 1863.

Lindblom, Charles E. The Intelligence of Democracy, New York 1965.

–: The Science of »Muddling Through«, Public Administration Review 19 (1959), 79.

Lindseth, Peter Democratic Legitimacy and the Administrative Character of Supranationalism, Columbia L. Rev. 99 (1999), 628.

Link, Hans-Christoph / Ress, Georg Staatszwecke im Verfassungsstaat – nach 40 Jahren Grundgesetz, VVDStRL 48 (1990), 7.

Linz, Juan / Valenzuela, Arturo (Hrsg.), The Failure of Presidential Democracy, Baltimore 1994.

Llanque, Marcus Republikanismus, Manuskript, Berlin 2003.

Locke, John Two Treatises of Government, 1698, Cambridge 1998.

Löhr, Franziska Alice Verschiebungen im Gewaltengefüge durch Privatisierung und Deregulierung, in: M. Demel u. a. (Hrsg.), Funktionen und Kontrolle der Gewalten, Stuttgart 2001, 135

Lord Devlin Judges and Lawmakers, Modern L. Rev. 39 (1976), 1.

Lorenz, Moritz Das »Olli Mattila«-Urteil des EuGH zum Recht auf Zugang zu den Dokumenten des Rats der Europäischen Union und der EG-Kommission, NVwZ 2004, 436.

Lorz, Ralph Alexander Interorganrespekt im Verfassungsrecht, Tübingen 2001.

Löwer, Wolfgang Zuständigkeiten und Verfahren des Bundesverfassungsgerichts, in: J. Isensee/P. Kirchhof (Hrsg.), Handbuch des Staatsrechts, Bd. II, Heidelberg 1987, § 65.

Lowi, Theodore J. The End of Liberalism, 2. Aufl., New York 1979.

Löwith, Karl Von Hegel zu Nietzsche, 7. Aufl., Hamburg 1978.

Lübbe, Weyma Legitimität kraft Legalität: Sinnverstehen und Institutionenanalyse bei Max Weber und seinen Kritikern, Tübingen 1991.

Lübbe-Wolff, Gertrude Europäisches und nationales Verfassungsrecht, VVDStRL 60 (2001), 246.

–: Historische Funktionen der Unterscheidung von Recht und Moral, in: Archiv für Rechts- und Sozialphilosophie, Beiheft Nr. 23, Wiesbaden 1985, 43.

–: Verfassungsrechtliche Fragen der Normsetzung und Normkonkretisierung im Umweltrecht, ZG 6 (1991), 219.

Lücke, Jörg Die Allgemeine Gesetzgebungsordnung, ZG 2001, 1.

Luetjohann, Eberhard Nicht-normative Wirkungen des Bundesverfassungsgerichts, Berlin 1991.

Luhmann, Niklas Die Codierung des Rechtssystems, Rechtstheorie 17 (1986), 171.

–: Die Politik der Gesellschaft, Frankfurt a. M. 2000.

–: Die Realität der Massenmedien, 2. Aufl. Opladen 1996.

–: Die Wissenschaft der Gesellschaft, Frankfurt a. M. 1990.

–: Funktionen und Folgen formaler Organisation, 4. Aufl., Berlin 1995.

–: Grundrechte als Institution (1965), 4. Aufl., Berlin 1999.

–: Legitimation durch Verfahren, Neuwied 1975.

–: Macht, 2. Aufl., Neuwied 1988.

–: Organisation und Entscheidung, Opladen 2000.

–: Quod omnes tangit . . . Anmerkungen zur Rechtstheorie von Jürgen Habermas, Rechtshistorisches Journal, 12 (1993), 36.

–: Rechtssystem und Rechtsdogmatik, Stuttgart 1974.

–: Soziale Systeme, Frankfurt a. M. 1984.

–: Staat und Staatsräson im Übergang von traditionaler Herrschaft zu moderner Politik, in: Gesellschaftsstruktur und Semantik Band 3, Frankfurt a.M. 1989, 65.

–: Verfassung als evolutionäre Errungenschaft, Rechtshistorisches Journal 9 (1990), 176.

Lutz, Carsten Kompetenzkonflikte und Aufgabenverteilung zwischen nationalen und internationalen Gerichten, Berlin 2002.

Lynch, Jason, Federalism, separation of powers, and the role of state attorneys general in multistate litigation, Columbia L. Rev. 101 (2001), 1998.

Lynch, Sandra The United States, the states and foreign relations, Suffolk U.L. Rev. 33 (2000), 217.

Macaulay, Stewart Non-contractual Relations in Business: A Preliminary Study, American Sociological Review 28 (1963), 55.

MacInyre, Alasdair After Virtue, 2. Aufl., London 1984.

Maciver, Robert M. The Modern State, Oxford 1926.

Macleod, I. / Henry, I.D. / Hyett, Stephen The External Relations of the European Communities, Oxford 1996.

MacRae, Donald M. The emerging appellate jurisdiction in international trade law, in: J. Cameron (Hrsg.), Dispute resolution in the World Trade Organisation, London, 1998, 98.

–: GATT Article XX and the WTO Appellate Body, in: M.C. Bronckers (Hrsg.), New directions in international economic law, Den Haag 2000, 219.

Maduro, Miguel We the Court, Oxford 1999.

Magiera, Siegfried Parlament und Staatsleitung, Berlin 1979.

Magill, M. Elizabeth Beyond Powers and Branches in Separation of Powers Law, U. o. Pennsylvania L. Rev. 150 (2001), 603.

–: The Real Separation in Separation of Powers Law, Virginia L. Rev. 86 (2000), 1127.

Magnette, Paul Appointing and Censuring the European Commission: The Adaptation of Parliamentary Institutions to the Community Context, European L.J. 7 (2001), 292.

Maitland, Frederick W. The Constitutional History of England (1908), Cambridge 1961.

Majone, Giandomenico Delegation of Regulatory Powers in a Mixed Polity, European L.J. 8 (2002), 319.

–: Mutual Recognition in Federal Type Systems (EUI Working Paper No. 93/1).

–: Regulation and its modes, in: G. Majone (Hrsg.), Regulating Europe, London 1996, 9.

–: The European Commission as regulator, in: G. Majone (Hrsg.), Regulating Europe, London 1996, 61.

–: The European Union between Social Policy and Social Regulation, J. o. Common Market Studies 31 (1993), 153.

–: The New European Agencies: Regulation by Information, J. o. European Public Policy, 4 (1997), 262.

–: The Rise of the Regulatory State in Europe, West European Politics 17 (1994), 77.

Maluschke, Günther Philosophische Grundlagen des demokratischen Verfassungsstaates, Freiburg 1982.

Makatsch, Tilman Gesundheitsschutz im Recht der Welthandelsorganisation (WTO), Berlin 2004,

Mancini, Federico / Keeling, D.T. Democracy and the European Court of Justice, Modern L. Rev. 57 (1994), 175.

Manent, Pierre Histoire Intellectuelle du Liberalisme, Paris 1987.

Mangoldt v./Klein/Starck (Hrsg.), GG-Kommentar, 4. Aufl., München 1999–2001.

Manin, Bernard Checks, balances and boundaries: The separation of powers in the constitutional debate of 1787, in: B. Fontana (Hrsg.), The Invention of the Modern Republic,
Cambridge 1994, 27.

–: On Democracy and Political Deliberation, Political Theory 15 (1988), 338.

–: Principes Du Gouvernement Représentatif, Paris 1995.

Manning, John F. Textualism and the Equity of the Statute, Columbia L. Rev. 101 (2001),
36.

March, James G. / Olsen, Johan G. Democratic Governance, New York 1995.

März, Wolfgang Bundesrecht bricht Landesrecht, Berlin 1989.

Mashaw, Jerry L. Bureaucratic Justice, New Haven 1983.

–: Due Process in the Administrative State, New Haven 1985

–: Reinventing Government and Regulatory Reform, U. o. Pittsburgh L. Rev. 57 (1996),
405.

Mashaw, Jerry L. / Merrill, Richard A. / Shane, Peter M. Administrative Law, 4. Aufl., St.
Paul 1998.

Masing, Johannes Die Mobilisierung des Bürgers für die Durchsetzung des Rechts, Berlin
1997.

–: Parlamentarische Untersuchungen privater Sachverhalte?, Tübingen 1998.

Maunz/Dürig, Grundgesetz, München 1973–2004.

Maupain, Francis The Settlement of Disputes wtihin the International Labour Office, J. o.
International Economic L. 2 (1999), 273.

Maurer, Andreas Parlamentarische Demokratie in der Europäischen Union, Baden-Baden
2002.

Maurer, Hartmut Allgemeines Verwaltungsrecht, 15. Aufl. München 2004.

–: Der Verwaltungsvorbehalt, VVDStRL 43 (1985), 135.

–: Kontinuitätsgewähr und Vertrauensschutz, in: J. Isensee/P. Kirchhof (Hrsg.), Handbuch
des Staatsrechts, Bd. III, Heidelberg 1988, § 60.

–: Staatsrecht I, 3. Aufl. München 2003.

Maus, Ingeborg Freiheitsrechte und Volkssouveränität, Rechtstheorie 26 (1995), 507.

–: Zur Aufklärung der Demokratietheorie, Frankfurt a.M. 1992.

–: Vom Nationalstaat zum Globalstaat oder: der Niedergang der Demokratie, in: M. Lutz-
Bachmann/J. Bohman (Hrsg.) Weltstaat oder Staatenwelt?, Frankfurt a.M. 2002, 226.

Mavroidis, Petros C. Amicus Curiae Briefs Before The WTO: Much Ado About Nothing,
in: A. v. Bogdandy (Hrsg.), European integration and international co-ordination, Den
Haag 2002, 317.

Mavroidis, Petros C. / Zdouc, Werner Legal Means to Protect Private Parties' Interests in
the WTO, J. o. International Economic Law 1998, 407.

Mayer, Franz C. Die drei Dimensionen der europäischen Kompetenzdebatte, ZaöRV 61
(2001), 577.

–: Europäische Verfassungsgerichtsbarkeit, in: A. v. Bogdandy (Hrsg.), Europäisches Verfassungsrecht, Berlin, Heidelberg 2003, 209.

–: Kompetenzüberschreitung und Letztentscheidung, München 2000.

–: Nationale Regierungsstrukturen und europäische Integration., EuGRZ 2002, 111.

Mayer, Otto Deutsches Verwaltungsrecht, Bd. I, 3. Aufl., Berlin 1924.

–: Monarchischer und demokratischer Bundesstaat, AöR 18 (1903).

McCall Smith, James WTO Dispute Settlement: The Politics of Procedure in Appelate Bo-
dys Rulings, World Trade 2 (2003), 55.

McCutchen, Peter B. Mistakes, Precedent, ad the Rise of the Administrative State: Toward a
Constitutional Theory of the Second Best, Cornell L. Rev. 80 (1994), 1.

McDougal, Myres / Asher, Lans Treaties and Congressional-Executive or Presidential Agreements: Interchangeable Instruments of National Policy, Yale L.J. 54 (1945), 181.

McGarity, Thomas Some Thoughts on Deossifying the Rulemaking Process, Duke L.J. 1992, 443.

McGinnis, John O. / Movsesian, Mark L. Against Global Governance in the WTO: Harvard International L.J. 45 (2004), 353.

McNollgast The Political Origins of the Administrative Procedure Act, J. o. Law, Economics & Organization 15 (1999), 180.

McWhinney, Edward Supreme Courts and Judicial Law-Making: Constitutional Tribunals and Constitutional Review, Den Haag 1986.

Mehde, Veith Demokratieprinzip und Neues Steuerungsmodell, Berlin 2000.

–: Die Ministerverantwortlichkeit nach dem Grundgesetz, DVBl. 2001, 13.

–: Responsibility and Accountability in the European Commission, Common Market L. Rev. 40 (2003), 423.

Meier, Christian / Veyne, Paul Kannten die Griechen die Demokratie?, Berlin 1988.

Meier, Christian Die Entstehung des Politischen bei den Griechen, Frankfurt a.M. 1983.

Meißner, Martin Die Bundesländer und die Europäischen Gemeinschaften, Berlin 1996.

Meiklejohn, Alexander Free Speech and its relation to Self-Government, New York 1948.

Meng, Werner Das Recht der internationalen Organisation, Berlin 1979.

–: Extraterritoriale Jurisdiktion im öffentlichen Wirtschaftsrecht, Berlin, Heidelberg 1994.

Mensching, Christian Der neue Komitologie-Beschluß des Rates, EuZW 2000, 268.

Mentler, Michael "Der" Ausschuss der Ständigen Vertreter bei den Europäischen Gemeinschaften, Baden-Baden 1996.

Merill, T. Judicial Deference to Executive Precedent, 101 Yale L.J. 969 (1992).

Merill, Thomas W. The Constitutional Principle of Separation of Powers, Supreme Court Rev. 1991, 225.

Merkl, Adolf Allgemeines Verwaltungsrecht, Wien 1927.

–: Die Lehre von der Rechtskraft entwickelt aus dem Rechtsbegriff, Wien 1923.

–: Prolegomena einer Theorie des rechtlichen Stufenbaus, in: A. Verdross, (Hrsg.), Gesellschaft, Staat und Recht, Untersuchungen zur Reinen Rechtslehre, Wien 1931, 252.

Merkle, Rüdiger Der Codex Alimentarius der FAO und WHO, Bayreuth 1994.

Merryman, John Henry The Civil Law Tradition, Palo Alto 1985.

Meyer, Hans (Hrsg.), Abstimmungskonflikt im Bundesrat im Spiegel der Staatsrechtslehre, Baden-Baden 2003.

Meyn, Karl-Ulrich Kontrolle als Verfassungsprinzip, Baden-Baden 1982.

Michael, Lothar Fordert § 61 BNatSchG eine neue Dogmatik der Verbandsklage?, Die Verwaltung 37 (2004), 35.

Michelman, Frank I. Foreword: Traces of Self-Government, Harvard L. Rev. 100 (1086–1987), 4.

–: States' Rights and States' Roles: Permutations of ›Sovereignty‹ in *National League of Cities v. Usery*, Yale L.J. 86 (1977), 1165.

–: Frank I. The Supreme Court, 1985 Term-Foreword: Traces of Self-Government, Harvard L. Rev. 100 (1986), 4.

Mill, John Stuart On Liberty, (1859), Cambridge 1989.

Miller, Gary J. Managerial Dilemmas. The Political Economy of Hierarchy, Cambridge 1992.

Miller, Geoffrey P. Introduction: The Debate over Independent Agencies in Light of Empirical Evidence, Duke L.J. 1988, 215.

Millgramm, Karl-Heinz Separate Opinions und Sondervotum in der Rechtsprechung des Supreme Court of the United States und des Bundesverfassungsgerichts, Berlin 1985.

Mögele, Rudolf Die Behandlung fehlerhafter Ausgaben im Finanzierungssystem der gemeinsamen Agrarpolitik, 1997.

Möllers, Christoph Braucht das öffentliche Recht einen neuen Methoden- und Richtungsstreit?, VerwArch. 90 (1999), 187.

–: Buchbesprechung, Der Staat 38 (1999), 121.

–: Das Parlamentsgesetz in Weimar als demokratische Entscheidungsform, in: C. Gusy (Hrsg.), Demokratisches Denken in der Weimarer Republik, Baden-Baden 2000, 415.

–: Der parlamentarische Bundesstaat, in: J. Aulehner u.a. (Hrsg.), Föderalismus – Zukunft oder Auflösung der Bundesstaatlichkeit, Stuttgart, 1998, 81.

–: Durchführung des Gemeinschaftsrechts, EuR 2002, 483.

–: Globalisierte Jurisprudenz, ARSP-Beiheft 79 (2001), 41.

–: Policy, Politics or Political Theory?, in: C. Joerges / Y. Mény/ J.H.H. Weiler (Hrsg.), Mountain or Molehill? A Critical Appraisal of the Commission White Paper on Governance, 2002, 55.

–: Polizeikontrollen ohne Gefahrverdacht, NVwZ 2000, 382.

–: Staat als Argument, München 2000.

–: Theorie, Praxis und Interdisziplinarität in der Verwaltungsrechtswissenschaft, VerwArch. 93 (2002), 22.

–: Transnational Constitutionalism without a Public Law?, in: C. Joerges/ I. Sand/G. Teubner (Hrsg.), Transnational Constitutionalism, London 2003, 329.

–: Verfassung – Verfassunggebende Gewalt – Konstitutionalisierung, in: A. v. Bogdandy (Hrsg.), Europäisches Verfassungsrecht, Berlin, Heidelberg 2003, 1.

–: Zur demokratischen Legitimation der Enteignungsbehörde nach dem BauGB, NVwZ 1997, 858.

Monoghan, Henry P. Constitutional Abjudication: The Who and When, 82 (1973) Yale L.J. 1363.

–: Marbury and the Administrative State, Columbia L. Rev. 84 (1984), 1.

Montesquieu, Charles de De l'ésprit des lois (1748), deutsch: Vom Geist der Gesetze, (hrsg. v. E. Forsthoff), Erster Band, Tübingen 1951.

Moore, Sally Falk The Semi-Autonomous Social Field as an Appropriate Subject of Study, Law & Society Rev. 7 (1973), 719.

Moravcsik, Andrew In Defense of the ›Democratic Deficit‹: Reassessing Legitimacy in the European Union, J. o. Common Market Studies 40 (2002), 603.

–: The Choice for Europe: Social Purpose and State Power from Messina to Maastricht, Ithaca 1998.

Morhard, Thilo Die Rechtsnatur der Übereinkommen der Internationalen Arbeitsorganisation, Frankfurt a.M. u.a. 1988.

Morlok, Martin Demokratie und Wahlen, in: P. Badura/H. Dreier (Hrsg.), Festschrift 50 Jahre Bundesverfassungsgericht, Tübingen 2001, Bd. 2, 559.

–: Informalisierung und Entparlamentarisierung politischer Entscheidungen als Gefährdung der Verfassung?, VVDStRL 62 (2003), 35.

–: Selbstverständnis als Rechtskriterium, Tübingen 1993.

–: Vom Reiz und vom Nutzen, von den Schwierigkeiten und den Gefahren der Ökonomischen Theorie für das Öffentliche Recht, in: C. Engel/M. Morlok (Hrsg.), Öffentliches Recht als Gegenstand ökonomischer Forschung, Tübingen 1998, 1.

Morrison, Alan The Administrative Procedure Act, Virginia L. Rev. 72 (1986), 253.

Morstein Marx, Fritz Amerikanische Verwaltung, Berlin 1963.

Mosler, Hermann Die Erweiterung des Kreises der Völkerrechtssubjekte, ZaöRV 22 (1962), 1.

–: The International Society as a Legal Community, Recueil des Cours 140 (1974 IV), 1.

Mössner, Jörg Manfred Rechtsvergleichung und Verfassungsrechtsprechung, AöR 99 (1974), 193.

Möstl, Markus Die staatliche Garantie für die öffentliche Sicherheit und Ordnung, Tübingen 2002.

Möstl, Markus Probleme der verfassungsprozessualen Geltendmachung gesetzgeberischer Schutzpflichten, DÖV 1998, 1029.

Mößle, Wilhelm Inhalt, Zweck und Ausmaß, Berlin 1990.

–: Regierungsfunktionen des Parlaments, München 1986.

Mouffe, Chantal For an Agonistic Public Sphere, in: O. Enzewor u.a. (Hrsg.), Democracy Unrealized, Kassel 2002, 87.

Müller, Friedrich Arbeitsmethoden des Verfassungsrechts, in: Enzyklopädie der Geisteswissenschaftlichen Arbeitsmethoden, 11. Lieferung, Methoden der Rechtswissenschaft Teil I, München 1972, 123.

Müller, Friedrich / Christensen, Ralph Juristische Methodik, Bd. 1, 8. Aufl. Berlin 2002.

–: Juristische Methodik, Bd. II, Europarecht, Berlin 2003.

Müller, Georg Die Stabsstelle der Regierung als staatsrechtliches Problem, Basel 1970.

Müller, Markus H / Stöckel, Heinz Naturschutzrecht, 2. Aufl., München 2003.

Müller, Ulrike / Mayer, Karl-Georg / Wagner, Ludwig Wider die Subjektivierung objektiver Rechtspositionen im Bund-Länder-Verhältnis, VerwArch 93 (2002), 585, 94 (2003), 127.

Müller-Graff, Peter Christian Umweltschutz und Grundfreiheiten, in: H.-W. Rengeling (Hrsg.), Handbuch zum europäischen und deutschen Umweltrecht, Bd. I, 2. Aufl. Köln 2003.

–: Kompetenzen in der Europäischen Union, in: W. Weidenfeld (Hrsg.), Europahandbuch, 1999, 779.

Münch, Richard Die »Zweite Moderne«: Realität oder Fiktion, KZfSS 54 (2002), 417.

Murphy, Walter F. / Flemming, James E. / Barber, Sotirios A. American Constitutional Interpretation, 2. Aufl., Westbury 1995.

Murswiek, Dietrich Die verfassunggebende Gewalt nach dem Grundgesetz für die Bundesrepublik Deutschland, Berlin 1978.

–: Maastricht und der pouvoir constituant, Der Staat 32 (1993), 161.

–: Urteilsanmerkung, JuS 1987, 997.

Mutius, Albert von Rechtsnorm und Verwaltungsakt, in: C.-F. Menger (Hrsg.), Fortschritte des Verwaltungsrechts, München 1973, 167.

Muylle, Koen J. Is the European Parliament a »Legislator«?. European Public Law 6 (2000), 243.

Nagel, Robert The Role of the Legislative and executive Branches in Interpreting the Constitution, Cornell L. Rev. 73 (1988), 380.

Nathanson, Nathaniel L. Probing the Mind of the Administrator, Columbia L. Rev. 75 (1975), 421.

–: The Vermont Yankee Nuclear Power Opinion: A Masterpiece of Statutory Misinterpretation, San Diego L. Rev. 16 (1979), 183.

Nehl, Hans Peter Principles of Administrative Procedure in EC Law, Oxford 1999.

Neidhard Friedhelm / Koopmans Ruud / Pfetsch Barbara, Konstitutionsbedingungen politischer Öffentlichkeit: der Fall Europa, in: H.-D. Klingemann/F. Neidhardt (Hrsg.), Zur Zukunft der Demokratie, 2000, 263.

Nessler, Volker Der transnationale Verwaltungsakt, NVwZ 1995, 863.

Nettesheim, Martin Der Grundsatz der einheitlichen Wirksamkeit des Gemeinschaftsrechts, in: A. Randelzhofer (Hrsg.), Gedächtnisschrift für Eberhard Grabitz, München 1995, 447.

–: Grundrechtliche Prüfdichte durch den EuGH, EuZW 1995, 106.

–: Horizontale Kompetenzkonflikte im EG-Recht, EuR 1993, 243.

–: Kompetenzen, in: A. v. Bogdandy, Europäisches Verfassungsrecht, Berlin, Heidelberg 2003, 415

–: Von der Verhandlungsdiplomatie zur internationalen Verfassungsordnung, JbfNPolÖ 19 (2000), 48.

Neumann, Franz Herrschaft des Gesetzes (1936), Frankfurt a.M. 1980.

Neumann, Jan Die Koordination des WTO-Rechts mit anderen völkerrechtlichen Ordnungen, Berlin 2002.

Neumann, Volker Freiheitsgefährdungen im kooperativen Sozialstaat, Köln 1992.

–: Normenvertrag, Rechtsverordnung oder Allgemeinverbindlicherklärung?, Baden-Baden 2002.

Neuner, Jörg Rechtsfindung contra legem, 2. Aufl. München 2003.

Neves, Marcelo Verfassung und Positivität des Rechts in der peripheren Moderne, Berlin 1992.

–: Zwischen Themis und Leviathan, Baden-Baden 2001.

Nichol Jr., Gene R. Justice Scalia, Standing and Public Law Litigation, Duke L.J. 1993, 1141.

Nichols, Philip M. Extension of Standing in WTO Disputes to Nongovernmental Parties, U. o. Pennsylvania J. o. International Economic L. 17 (1996), 295.

–: Realism, Liberalism, Values, and the World Trade Organization, U. o. Pennsylvania J. o. International Economic L. 17 (1996), 851.

–: GATT Doctrine, Virginia J.o. International L. 36 (1995–1996), 379.

Niedobitek, Matthias Das Recht der grenzüberschreitenden Verträge, Tübingen 2001.

Noll, Alfred J. Internationale Verfassungsgerichtsbarkeit, Wien 1992.

Nolte, Georg Ermächtigung der Exekutive zur Rechtsetzung, AöR 118 (1993), 378.

North, Douglas C. A Neoclassical Theory of the State, in: J. Elster (Hrsg), Rational Choice, New York 1996, 248.

Note, The Bounds of Legislative Specification, A Suggested Approach to the Bill of Attainder Clause, Yale L.J. 72 (1962), 330.

Nozick, Robert Anarchy, State, and Utopia, Oxford 1974.

Nugent, Neill The Government and Politics of the European Union, 3. Aufl. London 1994.

O'Brien, David M. Storm Center: The Supreme Court in American Politics, 3. Aufl. New York 1993.

Oebbecke, Janbernd Die unsichtbare Hand in der Ländergesetzgebung, StWStP 4 (1997), 461.

Oertel, Klaus Die Unabhängigkeit der Regulierungsbehörde nach §§ 66ff. TKG, Berlin 2000.

Oeter, Stefan Erprobung der Konstitutionellen Politischen Ökonomie an Einzelfragen – Föderalismus, in: C. Engel/M. Morlok (Hrsg.), Öffentliches Recht als Gegenstand ökonomischer Forschung, Tübingen 1998, 119.

–: Gibt es ein Rechtsschutzdefizit im WTO-Streitbeilegungsverfahren?, in: C. Nowak/W. Cremer (Hrsg.), Individualrechtsschutz in der EG und der WTO, Baden-Baden 2002, 221.

–: Integration und Subsidiarität im deutschen Bundesstaatsrecht, Tübingen 1998.

–: Selbstbestimmungsrecht im Wandel, ZaöRV 52 (1992), 741.

–: Souveränität – ein überholtes Konzept?, in: H.-J. Cremer u.a. (Hrsg.), Tradition und Weltoffenheit des Rechts, Festschrift für Helmut Steinberger, Berlin, Heidelberg 2002, 259.

–: Souveränität und Demokratie als Probleme der »Verfassungsentwicklung« der Europäischen Union, ZaöRV 55 (1995), 659.

Ogorek, *Regina* De l'Esprit des légendes, Rechtshistorisches Journal 2 (1983).

Ophüls, *Carl Friedrich* Staatshoheit und Gemeinschaftshoheit, in: Recht im Wandel, Festschrift Hundertfünfzig Jahre Carl Heymanns Verlag, Köln, Berlin, Bonn, München, 1965, 519.

Oppenheim's International Law, 9. Aufl. London 1992.

Osiander, *Andreas* Sovereignty, International Relations, and the Westphalian Myth, International Organization 56 (2002), 251.

Osieke, *Ebere* Constitutional Law and Practice in the International Labour Organisation, Dordrecht 1985.

Ossenbühl, *Fritz* Aktuelle Probleme der Gewaltenteilung, DÖV 1980, 545.

–: Die Bewertung technischer Risiken bei Rechtsetzung, DÖV 1982, 833.

–: Die Handlungsformen der Verwaltung, JuS 1979, 681.

–: Rechtsquellen und Rechtsbindungen der Verwaltung, in: H.-U. Erichsen (Hrsg.), Allgemeines Verwaltungsrecht, 12. Aufl. Berlin 2002, § 10.

–: Rechtsverordnung, in: J. Isensee/P. Kirchhof (Hrsg.), Handbuch des Staatsrechts Bd. III, Heidelberg 1988, § 64.

–: Verwaltungsvorschriften und Grundgesetz, Bad Homburg 1968.

–: Zustimmung und Verantwortung des Bundesrates beim Erlaß von Bundesgesetzen, in: D. Wilke/B. Schulte (Hrsg.), Der Bundesrat, Darmstadt 1990, 300.

Ost, *François* Le Temps du Droit, Paris 1990.

Osterloh, *Lerke* Gesetzesbindung und Typisierungsspielräume bei der Anwendung der Steuergesetze, Berlin 1992.

Pache, *Eberhard* Tatbestandliche Abwägung und Beurteilungsspielraum, Tübingen 2001.

Pahl, *Marc-Oliver* Devolution und Europa – Die neuen Regelungen zur Mitwirkung der Regionen des Vereinigten Königreichs in EU-Angelegenheiten, integration 23 (2000), 245.

Pahlow Louis Justiz und Verwaltung, Goldbach 2000.

Palazzo, *Guido* Die Mitte der Demokratie, Baden-Baden 2002.

Palmeter, *David* / *Mavroidis*, *Petros C.* Dispute Settlement in the WTO, Den Haag 1999.

Palmeter, *David* The WTO Appellate Body Needs Remand Authority, J. o. World Trade 32 (1998), 41.

Pasquino, *Pasquale* What is Constitutional Adjudication about?, paper, NYU School of Law, 2002.

Paul, *Joel R.* Comity in International Law, Harvard International L.J. 32 (1991), 1.

Paulus, *Andreas* Die internationale Gemeinschaft, München 2000.

Pauwelyn, *Jost* Conflicts of Norms in Public International Law, Cambridge 2003.

–: How to win a WTO-dispute based on non-WTO law, J. o. World Trade 38/6 (2003), 997.

–: The Nature of WTO Obligations, Jean Monnet Working Paper 01/2002.

–: The Role of Public International Law in the WTO: How Far can we go?, American J. o. International L. 95 (2001), 535.

–: The WTO Agreement on Sanitary and Phytosanitary (SPS) Measures as Applied in the First Three SPS Disputes, J. o. International Economic Law 1999, 641.

Pearce, Brian The Comity Doctrine as a Barrier to Judicial Jurisdiction: A U.S.-E.U. Comparison, Stanford J. o. International L. 30 (1994), 525.

Pechstein, Matthias Die Mitgliedstaaten der EG als »Sachwalter des gemeinsamen Interesses«, Baden-Baden 1987.

Pernice, Ingolf Europäisches und nationales Verfassungsrecht, VVDStRL 60 (2001), 148.

–: Kompetenzabgrenzung im Europäischen Verfassungsverbund, JZ 2000, 866.

–: Multilevel Constitutionalism and the Treaty of Amsterdam: European Constitution-Making revisited?, Common Market L. Rev. 36 (1999), 703.

Pescatore, Pierre L'exécutif communautaire: justification du quadripartisme institué par les traités de Paris et de Rome, CDE 1978, 387.

Pestalozza, Christian »Formenmißbrauch« des Staates, München 1973.

–: Der Garantiegehalt der Kompetenznorm, Der Staat 11 (1972), 161.

–: in: v. Mangoldt/Klein/Starck, Das Bonner Grundgesetz, Bd. 8, 3. Aufl., München 1996.

–: Verfassungsprozeßrecht, 3. Aufl., München 1991.

Peters, Hans Die Verwaltung als eigenständige Staatsgewalt, Krefeld 1965.

–: Die Gewaltentrennung in moderner Sicht, Köln 1954.

Petersmann, Ernst-Ulrich Constitutional Functions and Constitutional Problems of International Economic Law, Fribourg 1991.

–: How to Constitutionalize International Law and Foreign Policy for the Benefit of Civil Society?, Michigan J. o. International L. 20 (1998), 1.

Petzold, Herbert Die Gewaltenteilung in den Europäischen Gemeinschaften, Göttingen 1966.

Pfaff, Richard/Heilshorn, Torsten Die Flugroutenfestlegung als Abwägungsentscheidung, NVwZ 2004, 412

Pfordten, Dietmar v. d. Rechtsethik, München 2000.

Pierce Jr., Richard J. Lujan v. Defenders of Wildlife: Standing as A Judicially Imposed Limit on Legislative Power, Duke L.J. 42 (1992–1993), 1170.

–: Seven Ways to Deossify Agency Rulemaking, Administrative L. Rev. 47 (1995), 59.

–: The Inherent Limits on Judicial Control of Agency Discretion. The D.C. Circuit and the Nondelegation Doctrine, 52 Administrative L. Rev. (2000), 63.

Pieroth, Bodo / Aubel, Tobias Die Rechtsprechung des Bundesverfassungsgericht zu den Grenzen richterlicher Rechtsfortbildung, JZ 2003, 504.

Pietzcker, Jost »Grundrechtsbetroffenheit« in der verwaltungsrechtlichen Dogmatik, in: G. Püttner (Hrsg.), Festschrift für Otto Bachof zum 70. Geburtstag, München 1984, 131.

–: Schichten des Parlamentsrechts, in: H.-P. Schneider/W. Zeh (Hrsg.), Parlamentsrecht und Parlamentspraxis in der Bundesrepublik Deutschland, Berlin 1989.

–: Zusammenarbeit der Gliedstaaten im Bundesstaat, Landesbericht Bundesrepublik Deutschland, in: C. Starck (Hrsg.), Zusammenarbeit der Gliedstaaten im Bundesstaat, Baden-Baden 1988.

Pildes, Richard F. Forms of Formalism, The U. o. Chicago L. Rev. 66 (1997), 607.

–: Why Rights Are Not Trumps: Social Meanings, Expressive Harms, and Constitutionalism, The J. o. Legal Studies, 27 (1998), 725.

Pitkin, Hannah F. The Concept of Representation, Berkeley 1968.

Pitschas, Christian Die Völkerrechtliche Verantwortung der Europäischen Gemeinschaft und ihrer Mitgliedstaaten, Berlin 2001.

Pitschas, Rainer Verwaltungsverantwortung und Verwaltungsverfahren, München 1990.

Plamenatz, John »Was nichts anderes heißt, als daß man ihn zwingen wird, frei zu sein.«, in: R. Brandt/K. Herb (Hrsg.), Vom Gesellschaftsvertrag oder Prinzipien des Staatsrechts, München 2000, 67.

Pleyer, Marcus C. F. Föderative Gleichheit, Manuskript 2003.

Plötscher, Stefan Der Begriff der Diskriminierung im Europäischen Gemeinschaftsrecht, Berlin 2002.

Pocock, John G. A. The Machiavellian Moment, Princeton 1975.

Pollmann, Hans Repräsentation und Organschaft, Berlin 1969.

Polybius, Geschichte, Zürich 1961.

Porte, Caroline de la Is the Open Method of Coordination Appropriate for Organising Activities at the European Level in Sensitive Policy Areas?, European L.J. 8 (2002), 38.

Poscher, Ralf Verwaltungsakt und Verwaltungsrecht in der Vollstreckung, VerwArch. 89 (1998), 111.

Posner, Richard The Federal Courts. Challenge and Reform, Cambridge, Mass. 1996.

Prakash, Saikrishna B. Field Office Federalism, Virginia L. Rev. 79 (1993), 1957.

Prakash, Saikrishna B. / Ramsey, Michael D. The Executive Power over Foreign Affairs, 111 (2001) Yale L.J. 231.

Prechal, Sacha Institutional Balance. A Fragile Principle with Uncertain Contents, in: T. Heukels/N.Blokker/M. Brus (Hrsg.), The EU after Amsterdam, Den Haag 1998.

Preuß, Hugo Reich, Staat und Gemeinde als Gebietskörperschaften, Berlin 1888.

Pünder, Hermann Exekutive Normsetzung in den Vereinigten Staaten von Amerika und der Bundesrepublik Deutschland, Berlin 1995.

Purcell, Edward A. Brandeis and the Progressive Constitution: Erie, the Judicial Power, and the Politics of the Federal Courts in Twentieth-Century America, 2000.

Rabe, Hans-Jürgen Das Verordnungsrecht der Europäischen Wirtschaftsgemeinschaft, Hamburg 1963.

Rabin, Robert L. / Sugarman Stephen D. Overwiew, in: R.L. Rabin/S.D. Sugarman (Hrsg.), Smoking Policy: Law, Politics and Culture, Oxford 1993, 5.

Ramsey, Michael D. International law as non-preemptive federal law, Virginia J. o. International L., 42 (2002), 555.

–: Executive agreements and the (non)treaty power, North Carolina L. Rev. 77 (1998), 133.

–: The power of the states in foreign affairs, The Notre Dame L. Rev. 75 (1999), 341.

Ranacher, Christian Die Bindung der Mitgliedstaaten an die Gemeinschaftsgrundrechte, ZöR 58 (2003), 21.

Raphael, Lutz Recht und Ordnung, Frankfurt a.M. 2000.

Rappaport, Adam J. The Court of International Trade's Political Party Diversity Requirement: Unconstitutional under any Separation of Powers Theory, U. o. Chicago L. Rev. 68 (2001), 1429.

Rasmussen, Hjalte On Law and Policy in the European Court of Justice, Dordrecht 1986.

Rausch, Rolf Die Kontrolle von Tatsachenfeststellungen und -würdigungen durch den Gerichtshof der Europäischen Gemeinschaften, Baden-Baden 1994.

Rauschning, Dietrich Das parlamentarische Regierungssystem des Grundgesetzes in der Rechtsprechung des Bundesverfassungsgerichts, in: C. Starck (Hrsg.), Bundesverfassungsgericht und Grundgesetzt, Bd. 2, Tübingen 1976, 214.

Rauser, Karl Th. Die Übertragung von Hoheitsrechten auf ausländische Staaten: zugleich ein Beitrag zur Dogmatik von Art. 24 I GG, München 1991.

Rawls, John Eine Theorie der Gerechtigkeit (1971), Frankfurt a.M. 1975.

Raz, Joseph The Morality of Freedom, Oxford 1986.

Redish, Martin H. / Nugent, Shane V. The Dormant Commerce Clause and the Constitutional Balance of Federalism, Duke L.J. 1987, 569.

Redish, Martin H. The Constitution as Political Structure, Oxford 1995.

Regan, Donald H. How to think about the Federal Commerce Clause and Incidentally Rewrite *United States v. Lopez*, Michigan L. Rev. 94 (1995), 554.

–: Judicial review of Member-State Regulation of trade within a Federal or Quasi-Federal system: protectionsism and Balancing, Michigan L. Rev. 99 (2001), 1853.

–: Regulatory Purpose and »Like Products« in Article III:4 of the GATT, J. o. World Trade 36 (2002), 443.

–: The Supreme Court and State Protectionism: Making Sense of the Dormant Commerce Clause, Michigan L. Rev. 84 (1986), 1091.

Regent, Sabrina The Open Method of Coordination: A New Supranational Method of Governance?, European L.J. 9 (2003), 190.

Reich, Charles A. The New Property, 73 Yale L.J. 733 (1964).

Reich, Dietmar O. Zum Einfluß der Europäischen Gemeinschaftsrechts auf die Kompetenzen der deutschen Bundesländer, EuGRZ 2001, 1.

Reich, Norbert The »November Revolution« of the European Court of Justice: Keck, Meng and Audi Revisited, Common Market L. Rev. 1994, 459.

Reimann, Matthias Historische Schule und Common Law, Berlin 1993.

Reimer, Franz Verfassungsprinzipien, Berlin 2001.

Reinhard, Wolfgang Geschichte der Staatsgewalt, München 1999.

Reinhardt, Michael Konsistente Jurisdiktion, Tübingen 1997.

Reinisch, August International Organizations Before National Courts, Cambridge 2000.

Reisman, W. Michael Designing and Managing the Future of the State, European J. o. International L. 8 (1997), 409.

–: Law in Brief Encounters, New Haven 1999.

Rengeling, Hans-Werner Gesetzgebungszuständigkeit, in: J. Isensee/P. Kirchhof (Hrsg.) Handbuch des Staatsrechts, Bd. IV, Heidelberg 1990, § 100.

Renner, Wolfgang G. Föderalismus im Umweltrecht der Vereinigten Staaten und der Europäischen Gemeinschaft, Berlin 2003.

Renshaw, Fiona Hayes / Wallace, Helen The Council of Ministers, London 1997.

Ress, Georg Democratic Decision-making in the EU and the Role of the European Parliament, in: N.M. Blokker (Hrsg.), Towards more effective supervision by international organizations. Essays in honour of Henry G. Schermers/1, Den Haag 1994, 153.

–: Verfassung und völkerrechtliches Vertragsrecht, in: K. Hailbronner, G. Ress, T. Stein (Hrsg.), Staat und Völkerrechtsordnung: Festschrift für Karl Doehring, Berlin, Heidelberg, New York, 1989, 803.

Fetz, Reto L / Hagenbüchle, Roland / Schulz, Peter (Hrsg.), Geschichte und Vorgeschichte der modernen Subjektivität. 2 Bde, Berlin 1998.

Revesz, Richard Specialized Courts and the Administrative Law System, U. o. Pennsylvania L. Rev. 138 (1990), 1111.

Rideau, Joël Droit Institutionnel de L'Union des Communautés Européennes, 4. Aufl. Paris 2002.

Riecken, Jörg Verfassungsgerichtsbarkeit in der Demokratie, Berlin 2003.

Riles, Annelise The Network Inside Out, Ann Arbor 2001.

Riley, Patrick Will and Political Legitimacy, Cambridge, Mass. 1982.

Rittberger, Volker / Mogler, Martin / Zangl, Bernhard Vereinte Nationen und Weltordnung, Opladen 1997.

Roeben, Volker Constitutionalism of Inverse Hierarchy: the Case of the European Union, Jean Monnet Working Paper, 8/2003.

Roellecke, Gerd Aufgaben und Stellung des Bundesverfassungsgerichts im Verfassungsgefüge, in: J. Isensee/P. Kirchhof (Hrsg.), Handbuch des Staatsrecht, Bd. II, Heidelberg 1987, § 53.

–: Sondervoten, in: P. Badura/H. Dreier (Hrsg.), Festschrift 50 Jahre Bundesverfassungsgericht, Tübingen 2001, 363.

Roellecke, Ines Gerechte Einwanderungs- und Staatsangehörigkeitskriterien, Baden-Baden 1999.

Roessler, Frieder The Institutional Balance between the Judicial amd the Political Organs of the WTO, in: New Directions in International economic Law. Festschrift J. H. Jackson, Den Haag 2000, 338.

Röhl, Hans Christian Akkreditierung und Zertifizierung im Produktsicherheitsrecht, Berlin, Heidelberg 2000.

–: Der Wissenschaftsrat, Baden-Baden 1994.

–: Die anfechtbare Entscheidung nach Art. 230 Abs. 4 EGV, ZaöRV 60 (2000), 331.

–: Die Beteiligung der Bundesrepublik Deutschland an der Rechtsetzung im Ministerrat der Europäischen Union, EuR 1994, 409.

–: Die marginalisierte Verwaltung, Manuskript 2003.

–: Rechtsschutz gegen EG-Verordnungen – EuG, Urt. v. 3. 5. 2002, Rs. T-177/01 und EuGH, Rs. C-50/00 P, Jura 2003, 830.

–: Regierungs- und Verwaltungsbefugnisse des Parlaments, Manuskript 2002.

–: Verwaltung und Privatrecht – Verwaltungsprivatrecht?, VerwArch 86 (1995), 531.

–: Effektiver Rechtsschutz gegenüber Europäischer Verwaltung, Manuskript 2003.

Röhl, Hans Christian / Ladenburger, Clemens Materielle Präklusion im raumbezogenen Verwaltungsrecht, Berlin 1997.

Röhl, Klaus F. Allgemeine Rechtstheorie, 2. Aufl., Köln 2002.

–: Über außervertragliche Voraussetzungen des Vertrags, in: F. Kaulbach/W. Krawietz (Hrsg.), Recht und Gesellschaft, Festschrift für Helmut Schelsky zum 65. Geburtstag, Berlin 1978, 436.

Rorty, Richard Der Vorrang der Demokratie vor der Philosophie, in: Solidarität oder Objektivität, Stuttgart 1988, 82.

Rose-Ackerman, Susan American Administrative Law under Siege: Is Germany a Model?, Harvard L. Rev. 107 (1997), 1279.

–: Umweltrecht und -politik in den Vereinigten Staaten und der Bundesrepublik Deutschland, Baden-Baden 1995.

Rosenberg, Gerald The Hollow Hope, Chicago 1991.

Rosencrantz, Nicholas Quinn Federal Rules of Statutory Interpretation, Harvard L. Rev. 115 (2001), 2085.

Rosenfeld, Michel Law as Discourse: Bridging the Gap between Democracy and Rights, Harvard L. Rev. 108 (1995), 1163.

Rossen, *Helge* Vollzug und Verhandlung, Tübingen 1999.

Rostock, Michael Die Lehre der Gewaltenteilung in der politischen Theorie von John Lokke, Meisenheim a. G. 1974.

Roth, Wolfgang Die Überprüfung fachgerichtlicher Urteile durch das Bundesverfassungsgericht und die Entscheidung über die Annahme einer Verfassungsbeschwerde, AöR 121 (1996), 544.

–: Grundlage und Grenzen von Übergangsanordnungen des Bundesverfassungsgerichts zur Bewältigung möglicher Folgeprobleme seiner Entscheidungen, AöR 124 (1999), 470.

Rousseau, Jean-Jacques Vom Gesellschaftsvertrag (1762), Stuttgart 1977.

Royla, Pascal WTO-Recht – EG-Recht: Kollision, Justiziabilität, Implementation, EuR 2001, 495.

Rozek, Jochen Das Grundgesetz als Prüfungs- und Entscheidungsmaßstab der Landesverfassungsgerichte, Baden-Baden 1993.

Rubin, Alfred P. Enforcing the Rules of International Law, Harv. International L.J. 34 (1993), 149.

Rudolf, Walter Kooperation im Bundesstaat, in: J. Isensee/P. Kirchhof (Hrsg.), Handbuch des Staatsrechts Bd. IV. Heidelberg 1990, § 105.

Ruffert, Matthias Der transnationale Verwaltungsakt, Die Verwaltung 34 (2003), 49.

–: Interessenausgleich im Verwaltungsorganisationsrecht, DÖV 1998, 897.

–: Dogmatik und Praxis des subjektiv-öffentlichen Rechts unter dem Einfluß des Gemeinschaftsrechts, DVBl 1998, 69.

–: Zuständigkeitsgrenzen internationaler Organisationen im institutionellen Rahmen der internationalen Gemeinschaft, AVR 38 (2000), 129.

–: Vorrang der Verfassung und Eigenständigkeit des Privatrechts, Tübingen 2001.

–: Die Globalisierung als Herausforderung an das Öffentliche Recht, Stuttgart 2004.

Rührmair, Alfred Der Bundesrat zwischen Verfassungsauftrag, Politik und Länderinteressen, Berlin 2001.

Rüping, Hinrich Der Grundsatz des rechtlichen Gehörs und seine Bedeutung im Strafverfahren, Berlin 1976.

Rupp, Hans-Heinrich Fluglärm: Rechtsschutz gegen die Festlegung von An- und Abflugwegen von und zu Flughäfen durch das Luftfahrt-Bundesamt, NVwZ 2002, 286.

–: Rechtsverordnungsbefugnis des Deutschen Bundestages?, NVwZ 1993, 756.

–: Grundfragen der heutigen Verwaltungsrechtslehre, 2. Aufl., Tübingen 1995.

Rustemeyer, Dirk Zeit und Recht, Manuskript, 2003.

Ruthig, Josef Verhandlungslösungen im Verwaltungsrecht der Vereinigten Staaten, in: E. Riedel (Hrsg.), Die Bedeutung von Verhandlungslösungen im Verwaltungsverfahren, Berlin 2002, 152.

Rutschmann, Frank Der europäische Vermittlungsausschuss, Berlin 2002.

Sachs, Michael (Hrsg.) Grundgesetz, 3. Aufl., München 2003.

Sachs, Michael Das parlamentarische Regierungssystem und der Bundesrat – Entwicklungsstand und Reformbedarf, VVDStRL 58 (1999), 39.

–: Die Bindung des Bundesverfassungsgerichts an seine Entscheidungen, München 1977.

Sachße, Christoph Die Kompetenzen des Europäischen Parlaments und die Gewaltenteilung in den Europäischen Gemeinschaften, Baden-Baden 1971.

Sager, Lawrence G. Fair Measure, The Legal Status of Underenforced Constitutional Norms, Harvard L. Rev. 91 (1977–1978), 1212.

Saladin, Peter Wozu noch Staaten?, Bern, München, Wien 1995.

Sandalow, Terence / Stein, Eric On the Two Systems: An Overview. In: T. Sandalow/E. Stein, Courts and Free Markets: Perspectives from the United States and Europe, I, Oxford 1982, 1.

Sander, Gerald G. Gesundheitsschutz in der WTO – eine neue Bedeutung des Codex Alimentarius im Lebensmittelrecht?, ZeuS 3 (2000), 335.

Sanders, Lynn A. Against Deliberation, Political Theory 25 (1997), 347.

Saretzki, Thomas Wie unterscheidet man Argumentieren und Verhandeln?, in: V. v. Prittwitz (Hrsg.), Verhandeln und Argumentieren, Opladen 1996.

Sartori, Giovanni Comparative Constitutional Engineering: An Inquiry to Structure, Incentives, and Outcomes, 2. Aufl. 1994.

Sato, Tetsuo Evolving Constitutions of International Organizations, Den Haag 1996.

Sauer, Heiko Die innergemeinschaftlichen Wirkungen von WTO-Streitbeilegungsentscheidungen – Begriffliche und dogmatische Klärungen, EuR 2004, 463.

Savigny, Friedrich Carl v. System des heutigen Römischen Rechts, Erster Band, Berlin 1840.

Scalia, Antonin Judicial Deference to Administrative Interpretation of Law, 1989 Duke L.J. 511.

–: The Doctrine of Standing as an Essential Element of Separation of Powers, Suffolk U.L. Rev. 17 (1983), 881.

–: Vermont Yankee: The APA, the D.C. Circuit and the Supreme Court, Supreme Court Rev. 1978, 345.

Scelle, Georges Le phénomème juridique du dédoublement fonctionnel, in: W. Schätzel (Hrsg.) Rechtsfragen der internationalen Organisation, Festschrift für Hans Wehberg zu seinem 70. Geburtstag Frankfurt a.M. 1954, 324.

Scharpf Fritz W. / Reissert Bernd / Schnabel, Fritz Politikverflechtung, Theorie und Empirie des kooperativen Föderalismus in der Bundesrepublik, Kronberg 1976.

Scharpf, Fritz W. Demokratietheorie zwischen Utopie und Anpassung, Konstanz 1970.

–: Der Bundesrat und die Kooperation auf der »dritten Ebene«, in: Bundesrat (Hrsg.), Vierzig Jahre Bundesrat, Baden-Baden 1989, 121.

–: Die Politikverflechtungs-Falle: Integration und deutscher Föderalismus im Vergleich, PVS 26 (1985), 323.

–: Die politischen Kosten des Rechtsstaats, Tübingen 1970.

–: European Governance: Common Concerns v. The Challenge of Diversity, in: C. Joerges/ Y. Mény/J.H.H. Weiler (Hrsg.), Mountain or Molehill?, 2001, 1.

–: Games Real Actors Play, Boulder 1997.

–: Grenzen der richterlichen Verantwortung, Berlin 1965.

–: Regieren in Europa, Frankfurt a.M. 1999.

Schelling, Thomas C. The Strategy of Conflict, Cambridge, Mass. 1960.

Schenke, Wolf-Rüdiger Gesetzgebung zwischen Föderalismus und Parlamentarismus, in: H-P. Schneider/W. Zeh (Hrsg.), Parlamentsrecht und Parlamentspraxis, Berlin 1989, 1485.

–: Verfassungsgerichtsbarkeit und Fachgerichtsbarkeit, Berlin 1987.

Schermers, Henry G. / Blokker, Niels M. International institutional law, 3. Aufl., Den Haag 1995.

Schermers, Henry G. International Organization as Members of Other International Organizations, in: R. Bernhardt, W.-K. Geck, G. Jaenicke, H. Steinberger (Hrsg.), Völkerrecht als Rechtsordnung, Internationale Gerichtsbarkeit, Menschenrechte, Festschrift für Hermann Mosler, Berlin, Heidelberg, New York, 1983, 832.

–: Weighted Voting, in: Encyclopaedia of Public International Law, IV, Elsevier 2000, 1446.

Scherzberg, Arno Die öffentliche Verwaltung als informationelle Organisation, in: W. Hoffmann-Riem/E. Schmidt-Aßmann (Hrsg.), Verwaltungsrecht in der Informationsgesellschaft, Baden-Baden 2000, 195.

–: Die Öffentlichkeit der Verwaltung, Baden-Baden 2000.

Scheuing, Dieter H. Europäisierung des Verwaltungsrechts, Die Verwaltung 34 (2001), 107.

–: Europarechtliche Impulse für innovative Ansätze im deutschen Verwaltungsrecht, in: W. Hoffmann-Riem/E. Schmidt-Aßmann (Hg.), Innovation und Flexibilität des Verwaltungshandelns, Baden-Baden 1994, 289.

Scheuner, Ulrich Buchbesprechung, DÖV 1978, 533.

–: Verantwortung und Kontrolle in der demokratischen Verfassungsordnung, in: Staatstheorie und Staatsrecht, Berlin 1978, 293.

–: Das Gesetz als Auftrag der Verwaltung, DÖV 1969, 585.

Schiller, Volker Weisungsrechte der EG nach dem EWG-Vertrag bei nationalem Verwaltungsvollzug von EG-Recht?, RIW 1985, 36.

Schilling, Theodor Rang und Geltung von Normen in gestuften Rechtsordnungen, Berlin 1994.

–: The Autonomy of the Community Legal Order – an Analysis of Possible Foundations, Harv. International L.J. 37 (1996), 389.

Schlacke, Sabine Risikoentscheidungen im europäischen Lebensmittelrecht, Berlin 1999.

Schladebach, Marcus / Schönrock, Sabrina Grundstrukturen des Verwaltungsrechts der USA, VerwArch. 93 (2002), 100.

Schlaich, Klaus / Korioth, Stefan Das Bundesverfassungsgericht, 6. Aufl., München 2004.

Schlaich, Klaus Das Bundesverfassungsgericht im Gefüge der Staatsfunktionen, VVDStRL 39 (1981), 99.

Schlechtriem, Peter Restitution und Bereicherungsrecht in Europa, 2 Bde., 2000–2001.

Schließky, Utz Souveränität und Legitimität von Herrschaftsgewalt, Tübingen 2004.

Schlink, Bernhard Die Amtshilfe, Berlin 1982.

–: Die Entthronung der Staatsrechtswissenschaft durch die Verfassungsgerichtsbarkeit, Der Staat 28 (1989), 161.

Schmalz-Bruns, Rainer Deliberativer Supranationalismus, Zeitschrift für Internationale Beziehungen, 6 (1999), 185.

–: Reflexive Demokratie: die demokratische Transformation moderner Politik Baden-Baden 1995.

Schmid, Christoph U. From Point d'Avignon to Ponte Vecchio: The Resolution of Constitutional Conflicts between the European Union and the Member States through Principles of Public International Law, Yearbook of European Law 18 (1998), 415.

–: Multi-Level Constitutionalism and Constitutional Conflicts, Ph. D. Thesis EUI, Florenz 2001.

Schmidhauser, John R. Constitutional Law in American Politics, Monterey 1984.

Schmidhauser, John R. / Berg, Larry L. The Supreme Court and Congress, Conflict and Interaction 1945–1968, New York 1972.

Schmidt Walter Das Verhältnis von Bund und Ländern im demokratischen Bundesstaat des Grundgesetzes, AöR 87 (1962), 253.

Schmidt, Johannes Die Beteiligung des Bundestages beim Erlaß von Rechtsverordnungen, Berlin 2002.

Schmidt, Manfred G. Demokratietheorien, 3. Aufl., Opladen 2000.

Schmidt, Reiner Das Mitbestimmungsgesetz auf dem verfassungsrechtlichen Prüfstand, Der Staat 19 (1980), 235.

–: Flexibilität und Innovation im Bereich der Verwaltungsmaßstäbe, in: W. Hoffmann-Riem/E. Schmidt-Aßmann (Hrsg.), Innovation und Flexibilität des Verwaltungshandelns, Baden-Baden 1994, 67.

Schmidt, Walter Einführung in die Probleme des Verwaltungsrechts, München 1982.

–: Gesetzesvollziehung durch Rechtsetzung, Bad Homburg 1969.

Schmidt-Aßmann, Eberhard Das Allgemeine Verwaltungsrecht als Ordnungsidee, Berlin, 2. Aufl., Heidelberg 2004.

–: Eberhard Das Grundgesetz und die rechtsprechende Gewalt, in: R. Mußgnug (Hrsg.), Rechtsentwicklung unter dem Bonner Grundgesetz, Heidelberg 1990, 79.

–: Der Rechtsstaat, in: J. Isensee/P. Kirchhof (Hrsg.), Handbuch des Staatsrechts, Bd. I, 3. Aufl. Heidelberg 2004, § 24.

–: Der Verfahrensgedanke in der Dogmatik des öffentlichen Rechts, in: P. Lerche/W. Schmitt Glaeser/E. Schmidt-Aßmann (Hrsg.), Verfahren als staats- und verwaltungsrechtliche Kategorie, Heidelberg 1984, 1.

–: Die Kontrolldichte der Verwaltungsgerichte: Verfassungsgerichtliche Vorgaben und Perspektiven, DVBl. 1997, 281.

–: Effizienz als Herausforderung an das Verwaltungsrecht, in: W. Hoffmann-Riem/E. Schmidt-Aßmann (Hrsg.), Effizienz als Herausforderung an das Verwaltungsrecht, Baden-Baden 1998, 245.

–: Europäische Verwaltung zwischen Kooperation und Hierarchie, in: H.-J. Cremer u.a. (Hrsg.), Tradition und Weltoffenheit des Rechts, Festschrift für Helmut Steinberger, Berlin, Heidelberg 2002, 1375.

–: Gefährdungen der Rechts- und Gesetzesbindung der Exekutive, J. Burmeister (Hrsg.), Verfassungsstaatlichkeit: Festschrift für Klaus Stern zum 65. Geburtstag, München 1997, 745.

–: Grundrechtspositionen und Legitimationsfragen im öffentlichen Gesundheitswesen, Berlin 2001.

–: Grundrechtswirkungen im Verwaltungsrecht, in: B. Bender, R. Breuer, F. Ossenbühl, H. Sendler (Hrsg.), Rechtsstaat zwischen Sozialgestaltung und Rechtsschutz, Festschrift für Konrad Redeker zum 70. Geburtstag, München 1993, 225.

–: Verwaltungsgerichtsbarkeit und Verwaltungsverantwortung, VVDStRL 34 (1976), 221.

–: Verwaltungskontrolle in: E. Schmidt-Aßmann/W. Hoffmann-Riem (Hrsg.), Verwaltungskontrolle, Baden-Baden 2001, 9.

–: Verwaltungskooperation und Verwaltungskooperationsrecht in der Europäischen Gemeinschaft, EuR 1996, 270.

–: Verwaltungslegitimation als Rechtsbegriff, AöR 116 (1991), 329.

–: Verwaltungsorganisation zwischen parlamentarischer Steuerung und exekutivischer Organisationsgewalt, in: R. Stödter, W. Thieme (Hrsg.), Hamburg – Deutschland – Europa: Festschrift für Hans Peter Ipsen, Tübingen 1977, 333.

–: Verwaltungsverfahren, in: J. Isensee/P. Kirchhof (Hrsg.), Handbuch des Staatsrechts, Bd. III, Heidelberg 1988, § 70.

–: Grundrechtsschutz durch Verfahren, in: D. Merten/H.-J. Papier (Hrsg.), Handbuch der Grundrechte, Heidelberg, i.E.

–: Die Lehre von den Rechtsformen des Verwaltungshandelns, DVBL. 1989, 533.

–: Strukturen Europäischer Verwaltung und die Rolle des Europäischen Verwaltungsrechts, in: A. Blankenagel/I. Pernice/H. Schulze-Fielitz (Hrsg.), Liber Amicorum für Peter Häberle, Tübingen 2004, 395.

Schmidt-Aßmann, Eberhard / Harings, Lothar Access to justice and fundamental rights, European Public L. Rev, 1997, 529.

Schmidt-Aßmann, Eberhard / Groß, Thomas Zur verwaltungsgerichtlichen Kontrolldichte nach der Privatgrundschul-Entscheidung des BVerfG, NVwZ 1997, 617.

Schmidt-Preuß, Matthias Kollidierende Privatinteressen im Verwaltungsrecht, Berlin 1992.

Schmitt, Carl Der Begriff des Politischen, 2. Aufl. Berlin 1932.

–: Der Hüter der Verfassung, Berlin 1931.

–: Legalität und Legitimität (1932), in: Verfassungsrechtliche Aufsätze, Berlin 1958, 263.

–: Verfassungslehre, Berlin 1927.

–: Vergleichender Überblick über die neueste Entwicklung des Problems der gesetzgeberischen Ermächtigungen (Legislative Delegationen), ZaöRV 6 (1936) 252.

Schnapp, Friedrich E. Der Verwaltungsvorbehalt, VVDStRL 43 (1985), 172.

–: Zur Dogmatik und Funktion des staatlichen Organisationsrechts, Rechtstheorie 8
(1978), 275.

Schneider, Hans Gesetzgebungslehre, 3. Aufl. Heidelberg 2002.

Schneider, Peter In dubio pro libertate, in: E. v. Caemmerer, E. Friesenhahn, R. Lange
(Hrsg.), Hundert Jahre Deutsches Rechtsleben, Karlsruhe 1960, 263.

Schnur, Roman Politische Entscheidung und räumliche Interessen, Die Verwaltung 3
(1970), 256.

Schoch, Friedrich / Wahl, Rainer Die einstweilige Anordnung des BVerfG in außenpolitischen Angelegenheiten, in: E. Klein (Hrsg.), Grundrechte, soziale Ordnung und Verfassungsgerichtsbarkeit Festschrift für Ernst Benda zum 70. Geburtstag, Heidelberg 1995,
265.

Schoch, Friedrich Einstweilige Anordnung, in: P. Badura/H. Dreier (Hrsg.), Festschrift 50
Jahre Bundesverfassungsgericht, Tübingen 2001, 695.

–: Individualrechtsschutz im deutschen Umweltrecht unter dem Einfluß des Gemeinschaftsrechts, NVwZ 1999, 457.

–: Polizei- und Ordnungsrecht, in: E. Schmidt-Aßmann (Hrsg.), Besonderes Verwaltungsrecht, 12. Aufl., Berlin 2003.

–: Zur Situation der kommunalen Selbstverwaltung nach der Rastede-Entscheidung des
Bundesverfassungsgerichts, VerwArch. 81 (1990), 18.

Schoch, Friedrich /Schmidt-Aßmann, Eberhard /Pietzner, Rainer VwGO, München 1996.

Schodder, Thomas F. Föderative Gewaltenteilung in der Bundesrepublik Deutschland,
Frankfurt a.M. 1988.

Schoenbaum, Thomas J. International Trade and Protection of the Environment: The Continuating Search for Reconciliation, American J. o. International L. 91 (1997), 268.

Schoenbrod, David Power without Responsibility, New Haven 1993.

Scholz, Rupert Ausschließliche und konkurrierende Gesetzgebungskompetenz von Bund
und Ländern in der Rechtsprechung des Bundesverfassungsgerichts, in: C. Starck
(Hrsg.), Bundesverfassungsgericht und Grundgesetz, Bd. II, Tübingen 1976, 252.

–: Landesparlamente und Bundesrat, in: B. Börner, H. Jahrreiß, K. Stern (Hrsg.), Einigkeit
und Recht und Freiheit, Köln, Berlin, Bonn, München, 1984, Bd. 2, 831.

–: Verwaltungsverantwortung und Verwaltungsgerichtsbarkeit, VVDStRL 34 (1976), 145.

–: Parlamentarischer Untersuchungsausschuß und Steuergeheimnis, AöR 105 (1980), 564.

Schönberger, Christoph Das Parlament im Anstaltsstaat, Frankfurt a.M. 1997.

–: Vom repräsentativen Parlamentarismus zur plebiszitären Präsidialdemokratie, Der Staat
34 (1995), 359.

–: Die überholte Parlamentarisierung. Einflußgewinn und fehlende Herrschaftsfähigkeit
des Reichstags im sich demokratisierenden Kaiserreich, HZ 272 (2001), 623.

–: Normenkontrollen im EG-Föderalismus, EuR 2003, 600.

–: Die Europäische Union als Bund AöR 129 (2004), 81.

Schöndorf-Haubold, Bettina Die Strukturfonds der Europäischen Gemeinschaft, Manuskript, 2003.

Schreiber, Stefanie Verwaltungskompetenzen der Europäischen Gemeinschaft, Baden-Baden 1997.

Schroeder, Werner Verfassungsrechtliche Beziehungen zwischen Europäischer Union und Europäischen Gemeinschaften, in: A. v. Bogdandy (Hrsg.), Europäisches Verfassungsrecht, Berlin, Heidelberg 2003, 373.

–: Das Gemeinschaftsrechtssystem, Tübingen 2002.

Schubert, Thure Der Gemeinsame Markt als Rechtsbegriff – Die allgemeine Wirtschaftsfreiheit des EG-Vertrages, München 1999.

Schuck Peter H. / Elliott, E.D. To the *Chevron* Station: An Empirical Study of Federal Administrative Law, Duke L.J. 1990, 984.

Schulte, Martin Rechtsprechungseinheit als Verfassungsauftrag, Berlin 1986.

–: Schlichtes Verwaltungshandeln, Tübingen 1995.

Schulze-Fielitz, Helmuth Der informale Verfassungsstaat, Berlin 1984.

–: Neue Kriterien für die verwaltungsgerichtliche Kontrolldichte bei unbestimmten Rechtsbegriffen, JZ 1993, 773.

–: Staatszwecke im Verfassungsstaat, StwStP 1 (1990), 223.

–: Theorie und Praxis parlamentarischer Gesetzgebung, Berlin 1988.

–: Wirkung und Befolgung verfassungsrechtlicher Entscheidungen, in: P. Badura/H. Dreier (Hrsg.), Festschrift 50 Jahre Bundesverfassungsgericht, Tübingen 2001, 385.

–: Zeitoffene Gesetzgebung, in: W. Hoffmann-Riem/E. Schmidt-Aßmann (Hrsg.), Innovation und Flexibilität des Verwaltungshandelns, Baden-Baden 1994, 139.

Schumpeter, Joseph A. Capitalism, Socialism and Democracy, 3. Aufl., London 1950.

Schuppert, Gunnar Folke Staatswissenschaft, Baden-Baden 2003.

–: Anforderungen an eine europäische Verfassung, in: H.D. Klingemann/F. Neidhardt (Hrsg.), Zur Zukunft der Demokratie, Berlin 2000, 207.

Schuppert, Gunnar Folke / Bumke, Christian Die Konstitutionalisierung der Rechtsordnung, Baden-Baden 2000.

–: Die verfassungsgerichtliche Kontrolle der auswärtigen Gewalt, Baden-Baden 1973.

–: Funktionell-rechtliche Grenzen der Verfassungsgerichtsbarkeit, Königstein 1981.

–: Self-restraints der Rechtsprechung, DVBl. 1988, 1191.

–: Verwaltungswissenschaft, Baden-Baden 2000.

Schwab, Andreas Devolution – die asymmetrische Staatsordnung des Vereinigten Königreiches, Baden-Baden 2001.

Schwarz, Henning Die verfassungsgerichtliche Kontrolle der Außen- und Sicherheitspolitik, Berlin 1995.

Schwarze, Jürgen Auf dem Wege zu einer europäischen Verfassung, DVBl. 1999, 1677.

–: Das allgemeine Völkerrecht in den innergemeinschaftlichen Rechtsbeziehungen, EuR 1983, 1.

–: Die gerichtliche Kontrolle der europäischen Wirtschaftsverwaltung, in: J. Schwarze/E. Schmidt-Aßmann (Hrsg.), Das Ausmaß der gerichtlichen Kontrolldichte im Wirtschaftsverwaltungs- und Umweltrecht, Baden-Baden 1992, 203.

–: Die Implementation von Gemeinschaftsrecht, Baden-Baden 1993.

Schwemer, Rolf-Oliver Die Bindung des Gemeinschaftsgesetzgebers an die Grundfreiheiten, Frankfurt a.M. 1995.

Schwerdtfeger, Gunther Optimale Methodik der Gesetzgebung als Verfassungspflicht, in: R. Stödter, W. Thieme (Hrsg.), Hamburg – Deutschland – Europa: Festschrift für Hans Peter Ipsen, Tübingen 1977, 173.

Scott, Joanne On Kith and Kine (and Crustaceans): Trade and Environment in the EU and the WTO, in: J.H.H. Weiler (Hrsg.), The EU, the WTO, and the NAFTA, Oxford 2000, 125.

Scott, Joanne / Trubek, David M. Mind the Gap: Law and New Approaches to Governance, European L.J. 8 (2002), 1.

Seelig, Robert / Gündling, Benjamin Die Verbandsklage im Umweltrecht – Aktuelle Entwicklungen und Zukunftsperspektiven im Hinblick auf die Novelle des Bundesnaturschutzgesetzes und supranationale und internationale rechtliche Vorgaben, NVwZ 2002, 1033.

Segur, Phillipe La responsabilité politique, Paris 1997.

Seidl-Hohenveldern, Ignaz / Loibl, Gerhard Das Recht der internationalen Organisationen einschließlich der Supranationalen Gemeinschaften, 7. Aufl. Köln 2000.

Seidl-Hohenveldern, Ignaz Internationale Organisationen aufgrund von soft law, in: U. Beyerlin, M. Bothe, R. Hofmann, E.-U. Petersmann (Hrsg.), Recht zwischen Umbruch und Bewahrung, Festschrift für Rudolf Bernhardt, Berlin, Heidelberg, New York, 1995, 229.

Seiler, Christian Auslegung als Normkonkretisierung, Heidelberg 2000.

–: Der einheitliche Parlamentsvorbehalt, Berlin 2000.

–: Der souveräne Verfassungsstaat zwischen demokratischer Rückbindung und überstaatlicher Einbindung, Mauskript, Heidelberg 2003.

Seiler, Hansjörg Gewaltenteilung, Bern 1994.

Seliger, Martin The Liberal Politics of John Locke, London 1968.

Sellner, Dieter Tagungsbericht, NVwZ 1990, 245.

Sellner, Horst Normkonkretisierende Verwaltungsvorschriften im Umweltrecht, NuR UPR 1993, 321.

Senti, Martin Die Effektivität der Internationalen Arbeitsorganisation (ILO) im Industrieländervergleich, Bern 2002.

Senti, Richard WTO. System und Funktionsweise der Welthandelsordnung, Zürich 2000.

Seyfarth, Georg Die Änderung der Rechtsprechung des Bundesverfassungsgerichts, Berlin 1998.

Shapiro, Martin Codification of Administrative Law: The US and The Union, European L.J. 2 (1996), 26.

–: Courts, Chicago 1981.

Sharp, Malcolm P. The Classical American Doctrine of »The Separation of Powers«, The U. o. Chicago L. Rev. 1935, 385.

Shaviro, Daniel N. When Rules Change: An Economic and Political Analysis of Transition Relief and Retroactivity, Chicago 2000.

Shell, G. Richard The Trade Stakeholders Model and Participation by Nonstate Parties in WTO, U. o. Pennsylvania J. o. International Economic Law 17 (1996), 359.

–: Trade Legalism and International Relations Theory: An Analysis of the WTO, Duke L.J. 1995, 829.

Siekmann, Jan-Reinhard Regelmodelle und Prinzipienmodelle des Rechtssystems, Baden-Baden 1990.

Sieyès, Emmanuel-Joseph Versuch über die Privilegien (1788), in: Politische Schriften 1788–1790, 2. Aufl. München, Wien 1981, 93.

–: Was ist der Dritte Stand? (1789), in: Politische Schriften 1788–1790, 2. Aufl., München, Wien 1981 117.

Simma, Bruno (Hrsg.), Charta der Vereinten Nationen, München 1991.

Simma, Bruno / Weiler, Joseph H. H / Zöckler, Marcus C. Kompetenzen und Grundrechte, Berlin 1999.

Simon, Dieter Die Unabhängigkeit des Richters, Darmstadt 1975.

Simon, Herbert A. Administrative Behavior (1946), 4. Aufl. New York 1997.

Sinemus, Burkhard Der Grundsatz der Gewaltenteilung in der Rechtsprechung des Bundesverfassungsgerichts, Frankfurt a. M. 1982.

Sinnaeve, Adinda Die ersten Gruppenfreistellungen: Dezentralisierung der Beihilfekontrolle?, EuZW 2001, 69.

Skouris, Wassilios Verletztenklagen und Interessentenklagen im Verwaltungsprozeß, Köln 1979.

Skowronek, Stephen Building the New American State, Cambridge 1982.

Slaughter, Anne-Marie International Law in a World of Liberal States, European Journal of International Law 6 (1995), 503.

Slaughter, Anne-Marie / Tulumello, Andrew S. / Wood, Stepan International Law and International Relations Theory: A New Generation of Interdisciplinary Scholarship, American J. o. International L. 92 (1998), 367.

Smend, Rudolf Das Bundesverfassungsgericht (1962), in: Staatsrechtliche Abhandlungen und andere Aufsätze, 3. Aufl Berlin 1994, 581.

–: Die politische Gewalt im Verfassungsstaat und das Problem der Staatsform (1923), in: Staatsrechtliche Abhandlungen, 3. Aufl. Berlin 1994, 68.

–: Verfassung und Verfassungsrecht (1927), in: Staatsrechtliche Abhandlungen, 3 Aufl. Berlin 1994, 119.

Smid, Stefan Rechtsprechung – Zur Unterscheidung von Rechtsfürsorge und Prozeß, Köln 1990.

Snell, Jukka Goods and Services in EC Law, Oxford 2002.

Snyder, Francis New Directions in European Community Law, London 1990.

–: The Effectiveness of European Community Law: Institutions, Processes, Tools and Techniques, The Modern Law Rev. 56 (1993), 19.

Sobota, Katharina Das Prinzip Rechtsstaat, Tübingen 1997.

Sommer, Julia Verwaltungskooperation am Beispiel administrativer Informationsverfahren im Europäischen Umweltrecht, Berlin, Heidelberg 2003.

Sommermann, Karl-Peter Der entgrenzte Verfassungsstaat, KritV 81 (1998), 404.

–: Die Bedeutung der Rechtsvergleichung für die Fortentwicklung des Staats- und Verwaltungsrechts in Europa, DÖV 1999, 1017.

–: Staatsziele und Staatszielbestimmungen, Tübingen 1997.

–: Verordnungsermächtigung und Demokratieprinzip, JZ 1997, 434.

Sparwasser, Reinhard / Engel, Rüdiger / Voßkuhle, Andreas Umweltrecht, 5. Aufl., Heidelberg 2003.

Sprung, Rainer Die Entwicklung der zivilrechtlichen Begründungspflicht, in: R. Sprung (Hrsg.), Die Entscheidungsbegründung in europäischen Verfahrensrechten und im Verfahren von internationalen Gerichten, Wien 1974.

Starck, Christian Das Bundesverfassungsgericht in der Verfassungsordnung und im politischen Prozeß, in: P. Badura/H. Dreier (Hrsg.), Festschrift 50 Jahre Bundesverfassungsgericht, Tübingen 2001, 1.

–: Der Gesetzesbegriff des Grundgesetzes, Baden-Baden 1970.

–: Grundrechtliche und demokratische Freiheitsidee, in: J. Isensee/P. Kirchhof (Hrsg.), Handbuch des Staatsrechts, Bd. II, Heidelberg 1987, § 29.

–: Rechtsvergleichung im öffentlichen Recht, JZ 1997, 1021.

Staupe, Jürgen Parlamentsvorbehalt und Delegationsbefugnis, Berlin 1986.

Stehr, Nico Wissenspolitik, Frankfurt a. M. 2003.

Stein, Eric / Vining, Joseph Citizen Access to Judicial Review of Administrative Action in a Transnational and Federal Context, American J. o. International L. 70 (1976), 219.

Stein, Eric External Relations of the European Community: Structure and Process, Collected Courses of the Academy of European Law, Vol. I Book 1 (1990), 115.

–: International Law and Democracy: No Love at First Sight, American J. o. International L. 95 (2001), 489.

–: Lawyers, Judges, and the Making of a Transnational Constitution, American J. o. Comparative L. 75 (1981), 1.

Stein, Tine Interessenvertretung der Natur in den USA, Baden-Baden 2002.

Stein, Torsten Das Zusammenspiel von Mitgliedstaaten, Rat und Kommission bei der Gemeinsamen Außen- und Sicherheitspolitik der EU, EuR Beiheft 2/1995, 69.

Steinberg, Richard H. Judicial Lawmaking at the WTO: Discursive, Constitutional, and Political Constraints, American J. o. International L. 98 (2004), 247.

Steinberg, Rudolf Politik und Verwaltungsorganisation, Berlin, Heidelberg 1979.

–: Staatstheorie und Interessenverbände, Frankfurt a.M. 1971.

Steinberger, Helmut Sovereignty, in: Encyclopaedia of Public International Law. Elesevier 1987, 397.

–: Der Verfassungsstaat als Glied einer europäischen Gemeinschaft, VVDStRL 50 (1991), 9.

–: GATT und regionale Wirtschaftszusammenschlüsse, Köln, Berlin, 1963.

–: Konzeption und Grenzen freiheitlicher Demokratie, Berlin Heidelberg 1974.

Steiner, Josephine From Direct Effects to *Francovich*: Shifting Means of Enforcement of Community Law, European Law Review 18 (1989), 3.

Steiner, Udo Verfassunggebung und verfassunggebende Gewalt des Volkes, Berlin 1966

Stenzel, Rainer Integrationsziel Parteiendemokratie, Baden-Baden 2002.

Stern, Klaus Das Staatsrecht der Bundesrepublik Deutschland Bd. II, München 1980.

–: Föderative Besinnungen, Recht als Prozess und Gefüge, in: Festschrift für Hans Huber, Bern 1981, 323.

Stern, Klaus / Sachs, Michael Das Staatsrecht der Bundesrepublik Deutschland, Bd. III/2, München 1994.

Stettner, Rupert Grundfragen einer Kompetenzlehre, Berlin 1983.

–: Not und Chance der grundgesetzlichen Gewaltenteilung, JöR 35 n.F. (1986), 57.

Stewart, Richard B. Beyond Delegation Doctrine, American U.L. Rev 36 (1987), 323

–: The Reformation of American Administrative Law, Harvard L. Rev. 88 (1975), 1669.

–: Vermont Yankee and the Evolution of Administrative Procedure, 91 Harvard L. Rev. 91 (1978) 1805.

Stinchcombe, Arthur L. Information and Organizations, Berkeley 1990.

Stoll, Peter-Tobias Die WTO: Neue Handelsorganisation, neue Welthandelsordnung, Ergebnisse der Uruguay-Runde des GATT, ZaöRV 54 (1994), 241.

Stolleis, Michael Condere leges et interpretari. Gesetzgebungsmacht und Staatsbildung in der frühen Neuzeit, in: Staat und Staatsräson in der frühen Neuzeit, Frankfurt a.M. 1990, 167.

–: Die Idee des souveränen Staates, Der Staat, Beiheft 11 (1997), 63.

Stone Sweet, Alec / Brunell, Thomas L. Constructing a Supranational Constitution: Dispute Resolution and Governance in the European Community, The American Political Science Rev. 92 (1998), 63.

Stone Sweet, Alec Governing with Judges, Oxford 2001.

Stone, Alec The Birth of Judicial Politics in France, Oxford 1992.

Stone, Geoffrey P. Independent Agencies, Supreme Court Rev. 1986, 41.

Stoner Jr., James R. Common Law and Liberal Theory, St. Lawrence 1992.

Stourzh, Gerald Wege zur Grundrechtsdemokratie, Wien 1989.

Strauss, David A. Art. III Courts and the Constitutional Structure, Indiana L.J. 65 (1990), 307.

–: Presidential Interpretation of the Constitution, Cardozo L. Rev. 15 (1997), 113.

Strauss, Peter L. / Rakoff, Todd / Schotland, Roy A. / Farina, Cynthia R. Administrative Law, 9th ed. Westbury 1995.

Strauss, Peter L. Formal and Functional Approaches to Separation of Powers Questions – A Foolish Inconsistency?, Cornell L. Rev. 72 (1987), 488.

–: From Expertise to Politics: The Transformation of American Rulemaking, Wake Forest L. Rev. 31 (1996), 745.

–: One Hundred Fifty Cases Per Year, Columbia L. Rev. 87 (1987), 1093.

–: The Place of Agencies in Government: Separation of Powers and the Fourth Branch, Columbia L. Rev. 84 (1984), 573.

–: Was There a Baby in The Bathwater? A Comment on the Supreme Court's Legislative Veto Decision, Duke L.J. 1983, 789.

Strotz, R.H. Myopia and Inconsistency in Dynamic Utility Maximization, The Review of Economic Studies XXIII (1955–56), 165

Studenroth, Stefan Einflußnahme des Bundestages auf Erlaß, Inhalt und Bestand von Rechtsverordnungen, DÖV 1995, 525.

Suber, Peter The Paradox of Self-Amendment, New York 1990.

Suerbaum, Joachim Die Kompetenzverteilung beim Verwaltungsvollzug des Europäischen Gemeinschaftsrechts in Deutschland, Berlin 1998.

Sullivan, Kathleen M. Duelling Sovereignties, Harvard L. Rev. 109 (1996), 78.

Summers, Robert S. / Tafurro, Michele Interpretation and Comparative Analysis, in: D.N. McCormick/R. Summers (Hrsg), Interpreting Statutes, Aldershot 1991, 461.

–: Interpreting Statutes in the United States, in: D.N. McCormick/R. Summers (Hrsg), Interpreting Statutes, Aldershot 1991, 407.

Sunstein, Cass R. After the Rights' Revolution, Cambridge, Mass. 1990.

–: Beyond the Republican Revival, Yale L.J. 97 (1988), 1539.

–: Deliberative Trouble, Why Groups go to Extremes, Yale L.J. 110 (2000), 71.

–: Democracy and the Problem of Free Speech, New York 1993.

–: Incompletely Theorized Agreements, Harvard L. Rev. 108 (1995), 1733.

–: Interest Groups in American Public Law, Stanford L. Rev 38 (1985), 29.

–: Is the Clan Air Act Unconstitutional?, Michigan L. Rev. 98 (1999), 303.

–: Law and Administration after *Chevron*, Columbia L. Rev. 90 (1990), 2071.

–: Legal Interference with Private Preferences, The U. o. Chicago L. Rev. 53 (1986), 1129.

–: Legal Reasoning and Political Conflict, Oxford 1996.

–: Nondelegation Canons, The U. o. Chicago L. Rev. 67 (2000) 315.

–: republic.com, Princeton 2001.

–: Risk and Reason, Cambridge, Mass. 2003.

–: Social Norms and Social Roles, Columbia L. Rev. 96 (1996), 904.

–: The Cost-Benefit State, Chicago 2002.

–: The Partial Constitution, Cambridge, Mass. 1993.

–: What's Standing after *Lujan*: Of Citizen Suits, Injuries and Article III, 91 (1992) Michigan. L. Rev. 163, 197.

Sunstein Cass R. / Lessig, Larry The President and the Administration, 94 Columbia L. Rev. 94 (1994), 1.

Sunstein, Cass R. / Vermeule, Adrian Interpretation and Institutions, U. o. Chicago Law School Working Paper, 2002.

Suy, Eric The Constitutional Character of Constituent Treaties of International Organizations and the Hierarchy of Norms, in: U. Beyerlin u.a. (Hrsg.), Fetschrift für Rudolf Bernhardt, Berlin, Heidelberg, 1995, 267.

Swepston, Lee Human rights law and freedom of association: Development through ILO aupervision, International Labour Rev. 137 (1998), 169.

Sydow, Gernot Die Harmonisierung des mitgliedstaatlichen Vollzugs des Europarechts in mehrstufigen Verwaltungsverfahren, Die Verwaltung 34 (2001), 517.

Symposion: The Boundaries of The WTO, American J. o. International Law 96 (2002).

Taupitz, Jochen Die Standesordnungen der freien Berufe, Berlin 1991.

Taylor, Charles Der Irrtum der negativen Freiheit, in: Negative Freiheit?, Frankfurt a.M. 1988, 118.

–: Das Unbehagen an der Moderne, Frankfurt a.M. 1995.

Tettinger, Peter J. Kammerrecht, München 1997.

Teubner, Gunther Recht als autopoietisches System, Frankfurt a.M. 1989.

Thayer, James Bradley The origin and Scope of the American Doctrine of Constitutional Law, Harvard L. Rev. 7 (1893), 129.

Theobald, Christian Zur Ökonomik des Staaates, Baden-Baden 2000.

Thoma, Richard Der Vorbehalt des Gesetzes im preußischen Verfassungsrecht, in: Festgabe für Otto Mayer, Tübingen 1916, 167.

–: Die Funktionen der Staatsgewalt, in: G. Anschütz/R. Thoma (Hrsg.), Handbuch des Deutschen Staatsrechts, Bd. I, Tübingen 1931, 108.

–: Die juristische Bedeutung der Grundrechte, in: H.C. Nipperdey (Hrsg.), Die Grundrechte und Grundpflichten nach der Reichsverfassung, Berlin 1930, 1.

Thürer, Daniel Der Wegfall effektiver Staatsgewalt: The Failed State, BerDGV 34 (1996), 9.

Tietje, Christian Global Governance and Inter-Agency Co-operation in International Economic Law, J. o. World Trade 36 (2002), 501.

–: Internationalisiertes Verwaltungshandeln, Berlin 2001.

–: Recht ohne Rechtsquellen?, ZfRSoz 24 (2003), 29.

Tikriti, Abdul-Karim Tripartism and the International Labour Organisation, Stockholm 1982.

Tomkins, Adam Responsibility and Resignation in the European Commission, The Modern Law Review 62 (1999), 744.

Tomuschat, Christian Obligations Arising for States Without or Against Their Will, Recueil des Cours 241 (1993/IV), 195.

–: Die internationale Gemeinschaft, AVR 33 (1995), 1.

Trachtman, Joel P. Regulatory Competition and Regulatory Jurisdiction, J. o. International Economic Law (2000), 331.

–: The Domain of WTO Dispute Resolution, Harvard International L.J. 40 (1999), 333.

–: Trade and... Problems, Cost-Benefit Analysis and Subsidiarity, European J. o. International Law, 9 (1998), 32.

Trachtman, Joel P. / Moremen, Philip M. Costs and Benefits of Private Participation in WTO Dispute Settlement: Whose Right is it anyway?, Harvard International L.J. 44 (2003), 221.

Trantas, Georgios Die Anwendung der Rechtsvergleichung bei der Untersuchung des öffentlichen Rechts, Dresden 1998.

Trebilcock, Michael J. / Howse, Ronald The Regulation of International Trade, 2. Aufl., London 1999.

Trenz, Hans-Jörg Zur Konstitution politischer Öffentlichkeit in der Europäischen Union, Baden-Baden 2002.

Treviranus, Hans-Dietrich Außenpolitik im demokratischen Rechtsstaat, Tübingen 1966.

Triantafyllou, Dimitris Vom Vertrags- zum Gesetzesvorbehalt, Baden-Baden 1996.

Tribe, Laurence H. American Constitutional Law, 2. Aufl. New York 1988, 3. Aufl. Vol. I, New York 2002.

–: Constitutional Choices, Cambridge, Mass. 1985.

–: Taking Text and Structure Seriously: Reflections in Free-Form Method in Constitutional Interpretation, Harvard L. Rev. 108 (1995), 1221.

Triepel, Heinrich Delegation und Mandat, Stuttgart 1942.

Trimble, Philipp R. United States Foreign Relations Law, New York 2001.

Troper, Michel La séparation des pouvoirs et l'histoire constitutionnelle française, Paris 1973.

–: Le monopole de la contrainte légitime – Légitimité et legalité dans l'Etat moderne, in: H. Haller, C. Kopetzki, R. Novak, S.L. Paulson, B. Raschauer, G. Ress, E. Wiederin (Hrsg.), Staat und Recht, Festschrift für Günther Winkler, Wien/New York 1997, 1195.

–: Les rélations exterieur dans la constitution de l'an III, in: La Théorie, Le Droit, L'État, Paris 2001, 129.

–: The Logic of Justification of Judicial Review, International Constitutional Law, 1 (2003), 99.

Trute, Hans Heinrich Zur Entwicklung des Föderalismus in den USA, ZaöRV 49 (1987), 191.

–: Die Erosion des klassischen Polizeirechts durch die polizeiliche Informationsvorsorge, in: GS Jeand'Heur, Berlin 1999, 403.

–: Die Forschung zwischen grundrechtlicher Freiheit und staatlicher Institutionalisierung, Tübingen 1994.

–: Methodik der Herstellung und Darstellung verwaltungsrechtlicher Entscheidungen, in: W. Hoffmann-Riem/E. Schmidt-Aßmann (Hrsg.), Methodik der Verwaltungsrechtswissenschaft, Baden-Baden 2004, 293.

–: Funktionen der Organisation und ihre Abbildung im Recht, in: E. Schmidt-Aßmann/W. Hoffmann-Riem (Hrsg.), Verwaltungsorganisationsrecht als Steuerungsressource, Baden-Baden 1997, 249.

–: Regulierung – am Beispiel des Telekommunikationsrechts, in: C.-E. Eberle (Hrsg.), Der Wandel des Staates vor den Herausforderungen der Gegenwart, Festschrift für Winfried Brohm zum 70. Geburtstag, München, 2002, 169.

–: Vorsorgestrukturen und Luftreinhaltepläne, Heidelberg 1989.

Trute, Hans Heinrich / Spoerr, Wolfgang Telekommunikationsgesetz mit FTEG, Berlin 2001.

Tschentscher, Axel Der Konsensbegriff in Vertrags- und Diskurstheorien, Rechtstheorie 34 (2002), 43.

–: Indienstnahme der Gerichte für die Effizienz der Verwaltung, in: M. Demel u.a. (Hrsg.), Funktionen und Kontrolle der Gewalten, Stuttgart 2001, 165.

–: Prozedurale Theorien der Gerechtigkeit, Baden-Baden 2000.

Tsebelis, George Veto Players: How Political Institutions Work, Princeton 2002.

–: Veto Players and Institutional Analysis, Governance 13 (2000), 441.

Tsebelis, George / Garett, Geoffrey The Institutional Foundations of Intergovernementalism and Supranationalism in the European Union, International Organization 55 (2001), 357.

Tugendhat, Ernst Der Begriff der Willensfreiheit, in: Philosophische Aufsätze, Frankfurt a.M. 1992, 334.

–: Selbstbewußtsein und Selbstbestimmung, Frankfurt a.M. 1979.

Tumlir, Jan Protectionism: Trade Policy in Democratic Societies, Washington 1985.

Tushnet, Mark V. Red, White and Blue. A Critical Analysis of Constitutional Law, Cambridge, Mass. 1998.

–: Scalia and the Dormant Commerce Clause. A Foolish Formalism?, Cardozo L. Rev. 12 (1991), 1770.

–: Taking the Constitution Away from the Courts, Princeton 1999.

Uerpmann, Robert Völkerrechtliche Nebenverfassungen, in: A. v. Bogdandy (Hrsg.), Europäisches Verfassungsrecht, Berlin, Heidelberg 2003, 339.

Uhle, Arndt Parlament und Rechtsverordnung, München 1999.

–: Verordnungsgeberische Entscheidungsmacht und parlamentarischer Kontrollvorbehalt, NVwZ 2002, 15.

Unruh, Peter Die Herrschaft der Vernunft, Baden-Baden 1993.

–: Der Verfassungsbegriff des Grundgesetzes, Tübingen 2002.

Valticos, Nicolas Once More About the ILO System of Supervision: In What Respect is it Still a Model?, in: N. Blokker, S. Muller (Hrsg.), Towards More Effective Supervision by International Organizations, Dordrecht, 1995, 99.

Vedder, Christoph Intraföderale Staatsverträge, Baden-Baden 1996.

Verdroß, Alfred / Simma, Bruno Universelles Völkerrecht, 3. Aufl. 1984.

Verdross, Alfred Die Verfassung der Völkerrechtsgemeinschaft, Wien 1926.

Verhoeven, Amaryllis The European Union in Search of a Democratic and Constitutional Theory, Den Haag 2002.

Verkuil, Paul R. Congressional Limitations on Judicial Review of Rules, Tulane L. Rev. (1983), 733.

Vermeule Adrian Does Commerce Clause Review have Perverse Effects?, Villanova L. Rev. 46 (2001), 1325.

Vesting, Thomas Kein Anfang und kein Ende. Die Systemtheorie des Rechts als Herausforderung für Rechtswissenschaft und Rechtsdogmatik, Jura 2002, 299.

–: Zwischen Gewährleistungsstaat und Minimalstaat, in: W. Hoffmann-Riem/E. Schmidt-Aßmann (Hrsg.), Verwaltungsrecht in der Informationsgesellschaft, Baden-Baden 2000, 101.

Vierheilig, Monika Die rechtliche Einordnung der von der Weltgesundheitsorganisation beschlossenen Standards, Heidelberg 1984.

Vile, Maurice John Crawley Constitutionalism and the separation of powers, Oxford 1967.

Virally Michel, La notion de fonction dans la théorie de l'organisation internationale, in: S. Bastid (Hrsg.), Mélanges offers à Charles Eisenman, Paris 1974, 277.

Visseur, Pierre-Arthur L'Evolution du Controle International sur l'Application de la Protection Ouvrière, Bar-Le-Duc 1950.

Vogel, Klaus Der räumliche Anwendungsbereich der Verwaltungsrechtsnorm, Frankfurt a.M. u.a. 1965.

–: Die Verfassungsentscheidung des Grundgesetzes für eine internationale Zusammenarbeit, Tübingen 1964.

–: Gesetzesvorbehalt, Parlamentsvorbehalt und völkerrechtliche Verträge, in: P. Badura /R. Scholz, (Hrsg.), Wege und Verfahren des Verfassungslebens, Festschrift für Peter Lerche, München 1993, 95.

Volkmann, Uwe Setzt Demokratie den Staat voraus?, AöR 127 (2002) 575.

Vos, Ellen Market Building, Social Regulation and Scientific Expertise: an Introduction, in: C. Joerges/K.-H. Ladeur/E. Vos (Hrsg.), Integrating Scientific Expertise into Regulatory Decision Making. National Traditions and European Innovations, Baden-Baden 1997, 127.

–: Reforming the European Commission: What Role for Agencies?, Common Market L. Rev. 37 (2000), 1113.

–: The Rise of the Committees, European L.J. 3 (1997), 210.

Voßkuhle, Andreas Das Kompensationsprinzip, Tübingen 1999.

–: Der Wandel von Verwaltungsrecht und Verwaltungsprozeßrecht in der Informationsgesellschaft, in: W. Hoffmann-Riem/E. Schmidt-Aßmann (Hrsg.), Verwaltungsrecht in der Informationsgesellschaft, Baden-Baden 2000, 349.

–: Gesetzgeberische Regelungsstrategien zwischen öffentlichem und privatem Sektor, in: G.F. Schuppert (Hrsg.), Jenseits von Privatisierung und »schlankem« Staat, Baden-Baden 1999, 47.

–: Kodifikation als Prozeß. Zur Bedeutung der Kodifikationsidee in heutiger Zeit unter besonderer Berücksichtigung der Arbeiten an einem Umweltgesetzbuch, in: H. Schlosser (Hrsg.), Bürgerliches Gesetzbuch 1896–1996, Heidelberg 1997, 77.

–: Rechtsschutz gegen den Richter, München 1993.

–: Theorie und Praxis der verfassungskonformen Auslegung von Gesetzen durch Fachgerichte, AöR 125 (2000), 177.

Voßkuhle, Andreas / Sydow, Gernot Die demokratische Legitimation des Richters, JZ 2002, 673.

Wagner, Susanne A. Europäisches Zulassungssystem für Arzneimittel und Parallelhandel, Stuttgart 2000.

Wahl, Andreas Kooperationsstrukturen im Vertragsarztrecht, Berlin 2001.

Wahl, Rainer Der Einzelne in der Welt jenseits des Staates, Der Staat 40 (2001), 45.

–: Der Vorrang der Verfassung, Der Staat 20 (1981), 485.

–: Die doppelte Abhängigkeit des subjektiven öffentlichen Rechts, DVBl. 1996, 641.

–: Risikobewertung der Exekutive und richterliche Kontrolldichte, NVwZ 1991, 409.

–: Verwaltungsverfahren zwischen Verwaltungseffizienz und Rechtsschutzauftrag, VVDStRL 41 (1983), 151.

–: Konstitutionalisierung – Leitbegriff oder Allerweltsbegriff?, in: C.-E. Eberle (Hrsg.), Der Wandel des Staates vor den Herausforderungen der Gegenwart, Festschrift für Winfried Brohm zum 70. Geburtstag, München, 2002, 191.

–: Verfassungsvergleichung als Kulturvergleichung, in: D. Murswiek u.a. (Hrsg.), Staat – Souveränität – Verfassung, Berlin 2000. 163.

–: Verwaltungsvorschriften: Die ungesicherte dritte Kategorie des Rechts, in: E. Schmidt-Aßmann u.a. (Hrsg.), Festgabe 50 JahreBundesverwaltungsgericht, Köln u.a. 2003, 571.

Wahl, Rainer / Masing, Johannes Schutz durch Eingriff?, JZ 1990, 553.

Waldhoff, Christian Der Verwaltungszwang, Manuskript 2003.

–: Reformperspektiven der bundesstaatlichen Finanzverfassung im gestuften Verfahren, Zeitschrift für Gesetzgebung, 2000, 193.

–: Vertrauensschutz im Steuerrechtsverhältnis, in: H.-J. Pezzer (Hrsg.), Vertrauensschutz im Steuerrecht, Köln 2004, 129.

Walker, Vern R. Keeping the WTO from Becoming the »World Trans-Science Organization«: Scientific Uncertainty, Science Policy and Factfinding in the Growth Hormones Dispute, Cornell International L.J. 31 (1998), 251.

Walter, Christian Constitutionalizing (Inter)national Governance, German Yearbook of International Law 44 (2001), 170.

–: Die Folgen der Globalisierung für die europäische Verfassungsdiskussion, DVBl. 2000, 1.

–: Grundrechtsschutz gegen Hoheitsakte internationaler Organisationen, AöR 129 (2004), 39.

Walzer, Michael Spheres of Justice, London 1984.

Wank, Rolf Gewaltenteilung, Jura 1991, 622.

Weber, Max Wirtschaft und Gesellschaft, 5. Aufl., Tübingen 1985.

Weber, Werner Die Teilung der Gewalten als Gegenwartsproblem, in: H. Barion (Hrsg.), Festschrift für Carl Schmitt zum 70. Geburtstag dargebracht von Freunden und Schülern, Berlin 1959, 253.

–: Spannungen und Kräfte im westdeutschen Verfassungssystem, 1. Aufl. Stuttgart 1951.

Wechsler, Herbert The Political Safeguards of Federalism: The Role of the States in the Composition and Selection of the National Government, Columbia L. Rev. 54 (1954), 544.

Wegener, Bernhard W. Der geheime Staat, Manuskript 2003.

–: Die Neuordnung der EU-Gerichtsbarkeit durch den Vertrag von Nizza, DVBl. 2001, 1258.

–: Rechte des Einzelnen, Baden-Baden 1998.

Weick Karl E. Der Prozeß des Organisierens, Frankfurt a.M. 1985.

Weiler, Joseph H.H. Constitutionalism and Federalism – Europe's Sonderweg, in: R. Howse/K. Nicolaidis (Hrsg.), The Federal Vision: Legitimacy and Levels of Governance in the United States and the European Union, Oxford 2001, 54.

–: Epilogue: »Comitology« as Revolution: Infranationalism, Constitutionalism and Democracy, in: C. Joerges/E. Vos (Hrsg.), EU Committees, Oxford 1999, 339.

–: Epilogue: The Judicial Après Nice, in: G. de Búrca/J.H.H. Weiler (eds.), The European Court of Justice, Oxford 2001, 215.

–: Il sistema comunitario europeo, Bologna 1985.

–: Parlement européen, integration européenne, democratie et legitimité, in: Le parlément européen dans l'evolution institutionnelle, 1988, 325.

–: A Quiet Revolution: The European Court and Its Interlocutors, Comparative Political Studies, 26 (1994), 510.

–: The Community System: The Dual Character of Supranationalism, Yearbook of European Law, 1981, 268.

–: The Constitution of the common Market Place: Text and Context in the Evolution of the Free Movement of Goods, In: P. Craig/G. De Búrca, The Evolution of EU Law, Oxford 1999, 349.

–: The Rule of Lawyers and the Ethos of Diplomats. Reflections on the Internal and External Legitimacy of WTO Dispute Settlement, J. o. World Trade, 35 (2001), 191.

–: The Transformation of Europe, Yale L.J. 1000 (1991), 2, 403.

–: The European Union Belongs to its Citizens: Three Immodest Proposals, European L. Rev. 22 (1997), 150.

–: The Constitution of Europe, Oxford 1999.

–: / *Haltern, Ulrich R.* The Autonomy of the Community Legal Order Through the Looking Glass, Harv. Intl. L.J. 37 (1996), 411.

Weiler, Joseph / Haltern, Ulrich / Mayer, Franz European Democracy and its Critics – Five Uneasy Pieces, Jean Monnet Working Paper 1/95.

Weiler, Joseph H.H. / Paulus, Andreas The Structure of Change in International Law or Is There a Hierarchy of Norms in International Law?, European J. o. International Law 8 (1997), 545.

Weingart, Peter Die Stunde der Wahrheit?, Weilerswist 2001.

Weiß, Wolfgang//Herrmann, Christoph Welthandelsrecht, München 2003.

Wember, Viktor Verfassungsmitte und Verfassungsmischung, Berlin 1977.

Wendenburg, Helge Die Debatte um die Verfassungsgerichtsbarkeit und der Methodenstreit der Staatsrechtslehre in der Weimarer Republik, Göttingen 1984.

Wendt, Alexander Collective Identity Formation and the International State, American Political Science Review 88 (1994), 384.

–: Social Theory of International Politics, Cambridge 1999.

Wernicke, Stephan Die Privatwirkung im europäischen Gemeinschaftsrecht, Baden-Baden 2002.

Weyer, Hartmut Nach der Reform: Gestaltung der Wettbewerbspolitik durch die Kommission?, ZHR 164 (2000), 611.

Weyreuther, Felix Verwaltungskontrolle durch Verbände?, Düsseldorf 1975.

White, Morton Philosophy, The Federalists, and the Constitution, Oxford 1987.

White, G. Edward The Constitution and the New Deal, Cambridge, Mass. 2000.

White, Harrison C. Identity and Control, Princeton 1992.

Wiederin, Ewald Bundesrecht und Landesrecht, Wien, New York 1995.

Wieland, Joachim Der Herr des Verfahrens, in: H. Däubler-Gmelin (Hrsg.), Gegenrede. Festschrift für Ernst Gottfried Mahrenholz, Baden-Baden 1994, 885.

–: Die Entwicklung der Wirtschaftsregulierung in den Vereinigten Staaten von Amerika, Die Verwaltung 18 (1985), 84.

Wiers, Jochem Trade and Environment in the EC and the WTO – A legal analysis, Groningen 2002.

Wild, Florian Flexibilität in multilateralen Instrumenten, Frankfurt a.M. 1992.

Wild, Michael Die Gleichheit der Wahl, Berlin 2003.

Willke, Helmut Stand und Kritik der neueren Grundrechtstheorie, Berlin 1975.

Wilson, James Q. Bureaucracies, Chicago 1989.

Wilson, Woodrow Congressional Government: A Study in American Politics, Princeton 1885.

Windthorst, Kay Der Universaldienst im Bereich der Telekommunikation, Berlin 2000.

Winkelmüller, Michael Verwaltungskooperation bei der Wirtschaftsaufsicht im EG-Binnenmarkt, München 2002.

Winter, Gerd The Directive: problems of construction and directions for reform, in: G. Winter (Hrsg.), Sources and Categories of European Union Law, Baden-Baden 1996, 487.

Wirth, David A. The Role of Science in the Uruguay Round and NAFTA Trade Disciplines, Cornell International L.J. 27 (1994), 817.

Witte, Bruno de Direct Effect, Supremacy and the Nature of the Legal Order, in P. Craig/G. de Búrca (Hrsg.), The Evolution of EU Law, Oxford 1999, 177.

Wolf, Klaus Dieter Die neue Staatsräson, Baden-Baden 2000.

Wolff, Bernhard Die Ermächtigung zum Erlaß von Rechtsverordnungen nach dem Grundgesetz, AöR 78 (1952/53), 194.

Wolff, Hans J. / Bachof, Otto Verwaltungsrecht, 9. Aufl. München 1974.

Wolff, Hans J. Organschaft und juristische Person, Band 2: Theorie der Vertretung, Berlin 1934.

Wolfrum, Rüdiger Entwicklung des Völkerrechts von einem Koordinations- zu einem Kooperationsrecht, in: P.-C. Müller-Graff/H. Roth (Hrsg.), Recht und Rechtswissenschaft, Heidelberg, 2000, 421.

–: Vorbereitende Willensbildung und Entscheidungsprozeß beim Abschluß multilateraler völkerrechtlicher Verträge, in J. Ipsen u.a. (Hrsg.), Recht – Staat – Gemeinwohl, Festschrift für Dietrich Rauschning, Köln 2001, 407.

–: Die grenzüberschreitende Luftverschmutzung im Schnittpunkt von nationalem Recht und Völkerrecht, DVBl. 1984, 493.

–: Die Kontrolle der auswärtigen Gewalt, VVDStRL 56 (1997), 38.

–: Auswärtige Beziehungen und Verteidigungspolitik, in: P. Badura/H. Dreier (Hrsg.), Festschrift 50 Jahre Bundesverfassungsgericht, Tübingen 2001, 693.

Wolfrum, Rüdiger (Hrsg.), Handbuch Vereinte Nationen, 2. Aufl. München 1991.

Wood, Gordon S. The Creation of the American Republic, 1776–1787, Chapel Hill 1969.

–: The Radicalism of the American Revolution, New York 1994.

Wrege, Wolf Reinhard Das System der Gewaltenteilung des Grundgesetzes, Jura 1996, 436.

Wyatt & Dashwood's European Union Law, 4. Aufl., London 2000.

Yataganas, Xénophon A. Delegation of Regulatory Authority in the European Union. The Relevance of the American Model of Independent Agencies, Jean Monnet Working Paper, 03/01.

Yemin, Edward Legislative Powers in the United Nations and Specialized Agencies, Leyden 1969.

Yoo, John C. Laws as Treaties?: The Constitutionality of Congressional-Executive Agreements, Michigan L. Rev. 99 (2001), 757.

Zanten, Hugo van L'Influence de la Partie XIII du Traité de Versailles sur le développement du droit international public et sur le droit interne des Etats, Leiden 1927.

Zellweger, Valentin Völkerrecht und Bundesstaat, Berlin 1992.

Zermanek, Karl Was kann die Vergleichung staatlichen öffentlichen Rechts für das Recht der internationalen Organisationen leisten?, ZaöRV 24 (1964), 453.

–: Is the Term Soft Law Convenient?, in: G. Hafner u.a. (Hrsg.), Liber amicorum Seidl-Hohenveldern, Den Haag 1998, 843.

Ziamou, Theodora Th. Rulemaking, Participation and the Limits of Public Law in the USA and Europe, Aldershot 2001.

Zimmer, Gerhard Kompetenz – Funktion – Legitimation, Berlin 1979.

Zimmermann, Reinhard The Law of Obligations, New York 1990.

Zonnekeyn, Geert A. The Legal Status of WTO Panel Reports in the EC Legal Order, J. o. International Economic L. 1999, 713.

Zürn, Michael Regieren jenseits des Nationalstaats, Frankfurt a.M. 1998.

Zweigert, Konrad / Kötz, Hein Einführung in die Rechtsvergleichung, 3. Aufl., Tübingen 1996.

Schlagwortverzeichnis

Jus Publicum

Beiträge zum Öffentlichen Recht – Alphabetische Übersicht

Enders, Christoph: Die Menschenwürde in der Verfassungsordnung. 1997. *Band 27.*

Epping, Volker: Die Außenwirtschaftsfreiheit. 1998. *Band 32.*

Fehling, Michael: Verwaltung zwischen Unparteilichkeit und Gestaltungsaufgabe. 2001. *Band 79.*

Felix, Dagmar: Einheit der Rechtsordnung. 1998. *Band 34.*

Fisahn, Andreas: Demokratie und Öffentlichkeitsbeteiligung. 2002. *Band 84.*

Franz, Thorsten: Gewinnerzielung durch kommunale Daseinsvorsorge. 2005. *Band 123.*

Frenz, Walter: Selbstverpflichtungen der Wirtschaft. 2001. *Band 75.*

Gaitanides, Charlotte: Das Recht der Europäischen Zentralbank. 2005. *Band 132.*

Gellermann, Martin: Grundrechte im einfachgesetzlichen Gewande. 2000. *Band 61.*

Grigoleit, Klaus Joachim: Bundesverfassungsgericht und deutsche Frage. 2004. *Band 108.*

Gröpl, Christoph: Haushaltsrecht und Reform. 2001. *Band 67.*

Gröschner, Rolf: Das Überwachungsrechtsverhältnis. 1992. *Band 4.*

Groß, Thomas: Das Kollegialprinzip in der Verwaltungsorganisation. 1999. *Band 45.*

Grzeszick, Bernd: Rechte und Ansprüche. 2002. *Band 92.*

Guckelberger, Annette: Die Verjährung im Öffentlichen Recht. 2004. *Band 111.*

Gurlit, Elke: Verwaltungsvertrag und Gesetz. 2000. *Band 63.*

Häde, Ulrich: Finanzausgleich. 1996. *Band 19.*

Haltern, Ulrich: Europarecht und das Politische. 2005. *Band 136.*

Hase, Friedhelm: Versicherungsprinzip und sozialer Ausgleich. 2000. *Band 64.*

Heckmann, Dirk: Geltungskraft und Geltungsverlust von Rechtsnormen. 1997. *Band 28.*

Heitsch, Christian: Die Ausführung der Bundesgesetze durch die Länder. 2001. *Band 77.*

Hellermann, Johannes: Örtliche Daseinsvorsorge und gemeindliche Selbstverwaltung. 2000. *Band 54.*

Hermes, Georg: Staatliche Infrastrukturverantwortung. 1998. *Band 29.*

Hösch, Ulrich: Eigentum und Freiheit. 2000. *Band 56.*

Hohmann, Harald: Angemessene Außenhandelsfreiheit im Vergleich. 2002. *Band 89.*

Holznagel, Bernd: Rundfunkrecht in Europa. 1996. *Band 18.*

Horn, Hans-Detlef: Die grundrechtsunmittelbare Verwaltung. 1999. *Band 42.*

Huber, Peter-Michael: Konkurrenzschutz im Verwaltungsrecht. 1991. *Band 1.*

Hufeld, Ulrich: Die Vertretung der Behörde. 2003. *Band 102.*

Huster, Stefan: Die ethische Neutralität des Staates. 2002. *Band 90.*

Ibler, Martin: Rechtspflegender Rechtsschutz im Verwaltungsrecht. 1999. *Band 43.*

Jestaedt, Matthias: Grundrechtsentfaltung im Gesetz. 1999. *Band 50.*

Jochum, Heike: Verwaltungsverfahrensrecht und Verwaltungsprozeßrecht. 2004. *Band 116.*

Kadelbach, Stefan: Allgemeines Verwaltungsrecht unter europäischem Einfluß. 1999. *Band 36.*

Kämmerer, Jörn Axel: Privatisierung. 2001. *Band 73.*

Kahl, Wolfgang: Die Staatsaufsicht. 2000. *Band 59.*

Kaufmann, Marcel: Untersuchungsgrundsatz und Verwaltungsgerichtsbarkeit. 2002. *Band 91.*

Kersten, Jens: Das Klonen von Menschen. 2004. *Band 115.*

Khan, Daniel-Erasmus: Die deutschen Staatsgrenzen. 2004. *Band 114.*

Kingreen, Thorsten: Das Sozialstaatsprinzip im europäischen Verfassungsbund. 2003. *Band 97.*

Kischel, Uwe: Die Begründung. 2002. *Band 94.*

Koch, Thorsten: Der Grundrechtsschutz des Drittbetroffenen. 2000. *Band 62.*

Korioth, Stefan: Der Finanzausgleich zwischen Bund und Ländern. 1997. *Band 23.*

Kluth, Winfried: Funktionale Selbstverwaltung. 1997. *Band 26.*

Kube, Hanno: Finanzgewalt in der Kompetenzordnung. 2004. *Band 110.*

Kugelmann, Dieter: Die informatorische Rechtsstellung des Bürgers. 2001. *Band 65.*

Langenfeld, Christine: Integration und kulturelle Identität zugewanderter Minderheiten. 2001. *Band 80.*

Lehner, Moris: Einkommensteuerrecht und Sozialhilferecht. 1993. *Band 5.*

Leisner, Anna: Kontinuität als Verfassungsprinzip. 2002. *Band 83.*

Lenze, Anne: Staatsbürgerversicherung und Verfassung. 2005. *Band 133.*

Lepsius, Oliver: Besitz und Sachherrschaft im öffentlichen Recht. 2002. *Band 81.*

Lindner, Josef Franz: Theorie der Grundrechtsdogmatik. 2005. *Band 120.*

Lorz, Ralph Alexander: Interorganrespekt im Verfassungsrecht. 2001. *Band 70.*

Lücke, Jörg: Vorläufige Staatsakte. 1991. *Band 2.*

Luthe, Ernst-Wilhelm: Optimierende Sozialgestaltung. 2001. *Band 69.*

Mager, Ute: Einrichtungsgarantien. 2003. *Band 99.*

Mann, Thomas: Die öffentlich-rechtliche Gesellschaft. 2002. *Band 93.*

Manssen, Gerrit: Privatrechtsgestaltung durch Hoheitsakt. 1994. *Band 9.*

Masing, Johannes: Parlamentarische Untersuchungen privater Sachverhalte. 1998. *Band 30.*

Möstl, Markus: Die staatliche Garantie für die öffentliche Sicherheit und Ordnung. 2002. *Band 87.*

Möllers, Christoph: Gewaltengliederung. 2005. *Band 141.*

Morgenthaler, Gerd: Freiheit durch Gesetz. 1999. *Band 40.*

Morlok, Martin: Selbstverständnis als Rechtskriterium. 1993. *Band 6.*

Müller-Franken, Sebastian: Maßvolles Verwalten. 2004. *Band 105.*

Musil, Andreas: Wettbewerb in der staatlichen Verwaltung. 2005. *Band 134.*

Niedobitek, Matthias: Das Recht der grenzüberschreitenden Verträge. 2001. *Band 66.*

Odendahl, Kerstin: Kulturgüterschutz. 2005. *Band 140.*

Oeter, Stefan: Integration und Subsidiarität im deutschen Bundesstaatsrecht. 1998. *Band 33.*

Ohler, Christoph: Die Kollisionsordnung des Allgemeinen Verwaltungsrechts. 2005. *Band 131.*

Pache, Eckhard: Tatbestandliche Abwägung und Beurteilungsspielraum. 2001. *Band 76.*

Pauly, Walter: Der Methodenwandel im deutschen Spätkonstitutionalismus. 1993. *Band 7.*

Pielow, Johann-Christian: Grundstrukturen öffentlicher Versorgung. 2001. *Band 58.*

Poscher, Ralf: Grundrechte als Abwehrrechte. 2003. *Band 98.*

Puhl, Thomas: Budgetflucht und Haushaltsverfassung. 1996. *Band 15.*

Reinhardt, Michael: Konsistente Jurisdiktion. 1997. *Band 24.*

Remmert, Barbara: Private Dienstleistungen in staatlichen Verwaltungsverfahren. 2003. *Band 95.*

Rixen, Stephan: Sozialrecht als öffentliches Wirtschaftsrecht. 2005. *Band 130.*
Rodi, Michael: Die Subventionsrechtsordung. 2000. *Band 52.*
Rossen, Helge: Vollzug und Verhandlung. 1999. *Band 39.*
Rozek, Jochen: Die Unterscheidung von Eigentumsbindung und Enteignung. 1998. *Band 31.*
Ruffert, Matthias: Vorrang der Verfassung und Eigenständigkeit des Privatrechts. 2001. *Band 74.*
Sacksofsky, Ute: Umweltschutz durch nicht-steuerliche Abgaben. 2000. *Band 53.*
Šarčević, Edin: Das Bundesstaatsprinzip. 2000. *Band 55.*
Schlette, Volker: Die Verwaltung als Vertragspartner. 2000. *Band 51.*
Schliesky, Utz: Souveränität und Legitimät von Herrschaftsgewalt. 2004. *Band 112.*
Schmehl, Arndt: Das Äquivalenzprinzip im Recht der Staatsfinanzierung. 2004. *Band 113.*
Schmidt, Thorsten I.: Kommunale Kooperation. 2005. *Band 137.*
Schmidt-De Caluwe, Reimund: Der Verwaltungsakt in der Lehre Otto Mayers. 1999. *Band 38.*
Schroeder, Werner: Das Gemeinschaftrechtssystem. 2002. *Band 86.*
Schulte, Martin: Schlichtes Verwaltungshandeln. 1995. *Band 12.*
Schwartmann, Rolf: Private im Wirtschaftsvölkerrecht. 2005. *Band 122.*
Sobota, Katharina: Das Prinzip Rechtsstaat. 1997. *Band 22.*
Sodan, Helge: Freie Berufe als Leistungserbringer im Recht der gesetzlichen Krankenversicherung. 1997. *Band 20.*
Sommermann, Karl-Peter: Staatsziele und Staatszielbestimmungen. 1997. *Band 25.*
Stoll, Peter-Tobias: Sicherheit als Aufgabe von Staat und Gesellschaft. 2003. *Band 101.*
Storr, Stefan: Der Staat als Unternehmer. 2001. *Band 78.*
Sydow, Gernot: Verwaltungskooperation in der Europäischen Union. 2004. *Band 118.*
Trute, Hans-Heinrich: Die Forschung zwischen grundrechtlicher Freiheit und staatlicher Institutionalisierung. 1994. *Band 10.*
Uerpmann, Robert: Das öffentliche Interesse. 1999. *Band 47.*
Uhle, Arnd: Freiheitlicher Verfassungsstaat und kulturelle Identität. 2004. *Band 121.*
Unruh, Peter: Der Verfassungsbegriff des Grundgesetzes. 2002. *Band 82.*
Volkmann, Uwe: Solidarität – Programm und Prinzip der Verfassung. 1998. *Band 35.*
Voßkuhle, Andreas: Das Kompensationsprinzip. 1999. *Band 41.*
Wall, Heinrich de: Die Anwendbarkeit privatrechtlicher Vorschriften im Verwaltungsrecht. 1999. *Band 46.*
Weiß, Wolfgang: Privatisierung und Staatsaufgaben. 2002. *Band 88.*
Welti, Felix: Behinderung und Rehabilitation im sozialen Rechtsstaat. 2005. *Band 139.*
Wernsmann, Rainer: Verhaltenslenkung in einem rationalen Steuersystem. 2005. *Band 135.*
Wolff, Heinrich Amadeus: Ungeschriebenes Verfassungsrecht unter dem Grundgesetz. 2000. *Band 44.*
Ziekow, Jan: Über Freizügigkeit und Aufenthalt. 1997. *Band 21.*

Einen Gesamtkatalog erhalten Sie gerne vom Verlag
Mohr Siebeck, Postfach 2040, D–72010 Tübingen.
Aktuelle Informationen im Internet unter www.mohr.de